DICTIONNAIRE
DE L'ARMÉE DE TERRE,

OU

RECHERCHES HISTORIQUES

SUR L'ART ET LES USAGES MILITAIRES

DES ANCIENS ET DES MODERNES,

PAR LE GÉNÉRAL BARDIN,

AUTEUR DU MANUEL D'INFANTERIE,
DU MÉMORIAL DE L'OFFICIER D'INFANTERIE, MEMBRE DE L'ACADÉMIE DES SCIENCES DE TURIN,
COLLABORATEUR DU COMPLÉMENT DU DICTIONNAIRE DE L'ACADÉMIE FRANÇAISE,
DU DICTIONNAIRE DE LA CONVERSATION,
DE L'ENCYCLOPÉDIE DES GENS DU MONDE, ETC., ETC.

Ouvrage terminé sous la direction du général
OUDINOT DE REGGIO.

SEIZIÈME PARTIE.

SECTION. — TRIBULE. 4801—5120.

PARIS,

LIBRAIRIE MILITAIRE, MARITIME ET POLYTECHNIQUE

DE J. CORRÉARD,

LIBRAIRE-ÉDITEUR ET LIBRAIRE-COMMISSIONNAIRE,
RUE CHRISTINE, 1.

1851.

L'ouvrage aura environ 4,000 pages grand in-8° à deux colonnes, petits caractères (contenant la matière de 40 volumes ordinaires) fondus exprès. Il sera publié en 12 ou 14 parties d'environ 3 à 400 pages chacune. La pagination se suivra sans interruption, afin de donner aux souscripteurs la facilité de faire relier l'ouvrage en un ou plusieurs volumes. Les deux premières parties sont en vente, la troisième paraîtra fin avril prochain, la quatrième fin juillet suivant, ainsi de suite de trois en trois mois jusqu'à la fin de la publication.

Le prix de chaque partie est fixé à 7 francs, prix le plus bas qu'il soit possible d'établir.

Il sera tiré cent exemplaires sur papier vélin dont le prix sera double.

On ne payera rien d'avance.

La liste des souscripteurs sera imprimée à la fin de l'ouvrage.

N. B. Écrire avec soin le nom et l'adresse. Si c'est par la poste qu'on désire recevoir l'ouvrage, il faudra ajouter 1 fr. 60 c. par partie.

MM. les souscripteurs qui désireraient avoir des exemplaires sur papier vélin sont priés de l'indiquer sur leur souscription.

ON SOUSCRIT A PARIS :

CHEZ J. CORRÉARD, ÉDITEUR D'OUVRAGES MILITAIRES,
RUE DE TOURNON, 20.

ANSELIN ET GAULTIER-LAGUIONIE, libraires, rue Dauphine, 36.

AILLAUD, quai Voltaire, 11.

TREUTTEL ET WURTZ, rue de Lille, 17.

ARTHUS BERTRAND, rue Hautefeuille, 23.

HECTOR BOSSANGE, quai Voltaire, 11.

RORET, rue Hautefeuille, 10 *bis*.

Les héritiers DOORMANN, à la Haye.

JSSAKOFF, à Saint-Pétersbourg.

PERICHON, à Bruxelles.

MICHELSEN, à Leipzig.

Chez tous les Libraires de la France et de l'étranger, et pour les militaires chez MM. les Trésoriers ou Officiers-Payeurs des différents corps.

N. B. Les régiments qui souscriront pour 24 exemplaires en recevront 26, francs de port.

SAINT-CLOUD. — IMPRIMERIE DE BELIN-MANDAR.

— L'ORDONNANCE DE 1554 (30 JANVIER) donnait aux ARQUEBUSIERS A CHEVAL *grand gorgerin de mailles et la Secrette.* — On peut à l'égard de cette armure consulter M. ALLOU (1835), BRANTOME (1600, A), CARRÉ (1785, E), M. GRASSI, MÉNAGE.

SECTION, interj. et subs. fém. v. ADMINISTRATION DE S... V. ACTE DE S... V. CHEF DE S... V. COLONNE PAR S... V. DÉDOUBLEZ LES S... V. DEMI-S... V. DISTANCE DE S... V. DOUBLEMENT DE S... V. DOUBLEZ LES S... V. DROITE DE S... V. FEU DE S... V. FRONT DE S... V. GAUCHE DE S... V. MARQUEZ LES S... V. OFFICIER DE S... V. PAR S... V. POLICE DE S... V. PREMIÈRE S... V. ROMPRE PAR S... V. SECONDE S... V. TENUE DE S...

SECTION, subs. fém. (term. génér.). Mot provenu du LATIN, et signifiant coupure, fragment. Il se distingue en SECTION ADMINISTRATIVE, — D'AMBULANCE, — TACTIQUE.

SECTION ADMINISTRATIVE (B, 1), OU DEMI-COMPAGNIE, OU SECTION CONSTITUTIVE. Sorte de SECTION ou d'AGRÉGATION D'HOMMES D'INFANTERIE, considérée sous les rapports de POLICE et d'ADMINISTRATION, et comme très-différente de la SECTION TACTIQUE. — Les Sections sont visitées chaque matin par les OFFICIERS qui les commandent, ou par le SOUS-OFFICIER qui remplacerait le CHEF DE SECTION. — L'ORDONNANCE DE 1771 (19 JUIN) appelait DIVISION une Section de trois ESCOUADES; le DÉCRET DE 1791 (1ᵉʳ JANVIER) et les ORDONNANCES suivantes ont, au contraire, appelé SECTION un ensemble de deux SUBDIVISIONS et de quatre ESCOUADES. — Un DEMI-DÉTACHEMENT d'enterrement équivalait à une Section; un QUART DE DÉTACHEMENT équivalait à une DEMI-SECTION. — Le CAHIER D'APPEL offrait le tableau où étaient désignées et classées les Sections. — En cas de PRISE D'ARMES, l'appel de chaque Section était fait par son CHEF sous l'inspection du CAPITAINE DE SEMAINE; il a ensuite cessé d'en être ainsi. — L'ASSIETTE du LOGEMENT à la CASERNE se règle sur l'ordre numérique des Sections. Chacune d'elles a son FOURNEAU DE CUISINE garni de sa MARMITE. — La PREMIÈRE SECTION a pour CHEF le LIEUTENANT de la COMPAGNIE, secondé de deux CHEFS DE DIVISION. Le SOUS-LIEUTENANT est à la tête de la deuxième, et est secondé de même. — Si une Section est détachée d'une COMPAGNIE, il est commandé dans cette Section un CAPORAL DE SEMAINE. — L'ARRÊTÉ DE L'AN HUIT (8 FLORÉAL) voulait qu'il fût tenu en chaque Section un CONTROLE DE LINGE ET CHAUSSURE. Cette mesure est tombée en désuétude, ainsi que celle qui voulait que le FOURRIER fournît

trimestriellement à l'OFFICIER DE SECTION l'état nominatif de sa Section. — Le DÉCRET DE 1808 (18 FÉVRIER) et les ORDONNANCES DE 1818 (15 MAI) et DE 1853 (2 NOVEMBRE) réglaient ce qui concernait les Sections. Cette dernière ordonnance mentionnait (art. 68) des DEMI-SECTIONS.

SECTION CONSTITUTIVE. V. CONSTITUTIF. V. SECTION ADMINISTRATIVE.

SECTION (sections) D'AMBULANCE (D, 2). Sorte de SECTIONS ou de DÉTACHEMENTS d'une DIVISION D'AMBULANCE. Elles se portent aux AVANT-POSTES, ou accompagnent de petits CORPS DÉTACHÉS. Elles sont réparties sur les points où l'on peut supposer des ACTIONS PARTIELLES.

SECTION D'ARTILLERIE. V. ARTILLERIE. V. ARTILLERIE DE RÉGIMENT FRANCO—SUISSE. V. BOUCHE A FEU DE RÉGIMENT FRANCO-SUISSE DE LIGNE. V. CAPORAL D'ARTILLERIE D'INFANTERIE FRANCO-SUISSE DE LIGNE. V. COMPAGNIE D'ARTILLERIE D'INFANTERIE FRANCO-SUISSE. V. CONSEIL GÉRANT DE LIGNE. V. MILICE RUSSE Nº 2.

SECTION DE CAVALERIE. V. CAVALERIE. V. MILICE RUSSE Nº 7.

SECTION DE COMPAGNIE HORS RANG. V. COMPAGNIE HORS RANG. V. DÉPÔT DE CORPS. V. PORTE-DRAPEAU Nº 4.

SECTION D'INFANTERIE. V. ALIGNEMENT DE SUBDIVISION. V. APPEL GÉNÉRAL DE MATINÉE EN GARNISON. V. ARME A VOLONTÉ. V. CAPORAL D'INFANTERIE FRANÇAISE DE LIGNE Nº 7, 18. V. CHEF DE GARDE MONTANTE EN GARNISON. V. COIN TACTIQUE. V. COLONNE DE ROUTE. V. COMPAGNIE D'INFANTERIE FRANÇAISE DE LIGNE Nº 7. V. ENCADREMENT. V. FORMATION DE COMPAGNIE. V. INFANTERIE. V. INFANTERIE FRANÇAISE Nº 2, 8. V. PELOTONNEMENT. V. SECTION TACTIQUE. V. SERGENT D'INFANTERIE FRANÇAISE DE LIGNE Nº 5. V. SERGENT-MAJOR Nº 4. V. SERRE-FILE. V. SOUS-LIEUTENANT Nº 1. V. TENTE D'HOMMES DE TROUPE.

SECTION EXTÉRIEURE. V. DISPOSITION CONTRE LA CAVALERIE. V. EXTÉRIEUR, adj.

SECTION INTÉRIEURE. V. DISPOSITION CONTRE LA CAVALERIE. V. FEU DE SIX RANGS. V. INTÉRIEUR, adj.

SECTION TACTIQUE (G, 6), OU DEMI-PELOTON. Sorte de SECTION considérée ici comme Section d'INFANTERIE FRANÇAISE. C'est une AGRÉGATION élémentaire, une UNITÉ DE BATAILLON, et la moindre des SUBDIVISIONS que, en MANOEUVRES, un OFFICIER INFÉRIEUR commande. — Avant le milieu du dernier siècle, l'INFANTERIE PRUSSIENNE exécutait déjà par Sections des CHANGEMENTS DE FRONT; et vers le même temps, le mot Section avait en FRANCE un sens si peu arrêté, la LANGUE des armes était si vague, que l'ORDONNANCE DE 1755 (6 MAI) appelait Section la COMPAGNIE tactique, qui s'est ensuite nommée PELOTON, et qu'elle appelait COMPAGNIE la SECTION ADMINISTRATIVE. Ainsi les FEUX DE SECTION dont cette ORDONNANCE parle n'étaient pas pris sous l'acception qu'on donnait, de nos jours, à un FEU D'INFANTERIE du même nom. Le mot employé dans un sens plus analogue aux temps modernes commençait à figurer dans l'ORDONNANCE DE 1766 (1er JANVIER) et dans les INSTRUCTIONS DE 1769 (1er MAI) et DE 1774 (11 JUIN). Cette dernière, cependant, prenait encore Section et DIVISION comme synonymes ; cette confusion, si tard prolongée, explique pourquoi l'on ne retrouve pas l'expression Section dans LACHESNAIE (1758, I) : *Voyez-y, cependant,* Exercice, *pag.* 147, *et* Manche. — Le système qui fractionnait en Sections le BATAILLON, et qui formait le PELOTON d'un accouplement de Sections, succédait au système qui avait constitué UNITÉ DU BATAILLON, la FILE, puis ensuite UNITÉ DU BATAILLON, le DEMI-QUART DE RANG. — L'ordonnance DE 1788 (1er JUILLET) voulait que tout CAPORAL fût capable de commander une Section. — Dans le principe, un CAPORAL était placé à l'AILE droite du PREMIER RANG de chaque Section ; cette disposition n'a plus été obligatoire dans le RÈGLEMENT DE 1791 (1er AOUT). Le RÈGLEMENT DE 1816 (24 JUILLET) voulait que ce rang fût encadré de CAPORAUX. — Ce RÉGLEMENT prescrivait de ne MARQUER LES SECTIONS qu'après avoir formé le RANG DE TAILLE de toute la COMPAGNIE, et s'étendait, la première, sur le mécanisme du ROMPEMENT EN BATAILLE. — En MANOEUVRE, le CAPITAINE est CHEF de la PREMIÈRE SECTION ; le LIEUTENANT, CHEF de la SECONDE. Un CONDUCTEUR D'AILE gouverne le mouvement circulaire des Sections quand elles CONVERSENT. Un ou deux SERRE-FILES surveillent les RANGS. — Le DOUBLEMENT de Section appliqué au PASSAGE DE LIGNES n'est pas sans analogie avec l'antique PAREMBOLE grecque ; ce passage s'exécutait entre les deux commandements : DOUBLEZ et DÉDOUBLEZ LES SECTIONS. — L'étendue d'un FRONT DE SECTION est le terme reçu d'une mesure tactique. Ainsi une COLONNE se forme à DISTANCE DE SECTION, ou en espaçant ses SUBDIVISIONS dans la proportion de la DISTANCE de la DROITE à la GAUCHE, ou de l'éloignement d'une Section à la Section suivante. — L'ORDONNANCE DE 1831 (4 MARS) ne faisait ROMPRE PAR SECTION qu'en COLONNE DE ROUTE, ou dans la marche de l'ESCORTE DU DRAPEAU, mais jamais en MANOEUVRES. Cette ORDONNANCE était la première qui assignât, derrière les Sections, des places aux derniers

SERGENTS, et qui partageât en DEMI-SECTIONS les Sections. Cette disposition qui les subdivisait n'avait rien de plausible. — Des Sections rompues se rapprochent et se rattachent par ENPELOTONNEMENT ou par FORMATION DE PELOTONS. — Un BATAILLON par le flanc se rétablit en COLONNE par Section ou par ENSECTIONNEMENT. — Le DOUBLEMENT de Section, évolution de passage de lignes, entrecoupe de vides et de pleins le FRONT DE BATAILLE ou le FRONT DU BATAILLON. — On peut consulter touchant les Sections : l'ENCYCLOPÉDIE (1785, C), LECOUTURIER (1825, A), MAIZEROY (1773, B), SALDERN (1783, A), TRAVERSE (1758, I), TURPIN (1757, K).

SECTIONS INTÉRIEURES, SERREZ EN MASSE, interj. V. COMMANDEMENT GÉNÉRAL. V. DISPOSITION CONTRE LA CAVALERIE. V. INTÉRIEUR, adj.

SEDAN. V. NOMS PROPRES.

SÉDENTAIRE, adj. V. ARMÉE S... V. ARTILLERIE S... V. CANONNIER S... V. COMPAGNIE S... V. CORPS S... V. FUSILIER S... V. GARDE NATIONALE S... V. GARNISON S... V. HOPITAL S... V. INFANTERIE S... V. JUSTICE S... V. SERVICE S...

SÉDITIEUX (séditieuse), adj. V. ACTE S... V. ATTROUPEMENT S... V. CLAMEUR S... V. RASSEMBLEMENT S... V. SOUS-OFFICIER S...

SÉDITIEUX, subs. masc. V. GOUVERNEUR DE PROVINCE.

SEDLER ; SEDLITZ ; SEEGER ; SEELIG ; SEELENGER. V. NOMS PROPRES.

SÉETE, subs. fém. V. SAETTE,

SÉETTE, subs. fém. V. SAETTE.

SÉETVE, subs. fém. V. SAETTE.

SEGBANS, subs. masc. V. MILICE TURQUE Nº 5.

SÉGIÉ (ségiée), adj. V. ASSIÉGÉ.

SÉGIER, verb. neut. V. ASSIÉGÉ.

SÉGNOOR, subs. masc. V. SEIGNEUR.

SÉGNOR, subs. masc. V. SEIGNEUR.

SÉGNORAGE, subs. masc. V. SEIGNEUR.

SÉGNORIE, subs. fém. V. SEIGNEUR.

SÉGNORIER, verb. act. et récip. V. SEIGNEUR.

SÉGNORIR, verb. act. et récip. V. CHEVALERIE D'AFFILIATION. V. CHEVALIER DU MOYEN AGE Nº 5. V. SEIGNEUR.

SÉGNOUR, subs. masc. V. SEIGNEUR.

SÉGNOURIR, verb. act. et récip. V. SEIGNEUR.

SÉGRETTE, subs. fém. V. SECRETTE.

SÉGUIER ; SÉGUR ; SEID ; SEIDEL. V. NOMS PROPRES.

SEIGLE, subs. masc. v. BLUTAGE. V. DENRÉE DE DISTRIBUTIONS. V. FARINE. V. GRAINS D'APPROVISIONNEMENT EXTRAORDINAIRE. V. MILICE PRUSSIENNE N° 6. V. PAILLE DE SEIGLE. V. PAIN DE MUNITION.

SEIGNAL, subs. masc. v. ARMOIRIES.

SEIGNEUR, subs. masc. v. CONSEIGNEUR. V. CO-SEIGNEUR. V. GRAND SEIGNEUR. V. RÉGIMENT DE SEIGNEUR.

SEIGNEUR (F). Mot qui, de militaire qu'il était, est devenu politique, puisque, d'abord, il n'y avait pas de Seigneur sans TROUPES, sans SOLDURIERS, et ensuite pas de terre sans Seigneur ; tels furent la base et le réseau de la FÉODALITÉ. — Le terme cessa d'exprimer un rang élevé de la hiérarchie sociale depuis l'extinction du système féodal ; il a été dépouillé du caractère légal depuis 1789. Il y avait alors quatorze cents ans que ce terme ou ses analogues, en LATIN OU EN ROMAN, changeaient de siècle en siècle de signification, et variaient de province à province ; aussi avons-nous témoigné, en traitant de la NOBLESSE et des PRINCES FRANÇAIS, combien il était difficile de donner sur ces divers sujets des définitions satisfaisantes et complètes. BOREL (Pierre) et MÉNAGE veulent que Seigneur vienne du GREC *kurios* ; mais dans HAUTESERRES et dans TRIPPAULT, l'étymologie du mot Seigneur n'est pas unanimement convenue, à cause de la quantité de ses synonymes, de ses analogues, de ses dérivés, tombés pour la plupart dans l'oubli. Il était indispensable de les en tirer pour justifier nos assertions. — Avant l'expansion du ROMAN, et dans les provinces où le LATIN s'était maintenu le plus tard, on disait : *dominus* ; d'où sont venus DAM, DAMOISEAU, DAN, DAMP, DANS, DANT, DOM, DOMP, DON, DONS, qui ont produit DOMAINE, domanial, DOMINANT. Etre *dominus*, c'était tenir le premier rang ; c'était, dans les lois de CHARLEMAGNE, être CHEF MILITAIRE. On désignait par le diminutif *domicellus* les apanagiés ou apanagés, les CADETS, les DAMOISEAUX. — Dans la LANGUE D'OC, on pratiquait toutes les désinences en *or* et en *our* dont il sera question plus bas. — Dans le ROMAN du Nord, on appelait, suivant ROQUEFORT, *vower* le Seigneur reconnu dans ses terres ; dans cette même LANGUE on disait SIR, SIRE, qui avait pour féminin siresse. Cette origine septentrionale du mot SIRE explique comment il se fait que l'ANGLETERRE ait vulgarisé, jusqu'à la banalité, ce mot sir. Elle explique pourquoi les FRANÇAIS appelaient SIRE-ÈS-LOIX, OU EN LOIS, un CHEVALIER-ÈS-LOIS, et SIRE DE L'HOST, OU D'HOST, un GÉNÉRAL D'ARMÉE ; pourquoi la cour de FRANCE, abandonnant les bords du RHIN pour résider au cœur du royaume, avait conservé, comme titre du monarque, le mot SIRE ; pourquoi enfin, de cet usage de la cour, il nous est resté les expressions SIEUR et monsieur. — BARBAZAN (1808) veut que Seigneur vienne indirectement du LATIN *signum*, pris dans le sens de BANNIÈRE, et qu'il sorte directement de *insignior*, personnage de marque. Nous doutons de cette origine. — BOREL (Pierre) et l'ENCYCLOPÉDIE (1751, C) tirent Seigneur du LATIN *senior*, signifiant ancien ; c'était la souche de sénat (*à senio*), parce que le sénat se composait des *seniores* ou *anciens*. C'est en effet par la filière des idiomes dérivés du LATIN, que le terme Seigneur est passé du ROMAN méridional dans la LANGUE D'OYL. Ainsi, Seigneur et SÉNATEUR auraient été primitivement synonymes. — Le mot Seigneur, emprunté par le FRANÇAIS à l'ESPAGNOL et à l'ITALIEN, n'a presque pas différé d'abord de l'orthographe de ces langues, comme le témoignent ROQUEFORT et les autres antiquaires qui ont retrouvé et mentionné les substantifs SAGNOR, SAIGNOR, SAINGNOR, SAINGNOUR, SÉGNOOR, SÉGNOR, SÉGNOUR, SEIGNIOU, SEIGNOR, SEIGNUR, SENIOR, SÉNIEUR, SÉNIOR, SÉNOR, SIGNOR, SIR, SIRE, SIRIÉ, SOIGNOR. Ces expressions ont, suivant les temps, signifié : principal, NOBLE, mari, MAITRE, CHEVALIER ; elles ont donné les dérivés SÉGNORAGE, SÉGNORIE, SEIGNEURAGE, SEIGNEURIAGE, SEIGNEURIE, SEIGNORAIGE, SEIGNORIE, SEIGNOURAGE, SEIGNOURAIGE, SIGNORAGE, SIGNORAIGE, SIGNORIE, SIGNOURAIGE, SIGNOURIE, SIRAUTÉ, SIRERIE, SIRIE, qui signifiaient droit, qualité, état de Seigneur, élévation au rang de Seigneur ; elles ont produit les verbes ASSEIGNEURER, SÉGNORIER, SÉGNORIR, SÉGNOURIR, SEIGNEURIER, SEIGNEURIR, SEIGNORIER, SEIGNORIR, SIGNORIR, verbes qui signifiaient dominer, devenir PRINCE, faire ou jouer le PRINCE. — Dans les parties du royaume où un Seigneur se nommait SIR, SIRE, SIRIÉ, SYRE, ces expressions avaient produit comme substantifs d'essence ou de condition, SIRERIE, SIRAUTÉ, synonymes de SEIGNEURIE. — Nous croirions le mot Seigneur bien plutôt originaire du SAXON que de toute autre source. — Passons des considérations linguistiques aux aperçus historiques. — Des AMBACTES, des BERS étaient Seigneurs chez les GAULOIS. — Sous nos premiers ROIS, les Seigneurs se sont nommés, à la manière des GAULOIS et des FRANCS, ANTRUSTIONS, BARONS, LEUDES, MARÉCHAUX. — Les successeurs de CLOVIS ont admis comme Seigneurs, à la manière des ROMAINS, les BÉNÉFICIERS, CLIENTS, COMTES, DUCS. — Les Seigneurs de la MILICE de CHARLEMAGNE étaient CHATELAINS, DAPIFERS, MAR-

GRAVES, MARQUIS, PRÉFETS. — Les Seigneurs de Louis le Débonnaire et de Charles le Chauve devinrent des seigneurs fieffés, que caractérisent, par privilége, les armes libres, la cotte de mailles, la lance noble, la direction et le maniement du ban. — Le hasard, les talents, la violence, la vaillance, avaient revêtu du pouvoir les seigneurs souverains; ceux-ci, à l'instar des rois, avaient leur maison, leurs maréchaux, leurs chirurgiens, leurs hérauts, leurs gardes du corps qui s'appelaient gardes-liges, les pages qui leur servaient d'aides de camp, l'aumonier qui les dispensait de savoir lire, et les sergents, soit fieffés ou non. Les seuls seigneurs hauts justiciers, soit de droit écrit, soit par possession, avaient pouvoir de commissionner des champions qui leur épargnaient les fatigues de l'escrime; c'étaient des vassaux qu'ils admettaient à cet emploi par foi et hommage; on en retrouve une trace dans le champion du roi d'Angleterre. — Les Seigneurs sous Louis le Gros sont grands feudataires, et disputent au trône le pouvoir souverain; tels d'entre eux, avant et depuis l'émancipation des communes, avaient leurs bourgeois et leurs soldats, comme le roi avait les siens. — Les Seigneurs de la troisième race sont qualifiés d'amiraux, de bannerets, de souverains, de suzerains; ceux qui sont dominants, ou par amont, rassemblent sous leur bannière plus ou moins de pennons, jouissent du cri d'armes, exercent suzeraineté sur d'autres Seigneurs, se donnent des sénéchaux, se créent une cour. — Etre mis à Seigneur, c'était obtenir possession d'une terre seigneuriale. — Les Seigneurs avaient droit de girouette carrée, droit de trosse (trousse), c'est-à-dire de faire botteler par les vassaux leur foin, de faire faire les trousses d'herbes de leurs chevauchées par leurs paysans; ils avaient quantité d'autres prérogatives qu'il est inutile de rappeler ici. Quant aux droits purement militaires, le plus important était le haubert et l'hébergement, les créneaux, les barrières, les ponts-levis, l'aide-chevel, ou impôt en numéraire, aux quatre cas; l'échauguette, ou garde montée au chateau par corvée, ce qu'on nommait aussi guet et garde; le droit d'exiger le don d'un roussin ferré des quatre pieds, à l'instant de la mouvance du fief dominant ou des fiefs subordonnés; le droit de passer les montres ou revues; le droit d'exiger le cornage qui, de chatel en chatel, devait dénoncer l'approche de l'ennemi; enfin la rendabletté, ou le pouvoir acquis au seigneur dominant, d'aller, en cas de guerre, s'établir dans le domaine et le chateau du Seigneur vassal, et de poser garnison dans ses forteresses. Il serait déplacé de parler ici d'autres droits que rappelle Roquefort (1829, 1833, au mot *Cullage*). — Les Seigneurs des douzième et treizième siècles prenaient la dénomination de capitouls, captals, chevels, cheffvetaines, chévetains. — Les Seigneurs, les chévetains qui commandaient un ost ou des troupes d'infanterie communale, et qui voulaient, à la guerre, les retenir au delà du temps pendant lequel le service de la tenure était dû, n'y seraient parvenus qu'en fournissant solde et subsistances; rarement ils en avaient le moyen, et leurs gens se débandaient au milieu d'une campagne inachevée; aussi, faire la guerre, ou faire le dégat, étaient-ils synonymes, parce qu'ils n'avaient que le temps du dégat. — En 1185, la révolte des blancs chaperons avait pour cri de guerre : *Mort aus Seigneurs.* Cet incendie avait été allumé par la tyrannie de certains chatelains, qui faisaient de la guerre privée leur occupation; du vol sur les grandes routes, leur passe-temps; des rançons, leur revenu; dans leur langue, le pillage et le butin s'appelaient gain ou gagnage. — Depuis l'existence d'un droit écrit, ou plutôt depuis que des rôles résumèrent dans des chartriers des règles coutumières et des traditions féodales, depuis les assises de Jérusalem et les establissements de saint Louis, le Seigneur terrageau était celui qui levait un droit de champart ou de terrage. — Il y avait des seigneurs parageaux, paragers, parageurs, paragoins; ces épithètes venaient du verbe latin *pariare*, égaler, ou, comme on disait en vieux français, pariagier; elles concordaient avec les substantifs parage, paraige, rendus en bas latin par *paragium, parasgium;* elles étaient une qualification des advoués, conseigneurs, co-seigneurs, c'est-à-dire gouvernant en commun un territoire : tel était le cas, si une commune, un monastère, un chapitre, devaient, en vertu de stipulations, être gardés et défendus par plusieurs Seigneurs. Ces qualifications et celle des chemiers indiquaient, suivant les coutumes diverses, des modifications relatives aux aînés fieffés, aux puînés, aux tenures en égal degré, régies par plusieurs, et à cette parité de droits acquis aux pariaires ou pariagiers, c'est-à-dire aux Seigneurs par parage ou à titre de pairs; enfin, sous Louis douze, on distinguait des Seigneurs d'église les seigneurs d'épée. — De ces sources obscures, confuses, était sortie la législation si indéchiffrable, si embrouillée de la pairie française. Cette puissance, cet arbitraire, aussi variés qu'il y avait de domaines, rendaient impossible l'établissement d'un DROIT PUBLIC MILITAIRE, dont l'existence est encore à invoquer de nos jours. — De ces termes issus de la racine LATINE *par*, étaient venues les expressions si communes dans les vieux AUTEURS, et surtout dans BRANTOME (1600, A), paragon, modèle, paragoner, parangoner, parangonner; comparer, regarder comme PAIR, se prétendre PAIR et Seigneur. Les coutumes et les traditions de la FÉODALITÉ ont abondé dans notre LANGUE, et y ont laissé quantité de traces que bien des yeux ne saisissent plus. — Après avoir parcouru succinctement l'échelle des temps, revenons sur nos pas pour développer les détails qui peuvent plus particulièrement intéresser l'ARMÉE. — Les Seigneurs, en prenant d'abord ce titre à peu près dans le sens de SEIGNEURS TERRIENS, ne furent, pendant plusieurs siècles, que des colons ou des fermiers vivant sous la protection d'un MAITRE, envers qui ils étaient tenus, non d'une redevance en argent, mais d'une faisance dont le SERVICE MILITAIRE FÉODAL et à temps était le payement. — Les désordres des CHAMPS DE MARS et DE MAI, l'arrogance que déployaient ces Seigneurs fermiers, témoignent combien ils étaient impatients de tout frein. — Comprimés sous la puissante main de CHARLEMAGNE, ils étaient astreints, quand il leur en donnait l'ordre, de servir, même dans l'ARMÉE DE MER. Mais sous les faibles successeurs de ce monarque, ils secouèrent l'autorité du trône, déchirèrent le livre des CAPITULAIRES, se déclarèrent usufruitiers à vie, ou même possesseurs à titre d'hérédité, des DOMAINES dont ils avaient été nommés par délégation les gouverneurs temporaires; ils préparèrent par cette révolte et cette usurpation tous les malheurs de la FRANCE. Ce fut l'anéantissement de la centralisation, qui elle seule eût pu opposer une barrière aux DANOIS, aux NORMANDS; ce fut le signal de la construction des FORTIFICATIONS dont se hérissa le sol; ce fut le principe de ces longs déchirements dont le pays fut désolé plus tard. — Avouons cependant que sans ces FORTIFICATIONS, sans la résistance à main armée des Seigneurs, les DANOIS et les NORMANDS eussent fait de la FRANCE un désert, comme ont fait les ESPAGNOLS au MEXIQUE. C'était le remède à un mal par un autre mal. — Le besoin de caractériser les lignées nobles, par le nom de FIEFS, faisait revivre au onzième siècle l'usage des NOMS PROPRES. Les SERFS, les affranchis, les HOMMES DE POESTE commencèrent à s'appeler du même nom que leur MAITRE, ou à être désignés par les sobriquets de métiers, ou de pays; ainsi le tiers état, qui était prédestiné à renverser la NOBLESSE, lui a l'o-

bligation de la résurrection d'un système d'ÉTAT CIVIL sans lequel le tiers état n'eût pas existé. — Depuis que la CHEVALERIE fut une institution sous foi de SERMENT, et une association où la vaillance était censée le titre à l'éligibilité, les Seigneurs aspirèrent à être ARMÉS CHEVALIERS; mais l'avantage de la naissance ne donnait pas seul le droit à l'investiture chevalière, et l'on ne sait pas précisément où, ni en quel temps la preuve des QUARTIERS devait précéder le noviciat des ASPIRANTS D'ARMES; la valeur intrinsèque d'une des qualifications varia presque autant que l'autre. — Les Seigneurs, accoutumés, en vertu de la TENURE des FIEFS, à disposer de cette espèce de CONSCRIPTION à cheval appelée HOST, OST, BAN ET ARRIÈRE-BAN, et à se donner gratuitement, pour FANTASSINS, des ROTURIERS, se virent forcés, dans le cours des CROISADES, de recourir à de l'INFANTERIE qui exigeait une PAYE; car le BUTIN ne lui suffisait plus comme solde, faute de RECEPTS pour emmagasiner le PILLAGE. Cette nécessité obéra les DOMAINES, et fut le premier signal de la décroissance du pouvoir des Seigneurs; l'état de leur fortune dissipée dans le luxe des CARROUSELS, dans la somptuosité des HABITS, des SOULIERS dorés, des HARNAIS, des ARMURES, la renaissance des TROUPES A PIED, l'affranchissement des COMMUNES, l'institution des ORDRES DE CHEVALERIE royale, l'abolition inévitable des ARMES DÉFENSIVES, achevèrent d'abattre la puissance seigneuriale. — Au quatorzième siècle, suivant M. MONTEIL, et vers le règne de LOUIS ONZE, on comptait encore en FRANCE quarante mille Seigneurs. — C'était le reste, déjà fort réduit, de cet essaim nobiliaire de race FRANQUE et NORMANDE qui se disputait les terres, la sueur, le sang et les récoltes du royaume. — Le quinzième siècle avait dépouillé les Seigneurs de la COTTE ARMORIÉE, qu'ils étalaient depuis le treizième. — On commençait, vers le milieu du seizième siècle, à faire d'un titre jusque-là positif, une qualification obséquieuse; on appelait SIEURS et Seigneurs les personnages jusque-là qualifiés du titre de SIRE. Nul ne doute que le Seigneur Eraste, et tant d'autres des comédies de Molière, n'avaient ni fiefs à régir, ni TROUPES à commander. — A la suite des efforts de PHILIPPE AUGUSTE, de LOUIS LE GROS, de LOUIS NEUF, de PHILIPPE LE BEL, de LOUIS ONZE, CHARLES HUIT, et surtout FRANÇOIS PREMIER, commençaient à tenir dans leurs mains les FORCES militaires que jusque-là les Seigneurs avaient eues à leur disposition. — Depuis le treizième siècle, la très-grande partie des Seigneurs ne se composait que de propriétaires terriers, de CHEFS DE COM-

PAGNIE D'ORDONNANCE, d'élégants CAVALIERS accompagnés d'ESTAFIERS et de PAGES ; les fils de tels d'entre eux, et surtout leurs CADETS et leurs nombreux bâtards, n'étaient plus que de simples GENS D'ARMES. — Sous LOUIS TREIZE et LOUIS QUATORZE, le dédommagement offert à la grandeur déchue des Seigneurs consistait dans la qualification de GRANDS SEIGNEURS. — L'usage, l'accroissement du titre, déguisaient la perte du rang ; quelques-uns d'entre eux commandaient à des RÉGIMENTS de leur nom et de leur LIVRÉE, et regardaient un corps comme une propriété de famille et un effet vénal. D'autres Seigneurs étaient rabaissés jusqu'au rôle d'AIDES DE CAMP et de valets d'écurie, de vénerie, d'appartements. — Les AUTEURS qui jettent quelque lumière sur le côté militaire de ces questions sont : BARBAZAN, BEAUMANOIR, BÉNETON (1742, A), BOREL (Pierre), BRANTOME (1600, A), DELAROQUE, DUCANGE, DUTILLET, ENCYCLOPÉDIE (1751, C), GALLAND, GUYOT (1785), HALLAM, HENRIQUEZ, LACURNE, LAURIÈRE, LOYSEAU, MÉNAGE, M. MONTEIL, MONTLOSIER, PASQUIER, ROQUEFORT, SERVAN (1780, p. 579, al. dern.), TRIPPAULT, VILLEHARDOUIN.

SEIGNEUR A BANNIÈRE. V. A BANNIÈRE. V. BANNIÈRE SEIGNEURIALE. V. CRI DE GUERRE. V. DRAPERIE DE BANNIÈRE. V. LEVÉE EN MASSE.

SEIGNEUR CHATELAIN. V. BANNIÈRE SEIGNEURIALE. V. CHATELAIN. V. FAUCONNEAU. V. GARNISON. V. NOBLESSE.

SEIGNEUR DE FIEF. V. ARMÉE FÉODALE. V. FÉODALITÉ. V. FIEF. V. GARDE NATIONALE. V. MARÉCHAL DE FRANCE N° 2, 5. V. MARÉCHAUSSÉE.

SEIGNEUR D'ÉPÉE. V. ÉPÉE. V. SEIGNEUR.

SEIGNEUR DOMINANT. V. DOMINANT. V. PAIR DE FRANCE. V. SEIGNEUR. V. SERVICE FÉODAL.

SEIGNEUR ECCLÉSIASTIQUE. V. ECCLÉSIASTIQUE.

SEIGNEUR FÉODAL. V. ARMÉE FÉODALE. V. FÉODAL. V. FIEF. V. FIEF DE HAUBERT. V. FIEF D'ÉCUYER. V. MARÉCHAL DE FRANCE N° 2, 7. V. PAL. V. SEMONCE. V. TAILLE CONSCRIPTIVE.

SEIGNEUR FIEFFÉ. V. BACHELIER. V. BANNERET N° 4. V. FANTASSIN. V. FÉODALITÉ. V. FEUDATAIRE. V. FIEF. V. FIEFFÉ. V. GENDARME DU MOYEN AGE N° 1. V. GENTILHOMME. V. GUERRE PRIVÉE. V. HOMME. V. HOPITAL MILITAIRE. V. INFANTERIE COMMUNALE N° 1. V. JUSTICE MILITAIRE. V. LIEUTENANT. V. MANUFACTURE D'ARMES. V. MILICE COMMUNALE. V. MILICE POLO-

NAISE N° 2. V. MINISTRE DE LA GUERRE. V. PAYE. V. SEIGNEUR. V. SERVICE FÉODAL. V. SOLDURIER.

SEIGNEUR HAUT JUSTICIER. V. HAUT JUSTICIER. V. NOBLESSE. V. SEIGNEUR. V. SERVICE FÉODAL.

SEIGNEUR PAR AMONT. V. AMONT. V. PAR AMONT. V. SEIGNEUR.

SEIGNEUR PARAGEAU. V. PARAGE. V. PARAGEAU.

SEIGNEUR PORTUGAIS. V. PORTUGAIS, adj. V. MILICE PORTUGAISE N° 1.

SEIGNEUR SOUVERAIN. V. COMTE N° 5. V. GAGE PLEIGE. V. GARDES LIGES. V. PORTE DE FORTERESSE. V. SEIGNEUR. V. SOUVERAIN. V. TOURNOI.

SEIGNEUR SUZERAIN. V. FIEF. V. GARNISON. V. PAIR DE FRANCE. V. SEIGNEUR. V. SUZERAIN.

SEIGNEUR TERRAGEAU. V. TERRAGEAU. V. SEIGNEUR.

SEIGNEUR TERRIER. V. NOBLESSE. V. QUINTANE. V. TERRIER.

SEIGNEURAGE, subs. masc. V. SEIGNEUR.

SEIGNEURIAGE, subs. masc. V. SEIGNEUR.

SEIGNEURIAL (seigneuriale), adj. V. BANNIÈRE S... V. CHATEAU S... V. JUSTICE S... V. SERGENTERIE S... V. TERRE S...

SEIGNEURIE, subs. fém. V. COMMUNE. V. NOBLE. V. PASSE-VOLANT. V. REITRE. V. SEIGNEUR. V. SÉNÉCHAL. V. SERF. V. SERVICE FÉODAL.

SEIGNEURIER, verb. act. et récip. V. SEIGNEUR.

SEIGNEURIR, verb. act. et récip. V. SEIGNEUR.

SEIGNIOR, subs. masc. V. SEIGNEUR.

SEIGNOR, subs. masc. V. SEIGNEUR.

SEIGNORAIGE, subs. masc. V. SEIGNEUR.

SEIGNORIE, subs. fém. V. SEIGNEUR.

SEIGNORIER, subs. masc. V. SEIGNEUR.

SEIGNORIR, verb. act. et neut. V. SEIGNEUR.

SEIGNOURAGE, subs. masc. V. SEIGNEUR.

SEIGNOURAIGE, subs. masc. V. SEIGNEUR.

SEIGNOURIR, verb. act. et récip. V. SEIGNEUR.

SEIGNUR, subs. masc. V. SEIGNEUR.

SEIK, subs. masc. v. MILICE SYKE.

SEIMANS, subs. masc. plur. v. JANISSAIRE.

SEIN, subs. masc. v. CLOCHE INSTRUMENTALE.

SEING, subs. masc. v. CONTRE-SEING.

SEIZE, subs. masc. v. BOULET DE SEIZE. V. CANON D'ARTILLERIE. V. COULEVRINE DE SEIZE. V. OBUSIER DE SEIZE. V. PASSE-VOLANT. V. PIÈCE DE SEIZE. V. QUATRE-VINGT-SEIZE.

SEIZE CENTS. V. CENT. V. PIÈCE DE SEIZE C...

SEIZE RANGS. V. ORDRE SUR SEIZE R... V. SUR SEIZE R... V. RANGS D'INFANTERIE.

SEJOR, subs. masc. v. SÉJOUR.

SÉJOUR, subs. masc. v. APPEL AU S... V. APPEL DU MATIN AU S... V. ARRIVÉE AU S... V. ARRIVÉE DE CORPS AU S... V. AU SÉJOUR. V. AVOIR S... V. CAMP DE S... V. CAS DE S... V. JOUR DE S... V. JOURNÉE DE S... V. INDEMNITÉ DE S... V. LIEU DE S... V. REVUE DE S... V. VEILLE DE S...

SÉJOUR (E, 4), ou SEJOR suivant ROQUEFORT et LORRIS, ou, plus spécialement, SÉJOUR EN ROUTE, ou, plus anciennement, SOUJOUR. — Le mot Séjour a été employé originairement dans le sens de repos en ROUTE, avant de l'être dans le sens d'habitation, ou de domicile, comme l'ont mis en vogue les poëtes ; il vient de l'ITALIEN *soggiorno*, signifiant JOUR ajouté, parce qu'en voyage militaire un Séjour est un JOUR de plus. — On trouve dans LORRIS : *être tormenté sens sejor*, être tourmenté sans repos. Ainsi la langue poétique avait déjà, à cette époque, emprunté ce terme à la LANGUE MILITAIRE. Car, SEJOR, SOUJOUR, appartenaient à l'idiome des CONDOTTIERI, de qui ils nous venaient. — Les CORPS EN ROUTE SUR PIED DE PAIX, et particulièrement l'INFANTERIE (c'est elle que nous avons ici en vue), ont ordinairement, et conformément à la teneur de la FEUILLE DE ROUTE, un ou plusieurs Séjours ; ils en jouissent dans le lieu de GITE, du quatrième JOUR DE MARCHE, au moins, du cinquième, au plus, comme le témoignait le RÈGLEMENT DE L'AN HUIT (25 FRUCTIDOR). Mais il pourrait y avoir, de force majeure, des CAS DE DOUBLE SÉJOUR, tels que une inondation, une avalanche, etc. — L'ORDONNANCE DE 1818 (15 MAI) prescrivait à l'ADJUDANT-MAJOR PRÉCÉDANT LE CORPS, d'attendre, au LIEU DE SÉJOUR, l'ARRIVÉE de la TROUPE. — Dans les Séjours, la surveillance est exercée au moyen d'APPELS, comme en GARNISON ; elle y a en outre pour objet le BLANCHISSAGE, le BLANCHIMENT de la BUFFLETERIE, le nettoyage des ARMES, les RÉPARATIONS de toute espèce, à la diligence des OFFICIERS DE COMPAGNIES. — La VEILLE d'un Séjour, et le lendemain soir de cette même JOURNÉE, la RETRAITE est battue par les TAMBOURS du CORPS EN ROUTE, en même temps qu'est battue la RETRAITE de la GARNISON, si le LIEU DE SÉJOUR est une GARNISON. — A l'ARRIVÉE AU SÉJOUR, il est annoncé au CERCLE D'ORDRE, avant le renvoi du DRAPEAU, quels seront le lieu et l'heure des APPELS DE MATIN et DE SOIR ; quels seront la TENUE du CORPS, le lieu de rassemblement pour la visite des ÉCLOPPÉS par le CHIRURGIEN-MAJOR et les OFFICIERS DE SEMAINE ; quel est le SERVICE à faire ; comment, enfin, auront lieu l'INSPECTION et la REVUE D'ADMINISTRATION du lendemain. — La PRISON et les ARRÊTS d'officiers peuvent être interrompus en ROUTE et repris pendant les Séjours. — L'ORDRE de la PLACE, si c'est une PLACE A ÉTAT-MAJOR, est communiqué le lendemain au CERCLE DE PARADE de la PLACE, et suivant les formes accoutumées, au CORPS AYANT SÉJOUR. — Si, pendant le Séjour, une BATTERIE est exécutée à l'improviste par tous les TAMBOURS du CORPS EN ROUTE, cette BATTERIE équivaut à un ordre donné de se réunir au lieu indiqué la veille, comme le point du rassemblement des COMPAGNIES. Le TRAITEMENT DE ROUTE est dû pendant les Séjours. — Suivant certaines circonstances, c'est la batterie AUX CHAMPS qui donne à l'INFANTERIE qui vient d'AVOIR SÉJOUR le premier signal du DÉPART. — Les ORDONNANCES DE 1818 (15 MAI) et DE 1833 (2 NOVEMBRE) ont réglé ce qui concerne les Séjours. Il en a été traité dans BARDIN (1807, D), LACHESNAIE (1758, I), LECOUTURIER (1825, A).

SÉJOUR D'ISOLÉ. V. FEUILLE DE ROUTE DE MILITAIRE ISOLÉ. V. INDEMNITÉ DE ROUTE D'HOMME DE TROUPE. V. INDEMNITÉ DE ROUTE D'OFFICIER. V. ISOLÉ.

SÉJOUR EN ROUTE. V. EN ROUTE. V. FOURRIER EN ROUTE. V. SÉJOUR. V. SERVICE DE ROUTE.

SEL, subs. masc. (B, 1). Le mot Sel est tout LATIN ; il a produit les dérivés SALAISONS, SALÉ. Il désigne un des ingrédients de la NOURRITURE militaire. — Le Sel était une des PRESTATIONS de la MILICE ROMAINE, comme elle est, de nos jours, une de celles de la MILICE TURCO-ÉGYPTIENNE. Nous venons de citer avec intention une des plus anciennes MILICES. — M. le colonel CARRION s'étonne que dans le tarif des distributions que mentionnait MONTECUCULI, il comprît le Sel à raison d'une demi-livre par semaine, par SOLDAT ; la moitié doit suffire. — Avant la GUERRE DE LA RÉVOLUTION, il n'était pas délivré de Sel aux TROUPES FRANÇAISES FAIsant campagne, et, en temps de paix, il n'en était distribué aux hommes de troupe que dans les pays de gabelles, afin d'en prévenir la contrebande. Ailleurs, c'était à la solde à y subvenir. — De tout temps le Sel a été au nombre des approvisionnements et des denrées de siège défensif. — Le règlement de 1792 (5 avril) et l'instruction de l'an cinq (1er ventose) allouaient en campagne une livre de Sel par homme présent, et par mois, sans retenue. La ration était un trentième de livre. Les officiers particuliers en avaient une et demie; les chefs de bataillon, deux; les colonels, trois. — Les deniers d'ordinaire pourvoient à l'acquisition du Sel en temps de paix; on l'achète à raison d'une once par vingt hommes.

SEL de saturne. V. caisse de pharmacie. V. saturne.

SEL d'hopital. V. aliment d'hopital. V. hopital.

SÈLE (subs. fém.) chevalière. V. chevalier, adj. v. chevalier du moyen age n° 8. V. peine. V. selle. V. travail.

SELECTE, subs. masc. v. cohorte prétorienne. V. milice romaine n° 2.

SELLE, subs. fém. V. batte de s... v. boute-selle. v. cheval de s... v. coussinet de s... v. fonte de s... v. lame de s... v. palette de s... v. panneau de s... v. siége de s...

SELLE (term. génér.), ou sèle, ou selle militaire, ou sièle suivant Roquefort. Mot dérivé du latin sella, qu'on retrouve dans Pierre de Blois, auteur du douzième siècle. Le mot Selle a produit sellerie et sellier. Nous nous étendrons peu sur cette pièce de harnachement, dont l'étude et les définitions demanderaient des détails immenses. Nous ne l'examinerons que comme selle d'armes, et selle de cavalerie.

SELLE A LA GENETTE. V. A LA GENETTE. V. harnachement a la genette.

SELLE A LA HUSSARDE. V. A LA HUSSARDE. v. garde impériale n° 4. v. harnachement d'uniforme. v. hussard n° 4. v. selle de cavalerie.

SELLE ANGLAISE. V. anglais, adj. v. selle de cavalerie.

SELLE ANGLAISE, HONGROISE. V. anglais, adj. v. hongrois, adj. v. harnachement d'uniforme. v. lancier. v. selle de cavalerie.

SELLE AUTRICHIENNE. v. autrichien, adj. v. milice autrichienne n° 4.

SELLE DANOISE. v. danois, adj. v. milice danoise n° 5.

SELLE d'armes (F), ou selle haute. Sorte de selles dont on se servait au temps de la cotte de mailles et de l'armure de fer; il y en avait déjà d'armoriées au temps de Philippe le Bel. Elles étaient une imitation des coutumes orientales, transmises à nos pères par les Espagnols. Les mameloucks, la milice turque avaient conservé ce genre de Selle jusqu'à nos jours, et y portaient, dans un étui qui y était attaché, trois javelots, ou bien ces troupes y attachaient un caddor. La Selle d'armes des Français était la selle de guerre et de carrousel; elle était accompagnée des flancois, de la cervicale, du gibel qui enveloppait le cheval bardé; elle était à haut troussequin et à sautoir; ses battes formaient une manière de demi-bouclier, en dehors duquel le guerrier appuyait ou clouait sa lance quand il la couchait. La batte fut ainsi employée comme arrêt de lance jusqu'à l'invention du faucre. — Suivant quelques opinions, la housse de la Selle d'armes avait une commune étymologie avec les housseaux, ou heuses, c'est-à-dire avec les bottes que les grèves recouvraient. — Une chaîne tenait suspendue à la Selle la masse d'armes. — Les Selles de chevaliers avaient, comme le témoigne Carré (1783, E), le devant des bottes et le derrière du troussequin garnis de métal, où étaient ciselés, ou travaillés au repoussoir, des ornements, des arabesques, des armoiries. — Des Selles d'armes de carrousels, plus lourdes, plus robustes que celles de guerre, étaient accompagnées de doubles cuissards qui y étaient vissés à demeure; on s'en servait pour le combat a plaisance. — La justice militaire avait fait de la Selle d'armes le moyen d'un genre de peines; tels délinquants étaient condamnés à se traîner à quatre pattes sous une Selle d'armes. — Au temps de Brantome (1600, A), la milice espagnole avait encore des Selles d'armes, mais elles commençaient à passer de mode. Cet écrivain cite *don Pèdre de Pax*, qui était de petite stature, et dit de lui, *que quand il estoit enfoncé dans ses grandes Selles d'armes, au temps passé, on ne le voyoit que malaisément.* — Jusqu'en 1630, la grosse cavalerie française avait conservé des Selles d'armes, ou du moins des bardes, car la Selle elle-même était plus simple et moins lourde que par le passé. A cette époque, les bardes, dernier accessoire de l'antique Selle d'armes, étaient abolies. — Il a été traité des Selles d'armes par Carré (1783, E, p. 174 et 464), par M. Meyrick, par M. Planché, l'*Encyclopédie du dix-neuvième siècle* (au mot *Armure*).

SELLE de cavalerie (B, 1). Sorte de selle considérée comme analogue à celle des temps modernes. Cette partie du HAR- NACHEMENT donne idée d'un SIÉGE de cuir ou de peau ajustée sur des PANNEAUX ou sur une COUVERTE ; telles sont les différences marquées des SELLES FRANÇAISES et HON- GROISES. — Les LÉGIONS ROMAINES et la MI- LICE GRECQUE, comme le remarque l'ENCY- CLOPÉDIE (1751, C), ne connaissaient ni la Selle ni les ÉTRIERS ; ce qui signifie simple- ment que leurs CHEVALIERS ne faisaient usage que de PANNEAUX. — La MILICE ROMAINE n'a- dopta un HARNACHEMENT à peu près à la moderne que vers l'an 340 de J.-C., alors que Constance et CONSTANTIN se disputaient l'empire ; ce fut d'un commerce plus intime avec les ORIENTAUX qu'elle apprit l'art d'é- quiper les CHEVAUX. — Le mot *sella*, que le LATIN commença alors à employer, provien- drait, à ce que croit l'ENCYCLOPÉDIE (1751, C), du nom des Saliens, qui avaient des pre- miers fait usage de la Selle. C'est une éty- mologie extravagante, d'autant que la CAVA- LERIE FRANÇAISE ne connut que bien plus tard la Selle à la moderne, et surtout les ÉTRIERS, et qu'elle n'en apprit probablement la structure que des SARRASINS, au temps de CHARLES MARTEL. — On voit dans GHEYN (1608, A), qu'en 1600 les Selles de GENS D'ARMES avaient encore forme de SELLES D'ARMES. Elles portaient deux paires de FONTES : l'une plus longue, pour le PÉTRINAL, les autres pour les PISTOLES et les CARTOUCHES, ou accessoires analogues. Il y en avait aux- quelles était accrochée à gauche une HACHE D'ARMES. Il y en avait qui portaient une BOTTE A DRAPEAU. — Depuis l'abandon de la SELLE D'ARMES, dont la construction et la matière étaient trop dispendieuses pour que cette pièce de HARNACHEMENT ait été à l'usage de la CAVALERIE proprement dite, les GENS DE CHEVAL de l'ARMÉE FRANÇAISE adoptèrent l'u- sage de la Selle dite française, ou Selle or- dinaire de manége, un peu lourde il est vrai ; elle était cependant la plus sûre, la plus so- lide qu'on eût encore inventée, elle était la plus propre à porter le PAQUETAGE, les FONTES, les OUTILS DE CAMPAGNE : elle était aussi à l'usage des DRAGONS, depuis que, renonçant aux PANNEAUX, ils aspirèrent à passer du rôle d'INFANTERIE A CHEVAL à celui de CAVA- LIER accidentellement fantassin. Un de leurs CHEFS les plus habiles, LAPORTERIE, a laissé des explications et des images satis- faisantes de ce harnachement. — Quand une poignée de transfuges HONGROIS apporta en France la SELLE A LA HUSSARDE, ce HARNACHE- MENT dégrossi, demi-barbare, fut admis et conservé, malgré la grande mésestime que lui avaient vouée les cavalcadours et les écuyers classiques. — La grande différence

entre la SELLE FRANÇAISE et HONGROISE con- sistait dans les LAMES au lieu d'ARÇONS, la PALETTE au lieu de BATTES, la CUILLER A POT au lieu de TROUSSEQUIN, la COUVERTE au lieu de PANNEAUX, la SCHABRAQUE de mouton, ou de tigre, ou de drap, au lieu de SIÉGE ; le MANTEAU cachant les FONTES, au lieu d'être en arrière ; le PORTE-MANTEAU carré long et à BESACE, ou bien le PORTE-MANTEAU cylin- drique, dont le nom de PORTE-MANTEAU de- venait faux, car c'est ainsi que la LANGUE va se viciant ; l'ÉTRIER à l'ORIENTALE, au lieu de l'ÉTRIER à GRILLE ; la BRIDE à CROIX et à RÊNES en FOUET, au lieu de la BRIDE sans CROIX, à RÊNES plus courtes. — La grande dimension des TENTES DE CAVALERIE du siècle dernier résultait de ce qu'on y plaçait les Selles. — L'usage de cet ÉQUIPAGE se perpétua dans ce petit nombre de RÉGIMENTS DE HUSSARDS que la FRANCE tint à son SERVICE ; mais quand les HUSSARDS se multiplièrent, quand les CHAS- SEURS A CHEVAL adoptèrent un HARNACHEMENT à leur instar, la SELLE HONGROISE devint une fureur, mais se dénatura sous forme et sous dénomination d'ANGLAISE-HONGROISE, ou SELLE ANGLAISE, à PALETTE et à CUILLER A POT. Les CHASSEURS A CHEVAL de la GARDE IMPÉRIALE, les LANCIERS, la modifièrent en y attachant des PANNEAUX, au lieu de se contenter de son incommode COUVERTE. Il n'y eut pas un AIDE DE CAMP élégant, pas un OFFICIER GÉNÉRAL un peu jeune qui ne voulût s'équiper à la hussarde. Dans des CORPS de DRAGONS, tels que le neuvième RÉGIMENT, les OFFICIERS se permirent de harnacher à la hongroise leurs CHEVAUX, en les garnissant d'une longue SCHABRAQUE. Ainsi jurait d'une manière criante l'uniforme du SOLDAT et de l'OFFICIER. Mais jamais les MINISTRES n'ont su qu'ad- mettre ou tolérer des caprices, au lieu de diriger les modes. — La GARDE IMPÉRIALE nous fit même revoir des SELLES D'ARMES ; c'étaient celles de ses MAMELOUCKS. — La MI- LICE AUTRICHIENNE, la MILICE DANOISE, bien plus sages que la CAVALERIE FRANÇAISE, n'ont qu'un seul genre de Selle. — En 1810, les imperfections, les disparates du HARNACHE- MENT, les incalculables dépenses qu'il en- traînait, finirent par éveiller l'attention du souverain ; le duc de FELTRE fit faire des es- sais, des modèles, des travaux ; il en est résulté un large et magnifique travail ex- plicatif et gravé, qui donna de demi-gran- deur les figures et les épures des moindres pièces de toutes les Selles en usage. La res- tauration n'en tint aucun compte. Les ca- prices, les innovations se reproduisirent ; les essais, les COMMISSIONS D'EXAMEN recommen- cèrent d'année en année ; des changements, des suppressions, entretinrent la grande plaie du BUDGET sans que rien se fondât définitivement. Une CIRCULAIRE DE 1831 (12 JUILLET) en donnait la preuve à l'égard des Selles de GROSSE CAVALERIE. — Un nouveau genre de Selle sans COUSSINET, sans PANNEAUX, et dont le prolongement des LAMES soutiendrait le PORTE-MANTEAU, prenait faveur en 1835; mais que seraient devenues toutes les Selles la plupart peu anciennes des RÉGIMENTS, et plus de douze mille Selles que contenaient les MAGASINS! — Le journal *l'Armée*, 1837 (octobre), prétend que Paul-Louis COURIER, voulant faire une CAMPAGNE à l'antique, s'abstint pendant toute une année de se servir d'ÉTRIERS et même de Selle. Il n'eût manqué à l'épreuve et à la perfection de l'imitation que de se mettre dans les *infrenati*, genre de CAVALIERS antiques que les crédules ÉCRIVAINS ont supposés combattant sans BRIDE et dont les CHEVAUX manœuvraient à la voix du MAITRE. Il n'en faut croire qu'avec réserve le journal *l'Armée*, d'autant que COURIER n'a jamais FAIT une CAMPAGNE complète, et courait plus aux bibliothèques qu'à cheval; c'était comme MILITAIRE un véritable *infrenatus*. — Il a été traité des Selles par BARDIN (1818, B). LAPORTERIE, LECOUTURIER (1825, A), le *Spectateur militaire* (t. XXIV, p. 657), et toutes les ENCYCLOPÉDIES.

SELLE de CAVALERIE LÉGÈRE. V. CAVALERIE LÉGÈRE. V. ESCOPETTE. V. SELLE DE CAVALERIE.

SELLE de GROSSE CAVALERIE. V. GROSSE CAVALERIE. V. SELLE DE CAVALERIE.

SELLE de GUERRE. V. GUERRE. V. SELLE D'ARMES.

SELLE de HUSSARD. V. HUSSARD N° 4. V. SABRETACHE. V. SCHABRAQUE. V. SELLE DE CAVALERIE.

SELLE de LANCIER. V. LANCIER. V. SELLE DE CAVALERIE.

SELLE de TIMBALIER. V. TABLIER DE TIMBALE. V. TIMBALE. V. TIMBALIER.

SELLE d'OFFICIER DE CAVALERIE. V. OFFICIER. V. OFFICIER DE CAVALERIE N° 2. V. SELLE DE CAVALERIE.

SELLE d'OFFICIER MONTÉ. V. OFFICIER D'INFANTERIE FRANÇAISE N° 2.

SELLE d'UNIFORME. V. SELLE DE CAVALERIE. V. UNIFORME.

SELLE FRANÇAISE. V. CAVALERIE LÉGÈRE. V. ÉCU. V. ÉTRIER. V. FRANÇAIS, adj. V. SELLE DE CAVALERIE.

SELLE HAUTE. V. COMBAT A PLAISANCE. V. HAUT, adj. V. SELLE D'ARMES.

SELLE HONGROISE. V. CHASSEUR A CHEVAL.

V. ÉTRIER. V. HONGROIS, adj. V. MILICE DANOISE N° 3. V. SCHABRAQUE. V. SELLE DE CAVALERIE.

SELLE MILITAIRE. V. MILITAIRE, adj. V. SELLE.

SELLE PRUSSIENNE. V. PRUSSIEN, adj. V. MILICE PRUSSIENNE N° 4.

SELLERIE. V. CAVALERIE. V. SELLE.

SELLIER, subs. masc. V. MAITRE SELLIER. V. MILICE PORTUGAISE N° 1. V. SELLE.

SELMNITZ. V. NOMS PROPRES.

SEMAINE, subs. fém. V. ADJUDANT DE S... V. ADJUDANT-MAJOR DE S... V. CAPITAINE DE S... V. CAPORAL DE S... V. CHEF DE BATAILLON DE S... V. DE S... V. EN S... V. ENTRER EN S... V. ÊTRE DE S... V. FAIRE LA S... V. FONCTION DE S... V. LIEUTENANT DE S... V. OFFICIER DE S... V. OFFICIER SUPÉRIEUR DE S... V. PRENDRE LA S... V. REMETTRE LA S... V. ROLE DE S... V. SERGENT DE S... V. SERVICE DE S... V. SORTIR DE S... V. SOUS-LIEUTENANT DE S... V. SOUS-OFFICIER DE S...

SÉMANTIQUE, adj. V. SIGNAL S...

SÉMANTIQUE, subs. fém. (G, 6; H), ou SÉMÉIOTIQUE suivant l'ENCYCLOPÉDIE (1751, C), ou art de mouvoir les TROUPES à l'aide de SIGNAUX VISUELS. Les mots GRECS *sema, semeion*, signifiaient SIGNE et DRAPEAU, et ils sont la racine de ce terme suivant ROBINSON. — La Sémantique diffère de la CÉLEUSTIQUE en ce qu'elle parle aux yeux, tandis que la CÉLEUSTIQUE parle aux oreilles. Les CRIEURS des MILICES GRECQUES et le COMMANDEMENT INSTRUMENTAL étaient les interprètes des SIGNAUX que faisaient les PORTE-ENSEIGNES des PHALANGES, ou même elles agissaient à la seule vue de ces SIGNAUX et par la seule puissance de la Sémantique. — Les FÉCIAUX, les SIGNIFÈRES de la MILICE ROMAINE, les EXCITATEURS, les FLAMMES A HAMPE de la MILICE BYSANTINE en agissaient de même. — Mais, suivant les temps, la Sémantique et la TÉLÉPHONIE ont été les accessoires de la CÉLEUSTIQUE ou l'inverse. Ainsi, primitivement, suivant plusieurs AUTEURS, quand les ARMÉES étaient faibles ou massées, et qu'elles n'avaient que peu de DRAPEAUX ou qu'un seul, les SIGNAUX venaient de ce DRAPEAU et les voix en répétaient les injonctions. Quand les ENSEIGNES, les FLAMMES A HAMPE se sont multipliées, c'étaient leurs mouvements qui indiquaient aux TROUPES trop distantes de leur CHEF pour ouïr les COMMANDEMENTS VOCAUX, ce que ces COMMANDEMENTS ordonnaient. Ce dernier système est positivement indiqué dans SUIDAS. — Les HÉRAUTS des PREMIÈRE et SECONDE RACES abaissaient à terre la BANNIÈRE ROYALE quand, dans une AFFAIRE vive, la personne du monarque était en danger. Ce SIGNAL équivalait au CRI A LA

RECOUSSE. — Dans le dernier siècle, les gesticulations du FLIEGELMAN étaient un moyen de Sémantique. — Les SIGNAUX de la CANNE du TAMBOUR-MAJOR, les SIGNAUX ou MOUVEMENTS D'ÉPÉES qui suspendent les BATTERIES ou les annoncent, les SÉMAPHORES, la TÉLÉGRAPHIE militaire, sont les moyens de la Sémantique actuelle. — Une des imperfections de l'ART MILITAIRE moderne, est d'avoir renoncé aux ressources et au concours de la Sémantique dans les EXERCICES D'INFANTERIE.

SÉMAPHORE, subs. masc. (F), ou SÉMÉIOPHORE suivant ROBINSON. Mot dont le GREC donne la racine; il signifie qui porte SIGNAL; c'est une expression usitée dans les colonies et dans la langue de la MARINE. — La SÉMAPHORIE est une partie de la SÉMANTIQUE, ou plutôt elle est la SÉMANTIQUE d'un vaste CHAMP DE BATAILLE et des grandes OPÉRATIONS, tandis que la SÉMANTIQUE n'est que la SÉMAPHORIE des MANŒUVRES et de la TACTIQUE. — Les Sémaphores sont des COMMANDEMENTS TÉLÉGRAPHIQUES d'une signification convenue. — Le plus simple des Sémaphores est un mât dressé à demeure, et surmonté d'un faisceau de paille auquel on met le feu en certaines occasions. CÉSAR pratiquait ce moyen. — En l'an six, pendant le siège d'ANCONE, dont la défense embrassait un immense TERRAIN, la déflagration de quelques bottes de paille, que supportaient de longues perches, annonçait à la GARNISON ou aux POSTES environnants que l'ENNEMI s'avançait vers le point d'où le SIGNAL était donné.

SÉMAPHORIE, subs. fém. v. SÉMAPHORE.

SÉMÉIOPHORE, subs. masc. v. ENSEIGNE DE PHALANGE. v. HÉCATONTARCHIE. v. MILICE GRECQUE N° 6. v. PORTE-ENSEIGNE. v. SÉMAPHORE. v. SYNTAGME.

SÉMÉIOTIQUE, adj. v. SIGNAL s...

SÉMÉIOTIQUE, subs. fém. v. EXERCICE D'INFANTERIE. v. FLIEGELMAN. v. SÉMANTIQUE, subs. v. SIGNAL s...

SEMELAGE, subs. masc. v. SOULIER.

SEMELLE (subs. fém.) D'AFFUT. v. AFFUT.

SEMELLE de BOTTES. v. BOTTES. v. BOTTES D'ADJUDANT.

SEMELLE de MORTIER. v. MORTIER.

SEMELLE de SOULIERS. v. CAMBRURE DE S... v. CHEVILLE DE TALON. v. CLOU DE SOULIERS. v. DERNIÈRE S... v. DOUBLE S... v. PREMIÈRE S... v. SECONDE S... v. SOLERET. v. TALON DE SOULIERS.

SEMER (verb. act.) l'ALARME. v. ALARME. v. ALGARADE.

SEMESTRE, subs. masc. v. ABSENCE PAR S... v. ABSENT PAR S... v. ADJUDANT D'INFANTERIE FRANÇAISE DE LIGNE N° 8. v. ADJUDANT-MAJOR D'INFANTERIE FRANÇAISE DE LIGNE N° 6. v. CONGÉ DE S... v. CONTROLE ANNUEL. v. CORPS D'INTENDANCE N° 8. v. DÉCOMPTE DE RENTRANT. v. EN S... v. ENGAGEMENT DE RECRUE. v. GALE. v. LIEUTENANT-COLONEL D'INFANTERIE FRANÇAISE DE LIGNE N° 9. v. OFFICIER FRANÇAIS N° 10. v. OFFICIER INFÉRIEUR. v. PAIN DE MUNITION. v. POSTE D'HONNEUR DE GARDE EN GARNISON. v. PROCÈS-VERBAL DE S... v. RENGAGEMENT. v. SOLDE, subs. fém. v. SOLDE DE S...

SEMESTRIER, subs. masc. v. CERTIFICAT DE S... v. CHIRURGIEN-MAJOR D'INFANTERIE FRANÇAISE DE LIGNE N° 13, 15. v. COLONEL D'INFANTERIE FRANÇAISE DE LIGNE N° 29, 37. v. CONGÉ DE SEMESTRE D'HOMME DE TROUPE. v. CONGÉDIÉ. v. CORPS D'INTENDANCE N° 8. v. DÉCOMPTE DE PETIT ÉQUIPEMENT. v. DÉCOMPTE DE RENTRANT. v. DÉCOMPTE DE S... v. EFFET DE S... v. FORTERESSE. v. LAME DE BRIQUET. v. MANCHETTE DE SABRE. v. MANŒUVRE D'HIVER. v. OFFICIER S... v. ORDRE DE ROUTE. v. MINISTRE DE LA GUERRE N° 9. v. RAPPEL DE S... v. SERVICE JOURNALIER.

SÉMÉTAIRE, subs. masc. v. CIMETERRE.

SEMITTAIRE, subs. masc. v. CIMETERRE.

SEMI-VOCAL, adj. v. SIGNAL s...

SEMITARGE, subs. masc. v. CIMETERRE.

SEMONCE, subs. fém. (F), ou SÉMONCHE, ou SUMONCE, ou SUMUNCE. Mot qui serait dérivé, suivant GÉBELIN, du SYRIAQUE. MÉNAGE le tire, avec plus de raison, du LATIN *submonitio*, avertissement venu d'en haut. Il ne signifie plus, vulgairement, que réprimande; mais, primitivement, il donnait idée d'un APPEL CONSCRIPTIF, d'un BAN. — Les HÉRAUTS proclamaient les Semonces, ou l'ordre de se rendre à l'HOST du SEIGNEUR FÉODAL.

SÉMONCHE, subs. fém. v. SEMONCE.

SEMPELAC. v. NOMS PROPRES.

SÉNAGIE, subs. fém. v. XÉNAGIE.

SÉNAGO, subs. masc. v. XÉNAGUE.

SÉNATEUR, subs. masc. v. PAIR DE FRANCE. v. PRÉFET DU PRÉTOIRE. v. SEIGNEUR.

SÉNATUS-CONSULTE. v. LÉGISLATION, AN QUATORZE (2 VENDÉMIAIRE), id. 1808 (11 MARS), id. 1812 (13 MARS). v. MILICE ROMAINE N° 2.

SENDAL, subs. fém. v. ORIFLAMME.

SÉNÉCHAL, subs. masc. (F), OU CHÉCAL, OU CHÉCHAL, OU CHESSAL, OU SÉCHAL, OU SÉNES-CHAL, OU SÉNESCHAUX, OU SÉNEZCHAL suivant BOREL (Pierre), OU SENSCHAL. — Le mot Sénéchal a produit SÉNÉCHAUSSÉE ; il s'est employé quelquefois comme adjectif, dont le féminin faisait sénescalisse. — L'étymologie du terme Sénéchal ou de ses synonymes a occupé beaucoup d'ÉCRIVAINS ; ils sont restés mal d'accord, et le procès n'est pas vidé. — BOREL (Pierre), MÉNAGE, TURNÈBE tirent ces substantifs du LATIN *senex*, vieux, et du TEUTON *chal*, chevalier, ou du LATIN barbare *caballus*, cheval. D'autres supposent que Sénéchal est sorti du GREC *koinos archos*. BARBAZAN le dérive, avec peu de vraisemblance, du LATIN *sensus* et *caput*. — DUCANGE (Glossaire), GÉBELIN, LOYSEAU, le déclarent provenu du CELTIQUE *scald*, signifiant OFFICIER. — FAUCHET veut qu'il soit la traduction de *scalio* ou *siniscalio*, qui, en franc-teuch (en FRANCO-TEUTON), aurait signifié *præpositus mensæ*, intendant de la table. — VOSSIUS prétend le retrouver dans l'ALLEMAND *son*, *senneste*, *sente*, qui aurait signifié troupeau, auxquels se serait adjoint *scale*, serviteur, qui se serait traduit par *armentorum servus*. — MÉNAGE se perd sur le même sujet en une longue dissertation. WACHTER regarde *seniscalcus* comme signifiant *præfectus servorum*. — Ces contradictions, ces incertitudes, qu'il n'est peut-être donné à personne de dissiper ou résoudre, témoignent combien est difficile la définition du FONCTIONNAIRE dont nous recherchons l'HISTORIQUE. Sénéchal et GRAND SÉNÉCHAL offrent des questions encore plus obscures que PRÉVOT et GRAND PRÉVOT, et, tout en résumant ce qui s'est dit ou conjecturé sur cette matière, nous n'oserions répondre que nous soyons complétement dans le vrai. Une des principales difficultés vient de ce que la plupart des ÉCRIVAINS ont confondu Sénéchal, SÉNÉCHAL DE FRANCE et GRAND SÉNÉCHAL, et si les uns veulent retrouver un serviteur du bétail, d'autres un vieux CHEVALIER, d'autres un chef de la MILICE FRANÇAISE, cela vient de ce que les étymologistes cherchaient un rapport entre la dénomination et l'OFFICE, et qu'ils n'envisageaient pas les mêmes époques ni une dénomination de même structure grammaticale, puisqu'il y en a eu huit différentes. — De l'an 500 à l'an 900, le Sénéchal du palais est un valet s'anoblissant de règne en règne ; de l'an 900 à l'an 1200, c'est un personnage de la plus haute considération, un GÉNÉRAL D'ARMÉE que nous avons décrit sous le nom de DAPIFER et de GRAND SÉNÉCHAL. Depuis le treizième siècle jusqu'à la fin du dix-huitième, les Sénéchaux ne sont plus que des OFFICIERS du ROI ou de SEIGNEURS, et que des personnages exerçant comme VIGUIERS OU BAILLIS, comme JUGES, comme FONCTIONNAIRES subalternes. Ainsi, les BAILLIS de certaines localités ou SEIGNEURIES, et les Sénéchaux de certaines provinces, étaient à peu près comparables aux COMTES primitifs ; c'étaient des délégués, au besoin justiciers, au besoin GUERRIERS. — Pour caractériser mieux ces phases, revenons sur nos pas. — Il est incontestable que le LATIN barbare des premières races employait les termes *senescaleus*, *senescallus*, *seniscaleus*, *seniscallus*, *siniscalco*, et que, sous ces appellations, des intendants, des écuyers, des maîtres d'hôtel, des grands maîtres de la maison se sont occupés des OFFICES que ces qualifications indiquent. — VELLY, à la date de 693, nous montre le Sénéchal du ROI comme *un simple officier subordonné au maire du palais ; ce fut, par la suite, la première dignité du royaume.* — MARCULFE, qui vivait au milieu du septième siècle, dit que le Sénéchal jugeait au même banc où siégeait le ROI. — DANIEL (1721, A) regarde le Sénéchal comme existant dès la PREMIÈRE RACE, et croit que, quelquefois, la DIGNITÉ et le titre se partageaient entre deux SEIGNEURS. — RAY DE SAINT-GENIÈS (1755, A) regarde le Sénéchal comme existant en 695, sous Clovis trois ; c'était l'intendant de la MAISON du souverain. — CHARLEMAGNE mit à la tête d'une ARMÉE, ou attacha à une ARMÉE, comme son représentant, *missus*, le Sénéchal Autolphe : *Misit exercitum in Britanniam, una, cum misso suo Autulpho, senescalco.* — Quand l'autorité du Sénéchal s'étendit, il sortit des limites de la domesticité et devint SÉNÉCHAL DE FRANCE ; c'est ainsi que les historiens le dénomment, mais, en réalité, il s'appelait DAPIFER. — C'est à partir de cet état de domesticité que le Sénéchal, arrivé au rang de DAPIFER, est devenu GÉNÉRALISSIME et premier MINISTRE ; car les CHARGES DE LA COURONNE (il est fâcheux de le dire) sont sorties toutes des celliers, des alcôves, des écuries, au lieu d'être venues du fourreau d'un sabre. Il est vrai qu'on a vu quelquefois, et même de nos jours, ceux que le sabre avait illustrés se résigner à retourner aux alcôves, aux écuries. — La révolution qui créait, vers 978 ou 980, un GRAND SÉNÉCHAL, répond à l'extinction de la dignité des MAIRES DU PALAIS et des DUCS DE FRANCE. Ce nouvel OFFICE se maintint, comme nous l'avons dit, jusqu'en 1191, époque où le GRAND SÉNÉCHAL fut, à son tour, remplacé par le CONNÉTABLE. — Quand des provinces de droit écrit, vers 1265, suivant VELLY, devinrent des annexes du domaine royal, elles eurent un Sénéchal, et même sous eux des SOUS-SÉNÉCHAUX. — Ces Sénéchaux provinciaux, commissionnés, révocables, devinrent, par la nature de leurs attributions, comparables aux primitifs DUCS et COMTES ; leur OFFICE était au moins autant civil et financier que militaire. Les villes, les petites principautés avaient des Sénéchaux, comparables aux MAIRES actuels DE COMMUNE. On voit fréquemment se reproduire l'ancien mélange de fonctions aujourd'hui distinctes. Ainsi, en TEMPS DE GUERRE, les Sénéchaux convoquent le BAN, passent les REVUES OU MONTRES, ont GRADE D'OFFICIERS et sont JUGES MILITAIRES. — En 1515, ceux qui faisaient partie de l'ARMÉE comme BANNERETS, comme conducteurs de l'ARRIÈRE-BAN, comme CHEFS D'INFANTERIE COMMUNALE, figurent sur les tarifs de solde de l'époque comme OFFICIERS GÉNÉRAUX d'un rang qui tient le milieu entre le MARÉCHAL et le GÉNÉRAL. Leur PAYE était de cinq cents livres par MOIS de quarante-cinq jours ; c'était la moitié de la PAYE du MARÉCHAL ; celle du GÉNÉRAL n'était que de quatre cents livres. — Depuis que la MILICE FRANÇAISE était établie sur un pied permanent, le mot Sénéchal avait cessé d'y être militairement usité, et la dernière trace de cette fonction, ainsi que la circonscription par SÉNÉCHAUSSÉES, disparaissait en 1789. — On peut consulter, à l'égard de ces questions : AUDOUIN (t. I, p. 245 et 295 ; t. II, p. 36), BÉNÉTON (1742, p. 248), BOREL (Pierre), DESPAGNAC (1751, D), DUCANGE, l'ENCYCLOPÉDIE (1785, C, t. I, p. 778 ; id. au mot *Connétable*), FAUCHET, FÉVRET, FURETIÈRE, GÉBELIN, LOYSEAU, MÉNAGE, PINARD, RAY DE SAINT-GENIÈS, M. SICARD, TURNÈBE, VELLY (t. V, p. 357), VITON, VOSSIUS, WACHTER, le *Dictionnaire de la Conversation*.

SÉNÉCHAL DE FRANCE. V. DAPIFER. V. FRANCE. V. GÉNÉRALISSIME. V. GRAND SÉNÉCHAL. V. SÉNÉCHAL.

SÉNÉCHAUSSÉE, subs. fém. V. COMTE N° 5. V. GRAND SÉNÉCHAL. V. LIEUTENANT DE SÉNÉCHAUSSÉE. V. MARÉCHAUSSÉE. V. SÉNÉCHAL.

SÉNEF ; SÉNÉGAL ; SÉNÈQUE ; SÉNÈSE. V. NOMS PROPRES.

SÉNÉSCHAL, subs. masc. V. SÉNÉCHAL.

SÉNÉSCHAUX, subs. masc. V. SÉNÉCHAL.

SÉNESTRE, adj. V. PORTE-SENESTRE.

SÉNÉZCHAR, subs. masc. V. SÉNÉCHAL.

SENHOR, subs. masc. V. SEIGNEUR.

SÉNIEUR, subs. masc. V. SEIGNEUR.

SÉNIOR, subs. masc. V. SEIGNEUR.

SENIOR DEPARTMENT. V. BIBLIOTHÈQUE MILITAIRE.

SÉNOR, subs. masc. V. SEIGNEUR.

SENSCHAL, subs. masc. V. SÉNÉCHAL.

SENT (sents), subs. masc. V. ENGIN. V. MACHINE.

SENTE, subs. fém. V. SENTINELLE.

SENTENCE, subs. fém. (B, 3). Mot tout LATIN que mentionnait l'ancienne LÉGISLATION PÉNALE des TROUPES, et qui est tombé en désuétude depuis la GUERRE DE LA RÉVOLUTION. On lui a préféré le mot JUGEMENT, qui cependant a moins de précision. — Quoi qu'il en soit, et par une de ces incohérences dont la LANGUE des armes offre trop d'exemples, on retrouve l'emploi du mot Sentence dans l'ARRÊTÉ DE L'AN DOUZE (19 VENDÉMIAIRE), maintenu par l'ORDONNANCE DE 1816 (21 FÉVRIER). Ce document déterminait comment le CAPITAINE RAPPORTEUR lirait au CONDAMNÉ A MORT la Sentence du CONSEIL DE GUERRE, avant qu'il ne soit passé par les armes ; comment les autres CONDAMNÉS POUR DÉSERTION entendraient la LECTURE de leur JUGEMENT. — Une Sentence était, dans l'ancienne JURISPRUDENCE, le libellé définitif et par extrait, d'un JUGEMENT de CONDAMNATION RENDU par un CONSEIL JUDICIAIRE compétent, ayant décidé affirmativement la question de culpabilité, et ayant déterminé, à la MAJORITÉ DES VOIX, l'APPLICATION de la PEINE en conformité de la loi. — Le PRÉFET DU PRÉTOIRE confirmait, annulait, modifiait les Sentences militaires. La CONNÉTABLIE, considérée comme TRIBUNAL, prononçait des Sentences, mais non en dernier ressort ; le parlement devait les confirmer, s'il s'agissait d'EXÉCUTION A MORT. — Faire DRESSER les Sentences était, autrefois, une des fonctions des MAJORS ; les lire aux CRIMINELS regardait, en garnison, le SECRÉTAIRE DE PLACE. — Quelques éclaircissements sur les Sentences se trouvent dans BARDET (1740, A), BOMBELLES (1746, A), ENCYCLOPÉDIE (1785, C, au mot *Conseil de guerre*), GUIGNARD (1725, B), LACHESNAIE (1758, 1, au mot *Conseil de guerre*).

SENTINELLE, subs. fém. et masc. V. ALERTE DE S... V. CAPOTE DE S... V. CHAINE DE S... V. CONSIGNE DE S... V. CORDON DE S... V. CRI DE S... V. EN S... V. ENLEVER UNE S... V. ÊTRE EN S... V. FAIRE S... V. FUSIL DE S... V. INSPECTION DE S... V. LISTE DE S... V. POSE DE S... V. POSER UNE S... V. RELEVÉE DE S... V. RELEVER UNE S... V. SALUT DE S... V. USSIR S...

SENTINELLE (term. génér.), ou ACOUSTE, suivant PHILIPPE DE CLÈVES (1520, A), ou AGUET, ou CENTINELLE, suivant DELANOUE (1559, A), ou ESCHARGUETTE, suivant BARBAZAN (1808), ou ÉCOUTE, ou ESCOUTTE, suivant DUBELLAY (1535, A), ou FACTIONNAIRE, ou GAITE, ou GUET, ou REGART, comme les appelle DESCIAU, ou SCOUS, ou SENTINELLE DE L'ESCOUTE, ou VAIT, ou VÉTE, ou WAITE, ou WARD, suivant ROQUEFORT. — Le peu d'ancienneté du mot Sentinelle en laissait douteux le genre. Delille, Fontanes, VOLTAIRE le font masculin en poésie. — Le terme dérive, comme le témoigne VOSSIUS, du bas LATIN *sentinella*, qui serait provenu, à ce que dit MÉNAGE, du LATIN *à sentiendo*, en prenant *sentire* dans le sens d'apercevoir, examiner, reconnaître ; mais cette étymologie est imaginaire, puisque d'abord ce substantif a eu pour initiale un *c*, et que depuis qu'il s'est écrit par un *s*, il a eu primitivement le sens, non pas d'un homme qui veille, mais du lieu où est posté l'homme qui veille ; c'est à peu près comme si l'on prenait l'un pour l'autre FACTIONNAIRE et GUÉRITE ; voilà ce qui explique pourquoi les AUTEURS cités au commencement de l'article ont pris comme synonymes de Sentinelle, les substantifs ACOUSTE (lieu dont on écoute), ESCHARGUETTE (GUÉRITE), REGART (ouverture sur la campagne), VAIT (GUET auquel on se livre), WARD (endroit gardé). — Il ne serait pas impossible que Sentinelle fût analogue au vieux terme SENTE, provenu du LATIN *sentina*, signifiant un sentier, un passage ; tels sont, en effet, les lieux où l'on POSE le plus ordinairement une Sentinelle. On en établit aussi, il est vrai, sur des points dominants qui ne sont pas des endroits de passage : mais ce genre de Sentinelles s'appelaient des GUETS. — ÊTRE EN SENTINELLE (*in sentinellâ*), être en SENTE (*in sentinâ*), c'était être sur le chemin gardé. Si la locution n'avait pas eu cette racine, une autre forme lui eût été donnée ; on ne se serait jamais avisé de dire : être en Sentinelle, mettre en Sentinelle ; on eût dit : être en Sentinelle, établir Sentinelle. — Le mot n'était pas usité encore au temps de DUBELLAY (1535, A) ; cet ÉCRIVAIN se sert de la périphrase : être aux ÉCOUTES. L'expression ne se trouve pas non plus dans un écrivain de la même époque, dans PHILIPPE DE CLÈVES (1520, A), qui se sert du terme de souche ITALIENNE, ACOUSTE, qui s'est francisé en ÉCOUTE. — Les mots *centinella*, *sentinella*, ont signifié, dans les idiomes du midi, et le lieu de la FACTION, et la durée de la FACTION ; on en a étendu l'acception en prenant la fonction pour le FONCTION-

NAIRE. Voilà pourquoi l'Académie, par des motifs que, sans cette interprétation, on ne devinerait pas, s'est décidée, à tort peut-être, à maintenir féminin le substantif Sentinelle, bien qu'il donne nécessairement l'idée d'un homme. — HENRI ESTIENNE, qui écrivait en 1579, déclare qu'alors, à l'imitation de l'ITALIEN, le terme Sentinelle commençait à avoir cours dans l'ARMÉE FRANÇAISE ; mais ce grammairien n'en explique pas l'acception précise, ce qui eût été intéressant à connaître. — Soit que les ITALIENS l'eussent reçu des ESPAGNOLS en en altérant l'orthographe, soit que les Espagnols l'eussent emprunté aux NAPOLITAINS, aux MILANAIS, ces peuples s'en servaient, au seizième siècle, sous deux formes différentes. Si DELANOUE (1559, A), vieux antagoniste des GUERRIERS d'ESPAGNE, l'écrivait CENTINELLE, c'est qu'il le tirait de *centinella*, signifiant en espagnol, écouteur, enregistreur ; si HENRI ESTIENNE et RABELAIS, qui tous deux savaient l'ITALIEN, l'écrivaient Sentinelle, c'est qu'ils le copiaient de *sentinella*, comme l'orthographiaient les Italiens ; de même, les ANGLAIS ont d'abord écrit *centinel, centry*, avant d'employer *sentinel, sentry*. — Les écrivains français qui, les premiers, ont pris Sentinelle sous l'acception d'homme en Sentinelle, sont ceux qui s'occupaient de SCIENCE MILITAIRE vers le dix-septième siècle, tels que DELAFONTAINE (1665, A), GAYA (1670, D), GUILLET (1686, B), écrivains peu éclairés en grammaire. — Depuis ces époques, le substantif Sentinelle a donné naissance aux périphrases ÊTRE EN SENTINELLE, tout à fait synonyme de être au GUET, ou aux AGUETS ; FAIRE SENTINELLE, tout à fait synonyme de FAIRE LE GUET ; POSER UNE SENTINELLE, dans ce dernier sens RABELAIS disait USSIR SENTINELLE. — Une Sentinelle est une VEDETTE D'INFANTERIE ; une VEDETTE est une SENTINELLE A CHEVAL, et il y a cette singulière ressemblance que, VEDETTE des ITALIENS et REGART de nos vieux écrivains, avaient originairement la même signification. — L'expression Sentinelle ne va être prise ici que comme Sentinelle d'INFANTERIE. — Depuis la GUERRE DE LA RÉVOLUTION, le mot FACTIONNAIRE, jusque-là pris dans un sens tout différent, est devenu synonyme de Sentinelle ; les SOLDATS l'ont voulu ainsi, puisqu'aucune autorité ne prend l'initiative en fait de LANGUE. — Jadis, la PUNITION du PIQUET exigeait la présence de Sentinelles. — Les Sentinelles sont l'œil des POSTES et des CORPS DE GARDE ; ainsi, elles doivent avoir constamment l'attention fixée sur ce qui se passe autour d'elles. — Ce qui a été dit des GARDES ARMÉES et des INSTRUMENTS DE MUSI-

QUE MILITAIRE, fournit quelques éclaircisse-ments touchant les Sentinelles (*vigiles*) de l'antiquité. Les GRECS, ROME, le MOYEN AGE, les TURCS, ont employé à ce genre de fonc-tions. les uns des CHIENS, les autres des OURS; cette assertion est plus historique que ne le sont les OIES du CAPITOLE. — La ma-nière de tenir en éveil les Sentinelles et d'obtenir d'elles-mêmes la preuve de leur vigilance, a consisté dans des moyens diffé-rents, suivant les temps et les pays. — Dans la MILICE ROMAINE, depuis PAUL ÉMILE, il était interdit aux SOLDATS ROMAINS de por-ter, en faction, le BOUCLIER, de peur que la Sentinelle en s'y appuyant ne s'y endormît. — Dans la MILICE TURQUE, à l'imitation de celles de l'INDE, le retentissement du TAM-TAM avait ce même objet. — Les MILICES ALLEMANDES, à l'imitation des CYMBALES (*cro-talum*) ou des clochettes (*tintinnabulum*) de l'antiquité, se servaient de CLOCHES, ou portatives, ou inhérentes aux CORPS DE GAR-DE. — Dans le dernier siècle, les Senti-nelles des GARNISONS OÙ l'INFANTERIE FRAN-ÇAISE FAISAIT LE SERVICE, criaient comme en échos, de demi-heure en demi-heure : SEN-TINELLE, PRENEZ GARDE A VOUS. L'usage s'en est maintenu dans quelques ports de mer; il rappelait le CRI plus bref des SOLDATS de l'ITALIE : *alerta*. Cela se nommait PASSER LA VOIX. — Nous lisons dans le *Bulletin des sciences militaires* (1826, p. 179), que de nos jours, la MILICE COCHINCHINOISE obtient le même résultat au moyen du cliquetis de deux baguettes (celles qui leur servent de fourchettes) qui sont un accessoire obligé de la GIBERNE, et que le SOLDAT en FACTION est tenu de frapper l'une avec l'autre, de demi-heure en demi-heure. — Les Sentinelles ont toujours été regardées comme des per-sonnages publics et sacrés. Les mémoires de PUYSÉGUR rapportent un jugement plus que sévère, rendu au siége de Montpellier, en 1622, et qui condamnait à l'ESTRAPADE une Sentinelle dont le crime était de n'avoir pas tué le maréchal de camp Marillac. Le cheval de cet OFFICIER GÉNÉRAL était monté sur le pied du MOUSQUETAIRE en FACTION qui, dans le premier moment de douleur, assena sur la croupe de l'animal un coup avec la FOURCHETTE de MOUSQUET qu'il tenait à la main. Le cavalier s'en offensa et frappa la Sentinelle, qui le supporta au lieu de s'en venger. — En 1690, Louis QUATORZE assié-geant MONS, envoya, dit-on, aux GALÈRES, une Sentinelle qui s'était laissée déplacer par le ministre Louvois. — Mais, en pa-reille matière, on ne peut invoquer que des traditions : où est la loi politique, car il ne suffirait pas d'une simple LOI militaire,

où est l'article de JURISPRUDENCE qui consa-cre les droits et les devoirs des Sentinel-les? Le code les poursuit si cells ne se con-forment pas à leur CONSIGNE: l'autorité les interdit, ou même les arrête, si elles tirent, en temps de paix, un COUP DE FEU. La LÉGISLA-TION n'est, à aucun égard, plus contradic-toire, plus ambiguë, et il n'y a pas de cas plus grave, puisque mort d'homme peut s'ensuivre. — A l'instant de l'arrivée au POSTE, les SOLDATS de GARDE sont inscrits sur une LISTE de Sentinelles, et classés par un numéro qui devient comme leur nom dési-gnatif pendant la durée de la garde. Cha-que Sentinelle est conduite à son tour, par le CAPORAL DE POSE, au lieu où elle doit pren-dre la FACTION ; elle s'y arrête au comman-dement : HALTE ! à droite et à gauche, pré-sentez vos armes. Le FACTIONNAIRE descen-dant donne à voix basse, à la SENTINELLE RELEVANTE, la CONSIGNE ; le CAPORAL l'ap-prouve, ou la rectifie s'il y a lieu. La Sen-tinelle n'en doit recevoir de nul autre que de ce caporal ou avec son approbation. — Les Sentinelles ne doivent pas s'écarter de leur POSTE au delà de trente pas ; celles qui sont DEVANT LES ARMES doivent même s'en éloigner bien moins. Elles rendent les HON-NEURS voulus aux OFFICIERS et adressent le SALUT aux MEMBRES de l'ORDRE DE LA LÉGION D'HONNEUR ou aux personnages d'une cheva-lerie avouée du gouvernement, lorsque ces dignitaires portent visiblement leur DÉCORA-TION. Elles arrêtent par le CRI : HALTE LA, QUI VIVE ! les RONDES et PATROUILLES, et sui-vant les cas, elles les appellent au MOT DE RALLIEMENT. Elles crient : Aux ARMES ! en cas d'ALERTE. Elles crient, de POSTE en POSTE : Au FEU, en cas d'INCENDIE. — Les Senti-nelles ne doivent pas se laisser approcher de trop près par les passants ; à cet effet, elles se servent, depuis la restauration, de l'injonction tant soit peu rude : Au LARGE ! au lieu de l'ancienne invitation : Passez plus loin. Elles ne doivent pas quitter leur FUSIL, ni en détacher la BAIONNETTE, excepté à la porte des ARSENAUX, ou des MAGASINS A POUDRE, où il leur est enjoint de FAIRE FAC-TION ayant à la main une ARME DE LONGUEUR, une HALLEBARDE, une PERTUISANE, ou la BAIONNETTE seule. — Elles doivent répéter leur CONSIGNE, soit de jour, soit de nuit, aux OFFICIERS SUPÉRIEURS DE VISITE, s'ils la leur demandent.—Il est interdit aux Sentinelles de chanter, siffler, causer, fumer, ni s'asseoir pendant la durée de leur FACTION. — Les Sentinelles sont RELEVÉES de deux heures en deux heures, à moins que la rigueur de la saison n'oblige à accourcir la FACTION. — Les insultes envers une Sentinelle étaient

punissables à l'instar des DÉLITS D'INSUBOR-
DINATION, conformément aux dispositions
du CODE PÉNAL DE 1791 (19 OCTOBRE). —
L'article 72 d'un code militaire, longtemps
en projet depuis la restauration, disposait
que toute Sentinelle ayant crié trois fois :
QUI VIVE ! sans obtenir réponse, et après
avoir annoncé qu'elle allait FAIRE FEU, pouvait tirer sur un individu *s'avançant pour
vouloir la forcer.* Cet article, convenable
dans un code approprié aux FORTERESSES, aux
PLACES ASSIÉGÉES, aux cas d'émeutes, pour-
rait-il être mis en vigueur en TEMPS DE PAIX,
en tous lieux, dans les grandes VILLES,
telles que PARIS ? Cette CONSIGNE serait-elle
commune à la GARDE NATIONALE SÉDENTAIRE ?
Une Sentinelle qui recourt à d'aussi rigou-
reux moyens devrait-elle, lors des informa-
tions à prendre, en être crue sur son seul
rapport ? En ANGLETERRE, en cas de mort
ou de blessures, par suite d'un événement
de cette nature, il est ordonné une enquête
de douze jurés, à la manière de celle des
coroners, afin de savoir si le décédé était
un sourd ou un distrait. — Il y aurait
encore à constater s'il était ivre, bègue, ou
ignorant la langue. — De tout temps, les
Sentinelles trouvées ENDORMIES ont été
passibles de PEINES graves. Il était tradition-
nellement reçu qu'en temps de guerre, un
OFFICIER DE RONDE trouvant une SENTINELLE
ENDORMIE dans un POSTE voisin de l'ENNEMI,
pouvait lui passer son épée au travers du
corps ; mais dans les documents de l'ancienne JUSTICE MILITAIRE, nous n'avons rien
trouvé qui autorisât une répression si bru-
tale. — Depuis le seizième siècle, la PUNI-
TION des GALÈRES perpétuelles devait être
prononcée en cas d'assoupissement en FAC-
TION , *dans un poste peu important et
dans des circonstances légères.* La rareté
de l'application de cette PEINE en avait
amené la désuétude. — Le CODE PÉNAL DE
1795 (12 MAI) punissait de MORT la SENTI-
NELLE ENDORMIE, si c'était près de l'ENNEMI,
et de cinq ans de FERS, dans tout autre
POSTE. — Le CODE DE L'AN CINQ (21 BRUMAIRE)
ne punissait que de deux ans de FERS le
sommeil des Sentinelles ; mais la LÉGISLA-
TION PÉNALE des ANGLAIS, copiée sur celle
de LOUIS QUATORZE, en avait conservé la
rigidité ; ainsi, à l'avénement de la reine
Victoria, un SOLDAT des GARDES ÉCOSSAISES
était condamné à MORT, pour s'être endormi
en FACTION, près du palais de Buckingham,
encore bien que ce fût en TEMPS DE PAIX, et
dans l'INTÉRIEUR. La reine-roi a commué en
DÉTENTION perpétuelle la PEINE DE MORT.
C'était une grâce bien sévère. —On appelle
SENTINELLE D'ARMES, ou des ARMES, ou DEVANT

LES ARMES, celle qui est devant la porte du
CORPS DE GARDE ; une CONSIGNE particulière
lui est donnée ; elle est la première RELEVÉE
en cas de pluralité de Sentinelles. Dans ce
même cas, elle n'est pas tenue d'accompagner dans sa tournée, comme le font les
autres SENTINELLES RELEVANTES, le CAPORAL
DE POSTE ; elle doit avertir de suite le CHEF
DU POSTE ou le CAPORAL, par un CRI convenu
et approprié aux différents genres d'ALER-
TES, aux PASSAGES DE TROUPE, aux RECONNAIS-
SANCES ; ces CRIS sont : A LA GARDE ! AU FEU !
AUX ARMES ! etc. — Au CAMP, il était quelquefois d'usage, comme le témoigne PHI-
LIPPE DE CLÈVES (1520, A), d'unir toujours
deux à deux les Sentinelles, de peur qu'une
seule ne fût pas assez attentive, ne risquât
à être ENLEVÉE, ou ne trahît son devoir en
DÉSERTANT. Cet ÉCRIVAIN ajoute : *acoustes
se doibvent tenir coys et point changer
de lieu où l'on les assiet.* —Cet usage des
Sentinelles accouplées était une nécessité, à
raison de la mauvaise composition des TROU-
PES et des fréquents ABANDONS DE LA FACTION.
Le CHEF DE POSTE devait s'appliquer à associer en FACTION les hommes sûrs et ceux
dont il se défiait, l'une des Sentinelles avait
ordre de veiller sur l'autre ; celle des deux
qui voyait DÉSERTER son camarade, avait la
CONSIGNE de tirer dessus. — On entoure
d'une CHAINE ou d'un CORDON de Sentinelles
les CAMPS, mais on n'a conservé l'usage des
SENTINELLES DOUBLES, qu'aux POSTES D'ALAR-
ME, afin que l'une des deux pût quitter et
accourir au POSTE principal, pour y rendre
compte de ce qu'elles avaient vu ou entendu. On place au besoin ces Sentinelles
au haut d'un arbre, dans des clochers, sur
un toit. —On appelle SENTINELLES VOLANTES,
celles qui doivent marcher dans un espace
donné, en se croisant avec une autre Sentinelle. — Les anciens RÈGLEMENTS sur le
SERVICE EN CAMPAGNE voulaient que les Sentinelles ne PRÉSENTASSENT LES ARMES qu'aux
GÉNÉRAUX, et qu'ils les PORTASSENT aux autres OFFICIERS, en faisant face à l'extérieur. —
L'INSTRUCTION, si négligemment rédigée, DE
1823 (FÉVRIER, tit. XVII, art. 14) semblait
maintenir ce principe, quoique contraire
aux dispositions de l'ORDONNANCE DE 1818
(15 MAI) ; du reste, le titre 32 de l'INSTRUC-
TION DE 1823 n'était pas d'accord avec le
titre XVII. — Le CODE DE L'AN CINQ (21 BRU-
MAIRE) punissait de MORT le CRIME d'une Sentinelle abandonnant son POSTE pour songer
à sa propre sûreté. —En GARNISON, le nombre des Sentinelles de JOUR, celles de NUIT,
ou d'AUGMENTATION, ou de GRANDE POSE, le
lieu où elles doivent être POSÉES, la durée des
FACTIONS, sont réglés par le COMMANDANT DE

PLACE, en se conformant au nombre de NUITS DE REPOS que la loi détermine, et au nombre d'HEURES DE FACTION que prescrivait l'INSTRUCTION DE 1806 (16 AOUT). — Les ordonnances défendaient aux Sentinelles de souffrir qu'aucune ordure fût déposée près de leur GUÉRITE; elle leur interdisait d'entrer dans la GUÉRITE, si ce n'est en cas de mauvais temps, et de se vêtir de la CAPOTE ou MANTEAU DE GUÉRITE, si ce n'est par le froid ou la pluie. — Les Sentinelles sont présentées à l'INSPECTION du CHEF DE POSTE, avant de partir pour la FACTION et en en revenant; leur distance sur le REMPART doit être telle, qu'elles puissent se faire entendre les unes des autres au moyen du PASSAGE DE LA VOIX. — Aux PORTES DE LA VILLE, ou à l'AVANCÉE, les Sentinelles ne doivent laisser aucune voiture s'arrêter entre les PORTES, PONTS-LEVIS, ORGUES, GRILLES. Elles veillent à ce qu'aucuns bestiaux ne pâturent dans les OUVRAGES DE FORTIFICATION; elles arrêtent les voituriers qui y commettraient quelques DÉGRADATIONS. — Les Sentinelles de l'avancée reconnaissent les TROUPES ARRIVANTES, et dès qu'elles les découvrent elles leur crient : HALTE LA! et appellent la GARDE. — L'ORDONNANCE DE 1768 (1er MARS) punissait par le placement d'une SENTINELLE, les CABARETIERS de la GARNISON, s'ils donnaient à boire aux SOLDATS à des heures indues. — Il était d'usage de relever de suite toute Sentinelle dont le FUSIL partait, soit pour sa défense, soit par accident, parce qu'il n'était délivré par Sentinelle qu'une CARTOUCHE A POUDRE et une BALLE ROULANTE. — Les AUTEURS qui peuvent être consultés sont : BARBAZAN (1808), BARDIN (1807, D ; 1809, B; 1814, E), M. BERRIAT (1817, A), BOISROGER (1775, G), BOMBELLES (1746, A), CANTILOUBE (1818, F), DELAFONTAINE (1665, A), DELANOUE (1559, A), DESCIAU, D'HÉRICOURT (1756, G), DUANE (1810, A), DUBELLAY (1555, A), DUBOUSQUET (1769, B), DUPAIN (1783, F, au mot *Ecoute*), ENCYCLOPÉDIE (1785, C, t. II, p. 551; t. III, p. 425), FORESTIER, FRÉDÉRIC DEUX (1761, G; 1796, B), FRÉMICOURT (p. 207), FURETIÈRE, GAYA (1670, D), GUIGNARD (1725, B), GUILLET (1686, B), KÉRALIO (1757, E), LACHESNAIE (1758, I; id. aux mots *Délit, Garde, Frapper, Guérite, Juge, Major de place, Procédure, Ronde*), LAROCHE (1770, L), LECOINTE (1759, B), LECOUTURIER (1825, A), MAIZEROY (1771, A), MANESSON (1685, B), MATT (1827, F), MÉNAGE, PHILIPPE DE CLÈVES (1520, A), RABELAIS, ROBINSON, ROQUEFORT, SIONVILLE (1756, E).

SENTINELLE A CHEVAL. V. A CHEVAL. V. FACTIONNAIRE. V. SENTINELLE.

SENTINELLE AU CAMP. V. AU CAMP. V. CAMP DE GUERRE. V. CONSIGNE DE POLICE AU CAMP. V. CONSIGNE DE SENTINELLE AU CAMP. V. GARDE DE CAMP. V. GARDE DE POLICE AU CAMP. V. GÉNÉRAL EN CHEF N° 2. V. OFFICIER DE COMPAGNIE.

SENTINELLE AVANCÉE. V. AVANCÉ, adj. V. AVANCÉE, subs. V. COMMANDANT DE PLACE N° 5. V. ESCOUTTE. V. PORTE DE FORTERESSE. V. RONDE SUPÉRIEURE.

SENTINELLE D'ADJUDANT COMMANDANT. V. ADJUDANT COMMANDANT N° 2.

SENTINELLE D'ANGLE SAILLANT DE DEMI-LUNE. V. ANGLE SAILLANT DE DEMI-LUNE. V. CONSIGNE DE SENTINELLE D'ANGLE SAILLANT. V. CONSIGNE DE SENTINELLE D'AVANCÉE.

SENTINELLE D'ARCHEVÊQUE. V. ARCHEVÊQUE.

SENTINELLE D'ARMES. V. ARMES. V. ARMES DE CORPS DE GARDE. V. AUX ARMES. V. BRUIT CADENCÉ. V. CHEF DE POSTE D'HOMMES DE GARDE N° 2. V. CONSIGNE DE PIQUET DE LOGEMENT. V. CONSIGNE DE SENTINELLE D'ARMES. V. CORPS DE GARDE. V. SENTINELLE.

SENTINELLE D'ARTILLERIE. V. ARTILLERIE. V. OFFICIER D'ARTILLERIE N° 3.

SENTINELLE D'AUGMENTATION. V. AUGMENTATION. V. CHEF DE POSTE DE PORTE DE FORTERESSE. V. CONSIGNE DE GARDE DE CAMP. V. GARDE DE CAMP.

SENTINELLE D'AVANCÉE. V. ARRÊTE LA-BAS. V. AVANCÉE. V. BARRIÈRE D'AVANCÉE. V. COMMANDANT DE PLACE N° 5. V. CONSIGNE DE SENTINELLE D'AVANCÉE. V. CONSIGNE DE SENTINELLE DE PORTE DE FORTERESSE. V. CONSIGNE PARTICULIÈRE. V. CRI DE SENTINELLE D'AVANCÉE. V. GLACIS DE FORTIFICATION. V. HALTE-LA. V. RECONNAISSANCE DE TROUPE ARRIVANTE.

SENTINELLE D'AVANT-POSTE. V. CHEF DE POSTE FERMÉ.

SENTINELLE DE BANDIÈRE. V. BANDIÈRE. V. CONSIGNE DE SENTINELLE DE BANDIÈRE. V. CONSIGNE DE SENTINELLE DE POLICE AU CAMP.

SENTINELLE DE BARRIÈRE EXTÉRIEURE. V. BARRIÈRE EXTÉRIEURE. V. CONSIGNE DE SENTINELLE D'AVANCÉE. V. CONSIGNE DE SENTINELLE DE BARRIÈRE EXTÉRIEURE.

SENTINELLE DE BATTERIE. V. BATTERIE. V. BATTERIE DE FORTERESSE. V. CONSIGNE DE SENTINELLE DE BATTERIE. V. CONSIGNE DE SENTINELLE DE PORTE DE FORTERESSE.

SENTINELLE DE CAMP. V. CAMP. V. CONSIGNE DE GARDE DE CAMP. V. CONSIGNE DE SENTINELLE DE GARDE DE CAMP. V. ÉCOLE DE MARS N° 1. V. GARDE DE CAMP.

SENTINELLE DE CAVALERIE. V. CAVALERIE. V. CAVALERIE FRANÇAISE N° 8. V. SENTINELLE.

SENTINELLE de CHATEAU FORT. V. CHATEAU FORT.

SENTINELLE de CHEF D'ÉTAT-MAJOR. V. BUREAU DE CHEF D'ÉTAT-MAJOR. V. CHEF D'ÉTAT-MAJOR DE DIVISION TERRITORIALE. V. COLONEL D'ÉTAT-MAJOR.

SENTINELLE de COLONEL. V. CAISSE A TROIS SERRURES. V. COLONEL. V. COLONEL D'ÉTAT-MAJOR. V. COLONEL D'INFANTERIE FRANÇAISE DE LIGNE N° 20. V. COLONEL EN ROUTE. V. CONSIGNE DE SENTINELLE DE COLONEL.

SENTINELLE de COMMANDANT DE PLACE. V. COMMANDANT DE PLACE N° 8. V. FUSILIER. V. GRENADIER D'INFANTERIE FRANÇAISE DE LIGNE N° 6.

SENTINELLE de CONVOI D'ARTILLERIE. V. CHEF D'ESCORTE D'ARTILLERIE. V. CONVOI D'ARTILLERIE.

SENTINELLE de DÉBOUCHÉ DE PORTE INTÉRIEURE. V. CONSIGNE DE SENTINELLE DE DÉBOUCHÉ. V. CONSIGNE DE SENTINELLE DE PORTE DE FORTERESSE. V. DÉBOUCHÉ DE PORTE.

SENTINELLE de DEMI-LUNE. V. DEMI-LUNE. V. RAVELIN.

SENTINELLE de DRAPEAU. V. ADJUDANT DE SEMAINE EN ROUTE. V. COLONEL EN ROUTE. V. COMPAGNIE EN ROUTE. V. CONSIGNE DE PIQUET DE LOGEMENT. V. CONSIGNE DE SENTINELLE DE COLONEL. V. CONSIGNE DE SENTINELLE DE DRAPEAU. V. CONSIGNE DE SENTINELLE DE POLICE AU CAMP. V. DRAPEAU. V. DRAPEAU AU CAMP. V. GARDE DE POLICE AU CAMP.

SENTINELLE de FORTERESSE. V. ADJUDANT DE PLACE N° 3, 4. V. ARRÊTE LA-BAS. V. BASCULE DE PONT. V. BASTION. V. BATTERIE DE FORTERESSE. V. COMMANDANT DE PLACE N° 5. V. ÉCHAUGUETTE. V. ENCEINTE DE FORTERESSE. V. FORTERESSE. V. FORTIFICATION. V. MARCHE, interj. V. PARADE GÉNÉRALE.

SENTINELLE de FRONT DE BANDIÈRE. V. FRONT DE BANDIÈRE.

SENTINELLE de FRONT DE CAMP. V. CONSIGNE DE SENTINELLE DE FRONT DE CAMP. V. FRONT DE CAMP.

SENTINELLE de GARDE DE CAMP. V. CONSIGNE DE GARDE DE CAMP. V. CONSIGNE DE SENTINELLE DE GARDE DE CAMP. V. GARDE DE CAMP. V. LATRINES DE CAMP.

SENTINELLE de GARDE DE POLICE. V. CASERNE. V. COLONEL D'INFANTERIE FRANÇAISE DE LIGNE N° 20. V. COLONEL EN ROUTE. V. CONSIGNE DE POLICE AU CAMP. V. CONSIGNE DE SENTINELLE DE POLICE. V. CONSIGNÉ A LA CASERNE. V. EXTINCTION DE FEUX. V. FEMME. V. GARDE DE CAISSE. V. GARDE DE POLICE. V. GÉNÉRAL EN CHEF N° 2.

SENTINELLE de GARDE D'HONNEUR. V. GARDE D'HONNEUR. V. HONNEUR.

SENTINELLE de GÉNÉRAL. V. CONSIGNE PARTICULIÈRE DE SENTINELLE. V. GÉNÉRAL, subs. V. GÉNÉRAL DE BRIGADE N° 3. V. GÉNÉRAL FRANÇAIS N° 4. V. GRENADIER D'INFANTERIE FRANÇAISE DE LIGNE N° 6.

SENTINELLE de GLACIS. V. CONSIGNE DE SENTINELLE D'AVANCÉE. V. GLACIS DE FORTIFICATION.

SENTINELLE de HAUT DE PORTE. V. CONSIGNE DE SENTINELLE D'AVANCÉE. V. CONSIGNE DE SENTINELLE DE HAUT DE PORTE. V. DEMI-LUNE. V. HAUT DE PORTE.

SENTINELLE de JOUR. V. CONSIGNE DE POLICE AU CAMP. V. JOUR. V. SENTINELLE.

SENTINELLE de l'ÉCOUTE. V. ÉCOUTE. V. ESCOUTE. V. SENTINELLE.

SENTINELLE de MAGASIN. V. MAGASIN. V. MAGASIN DE VIVRES.

SENTINELLE de MAGASIN A POUDRE. V. ARME DE LONGUEUR. V. BAIONNETTE DE FUSIL. V. CONSIGNE DE SENTINELLE DE MAGASIN A POUDRE. V. CONSIGNE PARTICULIÈRE DE SENTINELLE. V. FUSIL D'INFANTERIE. V. HALLEBARDE. V. MAGASIN A POUDRE. V. SENTINELLE.

SENTINELLE de MARÉCHAL DE FRANCE. V. MARÉCHAL DE FRANCE N° 8.

SENTINELLE de NUIT. V. CONSIGNE DE POLICE AU CAMP. V. NUIT. V. SENTINELLE.

SENTINELLE de PONT-LEVIS. V. BASCULE DE PONT-LEVIS. V. CONSIGNE DE SENTINELLE D'AVANCÉE. V. CONSIGNE DE SENTINELLE DE PONT-LEVIS. V. CONSIGNE DE SENTINELLE DE PORTE DE FORTERESSE. V. PONT-LEVIS.

SENTINELLE de PORTE DE FORTERESSE. V. CONSIGNE DE SENTINELLE DE PORTE DE FORTERESSE. V. CONSIGNE PARTICULIÈRE DE SENTINELLE. V. CRI DE SENTINELLE DE PORTE DE FORTERESSE. V. DEMI-LUNE. V. DIANE. V. MARCHE, interj. V. PONT DE FORTIFICATION. V. PONT-LEVIS. V. PORTE DE FORTERESSE.

SENTINELLE de POSTE AVANCÉ. V. CHEF DE POSTE D'HOMMES DE GARDE N° 2. V. POSTE AVANCÉ. V. SENTINELLE.

SENTINELLE de POSTE FERMÉ. V. CHEF DE POSTE FERMÉ. V. POSTE FERMÉ.

SENTINELLE de PRISON. V. CONSIGNE DE PIQUET DE LOGEMENT. V. PRISON.

SENTINELLE de QUEUE DE CAMP. V. CAMP. V. QUEUE DE CAMP.

SENTINELLE de REMPART. V. CONSIGNE DE SENTINELLE DE REMPART. V. DIANE. V. REMPART. V. REMPART DE FORTERESSE.

SENTINELLE de TRANCHÉE. V. SIÈGE OFFENSIF. V. TRANCHÉE.

SENTINELLE d'élite. V. COMPAGNIE DE GRENADIERS D'INFANTERIE FRANÇAISE DE LIGNE N° 5. V. ÉLITE.

SENTINELLE d'embuscade. V. EMBUSCADE.

SENTINELLE d'escoute. V. ÉCOUTE. V. ESCOUTE. V. SENTINELLE.

SENTINELLE d'établissement militaire. V. ÉTABLISSEMENT MILITAIRE.

SENTINELLE DEVANT LES ARMES. V. ARMES DE CORPS DE GARDE. V. CONSIGNE DE PIQUET DE LOGEMENT. V. DEVANT LES ARMES. V. RONDE-MAJOR. V. SENTINELLE.

SENTINELLE d'évêque. V. ÉVÊQUE.

SENTINELLE d'honneur. V. GARDE D'HONNEUR. V. HONNEUR. V. POSTE D'HONNEUR.

SENTINELLE d'hopital. V. HOPITAL. V. HOPITAL MILITAIRE.

SENTINELLE d'infanterie. V. ADJUDANT COMMANDANT. V. FACTION. V. INFANTERIE; id. N° 6. V. SENTINELLE.

SENTINELLE d'officier aux arrêts. V. ARRÊTS DE RIGUEUR. V. OFFICIER AUX ARRÊTS.

SENTINELLE d'officier d'artillerie. V. CHEF D'ESCORTE D'ARTILLERIE. V. OFFICIER D'ARTILLERIE N° 3.

SENTINELLE DOUBLE. V. DOUBLE, adj. V. SENTINELLE.

SENTINELLE EN CAMPAGNE. V. ABANDON DE FACTION. V. BANQUE DE FOSSÉ. V. CHEF DE DÉTACHEMENT DE GUERRE N° 4. V. CHIEN DE GUERRE. V. CONSIGNE DE SENTINELLE EN CAMPAGNE. V. CONSIGNE GÉNÉRALE DE SENTINELLE EN CAMPAGNE. V. EN CAMPAGNE. V. POSTE D'HOMMES DE GARDE EN CAMPAGNE. V. POSTE STRATEUMATIQUE. V. SENTINELLE.

SENTINELLE EN GARNISON. V. ADJUDANT DE PLACE N° 3. V. ALERTE DE POSTE. V. ALERTE DE SERVICE. V. ARRÊTE LA-BAS. V. BASCULE DE PONT-LEVIS. V. CAPORAL DE CONSIGNE. V. CAPORAL DE PATROUILLE. V. CAPORAL DE SEMAINE N° 2. V. CAPOTE DE SENTINELLE. V. CHEF DE GARDE DESCENDANTE EN GARNISON. V. CHEF DE GARDE MONTANTE EN GARNISON. V. CHEF DE POSTE D'HOMMES DE GARDE N° 4. V. CLOCHE INSTRUMENTALE. V. CONSIGNE DE SENTINELLE EN GARNISON. V. CORPS DE GARDE DE GARNISON. V. EN GARNISON. V. FEU D'ÉCLAIRAGE. V. HALTE-LA. V. MAJOR DE PLACE N° 3. V. OFFICIER CHEF DE POSTE. V. OFFICIER DE GARDE. V. OFFICIER DE RONDE. V. PORTE DE FORTERESSE. V. POSTE D'HOMMES DE GARDE EN GARNISON. V. QUI-VIVE. V. RONDE. V. RONDE-MAJOR. V. SENTINELLE.

SENTINELLE EN ROUTE. V. COMPAGNIE EN ROUTE. V. CONSIGNE DE PIQUET DE LOGEMENT. V. CONSIGNE DE SENTINELLE EN ROUTE. V. EN ROUTE.

SENTINELLE ENDORMIE. V. ABANDON DE FACTION. V. ENDORMI. V. FACTION. V. MILICE ESPAGNOLE N° 9. V. JUSTICE MILITAIRE. V. PEINE. V. PEINE DE MORT. V. SENTINELLE.

SENTINELLE EXTÉRIEURE. V. BARRIÈRE D'AVANCÉE. V. CONSIGNE DE GARDE DE CAMP. V. CONSIGNE DE SENTINELLE DE PORTE DE FORTERESSE. V. EXTÉRIEUR, adj.

SENTINELLE-FUSILIER. V. COMMANDANT DE PLACE N° 8. V. FUSILIER. V. GÉNÉRAL DE BRIGADE N° 3.

SENTINELLE-GRENADIER. V. COMMANDANT DE PLACE N° 8. V. GRENADIER. V. GRENADIER D'INFANTERIE FRANÇAISE DE LIGNE N° 6.

SENTINELLE PERDUE. V. ANSPESSADE. V. PERDU, adj.

SENTINELLE, PRENEZ GARDE A VOUS, interj. V. PRENEZ GARDE A VOUS. V. SENTINELLE.

SENTINELLE RELEVANTE. V. CHEF DE POSTE D'HOMMES DE GARDE N° 2. V. CONSIGNE DE SENTINELLE. V. RELEVANT, adj. V. SENTINELLE.

SENTINELLE RELEVÉE. V. CHEF DE POSTE D'HOMMES DE GARDE N° 2. V. CONSIGNE DE SENTINELLE. V. RELEVÉ, adj. V. SENTINELLE.

SENTINELLE VOLANTE. V. SENTINELLE. V. VOLANT, adj.

SENTIR (verb. act.) les COUDES. V. ACCOUDEMENT. V. AILE TACTIQUE. V. COUDE.

SÉORGIEN, subs. masc. V. CHIRURGIEN.

SÉPARATION, subs. fém. V. CAS DE S...

SEPT, subs. masc. V. PIÈCE DE SEPT.

SEPT ANS. V. AN. V. GUERRE DE SEPT ANS.

SEPT et demi. V. DEMI. V. PIÈCE DE SEPT ET DEMI.

SEPT POUCES. V. MORTIER DE SEPT POUCES. V. OBUSIER DE SEPT POUCES. V. POUCE.

SEPTIÈME BOUTONNIÈRE. V. BOUTONNIÈRE. V. BOUTONNIÈRE DE CORPS.

SEPTIÈME TEMPS. V. FEU DE RANG. V. TEMPS. V. TEMPS DE CHARGE.

SEPTINIE; SEPTINSULAIRES. V. NOMS PROPRES.

SEPTINSULAIRE, adj. V. ARTILLERIE S... V. BATAILLON S...

SÉRASKIER, subs. masc. V. GÉNÉRAL EN CHEF N° 1. V. MILICE TURQUE; id. N° 2.

SERCO, subs. masc. V. SURCOT.

SERCOT, subs. masc. V. SURCOT.

SERCOTE, subs. masc. V. SURCOT.

SERDELLEAU, subs. masc. V. FOURRIER D'ARMÉE.

SÉRÉNADE, subs. fém. V. AUBADE. V. MUSIQUE.

SERF (serve), adj. V. TAILLE S...

SERF (serfs), subs. masc. (F), ou sers suivant Barbazan. Ce mot rappelle clairement le substantif latin *servus*, et peut se traduire par esclave. Quantité d'auteurs, Voltaire lui-même (*Dialogues*), ont confondu ces deux termes. Cependant il y a une nuance marquée entre le servage ou servaige de la féodalité, et l'esclavage chez les peuples anciens et sous les premières races. — Si l'on en croit Velly, à la date 814, il y avait encore, au neuvième siècle, des esclaves français en outre et à part des Serfs. — Au temps où écrivait Cervantes, l'Espagne renfermait quantité d'esclaves et même d'eunuques. Dans le dernier siècle, les chevaliers de Malte avaient des mécréants comme esclaves domestiques, et surtout comme esclaves publics. — L'Amérique, l'Asie, l'Afrique, comptent encore des myriades d'esclaves. Il n'y a plus de Serfs que dans quelques parties de l'Europe. — L'esclavage antique, jusqu'à l'apparition du code Théodosien, l'esclavage qui régnait dans l'Occident jusqu'aux dixième et onzième siècles, ont été le pire des asservissements, parce que c'était une chaîne domestique qui échappait à la loi. Le servage a été une chaîne territoriale ou publique imposée par la violence, confirmée par une jurisprudence barbare, maintenue avec brutalité, mais enfin il avait reçu forme d'institution, et pris caractère de loi. — Nous nous étendrons peu sur l'histoire des Serfs, parce qu'elle ne touche qu'indirectement notre sujet ; on va voir cependant qu'elle n'est pas sans rapports avec l'étude de la science des armes. — Les Serfs ont été, dans l'origine, des prisonniers de guerre réduits, par les hasards des combats, aux travaux forcés de la glèbe, *adscripti glebœ*. La tyrannique domination des nobles armés de toutes pièces (noble et guerrier étaient synonymes) allait chercher à la charrue les Serfs qu'elle ne prenait pas dans les rangs ennemis. — Les Gaules avaient des Serfs. Ils y formaient une caste, ou une portion de caste, au-dessus de laquelle dominait la milice, ou caste guerrière. — Les Francs, après l'invasion de la Gaule, n'avaient qu'un petit nombre de Serfs ; mais la conquête s'élargissant, les gentilshommes et les leudes traitèrent en Serfs les habitants des pays conquis, et les cinq sixièmes de la population étaient tombés en servage à des conditions plus ou moins dures. De là l'usage de la taille serve. — Le bas latin rangeait les Serfs sous la qualification de *subditi*, ainsi que les vieux titres le témoignent. La langue romane les dénommait cencitaires ou subjetz. — Clotaire premier levait en 558, sur ses domaines, une conscription en partie composée de Serfs. C'est un des premiers exemples d'une armée féodale, ou qui ne fût pas uniquement un ensemble de troupes recrutées outre-Rhin. — En 858, l'abbé de Saint-Denis, fait prisonnier par les Normands, fut racheté au moyen d'une rançon qui se composait d'or, d'argent, de bêtes de trait, et d'une certaine quantité de Serfs. Il est supposable que, dans ce traité, Serf et esclave étaient synonymes. — Guillaume le Batard avait fixé à dix sous l'amende judiciaire dont on était passible, si l'on tuait un Serf, une serfve, appartenant à autrui ; c'était moitié moins que si l'on tuait un Franc homme, un homme de la nation des Francs, un de ceux qu'on appelait *arimani*. — Longtemps après la concession des chartes d'affranchissement, les monastères de Cîteaux, de Clairvaux, de Saint-Denis, conservaient des milliers de Serfs. Les vieilles chroniques peignent les moines et les abbés comme ennemis jurés de l'institution des communes, parce que les Serfs, en s'y réfugiant, y acquéraient la liberté. C'est ce que les hommes d'Eglise appelaient *chose détestable*. Suivant eux, les bourgeois, les conjures, comme on les dénommait alors, *étaient maudits de Dieu et des saints*. — Sous le règne de Louis onze, Perpignan était une des villes où se voyaient encore des Serfs. Mais sous ce règne, dit M. Monteil, les terres à Serfs devenaient de plus en plus rares. — Les Serfs étaient la propriété, à la fois foncière et mobilière, d'un seigneur, d'un suzerain, d'une abbaye ; car ils pouvaient être vendus, ou avec le domaine, ou à part. Ils n'avaient rien en propre, pas même leurs enfants, pas même un nom. Ainsi, au onzième siècle, on ne les distinguait que par le nom d'un saint ou d'une profession. — On appelait for-mariés, mes-mariés, les Serfs qui prenaient femme sans permission. — Quand des mariages étaient contractés entre Serfs et serves de seigneuries différentes, les gentilshommes ou les abbés qui avaient autorisé l'union tiraient au sort les enfants qui provenaient de ces alliances. — Dans les campagnes, on appelait en général hommes de corps, hommes coutumiers, ou coustumers, les Serfs. Ils ne pouvaient aller respirer l'air d'une autre seigneurie, à moins d'un échange convenu entre les deux seigneurs réciproquement intéressés à ce marché. De là, cette location proverbiale en usage dans les Pays-Bas : troc de cavalier, ou de chevalier, c'est-à-dire, échange dans lequel il n'est pas exigé de retour, les valeurs échangées étant censées équivalentes. — Les Serfs étaient tenus à la CORVÉE du GUET ET GARDE, et aux travaux de construction et de réparations des FORTERESSES du DOMAINE. Ceux d'une abbaye étaient, militairement, sous les ordres d'un AVOUÉ. — Le Serf coustumer acquittait en nature certaines redevances territoriales. Une redevance en argent, qu'on appelait TAILLE SERVE, était imposée à d'autres classes de main-mortables. — La postérité légitime des Serfs s'appelait, suivant BARBAZAN, *naturex.* — Le Serf pissené, ou né dans un état pire, était l'enfant illégitime d'un Serf. — BOREL (Pierre) dit qu'on appelait en bas LATIN *pulveratici* les Serfs qui demandaient à aller à la GUERRE, moyennant une SOLDE de deux sous par jour. Ces SOLDATS formaient une misérable INFANTERIE, ou bien s'acquittaient, dans les GUERRES PRIVÉES, des fonctions de PIONNIERS ou de GASTADOURS, c'est-à-dire d'hommes préposés aux DÉGATS. — Le SERVICE aux ARMÉES était une voie à l'affranchissement, comme cela a lieu encore en RUSSIE. — Dans les COMBATS DE JUGEMENT où les Serfs figuraient par suite d'affaires criminelles, ils ne pouvaient s'armer que de BATONS, se couvrir que de HARASSES. L'usage des ARMES LIBRES leur était interdit. — Les Serfs ne pouvaient voyager que sous le bon plaisir du maître; il ne leur était pas permis de changer de profession, ni de faire des donations. Les traîner à la suite du BAN ET ARRIÈRE-BAN comme VALETS de la CAVALERIE, les revendiquer en tout lieu où ils auraient fui, et faire de leurs filles des concubines, tel était, en certaines provinces, le droit des SEIGNEURS laïques et ECCLÉSIASTIQUES. ROQUEFORT (1829) en fournit la preuve au mot *Cullage.* — Tous les bénéfices faits par un Serf tournaient au profit du CHATELAIN sur le FIEF duquel le Serf *était levant et couchant.* — Un Serf ne pouvait être admis à témoigner en JUSTICE dans des causes débattues entre personnes FRANQUES, ou FRANCHES, ou entre membres de la NOBLESSE. — Au-dessus des Serfs, ou dans une condition moins dure, étaient les SERGENTS FIEFFÉS de la moindre classe, les INGÉNUS, les VILAINS, les ROTURIERS, les HOMMES DE POESTÉ, *homines potestatis,* les GENS de pote, de pouesté, *gentes de potestate et corpore.* C'étaient des SUJETS taillifs ou taillables à des degrés différents, degrés dont on ignore la proportion. On sait seulement que ces derniers n'avaient qu'une huppe de CHEVEUX sur la tête, et que les Serfs avaient la tête dégarnie de toute CHEVELURE. C'est à ce même signe que les CHAMPIONS étaient reconnaissables. — VELLY, à l'année 1315, semble confondre les Serfs, les GENS DE CORPS, les HOMMES DE POUESTÉ, ou de main-morte. Quantité d'ÉCRIVAINS en font cependant distinction, et regardent ces derniers comme se recrutant de Serfs affranchis. La GUERRE, les envahissements, l'application des PEINES en répression de FÉLONIE ou de DÉSERTION, recrutaient, au contraire, les Serfs. — LOUIS LE GROS, par un intérêt personnel, ou par d'autres motifs quels qu'ils fussent, a commencé à métamorphoser en tiers état, des Serfs ou des SUJETS de condition plus ou moins analogue. Des concessions forcées et inattendues, la force des choses, l'appauvrissement des NOBLES par suite des CROISADES, l'appât d'une PAYE, ont contribué ensuite à relâcher, à détacher ou à rompre des chaînes odieuses. Ce bienfait, que les combattants en terre sainte préparaient, sans le vouloir, sans le prévoir, est sorti ainsi du sein des maux et de l'extravagance. — Vers la fin du treizième siècle, les villes libres d'ALLEMAGNE offraient un refuge aux Serfs circonvoisins qui désertaient la glèbe, et venaient se retrancher derrière le PAL des BOURGEOIS, c'est-à-dire en dedans de l'enceinte palissadée ou du faubourg (bourg du PAL), qui devenait leur sauvegarde. — Les LANSQUENETS, que les NOBLES des contrées voisines du Rhin vendaient à la FRANCE, étaient des Serfs attachés comme domesticité à la CHEVALERIE, comme auxiliaires aux REITRES. — Une fois les LANSQUENETS affranchis par la GUERRE, ils se vendirent eux-mêmes comme SOLDATS et comme troupe indépendante des REITRES. — On a attribué à la religion chrétienne le bienfait de l'affranchissement; mais l'assertion est contestable, puisque ce fut depuis le baptême de CLOVIS que le SERVAGE s'appesantit, se multiplia, et que les Serfs devinrent le BUTIN des SOLDATS, la propriété et la richesse des monastères seigneuriaux. Huit siècles plus tard, un roi mort en odeur de sainteté, LOUIS NEUF, publiait les célèbres ESTABLISSEMENTS qui, loin d'adoucir le sort des Serfs, rivaient leurs fers, comme le témoigne LACHESNAIE (1767, F). — Cherchons donc d'autres causes à l'émancipation, que la morale chrétienne n'avait préparée que de très-loin. — La société était dans un perpétuel ÉTAT DE GUERRE, ou vive ou sourde. L'asservissement fut une conquête brusque, l'émancipation une victoire lente. Si d'excellents prêtres ont prononcé anathème contre l'esclavage, le clergé, considéré comme puissance, n'a pas travaillé à l'extirper, quoique la religion, considérée comme doctrine, ait réprouvé l'asservissement. Comment justifier cependant ce passage de l'Ecclésiaste, livre célèbre parmi les *Sapientiaux* (chap. XXXIII, vers. 25) : *Le fourrage, le bâton, la charge à l'âne; le pain, la correction, le travail à l'esclave :* Cibaria et virga, et onus asino; Panis et disciplina et opus servo. Il est vrai que ce précepte, qui sanctionnait la domination seigneuriale, appartient à la loi de fer, que les études théologiques distinguent de la loi de grâce. — Sous le règne de Henri quatre, le royaume contenait encore quantité de Serfs. Plusieurs d'entre eux appartiennent à deux et à trois maîtres. — Au temps où Voltaire élevait contre le maintien de cet abus sa puissante voix, des cercles d'Allemagne, la Bohême, la Hongrie, le quart de la Bourgogne, la moitié de la Franche-Comté, étaient couverts de Serfs; ceux du mont Jura étaient la propriété des chanoines de Saint-Claude. Des esclaves musulmans étaient enchaînés aux galères de Malte, au galbanon de Gênes, aux arsenaux de l'Italie. — Louis seize, par un édit de 1779 (août), abolissait, dans les domaines royaux, la servitude personnelle. — L'assemblée nationale trouva encore, en 1790, des vestiges vivants de la servitude seigneuriale. — La féodalité sarde connaît, de nos jours, une sorte de Serfs. — Les milices polonaise et russe sont presque entièrement recrutées de Serfs. Des seigneurs russes jouaient leurs terres garnies de leurs Serfs et serves, ou même fractionnaient la mise, en n'engageant que trois cents, quatre cents âmes. Le perdant expédiait au propriétaire nouveau son bénéfice, et l'enjeu se rendait pédestrement dans les huttes du maître qui lui était échu ou auquel il était échu. — Peu avant la paix de Paris, en 1814, il n'y avait plus de Serfs, proprement parlant, en Prusse, mais il s'y voyait encore des hommes attachés à la glèbe; tels étaient surtout les paysans du duché de Posen. Le nombre s'en est progressivement réduit par suite des partages que le gouvernement a encouragés, et quantité d'hommes de la glèbe sont devenus propriétaires. — Sommes-nous les enfants des Serfs, c'est-à-dire des Gaulois ou des Gallo-Romains qui, depuis l'irruption d'une poignée de barbares que vomissait le Nord, ont été enchaînés dix ou douze siècles? Sommes-nous de la race des maîtres, c'est-à-dire des Francs? La vanité a tranché la question en appelant Français les héritiers des dominateurs. Mais la disproportion numérique des races, les mélanges multipliés du sang ont influé grandement sur la filiation; et très-peu d'entre nous pourraient récuser comme ancêtres les opprimés. Mais appartenir à leur lignée est bien aussi honorable que de descendre des oppresseurs. Il vaut autant venir de Bren-

nus, ou des lieutenants de César, que de ces Scythes ou de ces Sarmates qu'on a nommés Danois, Normands, Teutons, et qui se sont disputé les lambeaux de notre Gaule, alors qu'elle était romaine. — La condition de l'Occident européen est bien changée; toutefois, à côté de l'amélioration se montre l'inconvénient. Au temps de la servitude, il y avait des tyrans, c'étaient quelques seigneurs; il y avait des misérables, c'était une multitude de Serfs; mais la mendicité, mais le vol, n'étaient pas une profession; la prostitution spontanée était rare. Il ne se rencontrait pas de fainéants dans les classes infimes; la puissance du bâton ne l'eût pas souffert; le précepte de l'Ecclésiaste, qui assimilait l'esclave au baudet, y mettait ordre. La société ne redoutait pas le manque d'ouvrage, cet épouvantail de la civilisation. Il n'y avait pas d'enfants trouvés, cette autre plaie sociale. Il n'existait pas de vagabondage, puisque la fuite hors des huttes domaniales était rendue impossible par la surveillance, ou était réprimée par la recherche qu'on appelait droit de suite. — Il résulta de la manumission des Serfs ce qui est arrivé et adviendra de l'affranchissement des noirs. Le paresseux aime mieux, ou voler, ou mendier, ou se prostituer, que de s'occuper utilement, et l'usage de sa liberté tourne au détriment de la liberté des autres. L'institution des communes, par Louis le Gros, déchaîna des êtres à demi sauvages, et mit en campagne des nuées de pillards qu'une discipline, cruelle il est vrai, avait jusque-là soumis au frein. Le monachisme, les factions, la guerre, n'eurent que la peine du choix pour se donner des suppôts, et mirent à profit le désœuvrement de transfuges sans profession, sans mœurs, sans principes. Les augustins, les carmes, les cordeliers, les dominicains, furent fondés. Les ordres mendiants, utiles en cela, mirent un certain ordre dans la vie de gueuserie, en donnant à des misérables un uniforme; ils recueillirent les plus paisibles des oisifs qui composaient les émancipés tarés de l'époque. Le surplus s'organisa en bandes de brigands sous les ordres des bâtards de grandes maisons. Ce furent ces bandes qui recrutèrent les féroces aventuriers des rois de France et d'Angleterre. — La nécessité de contenir, au moyen d'une paye, des bandits plus accoutumés à combattre de la torche que de l'épée, fut la cause de la création de l'impôt en deniers, sans lequel il n'y a pas de centralisation et de gouvernement possible, et le prélévement régularisé des deniers publics releva plus puissant le trône, en ramenant le système

des TROUPES RÉGULIÈRES, SOLDÉES, PERMANEN-
TES, sans lequel il n'y a pas de nationalité.
— Telle fut une des compensations des désordres que l'affranchissement engendrait.
Un autre avantage politique s'y joignit : ce
fut l'abolition du droit de rachat des CRIMES
et des violences. La JUSTICE, devenue royale,
commença à prendre un caractère plus uniforme, moins odieux. Le meurtrier n'en fut
plus quitte pour une légère amende. La LÉ-
GISLATION revêtit des formes plus protectri-
ces. La raison publique triompha de l'atro-
cité de ces COMBATS JUDICIAIRES, de ces OR-
DALIES, qu'on appelait si improprement le
JUGEMENT DE DIEU. — On peut consulter à
l'égard des Serfs tous les annalistes français : BARBAZAN (1808), BOREL (Pierre),
M. JACOB, LACHESNAIE (1767, E), M. MON-
TEIL, MONTESQUIEU, ROQUEFORT, VELLY, VOL-
TAIRE, le *Dictionnaire de la Conversation*
(aux mots *Anoblissement*, *Serf*).

SERGANT, subs. masc. v. SERGENT MI-
LITAIRE.

SERGE, subs. fém. v. DEUIL. v. REVERS
D'HABIT.

SERGE NOIRE. v. BATTERIE SOURDE. v. CÉ-
RÉMONIE FUNÈBRE. v. DEUIL. v. HONNEURS FU-
NÈBRES. v. NOIR, adj.

SERGEANT, subs. masc. v. SERGENT.
SERGENT, subs. masc. v. A L'ORDRE
AUX S... v. ABSENCE DE S... v. ADMINISTRATION
DE S... v. ALLOCATION DE S... v. AMENDE DE
S... v. ANCIENNETÉ DE GRADE DE S... v. AN-
CIENNETÉ DE S... v. APPEL AUX S... v. APPEL
DE S... v. AVANCEMENT DE S... v. AUTORITÉ DE
S... v. CHAMBRE DE S... v. CRÉATION DE S...
v. DEUXIÈME S... v. DEVOIRS DE S... v. DISTINC-
TION DE S... v. DROITS DE S... v. EMPLOI DE
S... v. FIEF DE S... v. FONCTIONS DE S... v.
FUSIL DE S... v. GIBERNE DE S... v. GRADE DE
S... v. HABIT DE S... v. HUISSIER S... v. INS-
PECTION DE S... v. INSTRUCTION DE S... v. LIT
DE S... v. LOCALISATION DE S... v. LOGEMENT
DE S... v. MARQUE DISTINCTIVE DE S... v. NOM
DE S... v. NOMBRE DE S... v. NOMINATION DE
S... v. ORDINAIRE DE S... v. PAYE DE S... v.
POSTE DE S... v. PREMIER S... v. PRÉROGATIVES
DE S... v. PROMOTION DE S... v. PUNITIONS DE
S... v. QUATRIÈME S... v. RANG DE S... v. RÉ-
CEPTION DE S... v. REMPLACEMENT DE S... v.
RETRAITE DE S... v. RONDE DE S... v. SECOND
S... v. SERVICE DE S... v. SOLDE DE S... v.
TENUE DE S... v. THÉORIE DE S... v. UNIFORME
DE S...

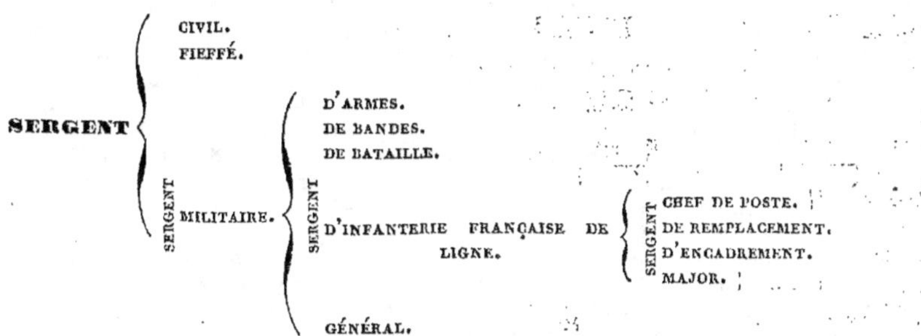

SERGENT (term. génér.), ou CERGANS,
ou CERGENS suivant BOREL (Pierre), ou SAR-
GANT, ou SARGENT resté dans l'ESPAGNOL
sargento, ou SERGANT suivant BARBAZAN
(1808), ou SERGEANT suivant DESCIAU et
VILLEHARDOUIN, ou SERGIENT, ou SERIANS, ou
SÉRIANT, suivant BOREL (Pierre), ou SERJANS,
ou SERJANT, ou SERJANZ, ou SERJEANT (resté
dans l'ANGLAIS, suivant DOANE (1810, E), ou
SERJENS, ou SIERGEANT, suivant ROQUEFORT,
ou SERVANT, ou SERVIENT. — Le mot Sergent
et ses analogues, maintenant inusités, ont
produit SERGENTERIE, et ses synonymes ont eu
des acceptions fort variées; aussi n'est-on
pas d'accord sur leur étymologie, parce que
les uns l'ont recherchée en envisageant le
terme comme employé en style de chicane,
d'autres en le considérant comme uniquement MILITAIRE. Ceux qui, comme DESPA-
GNAC (1751, D), LACHESNAIE (1758, I), MON-
DÉSIR (1784), ont prétendu qu'il était une
corruption de SERREGENS, parce qu'un HUIS-
SIER est préposé aux arrestations, ou qu'un
SERGENT D'INFANTERIE faisait serrer ses GENS,
en tenant la QUEUE d'un RANG formant son
ESQUADRE, s'appuient sur la racine ESPAGNOLE
cérrajente. Cujas tire Sergent de *cœsa-
rianus*, ce qui n'est guère plus raisonnable. WACHTER veut le retrouver dans l'ALLE-
MAND *schergen*, verbe analogue au LATIN
pellere, impellere. Il se serait modifié dans
le substantif *scherg*, ANCIEN de POLICE, et

dans l'ANGLAIS *scherif*. De vieilles chroniques allemandes disent que Jésus, sur la croix, y était gardé par des *schergen*, ou des VALETS DE VILLE. — Mais il paraît que ces mots, *scherg*, *schergen*, de WACHTER, ne concernaient que des SERGENTS CIVILS et n'avaient rien de commun avec le détail des ARMÉES, puisque les SERGENTS MILITAIRES s'y appellent *feld-webel*, terme PRUSSIEN dont les ALLEMANDS eux-mêmes ignorent l'étymologie. Au reste, les fonctions des *feld-webel* participent de celles des SERGENTS-MAJORS actuels en FRANCE. — FAUCHET accuse plus juste en avançant que Sergent, sous quelque acception qu'on l'admette, vient du LATIN *serviens*, homme qui sert, ou SOLDAT, primitivement traduit par SERVIENT, SERGIENT, et signifiant vaguement, d'abord, employé ou GARNISAIRE, ou serviteur, n'importe à quel titre, ainsi que le témoigne DUCANGE. Voilà pourquoi, dans le besoin de caractériser les SERGENTS MILITAIRES, on les appela d'abord SERGENTS d'armes; voilà aussi pourquoi BOREL (Pierre) prend comme synonymes Sergent et SAUDOYER ou SOUDOYER. — Maintenant encore, l'expression SERVIR s'emploie dans un sens, tantôt bas, tantôt relevé, suivant que ce verbe s'applique à la patrie, au prince, aux maçons, à un maître, à la messe. — Avant la création de la LANGUE FRANÇAISE, on appelait *serviens*, *servientes*, les suivants des CHEVALIERS, ceux qui portaient leurs armes, gardaient leurs CHEVAUX; c'étaient des serviteurs à demi MILITAIRES, à demi anoblis, et comparables aux *aldionarius*, *aldius*, *armiger*, *castrensis*, *ministerialis*, *satelles*, *scutarius*. — Matthieu PARIS range dans la même catégorie les ÉCUYERS (*armigeri*) et les Sergents (*servientes*) des COMPAGNIES D'ORDONNANCE. Ces derniers formaient une catégorie ou un genre d'ARMES particulier; ainsi un auteur du douzième siècle, nommé Rodolphus de Diceto (1191), parle d'une GARDE DE CAMP composée de vingt CHEVALIERS et de cinquante Sergents. — Le GUET DE PARIS et les MILICES COMMUNALES ont compris des SERGENTS A PIED et des SERGENTS A CHEVAL. — SAINT LOUIS, dans un ban qu'il publiait en AFRIQUE, s'intitulait Sergent de Jésus-Christ, c'est-à-dire à son SERVICE. — En 1302, dit VELLY, PHILIPPE QUATRE levait un SERGENT A PIED par vingt feux. — Bien des AUTEURS ont dit, et M. Raymond a répété d'après eux, que le nom des SERGENTS est bien plus ancien, qu'il fut porté par les GARDES DU CORPS des PREMIÈRES RACES; qu'en 768, il fut créé des SERGENTS D'ARMES; que les COMMUNES eurent ensuite leurs SERGENTS A PIED, etc. Ce sont autant de propositions trop absolues

qui, sans être précisément erronées, entretiennent de grossières erreurs. Il n'y avait réellement, ni Sergents, ni Sergents d'armes, en 768, puisque la LANGUE FRANÇAISE n'existait pas. Il y avait des *servientes*, c'est-à-dire des hommes faisant un SERVICE MILITAIRE, des *servientes armorum*, c'est-à-dire des CAVALIERS nobles ARMÉS DE TOUTES PIÈCES. — Des traducteurs, des hommes de loi, ne sachant comment rendre, longtemps après la substitution du FRANÇAIS au LATIN, ce mot *serviens*, qui avait de l'affinité avec des usages féodaux, et qu'il fallait bien faire entrer dans la LANGUE nouvelle pour la justification des titres et l'intelligence des chartes, le traduisirent par Sergent, et appelèrent ce genre de TROUPE ou de FONCTION SERGENTERIE. Il y avait des FIEFS DE SERGENTERIE, c'est-à-dire obligés de METTRE, au besoin, SOUS LES ARMES, une certaine quantité de *servientes armorum*. Des COMMUNES aussi avaient leur sergenterie. Ce terme est devenu plus tard la désignation d'une SERGENTERIE royale, d'une sergenterie héréditaire. — Les AUTEURS qui ont traité en général de l'histoire des Sergents sont : AUDOUIN (t. II), BARBAZAN, BÉNETON (1742, A), BOREL (Pierre), CARRÉ (1783, E), M. CARRION (1824, A), CHRESTIENS, DANIEL (1721), DESCIAU, DESPAGNAC (1751, D), DUANE (1810, E), DUCANGE (au mot *Serviens*), ENCYCLOPÉDIE (1785, C). FAUCHET, FURETIÈRE, GAYA, MANESSON (1685), MÉNAGE, MONTGEON (1620, C), PARIS (Matthieu), PRAISSAC (1614, A), ROQUEFORT, VELLY (t. III), VILLEHARDOUIN, WACHTER. — Le mot Sergent se distingue ou s'est distingué en SERGENT A CHEVAL, — A MASSE, — A PIED, — ALLEMAND, — ANGLAIS, — AU CAMP, — AUTRICHIEN, — AUX GARDES, — CASSÉ, — CIVIL, — D'AFFAIRES, — DANOIS, — D'ARTILLERIE, — DE CAMPEMENT, — DE CAVALERIE, — DE COMPAGNIE, — DE COMPAGNIE D'ÉLITE, — DE COMPAGNIE HORS RANG, — DE CONTRAINTE, — DE DÉTACHEMENT, — DE DÉTAILS, — DE DRAGONS, — DE DRAPEAU, — DE FUSILIERS, — DE GARDE, — DE GARDE DE POLICE, — DE GARDE DE POLICE EN ROUTE, — DE GARDES FRANÇAISES, — DE GRENADIERS, — DE LA DOUZAINE, — DE LA MAISON DU ROI, — DE LÉGION, — DE L'ÉPÉE, — DE LIGNE, — DE PATROUILLE, — DE PLANTON, — DE PIED, — DE POLICE, — DE QUERELLE, — DE REMPLACEMENT, — DE RONDE, — DE SEMAINE, — DE SEMAINE EN ROUTE, — DE SUBDIVISION, — DE TIRAILLEURS, — DE VÉTÉRANS, — DE VILLE, — DE VOLTIGEURS, — DES BANDES, — DES GARDES FRANÇAISES, — D'ORDONNANCE, — D'ORDRE, — DU GUET, — DU MOYEN AGE, — DU ROI, — EN CAMPAGNE, — EN ROUTE, — ESPAGNOL, — FÉODÉ, — FIEFFÉ, — FOURRIER, — FRANÇAIS,

— GÉNÉRAL DE BATAILLE, — MAITRE D'ÉCOLE, — MAJOR AU CAMP, — MAJOR DE BATAILLE, — MAJOR DE CHASSEURS, — MAJOR DE COMPAGNIE, — MAJOR DE COMPAGNIE D'ÉLITE, — MAJOR DE COMPAGNIE D'INFANTERIE FRANÇAISE DE LIGNE, — MAJOR DE COMPAGNIE DE GRENADIERS, — MAJOR DE COMPAGNIE HORS RANG, — MAJOR DE CORPS, — DE GRENADIERS, — MAJOR DE PLACE, — MAJOR D'INFANTERIE FRANCO-SUISSE, — MAJOR EN GARNISON, — MAJOR EN ROUTE, — MAJOR GÉNÉRAL, — MAJOR PIÉMONTAIS, — MAJOR PORTUGAIS, — MAJOR PRUSSIEN, — MAJOR TURC, — MAJOUR, — MILITAIRE, — PIÉMONTAIS, — PORTUGAIS, — PRÉVOT, — PRUSSIEN, — SECRÉTAIRE, — TURC, — WURTEMBERGEOIS.

SERGENT A CHEVAL. V. A CHEVAL. V. ARMURE. V. CAVALERIE. V. COMPAGNIE D'ORDONNANCE N° 3. V. GUET DE PARIS. V. INFANTERIE COMMUNALE N° 3. V. LANCE GARNIE. V. MILICE COMMUNALE. V. SERGENT FIEFFÉ. V. SERGENT MILITAIRE.

SERGENT A MASSE. V. A MASSE. V. SERGENT D'ARMES.

SERGENT A PIED. V. A PIED. V. ÉCUYER FIEFFÉ. V. GENTILHOMME. V. GUET DE PARIS. V. INFANTERIE COMMUNALE; id. N° 3. V. MILICE COMMUNALE. V. SERGENT. V. SERGENT MILITAIRE.

SERGENT ALLEMAND. V. ALLEMAND, adj. V. SERGENT.

SERGENT ANGLAIS. V. ANGLAIS, adj. V. MILICE ANGLAISE N° 2, 4, 8, 9, 10. V. SABRE D'HOMME DE TROUPE.

SERGENT AU CAMP. V. ADJUDANT AU CAMP. V. AU CAMP. V. GARDE DE CAMP.

SERGENT AUTRICHIEN. V. AUTRICHIEN, adj. V. MILICE AUTRICHIENNE N° 2, 4.

SERGENT AUX GARDES. V. AUX GARDES. V. GARDES FRANÇAISES N° 1, 2.

SERGENT CASSÉ. V. CASSÉ, adj.

SERGENT CHEF DE POSTE (E,   ). Sorte de SERGENT D'INFANTERIE FRANÇAISE DE LIGNE qui accompagne au RENDEZ-VOUS GÉNÉRAL des GARDES, les SOLDATS commandés de GARDE. Il se rend, après la PARADE défilée, au POSTE qui lui est assigné. Il reçoit les RONDES de la même manière que le font les OFFICIERS CHEFS DE POSTE. Il FAIT RONDE lui-même s'il y a lieu. — S'il est de POLICE à la CASERNE, il inscrit le nom des MANQUANTS A L'APPEL DU SOIR. Il ne souffre pas qu'il entre à la CASERNE de GENS SANS AVEU. Il avertit les OFFICIERS SUPÉRIEURS dans le cas où des DÉTENUS A LA SALLE DE DISCIPLINE auraient des RÉCLAMATIONS à leur adresser. — S'il est SERGENT DE POLICE EN ROUTE, il reconnaît à l'avance le lieu où les BAGAGES doivent être disposés.

— BOMBELLES (1746, A) est un des premiers ÉCRIVAINS qui ait traité avec quelques détails des fonctions des Sergents chefs de poste.

SERGENT (sergents) CIVIL (F). Sorte de SERGENTS ou d'HUISSIERS qui étaient des EMPLOYÉS attachés aux JUSTICES SEIGNEURIALES ou ecclésiastiques, ou qui exerçaient des EMPLOIS près des AUTORITÉS diverses ou dans l'intérieur des FIEFS. Sous le nom de Sergents ou SERVANTS, on comprenait arpenteurs, ÉCUYERS, HÉRAUTS, HUISSIERS, garde-chasse, GARNISAIRES, porteurs de CONTRAINTES, ROIS D'ARMES. — Mais établir une précise distinction entre les fonctions qui ont été exercées par des Sergents civils, des SERGENTS MILITAIRES, des SERGENTS D'ARMES, serait presque impossible.

SERGENT D'AFFAIRES. V. AFFAIRE. V. CAPITAINE DE BANDE. V. COMPAGNIE D'INFANTERIE FRANÇAISE DE LIGNE N° 4. V. FOURRIER D'INFANTERIE FRANÇAISE DE LIGNE N° 1. V. GARDES FRANÇAISES N° 3. V. MAJOR. V. SERGENT DE BANDE. V. SERGENT D'INFANTERIE FRANÇAISE DE LIGNE N° 1, 2, 11. V. SERGENT-MAJOR N° 1.

SERGENT DANOIS. V. DANOIS, adj. V. MILICE DANOISE N° 5.

SERGENT (sergents) D'ARMES (F), ou SERGENT A MASSE. Sorte de SERGENTS MILITAIRES qu'on appelait *servientes armorum*, pour les distinguer des SERGENTS CIVILS. — Il ne faut pas confondre les Sergents d'armes qui n'étaient pas attachés au trône, et ceux qui en dépendaient. — Des ÉCRIVAINS ont donné le nom de Sergents d'armes à des serviteurs armés qui répondaient aux anciens ALDIONAIRES, à des soldats qui formaient la SECONDE LIGNE de la LANCE FOURNIE, à des ESTAFIERS qui étaient préposés au bon ordre des LICES. — Les Sergents d'armes royaux succédaient aux RIBAUDS, et se sont appelés aussi MASSIERS DE LA GARDE et OFFICIERS D'ARMES; ils ont été la souche des GARDES DU CORPS, des GARDES DE SOUVERAIN ou DE PRINCE, des GARDES ROYALES, et même des ARMÉES PERMANENTES DE FRANCE. On a prétendu retrouver leur existence dès l'an 768; mais RIGORD et les *Mémoires de l'académie des belles-lettres* ne rapportent leur création, comme corps organisé, qu'à l'an 1191. — PHILIPPE AUGUSTE les institua, dit-on, pour se préserver du poignard des assassins du Vieux de la montagne, assassins qu'on croyait venus d'ASIE en FRANCE, à l'instigation du roi d'ANGLETERRE. — En 1198, les Sergents d'armes s'appelaient HUISSIERS-SERGENTS, et remplacèrent les anciens *ostiarii* (portiers royaux), ou du moins ils furent chargés de la GARDE des

PORTES intérieures des PALAIS royaux. — On lisait sur le portail de Sainte-Catherine à Paris : *A la prière des Sergents d'armes, sainct Loys fonda ceste église ; ce fust pour la joye de la vittoire qui fust au pont de Bovines, l'an 1214 ; les Sergents d'armes gardoient le dict pont.* — En 1285, des Sergents d'armes furent répartis dans divers GOUVERNEMENTS éloignés de la résidence de la cour ; ils y eurent le titre de CHATELAINS. — Les Sergents d'armes étaient des GENTILSHOMMES ARMÉS DE TOUTES PIÈCES ; ils portaient, dans le principe, ARC, CARQUOIS *toujours plein de quarriaux*, et une MASSE d'airain. — Une des gravures de WILLEMIN témoigne qu'au commencement du quatorzième siècle, les Sergents d'armes avaient COTTE DE MAILLES, BRASSARDS, CUISSARDS, GENOUILLÈRES, GRÈVES fermées ; leur CEINTURE portait un anneau auquel ils suspendaient leur MASSE. — En costume civil, ils avaient, au quinzième siècle, la COTTE D'ARMES, les SOULIERS A LA POULAINE, les RABACHES ou caleçon collant. Suivant le temps, ils eurent un habit de ville, la CASAQUE à manches démesurées, le MANTEAU COURT ; vers le règne de CHARLES CINQ, ils étaient équipés comme on représente les valets des jeux de cartes. En costume de guerre, ils avaient la BOURGUIGNOTE. — Les Sergents d'armes de la MAISON formaient une COMPAGNIE de cent cinquante ou de deux cents GENTILSHOMMES. En 1339, leur nombre fut réduit à cent par PHILIPPE DE VALOIS, comme le témoigne DUCANGE ; ils portaient alors LANCE, ÉPÉE et MASSE D'ARMES ; leur nombre diminua après le règne du roi JEAN. Ils quittèrent la MASSE D'ARMES pour reprendre l'ARC et le CARQUOIS, et ils commencèrent à s'appeler ARCHERS DE LA GARDE. Plus tard, ils prirent le JAVELOT et l'ARBALÈTE au lieu de l'ARC. Ils renoncèrent au JAVELOT en 1388, et la LANCE leur fut rendue. — LOUIS ONZE leur retira l'ARBALÈTE. — La dénomination de ces SERGENTS MILITAIRES varia en même temps que leurs ARMES, et, suivant le temps, ils s'appelèrent VARLETS, ARCHERS, ARBALÉTRIERS, GENS D'ARMES, ÉCUYERS DU CORPS, HUISSIERS D'ARMES. — Il n'y avait plus que six Sergents d'armes sous CHARLES CINQ. — A l'entrée d'Isabeau de Bavière dans PARIS, les Sergents d'armes cinglèrent de leur boulaie, ou verge de bedeau, CHARLES SIX lui-même, qui s'était mêlé incognito aux curieux, et qu'ils ne reconnurent pas sous son déguisement. — CHARLES SEPT n'avait que huit Sergents d'armes. Ils disparurent ensuite ou furent remplacés par les ÉCUYERS DU CORPS et par les GENTILSHOMMES AU BEC DE CORBIN ; mais l'habitude de les appeler Sergents prévalait encore, et c'est la

qualification que donnait PAUL JOVE aux GARDES DU CORPS de CHARLES HUIT. — Les Sergents d'armes faisaient dans les PALAIS le service A PIED. Dans les voyages et en campagne, ils servaient A CHEVAL ; ils maintenaient l'ordre dans les CARROUSELS, et s'employaient comme MARÉCHAUX DE TOURNOIS ; ils portaient les ordres ou cédules du ROI quand il citait des VASSAUX à son tribunal. Ils n'étaient justiciables que du TRIBUNAL du CONNÉTABLE ou du ROI. — Dans les derniers siècles, quelques GENTILSHOMMES, pour jouir d'un titre, prenaient ou plutôt achetaient, mais sans être cependant au SERVICE, la qualification de Sergents d'armes, comme d'autres se donnaient celle d'ÉCUYERS. — Il ne se voyait plus de Sergents d'armes, du moins nominalement, sur MONSTRES ou CONTROLES depuis LOUIS ONZE ; mais sous une acception différente, ce même titre reparut dans le dernier siècle ; l'ORDONNANCE DE 1764 (29 JANVIER) l'employa pour désigner le PREMIER SERGENT d'une COMPAGNIE de GARDES FRANÇAISES, parce que ce Sergent était le dépositaire ou le conservateur responsable des ARMES de la COMPAGNIE. Il était subordonné au SERGENT D'ORDRE et commandait au SERGENT-FOURRIER. Cette organisation différente de celle des RÉGIMENTS DE LIGNE, cette organisation imposée au MINISTRE CHOISEUL par la puissance des chefs des GARDES FRANÇAISES, était une preuve et un résultat de cette espèce d'horreur que les CORPS PRIVILÉGIÉS ont toujours eue pour une CONSTITUTION uniforme. — Il se voyait encore en ANGLETERRE, au temps du couronnement de Guillaume quatre, des Sergents d'armes attachés à la MAISON militaire ; ils portaient le COLLIER et la MASSE D'ARMES. — CHARLES DIX entretenait quelques HUISSIERS PORTE-MASSE ; ils s'acquittaient par quartier de cette charge qui n'était plus militaire. — Les AUTEURS qu'on peut consulter touchant les Sergents d'armes sont : AUDOUIN, BÉNETON (1742, A), CARRÉ (1785, E), DANIEL (1721, A), DESPAGNAC (1751, D), ENCYCLOPÉDIE (1785, C), FURETIÈRE, LACHESNAIE (1758, I, au mot *Garde des rois* et *Sergent d'armes*), M. SICARD, VELLY.

SERGENT D'ARTILLERIE. V. ARTILLERIE. V. ARTILLERIE D'INFANTERIE.

SERGENT (sergents) DE BANDE (F). Sorte de SERGENTS MILITAIRES qui étaient revêtus d'un GRADE dans les TROUPES FRANÇAISES, au temps où les HOMMES DE PIED étaient organisés par BANDES. Cette époque répond au règne de LOUIS DOUZE et de FRANÇOIS PREMIER. — Des Sergents exerçant des fonctions à peu près pareilles, s'étaient autrefois nommés *accensus militaris;* ce nom d'ACCENSE se prenait à peu près dans le sens de second ou de LIEUTENANT. — A l'imitation de l'usage établi dans les BANDES DE CAVALERIE, où il était reconnu du fait de l'usage, sinon en vertu de la loi, un MARÉCHAL DES LOGIS, chaque CAPITAINE DE BANDE A PIED tirait de ses Sergents, dit LACHESNAIE (1758, I), un SERGENT D'AFFAIRES; c'était à la fois, et un comptable et une espèce d'adjudant-major, bien supérieur par conséquent aux modernes SERGENTS D'INFANTERIE. — Peu avant la formation des RÉGIMENTS D'INFANTERIE DE LIGNE, il fut créé, sous le nom de SERGENTS DES BANDES, un OFFICIER qui, à l'imitation de cet ancien PREMIER SERGENT d'une BANDE, s'acquittait des mêmes devoirs à l'égard de plusieurs BANDES; ou le tirait des LIEUTENANTS et même des CAPITAINES. — A la suppression des BANDES, ce GRADE continua en TEMPS DE GUERRE à être reconnu, et devint celui du SERGENT-MAJOR DE BATAILLE, ou du SERGENT DE BATAILLE. Cet OFFICIER obéissait au SERGENT GÉNÉRAL DE BATAILLE, dont la qualification se changea depuis en celle de MAJOR GÉNÉRAL.

SERGENT (sergents) de BATAILLE (F), ou SERGENT-MAJOR, ainsi que l'appellent DU-BELLAY (1549, A), l'extraordinaire des guerres de 1574, BRANTOME (1600, A), DE-LASIMONNE et FURETIÈRE. — Sorte de SERGENTS MILITAIRES qui exerçaient, au seizième siècle, une fonction passagère, un emploi de guerre, et qui étaient chargés de l'ARRANGEMENT TAC-TIQUE ou de l'ARROY d'un TERZE, d'une BA-TAILLE AGRÉGATIVE. L'usage en était origi-naire d'ESPAGNE et pratiqué dans les MILICES ALLEMANDES. — Ce GRADE aurait été créé, suivant M. Raymond (*Dictionnaire fran-çais*), en 1515, pour régler l'ORDRE DE BA-TAILLE sous la direction du MARÉCHAL DE BA-TAILLE ou du SERGENT-MAJOR GÉNÉRAL DE L'IN-FANTERIE; mais si telle est à peu près la date originaire de la création du titre, ce genre de fonctions était bien plus ancien. Le titre devint surtout positif le jour où HENRI DEUX déclara, par une ordonnance, que le MESTRE DE CAMP et le Sergent de bataille n'auraient plus à l'avenir de COMPAGNIE; ainsi, jusque-là, le Sergent de bataille était un CAPITAINE détaché; il devint SERGENT-MAJOR et com-mença à être un FONCTIONNAIRE spécial, un OFFICIER SUPÉRIEUR et de qualification et de fait. Il est cependant à remarquer que, par la force de l'habitude, il était encore fait mention sous HENRI QUATRE de Sergents de bataille. — Ce titre rappelait le LATIN bar-bare *arraisus;* c'était un souvenir, une imitation de la manière de servir du SERGENT FIEFFÉ quand il rassemblait les VASSAUX; c'était la même fonction étendue à des de-

voirs plus généraux, plus compliqués. — MACHIAVEL (1510, A) donna le premier à ce FONCTIONNAIRE la qualification de SERGENT-MAJOR, que son traducteur CHARRIER (1546, B) rendit par l'expression SERGENT-MAJOUR. — DESPAGNAC (1751, D) témoigne que, dans les LÉGIONS DE HENRI DEUX, il y avait par COMPA-GNIE de quatre cents hommes un SERGENT-MAJOR; c'était le Sergent de bataille ancien, mais à poste fixe. Ce système fut d'une courte durée. — Le GÉNÉRAL ou le MESTRE DE CAMP qui, momentanément, était à la tête de plusieurs ENSEIGNES réunies, désignait un CAPITAINE pour être le SERGENT-MAJOR de la BATAILLE. Ce SERGENT-MAJOR PRENAIT le MOT des GÉNÉRAUX et le DONNAIT AUX CAPITAINES, encore bien que, souvent, il fût leur cadet. On voit dans SAINT-FOIX que le 5 juin 1590, le légat passait en revue sur le pont Neuf les ECCLÉSIASTIQUES, les moines de PARIS, armés de MOUSQUETS, et que les curés de Saint-Jacques-la-Boucherie et de Saint-Etienne du Mont remplirent les fonctions de Sergents-majors, et mirent les corps en ORDRE DE BATAILLE. — Le Sergent de bataille était imité de la MILICE ESPAGNOLE, *et ces troupes,* dit BRANTOME (1600, A), *en font encore plus grand cas que nous,* c'est-à-dire le reconnaissent dans un GRADE plus élevé. — En 1646, le duc de Navailles, de-puis maréchal de France, et n'étant encore que colonel, obtint l'autorisation de servir comme Sergent de bataille, charge alors plus élevée que celle des MESTRES DE CAMP. — A la fin du dix-septième siècle, le savant MANESSON était Sergent-major d'artillerie en Portugal, sous les ordres du maréchal de SCHOMBERG. De même, l'Espagnol LECHUGA était à pareille époque LIEUTENANT D'ARTIL-LERIE et SERGENT-MAJOR. — Différents AU-TEURS ont pris comme tout à fait synonymes Sergent de bataille et SERGENT-MAJOR. Ainsi BILLON (1641, A) appelle, à la page 74, SER-GENT-MAJOR ce qu'il appelle, à la page 539, Sergent de bataille. La première dénomina-tion, cependant, exprimait plutôt un titre passager, l'autre un GRADE permanent. — BILLON (1641, A) relate une ordonnance dont il n'indique pas la date, mais qui ap-partenait probablement au règne de Louis TREIZE; elle reconnaissait des SERGENTS-MA-JORS DE PLACE et des SERGENTS-MAJORS DE CORPS. — DELAFONTAINE (1675, A, p. 356, 358), qui servait et écrivait sous LOUIS QUATORZE, distingue du SERGENT-MAJOR DE BATAILLE, le SERGENT-MAJOR. Au dernier de ces GRADES ré-pondait le GRADE de MAJOR-CAPITAINE du der-nier siècle; au grade du premier de ces Sergents répondait le GRADE de MAJOR GÉ-NÉRAL de l'avant-dernier siècle. — STROZZI

(Philippe), colonel, en 1563, des gardes françaises, avait pour sergent-major, dit Brantôme (1600, A), un capitaine, qui même n'était pas le plus ancien. — Ce même écrivain, en parlant de lance, dit qu'en 1574, *en Guyenne, le capitaine Page, sergeant-major* (c'est-à-dire major du régiment de Bussy) *révéla à Bourdeilles* (frère de Brantôme) *un complot,* etc. Ailleurs il dit : *César souvent a servi de sergent-major,* c'est-à-dire a fait, tout César qu'il fût, fonctions de maréchal de bataille. — La dénomination donnée aux Sergents de bataille, et à leurs chefs les sergents généraux, a été plus ou moins analogue, suivant les temps, à celle des personnages qui, dans le seizième siècle et pendant la guerre de 1635, avaient la qualification de sergent des bandes, de major général, de maréchal de camp, d'aide maréchal de camp, de mestre de camp. Plusieurs d'entre eux avaient rempli des fonctions pareilles à celles des anciens arraiours, arrayers, arrayeurs, arrayours. Sous Charles neuf, dit M. Courtin (1823, E, au mot *Division*), les Sergents de bataille rangeaient les régiments d'infanterie en les mettant en arroy, comme le maréchal de bataille rangeait l'armée. — Le nombre des Sergents de bataille était alors démesuré, car : *S'ils montoient tous à cheval dans une bataille,* dit Brantôme (1600, A), *il y auroit autant de gens de cheval que de pied.* — Le nombre en avait bien diminué ensuite, à ce qu'il paraît, puisqu'il n'y en avait que deux à la bataille de Rocroy. — Manesson (1685, B) déclare que dans la dernière moitié du dix-septième siècle, on commençait à appeler major le Sergent de bataille ou le sergent-major. — Suivant les temps, le Sergent de bataille a eu voix au conseil de guerre, a été chargé des soins du campement, a passé, comme inspecteur général, des revues en campagne, a été subordonné au maréchal de bataille, a remplacé dans le commandement le maréchal de camp et même le général d'armée, si l'un et l'autre étaient absents. Ainsi le prescrivait l'ordonnance de 1643 (14 novembre). — Le Sergent de bataille était originairement à la nomination du mestre de camp ; ensuite il dut, au contraire, commander le mestre de camp en vertu du règlement de 1645 (22 septembre), tandis qu'en vertu de l'ordonnance de 1647 (17 avril), il était interdit aux Sergents de bataille de donner des ordres aux mestres de camp de cavalerie, aux mestres de camp des vieux corps et des petits vieux. — Des dispositions si changeantes, si indéterminées, des documents aussi vagues, aussi contradictoires,

témoignent, en dépit des éloges outrés qu'on a donnés aux ordonnances de Louis quatorze, combien étaient peu arrêtés les principes de la subordination, peu clairs les termes de la langue, et peu durable la valeur des qualifications. Pour parvenir à retracer avec netteté l'histoire des Sergents de bataille, pour dissiper les contradictions que présentent les récits de Béneton (1742, A), Daniel (1721, A), Despagnac (1751, D), Lachesnaie (1758, I), il faudrait rechercher action par action le rôle que les Sergents de bataille ont joué vis-à-vis des troupes, et étudier ce que les caprices de l'autorité militaire ont pu y exiger d'eux. La difficulté de ce travail en surpasserait l'utilité. — Les Sergents de bataille ont existé dans quelques corps français, sinon dans tous, jusqu'à la paix des Pyrénées en 1648. — Toutefois on peut recourir, pour débrouiller ce sujet obscur, à Béneton (1741, A ; 1742), Billon (1641, A), Brantôme (1600, A), Carrion (1823, A), Charrier (1546, B), Courtin (1823, E, au mot *Division*), Daniel (1721, A), Davila (1669, A), Delafontaine (1675, A, au mot *Sergent-major de bataille*), Delamont (1693, C), Delasimonne, Despagnac (1751, D, t. iii), Dubellay 1548, A), Furetière, Galucci, Lachesnaie (1758, I, aux mots *Général, Inspecteur, Mestre de camp*), Londano, Machiavel (1510, A), Maizeroy (1767, E, p. 148), Manesson (1685, B), Praissac (1622, A), Rohan (1757, O), Saint-Foix, Sala.

SERGENT de campement. v. campement. v. fiche.

SERGENT de cavalerie. v. cavalerie. v. milice portugaise n° 1. v. sergent militaire.

SERGENT de compagnie. v. compagnie. v. compagnie d'infanterie française de ligne n° 2. v. sergent d'infanterie française de ligne.

SERGENT de compagnie d'élite. v. compagnie d'élite.

SERGENT de compagnie hors rang. v. compagnie hors rang. v. magasin de corps.

SERGENT de contrainte. v. contrainte. v. garnisaire.

SERGENT de détachement. v. corvée de soupe. v. détachement.

SERGENT de détails. v. détail. v. fourrier d'infanterie française n° 9.

SERGENT de dragons. v. dragon. v. dragon français n° 4. v. hallebarde.

SERGENT de drapeau. v. aller aux drapeaux. v. drapeau. v. drapeau d'infan-

TERIE FRANÇAISE DE LIGNE. V. MILICE ANGLAISE N° 4, 8.

SERGENT de FUSILIERS. V. CHARGE DE SOLDAT. V. FUSILIER. V. GRENADIER D'INFANTERIE FRANÇAISE N° 2. V. HALLEBARDE. V. HAUSSE-COL.

SERGENT de GARDE. V. CAPORAL DE GARDE. V. CHEF DE GARDE DESCENDANTE EN GARNISON. V. DÉCOUVERTE. V. DIANE. V. GARDE. V. GÉNÉRAL DE BRIGADE N° 3. V. OFFICIER DE GARDE. V. POSTE D'HOMMES DE GARDE. V. SERGENT CHEF DE POSTE. V. SERGENT D'INFANTERIE FRANÇAISE DE LIGNE N° 10, 12.

SERGENT de GARDE DE POLICE. V. BAQUET DE COUR. V. CHEF DE POSTE DE POLICE EN GARNISON. V. GARDE DE POLICE.

SERGENT de GARDE DE POLICE EN ROUTE. V. ADJUDANT DE SEMAINE EN ROUTE. V. GARDE DE POLICE EN ROUTE.

SERGENT de GARDES FRANÇAISES. V. GARDES FRANÇAISES N° 3, 4.

SERGENT de GRENADIERS. V. AGE MILITAIRE. V. CHARGE DE SOLDAT. V. COMPAGNIE DE GRENADIERS N° 3. V. FUSIL D'INFANTERIE. V. GRENADIER. V. GRENADIER D'INFANTERIE FRANÇAISE N° 2. V. HALLEBARDE. V. RONDE DE SOUS-OFFICIER.

SERGENT de la DOUZAINE. V. DOUZAINE. V. GARDE DE PARIS.

SERGENT de la MAISON. V. MAISON. V. ROI DES RIBAUDS.

SERGENT de l'ÉPÉE. V. ÉPÉE. V. SERGENT FIEFFÉ. V. SERGENTERIE.

SERGENT de LÉGION. V. LÉGION. V. LÉGION DE HENRI DEUX.

SERGENT de LIGNE. V. GARDE IMPÉRIALE N° 3. V. CAPORAL D'INFANTERIE FRANCO-SUISSE DE GARDE ROYALE. V. INFANTERIE FRANCO-SUISSE DE GARDE ROYALE. V. LIGNE. V. SERGENT D'INFANTERIE FRANÇAISE DE LIGNE N° 8.

SERGENT de PATROUILLE. V. PATROUILLE. V. SERGENT D'INFANTERIE FRANÇAISE DE LIGNE N° 12.

SERGENT de PLANTON. V. COMMANDANT DE PLACE DE QUARTIER GÉNÉRAL. V. HOPITAL MILITAIRE. V. PLANTON. V. SERGENT D'INFANTERIE FRANÇAISE DE LIGNE N° 9, 11, 12.

SERGENT de PIED. V. PIED. V. SERGENT FIEFFÉ.

SERGENT de POLICE. V. ADJUDANT DE SEMAINE N° 5. V. BALAYAGE DE GRANDE CORVÉE. V. BATTERIE DE TAMBOUR DE POLICE. V. BATTERIE D'EXTINCTION DE FEUX. V. BILLET DE MALADIE. V. CANTINE DE CASERNE. V. CAPITAINE DE POLICE EN GARNISON. V. CAPORAL DE POLICE. V. CAPORAL DE SEMAINE N° 2. V. CAPORAL D'ESCOUADE

N° 4. V. CAPORAL D'INFANTERIE FRANÇAISE DE LIGNE N° 13. V. CHEF DE POSTE DE POLICE EN GARNISON. V. CLEF DE SALLE DE DISCIPLINE. V. CORRIDOR DE CASERNE. V. COUR DE CASERNE. V. FEMME. V. GARDE DE POLICE. V. POLICE. V. SALLE DE DISCIPLINE. V. SERGENT CHEF DE POSTE. V. SERGENT D'INFANTERIE FRANÇAISE DE LIGNE N° 9, 12.

SERGENT de QUERELLE. V. DUEL. V. QUERELLE.

SERGENT de REMPLACEMENT (G, 6). Sorte de SERGENT D'INFANTERIE FRANÇAISE DE LIGNE, qui se tient, comme HOMME D'ENCADREMENT, à la droite d'une TROUPE EN BATAILLE, et qui remplace au PREMIER RANG le CHEF DE PELOTON, quand celui-ci se porte en avant du centre, ou quand le PELOTON FAIT PAR LE FLANC. — La fonction de REMPLACEMENT est dévolue au PREMIER SERGENT. — Dans l'action d'ouvrir LES RANGS, il sert de BASE D'ALIGNEMENT au TROISIÈME RANG. — Dans les FEUX, il recule sur l'alignement des SERRE-FILES, vis-à-vis son CRÉNEAU; dans les FEUX EN ARRIÈRE, il s'efface pour le passage des SERRE-FILES. — Dans la MARCHE EN BATAILLE par le TROISIÈME RANG, il marche aligné sur les SERRE-FILES. — Dans la MARCHE DE BATAILLON PAR LE FLANC, il guide le PREMIER RANG en touchant coude à coude le CHEF DE PELOTON. — Il est GUIDE DE DROITE dans la MARCHE EN COLONNE PAR PELOTON; il est GUIDE DE GAUCHE dans la MARCHE EN COLONNE PAR SECTIONS; il est GUIDE DE BATAILLE, dans les FORMATIONS EN BATAILLE. — Lors des CONVERSIONS DE PIED FERME, pour ROMPRE LA LIGNE DE BATAILLE, et marcher la droite en tête, le Sergent de remplacement ne bouge qu'après le COMMANDEMENT: FIXE. —Dans la COLONNE PAR DIVISIONS, le sous-officier de remplacement des PELOTONS PAIRS, ou deuxième remplacement, reste et marche au TROISIÈME RANG.

SERGENT de RONDE. V. CONTRE-RONDE. V. MAJOR-CAPITAINE N° 4. V. RONDE. V. RONDE DE SOUS-OFFICIER. V. RONDE VOLANTE. V. SERGENT D'INFANTERIE FRANÇAISE DE LIGNE N° 12.

SERGENT de SEMAINE. V. A L'ORDRE AUX SERGENTS. V. A L'ORDRE AUX SERGENTS DE SEMAINE. V. ADJUDANT DE SEMAINE N° 2, 7. V. APPEL AUX SERGENTS DE SEMAINE. V. APPEL DE SERGENTS. V. APPEL DE SOUPE. V. BALAYAGE DE GRANDE CORVÉE. V. BOULANGERIE. V. CAPITAINE D'INFANTERIE FRANÇAISE DE LIGNE N° 22. V. CAPITAINE EN ROUTE. V. CAPORAL DE SEMAINE N° 2, 3. V. CAPORAL D'ESCOUADE N° 5. V. CAPORAL D'INFANTERIE FRANÇAISE DE LIGNE N° 15. V. CERCLE DE PARADE DE PLACE. V. CLASSE TACTIQUE. V. CORVÉE DE DISTRIBUTION. V. CORVÉE

DE PAIN. V. CORVÉE GÉNÉRALE. V. DÉTAIL DE POLICE. V. DISPENSE D'APPEL GÉNÉRAL. V. FOURRIER D'INFANTERIE FRANÇAISE DE LIGNE N° 10. V. INSPECTION DE SERGENT DE SEMAINE. V. OFFICIER DE COMPAGNIE. V. OFFICIER DE SEMAINE. V. PORTE-DRAPEAU N° 6. V. SEMAINE. V. SERGENT D'INFANTERIE FRANÇAISE DE LIGNE N° 10, 11. V. SERGENT-MAJOR N° 7. V. SERVICE DE SEMAINE. V. SOUS-OFFICIER DE SEMAINE.

SERGENT de SEMAINE EN ROUTE. V. CAPITAINE EN ROUTE. V. CHIRURGIEN EN ROUTE. V. VISITE D'ÉCLOPPÉ.

SERGENT de SUBDIVISION. V. ABSENCE A L'APPEL DU SOIR. V. AFFICHE DE CHAMBRÉE. V. APPEL EN ROUTE. V. ARME D'UNIFORME DE TROUPE. V. ARMEMENT DE TROUPE. V. BARBE DE DÉTENU. V. BARBE D'HOMME DE TROUPE. V. BARBIER DE COMPAGNIE. V. BLANCHIMENT DE BUFFLETERIE. V. BLANCHISSAGE DE CHAMBRÉE. V. BON DE RÉPARATIONS. V. CAPORAL D'ESCOUADE N° 8. V. CAPORAL D'INFANTERIE FRANÇAISE DE LIGNE N° 15. V. CAPORAL D'ORDINAIRE N° 2. V. CARTOUCHE DE SERVICE. V. CHAMBRE DE SOLDAT. V. CHAMBRÉE. V. CHAUSSURE. V. CHEF DE CHAMBRÉE. V. COL DE TROUPE. V. CONTROLE DE LINGE ET CHAUSSURE. V. DÉTAIL DE CHAMBRÉE. V. DÉTENU A LA SALLE DE DISCIPLINE. V. EFFET DE DÉSERTEUR. V. EFFET D'UNIFORME. V. FOURRIER D'INFANTERIE FRANÇAISE DE LIGNE N° 9. V. HOMME DE GARDE. V. PRÊT DE COMPAGNIE. V. SUBDIVISION. V. SUBDIVISION ADMINISTRATIVE. V. SUBDIVISION DE COLONNE.

SERGENT de TIRAILLEURS. V. TIRAILLEUR.

SERGENT de VÉTÉRANS. V. VÉTÉRAN.

SERGENT de VILLE. V. COMPAGNIE FRANCHE. V. INFANTERIE COMMUNALE N° 1. V. VILLE.

SERGENT de VOLTIGEURS. V. CARABINE. V. INFANTERIE FRANÇAISE N° 2. V. VOLTIGEUR.

SERGENT d'encadrement (E). Sorte de SERGENTS D'INFANTERIE FRANÇAISE DE LIGNE considérés comme placés, en ORDRE DE BATAILLE, de manière à fermer l'AILE gauche du BATAILLON. Ordinairement c'est le SECOND SERGENT ou le dernier SERRE-FILE du DERNIER PELOTON qui, au lieu de rester en SERRE-FILE, passe à la gauche du PREMIER RANG du BATAILLON. — Dans la MARCHE DE BATAILLON PAR LE FLANC, il manœuvre et se tient en dehors du PREMIER RANG de la manière prescrite dans le même cas aux CHEFS DE PELOTON. — Lors des CONVERSIONS DE PIED FERME PAR PELOTON à droite, il devient GUIDE DE GAUCHE du PELOTON. Dans la MARCHE EN COLONNE, la DROITE EN TÊTE, il est GUIDE DE SUBDIVISION. — Quand on OUVRE LES RANGS, il est l'ENCA-

drement de gauche du SECOND RANG, comme le CAPORAL D'ENCADREMENT est l'ENCADREMENT de gauche du TROISIÈME RANG.

SERGENT des BANDES. V. BANDE. V. BANDE AGRÉGATIVE. V. LIEUTENANT D'INFANTERIE FRANÇAISE DE LIGNE N° 1. V. SERGENT DE BANDE. V. SERGENT DE BATAILLE.

SERGENT des GARDES FRANÇAISES. V. GARDES FRANÇAISES N° 1.

SERGENT (sergents) D'INFANTERIE FRANÇAISE DE LIGNE (A, 1). Sorte de SERGENTS MILITAIRES principalement considérés ici comme SERGENTS DE COMPAGNIE; car le GRADE de Sergent, sinon l'EMPLOI, a été donné à des ARCHERS DE CORPS, à des MAITRES ARMURIERS, à des MAITRES CORDONNIERS, à des SECRÉTAIRES appartenant pour la plupart, non à une COMPAGNIE, mais aux NON-COMBATTANTS d'un CORPS. — Les ÉCRIVAINS qui donnent des éclaircissements touchant les SERGENTS FRANÇAIS sont : BARDET (1740, A), BARDIN (1809, B ; 1814, E), BILLON (1641, A), BOMBELLES (1746, A ; 1754, A), BRIQUET (1761, H ; id., t. IV, p. 355), DELAMONT (1671, A), DELASIMONNE, D'HÉRICOURT (1756, G), DUBOUSQUET (1769, B), GUIGNARD (1725, B), GUILLET (1686, B), KERENVEYER (1771, R, aux mots *Appointements, Choix*), KRIEG, LACHESNAIE (1758, I, aux mots *Décampement, Logement, Ordre*), LAVALLIÈRE (1693, E), LECOUTURIER (1825, A), MONDÉSIR (1781, C), PUYSÉGUR (1748, C), SINCLAIRE (1773, L). — Le mot Sergent demande à se diviser sous les distinctions que voici : CRÉATION, NOMBRE, NOMINATION, AVANCEMENT, UNIFORME, LOCALISATION, ALLOCATIONS, DROITS, AUTORITÉ, PRÉROGATIVES, RANG, FONCTIONS, DEVOIRS, INSTRUCTION, PUNITIONS, SERVICE, ADMINISTRATION. — N° 1. CRÉATION, NOMBRE. — On n'est pas d'accord touchant la date de l'institution. Le *Journal de l'Armée* (t. II, p. 174) suppose les SERGENTS DE BANDES créés en 1499. MONDÉSIR (1781, C) en attribue l'institution à LOUIS DOUZE. Nous ne partageons pas ce sentiment; d'ailleurs les CORPS ne se subdivisaient pas encore par COMPAGNIES. — En 1534, les LÉGIONS DE FRANÇOIS PREMIER se divisaient par BANDES; c'est dans ces BANDES que des Sergents figurent pour la première fois; ils y étaient au nombre de six par mille hommes; cette proportion témoigne combien leur EMPLOI avait d'importance, combien il a décru. — Avant FRANÇOIS PREMIER et dans les LÉGIONS DE HENRI DEUX, il y avait dans les CORPS, à la manière SUISSE, des HALLEBARDIERS; c'étaient des HOMMES D'ÉLITE, de VIEUX SOLDATS éprouvés; ils étaient en petit nombre, par rapport aux ARQUEBUSIERS et aux PIQUIERS; par ces raisons, ils faisaient fonctions de CHEFS DE POSTE. Quand, sous HENRI DEUX, les COMPAGNIES de LÉGIONS se formèrent, ces HALLEBARDIERS y prirent le nom de Sergents, conservèrent la HALLEBARDE et y furent au nombre de deux par quatre cents hommes. Quand ces COMPAGNIES DE LÉGIONS devinrent COMPAGNIES DE RÉGIMENTS et s'y réduisirent à deux cents, puis à cent hommes, il n'y eut plus qu'un Sergent. Il était l'intendant, le comptable, l'homme d'affaires de la COMPAGNIE; aussi l'a-t-on également nommé SERGENT D'AFFAIRES. Le nombre en a ensuite fréquemment varié, comme le témoigne le tableau de composition des COMPAGNIES D'INFANTERIE FRANÇAISE N° 2. — Le système d'un seul Sergent par COMPAGNIE, d'un Sergent administrateur, est encore admis dans la MILICE AUTRICHIENNE; il ne s'y voit qu'un *feldwebel* (les ALLEMANDS ignorent ce que veut dire webel) ayant sous ses ordres des CAPORAUX et des SOUS-CAPORAUX. — N° 2. NOMINATION. — Dans le principe, et ensuite conformément à l'ORDONNANCE DE 1672 (5 AVRIL), le Sergent était à la nomination du CAPITAINE, tandis que les CAPS D'ESCOUADE devaient au contraire obtenir, pour exercer leur GRADE, l'attache du COLONEL GÉNÉRAL DE L'INFANTERIE. Cette différence tenait à ce que le SERGENT était davantage l'homme du CAPITAINE, et les autres HAUTES-PAYES, davantage les hommes du roi. Aussi le CAPITAINE procédait-il en personne à la RÉCEPTION de son Sergent. — L'ORDONNANCE DE 1762 (10 DÉCEMBRE) en décida autrement, parce qu'alors il y avait plusieurs Sergents par COMPAGNIE, qu'à l'exception du SERGENT D'AFFAIRES resté homme de bureau, ils avaient changé de rôle, et étaient devenus hommes de MANOEUVRES, hommes tactiques. Cette ORDONNANCE ne laissa plus au choix du CAPITAINE les Sergents; elle établit une élection libre; elle voulait qu'en cas de vacance, les douze plus anciens Sergents du RÉGIMENT désignassent les trois CAPORAUX jugés par eux les plus dignes de passer SERGENTS. Le MAJOR et le CAPITAINE en proposaient un des trois au COLONEL. Cette innovation eût suffi pour montrer la supériorité de vues du ministre CHOISEUL. Oser établir la voie de l'ÉLECTION au sein de l'ARMÉE placée sous le gouvernement le plus absolu, était un remarquable essai. — L'ORDONNANCE DE 1788 (1ᵉʳ JUILLET) voulait que les Sergents à nommer fussent pris, non dans la COMPAGNIE exclusivement, mais dans toutes les COMPAGNIES indistinctement. — L'ORDONNANCE DE 1818 (2 AOUT, art. 9) exigeait que les sujets choisis pour Sergents eussent vingt ans accomplis, et deux ans au moins de SERVICE, dont six mois dans le

grade de CAPORAL. Elle voulait qu'ils sussent lire et écrire et fussent suffisamment instruits dans toutes les parties du SERVICE qui les concernait. Elle disposait qu'en TEMPS DE GUERRE il serait pourvu sans délai aux emplois vacants; qu'en TEMPS DE PAIX il n'y serait pourvu que tous les six mois. C'était une mesure que rien ne justifiait. — La DÉCISION DE 1821 (20 JUILLET) prescrivait qu'en TEMPS DE GUERRE le REMPLACEMENT des Sergents manquants aurait lieu de suite; qu'en TEMPS DE PAIX, ils ne seraient remplacés que de semestre en semestre. Il se cachait sous cette disposition peu plausible quelque mystère de fiscalité. — N° 3. AVANCEMENT. — Le MINISTRE CHOISEUL est le premier qui ait soumis à des règles l'AVANCEMENT des Sergents, et qui ait pris en considération leur ANCIENNETÉ; l'emploi de SOUS-AIDE-MAJOR et de SOUS-LIEUTENANT DE GRENADIERS étaient leur débouché. — L'ORDONNANCE DE 1776 (25 MARS) voulait également que les PORTE-DRAPEAUX fussent pris parmi les Sergents. — Les lois modernes considèrent, après quatre ans d'ANCIENNETÉ DE SERVICE, les Sergents comme susceptibles d'être CANDIDATS AUX SOUS-LIEUTENANCES. — Les Sergents proposés pour ADJUDANTS OU SOUS-LIEUTENANTS sont présentés par le COLONEL à l'INSPECTEUR GÉNÉRAL, pour qu'il donne son avis touchant la PROMOTION. — N° 4. UNIFORME. — L'HABILLEMENT des Sergents a toujours été pareil à celui de la TROUPE, sauf la qualité du DRAP, qui suivant les temps a été plus fin. La MARQUE DISTINCTIVE de l'HABIT consistait d'abord dans un AGRÉMENT placé sur la MANCHE. Le RÈGLEMENT DE 1767 (25 AVRIL) y attachait un BORDÉ d'argent fin à six lignes au-dessus du PAREMENT, et parallèlement à son bord. Le RÈGLEMENT DE 1786 (1ᵉʳ OCTOBRE) remplaçait le bordé par le GALON oblique. — En vertu de l'ÉDIT DE 1771 (4 AOUT) et de l'ARRÊTÉ DE L'AN ONZE (2 FRUCTIDOR), les CHEVRONS D'ANCIENNETÉ des Sergents étaient pareils à ceux des SOLDATS; des dispositions plus nouvelles les leur ont donnés en OR ou en ARGENT. — Dans la première moitié du dix-huitième siècle, le CHAPEAU des Sergents était garni d'un BORDÉ d'ARGENT fin, tandis que celui des autres HOMMES DE TROUPE était bordé d'argent faux. — Depuis l'usage du SCHAKO, les Sergents étaient autorisés à porter, en PETITE TENUE, le CHAPEAU. — Les Sergents ont porté l'épée et la HALLEBARDE depuis la création du GRADE; cette dernière arme leur était conservée en vertu de l'ORDONNANCE DE 1710 (1ᵉʳ DÉCEMBRE) à la GUERRE DE SEPT ANS. Ils la quittèrent pour prendre le FUSIL. Ils reçurent ensuite le SABRE; ils avaient, sous Louis quinze, la MOUSTACHE. — Ils portèrent, depuis cette même époque, une demi-giberne, et ils ont continué, jusqu'à la guerre de la révolution, de se servir d'une giberne plus petite que celle des soldats, parce qu'ils ne participaient pas aux feux d'ensemble. — A la restauration, la petite giberne qu'ils avaient cessé de porter pendant la guerre de la révolution leur fut rendue. — Dans quelques corps, il leur était autrefois donné des gants ; tel était l'usage dans Neustrie, régiment de Guibert. Ils sont maintenant, à tort ou à raison, pourvus de gants pareils à ceux des autres hommes de troupe. — Depuis la guerre de la révolution, des Sergents ont joui, dans certains corps, du privilége d'avoir l'épée au lieu du sabre. — Nº 5. Localisation. — La place des Sergents en manœuvres a été prescrite par l'instruction de 1774 (11 juin) et indiquée de nouveau, à peu de différence près, par le règlement de 1791 (1er août) ; il voulait que, dans une colonne par division, les ailes de subdivisions fussent, l'une guidée, l'autre soutenue par un Sergent. — Le premier sergent, en ordre de bataille, se tenait en remplacement ; le second sergent se tenait en serre-file ; l'un ou l'autre des deux Sergents était guide dans la marche en colonne. — Après la publication de ce règlement, au lieu de deux Sergents, les compagnies en eurent d'abord trois, et quatre ensuite. Pendant quarante ans la manière de placer en manœuvre et dans la colonne de route les troisième et quatrième sergents était restée arbitraire, jusqu'à ce que l'ordonnance de 1831 (4 mars) ait prononcé à cet égard et ait comblé une lacune qui avait été signalée depuis longtemps dans le *Manuel d'infanterie* (1807, D). — La place du troisième sergent lui a été assignée derrière la droite de la seconde section en serre-file ; le quatrième sergent était placé derrière le centre de la première section, à peu de distance de sa gauche. — Si la section se partage en demi-sections, le quatrième sergent se place derrière le sous-officier de remplacement. — L'ordonnance de 1824 (17 août), relative au casernement, logeait dans une même chambre les Sergents d'une même compagnie. — Nº 6. Allocations. — La paye des Sergents a subi des modifications nombreuses ; nous donnerons seulement un aperçu succinct de ses variations. — Ils touchaient annuellement, en 1557, cent quarante-quatre livres, comparables à six cent quatre-vingt-dix-huit francs, monnaie actuelle. — En 1562, deux cent quarante livres, comparables à sept cent quatre-vingt-douze francs. — En 1610, deux cent cinquante livres, comparables à cinq cent qua-

rante francs. Le règlement de 1637 (8 novembre) maintenait ce même taux. — En 1660, cent quatre-vingts livres, comparables à trois cent trente et un francs. — En 1702, deux cent quatre livres, comparables à deux cent six francs. — En 1797, deux cent vingt-sept francs. — En 1823, trois cent six francs. — Cet abaissement graduel de la solde, de 1557 à 1702, n'a rien de surprenant ; elle était une conséquence de l'amoindrissement successif du grade, dont chaque organisation nouvelle diminuait l'importance. — Le léger exhaussement de solde , de 1797 à 1823, a été la conséquence de la dépréciation toujours croissante des monnaies. — La quotité des deniers de petit équipement a suivi proportionnellement aussi cette dépréciation. Ainsi, la retenue pour masse de linge et chaussure était, dans le principe, de seize deniers par jour, et les décisions modernes ont fixé le fonds de masse à quarante francs. — Le combustible de cuisine des Sergents et leur masse de chauffage sont le double de ce qui est alloué aux simples soldats et aux caporaux, en raison de ce que les Sergents font ordinaire à part ; mais, dans le cas où ils ne pourraient vivre à un ordinaire de sous-officiers, ils mettraient doubles deniers d'ordinaire à l'ordinaire de la chambrée qui les nourrirait. — Les ordonnances de 1814 (14 et 27 août) nivelèrent la pension de retraite des Sergents et du sergent-major ; ce dernier jouissait d'une somme plus forte. La loi de 1831 (11 avril) réglait le montant et les conditions de ces retraites. — Nº 7. Droits, autorité. — Suivant les temps, les Sergents ont eu sous leurs ordres les caps d'escouade, devenus caporaux, les anspessades, devenus appointés, et ils concouraient à la nomination des caporaux. Si un de ces subordonnés se fût permis de frapper son Sergent, il eût encouru la peine des galères ; la législation plus moderne punissait de la peine capitale ce crime. — A défaut d'officiers présents et susceptibles de siéger comme juges militaires, des Sergents pouvaient être appelés à faire partie des conseils judiciaires ; ils ont ensuite concouru, d'une manière mieux définie, à l'administration de la justice. — De nos jours, chaque Sergent est chef d'une subdivision constitutive, et remplace, s'il y a lieu, dans l'exercice de ses fonctions, l'officier chef de section. — Nº 8. Prérogatives, rang. — Dans le seizième siècle, le grade de Sergent avait une telle importance, que les roturiers qui l'avaient obtenu pouvaient, comme le témoigne M. Monteil, être admis dans le corps de la gendarmerie, sans être tenus de faire PREUVE DE NOBLESSE. — Par une raison analogue, les ALLOCATIONS de l'AUMONIER d'un CORPS ne différaient pas de celles des Sergents. — Le Sergent a été au-dessus et au-dessous du FOURRIER, suivant que le FOURRIER a été ou OFFICIER, ou Sergent, ou CAPORAL. — D'abord classé parmi les HAUTES PAYES, le Sergent l'a été ensuite parmi les BAS OFFICIERS, puis plus tard parmi les SOUS-OFFICIERS; il a eu ce dernier titre, tantôt exclusivement des CAPORAUX, tantôt le partageant avec eux. — Coucher dans un LIT A UNE PLACE a, de tout temps, été une PRÉROGATIVE de Sergent. — Les CAPORAUX DE LA VIEILLE GARDE et ceux de l'INFANTERIE FRANCO-SUISSE DE LA GARDE ROYALE avaient rang et paye de SERGENTS DE LIGNE. — La CASSATION d'un ADJUDANT le faisait redescendre au rang de SERGENT-MAJOR ou de Sergent. La CASSATION d'un Sergent pouvait le rejeter à la QUEUE de la COMPAGNIE, mais le CAPITAINE n'avait pas le droit de lui infliger ce dernier châtiment; il ne pouvait être prononcé que par une AUTORITÉ plus haute. — N° 9. FONCTIONS. — En CAS D'ABSENCE de Sergent ou de vacance d'EMPLOI, la FONCTION est remplie par le plus ancien CAPORAL. — Les Sergents ont, suivant les temps, porté l'ENSEIGNE, ou ont eu qualification de PORTE-DRAPEAU, ou ont composé la GARDE DU DRAPEAU. La MILICE ANGLAISE a imité des FRANÇAIS cette dernière disposition, maintenant abolie en FRANCE. — Il entrait autrefois dans les attributions des Sergents de procéder à la DÉGRADATION des CONDAMNÉS A MORT. — Avec l'assentiment du MAJOR (CHEF DE BATAILLON), un Sergent pouvait remplacer le FOURRIER pour le service des DISTRIBUTIONS GÉNÉRALES. — L'ORDONNANCE DE 1833 (2 NOVEMBRE) déterminait les fonctions de ce SOUS-OFFICIER à titre de SERGENT DE POLICE, de SERGENT DE SEMAINE, de SERGENT DE PLANTON, etc. — Les fonctions de Sergent seront ici l'objet de quelques détails comme propres aux SERGENTS CHEF DE POSTE, — DE REMPLACEMENT, — D'ENCADREMENT, — MAJORS. — N° 10. DEVOIRS. — Les anciens RÈGLEMENTS DE CAMPAGNE et DE CAMPEMENT voulaient qu'à tour de rôle, les Sergents portassent le GRAND BIDON qui contenait le VINAIGRE distribué à la troupe. — L'instruction du conseil de guerre relatée par BRIQUET (1761, H, t. IV, p. 356), BOMBELLES (1719, B; 1746, A), l'ORDONNANCE DE 1768 (1er MARS), sont les premiers documents qui aient déterminé les devoirs, les attributions, les fonctions des Sergents en général et des SERGENTS DE SEMAINE. Cette ordonnance et les règlements de police plus récemment publiés voulaient qu'ils fissent

l'APPEL de la COMPAGNIE après le lever des SOLDATS, sous peine de PUNITION, si cet APPEL était inexact; qu'ils rendissent compte au CAPITAINE des PUNITIONS qu'ils infligeaient; qu'après l'ORDRE reçu au CERCLE, ils allassent le communiquer à leurs OFFICIERS; qu'ils prévinssent le SERGENT-MAJOR des RÉPARATIONS à faire aux ARMES et à l'HABILLEMENT des HOMMES sous leurs ordres; qu'ils FISSENT ORDINAIRE avec le fourrier de la COMPAGNIE; qu'ils ne contractassent des dettes, dans l'intérêt de la COMPAGNIE, qu'avec l'assentiment du CAPITAINE; qu'ils se rendissent, sans délai, aux APPELS qu'on nomme aussi à l'ORDRE. Des dispositions plus modernes les chargeaient du commandement d'une SUBDIVISION, de la surveillance de sa TENUE. — Les SERGENTS DE GARDE, s'ils appartenaient à un POSTE D'OFFICIERS, et qu'ils en fussent détachés, devaient, à leur retour au POSTE PRINCIPAL, rendre compte à l'officier de tout ce qui était survenu dans le PETIT POSTE qu'ils avaient occupé. — Si un SERGENT DE GARDE fait partie d'un POSTE D'OFFICIER, c'est à lui à ALLER A L'ORDRE. — Tout SERGENT DE GARDE place son fusil à la droite du RATELIER D'ARMES du CORPS DE GARDE. — L'ORDONNANCE DE 1788 (1er JUILLET) voulait que chaque Sergent tînt un état de la PETITE MONTURE de sa SUBDIVISION. — BARDIN (1807, D) et BOMBELLES (1746, A) ont traité des devoirs des Sergents. — N° 11. INSTRUCTION, PUNITIONS. — Il avait été d'usage d'exiger que les Sergents sussent lire et écrire, alors surtout que les mots Sergent et SERGENT D'AFFAIRES, c'est-à-dire chef de COMPTABILITÉ, étaient synonymes; mais le nombre des Sergents s'étant grossi quand l'importance du GRADE s'amoindrissait, l'ORDONNANCE DE 1764 (29 JANVIER) dut se relâcher à cet égard, à cause du petit nombre de sujets susceptibles d'être choisis. On pouvait être Sergent sans savoir écrire. — Soit que le nombre des illettrés eût diminué, soit que le MINISTÈRE le supposât, l'ORDONNANCE DE 1788 (1er JUILLET) décidait que, pour obtenir le GRADE de Sergent, il fallait savoir lire et écrire, être dans le cas d'instruire les RECRUES et de commander un PELOTON; posséder à fond la partie de la THÉORIE, de la TACTIQUE, du SERVICE DE PLACE et DE CAMPAGNE, et du SERVICE INTÉRIEUR, en ce qui concernait ce GRADE; et être d'une tenue et d'une conduite exemplaire. — L'ÉCOLE DE SOUS-OFFICIERS DE FONTAINEBLEAU, créée par NAPOLÉON, avait pour but de former, parmi les RECRUES de l'INFANTERIE de la GARDE, des sujets susceptibles d'être SERGENTS DE LIGNE. La pénurie d'hommes à la fois jeunes et instruits déjà se faisait sentir dans l'INFANTERIE DE LIGNE, et exigeait une institution du genre de cette école ; mais l'intention secrète de son établissement était de distribuer, dans toute l'armée, des sous-officiers qui eussent passé par la garde, et qui s'y fussent façonnés au culte que cette troupe avait voué à Bonaparte. — Les Sergents fautifs étaient susceptibles d'encourir suspension, cassation, ou incarcération à la salle de discipline; mais cette salle était à part de celle des simples soldats. — L'instruction du conseil de la guerre (Briquet, t. iv, p. 356) infligeait aux Sergents un genre de punition tout à fait tombé en oubli. Si le sergent de semaine ne faisait pas bien balayer les escaliers, si un Sergent fumait dans les rues, ils étaient punissables d'une amende de dix sols au profit des pauvres. — N° 12. Service, administration. — Les Sergents sont convoqués au moyen de la batterie nommée à l'ordre ou appel aux sergents, toutes les fois que des injonctions relatives au service leur doivent être faites d'une manière générale et subite. — Les sous-officiers sont, suivant les cas et le besoin, Sergents de corvée, de garde, de patrouille, de planton, de police, de ronde, d'ordonnance. — En manœuvres, les Sergents sont guides ou remplacements. — Les Sergents chefs de poste s'acquittent de ce service comme le feraient les officiers, sauf quelques différences dans la reconnaissance des rondes. — L'ordonnance de 1833 (2 novembre, art. 205) réglait le service des sergents de planton d'hôpital. — Les sergents de semaine font partie du cercle de parade de place. — Les fonctions administratives des Sergents consistent ou à remplacer en certaines circonstances le fourrier, ou à s'acquitter des devoirs de chefs de subdivision administrative.

SERGENT d'ordonnance. v. ordonnance. v. sergent d'infanterie française de ligne n° 12.

SERGENT d'ordre. v. gardes françaises n° 2. v. ministre de la guerre en 1761. v. ordre. v. sous-officier d'ordre. v. sergent d'armes. v. tessère.

SERGENT du guet. v. guet. v. législation (1367 [février]).

SERGENT du moyen age. v. échelle tactique. v. législation (1347 [1er mai]). v. milice française n° 8. v. moyen age.

SERGENT du roi. v. roi. v. sergent fieffé.

SERGENT en campagne. v. en campagne. v. parti de guerre.

SERGENT en route. v. capitaine en

route. v. caporal en route. v. en route. v. grand bidon. v. sergent chef de poste.

SERGENT espagnol. v. espagnol, adj. v. milice espagnole n° 2.

SERGENT féodé. v. fief. v. sergent fieffé.

SERGENT (sergents) fieffé (F), ou sergent féodé. Sorte de sergents qui avaient donné leur nom à la sergenterie, ou aux fiefs de sergent, c'est-à-dire à un service fieffé auquel ils étaient astreints en vertu du contrat de tenure. Les Sergents fieffés étaient, ou des gentilshommes relevant du roi en vertu de concessions quelconques, ou de personnages relevant de fiefs inférieurs. — Les sergents du roi étaient en petit nombre sous Philippe Auguste, mais leur nombre augmenta ensuite. — Au nombre des Sergents relevant de seigneurs, il y avait, suivant Furetière, des sergents de l'épée. En vertu de la coutume de Normandie, ils servaient à la guerre sous un châtelain, ou commandaient en son nom dans un chastel. Ils avaient des fonctions analogues à celles d'un vavasseur, d'un sergent de bataille; ils rassemblaient les vassaux armés; ils organisaient la bannière. C'est à l'imitation de cet emploi que, bien plus tard, les armées de nos rois ont eu des sergents-majors (serviens major). — Il y avait des Sergents fieffés qui suivaient, à la guerre, un banneret, à titre de simples hommes de cheval ou de gens d'armes : de là le nom de sergents a cheval donné à cette classe de vassaux. Il y avait des sergents de pied qui appartenaient à une classe bien moins relevée; ils formaient corps avec les serfs, ou les guidaient au besoin; ils étaient gardes du corps, ou fauconniers, ou garde-chasse, ou bourreaux. — Une convocation royale de 1304 exigeait que, suivant le degré de puissance des fiefs, les seigneurs eussent à fournir, pour le service de l'armée, et par chaque homme d'armes, les uns trente, les autres cent sergents de pied. Il reste douteux si c'étaient ou non des Sergents fieffés. — Suivant Servan (1780, B), avant le règne de Charles sept, les Sergents que le roi appelait à son service touchaient une solde de cinq sous par jour; mais nous avons dit combien il faut peu se fier à ces énonciations.

SERGENT-fourrier. v. fourrier d'infanterie française n° 1, 2, 3. v. compagnie d'infanterie française de ligne n° 2 (tableau). v. infanterie française n° 2. v. major. v. ordonnance officielle. v. sergent d'armes.

SERGENT français. v. esponton. v.

FRANÇAIS, adj. v. MOUSTACHE. V. SERGENT D'IN-FANTERIE FRANÇAISE.

SERGENT GÉNÉRAL (F), OU SERGENT GÉ-NÉRAL DE BATAILLE, OU SERGENT-MAJOR GÉNÉ-RAL. Sorte de SERGENT MILITAIRE, ou d'ancien OFFICIER GÉNÉRAL ou SUPÉRIEUR D'INFANTERIE FRANÇAISE. M. Raymond rapporte la création de cet emploi à l'année 1515. — La forma-tion du CARRÉ PLEIN regardait le Sergent général. — En 1589, le Sergent général s'appelait MARÉCHAL DE BATAILLE. — Au dire de BÉNETON (1741, A; 1742, A), les Ser-gents généraux étaient pris parmi les MES-TRES DE CAMP, et avaient sous leurs ordres, ou plutôt avaient pour correspondants infé-rieurs et directs les SERGENTS DE BATAILLE. Ces derniers étaient des SERGENTS-MAJORS particuliers, ou des CAPITAINES ayant, dans leur CORPS, RANG SUPÉRIEUR; nous les appe-lons (quoiqu'ils n'aient pas porté légale-ment ce titre) SERGENTS-MAJORS particuliers, pour les mieux distinguer des SERGENTS-MA-JORS GÉNÉRAUX. — LES SERGENTS-MAJORS par-ticuliers, soit qu'ils fussent employés dans les PLACES, soit qu'ils le fussent dans les CORPS, ont abrégé leur qualification depuis 1648, en s'appelant simplement MAJORS; de même que le SERGENT-MAJOR GÉNÉRAL accour-cissait son titre en se qualifiant de MAJOR GÉNÉRAL. — Observons ici que les SERGENTS-MAJORS particuliers qui appartenaient à des CORPS ne ressemblaient en rien aux SER-GENTS-MAJORS D'INFANTERIE qui existent de-puis le milieu du dix-huitième siècle; voilà à quels détails sans fin nous oblige une LANGUE sans clarté, sans justesse. — A l'é-gard de tous ces titres, la plupart transitoi-res, arbitraires, et que chaque GUERRE modi-fiait, ainsi que les attributions du titulaire, on peut recourir à MAIZEROY (1767, E, p. 148) et aux AUTEURS mentionnés à l'oc-casion des SERGENTS DE BATAILLE.

SERGENT GÉNÉRAL de BATAILLE. V. BA-TAILLE. V. BATAILLON D'INFANTERIE FRANÇAISE DE LIGNE N° 7. V. GÉNÉRAL, adj. V. MAJOR GÉNÉRAL. V. MARÉCHAL DE CAMP; id. N° 6. V. SERGENT DE BANDES. V. SERGENT GÉNÉRAL. V. SERGENT-MAJOR N° 2. V. TACTIQUE.

SERGENT-MAÎTRE D'ÉCOLE. V. ÉCOLE. V. ÉCOLE D'ENSEIGNEMENT PRIMAIRE. V. MAÎTRE D'ÉCOLE.

SERGENT-MAJOR. V. A L'ORDRE AUX SER-GENTS-M... V. ADMINISTRATION DE SERGENTS-M... V. ALLOCATION DE SERGENT-M... V. APPEL AUX SERGENTS-M... V. APPEL DE SERGENTS-M... V. AVANCEMENT DE SERGENT-M... V. CHAMBRE DE SERGENT-M... V. COMPTE DE SERGENT-M... V. CRÉATION DE SERGENT-M... V. DÉNOMINATION DE SERGENT-M... V. DEVOIRS DE SERGENT-M...

V. DROITS DE SERGENT-M... V. EMPLOI DE SER-GENT-M... V. FONCTIONS DE SERGENT-M... V. FRAIS DE BUREAU DE SERGENT-M... V. GALON DE SERGENT-M... V. GRADE DE SERGENT-M... V. INSTRUCTION DE SERGENT-M... V. LOCALISATION DE SERGENT-M... V. LOGEMENT DE SERGENT-M... V. NOM DE SERGENT-M... V. NOMINATION DE SERGENT-M... V. ORDINAIRE DE SERGENT-M... V. PENSION DE SERGENT-M... V. PUNITION DE SER-GENT-M... V. RANG DE SERGENT-M... V. RÉCEP-TION DE SERGENT-M... V. REMPLACEMENT DE SERGENT-M... V. RETRAITE DE SERGENT-M... V. SERVICE DE SERGENT-M... V. TABLE DE SERGENT-M... V. UNIFORME DE SERGENT-M...

SERGENT-MAJOR (A, I), OU SERGENT-MA-JOR DE COMPAGNIE D'INFANTERIE FRANÇAISE DE LIGNE. Sorte de SERGENTS D'INFANTERIE qui, autrefois, faisaient partie des BAS OFFICIERS, et qui ont ensuite été à la tête des SOUS-OFFICIERS, mais primés par l'ADJUDANT et le VAGUEMESTRE. Ils ont le commandement et la SURVEILLANCE sur les autres SERGENTS de la COMPAGNIE. Ils sont SOUS-OFFICIERS COMPTA-BLES. — On peut consulter à l'égard des Sergents-majors : BARDET (1740, A), BARDIN (1813, B; 1814, E), GUYNET, M. HUSSON (1836, A), KRIEG, LACHESNAIE (1758, I, aux mots *Major général* et *Major d'un régi-ment*), M. LEGOUPIL, ODIER (1824, E), PUYSÉGUR (1748, C), SINCLAIRE (1773, L), l'ordonnance de 1833 (2 novembre), le *Journal de l'Armée* (t. II, p. 63). — Ce qui intéresse le Sergent-major demande à être présenté dans le détail qui suit : CRÉA-TION, DÉNOMINATION, NOMINATION, AVANCE-MENT, UNIFORME, LOCALISATION, REMPLACE-MENT, ALLOCATIONS, TABLE, DROITS, RANG, FONCTIONS, DEVOIRS, INSTRUCTION, PUNITIONS, SERVICE, ADMINISTRATION. — N° 1. CRÉATION. — On voit dans BARDET (1740, A, t. I, p. 15), que, en certains CORPS, il était d'u-sage, car pendant longtemps l'usage faisait loi, de choisir par RÉGIMENT, sous le nom de Sergent-major, un SERGENT des plus enten-dus qui était comme un aide des GARÇONS-MAJORS. En campagne, il faisait fonction de VAGUEMESTRE. L'EMPLOI de ce Sergent-major n'avait rien de commun avec le GRADE du Sergent-major du dix-neuvième siècle. — PUYSÉGUR (1748, C) devina la nécessité de donner un titre à un GRADE qui, dans cha-que COMPAGNIE, avait existé déjà sous la dé-nomination de SERGENT D'AFFAIRES, mais que la loi militaire n'avait pas pris le soin de consacrer; il proposait de le créer sous la qualification d'aide-major de COMPAGNIE. — L'ORDONNANCE DE 1768 (1er MARS) ne recon-naissait pas encore de Sergents-majors; elle appelait FOURRIER le BAS OFFICIER qui alors en remplissait les FONCTIONS. — Un livre, presque inconnu, de Guynet, publié en 1771, proposait de créer des Sergents-majors à l'instar des gardes françaises. Sinclaire (1773, L) énonçait la même pensée, mais préférait leur donner le titre de sergent d'affaires. — L'ordonnance de 1776 (25 mars), confirmée par celle de 1783 (17 mars), est la première qui ait mentionné le grade de Sergent-major pris dans le sens où il en est question ici. Il remplaça le sergent-fourrier, ou, en d'autres termes, le fourrier devint Sergent-major. — Le *Journal de l'Armée* (t. II, p. 274) se trompe donc en rattachant à l'année 1779 l'institution de l'emploi de Sergent-major. — N° 2. Dénomination, nomination. — Pour l'éclaircissement des documents anciens, il importe de ne pas perdre de vue que, suivant les époques, Sergent-major, ou sergent-majour, ont signifié sergent de bataille, officier supérieur d'un corps, officier général d'une armée, maréchal de bataille le jour d'une action, major-capitaine dans les primitifs régiments, et enfin premier sergent d'une compagnie d'infanterie française; gardons-nous donc de confondre ce dernier grade avec les emplois qui ont été exercés par les sergents généraux et les sergents-majors de bataille. Lachesnaie (1758, I) rend témoignage des distinctions à établir à ce sujet. De nos jours encore, les Sergents-majors des régiments espagnols et portugais (*sargento mayor, sargento mor*) étaient premiers capitaines. — L'ordonnance de 1788 (1er juillet) voulait que les Sergents-majors fussent tirés des sergents ou des fourriers de tout le régiment. Jusque-là, il était d'usage, sinon de droit, que le capitaine eût le libre choix de son Sergent-major, et procédât lui-même à sa réception. — La loi de 1790 (29 octobre) y substituait le mode de l'élection. — L'ordonnance de 1818 (2 aout) déclarait susceptibles d'être nommés Sergents-majors les sergents ayant exercé ce grade pendant trois mois. — L'ordonnance de 1822 (3 juillet) reconnaissait les capitaines comme ayant l'initiative en fait de nomination jusqu'au grade de Sergent-major inclusivement. En parlant des droits du capitaine nous avons expliqué la forme de cette nomination. — N° 3. Avancement. — Mondésir (1781, C) témoigne que, en 1776, les porte-drapeaux étaient tirés des Sergents-majors. — La circulaire de 1817 (30 avril) énumérait les conditions que devaient remplir les sergents pour être admissibles comme sous-lieutenants. Les Sergents-majors n'y concouraient que comme simples sergents. L'ordonnance de 1788 (1er juillet) disposait que le Sergent-major de la compagnie de

grenadiers et celui de la compagnie de chasseurs du régiment ne pouvaient être tirés que des Sergents-majors de fusiliers; ainsi les capitaines avaient perdu le droit de choisir et nommer à leur guise leur Sergent-major. — Depuis la restauration, un Sergent-major ne pouvait devenir adjudant qu'après un an de grade. — La loi de 1818 (10 mars) disposait que les emplois de capitaine d'habillement et de trésorier de corps, ne seraient donnés qu'à des officiers ayant été autrefois Sergents-majors. C'était une pensée bien malheureuse qu'avait eue le ministre Gouvion Saint-Cyr, puisque ce serait et une disposition qui ne serait possible que par hasard, et une prérogative intolérable et de nature à écarter d'un emploi difficile les sujets les plus propres à le remplir. — N° 4. Uniforme, localisation, remplacement. — L'ordonnance de 1776 (31 mai) distinguait par deux galons d'or ou d'argent, larges de dix lignes, le Sergent-major. Le règlement de 1779 (21 février) voulait qu'un des deux galons fût cousu sur le parement, l'autre sur l'avant-bras. Le règlement de 1786 (1er octobre) a déterminé la forme et le placement de cette marque distinctive telle qu'elle a continué à être portée. — Les décisions de 1817 réglaient la nature, la dimension, le prix des marques distinctives. — L'ordonnance de 1829 (27 septembre) réglait les autres parties de l'uniforme. — Le Sergent-major n'est pas attaché à une section, et il jouit d'un égal commandement sur les deux. — Si la compagnie se sépare en deux, le Sergent-major marche avec la portion que commande le capitaine. — Le règlement de 1792 (24 juin) accordait pour logement au Sergent-major et au fourrier une même chambre dans la caserne. Cette chambre contient un porte-armes. — Le nom du Sergent-major est inscrit dans le controle annuel à trois cases en dessous du nom des officiers. — L'ordonnance de 1831 (4 mars) déterminait la place de bataille du Sergent-major derrière la seconde section, à la gauche du sous-lieutenant. — Le règlement de 1792 (24 juin) voulait que, en cas d'absence, le Sergent-major fût remplacé par le premier sergent, mais c'était une règle souvent inexécutable. Les règlements plus modernes ont prescrit que le capitaine devait, en ce cas, désigner un sergent dont le choix était soumis à l'approbation du colonel. — N° 5. Allocations, table. — L'ordonnance de 1818 (13 mai) voulait qu'ils vécussent en une pension particulière avec les adjudants; mais en mille cas ils ne pourraient y vivre entre eux à l'exclusion des sergents, ou bien ce serait rendre inabordable le prix de cette pension. Aussi, s'ils sont détachés, vivent-ils à l'ordinaire des sous-officiers. — Une décision de 1824 (26 octobre) allouait, par mois, aux Sergents-majors, pour leurs frais de bureau et ceux de leurs fourriers, deux francs aux frais de la masse d'entretien. — La pension de retraite de Sergent-major a été bonifiée par l'ordonnance de 1829 (10 octobre). — La décision de 1821 (30 avril) accordait aux Sergents-majors un habit de drap fin. — L'ordonnance de 1829 (27 septembre) augmentait de vingt centimes par jour sa paye. — N° 6. Droits, rang. — Si un Sergent-major a, dans sa compagnie, des soldats auxquels il serait infligé des punitions par des caporaux appartenant à d'autres compagnies, il en doit être informé par le caporal ayant prononcé punition, de même qu'il doit recevoir de ce caporal l'avis de la cessation de la punition. — Les dispenses d'appel de soir en garnison, s'il en est sollicité, sont demandées au Sergent-major avant l'appel du matin. — Le Sergent-major peut accorder, en certains cas urgents, une dispense d'appel général de matinée en garnison. — Il reçoit du vaguemestre et délivre aux hommes de troupe les lettres venues par la voie de la poste. — Différents emplois ont été, quant au rang, assimilés à celui de Sergent-major, tels que celui de chef de musique, de tambour-major, de vaguemestre. — N° 7. Fonctions. — Le règlement de 1792 (24 juin) chargeait les Sergents-majors d'écrire l'ordre du jour sous la dictée de l'adjudant-major. Ce même règlement les rendait responsables de l'extinction des feux, et voulait qu'ils retirassent les cartouches des mains des hommes descendant la garde. — Le décret de 1795 (12 août) les chargeait *de tous les détails du service, de la discipline et de la comptabilité.* — L'ordonnance de 1818 (13 mai) voulait que, en garnison, ils fussent réunis tous les matins, pour le rapport, par le chef de bataillon de semaine. — A l'époque du renouvellement des classes d'exercice, le Sergent-major dresse un état des hommes qui les composent. — Il reçoit les demandes de permissions temporaires. — Un Sergent-major remplace, au besoin, un adjudant momentanément absent. — Il fut un temps où régna l'usage des caporaux-majors, dont le service n'était pas sans analogie avec celui des Sergents-majors. — L'ordonnance de 1776 (26 mars), qui instituait, sinon le grade, au moins sa qualification, chargeait le Sergent-major de tous les détails de service et de police de la compagnie. — L'ordonnance de 1788 (17 mars) donnait au

Sergent-major le commandement sur tous les bas officiers, et le subordonnait aux officiers. Il était responsable vis-à-vis les officiers de sa compagnie de tous les appels de matin et de soir. — Le Sergent-major fait fournir tous les trimestres à l'officier de section, par le fourrier, un état d'armement, d'équipement, d'habillement. — Le règlement de l'an deux (30 thermidor) voulait que, à l'arrivée du corps à la caserne qu'il devait occuper, la répartition du logement et la remise des clefs fût faite aux Sergents-majors assemblés. — Les Sergents-majors sont réunis au moyen de batteries particulières nommées a l'ordre. — Pendant les routes, ils peuvent se faire remplacer au cercle par un sergent, s'ils sont actuellement occupés à faire un appel ou à veiller à des distributions. — Pendant le cours des appels faits par une autorité militaire, les Sergents-majors répondent pour les absents. — Ils font, ou font faire, dans les chambres, par les caporaux d'escouade, les appels. Le sergent de semaine en est chargé en leur absence. — Ils rendent compte des appels à l'adjudant de semaine, une demi-heure après le roulement du matin, et en signent le billet. Ils remettent de même à l'adjudant de semaine le billet d'appel du soir. — En cas de changement de casernement, le Sergent-major veille au placement des affiches dans les chambres et en dehors des portes. — Le Sergent-major est informé, par les caporaux d'escouade, de la rentrée des hommes manquants à l'appel en garnison. — Depuis 1851, un Sergent-major était moniteur général de l'école d'enseignement primaire du corps. — N° 8. Devoirs. — Le Sergent-major doit toujours se tenir informé de la demeure du chirurgien-major, et ne lui soumet de billets d'entrée d'hopital qu'après les avoir remplis. — A la revue du sous-intendant, le Sergent-major doit être porteur du registre de détail de la compagnie. — Il doit, dans la caserne, afficher sur la porte de sa chambre le nom des officiers de la compagnie et le sien. — Après la descente de la garde, les Sergents-majors recueillent les balles roulantes ou les cartouches de service, s'il en a été délivré aux hommes de garde. — Ils doivent rendre compte à l'officier de semaine des entrées a l'hopital, et de tout ce qui intéresse la police des chambrées. — Ils ne peuvent refuser aux officiers de détails et à l'adjudant, les éclaircissements ou renseignements verbaux ou écrits demandés par eux. — Dans certains corps, ils étaient pourvus d'une romaine pour constater sur place le poids des four-

NITURES D'ÉTAPE et des EFFETS DE COUCHAGE. Il en était ainsi dans Neustrie. — Le Sergent-major doit recueillir de suite les ARMES de PARTANTS, des DÉCÉDÉS, de DÉSERTEURS, et en faire la REMISE au MAGASIN D'HABILLEMENT. Il se fait remettre par les CAPORAUX D'ESCOUADE les EFFETS des TRAVAILLEURS. — Il doit soumettre chaque matin, à huit heures, la FEUILLE DE RAPPORT au CAPITAINE, et la porter ensuite au lieu du RAPPORT. — Il doit rendre compte à l'OFFICIER DE SEMAINE, des DISTRIBUTIONS, PERMIS D'ABSENCE, PUNITIONS, ENTRÉES et SORTIES D'HOPITAL. — Il doit, quand il en reçoit l'ordre de l'OFFICIER DE SEMAINE, aller incontinent rendre compte au CAPITAINE de tout ce qui serait survenu de nouveau. — Il doit déposer au CORPS DE GARDE DE POLICE les BILLETS DE MALADIES, afin d'en tenir informé le CHIRURGIEN-MAJOR. — L'ORDONNANCE DE 1833 (2 NOVEMBRE, art. 122) traitait particulièrement des devoirs du Sergent-major. — N° 9. INSTRUCTION, PUNITION, SERVICE. — Dans les THÉORIES auxquelles sont appelés les SOUS-OFFICIERS, et auxquelles assistent les OFFICIERS DE DÉTAILS, les Sergents-majors sont interrogés sur tout ce qui concerne l'ADMINISTRATION DE COMPAGNIE. — Les Sergents-majors sont soumis, en cas de FAUTES, aux mêmes genres de RÉPRESSION ou de CASSATION que les autres SOUS-OFFICIERS. — Le Sergent-major est dispensé de MONTER LA GARDE et d'accomplir les autres SERVICES ARMÉS, excepté dans le cas où la totalité de la COMPAGNIE PREND LES ARMES; mais il a été astreint à se trouver à la PARADE avec les HOMMES DE GARDE de la COMPAGNIE, à se rendre aux APPELS A L'ORDRE et aux divers CERCLES. Il est chargé d'annoncer à son CAPITAINE qu'il est nommé de semaine. — Les Sergents-majors remettent aux OFFICIERS DE RONDE leurs MARRONS DE SERVICE. — Ils commandent le SERVICE des HOMMES DE TROUPE de la COMPAGNIE. — N° 10. ADMINISTRATION. — Le Sergent-major est chargé de tous les détails de l'ADMINISTRATION de sa COMPAGNIE; il est le dépositaire des REGISTRES, le répartiteur des DENIERS DE SOLDE, le distributeur des EFFETS D'UNIFORME. Il concourt, sous la direction de son CAPITAINE, à la tenue du CONTROLE ANNUEL. Il inscrit ou fait inscrire, par son FOURRIER, sous les yeux mêmes du CAPITAINE, et dans son domicile, les MOUVEMENTS MUTATIONNAIRES des vingt-quatre heures. — A la rentrée des MILITAIRES ISOLÉS, il recueille leurs FEUILLES DE ROUTE, et les joint le lendemain à la FEUILLE du RAPPORT. — Il inscrit au dos des CARTOUCHES IMPRIMÉES qui vont être remises aux PARTANTS, le certificat du montant et de la délivrance du DÉCOMPTE de chacun. Il inscrit au dos des

PETITS CONGÉS les EFFETS que laisse au CORPS le PARTANT. — Il tient ÉTAT de tous les produits versés aux ORDINAIRES de la COMPAGNIE. Il tient la FEUILLE D'APPEL. Il renouvelle tous les trois mois les ÉTATS DE LINGE ET CHAUSSURE, de PETIT ÉQUIPEMENT, d'HABILLEMENT. — Aux REVUES GÉNÉRALES, aux REVUES SUR LE TERRAIN, il appelle les HOMMES DE TROUPE de la COMPAGNIE, en passant derrière le RANG, et répondant pour les ABSENTS. — Si des DÉTENUS de la COMPAGNIE sortent de la SALLE DE DISCIPLINE par ordre supérieur pour entrer à l'HOPITAL, le Sergent-major est informé de leur SORTIE par l'ADJUDANT DE SEMAINE. Si cet ADJUDANT fait connaître au Sergent-major qu'il est arrivé, par la POSTE, de l'ARGENT pour des MILITAIRES de la COMPAGNIE, le Sergent-major le perçoit, en délivre récépissé et en donne de suite avis aux intéressés; mais en CAS D'ABSENCE d'un destinataire, l'ARGENT touché en son nom serait versé à la CAISSE du CORPS. — Le RÈGLEMENT DE 1792 (24 JUIN) voulait que, en l'ABSENCE du FOURRIER, ses ÉCRITURES fussent tenues par le Sergent-major, et que, tous les quinze jours, il remît au capitaine une DÉCLARATION des BOUCHERS et BOULANGERS, attestant qu'il ne leur était rien redû par les ORDINAIRES. — Le PRÈT était délivré par le QUARTIER-MAITRE ou le TRÉSORIER, en échange de la FEUILLE qui s'est nommée, pendant quelque temps, ÉTAT QUATRIDIAIRE. Le Sergent-major apposait sur cette FEUILLE son récépissé; l'OFFICIER DE SEMAINE la visait, et assistait à la distribution du PRÈT. Telle était du moins une disposition légale qui n'a presque jamais été obéie à raison de l'ÉTAT DE GUERRE. — Ce que nous avons dit de l'ADMINISTRATION des COMPAGNIES, du PRÈT, des OFFICIERS DE COMPAGNIES, des DENRÉES D'ORDINAIRE, prouve combien les formes de cette marche administrative ont varié. — Le Sergent-major tient le CAHIER D'APPEL, le cahier de PETITS CONGÉS, celui d'ENVOIS D'ARGENT. Il dresse les BONS DE COMPAGNIES, les BONS pour la rentrée des AMENDES imposées aux OUVRIERS du CORPS, les BONS DE RÉPARATIONS, les BILLETS D'ENTRÉE A L'HOPITAL. — Il remet aux CHEFS D'ORDINAIRE les DENIERS D'ORDINAIRE, et inscrit, en tête du CAHIER ou LIVRET que tiennent les CAPORAUX, le montant de la somme délivrée. — Il inscrit, ou fait inscrire de suite sur le livre de COMPAGNIE, le nom des CONGÉDIÉS. Il constate la justesse du SIGNALEMENT des arrivants. — Les Sergents-majors dont le remplacement doit avoir lieu, ou dont le CAPITAINE vient à changer, rendent leurs COMPTES en présence des OFFICIERS DE SECTION; et le CAPITAINE, après la vérification faite de tous les LIVRETS des HOMMES DE troupe, arrête et vise la comptabilité du Sergent-major. — Tout ce qui vient d'être dit concerne les Sergents-majors en général, et surtout ceux qui appartiennent à des régiments d'infanterie. Il y a en outre à observer que, dans les compagnies régimentaires, le Sergent-major est le secrétaire du conseil d'administration.

SERGENT-major au camp. V. arme au camp. V. au camp. V. balle roulante. V. cercle d'ordre au camp. V. faisceau de campement. V. manteau d'armes.

SERGENT-major de bataille. V. bataille. V. major général. V. mestre de camp n° 5. V. sergent de bande. V. sergent de bataille. V. sergent-major n° 2.

SERGENT-major de chasseurs. V. chasseur. V. sergent-major n° 5.

SERGENT-major de compagnie. V. compagnie. V. légion de Henri deux. V. sergent-major n° 2.

SERGENT-major de compagnie de grenadiers. V. compagnie de grenadiers n° 5. V. sergent-major n° 5.

SERGENT-major de compagnie d'élite. V. compagnie d'élite.

SERGENT-major de compagnie d'infanterie française de ligne. V. compagnie d'infanterie française de ligne n° 2. V. sergent-major.

SERGENT - major de compagnie hors rang. V. compagnie hors rang. V. école d'enseignement primaire.

SERGENT-major de corps. V. corps. V. sergent de bataille.

SERGENT-major de fusiliers. V. fusilier. V. sergent-major n° 5. V. tambour-major n° 6.

SERGENT-major de grenadiers. V. grenadier. V. sergent-major n° 5.

SERGENT-major de place. V. commandant de place n° 5. V. conseil judiciaire. V. major. V. major de place; id. n° 1. V. place. V. sergent de bataille. V. service de garnison.

SERGENT-major d'infanterie franco-suisse. V. infanterie franco-suisse n° 6.

SERGENT-major en garnison. V. appel en garnison. V. corps de garde de police en garnison. V. en garnison.

SERGENT-major en route. V. à l'ordre en route. V. adjudant de semaine en route. V. adresse de sergent-major en route. V. appel en route. V. batterie en route. V. billet de logement de compagnie. V. cahier portatif. V. capitaine en route. V. caporal en route. V. cercle d'ordre en route. V. commandant d'arrière-garde de corps. V. compagnie en route. V. distribution en route. V. éclopé. V. feuille d'appel. V. fiche. V. fourrier en route. V. logement en route. V. sergent-major n° 7. V. tambour idioplique d'infanterie française n° 4.

SERGENT - major général. V. armée française n° 2. V. général, adj. V. major général. V. mestre de camp général. V. officier français n° 5. V. sergent de bataille. V. sergent général.

SERGENT-major piémontais. V. milice piémontaise n° 1. V. piémontais, adj.

SERGENT - major portugais. V. milice portugaise n° 1. V. portugais, adj.

SERGENT-major prussien. V. enseigne idioplique. V. milice prussienne n° 2. V. prussien, adj.

SERGENT-major turc. V. milice turque n° 5. V. turc, adj.

SERGENT-majour. V. majour. V. sergent de bataille. V. sergent-major n° 2.

SERGENT (sergents) militaire (A, 1; F), ou satellite, ou sergent d'armes. Sorte de sergents caractérisés ici par cette épithète pour les distinguer des sergents civils; car la longue confusion que les écrivains ont faite de ces deux genres d'emplois fort différents a occasionné, dans les étymologies qu'ils ont proposées ou supposées et dans les descriptions qu'ils ont faites, quantité d'erreurs graves. — Autrefois, parmi les Sergents militaires figuraient des valets, des écuyers d'armes, des gentilshommes d'armes qui n'étaient pas chevaliers. On appelait indifféremment Sergents, et plus anciennement *servientes armorum*, ou des cavaliers ou des piétons, servant volontairement, ou portant les armes comme possesseurs de fiefs de sergenterie. — Presque tous les écrivains auxquels on s'en rapporterait touchant les Sergents militaires induisent en erreur les lecteurs, parce que chacun d'eux a envisagé la question d'un point de vue particulier. Ainsi, Fauchet dit que les Sergents étaient des rondelliers entremêlés dans la cavalerie, comme s'y répartissaient des varlets et des archers à pied. — Cette description de Fauchet est peu satisfaisante et même fausse, puisque des sergents à cheval jouaient un tout autre rôle. — Au douzième siècle, on distinguait *miles* de *serviens*. Le soldat, c'est-à-dire le chevalier (ces termes étaient synonymes), était plus que le Sergent; ce dernier était un homme de guerre servant sous le chevalier. On voit dans quelles idées fausses tomberait un écolier qui chercherait ces mots latins dans son dictionnaire scolaire. Telles sont les erreurs qui ont été propagées par les traducteurs. — Dans le roman de GARIN, serjant paraît signifier HOMME DE PIED, considéré à part d'ARCHER. LES ARCHERS, cependant, ont été Sergents. — GUILLAUME DE TYR, dans l'histoire des CROISADES, parle des FRÈRES SERVANTS ou sergents qui accompagnaient les CHEVALIERS : *Fratres qui dicuntur servientes.* LES FRÈRES SERVANTS des TEMPLIERS et de l'ORDRE DE MALTE en étaient une trace. — Une charte de l'empereur Henri quatre donne aux soldats d'un genre de troupe le nom de *sargantus, sarganti,* dont on a fait SARGANT, SERGANT ; *milites et sarganti juvabunt obedire,* etc. : les CHEVALIERS et les Sergents jureront d'obéir au chef que nous leur donnons. — DESPAGNAC (1751, D), au contraire, regarde les GENTILSHOMMES comme ayant figuré dans la classe des Sergents, en vertu des FIEFS DE SERGENTERIE, qui les obligeaient à se tenir à la queue des ESCADES dans les TROUPES FÉODALES. Ce qu'il dit de ces ESCADES et de ce poste de SERREGENS est une rêverie. — Après la bataille de COURTRAY, PHILIPPE LE BEL se décida à lever, par vingt familles plébéiennes, un Sergent, armé d'une LANCE ou d'un DARD, d'un COUTEL ou d'un POIGNARD, ou bien d'un ARC et de FLÈCHES. — MAZAS (t. II, p. 296) rappelle une lettre du même prince, exigeant, par cent feux, un SERJEANT A PIED, ou plutôt un HOMME D'ARMES ayant POURPOINT, HAUBERGEON, BACINET et LANCE. — Ainsi, les treizième et quatorzième siècles comprenaient aussi bien comme Sergent un SOLDAT DE LIGNE qu'un SOLDAT LÉGER. — Les SOLDATS du GUET DE PARIS se nommèrent d'abord Sergents ; il y en avait A PIED et A CHEVAL. VELLY témoigne, à la date de 1265, qu'en outre d'une COMPAGNIE de cent MAITRES, il y est entretenu deux cent vingt SERGENTS A CHEVAL. — Les Sergents, ou serviteurs des ARMÉES FÉODALES, ayant pris, par rapport aux TROUPES COMMUNALES et à l'INFANTERIE, une certaine importance, les BANDES, les TROUPES EN CAMPAGNE reconnurent le titre de Sergent comme la désignation d'un GRADE. SERGENTERIE et MILICE devinrent synonymes ; de là, le titre bizarre du traité intitulé : *Sergenterie des Grecs.* — BRANTOME (1600, A) donne également idée de la valeur qu'avait acquise la dénomination de Sergent, en disant de STROZZI qui avait eu une COMPAGNIE dans la GARDE DU ROI : *Il avait choisi Martin Chart pour son Sergent.* Cet EMPLOI cumulait ceux de TRÉSORIER, de MAJOR, de FOURRIER. — La MILICE PIÉMONTAISE a adopté l'usage AUTRICHIEN de

dénommer Sergents, sans distinction d'ARMES, une classe de SOUS-OFFICIERS ; ainsi, les SERGENTS DE CAVALERIE y répondent à nos MARÉCHAUX DES LOGIS. — DUCANGE, LACHESNAIE (1758, I), LEBRETON, ou du moins son annotateur, et PASQUIER, s'étendent en quelques détails sur ce sujet ; mais tout ce qui en a été dit par BÉNETON (1741, A), DANIEL (1721, A), DESPAGNAC (1751, D), MAIZEROY (1767, E) a laissé la question bien mal débrouillée. — Les Sergents militaires se sont distingués, suivant les temps, en SERGENT D'ARMES, — DE BANDE, — DE BATAILLE, — D'INFANTERIE FRANÇAISE DE LIGNE, — GÉNÉRAL.

SERGENT PIÉMONTAIS. V. MILICE PIÉMONTAISE N° 1. V. PIÉMONTAIS, adj.

SERGENT PORTUGAIS. V. MILICE PORTUGAISE N° 1. V. PORTUGAIS, adj.

SERGENT PRÉVOT. V. MILICE PIÉMONTAISE N° 1. V. PRÉVOT.

SERGENT PRUSSIEN. V. MILICE PRUSSIENNE N° 2. V. PRUSSIEN, adj.

SERGENT SECRÉTAIRE. V. OFFICIER PAYEUR. V. SECRÉTAIRE. V. SECRÉTAIRE DE TRÉSORIER.

SERGENT TURC. V. MILICE TURQUE N° 2, 5. V. TURC, adj.

SERGENT WURTEMBERGEOIS. V. MILICE WURTEMBERGEOISE N° 1. V. WURTEMBERGEOIS, adj.

SERGENTERIE, subs. fém. V. EMPLOI DE S... V. FIEF DE S... V. HOMME DE S... V. OFFICE DE S... V. SERVICE DE S...

SERGENTERIE (F), OU SERGENTIE suivant l'ENCYCLOPÉDIE (1751, C), OU SERGENTISE, OU SERJANTERIE, OU SERJEANTIE, resté dans l'ANGLAIS, OU SERJENTIE. Ces mots, dont le substantif SERGENT est la racine, caractérisaient un genre de FIEFS du MOYEN AGE ; ils étaient concédés, suivant VELLY (t. IX, p. 140), à charge d'accomplissement de certains SERVICES, soit militaires, soit civils, soit domestiques. Il y avait des Sergenteries royales, il y en avait de seigneuriales, il y en avait qui équivalaient à des PENSIONS. Le même ÉCRIVAIN le témoigne à la date 1355, et nous apprend que le SERGENT FIEFFÉ qui ne jugeait pas à propos de desservir, en personne, une grande Sergenterie, pouvait, avec l'agrément du ROI, en affermer ou sous-inféoder le FIEF. — L'EMPLOI d'ARBALÉTRIER était un OFFICE de Sergenterie, comme le témoigne l'ORDONNANCE DE 1335 (2 FÉVRIER). — Les grandes Sergenteries, ou Sergenteries octroyées par un monarque ou un PRINCE SOUVERAIN, obligeaient, en vertu d'HOMMAGE, un VASSAL à servir, en GUERRE, avec tels ou tels EFFETS D'ARMEMENT, soit seul, soit à la tête de plusieurs HOMMES, ou bien ils impliquaient obligation de porter la BANNIÈRE, la LANCE, l'ÉCU du SUZERAIN, ou d'assister aux plaids qu'il tenait. Ainsi, LOUIS LE GROS s'était reconnu le sergent de l'abbaye de Saint-Denis, et portait, à ce titre, la BANNIÈRE du saint. Les petites Sergenteries étaient bien moins relevées ; il y en avait qui obligeaient le VASSAL à nourrir les meutes, à soigner les faucons, à rassembler les HOMMES EN CAMPAGNE, à garder des postes ou des forteresses. — Les SERGENTS DE L'ÉPÉE étaient des justiciers qui, sous la direction des VICOMTES, faisaient fonctions de rapporteurs, d'HUISSIERS et même de bourreaux. — L'institution des Sergenteries, transportées de FRANCE dans les lois ANGLAISES, au onzième siècle, s'y appelait *grand serjeanty*. Littleton nous apprend que c'était une TENURE qui obligeait les apanagés du ROI, soit à porter sa LANCE ou ses INSIGNES, soit à être son échanson. C'était un usage de toute ancienneté ; car, suivant l'expression de HALLAM : *La cour de Charlemagne étoit remplie d'officiers de tout rang ; quelques-uns des plus éminents remplissoient auprès de la personne du prince des fonctions qui, dans le palais d'Auguste ou des Antonins, auroient été abandonnées aux soins des esclaves. Ce goût s'étendit de la cour du roi à celle des prélats et des barons ; ils entretenoient un grand nombre d'officiers nommés ministeriales, nom qui s'appliquoit également à ceux d'une classe servile et à ceux d'un rang honorable.* — On peut consulter, à l'égard des Sergenteries : BÉNETON (1742, A, p. 184), DESPAGNAC (1751, D, t. III, p. 116), DUCANGE, l'ENCYCLOPÉDIE (1751, C), FURETIÈRE, HALLAM, VELLY (t. IX, p. 140).

SERGENTERIE ROYALE. V. ROYAL, adj. V. SERGENTERIE.

SERGENTERIE SEIGNEURIALE. V. SEIGNEURIAL, adj. V. SERGENTERIE.

SERGENTIE, subs. fém. V. SERGENTERIE.

SERGENTISE, subs. fém. V. SERGENTERIE.

SERGIENT, subs. masc. V. SERGENT.

SERIANS, subs. masc. V. SERGENT.

SERIANT, subs. masc. V. SERGENT.

SÉRIE (subs. fém.) de COULEURS. V. AURORE. V. BLEU DE CIEL. V. BLEU DE ROI. V. COULEUR. V. COULEUR TRANCHANTE. V. CRAMOISI. V. ÉPAULETTE EN DRAP. V. HABIT. V. MINISTRE DE LA GUERRE EN 1821 (3 décembre). V. RÉGIMENT D'INFANTERIE FRANÇAISE Nº 5.

SÉRIE de MOTS D'ORDRE. V. MOT. V. MOT D'ORDRE.

SERJANS, subs. masc. V. SERGENT.

SERJANT, subs. masc. V. SERGENT.

SERJANTERIE, subs. fém. V. SERGENT MILITAIRE. V. SERGENTERIE.

SERJANZ, subs. masc. V. SERGENT.

SERJEANT, subs. masc. V. SERGENT.

SERJEANTERIE, subs. masc. V. SERGENT MILITAIRE. V. SERGENTERIE.

SERJEANTIE, subs. fém. V. SERJANS. V. SERGENT.

SERJENTIE, subs. fém. V. SERGENTERIE.

SERLADE, subs. fém. V. SALADE.

SERMENT, subs. masc. V. BAN DE S... V. CERTIFICAT DE S... V. FORMULE DE S... V. PRESTATION DE S... V. PROCÈS-VERBAL DE S... V. RECEVOIR LE S...

SERMENT (A , 1 ; E , F), ou SERMENT MILITAIRE. Le mot Serment dérive directement du LATIN ; il exprime l'engagement solennel que contracte la partie active d'une MILICE, en jurant de demeurer soumise au gouvernement établi, de ne point abandonner son DRAPEAU, et d'observer les lois de la PROFESSION DES ARMES, sous peine d'encourir les rigueurs que le CODE PÉNAL exerce contre les MILITAIRES en état de DÉLITS. — AUDOUIN (p. 20) énumère les Serments des principales nations antiques. — Les RECRUES de la MILICE GRECQUE ne recevaient de la patrie leurs ARMES qu'après avoir prononcé le Serment. — La MILICE ROMAINE pratiquait plusieurs genres de Serments. Le principal, ou la PRÉJURATION, était reçu par le CONSUL au milieu d'une CÉRÉMONIE religieuse ou dans la principale TENTE du CAMP ; il consistait dans la promesse que faisait le SOLDAT de ne jamais fuir à la GUERRE, de ne point se dessaisir de ses ARMES, d'être soumis à ses CHEFS. Un autre Serment était une espèce d'engagement de famille contracté entre les mains du TRIBUN. Il y avait des Serments qui différaient suivant le genre, l'occasion, l'instant de la LEVÉE DES TROUPES. — SERVIUS et ISIDORE qualifient les Serments par les expressions *sacramentum* ou *præjuratio, conjuratio, evocatio.* La PRÉJURATION, ou Serment proprement dit essentiel, était, suivant FESTUS, une promesse de fidélité à la république, d'observance du devoir du SOLDAT, d'attachement au DRAPEAU de la LÉGION. Les enrôlés, s'ils étaient admis dans les formes ordinaires par le CONSUL ou le tribun, prononçaient, tour à tour, *idem in me,* après qu'un d'entre eux, choisi à cet effet, avait proféré à haute voix la FORMULE qui lui était communiquée ou dictée. Ainsi l'expliquent POLYBE et DENYS D'HALICARNASSE. Il était tenu enregistrement de ce Serment. La CONJURATION était une conclamation d'enthousiasme, un engagement spontané, éventuel, et l'épée à la main, dans des circonstances épineuses, imprévues. C'est ce qui arriva après la bataille de CANNES, quand, au dire de TITE LIVE, SCIPION s'écria : *Qui aime la république me suive!* Ici, comme dans la PRÉJURATION, chacun s'écria : *Idem in me.* De même, en mille circonstances, des GUERRIERS ont fait jurer à leur troupe de vaincre ou périr. Enfin, l'ÉVOCATION était le Serment des LEVÉES où s'enrôlaient pour un danger pressant, non-seulement les RECRUES de droit, les conscrits, mais encore les VOLONTAIRES ou les appelés extraordinairement ; ce Serment était plus tumultuaire, parce que le temps manquait pour l'observance des formalités. — Il y avait un genre de Serment qu'on pouvait appeler définitif ; c'était celui qui transformait le SOLDAT apprenti ou provisoire en SOLDAT reconnu, assermenté : le *tyro* en *miles sacratus.* — Le genre d'EXPULSION AVEC DÉGRADATION, nommé *exauctoration*, déliait de son Serment le criminel exclus ; sa ceinture lui était arrachée. — On peut conjecturer, d'après POLYBE, qu'en cas d'occupation d'un CAMP nouveau on y renouvelait le Serment, et que cette opération précédait le soin des CORVÉES. — L'importance que le SOLDAT ROMAIN attachait au Serment, ressort et gage de la DISCIPLINE, les formes religieuses dont ses CHEFS l'entouraient, sont témoignées par AMMIAN, AULUGELLE, CICÉRON, LUCAIN, OVIDE, TACITE, TITE-LIVE ; mais plusieurs d'entre eux, ALEXANDRI, l'ENCYCLOPÉDIE (1751, C). prouvent combien ont changé, suivant les temps, les formes et le fond du Serment. Ainsi, la FORMULE de Serment que relate VÉGÈCE (590, A) ne pouvait plus ressembler au Serment des SOLDATS de la république ; elle était plus mystique que patriotique ; elle n'avait plus rien de la dignité de l'ancien Serment. — Sous le régime impérial, on vit le Serment se renouveler, on peut même dire s'acheter à certaines époques marquantes, telles que le premier jour de l'année, le jour de naissance de l'EMPEREUR. Il y eut aussi le Serment accompagné de riches largesses. — Les princes des PREMIÈRES RACES faisaient jurer FOI et HOMMAGE aux NOBLES, aux LEUDES, aux BARONS, aux GARDES dont ils s'entouraient. — Au quatorzième siècle, le CONNÉTABLE, comme représentant du ROI, recevait les Serments de ses subordonnés, de même

que les MARÉCHAUX et les COMMISSAIRES les reçurent comme délégués du CONNÉTABLE. — On ne peut donc regarder que comme renseignements généraux les souvenirs d'un acte qu'il serait fastidieux de suivre époque par époque, et qu'il serait peut-être impossible de retracer dans ses variations. — On n'est guère plus instruit touchant les Serments exigés aux INITIATIONS de la CHEVALERIE D'AFFILIATION, parce que les interprètes des annalistes anciens ont présenté quelques usages locaux comme des règles générales. — Le monarque recevait, en personne, le Serment du CONNÉTABLE, des MARÉCHAUX et des GOUVERNEURS. — Dans le quinzième siècle, le Serment des CAPITAINES des BANDES FRANÇAISES avait lieu à l'instant des REVUES et entre deux ROULEMENTS de TABOURIN. — Le CAPITAINE qui venait d'être promu se portait, l'ÉPÉE A LA MAIN, en avant de sa COMPAGNIE, à ce que racontent DANIEL (1721, A) et M. MONTEIL, et disait : *Je promets et jure à Dieu et à nostre Dame que je garderay et feray garder justice et ne souffriray pill'rye, et pugniray qui aura failly.* — Exiger des SIMPLES SOLDATS le Serment a été, tour à tour, usité en FRANCE et négligé. Les FRANCS ARCHERS y étaient astreints, mais l'existence de ce CORPS fut de courte durée. — Le Serment de SOLDAT se prononçait ordinairement en présence des DRAPEAUX ; de là est restée la locution : PASSER SOUS LES DRAPEAUX, parce que, s'il y avait un trop grand nombre de RECRUES à assermenter à la fois, leur réunion sous le DRAPEAU les initiait en masse et équivalait à un Serment individuel. ODIER (1818, F) prétend, au contraire, que depuis la désuétude du Serment, PASSER SOUS LE DRAPEAU, signifiait être présenté à l'INTENDANCE MILITAIRE ou passer sa première REVUE. — L'ORDONNANCE DE 1514 (20 JANVIER) chargeait les COMMISSAIRES de RECEVOIR LE SERMENT des OFFICIERS ; mais, en temps de guerre, cette disposition restait la plupart du temps inexécutée. — L'ORDONNANCE DE 1534 (24 JUILLET) exigeait des OFFICIERS FRANÇAIS le Serment. Un COMMISSAIRE des guerres devait le RECEVOIR. L'ORDONNANCE DE 1537 (6 OCTOBRE) réglait qu'aux REVUES de tous les mois, le Serment des OFFICIERS aussi bien que des COMPAIGNONS (SOLDATS DES BANDES) serait renouvelé ; cette disposition était confirmée par les RESCRITS DE 1551 (16 JUILLET), DE 1557 (22 MARS), DE 16.5 (8 OCTOBRE), DE 1665 (25 JUILLET). — Avant le règne de LOUIS QUATORZE, le droit de RECEVOIR LE SERMENT des OFFICIERS D'INFANTERIE avait été dévolu au COLONEL GÉNÉRAL DE L'INFANTERIE. — Ce prince, en vertu de l'ÉDIT DE 1704

(AOUT), attribua exclusivement aux COMMISSAIRES PROVINCIAUX DES GUERRES le droit de RECEVOIR ce Serment, et de percevoir à cette occasion, comme honoraires, une somme proportionnée au GRADE, et variant depuis quinze francs pour l'ENSEIGNE jusqu'à cinquante francs pour le COLONEL, comme le témoigne LACHESNAIE (1758, I, au mot *Droit*). Cette somme dispensait l'OFFICIER de faire, à la manière plus ancienne, l'abandon de son ÉPÉE au profit du COMMISSAIRE, ou de la lui racheter par la cession d'un MOIS D'APPOINTEMENTS; car c'était comme garde-note ou tabellion, et pour en dresser acte, que ce FONCTIONNAIRE se faisait payer. — L'ORDONNANCE DE 1712 (17 JANVIER) n'autorisait le payement des HONORAIRES DES OFFICIERS qu'après PRESTATION de serment. — La DÉLIBÉRATION DU CONSEIL DE GUERRE DE 1718 (23 JUILLET) en déterminait la forme et en retraçait la formule. — Une CIRCULAIRE DE 1734 (30 JUIN) suspendit le DROIT à la rétribution pécuniaire de 1704, à l'occasion de la GUERRE qui venait d'éclater; mais à la PAIX DE VIENNE, les COMMISSAIRES PROVINCIAUX recouvrèrent ce supplément d'ÉMOLUMENTS, qui ne laissait pas que d'être considérable, parce que le Serment devait être renouvelé à tout changement de GRADE. — Une CIRCULAIRE de M. de Crémilles, DE 1759 (22 AVRIL), adressée à tous les COMMISSAIRES DES GUERRES, leur prescrivit de n'admettre, comme présents aux REVUES, que des OFFICIERS porteurs d'un certificat de PRESTATION DE SERMENT. — A cette époque tout COMMISSAIRE DES GUERRES avait le DROIT de recevoir le SERMENT, et il devait être gratuit. — L'ORDONNANCE DE 1765 (1ᵉʳ FÉVRIER), relative aux RECRUES, faisait revivre l'usage du Serment du SOLDAT; elle voulait (art. 73) qu'ils le prétassent sous les DRAPEAUX, et en présence de l'INSPECTEUR GÉNÉRAL. — L'ORDONNANCE DE 1768 (1ᵉʳ JANVIER) intimait aux INSPECTEURS GÉNÉRAUX de le RECEVOIR en personne, vis-à-vis le RÉGIMENT EN BATAILLE, et en présence des DRAPEAUX, ce qui confirmait la synonymie PASSER SOUS LES DRAPEAUX ou être reçu SOLDAT. — A la fin du règne de Louis QUINZE, l'usage du Serment était tombé en désuétude. La CIRCULAIRE DE 1777 (26 JUILLET) le remettait en vigueur; elle en formulait les expressions et le CERTIFICAT. — A l'égard des OFFICIERS, le Serment n'a jamais cessé d'être exigé, mais la PRESTATION en a été négligée la plupart du temps, et a manqué toujours d'appareil et de solennité. La CIRCULAIRE DE 1759 (22 AVRIL), adressée aux COMMISSAIRES DES GUERRES, leur reprochait la négligence apportée à cet égard, et rappelait les ORDONNANCES DE 1554 (24 JUILLET),

1557 (22 MARS), 1685 (25 JUILLET), en conformité desquelles le Serment devait précéder la RÉCEPTION. — Cette CIRCULAIRE DE 1759 réglait et la forme et la FORMULE du Serment. Elle prescrivait qu'il fût fait par l'OFFICIER en ARMES, (c'était alors pour l'INFANTERIE, l'ESPONTON ou le fusil, la GIBERNE, le HAUSSECOL.); elle voulait qu'il contînt engagement de ne signer aucun CONCORDAT. La même circulaire entendait que toute rétribution pécuniaire cessât d'être exigée du récipiendaire par les COMMISSAIRES ordinaires ou PROVINCIAUX; c'était une dérogation à l'ÉDIT DE 1704 (AOUT). — La loi voulait que l'AUMONIER PRÊTAT SERMENT à la tête du RÉGIMENT dans lequel il entrait, mais elle oubliait de l'exiger des OFFICIERS DE SANTÉ. — Le DÉCRET DE 1789 (10 AOUT) et l'ORDONNANCE DE 1789 (19 DÉCEMBRE) imposaient le Serment national aux OFFICIERS GÉNÉRAUX et SUPÉRIEURS. — Le DÉCRET DE 1791 (17, 25 SEPTEMBRE) en demandait un nouveau aux OFFICIERS et SOLDATS; l'INSTRUCTION DE 1791 (31 OCTOBRE) en déterminait la formule. Mais nous nous dispenserons de suivre les variations du Serment, elles ont été trop nombreuses. — BONAPARTE s'occupa peu du Serment, si ce n'est de la part des MEMBRES de la LÉGION D'HONNEUR, des GOUVERNEURS, des GRANDS FONCTIONNAIRES. — Cependant, dans son allocution à l'antique, sur le tertre ou le prétoire élevé au Champ-de-Mars en 1814, il provoqua, par son fameux *vous le jurez*, une espèce d'évocation, de *consensus omnium*, qui rappelait la position et le *me sequatur* de SCIPION à CANNES. — Les INSTRUCTIONS DE 1814 (12 MAI et 12 AOUT) prescrivirent le Serment comme une sorte de complément de la CÉRÉMONIE de la RÉCEPTION DES DRAPEAUX, et ordonnaient qu'il en fût dressé PROCÈS VERBAL. — LES INSTRUCTIONS DE 1815 (5 SEPTEMBRE, art. 52) et DE 1816 16 SEPTEMBRE, art. 88) s'occupèrent minutieusement du Serment nouveau et l'exigèrent individuel. Les INSPECTEURS AUX REVUES et SOUS-INSPECTEURS étaient chargés de le RECEVOIR. — L'INSTRUCTION DE 1822 sur l'inspection générale (3 JUILLET), instruction minutée de la plume du CORPS DE L'INTENDANCE, disposait (art. 1ᵉʳ, 19) que, dans la REVUE D'HONNEUR, les OFFICIERS nouvellement admis et les HOMMES DE RECRUES PRÊTAIENT LE SERMENT entre les mains de l'INTENDANT, et en présence de l'INSPECTEUR. — La DÉCISION DE 1825 (6 JUIN), libellée de la plume d'un GÉNÉRAL INSPECTEUR, réservait aux INSPECTEURS GÉNÉRAUX le droit de RÉCEPTION DE SERMENT, et le refusait aux INTENDANTS, réduits au simple rôle de témoins et d'enregistreurs. — La LOI DE 1830 (31 AOUT) et la CIRCULAIRE DU 8 SEPTEMBRE imposaient aux officiers l'obligation du Serment et en réglaient la formule nouvelle.—L'instruction de 1833 (22 juin) voulait que le Serment fût prêté lors des revues d'inspection. La décision de 1834 (6 mars) prescrivait que le Serment serait prêté aux revues trimestrielles, aussi bien qu'aux revues d'inspection, et que les officiers généraux chargés de passer ces revues trimestrielles le recevraient. — Odier (1824, E, pag. 196) est d'avis que le Serment devrait varier dans sa formule suivant le rang, le grade, l'emploi; il nous semble cependant qu'il ne saurait être trop simple, trop clair, trop égal à lui-même. — Dans la milice prussienne, le Serment était renouvelé à chaque délivrance de drapeaux neufs. Kéralio (1757, F, chap. 16) en décrit les cérémonies; ce sont celles qui ont été imitées dans les ordonnances françaises de 1815 et 1816. — Dans la milice anglaise le Serment de soldat est prononcé dans les mains de l'officier civil qui enrôle. — Dans la milice piémontaise, les évêques étaient chargés de le recevoir.— Dans la milice danoise, une ordonnance fort ancienne veut que chaque officier, en recevant sa première investiture, écrive de sa propre main le Serment militaire. — Autrefois, le Serment était exigé aussi des soldats allemands. Potier (1779, X, suppl. au mot *Droit de serment*) prétend que chacun d'eux devait ficher un clou dans la hampe de l'étendard; ce récit semble une fable. — Le colonel Carrion (1824, A, pag. 165 et 318) s'est efforcé de démontrer l'inutilité, l'immoralité même du Serment forcé qu'on fait prêter aux subalternes; mais il reconnaît juste de faire jurer à l'enrôlé volontaire, qu'il ne se rendra pas coupable du crime de désertion, sous peine d'être poursuivi comme violateur d'un Serment libre. — A l'imitation de quelques milices du Nord, des décisions qui concernent l'école polytechnique ont voulu que ce fût par écrit que les élèves sortants prêtassent leur Serment. — Les auteurs qui ont traité du Serment militaire sont : Alexandri, Ammian (380, A), Audouin, Aulugelle, M. Ballyet (1817, D), Béneton (1742, A, p. 19), Billon (1641, A), Birac (1693, B), Briquet (1761, H), Carrion (1824, A), Chennevières (1750, C), Cicéron, Daniel (1721, A), Denys d'Halicarnasse, Despagnac (1751, D), Encyclopédie (1751, C; 1785, C, au mot *Levée*), Festus, Funderfeldt (1693, A), Isidore, Lachesnaie (1758, I, aux mots *Droit, Gouverneur*), Lucain, Maizeroy (1767, E), Monteil, Odier (1818, E : 1824, E), Ovide, Polybe (150 avant Jésus-Christ), Potier (1779, X), Praissac (1622, A), Ro-

han (1757, Q), Servan (1780, B), Servius, Sinclaire (1773, L), Tacite, Tite-Live, Turpin (1783, O), Végèce (390, A), le *Dictionnaire de la Conversation* (au mot *Drapeau*).

SERMENT d'aumonier. v. aumonier de corps n° 4. v. serment.

SERMENT de baron. v. baron n° 1. v. noblesse.

SERMENT de chevalier. v. chevalier. v. chevalier d'affiliation n° 3. v. seigneur.

SERMENT de commissaire des guerres. v. commissaire des guerres n° 3.

SERMENT de connétable. v. connétable n° 3.

SERMENT de gouverneur. v. gouverneur. v. gouverneur de place de guerre n° 5. v. reddition de place.

SERMENT de légionnaire. v. conseil d'administration n° 4. v. Légion d'honneur. v. légionnaire. v. membre de la Légion.

SERMENT de maréchal de France. v. maréchal de France n° 9, 10.

SERMENT de soldat. v. serment. v. soldat.

SERMENT de sous-lieutenant. v. sous-lieutenant n° 1.

SERMENT de sous-officier. v. sous-officier; id. n° 3.

SERMENT de témoin judiciaire. v. témoin de jugement. v. témoin judiciaire.

SERMENT d'officier. v. commissaire des guerres n° 6. v. commissaire provincial. v. intendant militaire n° 4. v. officier. v. officier français n° 10. v. retenue.

SERMENT militaire. v. militaire, adj. v. serment. v. sous-lieutenant n° 1.

SERORGIEN, subs. masc. v. chirurgien.

SERPE, subs. fém. (term. génér.), ou sarpe, suivant Carré (1783, E). Mot que Ménage tire du latin *sarpere*, tailler la vigne, ou qui peut être une corruption du bas latin ou de l'italien *sapa*, *zappa*, parce que la sarpe ou la Serpe était un outil de sapeur, un instrument propre à saper ou à ceper. — Si ce n'était le primitif emploi du terme sarpe, on pourrait croire que Serpe est dérivé de serpent à cause de la sinuosité de sa lame. — La Serpe a été employée au campement et dans les siéges offensifs, sous le nom de serpe de campagne; on s'en est servi à la guerre, sous le nom de serpe d'armes.

SERPE d'armes (F). Sorte de serpe qu'au

besoin on emmanchait d'une HAMPE pour en faire une ARME DE COMBAT; on l'appelait aussi FAUCHARD et RANÇON. CARRÉ (1783, E) prend au contraire, comme synonymes, Serpe d'armes et HACHEREAU OU HACHE D'ARMES, petite, légère, courte, sans MARTEAU. — Le général COTTY, LACHESNAIE (1758, I, t. III, p. 375, au mot *Armement*), SAINT-REMY, parlent de ce genre d'armes. Son image se trouve dans l'*Encyclopédie du dix-neuvième siècle*, au mot *Arme*. Celle-ci est une espèce de couperet.

SERPE de CAMPAGNE (E, 1; G, 4). Sorte de SERPE ou d'OUTIL DE CAMPAGNE, qui était décrite dans les ORDONNANCES DE 1753 (17 FÉVRIER) et 1778 (28 AVRIL); sa LAME avait huit pouces sept lignes de long, trois pouces de large vers l'extrémité, deux pouces deux lignes vers le MANCHE. La longueur du MANCHE était de quatre pouces neuf lignes. — Des Serpes faisaient partie du mobilier des TENTES D'HOMMES DE TROUPE, des AMAS D'OUTILS rassemblés pour les SIÉGES OFFENSIFS.— Il en est traité par LACHESNAIE (1758, I, aux mots *Munition, Outil, Siége*).

SERPENT, subs. masc. (F), ou SERPENT INSTRUMENTAL. Le mot tout LATIN Serpent, pris dans le sens de reptile, a donné naissance aux termes SERPENTEAU, SERPENTIN, SERPENTINE, et peut-être au substantif SERPE. Il donne ici idée d'un INSTRUMENT DE MUSIQUE qui s'appelait Serpent à cause de sa forme. — Le Serpent a été inventé à Auxerre en 1590. Il était en bois, recouvert en cuir et à BOCAL. C'était une BASSE DE CORNET, suivant l'ENCYCLOPÉDIE (1751, C). Il était à l'unisson du BASSON. JEAN-JACQUES ne mentionne pas cet INSTRUMENT A VENT au nombre de ceux pour lesquels il a composé des airs de MUSIQUE MILITAIRE. En effet, jusque-là, il était relégué dans les musiques d'église et y accompagnait le plain-chant.— Vers la fin du dix-huitième siècle, il a commencé à faire partie de la MUSIQUE MILITAIRE des GARDES NATIONALES. — La CIRCULAIRE DE 1822 (23 DÉCEMBRE), seul document qui jusque-là se soit occupé de la question, accordait deux Serpents à chaque RÉGIMENT D'INFANTERIE de la GARDE ROYALE, et point aux RÉGIMENTS D'INFANTERIE DE LIGNE. — Le Serpent a été employé dans la MUSIQUE D'HARMONIE des RÉGIMENTS FRANÇAIS jusqu'à l'invention de l'OPHICLÉIDE qui l'a remplacé.

SERPENT A CLEFS. V. A CLEFS. V. OPHICLÉIDE.

SERPENT INSTRUMENTAL. V. INSTRUMENTAL. V. SERPENT.

SERPENTEAU, subs. masc. (F). Ce nom est dérivé du mot SERPENT et avait rap-

port aux ASSAUTS. Il est encore en usage dans la langue des ARTIFICIERS; il était autrefois donné à une PIÈCE D'ARTIFICE MILITAIRE; c'était une portion de TUBE ou un vieux CANON DE FUSIL recourbé en cerceau et percé de trous. Ce TUBE, garni de pointes de fer et accompagné de GRENADES, était rempli de POUDRE A CANON et entouré d'une MÈCHE qui y communiquait le feu. — On lançait les Serpenteaux sur les ASSAILLANTS d'une PLACE FORTE, sur les BRÈCHES attaquées, et au milieu des LOGEMENTS A FEU. On a cessé de faire usage de Serpenteaux.—CARRÉ (1783, E) et LACHESNAIE (1758, I) entrent à ce sujet dans quelques détails.

SERPENTIN, subs. masc. V. A SERPENTIN.

SERPENTIN (F). Nom qui a été donné à une PIÈCE D'ARTILLERIE plus correctement appelée Serpentine, alors que régnait l'usage d'appliquer à chaque genre de BOUCHE A FEU un nom d'animal. — Le mot Serpentin sera mentionné comme synonyme de PORTE-MÈCHE ou de CHIEN A MÈCHE, et comme une des parties d'une ARQUEBUSE A ROUET, d'un MOUSQUET, d'un PÉTRINAL. Le Serpentin se nommait ainsi à cause de quelque ressemblance avec un petit SERPENT; il commença à s'adapter, vers 1450, aux CANONS A MAIN. — Quand le SERPENTIN était PORTE-MÈCHE, on compassait la mèche et on la fixait dans la gueule du Serpentin au moyen d'une vis de rappel. Mais, plus tard, le Serpentin des PLATINES D'ARQUEBUSE assujettissait, non une mèche, mais une pierre de mine, comme le CHIEN DE FUSIL a assujetti, depuis le dix-septième siècle, un SILEX. Cette pierre de mine ou cette PYRITE, contre laquelle le ROUET de l'ARME agissait à la manière d'une meule de rémouleur, donnait des étincelles qui enflammaient l'AMORCE. — On peut, à l'égard du mot Serpentin, consulter CARRÉ (1783, E), M. le général COTTY (au mot *Arquebuse à mèche*), DUCANGE, l'ENCYCLOPÉDIE (1751, C), FURETIÈRE (aux mots *Canon* et *Coulevrine*), LACHESNAIE (1758, I, au mot *Décharge*), MANESSON (1685, C) qui en donne l'image.

SERPENTIN D'ARQUEBUSE. V. ARQUEBUSE. V. ARQUEBUSE A FEU. V. ARQUEBUSE A SERPENTIN. V. MÈCHE D'ARQUEBUSE. V. SERPENTIN.

SERPENTIN de MOUSQUET. V. AMORCE DE MOUSQUET. V. MÈCHE DE MOUSQUET. V. MOUSQUET. V. MOUSQUET A SERPENTIN. V. MOUSQUETON. V. PORT D'ARMES. V. SERPENTIN.

SERPENTINE, subs. fém. (F), ou SARPENTINE, ancienne BOUCHE A FEU A TIR DIRECT, dont le mot SERPENT donne l'origine étymologique, parce que, suivant M. le général Cotty, les ANSES figuraient des Serpents. — On a mal à propos confondu SERPENTIN et Serpentine, puisque le mot dérive du bas LATIN *serpentina*, que mentionne DUCANGE. — En 1465, le 29 septembre, PARIS étant attaqué par les BOURGUIGNONS, une Serpentine placée sur la tour de Billy tuait du même coup sept ennemis. — UFANO, qui servait le roi d'ESPAGNE à ANVERS, mentionne une Serpentine de SOIXANTE-DIX LIVRES de BALLES, et une autre de QUATRE-VINGTS LIVRES, dont l'explosion faisait, à ce qu'il prétend, avorter les Flamandes enceintes. — BOMBARDE ALLONGÉE et Serpentine ont été même chose. — Au seizième siècle, dit M. MONTEIL, trente bœufs ou cinquante chevaux ne traînaient qu'avec peine une Serpentine de vingt-quatre pieds de long; mais peut-être a-t-il pris par mégarde le chiffre de la longueur pour le chiffre du poids, car SAINT-RÉMY ne donne à la Serpentine française que VINGT-QUATRE livres de BALLES et treize pieds de longueur. Des AUTEURS ont jugé peu différentes la COULEVRINE DE VINGT-QUATRE et la Serpentine. GANEAU et FURETIÈRE les croient même identiques; mais M. MEYER (Moritz) dit, au contraire, qu'en 1555 les Serpentines étaient des PIÈCES de six à sept pieds de long, qui tiraient des BALLES de plomb de huit onces, ou d'une demi-livre; tandis qu'en 1572, à ce qu'il dit, c'étaient des PIÈCES DE VINGT-QUATRE. Il y a probablement erreur dans l'une ou l'autre de ces assertions. — Ce qui concerne les Serpentines a été traité par DUCANGE (au mot *Serpentina*), COTTY (1822, A), FURETIÈRE, GANEAU, MAIZEROY (1775, B), MONTEIL, MEYER (Moritz), SAINT-RÉMY, UFANO.

SERRADJIS, subs. masc. plur. V. MILICE TURQUE Nº 3.

SERRE, subs. fém. V. TIRANT DE CAISSE.

SERRÉ (serrée), adj. V. COLONNE S... V. FILE S... V. MASSE S... V. ORDRE S... V. POINT S... V. RANG S...

SERRÉ À DEMI-DISTANCE. V. À DEMI-D... V. COLONNE SERRÉE À D...

SERRÉ À LA POINTE DE L'ÉPÉE. V. À LA POINTE DE L'É... V. ORDRE S...

SERRÉ EN MASSE. V. COLONNE SERRÉE EN MASSE. V. EN MASSE.

SERRÉ-DEMI-FILE, adj. et subs. masc. V. DEMI-FILE. V. FILE. V. FILE DE BATAILLON. V. RANGS D'INFANTERIE.

SERRE-FILE, adj. et subs. masc. V. ALIGNEMENT DE S... V. CAPITAINE DE S... V. ESPACE DE S... V. FILE. V. FONCTION DE S... V. LIEUTENANT DE S... V. OFFICIER S... V. PELOTON DE S... V. PLACE DE S... V. SERREMENT DE S... V. SERVICE DE S... V. SOUS-LIEUTENANT DE S...

SERRE-FILE (serre-files) (F, G, 6), OU SERRE-FILE D'INFANTERIE. Ce mot, dont il serait superflu d'indiquer l'étymologie, a eu deux sens distincts; l'un répondait au temps où le terme était adjectif, l'autre au temps où il est devenu substantif. — L'expression Serre-file est aussi ancienne que la renaissance de l'INFANTERIE, si l'on applique le mot suivant l'acception que lui donnait l'ORDRE PROFOND; il ne date que de 1751 si l'on s'en sert dans sa signification afférente à l'ORDRE MINCE. — L'Académie témoigne qu'il a été emprunté par l'INFANTERIE aux usages de l'ARMÉE DE MER. — Depuis HENRI QUATRE, le terme Serre-file, à la fois adjectif et substantif, rappelait les épistates, OURAGUES, OPTIONS, TERGIDUCTEURS, ou ordinaires des MILICES GRECQUE et ROMAINE : alors il donnait idée du dernier RANG d'une TROUPE A PIED en ORDRE DE BATAILLE, ou d'un RANG de MILITAIRES qui exerçaient une surveillance sur la FILE dont ils étaient la QUEUE; ainsi il y avait un RANG Serre-file, ou, en d'autres termes, il y avait autant de Serre-files que de FILES; ainsi, à la manière de l'antique CONTRE-MARCHE PHALANGIQUE, qu'on a aussi nommée DANSE PERSIQUE, une ÉVOLUTION pouvait, au besoin, changer en CHEFS DE FILE les Serre-files, ou l'inverse. — De même que la DÉCURIE GRECQUE connaissait comme Serre-file et OURAGUE le cinquième et le dixième RANG, on appelait en FRANCE, dit LÉBLOND (1758, B), Serre-file, ou Serre-demi-file, le dernier RANG de chaque DEMI-FILE d'un PÉLOTON. — M. le colonel CARRION (1824, A) dit que le MANIPULE romain avait, au temps des EMPEREURS, deux Serre-files. Il reste douteux s'ils étaient HOMMES DE RANG, ou HORS RANG. — Les Serre-files HOMMES DE RANG, ou Serre-files primitifs de FRANCE, étaient des HALLEBARDIERS ou des BAS OFFICIERS. — On voit dans LACHESNAIE (1758, 1, au mot *Ordre*) et dans LEBLOND (1758, B) que dans la première moitié du dix-huitième siècle il était d'usage, un JOUR D'ACTION, de commander, comme OFFICIERS DE SERRE-FILE, trois CAPITAINES, trois LIEUTENANTS, trois SOUS-LIEUTENANTS, qui étaient aidés par quatre SERGENTS; ils se tenaient à quatre pas du dernier RANG du BATAILLON, et dans quelques CORPS le COLONEL faisait monter à cheval ces OFFICIERS. — A ces époques le mot Serre-file est devenu substantif. — Bientôt cessa l'usage d'employer transitoirement des OFFICIERS INFÉRIEURS, des SERGENTS, des FOURRIERS, pour Serre-files; on

les tirait indistinctement de toutes les compagnies du corps. On donna de la permanence aux fonctions de Serre-file, à la manière de la milice suédoise; ce genre de service fut à poste fixe, et s'exerça, dans chaque
section, par des militaires tirés de la compagnie même. — Depuis que l'infanterie
française ne s'est plus formée que sur
quatre ou trois rangs, depuis 1751, le mot
Serre-file n'a plus donné idée que d'une
ligne de surveillants moins nombreux que
les files. — Mais le sens de l'expression
était encore tellement vague, bien après la
moitié du dernier siècle, que Mirabeau
(1788, C), traitant de la tactique des Prussiens, appelait Serre-files les hommes qui
étaient en arrière du premier rang, et par
conséquent tout ce qui était en delà des
chefs de file ou du front. L'ordonnance de
1769 (1er mai) ne plaçait en Serre-file que
le lieutenant derrière la division ou demi-
peloton de droite, et le fourrier derrière le
demi-peloton de gauche; alors section et
division étaient synonymes. — Les ordonnances de 1791 (1er août) et de 1831 (4
mars) ont réparti derrière les sections, et à
deux pas de distance, le lieutenant, le sous-
lieutenant, le sergent-major et les trois
derniers sergents de chaque compagnie d'infanterie. Cette dernière ordonnance rétablissait en Serre-file les fourriers. — Depuis cette même ordonnance, le commandement : Face en tête, indiquait aux
Serre-files qu'ils devaient faire demi-tour à
droite; c'était une disposition mal imaginée
et peu claire. — De nos jours les Serre-files
se tiennent à deux pas du troisième rang
de la section, à vingt pas en avant du chef
de bataillon, et à trente pas en avant du
colonel. — Si les pelotons manquent de
sergents pour faire fonctions de serre-files,
l'adjudant-major ou l'adjudant y suppléent
par des caporaux. — Les lieutenants,
quand ils deviennent chefs de seconde section, cessent d'être Serre-files. — Quand
les subdivisions serrent en masse, les Serre-
files se rapprochent d'un pas des troisièmes
rangs de la colonne serrée. — On a longtemps été en doute touchant la vraie place
que les Serre-files devaient occuper dans
les feux en arrière ou par le troisième rang;
ils passent en ce cas par le créneau du chef
de peloton et du sous-officier de remplacement, pour aller prendre leur place de bataille en ordre renversé, et s'arrêtent à la
place analogue à celle qu'ils occupaient
dans les feux en avant. Ils conservent ainsi
leur surveillance sur les mêmes hommes de
la compagnie. — En quelques cas les guides
généraux et des guides particuliers marchent sur la ligne des Serre-files. — En colonne, les hommes d'encadrement de gauche,
c'est-à-dire le sergent et le caporal, deviennent Serre-files. — Si l'infanterie essuie
une charge de cavalerie, on se forme en
carré; les Serre-files appuient comme pour
former un quatrième rang. — Dans les dispositions contre la cavalerie, les Serre-files
ferment les distances qui entrecoupaient
la colonne. — Dans la marche par le flanc,
les Serre-files se tiennent à la hauteur de
la file derrière laquelle ils se trouvaient en
bataille, et règlent leur alignement sur les
Serre-files qui marchent devant eux. —
Quand on est sur le point d'ouvrir les
rangs, l'alignement des Serre-files est rec-
tifié, parce qu'ils sont destinés à jalonner le
terrain que va occuper le second rang. —
L'alignement des Serre-files se prend à
droite et s'obtient au moyen de jalonneurs
tenant la crosse en l'air. — L'ordonnance
de 1818 (15 mai) appelait peloton de serre-
files une réunion de sergents commandés,
les jours de route, pour former arrière-garde
et pousser les traînards. — On peut recourir sur toutes ces questions à M. le colonel Carrion (1824, A), Despagnac (1751,
D), Leblond (1758, B), Lachesnaie (1758,
I). Lecouturier (1825, A), Mirabeau (1788,
C) Rohan, (1729, A).

SERRE-FILE autrichien. V. autrichien;
adj. v. milice autrichienne n° 8.

SERRE-FILE d'infanterie. V. infanterie. V. serre-file. v. tambour idioplique
d'infanterie française n° 4.

SERRE-FILE grec. V. grec, adj. v. milice grecque n° 6.

SERRE-FILE romain. V. milice romaine
n° 6. v. romain, adj.

SERRE-FILE suédois. V. milice suédoise n° 5. v. suédois, adj.

SERREGENS, subs. masc. v. gens. v.
sergent militaire.

SERREMENT (subs. masc.) de colonne
(G, 6). Le verbe serrer, pris dans le sens
de joindre de près, vient du latin *serere*,
ou du bas latin *serrare*. Le terme français
est une de ces expressions incomplètes à
laquelle la langue militaire n'avait pas pris
le soin de créer un substantif. Quelques écrivains avaient cherché à y suppléer par l'expression compression de colonne. — Serrer
la colonne, ou le Serrement de colonne, a
pour objet de diminuer l'espace qui sépare
les subdivisions d'une colonne d'infanterie.
— Ce moyen de compression, inventé en
Prusse vers le milieu du dernier siècle, ne
date en France que des travaux de Guibert

(1775, E), de Pictet (1761, I) et des ordonnances du ministre Saint-Germain. Il avait deux degrés : serrer a distance de section ou serrer en masse, ce qui s'accomplissait au commandement : A distance de section, serrez la colonne, ou bien : En masse, serrez la colonne. — On serrait la colonne soit de pied ferme, soit en marchant. Si c'est en marchant, la première subdivision de la colonne fait halte, tandis que les subdivisions suivantes continuent proportionnellement à marcher, pour faire, à leur tour, halte, à la distance voulue. — L'instruction de 1775 (30 mai) faisait serrer en masse par le troisième rang, sur la subdivision de la queue, pour exécuter le passage du défilé en retraite ; mais le système du Serrement en ordre renversé fut reconnu vicieux en 1788 ; c'était le temps des tacticiens habiles. — Le règlement de 1791 (1er août) ne serrait qu'en avant ; l'ordonnance de 1851 (4 mars, *Evolutions de ligne*) opérait le mouvement soit sur la queue, soit sur une subdivision intermédiaire ; dans ces deux derniers cas elle faisait faire demi-tour à une partie de la colonne.

SERREMENT de pied ferme. V. DE PIED FERME. V. SERREMENT DE COLONNE.

SERREMENT de rangs (G, 6). Les remarques linguistiques qui viennent d'être faites sont applicables au présent article. L'évolution qui y est mentionnée est de toute antiquité. Dans les usages modernes, elle appartient à l'école de peloton et de bataillon ; elle sert à passer de l'ordre ouvert, ou à rangs ouverts, à l'ordre serré. Cet ordre serré est habituel ; cet ordre ouvert est éventuel et appliqué seulement au mécanisme de l'inspection de tenue ; ainsi cette inspection finie, on commande : Serrez vos rangs et marche. — En route, le même commandement est employé, et l'on met en ce cas l'arme au bras. — On peut consulter sur ces questions : Billon (1641, A), Leblond (1758, B), Pictet (1761, I), Puységur (1748, C), Sinclaire (1773, L), l'ordonnance de 1766 (1er janvier) et l'instruction de 1774 (11 juin).

SERREMENT de serre-files. V. CHARGE DE CAVALERIE. V. SERRE-FILE.

SERREMENT en marchant. V. EN MARCHANT. V. SERREMENT DE COLONNE.

SERRER, verb. act. et neut. V. ORDRE DE BATAILLE D'INFANTERIE. V. SERREMENT DE COLONNE.

SERRER a demi-distance. V. A DEMI-DISTANCE. V. EN AVANT EN BATAILLE. V. SERREMENT DE COLONNE.

SERRER a distance de section. V. A DISTANCE DE SECTION. V. SERREMENT DE COLONNE.

SERRER a la pointe de l'épée. V. A LA POINTE DE L'ÉPÉE. V. ORDRE SERRÉ.

SERRER en arrière. V. EN ARRIÈRE. V. SERREMENT DE COLONNE.

SERRER en avant. V. EN AVANT. V. SERREMENT DE COLONNE.

SERRER en masse. V. EN AVANT EN BATAILLE. V. EN MASSE. V. FORMER LA COLONNE A DEMI-DISTANCE. V. LANGUE FRANÇAISE. V. MASSE TACTIQUE. V. PASSAGE DE DÉFILÉ EN RETRAITE. V. SERREMENT DE COLONNE. V. SERRE-FILE.

SERRER la colonne. V. COLONNE. V. COLONNE ÉPAGOGIQUE N° 4. V. COLONNE SERRÉE. V. CONVERSION A PIVOT MOBILE. V. EN MASSE SERREZ LA COLONNE. V. FORMATION EN AVANT EN BATAILLE. V. POUR SERRER.

SERRER l'ennemi. V. ENNEMI.

SERRER les rangs. V. APPELER CÉLEUSTIQUEMENT. V. COMPRESSION DE RANGS. V. CONVERSION EN COLONNE. V. CORPS EN ROUTE SUR PIED DE PAIX. V. ÉVOLUTION. V. PAS CADENCÉ. V. RANG. V. RANGS D'INFANTERIE.

SERRE-tête, subs. masc. V. BONNET DE NUIT. V. CALOTTE DE NUIT. V. COIFFURE DE NUIT. V. EFFET DE PETIT ÉQUIPEMENT. V. HOMME DE TROUPE N° 4. V. TÊTE.

SERREZ vos rangs. V. COMMANDEMENT D'AVERTISSEMENT. V. RANG. V. SERREMENT DE RANGS.

SERRURE (subs. fém.) V. A TROIS SERRURES. V. CAISSE A TROIS S...

SERRURIER. V. NOMS PROPRES.

SERS, subs. masc. V. SERF.

SERULLAS. V. NOMS PROPRES.

SERVAGE, subs. masc. V. BAN ET ARRIÈRE-BAN. V. ROTURIER. V. SERF.

SERVAIGE, subs. masc. V. SERF.

SERVAN. V. NOMS PROPRES.

SERVANT, subs. masc. V. ADDIT. V. ARME A FEU PORTATIVE. V. BOMBARDIER. V. BRIGADIER. V. CANONNIER SERVANT. V. COMPAGNIE D'ORDONNANCE N° 4. V. COUTILLIER. V. FRÈRE SERVANT. V. SERGENT.

SERVANT d'armes. V. ARMES. V. CHEVALIER DU MOYEN AGE N° 2. V. JOUTE.

SERVANT d'artillerie. V. ARTILLERIE. V. BOUTE-FEU. V. MILICE WURTEMBERGEOISE N° 1.

SERVANT de pétard. V. PÉTARD CATABALISTIQUE.

SERVATIUS. V. NOMS PROPRES.

SERVICE, subs. masc. V. ABSENCE PAR

S... V. ABSENT PAR S... V. ACTIVITÉ DE S... V. AGENT DE S... V. ALERTE DE S... V. ANCIENNETÉ DE S... V. ANNÉE DE S... V. APPEL DE S... V. APPEL NOMINAL DE S... V. APPOINTÉ DE S... V. APPOINTER DE S... V. ARME DE RENTRANT DE S... V. AU S... V. BILLET DE S... V. CAPORAL DE S... V. CARTOUCHE DE S... V. CESSATION DE S... V. CINQUIÈME TOUR DE S... V. COMMANDEMENT DE S... V. COMMANDER DE S... V. COMMANDER LE S... V. CONTROLE DE S... V. DÉCOMPTE DE S... V. DÉSERTION PENDANT LE S... V. DE SERVICE. V. DÉTAIL DE S... V. DISPENSE DE S... V. DURÉE DE S... V. EN SERVICE. V. ENTRÉE AU S... V. ÉTAT DE S... V. ÊTRE AU S... V. ÊTRE DE S... V. ÊTRE EN S... V. EXEMPT DE S... V. EXEMPTION DE S... V. FAIRE LE S... V. HOMME DE S... V. HORS DE S... V. INHABILETÉ AU S... V. LETTRES DE S... V. LIBÉRATION DE S... V. MANQUE AU S... V. MARRON DE S... V. MASSE DE S... V. METTRE (SE) AU S... V. MILITAIRE AU S... V. MILITAIRE DE S... V. OFFICIER DE S... V. ORDONNANCE DE S... V. ORDRE DE S... V. PAR SERVICE. V. PIQUET DE S... V. PRENDRE DU S... V. PRENDRE LE S... V. PRÉPOSÉ AUX S... V. QUITTER LE S... V. RECEVOIR LE S... V. REGISTRE DE S... V. RÈGLEMENT DE S... V. RELEVER DE S... V. RENONCER AU S... V. REPRENDRE DU S... V. ROLE DE S... V. SIGNE DE S... V. SOLDAT DE S... V. SORTIR DU S... V. SOUS-OFFICIER DE S... V. TAMBOUR DE S... V. TEMPS DE S... V. THÉORIE DE S... V. TOUR DE S...

SERVICE
- DE SANTÉ.
- DE SEMAINE.
- JOURNALIER.
  - SERVICE D'ARMÉE. — SERVICE DES COLONIES.
  - SERVICE DE CAMPAGNE. — SERVICE AU CAMP. / SERVICE DE JOUR.
  - DE GARNISON.
  - DE ROUTE.
- PERSONNEL.
  - SERVICE A VIE.
  - CONSCRIPTIF.
  - FÉODAL.

SERVICE (term. génér.), ou SERVICE MILITAIRE, OU SERVICE STRATONOMIQUE, OU SERVICHE, OU SERVICE, OU SERVISE. Mots provenus du bas LATIN *servitium*, et analogues aux mots du MOYEN AGE SERVIENT, SERGENT. — La LANGUE ALLEMANDE a emprunté à la nôtre le mot Service. — Ce mot aurait pu être le titre même du traité que nous mettons au jour; car l'ART MILITAIRE est en réalité l'ART de SERVIR et de faire SERVIR, et le Service est l'objet principal, l'objet physique des études, des actes, des efforts de la PROFESSION DES ARMES. Service est même synonyme d'ARMÉE, de MILICE et de DISCIPLINE. Etre de l'ARMÉE, ÊTRE AU SERVICE, sont mêmes choses. Mais l'expression Service appartient aussi à d'autres professions trop variées; et il a pris, dans chacune d'elles, des acceptions trop changeantes, pour qu'il n'y ait pas eu nécessité de le placer, militairement, en sous-genre. Aussi, tout important qu'il soit, quand on l'embrasse dans sa généralité, il exigera cependant des explications moins développées que bien d'autres termes, puisque, en quantité de détails dont le lecteur a déjà connaissance, il peut retrouver les explications qui ne seraient ici que des redites. — Dans le sens le plus général, le Service est la mise en action, la conduite, on pourrait dire, est la preuve et le fruit de l'ART MILITAIRE; mais, sous un point de vue plus restreint, plus conforme aux usages des différentes LANGUES et à l'esprit des ORDONNANCES ayant vigueur en FRANCE, on peut particulièrement le regarder comme un ensemble de FONCTIONS l'épée à la main, et comme l'accomplissement d'un DEVOIR, soit passager, soit plus ou moins prolongé. Vu sous cet aspect, il n'est plus qu'une des branches du CODE MILITAIRE, dont il termine les principales divisions, et il se ramifie lui-même en SERVICE EN CAMPAGNE, — dans les CÉRÉMONIES, — EN GARNISON, — EN ROUTE. — Dans le sens général, ON EST AU SERVICE, c'est-à-dire dans les RANGS de l'ARMÉE. Dans le sens restreint, ON EST DE SERVICE, ce qui signifie qu'on exerce actuellement des FONCTIONS organiques. — Faute d'une ʟᴀɴɢᴜᴇ plus souple, plus abondante, d'autres modes de Services n'ont pas encore été clairement caractérisés par des épithètes, et le demandent: tels sont les ꜱᴇʀᴠɪᴄᴇꜱ ꜰᴏʀᴄᴇ́, ᴄᴏɴꜱᴄʀɪᴘᴛɪꜰ, ᴠᴏʟᴏɴᴛᴀɪʀᴇ, à terme, à vie; ceux-là appartiennent à cette branche du ᴄᴏᴅᴇ ᴍɪʟɪᴛᴀɪʀᴇ qu'on a nommée ᴄᴏɴꜱᴛɪᴛᴜ-ᴛɪᴏɴ, et dans laquelle figurent les ʟᴇᴠᴇ́ᴇꜱ. A ces espèces se rattache l'ancien ꜱᴇʀᴠɪᴄᴇ ꜰᴇ́ᴏᴅᴀʟ. — Les ꜱᴇʀᴠɪᴄᴇꜱ ᴘᴇʀꜱᴏɴɴᴇʟꜱ, à quelque époque qu'ils appartiennent, influent sur quantité de circonstances militaires, et amènent à l'idée d'ᴀᴠᴀɴᴄᴇᴍᴇɴᴛ et de ʀᴇ́ᴍᴜɴᴇ́ʀᴀᴛɪᴏɴꜱ que le ɢᴏᴜᴠᴇʀɴᴇᴍᴇɴᴛ du pays et des ᴀʀᴍᴇ́ᴇꜱ octroie. Les ꜱᴇʀᴠɪᴄᴇꜱ ᴅ'ᴀᴅᴍɪɴɪꜱᴛʀᴀᴛɪᴏɴ et de ꜱᴀɴᴛᴇ́ ressortissent naturellement aux classifications que le génitif de la périphrase indique. — Le Service régulier et soldé, a dit M. le colonel ᴄᴀʀʀɪᴏɴ (1824, A), fut introduit par ᴘʜɪʟɪᴘᴘᴇ ᴀᴜɢᴜꜱᴛᴇ; mais il est d'origine bien plus ancienne, sinon comme régulier, au moins comme soldé, soit qu'on le payât de ʙᴇ́ɴᴇ́ꜰɪᴄᴇꜱ, comme les ᴘʀᴇᴍɪᴇ̀ʀᴇꜱ ʀᴀᴄᴇꜱ; de ᴘɪʟʟᴀɢᴇ, comme la ꜰᴇ́ᴏᴅᴀʟɪᴛᴇ́; de florins ou de carolus, comme nos devanciers. — Si l'on met en opposition ꜱᴇʀᴠɪᴄᴇ ᴘᴇʀꜱᴏɴɴᴇʟ et ꜱᴇʀᴠɪᴄᴇ ᴍɪʟɪᴛᴀɪʀᴇ ᴊᴏᴜʀɴᴀʟɪᴇʀ, le premier est et a toujours été sujet à ᴅɪꜱᴘᴇɴꜱᴇ ou exception; l'autre est inévitablement, en quelques cas, sujet à ᴇxᴇᴍᴘᴛɪᴏɴ; la loi en décide. — Le Service, pris comme journalier, comme organique, est aussi varié que le sont entre elles les ᴀʀᴍᴇꜱ ᴘᴇʀꜱᴏɴɴᴇʟʟᴇꜱ, et entre eux les ɢʀᴀᴅᴇꜱ, les ʀᴀɴɢꜱ, les ᴇᴍ-ᴘʟᴏɪꜱ. C'est une des obscurités, des difficultés de l'ᴀʀᴛ ᴍɪʟɪᴛᴀɪʀᴇ, si les règles et les institutions du pays sont aussi peu stables que la possession du portefeuille de la guerre est incertaine et précaire. — Les ꜱᴇʀᴠɪᴄᴇꜱ ᴀᴅᴍɪɴɪꜱᴛʀᴀᴛɪꜰꜱ ᴍɪʟɪᴛᴀɪʀᴇꜱ, branche à part, ont été traités par M. ʙᴀʟʟʏᴇᴛ (1817, D), ᴏᴅɪᴇʀ (1818, E), ᴠᴀᴜᴄʜᴇʟʟᴇ. — Les ᴀᴜᴛᴇᴜʀꜱ qui ont embrassé les principaux détails du ꜱᴇʀᴠɪᴄᴇ ᴍɪʟɪᴛᴀɪʀᴇ en général sont : ʙᴀʀᴅɪɴ (1807, D; 1809, B), ʙʟᴀɴᴅ, M. le colonel ᴄᴀʀʀɪᴏɴ (1824, A), ᴅᴀɴɪᴇʟ (1821, A), ᴅᴇ-ʟᴀꜱɪᴍᴏɴɴᴇ, ᴅ'ʜᴇ́ʀɪᴄᴏᴜʀᴛ (1756, G), ᴅᴜᴀɴᴇ (1810, E), ʟᴀᴄʜᴇꜱɴᴀɪᴇ (1758, I), ʟᴇᴄᴏᴜᴛᴜ-ʀɪᴇʀ (1825, A), M. ʟᴇɢʀᴀɴᴅ (Edouard) (1857, A), le général ᴍᴀʀʙᴏᴛ (1820, A), ᴏᴅɪᴇʀ (1824, E), ꜱᴄʜᴍɪᴇʟ. — Le mot Service se distingue en ꜱᴇʀᴠɪᴄᴇ ᴀ ᴄʜᴇᴠᴀʟ, — ᴀ ʟ'ᴀʀᴍᴇ́ᴇ, — ᴀ ᴘɪᴇᴅ, — ᴀ ᴛᴇʀᴍᴇ, — ᴀᴄᴛɪꜰ, — ᴀᴅᴍɪ-ɴɪꜱᴛʀᴀᴛɪꜰ, — ᴀɴɢʟᴀɪꜱ, — ᴀʀᴍᴇ́, — ᴀᴜ ꜱᴇ́-ᴊᴏᴜʀ, — ᴀᴜᴛʀɪᴄʜɪᴇɴ, — ᴀᴜx ᴄᴏʟᴏɴɪᴇꜱ, — ʙᴀᴠᴀʀᴏɪꜱ, — ʙʀᴇ́ꜱɪʟɪᴇɴ, — ᴄᴀᴛᴀʟᴏɢɪϙᴜᴇ, — ᴄʜɪɴᴏɪꜱ, — ᴄɪᴠɪϙᴜᴇ, — ᴄᴏᴍᴍᴀɴᴅᴇ́, — ᴄᴏᴍᴘ-ᴛᴀʙɪʟɪᴀɪʀᴇ, — ᴄᴏᴜʀᴀɴᴛ, — ᴅ'ᴀᴅᴊᴜᴅᴀɴᴛ ᴅᴇ ꜱᴇᴍᴀɪɴᴇ, — ᴅ'ᴀᴅᴊᴜᴅᴀɴᴛ ᴅ'ɪɴꜰᴀɴᴛᴇʀɪᴇ, — ᴅ'ᴀᴅᴊᴜᴅᴀɴᴛ-ᴍᴀᴊᴏʀ ᴅᴇ ꜱᴇᴍᴀɪɴᴇ, — ᴅ'ᴀᴅᴊᴜᴅᴀɴᴛ

ᴍᴀᴊᴏʀ ᴅ'ɪɴꜰᴀɴᴛᴇʀɪᴇ, — ᴅ'ᴀᴅᴊᴜᴅᴀɴᴛ-ᴍᴀᴊᴏʀ ᴇɴ ʀᴏᴜᴛᴇ, — ᴅ'ᴀɪᴅᴇ ᴅᴇ ᴄᴀᴍᴘ, — ᴅᴀɴᴏɪꜱ, — ᴅ'ᴀʀᴍᴜʀɪᴇʀ, — ᴅ'ᴀʀᴛɪʟʟᴇʀɪᴇ, — ᴅ'ᴀᴜᴍᴏɴɪᴇʀ, — ᴅ'ᴀᴠᴀɴᴛ-ɢᴀʀᴅᴇ, — ᴅ'ᴀᴠᴀɴᴛ-ᴘᴏꜱᴛᴇ, — ᴅᴇ ʙᴀᴛᴀɪʟʟᴏɴ, — ᴅᴇ ᴄᴀᴅᴇᴛ, — ᴅᴇ ᴄᴀᴍᴘ, — ᴅᴇ ᴄᴀɴᴛᴏɴɴᴇᴍᴇɴᴛ, — ᴅᴇ ᴄᴀᴘɪᴛᴀɪɴᴇ, — ᴅᴇ ᴄᴀ-ᴘᴏʀᴀʟ, — ᴅᴇ ᴄᴀꜱᴇʀɴᴇᴍᴇɴᴛ, — ᴅᴇ ᴄᴀᴠᴀʟᴇʀɪᴇ, — ᴅᴇ ᴄᴇ́ʀᴇ́ᴍᴏɴɪᴀʟ, — ᴅᴇ ᴄʜᴀꜱꜱᴇᴜʀ, — ᴅᴇ ᴄʜᴀᴜꜰꜰᴀɢᴇ, — ᴅᴇ ᴄʜᴇꜰ ᴅᴇ ʙᴀᴛᴀɪʟʟᴏɴ, — ᴅᴇ ᴄʜᴇꜰ ᴅᴇ ɢᴀʀᴅᴇ ᴅᴇꜱᴄᴇɴᴅᴀɴᴛᴇ, — ᴅᴇ ᴄʜᴇꜰ ᴅᴇ ᴘᴏꜱᴛᴇ, — ᴅᴇ ᴄʜᴇᴠᴀʟᴇʀɪᴇ ᴅ'ᴀꜰꜰɪʟɪᴀᴛɪᴏɴ, — ᴅᴇ ᴄʜᴇᴠᴀʟɪᴇʀ ᴅᴜ ᴍᴏʏᴇɴ ᴀɢᴇ, — ᴅᴇ ᴄʜɪʀᴜʀɢɪᴇɴ ᴅᴇ ᴄᴏʀᴘꜱ, — ᴅᴇ ᴄʜɪʀᴜʀɢɪᴇɴ-ᴍᴀᴊᴏʀ, — ᴅᴇ ᴄɪ-ᴛᴀᴅᴇʟʟᴇ, — ᴅᴇ ᴄᴏʟᴏɴᴇʟ, — ᴅᴇ ᴄᴏᴍᴍɪꜱꜱᴀɪʀᴇ ᴅᴇꜱ ɢᴜᴇʀʀᴇꜱ, — ᴅᴇ ᴄᴏᴍᴘᴀɢɴɪᴇ, — ᴅᴇ ᴄᴏᴍᴘᴀ-ɢɴɪᴇ ᴅᴇ ᴠᴏʟᴛɪɢᴇᴜʀꜱ, — ᴅᴇ ᴄᴏᴍᴘᴀɢɴɪᴇ ᴅ'ᴇ́ʟɪᴛᴇ, — ᴅᴇ ᴄᴏɴɴᴇ́ᴛᴀʙʟᴇ, — ᴅᴇ ᴄᴏɴᴠᴏɪ, — ᴅᴇ ᴄᴏʀ-ɴᴇᴛ, — ᴅᴇ ᴄᴏʀᴘꜱ, — ᴅᴇ ᴄᴏʀᴘꜱ ᴅ'ɪɴᴛᴇɴᴅᴀɴᴄᴇ, — ᴅᴇ ᴄᴏʀᴠᴇ́ᴇ, — ᴅᴇ ᴅᴇ́ꜱᴇʀᴛᴇᴜʀ, — ᴅᴇ ᴅᴇ́ᴛᴀ-ᴄʜᴇᴍᴇɴᴛ ᴇɴ ʀᴏᴜᴛᴇ, — ᴅᴇ ᴅʀᴀɢᴏɴꜱ, — ᴅᴇ ꜰᴏʀᴛ, — ᴅᴇ ꜰᴏʀᴛᴇʀᴇꜱꜱᴇ, — ᴅᴇ ꜰᴏᴜʀʀɪᴇʀ, — ᴅᴇ ꜰʀᴀɴᴄᴇ, — ᴅᴇ ɢᴀɢɪꜱᴛᴇ, — ᴅᴇ ɢᴀʀᴅᴇ ᴀʀ-ᴍᴇ́ᴇ, — ᴅᴇ ɢᴀʀᴅᴇ ɪᴍᴘᴇ́ʀɪᴀʟᴇ, — ᴅᴇ ɢᴀʀᴅᴇ ʀᴏʏᴀʟᴇ, — ᴅᴇ ɢᴀʀᴅᴇꜱ ᴅᴜ ᴄᴏʀᴘꜱ, — ᴅᴇ ɢᴀʀ-ɴɪꜱᴏɴ ᴀꜱꜱɪᴇ́ɢᴇ́ᴇ, — ᴅᴇ ɢᴇɴᴅᴀʀᴍᴇʀɪᴇ, — ᴅᴇ ɢᴇɴꜱ ᴅ'ᴀʀᴍᴇꜱ, — ᴅᴇ ɢʀᴇɴᴀᴅɪᴇʀ, — ᴅᴇ ɢʀᴏꜱꜱᴇ ᴄᴀᴠᴀʟᴇʀɪᴇ, — ᴅᴇ ɢᴜᴇʀʀᴇ, — ᴅᴇ ʜᴜꜱꜱᴀʀᴅ, — ᴅᴇ ᴊᴀɴɪꜱꜱᴀɪʀᴇ, — ᴅᴇ ᴊᴜɢᴇ, — ᴅᴇ ʟᴀ ɢᴜᴇʀʀᴇ, — ᴅᴇ ʟᴀ ᴍᴀɪꜱᴏɴ ᴅᴜ ʀᴏɪ, — ᴅᴇ ʟᴀ ᴘᴀʏᴇ, — ᴅᴇ ʟᴀ ꜱᴏʟᴅᴇ, — ᴅᴇ ʟᴀɴᴄɪᴇʀ, — ᴅᴇ ʟᴇɴᴅᴇ-ᴍᴀɪɴ, — ᴅᴇ ʟ'ᴇxᴛʀᴀᴏʀᴅɪɴᴀɪʀᴇ, — ᴅᴇ ʟ'ʜᴀ-ʙɪʟʟᴇᴍᴇɴᴛ, — ᴅᴇ ʟ'ʜᴏꜱᴛ, — ᴅᴇ ʟɪᴇᴜᴛᴇɴᴀɴᴛ, — ᴅᴇ ʟɪᴇᴜᴛᴇɴᴀɴᴛ-ᴄᴏʟᴏɴᴇʟ, — ᴅᴇ ʟɪᴛꜱ ᴍɪʟɪ-ᴛᴀɪʀᴇꜱ, — ᴅᴇ ᴍᴀʀᴇ́ᴄʜᴀʟ ᴅᴇ ᴄᴀᴍᴘ, — ᴅᴇ ᴍᴇʀ, — ᴅᴇ ᴍɪʟɪᴄᴇ ᴀɴɢʟᴀɪꜱᴇ, — ᴅᴇ ᴍɪʟɪᴄᴇ ᴀᴜᴛʀɪ-ᴄʜɪᴇɴɴᴇ, — ᴅᴇ ᴍɪʟɪᴄᴇ ʙᴀᴠᴀʀᴏɪꜱᴇ, — ᴅᴇ ᴍɪ-ʟɪᴄᴇ ᴄʜɪɴᴏɪꜱᴇ, — ᴅᴇ ᴍɪʟɪᴄᴇ ᴇꜱᴘᴀɢɴᴏʟᴇ, — ᴅᴇ ᴍɪʟɪᴄᴇ ᴘɪᴇ́ᴍᴏɴᴛᴀɪꜱᴇ, — ᴅᴇ ᴍɪʟɪᴄᴇ ʀᴏᴍᴀɪɴᴇ, — ᴅᴇ ᴍɪʟɪᴄᴇ ʀᴜꜱꜱᴇ, — ᴅᴇ ᴍɪʟɪᴄᴇ ꜱᴜᴇ́ᴅᴏɪꜱᴇ, — ᴅᴇ ᴍɪʟɪᴄᴇ ꜱᴜɪꜱꜱᴇ, — ᴅᴇ ᴍɪʟɪᴄᴇ ꜱʏᴋᴇ, — ᴅᴇ ᴍɪʟɪᴄᴇ ᴡᴜʀᴛᴇᴍʙᴇʀɢᴇᴏɪꜱᴇ, — ᴅᴇ ᴍɪʟɪᴛᴀɪʀᴇ, — ᴅᴇ ᴍᴏᴜꜱϙᴜᴇᴛᴀɪʀᴇ, — ᴅᴇ ᴍᴜꜱɪᴄɪᴇɴ, — ᴅᴇ ᴘᴀ-ᴛʀᴏᴜɪʟʟᴇ, — ᴅᴇ ᴘɪϙᴜᴇᴛ, — ᴅᴇ ᴘʟᴀᴄᴇ, — ᴅᴇ ᴘʟᴀɴᴛᴏɴ, — ᴅᴇ ᴘᴏʟɪᴄᴇ, — ᴅᴇ ᴘᴏʟɪᴄᴇ ᴀᴜ ᴄᴀᴍᴘ, — ᴅᴇ ᴘᴏʀᴛᴇ-ᴅʀᴀᴘᴇᴀᴜ, — ᴅᴇ ᴘᴏꜱᴛᴇ ᴀᴜx ʟᴇᴛ-ᴛʀᴇꜱ, — ᴅᴇ ᴘᴏꜱᴛᴇ ᴅ'ʜᴏᴍᴍᴇꜱ ᴅᴇ ɢᴀʀᴅᴇ, — ᴅᴇ ᴘʀɪꜱᴏɴ, — ᴅᴇ ʀᴇ́ɢɪᴍᴇɴᴛ, — ᴅᴇ ʀᴇᴍᴘʟᴀᴄ̧ᴀɴᴛ, — ᴅᴇ ʀᴇ́ꜱᴇʀᴠᴇ, — ᴅᴇ ʀᴇᴛᴀʀᴅᴀᴛᴀɪʀᴇ, — ᴅᴇ ʀᴏɴᴅᴇ, — ᴅᴇ ꜱᴀɴᴛᴇ́, — ᴅᴇ ꜱᴀᴘᴇᴜʀ, — ᴅᴇ ꜱᴇᴍᴀɪɴᴇ, — ᴅᴇ ꜱᴇʀɢᴇɴᴛ, — ᴅᴇ ꜱᴇʀɢᴇɴᴛ-ᴍᴀᴊᴏʀ, — ᴅᴇ ꜱᴇʀɢᴇɴᴛᴇʀɪᴇ, — ᴅᴇ ꜱᴇʀʀᴇ-ꜰɪʟᴇ, — ᴅᴇ ꜱɪᴇ́ɢᴇ, — ᴅᴇ ꜱᴏʟᴅᴀᴛ, — ᴅᴇ ꜱᴏʟᴅᴇ, — ᴅᴇ ꜱᴏᴜꜱ-ɪɴᴛᴇɴᴅᴀɴᴛ, — ᴅᴇ ꜱᴏᴜꜱ-ʟɪᴇᴜᴛᴇɴᴀɴᴛ, — ᴅᴇ ꜱᴏᴜꜱ-ᴏꜰꜰɪᴄɪᴇʀ, — ᴅᴇ ꜱᴜʙꜱɪꜱᴛᴀɴᴄᴇꜱ, — ᴅᴇ ᴛᴀᴍʙᴏᴜʀ, — ᴅᴇ ᴛᴀᴍʙᴏᴜʀ-ᴍᴀᴊᴏʀ, — ᴅᴇ ᴛᴇʀʀᴇ, — ᴅᴇ ᴛɪʀᴀɪʟʟᴇᴜʀ, — ᴅᴇ ᴛʀᴀɴᴄʜᴇ́ᴇ, — ᴅᴇ ᴛʀᴀᴠᴀɪʟʟᴇᴜʀ, — ᴅᴇ ᴛʀᴏᴜᴘᴇ, — ᴅᴇ ᴛʀᴏᴜᴘᴇꜱ ʟᴇ́ɢᴇ̀ʀᴇꜱ, — ᴅ'ᴇ́ᴄᴜᴀɢᴇ, — ᴅ'ᴇꜰꜰᴇᴛꜱ ᴅ'ᴜɴɪꜰᴏʀᴍᴇ, — ᴅ'ᴇᴍᴘʟᴏʏᴇ́, — ᴅ'ᴇɴꜰᴀɴᴛꜱ ᴅᴇ ᴛʀᴏᴜᴘᴇ, — ᴅ'ᴇɴꜰᴀɴᴛꜱ ᴘᴇʀᴅᴜꜱ, — ᴅ'ᴇɴʀᴏ́ʟᴇ́

VOLONTAIRE, — DES ARSENAUX, — DES CONVOIS, — DES ÉTAPES, — DES FOURRAGES, — DES POSTES AUX LETTRES, — DES SUBSISTANCES, — DES TRANSPORTS, — DES VIVRES, — D'ÉTAT-MAJOR, — D'HOMME DE GARDE, — D'HOMME DE TROUPE, — D'HONNEUR, — D'HOPITAL, — D'INFANTERIE, — D'INFANTERIE COMMUNALE, — D'INFIRMIER, — DIVIN, — D'OFFICIER, — D'ORDONNANCE, — D'OST, — DU CAMPEMENT, — DU GÉNIE, — DU GUET, — DU LOGEMENT, — EFFECTIF, — EN CAMPAGNE, — EN GARNISON, — EN ROUTE, — ESPAGNOL, — ÉTRANGER, — EXTÉRIEUR, — EXTRAORDINAIRE, — FIEFFÉ, — FORCÉ, — FRANÇAIS, — HANOVRIEN, — HORS D'EUROPE, — INTÉRIEUR, — JOURNALIER, — MATRICULAIRE, — MÉDICAL, — MERCENAIRE, — MILITAIRE, — MILITAIRE FÉODAL, — NAPOLITAIN, — ORDINAIRE, — PAR BRIGADES, — PAR TENURE, — PAYÉ, — PERMANENT, — PERSONNEL, — PIÉMONTAIS, — PHYLACTIQUE, — PLANE, — PORTUGAIS, — PRUSSIEN, — ROMAIN, — ROYAL, — RUSSE, — SANITAIRE, — SANS ARMES, — SAXON, — SÉDENTAIRE, — SIMPLE, — SOUS LES ARMES, — STIPENDIÉ, — STRATONOMIQUE, — SUÉDOIS, — SUISSE, — SUR MER, — SYKE, — TESSERAIRE, — TURC, — TURCO-ÉGYPTIEN, — VOLONTAIRE, — WURTEMBERGEOIS.

SERVICE A CHEVAL. V. A CHEVAL. V. CAVALERIE. V. CAVALERIE FRANÇAISE N° 1. V. CHEVALIER. V. DRAGON FRANÇAIS N° 6. V. MILICE GRECQUE N° 2. V. MOUSQUETAIRE DE LA GARDE. V. NOBLESSE. V. SERVICE FÉODAL.

SERVICE A L'ARMÉE. V. A L'ARMÉE. V. SERVICE DE CAMPAGNE.

SERVICE A PIED. V. A PIED. V. COMPAGNIE D'ORDONNANCE N° 6. V. DRAGON FRANÇAIS N° 6. V. MILICE GRECQUE N° 2. V. MOUSQUETAIRE DE LA GARDE. V. TRIAIRE N° 5.

SERVICE A TERME. V. A TERME. V. SERVICE A VIE.

SERVICE A VIE (A, 1). Sorte de SERVICE PERSONNEL qui, dans l'antiquité, était en usage chez les ÉGYPTIENS, les GAULOIS, les GERMAINS, dans toute l'ASIE, dans tout l'ORIENT. Telle fut l'origine des castes. Dans le MOYEN AGE, le SERVICE FÉODAL était à vie; quand il fut devenu une dette héréditaire, il encourageait le MARIAGE; le SERVICE A TERME des modernes était, au contraire, un obstacle au MARIAGE. — De nos jours, le Service à vie a été en usage dans les MILICES ANGLAISE, AUTRICHIENNE, RUSSE. — Disons même que, dans la GUERRE DE LA RÉVOLUTION, la rareté des congés délivrés dans l'ARMÉE FRANÇAISE a changé, pour quantité de SOLDATS FRANÇAIS, le SERVICE VOLONTAIRE en Service à vie.

SERVICE ACTIF. V. ACTIF. V. ÉCOLE MILITAIRE DE SAINT-CYR. V. MILICE SUÉDOISE N° 1.

SERVICE ADMINISTRATIF. V. ADMINISTRATIF. V. ADMINISTRATION D'ARMÉE. V. AGENCE. V. AGENT ADMINISTRATIF. V. ARME DE SERVICE. V. ARME D'UNIFORME DE TROUPE. V. ARMÉE FRANÇAISE N° 9. V. CHEF DE SERVICE ADMINISTRATIF. V. COMMUNICATION STRATEUMATIQUE. V. CONVOI MILITAIRE. V. CORPS ADMINISTRATIF. V. CORPS D'INTENDANCE N° 6. V. DÉFENSE ADMINISTRATIVE. V. DISCIPLINE. V. EMPLOYÉ DES SERVICES. V. ENTREPRISE DE FOURNITURES. V. ÉTOFFE D'HABILLEMENT DE TROUPE. V. EXTRAIT DE REVUE. V. GÉRANCE. V. GESTION. V. GRATIFICATION D'ENTRÉE EN CAMPAGNE. V. LÉGISLATION (1825 [8 JUIN]). V. MAJOR CHEF DE BATAILLON N° 6. V. MILITAIRE, subs. V. MINISTRE DE LA GUERRE N° 6; id. EN 1643; id. EN 1793 (6 FÉVRIER). V. ORDONNANCE OFFICIELLE. V. ORDRE DU JOUR. V. PRÉPOSÉ AUX SERVICES. V. PRESTATION. V. RÉGIE. V. SERVICE. V. SERVICE DE SANTÉ.

SERVICE ANGLAIS. V. ANGLAIS, adj. V. MILICE ANGLAISE N° 2, 5, 10, 11, 12. V. SABRE D'HOMME DE TROUPE.

SERVICE ARMÉ. V. ARMÉ. V. CAPORAL D'INFANTERIE FRANÇAISE DE LIGNE N° 15. V. CAPORAL POSTICHE. V. CÉRÉMONIAL. V. CONSIGNE D'INJONCTION. V. CORVÉE EN CAMPAGNE. V. SERGENT-MAJOR N° 9. V. SERVICE FÉODAL. V. SERVICE JOURNALIER. V. TÉMOIN JUDICIAIRE.

SERVICE AU CAMP (E, 2). Sorte de SERVICE DE CAMPAGNE qui ne diffère du SERVICE EN CANTONNEMENT que par quelques détails de localité, par la proximité du QUARTIER GÉNÉRAL, par les mesures journalières que les ordres de l'ÉTAT-MAJOR font connaître aux TROUPES, par les GARDES DE POLICE que fournit l'INFANTERIE. — Un large essai de Service au camp avait été tenté à PARIS, en 1794, par l'institution de l'ÉCOLE DE MARS. — Le CHEF D'ÉTAT-MAJOR assiste à la PARADE, après que chaque CHEF DE BATAILLON DE SEMAINE a rassemblé les GARDES et PIQUETS. Les HOMMES DE SERVICE y sont commandés après la PARADE, conformément au TOUR DU TABLEAU.

SERVICE AU SÉJOUR. V. AU SÉJOUR. V. SÉJOUR. V. SERVICE JOURNALIER.

SERVICE AUTRICHIEN. V. AUTRICHIEN, adj. V. MILICE AUTRICHIENNE N° 8, 10.

SERVICE AUX COLONIES. V. AUX COLONIES. V. COLONIE. V. MILICE NÉERLANDAISE N° 5. V. PETIT ÉQUIPEMENT. V. SERVICE DES COLONIES.

SERVICE BAVAROIS. V. BAVAROIS, adj. V. MILICE BAVAROISE N° 1, 4.

SERVICE BRÉSILIEN. V. BRÉSILIEN, adj. V. MILICE BRÉSILIENNE.

SERVICE CATALOGIQUE. V. CATALOGIQUE. V. SERVICE CONSCRIPTIF.

SERVICE chinois. v. chinois, adj. v. milice chinoise n° 7.

SERVICE civique. v. civique, adj. v. service conscriptif.

SERVICE commandé. v. commandé, adj. v. délit commun.

SERVICE comptabiliaire. v. comptabiliaire. v. conseil d'administration.

SERVICE conscriptif (A, 1), ou service catalogique, ou service civique, ou service forcé en vertu de la conscription. Sorte de service personnel considéré à part du service d'enrôlé volontaire. On peut le nommer catalogique, puisqu'en grec *katalogos* signifiait service d'enrôlé, enrôlement de soldats. Il était civique, en ce qu'il était une obligation imposée par la loi à tous les citoyens indigènes. — Le Service conscriptif est aussi vieux que l'existence des armées. Le despotisme et le régime républicain se sont accordés touchant l'utilité de son institution. Le despotisme pur a dit : Servez, et je vous mène au pillage ; si vous ne venez, je vous massacre : c'était l'injonction des Gengis. Le despotisme mitigé, ou plus éclairé, a dit : Servez, et je vous mène à la domination ; c'était l'allocution de Philippe et de son fils Alexandre le Grand. Les républiques grecque et romaine ont dit : Servez, si vous voulez primer par les emplois et les honneurs vos concitoyens. Mahomet disait : Servez, si vous voulez que les houris vous versent le sorbet. — Les suzerains de tous degrés ont dit pendant le cours de la féodalité : Servez, si vous ne voulez que votre maître brûle vos habitations ; suivez-le, puisqu'il trouve à propos d'envahir ou de brûler l'héritage du voisin. La république française a dit : Servez, si vous voulez la gloire de la patrie. Napoléon disait : Servez, si vous êtes désireux de titres et de dotations. Les gouvernements tempérés disent aujourd'hui : Servez, si vous voulez que le pays survive ; il périt si vous vous y refusez. — Les peuples modernes, mieux inspirés, font concourir à la discussion des lois d'appels les citoyens eux-mêmes. Ainsi c'est la nation qui se dit à elle-même : Servons ; tandis que le prince, en stimulant l'ambition, l'honneur, l'esprit d'aventure, décide au service volontaire l'homme que la loi n'appelle pas, et qui, s'enflammant d'espoir, dit : Je veux servir. Ainsi se combinent les armées où se balancent le Service libre et le service forcé. C'est l'intérêt des masses ou celui des individus qui décident de l'organisation préférée. Suivant les temps, suivant les peuples, cet intérêt a été noble ou cupide, généreux ou fanatique. — Partout le service forcé est le tribut le plus dur, le sacrifice le plus immense qui puisse être exigé d'hommes nés libres ; mais la conservation de l'État en fait une nécessité. — Ce qui est inouï depuis que la conscription est devenue un principe, c'est d'obliger des frères d'armes à passer par les armes les camarades criminels dont la justice dévoue la tête. — Si nous descendons dans le mécanisme du Service conscriptif de France, système le plus plausible que l'esprit humain ait conçu, puisqu'il est le garant de la conservation de la patrie, un appel en décide ; le sort prononce ; un conseil de recrutement se met à l'œuvre ; les inhabiletés au service, les dispenses, les exemptions, se défalquent ; une réserve s'organise ; les compagnies de voltigeurs reçoivent les petites tailles ; les corps privilégiés se partagent les grands et beaux hommes ; les autres corps s'accommodent de ce qui reste ; la justice recherche les réfractaires. — Une matricule de jeunes soldats se dresse ; une masse de linge et chaussure se forme ; une éducation concertée se prepare ; une durée légale de Service est assignée, et les absences illégales en sont déduites comme le voulait la décision de 1822 (11 janvier) ; le remplacement dégage les enrôlés favorisés de la fortune ; des hommes en subsistance trouvent une hospitalité que des circonstances de guerre nécessitent ; des droits s'établissent ; l'avancement, les rémunérations, la libération, s'obtiennent ; si des infirmités surviennent du fait de la guerre, l'hôtel des Invalides s'ouvre ; et dans les pays habilement gouvernés, des emplois civils sont le prix des bons et loyaux Services. — La durée du service français, soit libre, soit forcé, a subi diverses modifications. La loi de l'an six (19 fructidor) fixait cette durée à cinq ans, et disposait que, en temps de guerre, il ne serait accordé des congés qu'en vertu d'une loi. Aussi le Service, pendant les régimes consulaire et impérial, n'avait-il pas précisément de terme. — La loi de 1808 (18 février) fixait le Service à six ans. Dans son considérant, cette loi regardait celui qui y avait satisfait, comme propre encore, après ce laps de temps, à reprendre sa profession première. — Une disposition inconsidérée, et qui ne pouvait se maintenir, abolissait, en 1814, le Service conscriptif. — La loi de 1818 (10 mars), qu'on devait à Gouvion, imitateur, à cet égard, du système de la Prusse, rétablissait la conscription en y substituant par subterfuge le mot appel. Elle attachait au Service conscriptif, aussi bien qu'au service volontaire, les hommes d'infanterie pendant six ans. La durée était de huit ans pour les HOMMES de la CAVALERIE, de l'ARTILLERIE, de la GARDE ROYALE. Ces différences résultaient de l'intérêt que l'État avait à conserver plus longtemps sous les armes, des MILITAIRES dont les PREMIÈRES MISES et les FOURNITURES étaient plus chères, dont l'instruction exigeait plus de temps. Cette loi décidait que, en TEMPS DE GUERRE, la LIBÉRATION ne pourrait avoir lieu que quand le CONTINGENT DE REMPLACEMENT aurait rejoint les cadres. Toutes les ARMES devaient faire ensuite partie des VÉTÉRANS DE RÉSERVE pendant six ans. En tout, c'était un service de douze ans, soit en CONGÉ, soit en ACTIVITÉ. — La LOI DE 1824 (9 JUIN) portait à huit ans la DURÉE du Service dans toutes les ARMES, et abolissait la VÉTÉRANCE. Elle commettait la faute de ne permettre de RENGAGEMENTS que pour le même nombre d'années. C'était appauvrir la précieuse ressource des VIEUX SOLDATS. C'était forcer pendant trop longtemps l'INFANTERIE conscrite à la déplorable oisiveté dans laquelle on laissait languir cette ARME. Militairement, c'était un avantage peut-être ; mais cette longue DURÉE blessait l'intérêt national, car si elle retenait sous les DRAPEAUX un plus grand nombre d'HOMMES, si elle allégeait le quantum des LEVÉES annuelles, c'était aux dépens des soldats, car, après une vie militaire de huit ans, ils avaient perdu toute aptitude à une profession industrielle, et se trouvaient forcés d'opter entre la misère ou un RENGAGEMENT, et quantité préféraient la misère. — La LOI DE 1852 (21 MARS) réduisait, pour tous les CORPS, l'obligation du Service et le SERVICE VOLONTAIRE à sept années. Elle permettait, en TEMPS DE GUERRE, à tout FRANÇAIS qui ne faisait partie d'aucun CONTINGENT, et qui était âgé de moins de quarante ans, de s'engager pour deux ans. — Des ÉCRIVAINS, tels que M. BALLYET (1817, D), auraient voulu que, à l'imitation de la PRUSSE, le Service réel ne fût que de trois ans. ODIER (1824, E) était d'avis que la DURÉE du Service devrait être de cinq ans. Si l'idée est humanitaire, comme disent les néologues, elle n'est pas militaire, dit le caporalisme. Il est sûr qu'elle ne donne à la patrie qu'une ARMÉE d'enfants, et laisse dépourvus de SOUS-OFFICIERS les RÉGIMENTS. — L'INSTRUCTION DE 1834 (25 JUIN) s'occupait des cas d'EXEMPTION. — En 1856, les départements qui étaient reconnus comme présentant le plus grand nombre d'APPELÉS IMPROPRES AU SERVICE étaient ceux de l'Allier, Haute-Loire, Pas-de-Calais, Seine-Inférieure, Vaucluse ; les plus favorables au recrutement étaient Jura, Haute-Marne, Morbihan, Yonne. Mais nulle part on ne

consultait les inclinations locales, les aptitudes de terroir : on faisait CAVALIERS les montagnards, et FANTASSINS les Alsaciens. — Il a été traité du Service conscriptif, de son origine, de ses formes, de sa DURÉE, etc., par M. ARGENVILLERS, DARU, M. le général MARROT, ODIER (1818, E), M. VILLERMÉ, XILANDER (1830), et par tous les ÉCRIVAINS cités à l'occasion de la CONSCRIPTION et de la MILICE PROVINCIALE.

SERVICE COURANT. V. COURANT, adj. V. DISPENSE DE SERVICE COURANT. V. DISPONIBLE.

SERVICE D'ADJUDANT DE SEMAINE. V. ADJUDANT DE SEMAINE ; id. N° 7.

SERVICE D'ADJUDANT D'INFANTERIE FRANÇAISE DE LIGNE. V. ADJUDANT D'INFANTERIE FRANÇAISE DE LIGNE N° 5, 9, 23. V. COLONEL D'INFANTERIE FRANÇAISE DE LIGNE N° 17.

SERVICE D'ADJUDANT-MAJOR DE SEMAINE. V. ADJUDANT-MAJOR DE SEMAINE N° 6.

SERVICE D'ADJUDANT-MAJOR D'INFANTERIE FRANÇAISE DE LIGNE. V. ADJUDANT-MAJOR D'INFANTERIE FRANÇAISE DE LIGNE N° 4, 12, 15. V. ADJUDANT-MAJOR PRÉCÉDANT LE CORPS. V. COLONEL D'INFANTERIE FRANÇAISE DE LIGNE N° 12.

SERVICE D'ADJUDANT-MAJOR EN ROUTE. V. ADJUDANT-MAJOR EN ROUTE. V. ADJUDANT-MAJOR PRÉCÉDANT LE CORPS. V. COLONEL D'INFANTERIE FRANÇAISE DE LIGNE N° 17.

SERVICE D'AIDE DE CAMP. V. AIDE DE CAMP N° 2.

SERVICE DANOIS. V. DANOIS, adj. V. MILICE DANOISE N° 1.

SERVICE D'ARMÉE (E). Sorte de SERVICE JOURNALIER, OU À TOUR DE ROLE, considéré en grand. Comprenons sous ce mot, puisqu'un terme plus clair, plus significatif, manque, cette rotation générale du Service qui, d'une manière méthodique, fondamentale, emploie tour à tour toutes les TROUPES d'une ARMÉE ou d'un royaume aux EXPÉDITIONS, aux fatigues, aux GARNISONS diverses. — S'il s'agit d'une ARMÉE AGISSANTE, le CHEF de l'ÉTAT-MAJOR organise et dirige son Service conformément aux dispositions des RÈGLEMENTS DE CAMPAGNE, ou du moins il en devrait être ainsi. — Mais en TEMPS DE PAIX, le Service d'armée dépend du seul MINISTRE DE LA GUERRE ; un des BUREAUX du MINISTÈRE, nommé *du mouvement*, décide de la mobilisation des GARNISONS, de la localisation des CORPS, du choix des CAMPS où le Service de GUERRE doit s'étudier. Un BUREAU de tactique, il en devrait du moins être ainsi, prononce sur le genre des études exigées des TROUPES et sur la nature de ses THÉORIES. Des combinaisons politiques répartissent les

TROUPES sur les points suspects, ou dans les possessions éloignées. Mais il n'existait pas en FRANCE de principes qui réglassent les dispositions à prendre ; le bon plaisir ministériel s'en chargeait seul ; tels CORPS étaient condamnés à un repos qu'ils maudissaient, d'autres supportaient la chaleur d'AFRIQUE ou d'AMÉRIQUE, ou étaient décimés par le typhus des PLACES malsaines ; à d'autres, sans qu'on en connût la cause, étaient réservés les avantages d'une résidence favorable ; il n'était point établi de TOUR DE SERVICE raisonné, méthodique ; aucune détermination étudiée ne prononçait entre les GARNISONS fixes et les GARNISONS alternantes. — Le *Journal de l'Armée*, t. IV, p. 66, traitait de quelques-unes de ces questions. — Le Service d'armée se distingue en SERVICE DES COLONIES.

SERVICE D'ARMURIER. V. ARMURIER. V. ARMURIER N° 4.

SERVICE D'ARTILLERIE. V. ARTILLERIE. V. ARTILLERIE DE CAMPAGNE. V. ARTILLERIE IDIOPLIQUE. V. AUXILIAIRE. V. HULOT. V. PIOBERT (1837).

SERVICE D'AUMÔNIER. V. AUMÔNIER N° 5.

SERVICE D'AVANT-GARDE. V. AVANT-GARDE. V. AVANT-GARDE D'ARMÉE. V. ESCORTE DE CONVOI. V. FEU DE CHAUSSÉE. V. STAFF.

SERVICE D'AVANT-POSTE. V. AVANT-POSTE.

SERVICE DE BATAILLON. V. ADJUDANT DE SEMAINE, N° 7. V. ADJUDANT D'INFANTERIE FRANÇAISE DE LIGNE N° 22. V. BATAILLON. V. BATAILLON DE GARDE ROYALE. V. CHASSEUR À PIED. V. CHEF DE BATAILLON D'INFANTERIE FRANÇAISE DE LIGNE N° 5.

SERVICE DE CADET. V. CADET.

SERVICE DE CAMP. V. CAMP. V. DIANE. V. MESSE MILITAIRE.

SERVICE DE CAMPAGNE (E, 1), OU SERVICE DE GUERRE, OU SERVICE EN CAMPAGNE. Sorte de SERVICE JOURNALIER dont les règles n'ont pris quelques développements dans l'ARMÉE FRANÇAISE que depuis un siècle à peine ; jusque-là les MARÉCHAUX DE CAMP et les GÉNÉRAUX EN CHEF avisaient seuls à toutes les méthodes, à tous les DÉTAILS dont la marche de la GUERRE se compose. — De 1508 (12 JANVIER) à 1832 (3 MAI) il avait paru une vingtaine de documents, les uns dénommés sous le double énoncé d'ORDONNANCE portant RÈGLEMENT, les autres n'ayant que l'une ou l'autre de ces deux dénominations ; telle était l'ORDONNANCE DE 1557 (6 OCTOBRE). — BILLON (1641, A) mentionne l'ORDONNANCE DE 1590 (5 NOVEMBRE) par laquelle HENRI QUATRE essayait de réformer les *abus*, dé-

sordres, insolences, pilleries et desbordements qui continuaient en ses ARMÉES. — On lit dans les *Mémoires de Napoléon* (le général Montholon, t. V) : Dans la campagne de 1654, TURENNE établit *un nouvel ordre de Service ; il y eut trois lieutenants généraux de jour, un commandant d'avant-garde, un autre d'infanterie, et le troisième de cavalerie d'arrière-garde.* — Le SERVICE DE JOUR, système malhabile, se maintint longtemps par la puissance de l'habitude : c'était le mode des dispositions prises sur le TERRAIN et le moteur du mécanisme de COMBAT. — Les ORDONNANCES très-brèves DE 1625 (4 AOÛT), DE 1692 (5 MAI), DE 1701 (1er MAI), DE 1735 (1er JUIN), avaient eu pour objet de remédier à ces désordres, toujours renaissants, dont s'était plaint HENRI QUATRE. L'ORDONNANCE DE 1735 (8 AVRIL) et celle DE 1741 (20 JUILLET) commencèrent à s'occuper plus pertinemment de la POLICE DES MARCHES, du TERRAIN DE CAMPEMENT, du COMMANDEMENT DU SERVICE, de l'ASSIETTE DES CANTONNEMENTS, de la FORME DES RECONNAISSANCES, des MOTS D'ORDRE ET DE RALLIEMENT. — Ces ORDONNANCES se rattachaient par leur base aux usages du siècle précédent. — L'ORDONNANCE DE 1744 et l'ORDONNANCE DE 1753 (17 FÉVRIER) étaient un remaniement des ORDONNANCES ci-dessus ; elles renfermaient des principes étudiés pendant la GUERRE DE 1741, et étaient mieux faites que celles qui lui ont succédé, parce qu'elles étaient mieux en harmonie avec la LÉGISLATION du temps et avec la CONSTITUTION MILITAIRE de 1750 ; elles reparaissaient, révisées, en 1755. — L'ORDONNANCE DE 1760 (17 FÉVRIER) traçait de nouveau les devoirs de l'infanterie en campagne ; mais SAINT-GERMAIN, en invoquant dans ses *Mémoires* (1779, C, p. 240), la création d'un règlement de campagne, témoignait que les GÉNÉRAUX ne tenaient aucun compte des documents jusque-là publiés sur la matière, et en agissaient chacun à leur guise dans les ARMÉES qu'ils commandaient. — L'ORDONNANCE provisoire DE 1778 (28 AVRIL), appliquée à l'INFANTERIE, avait été composée par le père de GUIBERT en vertu des ordres du duc de CHOISEUL. C'était, s'il en faut croire WIMPFFEN (1780, A), la perfection du genre ; mais il en a été porté des jugements moins favorables ; elle ne fut pas mise à l'essai ; elle ne fixait pas de bornes aux dépenses du GÉNÉRAL EN CHEF. — L'ORDONNANCE provisoire DE 1788, POUR L'INFANTERIE, avait été, comme l'avouait GUIBERT (1789, I), *rédigée avec précipitation ; elle avait besoin d'être éprouvée dans les camps ;* elle était dépourvue de quatorze titres qui cependant étaient désignés et promis dans la nomenclature des détails de l'ouvrage, et qui en eussent constitué les parties les plus essentielles, les plus intéressantes. — Dans la même année paraissait un RÈGLEMENT DE CAMPAGNE DE CAVALERIE. — Le rescrit incomplet de 1788 se reproduisait dans le RÈGLEMENT PROVISOIRE SUR LE SERVICE DE CAMPAGNE DE 1792 (5 AVRIL), mais des formules, des dénominations que les institutions nouvelles réprouvaient, y étaient changées ou effacées ; ce qui concernait les HONNEURS y était modifié ; les devoirs de l'infanterie et de la cavalerie y étaient entremêlés et confus ; les PARTIS DE GUERRE, quoique depuis longtemps en désuétude, et même devenus impraticables, y étaient mentionnés encore. Un article y regardait comme accompli le Service qu'un CONTRE-ORDRE suspendait après que la troupe commandée avait outre-passé les GRANDS'GARDES. — En 1794 l'ÉCOLE DE MARS était établie dans la plaine des Sablons près de Paris, et la jeunesse s'y livrait à une étude pratique du service de campagne ; elle y maniait les OUTILS dont la GUERRE exige l'usage ; elle s'y façonnait au Service des DÉTACHEMENTS DE GUERRE, des GARDES, PIQUETS, ORDONNANCES, RECONNAISSANCES, comme si elle eût été devant l'ENNEMI. — Depuis que la STRATÉGIE a été une science étudiée, le Service de campagne en est devenu un des éléments. — Le RÈGLEMENT DE 1792, publié de nouveau en 1809 (11 octobre) à Schœnbrunn, s'augmentait d'un chapitre mal rattaché qui traitait des PRÉVÔTS. On retrouvait dans ce RÈGLEMENT toutes les erreurs qui, depuis la création des GÉNÉRAUX DE BRIGADE et DE DIVISION, résultaient du désaccord, chaque année plus marqué, entre ce genre de rescrit, la constitution de l'État, la CONSTITUTION, ou du moins les usages de l'ARMÉE. — Le règlement de 1809 était à la veille d'être retouché en 1811 ; le rédacteur du présent article était un des membres chargés par le duc de Feltre de cette révision. L'expédition de Russie s'opposa à l'achèvement du travail. — Le général FOY se plaignait que, de son temps, il n'y eût pas encore de règlement adapté au service des DIVISIONS et des CORPS D'ARMÉE. Le RÈGLEMENT DE 1809 a été le modèle de celui DE 1823 (FÉVRIER), où se montraient presque autant d'imperfections que de lignes. — Les RÈGLEMENTS sur le Service étaient au reste peu observés à la GUERRE. Le général Philippe DE SÉGUR (1825, p. 357) nous donne idée, dans le passage que voici, du relâchement où était tombée dans l'EXPÉDITION DE RUSSIE cette importante partie de la DISCIPLINE : *Ce parlementaire*

fut reconduit sans précaution comme il avait été amené ; il vit qu'on pénétrait jusqu'à nos quartiers généraux sans obstacle ; il traversa nos avant-postes sans rencontrer une vedette ; partout la même négligence, et cette témérité si naturelle à des Français et à des vainqueurs. Chacun dormait ; point de mot d'ordre ; point de patrouilles. Cet officier a dit depuis qu'il fut tenté de profiter cette nuit-là même de notre imprudence, mais qu'il ne trouva pas de corps russes à sa portée. — L'ORDONNANCE DE 1831 (11 AVRIL) déterminait la bonification dont se grossissait, à raison des ANNÉES DE CAMPAGNE, la PENSION DE RETRAITE. — L'ORDONNANCE DE 1832 (3 MAI), mise au jour par l'ordre du MINISTRE SOULT, et élaborée par un rédacteur qui avait apprécié la médiocrité des documents antérieurs et la nécessité du travail nouveau (1), était à peine essayée au siège d'ANVERS, que le CORPS DU GÉNIE persuadait à un MINISTRE ingénieur d'effacer de cette ORDONNANCE ce qui contrariait les susceptibilités des OFFICIERS DE L'ARME ; une modification qui en détruisait l'économie, donnait naissance à l'ORDONNANCE DE 1837 (8 AVRIL), et excitait les réclamations des OFFICIERS D'ARTILLERIE (2). — L'usage de régulières DISTRIBUTIONS D'EAU-DE-VIE aux régiments français, comme gratification et dédommagement légal des fatigues du Service de campagne, date de la GUERRE DE LA RÉVOLUTION. — Le SERVICE A L'ARMÉE vient d'être examiné principalement comme SERVICE DE TERRE ; mais, à certains égards, comme le témoigne l'article SERVICE DES COLONIES, le SERVICE DE MER intéresse l'armée de terre ; ainsi une GARNISON DE BORD fait, même en TEMPS DE PAIX, un Service de campagne. — Les INSPECTEURS GÉNÉRAUX doivent s'assurer s'il est fait, dans les CORPS, une THÉORIE du Service. — Tout ce qui vient d'être dit retrace l'histoire du passé ; voici le rêve de l'avenir. — Un bon RÈGLEMENT DE CAMPAGNE serait celui qui, par des dispositions générales, fixerait les DEVOIRS communs des MILITAIRES EN CAMPAGNE. Chacun des chapitres du règlement comprendrait, en particulier, ce qui a trait au PERSONNEL de l'ARTILLERIE, au PERSONNEL du GÉNIE, à la CAVALERIE DE BATAILLE OU LÉGÈRE, au CORPS D'INTENDANCE et à ses CADRES D'ADMINISTRATION, à l'ÉTAT-MAJOR GÉNÉRAL, à la GENDARMERIE, à l'INFAN-

(1) Voir aux NOMS PROPRES, p. 4039, l'article du général PRÉVAL.
(2) Les changements dûs au Ministre BERNARD furent modifiés eux-mêmes en 1840 (ordonnance du 9 décembre), sous le Ministre Maréchal SOULT, qui rentra dans les principes de l'ordonnance de 1832.

(*Notes de l'éditeur.*)

terie de bataille ou légère, aux corps irréguliers, aux divers trains, au service sanitaire, au service de la trésorerie et des postes aux lettres. Cet ensemble de documents serait le guide des généraux, de l'état-major et des administrations; chacun des chapitres serait susceptible de se détacher du corps de l'ouvrage, pour l'étude et la règle de la catégorie que ce chapitre concernerait; mais aussi longtemps que les éléments constitutifs de ces diverses catégories manqueraient d'harmonie, et tant que la composition des armes personnelles changerait de ministre en ministre, un bon règlement de campagne sera une œuvre impossible; il ne pourrait être mis au jour que par un gouvernement solide, calme, persévérant, qui, après deux siècles qui se sont écoulés en vains essais, donnerait enfin à l'armée un code séculaire. — Les auteurs qui peuvent être consultés à l'égard du Service de campagne, sont : Altrock, Bardin (1816, E), Bigot, Billon (1641, A), M. Bismarck (1820), Bombelles (1746, A), Bonjouan, le maréchal de Broglie, Delacalmette, Delasimonne, Ewald, Fossé (1778), Huegel, Jabro (1777, G), Kerenveyer (1771, R, au mot *Campagne*), M. Legrand (1857, A), Lenz, Macdonald, Matt (1827, F), Moretti (1829, G), Panasch, M. le général Préval (1827), Reinhardt (1820), Roeder (1815), Scharnhorst (1793, D), Seidel, Seelinger, Vandeleur, Voss, Weise.

SERVICE de cantonnement. v. cantonnement.

SERVICE de capitaine. v. capitaine. v. capitaine d'infanterie française de ligne n° 22. v. chef de bataillon d'infanterie française de ligne n° 1. v. cheval de selle de convoi. v. colonel d'infanterie française de ligne n° 4. v. concordat.

SERVICE de caporal. v. caporal. v. caporal d'infanterie française de ligne n° 14, 15. v. caporal de semaine. n° 3. v. officier français n° 5. v. sergent d'infanterie française de ligne n° 2. v. sous-officier n° 3.

SERVICE de casernement. v. casernement. v. casernier. v. corps d'intendance n° 6.

SERVICE de cavalerie. v. Bismarck (1820). v. cavalerie. v. cavalerie française n° 5, 7, 8. v. cavalerie irrégulière. v. cavalier de troupe. v. défensive. v. infanterie n° 1. v. officier de cavalerie n° 2, 5. v. service personnel. v. Walhausen (1616, A).

SERVICE de cérémonial. v. cérémonial. v. cérémonie. v. code militaire. v. honneurs. v. réception.

SERVICE de chasseur à pied. v. chasseur à pied.

SERVICE de chauffage. v. chauffage. v. division territoriale.

SERVICE de chef de bataillon. v. chef de bataillon d'infanterie française de ligne n° 9. v. chef de bataillon de semaine en garnison.

SERVICE de chef de garde descendante. v. chef de garde descendante en garnison.

SERVICE de chef de poste. v. chauffage. v. chef de poste d'hommes de garde n° 4.

SERVICE de chevalerie d'affiliation. v. chevalerie d'affiliation n° 4.

SERVICE de chevalier. v. chevalier. v. chevalier du moyen âge n° 2, 6, 9. v. chevalier gentilhomme. v. croisade. v. triaire n° 5.

SERVICE de chirurgien de corps. v. chirurgien de corps. v. chirurgien en chef. v. chirurgien-major de corps n° 7.

SERVICE de citadelle. v. citadelle. v. forteresse. v. service de garnison.

SERVICE de colonel. v. colonel. v. colonel d'infanterie française de ligne n° 4, 5.

SERVICE de commissaire des guerres. v. commissaire des guerres n° 1. v. hôpital militaire.

SERVICE de compagnie. v. adjudant de semaine n° 3. v. cahier d'appel. v. capitaine d'infanterie française de ligne n° 11, 20. v. compagnie. v. compagnie d'infanterie française de ligne n° 11. v. fourrier d'infanterie française de ligne n° 9. v. officier de semaine. v. sergent-major n° 7. v. service journalier.

SERVICE de compagnie de voltigeurs. v. compagnie de voltigeurs n° 4.

SERVICE de compagnie d'élite. v. compagnie d'élite n° 4.

SERVICE de connétable. v. connétable n° 7.

SERVICE de convoi. v. convoi à la suite. v. convoi militaire. v. convoi par terre. v. service de route.

SERVICE de cornet. v. cornet. v. cornet idioplique n° 6.

SERVICE de corps. v. adjudant-major d'infanterie française de ligne n° 12. v. chef de bataillon d'infanterie française de ligne n° 8. v. colonel d'infanterie française de ligne n° 14, 18, 24, 32. v. commandement de service en garnison. v. corps. v. corps privilégié. v. corps régimentaire n° 6. v. dépense de corps. v. force comptabiliaire. v. formation constitutive. v. grade d'officier. v. intendant militaire n° 4. v.

LOGEMENT DE MILITAIRE. V. MAJOR-LIEUTENANT-COLONEL N° 2. V. ROEDER. V. SERVICE JOURNALIER.

SERVICE de CORPS D'INTENDANCE. V. CORPS D'INTENDANCE N° 8. V. INTENDANT MILITAIRE N° 4.

SERVICE de CORVÉE. V. CORVÉE. V. DOMESTIQUE D'OFFICIER. V. SERVICE JOURNALIER.

SERVICE de DÉSERTEUR. V. DÉSERTEUR. V. DÉSERTEUR A L'INTÉRIEUR. V. DÉSERTION.

SERVICE de DÉTACHEMENT EN ROUTE. V. DÉTACHEMENT EN ROUTE. V. CHEF DE DÉTACHEMENT ADMINISTRATIF N° 2.

SERVICE de DRAGONS. V. DRAGON. V. DRAGON FRANÇAIS N° 1.

SERVICE de FORT. V. FORT.

SERVICE de FORTERESSE. V. CITADELLE. V. FORTERESSE.

SERVICE de FOURRIER. V. FOURRIER. V. FOURRIER D'INFANTERIE FRANÇAISE DE LIGNE N° 3, 8, 12. V. SOUS-OFFICIER N° 1.

SERVICE de FRANCE. V. ALBANAIS. V. ARTILLERIE A CHEVAL. V. CAPITAINE DE RÉGIMENT SUISSE. V. CAPITAINE D'INFANTERIE FRANCO-SUISSE. V. COLONEL D'INFANTERIE FRANÇAISE DE LIGNE N° 2. V. COLONEL GÉNÉRAL DES SUISSES. V. DEMI-GIBERNE. V. ÉTAT-MAJOR DE CORPS N° 1. V. FLÈCHE. V. FLÈCHE PROJECTILE. V. FRANCE. V. GÉNÉTAIRE. V. HULLAN. V. HUSSARD N° 1. V. INFANTERIE DE BATAILLE N° 7. V. INFANTERIE FRANCO-SUISSE N° 4. V. LIEUTENANT-COLONEL D'INFANTERIE FRANÇAISE DE LIGNE N° 1. V. PENSION DE RETRAITE. V. PIQUIER N° 1. V. RÉGIMENT FRANÇAIS N° 3. V. SELLE DE CAVALERIE. V. TABLIER DE MAILLES. V. TAMBOUR INSTRUMENTAL. V. THOMAS.

SERVICE de GAGISTE. V. GAGISTE.

SERVICE de GARDE ARMÉE. V. ADJUDANT-MAJOR D'INFANTERIE FRANÇAISE DE LIGNE N° 15. V. BABOUIN. V. BAILE ROULANTE. V. CHEF DE GARDE DESCENDANTE EN GARNISON. V. CHEF DE GARDE MONTANTE EN GARNISON. V. DESCENTE DE GARDE. V. FACTION. V. FACTIONNAIRE. V. GARDE ARMÉE. V. GARDE DE POLICE EN ROUTE. V. GUET DE PARIS. V. HOMME DE SERVICE. V. SERVICE JOURNALIER. V. TERZE.

SERVICE de GARDE IMPÉRIALE. V. GARDE IMPÉRIALE N° 5.

SERVICE de GARDE ROYALE. V. GARDE ROYALE N° 4.

SERVICE de GARDES DU CORPS. V. GARDES DU CORPS N° 3.

SERVICE de GARNISON (E, 3), ou SERVICE DE PLACE, ou SERVICE DU GUET, ou SERVICE EN GARNISON. Sorte de SERVICE JOURNALIER qu'on appelait aussi le GUET, quoique pourtant on fît également le GUET en CAMPAGNE et en GARNISON; mais, en CAMPAGNE, on disait plutôt ÊTRE AUX ESCOUTES. — Le document le plus ancien qui traite du Service en garnison est l'ORDONNANCE (ordonance) DE 1363

(6 MARS), portant RÈGLEMENT pour le GUET DE PARIS, sujet dont il était traité de nouveau en 1539 (JANVIER). — En conformité de l'ORDONNANCE de HENRI QUATRE, de 1594 (8 MAI), qui prescrivait les règles suivant lesquelles devaient être gardées les portes de PARIS, ce Service *commencera à six heures du matin en été et à sept en hiver. Avant d'abattre les ponts-levis et d'ouvrir les barrières, on fera sortir par les guichets et planchettes un sergent avec quelques bourgeois pour la découverte*, etc. Du reste, cette ORDONNANCE ne fut exécutée qu'avec inexactitude, et fut mise bientôt en oubli; ce n'étaient d'ailleurs que des dispositions locales qui laissaient en question les règles du Service dans le reste de la FRANCE. — Jusque-là, la puissance des GOUVERNEURS et les caprices de l'arbitraire présidaient seuls au Service des PLACES, des FORTERESSES, des CHATEAUX. BILLON (1641, A) et DEVILLE (1639) en ont traité des premiers; la LÉGISLATION s'en est ressentie; car, de tout temps, si les ÉCRIVAINS n'eussent donné l'éveil aux MINISTRES de FRANCE, leurs commis fussent restés dans la torpeur. — LETELLIER sentit le besoin de rendre royal et régimentaire un Service jusque-là seigneurial. Il y préluda par l'abolition des MORTES-PAYES, par la transformation des RÉGIMENTS de COLONELS PROPRIÉTAIRES métamorphosés en troupes royales; par la classification des PLACES A GARNISON. Il rendit les ORDONNANCES DE 1661 (12 OCTOBRE et 1er DÉCEMBRE); elles furent suivies de l'ORDONNANCE DE 1707 (1er AVRIL); mais ces documents restaient incomplets, quand l'ORDONNANCE DE 1750 (25 JUIN) en coordonna, en étendit les dispositions. C'est l'époque où l'officier qui s'appelait le SERGENT-MAJOR devint MAJOR DE PLACE. — L'ORDONNANCE DE 1765 (1er MAI) y succéda; l'ORDONNANCE DE 1768 (1er MARS) la remplaça; elle réglait, sur le vu du BREVET exhibé au major de place, le Service des OFFICIERS D'INFANTERIE, parce que le NUMÉRO des CORPS ne décidait pas alors du TOUR DE PIQUE. Elle a régi l'armée jusques et y compris le règne de LOUIS-PHILIPPE. Ce fut un des plus mémorables monuments du MINISTÈRE DE CHOISEUL, comme le témoignait en 1838 la *Sentinelle de l'Armée* (t. IV, p. 74). Cette ordonnance déterminait la TENUE, les DEVOIRS DES OFFICIERS DE GARDE et DE RONDE, les attributions des GOUVERNEURS, des GÉNÉRAUX et de l'ÉTAT-MAJOR; le RANG, la HIÉRARCHIE des CORPS; les mesures permises de POLICE, les mesures conservatrices des FORTIFICATIONS et des REMPARTS, le mécanisme des GARDES MONTANTES et DESCENDANTES, la force des POSTES. — Cette ordonnance s'occupait de la DIANE, de l'OU-

VERTURE et de la FERMETURE des PORTES; elle instituait des PRISONS MILITAIRES; elle attachait des lits de camp aux CORPS DE GARDE; les PUNITIONS s'échelonnaient; le nombre des NUITS DE REPOS était fixé; le simulacre du SERVICE DE SIÉGE était prescrit; le Service des CITADELLES, quoique distinct de celui des garnisons, y était assimilé; les principes de TENUE, le port des GUÊTRES NOIRES y étaient énoncés; les CAS D'INCENDIES y étaient prévus; la conduite des RONDES et des PATROUILLES, la célébration des MESSES MILITAIRES y étaient réglées; la manière d'infliger la PEINE DE MORT cessait d'être arbitraire. Et pourtant, pendant plus d'un demi-siècle, tout ce qui avait trait aux GOUVERNEURS et aux LIEUTENANTS DE ROI était autant de contre-sens, d'illégalités qui contrariaient l'ADMINISTRATION PUBLIQUE, la JUSTICE CIVILE, les droits municipaux, l'ÉTAT CIVIL. — La forme des PROCÉDURES modifiées par des dispositions modernes, la suppression de divers titres hiérarchiques ou qualifications militaires, l'organisation toujours changeante de l'ARMÉE, avaient rendu inexécutable une partie de cette belle ORDONNANCE. La matière était si délicate, si rebelle, elle voulait être remaniée avec tant de talent, que, de MINISTÈRE en MINISTÈRE, les efforts des MINISTRES le mieux intentionnés étaient sans succès. SAINT-GERMAIN, en 1776, avait fait entreprendre un travail resté inachevé; BOHAN (1781, H) en témoigne, et il en démontrait l'urgence. Sous le MINISTÈRE de SÉGUR, les comités des INSPECTEURS chargés de la composition d'un CODE nouveau avaient totalement terminé, en 1784, la révision du Service de garnison; les circonstances, le changement de MINISTRES s'opposèrent à ce que ce projet vît le jour. — Le CONSEIL DE LA GUERRE, en 1788, reprit avec aussi peu de fruit la même tâche; le RÈGLEMENT commencé ne put être achevé. — Depuis le commencement du siècle, la création successive des MUSIQUES avait égayé, pour ainsi dire à l'insu du MINISTÈRE, le Service des GARNISONS, les CÉRÉMONIES, la PARADE. — Le Service des GARNISONS commença, depuis 1792, à se combiner du SERVICE DE SEMAINE. — Sous le MINISTÈRE de GOUVION, en 1817, une COMMISSION a longtemps travaillé sur le même sujet, avec aussi peu de résultat; car GOUVION, MINISTRE l'un des plus célèbres, parce que l'ARMÉE et la peur l'imposaient à l'émigration et à l'Eglise, est un de ceux qui, avec tous les moyens de faire, ont le moins laissé (1).—Un mémoire qu'on doit à M. SICARD, et qui se trouvait dans le *Journal des Sciences militaires*, avait pour objet de provoquer la révision de l'ORDONNANCE DE 1768, et d'en rétablir le fonds sur un plan mieux approprié aux temps nouveaux. — Autrefois les COMMISSAIRES DES GUERRES exerçaient, dans le SERVICE DES PLACES, une sorte d'AUTORITÉ surveillante, qui n'était plus qu'administrative quand le CORPS de l'INTENDANCE avait succédé au COMMISSARIAT. — Le Service de garnison s'accomplit sous la direction et les ordres du COMMANDANT DE PLACE; cet officier est secondé en cela par le MAJOR DE PLACE, par les ADJUDANTS DE PLACE, par le SECRÉTAIRE ARCHIVISTE, chargé de la tenue du REGISTRE DE SERVICE; le commandant de place correspond avec le COMMANDANT DE DIVISION TERRITORIALE, sous les ordres duquel il se trouve. — Les OFFICIERS DES RÉGIMENTS DU GÉNIE ont su se dispenser de concourir au Service des PLACES, ce qui a donné lieu à quelques réclamations. — Dans les CORPS D'INFANTERIE, depuis l'institution du SERVICE DE SEMAINE, les OFFICIERS, l'ADJUDANT-MAJOR et l'ADJUDANT, les SERGENTS et les CAPORAUX se remplacent, à TOUR DE RÔLE, de DIMANCHE en DIMANCHE. — Les ORDRES JOURNALIERS concernant le Service émanent du RAPPORT, ou de ce qu'on appelait autrefois l'AUBETTE. — Dans les GARNISONS, le Service est censé fait par tout DÉTACHEMENT qui, s'étant mis en marche, aurait dépassé l'AVANCÉE avant de recevoir contre-ordre. — Il était d'usage de détacher des HOMMES DE GARDE pour aller chercher le CHAUFFAGE du POSTE; mais dans de grandes villes, cet usage, préjudiciable au Service et nuisible à la TENUE, a été aboli; d'autres moyens de transport ont été adoptés. — Les GARDES DE POLICE, quoique ne faisant pas partie du Service de la PLACE, et occupant des CORPS DE GARDE à part, comme GARDES DE DRAPEAU et de CAISSE, ne peuvent se refuser à contribuer au bon ordre de la PLACE. — L'ORDONNANCE DE 1818 (13 MAI), renouvelée dans celle DE 1833 (2 NOVEMBRE), exigeait la GRANDE TENUE pour le Service de la PLACE. — Les instructions sur l'inspection voulaient que le Service de la PLACE fût l'objet d'une THÉORIE particulière, et que cette étude fût surveillée par les INSPECTEURS GÉNÉRAUX. — La VEILLE du DÉPART d'une TROUPE, elle est dispensée du Service de la

court et difficile ministère en 1815 (voir la note page 8067), nous rappellerons que le Maréchal GOUVION SAINT-CYR posa, en 1818, les bases de la constitution de la nouvelle armée : il fonda le système de recrutement et d'avancement qui, sauf quelques modifications, régit cette armée depuis plus de trente ans; il consacra les règles de SERVICE INTÉRIEUR auxquelles elle obéit depuis la même époque, etc., etc. *(Note de l'éditeur.)*

(1) Le *Journal militaire* (qui est le Bulletin des lois de l'armée) proteste contre une telle assertion. Sans parler des grandes mesures qui signalèrent son

GARNISON. — LES AUTEURS à consulter sur le Service de garnison sont : BARDIN (1807, D ; 1809, B), BILLON (1641, A), BOMBELLES (1746, A), DELASIMONNE, DEVILLE, DUBOUSQUET (1769, B), D'HÉRICOURT (1756, G, t. II), FRÉMICOURT (vie de… 1780), LACHESNAIE (1758, I, aux mots *Garde de place* et *Service*), ROEDER (1818), SAINT-GERMAIN (1779, C, p. 43), le *Journal de l'Armée*, n° 26, p. 203, la *Sentinelle* (t. III, p. 88).

SERVICE de GARNISON ASSIÉGÉE. V. COLONEL D'INFANTERIE FRANÇAISE DE LIGNE N° 31. V. COMMANDANT DE PLACE N° 9. V. CONSEIL DE DÉFENSE. V. GARNISON ASSIÉGÉE. V. JOURNAL DE SIÉGE.

SERVICE de GENDARMES. V. GENDARME. V. GENDARME DU MOYEN AGE N° 2, 6, 8.

SERVICE de GENDARMERIE. V. GENDARMERIE. V. GENDARMERIE DE LA MAISON. V. GENDARMERIE DE POLICE N° 1, 6. V. MINISTRE DE LA GUERRE N° 7.

SERVICE de GRENADIER. V. ABSENCE DE GRENADIER. V. GRENADIER. V. GRENADIER A CHEVAL. V. GRENADIER D'INFANTERIE FRANÇAISE DE LIGNE N° 1, 2, 3, 5, 8. V. SIÉGE OFFENSIF.

SERVICE de GROSSE CAVALERIE. V. GROSSE CAVALERIE N° 5.

SERVICE de GUERRE. V. ARMÉE FRANÇAISE N° 2. V. FRÉDÉRIC DEUX (1810, B). V. GUERRE. V. PARTI DE GUERRE. V. RÉGIMENT FRANÇAIS N° 6. V. SERVICE DE CAMPAGNE.

SERVICE de HUSSARDS. V. HUSSARD N° 2, 5.

SERVICE de JANISSAIRE. V. JANISSAIRE.

SERVICE de JOUR (E, 1). Sorte de SERVICE DE CAMPAGNE exprimé en une locution ambiguë. Ce mode de Service était, comme le remarque M. le colonel CARRION (1824, A, p. 109), une imitation des usages de la PHALANGE GRECQUE ; c'était une des FONCTIONS des OFFICIERS GÉNÉRAUX, et une conséquence de l'abus qui résultait, depuis Louis QUATORZE, de la multiplication démesurée des personnages en haut GRADE. Comme on ne savait à quoi les occuper, on donnait à chacun d'eux un COMMANDEMENT de vingt-quatre heures, ce qui s'appelait ROULER. Ainsi tel LIEUTENANT GÉNÉRAL, dépourvu d'un POSTE fixe et étant inconnu des RÉGIMENTS qu'il ne connaissait pas davantage, venait, tour à tour, commander à une AVANT-GARDE ou à des CORPS de TROUPES, sur un TERRAIN qu'il n'avait pu étudier et dans des circonstances où tout était nouveau pour lui. Les titres de LIEUTENANT GÉNÉRAL et de MARÉCHAL DE CAMP, aussi défectueux que ce genre de Service, mais qui en donnaient avec assez de justesse l'idée, lui ont survécu. — Avant les ORDONNANCES de 1788, les MARÉCHAUX DE CAMP, n'étant pas attachés à demeure à des BRIGADES, les commandaient transitoirement, quand ils ÉTAIENT DE JOUR, à la manière des anciens MARÉCHAUX DE BATAILLE. Cet usage avait le grave défaut de subordonner au MARÉCHAL DE CAMP de jour tous les autres MARÉCHAUX DE CAMP, quelle que fût leur ANCIENNETÉ. — Un des DEVOIRS des LIEUTENANTS GÉNÉRAUX DE JOUR et des MARÉCHAUX DE CAMP DE JOUR était de placer les GARDES, de les surveiller, de leur faire joindre l'ARMÉE les JOURS D'ACTION. — Le RÈGLEMENT DE 1792 (5 AVRIL) mentionnait routinièrement encore le Service de jour des GÉNÉRAUX, et ce règlement fut censé en vigueur jusqu'en 1823 ; mais, depuis la création des GÉNÉRAUX DE BRIGADE et de DIVISION, en 1793, le Service de jour était, de fait, aboli, ou du moins on n'appelait plus ainsi que le Service des OFFICIERS SUPÉRIEURS chargés des RONDES et des VISITES DE POSTES. — EN CAMPAGNE, il est permis aux COLONELS, s'ils ne jugent pas praticable le SERVICE DE SEMAINE, de lui substituer le Service de jour. — Les AUTEURS qui ont traité l'ancien Service de jour sont : CARRION (1824, A, p. 109), DARUT (1789, B), DUBOUSQUET (1769, B), LACHESNAIE (1758, I, aux mots *Inspection générale, Piquet, Rang*), PRÉVAL (1827, M), SINCLAIRE (1771, F, p. 126).

SERVICE de JUGE. V. JUGE. V. JUGE MILITAIRE.

SERVICE (services) de la GUERRE. V. GUERRE. V. MINISTÈRE DE LA GUERRE. V. MINISTRE DE LA GUERRE N° 8.

SERVICE de la MAISON DU ROI. V. MAISON DU ROI N° 6.

SERVICE de la PAYE. V. PAYE.

SERVICE de la SOLDE. V. CONSEIL D'ADMINISTRATION DE RÉGIMENT N° 4. V. FONDS. V. INFANTERIE FRANCO-SUISSE N° 4. V. PAYE. V. SOLDE. V. TACTIQUE, subs.

SERVICE de LANCIER. V. ARMÉE FRANÇAISE N° 2. V. LANCIER.

SERVICE de LENDEMAIN. V. CERCLE DE PARADE DE PLACE. V. LENDEMAIN.

SERVICE de L'EXTRAORDINAIRE DES GUERRES. V. EXTRAORDINAIRE DES GUERRES.

SERVICE de L'HABILLEMENT. V. AGENT ADMINISTRATIF. V. EFFET D'ÉQUIPEMENT. V. EFFET D'HABILLEMENT. V. EFFET D'UNIFORME. V. ÉTOFFE D'HABILLEMENT DE TROUPE. V. FOURREAU DE BAIONNETTE. V. HABILLEMENT. V. MANUFACTURE D'ÉTOFFES. V. MINISTRE DE LA GUERRE EN 1743.

SERVICE de L'HOST. V. ECCLÉSIASTIQUE. V. HOST.

SERVICE de LIEUTENANT. V. CAPITAINE D'INFANTERIE FRANÇAISE DE LIGNE N° 22. V.

LIEUTENANT. V. LIEUTENANT D'INFANTERIE FRAN-
ÇAISE DE LIGNE Nº 8.

SERVICE de LIEUTENANT-COLONEL. V.
CHEF DE BATAILLON D'INFANTERIE FRANÇAISE DE
LIGNE Nº 9. V. LIEUTENANT-COLONEL. V. LIEU-
TENANT-COLONEL D'INFANTERIE FRANÇAISE DE
LIGNE Nº 9.

SERVICE de L'INTÉRIEUR. V. GUERRE DE
1756. V. INTÉRIEUR.

SERVICE de LITS MILITAIRES. V. LIT MI-
LITAIRE.

SERVICE de MARÉCHAL DE CAMP. V. MA-
RÉCHAL DE CAMP Nº 5, 6. V. SERVICE DE JOUR.

SERVICE de MER. V. FUSÉE DE GUERRE.
V. HAVRE-SAC. V. MER. V. OFFICIER FRANÇAIS
Nº 10. V. PUPILLE Nº 1. V. SERVICE DE CAM-
PAGNE.

SERVICE de MILICE ANGLAISE. V. MILICE
ANGLAISE Nº 11.

SERVICE de MILICE AUTRICHIENNE. V.
MILICE AUTRICHIENNE Nº 10.

SERVICE de MILICE BAVAROISE. V. MILICE
BAVAROISE Nº 1 ; id. Nº 4.

SERVICE de MILICE CHINOISE. V. MILICE
CHINOISE Nº 7.

SERVICE de MILICE ESPAGNOLE. V. MI-
LICE ESPAGNOLE Nº 10.

SERVICE de MILICE PIÉMONTAISE. V. MI-
LICE PIÉMONTAISE Nº 8.

SERVICE de MILICE ROMAINE. V. MILICE
ROMAINE Nº 10. V. PRÉFET DE LÉGION.

SERVICE de MILICE RUSSE. V. MILICE
RUSSE Nº 8, 9.

SERVICE de MILICE SUÉDOISE. V. MILICE
SUÉDOISE Nº 6.

SERVICE de MILICE SUISSE. V. MILICE
SUISSE Nº 2, 7.

SERVICE de MILICE SYKE. V. MILICE SYKE
Nº 7.

SERVICE de MILICE WURTEMBERGEOISE.
V. MILICE WURTEMBERGEOISE Nº 8.

SERVICE de MILITAIRE. V. ENFANT DE
CORPS. V. MILITAIRE, subs.

SERVICE de MOUSQUETAIRE. V. MOUSQUE-
TAIRE. V. MOUSQUETAIRE DE LA GARDE.

SERVICE de MUSICIEN. V. MUSICIEN ; id.
Nº 6.

SERVICE de PATROUILLE. V. MARRON DE
SERVICE. V. PATROUILLE. V. SERVICE JOURNALIER.

SERVICE de PIQUET. V. PIQUET. V. PIQUET
ACTIF. V. PIQUET AU CAMP. V. PIQUET EN CAM-
PAGNE. V. SERVICE JOURNALIER.

SERVICE de PLACE. V. COLONEL D'INFAN-
TERIE FRANÇAISE DE LIGNE Nº 32. V. PLACE.
V. PRISON DE PLACE. V. SERVICE DE GARNISON.
V. SOUS-INTENDANT Nº 8. V. SOUS-OFFICIER
Nº 11.

SERVICE de PLANTON. V. CAPITAINE DE
VISITE D'HÔPITAL. V. PLANTON.

SERVICE de POLICE. V. CAPITAINE DE
POLICE. V. CORPS SÉDENTAIRE. V. POLICE.

SERVICE de POLICE AU CAMP. V. AU
CAMP. V. CAPITAINE DE POLICE AU CAMP. V. PO-
LICE AU CAMP.

SERVICE de PORTE-DRAPEAU. V. PORTE-
DRAPEAU Nº 6.

SERVICE de POSTE AUX LETTRES. V. POSTE
AUX LETTRES.

SERVICE de POSTE D'HOMMES DE GARDE.
V. ADJUDANT DE SEMAINE Nº 7. V. BRUIT TUMUL-
TUAIRE. V. CANTONNEMENT. V. MARCHE, interj.
V. OFFICIER DE GARDE. V. POSTE D'HOMME DE
GARDE.

SERVICE de PRISON. V. PRISON. V. PRI-
SON DE PLACE.

PRISON de RÉGIMENT. V. CHEF DE BATAIL-
LON D'INFANTERIE FRANÇAISE DE LIGNE Nº 8.
V. COLONEL PROPRIÉTAIRE. V. RÉGIMENT. V. RÉ-
GIMENT D'INFANTERIE FRANÇAISE Nº 4. V. RÉ-
GIMENT FRANÇAIS Nº 5, 6. V. SERVICE JOURNA-
LIER.

SERVICE de REMPLAÇANT. V. REMPLA-
ÇANT.

SERVICE de RÉSERVE. V. RÉSERVE. V. RÉ-
SERVE CONSCRIPTIVE.

SERVICE de RETARDATAIRE. V. RETARDA-
TAIRE.

SERVICE de RONDE. V. MARRON DE SER-
VICE. V. RONDE. V. SERVICE JOURNALIER.

SERVICE de ROUTE (E, 4), OU SERVICE
EN ROUTE. Sorte de SERVICE JOURNALIER, considéré comme un de ceux dont l'INFANTERIE
doit s'acquitter dans le cours des MARCHES
qu'elle entreprend. — En TEMPS DE GUERRE,
c'est à l'expérience, à l'intelligence du CHEF
de la TROUPE EN MARCHE, à déterminer, en
raison des circonstances, la nature du Service à accomplir ; mais, en TEMPS DE PAIX et
dans l'INTÉRIEUR, les règles en peuvent et en
doivent être posées d'une manière une et
invariable. — Faute de principes consacrés,
les CONDUCTEURS DE GENS DE GUERRE, les
COMMISSAIRES DES GUERRES, les COMMISSAIRES A
LA CONDUITE avaient été institués pour remédier aux désordres que commettaient les
TROUPES EN MARCHE ; elles désolaient les pays
qu'elles traversaient, faisaient main basse
sur les volailles, sur les légumes, mettaient
à contributions les moulins, prenaient pour
GITES et pour SÉJOURS les lieux où elles se
trouvaient bien, et emmenaient de vive force
CHEVAUX et VOITURES des lieux de passage.
BILLON (1641, A) est le plus ancien AUTEUR
qui ait jeté le cri du blâme et proposé de
plus raisonnables mesures. Les ORDONNANCES
DE 1647 (25 FÉVRIER), DE 1702 (10 JUIN et
14 JUILLET) travaillèrent à établir plus de

régularité; mais les défenses comminatoires de l'ORDONNANCE DE 1727 (13 JUILLET) témoignent combien de criants abus s'étaient, jusque-là, perpétués. La démarcation et le tracé plus positif des LIGNES D'ÉTAPE commencèrent à y porter remède. — Le RÈGLEMENT DE L'AN HUIT (25 FRUCTIDOR), rendu sous le MINISTÈRE de CARNOT, fut le plus sage, le plus complet qui ait embrassé la matière. Depuis cette époque, des points jusque-là mal éclaircis ont été réglés, tels que la conduite des CHEFS DE DÉTACHEMENT, les soins relatifs à la conservation des EFFETS D'UNIFORME, l'usage des GUÊTRES GRISES, l'établissement du droit aux PASSAGES D'EAU gratuits; la forme du COMMANDEMENT des HOMMES DE SERVICE pour AVANT-GARDE, ARRIÈRE-GARDE, GARDE DE POLICE, PIQUETS, et les soins à prendre par les OFFICIERS DE SECTION, la création des QUARTIERS-MAITRES TRÉSORIERS. — Les règles du SERVICE DES CONVOIS PAR EAU permettaient aux ESCORTES de placer sur BATEAUX les HAVRE-SACS; mais, dans les ROUTES ordinaires, quitter le havre-sac était défendu.

SERVICE DE SANTÉ (D), OU SERVICE MÉDICAL, OU SERVICE SANITAIRE, OU STRATOTHÉRAPEUTIQUE, comme quelques savants ont proposé de le dénommer. Sorte de SERVICE dont on chercherait vainement l'analogue dans les temps anciens; cependant l'histoire témoigne que les PRÉFETS DE CAMP des ARMÉES ROMAINES exerçaient une sorte de surintendance à l'égard de quelques détails sanitaires. — Chez nos aïeux, l'idée première du Service de santé des ARMÉES ne remonte pas au delà de HENRI QUATRE; la STRATÉGIE ne songeait pas même, les JOURS D'ACTION, à préparer des CAISSONS D'AMBULANCE, à chercher des BRANCARDS et des CHARIOTS; le CHAMP DE BATAILLE était le dortoir des BLESSÉS et presque toujours leur cimetière. Peu de MINISTRES DE LA GUERRE, avant DARGENSON, CHOISEUL, PÉTIET, avaient fait du Service de santé un objet de leur sollicitude. Déjà l'ALLEMAGNE n'avait aux HOPITAUX qu'un MALADE par lit, alors que, dans les GUERRES de l'autre siècle, les HOPITAUX MILITAIRES de FRANCE ne donnaient qu'un LIT par deux MALADES. — Dans la GUERRE DE 1792, le gouvernement se montra plus libéral. La LOI DE L'AN DEUX (3 VENTOSE), l'INSTRUCTION DE L'AN TROIS (16 VENTOSE), l'AVIS ministériel de L'AN QUATRE (6 PRAIRIAL) s'occupèrent de l'HYGIÈNE MILITAIRE; l'ARRÊTÉ DE L'AN DOUZE (9 FRIMAIRE) fut plus étendu, plus complet. — Le Service de santé des CORPS est confié à des CHIRURGIENS-MAJORS; le Service de santé des ARMÉES et des HOPITAUX est confié à des MÉDECINS, des CHIRURGIENS,

des PHARMACIENS. — Le Service de santé embrasse ici la partie administrative et matérielle de l'art de guérir, appliqué à l'ARMÉE FRANÇAISE; ce qui va y avoir trait est donc à part de l'art médical proprement dit et des procédés curatifs et hygiéniques. Ainsi, le Service de santé ne sera considéré que comme une des branches, un des chapitres du CODE MILITAIRE tel que nous le supposons distribué; dans ce cas, il comprend : CHIRURGIE, HOPITAUX, INFIRMERIE, MÉDECINE, RÉFORME DE MILITAIRE. — Le Service de santé est dirigé par des chefs qui, en quelques MILICES, comptent au nombre des OFFICIERS D'ÉTAT-MAJOR GÉNÉRAL, mais qui, autrefois en FRANCE, eussent vainement sollicité l'ORDRE DE SAINT-LOUIS ou leur ADMISSION AUX INVALIDES. — Les ALLEMANDS ont exprimé le mot ici examiné par *kriegsarzneykunst;* c'est le titre que SCHMIDT donne au traité qu'il consacre à cette matière. — Ce qui a été dit de la CHIRURGIE, de la MÉDECINE et des OFFICIERS DE SANTÉ, éclaire suffisamment la partie historique du sujet, et démontre combien est moderne le Service de santé. C'était à peu près de même dans toutes les ARMÉES; et même, dans la MILICE PRUSSIENNE, milice alors modèle, le Service de santé était la branche la moins avancée. — Quoique le dernier des services administratifs par ordre de création, le Service de santé n'en doit pas moins être regardé comme un des premiers par ordre d'importance; mais c'est une primauté que le personnel de l'INTENDANCE dispute au personnel médical. — Depuis les écrits de COLOMBIER (1772, C), AUTEUR français qui, l'un des premiers, a traité de cette partie de l'ART MILITAIRE, un CONSEIL DE SANTÉ, plusieurs fois supprimé et rétabli, était attaché au MINISTÈRE DE LA GUERRE. Ce CONSEIL consultatif avait l'initiative des questions intéressant la SANTÉ DES TROUPES; il décidait des mesures particulières aux CORPS, aux HOPITAUX, aux AMBULANCES, aux INFIRMERIES; il expliquait les cas de CONGÉ; il constatait et enregistrait les titres des OFFICIERS DE SANTÉ; il désignait les CHIRURGIENS EN CHEF. — Le Service de santé, tant pour les HOPITAUX que pour les ARMÉES AGISSANTES, a été réorganisé par une ORDONNANCE DE 1824 (18 SEPTEMBRE). Elle divisait les OFFICIERS DE SANTÉ en trois sections, savoir : ceux qui appartenaient à la CHIRURGIE, à la MÉDECINE, à la PHARMACIE; elle comprenait, en outre, des OFFICIERS D'ADMINISTRATION D'HOPITAL, des EMPLOYÉS et des INFIRMIERS MILITAIRES. — On a reproché, avec fondement, aux CORPS PRIVILÉGIÉS d'exiger du Service de santé plus de soin, de lui occasionner plus de dépenses que ne le font les autres TROUPES, comme si les militaires de même grade, les enfants et les défenseurs de la même patrie, pouvaient être classés en hommes plus ou moins précieux. — L'ORDONNANCE DE 1831 (1ᵉʳ AVRIL) s'occupa spécialement des HOPITAUX, et les instructions sur les inspections chargèrent les INSPECTEURS GÉNÉRAUX de comprendre dans leurs investigations le Service de santé des lieux soumis à leur surveillance. — Aux lecteurs qui voudraient étudier plus particulièrement, sous le point de vue de l'histoire, des institutions, ou de l'ART, le sujet qui vient de nous occuper, nous indiquerions comme autorités à consulter, mais autorités, nous le disons à regret, presque toutes appartenant à l'étranger : ALBERTI (1727), AUDOUIN (t. II, p. 67), BALDINGER, BEHREN, BFINL, BIRON, BLAIR, BROKLESBY, BUECHNER, M. CANCRIN, CANTARUTTI, COLOMBIER (1766, K; 1775, A), COSTE, CUTBUSH, DAIGRAN, DAS NEVES, DELIGNE (1780, I), DIEKEL, ENÉHOLM, EWALDT, GILBERT, HEMPEL (L.-A.-L.), HILSCHER, HOFFMANN (Frédéric), JAEGER, JACKSON (1803), KIRCKOFF, KRUEGER (J.-R.), LACHÈZE, LECOINTE (1789), MARSHALL (1782), MONRO, ODIER (1826), OMODEI, PERGOT, POISSONNIER, PORTIUS, PUEL, REVOLAT, SCHMIDT (1664), SIGWART, SNEBERGER, SOMERVILLE, STORCH, VAIDI, le *Dictionnaire de la Conversation* (au mot *Militaire* [hygiène]), le *Spectateur militaire* (t. XVI, p. 254), le *Journal des Sciences militaires* (9ᵉ livraison).

SERVICE de SAPEUR. V. SAPEUR. V. SAPEUR D'INFANTERIE. V. SAPEUR DU GÉNIE.

SERVICE de SEMAINE (E). Sorte de SERVICE qui est particulier aux OFFICIERS de troupe, aux SOUS-OFFICIERS, aux CAPORAUX, et qui est le stimulus du SERVICE JOURNALIER. — BOMBELLES (1746) est le plus ancien écrivain qui ait parlé des SERGENTS DE SEMAINE, et il peut être regardé comme l'inventeur de ce genre de Service. Vers l'époque où il écrivait, quelques CORPS l'adoptèrent, en devançant à cet égard les ordonnances, comme le témoigne BRIQUET (1761, H, t. IV, p. 356); mais c'est surtout depuis les ORDONNANCES DE 1768 (1ᵉʳ MARS) et DE 1788 (1ᵉʳ JUILLET), reproduites dans le RÈGLEMENT DE 1792 (24 JUIN), qu'il a été généralement pratiqué. — L'expression Service de semaine a transformé une idée de durée de temps en une idée de FONCTIONS distinctes des FONCTIONS constitutives des GRADES différents; c'est une surveillance, une autorité, alternativement exercées depuis la PARADE d'un DIMANCHE jusqu'à la PARADE du DIMANCHE suivant. Le MILITAIRE GRADÉ qui SORT de ce Service le

remet; le MILITAIRE qui, à son tour, y entre et va s'en occuper, le REÇOIT. — Les COLONELS A LA SUITE, les CHEFS DE BATAILLON en pied et A LA SUITE, les MAJORS, CAPITAINES, ADJUDANTS-MAJORS, LIEUTENANTS et SOUS-LIEUTENANTS, AIDES-MAJORS, PORTE-DRAPEAU, ADJUDANTS, SERGENTS, CAPORAUX et CAPORAUX POSTICHES, sont COMMANDÉS de Service de semaine sur un ROLE tenu à cet effet, et, à l'exception des MILITAIRES D'ÉTAT-MAJOR, ils ROULENT par COMPAGNIE. — Les OFFICIERS DE DÉTAILS sont dispensés du Service de semaine. — Ce mécanisme appartient surtout au SERVICE DE GARNISON; mais EN CAMPAGNE, les COLONELS pouvaient substituer le SERVICE DE JOUR au Service de semaine, en vertu de l'ORDONNANCE DE 1832 (3 MAI); ils pouvaient, au besoin, y employer le MAJOR CHEF DE BATAILLON. — Les MILITAIRES GRADÉS qui remplissent passagèrement les FONCTIONS d'un titulaire qui est leur supérieur immédiat, sont exempts du Service de semaine de leur GRADE réel. — Les anciennes ordonnances prescrivaient de ne point interrompre le TOUR de semaine quand on passait du SERVICE DE GARNISON au SERVICE DE CAMPAGNE. — Les MILITAIRES DE SEMAINE sont principalement chargés de surveiller la TENUE des hommes qui doivent ÊTRE DE SERVICE, et de s'occuper des détails de POLICE intérieure. — Les MILITAIRES qui SORTENT de semaine communiquent à ceux qui les RELÈVENT les ordres particuliers qui ont été donnés pendant la SEMAINE écoulée. — Le RÈGLEMENT DE 1818 (13 MAI) et l'ORDONNANCE DE 1833 (2 NOVEMBRE) s'étendaient à l'égard du Service de semaine.

SERVICE de SERGENT. V. OFFICIER FRANÇAIS Nᵒ 5. V. RONDE DE SOUS-OFFICIER. V. SERGENT. V. SERGENT D'INFANTERIE FRANÇAISE DE LIGNE Nᵒ 2, 3, 11, 12.

SERVICE de SERGENT-MAJOR. V. SERGENT-MAJOR Nᵒ 7, 9.

SERVICE de SERGENTERIE. V. SERGENTERIE.

SERVICE de SERRE-FILE. V. SERRE-FILE.

SERVICE de SIÉGE. V. SIÉGE. V. SIÉGE DÉFENSIF. V. SIÉGE OFFENSIF. V. SERVICE DE GARNISON. V. TRAVAILLEUR A LA TRANCHÉE.

SERVICE de SOLDAT. V. ANCIENNETÉ DE SERVICE. V. CAPORAL D'INFANTERIE FRANÇAISE DE LIGNE Nᵒ 14. V. OFFICIER FRANÇAIS Nᵒ 5. V. SERGENT D'INFANTERIE FRANÇAISE DE LIGNE Nᵒ 2. V. SERVICE JOURNALIER. V. SOLDAT.

SERVICE de SOLDE. V. SOLDE.

SERVICE de SOUS-INTENDANT. V. SOUS-INTENDANT Nᵒ 5.

SERVICE de SOUS-LIEUTENANT. V. ADJOINT

D'OFFICIER D'ARMEMENT. V. SOUS-LIEUTENANT ;
id. N° 7.

SERVICE de SOUS-OFFICIER. V. ADJUDANT
DE SEMAINE N° 7. V. SOUS-LIEUTENANT N° 2.
V. SOUS-OFFICIER ; id. N° 1, 3, 4, 10; 11, 12.

SERVICE de SUBSISTANCES. V. DISTRIBU-
TION EN ROUTE. V. SUBSISTANCE.

SERVICE de TAMBOUR. V. TAMBOUR. V.
TAMBOUR IDIOPLIQUE D'INFANTERIE FRANÇAISE
N° 2. V. TAMBOUR-MAJOR N° 8, 9.

SERVICE de TAMBOUR-MAJOR. V. TAM-
BOUR-MAJOR ; id. N° 3.

SERVICE de TERRE. V. ENROLEMENT VO-
LONTAIRE. V. FUSÉE DE GUERRE. V. INFANTERIE
FRANÇAISE N° 5, tableau. v. JONES (1776).
V. OFFICIER FRANÇAIS N° 4. V. RÉSERVE CONS-
CRIPTIVE. V. RÉGIMENT D'INFANTERIE FRANÇAISE
N° 2, tableau. V. SERVICE DE CAMPAGNE. V.
TERRE.

SERVICE de TIRAILLEUR. V. COMPAGNIE DE
VOLTIGEURS N° 4. V. TIRAILLEUR.

SERVICE de TRANCHÉE. V. CONTRE-ORDRE.
V. TRANCHÉE. V. TERZE.

SERVICE de TRAVAILLEUR. V. ARME DE
TRAVAILLEUR. V. TRAVAILLEUR.

SERVICE de TRIAIRES. V. TRIAIRE; id.
N° 3.

SERVICE de TROUPE. V. ADJUDANT AU
CAMP. V. COMMANDANT DE PLACE N° 10. V. MI-
NISTRE DE LA GUERRE N° 14. V. TROUPE.

SERVICE de TROUPES LÉGÈRES. V. EXER-
CICE D'INFANTERIE. V. TROUPE LÉGÈRE.

SERVICE d'ÉCUAGE. V. ÉCUAGE. V. SER-
VICE PERSONNEL.

SERVICE d'EFFETS D'UNIFORME. V. EFFET
D'UNIFORME. V. FOURRIER D'INFANTERIE FRAN-
ÇAISE DE LIGNE N° 10.

SERVICE d'EMPLOYÉ. V. EMPLOYÉ.

SERVICE d'ENFANT DE TROUPE. V. EN-
FANT DE TROUPE. V. ENFANT D'HOMME DE TROUPE
N° 1.

SERVICE d'ENFANTS PERDUS. V. ENFANT
PERDU N° 3.

SERVICE d'ENROLÉ VOLONTAIRE. V. AN-
CIENNETÉ D'ENROLÉ. V. ENROLÉ VOLONTAIRE. V.
SERVICE CONSCRIPTIF.

SERVICE des ARSENAUX. V. ARSÉNAL.

SERVICE des COLONIES (E). Sorte de
SERVICE D'ARMÉE analogue, à certains égards,
au SERVICE SUR MER, quand les TROUPES DE
TERRE y concourent; il participe, en outre,
du SERVICE DE CAMPAGNE. — Une INSTRUCTION
DE 1824 (15 OCTOBRE) réglait ce qui avait
rapport au départ des TROUPES D'INFANTERIE
pour leur destination outre-mer; elle s'occupait de leur résidence aux îles, des CON-
GÉS qui y pouvaient être obtenus, des DÉLÉ-
GATIONS qui y étaient autorisées, et du retour
des hommes en FRANCE ; elle déterminait
les relations que les TROUPES, aux COLONIES,
entretenaient avec l'ADMINISTRATION de la
MARINE ; elle traitait de leurs REVUES DE COMP-
TABILITÉ, de leurs REGISTRES MATRICULES, de
leurs FOURNITURES DE VIVRES et de CHAUFFAGE,
des envois de PETIT ÉQUIPEMENT, de leur CA-
SERNEMENT, de leurs HOPITAUX, de l'ENTRE-
TIEN et des RÉPARATIONS de leurs ARMES, et
des remises de FONDS.

SERVICE des CONVOIS. V. CONVOI. V. CON-
VOI MILITAIRE. V. ENTREPRISE.

SERVICE des ÉTAPES. V. CONVOI MILI-
TAIRE. V. ÉTAPE. V. ÉTAPIER.

SERVICE des FOURRAGES. V. ADMINISTRA-
TION D'ARMÉE. V. EMPLOYÉ DU SERVICE DES FOUR-
RAGES. V. FOURRAGE. V. FOURRAGE DE DISTRI-
BUTION.

SERVICE des POSTES AUX LETTRES. V.
POSTE AUX LETTRES.

SERVICE des SUBSISTANCES. V. DISTRIBU-
TION EN ROUTE. V. EMPLOYÉ DU SERVICE DES
SUBSISTANCES. V. EMPLOYÉ DES SERVICES. V.
FOURRAGE DE DISTRIBUTION. V. MINISTRE DE LA
GUERRE EN 1836. V. SUBSISTANCE.

SERVICE des TRANSPORTS. V. TRANSPORT.

SERVICE des VIVRES. V. CHEF DE DIVI-
SION. V. CORPS D'INTENDANCE N° 9, 10. V. EM-
PLOYÉ DU SERVICE DES VIVRES. V. LÉGION ROMAINE
N° 7. V. MINISTRE DE LA GUERRE EN 1843; id.
EN 1743. V. SARRAU. V. VIVRES.

SERVICE d'ÉTAT-MAJOR. V. BONJOUAN.
V. CANTONNEMENT. V. ÉTAT-MAJOR D'ARMÉE
N° 5. V. WERKLEIN.

SERVICE d'HOMME DE GARDE. V. FACTION-
NAIRE. V. HOMME DE GARDE.

SERVICE d'HOMME DE TROUPE. V. ACTE
D'ENGAGEMENT. V. ADJUDANT AU CAMP. V. AD-
JUDANT DE SEMAINE. V. ADJUDANT D'INFANTE-
RIE FRANÇAISE DE LIGNE N° 13. V. AGE D'ENRO-
LEMENT VOLONTAIRE. V. ANCIEN DE TROUPE. V.
ANCIENNETÉ DE SERVICE. V. ANNÉE DE SERVICE
D'HOMME DE TROUPE. V. ARME BLANCHE DE
TROUPE. V. CAPITAINE D'INFANTERIE FRANÇAISE
DE LIGNE N° 20. V. CERCLE D'ARRIVÉE. V. CHE-
VRON D'ANCIENNETÉ. V. CONGÉ DE SEMESTRE.
V. CONTINGENT. V. DÉLAI DE REPENTIR. V.
DEMI-CHEVRON. V. DOUBLE CHEVRON. V. ENGA-
GEMENT A VIE. V. ENGAGEMENT DE RECRUE. V.
ENROLÉ VOLONTAIRE. V. FONDS DE MASSE D'HOM-
ME DE TROUPE. V. FOURRIER D'INFANTERIE FRAN-
ÇAISE DE LIGNE N° 9. V. FUSTIGATION. V. GRACE.
V. HOMME APPELÉ. V. HOMME DE TROUPE N° 10.
V. MATRICULE. V. MUTILATION VOLONTAIRE. V.
PENSION DE RETRAITE. V. RECRUTEMENT. V. RÉ-

FORME. V. RENGAGEMENT. V. SERGENT-MAJOR
Nº 9. V. SERVICE PERSONNEL. V. TAILLE DE MI-
LITAIRE.

SERVICE d'honneur. V. GARDE D'HON-
NEUR. V. HONNEUR. V. POSTE D'HONNEUR.

SERVICE d'hopital. V. CHIRURGIEN DE
CORPS. V. CONSEIL DE SANTÉ. V. DAIGNAN. V.
HOPITAL. V. HOPITAL MILITAIRE.

SERVICE d'infanterie. V. CAVALERIE
FRANÇAISE Nº 8. V. COMMANDANT DE PLACE
Nº 5. V. EXERCICE D'INFANTERIE. V. FORMATION
SOUS LES ARMES. V. FROMMUELLER. V. GRAND
MAITRE DES ARBALÉTRIERS. V. GUÊTRE. V. HAUTE
PAYE PÉCUNIAIRE. V. INFANTERIE Nº 1, 7, 11.
V. INFANTERIE DE BATAILLE Nº 1, 5, 6. V. IN-
FANTERIE FRANÇAISE Nº 10. V. INFANTERIE
FRANÇAISE DE GARDE ROYALE Nº 3. V. INFAN-
TERIE FRANÇAISE DE LIGNE Nº 6. V. INFANTERIE
FRANCO-SUISSE Nº 4. V. INFANTERIE LÉGÈRE
Nº 8. V. LANDSBERG. V. MAJOR CAPITAINE Nº 5.
V. MINISTÈRE DE LA GUERRE. V. MUSIQUE. V.
PIQUE A MAIN. V. RÉGIMENT D'INFANTERIE. V.
SERGENT-MAJOR Nº 9. V. SERVICE DE ROUTE. V.
SERVICE JOURNALIER. V. SERVICE PERSONNEL.

SERVICE d'infanterie communale. V.
INFANTERIE COMMUNALE Nº 2, 6.

SERVICE d'infirmier. V. INFIRMERIE. V.
INFIRMIER.

SERVICE divin. V. AUMONIER DE CORPS.
V. COLONEL D'INFANTERIE FRANÇAISE DE LIGNE
Nº 14. V. CÉLÉBRATION DE SERVICE DIVIN. V.
DIVIN.

SERVICE d'officier. V. ABSENCE DE GRE-
NADIERS. V. ACTION POUR DETTES. V. ADJUDANT-
MAJOR EN CAMPAGNE. V. ALTROCK. V. ANCIEN-
NETÉ DE GRADE D'OFFICIER. V. ANCIENNETÉ DE
SERVICE D'OFFICIER. V. ANNÉE DE SERVICE D'OF-
FICIER. V. APPOINTEMENTS. V. ARRÊTS SIMPLES.
V. BAUDRIER D'OFFICIER. V. CAPITAINE D'INFAN-
TERIE FRANÇAISE DE LIGNE Nº 12. V. CERCLE
D'ARRIVÉE. V. CHEF D'ETAT-MAJOR D'ARMÉE. V.
CHEVAL D'OFFICIER. V. CLASSE HIÉRARCHIQUE. V.
COLONEL D'INFANTERIE FRANÇAISE DE LIGNE
Nº 17. V. CONTROLE DE SERVICE D'OFFICIER. V.
CORPS D'INTENDANCE Nº 1. V. CROIX DE SAINT-
LOUIS. V. DEMI-PIQUE. V. DÉMISSION. V. ÉTAT
DE SERVICE D'OFFICIER. V. GRADE. V. HAUSSE-
COL. V. HOMME DE TROUPE Nº 10. V. MARÉCHAL
DES LOGIS D'ARMÉE Nº 5. V. MATRICULE. V.
OFFICIER. V. OFFICIER A LA SUITE. V. OFFICIER
DE CAVALERIE Nº 2, 5. V. OFFICIER DE GARDE.
V. OFFICIER DE RONDE. V. OFFICIER D'ÉTAT-
MAJOR DE PLACE. V. OFFICIER FRANÇAIS Nº 2,
4, 6, 11. V. ORDRE DE SAINT-LOUIS. V. PEN-
SION DE RETRAITE. V. RÉFORME. V. RÉFORME
D'OFFICIER. V. RONDE D'OFFICIER. V. SERVICE DE
GARNISON. V. SERVICE PERSONNEL. V. SOUS-
INTENDANT Nº 3.

SERVICE d'ordonnance. V. CORVÉE AU
CAMP. V. OFFICIER D'ORDONNANCE. V. ORDON-
NANCE. V. ORDONNANCE IDIOPLIQUE.

SERVICE d'ost. V. OST.

SERVICE du campement. V. AGENT ADMI-
NISTRATIF. V. CAMPEMENT.

SERVICE du génie. V. GÉNIE. V. GÉNIE
IDIOPLIQUE Nº 5. V. LAISNÉ. V. OFFICIER D'AR-
TILLERIE.

SERVICE du guet. V. GUET. V. GUET DE
PARIS. V. SERVICE DE GARNISON. V. SERVICE
FÉODAL.

SERVICE du logement. V. CASERNIER. V.
LOGEMENT.

SERVICE du train. V. TRAIN.

SERVICE effectif. V. ANNÉE DE SERVICE
EFFECTIF. V. ARMÉE FRANÇAISE Nº 6. V. CAM-
PAGNE. V. EFFECTIF, adj. V. GRATIFICATION DE
PREMIÈRE MISE.

SERVICE en campagne. V. ADJUDANT-
MAJOR EN CAMPAGNE. V. CÉRÉMONIAL. V. CORPS
D'INTENDANCE Nº 9. V. EN CAMPAGNE. V. ÉTAT
CIVIL. V. ETAT-MAJOR D'ARTILLERIE. V. GARDE
AVANCÉE. V. GARDE DE DRAPEAU. V. GARDE EN
CAMPAGNE. V. HOTEL DES INVALIDES. V. ORDON-
NANCE DE SERVICE. V. REDOUTE. V. SERVICE DE
CAMPAGNE.

SERVICE en garnison. V. ADJUDANT AU
CAMP. V. ADJUDANT DE SEMAINE Nº 1. V. CÉ-
RÉMONIAL. V. CINQUIÈME TOUR DE SERVICE.
V. COLONEL D'INFANTERIE FRANÇAISE DE LIGNE
Nº 32. V. EN GARNISON. V. ÉTAT CIVIL.
V. GARDE DE DRAPEAU. V. GARDE EN GARNISON.
V. GUÉRITE. V. ORDONNANCE DE SERVICE EN
GARNISON. V. SERVICE. V. SERVICE DE GARNISON.
V. SERVICE JOURNALIER. V. SUBDIVISION.

SERVICE en route. V. CÉRÉMONIAL.
V. COMMANDANT DE PLACE Nº 5. V. EN ROUTE.
V. RÈGLEMENT DE SERVICE EN ROUTE. V. SER-
VICE. V. SERVICE DE ROUTE.

SERVICE espagnol. V. ESPAGNOL, adj.
V. MILICE ESPAGNOLE Nº 2, 5, 10. V. RÉGI-
MENT FRANÇAIS Nº 2. V. TERZE.

SERVICE étranger. V. ALBANAIS. V.
AMORCER. V. ARMÉE FRANÇAISE Nº 6. V. BRI-
GADE D'ARMÉE. V. BUFFLETERIE. V. CHANCELIER.
V. COMMISSAIRE DES GUERRES Nº 4. V. COMPA-
GNIE COLONELLE. V. DEMI-GIBERNE. V. DOMES-
TIQUE. V. DRAGON FRANÇAIS. V. DRAGONNE
D'OFFICIER. V. ÉTRANGER, adj. V. FUSÉE DE
GUERRE. V. GARDES DU CORPS Nº 3. V. GÉNÉRAL
FRANÇAIS Nº 1. V. GÉSATE. V. GUERRE. V. IN-
FANTERIE Nº 6. V. INFANTERIE DE BATAILLE
Nº 6. V. INFANTERIE LÉGÈRE Nº 6. V. INGÉ-
NIEUR MILITAIRE. V. MILICE ESPAGNOLE Nº 2.
V. PAS CADENCÉ. V. PAS D'ÉCOLE. V. PAS TACTI-
QUE. V. RÉGIMENT DE CAVALERIE. V. RÉGIMENT

D'INFANTERIE. V. SERVICE PERSONNEL. V. STRADIOT. V. TAMBOUR-MAJOR Nº 6.

SERVICE EXTÉRIEUR. V. EXTÉRIEUR, adj. V. MAJOR GÉNÉRAL.

SERVICE EXTRAORDINAIRE. V. ADMISSION DANS LA LÉGION D'HONNEUR. V. CERTIFICAT D'ASPIRANT A LA LÉGION. V. EXTRAORDINAIRE, adj. V. SERVICE JOURNALIER.

SERVICE FÉODAL (F), OU CAVALGUÈTE, c'est-à-dire SERVICE A CHEVAL, comme l'appelle ROQUEFORT, OU CHEVAUCHÉE, OU HOSTICE, OU MILICE, OU SERVICE FIEFFÉ, OU SERVICE PAR TENURE. Sorte de SERVICE PERSONNEL qui était une obligation imposée aux FEUDATAIRES. — L'institution et la mise en action de ce genre de SERVICE furent une conception simple. Il n'y aurait pas d'usurpateurs en chef, s'il n'y avait pas d'adhérents ou de complices en sous-ordre, et ceux-ci ne prêtent les mains aux CONQUÊTES qu'à titre onéreux pour leur maître ; ainsi, le SERVICE ARMÉ, le Service conservateur des FIEFS, furent une conséquence forcée de l'usurpation des terres, comme les BÉNÉFICES MILITAIRES furent le payement de la complicité des LEUDES. — Le possesseur des terres conquises qui bâtissait une loge au BARON chargé de veiller aux limites du DOMAINE, lui disait : Tu jouiras annuellement de l'usufruit du sol où je t'installe, à condition que tu m'aideras à garder le territoire, en venant à mon aide quand je t'appellerai ; à ces conditions tu feras partie des GENTILS, des SERGENTS FIEFFÉS, des VASSAUX avantagés. Si tu n'y viens, je brûle ton manoir. — Bientôt cette possession annale, usufruitière, cette NOBLESSE, devinrent viagères. — Les EMPEREURS ROMAINS avaient donné les premiers exemples de cette espèce de contrat. ALEXANDRE SÉVÈRE, mort en 211, PROBUS, mort en 282, octroyèrent viagèrement des propriétés territoriales à leurs esclaves, à leurs affranchis, à leurs soldats ; ils confièrent des troupeaux, des animaux d'exploitation à des CHEFS DE GUERRE chargés ainsi, à double titre, à titre onéreux et intéressé, de la défense des FRONTIÈRES. La grande muraille bâtie en ANGLETERRE, contre les incursions des Pictes, par ALEXANDRE SÉVÈRE, avait pour gardiens de ses MARCHES, ou pour MARQUIS, des *limitarii duces*. — En 558, CLOTAIRE PREMIER attachait une LEVÉE de SERFS à l'ARMÉE qu'il TENAIT SUR PIED ; c'était une innovation remarquable, un germe de CONSCRIPTION indépendante de la chaîne des TENURES. —On a prétendu que, sous la dynastie mérovingienne, tout possesseur de trois manoirs était tenu de servir en personne ; que le propriétaire d'un seul manoir était tenu de s'adjoindre à deux autres, et que l'un d'eux SERVAIT aux frais de ses associés. Cette ADMINISTRATION compliquée, ce difficile cadastrement paraissent peu croyables. D'ailleurs on se rend mal compte de ce que c'était qu'un manoir. En général, le Service féodal n'a jamais été qu'un chaos, quand une royale main de fer, un vouloir à la CHARLEMAGNE, n'en gouvernaient pas les éléments. — Sous la PREMIÈRE RACE, comme le dit VELLY, à la date 693, tous les FRANÇAIS étaient tenus de SERVIR à vie, en personne et à leurs frais ; mais cette assertion ainsi jetée est obscure ; il ne faut pas perdre de vue que les ROTURIERS n'étaient pas censés FRANÇAIS, et qu'alors FRANCS, FRANÇAIS et NOBLES étaient synonymes ; aussi, quand en 1793 les républicains criaient : A bas la NOBLESSE ! ils faisaient un contre-sens, ils auraient dû crier : Vive la noblesse contribuable ! puisque c'était elle qui payait le plus, puisque la liberté ENRÔLAIT, enchaînait tous les indigènes mâles, puisque l'égalité ne dispensait aucun de SERVICE MILITAIRE, ni d'impôts, puisque la plébécule s'anoblissait. Le rétablissement de la NOBLESSE napoléonienne n'a donc été qu'une vaine concession de titres, non une rénovation de droits nobiliaires. — Mais revenons aux anciennes RACES ; revenons aux TENANCES, TENEMENTS, TENUES, TENURES, puisque les généalogistes, l'ENCYCLOPÉDIE (1751, C), GANEAU, se servent synonymement de ces expressions pour donner idée du Service des TENANCIERS, OU TENANTS. — Un contingent déterminé, mais de proportions diverses, était exigé des possesseurs d'ALLEUX, OU HOMMES LIBRES, de même qu'il l'était des BÉNÉFICIERS et des SEIGNEURS FIEFFÉS, OU hommes NOBLES, possesseurs de TERRES SALIQUES ; ces TERRES, transformées en SEIGNEURIES, n'étaient soumises à aucune autre servitude ou redevance. — Les ECCLÉSIASTIQUES eux-mêmes, s'ils jouissaient de DOMAINES de ce genre, n'étaient pas dispensés de PRENDRE LES ARMES, mais ils en étaient exempts, si les terres étaient tenues en franche aumônerie. Cette distinction amena des arrangements frauduleux ; l'Église simulait l'acquisition de certains DOMAINES, moyennant redevances, puis elle les rendait à bail ou en FIEFS aux vrais propriétaires, qui achetaient ainsi le droit de se soustraire à l'impôt du Service. — Telle fut, sous les DRAPEAUX des anciens monarques de France, leur MILICE. On suppose qu'il y était attaché des TROUPES PERMANENTES ayant une paye, ou seulement peut-être un droit au partage du PILLAGE. Le BAN, uniquement royal jusqu'au règne de CHARLEMAGNE, le BAN, espèce de CONSCRIPTION dont parlent ses CAPITULAIRES, était toutefois le moyen principal des LEVÉES de l'époque; mais on est mal éclairé touchant la DURÉE du Service alors exigé. On sait, du reste, qu'en un temps où peu de FRANÇAIS étaient lettrés, l'enregistrement constatant le Service rendu ou le Service accompli; et le doit et avoir de la CHEVAUCHÉE, consistait dans des TAILLES A COCHES. — Le Service féodal prit une forme nouvelle en 847, par suite du traité malhabile de Mersen-sur-Meuse, traité par lequel CHARLES LE CHAUVE permit aux GRANDS VASSAUX de se refuser à suivre le monarque à la GUERRE, ou les autorisa à ne l'y accompagner que pour une DURÉE de temps fort restreinte. Le monarque avait l'intention de paralyser, par ce traité, la puissance de ses frères; mais, en octroyant cette prérogative aux GENTILSHOMMES et à la CHEVALERIE FIEFFÉE, il coupa dans sa racine l'autorité dont auraient joui ses successeurs. — La FÉODALITÉ, jusque-là royale, devint princière. Le BAN royal commença à se changer en BAN ET ARRIÈRE-BAN. Le droit de GUERRES PRIVÉES prit naissance, comme le remarque M. SISMONDI; cette anarchie armée prépara l'asservissement de quantité d'HOMMES LIBRES, et amena la dépopulation d'une grande étendue de territoire, où des colonies franques, plusieurs fois renouvelées, se sont autant de fois éteintes. — Tant que les COMTES avaient été les hommes du roi, et jusqu'à l'époque où ils se firent eux-mêmes SEIGNEURS DOMINANTS, les HOMMES LIBRES étaient militairement sous leur conduite; les LEUDES, les ARRIÈRE-VASSAUX, étaient sous la conduite de leur SUZERAIN. — Depuis LOUIS LE BÈGUE, les SEIGNEURS obtinrent ou s'attribuèrent le droit de fortifier, d'encasteler leur demeure; ils consolidèrent leur puissance en levant autant de petites ARMÉES FÉODALES qu'il existait de DOMAINES d'une certaine importance; ils partagèrent en de nouveaux lots leurs TERRES; ils les sous-inféodèrent en BACÈLES, en ÉCUAGES OU FIEFS D'ÉCUYER. Ces SOUS-FIEFS furent érigés, en général, sous la condition du SERVICE MILITAIRE au profit du SEIGNEUR; mais le Service féodal n'était pas uniquement militaire toujours, et celui de la SERGENTERIE, classe ou échelon le moins élevé de la NOBLESSE, a été, en partie, une fonction de domesticité ou de judicature. — L'HOMMAGE-LIGE, ou déclaration verbale et authentique de l'HOMME-LIGE, engageait à la fois et la terre et son possesseur, comme le dit MILLOT, et obligeait ce possesseur à SERVIR pendant la DURÉE de la GUERRE, en outre du Service de cour et de plaid. Au couronnement de la reine Victoria, en juin 1838, Auguste-Frédéric, duc de Sussex, agenouillé devant sa jeune souveraine, lui disait dans l'abbaye de Westminster : « Moi, duc, etc., deviens votre HOMME-LIGE d'esprit et de corps, je vous jure dévouement et fidélité, et promets de vivre et mourir pour vous en toute occasion. » Ce discours fut clos par un baiser sur la joue gauche de la vierge couronnée. Mais, pour que la cérémonie eût ce vrai parfum MOYEN AGE que les ANGLAIS aiment tant, il eût fallu que les vieilles mains nues de l'HOMME-LIGE fussent saisies dans les jeunes mains dégantées de la suzeraine. — L'HOMMAGE ordinaire, au contraire, n'obligeait les terriers au Service que pendant un temps déterminé; enfin, un HOMMAGE d'un usage moins répandu n'emportait pas l'obligation de SERVIR de l'épée ou de la lance, mais renfermait l'engagement de s'abstenir de combattre directement ou indirectement le SUZERAIN. Ce dernier hommage, ce Service négatif s'appelait PLANE OU SIMPLE. On appelait LIGE-ESTAGE, un Service de GUET. — Du reste, il n'y a pas de déductions générales et absolues à tirer de ces usages que chaque jour modifiait. — Le Service de VASSALITÉ imposé à nos ROIS par le couvent de Saint-Denis, VASSALITÉ fictive, à la vérité, a rendu célèbre l'ORIFLAMME. — Au douzième siècle, le Service que les SEIGNEURS féodaux devaient à la couronne, variait de DOMAINE à DOMAINE, de province à province; il était de cinq, de dix, de quinze, de quarante jours. Ces différences résultaient probablement des concessions qui avaient été arrachées à CHARLES LE CHAUVE, LOUIS LE BÈGUE, HUGUES CAPET, par des VASSAUX qui rivalisaient avec eux de puissance; elles résultaient aussi de l'adhésion inégale, successive des communes qui, en secouant le joug des SEIGNEURS, ne s'associaient au trône que sous de dures réserves. Ainsi avaient fait les Rouennais, qui ne devaient qu'un jour de Service. — Après l'expulsion des chrétiens d'Orient, dépossédés par les TURCS, les TIMARIOTS, créés en vue du Service féodal, eurent en partage les terres des vaincus. — En 1159, les formes du Service féodal subirent, en ANGLETERRE, des modifications dont l'influence politique allait s'étendre dans toute l'EUROPE. HENRI DEUX d'ANGLETERRE, en convoquant le BAN, proposa aux FEUDATAIRES de se racheter du Service, au prix de soixante sous d'Anjou par chaque FIEF DE HAUBERT. La libération de l'ÉCUAGE et le RECRUTEMENT royal à prix d'argent datent de là. Cette même somme de soixante sous était une amende française imposée en punition du manquement au Service, et probablement elle servait à acheter des soldats. — Tel fut le premier exemple des

MES, OU DISPENSES D'HOST, et du rachat des CAVALGUÈTES, des CHEVAUCHÉES; telle fut l'origine des contributions consenties et levées pour l'entretien des TROUPES STIPENDIAIRES; c'est l'époque où les CHEVALIERS par affiliation commencèrent à servir de gré à gré, et vénalement, dans les rangs non rétribués de la CHEVALERIE FIEFFÉE. La transition du système du Service féodal au système du SERVICE VOLONTAIRE allait avoir lieu. — Les CROISADES, sauf peut-être les premières, contribuèrent à l'introduction de ce double mode du Service féodalement FORCÉ, et du SERVICE MERCENAIRE contractuel; mais le BAN ET ARRIÈRE-BAN continua encore longtemps à être convoqué. — En 1213, PHILIPPE AUGUSTE assimilait au crime de lèse-majesté la désobéissance des FEUDATAIRES qui résistaient aux injonctions de SERVIR; il déclarait saisissable le FIEF des réfractaires. — La DURÉE du Service des TROUPES FÉODALES, qui sous la PREMIÈRE et la SECONDE RACE n'avait pas excédé trois mois, avait continué à varier dans chaque TERRE SEIGNEURIALE. Louis NEUF fixa cette DURÉE à deux mois, et PHILIPPE LE BEL à quatre mois. — Vers ces époques, où commençait à décliner la FÉODALITÉ, la CHEVALERIE D'AFFILIATION se substituait peu à peu à la CHEVALERIE FIEFFÉE et composait des armées moins défectueuses; par comparaison aux ARMÉES FÉODALES, on eût pu les appeler RÉGULIÈRES. — Aux quatorzième et quinzième siècles, le Service féodal admettait quantité de REMPLAÇANTS. — La MILICE POLONAISE, dans le siècle dernier, offrait encore l'image du Service féodal. — Les ÉCRIVAINS qui éclairent le sujet sont: ARGENVILLERS, M. BONTEMPS, BOUCHEL, M. MONTEIL, et tous ceux qui ont traité du BAN, de la FÉODALITÉ et des FIEFS.

SERVICE FIEFFÉ. V. FIEFFÉ. V. MILICE FIEFFÉE N° 2. V. SERVICE FÉODAL.

SERVICE FORCÉ. V. ACADÉMIE MILITAIRE. V. FORCÉ, adj. V. GENDARMERIE DU MOYEN AGE. V. LANCE FOURNIE. V. MILICE RUSSE N° 9. V. NOBLE. V. RECRUTEMENT. V. SERVICE CONSCRIPTIF. V. SERVICE FÉODAL. V. SERVICE PERSONNEL.

SERVICE FRANÇAIS. V. ARMÉE FRANÇAISE N° 9. V. COCHE (noms propres). V. EXEMPTÉ. V. FRANÇAIS, adj. V. GENTILHOMME. V. HUSSARD N° 1. V. NOM DE GUERRE. V. OFFICIER DE GARDE. V. PAS CADENCÉ. V. SERVICE CONSCRIPTIF. V. SERVICE PERSONNEL.

SERVICE HANOVRIEN. V. HANOVRIEN, adj. V. MILICE HANOVRIENNE N° 1.

SERVICE HORS D'EUROPE. V. ANNÉE DE SERVICE HORS D'EUROPE. V. HORS D'EUROPE.

SERVICE INTÉRIEUR. V. ADJUDANT DE SEMAINE N° 1. V. CAPITAINE DE POLICE. V. CORPS SÉDENTAIRE. V. ÉCOLE DE MARS N° 4. V. INTÉRIEUR, adj. V. KROHN. V. LÉGISLATION (1788, 1er JUILLET); id. (1792, 24 JUIN); id. (1816, 24 JUILLET); id. (1818, 13 MAI); id. (1833, 2 NOVEMBRE). V. MILICE PIÉMONTAISE N° 8. V. ORDONNANCE DE SERVICE INTÉRIEUR. V. PRÉVAL (1827). V. PORTE-DRAPEAU N° 6. V. RÈGLEMENT DE SERVICE INTÉRIEUR. V. SERGENT D'INFANTERIE FRANÇAISE DE LIGNE N° 11.

SERVICE JOURNALIER (E), OU GUET, comme on l'appelait avant HENRI QUATRE, ou SERVICE TESSÉRAIRE, c'est-à-dire commandé comme l'était celui des ROMAINS, quand la TESSÈRE en était le signe indicateur. — Cette sorte de SERVICE a varié suivant les ARMES, suivant la HIÉRARCHIE qui y est établie, suivant les GRADES D'OFFICIERS, suivant les ORDONNANCES qui les régissent. — Considéré comme SERVICE D'INFANTERIE, il se proportionne à la FORCE des HOMMES PRÉSENTS; il est au nombre des principaux DEVOIRS; il comprend les CORVÉES, ESCORTES, GARDES, HONNEURS rendus en cas de DÉCÈS, PARADES, PATROUILLES, PIQUETS, POSTES D'HOMMES DE GARDE, REVUES, RONDES, SERVICE ARMÉ et sans ARMES. — Le Service journalier a donné naissance aux expressions ÊTRE DE SERVICE, FAIRE LE SERVICE, TOUR DE SERVICE. — On a proposé d'appeler SERVICE PHYLACTIQUE celui qui aurait rapport à l'art de se GARDER, de se TENIR SUR LA DÉFENSIVE. — Jadis de vieux HABILLEMENTS étaient mis en réserve pour être portés par les SOLDATS DE SERVICE à certains POSTES. — Le Service qui serait réglé suivant les formes les plus parfaites, serait celui qui pourrait, le plus facilement, être accompli avec exactitude; qui garantirait le mieux la sûreté générale en TEMPS DE PAIX, la sûreté de l'ARMÉE en TEMPS DE GUERRE; qui fatiguerait le moins les MILITAIRES AU SERVICE et DE SERVICE; qui répondrait de la manière la plus simple et la plus égale, aux besoins des diverses LOCALISATIONS, c'est-à-dire qui s'approprierait le plus convenablement aux cas de GARNISON, de ROUTE, de SÉJOUR, et qui ne s'appesantirait pas au désavantage des HOMMES PRÉSENTS, comme l'occasionne trop souvent le nombre des ABSENTS, des PERMISSIONNAIRES, des SEMESTRIERS, des MALADES, des HOMMES A L'INFIRMERIE, des TRAVAILLEURS et de tous les HOMMES EXEMPTS, n'importe à quel titre. — Pour obvier à cet inconvénient grave d'une surcharge et d'une fluctuation de Service, les ORDONNANCES avaient déterminé, mais avec peu de fruit, quel devait être, dans le Service des GARNISONS, le nombre des nuits de repos. — Les INSTRUMENTS DE MUSIQUE des anciens avaient été inventés comme moyen de faire les SIGNAUX de Service, de même que les BATTERIES DE CAISSE, les RAPPELS, les SONNERIES y servent de nos jours ; ainsi, la BATTERIE AUX DRAPEAUX est l'annonce du genre de Service pour lequel il est de règle de déployer le DRAPEAU. — Les ORDONNANCES DE 1355 (DÉCEMBRE), DE 1355 (12 FÉVRIER), cherchaient à poser quelques règles touchant le Service ; mais, par mille causes, elles étaient tombées en désuétude presque aussitôt que publiées. Plus tard, la LÉGISLATION française s'y était de nouveau essayée, mais elle n'a, pendant longtemps, produit que des préceptes incomplets, épars, insuffisants ; ce n'est pour ainsi dire que de nos jours, que des MINISTRES, mieux renseignés par les écrivains qui ont publié des traités particuliers sur ces matières, ont établi des RÈGLEMENTS spéciaux sur différents genres de Service, et en ont assuré l'exécution en leur appliquant comme moteur le ressort du SERVICE DE SEMAINE. — Une des causes de zizanie entre les CORPS PRIVILÉGIÉS et la LIGNE, était l'inégalité des charges et des formes du Service. — Le Service individuel des MILITAIRES se commandait par RANG DE PIQUE ; cette expression, empruntée des habitudes des cloîtres, indiquait que le TOUR DE SERVICE de chacun était marqué sur une liste ou sur un RÔLE, au moyen d'une piqûre ou d'un trou qu'on y faisait à côté du nom. — Le Service des corps se commandait suivant le rang honorifique du CHEF de chacun de ces CORPS ; c'était ce qu'on appelait ROULER : ainsi, un CORPS de création moderne, commandé par un CHEF ancien, eût passé avant un CORPS plus ancien, sous les ordres d'un CHEF plus jeune. — Le Service s'est fait ensuite, depuis et pendant le dernier siècle, suivant l'ordre d'ANCIENNETÉ des CORPS ; il ROULE par RÉGIMENTS ou par CADRES ; il se mesure à raison de la force des COMPAGNIES ; il est prescrit par la voie de l'ORDRE DU JOUR ; son MÉCANISME concerne les CHEFS DE BATAILLON DE SEMAINE, les ADJUDANTS-MAJORS et ADJUDANTS DE SEMAINE. — A la création des RÉGIMENTS, le Service de l'INFANTERIE était commandé, non en épuisant, HOMME par HOMME, la liste des COMPAGNIES, mais en les épuisant ESCOUADE par ESCOUADE. Ce mode défectueux a été abandonné pour le mode actuel quand des principes mieux étudiés ont prévalu. — Pendant le dernier siècle, l'INFANTERIE croisait, en hiver, les REVERS pour FAIRE LE SERVICE. — Des APPELS, des VISITES DE POSTE, des RONDES ont pour objet de constater la régularité du Service ; un registre est consacré aux inscriptions qui y ont trait. — Les ABSENTS qui le sont régu-

lièrement ne sont tenus ni de reprendre ni de payer le Service ; il en est de même des HOMMES EN CONGÉ DE SEMESTRE, EN CONVALESCENCE, EN DEMI-SOLDE, AU CACHOT, EN PRISON ; mais les PUNITIONS de la SALLE DE DISCIPLINE et de la CONSIGNE ne sont pas une cause de suspension du Service. — Au temps de l'existence d'une GARDE IMPÉRIALE et d'une GARDE ROYALE, l'application des lois concernant le Service journalier était des plus difficiles, si ce Service devait être concurremment accompli par des MILITAIRES de la GARDE et de la LIGNE, parce que les OFFICIERS des CORPS PRIVILÉGIÉS prétendaient commander, non à raison du GRADE réel et nominal, mais à raison du GRADE fictif dont ils avaient le BREVET. — Il n'y a plus de RÈGLEMENTS exécutables dans une armée où il est souffert des CORPS PRIVILÉGIÉS. — Au nombre des moyens de COMMANDER le Service, sont les CERCLES D'APPEL, D'ARRIVÉE, DE POLICE. — L'ORDONNANCE DE 1833 (2 NOVEMBRE, art. 75 et 133) s'occupait des détails du SERVICE PAYÉ, c'est-à-dire du SERVICE DE SOLDAT, quand ce Service est accompli par un camarade, moyennant dédommagement pécuniaire. — Il est, en certaines circonstances, délivré de l'EAU-DE-VIE aux HOMMES DE TROUPE, en cas de SERVICES EXTRAORDINAIRES ; elle est accordée comme fortifiant. — L'étude du Service, ses THÉORIES, le maintien des principes sur lesquels il se règle, sont sous la surveillance des INSPECTEURS GÉNÉRAUX D'ARMES. — Les AUTEURS qui ont traité du Service journalier, sont : BARDIN (1814, E), BOMBELLES (1746, A), DUBOUSQUET (1769, B), GUIGNARD (1725, B, t. 1er, p. 226), LACHESNAIE (1758, I, aux mots *Exemption, Garde d'une place, Rouler*), M. le général PRÉVAL (1812, 1817), SCHARNHORST (1795, D). — Le Service journalier se distingue en SERVICE D'ARMÉE, — DE CAMPAGNE, — DE GARNISON, — DE ROUTE.

SERVICE MATRICULAIRE. V. MATRICULAIRE. V. SERVICE PERSONNEL.

SERVICE MÉDICAL. V. BEINL (nom propre). V. CHIRURGIEN EN CHEF. V. CHIRURGIEN-MAJOR D'INFANTERIE FRANÇAISE DE LIGNE N° 10, 18. V. MÉDICAL. V. SERVICE DE SANTÉ.

SERVICE MERCENAIRE. V. MERCENAIRE. V. SERVICE FORCÉ.

SERVICE MILITAIRE. V. BOCHAT (nom propre). V. CHEVALIER GENTILHOMME. V. CONSTITUTION. V. ENFANT TROUVÉ. V. ÉTAT CIVIL. V. FORTIFICATION. V. FOURCHETTE DE MOUSQUET. V. KINSKI (1795). V. MILICE FRANÇAISE N° 2. V. MILICE GRECQUE N° 6. V. MILITAIRE, adj. V. OFFICIER DE GARDE. V. POSTE D'HONNEUR. V. SERVICE. V. SERVICE FÉODAL. V. SERVICE PERSONNEL. V. STATISTIQUE. V. TRAVAILLEUR.

SERVICE MILITAIRE FÉODAL. V. FÉODAL. V. MILITAIRE, adj. V. SERVICE FÉODAL. V. TENANT FÉODAL.

SERVICE NAPOLITAIN. V. MILICE NAPOLITAINE N° 1. V. NAPOLITAIN, adj.

SERVICE NÉERLANDAIS. V. MILICE NÉERLANDAISE N° 1, 3. V. NÉERLANDAIS, adj.

SERVICE ORDINAIRE. V. ANNÉE DE SERVICE ORDINAIRE. V. ORDINAIRE, adj.

SERVICE PAR BRIGADES. V. BRIGADE D'ARMÉE. V. LIEUTENANT GÉNÉRAL N° 6. V. PAR BRIGADES.

SERVICE PAR TENURE. V. CHEVALIER DU MOYEN AGE N° 1. V. PAR TENURE. V. SERVICE FÉODAL.

SERVICE PAYÉ. V. BORDEREAU DE SERVICE PAYÉ. V. CAHIER DE PETIT CONGÉ. V. CAPITAINE D'INFANTERIE FRANÇAISE DE LIGNE N° 25. V. MASSE DE LINGE ET CHAUSSURE. V. MASSE DE PROPRETÉ. V. OFFICIER DE SECTION ADMINISTRATIVE. V. OFFICIER INFÉRIEUR. V. PAYÉ, adj. V. SERVICE JOURNALIER.

SERVICE PERMANENT. V. MILICE FRANÇAISE N° 2. V. PERMANENT, adj.

SERVICE PERSONNEL (A, 1), ou SERVICE MATRICULAIRE. Sorte de SERVICE considéré d'une manière générale et comme synonyme de l'ÉTAT DE PRÉSENCE SOUS LES DRAPEAUX, sans faire distinction du SERVICE FÉODAL ou d'ÉCUAGE, du SERVICE CONSCRIPTIF ou FORCÉ, du SERVICE VOLONTAIRE, etc. — Le Service est l'accomplissement des fonctions d'un MILITAIRE, pendant tout le temps qu'il appartient à l'ARMÉE ; il a pour salaire la SOLDE ; il date de l'inscription sur la MATRICULE ; il cesse également à l'instant de la RADIATION sur les CONTROLES ou de la délivrance du CONGÉ. — Se METTRE AU SERVICE, c'est s'assujettir aux lois de la DISCIPLINE ; accomplir ce Service, c'est ÊTRE EN ACTIVITÉ, c'est compter dans la FORCE. — La CONSTITUTION de l'ARMÉE décide de la nature et de la DURÉE obligée du Service. Le genre du Service décide du genre d'ARMEMENT. — Sous le rapport de l'économie, a dit HALLAM (t. III, p. 192), *il y a toujours de l'avantage pour les citoyens à ce que leur Service personnel soit converti en taxe ; mais il ne faut pas considérer exclusivement l'économie, elle ne peut jamais contrebalancer cette dégradation du caractère national à laquelle on expose un peuple dont on abandonne la défense à des étrangers.* — Chez les puissances à ÉTAT MILITAIRE, le Service s'évalue à peu près, en TEMPS DE PAIX, à raison d'un MILITAIRE sur cent habitants. — Chez les ROMAINS, le SERMENT était le prélude du Service ; aussi appe-

lait-on *sacramentum*, le SERVICE MILITAIRE, et *sacratus*, le SOLDAT admis à SERVIR. — Il fut un temps où, dans cette MILICE, le Service de l'INFANTERIE était de vingt ans ; celui de la CAVALERIE, de dix. La dureté de cette servitude occasionna plus d'une révolte. — M. LISKENNE (t. II, p. 20) témoigne que, chez ce peuple, la DISPENSE du SERVICE fut tantôt une RÉCOMPENSE, tantôt un CHATIMENT. — AUDOUIN (p. 317) traite, en un long chapitre, des formes du SERVICE MILITAIRE, considéré aux époques où il était obligatoire pour les personnages du sacerdoce ; mais les temps de la FÉODALITÉ, les usages de l'INFANTERIE COMMUNALE, la HIÉRARCHIE alors observée et la manière dont on SERVAIT au MOYEN AGE, ne nous sont connus que d'une manière peu complète ; l'histoire, à cet égard, fait défaut. — Les ORDONNANCES à peine développées DE 1355 (DÉCEMBRE) et de 1355 (12 FÉVRIER) traitèrent, des premières, de quelques règles du SERVICE FRANÇAIS. — Suivant les temps, suivant les pays, la CONSTITUTION de l'ARMÉE et la différence des ARMES ont décidé du plus ou moins de prolongation du Service. — Les règles touchant la durée du Service ont tellement varié, que quand il était FÉODAL, il n'était que d'un jour à ROUEN et de cinq jours en certaines provinces, tandis que, quand il a résulté ou d'ENROLEMENT libre ou d'une espèce de PRESSE, il a été à perpétuité en quelques circonstances ; ainsi il n'est devenu une SERVITUDE, que quand il n'existait plus de SERFS. — A la manière d'ITALIE, les AVENTURIERS de LOUIS ONZE s'engageaient pour un mois. — Depuis l'institution des LÉGIONS DE FRANÇOIS PREMIER, la loi a commencé à s'occuper de l'ANOBLISSEMENT, des RÉCOMPENSES, des GRADES propres à encourager le SERVICE MILITAIRE ; de règne en règne, une PAYE plus régulière, l'AVANCEMENT, les DÉCORATIONS, les MAJORATS en ont été le prix et les stimulants ; les PENSIONS DE RETRAITE, accordées d'abord comme une RÉMUNÉRATION arbitraire, se sont changées en un DROIT consacré. — Une ORDONNANCE DE 1546, que nous a conservée BILLON (1641, A), exigeait des ENROLÉS le SERMENT de SERVIR pendant trois mois, *sous le capitaine sous lequel ils faisoient monstre.* — Sous HENRI QUATRE, une espèce de PRESSE, dont celle des ANGLAIS est encore l'image, donnait des HOMMES DE GUERRE. LOUIS QUATORZE faisait traquer des paysans comme des bêtes fauves ; sous son règne et sous LOUIS QUINZE, les FOURS DE PARIS contribuèrent pour beaucoup au RECRUTEMENT. — Quelques gouvernements de l'EUROPE, ainsi que nous l'avons dit en traitant de leur MILICE, méconnaissaient ce que le Service personnel doit avoir de noble et de national, et regardaient la PROFESSION de SOLDAT comme une expiation des CRIMES poursuivis par la JUSTICE civile. Les CADRES de TROUPES étaient des espèces de cabanons où des bandits venaient, de force ou de gré, s'associer aux DÉFENSEURS DE LA PATRIE. LOUIS QUATORZE lui-même faisait violemment enrôler, dans ses TROUPES, des vagabonds de toutes nations. — Sous ce prince, des ENGAGEMENTS VOLONTAIRES se contractaient pour un an ; mais les CAPITAINES trouvaient mille moyens d'éluder la délivrance des CONGÉS, et en outre des MILICIENS, qui étaient de ROTURIERS CONSCRITS, quantité de SOLDATS étaient ENRÔLÉS de force, ou par ruse, et sans espoir de LIBÉRATION. — Le Service personnel a été une voie et presque un droit à la naturalisation ; une déclaration de 1715, enregistrée au parlement, octroyait qualité de FRANÇAIS à tout étranger qui pouvait justifier d'un SERVICE MILITAIRE de dix ans ; aussi s'étonne-t-on qu'un prince aussi instruit que LOUIS DIX-HUIT l'ait ignoré et qu'il ait exigé que l'illustre Masséna se naturalisât ; mais la LÉGISLATION MILITAIRE était un chaos, une arcane même, pour le gouvernement et pour les MINISTRES. — Avant l'ORDONNANCE DE 1722 (28 JUIN) le Service des SOLDATS était un véritable esclavage ; aucun HOMME DE TROUPE n'avait la perspective d'un CONGÉ à terme fixe. Cette ORDONNANCE fut le véritable affranchissement de l'ARMÉE, et le premier essai d'une CONSTITUTION MILITAIRE. — L'ÉDIT DE 1726 (16 DÉCEMBRE) fixait à quatre ans le Service. — Les ORDONNANCES subséquentes de LOUIS QUINZE élevèrent la DURÉE du Service par ENROLEMENT à huit ans. — Avant le MINISTÈRE de SAINT-GERMAIN, la PEINE DE MORT était, sauf à l'égard des OFFICIERS, répressive de l'ABANDON du Service. On PASSAIT PAR LES ARMES les HOMMES DE TROUPE coupables de DÉSERTION. — Le Service personnel des OFFICIERS, depuis l'abolition du BAN ET ARRIÈRE-BAN, était devenu libre et illimité. Les GENTILSHOMMES, quoique la loi se tût à cet égard, se regardaient comme ayant droit, sans en solliciter l'autorisation, de renoncer, quand bon leur semblait, à la PROFESSION DES ARMES ; MONTESQUIEU le témoigne et avance sur cette question les plus étranges hérésies. — Le MINISTÈRE commençait, depuis LOUIS QUINZE, à tenir état des Services, mais il n'existait pas, avant le milieu du dix-huitième siècle, de MATRICULE ministérielle ; c'était aux CORPS mêmes qu'il fallait directement s'adresser pour obtenir certificats et renseignements. Cette branche d'ÉTAT CIVIL était dans l'enfance. — De nos jours, le Service des HOMMES, soit VOLON-

TAIRES, soit CONSCRITS, se rattache à des dispositions auxquelles les OFFICIERS DE L'ÉTAT CIVIL prennent part. — Suivant les usages de la PRUSSE, de la BELGIQUE, de la HOLLANDE et de quelques principautés de l'ALLEMAGNE, la moitié du temps du Service des HOMMES DE TROUPE, Service qui, en tout, n'outrepasse guère cinq ou six ans, se passe en CONGÉ dans leurs foyers. Les orphelins, les hommes sans ressources pécuniaires, sans profession, restent seuls en permanence sous le DRAPEAU. — LES ABSENCES AUTORISÉES, quoiqu'elles interrompent, en réalité, l'ACTIVITÉ DE SERVICE, n'étaient cependant pas censées le suspendre en point de droit ; ainsi le DROIT à la PENSION DE RETRAITE se conservait entier ; mais ce qu'on a appelé la MISE EN RÉFORME, a fait varier ces règles ; elles ont été si mobiles, si dissemblables, qu'elles ne méritent pas qu'on les recherche et les énumère. — Maintenant l'ANCIENNETÉ D'APPELÉ ou d'ENRÔLÉ décide du droit d'être CONGÉDIÉ ou RETRAITÉ. — Si le Service d'un HOMME DE TROUPE est VOLONTAIRE, un ACTE D'ENGAGEMENT ou de RENGAGEMENT légalement libellé l'autorise et le constate. — Si ce n'est dans les cas extraordinaires, un examen des Services précède l'ADMISSION DANS LA LÉGION D'HONNEUR. — Depuis que des règles mieux approfondies se sont établies, un AGE MILITAIRE a été délimitatif de l'ENTRÉE AU SERVICE VOLONTAIRE, ou de l'APPEL CONSCRIPTIF ; mais, en RUSSIE, des OFFICIERS pouvaient SERVIR dès le berceau, ou même dans le sein de leur mère. Ce genre de Service avant naissance, cette loterie, puisqu'il fallait que l'enfant à venir fût un mâle, cette ANCIENNETÉ imaginaire ou aléatoire avait été inventée par le bon HENRI QUATRE, en faveur d'un FEUQUIÈRES. — L'ANCIENNETÉ D'AGE et l'ANCIENNETÉ DE SERVICE établissent un DROIT à certains avantages, mais peuvent aussi motiver AGGRAVATION DE PEINES ; ainsi, en CAS DE COMPLICITÉ, un ANCIEN DE TROUPE est puni plus sévèrement que les COMPLICES qui ont moins d'ANNÉES DE SERVICE. — Les relevés ou duplicata de l'ÉTAT des Services des MILITAIRES DE CORPS doivent être attestés par les CONSEILS D'ADMINISTRATION et visés par les AUTORITÉS à ce préposées ; ces ÉTATS certifient la nature et la durée des Services, mentionnent les traits honorables, les ACTIONS D'ÉCLAT, constatent, s'il y a lieu, les BLESSURES du fait de l'ENNEMI, et les AMPUTATIONS qu'elles peuvent avoir nécessitées. — Les INSPECTEURS GÉNÉRAUX sont tenus de s'assurer si, dans les CORPS, les inscriptions des Services personnels sont faites avec exactitude et au fur et mesure. — L'ÉPILEPSIE a, de tout temps, été une cause naturelle d'exclusion du Service. — Les MUTILATIONS VOLONTAIRES, la simulation de divers maux ou INFIRMITÉS, ont, de tout temps, été un genre de DÉSERTION inapparente à laquelle la fraude et la lâcheté ont eu recours. — Le Service est ou suspendu, ou terminé par le CONGÉ; de là l'expression SORTIR DU SERVICE; mais on REPREND du Service quand l'AGE et la santé permettent qu'on rentre en ACTIVITÉ, soit après une interruption ou suspension, soit par suite de RENGAGEMENT, d'amnistie, etc. Si c'est dans un CORPS nouveau que la rentrée s'effectue, elle donne lieu à une IMMATRICULATION nouvelle. — FRÉDÉRIC DEUX n'avait aucun égard aux Services antérieurs, si les Services actuels laissaient à désirer; c'était outrer la rigidité. Les plus estimables Services ne donnaient DROIT dans son ARMÉE qu'à l'obtention du GRADE de CAPITAINE. Cette mesure, plausible peut-être alors, serait aujourd'hui accusée d'injustice. — Les ÉCRIVAINS dont la plume s'est exercée touchant le Service personnel, sont : DELANOUE (1760, F), DESPOMELLES, l'ENCYCLOPÉDIE (1785, C, au mot *Congé*), LACHESNAIE (1758, I, au mot *Congé*), Alexandre LAMETH (Rapport de 1790, 20 septembre), SOUVILLE. — En certains temps, en quelques pays, le Service personnel a varié, suivant qu'il était : SERVICE A VIE, — CONSCRIPTIF, — FÉODAL.

SERVICE PHYLACTIQUE. V. PHYLACTIQUE. V. SERVICE JOURNALIER.

SERVICE PIÉMONTAIS. V. MILICE PIÉMONTAISE N° 1. V. PIÉMONTAIS, adj.

SERVICE PLANE. V. PLANE, adj. V. SERVICE FÉODAL.

SERVICE PORTUGAIS. V. MILICE PORTUGAISE N° 1. V. PORTUGAIS, adj.

SERVICE PRUSSIEN. V. MILICE PRUSSIENNE N° 2, 6. V. PRUSSIEN, adj.

SERVICE ROMAIN. V. COMMENTARISTE. V. MANIPULE N° 1. V. MILICE ROMAINE N° 10. V. ROMAIN, adj.

SERVICE ROYAL. V. GENDARME DU MOYEN AGE N° 2. V. ROYAL.

SERVICE RUSSE. V. MILICE RUSSE N° 6, 8, 9. V. RUSSE, adj.

SERVICE SANITAIRE. V. OFFICIER DE SANTÉ. V. SANITAIRE. V. SERVICE DE CAMPAGNE. V. SERVICE DE SANTÉ.

SERVICE SANS ARMES. V. CAPORAL D'INFANTERIE FRANÇAISE DE LIGNE N° 15. V. CAPORAL POSTICHE. V. CÉRÉMONIAL. V. CORVÉE D'HOMME DE TROUPE. V. CORVÉE EN CAMPAGNE. V. SANS ARMES. V. SERVICE JOURNALIER.

SERVICE SAXON. V. MILICE SAXONNE N° 1. V. SAXON, adj.

SERVICE SÉDENTAIRE. V. COMPAGNIE SÉDENTAIRE. V. LANDWEHR. V. SECRÉTAIRE ARCHIVISTE. V. SÉDENTAIRE, adj.

SERVICE SIMPLE. V. SERVICE FÉODAL. V. SIMPLE.

SERVICE SOUS LES ARMES. V. HIÉRARCHIE. V. SOUS LES ARMES.

SERVICE STIPENDIÉ. V. GENDARME DU MOYEN AGE N° 2. V. STIPENDIÉ.

SERVICE STRATONOMIQUE. V. SERVICE. V. STRATONOMIQUE.

SERVICE SUÉDOIS. V. MILICE SUÉDOISE N° 1, 6. V. SUÉDOIS, adj.

SERVICE SUISSE. V. MILICE SUISSE N° 2, 7. V. SUISSE, adj.

SERVICE SUR MER. V. ANNÉE DE SERVICE SUR MER. V. HAVRE-SAC. V. SERVICE DES COLONIES. V. SUR MER.

SERVICE SYKE. V. MILICE SYKE N° 7. V. SYKE, adj.

SERVICE TESSÉRAIRE. V. SERVICE JOURNALIER. V. TESSÉRAIRE, adj.

SERVICE TURC. V. MILICE TURQUE N° 2. V. TURC, adj.

SERVICE TURCO-ÉGYPTIEN. V. MILICE TURCO-ÉGYPTIENNE N° 2. V. TURCO-ÉGYPTIEN, adj.

SERVICE VOLONTAIRE. V. ACTE CATALOGIQUE. V. ACTE DE RENGAGEMENT. V. ACTE D'ENGAGEMENT. V. SERVICE. V. SERVICE A VIE. V. SERVICE CONSCRIPTIF. V. SERVICE FÉODAL. V. SERVICE PERSONNEL. V. VOLONTAIRE, adj.

SERVICE WURTEMBERGEOIS. V. MILICE WURTEMBERGEOISE N° 1, 4, 8. V. WURTEMBERGEOIS, adj.

SERVICHE, subs. masc. V. SERVICE.

SERVIEN. V. NOMS PROPRES.

SERVIENT, subs. masc. V. SERGENT. V. SERVICE.

SERVIETTE, subs. fém. V. AMEUBLEMENT DE PAVILLON. V. OFFICIER EN PRISON.

SERVIGE, subs. masc. V. SERVICE.

SERVIR, verb. act. et neut. V. ACTE D'ENGAGEMENT. V. AGE D'ENROLEMENT D'ANCIEN MILITAIRE. V. AGE MILITAIRE. V. ALBANAIS. V. ARMÉE DE MER. V. ARMÉE FÉODALE. V. ARQUEBUSE. V. BAN ET ARRIÈRE-BAN. V. CANAPSA. V. CHIRURGIEN. V. CONTINGENT. V. DRAPEAU. V. ECCLÉSIASTIQUE. V. INHABILETÉ AU SERVICE. V. MARIAGE. V. MILICE GRECQUE N° 2. V. PAYE. V. RÉGIMENT. V. RÉQUISITION CONSCRIPTIVE. V. SERGENT. V. SERGENT MILITAIRE. V. SERGENTERIE. V. SERVICE. V. SERVICE FÉODAL. V. SOUS-OFFICIER N° 5.

SERVIR A CHEVAL. V. A CHEVAL. V. BRI-

GANT. V. CHEVALIER DU MOYEN AGE N° 8.

SERVIR la PAYE. V. PAYE.

SERVIR le CANON, une BATTERIE. V. BATTERIE. V. CANON. V. CANON D'ARTILLERIE. V. CATAPULTE. V. CHARPENTIER.

SERVISE, subs. masc. V. SERVICE.

SERVITUDE, subs. fém. V. PAYE. V. SERF. V. SERVICE PERSONNEL. V. SOLDE.

SERVITUDE FORTIFICATOIRE (G, 4), ou SERVITUDE MILITAIRE, comme la LANGUE MILITAIRE l'a dénommée fort improprement. — Le mot Servitude, tout LATIN par l'étymologie, est détourné ici de son sens primitif et vrai ; il exprime une obligation locale, terrienne, imposée aux propriétaires limitrophes des TERRAINS qui avoisinent les FORTIFICATIONS entretenues par l'Etat. Il est interdit à ces propriétaires d'élever, dans les espaces nommés ZONES MILITAIRES, des constructions ou des clôtures qui seraient de nature à nuire à la défense du pays ou de la FORTERESSE ; ou s'ils obtiennent permission d'en élever, c'est sous la condition de les abattre ou supprimer à la première réquisition de l'AUTORITÉ. — Le ROI seul a le droit d'adoucir les Servitudes. — L'ORDONNANCE DE 1715 (9 DÉCEMBRE) embrassait déjà la question des Servitudes. Ce point de droit a été traité par DELALLEAU et M. GRIVET.

SERVITUDE MILITAIRE. V. FORTERESSE. V. MILITAIRE, adj. V. SERVITUDE FORTIFICATOIRE.

SERVIUS; SERVIUS TULLIUS. V. NOMS PROPRES.

SESQUIPLAIRE, adj. et subs. V. RATION. V. TORQUAT.

SEURCORS, subs. masc. V. SURCOT.

SEURCOT, subs. masc. V. SURCOT.

SEUREQUOT, subs. masc. V. SURCOT.

SEURSELIÈRE, subs. fém. V. COTTE D'ARMES.

SÉVELINGES; SÉVÈRE; SÉVILLE. V. NOMS PROPRES.

SEWER (sewers), subs. masc. (F). Vieux mot de la LANGUE ROMANE provenu des verbes sewir, siévir, siévyr, dont le LATIN *sequi* était la racine. Les romanciers ont appelé Sewers les ÉCUYERS ou les suivants des CHEVALIERS DU MOYEN AGE, comme le témoigne ROQUEFORT.

SEYBERT; SEYBOLD; SEYDEL; SEYDLITZ. V. NOMS PROPRES.

SEYÈTE, subs. fém. V. SAETTE.

SEYETTE, subs. fém. V. SAETTE.

SEYFART; SEYFERT. V. NOMS PROPRES.

SEYK, subs. masc. V. MILICE SYKE.

SEYMENS, subs. masc. plur. V. MILICE TURQUE ; id. N° 1, 2.

SEYSSEL; SFORZE; SGRAVESENDE. V. NOMS PROPRES.

SHAKO, subs. masc. V. SCHAKO.

SHALL; SHELWACHE; SHEPHERD. V. NOMS PROPRES.

SIBE, subs. fém. V. CIBLE.

SIBLE, subs. fém. V. CIBLE.

SICAIRE, subs. masc. V. DOMESTIQUE MILITAIRE. V. ESTAFIER.

SICARD; SICILE; SICILIEN. V. NOMS PROPRES.

SICILIEN (sicilienne), adj. V. MILICE SICILIENNE.

SICWART; SIDÉRIUS; SIDOINE; SIDONIUS. V. NOMS PROPRES.

SIÉGE, subs. masc. V. ABATIS DE S… V. ACTION DE S… V. AFFUT DE S… V. APPROVISIONNEMENT DE S… V. ARME DE S… V. ARMÉE DE S… V. ARTILLERIE DE S… V. ATTAQUE DE S… V. BALISTE DE S… V. BATTERIE DE S… V. BOUCHE A FEU DE S… V. BROUETTE DE S… V. CAMP DE S… V. CAPITULATION DE S… V. CAS DE S… V. CHEMINEMENT DE S… V. COMBAT DE S… V. COMMANDANT DE S… V. COMMUNICATION DE S… V. CORVÉE DE S… V. DÉTACHEMENT DE S… V. DÉVELOPPEMENT DE S… V. DRESSER LE S… V. DURÉE DE S… V. ENTREPRENDRE UN S… V. ÉQUIPAGE DE S… V. ÉTAT DE S… V. FAIRE UN S… V. FORME DE S… V. FORMER LE S… V. GARDE DE S… V. GARNISON DE S… V. GÉNÉRAL COMMANDANT DE S… V. GUERRE DE S… V. LEVÉE DE S… V. LEVER LE S… V. MACHINE DE S… V. MATÉRIAUX DE S… V. MATÉRIEL DE S… V. METTRE LE S… V. MUNITIONS DE S… V. NUIT DE S… V. OBUSIER DE S… V. OPÉRATION DE S… V. OUVRAGE DE S… V. PARC DE S… V. PIÈCE DE S… V. PORTER LE S… V. POUDRE DE S… V. POUSSER LE S… V. QUARTIERS DE S… V. RECONNAISSANCE DE S… V. RÉSERVE DE S… V. RESSERRER LE S… V. SERVICE DE S… V. SOUTENIR UN S… V. TERRAIN DE S… V. THÉORIE DE S… V. TRAVAUX DE S… V. TROUPE DE S… V. VIVRES DE S…

SIÉGE (term. génér.), OU SIÉGE DE PLACE DÉFENDUE. Le mot Siége, dont la racine est bien connue, a succédé au terme ASSÉIEMENT OU OBSIDION suivant ROQUEFORT, c'est-à-dire OPÉRATION d'une TROUPE asseyant offensivement son CAMP devant une PLACE. — Le mot Siége donne actuellement idée ou d'une ATTAQUE ou d'une DÉFENSE obsidionales ; il manque par conséquent de clarté dans la plupart de ses applications, à moins qu'on n'y ajoute les épithètes DÉFENSIF OU OFFENSIF. Il a produit, suivant GANEAU, NICOT, RAY-

MOND, les mots DÉSASSIÉGEMENT, DÉSASSIÉGER, qui sont peu employés ou même oubliés, mais qu'il est fâcheux que la LANGUE ait laissé perdre. — Dans le principe, Siége exprimait l'assiette ou le stationnement d'une ARMÉE s'établissant en plein air, ou se CAMPANT au pied d'une FORTERESSE pour s'en emparer. Le mot Siége comportait donc absolument le sens de SIÉGE OFFENSIF ; mais, plus tard, l'usage a voulu que, dans le mot Siége, deux idées contraires se confondissent, savoir : l'ACTION des ASSIÉGÉS et celle des ASSIÉGEANTS. — La LANGUE a subi sans cesse de ces déviations, de ces atteintes irrationnelles. Ainsi la MONNAIE OBSIDIONALE, quoique l'expression semble, par l'étymologie de l'épithète, appartenir à un SIÉGE OFFENSIF, comme cela avait lieu pour le mot COURONNE OBSIDIONALE, rappelle au contraire une circonstance d'un SIÉGE DÉFENSIF. — RABELAIS appelait SCIAMACHIE, ou SCIOMACHIE, une image de ce genre de COMBAT, une ACTION de Siége simulé, un Siége en blanc. — La LANGUE des armes et de l'histoire s'est habituée aux périphrases BRUSQUER, DRESSER, FORMER, LEVER, METTRE, PORTER, POUSSER, RESSERRER, SOUTENIR le Siége, un Siége ; changer, convertir le Siége en BLOCUS. — Dans l'examen à faire du mot Siége, laissons de côté les Siéges à demi fabuleux, tels que ceux de JÉRUSALEM (1048 ans avant J.-C.), celui de TROIE, celui de VÉIES. Commençons à traiter notre sujet aux époques où s'éclaircissent les récits, et convenons que l'art des Siéges n'était pas la partie de la science des armes qui a le plus illustré la MILICE GRECQUE et les ROMAINS primitifs. — Dans l'antiquité mieux connue, les Siéges de LILYBÉE et de RHODES (l'an du monde 3701) sont des plus célèbres ; mais une analyse, ou même une simple énumération des OPÉRATIONS de ce genre, nous entraînerait trop loin. — Les MILITAIRES qui voudraient étudier les Siéges des anciens auraient à consulter : BEAUSOBRE (1751 , 1), DELACROIX (1771, B), ENÉE (330 av. J.-C.), JOSÈPHE, FOLARD (1727, A), MAIZEROY (1771, A). Ils devraient lire, dans l'histoire romaine, les descriptions des Siéges d'AGRIGENTE, tour à tour emportée par les CARTHAGINOIS et les ROMAINS ; d'ALÉSIA, dont CÉSAR est l'historien ; d'ATHÈNES ; de JÉRUSALEM, détruite par TITUS ; de JOTAPAT, défendue par l'historien JOSÈPHE contre VESPASIEN ; de NUMANCE, rasée par SCIPION. Ils devraient lire, dans l'histoire d'ALEXANDRE, les Siéges de MILET et de TYR ; dans l'histoire des GRECS, le Siége de PLATÉE, attaquée par les LACÉDÉMONIENS, et celui de SYRACUSE, entrepris par les ATHÉNIENS. Ils devraient lire, dans l'histoire de CARTHAGE, le Siége de SAGONTE, emportée par ANNIBAL. — CÉSAR et LUCAIN ont rendu célèbre le Siége de MARSEILLE. — L'étude des Siéges français, sous la PREMIÈRE RACE, se borne presque à celui de LION de COMMINGE, défendu par GONDEBAUD contre l'ARMÉE de GONTRAN, roi de BOURGOGNE ; c'est le seul dont l'histoire nous ait transmis les détails. GRÉGOIRE DE TOURS nous montre les GÉNÉRAUX des FRANCS, ou FRANÇAIS, y attaquant et y défendant la PLACE suivant les méthodes romaines, et poussant les TRAVAUX à l'aide des mêmes MACHINES : des SAMBUQUES, des ARCS, des FRONDES, des BALISTES, des PILES MURAUX, des TOURS. — ABBON, qui vivait sous la SECONDE RACE, a consacré un poëme à la description du Siége de PARIS, entrepris par les NORMANDS en 886, et LEVÉ l'année suivante. — La marche des Siéges du MOYEN AGE est retracée dans BARBAZAN (1808, notes), GOETZMAN (1777), MAIZEROY (1765 , B), M. MAZAS, et un manuscrit de la bibliothèque royale (n° 7554). — A ces époques, les COMBATTANTS, soit que l'action fût offensive, soit qu'ils se défendissent derrière des REMPARTS, se couvraient de PAVOIS qui rappelaient les TARGES, ou PERSIENS des anciens. — Sous le roi de France CHARLES CINQ, l'ARTILLERIE commençait à être employée dans les Siéges ; elle s'y servait de BOULETS de grand échantillon, d'abord EN PIERRE ; les premières BRÈCHES qu'ils aient faites se rapportent à l'année 1377. Depuis cette époque, la POUDRE a fait renaître l'INFANTERIE, ARME propre surtout aux Siéges, et cette invention a changé à la fois la face de la GUERRE et de la FORTIFICATION. Toutefois, un siècle plus tard, les ASSIÉGÉS aussi bien que les ASSIÉGEANTS continuèrent à se servir de CATAPULTES ; ils faisaient le premier essai des ARMES A FEU et de la MITRAILLE, composée d'écailles de PIERRES. Mais la marche de leurs ATTAQUES et le CHEMINEMENT restaient bien imparfaits ; les PIÈCES étaient sans AFFUTS ; les ACQUÉRAUX, BOMBARDES, MORTIERS, se fabriquaient sur place. On était bien loin encore de cet axiome consacré depuis VAUBAN : un Siége est le préliminaire de la DÉFAITE de la GARNISON ou de sa CAPITULATION. — Dans le siècle de LOUIS ONZE, et même plus tôt et plus tard, ce qu'on appelait, dans la MILICE FRANÇAISE, la MINE d'un Siége, était un boyau souterrain et obscur où les CHEVALIERS de partis opposés venaient, comme en un CHAMP CLOS, PALETER (COMBATTRE) à la lumière des torches ou à la lueur que jetaient les BOUCLIERS A LANTERNE. Ce rude jeu n'était quelquefois qu'un COMBAT courtois qui avait pour GAGES ou pour enjeu des bracelets, des perles, des armes d'honneur. Quelquefois, dans les ATTAQUES sérieuses, tous les COMBATTANTS, s'escrimant à tâtons, périssaient étouffés dans la MINE. — Les GUERRIERS à qui la CHEVALERIE était conférée pendant le cours d'un Siége, attachaient une haute importance à recevoir, au sein même de la MINE, l'ACCOLADE, par laquelle le COMMANDANT de l'ARMÉE consacrait leur promotion. — La MILICE SUISSE, au temps où elle jetait le plus d'éclat, restait malhabile en fait de Siéges. Deux causes contribuaient à cette infériorité : la configuration du sol et le peu de richesse des habitants. Elle n'avait pas à s'occuper de FORTIFICATION dans un pays qui était toute une FORTIFICATION lui-même ; elle était trop pauvre pour se donner beaucoup d'ARMES A FEU ; elle se composait donc de bien moins d'ARQUEBUSIERS que de PIQUIERS. Ce mode d'ARMEMENT était à la fois et une cause et un effet du peu d'habileté en POLIORCÉTIQUE. — Le Siége de ROUEN, en 1418, n'a pas été un des moins terribles. — Le seizième siècle est celui où les MORTIERS à BOMBES commencent à rendre si destructeurs les Siéges, et où les MINES A FEU donnent un caractère nouveau et particulier à la GUERRE SOUTERRAINE. — Si la SUISSE a régénéré l'ART DE LA GUERRE de plaine, c'est l'ITALIE qui a été l'école théorique des Siéges, comme la HOLLANDE en a été l'école pratique. Les MILITAIRES FRANÇAIS de haut rang affluaient dans les PAYS-BAS, au temps des NASSAU, pour y recevoir de ces GÉNÉRAUX leurs savantes leçons, y étudier l'ARCHITECTURE de leurs FORTERESSES, l'invention des CHEMINS COUVERTS, l'artifice des CONTREVALLATIONS, les enveloppes de PALISSADES, la nature des APPROVISIONNEMENTS et le choix des MUNITIONS proportionnellement à la DURÉE présumable de l'ÉTAT DE SIÉGE ; ils venaient admirer ces LIGNES de CIRCONVALLATIONS dont se couvrait l'ARMÉE DE SIÉGE, et d'où elle défiait les ARMÉES DE SECOURS et barrait les RAVITAILLEMENTS. — Les lecteurs qui voudraient comparer aux FORMES anciennes les méthodes plus modernes, auraient à étudier les Siéges de BELGRADE, défendue vaillamment par HUNIADE ; ceux de CONSTANTINOPLE, de MALTE, de RHODES, entrepris par les TURCS ; ceux d'ANVERS, de MAESTRICHT, par Alexandre de Parme ; celui de METZ, défendue par François de GUISE contre CHARLES-QUINT ; celui de MIRANDOLE, où figurent JULES DEUX et BAYARD ; celui d'OSTENDE, par le célèbre Spinola ; celui de SIENNE, où combat, d'une manière brillante, MONTLUC ; celui de CRÉMONE, où EUGÈNE échoua ; celui de VIENNE, un des plus mémorables, où SOBIESKI, à la tête de ses PANSERNES, se montra comme un nouveau CHARLES MARTEL. — Depuis les succès des HOLLANDAIS, aucune MILICE ne s'est autant distinguée, par les Siéges et la GUERRE SOUTERRAINE, que la MILICE FRANÇAISE. Cette impulsion lui fut communiquée par LOUIS QUATORZE, qui pensait, à cet égard, comme LOUVOIS. Un préjugé dominait le monarque : il croyait les FRANÇAIS peu capables de tenir en plaine, il ne les jugeait propres qu'aux AFFAIRES DE POSTES. Avec de la persévérance, de l'argent, et surtout la coopération de VAUBAN, le ROI DE FRANCE pouvait-il ne pas réussir dans la GUERRE DE SIÉGE ? Il s'y plaisait, il s'y croyait habile ; il savait qu'à un pareil jeu un prince peut perdre la vie, mais non la couronne. TURENNE pensait tout autrement que LOUIS QUATORZE, et plaçait la gloire facile des Siéges bien au-dessous de la gloire du CHAMP DE BATAILLE ; il voyait entre elles deux autant de différence qu'il y en a entre les calculs de la science et les inspirations du génie. — La GUERRE DE 1667, et surtout celle DE 1683, ouvraient une ère nouvelle en fait de POLIORCÉTIQUE française ; les CAMPS DE SIÉGE commençaient à être circonvallés pour défier les CAMPS VOLANTS, à être circonvallés pour brider les SORTIES ; le CHEMINEMENT convergent et flanqué, le RICOCHET, le DÉFILEMENT, devenaient d'importantes innovations ; un plus large MATÉRIEL, un nombre plus grand de MORTIERS à BOMBES, faisaient partie des ÉQUIPAGES DE SIÉGE. La GUERRE DE 1756 a été entrecoupée de Siéges nombreux ; l'appui des ARMÉES D'OBSERVATION, dont VAUBAN avait recommandé la coopération, commence à y remplacer le creusement des LIGNES, et le MATÉRIEL DE SIÉGE y comprend des OBUSIERS. — Un usage presque aussi vieux que l'ARTILLERIE A FEU, et qui remontait au temps du GRAND MAITRE DE L'ARTILLERIE, l'usage de spolier de leurs CLOCHES chrétiennes les VILLES dont les PIÈCES de l'ASSIÉGEANT se font ouvrir les PORTES, était tombé en oubli au temps de la république française ; il a été remis en vigueur par BONAPARTE à l'occasion du Siége de DANTZICK. — Les ordonnances de CHOISEUL voulaient que l'ATTAQUE et la DÉFENSE des PLACES fussent, pour l'INFANTERIE FRANÇAISE, l'objet d'une étude périodique. Cette sage disposition est restée sans résultats, et l'ORDONNANCE D'EXERCICE DE 1831 (4 MARS) ne s'est pas montrée mieux avisée ni plus prévoyante, à l'égard des CAS DE SIÉGE, que ne l'avaient fait les RÈGLEMENTS qui l'avaient précédée à partir de CHOISEUL. — La GUERRE DE LA RÉVOLUTION est la première où les mots BOMBE et Siége soient devenus inséparables ; jusque-là, les OFFICIERS D'ARTILLERIE ne regardaient pas les BATTERIES INCENDIAIRES comme la préférable et l'unique clef des VILLES, ni la dévastation des édifices et la ruine des NON-COMBATTANTS comme une GUERRE loyale. La brusquerie des méthodes nouvelles discrédita les TRAVAUX plus savants, mais moins expéditifs, du MINEUR. — Les Siéges d'AN-CONE, de GÊNES, de MANTOUE, occuperont à jamais une large place dans l'histoire. — Un des derniers Siéges FORMÉS par les FRAN-ÇAIS, celui qui a été entrepris en 1832, a composé, à lui seul, toute une GUERRE; cette particularité ne s'était point vue dans les temps modernes. — La GUERRE DE SIÉGE, longtemps dépourvue, en FRANCE, de principes posés par la LÉGISLATION, était à peine soumise aux dispositions de l'ORDONNANCE DE 1832 (5 MAI) sur le SERVICE DE CAMPAGNE, que ce document, critiqué, remanié, subissait des modifications non moins aigrement blâmées; c'était une lutte entre l'ARTILLERIE, le GÉNIE et le CORPS D'ÉTAT-MAJOR; la signature d'un MINISTRE ingénieur avait fait pencher la balance (1).—Les ÉCRIVAINS chez lesquels le mot Siége et l'histoire de la chose se retracent, les traités dans lesquels sont décrits l'ART des Siéges et la nature de leur SERVICE, de leurs CORVÉES, sont nombreux. — Ainsi, peuvent être consultés : M. AM-BERT, AMMIAN MARCELLIN (380, A), APOLLO-DORE (150, A), APPIAN (150, A.), ARNOLD (F.-N.), ARRIEN (110, A), ATHÉNÉE (260, A), AUDOUIN, BARDET (1740, A), BARDIN (1814, E; 1816, E), BEAUSOBRE (1757, I), BÉLIDOR (1768, F), BELMAS, BESSEL (1779, V), BLAND, M. BLESSON, BONAPARTE (Napoléon [ses Mé-moires]), BONAPARTE (Napoléon-Louis [1836]), BRANCACCIO, CARNOT (1814, H), CARRÉ (1783, E), CARRION (1824, A), CÉSAR (51 av. J.-C.), CHENNEVIÈRES (1750, E, t. IV), DANIEL (1721, A), DARU (Histoire de Venise), DARUT (1787, D), DELACROIX (1774, B), DE-LIGNE (1805, A), DENYS D'HALICARNASSE, DEVILLE (Antoine), DIODORE DE SICILE, DUANE (1810, E), M. Ch. DUPIN (1820, B), DUPU-GET, EHRENSWERD, ÉLIEN (70, A), l'ENCYCLO-PÉDIE (1751, C; id. 1785, C, au mot *Gou-verneur*), ÉNÉE (350 av. J.-C.), le général FOX, FEUQUIÈRES (1750, A), FOLARD (1727, A), FRONTIN (86, A), GAYA (1670, D), GOETZMANN, GRIVET, GUIGNARD (1725, B), GUILLET (1686, B), HÉRODOTE, HÉRON le jeu-ne (623, A), HOYER (1828), JONES (John), JOSÈPHE, JUSTE-LIPSE (1596, A), KAUSLER (1826), KHEVENHUELLER (1771, F), LACHES-NAIE (1758, I, aux mots *Défense de place, Garde d'une place, Gouverneur, Indices, Ordre de service, Rang, Reddition, Re-tranchement, Rouler, Secourir une place, Sortie, Tour de garde, Tambour*), LAN-CELOT, LANDMANN (Georges), LAVERGNE, LE-

(1) Voir la note p. 4855.

BLOND (1743, A), LEGRAND (1837 (A), LÉON (900, A), LISKENNE, LOLOOZ (1776, H), LOS-SOW (1815, G), MAIZEROY (1767, E; 1771, A; 1777, E; 1778, H), MANDAR, MANESSON (1685, B), MANGOURIT, MAY, M. MAZAS, MILLER (Maurice), MIRABEAU (1788, C), MOL-LIÈRE, MONTCHABLON, MONTLUC (1575, A), MONTROZARD, MUSSET-PATHAY (1806, K), ODIER (1824, E, t. VII), ONOZANDRE (50 av. J.-C.), PEUCHET (1809, C), PFAU, PHILON (290 av. J.-C.), PIRSCHER, PLUTARQUE, PO-LYBE (150 av. J.-C.), PRÉVAL (1827), PRO-COPE, PUYSÉGUR (1748, C), QUINCY (1741, E), QUINTE-CURCE, RAY DE SAINT-GENIÈS (1755, A), RÉVÉRONI (1826), ROBINSON, M. ROC-QUANCOURT, ROESCH (1783, I), ROHAN (1729, A), SAINT-JULIEN, SAINT-REMY, SANTA-CRUZ (1738, A, t. VIII, p. 196), SIONVILLE (1756, E), SOLAR, STRABON, TACITE, THIÉBAULT (an neuf), THUCYDIDE, TITE-LIVE, TURENNE (lettre au prince de Condé), M. VACANI, VAUBAN (1829, K, L), VÉGÈCE (390, A), VITRUVE, XÉNOPHON (370 av. J.-C.), XILANDER, le *Journal des Sciences militaires* (1833, p. 255), le *Dictionnaire de la Conversa-tion*, les *Journaux des Siéges d'Espagne* au commencement du dix-neuvième siècle. — Le mot Siége veut être distingué en SIÉGE DÉFENSIF et SIÉGE OFFENSIF.

SIÉGE BRUSQUÉ. V. BRUSQUER. V. SIÉGE. V. SIÉGE OFFENSIF.

SIÉGE dans les FORMES. V. FORME DE SIÉGE. V. SIÉGE OFFENSIF.

SIÉGE de PLACE DÉFENDUE. V. PLACE DÉ-FENDUE. V. SIÉGE.

SIÉGE de SELLE. V. SELLE. V. SELLE DE CAVALERIE.

SIÉGE DÉFENSIF (H, 1). Sorte de SIÉGE dont les FORMES et la marche sont en quelque sorte dictées par le SIÉGE OFFENSIF. — La DÉFENSE POLIORCÉTIQUE prend d'abord ses avantages sur l'ATTAQUE, parce que l'ASSIÉGÉ a ses APPROVISIONNEMENTS tout portés et ses DISTRIBUTIONS assurées; qu'il voit l'ASSIÉ-GEANT et n'en est pas vu; qu'il peut, à l'avance, construire ses GALERIES DE CONTRE-MINES et charger ses FOURNEAUX; et que c'est moins le talent et l'expérience que l'énergie et le dévouement qu'il faut au GOUVERNEUR et à sa GARNISON. On a vu des femmes, des enfants, des vieillards, concourir à défendre des FORTERESSES, en en accomplissant avec résolution les plus périlleuses CORVÉES. Au siège de MAESTRICHT en 1579 il en était ainsi. — Mais à mesure que l'ARMÉE DE SIÉGE a fait d'habiles dispositions, la chance tourne en sa faveur, parce qu'elle a la liberté des mouvements, la ressource des RENFORTS, la facilité de se débarrasser de ses MALADES, la certitude d'alimenter ses PARCS, de renouveler au besoin ses OFFICIERS D'ARTILLERIE, et d'allumer par leurs mains l'inextinguible incendie des habitations, sans appréhender qu'on lui rende la pareille. — Au dehors, tous travaillent à l'accomplissement d'une même tâche; au dedans, la plus grande part de la population, hormis dans les GUERRES NATIONALES, est bien plus affectée de sa ruine que désireuse de gloire ou affamée de REPRÉSAILLES. — L'ASSIÉGÉ, à mesure que le siège de la FORTERESSE se RESSERRE, éprouve une difficulté plus grande à lancer des ESPIONS à travers les POTERNES, le FOSSÉ, le CHEMIN COUVERT, alors même que ses DÉSERTEURS, encouragés par plus de facilité, instruisent, comme le feraient des ESPIONS, le GÉNÉRAL ENNEMI. — Les sièges des anciens ont donné lieu à des atrocités devenues heureusement plus rares; ils ont été la cause d'une vie de désespoir, et le motif de l'expulsion des BOUCHES INUTILES mourant de faim par milliers, sur la terre nue, entre deux armées les y emprisonnant à l'envi. — Un ÉCRIVAIN s'imposerait un thème immense et mettrait au jour un relevé plus curieux comme histoire que profitable comme ART, s'il entreprenait de résumer les événements des DÉFENSES DE PLACE, les catastrophes de presque toutes, les succès rares, mais si brillants, des DÉFENSEURS de CITADELLES et de FORTERESSES, qui ont repoussé des ATTAQUES sérieuses et savantes. On ne trouvera donc ici que quelques mots touchant les Siéges que l'anthropophagie a voués à notre exécration, et ceux dont l'issue a amené la ruine de tout un peuple, la chute d'un empire. — Des scènes bien différentes ont égayé des Siéges modernes; on a vu des FRANÇAIS, pour narguer l'ASSIÉGEANT, venir danser sur les REMPARTS au son de la MUSIQUE. — Les ATHÉNIENS, pressés par SYLLA, se nourrirent de la chair des morts. VALÈRE-MAXIME rapporte que les Numantins, bloqués par SCIPION, recoururent à la même ressource, et que les Caliguritains, assiégés par POMPÉE, dévorèrent leurs femmes et leurs enfants. — JUVÉNAL dépeint les Cantabres assiégés par Métellus, réduits à un tel excès de misère, que les manes des compatriotes dévorés devaient leur pardonner.

Et quibus ipsorum poterant ignoscere manes Quorum corporibus vescebantur...

C'était la chair des morts qui soutenait la vie de ceux qui les vengeaient.

— M. SISMONDI retrace les terribles Siéges de TORTONE, de CRÊME, de BRESCIA, d'ANCONE, etc. — L'ambassadeur de NAPLES, duc de Féria, poussait les Parisiens, assiégés par HENRI QUATRE, à se nourrir d'ossements des cimetières plutôt que de se rendre; il y eut des ASSIÉGÉS qui en composèrent le *pain odieux*. — Le siége de JÉRUSALEM, qui a fait du peuple HÉBREU une nation nomade, lui avait coûté, si l'on en croit l'historien JOSÈPHE, onze cent mille hommes; apparemment il y comprend les PRISONNIERS réduits en esclavage, les femmes, les habitants massacrés dans les campagnes; car jamais JÉRUSALEM n'a renfermé un million d'habitants. — Les Siéges de CARTHAGE et de TYR, qui ont englouti deux nations, ont laissé douteuse l'assiette géographique de ces villes. — Si PARIS, en 886, eût été emporté, la FRANCE parlerait SAXON ou danois; elle parlerait ANGLAIS si ORLÉANS eût été pris en 1429. — Le Siége de CONSTANTINOPLE, qui a vu triompher en 1453 le drapeau de MAHOMET DEUX, a vu en même temps périr le dernier des Césars, le dernier des Constantins; ce prince, sur le REMPART bouleversé, s'enveloppant dans la pourpre comme en un linceul, rachetait, par la mort d'un héros, les faiblesses d'une vie dévote. — Chez les anciens et tant que les HÉRAUTS ont exercé un ministère révéré, c'étaient les HÉRAUTS, appartenant à la GARNISON, qui étaient les négociateurs de la REDDITION; ils sortaient des PORTES en tête des TROUPES et du GOUVERNEUR, pour les protéger et faire respecter la CAPITULATION. — Avant la fin du dix-septième siècle, quantité de Siéges ont été célèbres par la résistance la plus opiniâtre; mais depuis cette époque, l'invention des PROJECTILES A FEU a frappé d'infériorité les moyens de DÉFENSE; voilà pourquoi les Siéges ont eu, par comparaison avec ceux de l'antiquité, une si courte DURÉE. — VAUBAN remarque que rarement, chez les modernes, la DÉFENSE des PLACES attaquées est poussée jusqu'au point où elle pourrait l'être. CARNOT (1814, H), dans le traité célèbre qu'il a publié, a reproduit ce reproche; son livre, qui avait pour but de réveiller l'énergie antique, avait réconcilié l'ÉCRIVAIN et BONAPARTE. — Aucun exemple, à quelque pays, à quelque temps qu'il appartienne, ne saurait effacer le souvenir de l'indomptable et fanatique courage de SARAGOSSE, ARBORANT le DRAPEAU NOIR, faisant de chaque quartier une CITADELLE, de chaque habitation une REDOUTE, et ne cédant qu'à l'ESCALADE ou au PÉTARD les maisons emportées une à une et devenues des charniers. — A l'exception de quelques-uns des Siéges entrepris par, ou soutenus contre les armées de NAPOLÉON, il n'y a pas de PLACE dont la DÉFENSE méthodique ait été poussée plus loin que le Siége de la CITADELLE d'ANVERS; elle n'avait, il est vrai, à répondre qu'à un seul FRONT D'AT-

TAQUE. — Esquissons quelques aperçus ; rappelons quelques règles qui intéressent la GUERRE DE SIÉGE DÉFENSIF. — BONAPARTE dit dans ses Mémoires (M. le général Gourgaud, 1823, t. II, p. 69) : *Dans la guerre de Siége le canon joue le principal rôle ; il a fait une révolution totale : les hauts remparts en maçonnerie ont dû être abandonnés pour les feux rasants.* — Mais ce passage renferme une idée incomplète ; c'est moins la puissance des COUPS DE CANON que l'emploi des PROJECTILES CREUX et des MINES, qui a changé la FORME des Siéges. Avant cette révolution, la GARNISON d'une PLACE, suffisamment abritée par les REMPARTS, campait, sans dangers, dans les OUVRAGES ; elle est maintenant réduite à se blottir sous des BLINDAGES ou dans l'humidité des CASEMATES, à s'appuyer de PARADOS, à se flanquer d'ÉPAULEMENTS et de TRAVERSES, à rester impuissants contre le RICOCHET, contre les CAVALIERS DE TRANCHÉE, et à courir les chances de l'ASSAUT, après que la CONTRESCARPE aura SAUTÉ, c'est-à-dire à agir dans un COMBAT sans retraite, sur un terrain sans issue. — Maintes fois des émeutes populaires ont forcé la main à des GOUVERNEURS DE PLACES ASSIÉGÉES ; de là le DÉCRET DE 1792 (26 JUILLET) qui considérait comme coupables de RÉVOLTE les HABITANTS des FORTERESSES qui se permettraient d'exiger la REDDITION de la PLACE. — On a vu dans bien des Siéges l'omnipotence militaire frapper des MONNAIES OBSIDIONALES, ayant cours forcé ; ainsi les cabinets des médailles conservent celles d'ANCONE, en l'an dix, et d'ANVERS, en 1814. Souvent même la toute-puissance du GOUVERNEUR s'emparait des APPROVISIONNEMENTS des BOURGEOIS pour la subsistance de la TROUPE, ou imposait des CONTRIBUTIONS en numéraire. Une loi de l'AN DEUX (16 BRUMAIRE), loi impraticable, il est vrai, à moins de mesures inquisitoriales, voulait que dans les PLACES ASSIÉGÉES, BLOQUÉES, CERNÉES, les objets nécessaires à l'existence des citoyens fussent mis en commun. — Au TIR des FLÈCHES et autres PROJECTILES À POINTE, qui partaient à travers les BARBACANES, ont succédé les FEUX du CHEMIN COUVERT et des CASEMATES ; aux FALARIQUES, les FUSÉES DE GUERRE ; au FEU GRÉGEOIS, la POUDRE ; aux BALISTES, aux CATAPULTES, les BOUCHES À FEU, les GRENADES DE REMPART, les BATTERIES MOBILES OU PASSAGÈRES ; aux GERBES DE TRAITS, aux TRABUCHETS, à la MITRAILLE DE PIERRE, le TIR à MITRAILLE métallique ; à l'huile bouillante, des MACHICOULIS ; aux pluies de PIERRES, des CATARACTES ; à toutes les anciennes ARMES DE SIÉGE, les BALLONS À GRENADES, les CERCLES À FEU, les CHÉMISES et les CRUCHES À FEU, les CHEVAUX DE FRISE ROULANTS, les SACS À FEU ; aux MINES À RUINE, aux ÉTANÇONS, les MINES À FEU, les FOUGASSES ; aux PAULX, les CHEVAUX DE FRISE ; aux LIGNES DE CONTRE-APPROCHE, les SORTIES ; aux barils à poudre défoncés près des pièces, les GARGOUSSES. — A la manière antique et CHINOISE, on a éclairé de nuit les VILLES ASSIÉGÉES, par des CERCLES GOUDRONNÉS, des LAMPIONS, des RÉCHAUDS, des FALOTS. — L'ADMINISTRATION des CORPS passe, en CAS DE SIÉGE, sous la dépendance et la direction des COMMANDANTS DE PLACE ou des COMMANDANTS SUPÉRIEURS ; ils disposaient de la GARDE NATIONALE sans la participation de l'AUTORITÉ CIVILE. — VAUBAN (1829, K, L) et LEBLOND (1761, B) ont calculé quelle doit être la force de l'INFANTERIE et des RÉSERVES, et quels doivent être les APPROVISIONNEMENTS en BISCUIT, BŒUF SALÉ, BOIS DE CHAUFFAGE, CHANDELLES, DENRÉES, EAU-DE-VIE, MUNITIONS de tout genre, BRANCARDS À BLESSÉS, etc. — Ces ÉCRIVAINS recommandent surtout l'emploi d'une ARTILLERIE dont les échantillons puissent opposer un feu supérieur ou au moins égal au feu de l'ASSIÉGEANT. — Les ARMURIERS sont au nombre des artisans qu'un GOUVERNEUR prudent doit s'empresser de mettre en réquisition à la première apparence d'un Siége. — La famine est le plus terrible ennemi des PLACES attaquées, et l'ignorance ou les préventions de nos pères les ont jusqu'ici détournés de la ressource si précieuse du BOUILLON D'OS. — MAURICE DE SAXE (1757, A) et le général ROGNIAT (1816, B) ont traité de la DÉFENSE du CHEMIN COUVERT par les PIÈCES LÉGÈRES et ambulantes et par les FEUX DE NUIT. — En outre des AUTEURS qui ont été cités aux mots *Défense de place, Siége* et *Travaux de Siége,* on peut mentionner CASSANI, CORMONTAINGNE, DELASIMONNE, LAMARE, ROEDERER (1762), le général ROGNIAT, M. SISMONDI (t. II, p. 143 à 206, et t. III), TRAVERSE (1758, D), le *Spectateur militaire,* t. XXIV, p. 384.

SIÉGE MÉTHODIQUE. V. ASSAUT DE CORPS DE PLACE. V. ATTAQUE D'EMBLÉE. V. ATTAQUE DE PLACE. V. BRÈCHE. V. OFFENSIVE. V. MÉTHODIQUE. V. SIÉGE OFFENSIF.

SIÉGE OFFENSIF (H, 2), ou OBSIDION, suivant ROQUEFORT. Sorte de SIÉGE qui quelquefois ne consiste que dans une OPÉRATION brusque, qui se termine par une ESCALADE : mais il va être question ici des Siéges offensifs considérés par opposition aux ATTAQUES D'EMBLÉE. Ils vont être examinés comme MÉTHODIQUES, réguliers, DANS LES FORMES, ainsi que FEUQUIÈRES (1750, A) les appelle dans l'examen qu'il fait de ceux qui ont été conçus suivant les combinaisons de la STRATÉgie, et conduits suivant les règles de l'art. — Ce genre d'attaque de place a pour objet ou d'emporter de vive force une place, ou de la réduire en l'affamant. L'action est ou de haute lutte, ou de la nature du blocus. La guerre de 1792 a fréquemment fait usage du premier de ces moyens ; elle a rendu les Siéges plus audacieux ; elle les a poussés, pour ainsi dire, à brûle-pourpoint, en dépit des raffinements de la défensive, qui s'efforçait de tenir plus loin que jamais les assiégeants et les travailleurs a la tranchée. — L'antiquité, moins savante que nos pères ne le sont devenus, recourait plus fréquemment aux blocus. — La courte durée des Siéges que César entreprit et leur étonnante réussite devant les plus fortes places, prouvent cependant à quel degré de perfection était parvenue déjà la poliorcétique, ou du moins l'art des machines. Ce grand capitaine se complait dans les descriptions qu'il fait des Siéges d'Alésia, de Bourges, de Marseille ; mais il faut se garder d'en croire sur parole tout ce qu'il rapporte dans ses Commentaires, quoique Velleius Paterculus ait écrit *qu'il fallait être un dieu pour accomplir tout ce qu'avait entrepris César.* — Tite-Live connaissait les deux genres de Siéges mentionnés plus haut, savoir : la haute lutte et le blocus. Il rendait l'idée du plus expectant par le verbe *circumvallare* ; il exprimait l'attaque d'emblée par *circumsedere* ; l'un était le siége dans les formes, il entourait une enceinte et faisait halte en couronnade ; l'autre bâtissait à l'entour d'un lieu bâti. — Juste-Lipse (1596, A) donne le dessin des Siéges de Platée et de Numance ; mais il faut se défier de son imagination et de ses interprétations. Appian rend de ce dernier Siége un compte détaillé. — Les récits qui nous restent des Siéges des anciens et de leurs travaux, prouvent qu'ils savaient construire des cavaliers et des lignes, creuser des tranchées, bombarder au moyen d'astioches, canonner à coups de catapultes, diriger des parallèles, pratiquer les travaux des galeries couvertes et des galeries d'approches, culminer ou dominer l'ennemi au moyen d'hélépoles et de muscules, se hisser sur des remparts à l'aide de tollenons, pousser des sapes au moyen de la doloire, préparer la brèche au moyen de la tarière, donner l'assaut au moyen de tours roulantes. — De temps immémorial la milice chinoise, ainsi que nous l'avons témoigné, appliquait à ce genre d'opérations et le feu et les armes névrobalistiques. — Depuis la chute de l'empire romain, ces inventions étaient tombées en oubli dans les Gaules jusqu'au règne de Philippe Auguste. A cette époque les Français commencèrent à recourir à des méthodes plus étudiées ; ainsi l'on vit, dans la croisade de 1188, des circonvallations et des ouvrages de fortification s'élever au Siége de Saint-Jean d'Acre, pour couvrir les troupes de siége. — On vit, sous les règnes suivants, les Siéges par bastides ou par bastilles ; l'Orient venait de les enseigner à l'Occident, qui a ensuite préféré les contrevallations. — Les pavois ou pavesades, dont on s'habitua à faire usage dans les Siéges, donnèrent naissance aux troupes nommées pavessiers ; leurs armes défensives, ainsi que les rondaches des rondachers, formaient des parapets mobiles qui ont été remplacés par les mantelets, les taudis et les sapes volantes. — Aux temps chevaleresques, des combats particuliers se livraient dans les mines. Du dedans et du dehors on se portait avec une égale ardeur à ces jeux sanglants. — Les mathématiciens italiens, et surtout des savants appartenant principalement à l'ordre sacerdotal, s'appliquèrent, depuis les expéditions en terre sainte, à faire refleurir l'art des Siéges ; leurs élèves se mirent au service des Turcs, conduisirent les Siéges où les musulmans se sont illustrés, et habituèrent l'Europe à stipendier des ingénieurs d'Italie. Il en fut ainsi en France jusqu'au règne de Louis treize inclusivement. Ainsi le Siége de la Rochelle, en 1618, fut conduit par un ingénieur romain, comme l'avait été, en 1603, celui d'Ostende. — Au Siége de Candie, en 1667, le cheminement des Turcs éprouva la plus vive résistance ; les *officiers chrétiens qui y assistèrent, en rapportèrent,* dit Roquefort, *une méthode sûre pour arriver jusqu'au pied des escarpes.* — Mais Roquefort ignorait ou oubliait que depuis un siècle, que depuis le savant Colliado, la milice espagnole avait montré une grande habileté en fait de Siéges. — Dans le dix-septième siècle, alors qu'il n'y avait par armée française qu'un lieutenant général et qu'un maréchal de camp, le premier menait la première attaque d'un Siége, l'autre commandait la seconde. — Les Mémoires de Turenne témoignent quelle était la lenteur des Siéges français avant que Vauban en eût perfectionné et simplifié la marche. S'ils se prolongeaient jusqu'à l'arrière-saison, l'armée assiégeante établissait des baraques. — On employait le peu d'artillerie qu'on amenait contre les places, non à démonter les batteries ennemies, mais à ruiner les édifices alors sans garantie, à raison du peu d'élévation du glacis. De fort loin on battait en brèche un angle de bas-

TION, vers lequel on se dirigeait par une seule TRANCHÉE, sans PLACES D'ARMES. On cherchait moins, si l'on y atteignait, à embrasser un grand FRONT, qu'à FAIRE POINTE et tenter de suite le PASSAGE du FOSSÉ. On n'entendait rien aux SIÉGES PAR MINES. On n'entreprenait pas l'ASSAUT avec plus d'habileté; on recourait, pour le favoriser, à la misérable ressource de la POUDRE PUANTE, des BALLES DE PUANTEUR, des charognes, des cadavres qu'on faisait pleuvoir dans le cœur de la FORTERESSE. — L'habitude était, en FRANCE, d'exposer à découvert au FEU des ASSIÉGÉS, les TRAVAILLEURS; ce qui les sacrifiait, sans utilité, si la nuit était claire. C'était une réminiscence du peu de cas qu'on faisait de la vie des GASTADOURS. VAUBAN s'indigna de cette barbarie, renonça aux étroits NOYAUX à peu de BRANCHES; il enseigna aux ARMÉES ASSIÉGEANTES, les ATTAQUES, non en POINTE, mais de FRONT et par les FLANCS, en cheminant en ZIGZAGS vers la FORTERESSE par larges TRANCHÉES et par DEMI-PLACES D'ARMES; dès lors l'attaquant se porta, pour ainsi dire inaperçu, à l'ATTAQUE du CHEMIN COUVERT, pour foudroyer de près une FACE DE BASTION, et ouvrir, au moyen de BATTERIES DE BRÈCHE, le REMPART. Que toutes ces découvertes viennent uniquement de Vauban, nous ne le prétendons pas; mais il n'y a pas à douter que le premier il les ait fait réussir en FRANCE. — A l'école du grand VAUBAN les OFFICIERS D'ARTILLERIE et DU GÉNIE ont porté à une telle hauteur la science des Siéges, qu'à moins que le temps, les OUTILS, ou la liberté d'agir ne manquent, l'effet de l'ATTAQUE est devenu irrésistible; le Siége d'une PLACE RÉGULIÈRE de six BASTIONS, défendue avec toute l'énergie, toutes les ressources supposables, n'a plus demandé qu'une DURÉE de quarante-huit jours. — Rapportons quelques usages des derniers siècles dont le tableau intéresse notre sujet. — La DIANE donnait journellement le signal de l'OUVERTURE du FEU; depuis 1792 on a tiré de jour et de nuit. — La confection des CLAIES, GABIONS, FASCINES, FAGOTS DE SAPE, n'était d'abord réglée sur aucuns principes; des AUTEURS, des ordonnances, voulaient qu'on employât à ce genre de TRAVAUX la CAVALERIE aussi bien que l'INFANTERIE, mais, en réalité, cette dernière surtout; et à plusieurs Siéges les SOLDATS SUISSES de l'ARMÉE FRANÇAISE étaient chargés de cette besogne et des ABATIS qu'elle nécessite. — Les GRENADIERS, alors jeteurs de GRENADES, marchaient en tête des ATTAQUES de VIVE FORCE; le PIQUET les soutenait, le reste du RÉGIMENT venait ensuite avec le DRAPEAU. Les GRENADIERS alors étaient TIRAILLEURS; ils sont au contraire devenus

troupe de cohésion: les RÈGLEMENTS n'en ont tenu compte; ils ont continué à les faire marcher en TÊTE du CORPS, quoiqu'ils ne devraient marcher qu'en QUEUE, à titre d'ÉLITE et de RÉSERVE, comme marchaient les TRIAIRES ROMAINS. La routine et le hasard ont décidé de bien des lois. — Lorsque les ASSIÉGÉS BATTAIENT LA CHAMADE, les BATAILLONS DE TRANCHÉE pouvaient refuser de se laisser relever et rester à la TRANCHÉE jusqu'à la sortie de la GARNISON DÉPOSANT LES ARMES sur le GLACIS. — Les premières OPÉRATIONS d'un Siége s'ENTAMAIENT à bas bruit et nuitamment; ainsi, il était d'usage de monter la première GARDE de TRANCHÉE sans BRUIT DE CAISSE; la seconde GARDE, au contraire, prenant poste dans des TRAVAUX censés suffisants pour COUVRIR l'INFANTERIE, s'y rendait TAMBOUR BATTANT et DRAPEAU DÉPLOYÉ; ce qui s'appelait techniquement lever le masque, dans la langue des ARTILLEURS et des INGÉNIEURS. — Les ADJUDANTS-MAJORS conduisaient les TRAVAILLEURS à la TRANCHÉE. — Les plus anciennes BOUCHES A FEU DE SIÉGE ont été les BOMBARDES à TIR PARABOLIQUE. Quand les BOULETS EN MÉTAL ont succédé, dans le quinzième siècle, aux PROJECTILES de PIERRE, les BATTERIES DIRECTES et les SALVES ont commencé à être en usage. — Dans le dix-septième siècle, des RÉGIMENTS DE DRAGONS faisaient, dans les Siéges, le SERVICE de GRENADIERS. Voilà pourquoi deux des quatre RETROUSSIS des DRAGONS portaient une GRENADE, comme signifiant hiéroglyphiquement demi-grenadiers, ou GRENADIERS au besoin. Les autres ARMES DE GROSSE CAVALERIE n'ayant jamais jeté la GRENADE, on en est à deviner pourquoi leurs quatre RETROUSSIS portent l'image de la GRENADE. Répétons ce qui a été dit un peu plus haut: routine et caprice. — Les Siéges de la GUERRE DE LA RÉVOLUTION ont commencé par des BOMBARDEMENTS; tels furent ceux de LILLE, de MAESTRICHT, de BRÉDA, foudroyés, de prime abord, par des BATTERIES INCENDIAIRES. — Depuis la fin du dernier siècle, des BATTERIES D'OBUSIERS ont été employées au RICOCHET. — On a appelé ÉQUIPAGE DE SIÉGE le MATÉRIEL D'ARTILLERIE et tous les accessoires nécessaires à un Siége offensif. Dans la GUERRE DE RUSSIE, l'ARMÉE FRANÇAISE menait à sa suite deux équipages de Siége. — Un instrument inventé depuis peu et nommé GRAPHONUCTIOMÈTRE était destiné au tracé nocturne des TRANCHÉES. — Résumons les principales régles que les théories ont consacrées. — On regardait les Siéges comme l'école du péril pour les HOMMES de NOUVELLE LEVÉE, et l'on y employait les TROUPES D'INFANTERIE sur lesquelles on comptait le moins, réservant les SOLDATS plus éprouvés pour la GUERRE DE CAMPAGNE. — Les Siéges offensifs, plus difficiles et plus meurtriers au commencement de l'OPÉRATION que les SIÉGES DÉFENSIFS, l'emportaient ensuite sur ces derniers, dès qu'ils pouvaient contrebattre par leurs DÉCHARGES les FEUX de la PLACE, en DÉMASQUANT les PIÈCES des BATTERIES DE PLEIN FOUET. — Etre maître de la campagne, être assuré de l'arrivage des CONVOIS, avoir son CHAMP DE BATAILLE COUVERT, telles sont les conditions premières d'un Siége. — Le GÉNÉRAL COMMANDANT forme un ou plusieurs PARCS, rassemble les AMAS de BRANCARDS, BROUETTES, HACHES, OUTILS, PALISSADES, PELLES, PIOCHES, SERPES, etc., proportionne aux besoins le nombre des COUPS, les APPROVISIONNEMENTS de VIVRES, les MATÉRIAUX nécessaires ; il met en mouvement les TROUPES destinées à l'INVESTISSEMENT ; répartit aux TRAVAUX les PIONNIERS, les SAPEURS ; fait la RECONNAISSANCE de la PLACE et de son TERRAIN avec les CHEFS de l'ARTILLERIE et du GÉNIE, en parcourt les ABORDS, en utilise les RAVINS, les CHEMINS CREUX, les RAVINS ; il s'assure de la configuration du TERRAIN, de la nature, du nombre, de la qualité des FORTIFICATIONS; il règle les points d'ATTAQUE, les lieux de DÉPÔTS, l'emplacement des AMBULANCES et des PETITS HOPITAUX DE PREMIER SECOURS ; il fait stationner près d'eux, et à la QUEUE de la TRANCHÉE, les AUMONIERS ; il fait apporter par la CAVALERIE les FASCINES à la TÊTE du CAMP ; il embrasse le POLYGONE, commence les APPROCHES, ouvre la TRANCHÉE, fait creuser la PREMIÈRE PARALLÈLE, de manière à FLANQUER les TRANCHÉES et les autres PARALLÈLES et à éviter l'ENFILADE ; il garantit le FRONT de l'ATTAQUE par des CROCHETS DE RETOUR, et, si besoin est, par des REDOUTES ; il RESSERRE progressivement l'INVESTISSEMENT, assure les COMMUNICATIONS des QUARTIERS, fait disposer en escaliers les BANQUETTES, pour plus de facilité à barrer les SORTIES ; il s'empare de l'AMONT et de l'AVAL des COURS D'EAUX, si des COURS D'EAUX baignent la PLACE, ou bien il les BRIDE par des BATTERIES ; il élève en avant de la PREMIÈRE PARALLÈLE les BATTERIES A RICOCHET, les rapproche de la PLACE à mesure de la progression des TRAVAUX de la SECONDE et de la TROISIÈME PARALLÈLE ; il ruine les OUVRAGES EXTÉRIEURS, en refoule les DÉFENSEURS, atteint le GLACIS, élève des CAVALIERS, INSULTE et BALAYE le CHEMIN COUVERT, renverse les CAPONNIÈRES et les ÉCLUSES, marche à la SAPE, pousse les MINES, en organise les FOURNEAUX, construit des LOGEMENTS A FEU sur la CRÊTE du CHEMIN COUVERT, éteint les BATTERIES de l'ENCEINTE, entreprend la DESCENTE et le PASSAGE du FOSSÉ, NETTOIE la COURTINE, fait converger les SALVES, talute

la BRÈCHE en manière de RAMPE, et se dispose à l'ASSAUT du CORPS de la PLACE. — L'ASSIÉGEANT chemine quelquefois sur trois CAPITALES, savoir : sur celles de deux DEMI-LUNES et sur la CAPITALE d'un BASTION. Ce dernier CHEMINEMENT est CENTRE D'ATTAQUE ; il se pourrait même que l'ASSAILLANT multipliât encore davantage les FRONTS D'ATTAQUE ; ces dispositions sont subordonnées aux moyens de l'ARMÉE ASSIÉGEANTE et à la force des TROUPES. — De jour, les TROUPES DE SERVICE ont un double objet, celui de faire tête aux ASSIÉGÉS, et celui de s'opposer aux ARMÉES DE SECOURS, s'il s'en présente pour LIVRER BATAILLE et faire LEVER LE SIÉGE. A cet effet, une grande partie des ASSIÉGEANTS se tient, de jour, hors de PORTÉE du CANON, tandis que, de nuit, tous les HOMMES DE SERVICE s'approchent de la PLACE, jusqu'à la PORTÉE du FUSIL, si les OUVRAGES le permettent. — En face de la PLACE, les détails du SERVICE, les DÉTACHEMENTS, les CORVÉES, les GARDES, concernent le COLONEL DE TRANCHÉE ; il a sous ses ordres les OFFICIERS DE TRANCHÉE, le RÉGIMENT CHEF DE TRANCHÉE et les SENTINELLES. — Le Siége offensif se divise, suivant CARNOT (1814, H), en trois périodes ; la première s'étend de l'INVESTISSEMENT à l'OUVERTURE de la TRANCHÉE ; la seconde, de cette TRANCHÉE à la TROISIÈME PARALLÈLE ; la troisième période règne de la dernière ou TROISIÈME PARALLÈLE à l'ASSAUT du CORPS de la PLACE, à moins que la REDDITION par CAPITULATION n'ait lieu après l'ATTACHEMENT du MINEUR ou le déchirement de la BRÈCHE. Telle est la division qui forme les principaux chapitres des JOURNAUX DE SIÉGE ; mais il est à remarquer qu'en quelques Siéges on a creusé jusqu'à quatre PARALLÈLES ; dans des temps plus modernes, deux seulement. — Suivant des opinions qui diffèrent de celle de CARNOT, l'OPÉRATION ne doit présenter que deux divisions : l'une, de l'OUVERTURE de la TRANCHÉE jusqu'à l'occupation du GLACIS ; l'autre, depuis la PRISE du CHEMIN COUVERT jusqu'à l'ASSAUT. — La première période, sauf les premiers jours, est tout à l'avantage de l'ASSIÉGEANT ; mais dans la dernière, mais dans les ENGAGEMENTS du CHEMIN COUVERT et du FOSSÉ, comme le témoigne VALAZÉ, toutes les difficultés, tous les dangers tournent contre lui. Quantité de GOUVERNEURS DE PLACE ASSIÉGÉE ne se sont pas assez pénétrés de cette vérité, et se regardaient comme forcés à capituler, parce que le CHEMIN COUVERT était EMPORTÉ, tandis que la prise même d'un BASTION peut n'être pas décisive et qu'un GOUVERNEUR se couvre de gloire, dit DUPAIN (1757, B), s'il PLANTE son DRAPEAU sur la CRÊTE d'un RÉDUIT qui ferme la GORGE du

BASTION. — L'ORDONNANCE DE 1768 (1er MARS, tit. 22, art. 10) voulait que l'étude des OPÉRATIONS relatives aux Siéges offensifs fût enseignée sur le TERRAIN, à l'INFANTERIE, par les COMMANDANTS DE PLACE, secondés des CHEFS du GÉNIE. Cette THÉORIE DE SIÉGE n'a jamais eu lieu ; elle eût exigé trop de savoir de la part des COMMANDANTS DE PLACE. — On voit dans M. O'MEARA (1822), BONAPARTE blâmer amèrement la marche des Siéges que le maréchal WELLINGTON a mis en usage dans la MILICE ANGLAISE, et déclarer que l'*immense sacrifice en hommes qu'il a fait à Ciudad-Rodrigo et à Badajoz*, n'était nullement compensé par l'avantage obtenu en s'emparant de ces VILLES. — BONAPARTE oubliait que les immenses sacrifices d'hommes dans les Siéges mal outillés d'ACRE, de SARAGOSSE et de tant d'autres PLACES FORTES, avaient encore moins profité aux intérêts militaires de la FRANCE. — Il est reçu que les PLACES à CITADELLES doivent être attaquées vers un point qui n'ait rien à redouter des FEUX de la CITADELLE ; mais, au contraire, et par des motifs particuliers ou politiques, le Siége que, dans la GUERRE DE 1823, Lauriston porta, en septembre, contre PAMPELUNE, s'adressa à la CITADELLE, avant de se donner pour but la FORTERESSE même. — En dépit du proverbe PLACE ASSIÉGÉE, PLACE PRISE, un petit nombre de FORTERESSES a résisté : ainsi ont fait BELGRADE, MALTE, METZ, ACRE; mais aujourd'hui, peut-être, ces PLACES, ou de plus fortes, si elles n'étaient RAVITAILLÉES ou secourues, n'opposeraient qu'une vaine résistance à des SIÉGES RÉGULIERS, à raison des progrès qu'a faits la science de l'ATTAQUE. — Un événement plus rare que la résistance d'une VILLE s'est vu en 1812 : BERG-OP-ZOOM, où une GARNISON française résidait, venait d'être prise nuitamment et occupée militairement par les ANGLAIS, quand les ASSIÉGÉS à demi réveillés l'ont reprise. — C'est presque toujours par le défaut de précautions et de prévision que les Siéges avortent ; tantôt les ÉCHELLES sont trop courtes, comme à ACRE ; les BOMBES ne vont pas dans les MORTIERS, comme à MAGDEBOURG assiégée par NEY, après la bataille d'IÉNA ; tantôt les PROVISIONS et les TRANSPORTS manquent, comme au premier Siége de CONSTANTINE ; tantôt les BATS ne vont pas aux MULETS, parce que l'ÉQUIPAGE était fabriqué à Auch pour des BÊTES EMBRIGADÉES à TOULOUSE. Cette bévue ministérielle fit perdre un mois de temps avant que le second Siége de CONSTANTINE pût être entrepris. — Quelquefois le hasard seul se plaît à faire réussir ce que la prévoyance la plus savante n'eût osé espérer. Savary raconte, dans ses Mémoires, que dans l'EXPÉDITION D'EGYPTE, les FRANÇAIS s'opiniâtraient à emporter de VIVE FORCE Alexandrie, qui leur coûta du monde, et où Kléber fut blessé ; pendant cet effort meurtrier, des SOLDATS FRANÇAIS qui, à deux cents pas, avaient trouvé une porte restée ouverte, s'étaient introduits, sans coup férir, dans la VILLE. — En outre des AUTEURS mentionnés aux mots ATTAQUE DE PLACE, ATTAQUE DE SIÉGE et SIÉGE, on peut consulter, plus particulièrement au sujet des Siéges offensifs : ALLENT (1805), M. AUGOYAT, CASSANI, CÉSAR (51 ans avant J.-C.), DANIEL (1721, A, t. I, p. 611), DUPAIN (1757, B, p. 282), ENCYCLOPÉDIE (1751, C; id. au mot *Lever le Siége*; id., 1785, C, p. 86; id. au mot *Approvisionnement*), le général FOURCROY, GASSENDI (au mot *Equipage*), GOETZMANN (1777, t. I, p. 66), JONES (1814), KÉRALIO (1757, F, t. II, p. 43), LACHESNAIE (1758, I, au mot *Comblement de fossé*), LAMARE, LAROCHE (1770, L, t. II, p. 30), LEBLOND (1762, G), MAIZEROY (1766, F, t. II, p. 257; 1773, B, p. 277), M. PAIXHANS (1830), M. MOLLIÈRE, POTIER (1779, X; id. au mot *Lever le Siége*), SERVAN (1780, B, p. 399), SINCLAIRE (1773, L, t. I, p. 17), VOLTAIRE (t. XXV, p. 220).

SIÉGE PAR MINES. V. ART DE LA GUERRE DE SIÉGE PAR MINES. V. GUERRE DE SIÉGE PAR MINES, V. PAR MINES. V. SIÉGE OFFENSIF.

SIÉGE RÉGULIER. V. MILICE ANGLAISE N° 11. V. RÉGULIER, adj. V. SIÉGE OFFENSIF. V. SORTIE D'ASSIÉGÉS. V. TACTIQUE, subs. V. TRANCHÉE.

SIÉGERS. V. NOMS PROPRES.

SIELLE, subs. fém. V. SELLE.

SIEMIÉNOWICZ; SIENNE. V. NOMS PROPRES.

SIERGEANT, subs. masc. V. SERGENT.

SIEUR, subs. masc. V. SEIGNEUR.

SIFFLET. V. CHASSEUR A PIED. V. CORNET IDIOPLIQUE N° 5. V. INFANTERIE LÉGÈRE N° 5. V. INSTRUMENT DE MUSIQUE. V. MUSIQUE. V. ORDONNANCE D'EXERCICE. V. TAMBOUR INSTRUMENTAL D'INFANTERIE. V. TIRAILLEUR.

SIGEBERT. V. NOMS PROPRES.

SIGNAL (signaux), subs. masc. V. CONTRE-SIGNAL. V. CONTROLE DE S... V. FUSÉE DE S... V. ROLE DE S...

SIGNAL (term. génér.), ou SIGNAL MILITAIRE. Le substantif LATIN *signum* est la souche du mot Signal. Des ÉCRIVAINS ont employé sous la même acception ENSEIGNE, INSIGNE, SIGNE. Des ORDONNANCES ont pris Signal dans le sens de SIGNALEMENT ; de là, les vieux mots CONTROLE DE SIGNAL, ROLE DE signal. — Les Signaux sont un genre d'avis, de déclarations, de bans, de commandements adressés ou communiqués à une armée, à une troupe, à un militaire ou à tout autre individu, pour l'accomplissement d'un acte ou d'une opération, ou pour la notification d'un événement qui intéresse l'armée. — On doit aux fureurs de la guerre le langage ingénieux des Signaux; l'écriture, les postes, la télégraphie, la téléphonie, en ont été le raffinement. — On a attribué, fabuleusement, à Palamède l'invention des Signaux; mais, qui dit armée, dit corps agissant à des Signaux. — C'est le principe, le fonds de la discipline. — La milice grecque avait poussé à la perfection l'art des Signaux, et l'avait rendu composite, ou combiné des divers moyens que la circonstance, l'étendue des distances, l'état de l'atmosphère pouvaient exiger; Rome, aussi, avait un savant système de Signaux. — Les Signaux ou symboles grecs, dit Robinson, étaient ou exprimés de vive voix, ou manifestés aux regards; les premiers s'appelaient synthèmes, les seconds parasynthèmes. — En outre des symboles, les Grecs avaient la sémantique ou le maniement des drapeaux (semeia) donnant des Signaux. — La céleustique et la sémantique sont l'art des Signaux; les uns, oraux ou acoustiques, étaient des bruits parlant aux oreilles; les autres, télégraphiques ou visuels, parlaient aux yeux; ces derniers, espèce d'hiéroglyphes en action, ont aussi été dénommés muets s'ils se font par gestes; sémentiques ou sémantiques, s'ils se font au moyen d'étendards ou de drapeaux. — Dans l'antiquité, les crieurs, les excitateurs, les hérauts, les oreurs, les porte-enseignes, étaient préposés à la transmission ou à l'interprétation des Signaux. — Les commandements vocaux sont un genre de signaux acoustiques ou vocaux; mais on a en général appelé Signaux, toutes les annonces transmises, tous les ordres intimés autrement que par l'organe de la parole. Toutefois, on a dénommé signaux vocaux, les mots du guet, et semi-vocaux, ceux d'une forme combinée, tels que le mot et le parasynthème des phalanges grecques, tels que l'ensemble de la parole et du geste que pratiquaient, jadis, des caporaux de patrouille en campagne. — Les signaux acoustiques se transmettent au moyen d'airs musicaux, de bruits divers, de batteries de caisse, de sonneries qu'on obtient de la buccine, des cloches, des cors, des cornets, des sifflets, des trompettes, de claquements de fouets, de coups de feu, de salves. — Bouchaud (1757, G, t. i, p. 156), Élien (70, A), Folard (1727, A), Maizeroy (1773,

B, p. 277), Polybe (150 avant J.-C.), Polyen, Robinson, Rollin, Thucydide, Turpin (1783, O, t. ii, p. 150), Xénophon, ont traité des Signaux des anciens; Enée (330 avant J.-C.) s'étend, mais peu intelligiblement, au sujet des signaux muets; Végèce (570, A) distingue de ces derniers, les vocaux et semi-vocaux. — Il est fait mention des Signaux des modernes dans Audouin (t. i, p. 175 à 284), Bergstraesser, Carré (1783, E, p. 175), Encyclopédie (1783, C), Machiavel (1546, B), Marcel (1702). — Les Signaux, considérés surtout par rapport aux usages de l'infanterie française, vont être distingués en signaux strateumatiques et en signaux tactiques.

SIGNAL acoustique. v. acoustique. v. batterie d'ordre. v. batterie en garnison. v. buccine. v. bugle. v. céleustique, subs. v. clairon idioplique. v. colonne de route. v. cor d'infanterie légère. v. cornet idioplique n° 5. v. coup de baguette. v. diane. v. extinction de feux. v. fouet instrumental. v. guerre céleustique. v. milice grecque n° 6. v. milice romaine n° 7. v. mouvement tactique. v. musicien n° 6. v. musique. v. ordonnance d'exercice d'infanterie. v. rappel céleustique. v. réception de drapeau. v. roulement. v. service journalier. v. signal. v. tirailleur.

SIGNAL céleustique. v. céleustique, adj. v. charge de cavalerie. v. tambour idioplique d'infanterie française n° 6.

SIGNAL d'alarme. v. alarme. v. assistant quartier-maître général. v. canon d'alarme. v. chateau.

SIGNAL d'appel. v. appel. v. appel de soir en route.

SIGNAL d'assaut. v. assaut. v. assaut offensif.

SIGNAL de ban. v. ban. v. ban céleustique.

SIGNAL de batterie. v. adjudant-major de semaine n° 4. v. appel de soir en route. v. appeler. v. aux champs. v. aux drapeaux. v. assemblée céleustique. v. baguettes de tambour. v. ban céleustique. v. batterie. v. batterie de caisse. v. batterie d'évolutions. v. batterie d'ordre. v. batterie en garnison. v. carré tactique. v. chamade. v. chef de peloton. v. colonne de route. v. consigne de police au camp. v. coup de baguette. v. coup de batterie. v. défense de convoi. v. gite. v. major-capitaine n° 4. v. maniement d'armes. v. pomme de canne. v. rappel céleustique. v. réception de drapeau. v. retraite céleustique. v. roulement. v. service journalier. v. tambour idioplique d'in-

FANTERIE FRANÇAISE Nº 6. V. TAMBOUR-MAJOR Nº 4, 9.

SIGNAL de CHARGE. V. CHARGE. V. CHARGE OFFENSIVE.

SIGNAL de GARNISON. V. GARNISON. V. SIGNAL STRATEUMATIQUE.

SIGNAL de GUERRE. V. BEAUVAL. V. BERGSTRAESSER. V. GUERRE. V. MUSIQUE. V. PYROTECHNIE. V. SIGNAL. V. SIGNAL STRATEUMATIQUE.

SIGNAL de SONNERIE. V. DÉFENSE DE CONVOI. V. SIGNAL. V. SONNERIE.

SIGNAL d'EXÉCUTION A MORT. V. ADJUDANT DE PLACE Nº 4. V. EXÉCUTION A MORT.

SIGNAL d'EXERCICE. V. EXERCICE. V. EXERCICE D'INFANTERIE. V. FLIEGELMAN. V. MANIEMENT D'ARMES. V. SIGNAL. V. TAMBOUR INSTRUMENTAL D'INFANTERIE FRANÇAISE.

SIGNAL MILITAIRE. V. MILITAIRE, adj. V. SIGNAL.

SIGNAL MUET. V. MUET, adj. V. SIGNAL.

SIGNAL ORAL. V. ORAL. V. SIGNAL.

SIGNAL SÉMANTIQUE, V. SÉMANTIQUE, adj. V. SIGNAL.

SIGNAL SÉMÉIOTIQUE. V. SÉMÉIOTIQUE, adj. V. SIGNAL.

SIGNAL SEMI-VOCAL. V. COMMANDEMENT INSTRUMENTAL. V. SEMI-VOCAL. V. SIGNAL.

SIGNAL (signaux) STRATEUMATIQUE (H), OU SIGNAL DE GUERRE. Sorte de SIGNAUX qui indiquent à des TROUPES DE TERRE les MOUVEMENTS de l'ENNEMI, la direction de sa ROUTE, le degré de vitesse de sa MARCHE, l'espèce de ses TROUPES. Ainsi les événements qui se passent le long d'un CORDON DE TROUPES sont connus des corps qu'ils intéressent. — Les DRAPEAUX DE BEFFROI sont les SIGNAUX DE GARNISON. — Les Signaux, s'ils viennent de très-loin, sont répétés par un CONTRE-SIGNAL, qui en est comme le récépissé donné par les TROUPES du même parti. — Dans la MILICE ROMAINE, comme le témoigne TITE-LIVE, si le GÉNÉRAL faisait déployer aux yeux de l'ARMÉE une TUNIQUE rouge, c'était un ordre de se préparer au COMBAT, et de prendre, sur-le-champ, de la nourriture. — Elever une HASTE SANGLANTE, ou du moins peinte en rouge, *hasta cruentata*, équivalait à l'ordre de METTRE A SAC une ville, un pays. — Tous ces Signaux étaient TÉLÉGRAPHIQUES, mais il y en avait qui étaient TÉLÉPHONIQUES OU ACOUSTIQUES : tel est le CANON D'ALARME ; tel était l'effet d'instruments bruyants annonçant qu'il fallait BATTRE EN RETRAITE. — Il y en a qui s'adressent à l'ENNEMI ; ainsi le DRAPEAU NOIR est un Signal de mort. — Il y en a qui sont composites ;

ainsi, autrefois, la CHAMADE se battait à l'ombre du DRAPEAU BLANC, en signe de REDDITION DE PLACE. — Les Signaux des TROUPES DE TERRE sont analogues aux SÉMAPHORES de la MARINE ; ce sont ou des FUSÉES volantes, ou de longues perches plantées sur des éminences, et supportant, s'il s'agit de Signaux de nuit, des tonnelets de filasse goudronnée auxquels on met le feu ; si ce sont des Signaux de jour, ces perches supportent une botte de paille ou un panier rempli de feuilles mouillées dont la fumée épaisse puisse se voir au loin. — CÉSAR rapporte un fait qui paraît peu croyable : il prétend que les GAULOIS s'avertissaient des événements de guerre en proférant certains cris, de distance en distance, et que la nouvelle du désastre des ROMAINS massacrés au lever du soleil, à Orléans, était parvenue le soir en Auvergne, à une distance de quarante lieues. — A l'égard des différents genres de Signaux, on peut consulter BEAUVAL, BÉRETON (1742, A, p. 21, etc.), BOISROGER (1773, G), BUCHENROEDER, M. CARRION (1824, A, p. 107), DESPAGNAC (1751, D, t. III, p. 242), GUGY (1782, K), KHEVENHUELLER (1771, F), MAIZEROY (1771, A, t. I, p. 107 ; t. II, p. 90), PUYSÉGUR (1748, C), VOLTAIRE (t. XXV, p. 111), ZURLAUBEN (1760, G, t. I, p. 84).

SIGNAL (signaux) TACTIQUE (G, 6). Sorte de SIGNAUX qui équivalaient aux COMMANDEMENTS VOCAUX des modernes, et valaient mieux. Ils indiquent et déterminent à l'EXERCICE, ou devant l'ENNEMI, un genre d'ACTION, de MANŒUVRES, de MOUVEMENTS. — Les exercices des CHINOIS se sont faits, de tout temps, au moyen de Signaux consistant dans les bruits du IO, du TAM-TAM, de la TROMPETTE, du TAMBOUR, et dans la manière d'agiter le DRAPEAU général de la tour des Signaux. — Les ENSEIGNES des PHALANGES GRECQUES, les HÉRAUTS ROMAINS, les EXCITATEURS BYZANTINS, donnaient de même les Signaux des ÉVOLUTIONS ; l'organisation des ARMÉES anciennes s'y prêtait ; maintenant l'ART MILITAIRE DE TERRE s'y refuse. — Massés, mais poreux, et de peu de FRONT, les RANGS pouvaient apercevoir simultanément un Signal qui parlait aux yeux, et qui était plus précis, plus rapide qu'un ordre communiqué de vive voix, rendu confus par les échos de la contrée, ou troublé par les mille bouches des sous-ordres faisant aussi écho, et dénonçant à l'ENNEMI quel genre de MOUVEMENT va s'exécuter. — CÉSAR cite des occasions où il n'eut pas le temps d'indiquer, par les mouvements de la TUNIQUE ou de l'ÉTENDARD de pourpre, quelle devait être la forme du COMBAT. — TITE LIVE fait probablement allusion à cet usage, quand il dit des SOLDATS : *poscunt pugnam, postulant ut signum detur;* ils sollicitent le COMBAT; ils n'attendent que le Signal du PORTE-ENSEIGNE. — SUIDAS témoigne que chez les BYZANTINS le Signal de l'attaque consistait à élever le DRAPEAU. — Au MOYEN AGE, les mouvements du PENNON du GÉNÉRAL étaient un langage convenu, une demande de secours, une invitation de RECOUSSE, ainsi qu'il arriva à BOUVINES. — Chez les modernes, la fumée de la POUDRE, l'immense développement du FRONT ou du CAMPEMENT aux dépens de la PROFONDEUR, le placement d'hommes jointifs, à qui l'immobilité, même du regard, est recommandée, ne permettent plus à nos ARMÉES cet artifice télégraphique. — Dans le dernier siècle, cependant, les gesticulations du FLIEGELMAN, que la MILICE FRANÇAISE avait limitées des usages d'ALLEMAGNE, étaient des SIGNAUX D'EXERCICE. — Il ne s'en était conservé que l'emploi de quelques Signaux par BATTERIES DE CAISSE ou par SONNERIES; ainsi, elles suspendaient les FEUX D'INFANTERIE; ainsi, dans les RETRAITES EN ÉCHIQUIER, un ROULEMENT donnait le Signal du rétablissement de la LIGNE. — La MILICE HANOVRIENNE a remis en crédit le système des Signaux. — On peut, à l'égard des Signaux, consulter : BOMBELLES (1746, A, p. 176; 1754, D, p. 84), DELIGNE (1780, I, t. I, p. 60), D'HÉRICOURT (1756, G, t. V, p. 128), DUANE (1810, E, au mot *Sound*), DUBOUSQUET (1769, B, t. I, p. 63), GUIBERT (1773, E, t. I, p. 522; t. II, p. 155), LACHESNAIE (175, I, aux mots *Batterie, Exercice, Signal*), MAIZEROY (1767, A, p. 187, etc.), PICTET (1761, I), SAINT-GERMAIN (1779, C, p. 184).

SIGNAL TÉLÉGRAPHIQUE. V. ART MILITAIRE DE TERRE. V. COMMANDEMENT TÉLÉGRAPHIQUE. V. FLIEGELMAN. V. GENTILHOMME. V. MANIEMENT D'ARMES. V. MILICE ROMAINE, N° 7. V. MOUVEMENT TACTIQUE. V. ORDONNANCE D'EXERCICE D'INFANTERIE. V. SÉMANTIQUE, subs. V. SIGNAL. V. TÉLÉGRAPHIE. V. TÉLÉGRAPHIQUE.

SIGNAL TÉLÉPHONIQUE. V. COMMANDEMENT VOCAL. V. SIGNAL STRATEUMATIQUE. V. TÉLÉPHONIQUE.

SIGNAL VISUEL. V. SÉMANTIQUE, subs. V. SIGNAL. V. VISUEL.

SIGNAL VOCAL. V. COMMANDEMENT V... V. SIGNAL. V. SIGNAL VOCAL. V. VOCAL.

SIGNALÉ (signalée), adj. V. ACTIONS. V. CONTROLE S... V. SIGNALEMENT.

SIGNALEMENT, subs. masc. V. CONTROLE DE S... V. CONTROLE GÉNÉRAL DE S... V. DEMI-S... V. EXPÉDITION DE S... V. FEUILLE DE S... V. LIVRET DE S... V. PRENDRE LE S... V. REGISTRE DE S...

SIGNALEMENT (B, 1), ou anciennement SIGNAL. Ces mots, qui ont la même racine, ont cessé d'être synonymes, et celui des deux qui est en usage est préférable. SIGNAL a donné, sous LOUIS QUINZE, l'adjectif SIGNALÉ, comme épithète de CONTROLE. Signalement a donné, mais seulement depuis le siècle actuel, l'adjectif SIGNALÉTIQUE, épithète barbarement composée, comme en conviendront les juges en fait de langue et les connaisseurs en construction de dérivés. Signalique eût été plus concis et plus juste. — Le Signalement qui va nous occuper est analogue à SIGNALEMENT DE MILITAIRE; car il y a aussi SIGNALEMENT DE CHEVAUX, comme le témoignaient l'ARRÊTÉ DE L'AN HUIT (8 FLORÉAL) et le DÉCRET DE L'AN TREIZE (25 GERMINAL). — Le Signalement d'un MILITAIRE est une notice descriptive, dans laquelle sont indiqués ou dépeints les principaux caractères physiques de l'homme au SERVICE, savoir : NOMS, PRÉNOMS, SOBRIQUETS, AGE, TAILLE, LIEU DE NAISSANCE, DERNIER DOMICILE, PHYSIONOMIE, SIGNES PARTICULIERS, PROFESSION, désignation d'ASCENDANTS, énonciation des cas de MARIAGE ou de célibat. — L'usage de PRENDRE les Signalements et de les insérer dans les CONTROLES ANNUELS des COMPAGNIES est peu ancien, si l'on consulte la loi; il l'est probablement davantage par le fait, car c'est une idée simple que de caractériser par un semblable *memorandum* les SOLDATS d'une COMPAGNIE, pour en ressaisir les DÉSERTEURS, en énumérer les ABSENTS, en désigner les CONGÉDIÉS, prévenir la polygamie; mais l'ADMINISTRATION et l'ÉTAT CIVIL n'ont pris ces précautions que depuis que les ACTES D'ENGAGEMENT ont commencé à être souscrits pour une certaine durée de temps. Les Signalements étaient, en effet, bien moins importants quand le SOLDAT ne s'engageait que pour un mois. Ainsi, avant LOUIS QUATORZE, il n'était pas tenu de CONTROLES ou REGISTRES de Signalement, considérés comme authentiques et comme pièces probantes à l'égard des DÉSERTEURS; ils n'étaient jugés que sur témoignages oraux. L'ORDONNANCE DE 1666 (28 octobre) modifiait cet état de choses, et voulut qu'un ROLE DE SIGNAL, c'est-à-dire un ÉTAT DE SIGNALEMENT conforme à celui que tenaient les CAPITAINES, fût fourni par eux au MINISTÈRE DE LA GUERRE et aux COMMISSAIRES DES GUERRES. Telle fut l'origine du système et de la tenue des MATRICULES. — L'INSTRUCTION DE 1811 (10 DÉCEMBRE) donnait le modèle du Signalement à dresser en CAS DE DÉSERTION. — Il y a eu DEMI-SIGNALEMENT, comme le témoignait le RÈGLEMENT DE 1792 (24 JUIN), et le SIGNALEMENT MATRICULAIRE; le premier faisait partie du LIVRET DE SIGNALEMENT que le SERGENT-MAJOR annexait au LIVRE DE COMPAGNIE; le SIGNALEMENT MATRICULAIRE était prescrit par la DÉCISION DE 1819 (29 JUILLET) et par l'ORDONNANCE DE 1823 (19 MARS, art. 750). — Le Signalement des MILITAIRES ISOLÉS est inscrit sur leur FEUILLE DE ROUTE. — Un ÉTAT DE SIGNALEMENTS est remis, en même temps que le CONTROLE ANNUEL, aux CHEFS des DÉTACHEMENTS ADMINISTRATIFS, avant qu'ils ne quittent le corps. — Les COLONELS reçoivent, par les soins de qui il appartient, une EXPÉDITION du Signalement des DÉSERTEURS GRACIÉS qui rentrent au CORPS. — Ils font dresser au fur et à mesure une EXPÉDITION de Signalement des DÉSERTEURS, et le transmettent, par la CORRESPONDANCE ADMINISTRATIVE, au PRÉFET du DÉPARTEMENT auquel appartenait le fuyard. Ainsi le voulait la DÉCISION DE 1816 (26 JANVIER). — Ils adressent au MINISTRE DE LA GUERRE les Signalements des ENROLÉS VOLONTAIRES qui n'auraient pas rejoint, quinze jours après l'époque où ils auraient dû arriver; ils lui adressent de même le Signalement des HOMMES DE RECRUE, à mesure de l'admission. — Le *Journal des Sciences militaires* (t. XVII, p. 508) exprimait, en des observations fondées, de quelle importance il serait que les CONTROLES ne mentionnassent pas le genre de PROFESSION des hommes immatriculés, ni celle de leur père, si, aux yeux du préjugé, le métier de l'enrôlé ou de ses parents comportait quelque chose de bas, de ridicule, d'avilissant. Dans une carrière où tant d'hommes d'un rare mérite se sont élevés du sein des classes les moins fortunées, il serait fâcheux que des noms devenus illustres prêtassent aux remarques de la malignité et du sarcasme. N'aurions-nous pas pu voir des enfants trouvés devenir généraux en chef; des comédiens et des tonneliers devenir maréchaux de France; des tambours devenir colonels généraux; des fils de perruquiers et de maréchaux ferrants devenir pairs de France au sortir de l'ARMÉE? Que le préjugé ait tort ou raison, il ne dépend pas des institutions de l'effacer; il peut dépendre d'elles de ne pas lui donner prise. — Il a été traité des règles relatives aux Signalements dans BARDIN (1807, D; 1809, B), BERRIAT (1817, A), BOMBELLES (1746, A, t. II, p. 8), DUPAIN (1783, F), ENCYCLOPÉDIE (1785, C, p. 569), LACHESNAIE (1758, 1, au mot *Congé*), LECOUTURIER (1825, D), LEGRAND (1837, A), ODIER (1824, E).

SIGNALEMENT D'ABSENT. V. ABSENT. V. ABSENT ILLÉGALEMENT. V. GENDARMERIE DE POLICE N° 6.

SIGNALEMENT DE CHEVAUX. V. CHEVAL. V. SIGNALEMENT.

SIGNALEMENT DE DÉSERTEUR. V. CANTINE DE COMPTABILITÉ. V. COLONEL D'INFANTERIE FRANÇAISE DE LIGNE N° 57. V. CORRESPONDANCE ADMINISTRATIVE. V. DÉSERTEUR. V. PRÉFET DE DÉPARTEMENT.

SIGNALEMENT DE MILITAIRE. V. ASCENDANT. V. MILITAIRE, subs. V. RECRUE. V. SIGNALEMENT.

SIGNALEMENT DE MILITAIRE ISOLÉ. V. FEUILLE DE ROUTE DE MILITAIRE ISOLÉ. V. MILITAIRE ISOLÉ. V. SIGNALEMENT.

SIGNALEMENT D'ENROLÉ VOLONTAIRE. V. ENROLÉ VOLONTAIRE. V. SIGNALEMENT.

SIGNALEMENT D'HOMME DE RECRUE. V. COLONEL D'INFANTERIE FRANÇAISE N° 26, 27. V. HOMME DE RECRUE. V. MINISTRE DE LA GUERRE N°. 9.

SIGNALEMENT D'HOMME DE TROUPE. V. HOMME DE TROUPE. V. LIVRET INDIVIDUEL. V. MATRICULE.

SIGNALEMENT D'OFFICIER. V. FEUILLE DE ROUTE D'OFFICIER. V. OFFICIER.

SIGNALEMENT MATRICULAIRE. V. MATRICULAIRE. V. SIGNALEMENT.

SIGNALÉTIQUE, adj. V. CONTROLE S... V. ÉTAT S... V. SIGNALEMENT.

SIGNE, subs. masc. V. CONTRE-SIGNE. V. CORNETTE ROYALE. V. DRAPEAU D'INFANTERIE FRANÇAISE DE LIGNE. V. ÉCHARPE. V. ENSEIGNE. V. MANOEUVRE. V. MOT. V. SALUT. V SÉMANTIQUE, subs. V. SIGNAL.

SIGNE A HAMPE. V. A HAMPE. V. AQUILIFÈRE. V. BANDE. V. BANDEROLE DE CAVALERIE. V. BANNIÈRE. V. DRAPEAU. V. DRAPERIE DE VEXILLE. V. GUIDON.

SIGNE DE CAMPAGNE. V. ARMÉE CONFÉDÉRÉE. V. ASSAUT OFFENSIF. V. CAMPAGNE. V. COCARDE. V. MILICE AUTRICHIENNE N° 4, 7. V. MILICE ESPAGNOLE N° 8. V. REVUE.

SIGNE DE COMMANDEMENT. V. BATON DE MARÉCHAL. V. COMMANDEMENT. V. CONNÉTABLE N° 5. V. COULEUR NATIONALE. V. ÉTENDARD. V. MILICE GRECQUE N° 7.

SIGNE DE RALLIEMENT. V. BANNIÈRE PAROISSIALE. V. CARROUZE. V. COCARDE. V. COMBAT A LA FOULE. V. COMBAT STRATEUMATIQUE. V. ÉCHARPE MILITAIRE. V. GENDARME DU MOYEN AGE N° 4. V. GIBERNE. V. GUIDON D'ÉQUIPEMENT. V. LEVÉE. V. MANIPULE N° 4. V. ORDRE DE BATAILLE D'INFANTERIE. V. PORTE-DRAPEAU N° 7. V. RALLIEMENT.

SIGNE DE SERVICE. V. CEINTURE DE COMMANDEMENT. V. DEMI-PIQUE. V. ÉCHARPE MILITAIRE. V. ÉTENDARD. V. INSPECTEUR AUX RE-

VUES. V. OFFICIER DE CAVALERIE N° 2. V. SERVICE. V. SERVICE JOURNALIER.

SIGNE DÉCORATIF. V. AIGUILLETTE. V. ARMOIRIES. V. CHEVALERIE DÉCORATIVE. V. DÉCORATIF.

SIGNE DISTINCTIF. V. AIGUILLETTE. V. ARMOIRIES. V. COCARDE. V. CRAVATE DE DRAPEAU. V. DRAGONNE D'OFFICIER. V. DRAPEAU. V. ÉPAULETTE D'OFFICIER. V. HAUSSECOL. V. GRAND PRÉVOT DE L'HOTEL. V. MILICE ROMAINE N° 4. V. PAVILLON.

SIGNE MILITAIRE. V. BANDE. V. GONFALON. V. MILITAIRE, adj.

SIGNE NATIONAL. V. COCARDE. V. NATIONAL, adj.

SIGNE PARTICULIER. V. PARTICULIER, adj. V. SIGNALEMENT.

SIGNER UN ENGAGEMENT. V. ENGAGEMENT. V. ENGAGEMENT DE RECRUE.

SIGNIFÈRE, subs. masc. V. AQUILIFÈRE. V. COHORTE DE LÉGION ROMAINE N° 2. V. DRACONNAIRE. V. DRAGON FRANÇAIS N° 2. V. LÉGION ROMAINE N° 1. V. SÉMANTIQUE.

SIGNIFIER LES ARRÊTS. V. ARRÊTS.

SIGNOR, subs. masc. V. SEIGNEUR.

SIGNORAGE, subs. masc. V. SEIGNEUR.

SIGNORAIGE, subs. masc. V. SEIGNEUR.

SIGNORIE, subs. fém. V. SEIGNEUR.

SIGNORIR, verb. act. et neut. V. NOBLE. V. RÉCEPTION DE CHEVALIER. V. SEIGNEUR.

SIGNOURAIGE, subs. masc. V. SEIGNEUR.

SIGNOURIE, subs. fém. V. SEIGNEUR.

SIGRAIS. V. NOMS PROPRES.

SIKE, adj. V. MILICE SYKE.

SIKH, adj. V. MILICE SYKE.

SILENCE, subs. masc. V. CRI DE GUERRE. V. DISCIPLINE. V. EXERCICE TACTIQUE.

SILÉSIE. V. NOMS PROPRES.

SILEX, subs. masc. V. A SILEX. V. AMORCE DE FUSIL. V. ARQUEBUSE A ROUET. V. CHIEN DE FUSIL. V. FUSIL A SILEX. V. FUSIL D'INFANTERIE. V. INFANTERIE N° 1. V. MILICE ESPAGNOLE N° 4. V. MOUSQUETON. V. PIERRE A FEU. V. PLATINE A BATTERIE. V. PLOMB A PIERRE. V. ROUET. V. SERPENTIN.

SILIUS; **SILLERY**. V. NOMS PROPRES.

SILLON (subs. masc.) DE FORTERESSE. V. ENVELOPPE DÉFENSIVE. V. FORTERESSE.

SILVA. V. NOMS PROPRES.

SIMBALLE, subs. fém. V. CYMBALE.

SIMES; **SIMIENOWICZ**; **SEMMER**; **SIMONNET**. V. NOMS PROPRES.

SIMPLE, adj. V. ABDUCTION S... V. ABONNEMENT S... V. ARRÊTS S... V. BASSINET S... V. BATTERIE S... V. BRANCHE S... V. CAPONNIÈRE S... V. COMMANDEMENT S... V. CONGÉ S... V. CONTREGARDE S... V. CONVERSION S... V. CORDE S... V. DÉLIT S... V. DEMI-LUNE S... V. DÉPLOIEMENT S... V. DÉSERTION S... V. ÉCUYER S... V. JEU S... V. LIGNE S... V. MINE S... V. RA S... V. REDOUTE S... V. RÉGIE S... V. RONDE S... V. SAPE S... V. SCHAKO S... V. SERVICE S... V. SOLDE S... V. SORTIE S... V. TENAILLE S...

SIMPLE CAVALIER. V. CAVALERIE FRANÇAISE N° 6. V. CAVALIER. V. SPAHI. V. SOLDE.

SIMPLE CHEVALIER. V. CHEVALIER. V. CHEVALIER DU MOYEN AGE N° 2. V. TOURNOI.

SIMPLE CHEVRON. V. CHEVRON D'ANCIENNETÉ.

SIMPLE CONDUCTEUR. V. CONDUCTEUR. V. CONDUCTEUR EN CHEF. V. HAUT-LE-PIED. V. TENTE.

SIMPLE SOLDAT. V. ADJUDANT D'INFANTERIE FRANÇAISE DE LIGNE N° 22. V. APPOINTÉ. V. ARMÉE FRANÇAISE N° 9. V. ARMURIER DE CORPS N° 3. V. AVANCEMENT. V. BRIGANT. V. CADRE AGRÉGATIF. V. CAPITAINE D'INFANTERIE FRANÇAISE DE LIGNE N° 2. V. CAHIER D'APPEL. V. CAPITAINE D'INFANTERIE FRANÇAISE DE LIGNE N° 10. V. CAPITAINE EN CHEF. V. CAPITAINE ENTRETENU. V. CASSATION DE SOUS-OFFICIER. V. CAVALERIE FRANÇAISE N° 2. V. CHAUSSURE. V. CHEVALERIE D'AFFILIATION N° 3. V. CHEVELURE MILITAIRE. V. CONDUCTEUR D'AILE DE SUBDIVISION. V. CONDUCTEUR EN CHEF. V. CORVÉE DE SOUTE. V. COTTE D'ARMES. V. COTTE DE MAILLES. V. DENIER. V. DÉSERTION D'OFFICIER. V. DISCIPLINE. V. DUEL. V. ÉCHARPE MILITAIRE. V. ENROLEMENT VOLONTAIRE. V. ENSEIGNE AGRÉGATIVE. V. ÉPAULETTE DE COLONEL. V. ÉTAT-MAJOR D'ARMÉE N° 5. V. FACTION. V. FOURRIER D'INFANTERIE FRANÇAISE DE LIGNE N° 3. V. GENDARMERIE DE GUERRE. V. GENTILHOMME. V. GOUJAT. V. GRADE D'OFFICIER. V. HABIT. V. HAUSSECOL. V. HAUT-LE-PIED. V. HOPITAL MILITAIRE. V. HOQUETON. V. INDEMNITÉ DE ROUTE. V. INFANTERIE N° 7. V. INFANTERIE FRANÇAISE N° 5, 7. V. INFANTERIE FRANCO-SUISSE N° 5. V. INSTRUCTEUR. V. INSTRUMENT DE HAUT BRUIT. V. LÉGISLATION (1347, 1er MAI). V. MANTEAU D'HABILLEMENT. V. MILICE ROMAINE N° 2. V. MILICE RUSSE N° 8. V. NOBLESSE. V. NOM DE GUERRE. V. OFFICIER D'INFANTERIE FRANÇAISE DE LIGNE N° 3. V. OFFICIER FRANÇAIS N° 2. V. PARTI DE GUERRE. V. PARTISAN. V. PAYE. V. PEINE. V. PENSION DE RETRAITE. V. PILLAGE. V. PORT D'ARMES. V. PORTE-AIGLE. V. PRINCE FRANÇAIS. V. PRISON. V. PROFESSION DES ARMES. V. RANG DE TAILLE. V. SATELLITE. V. SERGENT D'INFANTERIE FRANÇAISE DE LIGNE N° 6, 11. V. SERMENT. V. SOLDAT. V. SOLDE. V. SOULIER.

v. sous-officier n° 1, 5, 11. v. tactique, subs. v. tambour idioplique; id. n° 5. v. tambour-major n° 8. v. taxiarque. v. tente. v. travailleur.

SIMPSON. v. noms propres.

SIMULATION (subs. fém.) de pas. v. halte tactique. v. marquer le pas. v. pas.

SIMULÉ (simulée), adj. v. infirmité s... v. pas s...

SIMULER le pas. v. marquer le pas. v. pas. v. pivot tactique.

SIMULTANÉ (simultanée), adj. v. alignement s... v. désertion s... v. formation s... v. sortie s...

SINCERUS; SINCLAIRE. v. noms propres.

SINGULAIRE, subs. masc. (F). Mot tout latin qui, depuis l'abolition de la république romaine, servait de dénomination à des chevaliers romains qui suivaient les armées à titre de volontaires, comme le témoignent Ganeau et Végèce (390, A). Depuis que les chevaliers romains avaient cessé d'être les soldats nés de la cavalerie des légions, depuis qu'ils étaient devenus une classe nobiliaire et politique, ceux que leur inclination portait au métier des armes faisaient campagne à titre de gardes du corps, ou comme aspirants à des charges éminentes, aux fonctions de préfet, aux emplois de commandants de cohorte ou de tribuns militaires. De là leur dénomination de Singulaires, comme on eût dit: guerriers dans une position particulière ou exceptionnelle.

SINGULIER (singulière), adj. v. appel s... v. combat s...

SINNER; SINNOT. v. noms propres.

SINTAGME, subs. masc. v. syntagme.

SENTZHEEM. v. noms propres.

SINUS (subs. masc.) de montagne. v. montagne.

SIONVILLE. v. noms propres.

SIPAHI, subs. masc. v. spahis.

SIPHOÏDE, adj. v. phalange s...

SIPHON (subs. masc.) a feu. v. a feu. v. fusée de guerre. v. milice bysantine. v. siphon a main.

SIPHON a main (F). Ce mot est tout grec: *keirosiphona*. Il sert à dénommer un genre d'arme bysantine et un tube à feu grégeois, que l'infanterie de cette milice portait dans le combat. Ces Siphons étaient-ils comparables à des fusées de guerre, l'étaient-ils à des sarbacanes manœuvrées en manière de pompes? Le fait reste mal éclairci; mais peut-être ces armes de jet rendaient-elles ce double service. — On suppose les Siphons inventés ou retrouvés par Léon le tacticien, ou du moins l'histoire ne fournit pas de preuves qu'avant son règne ils aient été en usage dans les armées de Bysance. — Ces Siphons d'infanterie, bien plus portatifs que ceux dont la marine se servait, furent un diminutif des siphons plus anciens dont Thucydide et Apollodore ont fait la description, et qui étaient comparables à des pompes foulantes. Callinique en avait renouvelé, dit-on, en 672, l'usage, pour jeter sur l'ennemi de la poix brûlante et des matières inflammables.

SIR, subs. masc. v. seigneur.

SIRAUTÉ, subs. fém. v. seigneur.

SIRE, subs. masc. v. chevalier de justice. v. gentilhomme. v. messire. v. seigneur.

SIRE de l'host. v. host. v. seigneur.

SIRE de l'ost. v. général d'armée. v. ost. v. seigneur.

SIRE d'host. v. host. v. seigneur.

SIRE d'ost. v. ost. v. seigneur.

SIRE en loix. v. chevalier de justice. v. en loix. v. seigneur.

SIRE ès-loix. v. ès-loix. v. seigneur.

SIRÈNE, subs. fém. (F), ou sirenne. Ancienne bouche à feu à tir direct, dont Furetière fait mention sans la décrire.

SIRENNE, subs. fém. v. sirène.

SIRIE, subs. fém. v. seigneur.

SIRIÉ, subs. masc. v. seigneur.

SIRREURGIE, subs. fém. v. chirurgie.

SIRREURGIEN, subs. masc. v. chirurgien.

SIRRURGIE, subs. fém. v. chirurgie.

SIRTORI. v. noms propres.

SIRURGIÉE, subs. fém. v. chirurgie.

SIRURGIEN, subs. masc. v. chirurgien.

SIRURGIER, verb. neut. v. chirurgien.

SIRURGXE, subs. fém. v. chirurgie.

SISAIN, subs. masc. v. sixain.

SISMONDI; SISNEROS. v. noms propres.

SISTRE, subs. masc. (F), ou cistre. Mot imité du latin *sistrum*, et donnant idée d'un instrument a cordes dont se servaient les armées égyptiennes. Quelques traducteurs les ont appelés harpes. L'usage en a régné longtemps dans les MUSIQUES MILITAIRES de l'ORIENT. — VIRGILE donne le Sistre aux troupes de Cléopâtre combattant à Actium.

Regina in medio patrio vocat agmina Sistro.
Du sein des bataillons, le Sistre égyptiaque
Donne, en retentissant, le signal de l'attaque.

PROPERCE en parle de même :

Romanamque tubam crepitanti pellere Sistro.
Le Sistre essaye en vain d'étouffer la trompette.

SITAIRE, subs. fém. (F). Mot dérivé du LATIN *sitarchia, sitarcia*, et mentionné par ROQUEFORT comme ayant signifié CANTINE PORTATIVE.

SITUATION, subs. fém., ou SITUATION NUMÉRIQUE et ADMINISTRATIVE. V. ABSENCE AUTORISÉE. V. ABSENT SANS CAUSE CONNUE. V. ADMINISTRATION MILITAIRE. V. APPEL ADMINISTRATIF. V. CONGÉ DE SEMESTRE. V. CONGÉ LIMITÉ. V. CONSEIL D'ADMINISTRATION DE RÉGIMENT N° 4. V. CONTROLE ANNUEL. V. CONTROLE DE MOUVEMENTS JOURNALIERS. V. DÉNOMBREMENT. V. DÉPART PARTIEL. V. DISPONIBLE. V. DISTRIBUTION DE RATIONS. V. EFFECTIF. V. ÉTAT DE SITUATION. V. FEUILLE DE SITUATION. V. MAJOR-LIEUTENANT — COLONEL N° 5. V. MINISTRE DE LA GUERRE N° 7. V. MONTRE ADMINISTRATIVE. V. MOUVEMENT MUTATIONNAIRE. V. PRISONNIER DE GUERRE. V. RAPPORT. V. REGISTRE DE L'EFFECTIF. V. TABLEAU DE SITUATION.

SITUATION ANNUELLE. V. ANNUEL. V. ÉTAT DE SITUATION.

SITUATION d'APPROVISIONNEMENTS DE SIÉGE. V. APPROVISIONNEMENT DE SIÉGE. V. ÉTAT DE SITUATION D'APPROVISIONNEMENTS.

SITUATION d'ARMÉE. V. ARMÉE. V. ÉTAT DE SITUATION.

SITUATION d'ARMEMENT. V. ARMEMENT. V. ARMEMENT DE TROUPE. V. ÉTAT DE SITUATION.

SITUATION de CAISSE. V. CAISSE. V. CAISSE A ARGENT. V. CAISSE A TROIS SERRURES. V. COMPTE PÉCUNIAIRE. V. CORPS D'INTENDANCE N° 8. V. ÉTAT DE SITUATION DE CAISSE. V. MAJOR CHEF DE BATAILLON N° 9.

SITUATION de COMPAGNIE. V. ADMINISTRATION DE COMPAGNIE. V. COMPAGNIE. V. COMPAGNIE D'INFANTERIE FRANÇAISE DE LIGNE N° 10. V. LIVRE DE COMPAGNIE.

SITUATION de CORPS. V. COLONEL BRIGADÉ. V. COLONEL D'INFANTERIE FRANÇAISE DE LIGNE N° 52. V. COLONEL GÉNÉRAL DES SUISSES. V. COMMANDANT DE CORPS. V. COMPTABILITÉ DE CORPS. V. CONSEIL D'ADMINISTRATION DE RÉGIMENT N° 5. V. CORPS. V. CORPS RÉGIMENTAIRE N° 7. V. MAJOR DE PLACE N° 4.

SITUATION de MAGASIN. V. CHANGEMENT DE COLONEL. V. COMMANDANT DE DIVISION TERRITORIALE N° 4. V. MAGASIN. V. MAJOR CHEF DE BATAILLON N° 9.

SITUATION de MASSE DE LINGE ET CHAUSSURE. V. FEUILLE DE DÉCOMPTE. V. MASSE DE LINGE ET CHAUSSURE.

SITUATION de MATÉRIEL. V. MATÉRIEL. V. ÉTAT DE SITUATION.

SITUATION de PERSONNEL. V. ÉTAT DE SITUATION. V. PERSONNEL.

SITUATION de QUINZAINE. V. ÉTAT DE SITUATION. V. QUINZAINE.

SITUATION de ROUTE. V. ROUTE. V. SOUS-INTENDANT N° 7.

SITUATION d'EFFECTIF. V. EFFECTIF. V. DEMANDE DE MUNITIONS D'EXERCICE.

SITUATION d'EFFETS D'UNIFORME. V. CAPITAINE D'HABILLEMENT N° 3. V. EFFET D'UNIFORME.

SITUATION d'HABILLEMENT. V. CAPITAINE D'HABILLEMENT N° 5. V. HABILLEMENT.

SITUATION d'HOPITAL. V. HOPITAL. V. HOPITAL MILITAIRE.

SITUATION d'OFFICIERS. V. MINISTRE DE LA GUERRE N° 9. V. MOUVEMENT MUTATIONNAIRE.

SITUATION ÉVENTUELLE. V. ÉTAT DE SITUATION. V. ÉVENTUEL.

SITUATION JOURNALIÈRE. V. JOURNALIER, adj. V. OFFICIER. V. SOUS-INTENDANT N° 7.

SITUATION MENSUELLE. V. ÉTAT DE SITUATION. V. MENSUEL.

SITUATION NUMÉRIQUE. V. NUMÉRIQUE. V. SITUATION.

SITUATION PÉRIODIQUE. V. ÉTAT DE SITUATION. V. PÉRIODIQUE.

SITUATION TRIMESTRIELLE. V. ÉTAT DE SITUATION. V. SOUS-INTENDANT N° 8. V. TRIMESTRIEL.

SIX, subs. masc. V. BOULET DE SIX. V. CALIBRE DE CANON. V. FUSÉE DE SIX. V. PIÈCE DE SIX. V. SIXAIN. V. TRENTE-SIX.

SIX BATAILLONS. V. A SIX BATAILLONS. V. BATAILLON.

SIX CENTS. V. BOMBARDE. V. BOMBE DE SIX CENTS. V. CENT. V. PIÈCE DE SIX CENTS.

SIX POUCES. V. BOMBE DE SIX POUCES. V. POUCE.

SIX RANGS. V. A SIX RANGS. V. CARRÉ A SIX RANGS. V. CHARGE PARATAXIQUE. V. FEU DE SIX RANGS. V. SUR SIX RANGS.

SIXAIN, subs. masc. (F), ou SISAIN, ou SIZAIN suivant DELAFONTAINE (1675, A), LAVALLIÈRE (1693, E), et M. RAYMOND. Le mot

Sixain tire sa racine du terme SIX. Il donne idée d'un ORDRE DE BATAILLE plus ancien que le CINQUAIN, et dont on attribue l'invention, ou plutôt l'application , à HENRI QUATRE. DUANE (1810, E) témoigne que six BATAILLONS, c'est-à-dire six MASSES composant une ARMÉE , se rangeant sur une seule LIGNE, passaient à l'ordre sur trois LIGNES, chacune de force égale. A cet effet, le second et le troisième BATAILLON se portaient en avant; le premier et le dernier reculaient; les deux autres formaient le CORPS DE BATAILLE. Le CINQUAIN aussi était rangé sur trois LIGNES; mais la dernière était moitié moins forte que les autres. — On peut consulter, à l'égard du Sixain et de la tactique de ces époques: DELAFONTAINE (1675, A), DUANE (1810, E), FURETIÈRE, GANEAU, GUILLET (1686, B), LACHESNAIE (1758, I).

SIXIÈME BATAILLON. V. BATAILLON. V. FANION TACTIQUE.

SIXIÈME FACTIONNAIRE. V. FACTIONNAIRE.

SIXIÈME RANG. V. FEU A GÉNUFLEXION. V. FEU DE PARAPET. V. RANG.

SIZAIN, subs. masc. V. SIXAIN.

SIZEAUL, subs. masc. V. TRAIT D'ARBALÈTE. V. TRAIT PROJECTILE.

SKELTON; SKÈNE. V. NOMS PROPRES.

SKERMUCHE, subs. fém. V. ESCARMOUCHE.

SKEUOPHORE, subs. masc. (F). Mot tout GREC, *skeuophoros*, qui signifiait VALET D'ARMÉE , OU VALET DE SOLDAT, ou porteur de bagage, de vases, d'écuelles, de HAVRE-SACS, d'ustenciles militaires. Ce mot a servi à combler une des lacunes fâcheuses de la LANGUE FRANÇAISE et du CODE MILITAIRE, en produisant les mots SKEUOPHORIE, signifiant TRANSPORT D'EFFETS, conformément aux règles de l'ADMINISTRATION MILITAIRE, et l'adjectif SKEUOPHORIQUE, exprimant ce qui a rapport à ce genre d'OPÉRATION ADMINISTRATIVE. — Les simples OPLITES des MILICES GRECQUES avaient à leur suite, à titre de DOMESTIQUES, un ou même plusieurs Skeuophores. Dans les MILICES ROMAINES, ces VALETS s'appelaient *vasifer*, ou *sarcinator*, et obéissaient au VAGUEMESTRE, qu'on nommait BASTAGAIRE. Les ITALIENS ont appelé, dans le même sens, *bagaglione*, ou hommes de BAGAGES, ceux que les TROUPES FRANÇAISES, jusqu'à Louis QUATORZE, ont appelés GOUJATS.

SKEUOPHORIE, subs. fém. (B, 1). Partie ou fonction analogue à celle des SKEUOPHORES de l'antiquité. C'est une des branches de l'ADMINISTRATION MILITAIRE, une des subdivisions importantes du CODE de l'ARMÉE; c'est l'application des systèmes légaux et des moyens réguliers qui réunissent, déplacent, rendent à destination tout le MATÉRIEL portatif des TROUPES, soit à l'aide de CHEVAUX et de COLLIERS, soit par la voie de terre ou des COURS D'EAUX. Ainsi la Skeuophorie est le rameau auquel se rattachent BAGAGES, CONVOIS, ÉQUIPAGES, TRANSPORT.

SKEUOPHORIQUE, adj. V. BALLE S... V. BILLET S... V. CHARGE S... V. CHEMINEMENT S... V. COLLIER S... V. COLONNE S... V. CONVOI S...

SKEE, subs. fém. V. CHASSEUR-PATINEUR.

SKIELOEBER, subs. masc. V. CHASSEUR-PATINEUR.

SKINNER. V. NOMS PROPRES.

SKIOMACHIE, subs. fém. V. SCIAMACHIE.

SKYTALE, subs. masc. (F), ou SCYTALE; quelques-uns le font féminin. Mot GREC qui était le nom d'un serpent, et qui, par une analogie qui sera facilement comprise, était devenu le nom du BATON DE COMMANDEMENT, ou du BATON que portaient les HÉRAUTS de la MILICE GRECQUE. — Suivant BÉNETON (1742, A) et POTIER (1779, X, supplém.), le Skytale était, en GRÈCE, la MARQUE DISTINCTIVE d'un GÉNÉRAL. — Le Skytale a été une sorte de CADUCÉE, mais en différait cependant par sa forme et sa destination. Le CADUCÉE suffisait comme sauvegarde aux envoyés qui étaient porteurs d'une DÉCLARATION DE GUERRE. Le Skytale était un moyen stéganographique, une sorte de CHIFFRE diplomatique par lequel un GÉNÉRAL transmettait ses ordres, ou communiquait par écrit ses intentions. — Le Skytale consistait en une baguette ou un cylindre à l'entour duquel s'enroulait , comme le ferait un serpent, une bande de peau, ou une feuille de papyrus, sur laquelle on écrivait, dans le sens de la longueur du BATON, une instruction ou un avis. On transportait à part l'écrit, qui ne redevenait lisible que quand, de nouveau, on enveloppait spiralement de la bandelette le cylindre, puisqu'une baguette qui n'eût pas eu le diamètre voulu, n'eût pas fait concorder les mots. — Au retour des expéditions heureuses, le Skytale était rapporté couvert de lauriers. — Il a été traité des Skytales par AULU-GELLE, BÉNETON (1742, A), LACHESNAIE (1758, 1, au mot *Écrire*), MONCHABLON, PLUTARQUE, POTIER (1779, X, suppl.), ROBINSON.

SMEETZ; SMÉZO; SMIRKE; SMITH; SMOLENSK; SMOLL; SNEBERGER; SOBIESKI. V. NOMS PROPRES.

SOBREVESTE, subs. fém. v. SOUBRE-
VESTE.

SOBRIQUET, subs. masc. (B, 1). Mot
qui, suivant GÉBELIN, viendrait de la LANGUE
ROMANE : il serait composé de *sobra* et de
quest, signifiant acquis par-dessus. Les LA-
TINS disaient, dans le même sens, *signum*.
— Un Sobriquet était donné dans le dernier siècle, comme NOM DE GUERRE, à tous
les ENROLÉS. Il n'en est donné actuellement
qu'aux HOMMES DE TROUPE portant un NOM
qui serait également celui d'un HOMME déjà
inscrit sur le même CONTROLE ANNUEL ; le
Sobriquet fait en ce cas partie du SIGNA-
LEMENT, et se prononce aux APPELS DE PO-
LICE.

SOC, subs. masc. v. BOTTE A DRAPEAU. V.
CHAPE. V. MANTEAU D'HABILLEMENT.

SOCIÉTÉ, subs. fém. v. TENUE DE S...

SOCRATE. V. NOMS PROPRES.

SODÉE, subs. fém. v. SOLDE.

SODEER, subs. masc. v. SOLDAT.

SODOIER, subs. masc. v. SOLDAT.

SODOYER, subs. masc. v. FIEF. V. FIEF
DE SODOYER. V. SOLDAT.

SOHN. V. NOMS PROPRES.

SOIE, subs. fém. v. CUIRASSE DE SOIE. V.
CORDE D'ARC.

SOIE d'ARME BLANCHE (B, 1). Le caprice
des ARMURIERS a désigné sous ce nom de Soie
la partie de fer équarrie, effilée et supérieure
du CORPS de LAMES des ÉPÉES et des SABRES.
Cette partie traverse la CROISETTE et l'AME de
la POIGNÉE, et est rivée sur le POMMEAU ou
sur la CALOTTE de la GARDE.

SOIE de BATON FOURRÉ. V. BATON FOURRÉ.

SOIE de COCHON (F). Nom qui a été donné
à un genre d'ARME BLANCHE, par allusion à sa
minceur et à sa roideur. M. MEYRICK désigne
ainsi une LONGUE ÉPÉE qui fut donnée aux
MOUSQUETAIRES A PIED, pour qu'ils pussent se
défendre contre la LANCE des HOMMES DE CHE-
VAL ; à cet effet, ils introduisaient le MANCHE
de cette ÉPÉE dans l'embouchure de leur
MOUSQUET. Primitivement, elle était portée
dans un FOURREAU ; elle eut ensuite pour
FOURREAU la FOURCHETTE, et s'y engaînait
comme dans un tube de fer. Cette Soie de
cochon, qui paraît avoir été principalement
en usage dans des MILICES ÉTRANGÈRES, donna
l'idée première de la BAIONNETTE.

SOIE de SABRE. V. SABRE. V. SOIE D'ARME
BLANCHE.

SOIE d'ÉPÉE. V. ÉPÉE. V. SOIE D'ARME
BLANCHE.

SOIGANT, subs. masc. v. CHIRURGIEN.

SOIGAU, subs. masc. v. CHIRURGIEN.

SOIGNOR, subs. masc. v. SEIGNEUR.

SOIR, subs. masc. v. APPEL DE S... V.
APPEL DU S... V. CERCLE DE S... V. ORDRE DU
S... V. RETRAITE DE S... V. SOUPE DE S...

SOISSONS. V. NOMS PROPRES.

SOIT INFORMÉ (locution impérative). v.
ACCUSATION. V. ACCUSÉ. V. COMMANDANT - DE
DIVISION TERRITORIALE N° 2. V. INFORMÉ. V.
PRÉVENU.

SOIXANTE, subs. masc. et nom de
nombre. v. PIÈCE DE S...

SOIXANTE-DIX. V. DIX. V. PIÈCE DE
SOIXANTE-D...

SOIXANTE-HUIT. V. HUIT. V. PIÈCE DE
SOIXANTE-H...

SOIXANTE-QUATRE. V. PIÈCE DE SOIXAN-
TE-Q... V. QUATRE.

SOIXANTE-QUINZE. V. PIÈCE DE SOIXANTE-
Q... V. QUINZE.

SOL, subs. masc. v. SOLDAT.

SOLAR. V. NOMS PROPRES.

SOLDAR, subs. masc. v. SOLDAT.

SOLDARIER, subs. masc. v. SOLDAT.

SOLDAT (soldats), subs. masc. v. AGE
D'ENROLEMENT DE S... V. ANCIENNETÉ DE S... V.
ARGENT D'ENVOI AUX S... V. ARME DE S... V.
AUBERGE DE S... V. BAGAGE DE S... V. CHAMBRE
DE S... V. CHARGE DES... V. CLASSE DE S... V. CO-
CARDE DE S... V. COFFRET DE GIBERNE DE S...
V. COMBUSTIBLE DE CUISINE DE S... V. COUCHE
DE S... V. CUISINE DE S... V. DÉCOMPTE DE S...
V. DETTE DE S... V. DEVOIRS DE S... V. DRAP
DE S... V. DRESSEMENT DE S... V. DRESSER LES
S... V. ÉCOLE DE S... V. ÉCOLE DU S... V. ENRO-
LEMENT DE S... V. ÉPÉE DE S... V. FONCTIONS
DE S... V. FOURNITURES DE S... V. GIBERNE DE
S... V. HABIT DE S... V. INSTRUCTION DE S...
V. JEUNE S... V. LATRINES DE S... V. LIT DE S...
V. LOGEMENT DE S... V. MARQUE DE S... V.
MASSE DE S... V. NOM DE S... V. ORDINAIRE DE
S... V. PAYE DE S... V. PENSION DE RETRAITE DE
S... V. POIGNÉE DE S... V. PORT-D'ARMES DE S...
V. PRÊT DE S... V. PROPRETÉ DE S... V. REM-
PLACEMENT DE S... V. SECONDE CLASSE DE S...
V. SERMENT DE S... V. SERVICE DE S... V. SOLDE
DE S... V. SOULIER DE S... V. TACTIQUE DE S...
V. TAILLE DE S... V. TENTE DE S... V. TENUE DE
S... V. TRIBUN DE S...

SOLDAT, subs. masc. (A, 1, F), ou
COMMILITON, dans le *Dictionnaire de Tré-
voux*, ou COMPAGNON suivant BRANTOME
(1600, A), ou ESCHIES, synonyme de BOU-
CLIER suivant LACOMBE, ou suivant le même
auteur ESTIVÉS, synonyme de BOTTES (nous
sommes convaincu que l'un de ces synonymes s'appliquait seulement au SOLDAT D'IN-
FANTERIE, l'autre, au SOLDAT DE CAVALERIE),

ou GAGIER suivant GANEAU, ou GELDE suivant ROQUEFORT, ou MAHEUTRE, ou NARQUOIS suivant BOREL (Pierre), ou SAUDOYER, ou SODÉER, ou SODOYER, ou SOLDAR, ou SOLDARIER, ou SOLDIER, resté dans l'ANGLAIS, ou SOLDOYER suivant BONNOR (1488, A) et VELLY, à la date 1359, ou SOLDURIER, ou SOLDURIEUR, ou SOUDARD, ou SOUDART suivant RONSARD, qui s'en servait encore, ou SOUDENIER, ou SOUDIER, ou SOUDOHIER, ou SOUDOIER, ou SOUDOYER qui passait de mode quand FURETIÈRE écrivait, ou SOUDOYOUR, ou SOUDRILLE suivant FURETIÈRE, ou SOUDUIANT suivant BARBAZAN (1808), ou SOULDAIER suivant LOUIS ONZE (1480, A), ou SOULDARD suivant DUBELLAY (1555, A) et RABELAIS, ou SOULDOIER, ou SOULDOYARD suivant VELLY, à la date 1325, ou SOULDOYER suivant ROQUEFORT. — Cette variété de synonymes et d'orthographe chez les divers ÉCRIVAINS rend moins surprenant le dissentiment des étymologistes touchant la racine du mot Soldat. Il dériverait, suivant CUJAS, de l'ALLEMAND *sold*; il est provenu, suivant BOREL (Pierre), du LATIN *sodalis*, COMPAGNON; suivant NICOT, de *soldurus*; suivant POTIER (1779, X), MÉNAGE et ROQUEFORT, du bas LATIN *solidatus* (qui touche une SOLDE). D'autres prétendent qu'il est une abréviation des périphrases latines *qui solidum accipit, ob solidum accipiendo,* ce qui veut dire : STIPENDIAIRE percevant un SOU ou un SOL. CASENEUVE fortifierait cette opinion en rappelant que les princes qui s'entouraient de TROUPES MERCENAIRES, que les RECRUTEURS qui les pourvoyaient, s'appelaient *solidatores*, distributeurs de sous. — Le mot *soldurius*, qu'on retrouve dans CÉSAR (51 av. J.-C.), exprimait un genre de CLIENTS GAULOIS, et se serait changé en *solidarius*, homme soldé. Ce dernier mot aurait produit, au dire de MÉNAGE, le dépréciatif SOUDRILLE, et par aphérèse, DRILLE. — Le mot *solidarius* était en usage dès l'an 1030, comme le déclare la préface du onzième volume des historiens, p. 232; mais l'usage en était peu commun. On retrouve plus tard cette expression dans Roger Noveden, dans Ordericus Vitalis, et dans d'autres ÉCRIVAINS du douzième siècle. HALLAM suppose que ce sont les abbés des dixième et onzième siècles, grands propriétaires et SEIGNEURS peu disposés à défendre en personne leur DOMAINE, qui, les premiers, auront fait emploi de *solidarii*, ou d'hommes souldoyers. Ce dernier mot, pris comme adjectif, se serait ensuite, suivant BONNOR (1488, A), changé en substantif et abrégé en SOULDARDS. — Les chroniques témoignent que, vers 1180, une nouvelle espèce de MILICE était sur pied; c'étaient les SOULDOYERS.

M. SICARD les regarde comme la plus ancienne TROUPE SOLDÉE. Remarquons cependant que, plus anciennement, on soldait, soit en ARGENT, soit en parts de BUTIN, bien des TROUPES du genre des RIBAUDS, des AVENTURIERS, des LATRONS, des BRIGANTS, *brigancii*, des MENADIERS, des ROUTIERS, des SERGENTS. Ces SOULDOYERS de PHILIPPE AUGUSTE, dépendant de la couronne seule, et fort différents par là des TROUPES COMMUNALES et FÉODALES, se composaient de gens sans aveu, levés sans choix en tout pays, et surtout en BRABANT. — Au quatorzième siècle, comme on le voit dans FROISSART, les SEIGNEURS, les COMMUNES, soldaient, comme GARNISON DE VILLE ou de FORTERESSE, des SERGENTS, des GENDARMES qu'à raison de cette SOLDE on appelait SAUDOYERS, SOUDOYERS. — Après ces termes, et au quinzième siècle, les expressions SODOYOURS, COMPAGNONS, COMPAIGNONS, pris dans le même sens, étaient en usage jusqu'au seizième siècle. Soldat s'enracina, sous FRANÇOIS PREMIER, dans notre LANGUE, comme le témoigne l'ORDONNANCE DE 1525 (12 AOUT). MÉNAGE justifie cette assertion, en déclarant qu'au temps où il écrivait, le substantif Soldat datait à peine d'un siècle. PASQUIER le regarde également comme postérieur au substantif SOLDE dont il le suppose provenu; mais ce n'est pas rigoureusement vrai. BRANTOME (1600, A) est un des plus anciens AUTEURS qui se soit servi du terme actuel, et qui le préférait, dit-il, *à tout aultre;* il le dérivait de l'ESPAGNOL *soldados*. L'ENCYCLOPÉDIE (1751, C) le fait venir au contraire de l'ITALIEN *soldato*, et il paraît indubitable que la LANGUE FRANÇAISE l'a emprunté à l'ITALIE pendant l'EXPÉDITION de CHARLES HUIT. Peut-être les ITALIENS le devaient-ils aux CONDOTTIERI, et dans ce ce cas il eût pu venir de l'ALLEMAND *sold*. Peut-être l'avaient-ils reçu des ESPAGNOLS. Dans tous les cas, c'est à ces deux LANGUES à se donner le soin de rechercher quels sont les précédents du mot, et non à la LANGUE FRANÇAISE qui l'a reçu de l'une ou de l'autre. — Dans le siècle de LOUIS QUATORZE, un CAVALIER, un DRAGON, ne se regardaient pas comme Soldats, et les ORDONNANCES MILITAIRES en faisaient, sans savoir pourquoi, la distinction peu rationnelle; c'était une trace de cette primauté vaniteuse que les HOMMES DE CHEVAL de l'ARMÉE FRANÇAISE s'étaient de tout temps attribuée vis-à-vis des HOMMES DE PIED. — Dans les siècles passés, les traducteurs, en général peu habiles comme antiquaires, ont rendu le vieux substantif *miles* par Soldat; ce qui n'est pas rigoureusement juste. Dans la MILICE ROMAINE du BAS-EMPIRE, un HOMME DE GUERRE ne devenait *miles*, ou HOMME admis à la MILICE, qu'après son noviciat de TYRON ou de RECRUE, *junior*, ou *tyro*. La MARQUE dont sa main recevait alors l'empreinte, après quatre ou cinq mois d'apprentissage, le faisait *miles sacratus*, SOLDAT consacré, GUERRIER admis au serment. — GONDEBAUD, roi des BOURGUIGNONS, se reconnaissait le *miles* de CLOVIS, et la FÉODALITÉ appelait *miles* le CHEVALIER ou le NOBLE, le SERGENT ou le GENTILHOMME; car c'était tout un. L'acception relevée que l'esprit de gloriole, si commun dans les ARMÉES, avait attachée, dans le seizième siècle, au mot Soldat, tenait à ce qu'on le supposait analogue au *miles* des ROMAINS, au *miles* des PREMIÈRE et SECONDE RACES; mais aujourd'hui il y a une immense distance entre ces souvenirs de NOBLESSE et l'époque où le soldat a eu à remplir les FONCTIONS moins relevées de la HIÉRARCHIE MILITAIRE. — On a appelé en latin, et en français, *ribaldi* et RIBAUDS, des Soldats qui gardaient le trône. — Le nom de BRIGANTS, qui a été donné à certaines TROUPES, serait, dit-on, celui du pays d'où elles étaient issues. — Le nom de POURONS serait venu, suivant ROQUEFORT, du LATIN *fur*; le mot LATRON du LATIN *latro, latrunculus*, Soldat du jeu d'échecs. Le terme MENADIERS, d'origine toute ITALIENNE, *masnadiere*, ne se prenait pas non plus en bonne part, ou du moins prêtait à de fâcheuses équivoques. — La dénomination de PIONS, sortie de l'INDIEN ou du CHINOIS, aurait donné naissance au mot CHAMPION; du moins on l'a supposé. — La qualification de DRILLES, empruntée des truands, est restée dans l'ANGLAIS, sous forme de substantif et de verbe. — Le mot GAGIER, ou SOLDAT A GAGES MÉNAGERS, signifiait HOMME MIS SOUS LES ARMES, aux dépens d'un SEIGNEUR, d'un FIEF, d'une COMMUNE. — Les mots GELDES, LANCES, PIQUES, HOKEDOS, désignaient ceux qui combattaient avec une GELDIÈRE, une LANCE, une PIQUE, un BOIS D'HAST. — COTTES DE FER, BRIGANDINIERS, CUIRASSES, qualifiaient les GUERRIERS qui avaient pour ARME DÉFENSIVE la COTTE DE MAILLES, la BRIGANDINE. — Le titre de PAVESSIERS caractérisait les porteurs de PAVOIS. — On a appelé MAHEUTRES, des Soldats, à raison de la forme des MANCHES de leur HABIT. — On nommait BACINETS, BARBUTES, CABASSETS, CAPELETS, SALADES, TÊTES COUVERTES, ceux qui coiffaient le CASQUE. — On a appelé GOUJARTS, GOUJATS, synonymes de jeunes gars, ou garçons, les SOLDATS A PIED, avant de les appeler ENFANTS, comme le fait BRANTOME (1600, A). Les VOLTIGEURS étaient les ENFANTS PERDUS; les bons soldats étaient les BONS CORPS, mot qui appartenait à la MILICE du duché de BRETAGNE, et les bons ENFANTS, mot que le langage populaire a retenu. C'est ce mot enfant, plus moderne que le mot FANTASSIN, qui, dans toutes les langues dérivées du LATIN, a été la souche des mots FANTERIE, INFANTERIE. — On a dit COMPAIGNONS, COMPAGNONS, comme on eût dit: membre d'une COMPAGNIE de GENS DE GUERRE; il en est resté, dans le langage vulgaire, le mot BON COMPAGNON. — Les ROUETIERS étaient porteurs d'ARMES A ROUET; les CHENAPANS se servaient de FUSILS ainsi nommés. — On a appelé honorablement, depuis la création de la GARDE CONSULAIRE, VIEUX SOLDATS, les hommes éprouvés et propres encore à FAIRE LA GUERRE, ce qui donne un sens tout autre que MOINES LAYS, MORTES PAYES, INVALIDES, VÉTÉRANS. Cette désignation assez mal choisie, ce mot VIEUX SOLDAT, a remplacé l'expression plus noble SOLDAT AGUERRI, CHEVRON, MÉDAILLON. — Le *Spectateur militaire* (tom. II, p. 175, note) prétend que BONAPARTE préférait les Soldats jeunes, comme plus susceptibles d'élan et *d'une plus joyeuse résolution*, comme disait BRANTOME (1600, A); on sait cependant avec quels soins il composait de VIEUX SOLDATS sa GARDE. — Une rudesse habituelle, un orgueil qui sent la POUDRE, ont fait donner amicalement aux VIEUX SOLDATS de BONAPARTE, et par BONAPARTE lui-même, le titre de GROGNARDS. — On a appelé administrativement, et faute d'un terme que la LANGUE eût pu mieux choisir, JEUNES SOLDATS, des CONSCRITS susceptibles d'être compris dans un APPEL. — Il y a eu des Soldats qui, suivant l'ARME, les temps, les pays, les gouvernements, ont été connus comme ALBANAIS, ACONTISTE, ALLAQUAIS, ARBALÉTRIERS, ARCHERS, ARGOULETS, ARGYRASPIDES, ARMURES, ARNAUTES, ARQUEBUSIERS, ATHANATES, BACHELIERS D'ARMES, BALIAIRES, CANONIERS, CANTABRES, CARABINS, CARABINIERS, CAVALIERS, CHEVAU-LÉGERS, CHEVALIERS, CHRYSASPIDES, CLAIRONS, CLARINETS, CLIENTS, COLOUGLIS, CORNETS, COTEREAUX, COULEVRINIERS, COUTILLIERS, CRAKOUSES, CRANEQUINIERS, CROATES, CUIRASSIERS, DARDAIRES, DORIPHORES, DRAGONS, DROMADAIRES, ÉCHELEURS, ÉCLAIREURS, ÉCUYERS D'ARMES, ESCOPÉTIERS, ESPADONS, ESPINGARDIERS, ESTAFIERS, FALCAIRES, FANTASSINS, FÉRENTAIRES, FIFRES, FLANQUEURS, FONDELLES, FOSSIERS, FRANCS ARCHERS, FRATERS, FRONDEURS, FUSÉENS, FUSELIERS, GARDES, GASTADOURS, GENDARMES, GÉNÉTAIRES, GLAIVES, GRENADIERS, HALLEBARDIERS, HASTAIRES, HAUTES PAYES IDIOPLIQUES, HAUTBOIS, HOMMES D'ARMES, HOQUEBOS, HOQUETONS, HULLANS, HUSSARDS, INFIRMIERS, INGIGNOURS, LANCES FOURNIES, LANCIERS, LANSQUENETS, LAQUAIS, LÉGIONNAI-

RES, MAITRES (synonyme de CAVALIERS), MAME-
LOUCKS, MANUBALISTAIRES, MINEURS, MINOURS,
MIQUELETS, MOUSQUETAIRES, MOUSQUETIERS,
PAGES, PANDOURS, PANSERNES, PAVESIEUX,
PAVOISIERS, PARTISANS, PELTASTES, PERTUISA-
NIERS, PHALANGITES, PIÉTONS, PIONNIERS, PI-
QUICHINS, PIQUIERS, PISTOLIERS, PORTE-HACHE,
PRINCES, PSILITES, PUPILLES, RAQUETIERS, REI-
TRES, REMPLAÇANTS, RONDACHERS, RONDELIERS,
RORAIRES, ROUTIERS, RUSTRES, SAPEURS, SATEL-
LITES, SPAHIS, STIPENDIAIRES, STRADIOTS, SUIS-
SES, TAMBOURINS, TARGETIERS, TERMULONS, TOL-
PACHES, TRAGULAIRES, TRENCHEOURS, TRIAIRES,
TROMPETTES, VÉLITES, VOLONTAIRES, VOLTI-
GEURS, VOUGIERS, ZOAVES. — Dans le dernier
siècle, le mot Soldat avait perdu beaucoup
de cette glorieuse signification que lui re-
connaissait BRANTOME (1600, A); aussi le
NOM DE FAMILLE du Soldat se cachait-il sous
un NOM DE GUERRE. Dire d'un fils de bonne
maison qu'il avait été Soldat, ce n'était pas
faire son éloge: cela tenait à la COMPOSITION
déplorable des RÉGIMENTS recrutés, *per fas et
ne fas*, dans les sentines des grandes villes.
Quoique le style des poëtes et de l'histoire
eût cherché à réhabiliter le mot, il était loin
de s'être ennobli, à cause de la mauvaise
réputation des GARDES FRANÇAISES sous LOUIS
QUINZE; aussi les BATAILLONS de VOLONTAIRES
ne se regardaient-ils nullement comme Soldats, mais s'étaient-ils techniquement appelés DÉFENSEURS DE LA PATRIE. Il en fut ainsi
jusqu'à l'an quatre de la république. Les
proclamations si célèbres de BONAPARTE rendirent aux HOMMES DE TROUPE leur nom du
seizième siècle, et le firent, pour ainsi dire,
reverdir. Le style apprêté et à l'antique des
HARANGUES, le prestige des ORDRES DU JOUR
et des BULLETINS, le langage enthousiaste et
coloré des chansons et du théâtre, lui ont
restitué et conservé tout son éclat natif, et
il a pris deux significations qu'il ne faut pas
confondre: celle du MILITAIRE, quel que soit
son GRADE, à qui l'Etat confie des ARMES;
celle du MILITAIRE SANS GRADE. La première
de ces significations se peignait dans ces
vers:

Le premier qui fut roi fut un soldat heureux....
Un soldat tel que moi peut justement prétendre...

— Mais admettons ici le mot dans ce dernier sens: c'est l'acception positive que
l'ART DE LA GUERRE lui attribue, abstraction
faite du genre de l'ARME; c'est le nom que
l'ADMINISTRATION donne à l'HOMME DE TROUPE,
pris à part des BRIGADIERS, CAPORAUX et SOUS-
OFFICIERS. — Des usages peu anciens ont ca-
ractérisé plus précisément le MILITAIRE ici
examiné, en le dénommant SIMPLE SOLDAT.
BERNADOTTE, CHEVERT, FABERT, FOLARD, JEAN

BART, MASSÉNA, MONTÉCUCULI, OUDINOT,
PIERRE LE GRAND, SOULT, TURENNE, VAUBAN,
ont été SIMPLES SOLDATS. — Dans les deux
derniers siècles, il existait des usages qui
ont force encore en ANGLETERRE et en RUS-
SIE; une distance infranchissable séparait de
l'OFFICIER le Soldat. Des institutions nouvelles, fruit naturel de la CONSCRIPTION levée
sur des populations éclairées, ont fait tomber, dans presque tous les gouvernements,
la barrière qui rendait inabordable à l'une
de ces classes la classe la plus haute, et qui
faisait de l'ÉTAT MILITAIRE deux ÉTATS. — La
DURÉE, soit légale, soit forcée, du SERVICE du
Soldat a subi, chez les différents peuples,
autant de variations qu'il y a de distance
entre un mois et la perpétuité. La libération à temps est devenue un droit reconnu;
le SERVICE A VIE, image du servage ancien,
n'est presque plus en usage, et la loi a déterminé les époques de CONGÉ. — Le maréchal de SAXE (1757, A) proposait, dans ses
Rêveries, de faire revivre la mode byzantine,
qui consistait à marquer d'une ineffaçable
stigmate la main du Soldat. Cette inexécutable proposition avait le tort de trop rappeler la marque antique des esclaves, celle
des SERFS fugitifs, et la marque moderne des
bestiaux. Est-ce au sujet de cette opinion du
prince saxon que BONAPARTE l'accusait, dans
ses mémoires, d'être un MILITAIRE *de peu
d'esprit?* Disons cependant que cette stig-
matisation, qui eût peut-être révolté des
Soldats si elle eût été forcée, était spontanément imitée des marins sous les régimes
républicain et impérial. On ne voyait, au
CAMP DE BOULOGNE, que des Soldats qui s'é-
taient ineffaçablement tatoués le buste, le
sein, les bras, sous des inspirations de gloriole, de galanterie ou de patriotisme. Trois
aiguilles attachées ensemble, et trempées
dans une infusion de vermillon et de poudre à canon, étaient le burin de cette gravure. — Les ÉCRIVAINS qui ont embrassé le
côté moral du sujet se sont accordés touchant les questions dont il va être donné un
aperçu. — L'INSTRUCTION (en prenant le mot
ambigu INSTRUCTION dans le sens d'éducation libérale) doit être une des graves pensées du législateur. Plus le Soldat sera instruit, a dit ODIER (1824, E), plus ce perfectionnement imposera à l'OFFICIER l'obligation
d'être plus instruit. — Le gouvernement
impérial ne s'occupait que faiblement de
cette amélioration; le temps manquait, les
circonstances ne s'y prêtaient pas. Les gouvernements plus modernes y ont donné
plus d'attention, et le RAPPORT DE 1829
(6 MARS) prouvait qu'en vertu d'une disposition nouvelle, le nombre des SOLDATS ILLET-

ᴛʀés et de ceux sachant lire, était l'objet d'un examen passé aux époques des ʟᴇᴠᴇ́ᴇs. Cet examen tendait à proportionner au besoin reconnu, les moyens ᴅ'ɪɴsᴛʀᴜᴄᴛɪᴏɴ à mettre en vigueur dans les ʀᴇ́ɢɪᴍᴇɴᴛs. — C'est une grave et haute question aussi que celle des ᴛʀᴀᴠᴀᴜх ɴᴀᴛɪᴏɴᴀᴜх, auxquels seraient employés, en ᴛᴇᴍᴘs ᴅᴇ ᴘᴀɪх, des Soldats trop souvent oisifs ; mais les philanthropes qui déclament contre l'oisiveté de trois cent mille militaires, dont la partie pédestre est véritablement trop peu occupée, feraient mieux d'appliquer leur éloquence à provoquer des institutions qui interdiraient à un million d'ouvriers français la débauche du lundi et du mardi, et l'usage de battre les camarades qui n'y veulent pas participer. Dans ces orgies, ils oublient la famille, dégradent leur intelligence, ruinent leur santé, et perdent bien plus de journées qu'il n'en pourrait être profitablement employé par toute une ᴀʀᴍᴇ́ᴇ ᴅᴇ ᴛʀᴀᴠᴀɪʟʟᴇᴜʀs. L'on ne doit attendre et exiger du Soldat que l'accomplissement de ses ᴅᴇᴠᴏɪʀs militaires ; les choses de religion, de conscience, de politique, doivent être passées sous silence dans les instructions que l'autorité lui transmet. Il n'y a de bons Soldats que les Soldats qui restent étrangers aux factions, sont mus par le patriotisme, n'aspirent qu'au maintien de l'ordre, ne songent qu'à la défense du territoire, protégent, sans distinction et dans les formes que consacre la loi, les citoyens de tous les partis, et s'étudient même à sauver les partis de leurs propres fureurs. Diriger, pour la gloire et le bonheur du pays, la capricieuse vaillance du Soldat, le préserver des inquiétudes d'esprit en gagnant sa confiance, l'enflammer par l'exemple, consoler ses peines par l'équité, en ne le soumettant à l'action de la ᴊᴜsᴛɪᴄᴇ que comme y doit être soumis l'ᴏꜰꜰɪᴄɪᴇʀ, quelque haut ɢʀᴀᴅᴇ qu'il exerce, telle est la science la plus profonde, la moins commune, la plus utile en civilisation après l'agriculture. — Affecter au sᴇʀᴠɪᴄᴇ de la ᴄᴀᴠᴀʟᴇʀɪᴇ les hommes les plus grands, les plus vigoureux, ne composer l'ɪɴꜰᴀɴᴛᴇʀɪᴇ que du *caput mortuum* des ʟᴇᴠᴇ́ᴇs, est le comble de l'extravagance et le retour à l'enfance de l'ᴀʀᴛ ᴍɪʟɪᴛᴀɪʀᴇ, s'il en faut croire M. le professeur Xɪʟᴀɴᴅᴇʀ. — Les ᴀᴜᴛᴇᴜʀs qu'on pourrait citer au sujet du mot Soldat, sont : Aʟᴛᴏɴɪ, Aɴᴛᴏɴɪᴏ, Bᴀʀʙᴀᴢᴀɴ, Bᴀʀᴅᴇᴛ (1740, A), Bᴀʀᴅɪɴ (1807, D; 1814, E), Bᴇ́ʀᴀɴɢᴇʀ, Bɪʟʟᴏɴ (1612, B), Bᴏɪsʀᴏɢᴇʀ (1773, G), Bᴏʀᴇʟ (Pierre), Bᴏᴜssᴀɴᴇʟʟᴇ, Bʀᴀɴᴛᴏᴍᴇ (1600, A), Bʀɪɴᴋᴇɴ, Cᴀᴍᴇ́ʀᴇʀ, Cᴀʀʀᴇ́ (1783, E), Cᴀʀʀɪᴏɴ (1824, E), Cᴀsᴇɴᴇᴜᴠᴇ, Dᴀɴɪᴇʟ (1721, A, t. ɪ, p. 18), Dᴇʟᴀsɪᴍᴏɴɴᴇ, Dᴇs-

ᴘᴀɢɴᴀᴄ (1751, D, t. ɪɪɪ, p. 119), ᴅ'Hᴇ́ʀɪᴄᴏᴜʀᴛ (1756, G), Dɪᴘᴘᴏʟᴅ, l'Eɴᴄʏᴄʟᴏᴘᴇ́ᴅɪᴇ (1751, C), Fɪɴᴋ, Fʟᴇᴍᴍɪɴɢ (1726, B), Fʀᴏɪssᴀʀᴛ, Fᴜʀᴇᴛɪᴇ̀ʀᴇ, Gᴀʟɪʙᴇʀᴛᴏ, Gᴀɴᴇᴀᴜ, Gᴀʏᴀ (1681, A), Gᴏᴇᴛʜᴇ, Gᴜɪɢɴᴀʀᴅ (1725, B, t. ɪ, p. 691), Gᴜɪʟɪᴀᴇᴛ (1686, B), Lᴀᴄʜᴇsɴᴀɪᴇ (1758, I), Lᴇᴄᴏᴜᴛᴜʀɪᴇʀ (1825, A), ʟ'Hᴏsᴛᴀʟ (1604, B), Lᴏᴇɴ, Lᴏᴜɪs ᴏɴᴢᴇ (1480, A), Mᴀɴᴇssᴏɴ (1685, B), Mᴀᴜʀɪᴄᴇ ᴅᴇ Sᴀхᴇ (1757, A), Mᴇ́ɴᴀɢᴇ, Mᴏʀᴀ (1570, A), Nɪᴄᴏᴛ, Oᴅɪᴇʀ (1824, E), Pᴀsǫᴜɪᴇʀ, Pɪᴄᴛᴇᴛ (1761, I), Rᴀʙᴇʟᴀɪs, Rɪᴘᴀ, Rᴏǫᴜᴇꜰᴏʀᴛ, Rᴏᴜɢᴇᴛᴇʀʀᴇ, M. Sɪᴄᴀʀᴅ, Vᴇ́ɢᴇ̀ᴄᴇ (590, A), Vᴇʟʟʏ (t. ᴠɪɪɪ, p. 575), Wᴇɪsᴇ, M. Xɪʟᴀɴᴅᴇʀ, le *Dictionnaire de la Conversation*. — Nous venons d'envisager le Soldat d'une manière générale, ou du moins européenne ; car, de pays à pays, les ᴛʀᴏᴜᴘᴇs du ᴍᴏʏᴇɴ ᴀɢᴇ différaient peu. Nous avons présenté le Soldat de Fʀᴀɴᴄᴇ, le Soldat de l'ᴀʀᴍᴇ́ᴇ ᴅᴇ ᴛᴇʀʀᴇ, comme ayant fait partie des troupes des ʙᴀʀᴏɴs, des ᴄᴏᴍᴍᴜɴᴇs, de la couronne, comme ayant appartenu aux anciennes ʙᴀɴᴅᴇs passagères de la ᴍɪʟɪᴄᴇ ꜰʀᴀɴᴄ̧ᴀɪsᴇ jusqu'à l'extinction des Valois. Ce sont des souvenirs d'histoire, bien plus que des résumés de ʟᴇ́ɢɪsʟᴀᴛɪᴏɴ ou des inductions à des règles ; car, avant le dix-septième siècle, les promulgations, ayant force de loi ou de règle, étaient rares, contradictoires, sans base. Quant au Soldat pris à partir de la naissance de l'ᴀʀᴍᴇ́ᴇ ꜰʀᴀɴᴄ̧ᴀɪsᴇ permanente sous Hᴇɴʀɪ ǫᴜᴀᴛʀᴇ, à partir des essais de la ʟᴇ́ɢɪsʟᴀᴛɪᴏɴ depuis Lᴏᴜɪs ǫᴜᴀᴛᴏʀᴢᴇ, à partir des règles d'ᴀᴅᴍɪɴɪsᴛʀᴀᴛɪᴏɴ depuis Dᴀʀɢᴇɴsᴏɴ et Cʜᴏɪsᴇᴜʟ, ce qui le concerne se développera au mot sᴏʟᴅᴀᴛ ꜰʀᴀɴᴄ̧ᴀɪs, et une série de renvois y suffira, afin de ne pas redire ce que quantité d'articles, faciles à retrouver, ont alphabétiquement énoncé déjà.

SOLDAT ᴀ ᴄʜᴇᴠᴀʟ. ᴠ. ᴀ ᴄʜᴇᴠᴀʟ. ᴠ. ᴀʀʀɪᴇ̀ʀᴇ-ɢᴀʀᴅᴇ ᴅ'ᴀʀᴍᴇ́ᴇ ᴀɢɪssᴀɴᴛᴇ. ᴠ. ᴀᴛᴛᴀǫᴜᴇ ᴅᴇ ᴄᴏɴᴠᴏɪ. ᴠ. ʙᴀʀʙᴜᴛᴇ. ᴠ. ᴄᴀᴠᴀʟɪᴇʀ ᴅᴇ ᴛʀᴏᴜᴘᴇ. ᴠ. ᴄʜᴇᴠᴀʟɪᴇʀ. ᴠ. ᴄᴏʜᴏʀᴛᴇ ᴅᴇ ʟᴇ́ɢɪᴏɴ ʀᴏᴍᴀɪɴᴇ. ᴠ. ᴄᴜɪʀᴀssɪᴇʀ. ᴠ. ᴅʀᴀɢᴏɴ ꜰʀᴀɴᴄ̧ᴀɪs ɴ° 1. ᴠ. ɢʀᴏssᴇ ᴄᴀᴠᴀʟᴇʀɪᴇ ɴ° 2. ᴠ. Rᴏᴜɢᴇᴛᴇʀʀᴇ.

SOLDAT ᴀ ɢᴀɢᴇs ᴍᴇ́ɴᴀɢᴇʀs. ᴠ. ᴀ ɢᴀɢᴇs ᴍᴇ́ɴᴀɢᴇʀs. ᴠ. ꜰʀᴀɴᴄ ᴀʀᴄʜᴇʀ. ᴠ. sᴏʟᴅᴀᴛ.

SOLDAT ᴀ ʟ'ʜᴏᴘɪᴛᴀʟ. ᴠ. ᴀ ʟ'ʜᴏᴘɪᴛᴀʟ. ᴠ. ʜᴏᴘɪᴛᴀʟ ᴍɪʟɪᴛᴀɪʀᴇ.

SOLDAT ᴀ ᴘɪᴇᴅ. ᴠ. ᴀ ᴘɪᴇᴅ. ᴠ. ᴅʀᴀɢᴏɴ ꜰʀᴀɴᴄ̧ᴀɪs ɴ° 1. ᴠ. ᴅʀɪʟʟᴇ. ᴠ. ꜰᴀɴᴛᴀssɪɴ. ᴠ. ɢʟᴀɪᴠᴇ. ᴠ. ɢᴜᴇᴛ ᴅᴇ Pᴀʀɪs. ᴠ. ᴘᴀʀᴛɪ ᴅᴇ ɢᴜᴇʀʀᴇ. ᴠ. ᴏᴘʟɪᴛᴇ. ᴠ. ʀᴏɴᴅᴇʟʟɪᴇʀ. ᴠ. sᴏʟᴅᴀᴛ. ᴠ. sᴏᴜʟɪᴇʀ.

SOLDAT ᴀ ᴠɪᴇ. ᴠ. ᴀ ᴠɪᴇ. ᴠ. ᴅᴇ́sᴇʀᴛᴇᴜʀ ᴀ ʟ'ᴇɴɴᴇᴍɪ. ᴠ. ᴍɪʟɪᴄᴇ ᴀɴɢʟᴀɪsᴇ. ᴠ. ᴍɪʟɪᴄᴇ ʀᴜssᴇ ɴ° 2.

SOLDAT ABSENT. V. ABSENT. V. CHAMBRE DE SERGENT-MAJOR.

SOLDAT ALLEMAND. V. ALLEMAND, adj. V. DRAPEAU. V. FLEMMING (1726, B). V. GOETHE. V. SERMENT.

SOLDAT ANGLAIS. V. ANGLAIS, adj. V. DRAGON FRANÇAIS Nº 2. V. EXERCICE TACTIQUE. V. FOUET CORRECTIONNEL. V. MILICE ANGLAISE Nº 2, 10. V. SENTINELLE. V. SERMENT. V. SOLDAT. V. TRAVAUX MILITAIRES. V. TRIANGLE DE CHATIMENT.

SOLDAT ANGLO-AMÉRICAIN. V. ANGLO-AMÉRICAIN. V. MILICE ANGLO-AMÉRICAINE.

SOLDAT AU BIVAC. V. AU BIVAC. V. BIVAC. V. SAC A DISTRIBUTION.

SOLDAT AU CACHOT. V. AU CACHOT. V. CACHOT.

SOLDAT AU CAMP. V. AU CAMP. V. CAMP DE TENTES. V. CAMP D'INSTRUCTION. V. FAUX, subs. fém. V. GARDE DE CAMP. V. OUTIL DE CAMPEMENT. V. POLICE. V. SAC A DISTRIBUTION. V. TIRE-BALLE.

SOLDAT AUTRICHIEN. V. ARQUEBUSIER A CHEVAL. V. AUTRICHIEN, adj. V. CONSCRIPTION. V. DOMESTIQUE D'OFFICIER. V. HEIDUQUE. V. HULLAN. V. MARMITE DE CAMPAGNE. V. MILICE AUTRICHIENNE Nº 1, 2, 3, 4, 7. V. PANDOUR. V. RÉGIMENT FRANCO-ÉTRANGER. V. RÉGIMENT-FRONTIÈRE. V. SALUT. V. SEL. V. TOLPACHE. V. TRABAN. V. TYROLIEN.

SOLDAT AUX GARDES. V. AUX GARDES. V. COCARDE. V. COLONEL GÉNÉRAL D'INFANTERIE Nº 3. V. GARDE ROYALE Nº 1. V. GARDES FRANÇAISES Nº 5, 6. V. PENSION DE RETRAITE.

SOLDAT BAVAROIS. V. BAVAROIS, adj. V. MILICE BAVAROISE Nº 1, 2.

SOLDAT BELGE. V. BELGE, adj. V. MILICE BELGE.

SOLDAT BOULANGER. V. ADMINISTRATION DE BOULANGERIE. V. BOULANGER MILITAIRE.

SOLDAT BYSANTIN. V. BARDARIOTE. V. BYSANTIN. V. DARDEUR. V. FUSÉE DE GUERRE. V. LATRON. V. MILICE BYSANTINE. V. SPÉCULATEUR.

SOLDAT CHARPENTIER. V. CHARPENTIER. V. SAPEUR. V. SAPEUR D'INFANTERIE.

SOLDAT CHEF D'ORDINAIRE. V. CHEF D'ORDINAIRE.

SOLDAT CHINOIS. V. CHAR DE GUERRE. V. CHINOIS, adj. V. MILICE CHINOISE Nº 1, 4, 5.

SOLDAT CHIRURGIEN. V. AIDE-CHIRURGIEN. V. CHIRURGIEN.

SOLDAT COCHINCHINOIS. V. MILICE COCHINCHINOISE. V. SENTINELLE.

SOLDAT COLOMBIEN. V. BARBE DE SAPEUR. V. COLOMBIEN.

SOLDAT COLONIAL. V. COLONIAL. V. ENFANT TROUVÉ.

SOLDAT CONSIGNÉ. V. CONSIGNÉ A LA CASERNE. V. CORVÉE GÉNÉRALE.

SOLDAT D'ADMINISTRATION. V. ADMINISTRATION. V. ART MILITAIRE DE TERRE. V. CORPS ADMINISTRATIF.

SOLDAT D'AMBULANCE. V. AMBULANCE. V. COMPAGNIE DE SOLDATS D'AMBULANCE. V. INFIRMIER IDIOPLIQUE.

SOLDAT DANOIS. V. CAMÉRER. V. DANOIS, adj. V. MILICE DANOISE Nº 4, 5.

SOLDAT D'ARTILLERIE. V. ARTILLERIE. V. ARTILLERIE DE LIGNE. V. ARTILLERIE IDIOPLIQUE. V. MINISTRE DE LA GUERRE EN 1830 (18 NOVEMBRE). V. PULVÉRIN. V. SOLDE.

SOLDAT DE CAMPEMENT. V. CAMPEMENT. V. CAMPEMENT ACTIF.

SOLDAT DE CAVALERIE. V. BOTTES DE CHAUSSURE. V. CAVALERIE. V. CAVALIER DE TROUPE. V. COUP DE PLAT DE SABRE. V. FOURRAGE. V. GARNISON. V. PIQUET CORRECTIONNEL. V. SELLE DE CAVALERIE. V. SOLDAT.

SOLDAT DE COMPAGNIE. V. CAPITAINE D'HABILLEMENT Nº 2. V. CAPORAL DE COMPAGNIE D'ÉLITE. V. CHAMBRE DE SOLDAT. V. CHAMBRÉE. V. COMPAGNIE. V. COMPAGNIE D'ÉLITE Nº 5. V. COMPAGNIE D'INFANTERIE FRANÇAISE DE LIGNE Nº 4, 9. V. COMPAGNIE HORS RANG. V. FEUILLE D'APPEL DE COMPAGNIE. V. OUVRIER DE CORPS.

SOLDAT DE CORVÉE. V. CORVÉE. V. CORVÉE D'ACHAT. V. CORVÉE DE CHAMBRÉE. V. CORVÉE DE FORTERESSE. V. CORVÉE GÉNÉRALE.

SOLDAT DE FORTUNE. V. AVENTURIER. V. FORTUNE. V. PIQUIER Nº 4. V. NOBLESSE.

SOLDAT DE GARDE. V. DABOUIN. V. CAPORAL CHEF DE POSTE. V. CERCLE DE SOIR. V. CHEF DE POSTE DE PLACE. V. CHEF DE POSTE DE POLICE EN GARNISON. V. CHEF DE POSTE D'HOMMES DE GARDE Nº 2. V. COMMISSAIRE DES GUERRES Nº 4. V. FACTION. V. GARDE. V. GARDE EN GARNISON. V. MILICE ROMAINE Nº 9. V. MOT. V. MUNITIONS D'EXERCICE. V. POSTE D'HOMMES DE GARDE. V. SENTINELLE. V. SERGENT CHEF DE POSTE. V. TÉMOIN JUDICIAIRE.

SOLDAT DE GARDE DE PRINCE. V. GARDE DE PRINCE. V. HOQUETON. V. REMPLAÇANT.

SOLDAT DE LA MAISON. V. COMPAGNIE DE GENTILSHOMMES. V. HOQUETON. V. MAISON. V. MAISON DU ROI Nº 2.

SOLDAT DE LÉGION. V. LÉGION. V. LÉGION DE FRANÇOIS PREMIER.

SOLDAT DE LIGNE. V. CONSTITUTION MILITAIRE. V. LIGNE. V. MASSE DE LINGE ET CHAUSSURE. V. MINISTRE DE LA GUERRE EN 1761. V. SERGENT MILITAIRE.

SOLDAT de MARINE. V. MARINE. V. MILICE TURQUE.

SOLDAT de PIQUET. V. PIQUET. V. PIQUET AU CAMP.

SOLDAT de POLICE. V. FRUMENTAIRE. V. POLICE.

SOLDAT de POSE. V. POSE.

SOLDAT de PREMIER RANG. V. ABDUCTION EN COLONNE. V. AJUSTER. V. PREMIER RANG.

SOLDAT de PREMIÈRE CLASSE. V. CHEVRON D'ANCIENNETÉ. V. PREMIÈRE CLASSE.

SOLDAT de RANG. V. AJUSTER. V. MILICE ROMAINE N° 2. V. RANG.

SOLDAT de RECRUE. V. RECRUE.

SOLDAT de SERVICE. V. APPEL DE SOLDAT DE SERVICE. V. CAPORAL D'INFANTERIE FRANÇAISE DE LIGNE N° 15. V. FOURRIER D'INFANTERIE FRANÇAISE DE LIGNE N° 9. V. GARDE ARMÉE. V. SERVICE. V. SERVICE JOURNALIER. V. TRAVAILLEUR A LA TRANCHÉE.

SOLDAT d'ÉLITE. V. CAPORAL DE COMPAGNIE D'ÉLITE. V. CHASSEUR A PIED. V. DOMESTIQUE MILITAIRE. V. FUSILIER. V. GRENADIERS RÉUNIS. V. MILICE ROMAINE N° 2. V. OURAGUE. V. TRIAIRE N° 3.

SOLDAT d'ESCORTE. V. CHEF D'ESCORTE DE CONVOI. V. CLEF DE FORTERESSE. V. ESCORTE.

SOLDAT DÉSERTEUR. V. DÉSERTEUR.

SOLDAT DÉTENU. V. DENIERS DE POCHE. V. DÉTENU. V. DÉTENU A LA SALLE DE DISCIPLINE. V. DÉTENU DE CORPS EN ROUTE.

SOLDAT d'INFANTERIE LÉGÈRE. V. COMPAGNIE DE VOLTIGEURS D'INFANTERIE LÉGÈRE N° 2. V. INFANTERIE LÉGÈRE N° 7.

SOLDAT d'INFANTERIE FRANÇAISE. V. ADMINISTRATION DE CORPS. V. AIGUILLE A COUDRE. V. APPOINTER. V. ARTILLEUR. V. AUGMENTATION DE FORCES. V. BAGUETTES CORRECTIONNELLES. V. BAIONNETTE AU CANON. V. BALIAIRE. V. BASTINGUE. V. BATAILLON D'INFANTERIE FRANÇAISE DE LIGNE N° 2. V. BRIQUET. V. BUT DE TIR. V. BUT EN BLANC. V. BUTIN. V. CABASSET. V. CAHIER D'APPEL. V. CAISSE DE PERCUSSION. V. CANDIDAT DE TROUPE. V. CANON A MAIN. V. CAPITAINE D'INFANTERIE FRANÇAISE DE LIGNE N° 16, 20. V. CAPORAL D'INFANTERIE FRANÇAISE DE LIGNE N° 4, 9. V. CARTOUCHE. V. CASERNE. V. CASSATION DE SOUS-OFFICIER. V. CEINTURE DE COURSE. V. CÉRÉMONIE DE RÉCEPTION DE DRAPEAU. V. CHAPEAU DE TROUPE. V. CHASSEUR D'INFANTERIE DE BATAILLE. V. CHEF DE DÉTACHEMENT ADMINISTRATIF N° 3. V. CHEF DE FILE. V. CHEVAL DE BOIS. V. CHIRURGIEN-MAJOR D'INFANTERIE FRANÇAISE DE LIGNE N° 9, 11, 12. V. CLAIRON IDIOPLIQUE. V. CLARINET. V. CLASSE TACTIQUE. V. CO-

LONEL D'INFANTERIE FRANÇAISE DE LIGNE N° 2, 19. V. COMMANDEMENT DE SERVICE. V. COMPAGNIE AUXILIAIRE. V. COMPAGNIE DE VOLTIGEURS D'INFANTERIE LÉGÈRE N° 4. V. COMPAGNIE D'INFANTERIE FRANÇAISE DE LIGNE N° 3, 4, 12. V. COMPAGNIE SÉDENTAIRE. V. COMPRESSION DE RANGS. V. CONTROLE ANNUEL DE COMPAGNIE. V. CORNET IDIOPLIQUE N° 5. V. CORVÉE DE CHAMBRÉE. V. CORVÉE D'HOMMES DE TROUPE. V. COUP DE PLAT DE SABRE. V. COUVRE-NUQUE. V. CROISER LA BAIONNETTE. V. CUISINIER. V. CULOTTE. V. DAGUE. V. DEMI-GIBERNE. V. DENIERS DE POCHE. V. DOUBLE RATION DE CHAUFFAGE. V. DRAPEAU D'INFANTERIE FRANÇAISE DE LIGNE. V. ENFANT PERDU. V. ESCOUADE. V. ESPACE DE RANGS. V. ESPONTON. V. ÉTAPE. V. FACTIONNAIRE. V. FANTASSIN. V. FOURRIER D'INFANTERIE FRANÇAISE DE LIGNE N° 13. V. FUSIL D'HOMME DE TROUPE EN ROUTE. V. FUSILIER. V. FUSTIGATION. V. GAGISTE. V. GARDE ROYALE N° 2. V. GIBERNE. V. GIBERNE DE SERGENT. V. GILET. V. GOUJAT. V. GRADE D'OFFICIER. V. GRAND ÉQUIPEMENT. V. GRENADIER D'INFANTERIE FRANÇAISE N° 2. V. HABIT. V. HALLEBARDIER. V. HALTE. V. HAVRE-SAC. V. INFANTERIE N° 1, 7. V. INFANTERIE COMMUNALE N° 3. V. INFANTERIE FRANÇAISE N° 2, 5, 8. V. MANIEMENT D'ARMES. V. MASSE DE LINGE ET CHAUSSURE. V. MIQUELET. V. MORION CORRECTIONNEL. V. MOUCHOIR. V. MOUSQUET. V. MOUSTACHE. V. MUSICIEN N° 7. V. NUIT DE REPOS. V. NUMÉRO DE FUSIL. V. OFFICIER FRANÇAIS N° 1, 11, 13. V. ORDONNANCE D'EXERCICE D'INFANTERIE. V. ORDRE DE CORPS. V. PANTALON. V. PAS ACCÉLÉRÉ. V. PAVESADE. V. PAYE. V. PIOCHE. V. PIQUE. V. PIQUET CORRECTIONNEL. V. PIQUET TACTIQUE. V. PIVOTEMENT DE TÊTE. V. POIRE A POUDRE. V. POKALEM. V. POMPON. V. PORTE-BAIONNETTE. V. PORTE-DRAPEAU N° 1. V. POSITION SOUS LES ARMES. V. POSTE D'HOMMES DE GARDE. V. PREMIÈRE MISE DE PETIT ÉQUIPEMENT. V. PRÉSENTEZ VOS ARMES. V. PRÉVÔT DE CORPS. V. PRISON DE CASERNE. V. QUEUE DE COMPAGNIE. V. RANG. V. RANG DE TAILLE. V. RANGS D'INFANTERIE. V. RATELIER D'ARMES. V. REMETTEZ LA BAIONNETTE. V. REDOUTE DE CAMPAGNE. V. RESSORT DE GARNITURE. V. REVERS D'HABIT. V. ROI DES RIBAUDS. V. ROUFFLE. V. SALLE DE DISCIPLINE. V. SENTINELLE. V. SERGENT D'INFANTERIE FRANÇAISE DE LIGNE N° 10. V. SERGENT-MAJOR N° 6. V. SOLDAT. V. SOLDE. V. SOUS-GARDE. V. SOUS-LIEUTENANT N° 1. V. TACTIQUE, subs. V. TAILLEUR DE COMPAGNIE. V. TAMBOUR INSTRUMENTAL D'INFANTERIE. V. TOURNEVIS. V. TRAIN.

SOLDAT d'INFANTERIE FRANCO-SUISSE. V. CAPITULATION SUISSE. V. INFANTERIE FRANCO-SUISSE N° 1.

SOLDAT DISCIPLINAIRE. V. CLASSE TACTIQUE. V. CORVÉE DE CASERNE. V. DISCIPLINAIRE.

SOLDAT DOMESTIQUE. V. COLONEL EN CAMPAGNE. V. DOMESTIQUE D'OFFICIER.

SOLDAT D'ORDONNANCE. V. ADJUDANT DE SEMAINE N° 7. V. CÉDULE. V. CERCLE DE SOIR. V. CHEF DE DÉTACHEMENT EN ROUTE. V. CHEF DE POSTE D'HOMMES DE GARDE N° 2. V. COMMANDANT DE QUARTIER GÉNÉRAL. V. COMPAGNIE D'INFANTERIE FRANÇAISE DE LIGNE N° 4. V. DOMESTIQUE D'OFFICIER. V. ORDONNANCE. V. ORDONNANCE IDIOPLIQUE.

SOLDAT DOUBLE. V. ARMURÉ DOUBLE. V. DOUBLE, adj. V. FLÈCHE PROJECTILE.

SOLDAT DU CENTRE. V. CENTRE. V. COMPAGNIE D'INFANTERIE FRANÇAISE DE LIGNE N° 5.

SOLDAT DU GÉNIE. V. GÉNIE. V. GÉNIE IDIOPLIQUE N° 5. V. SOLDE.

SOLDAT DU GUET. V. GUET. V. GUET DE PARIS. V. SERGENT MILITAIRE.

SOLDAT DU TRAIN. V. GRENADIER D'INFANTERIE FRANÇAISE DE LIGNE N° 2. V. RÉGIMENT D'ARTILLERIE. V. SAPEUR. V. TRAIN.

SOLDAT ÉGYPTIEN. V. ÉGYPTIEN, adj. V. MILICE ÉGYPTIENNE N° 2, 4. V. TAMBOUR INSTRUMENTAL.

SOLDAT EMBARQUÉ. V. BASTINGUE. V. EMBARQUÉ.

SOLDAT EN CAMPAGNE. V. EMBUSCADE. V. EN CAMPAGNE. V. GAMELLE. V. GUERRE DE 1830. V. HACHE DE CAMPAGNE. V. NOURRITURE. V. POSTE RETRANCHÉ. V. RIESS.

SOLDAT EN GARNISON. V. CANTINE STABLE. V. CLEF DE CHAMBRE DE CASERNE. V. CONSIGNE A LA CASERNE. V. EN GARNISON. V. PRÉVOT DE BANDES.

SOLDAT EN PRISON. V. DENIERS DE POCHE. V. EN PRISON.

SOLDAT EN ROUTE. V. BÊCHE. V. BILLET DE LOGEMENT. V. CAMARADE DE LIT. V. CAPITAINE EN ROUTE. V. COLONNE DE ROUTE. V. EN ROUTE. V. ÉTAPE. V. FOURRIER D'INFANTERIE FRANÇAISE N° 9. V. FOURRIER EN ROUTE. V. FUSIL D'HOMME DE TROUPE EN ROUTE. V. HOTE. V. INDEMNITÉ DE ROUTE D'HOMME DE TROUPE. V. MARCHE-ROUTE. V. MILICE WURTEMBERGEOISE N° 4. V. SOUS-INTENDANT N° 8.

SOLDAT ESPAGNOL. V. CHEVELURE MILITAIRE. V. ESPAGNOL., adj. V. GENÉTAIRE. V. HALLEBARDIER. V. MILICE ESPAGNOLE N° 2, 8, 9, 11. V. MIQUELET. V. SOULIER. V. SURPRISE DE PLACE.

SOLDAT ÉTRANGER. V. CAPITULATION. V. CONSIGNE DE SENTINELLE DE PORTE DE FORTERESSE. V. ÉTRANGER, adj. V. FORTERESSE. V. PRISONNIER DE GUERRE ÉTRANGER.

SOLDAT FÉODAL. V. FÉODAL. V. FIEF DE HAUBERT.

SOLDAT FIEFFÉ. V. FIEFFÉ. V. GENDARME DU MOYEN AGE N° 4. V. MILICE FRANÇAISE N° 8.

SOLDAT FRANC. V. FÉODALITÉ. V. FRANC, adj. V. GENTILHOMME. V. MILICE FRANÇAISE N° 2.

SOLDAT FRANÇAIS. V. ACTE CATALOGIQUE. V. ACTION DE GUERRE. V. AILETTE. V. ALLOCATION. V. BATAILLON D'INFANTERIE FRANÇAISE DE LIGNE N° 2. V. BAS OFFICIER. V. BATTERIE DE CAISSE. V. BOIS DE LIT A DEUX PLACES. V. BOULANGER MILITAIRE. V. BUTIN. V. CACHOT. V. CADRE AGRÉGATIF. V. CAMARADE DE LIT. V. CANNE D'OFFICIER. V. CENTENIER. V. CERCLE DE SOIR. V. CHANT MILITAIRE. V. CHAPEAU. V. CHASSEUR. V. CHAUSSURE. V. CHEVALIER DU MOYEN AGE. V. CHEVELURE MILITAIRE. V. CHEVRON D'ANCIENNETÉ N° 9. V. CLEF DE FORTERESSE. V. COCARDE. V. COMBUSTIBLE DE CUISINE DE CASERNE. V. COMPAGNIE D'INFANTERIE FRANÇAISE. V. CONDUCTEUR DE BÊTES DE SOMME. V. CONGÉ ABSOLU. V. CONGÉ D'ANCIENNETÉ. V. CONGÉ DE GRACE. V. CONNÉTABLE N° 4. V. CONSCRIPTION. V. CONSIGNE DE POLICE EN GARNISON. V. CONTROLE DE SIGNALEMENT. V. CORRESPONDANCE AVEC L'ENNEMI. V. CORVÉE DE FORTERESSE. V. COULEUR D'HABILLEMENT. V. COUP DE PLAT DE SABRE. V. CRÉANCIER D'HOMME DE TROUPE. V. CROISADE. V. CULOTTE. V. DÉCOMPTE DE LIQUIDATION. V. DÉGRADATION DE CASERNEMENT. V. DÉGRADATION D'HOMME DE TROUPE. V. DEMI-SOLDE. V. DÉSERTION. V. DESTITUTION. V. DETTE D'HOMME DE TROUPE. V. DISCIPLINE. V. DRAPS DE LIT DE TROUPE. V. DROGUE. V. DROIT INDIVIDUEL. V. DUEL. V. ÉCOLE D'ENSEIGNEMENT PRIMAIRE. V. ENROLEMENT VOLONTAIRE. V. FACTION. V. FOURRIER D'INFANTERIE FRANÇAISE DE LIGNE N° 7. V. FRANÇAIS, adj. V. FRANCISQUE. V. GARNISON. V. GEOLAGE. V. GUERRE. V. GUERRE DE 1825. V. GYMNASTIQUE. V. HOPITAL MILITAIRE. V. INGÉNIEUR GÉOGRAPHE N° 1. V. INFIRMERIE MILITAIRE. V. JUGEMENT. V. LAI. V. LANCIER. V. LÉGUME SEC. V. MAITRE D'ARMES. V. MANTEAU D'HABILLEMENT. V. MARCHE-ROUTE. V. MASSE COMPTABILIAIRE. V. MATRICULE. V. MEMBRE DE CONSEIL D'ADMINISTRATION. V. MINISTÈRE DE LA GUERRE. V. MINISTRE DE LA GUERRE N° 13; id. EN 1743; id. EN 1761; id. EN L'AN SEPT (28 FRUCTIDOR); id. EN 1824. V. MIQUELET. V. MONTRE ADMINISTRATIVE. V. NATATION. V. NOURRITURE. V. OBÉISSANCE. V. ORDONNANCE OFFICIELLE. V. ORDRE DE ROUTE. V. PAIN DE MUNITION. V. PAL. V. PARTI DE GUERRE. V. PASSE-VOLANT. V. PASSER PAR LES ARMES. V. PAVOIS. V. PEINE. V. PENSION DE RETRAITE. V. PERMISSIONNAIRE. V. PIQUET CORRECTIONNEL. V. PISTOLET. V. POSTE AUX LETTRES. V. POSTE RETRANCHÉ. V. POUDRE A FEU. V. PRÊT. V. PRÉVOT D'ARMÉE. V. PRISON DE CASERNE. V. PRISONNIER DE GUERRE. V. PROFESSION DES ARMES. V. PUNITION. V. QUARTIER,

v. RANÇON. v. RAVELIN. v. RECRUTEMENT. v. RÉFORME. v. REITRE. v. RENGAGEMENT. v. RÉSERVE CONSCRIPTIVE. v. RETENUE SUR PRÊT. v. RETRAITE CÉLEUSTIQUE. v. RIZ. v. SALLE DE DISCIPLINE. v. SALUT SANS ARMES. v. SARRAU. v. SCHAKO D'HOMME DE TROUPE. v. SERGENT MILITAIRE. v. SERF. v. SERMENT. v. SERVICE A VIE. v. SERVICE CONSCRIPTIF. v. SERVICE PERSONNEL. v. SIÉGE OFFENSIF. v. SIGNALEMENT. v. SOBRIQUET. v. SOULIER CORIOCLAVE. v. SOUPE. v. STATISTIQUE. v. SUBSISTANCES. v. SUPPLICE. v. TABAC. v. TACTIQUE, subs. v. TAMBOUR-MAJOR N° 4. v. TÉMOIN JUDICIAIRE. v. TÊTE. v. TIERCEMENT. v. TIRAGE A LA MILICE. v. TIRAILLEUR. v. TONNELET DE PETIT ÉQUIPEMENT. v. TRAINARD. v. TRAVAIL. v. TRAVAILLEUR A LA TRANCHÉE. v. TRAVAUX MILITAIRES.

SOLDAT FRANCO-ÉTRANGER. v. COLONEL D'INFANTERIE FRANÇAISE DE LIGNE N° 2. v. FRANCO-ÉTRANGER, adj.

SOLDAT FRANCO-SUISSE. v. FRANCO-SUISSE. v. SUPPLICE.

SOLDAT GARNISAIRE. v. GARNISAIRE.

SOLDAT GAULOIS. v. GAULOIS, adj. v. CRUPELLAIRE. v. GÉSATE. v. SOLDURIER.

SOLDAT GREC. v. APOMAQUE. v. ARGYRASPIDE. v. CHEVELURE MILITAIRE. v. CHRYSASPIDE. v. DARDEUR. v. GREC, adj. v. HAVRESAC. v. INVALIDE. v. MASSE COMPTABILIAIRE. v. MILICE GRECQUE N° 4, 6, 7, 8. v. OFFICIER N° 4. v. OPLITE. v. ORDRE OUVERT. v. PARASTATE. v. PÉDOTRIBE. v. PELTASTE. v. PHALANGE GRECQUE. v. POSTE D'HONNEUR. v. PRISONNIER DE GUERRE. v. PSILAGIE. v. PSILITE. v. SKEUOPHORE. v. TELOS.

SOLDAT HESSOIS. v. HESSOIS, adj. v. MILICE HESSOISE.

SOLDAT HOLLANDAIS. v. HOLLANDAIS, adj. v. MILICE HOLLANDAISE N° 5. v. PUPILLE N° 1. v. TENTE.

SOLDAT HONGROIS. v. HEIDUQUE. v. HONGROIS, adj. v. HUSSARD. v. SALUT.

SOLDAT ILLETTRÉ. v. ILLETTRÉ. v. SOLDAT.

SOLDAT INVALIDE. v. INVALIDE. v. MARIAGE.

SOLDAT IRRÉGULIER. v. IRRÉGULIER, adj. v. MILICE HELLÉNIQUE.

SOLDAT ITALIEN. v. BARBUTE. v. ITALIEN, adj.

SOLDAT LÉGER. v. LÉGER, adj. v. MILICE AUTRICHIENNE N° 2. v. MILICES ITALIENNES. v. PRINCE DE LÉGION. v. RAIE DE CARABINE. v. SERGENT MILITAIRE.

SOLDAT MALADE. v. CHIRURGIEN-MAJOR D'INFANTERIE FRANÇAISE DE LIGNE N° 12. v. CONVALESCENT. v. HOPITAL MILITAIRE. v. MALADE.

SOLDAT MARIÉ. v. CASERNE. v. MARIÉ, adj.

SOLDAT MEXICAIN. v. MEXICAIN, adj. v. MILICE MEXICAINE.

SOLDAT MOYEN. v. MOYEN, adj. v. PAYE.

SOLDAT MUNICIPAL. v. MUNICIPAL, adj. v. PIÉTON.

SOLDAT MUSICIEN. v. MINISTRE DE LA GUERRE EN 1824 (4 AOUT). v. MUSICIEN. v. MUSICIEN N° 4. v. MUSIQUE.

SOLDAT NAPOLITAIN. v. MILICE NAPOLITAINE N° 1, 2. v. MIQUELET. v. NAPOLITAIN, adj.

SOLDAT NÉERLANDAIS. v. NÉERLANDAIS, adj. v. MILICE NÉERLANDAISE N° 1, 2, 7.

SOLDAT OFFICIER. v. MAISON DU ROI N° 1. v. MILICE AUTRICHIENNE N° 2. v. OFFICIER.

SOLDAT PERSE. v. ATHANATE. v. CUIRASSE. v. DORIPHORE. v. MILICE PERSE. v. PERSE, adj.

SOLDAT PIÉMONTAIS. v. HALLEBARDIER. v. MILICE PIÉMONTAISE; id. N° 4. v. PIÉMONTAIS, adj.

SOLDAT POLONAIS. v. CUIRASSE. v. HULLAN. v. NATATION. v. MILICE POLONAISE N° 1, 2, 4, 6. v. PAIN DE MUNITION. v. PANSERNE. v. POLONAIS, adj.

SOLDAT PORTUGAIS. v. MILICE PORTUGAISE; id. N° 1, 2. v. PORTUGAIS, adj.

SOLDAT PRISONNIER. v. PRISON DE PLACE. v. PRISONNIER. v. PRISONNIER DE GUERRE.

SOLDAT PRUSSIEN. v. CHARPENTIER. v. INSPECTEUR GÉNÉRAL N° 5. v. MILICE AUTRICHIENNE N° 5. v. MILICE PRUSSIENNE N° 1, 2, 3, 4, 6, 7, 8, 9, 10. v. MUNITIONS D'EXERCICE. v. PUPILLE. v. PRUSSIEN, adj. v. REVUE. v. SALUT.

SOLDAT PUNI. v. ARRIÈRE-GARDE DE CORPS EN TEMPS DE PAIX. v. CAPORAL D'INFANTERIE FRANÇAISE DE LIGNE N° 16. v. CHEVAL DE BOIS. v. PUNI, adj.

SOLDAT ROMAIN. v. ACTUAIRE. v. AQUILIFÈRE. v. ARMATURE. v. ARMURE DOUBLE. v. BÊCHE. v. BOUCLIER. v. CAMP ROMAIN. v. CAMPESTRE. v. CAPOTE DE SENTINELLE. v. CATAPULTE. v. CÉLÈRE. v. CENTURION N° 5. v. CHAUSSURE. v. CHEVELURE MILITAIRE. v. CHRYSASPIDE. v. COHORTE DE LÉGION ROMAINE; id. N° 2, 5. v. COIN D'AIRAIN. v. COMPAGNIE D'ÉLITE N° 1. v. CONGÉ. v. CORNET INSTRUMENTAL. v. COTTE D'ARMES. v. CUIRASSE. v. CULOTTE. v. DARDEUR. v. DISCIPLINE. v. DRACONNAIRE. v. ÉLÉPHANT. v. ÉPÉE. v. EXERCICE TACTIQUE. v. EXTRAORDINAIRES. v. FACTION. v. FARINE. v. FAUX, subs. fém. v. FÉRENTAIRE. v. FILE ROMAINE. v. FOR-

TIFICATION DE CAMPAGNE. V. FOSSÉ DE FORTIFI-CATION. V. FRONDEUR. V. FRUMENTAIRE. V. GALÉAIRE. V. GALERIE D'APPROCHES. V. GARDE DE PRINCE. V. HASTAIRE. V. HERCULIEN. V. HO-NORIAQUE. V. HOPITAL MILITAIRE. V. JOVIEN. V. LABARUM. V. LÉGION ROMAINE N° 1, 2, 5. V. MANTEAU D'HABILLEMENT. V. MANTELET. V. MANUBALISTE. V. MARCHE D'ARMÉE. V. MARQUE DE SOLDAT. V. MARTIOBARBULE. V. MATRICULE. V. MILICE ROMAINE N° 2, 4, 5, 6, 8, 9, 10, 11. V. MOULIN A BRAS. V. MULET DE MARIUS. V. MUNITIONS DE BOUCHE. V. MUSICIEN. V. MUSI-QUE. V. NOURRITURE. V. OFFICIER N° 4. V. ORDRE OUVERT. V. PAIN DE MUNITION. V. PALISSADE-MENT. V. PARAPET. V. PARME. V. PAS DE ROUTE. V. PASSAGE DE RIVIÈRE. V. PILE, subs. masc. V. PIONNIER. V. PLUTEUS. V. PORTE-AIGLE. V. POSTSIGNAIRE. V. POTEAU D'ESCRIME. V. POUDRE ALIMENTAIRE. V. PRINCE DE LÉGION ROMAINE. V. PRISONNIER DE GUERRE. V. PROMENADE MILITAIRE. V. RATION. V. RÉCOMPENSE. V. RETRANCHE-MENT. V. ROMAIN, adj. V. RORAIRE. V. SCIPION (F). V. SENTINELLE. V. SERMENT. V. SERVICE FÉODAL. V. SERVICE PERSONNEL. V. SIGNAL TAC-TIQUE. V. SINGULAIRE. V. SOLDAT. V. SOULIER. V. SPÉCULATEUR. V. SUBSISTANCE. V. TACTIQUE. V. TAILLE DE MILITAIRE. V. TENTE. V. TESSÈRE. V. TOLLENON. V. TORQUAT. V. TORTUE D'ESCA-LADE. V. TORTUE TACTIQUE. V. TRAIT PROJEC-TILE. V. TRANSPORT. V. TRAVAILLEUR EN CAM-PAGNE. V. TRAVAUX MILITAIRES. V. TRIAIRE ; id. N° 1, 2. V. TRIBUN ROMAIN N° 2, 6, 7. V. TYRON. V. VÉLITE.

SOLDAT RUSSE. V. COLONISATION. V. CO-SAQUE. V. MILICE PRUSSIENNE N° 2. V. MILICE RUSSE N° 1, 2, 4, 5, 7, 8, 10. V. MOULIN POR-TATIF. V. RUSSE, adj. V. SOLDAT. V. SOUKARI.

SOLDAT SECRÉTAIRE. V. CAPITAINE D'HA-BILLEMENT N° 2. V. COLONEL D'INFANTERIE FRANÇAISE DE LIGNE N° 34. V. COMPAGNIE HORS RANG. V. MAJOR CHEF DE BATAILLON N° 8. V. OFFICIER D'ARTILLERIE N° 5. V. OFFICIER PAYEUR. V. QUARTIER-MAITRE D'INFANTERIE FRANÇAISE DE LIGNE N° 2. V. SECRÉTAIRE. V. SECRÉTAIRE DE TRÉSORIER.

SOLDAT SUÉDOIS. V. DUEL. V. MILICE SUÉ-DOISE N° 1, 3, 5. V. SOUKARI. V. SUÉDOIS, adj. V. TACTIQUE, subs.

SOLDAT SUISSE. V. BRETELLES CORRECTION-NELLES. V. CODE PÉNAL SUISSE. V. INFANTERIE FRANCO-SUISSE N° 4, 5. V. MILICE SUISSE N° 2, 3, 4. V. PAYE. V. SIÉGE OFFENSIF. V. SUISSE, adj. V. TRABAN.

SOLDAT SURNUMÉRAIRE. V. CONDUCTEUR DE BÊTE DE SOMME. V. SURNUMÉRAIRE.

SOLDAT SYKE. V. MILICE SYKE N° 2, 4, 7. V. SYKE, adj.

SOLDAT TURC. V. COLOUGLIS. V. JANIS-SAIRE. V. MILICE TURQUE N° 1, 2, 3, 4, 5, 7. V. PANDOUR. V. TENTE. V. TIMAR. V. TURC, adj.

SOLDAT TURCO-ÉGYPTIEN. V. MILICE TURCO-ÉGYPTIENNE N° 2, 3, 4. V. TURCO-ÉGYPTIEN, adj.

SOLDAT WURTEMBERGEOIS. V. MILICE WUR-TEMBERGEOISE N° 1, 4, 7, 8. V. WURTEMBER-GEOIS, adj.

SOLDATESQUE, adj. et subs. fém. V. JANISSAIRE. V. MAMELOUCK. V. PAYE. V. STRÉ-LITZ. V. SUPPLICE.

SOLDE, subs. fém. V. ACCESSOIRE DE S... V. ALIGNER LA S... V. AVEC S... V. CINQUIÈME DE S... V. CONGÉ AVEC S... V. CONGÉ SANS S... V. DÉCOMPTE DE S... V. DÉCOMPTE PROVISOIRE DE S... V. DEMI-S... V. DENIER DE S... V. DÉPENSE DE S... V. ÉTAT DE S... V. FONDS DE S... V. JOURNÉE DE S... V. LIVRET DE S... V. MANDAT POUR S... V. MOIS DE S... V. MOINS PERÇU DE S... V. ORDONNANCE DE S... V. PASSER UNE S... V. PRESTATION DE S... V. QUARTIER DE S... V. RAPPEL DE S... V. SANS S... V. SERVICE DE S... V. SUPPLÉMENT DE S... V. SUR S... V. TA-BLEAU DE S... V. TARIF DE S... V. TROP PERÇU DE S...

SOLDE, subs. fém. et masc. (B, 1), ou SAUDÉE, suivant BARBAZAN (1808), ou SODÉE, suivant BOREL (Pierre), ou SOLDE MILITAIRE, OU SOLDÉE, OU SOLT, OU SOUBZDÉE, OU SOUDÉE, OU SOUDEYÉ, OU SOUE, OU SOULDE, suivant PAS-QUIER et ROQUEFORT, OU SOULDÉE, suivant BOREL (Pierre), OU SOULDEYÉ, OU SOULTE, OU SOUTE, comme le témoignent les antiquaires en fait de langue romane. — Le mot Solde est en analogie avec les substantifs, la plu-part en désuétude, SOLDAT, SOLDIER, SOL-DOIER, SOLDOYÉ, SOLDOYER, SOLDURIEN, SOLDU-RIEUR, SOUDOYER, SOUDOYOUR, SOUDRILLE, SOU-DUIANT, SOULDOYER ; il a produit les verbes SOLDER, SOLDOIER, SOUDOIER, SOUDOYER. Ces mots viendraient, suivant FURETIÈRE, de *so-lutionem dare* ; cette étymologie est imagi-naire. — Le terme Solde vient, suivant WACHTER, du TEUTON *sold* ; suivant GÉBELIN, du LATIN *solidum*. D'autres étymologistes le tirent du LATIN *solida, solidata, solidus*, pièce de monnaie, ou sol, qu'on a ensuite prononcé et écrit sou. Ainsi, la Solde était la délivrance d'un sou ou de plusieurs sous à des SOUDOYOURS. — Le terme Solde, pris au masculin, exprime un ACQUITTEMENT COMPTABILIAIRE par les mains d'un TRÉSORIER, une quantité égale à une somme due, et servant à l'extinction de cette DETTE ; c'est ainsi un PAYEMENT DE LIBÉRATION, c'est l'acte administratif du DÉBITEUR qui s'acquitte. — Mais la Solde va être considérée ici au féminin, et principalement par rapport à l'armée permanente actuelle de France, à son administration, à l'une de ses considérables dépenses. — L'expression Solde, si on la considère sous ses vieilles orthographes, est plus ancienne, plus militaire que le terme paye; elle est moins ancienne, sous sa forme moderne, que ses synonymes aumone, wagres, don, gages et appointement, ce dernier substantif pris au singulier. — Solde et paye ont eu le même sens; mais paye a pris plus de généralité, à raison de l'emploi que faisaient de ce mot les arithméticiens d'Italie, qui, en fait d'administration, ont été les professeurs de notre nation. Solde n'a qu'une acception plus restreinte. — La Solde n'a pas toujours été en numéraire, comme nous l'avons dit en traitant de la paye, puisque jusqu'au douzième siècle le pillage, le partage du butin, le prix vénal des êtres humains réduits en servitude, ont servi de Solde jusqu'au douzième siècle. On voit même, si l'on consulte les autorités que cite M. de Barante (1824), que, sous Charles six, il y avait des encans publics de captifs, et qu'on tuait ceux dont on ne trouvait pas le débit, afin de tirer profit de leurs vêtements et d'être dispensé de les nourrir. Sous le règne suivant, la vente de Jeanne d'Arc valut à son propriétaire dix mille livres. — On croit, mais c'est une erreur, que la Solde française ne date que du règne de Philippe Auguste et de l'année 1180 environ. Mais ce que nous avons dit des armées de Charlemagne et des siècles plus rapprochés de nous, nous dispensera de l'examen de ce point, suffisamment éclairci aux articles armée féodale, aventuriers, ban et arrière-ban, bande, condottieri, croisade de 1270, fief, ancienne milice française, routier, paye, serf. — Ayant dû traiter à part de la paye, dont découlent appointements et Solde, nous avons surtout considéré la première comme appartenant à une période qui, des premiers temps connus, s'étend jusqu'à Henri quatre, et nous considérons la Solde comme enfermée dans une période qui règne de Henri quatre à nos jours. — Quoique ayant établi une distinction logique entre paye et Solde, nous ne dissimulerons pas que la législation française mentionnait indifféremment les mots Solde, gages, paye, payement, dans les ordonnances de 1538 (juin), de 1351 (dernier avril), de 1467 (avril), de 1555 (12 février), de 1543 (5 juin), de 1633 (14 février). — L'ordonnance de 1527 (26 mai) réglait, par mois, la Solde de l'homme de pied. — Le chiffre de la Solde de l'homme d'armes, avant Henri quatre, supputé en valeurs

actuelles, pouvait se monter annuellement à douze ou quinze cents livres. — Sully déclare, dans ses comptes, qu'il régla la Solde du fantassin à six sous huit deniers par jour, et celle du cavalier, chargé de nourrir son cheval, à une livre treize sous quatre deniers. Ces sommes devaient pourvoir à tout, l'armement excepté. — La Solde avait été un salaire, une récompense à prix débattu, jusqu'aux époques où le ministre Letellier et Colbert ont mis en pratique la maxime : *Avoir le plus de soldats possible, au meilleur marché possible.* Tel était le système admis au temps de la guerre de 1665, une fois que le recrutement s'est emparé de force du soldat (et cela advint au temps des miliciens), une fois que l'enrolement volontaire a lié, non plus pour un mois, pour un an, mais pour un long terme, le recrue menacé des peines sévères prononcées contre les déserteurs. Ce ne fut plus à prix défendu que se régla la Solde; elle n'a plus été un salaire, mais un simple viatique. Il ne s'agissait plus d'acheter, si ce n'est par la prime d'engagement, l'homme qui se vendait; mais il ne fut regardé comme important que de nourrir, vêtir, armer, soigner en maladie, l'homme attaché à ses drapeaux pour huit années en temps de paix, pour une durée illimitée en temps de guerre. — L'exagération des forces françaises permettait peu, d'ailleurs, de délivrer une Solde aussi large que celle qu'au temps de Sully une faible armée recevait. Ainsi, Letellier réduisit la paye du fantassin à cinq sous, et celle du cavalier percevant du fourrage, mais sans avoine, à treize sous quatre deniers. Ces deux sommes étaient soumises à plusieurs genres de retenues, et surtout à celle de l'habillement d'uniforme, quand il commença à en être assigné un à tous les corps. — La Solde réglée par les ministres Leblanc, Dangervillers, Dargenson, a subi les variations indiquées dans les tarifs de 1718 (6 avril), de 1722 (20 avril.), de 1755, de 1749 (10 février). — Un des droits du major général était de délivrer l'ordre en vertu duquel devait être distribuée la Solde; c'est ce qu'il faisait quand le trésor n'était pas vide. —Momentanément, sous Louis quatorze et sous Louis quinze, le traitement octroyé aux troupes fut plus favorable. Il était accordé, en certaines circonstances, en quelques localités, en temps de guerre, du pain de supplément, du sel, du tabac, le combustible de cuisine; mais c'étaient autant de mesures disparates ou transitoires, et la Solde elle-même a été un objet de continuelles vicissitudes, comme le témoignent les docu-

ments officiels indiqués comme ORDONNAN-
CES, comme RÈGLEMENTS, comme LETTRES
royaux. — Au temps des PASSE-VOLANTS, les
MONTRES établissaient, tant bien que mal, le
DROIT à la Solde; c'est ce que font bien plus
correctement, de nos jours, les REVUES. —
Dans le dernier siècle, la Solde ne subissait
plus de RETENUES pour prix de l'ARMEMENT
de la TROUPE, et, de même, l'AVOINE ou l'ORGE
DE CAVALERIE était gratuitement fournie. —
Le MINISTRE CHOISEUL, le premier, détermina
constitutivement la Solde sur une échelle va-
riable à raison du PIED DE PAIX et du PIED
DE GUERRE. — L'ORDONNANCE DE 1758 (1er
MAI) fixait celle du FANTASSIN à cinq sous
huit deniers, celle de CAVALERIE à six sous
neuf deniers, en outre d'INDEMNITÉS que
comporte l'ÉTAT DE GUERRE. — Les ORDON-
NANCES DE 1762 (1er et 21 DÉCEMBRE) disposaient qu'elle s'accroîtrait d'un sou en TEMPS
DE GUERRE, et, la PAIX venant d'être conclue
le 5 novembre, elles établissaient une RETE-
NUE de deux sous pour prix du PAIN dont le
SOLDAT avait joui, en campagne, sans RETE-
NUES. Sous ce même MINISTÈRE, la Solde délivrée aux CORPS commençait à être déposée
dans une CAISSE A TROIS SERRURES, et à être
justifiée par des DÉCOMPTES DE LIQUIDATION.
— Si l'on en croyait les déclamations d'AU-
DOUIN, *jamais le soldat français n'avait
été plus pauvre, plus avili; nul chef
d'État ne payait moins ses troupes.* —
Il y a exagération: les PRUSSIENS, les AUTRI-
CHIENS étaient moins bien traités; les AN-
GLAIS seuls étaient payés à un taux plus
favorable. — SAINT-GERMAIN sentit l'impossibilité d'ALIGNER la Solde s'il conservait les
CORPS PRIVILÉGIÉS, qui dévoraient le TRÉSOR:
ce fut une des causes de sa chute et du dis-
crédit où le jetèrent les diatribes et les
pamphlets. — L'ORDONNANCE DE 1788 (17
MARS) élevait de six deniers la Solde. Ce fut
le premier document qui reconnut un droit
à la Solde le TRENTE ET UN DU MOIS, jusque-
là dépourvu de pain et d'argent. — Les
DÉCRETS DE 1790 (28 FÉVRIER, 6 JUIN, 5 JUIL-
LET), l'ORDONNANCE DE 1791 (1er JANVIER),
furent, en fait de PRESTATIONS PÉCUNIAIRES,
une ère nouvelle; des DENIERS DE POCHE commencèrent à être délivrés à chaque SOLDAT
le TRENTE ET UNIÈME jour du mois, jour jusque-là néfaste, jour sans pain ni Solde, jour
où l'on évitait d'envoyer les TROUPES à la
MANOEUVRE, de peur que les lazzis ne dégé-
nérassent en sédition. — La LOI DE 1792
(14 FÉVRIER) prononçait que la Solde des
MILITAIRES DÉCÉDÉS était susceptible d'être
réclamée par leurs CRÉANCIERS. Il y a à faire,
à cet égard, quelques remarques que voici.
La loi prenait Solde dans le sens d'APPOIN-

TEMENTS, car il est palpable que ce n'est pas
une Solde de SOLDATS que des CRÉANCIERS
réclameraient. Cette loi allait devenir illusoire par la dépréciation des assignats, par
les circonstances de la guerre; cette loi,
tombée en oubli, est tout à fait ignorée. —
Pour obvier à la dépréciation naissante du
papier monnaie, le DÉCRET DE 1792 (29 AVRIL)
faisait délivrer aux HOMMES DE TROUPE cinq
sous dix DENIERS par jour, sans distinction
d'ARMES ni de GRADE; cette somme supportait une RETENUE de quinze deniers si la
VIANDE était fournie. La Solde de guerre se
réduisait, en ce cas, à quatre sous sept deniers. — Un décret subséquent de la même
année faisait acquitter la Solde en assignats,
avec INDEMNITÉ du sixième en sus. — A raison de la pénurie d'ARGENT et de l'avilissement des assignats, le DÉCRET DE 1793 (21
FÉVRIER) et la LOI DE 1793 (8 AVRIL) durent
revenir sur les dispositions des documents
officiels qui avaient précédé. Cette dernière
loi payait en assignats, avec moitié en sus.
— Mais bientôt la chute des valeurs ficti-
ves, la vileté des mandats, désajustèrent
toute la LÉGISLATION, et, en vertu de mesures
transitoires, il fut accordé, en ARGENT métallique, huit francs par mois aux OFFICIERS,
depuis et y compris le GÉNÉRAL EN CHEF; il
fut alloué dix centimes par jour aux HOMMES
DE TROUPE, plus riches alors que les OFFI-
CIERS, puisque le SIMPLE SOLDAT recevait ou
était censé recevoir des SABOTS et une CAPOTE.
— Les DENIERS DE POCHE, la Solde elle-
même, retombèrent dans la nullité; les armées républicaines combattirent sans PAYE,
sans SOULIERS et souvent sans PAIN. — La
LOI DE L'AN DEUX (2 THERMIDOR) établissait
SOLDE DE PRÉSENCE, D'HOPITAL, DE ROUTE; elle
faisait disparaître, dans un esprit d'égalité
républicaine, les distinctions entre les locu-
tions APPOINTEMENTS D'OFFICIERS et SOLDE DE
TROUPE; elle voulait que tous les salaires de
SERVICES s'appelassent Solde. Cette simplification, peu rationnelle, ne pouvait pas
avoir de durée. — La LOI DE L'AN CINQ (23
FLORÉAL), avouant l'avilissement, sans remède, du papier monnaie, rétablissait l'u-
sage de la Solde en valeurs métalliques;
elle retranchait toutes fournitures de subsistances, le PAIN seul excepté; elle donnait
Solde pareille à toutes ARMES. — La Solde,
qui jusque-là n'avait presque jamais été
ALIGNÉE depuis 1792, commença à être servie avec plus de régularité. — La LOI DE
L'AN SIX (1er VENTOSE) réglait la Solde en
valeurs fixes; c'étaient les termes dont elle
se servait. — Le DÉCRET DE L'AN SEPT (23
FRUCTIDOR) porta la Solde de SOLDAT D'INFAN-
TERIE à trente centimes, non compris la RA-

TION DE PAIN. — La Solde de guerre était de quinze centimes plus faible que la Solde de paix, parce que, en campagne, il était fourni au SOLDAT le SEL, la VIANDE, les LÉGUMES SECS. — La GARNISON DE PARIS jouissait aussi d'un supplément de Solde. — La SOLDE DE ROUTE s'accroissait, pour le simple soldat, d'un SUPPLÉMENT de dix centimes qui n'entraient pas à l'ORDINAIRE. Quant à la SOLDE DE ROUTE, soit des ISOLÉS, soit des DÉTACHEMENTS, ce qui s'y rapportait a été indiqué aux mots INDEMNITÉ DE ROUTE et SUPPLÉMENT D'ÉTAPE. — Le DÉCRET DE L'AN SEPT (23 FRUCTIDOR) commença à compliquer d'une manière inextricable les TARIFS; c'était l'aurore des CORPS PRIVILÉGIÉS ressuscités par le DIRECTOIRE; c'était le signal des mille spécialités de Solde sans utilité, sans équité, sans mesure; ce fut une plaie qu'un cataclysme militaire pourrait seul cicatriser. Mais le mal est sans remède, parce qu'il serait ruineux d'élever, comme le voudrait l'équité, les PRESTATIONS de l'INFANTERIE au taux des ARMES les plus favorisées, et que cette justice rendue révolterait la vanité de ceux qui jouissent de cet impolitique privilége. — M. de CESSAC, dans le paragraphe trois de son rapport, lu aux représentants du peuple dans la séance de l'an sept (23 messidor), rendait compte de ce blâmable décret dans les termes suivants : *Nous y avons fait peu de changements.... Ce n'est pas que cette Solde soit bien calculée.... ses vices ont pris naissance dans la manière dont elle a été fixée.* (Cette phrase obscure voulait dire : dans le choix et l'influence de ses rédacteurs). *Une commission spéciale a déterminé la Solde de l'artillerie; une autre celle du génie; une autre celle de quelques autres corps. Chaque commission a voulu, à l'envi, doter richement le corps pour lequel on travaillait ou le grade qu'on préférait; de là, le défaut d'harmonie et d'ordre.* — L'INFANTERIE n'avait pas de commission ou d'interprètes qui la représentassent au MINISTÈRE; elle fut sacrifiée dans ce ruineux complot de corps égoïstes et de passions intéressées. Le décret, cependant, avait été élaboré sous un MINISTRE éclairé, sous PÉTIET, et publié sous un MINISTRE fantassin devenu roi, sous BERNADOTTE; mais le temps manquait et l'intrigue agissait. — Telle fut l'origine de cette multiplicité d'ARMES à nuances tranchées, et qui ne se regardent plus comme sœurs. L'esprit lumineux d'ODIER (1824, E), quoiqu'il eût appartenu lui-même à un des corps surprivilégiés, ne pouvait laisser passer inaperçu ce triomphe du chaos; aussi (t. III, p. 142) forme-t-il des vœux pour la simplification des TARIFS, et cherche-t-il à démontrer qu'une législature où régnerait l'esprit d'ordre, substituerait de plus courts tableaux au fatras de chiffres qui existent. Mais nous ne pensons pas que cette amélioration se réalise; les catégories surpayées sont trop puissantes. — L'ARRÊTÉ DE L'AN DIX (17 VENTOSE), qui dédoublait le MINISTÈRE DE LA GUERRE, avait mal à propos compris la Solde dans la subdivision qu'on nommait le PERSONNEL, quoiqu'une disposition qui l'eût attachée au MATÉRIEL eût semblé plus rationnelle; c'était une des bizarreries de l'ADMINISTRATION DE LA GUERRE; Solde et PERSONNEL y ressortissaient aux SOUS-INSPECTEURS. — L'ARRÊTÉ DE L'AN ONZE (24 FRIMAIRE) accrut, sinon la Solde, du moins le bien-être du SOLDAT, par la fourniture du PAIN DE SOUPE; cette ALLOCATION se convertit ensuite en une PRESTATION d'un sou par jour, ou, en d'autres termes, la loi chargea le SOLDAT de s'acheter lui-même ce PAIN DE SOUPE. — L'INSTRUCTION DE L'AN TREIZE (12 FRUCTIDOR) reproduisait un TARIF où s'accroissaient les imperfections de la LÉGISLATION de l'an sept. — En 1806, la paye du FANTASSIN était de quarante-cinq centimes, qui ne supportaient de RETENUES que celles de LINGE ET CHAUSSURE et de DENIERS D'ORDINAIRE. — Jamais la Solde n'avait été aussi forte ni l'HOMME DE TROUPE aussi bien nourri, vêtu, traité, soit en ÉTAT DE SANTÉ OU DE MALADIE. S'il faut en croire le *Journal des Sciences militaires* (t. XXII, p. 259), les représentations du CONSEIL DE SANTÉ, touchant la nécessité d'un meilleur système hygiénique, n'avaient pas peu contribué à l'adoption de ces améliorations. C'est un officier de santé qui l'affirme. — Le DÉCRET DE 1810 (30 DÉCEMBRE) bonifiait la Solde des HOMMES DE TROUPE, en y fondant la MASSE D'ORDINAIRE et en élevant le taux de la MASSE DE LINGE ET CHAUSSURE. Ce décret réglait la SOLDE DE ROUTE, divisait la Solde d'activité en SOLDE D'ABSENCE et DE PRÉSENCE; il était interprété et mis en vigueur par l'INSTRUCTION DE 1811 (4 MARS), qui en expliquait les suppléments, les indemnités. — Le gouvernement impérial s'écroulait; une ARMÉE NOUVELLE allait succéder à ces nobles débris de la Loire; l'événement qui allait créer de jet une grande ARMÉE était sans exemple; l'occasion était unique pour la promulgation de TARIFS simples; mais le pli était pris, et l'intérêt des CORPS à PRIVILÉGES fit taire l'intérêt de la patrie et de l'ARMÉE. — Après la restauration, la SOLDE DE RÉFORME, devenue une nécessité fâcheuse mais impérieuse, était réglée à raison d'une durée de cinq ans; cette question compliquée et embrouillée est une de celles à l'égard desquelles Odier (1824, E) peut être consulté. — L'ordonnance de 1821 (14 octobre), rendue sur le rapport du ministre Latour-Maubourg, mais qui sortait des cartons du ministère de Gouvion Saint-Cyr, instituait, pour les officiers, solde de grade et solde de fonctions ; la première devait se composer des deux tiers de la somme totale ; elle était due en toute position aux officiers de tous grades, de toutes armes, en état de disponibilité, de congé avec solde de détention ; elle n'était susceptible de réduction que dans le seul cas de semestre ou de grand congé. La solde de fonctions devait comprendre le supplément attribué à l'exercice de l'activité, sans préjudice aux indemnités de logement, aux frais de bureau, aux traitements extraordinaires accordés aux généraux depuis la circulaire de l'an onze (12 ventose) et l'arrêté de l'an onze (8 nivose. Ce supplément était proportionné à l'espèce de la fonction et variable en raison de la position : il venait en accroissement à la solde de grade ; il résultait d'un droit acquis à dater du jour de l'entrée en fonctions. La solde de fonctions n'était pas suspendue par l'obtention des permissions d'officiers. — Ces dispositions contrarièrent des courtisans qui s'étaient donné l'uniforme et avaient pris les hauts grades : il leur fallait épée et émoluments de sinécures. Une décision de 1821 (12 décembre) mit en conséquence à néant le système adopté par M. Latour-Maubourg. — Les tarifs des temps de guerre, modifiés en 1818 et plusieurs fois retouchés plus tard, continuèrent à être en vigueur. Les voies de l'économie n'étaient pas celles qui convenaient aux hommes de cour. — L'ordonnance de 1823 (19 mars) continuait, en dépit de la logique, à confondre appointements et Solde ; elle prévoyait les cas possibles mais forcés d'une suspension de la Solde ; elle réglait (art. 101 et 377) le taux de la solde de captivité et de disponibilité ; elle se graduait suivant les classes de soldats ; elle compliquait déplorablement par ses tarifs l'administration ; elle ne participait en rien de l'esprit de l'ordonnance de 1821, car l'unité de vue se perpétue rarement d'un ministère à un autre ministère. A peine ce volumineux document, qui annulait les dispositions de 1815 (23 octobre), avait-il vu le jour, qu'il était interprété déjà par un volume de commentaires obscurs qui s'efforçaient de l'éclaircir. — L'ordonnance de 1829 (27 septembre) augmentait de deux centimes la solde de présence des hommes de troupe, par les motifs exprimés dans l'instruction

de 1832 (10 février). — L'ordonnance de 1830 (21 février) et la circulaire du 28 du même mois décidaient que la Solde ne consisterait plus qu'en deniers d'ordinaire et en deniers de poche ; elle était de trente-sept centimes ; la masse de linge et chaussure cessait ainsi d'être une retenue sur la Solde. — L'ordonnance qui ajoutait deux centimes à la Solde de soldat occasionnait par jour un surcroît de dépense de 8000 francs, et par an une augmentation de 2,920,000 francs. Nous établissons ce chiffre pour démontrer avec quel scrupule et quelle réserve il faut se décider aux accroissements de Solde, si l'armée est considérable, parce qu'à toute concession nouvelle il n'y a plus à revenir sur ses pas. — L'ordonnance de 1837 (25 décembre) appelait service de la Solde celui des services administratifs dont les règles s'appliquent aux formes des payements et de la comptabilité. L'ordonnance de 1838 (20 janvier) s'étendait sur les formes de cette administration. — La cavalerie a continué à toucher un sou par jour de plus que l'infanterie ; préférence dont nous ne savons où trouver la justification, si ce n'est dans un droit coutumier qui se rattacherait à cette déclaration de Louis treize qui reconnaissait gentilshommes les maîtres, c'est-à-dire les simples cavaliers. — Les soldats de l'artillerie et du génie n'ayant pas été ennoblis, que nous sachions, leur haute paye a tenu à un autre droit coutumier. Quand l'État ne faisait pas les frais de leur éducation, quand on était obligé de prendre à location des mécaniciens civils pour décliquer l'acquereau, pour tirer la bombarde ou construire les engins, force était de mettre un haut prix à leur industrie. Les causes ayant cessé, les effets se sont perpétués. Il en a de tout temps été ainsi en fait de paye et de privilèges. — La Solde délivrée aux corps par les caisses du trésor y a été perçue, suivant les temps ou l'espèce, ou par quartiers, ou à la manière hollandaise, par mois de quarante jours, ou par mois réels, ou par décades, ou par quinzaines. — La Solde, si l'on conçoit le terme d'une manière générale, comme le font quantité de règlements confus, si on la prend comme synonyme de paye, est susceptible, en cas de dettes non acquittées spontanément, et donnant lieu à des plaintes, de subir une retenue d'un cinquième, en vertu de jugements, de décisions ou d'ordres de qui de droit. — On a appelé solde de congé la Solde restreinte à laquelle ont droit les militaires en congé ou en permission. La solde de route était allouée depuis l'ordonnance de 1837 (25 décembre) pour toutes journées de route, indistinctement. — La régularité des délivrances de la Solde et l'intégrité des répartiteurs sont le lien et le gage de la DISCIPLINE. On peut même dire : Point de TACTIQUE sans Solde. — La Solde ouvre un DROIT imprescriptible ; si des motifs légitimes, si des nécessités toujours déplorables en ont retardé l'ACQUITTEMENT, elle est l'objet d'un RAPPEL. — Le MINISTRE DE LA GUERRE, et en dernière analyse la COUR DES COMPTES, jugent la régularité de la Solde et en établissent, en cas de MOINS ou de TROP PERÇU, la BALANCE ; mais en 1855 (21 janvier), un député attaché à la COUR DES COMPTES, M. Sapey, témoignait à la tribune, qu'à raison de la forme des COMPTES rendus par le MINISTÈRE, en fait de DÉPENSES de Solde, la COUR DES COMPTES restait inhabile à en constater la sincérité. — Il devrait être sévèrement interdit aux MINISTRES de rien changer au dispositif des TARIFS ou de créer des EMPLOIS MILITAIRES, si ce n'est en vertu d'une loi. Les abus que la Solde des AUMONIERS et de quantité d'autres personnages a entraînés, les prodigalités des MINISTÈRES de 1824 et de 1830 (28 novembre) justifient largement cette assertion. — Quant à la Solde proprement dite, c'est-à-dire la Solde subdivision de la PAYE, elle était, de nos jours, une quotité de centimes dont le budget fait les fonds approximatifs, et que la loi accorde, en vertu de TARIFS, aux SERGENTS, MARÉCHAUX DES LOGIS, BRIGADIERS, CAPORAUX et SOLDATS. Cette ALLOCATION varie à raison du GRADE, de l'EMPLOI, du PIED DE PRÉSENCE ou d'ABSENCE, du PIED DE PAIX ou DE GUERRE. Elle est une PRESTATION soumise à des RETENUES ou prélèvements que spécifie la loi ; elle est la partie de la PAYE qui revient de DROIT aux HOMMES DE TROUPE. Elle aurait dû se diviser, comme quelques ÉCRIVAINS l'ont fait, en SOLDE COMPOSÉE OU DE PAIX, et en SOLDE SIMPLE OU DE GUERRE, c'est-à-dire l'une avec, l'autre sans fourniture de campagne. — La Solde des TAMBOURS s'augmentait des DENIERS DE BAGUETTES OU CENTIMES DE baguettes. — La totalité de la Solde d'un corps se percevait sur un aperçu d'EFFECTIF ; elle était acquittée à la TRÉSORERIE, à BUREAU OUVERT, le deux et le dix-sept de chaque mois ; elle s'y délivrait par A BON COMPTE SUR DÉCOMPTE PROVISOIRE, OU ÉTAT DE QUINZAINE, OU ACQUIT COMPTABLE, signés du CONSEIL D'ADMINISTRATION, et visés par un MEMBRE du CORPS DE L'INTENDANCE ; elle se payait en même temps que ses ACCESSOIRES et certaines MASSES. Quant AUX FRAIS DE BUREAU, à l'INDEMNITÉ de CHAUFFAGE, etc., ils se payaient en même temps que les APPOINTEMENTS. La délivrance de la Solde s'enregistrait sur le LIVRET DE SOLDE. — La Solde des COMPAGNIES se distribuait aux CAPITAINES qui la délivraient aux CHEFS DE CHAMBRÉES sous le nom de prêt ; elle supportait les prélèvements pour MASSE DE LINGE ET CHAUSSURE, pour DENIERS D'ORDINAIRE, pour DENIERS DE POCHE, et, s'il y a lieu, pour certains entretiens ou réparations sous forme d'AMENDES ou de restitutions ; son DÉCOMPTE DÉFINITIF s'opérait pour tous à raison de trois cent soixante-cinq jours par an, et, dans les années bissextiles, à raison d'un jour de plus ; elle se résumait en des EXTRAITS DE REVUE dont les FEUILLES D'APPEL, DE JOURNÉES, DE SUBSISTANCES sont les éléments ; en cas de MOINS PERÇU, elle se balançait par MANDATS POUR SOLDE. Le REGISTRE-JOURNAL en énonçait les quotités, l'emploi, les dates. — Les bonifications de Solde qui résultaient d'AVANCEMENT avaient lieu à partir du jour de la PROMOTION. — Quelques documents officiels ont prévu le cas où, en pays étrangers, des déficits sur les valeurs de la Solde résulteraient de la nécessité d'un ÉCHANGE DE MONNAIES. — Des DÉLÉGATIONS sur Solde pouvaient avoir lieu dans certaines POSITIONS, dans certains EMPLOIS. — Si des causes quelconques venaient à retarder le SERVICE de la Solde, la dette restait imprescriptible. — Suivant ce qui vient d'être dit, la Solde diffère sensiblement des APPOINTEMENTS D'OFFICIERS, puisqu'elle se touche à l'avance, par QUINZAINE et par JOURNÉES, tandis que les APPOINTEMENTS se touchent par MOIS après échéance ; l'une s'établit sur supputations à régulariser, les autres se calculent en acquit d'une dette. La Solde fournit forcément à la NOURRITURE, les APPOINTEMENTS n'y subviennent que librement ; elle n'a rien de commun avec l'HABILLEMENT de troupe, les APPOINTEMENTS supportent au contraire le prix de l'habillement des officiers ; elle comporte en tout temps délivrance gratuite du PAIN DE MUNITION, les APPOINTEMENTS ne comportent qu'en TEMPS DE GUERRE cette FOURNITURE ; la Solde est passible de prélèvements, les APPOINTEMENTS n'en devraient jamais éprouver que par mesures de répression ou de dédommagements. Nous venons de prouver par là que les ORDONNANCES qui, comme celles DE 1823 (19 MARS), fondent en un même mot APPOINTEMENTS et Solde s'expriment incorrectement ; mais la distinction logique qu'il conviendrait de maintenir entre Solde et APPOINTEMENTS, si l'on attachait du prix à la clarté de la LANGUE MILITAIRE, a été si peu sentie par nos législateurs, qu'ils ont dit : HAUTE-PAYE et MORTE-PAYE en parlant d'HOMMES DE TROUPE, DEMI-SOLDE et SOLDE DE RETRAITE en parlant d'OFFICIERS. — Jetons un regard sur le côté philosophique et financier de la question. — Les écrivains qui se sont occupés des règles à poser en fait de Solde, ont taxé de prodigalité cette Solde originairement passée aux Suisses par Louis onze, Solde égale au prix de quatre journées d'ouvriers. D'autres écrivains, pour acquérir de la popularité, ont cité cette paye élevée pour remarquer que les gouvernements modernes étaient coupables de lésineries ; mais ni les uns ni les autres n'ont compris le sujet qu'ils traitaient. Si la paye qui nourrit est à peine le quart de celle qui est destinée à pourvoir à tout l'entretien d'une troupe, les quatre journées d'ouvriers suisses n'équivalaient plus, pour le simple soldat, qui alors devait tout se fournir, qu'à une seule journée ; mais il faut prendre en considération que les louables cantons et les chefs suisses maniaient à leur volonté ces subsides, et que probablement le Suisse de Louis onze touchait moins que le fantassin de Louis-Philippe, parce que le colonel ne délivrait à l'homme de troupe que le prix convenu avec lui en vertu d'un contrat particulier. Quant aux gens d'armes, leurs émoluments de quinze cents livres par an devaient ne subvenir que difficilement à l'achat et à la nourriture de deux chevaux par maître. Ne nous plaignons donc pas des temps modernes. — Lessac (1789, E) rapporte que Henri quatre disait : *Celui qui verse son sang pour nous, doit être payé du moins autant que l'ouvrier qui fait notre habit et notre chaussure ;* et pourtant les six sous huit deniers du fantassin devaient fournir habillement, équipement, nourriture. La pensée du Béarnais était humaine, mais peu relevée, et le sang versé pour la patrie ne saurait s'évaluer au taux d'aucun labeur ; ce qu'il vaut est inappréciable. — On a reconnu et établi que le prix d'une journée d'ouvrier de campagne doit suffire à la paye du simple soldat, puisque l'ouvrier a un ménage et ne saurait vivre aussi économiquement qu'on le fait en troupe. Le soldat est célibataire ; il est payé fêtes et dimanches ; il est convenablement vêtu et couché ; un traitement curatif, s'il tombe malade, lui est assuré ; s'il vieillit au service, un avenir, sinon heureux, du moins certain et supportable, lui est promis et acquis ; tous ces avantages compensent largement l'infériorité de la Solde qu'il perçoit. Un soldat est plus heureux qu'un ouvrier de campagne. — En bien des contrées de France, quantité de manouvriers, en les supposant occupés sans interruption et en défalquant les jours fériés, sont loin de gagner quatre cents francs par an ; le soldat

le moins payé coûte bien plus à l'État. — Faut-il parler des circonstances si nombreuses où l'ouvrage vient à manquer, où la famille de l'ouvrier est frappée par la maladie, où les subsistances montent à un taux inaccoutumé. — Les seuls artisans des grandes villes sont dans une position plus douce que le soldat ; mais ces ouvriers ont eu à payer leur apprentissage, ou à faire gratis leur noviciat ; ce n'est qu'à la longue que pour quelques-uns la profession devient lucrative. Quantité d'entre eux sont trop fréquemment exposés à manquer d'ouvrage, ou peut-être sont trop persuadés que l'hospice est créé pour l'encouragement des vices ou de la fainéantise. — L'impossibilité de rapprocher jamais du salaire d'ouvrier la somme délivrée manuellement au soldat est palpable, et la prétendue insuffisance de Solde que font sonner si haut des déclamations passionnées, disparaît quand on songe qu'une nourriture régulière, un vêtir plus que décent, un domicile, des soins de toute espèce sont assurés aux moindres militaires. — Une autre considération qui démontre le mieux être actuel de la profession du soldat, c'est le service plus régulier, plus scrupuleux de la Solde longtemps gaspillée par mille abus. Nous en avons donné idée en traitant de l'administration militaire, des abandonnements des capitaines, des désordres de la paye, et l'on en retrouve la peinture dans ce que dit Servan (1806, C) à l'occasion des profits illicites qu'autrefois les capitaines n'avaient pas honte de faire : *C'était un abus enraciné dès les premières années de Louis treize, et peut-être plus tôt. Ces excès sont prouvés par les nombreuses ordonnances rendues sous ce règne, et renouvelées sous ceux de Louis quatorze et de Louis quinze. Les capitaines qui recevaient la Solde de leur compagnie, n'en distribuaient que ce qu'ils ne pouvaient s'approprier sans s'exposer à être abandonnés de leurs soldats. De 1667 à 1679 on réprima cet inconvénient (Servan veut dire ce criminel abus), mais toutes les précautions échouèrent contre celui des passe-volants.* — Les auteurs qui, en outre de tous ceux qui ont traité de la paye, peuvent être consultés touchant la Solde, sont : Andreu (1762, I), Audouin (t. ii, p. 83, 248, 250, 474 ; t. iv, p. 275), Berriat (1817, A, t. iv, p. 565), Birac (1693, D, p. 124), Blondel (1840), Bohan (1781, H, t. i, p. 61), Boisroger (1773, p. 30), M. Bontemps (1818), Brézé (1779, p. 121, etc.), Chennevières (1750, C, t. i, p. 77 ; t. iii, p. 463), M. le général Cotty (1822), Daniel (1721, A, p. 84,

223), DARUT (1789, B), DAUTHVILLE (1762, K), DELAMONT (1693, C, p. 152), DENERVO, DESPAGNAC (1751, D, t. II, p. 36, 285, 401 ; t. III, p. 394), D'HÉRICOURT (1756, G, t. I, p. 162), DUPLAN (*Variations de la Solde française depuis le douzième siècle*), M. GONVOT, GUIBERT (1773, E, t. V, p. 223), GUIGNARD (1725, B, t. I, p. 708), GUILLET (1686, B), M. HUSSON (1836, A), JAMES (1799, B), LACHESNAIE (1758, I, au mot *Major d'infanterie*), LAMARQUE (1826, C), LEBLOND (1758, B, p. 218, note), M. LEGOUPIL, LESSAC (1789, E), MAURICE DE SAXE (1757, A, t. I, p. 26), MORIN (1798), PUYSÉGUR (1748, C, p. 71), ROHAN (1757, Q, p. 153), SAINT-GERMAIN (1779, C, p. 165), M. SIGARD, M. VAUCHELLE, M. le général VAUDONCOURT (1825, D), le *Journal de l'Armée*) t. I, p. 77 ; t. III, p. 51), le *Spectateur militaire* (t. XXI, p. 556; t. XXIV, p. 82; t. XXVIII, p. 274), la *Sentinelle de l'Armée* (1835, 20 avril), l'*Armée* (journal), p. 67.

SOLDE, subs. masc. V. ACQUITTEMENT COMPTABILIAIRE. V. BALANCE. V. SOLDE, subs. fém.

SOLDE A PARIS. V. A PARIS. V. APPOINTEMENT. V. SOLDE, subs. fém.

SOLDE ARRIÉRÉE. V. ARGENT DE MILITAIRE DÉCÉDÉ. V. ARRIÉRÉ, adj.

SOLDE COMPOSÉE. V. COMPOSÉ, adj. v. SOLDE, subs. fém.

SOLDE D'ABSENCE. V. ABSENCE. V. ABSENCE PAR DÉTENTION. V. DÉCOMPTE DE RENTRANT. V. HOPITAL MILITAIRE. V. SOLDE, subs. fém.

SOLDE D'ACTIVITÉ. V. ACTIVITÉ. V. CAPITAINE-RAPPORTEUR. V. CONSEIL DE RÉVISION. V. ENGAGEMENT DE RECRUE. V. INDEMNITÉ DE FOURRAGE. V. INDEMNITÉ DE ROUTE D'OFFICIER. V. OFFICIER FRANÇAIS N° 9, 10. V. PENSION DE RETRAITE. V. SOLDE, subs. fém.

SOLDE D'ADJUDANT. V. ADJUDANT. V. ADJUDANT D'INFANTERIE FRANÇAISE DE LIGNE N° 2.

SOLDE D'ADJUDANT-MAJOR. V. ADJUDANT-MAJOR D'INFANTERIE FRANÇAISE DE LIGNE N° 8.

SOLDE D'AIDE-CHIRURGIEN. V. AIDE-CHIRURGIEN N° 2.

SOLDE D'AIDE-MAJOR. V. AIDE-MAJOR ACTUEL N° 1.

SOLDE D'ANSPESSADE. V. ANSPESSADE.

SOLDE D'ARBALÉTRIER. V. ARBALÉTRIER. V. ARBALÉTRIER A PIED. V. PAYE.

SOLDE D'ARCHER. V. ARCHER. V. ARCHER A CHEVAL. V. ARCHER A PIED.

SOLDE D'ARMÉE V. ARMÉE. V. CAVALERIE FRANÇAISE N° 4. V. CHEF D'ÉTAT-MAJOR D'ARMÉE. V. INSPECTEUR AUX REVUES. V. MAJOR GÉNÉRAL.

SOLDE D'ARMURIER. V. ARMURIER DE CORPS N° 2.

SOLDE D'ARTILLERIE. V. ARTILLERIE. V. OFFICIER D'ARTILLERIE N° 5. V. SOLDE, subs. fém.

SOLDE D'AUMONIER. V. AUMONIER DE CORPS N° 5.

SOLDE DE BANNERET. V. BANNERET. V. BANNERET N° 4.

SOLDE DE BARON. V. BARON N° 5. V. CROISADE. V. SOLDE, subs. fém.

SOLDE DE BRIGADIER. V. BRIGADIER. V. SOLDE, subs. fém.

SOLDE DE CAPITAINE. V. CAPITAINE. V. CAPITAINE D'INFANTERIE FRANÇAISE DE LIGNE N° 10.

SOLDE DE CAPORAL. V. ANSPESSADE. V. CAPORAL. V. CAPORAL D'INFANTERIE FRANÇAISE DE LIGNE N° 9. V. CAPORAL-TAMBOUR D'INFANTERIE FRANCO-SUISSE. V. DETTE D'HOMME DE TROUPE. V. SOLDE, subs. fém.

SOLDE DE CAPTIVITÉ. V. CAPTIVITÉ. V. SOLDE, subs. fém.

SOLDE DE CAVALERIE. V. CAVALERIE. V. CAVALERIE FRANÇAISE N° 6, 9. V. FOURRAGE DE DISTRIBUTION. V. OFFICIER DE CAVALERIE N° 5. V. SOLDE, subs. fém.

SOLDE DE CENTURION. V. CENTURION. V. CENTURION N° 5.

SOLDE DE CHEF DE BATAILLON. V. CHEF DE BATAILLON D'INFANTERIE FRANÇAISE DE LIGNE N° 6.

SOLDE DE CHEVALIER. V. CHEVALIER. V. CHEVALIER A PENNON. V. CHEVALIER DU MOYEN AGE N° 5, 9.

SOLDE DE CHIEN DE GUERRE. V. CHIEN DE GUERRE.

SOLDE DE CHIRURGIEN. V. AIDE-CHIRURGIEN N° 2. V. CHIRURGIEN. V. CHIRURGIEN DE CORPS. V. CHIRURGIEN-MAJOR D'INFANTERIE FRANÇAISE DE LIGNE N° 7. V. CHIRURGIEN-MAJOR D'INFANTERIE FRANCO-SUISSE. V. SOUS-AIDE-CHIRURGIEN.

SOLDE DE COLONEL. V. COLONEL. V. COLONEL D'INFANTERIE FRANÇAISE DE LIGNE N° 9.

SOLDE DE COMMANDANT DE DIVISION TERRITORIALE. V. COMMANDANT DE DIVISION TERRITORIALE N° 1.

SOLDE DE COMMISSAIRE DES GUERRES. V. COMMISSAIRE DES GUERRES N° 4.

SOLDE DE COMPAGNIE. V. ARCHER A PIED. V. CAPITAINE D'INFANTERIE FRANÇAISE DE LIGNE

N° 23. V. COMPAGNIE. V. COMPAGNIE D'INFANTERIE FRANÇAISE DE LIGNE N° 12. V. COMPAGNIE D'ORDONNANCE N° 5. V. COMPAGNIE FRANCHE. V. SOLDE, subs. fém.

SOLDE de CONDAMNÉ. V. CONDAMNÉ. V. CONDAMNÉ A L'INCARCÉRATION.

SOLDE de CONGÉ. V. CONGÉ. V. CONGÉ AVEC SOLDE. V. CONGÉ DE SEMESTRE. V. CONGÉ OUTREPASSÉ. V. CONGÉ SANS SOLDE. V. OFFICIER FRANÇAIS N° 10. V. PERMISSION.

SOLDE de CONNÉTABLE. V. CONNÉTABLE. V. CONNÉTABLE N° 4.

SOLDE de CORPS. V. ACQUIT PROVISOIRE. V. CORPS. V. CORPS PRIVILÉGIÉ. V. CORPS RÉGIMENTAIRE N° 7. V. ÉTAT DE PAYEMENT. V. FEUILLE DE RETENUE.

SOLDE de CORPS D'INTENDANCE. V. CORPS D'INTENDANCE N° 5.

SOLDE de COULEVRINIER. V. COULEVRINIER.

SOLDE de DÉCÉDÉ. V. DÉCÉDÉ. V. SOLDE, subs. fém.

SOLDE de DÉTACHEMENT. V. DÉTACHEMENT. V. DÉTACHEMENT DE CORPS.

SOLDE de DÉTENU. V. DÉTENU. V. DÉTENU MIS EN JUGEMENT. V. PRISON.

SOLDE de DISPONIBILITÉ. V. DISPONIBILITÉ. V. SOLDE, subs. fém.

SOLDE de FONCTIONS. V. FONCTION. V. OFFICIER FRANÇAIS N° 10. V. PRESTATION. V. SOLDE, subs. fém.

SOLDE de FOURRIER. V. FOURRIER. V. FOURRIER D'INFANTERIE FRANÇAISE DE LIGNE N° 7.

SOLDE de GARDE ROYALE. V. GARDE CONSTITUTIONNELLE. V. GARDE ROYALE. V. GARDE ROYALE N° 4. V. INFANTERIE FRANÇAISE DE GARDE ROYALE N° 1. V. PRESTATION.

SOLDE de GARDES DU CORPS. V. GARDES DU CORPS N° 5.

SOLDE de GENDARMERIE. V. DÉSERTION. V. GENDARME DE POLICE N° 4. V. GENDARMERIE. V. GENDARMERIE DU MOYEN AGE. V. LÉGISLATION (1533, 12 février).

SOLDE de GENDARMES. V. GENDARME. V. GENDARME DU MOYEN AGE N° 1, 2, 4, 5, 8.

SOLDE de GENTILHOMME. V. GENTILHOMME. V. SOLDE, subs. fém.

SOLDE de GRADE. V. CAVALERIE FRANÇAISE N° 6. V. GRADE. V. OFFICIER FRANÇAIS N° 10. V. SOLDE, subs. fém. V. TRAITEMENT DE CAPTIVITÉ. V. TRAITEMENT DE DISPONIBILITÉ.

SOLDE de GRENADIER. V. GRENADIER. V. GRENADIER D'INFANTERIE FRANÇAISE DE LIGNE N° 2, 5.

SOLDE de GUERRE. V. FORTERESSE. V. GARNISON DE SIÉGE. V. GUERRE. V. HOMME DE TROUPE N° 5. V. PIED DE GUERRE. V. SEIGNEUR. V. SOLDE, subs. fém. V. TRAITEMENT DE GUERRE.

SOLDE de LANCE FOURNIE. V. LANCE FOURNIE.

SOLDE de LIEUTENANT. V. LIEUTENANT. V. LIEUTENANT D'INFANTERIE FRANÇAISE DE LIGNE N° 4.

SOLDE de LIEUTENANT-COLONEL. V. LIEUTENANT-COLONEL D'INFANTERIE FRANÇAISE DE LIGNE N° 5.

SOLDE de MAITRE-OUVRIER. V. MAITRE-OUVRIER N° 3.

SOLDE de MAJOR. V. MAJOR. V. MAJOR LIEUTENANT-COLONEL N° 1.

SOLDE de MARÉCHAL. V. MARÉCHAL. V. MARÉCHAL DE FRANCE N° 6. V. MARÉCHAL DE L'HOST.

SOLDE de MARÉCHAL DES LOGIS. V. MARÉCHAL DES LOGIS D'ARMÉE N° 4.

SOLDE de MILICE ANGLAISE. V. MILICE ANGLAISE N° 2, 5, 12.

SOLDE de MILICE AUTRICHIENNE. V. MILICE AUTRICHIENNE N° 5.

SOLDE de MILICE CHINOISE. V. MILICE CHINOISE N° 4.

SOLDE de MILICE ESPAGNOLE. V. MILICE ESPAGNOLE N° 5.

SOLDE de MILICE GRECQUE. V. MASSE COMPTABILIAIRE. V. MILICE GRECQUE N° 2, 8. V. OPLITE.

SOLDE de MILICE PIÉMONTAISE. V. MILICE PIÉMONTAISE N° 9.

SOLDE de MILICE PRUSSIENNE. V. MILICE PRUSSIENNE N° 6, 9.

SOLDE de MILICE ROMAINE. V. LÉGION ROMAINE N° 1, 4. V. MANIPULE N° 1. V. MILICE ROMAINE N° 5. V. PRÉFET DU PRÉTOIRE.

SOLDE de MILICE RUSSE. V. MILICE RUSSE N° 5.

SOLDE de MILICE SUÉDOISE. V. MILICE SUÉDOISE N° 1, 6.

SOLDE de MILICE SUISSE. V. MILICE SUISSE N° 2, 8. V. INFANTERIE FRANCO-SUISSE N° 5.

SOLDE de MILICE SYKE. V. MILICE SYKE N° 7.

SOLDE de MILICE TURCO-ÉGYPTIENNE. V. MILICE TURCO-ÉGYPTIENNE N° 4, 6.

SOLDE de MILICE TURQUE. V. MILICE TURQUE N° 1, 5.

SOLDE de MILICE WURTEMBERGEOISE. V. MILICE WURTEMBERGEOISE N° 4.

SOLDE de MOUSQUETAIRE. V. MOUSQUETAIRE. V. MOUSQUETAIRE A PIED N° 4.

SOLDE de MUSICIEN. V. MASSE DE MUSIQUE. V. MUSICIEN. V. MUSICIEN N° 5.

SOLDE de NON-ACTIVITÉ. V. NON-ACTIVITÉ. V. RETENUE SUR APPOINTEMENTS.

SOLDE de PAIX. V. PAIX. V. SOLDE, subs. fém.

SOLDE de PETIT ÉTAT-MAJOR. V. ADJUDANT D'INFANTERIE FRANÇAISE DE LIGNE N° 16, 20. V. DENIERS DE SOLDE DE PETIT ÉTAT-MAJOR. V. PETIT ÉTAT-MAJOR.

SOLDE de PIÉTON. V. PAYE. V. PIÉTON.

SOLDE de PIQUIER. V. PIQUIER. V. PIQUIER N° 3.

SOLDE de PORTE-DRAPEAU. V. PORTE-DRAPEAU N° 4.

SOLDE de PRÉSENCE. V. BILLET DE SORTIE D'HOPITAL. V. HOMME DE TROUPE N° 5. V. LOGEMENT D'HABITATION. V. PRÉSENCE. V. SOLDE, subs. fém.

SOLDE de PRÉVOTÉ. V. PRÉVOTÉ. V. SUPPLICE.

SOLDE de PRISONNIER DE GUERRE. V. PRISONNIER DE GUERRE ÉTRANGER. V. PRISONNIER DE GUERRE FRANÇAIS.

SOLDE de RÉFORME. V. COMMISSAIRE DES GUERRES N° 6. V. PENSION DE RETRAITE. V. RÉFORME. V. RÉFORME D'OFFICIER. V. RELIEF.

SOLDE de RETRAITE. V. ACTIVITÉ. V. SERVICE. V. ADJUDANT D'INFANTERIE FRANÇAISE DE LIGNE N° 12, 50. V. AIDE-CHIRURGIEN N° 2. V. ANCIENNETÉ DE SERVICE. V. ANNÉE DE GRADE POUR S... V. ANNÉE DE NON-ACTIVITÉ. V. ANNÉE DE SERVICE D'OFFICIER. V. AUMONIER N° 5. V. BLESSURE. V. CAPITAINE D'INFANTERIE FRANÇAISE DE LIGNE N° 10. V. CAPITAINE D'INFANTERIE FRANCO-SUISSE DE GARDE ROYALE. V. CHEF DE BATAILLON D'INFANTERIE FRANÇAISE DE LIGNE N° 6. V. COMMISSAIRE DES GUERRES N° 6. V. CONDAMNATION JUDICIAIRE. V CRÉANCIER. V. HÉRITIER DE MILITAIRE. V. MATÉRIEL. V. MILICE ANGLAISE N° 5. V. MILICE AUTRICHIENNE N° 5. V. MILICE BAVAROISE N° 3. V. PAYE. V. PEINE. V. PENSION DE RETRAITE. V. RETENUE. V. RETRAITE. V. TRAITEMENT DE RETRAITE.

SOLDE de ROUTE. V. ARRIVÉE DE CORPS A DESTINATION. V. DÉTACHEMENT EN ROUTE. V. ÉTAPE. V. ÉTAT QUATRIDIAIRE. V. FEUILLE DE ROUTE DE CORPS. V. FEUILLE DE ROUTE DE MILITAIRE ISOLÉ. V. FEUILLE DE ROUTE D'OFFICIER. V. INDEMNITÉ DE CHEVAL DE SELLE. V. INDEMNITÉ DE ROUTE D'HOMME DE TROUPE. V. MARCHE-ROUTE. V. ORDINAIRE D'HOMME DE TROUPE. V. ROUTE. V. SOLDE, subs. fém. V. SUPPLÉMENT DE SOLDE DE ROUTE.

SOLDE de SEMESTRE. V. CONGÉ DE SEMESTRE D'HOMME DE TROUPE. V. OFFICIER FRANÇAIS N° 10. V. OFFICIER SEMESTRIER. V. SEMESTRE.

SOLDE de SERGENT. V. DETTE D'HOMME DE TROUPE. V. FOURRIER D'INFANTERIE FRANÇAISE DE LIGNE N° 7. V. PAYE. V. SERGENT. V. SERGENT D'INFANTERIE FRANÇAISE DE LIGNE N° 6. V. SERGENT FIEFFÉ. V. SOLDE, subs. fém.

SOLDE de SOLDAT. V. ANSPESSADE. V. CAPITAINE D'INFANTERIE FRANÇAISE DE LIGNE N° 23. V. CRÉANCIER D'HOMME DE TROUPE. V. MARCHE-ROUTE. V. SOLDAT.

SOLDE de STATION. V. ORDINAIRE DES GUERRES. V. STATION. V. SOLDE, subs. fém.

SOLDE de SOUS-INTENDANT. V. SOUS-INTENDANT N° 1, 4, 5.

SOLDE de SOUS-LIEUTENANT. V. SOUS-LIEUTENANT N° 5.

SOLDE de SOUS-OFFICIER. V. SOUS-OFFICIER N° 11.

SOLDE de SUBSISTANCE. V. PENSION DE RETRAITE. V. SUBSISTANCE.

SOLDE de TAMBOUR. V. SOLDE, subs. fém. V. TAMBOUR. V. TAMBOUR IDIOPLIQUE D'INFANTERIE FRANÇAISE N° 5.

SOLDE d'ÉCUYER. V. ÉCUAGE. V. ÉCUYER. V. ÉCUYER DE SUITE N° 2.

SOLDE d'EMPLOYÉ. V. EMPLOYÉ.

SOLDE d'ENFANT DE TROUPE. V. DEMI-SOLDE. V. ENFANT. V. ENFANT DE TROUPE. V. ENFANT D'HOMME DE TROUPE N° 4.

SOLDE d'ENSEIGNE. V. ENSEIGNE. V. ENSEIGNE IDIOPLIQUE N° 4.

SOLDE d'ÉTAT-MAJOR D'ARMÉE. V. ÉTAT-MAJOR D'ARMÉE N° 5.

SOLDE d'ÉTAT-MAJOR DE CORPS. V. ADMINISTRATION D'ÉTAT-MAJOR DE CORPS. V. ÉTAT-MAJOR DE CORPS N° 3.

SOLDE d'HOMME DE TROUPE. V. A BON COMPTE. V. CRÉANCIER D'HOMME DE TROUPE. V. HOMME DE TROUPE N° 5, 11. V. ORDINAIRE D'HOMME DE TROUPE. V. PRESTATION. V. PRÉVOT D'ARMÉE. V. PRISON. V. SOLDE, subs. fém.

SOLDE d'HOMME EN SUBSISTANCE. V. HOMME EN SUBSISTANCE.

SOLDE d'HOPITAL. V. EAU MINÉRALE. V. HOMME A L'HOPITAL. V. HOMME DE TROUPE N° 5. V. HOPITAL. V. HOPITAL MILITAIRE. V. SOLDE, subs. fém.

SOLDE d'INFANTERIE. V. INFANTERIE N° 1. V. INFANTERIE COMMUNALE N° 1.

SOLDE d'INFANTERIE FRANÇAISE. V. DESTITUTION. V. FANTASSIN. V. FEUILLE DE PRÊT. V. FEUILLE DE RETENUE. V. HAUTE PAYE. V. INFANTERIE FRANÇAISE N° 5, 10. V. INFANTERIE FRANÇAISE DE GARDE ROYALE N° 1. V. MASSE DE COMPAGNIE. V. RÉGIMENT D'INFANTERIE FRANÇAISE N° 1. V. SOLDE, subs. fém.

SOLDE d'infanterie franco - suisse. v. infanterie franco-suisse n° 1, 4. v. infanterie franco-suisse de ligne.

SOLDE d'infanterie légère. v. infanterie légère n° 5.

SOLDE d'officier. v. officier. v. solde, subs. fém.

SOLDE d'officier de cavalerie. v. officier de cavalerie n° 5.

SOLDE d'officier d'infanterie française. v. a bon compte. v. abonnement au théâtre. v. amende d'officiers. v. appointement. v. avance aux isolés. v. classe hiérarchique. v. feuille de journée. v. feuille de route d'officier. v. février. v. officier d'infanterie française n° 5. v. officier en jugement. v. officier semestrier.

SOLDE d'officier français. v. officier français n° 9, 10.

SOLDE d'oplite. v. oplite.

SOLDE du génie. v. génie. v. génie idioplique n° 4. v. solde, subs. fém.

SOLDE en route. v. en route. v. marche-route.

SOLDE militaire. v. gésate. v. habillement. v. militaire, adj. v. solde, subs. fém.

SOLDE provisoire. v. pension de retraite. v. provisoire, adj.

SOLDE royale. v. paye. v. royal, adj.

SOLDE simple. v. simple, adj. v. solde, subs. fém. v. traitement de guerre.

SOLDÉ (soldée), adj. v. force s... v. garde nationale s... v. troupe s...

SOLDÉE, subs. fém. v. solde.

SOLDER, verb. act. v. solde.

SOLDIER, subs. masc. v. soldat. v. solde.

SOLDOIER, subs. masc. v. soldat. v. solde.

SOLDOIER, verb. act. v. solde.

SOLDOYÉ, subs. masc. v. solde.

SOLDOYER, subs. masc. v. soldat. v. solde.

SOLDURIEN, subs. masc. v. solde. v. soldurier.

SOLDURIER, subs. masc. (F), ou soldurieur suivant Borel (Pierre). Ce mot, que plusieurs écrivains ou traducteurs, tels que le général Lamarque (1820, D), ont écrit soldurien, rappelle une classe de soldats gaulois que mentionne César (51 avant J.-C.) dans ces paroles : *Quos Galli soldurios vocant.* C'étaient des gardes du corps, des nobles, des guerriers dévoués à un chef d'armée, à un souverain, et épousant sa fortune, bonne ou mauvaise. Fauchet dit qu'ils accompagnaient les chevaliers; mais par chevalier il faut entendre seigneur ou prince. Pasquier dérive leur nom des mots soulde, solde; mais il est peu rationnel de tirer un mot latin d'un mot devenu français. — Moreri distingue les Solduriers des gésates; les uns étant, suivant lui, des troupes nationales, les autres des corps stipendiés. — L'Encyclopédie (1751, C) affirme que les Solduriers mouraient ou se tuaient quand le maître dont ils étaient les satellites venait à périr. — Jabro (1777, G) les représente comme des braves, des compagnons (*comites*), des comtes qui formaient le cortège, la suite des suzerains gaulois; il y a même des écrivains qui les ont regardés comme la souche des seigneurs fieffés et comme les primitifs personnages soldés de la milice française. — Il existe de vieux traités dans lesquels on retrouve, comme synonymes, Soldurier, soldurieur et payeur militaire ou trésorier. — On peut consulter, à l'égard des Solduriers : Borel (Pierre), César (51 avant J.-C.), Duane (1810, E), Encyclopédie (1751, C), Fauchet, Jabro (1777, G), Lachesnaie (1758, I), Lamarque (1820, D), Moreri (au mot *Gaule*), Nicot, Pasquier.

SOLDURIEUR, subs. masc. v. solde. v. soldurier.

SOLÉ, subs. masc. v. soleret. v. soulier.

SOLEIL, subs. masc. v. ordre du S... v. partager le s... v. tournoi.

SOLEMNE. v. noms propres.

SOLER, subs. masc. v. langue française. v. soleret. v. soulier.

SOLERET, subs. masc. (F), ou solé, ou soler, ou solier, ou sollé, ou soller, ou solleré (au pluriel sollerez), ou sorlier, ou souleret, ou soulier d'armes, ou souller. Ces mots, que mentionnent Barbazan, Borel (Pierre), Carré (1785, E) et l'Encyclopédie (1785, C, t. I, p. 147), dérivés tous du latin *solea*, semelle, se sont changés en soulier, qui en est la corruption; mais, comme l'usage des solerets d'armes, ou souliers de fer, a cessé avant que l'expression soulier eût été académiquement admise dans la langue française, les antiquaires militaires ont conservé l'usage du mot Soleret pour exprimer la chaussure, ou plutôt l'empeigne métallique de l'homme armé de toutes pièces, ou même la semelle de fer, que les Italiens appelaient *soleretta*. — Avant le règne de Charles cinq, et jusqu'au milieu du quatorzième siècle, le Soleret était une enveloppe de mailles qui recouvrait le pied et se rattachait à la greve. — Depuis l'adoption de l'armure plate, le Soleret devint un travail composé de lames de fer courbes, disposées dans le sens de la largeur du pied; elles jouaient comme une queue d'écrevisse. Ce Soleret était la terminaison de la greve. — Sous les règnes de Charles cinq et de Charles six, les Solerets étaient a la poulaine; car il est à remarquer que, en France, où la mode a toujours exercé un si puissant empire, les pieces d'armure et les vêtements en vogue ont toujours concordé dans leur forme, tantôt parce que les courtisans imitaient dans leur accoutrement le costume de fer, tantôt parce que la forme des armes défensives devenait le modèle des habillements bourgeois. — Le soleret a la poulaine était armé, antérieurement, d'une espèce de corne de fer longue de huit à dix pouces qui était courbe et inclinée. Cette poulaine n'y tenait pas à demeure, mais s'y ajustait au moyen d'un bouton tournant; car si elle y eût adhéré toujours, l'homme d'armes ainsi affublé n'eût pu ni marcher ni monter a cheval; mais une fois en selle, le cavalier faisait ajuster la poulaine par son écuyer. Cette mode, si extravagante, si incommode, consolidait du moins le pied dans l'étrier; mais cet avantage était chèrement acheté, puisque le chevalier était en prison sur son cheval, et n'en pouvait descendre s'il n'avait le secours d'un valet. — A la mode du soleret a la poulaine succéda le Soleret de forme tout opposée, et dont la partie antérieure était une fois plus large que le talon. Cette mode du soleret large venait de ce qu'un souverain, qui avait le pied déformé, s'était fait faire une chaussure de ville qui, en s'élargissant antérieurement, déguisait cette difformité. Ce genre de Soleret a été plus commun et a duré plus longtemps que la poulaine. Cette forme, qui exigeait de larges étriers, y attachait solidement le pied. — Il y avait des Solerets dont les lames régnaient du cou-de-pied jusqu'au bout des doigts; d'autres dont les lames ne dépassaient pas la naissance de l'orteil.

SOLERET a la poulaine. v. a la poulaine. v. soleret.

SOLERET large. v. large. v. soleret.

SOLIDE, adj. v. bastion s...

SOLIDE (subs. masc.) de terre. v. terre. v. traverse de fortification.

SOLIDE d'excavation. v. excavation. v. mine a feu.

SOLIER, subs. masc. v. soleret. v. soulier.

SOLIMAN. v. noms propres.

SOLITAIRE, adj. v. emprisonnement s...

SOLLÉ, subs. masc. v. soleret. v. soulier.

SOLLER, subs. masc. v. soleret. v. soulier.

SOLLERÉ, subs. masc. v. soleret. v. soulier.

SOLLERET, subs. masc. v. soleret. v. soulier.

SOLM. v. noms propres.

SOLT, subs. fém. v. solde.

SOLTIK. v. noms propres.

SOMASKIE, subs. fém. (F) ou dinamométrie. Mot tout grec, dérivé de *soma*, corps, et de *askein*, exercer. C'était une partie de la stratopédie, comme le témoignent Sabbathier, Thevenot, Trichter. Elle comprenait escrime, gymnastique, natation.

SOMATÈNE, subs. masc. v. infanterie communale nº 1. v. milice espagnole nº 2. v. miquelet.

SOMERVILLE. v. noms propres.

SOMMATION, subs. fém. v. chef de poste fermé. v. forteresse.

SOMME, subs. fém. v. bête de s...

SOMME d'argent. v. argent. v. argent d'envoi.

SOMMER (verb. act.) une place (H, 1). Ce verbe, venu, suivant Furetière, du bas latin *submonere, summare*, signifie : enjoindre par sommation à une place fermée d'ouvrir aux attaquants ses portes, sous peine des dernières extrémités de la guerre.

SOMMET (subs. masc.) géologique (G, 7). Le mot Sommet vient du latin *summus, summum*. Des écrivains l'emploient comme synonyme de cime; tous deux, en effet, expriment la partie la plus élevée d'une hauteur cunéiforme; mais sommet se rapporte plutôt aux hauteurs du second ordre, et cime aux hauteurs du premier ordre.

SOMMIER, subs. masc. v. lit de troupe.

SOMMITÉ (subs. fém.) de terre-plein. v. terre-plein de forteresse.

SONNERUS. v. noms propres.

SON, subs. masc. v. avoine. v. biscuit. v. blanc de terre de pipe. v. blanc d'Espagne. v. blutage. v. extraction de son. v. fourrage de distribution. v. milice romaine nº 11.

SONDE, subs. fém. v. MINEUR FRANÇAIS.

SONDER, verb. act. v. AME DE FUSIL. V. ATTAQUE VOLANTE. V. CHAT D'ARSENAL. V. CUÉ.

SONNANT (sonnante), adj. v. INSTRUMENT S...

SONGNOLLE, subs. fém. v. FLÈCHE PROJECTILE. V. TRAIT D'ARBALÈTE.

SONNER (verb. act.) la CHARGE, la RETRAITE, l'APPEL, le RAPPEL. V. APPEL. V. APPEL CÉLEUSTIQUE. V. CHARGE. V. CHARGE CÉLEUSTIQUE. V. RAPPEL. V. RAPPEL CÉLEUSTIQUE. V. RETRAITE. V. RETRAITE CÉLEUSTIQUE.

SONNER le CORNET. V. CORNET. V. CORNET IDIOPLIQUE Nº 5.

SONNER le TAMBOURIN. V. SONNERIE. V. TAMBOURIN.

SONNERIE, subs. fém. (term. gén.) ou SONNERIE D'INSTRUMENTS DE CUIVRE. Le mot Sonnerie, fort ancien dans les usages de l'Église, est tout nouveau dans la LANGUE MILITAIRE. Le dictionnaire de Wailly, imprimé en 1780, ne le mentionnait pas. Il vient du verbe ITALIEN *sonare*, qui signifiait SONNER LE TAMBOURIN, BATTRE LA CAISSE, DONNER DE LA TROMPETTE. — Les Sonneries modernes rappellent la TROMPE, la SYRINGE des ORIENTAUX, le jeu de la BUCCINE, du COR, de la CORNE des ROMAINS, et les modulations qui décidaient de leurs MANŒUVRES, de leur CAMPEMENT. Ils appelaient *analecticum*, ou rassemblement des miettes, la Sonnerie du RAPPEL DES VOLTIGEURS, des HOMMES dispersés, des fuyards. — L'art de varier les Sonneries, art d'abord poussé fort loin, s'était perdu au temps de BÉLISAIRE, comme PROCOPE le témoigne; il a été ressuscité par le CLAIRON des ARABES péninsulaires, et par le BUGLE SAXON et ANGLAIS. — Les Sonneries françaises ne concernaient d'abord que la CAVALERIE, ses SIGNAUX, sa MARCHE; leur usage s'est appliqué à l'INFANTERIE FRANÇAISE depuis qu'il lui a été donné des CORNETS, devenus ensuite CLAIRONS. — Les Sonneries sont une partie de la CÉLEUSTIQUE. — Le sujet, jusqu'ici peu approfondi, est mentionné dans DUANE (1810, E, au mot *Sound*) et dans LECOUTURIER (1825, A). — Quelques éclaircissements vont être donnés aux articles SONNERIE DE CAVALERIE, SONNERIE D'INFANTERIE.

SONNERIE de BUCCINE. V. BUCCINE. V. BUGLE. V. COR D'INFANTERIE LÉGÈRE.

SONNERIE (sonneries) de CAVALERIE (G, 6). Sorte de SONNERIES qui, dans la CAVALERIE FRANÇAISE, ont été exécutées jadis par le CLAIRON, et ensuite par la TROMPETTE; elles ont consisté dans le dernier siècle,

comme le témoigne POTIER (1779, X), non compris les FANFARES, dans les huit AIRS nommés CAVALQUET, BOUTE-SELLE, suivi de la LEVÉE DU BOUTE-SELLE, A CHEVAL, A L'ÉTENDARD, CHARGE, GUET, DOUBLE CAVALQUET, CHAMADE, RETRAITE. — Dans les usages plus modernes, les Sonneries étaient au nombre de trente-deux; celles qui servaient comme de COMMANDEMENTS VOCAUX pour l'exécution des MANŒUVRES des VOLTIGEURS, étaient au nombre de dix.

SONNERIE de CLAIRON. V. BATTERIE DE CAISSE. V. CLAIRON. V. CLAIRON INSTRUMENTAL. V. CORPS A PIED. V. SONNERIE.

SONNERIE de COR. V. COR. V. COR D'INFANTERIE LÉGÈRE.

SONNERIE de CORNET. V. BATTERIE DE CAISSE. V. BUCCINE. V. COMPAGNIE D'INFANTERIE LÉGÈRE Nº 4. V. CORNET. V. CORNET IDIOPLIQUE Nº 5. V. CORNET INSTRUMENTAL.

SONNERIE de TAMBOURIN. V. BATTRE LA CAISSE. V. TAMBOURIN.

SONNERIE de TIRAILLEURS. V. SONNERIE D'INFANTERIE. V. TIRAILLEUR.

SONNERIE de TROMPETTE. V. SONNERIE. V. SONNERIE DE CAVALERIE. V. TROMPETTE.

SONNERIE de VOLTIGEURS. V. BATTERIE DE CAISSE. V. ORDONNANCE D'EXERCICE D'INFANTERIE. V. SONNERIE D'INFANTERIE. V. VOLTIGEUR.

SONNERIE (sonneries) D'INFANTERIE (G, 6). Sorte de Sonneries originairement en usage dans la MILICE HANOVRIENNE, et réglées dans leur CADENCE au moyen du MÉTROBATE; elles ont commencé à être usitées dans les COMPAGNIES DE VOLTIGEURS de l'INFANTERIE FRANÇAISE depuis le consulat; elles ont consisté d'abord dans le jeu du CORNET, qu'un caprice ministériel a métamorphosé en CLAIRON; elles s'appliquaient ou au SERVICE JOURNALIER, ou au service des POSTES D'HOMMES DE GARDE, ou au mécanisme de certaines ÉVOLUTIONS. — Les Sonneries de TIRAILLEURS sont, depuis l'ORDONNANCE DE 1831 (4 MARS), au nombre de vingt-six, NOMMÉES : A L'ORDRE, APPEL, ASSEMBLÉE, AU DRAPEAU, BAN, BERLOQUE, CESSER LE FEU, COMMENCER LE FEU, GÉNÉRALE, HALTE, MARCHER EN AVANT, MARCHER EN RETRAITE, MARCHER PAR LE FLANC DROIT, MARCHER PAR LE FLANC GAUCHE, MESSE, PAS ACCÉLÉRÉ, PAS DE CHARGE, PAS DE COURSE, PAS ORDINAIRE, PAS REDOUBLÉ, RALLIEMENT SUR LA RÉSERVE, RALLIEMENT SUR LE BATAILLON, RAPPEL, RAPPEL AUX CLAIRONS, RETRAITE, RÉVEIL. — Quinze de ces Sonneries répondent aux quinze BATTERIES DES MANŒUVRES DE LIGNE; onze Sonneries répondent aux cinq BATTERIES DES MANŒUVRES DE TIRAIL-

LEURS, et sont propres aux ÉVOLUTIONS des VOLTIGEURS; elles comprennent: CESSER LE FEU, COMMENCER LE FEU, HALTE, MARCHER EN AVANT, MARCHER EN RETRAITE, MARCHER PAR LE FLANC DROIT, MARCHER PAR LE FLANC GAUCHE, PAS REDOUBLÉ, PAS DE COURSE, RALLIEMENT SUR LA RÉSERVE, RALLIEMENT SUR LE BATAILLON. — Les inventeurs des règles relatives aux Sonneries des CORPS A PIED ont montré peu d'habileté en fait de LANGUE, en ne parvenant pas à imaginer, ou à faire composer par quelques savants, autant de substantifs uniques qu'il y avait de différentes Sonneries; ils ont même apporté si [peu de soin au choix des dénominations, que les BATTERIES qui sont nommées RAPPEL, AUX CHAMPS, et DIANE, répondent à des Sonneries qui ont reçu, par hasard, des noms différents, savoir: APPEL, PAS ORDINAIRE, RÉVEIL. — Une DÉCISION ROYALE DE 1835 (11 FÉVRIER) réglait ce qui concerne les Sonneries. — DUANE (1810, E, aux mots *Analecticum* et *Sound*), M. LEGRAND (1837, A), VÉGÈCE (590, A), ont traité des Sonneries d'infanterie.

SONNERIE d'INSTRUMENTS. V. INSTRUMENT. V. INSTRUMENT DE CUIVRE.

SONNERIE d'ORDONNANCE. V. ADJUDANT DE SEMAINE N° 5. V. BUGLE. V. FANFARE. V. INSTRUMENT DE CUIVRE. V. ORDONNANCE.

SONNETTE (subs. fém.) de FESTE. V. FÊTE. V. TAMBOUR DE BASQUE.

SONTAG ; SORANZO ; SORBIN. V. NOMS PROPRES.

SURCOT, subs. masc. v. SURCOT.

SORLIER, subs. masc. v. SOLERET. V. SOULIER.

SORT, subs. masc. v. TIRAGE AU S...

SORT de la GUERRE. V. GUERRE.

SORTANT d'HOPITAL. V. HOMME SORTANT D'H... V. HOPITAL. V. SOUS-PRÉFET.

SORTEZ, locution impérative (G, 6). COMMANDEMENT D'EXÉCUTION qui a pour objet de rectifier l'ALIGNEMENT d'une TROUPE D'INFANTERIE, à la suite d'une MARCHE DE BATAILLON EN BATAILLE EN AVANT. — Un CHEF DE PELOTON, s'il voit des FILES de son PELOTON restées trop en arrière, leur commande, en ce cas: Sortez, et désigne le numéro de ces FILES.

SORTIE, subs. fém. v. BARRER LES S... V. BATTRE UNE S... V. BILLET DE S... V. CONTRE-SORTIE. V. COUPER UNE S... V. DÉFAIRE UNE S... V. DÉPLOYER UNE S... V. FAVORISER UNE S... V. FAUSSE S... V. GRANDE S... V. LANCER UNE S... V. PETITE S... V. POUSSER UNE S... V. PROTÉGER UNE S... V. REPOUSSER UNE S... V. SOUTENIR UNE S... V. TENTER UNE S... V. TROUPE DE S...

SORTIE | D'ASSIÉGÉS. { SORTIE EXTÉRIEURE. / SORTIE INTÉRIEURE. }

SORTIE (term. génér.). Ce mot, dont le verbe SORTIR est la racine, s'applique à plusieurs objets d'ADMINISTRATION, d'antiquités, de COMPTABILITÉ, de POLICE DES CORPS; il a trait surtout à un genre d'OPÉRATIONS DE GUERRE auquel a recours une GARNISON ASSIÉGÉE; dans ce dernier cas, il sera regardé comme SORTIE D'ASSIÉGÉS.

SORTIE (sorties) d'ASSIÉGÉS (term. sous-génér.), ou ISSUE suivant ROQUEFORT, ou SAILLIE suivant BRANTOME (1600, A) et PHILIPPE DE CLÈVES (1520, A), ou SORTIE OFFENSIVE. — Une Sortie se nommait en LATIN *eruptio*; c'est en effet une irruption brusque qui part de l'intérieur d'une FORTRESSE, d'un CAMP RETRANCHÉ, d'une LIGNE FORTIFIÉE, d'une TENAILLE DE FOSSÉ SEC, et qui a pour objet de contrarier les OPÉRATIONS de l'ASSIÉGEANT, de ruiner les TRAVAUX, de disperser les GARDES et les TRAVAILLEURS, de retarder les APPROCHES en COMBLANT les TRANCHÉES; elle se DÉPLOIE à la faveur des DEHORS et à l'aide de TROUPES de choix, sous des CHEFS vigoureux et entreprenants. — Dans la POLIORCÉTIQUE des anciens, les Sorties étaient plus grosses et de bien plus d'effet que celles des modernes, parce que les formes de l'ATTAQUE des VILLES étaient moins savantes, moins puissantes qu'elles ne le sont devenues; les Sorties, alors, ne se bornaient pas à des POINTES dirigées contre des TRAVAILLEURS désarmés, ou à des CHICANES de FOSSÉS; c'étaient de véritables BATAILLES. Quelquefois elles avaient pour préliminaires, pour signal, l'embrasement et le renversement des MACHINES construites par l'ARMÉE ASSIÉGEANTE; l'ASSIÉGÉ avait, de longue main, préparé ce moyen de destruction, en pratiquant, sous les REMPARTS, des GALERIES étançonnées et remplies de fagots et de matières incendiaires. — Dans les grands SIÉGES, tels que celui de LILYBÉE, qui termina la première GUERRE PUNIQUE, les Sorties étaient combinées avec les efforts de la GUERRE SOUTERRAINE, et la science qu'Amilcar y déploya, en recourant à tous les genres de BRULOTS, a rendu célèbre son nom. — THUCYDIDE (471 av. J.-C.) cite de nombreux exemples de Sorties, les unes DÉFAITES, les autres victorieuses. TITE LIVE nous montre ANNIBAL repoussé, mis en fuite par une Sortie des ROMAINS à Locres; CÉSAR (51 av. J.-C.) mentionne les Sorties furieuses où se précipitaient les Gaulois assiégés dans Bourges. — Les contrevallations avaient été surtout inventées comme un rempart opposé aux Sorties. — Le moyen age employait le verbe paleter, dans le sens de pousser ou de lancer des Sorties. — Au temps des contre-approches, le jour de leur ouverture était celui de la première Sortie. — Dans le siècle dernier, les Sorties de la milice turque passaient pour les plus vigoureuses. — Chez les nations modernes, les Sorties sont regardées comme des opérations délicates, scabreuses; aussi Feuquières (1750, A) recommande-t-il aux commandants de places assiégées de n'y avoir recours qu'avec de sérieuses précautions et après un mûr examen. — Dans le cas où il n'y a pas investissement, et l'investissement est difficile ou impossible, si la forteresse est maritime; dans le cas où le siége n'est pas conduit méthodiquement, l'étendue et la durée d'une Sortie peuvent être considérables : ainsi à Ancône, en l'an six, nous fîmes des Sorties dont l'aller et le retour occupèrent plusieurs journées et embrassèrent de grandes distances; mais, en ce cas, Sortie est synonyme d'expédition. — Si le siége est entrepris d'une manière régulière, s'il marche par cheminements, les Sorties ne s'aventurent tout au plus que jusqu'à la première parallèle, ordinairement creusée à six cents mètres du chemin couvert. — Mais rarement il se fait de sérieuses Sorties au commencement d'un siége, parce que l'espace à parcourir et la disposition des batteries de l'assiégeant compromettraient trop les troupes qui s'y hasarderaient. — De toutes les actions de guerre, les sorties sont celles qui demandent le plus l'union du calcul et de la valeur; il n'en est pas qui soient plus susceptibles d'être déterminées par des règles positives. Le courage, s'il n'y est guidé par la science, n'y obtiendrait que peu de succès. — Ce qu'on a appelé petite sortie se compose d'une centaine d'hommes qui, ordinairement de nuit, s'élancent des angles saillants du chemin couvert pour se porter directement sur les travailleurs du cheminement. — Dans le cours de la défense d'une place, les Sorties sont quelquefois simples ou particulières, quelquefois simultanées ou générales, quelquefois favorisées par de fausses sorties. — Les sorties générales, très-communes dans les temps anciens, sont inconnues des modernes. — Le plus sûr effet que peuvent produire les Sorties, c'est de dissiper les pionniers, qui au premier coup de feu prennent ordinairement la fuite, et que presque toujours l'assiégeant ne peut plus parvenir à rassembler et à remet-

tre en besogne. — Ce genre de chicane produit surtout d'utiles résultats quand les travaux sont entrepris mollement, quand ils s'exécutent sur un terrain rebelle, quand ils sont exécutés par des villageois requis de force, point payés et souvent point nourris. — Quelquefois on dirige les Sorties contre des troupes assiégeantes qui viennent d'échouer dans une surprise qu'elles ont tentée. — L'avantage des Sorties est de pouvoir porter sur le lieu des travaux plus de troupes que l'assiégeant ne peut y en faire stationner; aussi Carnot (1809, K) les regarde-t-il comme le principal moyen de défendre les places; mais ce précepte ne saurait être absolu, puisque des Sorties ne peuvent être utilement entreprises que quand déjà le chemin couvert est au pouvoir de l'assiégeant; ainsi les Sorties sont plutôt un moyen de prolongation de défense que de salut pour la garnison. — Les Sorties se préparent en silence, elles débouchent par les poternes, les rampes, les escaliers des fossés. — Au premier bruit d'une Sortie dirigée contre les parallèles ou le camp de siége, les grand'gardes, les troupes qui montent la tranchée, gravissent la banquette de la place d'armes, se jettent sur le revers de l'ouvrage; elles y attendent que le colonel de tranchée et les officiers de tranchée leur fassent exécuter, à petite portée, un feu d'ensemble. La contre-sortie marche ensuite en bataille, à la rencontre de la Sortie, et elle l'attaque en tête, tandis que la cavalerie se porte contre elle, moitié en tête, moitié en queue, afin de tâcher de la couper. — A peine la Sortie est-elle repoussée ou battue, que les assiégeants se hâtent de regagner la tranchée pour éviter les balles à feu de l'artillerie de la place et l'explosion des mines défensives sur lesquelles la Sortie avait peut-être pour but de les attirer. — Vauban donne, dans son *Attaque des places*, d'infaillibles moyens de résister aux sorties extérieures, et de ne rendre possibles que les petites sorties; il est moins heureux dans le choix des moyens qu'il propose contre les sorties intérieures. — Lachesnaie (1758, I, au mot *Ligne*) recommande de ne lancer les Sorties que dans l'espace contenu entre deux redans. — Le siége de la citadelle d'Anvers, en 1832, n'offrit presque pas d'exemples de Sorties; elles furent molles, les plus fortes n'excédèrent pas cent hommes, et leurs résultats furent à peu près nuls. On dit: entreprendre, faire, multiplier les Sorties, fatiguer par des Sorties. — Les auteurs qui ont traité des siéges ont presque tous embrassé la question des Sorties; on peut en outre consulter plus particulièrement sur le même sujet : BARDET (1740, A, t. IX, p. 95 et 128; t. X, p. 18), BOMBELLES (1746, A, t. II, p. 185), BRANTOME (1600, A), M. CANTELOUBE (1818, F, p. 51), CARNOT (1809, K), M. le colonel CARRION (1824, A), CORMONTAINGNE, DESPREZ (1735, B, p. 34, 254, 282), DEVILLE (1674, p. 345 à 410), DUPAIN (1757, B, p. 315; 1783, F), ENCYCLOPÉDIE (1751, C; id. 1785, C, t. II, p. 89, 552, 389, 436; t. III, p. 569), FEUQUIÈRES (1750, A), FOLARD (1761, A, p. 33), GUIGNARD (1725, B, t. I, p. 298), GUILLET (1686, B, p. 299), JABRO (1777, G), KUEVENHUELLER (1771, F, p. 121), LACHESNAIE (1758, I, aux mots *Garde de la tranchée, Gouverneur, Ligne, Place d'armes, Reddition de place, Retour, Rouler, Siége, Sortie, tranchée*), LEBLOND (1762, G, p. 57 et 189), LECOUTURIER (1825, A), MAIZEROY (1771, A, t. II, p. 28; 1775, A. p. 268), MANESSON (1685, B, t. III, p. 249, 277), PHILIPPE DE CLÈVES (1520, A), POTIER (1779, X), M. le général PRÉVAL (1827), QUINCY (1741, E, t. I), ROHAN (1757, Q, p. 253), ROQUEFORT, SIONVILLE (1756, E, t. III, p. 236), TRAVERSE (1758, D, 2ᵉ partie, p. 238), TURENNE, VALAZÉ, VAUBAN (1742, B; 1779, G, t. II, p. 173, 196, 212), le *Spectateur militaire*, t. XVIII, p. 439. — Nous distinguerons, comme le fait VAUBAN (1779), les Sorties en SORTIES EXTÉRIEURES et SORTIES INTÉRIEURES.

SORTIE de BÉLIER. V. BÉLIER. V. BÉLIER OFFENSIF. V. EMBRASURE.

SORTIE de CAISSE. V. CAISSE. V. CAISSE A TROIS SERRURES. V. COMPTABILITÉ. V. CONSEIL D'ADMINISTRATION DE RÉGIMENT Nᵒ 5. V. DÉFICIT. V. DÉPENSE COMPTABILIAIRE. V. ÉCRITURES COMPTABILIAIRES. V. TRÉSORIER DE CORPS Nᵒ 6.

SORTIE de DÉTENU. V. ADJUDANT DE SEMAINE Nᵒ 4. V. COMMANDANT DE PLACE Nᵒ 10. V. DÉTENU. V. SERGENT-MAJOR Nᵒ 10.

SORTIE de DENIERS. V. DENIERS. V. ÉCRITURES COMPTABILIAIRES.

SORTIE de DRAPEAU. V. AUX DRAPEAUX. V. DRAPEAU. V. DRAPEAU D'INFANTERIE FRANÇAISE DE LIGNE.

SORTIE de MAGASIN. V. COMMISSAIRE DES GUERRES Nᵒ 6. V. COMPTABILITÉ. V. DÉPENSE COMPTABILIAIRE. V. ÉCRITURES COMPTABILIAIRES. V. MAGASIN. V. MAGASIN DE CORPS.

SORTIE de PRISON. V. BILLET DE SORTIE. V. CHEF DE BATAILLON DE SEMAINE Nᵒ 2. V. CHIRURGIEN-MAJOR D'INFANTERIE FRANÇAISE DE LIGNE Nᵒ 16. V. COMMANDANT DE PLACE Nᵒ 10. V. PRISON. V. PRISON DE PLACE.

SORTIE de SALLE DE DISCIPLINE. V. ADJUDANT D'INFANTERIE FRANÇAISE DE LIGNE Nᵒ 13. V. SALLE DE DISCIPLINE.

SORTIE d'HOPITAL. V. BILLET DE SORTIE. V. CHIRURGIEN-MAJOR DE CORPS Nᵒ 8. V. COLONEL D'INFANTERIE FRANÇAISE DE LIGNE Nᵒ 13. V. CONTROLE ANNUEL. V. CONVALESCENCE. V. DÉSERTEUR DE L'HOPITAL. V. DÉSERTION D'ENROLÉ. V. ÉTAT DE SITUATION. V. ÉTAT DE SORTIES. V. HOPITAL. V. HOPITAL MILITAIRE. V. JOUR DE SORTIE. V. LIVRE DE COMPAGNIE. V. RAPPEL DE JOURNÉES. V. SERGENT-MAJOR Nᵒ 8. V. SOUS-INTENDANT Nᵒ 8.

SORTIE (sorties) EXTÉRIEURE (H, 1). Sorte de SORTIES D'ASSIÉGÉS qui s'entreprennent, suivant VAUBAN (1779, G), pendant la première période du SIÉGE, et qui se portent au delà du GLACIS; il recommande, ainsi que FEUQUIÈRES (1750, A), de les pousser peu loin. Elles sont dirigées contre la SECONDE ou la TROISIÈME PARALLÈLE. Elles s'entreprennent en ORDRE DE COLONNE et de nuit, surtout si les TRAVAUX de l'ENNEMI avoisinent le GLACIS. Pendant le jour elles seraient trop exposées à la MOUSQUETERIE des PLACES D'ARMES. — Mais les SORTIES NOCTURNES ont plusieurs écueils à éviter, savoir : les EMBUSCADES que pourrait leur tendre un ENNEMI rusé, bien servi par l'ESPIONNAGE, ou profitant d'un point exerçant COMMANDEMENT, et de l'état de désordre, de pêle-mêle, où elles tombent presque toujours à leur retour, en s'engageant dans les COUPURES du GLACIS. — Les Sorties extérieures sont difficiles, si la PLACE est environnée d'AVANT-FOSSÉS; elles sont souvent de peu d'effet, parce que l'ASSIÉGÉ est réduit à ne les entreprendre qu'avec peu d'hommes; mais, d'autre part, si elles sont GRANDES, et si elles marchent de jour, leur mission est épineuse, parce que les PLACES D'ARMES D'ANGLES RENTRANTS sont insuffisantes pour les mettre à couvert des BATTERIES DE PIERRIERS, et que les TROUPES de la Sortie, forcées de DÉFILER lentement par un petit nombre de passages étroits, seraient bientôt écrasées, dans le CHEMIN COUVERT, sous une pluie de RICOCHETS et de BOMBES. — Les Sorties sont presque le seul genre d'ACTION auquel la CAVALERIE de la PLACE ASSIÉGÉE soit propre. — Les Sorties extérieures sont accompagnées de BATTERIES PASSAGÈRES, de quelque CAVALERIE, d'OFFICIERS DE SANTÉ, de PORTE-BRANCARDS, de TRAVAILLEURS fournis de CROCS et d'OUTILS nécessaires à la démolition des OUVRAGES de l'ENNEMI, au bouleversement de ses TRANCHÉES, à l'ENCLOUAGE de ses PIÈCES; elles sont munies d'ARTIFICES pour incendier ce qui ne saurait être détruit autrement; elles ont moins pour objet de tuer du monde que de troubler et de retarder son

TRAVAIL, de mettre le feu aux GABIONS, de ruiner les constructions en train, et de s'emparer de l'ARTILLERIE, ou d'en briser les AFFUTS, ou de la METTRE HORS DE SERVICE, ainsi que les MUNITIONS. — Depuis que VAUBAN a poussé si loin l'art de l'ATTAQUE des PLACES et les moyens de BARRER les Sorties, elles sont devenues presque impraticables sur le FRONT D'ATTAQUE et sur ses FLANCS ; elles sont exposées aux FEUX des CROCHETS DE RETOUR qui terminent les DEMI-PARALLÈLES, aux PROJECTILES des REDOUTES construites à cet effet et aux GRAND'GARDES du CAMP DE SIÉGE. — Les Sorties extérieures, entreprises contre des ATTAQUES bien conduites, sont souvent plus préjudiciables qu'avantageuses à l'ASSIÉGÉ aussitôt qu'il a dépassé la CRÈTE du CHEMIN COUVERT : c'est ce qui arriva au SIÉGE de SARAGOSSE. — VALAZÉ a remarqué que, dans les œuvres manuscrites de VAUBAN, des passages qui sont, non de sa main, mais de celle de Deshoulières, considèrent les Sorties extérieures comme propres à retarder les APPROCHES, tandis que VAUBAN ne regardait, dit VALAZÉ, comme profitables à l'ASSIÉGÉ, que les Sorties intérieures, après la prise du CHEMIN COUVERT.

SORTIE GÉNÉRALE. V. GÉNÉRAL, adj. V. SORTIE D'ASSIÉGÉS.

SORTIE (sorties) INTÉRIEURE (H, 1). Sorte de SORTIES D'ASSIÉGÉS dont le CHEMIN COUVERT est la limite. Elles ont lieu pendant la DÉFENSE du CORPS DES PLACES à FOSSÉ SEC ; elles ont pour objet, ou de s'opposer à la DESCENTE du FOSSÉ, ou de disputer à l'ENNEMI le CHEMIN COUVERT, ou de le réoccuper, ou d'étouffer le MINEUR, ou même de reprendre la BRÈCHE. — Soit pour ces motifs, soit seulement pour déloger les GARDES et les TRAVAILLEURS, l'assiégé doit multiplier les Sorties pendant la DÉFENSE du CHEMIN COUVERT et après son couronnement ; il en peut être ainsi jusqu'à l'époque où les PLACES D'ARMES RENTRANTES sont tombées au pouvoir de l'ASSIÉGEANT ; elles se font avec peu d'hommes bien SOUTENUS des FEUX de la PLACE, et sont ordinairement à l'avantage de l'assiégé, parce qu'il attaque des LOGEMENTS à peine ébauchés encore, et où l'ASSIÉGEANT ne peut se présenter que par des COMMUNICATIONS imparfaites ; ce sont surtout ces Sorties qui prolongent la durée d'un SIÉGE, et le rendent coûteux à l'ASSIÉGEANT.

SORTIE NOCTURNE. V. NOCTURNE. V. SORTIE D'ASSIÉGÉS. V. SORTIE EXTÉRIEURE.

SORTIE OFFENSIVE. V. ÉLÉPHANT. V. GÉOLOGIE. V. OFFENSIF. V. PASSAGE DE DÉFILÉ EN AVANT. V. SORTIE D'ASSIÉGÉS.

SORTIE PARTICULIÈRE. V. PARTICULIER, adj. V. SORTIE D'ASSIÉGÉS.

SORTIE SIMPLE. V. SIMPLE, adj. V. SORTIR D'ASSIÉGÉS.

SORTIE SIMULTANÉE. V. SIMULTANÉ, adj. V. SORTIE D'ASSIÉGÉS.

SORTIR, verb. neut. V. RESSORT. V. SORTIE.

SORTIR de FACTION. V. FACTION.

SORTIR de PAGE. V. ÉCUYER DE SUITE Nº 1. V. PAGE, subs. masc.

SORTIR de GARDE. V. GARDE. V. GARDE ARMÉE.

SORTIR de SEMAINE. V. SEMAINE. V. SERVICE DE SEMAINE.

SORTIR de SERVICE. V. SERVICE. V. SERVICE DE SEMAINE.

SORTIR d'EMBUSCADE. V. EMBUSCADE.

SORTIR du SERVICE. V. SERVICE. V. SERVICE PERSONNEL.

SOSTE, subs. fém. V. MASSUE.

SOT, subs. masc. V. MASSUE.

SOTTEN. V. NOMS PROPRES.

SOU de BAGUETTE. V. BAGUETTE DE TAMBOUR. V. HAUTE PAYE PÉCUNIAIRE.

SOU de BARBE. V. BARBE. V. BARBE DE SAPEUR.

SOU de GRENADE. V. GRENADE. V. GRENADIER D'INFANTERIE FRANÇAISE DE LIGNE Nº 1, 5. V. GRENADIER POSTICHE. V. HAUTE PAYE PÉCUNIAIRE.

SOU de POCHE. V. DENIERS DE POCHE. V. POCHE.

SOU MONNOYÉ. V. MONNOYÉ. V. SOLDAT. V. TROIS SOUS PAR LIEUE.

SOUBISE. V. NOMS PROPRES.

SOUBREVESTE, subs. fém. (F), ou SOBREVESTE, suivant GANEAU, ou SUBREVESTE. Ces mots viennent de l'ITALIEN *soprawesta*, CASAQUE, ou COTTE D'ARMES cachant l'ARMURE, *soprawesta*, HABIT DE DESSUS, ou VESTE qui cachait le POURPOINT, et dont la longueur a varié. — On a appelé techniquement Soubreveste les espèces de POURPOINTS que portaient les MOUSQUETAIRES de la MAISON DU ROI, et qui avaient succédé aux CASAQUES D'ARMES. C'était un JUSTAUCORPS court, sans manches, en usage depuis 1668, suivant GANEAU, ou depuis 1688, suivant POTIER (1779, X, au mot *Mousquetaire*). — La Soubreveste des MOUSQUETAIRES A CHEVAL était en drap bleu, marquée devant et derrière d'une CROIX en argent ; ce VÊTEMENT s'agrafait le long des côtés. — Les MARÉCHAUX DES LOGIS, BRIGADIERS, SOUS-BRIGADIERS, simples MOUSQUETAIRES, portaient la Soubreveste ; les officiers ne la portaient pas. — Les MOUSQUE-

TAIRES de LOUIS DIX-HUIT avaient repris la Soubreveste ou COTTE D'ARMES. — On peut consulter à l'égard des Soubrevestes : CARNÉ (1785, E, p. 176 et 487), DANIEL (1721, A, t. I, p. 256; t. II, p. 225), ENCYCLOPÉDIE (1785, C), GANEAU, GUIGNARD (1725, B, t. I, p. 446), MAIZEROY (1775, A, p. 195), POTIER (1779, X), SERVAN (1780, B, p. 580).

SOUBREVESTE DÉFENSIVE. V. DÉFENSIF. V. BUFFLE DÉFENSIF.

SOUBZDÉE, subs. fém. V. SOLDE.

SOUDARD, subs. masc. V. SOLDAT. V. ÉCOLE DE MARS N° 2.

SOUDART, subs. masc. V. DRILLE. V. LANGUE FRANÇAISE. V. SOLDAT.

SOUDÉE, subs. fém. V. SOLDE.

SOUDENIER, subs. masc. V. SOLDAT.

SOUDEYÉ, subs. fém. V. SOLDE.

SOUDIER, subs. masc. V. SOLDAT.

SOUDOHIER, subs. masc. V. SOLDAT.

SOUDOIER, subs. masc. et verb. act. V. SOLDAT. V. SOLDE.

SOUDOYER, subs. masc. V. DISCIPLINE. V. GENDARME DU MOYEN AGE N° 6. V. INFANTERIE FRANÇAISE N° 9. V. LEVÉE. V. MORTEPAYE. V. NOM DE GUERRE. V. RECRUTEMENT. V. SERGENT. V. SOLDAT. V. SOLDE.

SOUDOYER, verb. act. V. SOLDE.

SOUDOYOUR, subs. masc. V. SOLDAT. V. SOLDE.

SOUDRILLE, subs. fém. V. DRILLE. V. SOLDAT.

SOUDUIANT, subs. masc. V. SOLDAT.

SOUDURE, subs. fém. V. BRASER.

SOUE, subs. fém. V. SOLDE.

SOUFFLE (subs. masc.) de PIÈCE DE CANON (G, 2). Le mot Souffle est d'origine LATINE, et correspond au verbe SOUFFLER et aux substantifs SOUFFLET, SOUFFLURE. Il exprime, dans le cas présent, comme l'explique GANEAU, la compression que l'air atmosphérique éprouve au départ de la CHARGE d'une PIÈCE. — Le Souffle du CANON suffit pour abattre un pan de muraille, ou pour tuer un homme. — On a pris incorrectement, comme synonyme de Souffle, le terme VENT; mais le VENT du BOULET est autre chose.

SOUFFLER (verb. act.) la MÈCHE. V. COMPASSER LA MÈCHE V. GRENADE A MAIN. V. MÈCHE. V. MÈCHE DE MOUSQUET. V. TERRAIN INDIVIDUEL.

SOUFFLET, subs. masc. V. A SOUFFLET. V. ACCOLADE. V. CHEVALERIE D'AFFILIATION N° 5. V. CHEVALIER DU MOYEN AGE N° 3. V. SOUFFLE.

SOUFFLET de FUSIL. V. ARME A VAPEUR. V. FUSIL.

SOUFFLET de SCHAKO. V. FUSIL A SOUFFLET. V. SCHAKO.

SOUFFLURE (subs. fém.) de BALLE. V. BALLE. V. BALLE DE FUSIL. V. SOUFFLE.

SOUFFLURE de BOMBE. V. BOMBE.

SOUFFRANCE de GUERRE. V. ARMISTICE. V. GUERRE.

SOUFFRIR (verb. act.) le CANON. V. CANON. V. CANON D'ARTILLERIE. V. CLOCHE DE FORTERESSE.

SOUFRE, subs. masc. V. CANON D'ARTILLERIE. V. POUDRE A FEU.

SOUGARDE, subs. fém. V. SOUS-GARDE.

SOUJOUR, subs. masc. V. SÉJOUR.

SOUKARÉ, subs. masc. V. SOUKARI.

SOUKARI, subs. masc. (F), ou SOUKARÉ. Ces mots, originaires des langues du Nord, expriment une sorte de BISCUIT qui sert de NOURRITURE aux SOLDATS RUSSES et SUÉDOIS. Voici la description qu'en fait GUGY (1782, K). *On pétrit ensemble trois livres de farine, trente œufs, une livre de beurre, une once de poivre et deux onces et demie de sel : on aplatit cette pâte pour la couper en très-petits morceaux, et afin qu'ils ne se rejoignent pas, on les ballotte dans un linge sur lequel on a répandu de la farine. On étend ensuite le tout sur des planches qu'on laisse dans un four médiocrement chauffé, jusqu'à ce que la pâte soit bien sèche. Le résultat est cinq livres de pâte, dont deux onces, cuite dans de l'eau, suffisent pour le repas d'un homme. Cette nourriture est saine, très-substantielle, d'un transport facile, et se conserve plusieurs années sans altération.*

SOULDAIER, subs. masc. V. SOLDAT.

SOULDARD, subs. masc. V. SOLDAT.

SOULDE, subs. fém. V. SOLDE. V. SOLDURIER.

SOULDÉE, subs. fém. V. SOLDE.

SOULDEYÉ, subs. fém. V. SOLDE.

SOULDOIER, subs. masc. V. SOLDAT.

SOULDOYARD, subs. masc. V. SOLDAT.

SOULDOYER, subs. masc. V. AVENTURIER. V. BANDE AGRÉGATIVE. V. SERGENT. V. SOLDAT. V. SOLDE.

SOULERET, subs. masc. V. SOLERET. V. SOULIER.

SOULES; SOULIÉ. V. NOMS PROPRES.

SOULIER, subs. masc. V. ATTACHE DE S... V. BOITE DE S... V. BOUCLE DE S... V. BOUT DE S... V. BROSSE A S... V. CARRE

DE S... V. CHEVILLE DE S... V. CLOU A S... V. CLOU DE S... V. CORDON DE S... V. LACET DE S... V. MARQUE DE S... V. OREILLE DE S... V. PAIRE DE S... V. POINTE DE S... V. QUARTIER DE S... V. SEMELLE DE S... V. TAILLE DE S... V. TALON DE S...

SOULIER (souliers) (term. génér.), ou CAUCHEMENTE (*calceamentum*), suivant BARBAZAN (1808), ou CHAUCIER. Voici la filiation étymologique du mot *solea, solum*, que mentionne NICOD, comme signifiant en LATIN, SEMELLE, OU SANDALE, OU GALOCHE. Le roman en a composé SOLÉ, SOLLÉ, SOLER, SOLLER; le FRANÇAIS l'a transformé en SORLIER, SOLLERÉ, SOLLERET, SOULLER, SOULERET, SOLERET resté en langage de HEAUMIER, SOLIER suivant ROQUEFORT. L'Académie a consacré le barbarisme Soulier. — FURETIÈRE supposait que Soulier venait de *solutaris, subtularis;* c'est peu croyable. — On appelait SOULLERS à laz, les SOULIERS A CORDON. — Les druides auraient porté, dit-on, des Souliers pentagones à SEMELLES de bois, qu'on appelait, suivant ROQUEFORT, gallices, mot venu de *gallus*, et qui aurait laissé dans la LANGUE le mot GALOCHE. Nous en parlons parce que, pendant une longue durée de siècles, l'INFANTERIE, quand elle n'était pas pieds nus, comme l'étaient en général les AVENTURIERS, avait des GALOCHES. MAURICE DE SAXE (1757) prétendait remettre en crédit la GALOCHE. Les ROMAINS, suivant ROQUEFORT (1835), appelaient *carpi* le genre de CHAUSSURE dont l'ITALIEN a fait *scarpino*, et le FRANÇAIS ESCARPIN et SCARPINS. Ce dernier terme était militairement technique, comme signifiant CHAUSSON du SOLERET. Mais dans la MILICE ROMAINE, *carpi* n'était pas plus que *calceus* un terme militaire. C'était *caliga* qui donnait idée de la CHAUSSURE du SOLDAT A PIED. — Du reste, suivant les temps et les pays, l'INFANTERIE ROMAINE s'est chaussée ou d'ESPARDILLES, ou de BRODEQUINS à la sauvage, nommés *abarca*. — Les FRANCS, mais sous ce nom il faut comprendre des CHEVALIERS, des SEIGNEURS, portaient des BRODEQUINS dont le MOINE DE SAINT-GALL, contemporain de CHARLEMAGNE, nous a laissé la description; ils étaient en cuir extérieurement doré, et s'attachaient à la jambe par de longues courroies. Cette mode a laissé des traces chez les Ecossais. — La chaussure des moines de certains couvents du MOYEN AGE, dont parle DUCANGE, s'appelait en LATIN barbare *boti*, d'où serait venu le nom des BOTTES dont certaines TROUPES ont de tout temps fait usage. — Au temps de CHARLEMAGNE le Soulier différait peu, par sa forme, d'un Soulier couvert du temps actuel; mais il y avait, sous ce règne, fort peu de jambes

portant CHAUSSURE. — Dans les siècles suivants, des TROUPES s'enfermaient le pied dans des CHAUSSURES de sauvages qu'on avait appelées en LATIN *abarca*, et en bas LATIN *avarca*, qui s'est traduit par AVARQUES; ces termes répondaient au verbe ESPAGNOL. *abarcar*, étreindre, embrasser. — Cette enveloppe de la plante du pied et des orteils, encore usitée parmi les montagnards et les brigands ESPAGNOLS et NAPOLITAINS, était formée d'un morceau de cuir de chèvre ou de bœuf, ou d'autre grand quadrupède, qu'on employait, le poil en dehors, et qui prenait, tout saignant, la forme du pied. Un LACET de cuir fixait l'AVARQUE au bas de la jambe. — Luc de Tuy (*Lucas Tudensis*), qui écrivait dans la première moitié du treizième siècle, parle, dans son histoire d'ESPAGNE, d'un roi de NAVARRE nommé Sancius qui, pour faire prendre à ses SOLDATS cette CHAUSSURE, en faisait usage lui-même : *Fecit sibi et suis militibus de coriis crudis et ligneis viminibus, rusticorum more, calceamenta quœ, vulgariter, avarcas et baraliones vocant :* Il revêtit (il pouilla, comme on disait alors), et donna à ses TROUPES des CHAUSSONS de cuir cru, ou des spadrilles de jonc dont les villageois font usage, et qu'on appelle vulgairement *avarca, baralio.* — Les Ecossais de la MILICE ANGLAISE avaient, fort tard, conservé ce genre de chaussure. — Au quatorzième siècle, dit M. MONTEIL, presque toute la FRANCE était encore en SABOTS; il en faut cependant excepter la CAVALERIE ou la NOBLESSE, ce qui était alors même chose. — Au quinzième siècle, l'usage, jusque-là rare, des Souliers dans les classes du peuple et des SOLDATS A PIED, devint plus commun; ces Souliers étaient très-couverts; ainsi sont restés ceux des HONGROIS et des CROATES; quant aux HOMMES DE CHEVAL, ils portaient les HEUSES. — Au seizième siècle, les Souliers s'arrondirent en large bec de cane; il y en avait dont la partie antérieure de la SEMELLE avait jusqu'à douze pouces de large. Un prince qui avait un pied difforme, donna naissance à cette mode. — WILLEMIN donne différentes images des Souliers de ces époques. — Mais le Soulier du SIMPLE SOLDAT d'INFANTERIE, moins sujet à la vicissitude des modes, était en forme de BOTTINE. — Des TROUPES employées dans des PAYS DE MONTAGNES ont fait usage d'EFFETS DE CHAUSSURE nommés ESPADRILLES, SPARDILLES, SPADRILLES, *catalanes;* c'étaient des SANDALES de sparterie ou de genêt, de l'espèce du genestrolle, qu'on nommait en LATIN *spartum* et en ESPAGNOL *sparte.* — Des montagnards d'ECOSSE, d'ITALIE, des PYxénées, en ont conservé la coutume. Les miquelets employaient de la corde à la confection de ce genre de chaussure. — L'infanterie employée à l'île de France en 1752, obligée de gravir des montagnes pour y poursuivre des négres marrons, demanda à la compagnie des Indes des espardilles; il en fut expédié, de France, quelques centaines de paires qui se détériorèrent dans la traversée et ne purent servir. L'infanterie, alors, recourut aux sandales sans apprêt des anciens et aux peaux de cerfs fraîchement écorchés. — Considérons ici les Souliers comme une partie essentielle de l'habillement des troupes françaises. — Le règlement de 1779 (21 février) ne permettait à l'infanterie sous les armes que l'usage des Souliers, et interdisait les escarpins. L'officier d'infanterie, lui-même, était en Souliers et en guêtres. — L'ordonnance de 1786 (1er octobre) ne mentionnait que succinctement les souliers de soldat; ils étaient alors à boucles de cuivre; les Souliers d'officiers étaient à boucles d'argent. — La loi de l'an deux (2 fructidor) accordait à l'infanterie une paire de Souliers tous les quatre mois, et un ressemelage tous les huit mois; ces Souliers étaient antérieurement carrés, à l'imitation de ceux des élèves de l'école de Mars; cette forme était adoptée pour que la dilapidation ou l'infidélité ne pussent pas jeter dans le commerce civil la chaussure militaire. — L'instruction de l'an trois (16 ventose) comprenait dans les effets de petit équipement de l'infanterie, deux paires de Souliers, dont une dans le sac. — Mais, maintes fois, des ordres du jour ont prescrit qu'il y en eût deux paires dans le sac; une bonne intention dictait une mauvaise mesure; rarement le soldat les conservait. — La circulaire de l'an cinq (29 frimaire) abolissait la fourniture du ressemelage et fixait à trois mois la durée des Souliers. — Les Souliers délivrés étaient à cordon; on avait renoncé à l'inutile et ridicule attirail des boucles. — La loi de l'an cinq (25 fructidor) et la circulaire de l'an six (29 brumaire) mettaient au compte de la masse de petit équipement, et par conséquent de la solde, la fourniture des Souliers. — Les Souliers, nous l'avons dit, n'étaient plus à boucles; mais, de son propre mouvement, la garde consulaire donna à ses simples soldats, pour la tenue de société, des Souliers à boucles d'argent, car les lois ne sont pas faites pour les corps à priviléges. — Il faut dire, à la honte de la législation des troupes, qu'avant 1817 aucun des ministères de la guerre ne s'était occupé encore de publier officiellement un devis complet et des-

criptif du Soulier. — La circulaire de l'an six (4 brumaire) remettait aux corps le soin de faire confectionner eux-mêmes leurs Souliers, pour mettre un terme aux abus que ce genre de fournitures avait entraînés. — La circulaire de l'an sept (11 thermidor) entrait, la première, dans un énoncé bien incomplet des effets de petit équipement, de leur matière et de leur fabrication. — L'arrêté de l'an huit (8 floréal, tit. 5, art. 14) allouait aux recrues, sur la masse d'entretien, une paire de Souliers. C'était l'essai du système nommé, plus tard, première mise. — Les plus déplorables abus étaient résultés du défaut de principes écrits et du silence de la loi touchant la confection des Souliers: de là, des fortunes énormes et scandaleuses, faites par des entrepreneurs de fournitures de Souliers. Nous avons vu en 1795, dans une séance de conseil d'administration, démolir des Souliers, pour en constater la fabrication; les semelles qu'on appelle cambrures se trouvèrent en carton; aussi, les armées de la république avaient-elles les pieds nus, si les réquisitions chez l'étranger ou chez les marchands civils n'y subvenaient. — Enfin, une décision de 1817 (5 septembre) parut. Le duc de Feltre, qui avait senti qu'il ne suffisait pas d'établir, comme on le faisait depuis longtemps, des tarifs approximatifs, et d'envoyer aux différents corps des prototypes ou modèles de Souliers qui, dans les enquêtes d'expertise, ne se retrouvaient jamais, voulait qu'une ordonnance complète, embrassant tous les effets d'uniforme, renfermât leur description détaillée et leur image en gravures figuratives de grandeur naturelle. Ce beau travail parut, comme nous l'avons témoigné à l'article auteur militaire (1818, B), et fut mis au pilon par le successeur de Feltre. Des régles qui devraient être immuables, restèrent vagues, changeantes, mal connues. — La décision de 1821 (8 décembre) comprenait deux paires de Souliers dans le petit équipement. — Une circulaire de 1832 (25 janvier) mettait transitoirement au jour une description de Souliers, tandis que des principes de ce genre devraient être établis une fois pour toujours. — Un nouveau modèle de Souliers était prescrit par la circulaire de 1832 (22 août); c'était un Soulier couvert, à semelle carrée et à lacet traversant six œillets. — Suivant les principes posés en 1818, le soulier de troupe était carré, à angles émoussés; il se composait de l'empeigne, du quartier et du semelage, réunis au moyen de coutures en ligneul ou fort fil de chanvre ciré à la poix; l'empeigne se renforçait au moyen des ai-

LETTES et se prolongeait au moyen de la PIÈCE. — Le TALON se formait de l'ALLONGE ou de l'extrémité de la SECONDE SEMELLE, du BOUT et du SOUS-BOUT, morceau de cuir intermédiaire entre le BOUT et l'ALLONGE. — Le QUARTIER, ou derrière du Soulier, était d'un seul ou de deux morceaux cousus; il était de même cuir que l'EMPEIGNE et se taillait en OREILLES; ses proportions variaient suivant les TAILLES. — La SEMELLE, ou, pour parler plus intelligiblement, le SEMELAGE, était en cuir de vache tanné à la jusée, et non tanné à l'orge bâtardée; il se composait de la PREMIÈRE SEMELLE, ou SEMELLE supérieure, en un seul morceau pour toute la longueur du Soulier, des TRÉPOINTES, du TALON adhérent au COUCHE-POINT et comprenant la boîte, de la CAMBRURE, ou SEMELLE interne, de la SECONDE SEMELLE OU SEMELLE extérieure; celle-ci était en cuir fort, et il pouvait, sous le TALON, y être ajouté une ALLONGE. La largeur de la SEMELLE était, suivant les TAILLES, de cent, de quatre-vingt-dix, ou de quatre-vingts millimètres. Le SEMELAGE était consolidé au moyen de CHEVILLES et de CLOUS. — Le Soulier se fixait au pied au moyen de l'ATTACHE, et portait la MARQUE du MAITRE CORDONNIER, fortement estampillée contre le dessous de la SECONDE SEMELLE, près du TALON. — La proportion numérique entre les TAILLES était comme il suit. Il en devait être confectionné un cinquième de GRANDE TAILLE, trois cinquièmes de SECONDE TAILLE, un cinquième de TROISIÈME TAILLE; sur cent PAIRES, il en devait être fabriqué cinq au-dessus de la GRANDE TAILLE, et cinq au-dessous de la PETITE. — S'il s'agit de COLIS militaires, les Souliers s'emballent dans des tonneaux susceptibles d'en contenir deux cents PAIRES au plus. — Les AUTEURS qui peuvent être consultés touchant le côté historique du sujet, la préférence à donner à tel ou tel genre de CHAUSSURE, et les questions administratives qui se rattachent à des FOURNITURES de ce genre, sont : ARRIEN (110, A), BARBAZAN (1808), BARDIN (1807, D); 1814, E; 1818, B), BOHAN (1781, H), CARRÉ (1785, E, p. 175), DELIGNE (1780, I, t. II, p. 6), DESPAGNAC (1751, D, t. II, p. 408), ENCYCLOPÉDIE (1785, C, t. I, p. 159, 142, 593; id., au mot *Arme*), FURETIÈRE, GÉBELIN, LE MOINE DE SAINT-GALL, MAIZEROY (1765, B, 2e partie, p. 77), MALLIOT, MAURICE DE SAXE (1757, A), MONCHABLON (au mot *Caligæ*), MONTEIL, PLANCHÉ, POLYBE (150 avant J.-C.), ROQUEFORT, SERVAN (1780, B, p. 507), TURPIN (1785, O), VÉGÈCE (390, A), WILLEMIN, la *Sentinelle de l'Armée* (t. III, p. 42). — Donnons ici quelques éclaircissements touchant les SOULIERS

A LA POULAINE et les SOULIERS CORIOCLAVES.

SOULIER À BOUCLES. V. À BOUCLE. V. OFFICIER D'INFANTERIE FRANÇAISE N° 2, V. SOULIER.

SOULIER À CORDON. V. SOULIER.

SOULIER À DOUBLE SEMELLE. V. À DOUBLE SEMELLE. V. ÉQUIPEMENT D'HIVER.

SOULIER (souliers) A LA POULAINE (F). Sorte de SOULIERS à longue pointe tombante qu'on emplissait d'étoupes. La dénomination de cette CHAUSSURE appartient à une étymologie touchant laquelle on n'est pas d'accord. Suivant l'opinion reproduite par M. REY, A LA POULAINE serait synonyme de la locution à la polonaise; mais nous en doutons, parce que l'usage en remonte au onzième siècle, et qu'alors la FRANCE s'occupait peu des modes de la POLOGNE. Ce royaume d'ailleurs s'appelait en bas LATIN *Polonia*; et c'est au mot *poulainia* que DUCANGE mentionne le nom que les poulaines portaient en LATIN barbare. — On a aussi appelé dans cette même langue *pigacia*, et en français PIGACE; le Soulier à la poulaine, parce qu'un CORDONNIER de ce nom fut célèbre, dit-on, dans ce genre de fabrication. — Quelques AUTEURS ont dit que le nom de POULAINE était venu de ce que, au milieu du treizième siècle, elles avaient été inventées par un CORDONNIER qui s'appelait Poulain; mais entre son existence et cette extravagante mode, il y aurait deux siècles de distance. — N'y aurait-il pas à cette dénomination une autre origine? — Les ÉGYPTIENS ont porté, dans la plus haute antiquité, des Souliers à la poulaine. Les antiquaires en possèdent dans leurs collections. — Dans la CROISADE DE 1147, comme le témoigne M. SISMONDI, les FRANÇAIS dénommaient dérisoirement poulains les barons latins du royaume de JÉRUSALEM. Ces chrétiens dégénérés, provenus de l'alliance des anciens croisés et des femmes du pays; ces hommes, amollis par les délices du bain et du repos, par une vie de sérail, étaient en robes flottantes, en babouches avec lesquelles ils ne pouvaient ni marcher ni faire la guerre. Le nom des POULAINES, plus anciennement nommées PIGACES, serait-il provenu de cette circonstance? — La mode des Souliers à la poulaine a régné depuis GUILLAUME le Bâtard et PHILIPPE PREMIER jusqu'à CHARLES SEPT. C'était, soit à la cour, soit à la guerre, le costume des CHEVALIERS, des personnages considérables, et une espèce de MARQUE DISTINCTIVE des RANGS. La rareté des SOLERETS à POULAINE de fer que les temps anciens nous ont légués, permet de supposer qu'il n'en était porté que par des GUERRIERS de l'ordre le plus élevé. — Au quatorzième siècle, les PAGES de cour et les SERGENTS D'ARMES, en costume de palais, avaient Souliers à la poulaine. — Le jour de la bataille de NICOPOLIS, livrée on ne sait pas précisément en quelle année, vers la fin du quatorzième siècle, les CHEVALIERS FRANÇAIS apprenant, au milieu d'une orgie, que les TURCS marchaient à eux, s'empressèrent, dit M. DE BARANTE, de rogner leurs POULAINES pour être plus propres au combat. — Dans la vie ordinaire, et pour l'usage des gens du commun, la longueur de la POULAINE ne dépassait pas six pouces; elle était d'un pied pour les gens opulents; elle était de deux pieds pour les PRINCES, à ce que dit ROQUEFORT. — A cheval, la POINTE était pendante, et, comme on ne la pouvait porter ainsi que sur un dextrier, ni en descendre qu'à l'aide d'un ÉCUYER, elle rendait témoignage qu'on était HOMME DE CHEVAL, c'est-à-dire NOBLE. Il fallait pourtant quelquefois marcher avec ses propres jambes et, pour le pouvoir, les élégants rattachaient à leur jarretière, par un cordon d'or ou de soie, la POINTE de la poulaine; c'était comme un patin qui montait plus haut que le genou. — Cette CHAUSSURE fut, pendant deux siècles, l'objet des excommunications lancées par le clergé et des censures fulminées en chaire; l'Eglise croyait y voir une queue de scorpion, ou les mouvements du serpent qui avait tenté Eve. Une ordonnance rendue en 1294, à la sollicitation du sacerdoce, par PHILIPPE LE BEL, prohiba les POULAINES. Elles furent interdites de nouveau sous CHARLES SIX. Mais ROME y perdit ses foudres. Nos rois en furent pour leurs prohibitions violées, et la POINTE des Souliers était encore fort longue sous CHARLES SEPT, puis s'accourcit subitement en bec de canne depuis ce règne. Le Soulier devint alors aussi exagéré en largeur qu'il l'avait été en longueur. — Au quinzième siècle, la mode des POULAINES, qui expirait en FRANCE, régnait encore en ANGLETERRE. — Les plus petites causes ayant souvent de singuliers résultats, l'expression PIED D'ARMÉE tire son origine de l'usage des POULAINES. — PLANCHÉ et WILLEMIN ont donné des images des Souliers à la poulaine.

SOULIER CARRÉ. V. CARRÉ, adj. V. ÉCOLE DE MARS. V. SOULIER.

SOULIER (souliers) CORIOCLAVE (F). Sorte de Souliers dont l'épithète a pour objet d'indiquer que leurs parties constituantes, au lieu d'être arrêtées par des COUTURES, le sont par du fil de fer ou de petits clous. — Ces Souliers ont été inventés dans l'AMÉRIQUE du Nord, vers le commencement du dix-neu-

vième siècle. Le consul américain, à PARIS, prenait, en 1810, un brevet d'importation, en vue d'introduire en FRANCE ce genre de découverte; l'essai n'a pas réussi. — Un habile mécanicien français, habitant à LONDRES, y a élevé des fabriques de Souliers corioclaves à l'usage des TROUPES ANGLAISES. Des INVALIDES de la marine, des hommes privés d'un bras, car une seule main suffit à ce travail, faisaient mouvoir les mécaniques fabricatrices; trente ouvriers confectionnaient cent paires de Souliers par jour, et des individus tout à fait inexperts en cordonnerie y pouvaient être employés. Leur nombre étant de trois cents, chaque soir il y avait mille paires de Souliers susceptibles d'être mises en service. — Cette espéce de fabrication est plus égale, plus solide, moins coûteuse que celle des souliers ordinaires. Elle peut s'établir en toute autre ville aussi bien qu'à PARIS. Elle est indépendante des coalitions d'ouvriers et des exigences d'ENTREPRENEURS. Elle est surtout plus prompte, puisqu'il n'y a que des ouvriers habiles et laborieux qui puissent, dans une journée, achever trois Souliers à coutures. — En 1815, M. Brunel, le célèbre ingénieur du tunnel de LONDRES, vint à Paris; il proposa au ministre de la guerre d'élever une manufacture de Souliers corioclaves, à l'instar de celle qu'il avait fondée en ANGLETERRE. Sa proposition fut soumise au jugement d'un CORDONNIER, alors employé comme expert dans les BUREAUX de la guerre; il arriva ce qui était arrivé à l'occasion d'un ancien projet de coupe mécanique d'HABILLEMENT qui eût diminué du centuple la besogne. L'EXPERT CORDONNIER déclara qu'il regardait comme inadmissibles les Souliers corioclaves. Le rédacteur du présent article, s'occupant, à cette époque, d'un ouvrage dont il a été question à l'article Auteur (1848, B), et ayant à sa disposition cet expert, obtint de lui l'aveu que les Souliers corioclaves pouvaient être bons, mais que leur adoption eût fait tort aux ouvriers de PARIS; il ajouta que ses confrères venaient de le nommer syndic de la communauté, en reconnaissance de la déclaration officielle par laquelle il avait empêché qu'on changeât rien aux vieux usages. — Toutefois, M. Brunel obtint que des essais fussent faits. Il fut délivré au premier RÉGIMENT D'INFANTERIE FRANÇAISE de la GARDE ROYALE, qui alors se créait, un certain nombre de paires de Souliers. Le compte qui fut rendu de cette expérience au ministre témoigna que cette espéce de Souliers, quand ils commençaient à s'user, n'étaient pas susceptibles d'être réparés. Cet inconvénient fut cause du rejet de l'innovation. En temps ordinaire, il se peut que les souliers d'ancien système soient à préférer ; mais si, aux époques où un million de Français portait les armes, aux époques où il importait d'expédier, sans délais, de larges pacotilles sur des points éloignés, si le gouvernement eût connu les Souliers corioclaves, des milliers de soldats n'eussent pas combattu pieds nus. — Des détails plus étendus au sujet des Souliers corioclaves se trouvent dans Courtin (1823, E), dans M. Francœur, dans la *Sentinelle de l'Armée* (t. ii, p. 288). Ce journal (p. 351) faisait un avantageux récit des Souliers qui, en 1836, étaient fabriqués à Argenteuil (Seine-et-Oise) dans les ateliers de M. Chauvet.

SOULIER croate. V. croate. V. pandoure.

SOULIER d'armes. V. armes. V. grève. V. soleret.

SOULIER de détenu. V. détenu. V. détenu en prison publique.

SOULIER de fer. V. fer. V. grève. V. heuse. V. pédieux. V. soleret.

SOULIER de mailles. V. grève. V. maille. V. soleret.

SOULIER de soldat. V. soldat. V. soulier.

SOULIER de troupe. V. capitaine d'infanterie française de ligne n° 16. V. troupe.

SOULIER d'homme de troupe. V. empeigne. V. homme de troupe. V. soulier. V. talon de soulier. V. trépointe.

SOULIER d'infanterie. V. havre-sac. V. infanterie ; id. n° 5. V. milice prussienne n° 6.

SOULIER d'officier. V. boucle de soulier. V. officier.

SOULIER, subs. masc. V. soleret. V. soulier.

SOULT. V. noms propres.

SOULTE, subs. fém. V. paye. V. solde.

SOUMISSION (subs. fém.) administrative. V. administratif. V. marché ministériel.

SOUMISSIONNAIRE, subs. masc. V. marché ministériel.

SOUPE, subs. fém. V. appel de s... V. corvée de s... V. heure de la s... V. pain de s... V. roulement de s...

SOUPE (B, 1). Ce mot, généralement pris dans le sens de repas d'homme de troupe, viendrait, suivant Gébelin, de l'oriental ; suivant Caseneuve, de l'allemand *suppe* ; Furetière et Ménage le tirent du latin *sapa*, vin bouilli, ou de l'italien *suppa*, *zuppa*. — Parlons surtout ici de la Soupe par rapport à la nourriture de l'infanterie. — La Soupe, chez les Français, était le principal aliment de l'ordinaire des casernes. — En plusieurs circonstances, en plusieurs pays, on a suppléé à la Soupe par la poudre alimentaire, par la gélatine, par le bouillon d'os. — Les expériences nombreuses et suivies du comte de Rumford, pour le perfectionnement des fourneaux de cuisine, ont démontré que la cuisson de la viande veut un peu moins de trois heures, à partir de l'instant de l'ébullition du liquide contenu dans la marmite. — Un roulement annonçait l'heure de la Soupe ; cette batterie s'exécutait le plus ordinairement à dix heures du matin et à cinq heures du soir ; un appel précédait le repas, et le caporal d'escouade prenait note des manquants. — Au temps où chaque escouade faisait sa cuisine, elle fournissait alternativement pour cuisinier un homme de corvée, qui était en outre chargé de porter aux hommes de garde des différents postes leur nourriture du soir. — Suivant les règlements divers, les détenus ont été privés ou non de Soupe. — Le règlement de 1788 (1er juillet) laissait aux régiments français la liberté de faire une fois par jour, ou deux fois par jour, la Soupe. Des règlements plus modernes ont fait mention de Soupe du matin et de Soupe du soir ; ils chargeaient le capitaine de police et les officiers de semaine de surveiller la manière dont le cuisinier s'acquittait de sa besogne, et de s'assurer si la quantité voulue de viande lui était fournie. — Dans le siècle dernier, jusqu'à l'époque de la révolution, les troupes françaises ne mangeaient pas de Soupe à la viande les jours maigres. — La Soupe du soldat français a reçu une notable amélioration depuis que, en l'an onze, il a été octroyé, aux ordinaires, du pain blanc pour la tremper. — La milice polonaise ne mangeait que trois fois par semaine de la Soupe à la viande. — La milice danoise était la seule qui ne fît pas la Soupe en commun par escouade. — On peut consulter touchant quelques détails qui se rapportent à la Soupe : Bardin (1807, D ; 1809, B ; 1814, E), M. Belmas, Odier (1818, E), le *Bulletin des Sciences militaires* (1827), le *Journal des Sciences militaires* (26e livraison).

SOUPE de matin. V. matin. V. soupe.

SOUPE de soir. V. ordre de corps. V. soir. V. soupe.

SOURD (sourde), adj. V. batterie s... V. boulet s... V. batterie s...

SOURDINE, subs. fém. V. a la s... V. caisse de tambour. V. marche de nuit. V. tam-

BOUR IDIOPLIQUE D'INFANTERIE FRANÇAISE N° 6. V. TROMPETTE.

SOURICIÈRE, subs. fém. V. MINE A FEU.

SOURIS (subs. fém.) PORTE-FEU. V. MINE A FEU. V. PORTE-FEU.

SOUS la TENTE. V. LOGEMENT SOUS LA TENTE. V. TENTE.

SOUS le BRAS GAUCHE. V. ARME SOUS LE BRAS GAUCHE. V. BRAS GAUCHE. V. FUSIL SOUS LE BRAS GAUCHE.

SOUS le CANON. V. CAMPER SOUS LE CANON. V. CANON. V. ÊTRE SOUS LE CANON.

SOUS les ARMES. V. APPEL DE COMPAGNIE SOUS LES ARMES. V. ARMES. V. COMPAGNIE SOUS LES ARMES. V. CORPS SOUS LES ARMES. V. COUP SOUS LES ARMES. V. ÊTRE SOUS LES ARMES. V. FORMATION SOUS LES ARMES. V. HOMME SOUS LES ARMES. V. IMMOBILITÉ SOUS LES ARMES. V. INFANTERIE SOUS LES ARMES. V. METTRE SOUS LES ARMES. V. MILITAIRE SOUS LES ARMES. V. POSITION SOUS LES ARMES, V. RANGER SOUS LES ARMES. V. SERVICE SOUS LES ARMES. V. TALONS HUMAINS. V. TENIR SOUS LES ARMES. V. TIRER SOUS LES ARMES. V. TROUPE SOUS LES ARMES.

SOUS les DRAPEAUX. V. DRAPEAU. V. ÊTRE SOUS LES DRAPEAUX. V. MARCHER SOUS LES DRAPEAUX. V. PASSER SOUS LES DRAPEAUX. V. TENIR SOUS LES DRAPEAUX.

SOUS-ADJUDANT. V. ADJUDANT. V. AGENT ADMINISTRATIF. V. OFFICIER D'ADMINISTRATION DES HOPITAUX.

SOUS-AIDE-CHIRURGIEN (A, 1 ; F), ou CHIRURGIEN SOUS-AIDE. Il y a eu des OFFICIERS DE SANTÉ de ce GRADE dans les CORPS de l'INFANTERIE FRANÇAISE et dans les HOPITAUX. Ceux des CORPS ont été abolis depuis la restauration. Cependant l'ordonnance DE 1818 (13 MAI, art. 89) faisait encore mention d'eux. — Les Sous-aides des HOPITAUX étaient tirés de la classe des ÉLÈVES après avoir subi un examen passé par les OFFICIERS DE SANTÉ EN CHEF. L'ÉLÈVE n'était susceptible de cet avancement qu'autant qu'il était gradué par la faculté comme DOCTEUR en MÉDECINE et en CHIRURGIE. En outre du diplôme de bachelier ès lettres, il devait avoir obtenu celui de bachelier ès sciences; mais maintes fois, et de nécessité, le MINISTÈRE avait dû se relâcher à l'égard de ces conditions. — Les Sous-aides des HOPITAUX étaient, au besoin, détachés comme CHIRURGIENS D'AMBULANCE. — Les DÉCISIONS DE 1821 (4 SEPTEMBRE) et DE 1824 (16 OCTOBRE) réglaient leur uniforme. — Les Sous-aides d'INFANTERIE marchaient à l'AVANT-GARDE des CORPS EN ROUTE. En campagne, ils restaient attachés à la personne de leur CHIRURGIEN-MAJOR. Leurs FONC-

TIONS se bornaient à des PANSEMENTS les plus simples, à des OPÉRATIONS les plus simples, telles que les SAIGNÉES, l'extraction d'une balle sous la peau, etc.; encore ne devaient-ils ordinairement opérer que sous les yeux de leurs chefs. — Ils avaient le même HABIT que les CHIRURGIENS, mais sans broderies, et leur modique solde de huit cents francs leur permettait difficilement de le porter en tenue convenable et de subvenir à leur entretien. — L'ORDONNANCE DE 1814 (17 AOUT) réglait leur RETRAITE.

SOUS-AIDE MAJOR (F). OFFICIERS MAJORS de la moindre classe qui faisaient partie, dans le dernier siècle, soit des RÉGIMENTS D'INFANTERIE ou des GARDES FRANÇAISES, soit de l'ÉTAT-MAJOR DES PLACES. — L'ORDONNANCE DE 1762 (10 DÉCEMBRE) créait les Sous-aides majors d'INFANTERIE, à raison d'un par RÉGIMENT; elle les attachait à l'ÉTAT-MAJOR; elle donnait ainsi un caractère officiel à un emploi déjà existant, sans être légalement reconnu encore. Les Sous-aides remplacèrent alors, dit POTIER (1779, X), les volontaires, qu'on était dans l'usage d'appeler GALOPINS, GARÇONS MAJORS, *gratte-pouce*, et qui, jusque-là, n'avaient eu ni brevet, ni appointements. Les Sous-aides prirent rang de SOUS-LIEUTENANTS; c'étaient ordinairement des OFFICIERS DE FORTUNE tirés de la classe des SERGENTS ou des PORTE-DRAPEAUX; ils devenaient quelquefois lieutenants, sans cesser d'exercer leur fonction à l'état-major. — L'INSTRUCTION DE 1774 (11 JUIN) les chargeait de compter, sur le TERRAIN DE L'EXERCICE, les files et d'égaliser les PELOTONS. Dans les DÉFILEMENTS DU CORPS, ils marchaient à la queue du RÉGIMENT, à côté du QUARTIER-MAITRE. — L'ORDONNANCE DE 1776 (25 MARS) les remplaçait par les ADJUDANTS; mais les GARDES FRANÇAISES continuèrent à avoir un Sous-aide major, parce que les CORPS PRIVILÉGIÉS parviennent toujours à décliner la LÉGISLATION commune. — La forme des désignations restait si disparate, qu'en certains CORPS il y a eu des COLONELS SOUS-AIDES MAJORS. — L'ORDONNANCE DE 1768 (1er MARS) remplaçait par les Sous-aides, dans l'ÉTAT-MAJOR DES PLACES, les CAPITAINES DE PORTES. — Les Sous-aides des places obéissaient aux LIEUTENANTS des CORPS de la GARNISON, et commandaient aux SOUS-LIEUTENANTS des CORPS. Ils devaient se trouver chez le COMMANDANT DE PLACE pour distribuer les CLEFS DES PORTES; ils assistaient à leur FERMETURE. — Ils étaient tenus, s'ils punissaient un HOMME DE TROUPE, d'en informer le CAPITAINE de la COMPAGNIE dont faisait partie l'HOMME PUNI. — Il a été traité des Sous-aides majors dans l'ENCYCLO-

PÉDIE (1785, C, t. I, p. 673), LEBLOND (1758, B), POTIER (1779, X).

SOUS-AIDE MAJOR de PLACE. V. AIDE-MAJOR. V. PLACE. V. SOUS-AIDE MAJOR.

SOUS-ANSPESSADE. V. ANSPESSADE. V. APPOINTÉ.

SOUS-ARME, subs. fém. (A, 1). Ce mot, dont l'étymologie s'explique d'elle-même, sert à diviser des branches ou familles composées d'un certain nombre de CORPS MILITAIRES, et formant chacune une des subdivisions de la série des ARMES PERSONNELLES; leur nomenclature, énoncée dans un tableau synoptique dressé au mot ARMÉE FRANÇAISE, n° 2, témoigne que, de 1815 à 1830, il existait dans la COMPOSITION de cette ARMÉE vingt-huit Sous-armes, et qu'elles se partageaient en AGRÉGATIONS RÉGIMENTAIRES d'inégale mesure. — Sous l'empire d'une LÉGISLATION aussi variable que l'était celle qui a régi les TROUPES FRANÇAISES, un tableau de cette nature devrait, pour être exact, être refait tous les quinze ou vingt ans. — Et comment dirions-nous d'une manière satisfaisante et complète ce que c'est qu'une Sous-arme, quand aucun document officiel n'a défini encore ce que c'est qu'une ARME? Nous avons fourni la preuve qu'une omission de ce genre est une des perplexités de l'ART MILITAIRE DE TERRE.

SOUS-ARME D'ARTILLERIE. V. ARME D'ARTILLERIE. V. ARMÉE FRANÇAISE N° 2. V. ARTILLERIE. V. ARTILLERIE A CHEVAL. V. ARTILLERIE A PIED. V. CANONNIER SÉDENTAIRE. V. MINEUR FRANÇAIS. V. RÉGIMENT D'ARTILLERIE N° 2. V. TACTIQUE, subs.

SOUS-ARME de CAVALERIE. V. ARME DE CAVALERIE. V. ARMÉE FRANÇAISE N° 2. V. CARABINIER A CHEVAL. V. CAVALERIE. V. CAVALERIE FRANÇAISE N° 6. V. CAVALERIE LÉGÈRE. V. CHASSEUR A CHEVAL. V. CHEMINEMENT ÉQUESTRE. V. CHEVAL. V. CORPS A CHEVAL. V. CUIRASSIER. V. DRAGON FRANÇAIS N° 3. V. GRENADIER A CHEVAL. V. GROSSE CAVALERIE N° 1. V. HUSSARD N° 2. V. RÉGIMENT DE CAVALERIE FRANÇAISE N° 3.

SOUS-ARME de GENDARMERIE. V. ARMÉE FRANÇAISE N° 2. V. GENDARMERIE.

SOUS-ARME D'INFANTERIE. V. ARMÉE FRANÇAISE N° 2. V. INFANTERIE. V. INFANTERIE FRANÇAISE N° 2, 5.

SOUS-ARME du GÉNIE. V. ARMÉE FRANÇAISE N° 2. V. BATAILLON DE SAPEURS. V. GÉNIE. V. GÉNIE IDIOPLIQUE N° 1. V. MINEUR FRANÇAIS.

SOUS-ARME du TRAIN. V. ARME DU TRAIN. V. ARMÉE FRANÇAISE N° 2. V. TRAIN. V. TRAIN D'ARTILLERIE. V. TRAIN D'ÉQUIPAGES. V. TRAIN DU GÉNIE.

SOUS-AVOUÉ, subs. masc. V. AVOUÉ.

SOUS-BOUT, subs. masc. V. ALLONGE. V. BOUT. V. SOULIER.

SOUS-BRIGADE, subs. fém. V. BIGE. V. BRIGADE. V. TERZE.

SOUS-BRIGADIER, subs. masc. V. BRIGADIER. V. BRIGADIER D'INGÉNIEURS. V. CAVALERIE FRANÇAISE N° 2. V. GÉNIE IDIOPLIQUE N° 1. V. INGÉNIEUR MILITAIRE. V. MAISON DU ROI N° 2. V. SOUBREVESTE.

SOUS-CANONNIER, subs. masc. V. ARTILLERIE D'INFANTERIE. V. CANONNIER.

SOUS-CAPORAL. V. CAPORAL. V. MILICE AUTRICHIENNE N° 2. V. SERGENT D'INFANTERIE FRANÇAISE DE LIGNE N° 1.

SOUS-CENTENIER, subs. masc. V. CENTENIER. V. INFIRMIER IDIOPLIQUE.

SOUS-CENTURION, subs. masc. V. CENTURION; id. N° 1.

SOUS-CHEF (subs. masc.) de BUREAU. V. BUREAU. V. CHEF DE BUREAU. V. MINISTÈRE DE LA GUERRE.

SOUS-CHEF D'ÉTAT-MAJOR. V. ADJUDANT COMMANDANT. V. CHEF D'ÉTAT-MAJOR. V. COLONEL D'ÉTAT-MAJOR. V. ÉTAT-MAJOR D'ARMÉE N° 2. V. MARÉCHAL DE FRANCE N° 3.

SOUS-COLONEL, subs. masc. V. COLONEL. V. COLONEL D'INFANTERIE FRANÇAISE DE LIGNE N° 2.

SOUS-COMMIS, subs. masc. V. ARTILLERIE IDIOPLIQUE. V. COMMIS. V. GENTILHOMME D'ARTILLERIE.

SOUS-COMMISSAIRE, subs. masc. V. COMMISSAIRE. V. MILICE PIÉMONTAISE N° 1.

SOUS-CONSUL, subs. masc. (F). Personnages qui ont exercé un emploi élevé dans les ARMÉES ROMAINES, comme le témoigne l'ENCYCLOPÉDIE (1751, C); elle considère leurs fonctions comme étant celles d'un LIEUTENANT de GÉNÉRAL ROMAIN; ils étaient ordinairement choisis par le GÉNÉRAL, mais confirmés par un décret; leur nombre varia considérablement. Lucius SCIPION, dans la guerre contre ANTIOCHUS, avait pour lieutenant son frère, nommé l'Africain. POMPÉE eut sous ses ordres jusqu'à vingt-cinq Sous-consuls dans la guerre contre les pirates. CICÉRON, PROCONSUL en Gallicie, avait quatre LIEUTENANTS. — AUGUSTE donna à quelques-uns de ses LIEUTENANTS le titre de consulaires, parce qu'ils disposaient d'une armée; les Sous-consuls qui ne commandaient qu'une ARMÉE se sont nommés PRÉTORIENS. — Etablir une distinction claire entre les PROCONSULS, les CONSULS, les Sous-consuls, serait difficile, parce qu'aucun grade romain n'a été fondé par une législation écrite, et que tous ont dépendu des usages et ont varié comme eux; mais le titre de PROCONSUL comporte une idée de DICTATURE, et l'histoire doit considérer les PROCONSULS comme des délégués à CARTE BLANCHE, et les Sous-consuls comme des aides ou des LIEUTENANTS agissant en sous-ordre et à mesure des ordres transmis.

SOUS-DIRECTEUR (subs. masc.) des FORTIFICATIONS. V. DIRECTEUR DES FORTIFICATIONS. V. FORTIFICATION. V. INGÉNIEUR MILITAIRE.

SOUS-DIRECTEUR D'HOPITAL. V. DIRECTEUR D'HOPITAL. V. HOPITAL MILITAIRE.

SOUS-DIRECTION, subs. fém. V. DIRECTION.

SOUS-EMPLOYÉ, subs. masc. V. EMPLOYÉ.

SOUS-ENSEIGNE. V. ENSEIGNE. V. MILICE RUSSE N° 2.

SOUS-ÉTAT-MAJOR, subs. masc. V. ÉTAT-MAJOR DE CORPS N° 2.

SOUS-FERMIER (subs. masc.) des HOPITAUX. V. FERMIER DES HOPITAUX. V. HOPITAL. V. HOPITAL MILITAIRE.

SOUS-FIEF, subs. masc. V. ARRIÈRE-FIEF. V. BÉNÉFICE MILITAIRE. V. FIEF. V. PASSE-VOLANT IDIOPLIQUE. V. PENNON. V. SERVICE FÉODAL.

SOUS-GARDE, subs. fém. (G, 1). Ce nom, dont les ANGLAIS ont fait SOUGARDE, comme le témoigne DUANE (1810, E), a été donné à une PIÈCE DE GARNITURE fixée en dessous du FUSIL DE MUNITION ; elle sert de garde ou de sûreté à la DÉTENTE ; elle est en cuivre fondu ou en fer forgé ; elle se compose du PONTET, de la PIÈCE D'ÉCUSSON, de la BRANCHE et de la DÉTENTE, comme le témoignait la DÉCISION DE 1822 (30 MARS) ; elle est percée d'un OEIL pour le passage de la QUEUE du BATTANT D'EN BAS, qu'on nomme ANNEAU DE SOUS-GARDE. — Les anciens FUSILS et la CARABINE française avaient leur Sous-garde à deux BRANCHES d'une seule pièce ; le FUSIL de 1777 et les fusils plus modernes avaient la Sous-garde à une seule BRANCHE, et le PONTET s'enlevait à bascule de dessus l'ÉCUSSON. — Le FUSIL DE VOLTIGEURS et la CARABINE avaient la Sous-garde en cuivre ; le fusil de 1777 avait et a conservé la Sous-garde en fer. Ce sont des différences nonseulement inutiles, mais blâmables ; car si l'un des systèmes est préférable à l'autre, il eût fallu l'appliquer sans exception. — Il fut un temps où l'épinglette s'attachait à la Sous-garde. — Le RÈGLEMENT DE 1822 (21 SEPTEMBRE) défendait au SOLDAT de déplacer la Sous-garde, à moins que ce ne fût en présence d'un SOUS-OFFICIER. — On trouve la description et les dessins figuratifs de la Sous-garde dans BARDIN (1807, D), CARRÉ (1783, E), M. le général COTTY, GASSENDI, LACHESNAIE (1758, 1), MANESSON (1685).

SOUS-GORGE, subs. fém. V. GORGE. V. GORGE DE CHIEN.

SOUS-GUET. V. GUET. V. GUET DE PARIS.

SOUS-INFÉODATION, subs. fém. V. BÉNÉFICE MILITAIRE. V. CHEVALIER DU MOYEN AGE N° 1. V. FÉODALITÉ. V. FIEF. V. INFÉODATION. V. NOBLE. V. VAVASSEUR.

SOUS-INSPECTEUR (subs. masc.) AUX REVUES (F). MEMBRE du CORPS de l'INSPECTION créé à la même époque que les INSPECTEURS ; ils étaient chargés de les seconder, mais, en réalité, ils s'acquittaient de toute la besogne, surtout en TEMPS DE GUERRE. — S'il en faut croire M. BALLYET (1817, D), ils ont été d'abord au nombre de trente-six ; ce nombre avait fini par s'élever de cent trente à cent soixante. Le nombre de leurs ADJOINTS s'était élevé de cinquante-sept à soixante. — Un de leurs droits était de recevoir le SERMENT militaire, et d'apposer leur VISA sur les ÉTATS DE SITUATION et sur toutes PIÈCES ADMINISTRATIVES ou COMPTABLES. — A une époque où renaissaient le privilége et tous ses abus, ils étaient distingués en Sous-inspecteurs des CORPS DE LIGNE et en Sous-inspecteurs des corps de la GARDE IMPÉRIALE. — Ils avaient la surveillance des HOPITAUX et de leur ADMINISTRATION ; leur signature pouvait seule ouvrir le TRÉSOR IMPÉRIAL et y autoriser la perception de la SOLDE. — Les Sous-inspecteurs étaient chargés de passer les REVUES D'ADMINISTRATION ; ils y recevaient, des mains du MAJOR (LIEUTENANT-COLONEL), la FEUILLE DE REVUE d'ÉTAT-MAJOR ; ils y assistaient au DÉFILEMENT ; ils y recueillaient un ÉTAT des MALADES. — L'INSTRUCTION DE 1808 (24 SEPTEMBRE) voulait même qu'ils s'assurassent, en personne, du nombre, de l'existence et des noms des MALADES A LA CHAMBRE ; mais cette disposition ne s'exécutait pas. — Ils tenaient les CONTROLES ANNUELS, calculaient les JOURNÉES DE MILITAIRES, sauf celles des HOMMES A L'HOPITAL ; ils dressaient les EXTRAITS DE REVUE, et les transmettaient aux divers CHEFS DE SERVICE qu'ils concernaient ; ils s'assuraient de la sincérité des FEUILLES DE SUBSISTANCE, décidaient à l'égard des perceptions de toute nature, des PRESTATIONS DE CHAUFFAGE, des DISTRIBUTIONS D'HABILLEMENT, d'ARMEMENT, de GRAND ÉQUIPEMENT. Ils vérifiaient, aussi souvent qu'ils le jugeaient utile, les REGISTRES du VAGUEMESTRE. — *En campagne, dit M. BALLYET (p. 254), ils se reposaient ; mais en cantonnement et dans l'intérieur, ils travaillaient, et beaucoup ; si ce n'étaient toujours les résultats obtenus, c'étaient du moins les efforts tentés pour les rendre complets qui méritent à cette institution un juste tribut d'éloges. Le corps de l'inspection existait tout entier dans les Sousinspecteurs.* — La création du CORPS de l'INTENDANCE a été le motif de l'abolition des

Sous-inspecteurs aux revues. — Les AUTEURS qui ont traité des INSPECTEURS AUX REVUES peuvent être consultés touchant le présent sujet.

SOUS-INSTRUCTEUR. V. AIDE-MAJOR Nº 5. V. BATAILLON D'INFANTERIE FRANÇAISE DE LIGNE Nº 7. V. CAPITAINE DE SEMAINE. V. CAPITAINE D'INFANTERIE FRANÇAISE DE LIGNE Nº 19. V. CAPORAL D'INFANTERIE FRANÇAISE DE LIGNE Nº 14. V. INSTRUCTEUR. V. INSTRUCTEUR EN CHEF.

SOUS-INTENDANCE. V. FEUILLE DE ROUTE. V. INTENDANCE.

SOUS-INTENDANT (sous-intendants) (A, 1), OU SOUS-INTENDANT MILITAIRE. Membres du corps de l'INTENDANCE DE L'ARMÉE FRANÇAISE; ils étaient subordonnés aux INTENDANTS, et avaient été créés en même temps par ordonnance de 1817 (29 juillet); ils avaient mission d'exercer les FONCTIONS qui, jusque-là, étaient partagées entre les COMMISSAIRES DES GUERRES et les sous-inspecteurs aux revues. — Les AUTEURS qui ont traité des Sous-intendants sont les mêmes que nous avons mentionnés au sujet de l'INTENDANCE et des INTENDANTS; mais on peut consulter principalement M. GUIBERT (Jean), ODIER, le général PRÉVAL et la *Sentinelle de l'Armée* (t. III, p. 52). — Ce qui concerne les Sous-intendants va être examiné sous les rapports suivants : COMPOSITION, DÉNOMINATION, FORCE, NOMBRE, NOMINATION, UNIFORME, LOCALISATION, REMPLACEMENT, LOGEMENT, ALLOCATIONS, SOLDE, DROITS, AUTORITÉ, PRÉROGATIVES, RANG, SURVEILLANCE, FONCTIONS, DEVOIRS. — Nº 1. COMPOSITION. — Les Sous-intendants ont été organisés par CLASSES, dont le nombre a varié de quatre à deux; ces CLASSES n'étaient d'abord qu'un moyen de différencier la SOLDE, et d'avantager graduellement les moins jeunes et les anciens. Peu à peu, le nombre de ces CLASSES s'est réduit, pour faire participer plus de MEMBRES aux avantages des CLASSES le plus chèrement rétribuées. — Des ÉCRIVAINS éclairés et spéciaux, tels que le savant ODIER, membre lui-même du corps de l'INTENDANCE, se montraient antagonistes du système de division par CLASSES, se demandaient en quoi elles contribuaient au bien général, et déclaraient indéfinissable le mot CLASSE. — Malgré le poids de leur autorité, les CLASSES de Sous-intendants sont devenues des GRADES, ce qui a ajouté à l'obscurité du mot l'anomalie de la chose. — Dans l'origine de l'institution, les Sous-intendants appelés à ces FONCTIONS sortaient de l'ancien CORPS ADMINISTRATIF. Les NOMINATIONS ont ensuite eu lieu suivant des méthodes qui ont varié, et les Sous-intendants

se sont recrutés ou par AVANCEMENT dans le CORPS même, ou parmi des OFFICIERS SUPÉRIEURS D'ÉTAT-MAJOR ou de CORPS, ou parmi des AIDES-MAJORS. — Il est difficile de retracer la COMPOSITION de l'INTENDANCE, parce que l'ORGANISATION de cette compagnie, sa FORCE numérique, le RANG que ses MEMBRES tenaient, les DROITS dont ils ont joui, ont à peu près changé de trois en trois ans. Ce jeune CORPS était influent et instruit, imaginatif et habile; il avait voix consultative en fait d'ORDONNANCES et de LOIS à émettre. Comment fût-il resté longtemps le même, quand il y avait en lui soif et pouvoir de changer? Ainsi, en dix-huit ans il a, à six reprises, gagné progressivement en émoluments, AUTORITÉ, PRÉROGATIVES, et il a grandi en raison composée de la réduction des CLASSES. — Nº 2. DÉNOMINATION, FORCE, NOMBRE. — Quelques documents officiels ont qualifié d'OFFICIERS D'INTENDANCE les INTENDANTS et Sous-intendants. Au bas des ÉTATS DE SITUATION fournis au MINISTRE par les CORPS, les Sous-intendants, en les visant, s'intitulaient chargés de surveiller l'ADMINISTRATION du CORPS. Toutefois, mais à tort, l'ORDONNANCE DE 1825 (19 MARS, art. 521) mentionnait les MEMBRES de l'intendance comme chargés de l'INSPECTION; c'était un renversement de principes. L'INSTRUCTION DE 1822 (7 OCTOBRE, art. 12) les désignait sous la formule : *ayant la police administrative d'un corps.* — L'ORDONNANCE DE 1817 (29 JUILLET) créait cent quatre-vingts Sous-intendants en quatre CLASSES, savoir : quinze de PREMIÈRE, quarante-cinq de SECONDE, soixante de TROISIÈME, soixante de QUATRIÈME. — L'ORDONNANCE DE 1820 (27 SEPTEMBRE) leur donnait soixante ADJOINTS. — L'ORDONNANCE DE 1822 (18 SEPTEMBRE) reconnaissait vingt-cinq Sous-intendants de PREMIÈRE CLASSE, cinquante de SECONDE, cent onze de TROISIÈME; total : cent quatre-vingt-six; mais leur nombre, qui en réalité était monté à deux cents, non compris quarante-deux ADJOINTS, était, en 1825, de cent quatre-vingt-neuf, car le chiffre voulu par les ORDONNANCES n'était pas toujours respecté. — L'ORDONNANCE DE 1829 (10 JUIN) en reconnaissait trente-cinq de PREMIÈRE CLASSE, cinquante de SECONDE, quatre-vingts de TROISIÈME; total : cent soixante-cinq; mais ce nombre était illégalement dépassé. — L'ORDONNANCE DE 1850 (11 DÉCEMBRE) en portait à cent la TROISIÈME CLASSE; total : cent quatre-vingt-cinq. — L'ORDONNANCE DE 1855 (10 JUIN) ne reconnaissait plus que deux CLASSES égales en nombre. — Il ne s'était pas encore vu en FRANCE, il n'existait pas en EUROPE de CORPS ADMINISTRATIF qui se soit essayé et travaillé lui-même par autant de vicissitudes ; il n'y en avait eu nulle part d'aussi nombreux, d'aussi dispendieux. Pour ne citer que celle de toutes les armes où l'administration se hérisse de plus de difficultés, nous ferons remarquer que la milice autrichienne n'occupait, de nos jours, que quatre-vingt-dix-neuf commissaires ayant un rang analogue à celui des intendants et Sous-intendants de France. — N° 3. Nomination, uniforme. — Les Sous-intendants de troisième classe étaient d'abord tirés des adjoints ayant reçu, depuis huit ans, leur brevet de capitaine ; ils passaient à ce grade, moitié à l'ancienneté, moitié au choix. — L'ordonnance de 1827 (26 décembre) donnait aux majors et aux officiers supérieurs de toutes armes en activité, ayant plus de deux ans de service et âgés de moins de quarante ans, un cinquième des emplois vacants de sous-intendants de troisième classe. — L'instruction sur l'inspection, notifiée en 1838, exigeait que les inspecteurs généraux, après s'être assurés de la capacité des militaires proposés comme admissibles dans le corps de l'intendance, ne proposassent pour adjoints de seconde classe que des sujets âgés de moins de quarante ans, pour adjoints de première classe que des sujets de quarante-trois ans, pour Sous-intendants de seconde classe que des sujets ne dépassant pas quarante-huit ans. — La *Sentinelle de l'Armée* (t. iv, p. 275) arguait d'irrégularité cette mesure. Nous avons vu cependant que le minimum de quarante ans était prescrit dans les ordonnances antérieures. — L'uniforme des Sous-intendants a varié comme le reste, et avec aussi peu d'utilité ou d'amélioration. — Le règlement de 1822 (30 septembre) réglait la matière, et offrait l'image de la broderie de leur habit. Des modifications émanèrent de l'ordonnance de 1836 (25 août). — La circulaire de 1830 (11 septembre) avait donné aux Sous-intendants la ceinture en filet de soie verte ; la décision de 1831 (15 août) la leur donnait en soie bleu de ciel ; c'était une dépense de peu d'utilité. Il suffisait autrefois, aux commissaires des guerres, d'avoir un uniforme, et ils ne l'avaient même obtenu que depuis 1746. — N° 4. Localisation, remplacement. — En temps de paix, il y a des Sous-intendants en un nombre déterminé de résidences, et surtout au ministère de la guerre. Quelques membres de l'intendance ont regardé ces résidences comme devant être fixes, à moins de cas d'avancement. Ils se sont étonnés qu'à sa volonté le ministre de la guerre, croyant leur changement utile, les déplaçât. Ce serait une question à

débattre en même temps que celle-ci : lequel à préférer des garnisons à demeure ou variables ? Mais, dans ce dernier cas, ne devraient-elles pas être régulièrement alternantes, pour que chacun participât, à son tour, aux vicissitudes des meilleures et des moins favorables résidences. — En campagne, conformément à l'ordonnance de 1832 (3 mai), il devait être attaché un Sous-intendant à chaque aile, centre ou réserve d'armée, et, au besoin, aux brigades mixtes. — Dans les résidences départementales, les Sous-intendants pouvaient être suppléés, en cas d'absence, par le secrétaire général de la préfecture ou par un conseiller de préfecture, par le sous-préfet, par le major de place, par le commandant de place, par le maire ; et, pour des signatures autorisant payement, mais seulement en cas de départ ou de passage de troupe, ils pouvaient l'être par les commandants de place, ou par les sous-préfets, ou par les préfets, comme jadis les commissaires des guerres l'étaient par les intendants de province. — A l'armée, ils peuvent être remplacés par un officier supérieur. — N° 5. Logement, allocations, solde. — Le logement des Sous-intendants était fixé par le règlement de 1824 (20 juillet) ; mais, peu après, la circulaire du 14 octobre a modifié avantageusement pour eux les dispositions de ce règlement. — La loi accordait, en temps de paix, des fourrages ou leur indemnité aux Sous-intendants, quoique, en général, ils n'eussent pas de chevaux et qu'ils n'en eussent jamais besoin dans leur service, si ce n'est en temps de guerre. — La loi, cependant, refusait des fourrages aux commandants de place, quoique en certaines places et en quelques occasions un cheval leur fût indispensable. — Ce qui regarde la solde et les avantages pécuniaires dont jouissent les Sous-intendants a été l'objet de nombreuses décisions, indiquées aux articles adjoint, corps d'intendance, intendant. — N° 6. Droits, autorité. — Les Sous-intendants ont exercé sur les magasins militaires les mêmes droits dont jouissaient autrefois les commissaires des guerres ; c'était à eux que les employés devaient adresser les demandes de permissions diverses. — Les sous-intendants de première classe étaient seuls aptes à remplir les fonctions de procureurs du roi près des conseils de révision judiciaires. — Les Sous-intendants font partie, sans distinction de classe, des conseils de révision conscriptifs, et y siégent comme procureurs du roi. — Les Sous-intendants se font remettre périodiquement par les majors les états de mu-

TATION ; ils convoquent extraordinairement, toutes les fois qu'ils le jugent convenable, le CONSEIL D'ADMINISTRATION des corps placés sous leur ADMINISTRATION ; ils sont tenus d'y assister au moins une fois par mois, et d'apposer sur le registre, ou un visa simple, ou un énoncé d'opinion. — Les Sous-intendants pouvaient se faire rendre compte, par les CHIRURGIENS-MAJORS des CORPS, des observations que ces derniers auraient faites dans l'intérêt de l'ADMINISTRATION. — On lit dans le *Spectateur militaire* (t. XVI, p. 560), qu'une circulaire charge les Sous-intendants *de contrôler jusqu'à la tenue journalière des officiers, les constitue inspecteurs en tout temps et en tous lieux, et enfin soumet incessamment les colonels à leurs interpellations sur tout ce qui leur paraîtrait irrégulier.* — Nous n'avons pas la preuve que ces assertions soient exactes de tout point ; elles eussent probablement éveillé les réclamations des GÉNÉRAUX COMMANDANTS. — Les Sous-intendants avaient droit de demander aux COLONELS la punition des MAJORS qui, dans l'exercice de leurs attributions administratives, auraient pu être en faute ; ils avaient droit d'exiger que, dans les vingt-quatre heures qui suivent les séances des CONSEILS D'ADMINISTRATION, il leur fût adressé, par le PRÉSIDENT, un relevé des DÉLIBÉRATIONS. — Des mutations dans le LOGEMENT des TROUPES casernées ne peuvent être ordonnées par les COMMANDANTS DE PLACE qu'après en avoir donné avis aux Sous-intendants. — Les Sous-intendants pouvaient exiger que les DÉSERTEURS ABSOUS et les PRISONNIERS DE GUERRE français rentrant à leurs CORPS leur fussent présentés dans les vingt-quatre heures. — N° 7. PRÉROGATIVES, RANG. — Le Sous-intendant chargé de l'ADMINISTRATION d'un CORPS est consulté par ce CORPS sur tous les cas administratifs, contentieux. Si une DÉLIBÉRATION de CONSEIL D'ADMINISTRATION paraît irrégulière au PRÉSIDENT, il en réfère au Sous-intendant, et ce FONCTIONNAIRE peut infirmer toute délibération qu'il juge contraire à la loi ou à l'intérêt de l'État. — Il reçoit des mains de l'ADJUDANT-MAJOR, ou de l'OFFICIER qui arrive en sa résidence comme précédant officiellement un CORPS EN ROUTE, un ÉTAT DE SITUATION ou un double de la SITUATION DE ROUTE. — A l'arrivée d'un CORPS, le Sous-intendant reçoit visite du TRÉSORIER du CORPS et transmet, dans les formes voulues, ses instructions relatives à la REVUE D'ARRIVÉE de ce CORPS, s'il en doit PASSER une. — S'il visite les CASERNES, il y est accompagné du MAJOR. — Les Sous-intendants ont aspiré et réussi à

ne recevoir d'ordres que du MINISTRE ou des INTENDANTS, à ne recevoir des injonctions que des INSPECTEURS GÉNÉRAUX ; ils peuvent opposer des représentations écrites aux invitations ou aux réquisitions des GÉNÉRAUX commandants ; ils peuvent leur adresser des réquisitions, pour que la FORCE MILITAIRE soit mise à leur disposition dans des cas particuliers et administratifs. — En plusieurs de ses écrits, le général PRÉVAL a combattu en faveur d'un système différent. — Les Sous-intendants remplacent au besoin l'INTENDANT, et jouissent, en ce cas, de toute SON AUTORITÉ ADMINISTRATIVE. — Les RÉCEPTIONS D'OFFICIERS n'ont lieu qu'en vertu d'acte de NOMINATION visé du Sous-intendant. — Tout CHEF d'un CORPS caserné qui reçoit l'ORDRE DE DÉPART est tenu d'en donner, à temps, avis au Sous-intendant, pour que ce FONCTIONNAIRE prenne toutes les mesures qu'exigent l'évacuation du LOGEMENT et la REMISE des FOURNITURES. — Des Sous-intendants avaient inséré dans l'ORDONNANCE DE 1823 (19 MARS, art. 85), que tout MILITAIRE rentrant de CONGÉ se présenterait aux BUREAUX, pour que ses DROITS AUX ALLOCATIONS de PRÉSENCE fussent constatés par cette démarche, et que la légitimité de sa réintégration sur les CONTROLES fût reconnue. — L'ORDONNANCE DE 1835 (2 NOVEMBRE) dégageait de cette obligation et de cet acte de présence les OFFICIERS SUPÉRIEURS, l'annonce de leur arrivée par la voie des SITUATIONS JOURNALIÈRES devant être regardée comme déclaration suffisante (1). — La DÉCISION DE 1835 (28 JUILLET) voulait qu'aux REVUES DE SOUS-INTENDANTS les DRAPEAUX fussent portés ; c'était une affaire de forme et une mesure dont on n'apercevait pas la nécessité, puisqu'il restait douteux si, dans tous les cas, le SALUT AVEC ARMES en défilant et si le SALUT du DRAPEAU étaient dus en passant devant le Sous-intendant. — L'ORDONNANCE DE 1835 (10 JUIN), qui ne reconnaissait que deux CLASSES de Sous-intendants, assimilait au GRADE de LIEUTENANT-COLONEL le GRADE de SOUS-INTENDANT DE SECONDE CLASSE, et au GRADE de COLONEL celui de SOUS-INTENDANT DE PREMIÈRE. Ainsi, par une exception toute particulière, par une exception et une anomalie, la CLASSE devenait un GRADE. — L'ORDONNANCE DE 1829 (10 JUIN) décidait que les Sous-intendants prendraient rang avant les LIEUTENANTS-COLONELS et après les COLONELS. — Il s'était glissé furtivement, dans l'ORDONNANCE DE

(1) L'intendance fit réformer cette disposition et quelques autres en 1835. (Circulaire du 15 août.)

(Note de l'éditeur.)

1818 (2 février), une disposition qui modifiait la législation sur les honneurs militaires, et assimilait au rang d'officier général le rang de Sous-intendant. Il était statué dans cette ordonnance, que, *après la revue, les troupes, ayant en tête l'état-major, et commandées par le chef du corps, défileraient devant le Sous-intendant par compagnies et par pelotons.* — Ces termes, *par compagnie et par peloton*, accusaient une réduction que n'approuvait pas la tactique ; ils étaient copiés, mot pour mot, de vieilles ordonnances du commissariat, antérieures de quelques siècles aux règlements en vigueur sur les manœuvres d'infanterie ; il y perçait une touche de rédacteurs non combattants. — Les réclamations que les corps élevèrent à cet égard ont eu pour effet de dispenser les colonels de marcher en personne à ce défilement. — L'ordonnance de 1833 (2 novembre) amenda de cette manière celle de 1818, et a été elle-même modifiée par l'ordonnance de 1835 (15 juillet). Cette dernière obligeait les lieutenants-colonels à défiler à la tête du régiment devant un Sous-intendant, fût-il même de seconde classe et moins ancien que le lieutenant-colonel. — N° 8. Surveillance, fonctions, devoirs. — Les Sous-intendants surveillent les enregistrements et opérations des militaires faisant fonctions d'officiers d'état civil ; ils ont en dépôt les registres de remplacement et de rengagement ; ils cotent et paraphent les registres de comptabilité ; ils s'acquittent de tous les travaux dont les intendants les chargent ; ils sont les certificateurs et les confirmateurs de toutes les pièces que signent les conseils d'administration ; ils sont les vérificateurs en première instance de tous les comptes des corps et de toutes les opérations dont l'examen concerne, en dernière analyse, les inspecteurs généraux. — Ils tiennent un registre des retenues sur traitements infligées par le ministre. — Ils comparent, au journal du service de place, l'état des postes et des corps de garde auxquels le chauffage est fourni. — Ils vérifient et signent, aux époques voulues, les états de solde de la troupe et des officiers ; ils ordonnancent de même tous les états de payements militaires que la trésorerie est chargée d'acquitter en vertu des lois. En l'absence d'un membre de l'intendance, et en certains cas prévus, ces états pourraient être ordonnancés par les commandants de place ou par les sous-préfets. — Les Sous-intendants assistent à la reconnaissance des effets militaires, commercialement ou officiellement adressés et arrivant à un corps ; ils visent les demandes d'armes ; ils dressent les procès-verbaux des armes perdues et de l'abattage des chevaux. — A l'arrivée des corps destinés à tenir garnison, les Sous-intendants visitent, avec l'officier de casernement, les locaux et les effets d'ameublement, et en établissent la répartition. — En cas de départ de ces mêmes corps, et après la remise du casernement et des clefs des bâtiments militaires, les Sous-intendants dressent et délivrent ou refusent un certificat constatant le bon état des lieux. — Ils visent les livrets de solde des officiers sans troupe, et y annotent les congés et leur durée. — Ils recueillent, signent et renvoient les feuilles de journées. — Ils visent le registre du vaguemestre et les cahiers d'ordinaire, et en font l'examen toutes les fois qu'ils le jugent convenable. — Ils délivrent les mandats de convois à la suite. — Ils passent les revues administratives et y prêtent l'oreille à toutes les réclamations individuelles qui auraient trait à l'administration ; ils se font présenter, si besoin est, les registres de détails, dont le sergent-major doit être pourvu. — Ils s'y font remettre un état nominatif des malades à la chambre, certifié sincère par le chirurgien-major. L'ordonnance de 1823 (19 mars) voulait même que les membres de l'intendance s'assurassent en personne, et *de visu*, de l'existence réelle des malades, soit officiers, soit hommes de troupe. La loi poussait trop loin la défiance, et d'ailleurs elle prescrivait une disposition souvent impraticable. — Lors de la revue, les Sous-intendants se font représenter le registre général d'armement. — Ils vérifient les contrôles des corps, en s'assurant si les inscriptions du registre d'armement et du registre de réparations, que tient le lieutenant d'armement, répondent au taux des abonnements et au montant des dépenses de réparations. Ils s'assurent aussi si le registre des délibérations est en règle ; si le registre de l'effectif se rapporte à la situation de la revue générale ; si les situations trimestrielles des finances se rapportent au registre de caisse et au registre journal ; si le registre de la masse de linge et chaussure concorde avec le registre de caisse, les registres de magasin, les livres de compagnie et les feuilles de situations individuelles ; si les registres d'habillement se rapportent au registre des délibérations et aux registres de magasin ; si le registre journal d'habillement justifie les dépenses effectuées en cette partie ; si les contrôles annuels se rapportent aux livres de compagnies ; si les livres de compagnies se rapportent aux livrets individuels ; si la recette des LIVRES D'ORDINAIRE se rapporte aux LIVRES DE COMPAGNIES. — Les Sous-intendants forment, à l'aide des FEUILLES DE JOURNÉES, la LIQUIDATION du TRIMESTRE. — Ils constatent si les FONDS énoncés dans les COMPTES existent réellement, et en espèces, dans la CAISSE A TROIS SERRURES. En général, tous les COMPTES, toutes les DÉPENSES concernent les Sous-intendants. — Ils doivent s'assurer des soins que reçoivent les HOMMES aux HOPITAUX, aux INFIRMERIES et dans les ORDINAIRES. — L'ORDONNANCE DE 1823 (19 MARS, art. 387) exigeait que les Sous-intendants visitassent le sac des HOMMES DE TROUPE voyageant ISOLÉS et réclamant un MANDAT pour INDEMNITÉ DE ROUTE. Cette transformation d'un haut FONCTIONNAIRE en un éplucheur du moindre rang était une disposition ridicule et même inexcusable. — Les Sous-intendants délivrent, s'il y a lieu, des MANDATS DE FOURNITURES aux HOMMES DE TROUPE EN ROUTE et ISOLÉS ; ils règlent les jours et les lieux de DISTRIBUTIONS DE RATIONS. — Ils devaient, en vertu de la DÉCISION DE 1829 (16 JUILLET), informer les corps des ENTRÉES et SORTIES DES HOPITAUX, qui concernaient des MILITAIRES que ces corps n'y avaient pas envoyés directement. — En campagne, les Sous-intendants procèdent à l'APPOSITION des SCELLÉS sur les EFFETS des OFFICIERS DÉCÉDÉS, comme le font, dans l'intérieur, les JUGES DE PAIX. — Les Sous-intendants doivent adresser au MINISTRE les ACTES DE DÉCÈS aux HOPITAUX des ARMÉES ; ils doivent s'assurer si les EFFETS D'UNIFORME sont conformes aux MODÈLES officiels, et s'ils portent les MARQUES voulues. — Ils doivent dresser, signer, enregistrer les ACTES DE RENGAGEMENT et de REMPLACEMENT. — Ils délivrent un double de l'ACTE DE REMPLACEMENT au REMPLACÉ. — Ils accompagnent l'INSPECTEUR GÉNÉRAL dans ses examens, OPÉRATIONS et VISITES.

SOUS-INTENDANT ADJOINT. V. ADJOINT A L'INTENDANCE. V. AIDE-MAJOR ACTUEL N° 1. V. CORPS D'INTENDANCE N° 1. V. SOUS-INTENDANT N° 2.

SOUS-INTENDANT de PREMIÈRE CLASSE. V. CLASSE. V. CORPS D'INTENDANCE N° 3, 4. V. PREMIÈRE CLASSE. V. SOUS-INTENDANT N° 2.

SOUS-INTENDANT de QUATRIÈME CLASSE. V. CLASSE. V. CORPS D'INTENDANCE N° 4. V. QUATRIÈME CLASSE. V. SOUS-INTENDANT N° 2.

SOUS-INTENDANT de SECONDE CLASSE. V. CLASSE. V. CORPS D'INTENDANCE N° 3, 4. V. LIEUTENANT-COLONEL N° 2. V. SECONDE CLASSE. V. SOUS-INTENDANT N° 2, 7.

SOUS-INTENDANT de TROISIÈME CLASSE. V. CORPS D'INTENDANCE N° 1, 3, 4. V. SOUS-INTENDANT N° 2, 3. V. TROISIÈME CLASSE.

SOUS-INTENDANT DES INVALIDES. V. HOTEL DES INVALIDES. V. INVALIDE.

SOUS-INTENDANT MILITAIRE. V. MILITAIRE. adj. V. SOUS-INTENDANT.

SOUS LA TENTE, adj. indéc. V. TENTE. V. TRAITEMENT SOUS LA T...

SOUS-LIEUTENANCE, subs. fém. V. AVANCEMENT. V. CANDIDAT AUX SOUS-LIEUTENANCES. V. COLONEL D'INFANTERIE FRANÇAISE DE LIGNE N° 12. V. INTENDANT DE PROVINCE. V. LIEUTENANCE. V. MILICE ESPAGNOLE N° 2. V. MINISTRE DE LA GUERRE EN 1761. V. SOUS-LIEUTENANT N° 2, 3. V. SOUS-OFFICIER N° 3, 4. V. TROUPE COLONIALE.

SOUS-LIEUTENANT, subs. masc. V. ADJUDANT SOUS-LIEUTENANT. V. APPOINTEMENTS DE S... V. CONTRE-ÉPAULETTE DE S...

SOUS-LIEUTENANT. V. DEVOIRS DE S... V. ÉPAULETTES DE S... V. FONCTIONS DE S... V. GRADE DE S... V. LIEUTENANT. V. LOGEMENT DE S... V. PAYE DE S... V. PROMOTION DE S... V. QUARTIER-MAITRE S... V. RANG DE S... V. SERMENT DE S... V. SERVICE DE S... V. SOUS-OFFICIER N° 4.

SOUS-LIEUTENANT (sous-lieutenants) (A, 1). Ce mot, dont l'étymologie ne demande pas à être indiquée, est la désignation d'un OFFICIER FRANÇAIS du moindre GRADE, parmi les OFFICIERS PARTICULIERS et OFFICIERS INFÉRIEURS qu'on nommait autrefois OFFICIERS SUBALTERNES. — Les AUTEURS qui peuvent être consultés touchant l'emploi et le grade de Sous-lieutenants sont : BARDÉT (1740, A), BARDIN (1809, B), BERRIAT (1817, A, t. I, p. 105), BOMBELLES (1746, A, t. I, p. 190), BRANTOME (1600, A), M. le colonel CARRION (1824, A), M. le colonel CHAMBRAY (1835), DANIEL (1721, A, t. II, p. 60), DAUTHVILLE (1762, K, p. 55), DUBOUSQUET (1769, B, t. I, p. 56, 222 et 745), DUPAIN (1783, F), ENCYCLOPÉDIE (1785, C, t. I, p. 646 et 745 ; t. III, 189, 572), id. Supplément, p. 141, FURETIÈRE, GAYA (1679, A, p. 115, 158), M. GRIVET, GUILLET (1686, B, p. 298), KERENVEXER (1771, R, au mot *Appointement*), LACHESNAIE (1758, 1, au mot *Fonction* ; id. t. III, p. 417), LEBLOND (1758, B, p. 21, 30, 33), LECOUTURIER (1825, A), MANESSON (1685, t. III, p. 22), POTIER (1779, X), QUINCY (1726, D, t. II, p. 41), M. ROCQUANCOURT, (TURPIN, 1783, O, t. I, p. 452). — Ce qui concerne les Sous-lieutenants, principalement considérés comme OFFICIERS D'INFANTERIE, va être examiné sous les rapports suivants : CRÉATION, DÉNOMINATION, NOMBRE, NOMINATION, AVANCEMENT, UNIFORME, LOCALISATION, LOGEMENT, ALLOCATIONS, SOLDE, DROITS, RANG, FONCTIONS, DEVOIRS. — N° 1. CRÉATION, DÉNOMINATION. — Il y a eu, sous HENRI DEUX, des SOUS-LIEUTENANTS DU

ROI ou de roi; EMPLOI dont le titulaire eût aussi bien pu se nommer LIEUTENANT de VICE-ROI. On lit dans BRANTOME (1600, A) *de Senerpont, Sous-lieutenant du roi en Picardie, très-bon capitaine, etc.* — Mais ce n'est pas de ce genre de FONCTIONS, à peine connues de notre temps, qu'il va être question ici. — LOUIS TREIZE avait institué des EXEMPTS dans quelques corps de la CAVALERIE FRANÇAISE; leur RANG répondait à celui des EXEMPTS DE CONNÉTABLE et des EXEMPTS DES GARDES; c'étaient à peu près des Sous-lieutenants. — Il existait plus généralement, dans la CAVALERIE, des CORNETTES, et dans l'INFANTERIE, des ENSEIGNES, qui y faisaient fonctions de Sous-lieutenants depuis qu'il n'y avait plus autant de DRAPEAUX que de COMPAGNIES. — M. ROCQUANCOURT croit que les Sous-lieutenants datent des dernières années du règne de LOUIS TREIZE. Cette assertion est contestable, s'il s'agit de l'INFANTERIE; car leur GRADE n'était pas reconnu parmi ceux qui étaient mentionnés dans les statuts de l'HOTEL DES INVALIDES, dont l'édit de création parut en 1664. — Pourtant une LETTRE ROYALE DE 1655 (26 JANVIER) attachait un Sous-lieutenant à chaque COMPAGNIE des GARDES FRANÇAISES, et suivant le *Journal de l'Armée* (t. II, p.174), il commença à en être établi, en 1657, dans quelques CORPS de l'INFANTERIE DE LIGNE. — Mais peut-on regarder les Sous-lieutenants comme institués avant l'ORDONNANCE DE 1664 (28 JUILLET), époque depuis laquelle les RÉGIMENTS D'INFANTERIE commencèrent à être des CADRES permanents? — En 1668, s'il faut en croire QUINCY (1726, D), les ENSEIGNES, c'est-à-dire les OFFICIERS connus sous cette qualification, ayant été supprimés, les Sous-lieutenants les remplacèrent. — Les ordonnances mentionnent, depuis 1671, les Sous-lieutenants d'INFANTERIE DE LIGNE. — Ce qui a laissé douteuses les époques, c'est que le GRADE ne fut pas institué en même temps dans l'INFANTERIE et la CAVALERIE; c'était, comme le dit QUINCY, un GRADE passager, et suivant les termes de POTTER (1779, X), on établissait les Sous-lieutenants pour la GUERRE, on les cassait à la paix. — En 1687, époque où la GUERRE allait être déclarée, il fut rétabli des Sous-lieutenants, et plus de neuf cents BREVETS de ce GRADE furent délivrés aux CADETS, alors existant dans les CADRES ou COMPAGNIES, répartis dans diverses PLACES DE GUERRE. — L'ORDONNANCE sur l'exercice DE 1703 (2 MARS) les dénommait indifféremment encore ENSEIGNES ou Sous-lieutenants. — De 1718 à 1742, à ce que rapporte BARDET (1740, A), il n'y avait de Sous-lieutenants que dans quelques COMPA-GNIES D'INFANTERIE, non dans tous les RÉGIMENTS. — Vers ces époques, des Sous-lieutenants étaient employés comme SOUS-AIDES MAJORS. — L'ORDONNANCE DE 1768 (1er MARS, tit. 21) commençait à s'occuper des Sous-lieutenants avec détails; elle leur attribuait un SERVICE DE SEMAINE; elle les attachait à une SECTION, voulait qu'ils fussent commandés par ancienneté de BREVET, et les autorisait à punir de prison les BAS OFFICIERS et SOLDATS de toutes COMPAGNIES, mais à charge d'en rendre compte de suite. Depuis ces époques, le serment était exigé des Sous-lieutenants; ils le prononçaient de même que les autres grades et sous les mêmes obligations. — Dans quelques milices du Nord, ils étaient tenus de l'écrire de leur propre main. Ce mode a été imité en France, comme le témoignent les modernes documents relatifs à l'ÉCOLE POLYTECHNIQUE; les ÉLÈVES n'en sortent plus pour passer Sous-lieutenants qu'après avoir tracé et signé le serment exigé. — N° 2. NOMBRE, NOMINATION. — Jusqu'au MINISTÈRE de SAINT-GERMAIN, il n'y avait eu, par COMPAGNIE D'INFANTERIE, qu'un Sous-lieutenant; mais le nombre des COMPAGNIES par BATAILLON ayant été réduit de moitié, et leur FORCE ayant été doublée, il fut reconnu, depuis 1776 jusqu'en 1791, un SOUS-LIEUTENANT EN PREMIER et un SOUS-LIEUTENANT EN SECOND. — Depuis la constitution de 1791, l'ancien système fut rétabli, sauf en quelques CORPS; ainsi le DÉCRET DE L'AN HUIT (4 GERMINAL), qui organisait les vétérans, y reconnaissait un SOUS-LIEUTENANT DE PREMIÈRE CLASSE et un DE SECONDE par COMPAGNIE. — Sous LOUIS QUINZE, dit M. le colonel CARRION (t. II, p. 401), le roi seul seul nommait aux sous-lieutenances. *Depuis longtemps tout candidat qui se présentait pour une place, devait appuyer sa demande auprès du ministre de quatre témoignages de quelque poids parmi les personnes les plus notables du voisinage du candidat. Ces témoins attestaient que le demandeur appartenait à une famille honnête, considérée, vivant noblement. — L'intendant de la province certifiait les signatures. — L'effet des intrigues, des clientèles, des recommandations, avait rendu illusoire cette précaution. Beaucoup de protecteurs payaient avec des attestations de cette sorte les complaisances ou même les fournitures de gens qu'il n'était pas dans l'intention de la loi d'admettre comme officiers, et qui y parvenaient sans fortune, sans éducation. — Le remède à cet abus en occasionna un non* moins grave : le COMITÉ DES INSPECTEURS et le MINISTRE SÉGUR se décidèrent légèrement à exiger, pour l'admission des Sous-lieutenants, les PREUVES DE NOBLESSE faites en forme et par-devant un généalogiste assermenté. — *Il y avait absurdité*, dit encore M. CARRION, *à exiger la noblesse pour recruter un état qui en tout temps avait servi lui-même à recruter la noblesse.* — L'année 1789 vit abolir ce système. — Originairement les Sous-lieutenants servaient en vertu de LETTRES, parce que leur EMPLOI était transitoire ; mais au temps du MINISTÈRE de CHOISEUL ces lettres s'appelaient BREVETS. — Ce MINISTRE avait fixé à seize ans l'AGE d'admissibilité des Sous-lieutenants, et cette règle a subsisté jusqu'à la révolution. — Le DÉCRET DE 1792 (29 JUIN) classait les Sous-lieutenants, non par le BREVET, mais par date de l'arrivée au corps. — Les nominations des Sous-lieutenants étaient dévolues, depuis LOUIS QUATORZE, au choix du ROI, en vertu de l'usage ; elles l'étaient à raison des deux tiers des vacances, en vertu de la loi, depuis la restauration, comme le témoigne l'ORDONNANCE DE 1818 (2 AOUT, art. 18). — Les SOUS-LIEUTENANTS D'INFANTERIE pouvaient être tirés, en vertu de l'ORDONNANCE DE 1830 (10 NOVEMBRE), des SERGENTS ÉLÈVES DE SAINT-CYR, c'est-à-dire des HOMMES DE TROUPE arrivés par suite de CONCOURS et d'examens à cette ÉCOLE. — La LOI DE 1832 (14 AVRIL) n'autorisait leur PROMOTION qu'à l'âge de dix-huit ans, qu'après deux ans de SERVICE comme SOUS-OFFICIERS (c'est-à-dire comme SERGENTS, SERGENTS-MAJORS OU ADJUDANTS), ou qu'après deux ans d'études comme ÉLÈVES de l'ÉCOLE DE SAINT-CYR, et après y avoir subi un EXAMEN satisfaisant. — En vertu de cette loi, de celle de 1818 (10 MARS) et de celle de 1834 (9 MARS), un tiers des SOUS-LIEUTENANCES était réservé aux SOUS-OFFICIERS proposés par le COLONEL à l'INSPECTEUR GÉNÉRAL OU au MINISTRE DE LA GUERRE ; les deux autres tiers étaient remplis par les ÉLÈVES. — N° 3. AVANCEMENT, UNIFORME. — Sous LOUIS QUATORZE, dit M. le colonel CARRION (1824, A, t. II, p. 164), les Sous-lieutenants avançaient par ancienneté. — L'AVANCEMENT des Sous-lieutenants ne pouvait avoir lieu qu'après quatre ans de GRADE suivant la LOI DE 1818 (10 MARS), et après deux ans aux termes de la LOI DE 1832 (14 AVRIL). — Ils ont droit, par ANCIENNETÉ DE GRADE, aux deux tiers des LIEUTENANCES vacantes. — L'UNIFORME comparé à celui des LIEUTENANTS, ne présentait que de légères différences. De 1710 à 1784, les uns et les autres, quand ils quittèrent l'ESPONTON, ont été armés de FUSILS. — Suivant les temps et les

corps, il leur a été permis ou interdit de porter une CANNE. — Le GALON du schako des Sous-lieutenants leur était particulier, et nous avons dit, en traitant des ÉPAULETTES et CONTRE-ÉPAULETTES des LIEUTENANTS et Sous-lieutenants, quelles avaient été les différences des DÉCORATIONS jusqu'au MINISTÈRE du général LATOUR MAUBOURG, qui en a changé tout le système. — N° 4. LOCALISATION, LOGEMENT. — L'ORDONNANCE DE 1766 (1er JANVIER) s'occupait, une des premières, du placement des Sous-lieutenants. — L'INSTRUCTION DE 1771 (19 JUIN) voulait que le Sous-lieutenant, le TROISIÈME SERGENT et le FOURRIER, FORMASSENT EN BATAILLE la FILE DE GAUCHE de la COMPAGNIE. — L'INSTRUCTION DE 1774 (11 JUIN) plaçait les Sous-lieutenants derrière la seconde FILE DE GAUCHE de la SECONDE SECTION. — L'ORDONNANCE DE 1831 (4 MARS), peu différente à cet égard du RÈGLEMENT DE 1791 (1er AOUT), ne considérait que comme OFFICIER SERRE-FILE le Sous-lieutenant ; elle le posait derrière le centre de la PREMIÈRE SECTION, entre le FOURRIER à sa droite et le SERGENT-MAJOR à sa gauche. — Si les SECTIONS de la COMPAGNIE se séparent, le Sous-lieutenant marche avec le DÉTACHEMENT placé sous les ordres du CAPITAINE. — Les droits au LOGEMENT étaient les mêmes pour le LIEUTENANT et le Sous-lieutenant, et dans les pavillons de CASERNE une CHAMBRE leur était commune. En campagne, une TENTE leur était commune. — N° 5. ALLOCATIONS, SOLDE. — Les SOUS-LIEUTENANTS D'INFANTERIE âgés de plus de cinquante ans avaient droit, en route, à l'INDEMNITÉ DE CHEVAL DE SELLE. — La DÉCISION DE 1831 (8 JUILLET) accordait aux Sous-lieutenants sortant de la classe des SOUS-OFFICIERS une GRATIFICATION DE PREMIÈRE MISE. — La solde des ENSEIGNES était, en 1537, de 240 livres, valant 997 francs. — En 1562, elle était de 432 livres, évaluées à 1428 francs. — En 1610, elle était de 450 livres, comparables à 972 francs. — En 1660, la SOLDE des Sous-lieutenants était de 270 livres, qui vaudraient 497 francs actuels. — Elle était, en 1738, de 365 livres, comparables à 369 francs. — En 1762, elle était de 540 livres, comparables, à 545 francss. — En 1797, elle était de 1,000 francs. — En 1823, elle était de 1,200 francs. — Le général CLERMONT-TONNERRE, MINISTRE DE LA GUERRE en 1824, bonifia les appointements des Sous-lieutenants, en y ajoutant définitivement la somme que le MINISTRE GOUVION leur avait accordée comme accessoire et annuelle, et dont faisait mention l'ORDONNANCE DE 1823 (19 MARS, art. 122). L'ORDONNANCE DE 1829 (10 OCTOBRE) déterminait la PENSION DE RETRAITE à laquelle avaient droit les Sous-lieutenants. — N° 6. DROITS, RANG. — Le Sous-lieutenant marchait presque l'égal du LIEUTENANT, puisque ce dernier n'avait pas autorité pour le punir, s'il manquait à son service, et que les BILLETS D'ARRÊTS lui venaient ou directement du CAPITAINE, ou par son entremise (1).—Les Sous-lieutenants avaient un RANG qui répondait à la qualification qu'ils portent encore aujourd'hui dans l'INFANTERIE FRANÇAISE DE LIGNE ; mais dans la MAISON DU ROI, dans les CORPS PRIVILÉGIÉS, tel Sous-lieutenant était COLONEL. — Les CORPS de l'ARTILLERIE, toujours désireux de se distinguer de ceux de l'INFANTERIE, obtinrent que leurs SOUS-LIEUTENANTS, au lieu de ce titre, porteraient celui de LIEUTENANTS EN SECOND ; de là vient qu'aux ÉCOLES D'APPLICATION où ils ne sont réellement qu'ÉLÈVES, ils portent le titre inexact de LIEUTENANT ; nous disons le titre inexact, puisque de même que dans l'ÉCOLE D'ÉTAT-MAJOR, leur admission comme OFFICIERS dans le corps est hypothétique, dépend de leur application et de leur savoir, et n'a lieu qu'après deux ans d'études, et à la suite d'un EXAMEN de sortie. Les Sous-lieutenants d'INFANTERIE FRANCO-SUISSE DE GARDE ROYALE étaient l'occasion d'un abus plus criant ; ils avaient RANG de CAPITAINES, dix-huit cents francs d'APPOINTEMENTS, et RETRAITE DE CHEF DE BATAILLON. — Ainsi un Sous-lieutenant était bien plus ou bien moins, suivant le CORPS dont il faisait partie. La LANGUE FRANÇAISE est toute imprégnée ainsi des caprices nés du privilége. — N° 7. FONCTIONS, DEVOIRS. — Les FONCTIONS, les DEVOIRS, le SERVICE des SOUS-LIEUTENANTS D'INFANTERIE, demanderaient peu d'explications particulières, puisque tout ce qui a été dit en traitant des LIEUTENANTS, regarde également les Sous-lieutenants : leur CAPITAINE peut, de même, les employer à tous les détails d'ADMINISTRATION de la COMPAGNIE ; ils procédent de même aux APPELS DE PRISE D'ARMES ; en l'absence de l'un d'eux, l'autre surveille les deux SECTIONS. — Quand la COMPAGNIE est réunie, le Sous-lieutenant est administrativement CHEF de la SECONDE SECTION. —Les Sous-lieutenants ont été, à certaines époques, susceptibles de siéger comme MEMBRES de CONSEILS D'ADMINISTRATION, ou de CONSEILS PERMANENTS ; ils ont été employés comme OFFICIERS DE SEMAINE, comme PORTE-DRAPEAU, PORTE-AIGLE, AIDES-MAJORS, ADJUDANTS, ADJOINTS AU CAPITAINE D'HABILLEMENT, ADJOINTS AU TRÉSORIER, OFFICIERS PAYEURS, QUARTIERS-MAITRES, TRÉSORIERS, OFFICIERS D'ARMEMENT, PRÉVOTS DE CORPS. — Une mesure particulière prise par les ORDONNANCES de 1788 leur défendait de fréquenter pendant les deux premières années de leur SERVICE les cafés de leur GARNISON.

SOUS-LIEUTENANT ADJOINT. V. ADJOINT. V. ADJOINT AU CAPITAINE D'HABILLEMENT. V. ADJOINT D'OFFICIER D'ARMEMENT. V. ADJOINT AU TRÉSORIER.

SOUS-LIEUTENANT AIDE-MAJOR. V. AIDE-MAJOR ACTUEL N° 1.

SOUS-LIEUTENANT ARCHIVISTE. V. ARCHIVISTE. V. SECRÉTAIRE ARCHIVISTE.

SOUS-LIEUTENANT AUTRICHIEN. V. AUTRICHIEN, adj. V. ENSEIGNE IDIOPLIQUE N° 1. V. MILICE AUTRICHIENNE N° 2.

SOUS-LIEUTENANT AUX GARDES. V. AUX GARDES. V. GARDES FRANÇAISES N° 2.

SOUS-LIEUTENANT COLONEL. V. COLONEL. V. MAISON DU ROI N° 2.

SOUS-LIEUTENANT DANOIS. V. DANOIS, adj. V. MILICE DANOISE N° 1.

SOUS-LIEUTENANT D'ARMEMENT. V. ADJOINT D'OFFICIER D'ARMEMENT. V. ARMEMENT. V. BON DE RÉPARATIONS D'ARMEMENT. V. LIEUTENANT D'ARMEMENT. V. OFFICIER D'ARMEMENT.

SOUS-LIEUTENANT DE CAVALERIE. V. CAVALERIE. V. CORNETTE DE CAVALERIE. V. CORNETTE IDIOPLIQUE. V. ENSEIGNE IDIOPLIQUE N° 1. V. MUSIQUE. V. SOUS-LIEUTENANT N° 1.

SOUS-LIEUTENANT DE COMPAGNIE D'ÉLITE. V. COLONEL D'INFANTERIE FRANÇAISE DE LIGNE N° 12. V. COMPAGNIE D'ÉLITE.

SOUS-LIEUTENANT DE CORPS D'ÉTAT-MAJOR. V. CORPS D'ÉTAT-MAJOR. V. ÉCOLE POLYTECHNIQUE.

SOUS-LIEUTENANT DE DISTRIBUTIONS. V. CORVÉE DE PAIN. V. DISTRIBUTION.

SOUS-LIEUTENANT DE GARDE. V. GARDE. V. GARDE EN GARNISON.

SOUS-LIEUTENANT DE GRENADIERS. V. COMPAGNIE DE GRENADIERS N° 1, 3. V. GRENADIER. V. OFFICIER DE FORTUNE. V. SERGENT D'INFANTERIE FRANÇAISE DE LIGNE N° 5. V. SOUS-OFFICIER N° 4.

SOUS-LIEUTENANT DE ROI. V. ROI. V. SOUS-LIEUTENANT N° 1.

SOUS-LIEUTENANT DE SEMAINE. V. ADJUDANT-MAJOR DE SEMAINE N° 1. V. DISTRIBUTION EN ROUTE. V. OFFICIER DE SEMAINE. V. SEMAINE.

SOUS-LIEUTENANT D'INFANTERIE. V. CAPITAINE D'INFANTERIE FRANÇAISE DE LIGNE N° 13. V. GÉNÉRAL EN CHEF N° 2. V. GÉNÉRAL DE DIVISION N° 5. V. INFANTERIE. V. LIEUTENANT D'INFANTERIE FRANÇAISE DE LIGNE N° 5. V. MARCHE EN BATAILLE. V. SOUS-LIEUTENANT N° 2, 5.

(1) Les règlements de service, depuis et y compris ceux de 1788, ont consacré, en termes formels, la supériorité de grade du lieutenant et son droit de punir le Sous-lieutenant.   (Note de l'éditeur.)

SOUS-LIEUTENANT EN PREMIER. V. EN PRE-MIER. V. OFFICIER DE COMPAGNIE. V. SOUS-LIEUTENANT N° 2.

SOUS-LIEUTENANT EN ROUTE. V. ALLER AU LOGEMENT. V. DISTRIBUTION EN ROUTE. V. EN ROUTE. V. INDEMNITÉ DE CHEVAL DE SELLE. V. SOUS-LIEUTENANT N° 5.

SOUS-LIEUTENANT EN SECOND. V. EN SE-COND. V. GRADE EN SECOND. V. OFFICIER DE COMPAGNIE. V. SOUS-LIEUTENANT N° 2.

SOUS-LIEUTENANT ESPAGNOL. V. ESPAGNOL, adj. V. MILICE ESPAGNOLE N° 2.

SOUS-LIEUTENANT FRANÇAIS. V. ARRÊTS SIMPLES. V. AUMONIER DE CORPS N° 6. V. CHI-RURGIEN DE CORPS. V. CHIRURGIEN-MAJOR D'IN-FANTERIE FRANÇAISE DE LIGNE N° 8. V. COMPO-SITION. V. CORPS D'INTENDANCE N° 4, 8. V. ÉCOLE D'ÉTAT-MAJOR GÉNÉRAL. V. FRANÇAIS, adj. V. GRADE D'OFFICIER. V. GRAINE D'ÉPI-NARDS. V. JUSTICE MILITAIRE. V. MILICE AN-GLAISE N° 5. V. RÉGIMENT FRANÇAIS N° 1.

SOUS-LIEUTENANT PORTUGAIS. V. ENSEIGNE IDIOPLIQUE. V. PORTUGAIS, adj.

SOUS-LIEUTENANT PRUSSIEN. V. MILICE PRUSSIENNE N° 2, 9. V. PRUSSIEN, adj.

SOUS-LIEUTENANT RUSSE. V. MILICE RUSSE N° 2. V. RUSSE, adj.

SOUS-LIEUTENANT TURCO-ÉGYPTIEN. V. MI-LICE TURCO-ÉGYPTIENNE N° 5. V. TURCO-ÉGYP-TIEN, adj.

SOUS-LIEUTENANT WURTEMBERGEOIS. V. MI-LICE WURTEMBERGEOISE N° 1. V. WURTEMBER-GEOIS, adj.

SOUS-MINISTRE. V. MILICE ANGLAISE N° 2. V. MINISTRE. V. PREMIER COMMIS. V. SECRÉTAIRE A LA GUERRE.

SOUS-OFFICIER, subs. masc. V. ADJUDANT S... V. ALIMENTS DE S... V. ALLOCATION DE S... V. APPEL DE S... V. ARGENT D'ENVOI AUX S... V. ARME DE S... V. ARRÊTS DE S... V. AUGE DE COFFRET DE S... V. AVANCEMENT AU GRADE DE S... V. AVANCEMENT DE S... V. BONNET DE PO-LICE DE S... V. CANNE DE S... V. CAPOTE DE S... V. CASSATION DE S... V. CHAMBRE DE S... V. CHAUFFAGE DE S... V. COFFRET DE GIBERNE DE S... V. COIFFURE DE S... V. COMBUSTIBLE DE CUI-SINE DE S... V. COMPOSITION DE S... V. CONSIGNE DE S... V. CRÉANCIER DE S. . V. CUISINE DE S... V. CUISINIER DE S... V. DÉCORATION DE S... V. DÉGRADATION DE S... V. DÉNOMINATION DE S... V. DETTES DE S... V. DEVOIRS DE S... V. DRAP DE S... V. DROITS DE S... V. ÉCOLE DE S... V. EM-PLOI DE S... V. ÉPÉE DE S... V. EXERCICE DE S... V. FONCTIONS DE S... V. FUSIL DE S... V. GALON DE S... V. GILET DE S... V. GRADE DE S... V. HA-BILLEMENT DE S... V. HABIT DE S... V. INSTRUC-TION DE S... V. LÉGIONNAIRE S... V. LOCALISA-TION DE S... V. LOGEMENT DE S... V. MANIEMENT D'ARMES DE S... V. MARQUES DISTINCTIVES DE

S... V. MASSE DE S... V. NOMINATION DE S... V. ORDINAIRE DE S... V. PEINE DE S... V. PENSION DE RETRAITE DE S... V. PORT D'ARMES DE S... V. PREMIER S... V. PREMIÈRE MISE DE S... V. PRÊT DE S... V. PRISON DE S... V. PROMOTION DE S... V. PUNITION DE S... V. RANG DE S... V. RÉCEP-TION DE S... V. REDINGOTE DE S... V. REMPLA-CEMENT DE S... V. RENGAGEMENT DE S... V. RE-TRAITE DE S... V. RONDE DE S... V. SABRE DE S... V. SALLE DE DISCIPLINE DE S... V. SALUT DE S... V. SCHAKO DE S... V. SERMENT DE S... V. SERVICE DE S... V. SOLDE DE S... V. SUBORDINA-TION DE S... V. THÉORIE DE S... V. UNIFORME DE S...

SOUS-OFFICIER (sous-officiers) (A, 1). Ce mot, qui n'est en usage dans l'ARMÉE FRAN-ÇAISE que depuis 1790, a remplacé le terme moins convenable de BAS OFFICIER que la LÉGISLATION a répudié; il a exprimé autre-fois dans l'INFANTERIE l'ensemble des HOM-MES DE TROUPE GRADÉS. Sa signification, res-tée longtemps douteuse, s'est restreinte de-puis 1818, et il ne s'est plus appliqué qu'aux HOMMES DE TROUPE à DÉCORATION d'or ou d'AR-GENT, non à ceux dont la MARQUE DISTINC-TIVE était un GALON de fil ou de laine. La LANGUE a été désavantageusement privée, par là, d'un terme générique qui comprit sous une appellation commune tous les HOM-MES DE TROUPE formant, dans les BATAILLONS, CADRES, COMPAGNIES, RÉGIMENTS, la classe des SOUS-OFFICIERS DE CORPS, c'est-à-dire, la classe distincte de celle des SOUS-OFFICIERS D'ÉTAT-MAJOR DE PLACE, et tenant le milieu entre les SIMPLES SOLDATS et les OFFICIERS. Nous allons ici nous occuper plus particu-lièrement des SOUS-OFFICIERS D'INFANTERIE FRANÇAISE, expression générique, dont il est traité avec plus de détails aux articles : AD-JUDANT, CAPORAL, CHEF DE MUSIQUE, FOURRIER, HAUTE PAYE, SERGENT, SERGENT-MAJOR, TAM-BOUR-MAITRE, TAMBOUR-MAJOR, VAGUEMESTRE. —Les modifications dont le mot est suscepti-ble se divisent en SOUS-OFFICIERS DE COMPA-GNIE et en SOUS-OFFICIERS D'ÉTAT-MAJOR DE CORPS. —S'il s'agit des TROUPES A CHEVAL, il faut substituer à l'expression SERGENT le terme MARÉCHAL DES LOGIS, différence fâ-cheuse, variété inutile, superfétation que l'ARMÉE AUTRICHIENNE a eu le bon esprit d'é-viter. —Les AUTEURS qui peuvent être con-sultés touchant les Sous-officiers sont : ARNOLD, BARDIN (1809, B; 1814, E), BER-NEWITS, BERRIAT, BOURJOT (1814, K), BRIN-KEN, DIPPOLD, DOYLE, ENCYCLOPÉDIE (1785, C, p. 740; id. supplément, p. 396), FLEIS-CHER (1802, G), GONVOT, HUSSON, M. JAC-QUINOT, KOESTER, M. LEBRETON (1835, D), LECOUTURIER (1825, A), LEGOUPIL, LELOUTREL (1821, O), LENZ, MATT (1827, F), M. de

MAUDUIT, MEIFARTH (1805, K), ODIER (1818, E, p. 45; 1824, E), PUYSÉGUR (1748, C), REICHE (1817, G), XILANDER (1830), un auteur anonyme (1784, A), le *Journal l'Armée* (1837, p. 25), le *Journal de l'Armée*, t. I, p. 272; t. III, p. 369; t. IV, p. 152; la *Sentinelle de l'Armée*, t. II, p. 375; t. III, p. 93; t. V, p. 252. — Il sera traité des Sous-officiers sous les rapports qui suivent : COMPOSITION, DÉNOMINATION, NOMINATION, AVANCEMENT, UNIFORME, LOCALISATION, REMPLACEMENT, LOGEMENT, ALLOCATIONS, DROITS, RANG, FONCTIONS, DEVOIRS, INSTRUCTION, SUBORDINATION, PUNITIONS, PEINES, SERVICE. — N° 1. COMPOSITION. — Les ouragues de la PHALANGE GRECQUE, les ORDINAIRES ROMAINS, les ÉNOMOTARQUES, les QUINTENIERS de la MILICE BYZANTINE, comme le témoigne MAIZEROY (1771, A, t. I, p. 68), avaient des GRADES auxquels peuvent être comparés ceux des SOUS-OFFICIERS D'INFANTERIE. — Les ordonnances de 1788 retranchaient de fait, sinon expressément, de la classe des BAS OFFICIERS les CAPORAUX; mais en PRUSSE, comme le témoigne MIRABEAU (1788, C), ils comptaient parmi les BAS OFFICIERS. C'était une imitation des anciens usages français. — Le DÉCRET DE 1790 (29 OCTOBRE), qui créait le titre de Sous-officier, disposait positivement que les CAPORAUX y faisaient nombre. — Le RÈGLEMENT DE 1791 (1er JANVIER, art. 14) reproduisait la disposition de 1790. — Des caprices de rédacteurs de décisions ont altéré cette règle, mais sans que la loi se soit clairement prononcée; aussi le doute sur le vrai sens de l'expression Sous-officier s'est-il prolongé pendant un demi-siècle, d'autant que le RÈGLEMENT DE 1791 (1er AOUT), qui a été en vigueur jusqu'en 1831, comprenait comme exercice de Sous-officiers les MANIEMENTS D'ARMES DE SERGENT et de CAPORAUX, expliqués et prescrits à la suite de l'ÉCOLE DE PELOTON. — Le DÉCRET DE L'AN TREIZE (25 GERMINAL, art. 204) confirmait la teneur de la LOI DE 1793 (21 FÉVRIER), et considérait ainsi qu'elle les CAPORAUX comme Sous-officiers. — Le DÉCRET DE 1809 (13 AVRIL) rangeait nominativement dans la classe des SERGENTS les CAPORAUX. — L'ORDONNANCE DE 1818 (13 MAI, art. 40), parlant de la tenue exigée des Sous-officiers et SOLDATS, omettait les CAPORAUX. L'INSTRUCTION DE 1818 (1er DÉCEMBRE) et la DÉCISION DE 1821 (1er JUILLET, titre 3) paraissaient continuer à comprendre comme Sous-officiers les CAPORAUX. — Mais l'INSTRUCTION DE 1821 (5 JUILLET), sur l'inspection, commençait à mentionner les CAPORAUX à part des SERGENTS. — La DÉCISION DE 1822 (31 JUILLET), qui déclarait que les CAPORAUX FOUR-

RIERS étaient de droit Sous-officiers après deux ans de SERVICE, abolissait implicitement les dispositions existantes de 1790 et de l'an trois. — L'ORDONNANCE DE 1823 (19 MARS) mentionnait toujours les CAPORAUX à part des Sous-officiers. — Il régnait si peu d'unanimité sur la question de savoir si les CAPORAUX et BRIGADIERS sont sous-officiers, que le projet de loi sur les pensions, voté en 1831 par la chambre des députés, portait : Sous-officiers et SOLDATS, et qu'un amendement de la chambre des pairs a voulu, au contraire, que le texte mentionnât : Sous-officiers, CAPORAUX, BRIGADIERS et SOLDATS. — Aux temps où la GARDE IMPÉRIALE et la GARDE ROYALE étaient sur pied, les CAPORAUX et BRIGADIERS des CORPS DE LIGNE ne comptaient plus parmi les Sous-officiers; mais ils y comptaient dans la GARDE. C'était un des vices inhérents à la constitution des CORPS PRIVILÉGIÉS et au système des GRADES SUPÉRIEURS, puisqu'ainsi un SIMPLE SOLDAT y pouvait devenir SERGENT. Ce GRADE pouvait ainsi être acquis deux ans avant l'âge exigé dans la ligne, ce qui violait la LOI DE 1818 (10 MARS). — L'ORDONNANCE DE 1821 (27 AOUT) avait autorisé les Sous-officiers à contracter des RENGAGEMENTS de deux ans. — Sous le régime de la restauration, le nombre des Sous-officiers français s'élevait à peu près à quinze mille. Les statistiques militaires font connaître qu'en temps de paix, les Sous-officiers figurent, toute proportion gardée, en plus petit nombre aux HOPITAUX que le reste des HOMMES DE TROUPE. Cette différence résulte de ce qu'ils sont, en général, choisis parmi des sujets mieux constitués, plus robustes, plus mûrs, mieux nourris. — M. XILANDER (1830) et plusieurs ÉCRIVAINS étrangers témoignent et regrettent qu'en général la classe des SOUS-OFFICIERS laisse à désirer; il en faut excepter cependant les SOUS-OFFICIERS ANGLAIS, et à quelques égards on eût pu citer comme modèles les SOUS-OFFICIERS DANOIS, HESSOIS, POLONAIS, WURTEMBERGEOIS, etc. — N° 2. DÉNOMINATION. — Dans le temps où le mot OFFICIER, non encore technique, avait le même sens qu'aurait aujourd'hui le terme MILITAIRE gradé, n'importe en quelle qualité, les MILITAIRES qu'on nomme aujourd'hui Sous-officiers étaient compris sous la désignation générale d'officiers. MONTÉCUCULI (1704, D), comme le fait remarquer M. le colonel CARRION (1824, A, t. II, p. 109), ne les mentionne jamais autrement; ils furent ensuite appelés OFFICIERS INFÉRIEURS. Dès le règne de LOUIS SEIZE, un ÉCRIVAIN anonyme (1784, G) avait blâmé l'appellation de BAS OFFICIERS, jusque-là en usage. —

Le décret de 1790 (29 octobre) substitua, comme nous l'avons dit, à cette qualification le titre de Sous-officier. — Le décret de 1811 (2 août) qui, le premier depuis les ordonnances de 1788, s'occupait de l'organisation de la classe des Sous-officiers, prenait un biais pour admettre à une même catégorie les caporaux, sergents, adjudants. Ainsi il appelait grades inférieurs leurs grades divers, et négligeait de définir ce que c'est qu'un Sous-officier. — Les élèves de l'école militaire de Saint-Cyr étaient considérés comme Sous-officiers. — N° 3. Nomination. — Dans la première moitié du dernier siècle, le choix des bas-officiers était laissé à l'arbitraire des capitaines et du colonel. Le ministre Choiseul, par une innovation étonnante pour l'époque, se détermina à appliquer les formes électives à la nomination des Sous-officiers; il rendit l'ordonnance de 1762 (10 décembre), relative aux sous-officiers de ligne. — Celles de 1763 (1er juin) et de 1764 (29 janvier) étendirent la même mesure aux gardes suisses et aux gardes françaises. En vertu de ces rescrits, les plus anciens bas officiers dans le grade desquels une vacance était survenue, s'assemblaient pour procéder au choix de trois candidats: les électeurs de premier degré dressaient en conséquence une proposition qu'ils soumettaient au major et aux capitaines; ces officiers faisaient sur ces choix un rapport au commandant du régiment, qui nommait définitivement. — L'ordonnance de 1775 (26 avril) avait confirmé ce mode de nomination. — Ce système de promotion convint mal aux colonels, et ne prit pas de racines. — L'ordonnance de 1788 (1er juillet) travailla à le faire revivre et voulait qu'une liste d'éligibilité au grade de Sous-officier fût formée et renouvelée tous les ans; le soin de la dresser et de l'entretenir était confié aux officiers supérieurs, aux capitaines, à l'instructeur en chef et aux adjudants. La loi tombait dans une complication qui détruisait le principe, la forme tuait le fond. — En 1790, l'ancien mode d'élection par l'intervention des camarades reprenait vogue. Alexandre Lameth, dans son rapport du 20 septembre, disait à cet égard: *En intéressant les Sous-officiers à faire de bons choix pour l'honneur du grade auquel ils appartiennent, on exerce et cultive en eux le sentiment de délicatesse et de fierté qui ne pourrait être trop encouragé dans le militaire.* — Le décret de 1790 (29 octobre) fut fondé sur ce principe. — Les formules de réception alors déterminées se sont ressenties des changements de forme si nombreux du gouvernement, et la guerre de la révolution a fait perdre de vue et les principes et les règles essayées pendant un demi-siècle. — Le décret de 1793 (21 février) exagérait le système de l'élection et interdisait, pour ainsi dire, aux chefs à épaulettes la faculté d'y intervenir. — La loi de l'an trois (14 germinal) tendait à rendre plus raisonnable l'élection. — Toutefois les formes voulues étaient tombées en oubli depuis 1791; elles restaient inapplicables au milieu des orages de la guerre. — Tout était dans le vague en fait de promotions de Sous-officiers, quand le décret de 1811 (2 août) détermina quels devaient être l'ancienneté de service et le nombre des années de grade du sujet susceptible d'être promu. Le grade de sergent ne devait plus être obtenu avant l'âge de vingt ans révolus. — Mais, à bien des égards, une pareille mesure était souvent impossible. Ce décret ne décidait plus à quelle autorité militaire était dévolu le droit de prononcer la nomination. En cette même année, il venait d'être créé un régiment de neuf bataillons, celui des pupilles de la garde, composé d'hommes dont les plus vieux n'avaient pas dix-sept ans; il fallait donc que pour faire des sergents, le colonel dérogeât à la loi, et quand ce chef d'un corps de huit mille enfants disait à un membre du corps de l'inspection aux revues: Comment voulez-vous que je trouve pour caporaux des hommes de deux ans de service, pour fourriers des sujets servant depuis deux ans et demi, pour sergents-majors des militaires comptant au corps depuis quatre ans, puisqu'ils sont tous au service d'hier, le bureaucrate lui répondait: Obéissez à la loi, je ne connais que la loi. — L'instruction de 1815 (5 décembre, art. 52) voulait que les Sous-officiers promus à ce grade depuis la dernière revue, prêtassent serment entre les mains d'un officier d'intendance. — La loi de 1818 (2 août, art. 8) exigeait au moins une année de service comme soldat pour être admissible comme caporal; elle voulait que le sujet nommé eût déjà acquis une suffisante instruction du métier; elle exigeait vingt ans d'âge pour qu'un caporal pût passer sergent ou tambour-major. — Mais on ne sait comment justifier et qualifier la disposition par laquelle elle prescrivait de ne pourvoir que de six mois en six mois au remplacement des emplois vacants. — La loi de 1832 (14 avril) n'autorisait la nomination de Sous-officier qu'après six mois de service comme caporal; l'appauvrissement d'une infanterie énervée par les prélèvements des armes spéciales contraignait ainsi la loi à être de moins en moins exigeante.—Les ordonnances de 1853 (2 novembre) et 1858 (16 mars), réglaient les formes de la nomination et de la réception des Sous-officiers. — Sur une liste d'éligibilité, soit du bataillon, soit du régiment, le capitaine proposait trois sujets sur lesquels le colonel en désignait un. — Depuis que les revues d'inspecteur général ont pris de l'importance et de la régularité, les Sous-officiers promus à ce grade étaient présentés à cet inspecteur. — Leur nomination était mise à l'ordre du jour du corps; leur réception avait lieu en grande tenue. — Des décisions défendaient de donner aux remplaçants des emplois de sous-officiers; c'était une injustice; on oubliait que la Tour d'Auvergne, premier grenadier de France, avait été remplaçant. — Si les remplaçants forment, comme cela s'est vu, le tiers de l'armée française, si les conscrits qui se résignent à servir sont en général des hommes trop peu aisés pour s'être fait remplacer, et pour avoir appris à lire, où eût-on pris des Sous-officiers. — Odier (1824, E) témoigne qu'en quelques milices étrangères, les sous-officiers comptables n'étaient nommés qu'en présence d'un commissaire aux revues, qu'après un examen qu'il passait, qu'avec son adhésion.— N° 4. Avancement.— Avant la révolution, l'emploi de sous-aide-major, d'adjudant, de porte-drapeau, de sous-lieutenant de grenadiers, et le passage dans la maréchaussée, étaient à peu près les seuls débouchés ouverts à l'ambition des Sous-officiers. — La circulaire de 1791 (1er janvier) contenait l'extrait du règlement sur l'avancement des Sous-officiers, réglait le mode de leur promotion, dictait les formules de leur réception. — Les Sous-officiers, caporaux non compris, ont eu droit, d'abord, au quart des sous-lieutenances. — La circulaire de 1817 (50 avril) établissait leur droit à raison du tiers des vacances, et réglait la forme des mémoires de propositions dressés à cette occasion. — La loi de 1818 (10 mars) confirmait cette disposition. — Sous le régime de la restauration, les Sous-officiers présentés à la nomination du ministre par le colonel et l'inspecteur général, étaient susceptibles de passer à des emplois dans les corps de punitions, de recruter la gendarmerie, les gardes du corps, de concourir, avec les cent cinquante élèves sortant annuellement de Saint-Cyr, aux emplois vacants de sous-lieutenants. — Une gratification de première mise, en outre de leur fonds de masse, était acquise aux Sous-officiers nommés sous-lieutenants. — L'ordonnance de 1829 (31 mai) accordait, sinon un avancement, au moins une récompense

aux Sous-officiers qu'après seize ans de service elle déclarait admissibles aux emplois de sous-officiers d'état-major de place. — L'ordonnance de 1850 (13 novembre) donnait accès à l'école polytechnique, jusqu'à l'âge de vingt-cinq ans, aux Sous-officiers qui, après examen, seraient susceptibles d'y être admis. — Ainsi, comme le témoignait le *Journal de l'Armée*, t. i, p. 272, ils acquièrent droit aux nominations au choix, en outre du tiers des nominations qui leur était dévolu à l'ancienneté. — La loi de 1852 (14 avril) confirmait leurs droits au tiers des sous-lieutenances vacantes. — Du premier août 1830 au mois d'août 1835 deux mille cinq cent vingt Sous-officiers étaient passés sous-lieutenants. L'ancienneté, les bons services, ou la faveur, procuraient aux sous-officiers français l'avancement; mais en Prusse et en plusieurs autres milices l'âge et la protection ne suffisaient pas; des preuves de capacité, témoignées par des examens et des concours, étaient exigées. Les candidats et sous-officiers prussiens y étaient soumis. — N° 5. Uniforme. — L'habillement des Sous-officiers, jusque-là pareil à celui des simples soldats, s'était embelli, enchéri par suite des décisions du ministre de la guerre qui exerçait en 1821. —L'habit des Sous-officiers était garni d'épaulettes pareilles à celles des simples soldats de leur compagnie; il était d'un drap particulier; sa durée était de dix-huit mois. Leur bonnet de police et leur capote étaient en drap ordinaire de troupe, conformément à la décision de 1822 (30 avril). —Leur capote, d'abord pareille par la forme à celle des hommes de troupe, comme la raison le voulait, a été ensuite, ainsi que la capote des musiciens, en forme de redingote; c'était une imitation maladroite des usages capricieux dont les corps privilégiés avaient donné l'exemple. — Le gilet des Sous-officiers était sans manches; il fut ensuite supprimé par la décision de 1822 (30 avril). — Le schako des Sous-officiers ne devait pas différer de celui de la troupe; mais les décisions de 1821 (26 décembre) et de 1822 (5 janvier) ne lui attribuaient qu'une durée moitié moindre que la durée des schakos des simples soldats. — L'habillement des Sous-officiers portait les marques distinctives de leur grade et les chevrons d'ancienneté dont les ordonnances de 1821 (9 juin) et de 1829 (27 septembre) réglaient le nombre et la forme. — Leurs chevrons, longtemps pareils à ceux des soldats, ont été depuis le dix-neuvième siècle un galon d'or ou d'argent, d'abord par tolérance; c'était aussi une imitation des modes des corps privilé-

GIÉS. — Les armes des Sous-officiers, sauf celles de l'adjudant et du petit état-major, comprenaient, de plus que celles des fusiliers, un sabre, et dans quelques corps, une épée, à l'instar de la garde. — La giberne des Sous-officiers a eu, suivant les temps, un coffret dont les auges étaient de forme particulière ; un de ses compartiments contenait le monte-ressort. — L'ordonnance de 1821 (8 septembre) permettait aux Sous-officiers de se procurer, à leur compte, des pantalons de toile et des effets de linge et chaussure, pourvu qu'ils ne s'écartassent pas de l'uniforme. — La décision de 1828 (51 mai) réglait la manière dont les marques distinctives seraient portées sur les effets d'habillement. — L'ordonnance de 1850 (21 février) mettait au compte de la masse d'entretien la dépense des galons de grade et des chevrons. — Nº 6. Localisation, remplacement, logement. — Puységur (1748, C, ch. ii) a senti le premier que, activement, les Sous-officiers, alors bas officiers, devaient faire partie des rangs de leur compagnie, et non être arbitrairement disséminés en ordre de bataille, comme la coutume en existait : néanmoins, dans les manoeuvres, l'adjudant peut placer des Sous-officiers comme guides dans les subdivisions qui en manqueraient. — L'ordonnance de 1768 (1er mars) déterminait la place que les sous-officiers en garnison devaient occuper à l'instant de la prise d'armes des gardes montantes et à la formation du cercle de la parade. — Il est des cas où les Sous-officiers font partie de l'ordinaire des soldats ; il en était ainsi en détachement, ou quand ils étaient en trop petit nombre pour établir une cuisine à part ; dans ce cas ils versaient pour l'achat des aliments un supplément de deniers d'ordinaire. — En cas de vacance ou d'absence, les Sous-officiers étaient suppléés par les caporaux ; mais le sergent-major ne pouvait être remplacé par un sergent qu'avec l'assentiment du colonel. — Les Sous-officiers, caporaux non compris, ont de tout temps couché seul à seul dans les casernes ; aussi leurs chambres n'étaient-elles meublées que d'un bois de lit a une place. — Ce qui concerne leur logement était indiqué dans le règlement de 1792 (25 mai) et dans l'ordonnance de 1824 (17 août). — Nº 7. Allocations, droits, rang. — Les Sous-officiers, caporaux non compris, percevaient, en garnison et en campagne, double ration de chauffage ; cette différence d'allocation de combustibles résultait de ce qu'ils avaient table, cuisine et cuisiniers à part. — La masse de linge et chaussure des Sous-officiers était proportionnée au prêt plus avantageux qu'ils touchaient. — L'ordonnance de 1829 (27 septembre) accordait cinq centimes de plus par journée de présence aux Sous-officiers, sergent-major non compris. — La loi de 1851 (11 avril) réglait leurs pensions de retraite. — Les Sous-officiers avaient droit de punir de prison les soldats, et d'accorder en garnison, à leurs subordonnés, des permis d'absence entre deux appels. — Ils étaient exempts de corvées de chambrée ; leurs enfants du sexe masculin pouvaient être admis comme enfants de troupe. — Ils pouvaient, après l'appel du soir, sortir jusqu'à une certaine heure de la caserne, mais sous l'obligation de se présenter, en rentrant, au chef du poste de police de la caserne. — Le rang des Sous-officiers semble avoir varié depuis qu'on a regardé la place d'adjudant, tantôt comme un grade, tantôt comme un emploi ; mais les ordonnances s'étaient montrées peu d'accord avec elles-mêmes, en déclarant l'adjudant premier Sous-officier, le vaguemestre premier sous-officier. — Les second et troisième porte-aigle ont été considérés comme Sous-officiers. — Le rang des Sous-officiers a pris plus d'importance depuis qu'ils n'ont plus été soumis à cassation qu'en vertu d'une sorte de jugement. — Nº 8. Fonctions, devoirs. — Le règlement de 1791 (1er août) employait comme porte-drapeau des Sous-officiers. — Dans chaque compagnie les Sous-officiers, c'est-à-dire les sergents et caporaux, roulaient, dans leur grade respectif, pour le service de semaine, ou comme sous-officiers d'ordre, comme les appelaient les ordonnances de 1768 (1er mars) et de 1788 (17 mars). Ces sous-officiers d'ordre ou de semaine, suivant leur dénomination plus modeste, défilaient, sous les ordres de l'adjudant de semaine, à la garde montante, ayant le fusil sans baïonnette et le sabre sans giberne. — Sous le règne impérial, l'école de Fontainebleau avait été créée comme une pépinière de Sous-officiers : un manuel de leurs fonctions avait été composé ad hoc. — L'ordonnance de 1818 (2 août) considérait les emplois non occupés de Sous-officiers, comme susceptibles de rester vacants, de manière à n'être remplis que de semestre en semestre. On ne pouvait pas admettre une mesure moins plausible ; elle fut modifiée par l'ordonnance de 1858 (16 mars). — Les ordonnances de 1851 (4 mars) et de 1855 (2 novembre) réglaient, graduaient les principales fonctions des Sous-officiers ; celle de 1851 (7 mai) reconnaissait des sous-officiers de magasin. — Il était employé dans les places de guerre, de vieux Sous-officiers comme consignes-por-

TIERS. — Les Sous-officiers font exécuter dans les CASERNES les TRAVAUX DE PROPRETÉ; ils veillent à la TENUE des CHAMBRES et des HOMMES, au mécanisme du SERVICE, au maintien de la POLICE. — En temps ordinaire, un Sous-officier est FACTEUR; en TEMPS DE GUERRE, un Sous-officier est VAGUEMESTRE et FACTEUR. — En plus d'un CORPS, des Sous-officiers étaient CANTINIERS, ou avaient pour femme une BLANCHISSEUSE; leurs FONCTIONS perdaient en exactitude et régularité ce que leur bourse gagnait en profits. — Les RÈGLEMENTS voulaient que les Sous-officiers rendissent compte par écrit des PUNITIONS qu'ils infligeaient, informassent le CHIRURGIEN-MAJOR des indispositions des HOMMES sous leurs ordres, s'opposassent à ce que les PLATINES des FUSILS fussent démontées et les SOUS-GARDES déplacées, à moins que ce ne fût en leur présence. — Nº 9. INSTRUCTION. — Un des inconvénients qui résultent des lois qui prescrivent, en quelques MILICES ÉTRANGÈRES, l'ENROLEMENT à trop courte durée, est l'inexpérience et l'inhabileté des Sous-officiers. Aussi quantité de dispositions réglementaires ont-elles eu pour objet de favoriser le RENGAGEMENT des HOMMES DE TROUPE GRADÉS. — En FRANCE les ADJUDANTS, dirigés à cet égard par les ADJUDANTS-MAJORS, sont chargés de l'instruction et de la THÉORIE des SOUS-OFFICIERS D'INFANTERIE, de les dresser comme GUIDES DE SUBDIVISION, ou CONDUCTEURS D'AILE, de leur enseigner le PORT D'ARMES, ou l'ARME DANS LE BRAS DROIT, les MARCHES À CADRE OUVERT; à cet effet les EXERCICES commencent dès la première quinzaine de FÉVRIER. — Dans les REVUES qu'ils passent, les INSPECTEURS GÉNÉRAUX constatent le degré de savoir des Sous-officiers, les interrogent sur les THÉORIES de l'ÉCOLE DE BATAILLON et de PELOTON, les examinent dans les EXERCICES sur le terrain, comme GUIDES GÉNÉRAUX, CHEFS DE SECTION, Sous-officiers DE REMPLACEMENT, et s'assurent s'ils sont susceptibles de démontrer, à titre d'INSTRUCTEURS, le MANIEMENT du FUSIL, et s'ils possèdent les connaissances voulues en fait d'ADMINISTRATION et de détails d'ARMEMENT. — Les Sous-officiers que le COLONEL regarderait comme au-dessous de leurs fonctions par défaut d'INSTRUCTION ou toute autre cause, seraient présentés particulièrement à l'INSPECTEUR GÉNÉRAL pour qu'il prononçât sur leur compte. — En certaines MILICES, on exigeait que la NATATION fût familière aux Sous-officiers, et qu'ils la pussent démontrer. — Nº 10. SUBORDINATION. — Les anciens RÈGLEMENTS DE POLICE DE 1788 déterminaient le SALUT que les Sous-officiers devaient faire en rencontrant ou abordant leurs CHEFS. D'autres documents ministériels décidaient par quel moyen leur serait remis l'ARGENT D'ENVOI arrivé pour eux par la voie de la POSTE AUX LETTRES. — Les Sous-officiers de COMPAGNIES étaient sous l'autorité et la surveillance des ADJUDANTS pour le SERVICE et les MANŒUVRES; ils étaient sous la surveillance de leur CAPITAINE pour la tenue et la conduite. — Ils étaient rassemblés au moyen de BATTERIES nommées A L'ORDRE; leur présence était constatée, aux grandes PRISES D'ARMES, par l'ADJUDANT-MAJOR; il était fait APPEL de leurs noms aux INSPECTIONS, REVUES, GARDES MONTANTES. — Ils pouvaient, s'ils y manquaient, être punis par l'ADJUDANT SOUS-OFFICIER. — Nº 11. PUNITIONS, PEINES. — Les PUNITIONS des Sous-officiers ne différaient de celles des autres HOMMES DE TROUPE que parce qu'ils n'étaient pas sujets à être appointés de CORVÉES, et qu'ils pouvaient être mis aux ARRÊTS dans leur CHAMBRE pendant un mois. — Ils ne pouvaient être punis de PRISON que par leur CAPITAINE, et de CACHOT que par leur COLONEL. — L'ORDONNANCE DE 1768 (1er MARS) privait d'ALIMENTS D'ORDINAIRE les SOUS-OFFICIERS PUNIS de PRISON; leur interdisait d'en recevoir du dehors, d'en acheter du GEÔLIER; prescrivait la quantité de PAILLE DE COUCHAGE qui leur était due, et prévoyait les cas où ils tomberaient malades. — L'ORDONNANCE DE 1788 (17 MARS) voulait qu'en PRISON ils fussent en VESTE et en BONNET DE POLICE. — Ils conservaient à la SALLE DE DISCIPLINE leur HABIT, mais y étaient sans ARMES et en BONNET DE POLICE. — Ils ne pouvaient être mis au CACHOT que dans le cas où ils devaient PASSER en JUGEMENT. — Les FAUTES LÉGÈRES des Sous-officiers étaient punies de CONSIGNE A LA CASERNE, sans interruption de SERVICE; leurs FAUTES contre le SERVICE de la PLACE étaient punies de SALLE DE DISCIPLINE; leur SUSPENSION, leur CASSATION, les FORMULES de leur DÉGRADATION, étaient l'objet de détails nombreux insérés au *Manuel d'infanterie* (1813, p. 143). — Les RÈGLEMENTS DE 1792 (24 JUIN) et DE 1816 (24 JUILLET), les ORDONNANCES DE 1818 (13 MAI) et DE 1833 (2 NOVEMBRE) modifiaient successivement les formes de leurs PUNITIONS. — Ils pouvaient être mis à la SALLE DE DISCIPLINE, privés des ALIMENTS de l'ORDINAIRE et réduits au PAIN DE MUNITION, si des OFFICIERS SUPÉRIEURS en donnaient l'ordre; ils pouvaient être mis en PRISON en vertu des ordres des OFFICIERS SUPÉRIEURS. — Les Sous-officiers ayant contracté des DETTES pouvaient être attachés à un ORDINAIRE DE SOLDATS par l'ordre du COLONEL, afin que des RETENUES plus fortes pussent être exercées sur leur solde au profit des CRÉANCIERS. — Ceux qui étaient consignés A LA CHAMBRE n'étaient dispensés d'aucun SERVICE, tant intérieur qu'extérieur; mais, à l'instant de s'en acquitter, ils devaient prévenir l'ADJUDANT DE SEMAINE de la LEVÉE momentanée de leur CONSIGNE. — Les Sous-officiers à la SALLE DE DISCIPLINE étaient exercés aux CLASSES TACTIQUES. — Au temps de l'existence de la MASSE DE COMPAGNIE, les RETENUES que subissaient les SOUS-OFFICIERS PUNIS tournaient au profit de cette MASSE. — L'ORDONNANCE DE 1818 (15 MAI) voulait que, en cas de PROPOSITION DE CASSATION, le MARÉCHAL DE CAMP commandant donnât son avis motivé. — Sur la PROPOSITION du CHEF DU BATAILLON dont les Sous-officiers faisaient partie, leur SUSPENSION pouvait être prononcée par leur COLONEL; ils conservaient en ce cas leurs GALONS, mais les perdaient s'ils étaient cassés; ainsi le voulait le RÈGLEMENT DE 1816. — Les instructions sur l'inspection exigeaient que les INSPECTEURS GÉNÉRAUX s'assurassent si les PRISONS des Sous-officiers (et les SALLES DE DISCIPLINE étaient comprises dans ce mot PRISON) étaient séparées de celles des autres HOMMES DE TROUPE. — Cette disposition laissait douter si c'était comme Sous-officiers ou comme SOLDATS que devaient être punis les CAPORAUX. La raison indique qu'il conviendrait mieux que ce fût dans les PRISONS des Sous-officiers que fussent mis les CAPORAUX PUNIS. — Les Sous-officiers surpris dans des ATTROUPEMENTS illicites eussent subi la PEINE DE MORT, réservée aux AUTEURS D'ATTROUPEMENTS et aux CHEFS DE RÉVOLTE. — Le nombre des PEINES encourues par les Sous-officiers était un peu plus faible que le nombre des PEINES encourues par des CAPORAUX. En 1832, il avait été MIS EN JUGEMENT un Sous-officier sur cent dix-sept HOMMES DE TROUPE. — Toute PEINE CORRECTIONNELLE à laquelle était condamné un Sous-officier entraînait CASSATION pour redescendre au rang de SIMPLE SOLDAT. — S'ils étaient LÉGIONNAIRES, leur CASSATION ne pouvait avoir lieu qu'avec l'autorisation du MINISTRE DE LA GUERRE, sur la proposition de l'INSPECTEUR GÉNÉRAL. — Les SOUS-OFFICIERS DÉTENUS par MISE EN JUGEMENT étaient privés de Solde; mais, en cas d'acquittement, ils la touchaient par voie de RAPPEL. — N° 12. SERVICE. — Le SERVICE des Sous-officiers était le même que celui des autres HOMMES DE TROUPE, moins les FACTIONS, plus les RONDES, et sauf la portion d'autorité donnant droit au COMMANDEMENT. — Etant de SERVICE, ils pratiquaient, les ADJUDANTS exceptés, un PORT D'ARME particulier. — La manière de faire le SALUT à leurs CHEFS, salut de déférence, qui était jadis une des premières leçons du SERVICE, a varié suivant la forme de la COIFFURE des Sous-officiers; ce qui concourt à prouver que la moindre modification apportée dans la LÉGISLATION MILITAIRE exigerait que toute la LÉGISLATION fût revue. — Certaines BATTERIES appelaient les Sous-officiers aux CERCLES D'APPEL et à toutes les réunions dont le SERVICE était l'occasion ou l'objet. — Les ADJUDANTS SOUS-OFFICIERS nouveaux nommés étaient reconnus et reçus à la tête des Sous-officiers, réunis en GRANDE TENUE à cet effet. — Le service des SOUS-OFFICIERS D'INFANTERIE française a différé suivant qu'ils étaient : AU CAMP, — CHEFS DE CLASSE, — CHEFS DE DÉTACHEMENT, — CHEFS DE POSTE, — DE CAMPEMENT, — DE CASERNEMENT, — DE COMPAGNIE, — DE CORVÉE, — DE GARDE, — DE MAGASIN, — DE PIQUET, — DE PLANTON, — DE RONDE, — DE SEMAINE, — D'ÉTAT-MAJOR, — D'ORDONNANCE, — EN CAMPAGNE, — EN DÉTACHEMENT, — EN GARNISON, — EN ROUTE, — INSTRUCTEURS, — MAITRES D'ÉCOLE, — SECRÉTAIRES.

SOUS-OFFICIER à l'INFIRMERIE. V. INFIRMERIE.

SOUS-OFFICIER ANGLAIS. V. ANGLAIS, adj. V. MILICE ANGLAISE N° 2, 5, 9. v. SOUS-OFFICIER N° 1.

SOUS-OFFICIER AU CAMP. V. AU CAMP. V. CAMP D'INSTRUCTION. V. CONSIGNE DE SENTINELLE DE GARDE AU CAMP. V. CORDEAU DE PROFONDEUR.

SOUS-OFFICIER AUTRICHIEN. V. AUTRICHIEN, adj. V. MILICE AUTRICHIENNE N° 2, 7, 8.

SOUS-OFFICIER BAVAROIS. V. BAVAROIS, adj. V. MILICE BAVAROISE N° 3.

SOUS-OFFICIER CHEF DE CLASSE. V. CHEF DE CLASSE. V. INSTRUCTEUR EN CHEF.

SOUS-OFFICIER CHEF DE DÉTACHEMENT. V. ADJUDANT-MAJOR DE SEMAINE N° 4. V. CHEF DE DÉTACHEMENT D'INFANTERIE.

SOUS-OFFICIER CHEF DE POSTE. V. CHEF DE POSTE D'HOMMES DE GARDE.

SOUS-OFFICIER CHEF DE RÉVOLTE. V. CHEF DE RÉVOLTE.

SOUS-OFFICIER CHEF DE SECTION. V. CHEF DE SECTION. V. SECTION ADMINISTRATIVE.

SOUS-OFFICIER CHEF D'ÉCOLE. V. CHEF D'ÉCOLE. V. CLASSE DE LECTURE. V. COLONEL D'INFANTERIE FRANÇAISE DE LIGNE N° 15, 36. V. ÉCOLE. V. ÉCOLE D'ENSEIGNEMENT PRIMAIRE. V. ENFANT D'HOMME DE TROUPE N° 5. V. GRATIFICATION DE SOUS-OFFICIER. V. INSPECTEUR GÉNÉRAL D'INFANTERIE N° 2. V. MINISTRE DE LA GUERRE N° 10.

SOUS-OFFICIER COMPTABLE. V. ADMINISTRATION DE COMPAGNIE. V. COMMISSAIRE DES GUERRES

N° 4. V. COMPTABLE. V. FOURRIER D'INFANTERIE FRANÇAISE DE LIGNE. V. OFFICIER COMPTABLE. V. REGISTRE DE CORPS. V. SERGENT-MAJOR. V. SOUS-OFFICIER N° 5.

SOUS-OFFICIER CONGÉDIÉ. V. CONGÉDIÉ.

SOUS-OFFICIER DANOIS. V. DANOIS, adj. V. GYMNASTIQUE. V. MILICE DANOISE N° 1. V. SOUS-OFFICIER N° 4.

SOUS-OFFICIER D'ARTILLERIE. V. ARTILLERIE. V. ÉCOLE D'ARTILLERIE.

SOUS-OFFICIER DE CAMPEMENT. V. CAMPEMENT. V. CAMPEMENT ACTIF.

SOUS-OFFICIER DE CASERNEMENT. V. CASERNEMENT. V. PORTE-DRAPEAU N° 6.

SOUS-OFFICIER DE CAVALERIE. V. BRINKEN. V. CAVALERIE. V. KOESTER. V. LINDENAU. V. MARÉCHAL DES LOGIS. V. OFFICIER DE CAVALERIE N° 1. V. POELLNITZ. V. SOUS-OFFICIER.

SOUS-OFFICIER DE COMPAGNIE. V. CHAMBRE. V. CHAMBRE DE SOUS-OFFICIER. V. COMMANDANT DE COMPAGNIE. V. COMPAGNIE. V. COMPAGNIE D'INFANTERIE FRANÇAISE DE LIGNE N° 10, 11. V. COMPAGNIE HORS RANG. V. SOUS-OFFICIER.

SOUS-OFFICIER DE COMPAGNIE DE DISCIPLINE. V. COMPAGNIE DE DISCIPLINE.

SOUS-OFFICIER DE COMPAGNIE D'ÉLITE. V. AVANCEMENT AU GRADE DE SOUS-OFFICIER. V. COMPAGNIE D'ÉLITE. V. ÉPAULETTES DE COMPAGNIE D'ÉLITE.

SOUS-OFFICIER DE CORPS. V. CORPS. V. SOUS-OFFICIER.

SOUS-OFFICIER DE CORVÉE. V. CORVÉE. V. CORVÉE DE PAIN.

SOUS-OFFICIER DE DISTRIBUTION. V. DISTRIBUTION. V. DISTRIBUTION DE RATIONS.

SOUS-OFFICIER DE DRAPEAU. V. DRAPEAU. V. GARDE DE DRAPEAU.

SOUS-OFFICIER DE FUSILIERS. V. FUSILIER.

SOUS-OFFICIER DE GARDE. V. ADJUDANT DE SEMAINE N° 1. V. BROCANTEUR. V. CHEF D'AVANCÉE. V. CHEF DE GARDE DESCENDANTE. V. CHEF DE GARDE MONTANTE. V. CHEF DE POSTE DE FORTERESSE. V. CHEF DE POSTE D'HOMMES DE GARDE. V. CHEF DE POSTE DE POLICE EN GARNISON. V. CORPS DE GARDE. V. GARDE. V. GARDE EN GARNISON. V. MOT. V. MOT DE RALLIEMENT. V. OFFICIER DE GARDE. V. PARADE PARTICULIÈRE. V. POSTE D'HOMMES DE GARDE EN CAMPAGNE. V. TÉMOIN JUDICIAIRE.

SOUS-OFFICIER DE GARDE IMPÉRIALE. V. GARDE IMPÉRIALE N° 3, 4.

SOUS-OFFICIER DE GARDE ROYALE. V. GARDE ROYALE N° 4.

SOUS-OFFICIER DE GENDARMERIE. V. ENRÔLÉ VOLONTAIRE. V. GENDARMERIE. V. MAIRE DE COMMUNE.

SOUS-OFFICIER DE GRENADIERS. V. CAPORAL DE GRENADIERS. V. COMPAGNIE DE GRENADIERS D'INFANTERIE FRANÇAISE DE LIGNE N° 1. V. GRENADIER. V. GRENADIER D'INFANTERIE FRANÇAISE DE LIGNE N° 2.

SOUS-OFFICIER DE LIGNE. V. LIGNE. V. SOUS-OFFICIER N° 3.

SOUS-OFFICIER DE MAGASIN. V. COMPAGNIE HORS RANG. V. MAGASIN. V. SOUS-OFFICIER N° 8.

SOUS-OFFICIER DE PIQUET. V. PIQUET. V. PIQUET ACTIF. V. PIQUET AU CAMP.

SOUS-OFFICIER DE PLANTON. V. PLANTON.

SOUS-OFFICIER DE PUPILLES. V. PUPILLE. V. PUPILLE N° 2.

SOUS-OFFICIER DE RECRUTEMENT. V. CAPITAINE DE RECRUTEMENT. V. RECRUTEMENT.

SOUS-OFFICIER DE RONDE. V. BANQUETTE DE CORPS DE PLACE. V. CHEF DE POSTE D'HOMMES DE GARDE N° 4. V. RONDE.

SOUS-OFFICIER DE SEMAINE. V. ADJUDANT DE SEMAINE N° 1, 7. V. ADJUDANT D'INFANTERIE FRANÇAISE DE LIGNE N° 15. V. ADJUDANT-MAJOR DE SEMAINE N° 3. V. ALIMENTS D'ORDINAIRE. V. APPEL DE SOUS-OFFICIERS DE SEMAINE. V. BON DE RÉPARATIONS. V. BROCANTEUR. V. CAPITAINE DE DISTRIBUTIONS. V. CAPITAINE DE POLICE EN GARNISON. V. CERCLE D'ORDRE. V. COMPAGNIE D'INFANTERIE FRANÇAISE DE LIGNE N° 10. V. GARDE ARMÉE. V. GARDE EN GARNISON. V. LISTE DE SOUS-OFFICIERS DE SEMAINE. V. OFFICIER DE COMPAGNIE. V. PARADE PARTICULIÈRE. V. SEMAINE. V. SERVICE DE SEMAINE. V. SOUS-OFFICIER N° 8.

SOUS-OFFICIER DE SERVICE. V. APPEL DE SOUS-OFFICIER DE SERVICE. V. SERVICE.

SOUS-OFFICIER DE TRAIN. V. HAUT-LE-PIED. V. TRAIN.

SOUS-OFFICIER DE VOLTIGEURS. V. ARME DE VOLTIGEURS. V. CORNET IDIOPHONIQUE N° 5. V. ORDONNANCE D'EXERCICE D'INFANTERIE. V. VOLTIGEUR.

SOUS-OFFICIER D'ÉTAT-MAJOR DE CORPS. V. ADJUDANT DE SEMAINE N° 8. V. ADJUDANT D'INFANTERIE FRANÇAISE DE LIGNE N° 7, 16. V. ADJUDANT-MAJOR DE SEMAINE N° 1. V. ARGENT D'ENVOI AUX SOUS-OFFICIERS D'ÉTAT-MAJOR. V. ARMURIER DE CORPS N° 3. V. CAPITAINE D'INFANTERIE FRANÇAISE DE LIGNE N° 13. V. CHEF DE POSTE DE POLICE EN ROUTE. V. CHIRURGIEN-MAJOR D'INFANTERIE FRANÇAISE DE LIGNE N° 9. V. ÉPÉE DE SOUS-OFFICIER D'ÉTAT-MAJOR. V. ÉTAT-MAJOR DE CORPS N° 3.

SOUS-OFFICIER D'ÉTAT-MAJOR DE PLACE. V. ÉTAT-MAJOR DE PLACE. V. SOUS-OFFICIER ; id. N° 4.

SOUS-OFFICIER DÉTENU. V. DÉTENU. V. SOUS-OFFICIER N° 11.

SOUS-OFFICIER D'INFANTERIE. V. BARDIN.

v. Fleischer. v. Husson (1822, L). v. infanterie. v. infanterie franco-suisse. v. Koester. v. Legoupil. v. Leloutrel (1821, O). v. Meifarth (1825, K). v. Reiche (1807, C). v. sous-officier n° 1, 4, 9, 12. v. trésorier de corps n° 1.

SOUS-officier d'infanterie légère. v. infanterie légère n° 5.

SOUS-officier d'ordonnance. v. ordonnance. v. ordonnance idioplique.

SOUS-officier d'ordre. v. ordre. v. sous-officier n° 8.

SOUS-officier du génie. v. école d'artillerie. v. génie. v. génie idioplique n° 4.

SOUS-officier du train. v. train.

SOUS-officier en activité. v. en activité. v. secrétaire archiviste.

SOUS-officier en campagne. v. chef de poste fermé. v. en campagne. v. Husson (1822, L). v. Matt (1827, F).

SOUS-officier en détachement. v. acompte. v. adjudant-major de semaine n° 4. v. deniers d'ordinaire. v. en détachement. v. Lenz. v. Leloutrel (1821, O). v. mot. v. sous-officier n° 6, 7.

SOUS-officier en garnison. v. appel de soir en garnison. v. capitaine de police en garnison. v. chef de chambre de caserne. v. en garnison. v. sous-officier n° 6, 7.

SOUS-officier en retraite. v. en retraite. v. secrétaire archiviste.

SOUS-officier en route. v. adjudant en route. v. arrière-garde de corps en temps de paix. v. billet de logement de compagnie. v. bretelles de havre-sac. v. caporal en route. v. écloppé. v. en route. v. fusil d'homme de troupe en route. v. indemnité de route d'homme de troupe. v. peloton d'infanterie.

SOUS-officier espagnol. v. espagnol, adj. v. milice espagnole n° 2.

SOUS-officier français. v. calotte. v. français, adj. v. maraudage. v. recrutement. v. sous-officier ; id. n° 4. v. témoin judiciaire. v. trésorier de corps n° 6.

SOUS-officier garnisaire. v. garnisaire.

SOUS-officier grec. v. grec, adj. v. milice grecque n° 6. v. ourague.

SOUS-officier haïtien. v. haïtien, adj. v. milice haïtienne.

SOUS-officier hessois. v. hessois, adj. v. langue française. v. milice hessoise. v. sous-officier n° 1.

SOUS-officier hollandais. v. hollandais, adj. v. milice hollandaise n° 3. v. pupille.

SOUS-officier honoraire. v. chef de musique. v. honoraire, adj.

SOUS-officier instructeur. v. chef de classe tactique. v. instructeur.

SOUS-officier juge. v. adjudant commandant. v. conseil permanent n° 1. v. juge. v. juge militaire.

SOUS-officier légionnaire. v. cassation de sous-officier. v. membre de la Légion d'honneur. v. ministre de la guerre n° 12.

SOUS-officier maitre d'école. v. école. v. école d'enseignement primaire. v. maitre d'école.

SOUS-officier marié. v. blanchisseuse. v. cantinier. v. marié. v. milice napolitaine n° 2.

SOUS-officier napolitain. v. milice napolitaine n° 2. v. napolitain, adj.

SOUS-officier néerlandais. v. milice néerlandaise n° 1, 2, 4. v. néerlandais, adj.

SOUS-officier piémontais. v. milice piémontaise n° 3. v. piémontais, adj.

SOUS-officier polonais. v. milice polonaise n° 4. v. natation. v. polonais, adj. v. sous-officier n° 1.

SOUS-officier portugais. v. milice portugaise n° 1. v. portugais, adj.

SOUS-officier promu. v. fonds de masse d'homme de troupe. v. gratification de première mise. v. gratification de sous-officier promu. v. sous-officier n° 4. v. première mise de sous-officier.

SOUS-officier prussien. v. milice prussienne n° 2, 4, 6, 9. v. prussien, adj. v. sous-officier n° 4.

SOUS-officier puni. v. adjudant de semaine n° 1. v. adjudant-major d'infanterie française n° 14. v. arrière-garde de corps en route en temps de paix. v. consigne à la caserne. v. puni, adj. v. salle de discipline. v. sous-officier n° 11.

SOUS-officier russe. v. milice russe n° 2, 6, 8, 9. v. russe, adj.

SOUS-officier secrétaire. v. officier payeur. v. secrétaire. v. secrétaire archiviste. v. secrétaire trésorier.

SOUS-officier sédentaire. v. compagnie sédentaire. v. sédentaire, adj.

SOUS-officier suédois. v. milice suédoise n° 5. v. suédois, adj.

SOUS-officier suisse. v. milice suisse n° 5. v. suisse, adj.

SOUS-officier turc. v. milice turque n° 2, 4, 8, 9. v. turc, adj.

SOUS-OFFICIER TURCO-ÉGYPTIEN. V. MILICE TURCO-ÉGYPTIENNE N° 3, 4. V. TURCO-ÉGYPTIEN, adj.

SOUS-OFFICIER WURTEMBERGEOIS. V. GYMNASTIQUE. V. MILICE WURTEMBERGEOISE N° 1, 5, 7. V. SOUS-OFFICIER N° 1. V. WURTEMBERGEOIS, adj.

SOUS-PATTE. V. BOUTON DE MANCHE DE FRAC. V. BOUTON DE MANCHE DE GILET. V. PATTE.

SOUS-PATELETTE. V. GIBERNE. V. PATELETTE.

SOUS-PIED DE GUÊTRE. V. DEMI-GUÊTRE. V. GUÊTRE. V. PIED.

SOUS-PIED DE PANTALON. V. PANTALON.

SOUS-PONT. V. BANDE DE SOUS-PONT. V. PONT.

SOUS-PRÉFET, subs. masc. (B, 1). MAGISTRAT CIVIL qui, à quelques égards, intervient dans les détails de l'ADMINISTRATION MILITAIRE, comme jadis y concouraient les INTENDANTS DE PROVINCE, et comme y coopère aussi le PRÉFET du département en l'absence du SOUS-INTENDANT MILITAIRE; ainsi le prescrivait la CIRCULAIRE DE 1806 (4 JANVIER). Le Sous-préfet délivre les MANDATS DE FOURNITURES DE CONVOI; il règle tout ce qui a rapport à ce genre d'INDEMNITÉ; il signe, s'il y a lieu, les ACTES DE REMPLACEMENT. — S'il ne se trouve sur les lieux, ni COMMANDANT D'ARMES, ni MEMBRE du CORPS DE L'INTENDANCE, il PASSE la REVUE DE DÉPART OU DE SUBSISTANCE des TROUPES EN ROUTE, et signe leurs ÉTATS DE PAYEMENT; il délivre les FEUILLES DE ROUTE. — En cas où le lieu de résidence du CONSEIL DE PRÉFECTURE serait éloigné de la SOUS-PRÉFECTURE, le Sous-préfet serait susceptible, en vertu des décisions de ce CONSEIL, de procéder à la vérification des ÉTOFFES D'HABILLEMENT DE TROUPE, au sujet desquelles un CORPS DE TROUPE croirait avoir des réclamations à élever, vis-à-vis des FOURNISSEURS, et par rapport aux conditions du MARCHÉ. — Il vise les CERTIFICATS délivrés à des PERMISSIONNAIRES SORTANT D'HOPITAL. — Il siége à titre de RAPPORTEUR au CONSEIL DE RÉVISION CONSCRIPTIF, qui opère dans son arrondissement. — En l'absence du Sous-PRÉFET, ces attributions seraient celles du MAIRE de la COMMUNE.

SOUS-PRÉFECTURE, subs. fém. V. ADJUDANT DE PLACE N° 2. V. ARME EXCÉDANTE. V. FEUILLE DE ROUTE. V. MAIRE DE COMMUNE. V. PRÉFECTURE. V. SOUS-PRÉFET.

SOUS-SECRÉTAIRE D'ETAT. V. MINISTÈRE DE LA GUERRE. V. PREMIER COMMIS. V. SECRÉTAIRE D'ETAT.

SOUS-TACHE, subs. fém. V. SOUTACHE. V. TACHE.

SOUSTE, subs. fém. V. MASSUE.

SOUS-VERGE. V. ARTILLERIE A CHEVAL. V. MILICE AUTRICHIENNE N° 2. V. MILICE PRUSSIENNE N° 8. V. VERGE.

SOUS-TAMBOUR, subs. masc. V. TAMBOUR. V. TAMBOUR IDIOPLIQUE D'INFANTERIE FRANÇAISE DE LIGNE N° 1.

SOUS-TAMBOUR-MAJOR, subs. masc. V. GARDES FRANÇAISES N° 2. V. MINISTRE DE LA GUERRE EN 1761. V. TAMBOUR-MAITRE. V. TAMBOUR-MAJOR N° 8.

SOUS-TRAITANT, subs. masc. V. RÉGIE. V. TRAITANT.

SOUS-TRAITÉ, subs. masc. V. FOURRAGE DE DISTRIBUTION. V. MARCHÉ ADMINISTRATIF. V. TRAITÉ.

SOUTACHE, subs. fém. (F), ou SOUSTACHE. Mot dont on ignore l'origine et dont quelques ÉCRIVAINS ont fait l'adjectif Soutaché, comme on le voit dans le journal *la Presse*, du 15 septembre 1838. — La Soutache est cet enjolivement à l'ORIENTALE et à la HUSSARDE, qui consiste en GALONS, ou plutôt en lacets plats de soie, ou d'or, ou d'argent, qui sont cousus sur une étoffe, et qui y figurent des dessins variés et bizarres en manière d'ornement. — La GARDE HONGROISE de la MILICE AUTRICHIENNE, lors du couronnement de l'empereur d'AUTRICHE à MILAN, en 1838, était soutachée de pierreries et de perles.

SOUTE, subs. fém. V. MASSUE.

SOUTE, subs. fém. V. SOLDE.

SOUTENANT, subs. masc. V. ASSAILLANT DE TOURNOI. V. TENANT DE TOURNOI.

SOUTENIR, verb. neut. V. AILE PIVOTANTE.

SOUTENIR (verb. act.) un ASSAUT, un SIÉGE, un COMBAT, un OUVRAGE, une ATTAQUE, une CHARGE, une ESCARMOUCHE, une GUERRE, une SORTIE, une TRANCHÉE. V. ASSAUT. V. ASSAUT OFFENSIF. V. ATTAQUE. V. ATTAQUE DE GUERRE. V. CHARGE. V. CHARGE IMPULSIVE. V. CHEVALIER ECCLÉSIASTIQUE. V. COMBAT. V. COMBAT STRATEUMATIQUE. V. ESCARMOUCHE. V. FORTERESSE. V. GUERRE. V. MÉLANGE D'ARMES. V. OUVRAGE. V. OUVRAGE DE FORTIFICATION. V. SIÉGE. V. SIÉGE OFFENSIF. V. SORTIE. V. SORTIE INTÉRIEURE. V. TRANCHÉE.

SOUTERRAIN (souterraine), adj. V. DÉFENSE S... V. FORTIFICATION S... V. GALERIE S... V. GUERRE S... V. SAPE S...

SOUTHEY. V. NOMS PROPRES.

SOUTIEN. V. CHAMP DE BATAILLE.

SOUVERAIN, adj. et subs. masc. v. COMMANDEMENT DE SOUVERAIN. V. CONSTITUTION MILITAIRE. V. DEUIL MILITAIRE. V. GARDE DE SOUVERAIN. V. JUSTICE MILITAIRE. V. LÉGISLATION MILITAIRE (cinquième siècle). V. LEUDE. V. PRINCE SOUVERAIN. V. SEIGNEUR SOUVERAIN. V. SUZERAIN.

SOUVILLE; SOUWAROW. V. NOMS PROPRES.

SPADASSIN. subs. masc. v. BRETTEUR. V. CAPITAINE D'INFANTERIE FRANÇAISE DE LIGNE N° 2. V. CHEVALIER DU MOYEN AGE. V. ÉPÉE. V. ESCRIME. V. ESTAFIER. V. QUADRILLE. V. RAPIÈRE. V. SECOND DE DUEL.

SPADE, subs. fém. v. ÉPÉE.

SPADON, subs. masc. v. ESPADON.

SPADRILLE, subs. fém. v. SOULIER.

SPAHI (spahis), subs. masc. (F), ou CIPAHI, ou plus correctement SIPAHI, suivant M. KIEFFER. Ces mots signifient SIMPLES CAVALIERS; ils sont PERSANS, suivant DUANE (1810, E); ils sont TURCS, suivant GÉBELIN; il les dit analogues à l'INDIEN sepoy. DUANE (1810, E), au contraire, veut que du PERSAN les Indiens aient fait SEPAHI, SOLDATS, que les ANGLAIS ont corrompu en sepoy, et que les Français ont traduit par cipaie; mais il y a à opposer à ces observations, que les Spahis TURCS étaient des HOMMES DE CHEVAL, et que les CIPAIES sont des HOMMES DE PIED. — Mahomet trois passe pour le créateur des Spahis de la MILICE TURQUE; il les tira d'ASIE; il substitua, dit l'ENCYCLOPÉDIE (1751, C), cette CAVALERIE soldée aux troupes nommées selictartis, ou HOMMES D'ÉPÉE, dont il prononça l'abolition. — Les SPAHIS TURCS étaient armés d'une LANCE mince nommée CADDOR, OU ÉPÉE DE HUSSARD; ils portaient l'ARC, le CIMETERRE, et avaient le DRAPEAU rouge. Quelques-uns portaient le POT et la COTTE DE FER; la plupart étaient simplement vêtus à la TURQUE. — Depuis la décadence des JANISSAIRES, les Spahis étaient restés en réputation; ils maniaient avec une grande habileté le sabre; s'ils étaient démontés dans une affaire, ils allaient prendre rang dans l'INFANTERIE. — Les Spahis se montaient à quinze mille hommes. — Leur organisation rappelait les coutumes des ARMÉES GRECQUES et BYSANTINES; ainsi ils se divisaient en deux corps, nommés AILE de droite et AILE de gauche. Cette CAVALERIE, jadis renommée par la bravoure qu'elle avait déployée contre les HONGROIS et les POLONAIS, avait cessé d'être redoutable aux INFANTERIES modernes, et avait déchu aussi à raison de la dégénérescence de l'espèce des CHEVAUX turcs. — Le mot Spahis devenu FRANÇAIS, a figuré dans la LÉGISLATION militaire de l'ARMÉE FRANÇAISE depuis la GUERRE DE 1830; en 1831, des CORPS DE CAVALERIE algérienne prirent la dénomination de RÉGIMENTS de CHASSEURS SPAHIS. — Il n'étaient appelés qu'extraordinairement au service, ils recevaient mensuellement une indemnité d'entretien. — Une ORDONNANCE DE 1835 (10 JUIN) créait, à Bone, un ESCADRON de Spahis. — Le surtout des janissaires s'appelait Spahi, suivant LACHESNAIE. — L'ENCYCLOPÉDIE (1751, C), FURETIÈRE, MANESSON (t. III), LACHESNAIE (1758, I), les écrivains cités à l'occasion de la MILICE TURQUE, le Dictionnaire de la Conversation, la Sentinelle de l'Armée, (t. v, p. 162), etc., se sont étendus à l'égard des Spahis.

SPAHI (spahis) FRANÇAIS. V. ARMÉE FRANÇAISE N° 2. V. FRANÇAIS. V. GUERRE DE 1830. V. SPAHI.

SPAHI TURC. V. ARC. V. BATAILLON TRIANGULAIRE. V. CIMETERRE. V. JANISSAIRE. V. MILICE TURQUE N° 2, 5. V. TURC, adj.

SPALLART; SPANDAW; SPAR. V. NOMS PROPRES.

SPARA, subs. fém. v. SPARE.

SPARADRAP, subs. masc. v. CAISSE DE PHARMACIE.

SPARDELLE, subs. fém. v. SOULIER.

SPARE, subs. fém. et masc. (F), ou SPARA, suivant POTIER (1779, X, à l'article Dard). Le mot Spare, qui se retrouve dans le LATIN sparum, sparus, était, suivant BOREL (Pierre), un petit DARD A MAIN, dont le nom se retrouve dans le bas breton. Sparus appartenait primitivement à la LANGUE GAULOISE, à ce que déclare VARRON. D'autres étymologistes ont supposé que spara venait du LATIN aspargendo, ce qui est peu croyable.

SPARRE; SPARTE. V. NOMS PROPRES.

SPARTELLE, subs. fém. v. A LA SPARTELLE. V. OBUS A LA SPARTELLE.

SPARTRATE. V. NOMS PROPRES.

SPATA, subs. fém. v. ÉPÉE.

SPATEN. V. NOMS PROPRES.

SPATULE, subs. fém. v. BOITE A TOURNEVIS. V. BOUCHE A FEU. V. EN SPATULE. V. ÉPÉE. V. ESTOCADE. V. PANSTERÈCHE.

SPEARMAN. V. NOMS PROPRES.

SPÉCIAL (spéciale), adj. v. ARME S... V. CORPS S... V. COMMISSION S... V. CONSEIL S... V. COUR S... V. ÉCOLE SPÉCIALE MILITAIRE. V. ENQUÊTE S... V. TRAVAIL S... V. TRAVAUX S... V. TRIBUNAL S...

SPECKLE. V. NOMS PROPRES.

SPÉCULATEUR (spéculateurs), subs.

masc. (F). Le mot tout LATIN *speculator* répondait au substantif *specula*, GUÉRITE, POSTE d'observation. Les Spéculateurs étaient des SOLDATS ou des BATTEURS D'ESTRADE, qui veillaient ou voltigeaient en avant des GARDES dont les ROMAINS et la MILICE BYSANTINE environnaient leurs CAMPS. Ils s'établissaient sur des hauteurs pour y juger des mouvements de l'ENNEMI. — MAIZEROY (1771, t. I, p. 252 ; t. II, p. 85, note) et MONCHABLON ont traité des Spéculateurs.

SPÉE, subs. fém. v. ÉPÉE.

SPELMAN ; SPENCER. v. NOMS PROPRES.

SPÉRON, subs. masc. v. ÉPERON.

SPÉRONE. v. NOMS PROPRES.

SPHENDONE, subs. fém. v. CESTRE. v. FRONDE.

SPHÈRE d'ACTIVITÉ, subs. fém. v. ACTIVITÉ. v. MINE A FEU.

SPHÉRIQUE, adj. v. POMPON S... v. PROJECTILE S...

SPHÉRISTE, subs. masc. v. SPHÉRISTIQUE.

SPHÉRISTÈRE, subs. masc. v. SPHÉRISTIQUE.

SPHÉRISTIQUE, subs. fém. (F). Mot dérivé du LATIN *sphæra*, pris dans le sens de balle de paume. La Sphéristique était une partie de la GYMNASTIQUE militaire. Elle était enseignée par les SPHÉRISTES, dans les académies nommées SPHÉRISTÈRES (*sphæristerium*).

SPIE, subs. fém. et masc. v. ESPION.

SPILKER. v. NOMS PROPRES.

SPINGARDE, subs. fém. v. ESPINGARDE.

SPIRAL (spirale), adj. v. BRANCHE SPIRALE.

SPIRARQUE, subs. masc. v. CENTURION EN CHEF.

SPIRE. v. NOMS PROPRES.

SPIRITUEUX (spiritueuse), adj. v. LIQUEUR S...

SPIROLE, subs. fém. (F). Mot que LEDUCHAT applique à une petite PIÈCE D'ARTILLERIE, et dont le nom viendrait de l'ITALIEN *spira*, signifiant les replis ou la marche tortueuse d'une couleuvre. —Est-ce pour cette raison que COULEVRINE et Spirole ont été regardées comme analogues?—La Spirole a été MACHINE NÉVROBALISTIQUE à TIR COURBE avant d'être MACHINE A FEU. Il en a été ainsi de quantité d'ARMES, dont le nom d'abord caractérisant des MACHINES, a ensuite désigné des ARMES A FEU ; ainsi, l'ACQUERAU, analogue à la Spirole, était primitivement une MA-CHINE lançant des BOULETS EN PIERRE, avant de devenir une BOUCHE A FEU A TIR COURBE ; cette métamorphose mal connue et cette conservation des dénominations, se perpétuant quoique les systèmes changeassent, rendent fort difficiles, à bien des égards, les définitions des ARMES anciennes et les recherches de leurs étymologies. — Les Spiroles sont mentionnées dans CARRÉ (1783, E, p. 176, 296), MÉNAGE, RABELAIS.

SPLINT, subs. masc. (F). Mot ANGLAIS qui a été français, comme tous les termes de panoplie ou de la science des ARMURES ; mais on ne lui connait pas d'analogie dans le langage moderne. Il signifie GOUSSET de la saignée d'un BRASSARD DE FER PLEIN ; ce gousset jouait à lames courbes, glissant les unes sur les autres.

SPONTANÉ (spontanée), subs. fém. v. ABSENCE S...

SPONTON, subs. masc. v. ESPONTON.

SPOURE, subs. masc. v. ÉPERON.

SPRINGALLE, subs. fém. v. ESPINGARDE.

SPRINGARDE, subs. fém. v. ESPINGARDE. v. MOUSQUET.

SQUADE, subs. fém. v. ESCOUADE.

SQUADRILLE, subs. fém. v. QUADRILLE.

STABLE, adj. v. CAMP S... v. CANTINE S... v. GARNISON S... v. GUÉRITE S... v. HÉRISSON S... v. PONT S...

STABIUS ; STACE. v. NOMS PROPRES.

STACHE, subs. fém. v. PALISSADEMENT.

STAEL ; STAFF ; STAFFARDE. v. NOMS PROPRES.

STAFIER, subs. masc. v. ÉTRIER.

STAHL ; STAHLSCHWERT ; STAHREMBERG. v. NOMS PROPRES.

STAICHE, subs. fém. v. PALISSADEMENT.

STALLARI. v. NOMS PROPRES.

STAMBECCHINI, subs. masc. plur. v. MILICES ITALIENNES.

STAMFORD. v. NOMS PROPRES.

STANDART, subs. fém. v. ÉTENDARD.

STANISLAS. v. NOMS PROPRES.

STAPLE, subs. fém. v. ÉTAPE.

STAPPE, subs. fém. v. ÉTAPE.

STARAVOLSCEUS ; STARK ; STARKEY. v. NOMS PROPRES.

STAROSTE, subs. masc. v. MILICE POLONAISE N° 1.

STAROSTIE, subs. fém. v. FIEF. v. MILICE POLONAISE N° 1.

STARNAT. v. NOMS PROPRES.

STATEUR, subs. masc. v. GUIDE D'ARMÉE. v. LÉGION ROMAINE N° 2.

STATION, subs. fém. v. CAISSE A TROIS SERRURES. v. CAMP VOLANT. v. CHEF DE DÉTACHEMENT ADMINISTRATIF N° 2. v. COUPON D'INDEMNITÉ DE ROUTE. v. EN STATION. v. GITE. v. LOGEMENT MILITAIRE. v. MASSE DE BOULANGERIE. v. PIED DE STATION. v. POSITION DE STATION. v. POSTE D'HOMME DE GARDE. v. PRESTATION. v. RAPPORT. v. REVUE D'ADMINISTRATION. v. SOLDE DE STATION. v. TRAITEMENT DE STATION. v. MAIZEROY (1771, t. II, p. 85, note).

STATIONNAIRE, adj. v. AILE S... v. BATAILLON S... v. CORPS S...

STATIONNEMENT, subs. masc. v. A STATIONNEMENT. v. ADMINISTRATION DE CORPS. v. ORDONNANCE D'EXERCICE D'INFANTERIE.

STATISTIQUE, subs. fém. (B, 1). Ce mot, venu du LATIN *status*, signifie exposé de l'état des choses. Il exprime la science administrative et philosophique qui, par l'appréciation de vérités extraites de documents authentiques et de RAPPORTS avérés, représente par des chiffres et compare entre eux des faits analogues, reconnus, accomplis. C'est l'inscription raisonnée de leurs rapports physico-mathématiques, le tableau de leurs conséquences morales et rationnelles. — La Statistique est une partie de la logique militaire. L'ART DE LA GUERRE, sans son secours, n'agirait qu'aveuglément. Elle est une des études de l'ADMINISTRATION militaire, puisqu'elle calcule les ressources en VIVRES et en MUNITIONS; elle est un des éléments pratiques des RECONNAISSANCES militaires, puisque la Statistique topographique constate combien un pays présente de communications praticables, pendant une durée de temps déterminée, pour des troupes d'une nature et d'une force connues, et quels TRAVAUX y doivent être exécutés. — La Statistique est ainsi le texte obligé de la CARTE du pays, la description de sa GÉOLOGIE militairement envisagée, le résumé de ses forces, la monographie de ses FORTERESSES et de ses HOPITAUX MILITAIRES. — La Statistique, en donnant par relevés, par additions arithmétiques, les tableaux des produits d'un pays, des ressources d'une nation, devient le flambeau du législateur qui organise, de l'INTENDANT qui administre, et du GÉNÉRAL qui commande. Aussi, jadis, était-elle regardée comme une branche de la STRATÉGIE. — Les données que la Statistique apprécie, les balances qu'elle établit, les vues économiques dont elle s'éclaire, l'examen qu'elle fait des progrès, des accroissements, des pertes, sont la base de la com-

POSITION à adopter, l'*a*, *b*, *c* de la CONSCRIPTION, le positif de la guerre et de sa logique, le programme des travaux à y accomplir. — La Statistique est chose vieille, mot neuf, et science née pour ainsi dire d'hier. Dans ses manuscrits intitulés : *Mes Oisivetés*, l'immortel VAUBAN en avait le premier senti l'importance et essayé les applications; mais, en 1740, on n'avait encore publié aucune notion touchant la Statistique, le nom même en était à peine répandu; DESPOMMELLES est le plus ancien ÉCRIVAIN qui en ait appliqué méthodiquement à l'ART MILITAIRE les études. — Sous le gouvernement impérial, il avait été entrepris une Statistique française, mais elle n'eût pu être que bien peu nourrie, bien peu instructive, sous le rapport militaire, car toutes les notions étaient à rassembler, toutes les formules étaient à combiner. — En 1814, MARCEL DE SERRES publiait une Statistique d'AUTRICHE, étudiée en 1809 et 1810; ce qu'on a commencé à savoir pertinemment de la MILICE AUTRICHIENNE en fut le fruit. — Les mémoires de M. Ouvrard renferment de curieuses remarques sur la Statistique administrative des ARMÉES. Vers la même époque, ODIER (1824, E) s'occupait de Statistique d'une manière générale et profonde, et témoignait (t. v, p. 35) que c'est une partie encore dans l'enfance. *Comment, dit cet ÉCRIVAIN, apprécier les dépenses des régiments, celles même de l'ordinaire, si on n'a pas une idée du prix des choses et des lieux qui les produisent ? Comment, à plus forte raison, traiter des conditions d'un marché, en quoi que ce soit, si l'on ignore par quels moyens les choses doivent arriver jusqu'au lieu de la consommation ? Par conséquent, la production, l'extraction et la fabrication des matières premières, le commerce, les chemins, les rivières et canaux, les moyens de transport, sont autant de parties de la Statistique qu'il s'agit d'interroger.* — Le peu d'ancienneté des documents de ce genre, le peu de renseignements préparatoires jusqu'ici mis en œuvre, peuvent, jusqu'à un certain point, excuser les travaux si peu militaires auxquels on occupait, jusqu'à nos jours, les savants du DÉPOT DE LA GUERRE. N'eût-il pas été essentiel que de l'étude des matériaux du DÉPOT ils relevassent une Statistique, qui eût été la base de la COMPOSITION et de l'ÉCONOMIE de l'ARMÉE ? De telles recherches eussent démontré combien trente-deux millions d'âmes peuvent fournir d'hommes de cinq pieds, de cinq pieds six pouces, etc., etc., et en quelle proportion ces données varient par département ; dans quelles provinces les RECRUES ont le plus de dispositions à la DÉSERTION ou à la fidélité ; quelles sont les villes, quelles sont les populations qui fournissent le plus d'HOMMES susceptibles d'AVANCEMENT, et de sujets sachant lire ; quels sont les ENROLÉS qui se montrent plus aptes à tel SERVICE qu'à tel autre, les contrées dans lesquelles la jeunesse est plus empressée d'entrer dans telle ARME que dans telle autre, les variations ou les modifications que la population éprouve par rapport au nombre comparé de garçons et de filles, et par rapport à l'exhaussement ou à l'abaissement de la TAILLE humaine ; quelle influence ont, sur la TAILLE, le malaise, la prospérité, les famines, le commerce, les longues GUERRES, la navigation, la répartition plus divisée des propriétés territoriales, ou leur agglomération ; quelle a été la diminution des RECRUES et des GRENADIERS depuis qu'on a rétabli des couvents et des séminaires ; quels sont les temps, les pays, les professions qui donnent le plus de bons ou de médiocres SOLDATS ; quelles sont les provinces plus disposées à un genre de SERVICE ; quelles sont les contrées les plus propres à fournir les REMONTES, les CHEVAUX D'ARTILLERIE, les ANIMAUX DE BAT ; quelles sont celles qui ont donné le plus de GÉNÉRAUX, le plus de littérateurs militaires ; quels sont les moyens possibles, les méthodes préférables de pourvoir de REMPLAÇANTS les CORPS DE TROUPES ; quel est le prix commun des TABLES D'OFFICIERS, etc., etc. — A l'instar de la France, il existe dans le DÉPOT DE LA GUERRE de la MILICE PORTUGAISE un BUREAU de Statistique. — Il a été traité de la Statistique par ARGENVILLERS, DARU, DESPOMELLES, DUPLAN (*Variations de la solde française depuis le douzième siècle*), KUBALSKI (*Forces des armées des principaux Etats de l'Europe*), LECOUTURIER (1825, A), MARCEL DE SERRES, MOREAU, ODIER (1824, E), VAUBAN.

STATURE MILITAIRE. v. MILICE FRANÇAISE N° 2. v. MILITAIRE, adj. v. RECRUTEMENT. v. TAILLE DE MILITAIRE.

STATUT, subs. masc. v. FONTANON. v. LÉGISLATION MILITAIRE ; id. (1476 [22 DÉCEMBRE]). v. RÈGLEMENT.

STEDLER. v. NOMS PROPRES.

STÉGANOGRAPHIE, subs. fém. v. CHIFFRE STÉGANOGRAPHIQUE. v. GUERRE. v. MILICE GRECQUE N° 5.

STÉGANOGRAPHIQUE, adj. v. CHIFFRE S...

STÉGNOGRAPHIE, subs. fém. v. STÉGANOGRAPHIE.

STEINER ; **STEENKERQUE** ; **STEPHEN.** v. NOMS PROPRES.

STÈRE de BOIS. v. BOIS. v. BOIS DE CHAUFFAGE. v. BOIS DE CHAUFFAGE D'ORDINAIRE. v. CORPS DE GARDE DE DEUXIÈME CLASSE. v. CORPS DE GARDE DE PREMIÈRE CLASSE. v. CORPS DE GARDE DE QUATRIÈME CLASSE. v. CORPS DE GARDE DE TROISIÈME CLASSE.

STERLING ; **STETTNER** ; **STEUBEN** ; **STÉVENSON** ; **STEVEN** ; **STEWART** ; **STEWECHIUS** ; **STEERNEMAN.** v. NOMS PROPRES.

STILET, subs. masc. (F), ou STYLET. Mot provenu du GREC, qui exprimait, sous ce nom, un poinçon à écrire, dont la forme est devenue celle de l'ARME A MANCHE nommée Stilet. C'était un POIGNARD dont la LAME était faite comme celle d'une ÉPÉE. — ROQUEFORT prend dans le même sens le mot LANSSOT, et quelques ÉCRIVAINS ont regardé comme analogues la DAGUE et le Stilet. — Il s'est vu, en ITALIE, des Stilets en fourchette, ARME déloyale presque aussi terrible que le CRIC. — L'*Encyclopédie du dix-neuvième siècle*, au mot *Arme*, traite des Stilets.

STEFFENDEAME, adj. et subs. v. BANDE NOIRE. v. GENTILHOMME. v. GUET DE PARIS. v. LANSQUENET. v. MILICE PRUSSIENNE N° 1. v. NOBLE. v. PAGE, subs. masc. v. PAYE. v. SOLDAT. v. TROUPE STIPENDIAIRE.

STEPENDIE (stipendiée), adj. v. CORPS S... v. SERVICE S...

STEPPE, subs. masc. v. STYPHE.

STICQUE, subs. masc. v. CHILIARCHIE. v. DILOCHIE. v. ÉPISTATE. v. ÉPITAGME D'INFANTERIE. v. FILE GRECQUE. v. LOCHOS. v. MÉRARCHIE. v. MILICE GRECQUE N° 2, 6. v. OPLITE. v. PELTASTE. v. PENTACONTARCHIE. v. PHALANGE GRECQUE. v. PENTACOSIARCHIE. v. PROTOSTATE. v. SYLLOCHISME. v. SYNTAGME. v. SYSTASE. v. TAXIARCHIE.

STEUELES, ou stiveles, subs. masc. plur. v. BOTTES.

STIX ; **STOCKHOLM** ; **STOEVESANDT** ; **STOLESWERD** ; **STOLHPENE** ; **STORCH** ; **STOTHALEN** ; **STRADON** ; **STRADA.** v. NOMS PROPRES.

STRADIOT (stradiots), subs. masc. (F), ou ESTRADIOT suivant FURETIÈRE, MÉNAGE, POTIER (1779, X), ou stradiote suivant M. Phil. DE SÉGUR (1835). Ces mots viendraient, suivant MORIN (J.-B.), du GREC *stratiotes*, *stratiotoi*, signifiant SOLDAT ; ils dérivent, suivant BOREL (Pierre) et ROQUEFORT, de l'ITALIEN *stradiotto*. — Ce que nous avons dit du mot estrade, pris comme génitif de BATTEUR D'ESTRADE, rend douteuse l'étymologie grecque, et nous fait pencher pour la racine italienne. — Les Stradiots étaient une CAVALERIE GRECQUE et ALBANAISE que Venise tenait à son service, et qui s'y appelaient également, suivant Brantome (1600, A). *albanois, estradiots, corvals;* ceux qu'elle levait sur la terre ferme, à l'orient de la ville, portaient la tunique de forme orientale. — Les rois de France entretinrent aussi des Stradiots. Commines les dits créés par Charles huit dans l'expédition d'Italie. Bussy-Rabutin nous montre, en 1495, Castriotto amenant à Charles huit quatre cents Stradiots, ou lances moresques. Ils furent, dit cet écrivain, la souche de la cavalerie légère de France, et ils s'y élevèrent jusqu'au nombre de huit mille. — Les Stradiots dont parle Commines, étaient, dit-il, *des cavaliers grecs, vêtus comme Turcs, sauf la teste où ils ne portent cette toile qu'ils appellent turban, et sont durs gens, et couchent dehors tout l'an, eux et leurs chevaux.* — Quelques différences de costumes et d'armement entre des corps d'Albanais et des corps de Stradiots auront produit la divergence d'opinions des écrivains, qui, les uns les distinguent, les autres les confondent. — Les termes albanais, argoulets, arnautes, capelets, carabins, corvals, genétaires, pistoliers, désignaient des troupes de genre analogue, mais mal défini. — Les Stradiots ont eu la lance courte à banderole, suivant les uns; ils ont combattu, suivant les autres, avec l'arzegair, longue de dix à douze pieds; ils ont porté le corselet, la masse d'armes, la salade. — Ils étaient regardés comme d'origine grecque; mais c'étaient, en réalité, des aventuriers a cheval de tous les pays, dont le recrutement était une affaire d'entreprise. — En 1549, on ne comptait plus que douze cents Stradiots dans l'armée française. — Les écrivains qui ont traité des Stradiots sont : Bonel (Pierre), Brantome (1600, A), Bussy-Rabutin, Carré (1785, E, p. 128, 177, 229, 486), M. Carrion (1825, A), Commines, Daniel (1721, t. i, p. 251), Despagnac (1751, D, t. iii, p. 145), Encyclopédie (1785, C, t. i, p. 147, 558), Furetière, Goetzman (1777, p. 59), Jabro (1780), Lachesnaie (1758, I, p. 566), Ménage, Morin (J.-B.), Potier (1779, X), Roquefort, le général Ségur (Phil.), le *Journal de l'Armée* (t. iii, p. 226), l'*Encyclopédie des Gens du monde* (au mot *Estradiot*).

STRADIOTE, subs. masc. v. stradiot.

STRAMASSON. v. escrime. v. estramaçon.

STRALSUND; STRANZ. v. noms propres.

STRAPADE, subs. fém. v. estrapade.

STRASBOURG. v. noms propres.

STRATAGÉMATOGRAPHIE, subs. fém. v. stratagème.

STRATAGÈME, subs. masc. v. attaque par s... v. par s...

STRATAGÈME (H). Mot purement militaire, puisqu'il vient du grec *stratos*, armée, *hegcomai*, je conduis; il signifiait, dans l'antiquité, manière d'agir, ou conduite de la guerre. Il était analogue ainsi à la stratégie. Aussi les écrivains allemands, tels que Reusner, Schaller, qui ont donné, dans le dix-septième siècle, à leurs traités latins le titre gréco-latin stratagématographie, avaient en vue l'art de la guerre plus que les Stratagèmes. — Ce mot, presque oublié dans le langage technique des armes modernes, est relégué dans la langue vulgaire, et ceux qui l'y emploient ne se doutent guère, pour la plupart, de son origine, et lui donnent le sens de tromperie. — A raison de cette acception, on lui a préféré, en langage militaire, le mot ruse de guerre. — Ce qu'il y a à dire des Stratagèmes ne pourrait se composer que de récits, comme l'a fait Carlet de la Rosière, mais ne saurait être un sujet de préceptes, comme le croyaient Frontin et Polyen. C'est à chaque chef d'expédition à trouver dans les ressources de son esprit, dans les à-propos de sa bravoure, les inspirations de ses Stratagèmes. — Les Stratagèmes, considérés comme forme d'attaque, comme action de surprise, appartiennent surtout à la petite guerre. Les ruses de la grande guerre font partie de la science des armes, et témoignent de l'habileté et du génie du général d'armée. Il y a recours en campagne pour induire l'ennemi en de fausses démarches, lui faire prendre le change sur les points de convergence des troupes, l'abuser par des avis mensongers, ou des rapports d'envoyés, déguisés en transfuges; il y a recours, au jour d'action, pour menacer l'adversaire sur plusieurs points, déployer devant lui des rideaux trompeurs, feindre des mouvements, dérober des marches, combiner de fausses attaques, et simuler des craintes ou une retraite. — Les armées romaines, dans l'emploi des Stratagèmes, l'ont emporté de beaucoup sur celles de la Grèce, les armées consulaires, sur celles des empereurs. L'embarras, l'alourdissement occasionnés par les machines de guerre et le défaut de mobilité de la phalange, expliquent cette infériorité. — Dans la prodigieuse capacité d'Annibal entrait pour beaucoup l'entente des Stratagèmes; mais il ne faut croire qu'avec réserve ce que l'histoire en raconte. — Aussi longtemps que la tactique fut dans l'enfance, ou

que les ARMÉES furent petites, les EMBUSCA-
DES, les Stratagèmes, les SURPRISES, furent la
ressource principale des capitaines qui guer-
royaient ; c'était la manière de vaincre, en
TEMPS DE GUERRE, sans combattre ; de s'emparer, en TEMPS DE PAIX, d'une PLACE FERMÉE
qu'on jugeait à propos de s'approprier. Mais
quand les ARMÉES sont devenues démesurées,
quand les GUERRES CIVILES sont devenues plus
rares, et que le droit international a été
moins impunément violé, des OPÉRATIONS
plus relevées ont fait dédaigner les Stratagèmes. M. le colonel CARRION a dit, dans
cette pensée : *La tactique admettait chez
les anciens l'usage des Stratagèmes ; il
ne peut exister chez les modernes que
dans la stratégie.* Mais cette proposition
n'est pas rigoureusement vraie. On peut la
combattre par des exemples que fournissent
des époques récentes. Ainsi, en l'an sept
(6 nivôse), le général Abbé, jugeant utile à
l'ARMÉE FRANÇAISE la possession de Novare,
fait monter huit GRENADIERS dans deux voitures de poste, arrive au galop, et obtient
l'entrée de la VILLE, en se disant envoyé du
GÉNÉRAL EN CHEF. Sous les voûtes de la PORTE,
il s'arrête, saute à terre, met le sabre à la
main, s'empare du POSTE, et donne le temps
à une TROUPE EMBUSQUÉE d'accourir pour faire
METTRE BAS LES ARMES à la GARNISON. De
même, en 1808, DUHESME se rendait maître,
par supercherie, de la citadelle de BARCE-
LONE et du fort de Montjuich. D'Armagnac
occupait de force, en pleine paix, PAMPE-
LUNE, en s'y introduisant furtivement. —
De pareils FAITS D'ARMES sont, on le voit,
plus audacieux et habiles que généreux. —
L'art des Stratagèmes, aujourd'hui peu ou
point étudié, a eu cependant quelques ÉCRI-
VAINS spéciaux, et se trouve mentionné dans
quantité d'AUTEURS, tels que : AUDOUIN (t. I,
p. 151), BARDET (1740, A, t. IX, p. 211),
Brézé (1779, p. 178), CARLET DE LA ROSIÈRE,
M. CARRION (1824, A), DELAFÉ (1694),
DUANE (1810, E), FRÉDÉRIC DEUX (1761, G,
p. 70), FRONTIN (86, A), LACHESNAIE (1758,
I ; id. au mot *Surprise*), LANARIO, LANCE-
LOT, LECOINTE (1759, B, p. 225), LECOUTU-
RIER (1825, A), LÉORINUS, MAIZEROY (1765,
B ; 1767, E, t. II, p. 261), ONOZANDRE
(1760, G), POLYEN (176, A), PUYSÉGUR
(1748, C), RAY DE SAINT-GENIÈS (1755, A),
RENZOW, REUSNER, ROCCA, SANTA-CRUZ (1738,
A), SCHALLER, SILVA (1778, F, p. 208),
THOMPSON, TURPIN (1769, C, L), WALBAUSEN
(1621, A), WINSTRUP (1769, C, L), la *Bio-
graphie nouvelle* (2 vol., supplément, au
mot *Abbé*).

STRATARITHMOMÉTRE , subs.
fém. v. TACTICOGRAPHIE.

STRATÉGIQUE, subs. masc. v. MILICE
HELLÉNIQUE.

STRATÉGIE, subs. masc. v. ARMÉE AGIS-
SANTE Nº 5. v. COMMANDEMENT D'ARMÉE. v. GÉ-
NÉRAL. v. GÉNÉRAL D'ARMÉE Nº 2. v. MILICE
GRECQUE Nº 2, 7, 8. v. OFFICIER Nº 2. v. PHA-
LANGE GRECQUE. v. POLÉMARQUE. v. SCIRITES. v.
STRATÉGIE. v. TACTIQUE. v. TAXIARQUE. v. TÉ-
TRAPHALANGARCHIE.

STRATÉGICIEN, subs. masc. v. GUERRE
MÉTHODIQUE. v. MILICE ESPAGNOLE Nº 8. v. STRA-
TÉGIE.

STRATÉGIE, subs. fém. (H). Mot tout
GREC qui a la même racine que le mot STRA-
TAGÈME. Il s'est pris dans un sens peu diffé-
rent ; il dérivait de *strateneo*, je conduis.
Il a anciennement, dit ROBINSON, été syno-
nyme de PHALANGARCHIE. Il a donné nais-
sance aux substantifs ARCHISTRATÉGIE, GRANDE
STRATÉGIE, HUPERSTRATÈGUE, HUPOSTRATÈGUE.
Il signifiait, dans l'antiquité, ARMÉE, art du
STRATÈGE, SCIENCE du PHALANGARQUE, profession du POLÉMARQUE, du DICTATEUR, CAPITAI-
NERIE, COMMANDEMENT, GÉNÉRALAT, GOUVER-
NEMENT, PHALANGE. Le colonel CARRION prend
sous cette dernière acception Stratégie. —
En la concevant comme science, non comme
instrument, elle combinait les grands MOU-
VEMENT de TROUPES, décidait quelles fortifications seraient construites, préparait le jeu
des ACTIONS DE GUERRE. C'était non-seulement
la partie qu'on pourrait appeler militante,
mais encore l'ensemble des conceptions préparatoires, et toutes les OPÉRATIONS intellec-
tuelles qui lèvent, guident, entretiennent
les ARMÉES. C'était la fusion des fonctions du
MINISTRE, du GRAND JUGE, du GÉNÉRAL. —
On enseignait avec apparat, en GRÈCE, la
Stratégie ; on le voit dans les *Choses mémorables* de SOCRATE. Ce philosophe y parle
de Dionysidore, qui, de son temps, vint à
ATHÈNES, et y enseignait comme STRATÉGISTE
la SCIENCE du COMMANDEMENT des ARMÉES. —
Les LATINS avaient, à l'instar des GRECS,
composé le mot *strategia*. On trouve dans
PLINE l'historien (l. IV, ch. 11) : *Thracia in
quinquaginta strategias divisa ;* la THRACE
partagée en cinquante GOUVERNEMENTS. On
lit dans Plaute : *Strategum te facio huic
convivio ;* Soyez le GÉNÉRAL, le roi du festin.
— Dans les temps postérieurs, on avait confondu, sous le nom de TACTIQUE, et la Stratégie et la POLIORCÉTIQUE, et même la GUERRE
DE MER. LÉON (900, A) et BOURSCHEID (1778,
K) en fournissent la preuve. — Quelques
savants ont cherché à restituer à ces branches différentes leur vrai sens, en les distin-
guant de la TACTIQUE, et en employant les
expressions ARCHISTRATÉGIE, ARÉOTECTONIQUE,

GRANDE TACTIQUE , LOGISTIQUE , ART DE LA GUERRE. — MAIZEROY (1771, A), éclairé par ses études sur LÉON le tacticien, a hasardé, le premier, l'emploi du mot STRATÉGIQUE, ou STRATÉGYQUE, qu'il tirait du GREC *strategikê technê*; il le prenait sous forme de substantif, comme signifiant SCIENCE de la GRANDE GUERRE et du GÉNÉRAL D'ARMÉE. — JABRO (1777, G) et SILVA (1780, M), qui écrivaient vers les mêmes époques, regardaient la STRATÉGIQUE (ils l'écrivaient ainsi) comme l'ART de faire tendre vers un but commun des CORPS isolés et en apparence indépendants ; de combiner les MARCHES convergentes , les MARCHES — MANŒUVRES ; d'employer suivant leur nature les ARMES diverses; de conduire des ATTAQUES, soit DE FRONT, soit A REVERS ; de déterminer l'ASSIETTE des FORTERESSES , le choix des COMMUNICATIONS ; d'accomplir les OPÉRATIONS DE GUERRE à l'aide de la TACTIQUE et suivant les formes qu'elle prescrit ; de mouvoir, à l'improviste, de grosses MASSES ; et de recourir, pour dernière ressource, à la célérité des RALLIEMENTS et à la puissance des RÉSERVES. LLOYD (1762, M) développait profondément la même pensée à l'occasion de la GUERRE DE 1756. — BULOW (1801, D) et JOMINI (1803, F), par l'importance de leurs OUVRAGES, ont rendu français, au commencement du dix-neuvième siècle, le mot Stratégie ; mais leurs écrits lui ont donné un sens plus restreint qu'au temps de LLOYD (1762, M); ils n'en ont plus fait que l'ART des MOUVEMENTS sur un grand TERRAIN. Ils ont exprimé, sous le nom qu'ils ressuscitaient, une vieille SCIENCE qui a existé plus ou moins perfectionnée , depuis que des TROUPES ont combattu sous des CHEFS et sous des DRAPEAUX. — Qu'on se garde donc de croire nouvelle la Stratégie, comme l'ont insinué quelques pédants. — Au commencement de la GUERRE DE LA RÉVOLUTION, il n'y avait pas dans l'ARMÉE FRANÇAISE dix MILITAIRES qui connussent cette expression. — TURENNE, GÉNÉRAL consommé, BONAPARTE, GÉNÉRAL imberbe, avaient fait de la Stratégie sans le savoir; nous doutons que tout ce qu'on a écrit depuis l'invention de ce mot, et sous son invocation, produise des CAPITAINES plus accomplis que ,ces deux grands hommes. — La GUERRE et la grande chasse sont même chose : Si l'ours ou le sanglier à qui vous déclarez la guerre fait tête, occupez-le de face en l'attaquant par les flancs; s'il fuit devant vous, poursuivez-le; s'il se dirige à droite ou à gauche, lancez les meutes pour le couper. Voilà toute la Stratégie dans le sens que donnent au mot les modernes. Des règles noyées dans d'innombrables et d'inintelligibles volumes sur la Stratégie, s'ils sont lus, ne le seront que par des personnages qui n'auront pas, une fois dans leur vie, l'occasion d'en appliquer ou d'en voir appliquer les préceptes. Quelques rudes soldats, si la nature les a doués, comme NEY, comme MASSÉNA, feront merveille , sans se douter que de tels traités existent; ils sauveront l'empire, ils feront aussi de la Stratégie d'inspiration, et non de cabinet. — Nous avons dit que l'expression Stratégie s'était restreinte. Éclaircissons ce fait. — La différence entre l'ART MILITAIRE et la Stratégie consiste en ce que l'ART DE LA GUERRE ou la Stratégie antique embrassaient la direction de tous les genres de GUERRE, aussi bien que les moindres détails en TEMPS DE PAIX. Cet ART immense comprenait la science navale, la COMPOSITION et la CONSTITUTION DES ARMÉES, la DIALECTIQUE militaire, la FORTIFICATION, la STATISTIQUE, la POLIORCÉTIQUE, l'art du machiniste, nommé plus tard ENGICNERIE et ARTILLERIE, l'ÉCONOMIE internationale et nourricière, la science des TRAITÉS POLITIQUES et du CHIFFRE DIPLOMATIQUE ; toutes parties devenues indépendantes de la Stratégie actuelle, toutes parties qui veulent des têtes lettrées, des études abstraites, des cerveaux géomètres , des mains maniant le compas. — La Stratégie moderne, au contraire, dont l'INFANTERIE est, comme jadis dans la MILICE GRECQUE, l'agent principal, se borne aux calculs de la GUERRE EN RASE CAMPAGNE et de la GUERRE DE SIÉGE, aux études des CAMPEMENTS, des MARCHES, du CHEMINEMENT des ARMES diverses, à la direction et au jeu des BATAILLES, à la recherche, à l'appréciation des COMMUNICATIONS importantes et des PASSAGES praticables. — La Stratégie se dirige vers son but à l'aide de l'ADMINISTRATION, du SERVICE DE SANTÉ, de la GÉOLOGIE, de la TOPOGRAPHIE. Elle procède suivant les lois du SERVICE DE CAMPAGNE; elle règle ses MARCHES-ROUTES sur les explorations, ou RECONNAISSANCES de TERRAIN; elle s'aide de l'artifice des APPUIS et des méthodes que consacre la TACTIQUE. — Par respect pour la chose jugée, par déférence envers des professeurs éminents, nous ne négligerons pas de définir, quoique nous en ayons déjà traité en parlant de l'art de la guerre, un terme dont on parle sans le comprendre, qui retentit dans tous les livres, et que, sur les traces de Laveaux, l'ACADÉMIE FRANÇAISE s'est vue forcée d'enregistrer dans son dictionnaire en 1835. — Malheureusement on ne s'est pas encore entendu sur le vrai sens du mot Stratégie; on se demande en vain quelle serait son acception légale ou démontrée dans des textes d'ordonnances françaises. On est réduit à recourir à des réglements publiés chez l'étranger, et, par exemple, à ceux de l'école de l'état-major anglaise, ou aux statuts de l'académie militaire de la milice néerlandaise, promulgués en 1828. La Stratégie y est considérée comme la logique du haut commandement, et ce que cette institution enseigne, embrasse la constitution militaire des Etats de l'Europe, la castramétation, les combinaisons de l'emploi du matériel et des fonctions du personnel, l'art de faire subsister les armées. La Stratégie ainsi envisagée n'a rien qui la différencie de l'art de la guerre; mais c'est la voir trop en grand, car, aux yeux des auteurs qui font autorité en France, cette définition anglaise ou hollandaise serait applicable à la Stratégie historique, non à la Stratégie classique. — On lit dans le *Spectateur militaire* (t. xii, p. 251) : *On a essayé de préciser la distinction entre la Stratégie et la tactique ; on n'a encore rien produit d'exact.* — Effectivement, en bien des cas, il y a de la Stratégie dans la tactique et l'inverse ; mais se contenter d'opposer logiquement tactique à Stratégie, ce serait ne voir qu'une des mille facettes du sujet. — Bulow (1801, D), M. le colonel Carrion (1824, A), M. le colonel Chambray (1830), M. le général Jomini (1803, F), envisagent tous sous des jours différents la Stratégie. — Donnons la preuve des dissentiments de nos auteurs militaires, en transcrivant leurs opinions suivant les dates de publications ; nous résumerons ensuite ce que leur texte va offrir. — Montécuculi (1692, A) et Feuquières (1750, A) appelaient dispositions générales ce que nos contemporains appellent Stratégie. — Santa - Cruz (1738, A), sans avoir fait emploi du mot Stratégie, alors ignoré, en avait cependant la pensée. — Frédéric deux (1761, G), regardé comme grand tacticien par M. le général Jomini, est accusé par lui d'avoir ignoré la Stratégie. En effet le roi de Prusse se montrait ennemi de la guerre de détachements, et de ce qu'il appelait une pointe. Il se reprochait, dans sa correspondance avec Maurice de Saxe, *d'avoir, dans son inexpérience,* abusé des expéditions aventureuses ; *elles lui avaient fait,* dit-il, *manquer la campagne de* 1744. Il voulait la guerre offensive tout d'une pièce, ou sans dévier de la base d'opérations ; il cite tous les généraux qui se sont fait écraser, ou qui ont perdu les fruits de toute une campagne, pour avoir fait des détachements ; il mentionne Eugène battu à Denain, Charles douze à Pultava, et il ajoute : *J'aurais mérité d'être battu à Sohr.* — L'étude de ses œuvres démontre que la Stratégie audacieuse

peut amener les plus funestes résultats, si elle n'est maniée par un général de premier mérite, et si elle se délaye en détachements. — Peu de temps après l'apparition des instructions de Frédéric à ses généraux, le traité de Guibert (1773, E) voyait le jour. Le mot Stratégie ne s'y rencontrait pas, quoique, en réalité, il en fût traité dans son ouvrage, qui eût été plus convenablement dénommé essai de Stratégie qu'*essai général de tactique,* d'autant que, si un essai est général, il cesse d'être un essai, et devient un traité. — Voici ce que dit ce savant écrivain : « *Aux yeux de la plupart des* » *militaires, la tactique n'est qu'une* » *branche de la guerre; aux miens, elle* » *est cette science même, puisqu'elle en-* » *seigne à constituer les troupes, à les* » *ordonner, à les mouvoir, à les faire* » *combattre. Il faut la diviser en deux* » *parties, l'une élémentaire et bornée,* » *l'autre composée et sublime. La pre-* » *mière renferme tous les détails de for-* » *mation, d'entretien et d'exercice. La* » *seconde est, à proprement parler, la* » *science des généraux ; elle embrasse* » *toutes les parties de la guerre.* » — On voit de suite tout ce qu'a de faible et d'embrouillé une pareille définition. Les termes méthodiques manquaient à Guibert pour le développement de son sujet. Mais, à raison de la rivalité qui l'éloignait de Maizeroy, et du culte qu'il avait voué à Frédéric, il lui répugnait d'adopter les expressions Stratégie et stratégique, consacrées par Maizeroy, mais non sanctionnées par le roi de Prusse, son précepteur. — Jabro (1777, G) considère la Stratégie comme une science renfermant *l'art de former des projets de guerre, de les faire cadrer avec les moyens de l'Etat, d'exécuter les projets, les marches, les campements. Le nom de cette science, tiré du mot* strategos, *indique qu'elle renfermait l'art de la guerre.* — Cette définition, donnée aussi par Maizeroy, a été vraie ; elle ne l'est plus depuis l'ouvrage si répandu du général Jomini ; il a propagé d'autres idées, et la Stratégie est regardée depuis ses publications incessantes, non pas comme l'art total du général en toute circonstance, mais comme l'art partiel, passager du général l'épée à la main. — L'Encyclopédie méthodique (1785, C), dans ses premiers volumes, ne proférait pas le mot Stratégie, mais elle en rendait la pensée par un autre terme, en faisant distinction entre tactique et grande tactique ; elle disait, en style négligé et obscur : « La tactique est la » science des ordres et des manœuvres gé- » nérales, dans les différentes positions qui

» se présentent à la guerre. Elle est aussi » surtout la science des mouvements en » présence de l'ennemi, à la portée de son » artillerie. Cette Encyclopédie disait (t. iii, » p. 638) : La grande tactique comprend les » positions et mouvements des armées re- » latifs au pays qu'elles doivent attaquer ou » défendre, et aux armées ennemies, et de » toutes leurs dépendances, telles que les » munitions de guerre et de bouche, les » machines de guerre et les bagages. » — Bulow (1801, D) dépeint la Stratégie comme conception et ensemble des mouvements qui s'exécutent hors de la portée de la vue humaine. Il proposait de la distinguer en Stratégie des hommes, ou grande tactique, et en Stratégie du matériel, ou mouvements et mobilisation des attirails. Cette forme d'interprétation n'a pas pris faveur. — Il a, le premier, reconnu incomplet le système de nomenclature militaire dont usait Guibert, et il a cherché à y porter remède ; il ne fallait rien moins que le talent dont son ouvrage fournit la preuve, pour que cet écrivain se permît de régenter le célèbre auteur de l'*Essai général de tactique*. — Bulow divise l'art de la guerre en deux branches : « La Stratégie et la tactique. La première » est la science du mouvement de deux » armées hors du cercle visuel. Elle ren- » ferme toutes les opérations de la guerre ; » elle est la partie de la science dont les » combinaisons s'enchaînent à celles de la » politique et de l'administration. Le stra- » tégien est l'architecte ; le tacticien est le » maçon. » — Nous avons déjà démontré que ce mode de comparaison n'était que le moindre côté de la question, mais telle a été la racine des définitions et des systèmes admis et consacrés depuis cette époque. — Le général Jomini, qui a dû ses grades et sa célébrité à ses recherches sur la Stratégie, l'a considérée comme le rudiment des armées d'envahissement, et comme démonstrateur logicien il s'est fait le continuateur de Bulow. — Le prince Charles (1808, E) fait de la Stratégie la science de la guerre, par opposition à l'art de la guerre ou à la tactique. Nous ne saurions être de ce senti- ment, et approuver cette distinction de l'art et de la science. Il dit (p. 172) : Il n'y a qu'un seul point principal, parce qu'on ne peut réunir que sur un point un nombre supérieur de troupes. — Il a dit : « La Stra- » tégie est la science de la guerre. Elle es- » quisse les plans. Elle embrasse et déter- » mine la marche des entreprises militaires. » Elle est, à proprement parler, la science » des généraux en chef. » — Ici le prince confond les Stratégies ancienne et moderne.

Le général Jomini, désapprouvant cette dé- finition, s'écrie : *Pourquoi ne pas dire que la Stratégie est l'art de diriger les masses sur les points décisifs, et la tac- tique celui de les y engager.* Jomini, par cette distinction, n'éclaircit rien ; car la tactique dirige des masses, et la Stratégie engage les troupes. — Bonaparte, si l'on en croyait le traité apocryphe, *le Prison- nier de Sainte-Hélène* (1817), aurait dit : *J'ai réduit l'art de la guerre aux ma- nœuvres stratégiques ; c'est ce qui m'a donné la supériorité sur mes adversai- res. Ils ont fini par prendre ma méthode. Tout s'use. La bataille de Marengo a prouvé que le hasard est pour les trois quarts dans la méthode actuelle.* — Il se traite moins mal dans des mémoires qu'on a lieu de croire plus vrais. — Dans un parallèle assez faiblement rendu par ses tachygraphes, parallèle qu'il fait de sa campagne de Russie et de celle de Charles douze, il dit : *Autant l'une* (la guerre de Bonaparte) *est conforme aux règles raisonnées, autant l'autre est mal raisonnée en son but et par une tête peu stratégique* (le général Montholon, t. ii, p. 101). — Grassi (1817, H) définit la Stratégie, science des marches, considérées comme partie importante de la conduite des armées, et par opposition à la castramé- tation et à la tactique, qui sont les deux autres parties de l'art militaire. — Cette division est incomplète, inexacte, inadmis- sible. — On lit dans Oméara (1822) que Bonaparte disait, au sujet de la Stratégie : *Les plus grandes manœuvres que j'ai faites, et pour lesquelles je m'estime le mieux, ont eu lieu à Eckmuelh, et étaient infiniment supérieures à celles de Marengo, et à d'autres actions qui ont précédé ou suivi.* — Si l'opinion que Bonaparte mani- festait, ou que lui ont prêtée les rédacteurs de ses mémoires, est exacte, les principes de la Stratégie ne pouvaient se trouver que dans le génie d'un conquérant, que dans le cerveau d'un homme supérieur ; ce ne serait plus uniquement une science à étudier, mais une habileté d'inspiration à invoquer. — Au dire de M. le colonel Carrion (1824, A), *la Stratégie est un maniement, un mouve- ment de troupes agissant par de loin- tains circuits, et non dans la sphère d'ac- tion, ou sur le terrain ordinaire d'un champ de bataille ; elle est la direction imprimée aux mouvements militaires, dans un cercle plus étendu que celui que l'œil peut embrasser.* — La plupart des élèves ou des plagiaires de Carrion, au lieu de parler de mouvements hors de la portée de la vue, ont parlé de mouvements hors de

la portée du canon. — M. le général Vaudoncourt (1825, D) regarde la Stratégie
comme la science des dispositions en grand,
tandis que la tactique en est l'exécution en
détail. Il y aurait à objecter que la tactique
n'est pas plus le détail de la Stratégie que la
grammaire n'est le détail de la logique :
mais la logique se sert de la grammaire
comme la Stratégie se sert de la tactique.
Il dit, dans un article publié en 1839, que
les opérations de la Stratégie se réduisent à
quatre, campements, batailles, marches et
siéges. Si l'on y comprend les siéges, la
Stratégie devient positivement l'art de la
guerre. — M. le colonel Koch (1826),
critiquant Carrion, dit que la Stratégie
*est l'art d'esquisser un plan de cam-
pagne, de tracer la direction principale des opérations, à l'opposé de la tactique qui dirige les mouvements d'exécution qui doivent s'accomplir dans la même
journée.* — Le général Lamarque trouve
que ce qu'on a avancé touchant la Stratégie
n'est ni clair ni complet, et que c'est ce
que Feuquières et Montécuculi appellent
dispositions générales (*Spectateur militaire* [septembre 1826]); suivant l'époque
que l'auteur a en vue, il a raison. — La
recherche et l'occupation du point ou du
nœud stratégique dont parle le prince
Charles, est, suivant le général Pelet,
l'objet de la Stratégie. — M. Rocquancourt (1826, 1828) définit la Stratégie :
*Art d'esquisser un plan de campagne,
de fixer les points de départ, de tracer la direction principale des opérations.* — M. le colonel O'Kouneff (1830)
partage à peu près la même opinion, et
peint la Stratégie comme il suit : *Assigner
des dépôts, combiner des mouvements
appropriés au terrain, prévoir des événements, décider des siéges à faire ; tout
cela n'est autre que le plan de campagne
mis en action.* — Tirons de tout ce qui s'est
enseigné et écrit les conclusions suivantes.
— Les anciens nous ont laissé assez de traités pour qu'on ait des idées, sinon complètes, au moins étendues, sur leur tactique ; rien de tout ce qu'ils ont pu écrire sur
la Stratégie ne nous est parvenu assez intact
pour donner une idée nette de leur façon
de penser. La première de ces sciences,
quoique aussi ancienne que la grande
guerre, n'a été un objet de définitions et
d'images officielles de tacticographie que
depuis le milieu du dernier siècle ; le retour
à l'étude du grec a seul révélé cette lacune
dans les principes de l'art militaire de
terre. — Si, de milice à milice, la Stratégie
diffère, c'est plutôt l'effet d'une impulsion

morale, ou du génie des généraux, qu'un
résultat de la différence des régles mêmes.
Ménager les ressources et les agents, ne
mettre jamais en action toutes les forces à
la fois, n'opérer que sur des points choisis,
sont les préceptes de tous les temps, de
tous les peuples. — Nos contemporains,
marchant sur les traces de théoriciens su-
perficiels, ont en général pris Stratégie par
opposition à tactique ; et, de fait, la tactique est chose de paix et de guerre ; la
Stratégie n'a rien de commun avec la paix.
La Stratégie est la grande conception des
manœuvres hostiles ; la tactique est l'emploi
momentané des évolutions. La tactique
rend apte à combattre ; la Stratégie combat ;
car c'est combattre que de se mouvoir hos-
tilement, fût-ce loin de l'ennemi ; c'est combattre que vaincre, ou se préserver d'être
vaincu, sans avoir approché même des baïon-
nettes de l'ennemi. — L'étude peut faire un
tacticien, pourvu qu'il sache rester de sang-
froid sous le canon ; mais ce sont l'étude,
l'expérience, le génie, le courage d'esprit,
le coup d'œil, qui font le stratégiste, le
stratégien, le stratégicien, on ne sait lequel dire : le dernier de ces mots est employé par M. le général Vaudoncourt ; le
second est employé par Tranchant (1801,
D) ; le premier est employé par le traducteur
de l'archiduc Charles, et par Bonaparte (le
général Montholon, t. ii, p. 101). — Toute
circonstance inattendue, tout changement
subit de rapport entre les belligérants, nécessitent une modification du plan primitif.
Le stratégiste ne saurait être assujetti à des
régles fixes comme le tacticien, mais il doit
posséder la connaissance de la tactique, et
s'il est homme de génie, il peut triompher,
quel que soit le genre de tactique que pratique son armée. L'antiquité en fournit mille
exemples. — Un tacticien ne l'est qu'imparfaitement, s'il ne peut le prouver sur le
terrain, sur tout terrain, sous le feu de
l'ennemi, à l'improviste ; mais un stratégiste peut l'être du fond de son cabinet. —
L'emploi habile de la Stratégie, le choix
savant du théâtre de l'action, pourraient
rendre plus rares, ou moins hasardeuses, les
batailles, pourraient amener même à vaincre sans y avoir recours. Ainsi les combinaisons de la Stratégie sont bien plus relevées,
celles de la tactique plus mécaniques. —
Veut-on rassembler quelques vues touchant
la Stratégie, considérée comme l'art des batailles françaises modernes, en voici. —
Quand le bouleversement de 1792 éclatait,
l'armée française n'avait pas le temps d'apprendre la tactique, elle s'en passa. Des
hommes de cœur et de tête y substituèrent

la Stratégie. — Des rideaux de tirailleurs masquaient des pièces que soutenait la cavalerie. De fortes réserves attendaient que le point faible de l'ennemi fût reconnu, et s'y précipitaient tête baissée, ou manœuvraient comme on fait route quand on part d'un point éloigné. Des gros de cavalerie achevaient l'action. — De rigides observateurs de la tactique se firent battre par la Stratégie, comme se laisse toucher un tireur d'armes dépourvu de ripostes. Ce n'était pas la faute de la tactique, mais c'est que le génie, l'élan, l'enthousiasme, étaient du côté des novateurs, qui se souciaient aussi peu de ménager le matériel que d'épargner le sang. — L'effervescence se calma, l'enthousiasme se refroidit; et les hommes supérieurs que la révolution avait mis en jeu comprirent qu'il ne s'agissait plus uniquement de s'entretuer à coups d'hommes; ils sentirent qu'il fallait que la fureur fît place à l'art, et qu'on en revînt aux études dont Frédéric deux avait été le professeur. Le camp de Boulogne fut le plus remarquable champ de Mars du monde connu. — A Friedland, à Wagram, plusieurs centaines de pièces entament, terminent l'action. A Gross-Beeren, en 1813, quatre-vingt-quatre pièces sont opposées, dans une affaire particulière, à soixante autres. A Lutzen, la position de l'artillerie française de la garde assure la victoire. Enfin, à Leipzig, les Français engagent six cents pièces en face de neuf cents. Mais, depuis 1804, des généraux avaient appris des manœuvres de brigades et de division, et l'infanterie, redevenant tacticienne, manœuvrait à côté ou derrière les pièces. — En dernière analyse, la Stratégie des Grecs et des Romains est l'art militaire tant de terre que de mer. — De César (51 avant J.-C.) à Végèce (390, A), c'est la chose militaire, c'est la discipline militaire. Du Bas-Empire aux règnes des empereurs Maurice et Léon (900, A), c'est synonymement la tactique ou la stratégique. — Pendant le moyen age, c'est, en Occident, le dégast; faire la guerre ou faire le dégat étaient même chose. — Au seizième siècle, les savants d'Italie font revivre les expressions chose militaire et discipline. — Frédéric deux et Guibert (1773, E) remettent en vogue la tactique; ils appelaient ainsi son union, sa fusion avec la Stratégie. — Lloyd (1762, M) et Maizeroy (1766, F) exhument et francisent la stratégique. C'est une partie de l'art militaire, c'est l'art de la guerre tant de plaine que de siége. — De Bulow et du général Jomini à MM. O'Koukeff et Xilander, ce n'est plus que l'art de la guerre en rase campagne, ou plutôt la Stratégie est, en 1838, ce que chaque écrivain veut qu'elle soit. Attendons qu'une académie militaire ait été instituée en France et ait mission de prononcer. — Depuis que la Stratégie a été dépossédée de sa signification ancienne, depuis que le mot, dénaturé, étiolé, n'exprime plus l'art militaire dans sa totalité, mais la seule partie militante de cet art, la langue manquait d'une expression qui le caractérisât, et dont une épithète pût être dérivée. Ce mot, qu'il fallait refaire, est la polémonomie; il a même sens que la Stratégie des anciens; la Stratégie des modernes n'est plus qu'une partie de la polémonomie. — Les auteurs qui ont traité ce sujet sont:

ALLEMANDS, PRUSSIENS, SUISSES.	ANGLAIS, ANGLO-AMÉRICAINS.	ESPAGNOLS, PORTUGAIS.	FRANÇAIS.	GRECS, BAS-EUROPÉENS, TURCS.	HOLLANDAIS, FLAMANDS.	ITALIENS.	LATINS.	RUSSES, POLONAIS.	SUÉDOIS, DANOIS.
29	2	3	41	3	»	3	»	1	2

AUDOUIN (t. I, p. 169), BAUDRAN (1777, D), BAUMGAERTNER (1779, E), BEHR, BIEBERSTEIN (1805), le général BISMARK (1820), BONAPARTE (1817, 1820), BOUCHAUD (1757, G, p. 11, 47), BOURSCHEID, BULOW (1801, D), M. CARRION (1824, A), M. DE CHAMBRAY (1830), CHARLES (l'archiduc) (1818, p. 45), CISNEROS, CLAUSEWITZ, COURTIN (1823, E, au mot *Division*), M. DECKER (1828), DESPAGNAC (1751, D, t. III, p. 8), DUCHATEAU, DUBESME (1806, M), ENCYCLOPÉDIE (1785, C, supplém., p. 837, 892, 899), FEUQUIÈRES (1750, A), FRÉDÉRIC DEUX (1761, G), GUIBERT (1773, E, t. I, p. 156), HAUSER (1817), HOHENLOHE (1818, D), HOYER (1828), IMBERT, JABRO (1777, G), JACQUINOT, JOMINI (1803, F; 1819, B), LAMARQUE, LAROCHE (1770, L), LAROCHE-AYMON (1804, D), LAVERNE (1809, H, p. 354), LEBAS, LEFREN, LÉON (1771, A), LINDENAU (1780, G), M. LISKENNE (t. I, p. 512), LLOYD (1762, M), LOLOOZ (1766, A), LOSSOW (1815, G), MAIZEROY (1766, F; 1767, E; 1771, A, p. 7; 1773, A; 1777, E), MAURICE (590, A), MEIDELL, MELLIET, MONTÉCUCULI (1692, A), MORETTI (don Frédéric) (1829, D), OCHS, ODIER (1818, E), M. O'KOUNEFF (1830), OMÉARA, le général PELET, PERTUSIER, RACCHIA, M. RÉVÉRONI (1826), ROBINSON, M. ROCQUANCOURT, le général ROGNIAT, ROHAN (1757, Q), ROTTENBURG, RUEHLE (1814), RUMPF (1824, E), SANTA-CRUZ (1738, A), SCHULTZ D'ASCHERADEN, SERVAN (1780, B, p. 377, 592), SILVA (1778, F; 1780, M), SINCLAIRE (1775, L, t. III, p. 106), TEMPELHOF, THÉOBALD (M. de), THELLUNG, TIELKE, le général VAUDONCOURT, VENTURINI, VOLTAIRE, WAGNER, XÉNOPHON (370 avant J.-C.), M. XILANDER, l'ouvrage intitulé *Art militaire analysé*, le *Journal militaire autrichien* (t. II), les *Victoires et Conquêtes* (t. VI, p. 196), le *Spectateur militaire* (t. XII, p. 557), le *Dictionnaire de la Conversation*.

STRATÉGIEN, subs. masc. V. STRATÉGIE. V. TACTIQUE, subs.

STRATÉGÈQUE, subs. fém. V. STRATÉGIE. V. TACTIQUE.

STRATÉGIQUE, adj. V. BATAILLE S... V. MARCHE S... V. MOUVEMENT S... V. NOEUD S... V. OPÉRATION S... V. POINT S... V. ROUTE S... V. TERRAIN S...

STRATÉGISTE, subs. masc. V. GUERRE MÉTHODIQUE. V. MILICE. V. STRATÉGIE.

STRATÉGUE, subs. masc. V. GÉNÉRAL EN CHEF. V. HUPERSTRATÈGUE. V. HUPOSTRATÈGUE. V. MILICE BYSANTINE. V. STRATÉGIE.

STRATÉGYQUE, subs. fém. V. STRATÉGIE.

STRAT[ILLISIBLE], ... V. AFFAIRE S... V. AILE S... V. APPUI S... V. ARMEMENT S... V. ARRIÈRE-GARDE S... V. ART DE LA GUERRE. V. AVANT-GARDE S... V. BATAILLE S... V. COLONNE S... V. COMBAT S... V. COMMUNICATION S... V. CONVOI S... V. CORPS S... V. COURSE S... V. DÉFENSE S... V. DIVISION S... V. MASSE S... V. POINTE S... V. POLÉMONOMIE. V. POSITION S... V. POSTE S... V. RETRAITE S... V. SIGNAL S...

STRATOTIDE, subs. fém. (F). Mot signifiant qui porte l'ARMÉE. Les Grecs appelaient ainsi des PONTONS qu'on traînait à la suite des TROUPES pour traverser les RIVIÈRES. — Les ROMAINS appelaient VAISSEAUX Stratiotides (*Stratiotidæ naves*) ce que, dans les usages modernes, on appelle TRANSPORTS PAR EAU OU VAISSEAUX DE TRANSPORT.

STRATOCLÈS. V. NOMS PROPRES.

STRATOLOGIE, subs. fém. V. CATALOGUE. V. DROIT DE LA GUERRE. V. STRATONOMIE.

STRATONOMIE, subs. fém. (F). Mot venu du GREC et qu'on trouve dans le *Journal des Sciences militaires* (1825, 1re partie). Il a été imaginé ou remis en usage par les hellénistes mentionnés au mot POLÉMONOMIE. Ils l'appliquaient comme signifiant : ensemble des LOIS qui régissent l'ARMÉE. Ce terme rend la même idée que CODE MILITAIRE, ou partie légale et écrite. — Dans un sens à peu près pareil, MYLER (1710) et WALTHER (1783, C) faisaient usage du mot STRATOLOGIE; mais c'est plutôt, dans les ouvrages allemands, le terme désignatif du DROIT DE LA GUERRE. — Au temps des rois soldats, des GÉNÉRAUX DICTATEURS, des CONNÉTABLES OU ROIS DE LA GUERRE, des généralissimes à carte blanche, la Stratonomie était une des branches de la STRATÉGIE, c'est-à-dire de l'art militaire de terre. — Depuis que le pouvoir suprême s'est assis sur des bases plus rationnelles, que la pensée et l'action se sont scindées, que des CONSEILLERS D'ÉTAT ou des MINISTRES ont régi des branches spéciales, et qu'un GÉNÉRAL n'a plus été un DICTATEUR, ce n'était plus de lui que dépendait la Stratonomie, mais c'était d'un CONSEIL D'ÉTAT ou d'un MINISTRE DE LA GUERRE. — Avoir décrit le CODE MILITAIRE, terme vague, faux, mais consacré, c'est être dispensé de décrire la Stratonomie.

STRATONOMIQUE, adj. V. CONSTITUTION S... V. ÉCONOMIE S... V. GOUVERNEMENT S... V. SERVICE S...

STRATOPÉDIE, subs. fém. (G). Mot tiré du GREC, et signifiant : partie relative aux études, ARTS, sciences, propres à une armée. MAIZEROY (1771, p. 7) en rend témoignage dans l'emploi qu'il fait de ce mot.

— On a pris dans le même sens le mot ARÉOTECTONIQUE; on a mentionné comme une de leurs branches la SOMASKIE, et la définition qui a été donnée de ces mots rendrait superflues ici des explications plus étendues.

STRATOPÉDIQUE, adj. v. ARTILLERIE s... v. ÉCOLE s...

STRATOTHÉRAPEUTIQUE, subs. fém. v. JAEGER. v. SERVICE DE SANTÉ.

STREET. v. NOMS PROPRES.

STRELETZ (strelitzy), subs. masc. v. STRÉLITZ.

STRÉLETZ (strélitzs), subs. masc. (F), ou STRELETZ, et au pluriel STRÉLITZY suivant LACHESNAIE. Mot russe dérivé, suivant le *Dictionnaire de la Conversation*, du mot *strelzi*, chasseur, ou, suivant d'autres opinions, de *strélai*, flèche. — Les Strélitzs, ou Strélitzy, créés au milieu du seizième siècle par Ivan Vasiliewitsch, ou Ivan quatre, étaient en effet des ARCHERS jusqu'à l'époque où ils prirent le MOUSQUET; c'était un CORPS PRIVILÉGIÉ chargé de la GARDE du prince. Le genre de leur armement les distinguait du reste des TROUPES MOSCOVITES, qui conservèrent bien plus tard l'ARC, les FLÈCHES, la PIQUE. — Les Strélitzs composaient l'INFANTERIE permanente et régulière de l'ancienne MILICE RUSSE; ils étaient au nombre de vingt ou de vingt-quatre mille hommes, on dit même de quarante mille; ils étaient casernés dans un faubourg de Moscou, qui, par cette raison, s'appelait *Strelitz kaia, staboda*. — L'indépendance que s'était arrogée cette SOLDATESQUE sans DISCIPLINE, les priviléges et les immunités dont elle jouissait, les mutineries qui y éclataient fréquemment, rappelaient l'arrogance, l'impunité, les excès des PRÉTORIENS de l'antiquité et les désordres des JANISSAIRES. — Les Strélitzs, révoltés en 1698 pendant l'absence de PIERRE PREMIER, en furent rigoureusement châtiés par les ordres de cet autocrate; il fit biffer leurs noms sur les contrôles de l'ARMÉE; il les noya dans leur sang. Des TROUPES dressées à l'européenne les remplacèrent. — La manière dont avaient été recrutés et composés les Strélitzs se reproduisait en partie dans la formation des PUPILLES de NAPOLÉON. — DUANE (1810, E)

et LACHESNAIE (1758, I) ont consacré à ces souvenirs quelques lignes.

STRECKER. v. NOMS PROPRES.

STREE, subs. fém. v. CAMP ROMAIN.

STREIGE, subs. fém. v. CAMP ROMAIN. v. ESPACE. v. HÉMISTRIGE.

STROEMER; STROEHLSCHWERD; STROZZE; STRUBEN; STRUVET; STRUENSÉE; STRUTT; STRUVIUS; STURNITZ; STURM. v. NOMS PROPRES.

STYLE de CATAPULTE. v. CATAPULTE. v. STILE.

STYLET, subs. masc. v. STILET.

STYPARQUE, subs. masc. v. MILICE GRECQUE n° 7. v. OFFICIER n° 2. v. STYPHE.

STYPHE, subs. masc. (F), ou plus correctement STIPHE. Mot GREC, *stiphos*, exprimant une SUBDIVISION de la MILICE GRECQUE. Elle était la moitié d'une ÉPITAGME de PELTASTES; elle se composait de cinq cent douze FILES et de quatre mille quatre-vingt-seize ARMÉS A LA LÉGÈRE; elle comprenait deux ÉPIXÉNAGIES; elle était commandée par un STYPARQUE. — BOUCHAUD (1757, B, t. I, p. 74), M. le colonel CARRION (1824, A, t. I, p. 72), M. LISKENNE (t. I, p. 512, gravure) et ROBINSON en traitent; ce dernier prend dans le même sens PHALANGARCHIE.

SUASSO. v. NOMS PROPRES.

SUBALTERNE, adj. v. OFFICIER s...

SUBCENTURION, subs. masc. v. CENTURION; id. n° 5. v. OPTION.

SUBDÉLÉGUÉ, subs. masc. v. INTENDANT DE PROVINCE. v. TRIBUNAL DU POINT D'HONNEUR.

SUBDIVISION, subs. fém. v. AILE DE S... v. AILE MARCHANTE DE S... v. ALIGNEMENT DE S... v. ARRIÈRE-S... v. CHANGEMENT DE DIRECTION DE S... v. CHEF DE SECONDE S... v. CHEF DE S... v. COLONNE PAR S... v. COMMANDANT DE S... v. CONDUCTEUR D'AILE DE S... v. CONTROLE DE S... v. CONVERSION DE S... v. DÉDOUBLEMENT DE S... v. DEMI-S... v. DIRECTION DE S... v. DISLOCATION DE S... v. DISTANCE DE S... v. FEU DE S... v. FILE DE S... v. FORCE DE S... v. FRONT DE S... v. GUIDE DE S... v. NUMÉRO DE S... v. OFFICIER DE S... v. PAR S... v. PREMIÈRE S... v. ROLE DE S... v. SECONDE S... v. SERGENT DE S... v. TABLEAU DE S... v. TENUE DE S... v. TÊTE DE S...

SUBDIVISION { ADMINISTRATIVE. TACTIQUE. TERRITORIALE. { DIVISION DE COLONNE.

SUBDIVISION (term. génér.). Ce mot, dont le substantif DIVISION donne l'étymologie, est militaire depuis le milieu du dernier siècle, mais n'est technique, dans la LANGUE DE L'ARMÉE, que depuis la fin de ce même siècle. — Le terme a un tout autre sens, s'il s'agit de TACTIQUE, de SERVICE, de POLICE, d'ADMINISTRATION; de là vient la nécessité de le caractériser par des épithètes qu'on n'avait pas encore pris le soin de rechercher et d'appliquer. — Aux PARADES DE GARNISON, les ADJUDANTS DE PLACE étaient chargés de former en Subdivisions les HOMMES DE GARDE pour le DÉFILEMENT. — Autrefois, le SERVICE se faisait par Subdivisions; de là l'usage encore existant d'appeler Subdivision le quart d'un DÉTACHEMENT D'ENTERREMENT. — Le mot Subdivision se distingue en SUBDIVISION A DEMI-DISTANCE, — ADMINISTRATIVE, — CENTRALE, — CONSTITUTIVE, — DE CAVALERIE, — DE COLONNE, — DE COLONNE COMPACTE, — DE PHALANGE, — DE QUEUE, — DE TÊTE, — D'ÉLÉPHANTS, — D'INFANTERIE, — EN MARCHE, — EN ROUTE, — GRECQUE, — IMPAIRE, — PAIRE, — ROMAINE, — TACTIQUE, — TERRITORIALE.

SUBDIVISION A DEMI-DISTANCE. V. A DEMI-DISTANCE. V. SUBDIVISION DE COLONNE.

SUBDIVISION ADMINISTRATIVE (A, 1; B, 1; C, 3; E), ou DEMI-SECTION, ou SUBDIVISION CONSTITUTIVE. Sorte de SUBDIVISION qui, en vertu de l'ORDONNANCE DE 1788 (17 MARS), était la réunion de deux ESCOUADES ou le quart d'une COMPAGNIE D'INFANTERIE. Cette ORDONNANCE plaçait chaque Subdivision sous les ordres d'un SERGENT, et décidait que, la première fois, elle prendrait pour NUMÉRO celui du SERGENT, et qu'ensuite le NUMÉRO des Subdivisions ne varierait plus, quelle que fût l'ANCIENNETÉ DE GRADE du SERGENT. Ainsi les Subdivisions se dénommaient PREMIÈRE, SECONDE, etc. — De pareilles dispositions ont été annulées, suivant que la COMPOSITION a varié dans ses formes, suivant qu'il n'y a plus eu par COMPAGNIE que deux, que trois SERGENTS. — Le RÈGLEMENT DE 1792 (24 JUIN) composait de même la Subdivision de deux ESCOUADES, commandées chacune par un CAPORAL. — Les réglements et ordonnances promulgués plus récemment, touchant la POLICE DES COMPAGNIES, voulaient que leur CAHIER D'APPEL contînt le TABLEAU des Subdivisions et exprimât leur force. Ils voulaient que les AFFICHES EXTÉRIEURES des CHAMBRES DE SOLDATS reproduisissent ce TABLEAU, et fissent mention du nom du CAPITAINE et des CHEFS de la Subdivision. Ils voulaient que le SERGENT tînt un RÔLE de sa Subdivision, et un CONTROLE DE LINGE ET CHAUSSURE et d'EFFETS DE PETIT ÉQUIPEMENT, d'ARMEMENT et d'UNIFORME. C'était demander beaucoup trop, c'était même inexécutable.

SUBDIVISION CENTRALE. V. CENTRAL, adj. V. DÉPLOIEMENT CENTRAL.

SUBDIVISION CONSTITUTIVE. V. CONSTITUTIF. V. SUBDIVISION ADMINISTRATIVE.

SUBDIVISION DE CAVALERIE. V. CAVALERIE. V. CAVALERIE FRANÇAISE N° 7. V. CHARGE DE CAVALERIE. V. ESCADRON. V. ESCADRON FRANÇAIS; id. N° 4.

SUBDIVISION DE COLONNE (G, 6). Sorte de SUBDIVISION TACTIQUE exprimée par un terme mal choisi, et qui n'a pris, dans la LANGUE MILITAIRE, quelque précision que depuis la fin du dernier siècle. — Une Subdivision est une fraction aussi égale que possible aux autres fractions d'une même TROUPE, si l'on compare la forme du CADRE et le nombre des FILES. — Primitivement, les CHANGEMENTS DE FRONT s'exécutaient par divers genres de Subdivisions, avant de ne s'exécuter que par une DISLOCATION DE PELOTONS. — Jadis, les FEUX DE CHAUSSÉE, les FEUX DE PARAPET étaient des FEUX DE SUBDIVISIONS. — Depuis le RÈGLEMENT DE 1791 (1er AOUT), les Subdivisions étaient commandées chacune par un OFFICIER DE COMPAGNIE, et se formaient ou d'une DIVISION, ou d'un PELOTON, ou d'une SECTION D'INFANTERIE. Ainsi, contrairement aux lois de la logique, un CHEF DE SUBDIVISION était CHEF DE DIVISION. — Faire FACE EN ARRIÈRE EN BATAILLE a eu primitivement lieu par la SUBDIVISION DE QUEUE. Suivant les réglements modernes, cette FORMATION s'accomplissait, au contraire, en prenant pour point d'appui la SUBDIVISION DE TÊTE d'un BATAILLON. — La FORMATION EN AVANT EN BATAILLE s'exécutait par des DEMI A DROITE OU DEMI A GAUCHE que faisait simultanément chaque Subdivision, de manière à arriver aux jalonneurs traçant l'ORDRE DE BATAILLE. — Les FORMATIONS SUR LA DROITE OU LA GAUCHE se réalisaient par des CONVERSIONS A PIVOT FIXE. — Les INVERSIONS avaient pour effet de changer l'ORDRE des Subdivisions, sans que le PREMIER RANG cessât d'être en avant. Ainsi, dans la FORMATION PAR INVERSION, la Subdivision de gauche devenait Subdivision de droite, l'avant-dernière venait après, et ainsi de suite. — Une Subdivision ne devait jamais marcher RENVERSÉE, c'est-à-dire ayant son TROISIÈME RANG en avant; mais elle pouvait être INVERTIE. — L'ORDONNANCE DE 1831 (4 MARS) avait malhabilement modifié cette LÉGISLATION, en disposant que les COLONNES PAR SUBDIVISIONS pourraient marcher RENVERsées, c'est-à-dire par le TROISIÈME RANG. Ce système irréfléchi était destructif des principes de l'ALIGNEMENT des SERRE-FILES et des ALIGNEMENTS INDIVIDUELS. Jusque-là, ce renversement n'avait eu lieu que partiellement dans les ÉVOLUTIONS qu'on nommait DISPOSITIONS CONTRE LA CAVALERIE. — La SUBDIVISION EN MARCHE n'avait qu'un GUIDE; il était chargé de la conservation de la DISTANCE, du maintien du PAS, de la régularité des CHANGEMENTS DE DIRECTION. — Si la Subdivision forme PELOTON ou DIVISION, elle est encadrée de deux SERGENTS, et c'est l'un ou l'autre qui fait fonction de GUIDE; l'ALIGNEMENT de la Subdivision se règle sur eux, et le coté du GUIDE s'appelle COTÉ DE DIRECTION. — Si elle forme SECTION, elle n'est flanquée que d'un SOUS-OFFICIER, qui devient, au besoin, GUIDE DE DROITE ou GUIDE DE GAUCHE, en restant à GAUCHE ou en se portant à DROITE. — Les abductions, ou les MANŒUVRES propres à METTRE DES FILES EN ARRIÈRE, avaient pour objet de plier une ou les deux AILES d'une Subdivision, s'il s'agissait de traverser un DÉFILÉ ou d'un cas analogue. Le mécanisme différait suivant qu'il s'agissait d'ABDUCTIONS DOUBLES, EN POTENCE, PLEINES, VIDES. L'ORDRE primitif se rétablissait en FAISANT RENTRER DES FILES EN LIGNE. — La MANŒUVRE qu'on nommait CHANGEMENT DE POSITION s'accomplissait par la MARCHE DIAGONALE de toutes les Subdivisions d'une COLONNE. — On appelait DISTANCE de Subdivision un vide ou espacement entre deux Subdivisions, si ce vide était égal à un FRONT DE SUBDIVISION. — Mais l'espace entre les Subdivisions variait suivant que la COLONNE était OUVERTE, suivant qu'elle était DEMI-OUVERTE ou à DEMI-DISTANCE, suivant qu'elle était en MASSE ou SERRÉE. — Les Subdivisions se FORMAIENT EN BATAILLE DE PIED FERME par des CHANGEMENTS DE DIRECTION A PIVOT FIXE; c'était, au contraire, à pivot mobile qu'elles se formaient SUR LA DROITE ou SUR la gauche. — Les FORMATIONS SUCCESSIVES étaient le résultat de la HALTE et de l'ALIGNEMENT des Subdivisions arrivant et s'arrêtant, l'une après l'autre, sur la LIGNE DE BATAILLE. — Si une SUBDIVISION EN MARCHE exécutait un CHANGEMENT DE DIRECTION du COTÉ OPPOSÉ AU GUIDE, l'aile sur laquelle elle appuyait n'avançait qu'au PAS DE PIVOT, à moins que la Subdivision n'appartînt à une COLONNE SERRÉE ou EN MASSE; si elle changeait DE DIRECTION du COTÉ DU GUIDE, elle manœuvrait à AILE TOURNANTE au lieu de marcher à AILE PIVOTANTE. — Dans les CONVERSIONS DE PIED FERME ou A PIVOT FIXE, le PREMIER RANG proportionnait son PAS à celui du CONDUCTEUR DE L'AILE MARCHANTE. — Des CONVERSIONS de DEMI-SUBDIVISIONS concouraient à la formation des CARRÉS. — Le DÉFILEMENT EN TIROIR avait pour résultat de porter en avant les ARRIÈRE-SUBDIVISIONS, ou SUBDIVISIONS DE QUEUE. — On appelait SERREMENT DE COLONNE le rapprochement des Subdivisions s'organisant en COLONNE SERRÉE; ce SERREMENT était une fois moindre dans la COLONNE A DEMI-DISTANCE. — La PROMPTE MANŒUVRE était un moyen de porter rapidement sur une LIGNE DE BATAILLE des Subdivisions qui, dans une COLONNE EN MARCHE, étaient les dernières, et faisant coude ou POTENCE; c'était une déviation de la CAPITALE DE PROLONGEMENT et une des ÉVOLUTIONS qui pouvaient s'exécuter au PAS DE COURSE. — Les ROMPEMENTS EN BATAILLE produisent l'ORDRE EN COLONNE. — Pour rompre des SUBDIVISIONS EN MARCHE, une moitié de la Subdivision MARQUAIT LE PAS, et terminait par le PAS OBLIQUE le dédoublement, qui en réduisait de moitié le FRONT. — Les Subdivisions, la gauche en tête, se formaient à DROITE EN BATAILLE. — Les Subdivisions des COLONNES SERRÉES se partageaient en PAIRES et IMPAIRES, pour l'exécution des CONTRE-MARCHES à DÉBOITEMENT et au moyen d'une MARCHE PAR LE FLANC. — La MARCHE des Subdivisions de la COLONNE DE ROUTE était combinée de manière que leur FRONT fût de seize hommes à quatre hommes. — La COLONNE D'ATTAQUE accolait deux Subdivisions en une. — Les DÉPLOIEMENTS étaient le préférable moyen de remettre en LIGNE DE BATAILLE les Subdivisions.

SUBDIVISION de COLONNE COMPACTE. V. COLONNE COMPACTE. V. COLONNE SERRÉE.

SUBDIVISION de PHALANGE. V. PHALANGE. V. PHALANGE GRECQUE.

SUBDIVISION de QUEUE. V. ADJUDANT D'INFANTERIE FRANÇAISE DE LIGNE N° 17. V. CARRÉ DE RETRAITE. V. COLONNE DE RETRAITE. V. DÉFILEMENT EN TIROIR. V. GUIDE GÉNÉRAL. V. DISPOSITIONS CONTRE LA CAVALERIE. V. QUEUE DE COLONNE. V. SUBDIVISION DE COLONNE.

SUBDIVISION de TÊTE. V. ADJUDANT-MAJOR D'INFANTERIE FRANÇAISE DE LIGNE N° 11. V. CARRÉ DE RETRAITE. V. DÉPLOIEMENT CENTRAL. V. DÉPLOIEMENT DE PIED FERME. V. SUBDIVISION DE COLONNE. V. TÊTE.

SUBDIVISION d'ÉLÉPHANTS. V. ÉLÉPHANT.

SUBDIVISION d'INFANTERIE. V. A DROITE ALIGNEMENT. V. AILE DE BRIGADE. V. BATAILLON D'INFANTERIE FRANÇAISE; id. N° 2, 3, 7. V. BATAILLON GÉOMÉTRIQUE. V. BATAILLON ROND. V. CADRE OUVERT. V. CARRURE D'ÉPAULES. V. CHANGEMENT DE FRONT. V. CHANGEMENT DE

FRONT SUR DEUX LIGNES. V. CHEF DE DIVISION Nº 2. V. CHEF DE PELOTON. V. CHEF DE SECTION TACTIQUE. V. CINQUANTAINE. V. COMPAGNIE D'INFANTERIE FRANÇAISE DE LIGNE Nº 9. V. COLONNE ÉPAGOGIQUE Nº 1, 2, 4. V. COMBAT STRATEUMATIQUE. V. COMMANDEMENT D'EXÉCUTION. V. COMPAGNIE DE CENTRE. V. COMPAGNIE D'INFANTERIE FRANÇAISE DE LIGNE Nº 2. V. CONTRE-MARCHE PARATAXIQUE. V. CONTRE-MARCHE PHALANGIQUE. V. CONVERSION A PIVOT FIXE. V. DÉFILER. V. DÉPLOIEMENT CENTRAL. V. EN AVANT. V. ESPACE. V. FEU D'INFANTERIE. V. FEU EN AVANÇANT. V. FILE DE SUBDIVISION. V. FORMER LES DIVISIONS. V. GUIDE GÉNÉRAL. V. GUIDE SUR LA LIGNE. V. INFANTERIE FRANÇAISE Nº 2, 8, 11. V. MARCHE PROCESSIONNELLE. V. MARCHE TACTIQUE. V. MÉLANGE D'ARMES. V. MOULINET. V. NATATION. V. PAS CADENCÉ. V. PAS ORDINAIRE. V. PELOTON D'INFANTERIE. V. PLÉSION. V. PLOIEMENT. V. PORTE-DRAPEAU Nº 7. V. RANG D'INFANTERIE. V. ROMPEMENT PAR LA DROITE. V. TACTIQUE, subs. V. TERZE.

SUBDIVISION EN MARCHE. V. EN MARCHE. V. INTERVALLE D'INFANTERIE EN COLONNE. V. MARCHE DE BATAILLE EN COLONNE. V. SUBDIVISION DE COLONNE.

SUBDIVISION EN ROUTE. V. EN ROUTE. V. SUBDIVISION DE COLONNE.

SUBDIVISION GRECQUE. V. CATAPHRACTE. V. CHILIARCHIE. V. DÉCURIE GRECQUE. V. DILOCHIE. V. DIMOERIE. V. DIPHALANGARCHIE. V. ÉNOMOTIE. V. ÉPHIPPARCHIE. V. ÉPITAGME. V. ÉPITARCHIE. V. ÉPITAXE. V. ÉPIXÉNAGE. V. ÉPIXÉNAGIE. V. GREC, adj. V. HÉCATONTARCHIE. V. ILE ÉQUESTRE. V. LOCHOS. V. MILICE GRECQUE Nº 2, 6. V. MORA. V. OPLITE. V. PAREMBOLE. V. PENTACONTARCHIE. V. PENTACOSIARCHIE. V. PENTÉCOSTYS. V. PHALANGE GRECQUE. V. PLÉSION. V. PROSTAXE. V. PSILAGIE. V. STYPHE. V. SYSTRÈME. V. TÉTRARCHIE. V. TARENTINARCHIE. V. TAXIARCHIE. V. TELOS. V. XÉNAGIE.

SUBDIVISION IMPAIRE. V. IMPAIR. V. SUBDIVISION DE COLONNE. V. SUBDIVISION ROMAINE.

SUBDIVISION PAIRE. V. CONTRE-MARCHE A DÉBOITEMENT. V. PAIR. V. SUBDIVISION DE COLONNE.

SUBDIVISION ROMAINE. V. CENTURIE. V. COHORTE DE LÉGION ROMAINE Nº 5. V. LÉGION ROMAINE Nº 1. V. MANIPULE Nº 3, 4. V. MILICE ROMAINE Nº 7. V. ORDINAIRE ROMAIN. V. ROMAIN, adj. V. SCIE TACTIQUE.

SUBDIVISION TACTIQUE (terme sous-générique). Sorte de SUBDIVISIONS ou de CADRES, dont un BATAILLON DE MANOEUVRES se compose. Suivant les temps, ce terme a été synonyme de DIVISION ou de PELOTON, tant la langue de nos TROUPES était peu arrêtée. — Le mot Subdivision avait du rapport avec les termes LATINS *ordo, manipulus, signum;* il rappelait les expressions ITALIENNES *schiera, eschiera, esquiera,* dont le vieux français avait fait SCARE, ESCARRE, BATAILLE, ESCADRON. — Les Subdivisions romaines ont été, pendant longtemps, ordonnées en ÉCHIQUIER; les SUBDIVISIONS GRECQUES, au contraire, n'ont jamais été rangées suivant ce système, mais ont toujours formé un ou plusieurs PLINTHES. — Les Subdivisions modernes sont l'élément des ÉVOLUTIONS DE L'INFANTERIE. — Les Subdivisions françaises se sont nommées MANCHES. — A des époques plus récentes, il a été reçu en principe de placer sous les ordres d'un OFFICIER chaque Subdivision. — Le terme Subdivision a été longtemps vague. — L'ORDONNANCE DE 1755 (6 MAI) employait, comme synonymes, division et Subdivision. — Le RÈGLEMENT DE 1766 (1er JANVIER, p. 8) appelait DEMI-SECTION la Subdivision. — Le terme prenait plus de précision dans le RÈGLEMENT D'EXERCICE DE 1776 (1er JUIN, p. 101, art. 2). — Le RÈGLEMENT DE 1791 (1er AOUT) et celui DE 1831 (4 MARS) n'employaient plus le nom de ce genre d'AGRÉGATION que sous le sens de SUBDIVISION DE COLONNE. Conformément à ces documents, les Subdivisions ne se formaient que par deux moyens : par PLOIEMENT, ou par CONVERSIONS ROMPANTES. — Il a été traité des Subdivisions, mais d'une manière vague, disparate, peu instructive, par BOTTÉE (1758, F, p. 74, 110), DESPAGNAC (1751, D, t. II, p. 52, 56), LACHESNAIE (1758, I, au mot *Ranger*), LEBLOND (1758, B, p. 59, 141), MAURICE DE SAXE (1757, A, t. I, p. 36, 250), MESNIL-DURAND (1780, K), PICTET (1761, I), PUYSÉGUR (1748, C, t. I, p. 112), SINCLAIRE (1775, L, t. II, p. 9, 52, 280). — A des époques plus modernes, on retrouve le mot sous sa signification plus juste dans BARDIN (1807, D; 1814, E), ENCYCLOPÉDIE (1785, C, p. 740, 2º col.), LECOUTURIER (1825, A), M. le général ROGNIAT (1816, B). — Le terme va prendre un peu plus de développement à l'article SUBDIVISION DE COLONNE.

SUBDIVISION TERRITORIALE (C). Sorte de SUBDIVISION qui compose un COMMANDEMENT, ou une circonscription départementale, confiés à un MARÉCHAL DE CAMP, et dépendant d'une DIVISION commandée par un GÉNÉRAL DE DIVISION, ou par un LIEUTENANT GÉNÉRAL. Des documents officiels ont appelé SUBDIVISIONNAIRES, les COMMANDANTS d'une Subdivision de ce genre.

SUBDIVISIONNAIRE, adj. V. ABDUCTION S... V. COLONNE S...

SUBDIVISIONNAIRE, subs. masc. V. SUBDIVISION TERRITORIALE.

SUBDIVISIONNEMENT, subs. masc. V. COMPAGNIE D'INFANTERIE FRANÇAISE DE LIGNE Nº 9. V. DIVISION.

SUBÉTAIRE, subs. masc. V. ALLIÉ.

SUBJONCTION, subs. fém. V. ORDRE EN POTENCE. V. PHALANGE GRECQUE.

SUBJUGUER, verb. act. V. LANGUE FRANÇAISE.

SUBLET. V. NOMS PROPRES.

SUBORDINATION, subs. fém. (C, 1), ou SUBORDINATION MILITAIRE. Mot dont l'étymologie LATINE se conçoit sans qu'on l'indique, et qui a donné naissance à l'adjectif et au substantif SUBORDONNÉ. Il était inconnu au temps des SERGENTS DE BATAILLE; c'étaient eux, qui, au JOUR D'ACTION, subordonnaient et rangeaient, comme ils l'entendaient ou le pouvaient, les hommes et les GRADES. — Le terme Subordination a appartenu d'abord au langage de la CONSTITUTION MILITAIRE et de la POLICE. Il se trouve, sous cette acception, dans l'ORDONNANCE DE 1768 (1er MARS). Il signifiait, OBÉISSANCE envers les CHEFS MILITAIRES et gradation de POUVOIR et de FONCTIONS; il a perdu ce dernier sens, depuis que le substantif HIÉRARCHIE lui a été substitué, et il est devenu, surtout, une expression de la langue de la JUSTICE, comme le témoignait en 1791 (16 octobre) le CODE PÉNAL de l'ARMÉE. C'est ainsi qu'il a produit la négative INSUBORDINATION. — En prenant, comme autrefois, la Subordination dans le sens d'échelonnement d'EMPLOIS, le concert d'actions est son but, et le CODE MILITAIRE sa loi. — Le RÈGLEMENT DE POLICE DE 1776 (25 MARS) avait, le premier, fixé l'étendue, et déterminé la forme de la Subordination; c'était un enchaînement de devoirs, dont l'AUTORITÉ et l'obéissance étaient les anneaux; mais le COMMANDEMENT n'était exercé qu'à la condition d'obéir lui-même. — L'OBÉISSANCE était graduelle et passive, le COMMANDEMENT n'était légal qu'enfermé dans des bornes connues. — La Subordination différait de la DISCIPLINE, en ce que celle-ci tend à prévenir ou à réprimer les FAUTES, tandis que la Subordination était une POSITION qui se modifiait suivant le RANG HIÉRARCHIQUE. — L'INFÉRIEUR violait la Subordination, s'il résistait aux ORDRES donnés; le SUPÉRIEUR abusait de sa Subordination, s'il sortait du cercle de la LOI. — L'action de la Subordination devrait peser d'autant plus sur les GRADES, que ceux-ci s'élèvent davantage; car, plus on a de POUVOIR, plus on se rend coupable par la DÉSOBÉISSANCE. Malheureusement il était passé en habitude de laisser l'OFFICIER secouer la Subordination, tandis qu'elle écrasait l'HOMME DE TROUPE; ce n'était pas ainsi que l'entendaient les ROMAINS, et que la faisait observer le BATON qui s'appesantissait sur les hommes libres de la GRÈCE. — C'est, au reste, une question difficile, délicate, que celle de la Subordination, parce qu'à la GUERRE elle implique de faire la DICTATURE. — L'habileté et la réputation des CHEFS sont, à la GUERRE, le garant de la Subordination; jamais sous BONAPARTE, et dans des circonstances désespérées, l'ARMÉE ne s'est révoltée, on peut même dire que jamais ARMÉE n'a murmuré sous ses ORDRES. — L'ORDONNANCE DE 1833 (2 NOVEMBRE) traitait de la Subordination. — Dans certaines MILICES, la différence dans les formes du SALUT MILITAIRE témoignait du degré de Subordination. — Le mot Subordination a été traité dans les ouvrages de BOHAN (1781, H, *préface*), BOIS-ROGER (1773, G), BOUSSANELLE (1764), M. le colonel CHAMBRAY (1829), DESPAR (1753, A, p. 132), D'HÉRICOURT (1750, E, t. I, p. 18), DOUAZAC (1754, C), DUBOUSQUET (1769, B, t. II, p. 181), ENCYCLOPÉDIE (1785, C, t. III, p. 573), GISORS (1770, H, t. II, p. 151), GUIGNARD (1725, B, t. I, page 554), KÉRALIO (1757, F, t. II, p. 281), LACHESNAIE (1758, I), LEBLOND (1758, B), LECOUTURIER (1825, A), LESSAC (1785, E), MAIZEROY (1770, E), ODIER (1818, E, p. 144 à 156; 1824, E), des anonymes (1778, A; 1784, A, p. 17, 30, 46, et 1785, A).

SUBORDINATION d'ADJUDANT. V. ADJUDANT. V. ADJUDANT D'INFANTERIE FRANÇAISE DE LIGNE Nº 21.

SUBORDINATION d'ADJUDANT-MAJOR. V. ADJUDANT-MAJOR D'INFANTERIE FRANÇAISE DE LIGNE Nº 14.

SUBORDINATION d'ARMÉE. V. ARMÉE. V. ARMÉE FRANÇAISE Nº 8.

SUBORDINATION d'ARMURIER. V. ARMURIER DE CORPS Nº 4.

SUBORDINATION d'AUMONIER DE CORPS. V. AUMONIER DE CORPS Nº 9.

SUBORDINATION de BATAILLON. V. BATAILLON. V. BATAILLON D'INFANTERIE FRANÇAISE Nº 8. V. CAS DE SÉPARATION.

SUBORDINATION de CAPITAINE. V. CAPITAINE. V. CAPITAINE D'HABILLEMENT Nº 3. V. CAPITAINE D'INFANTERIE FRANÇAISE DE LIGNE Nº 21.

SUBORDINATION de CAPORAL. V. CAPORAL. V. CAPORAL DE SEMAINE Nº 3. V. CAPORAL D'ESCOUADE Nº 9. V. CAPORAL D'INFANTERIE FRANÇAISE DE LIGNE Nº 15. V. CAPORAL D'ORDINAIRE Nº 2.

SUBORDINATION de CAVALERIE. V. CAVALERIE. V. CAVALERIE FRANÇAISE Nº 8.

SUBORDINATION de CHEF DE BATAILLON. V. CHEF DE BATAILLON D'INFANTERIE FRANÇAISE DE LIGNE Nº 12.

SUBORDINATION de CHEF DE DÉTACHEMENT DE GUERRE. V. CHEF DE DÉTACHEMENT DE GUERRE Nº 5.

SUBORDINATION de CHIRURGIEN-MAJOR. V. CHIRURGIEN-MAJOR D'INFANTERIE Nº 16.

SUBORDINATION de COHORTE. V. COHORTE. V. COHORTE DE LÉGION ROMAINE Nº 6.

SUBORDINATION de COLONEL. V. COLONEL. V. COLONEL D'INFANTERIE FRANÇAISE DE LIGNE Nº 32.

SUBORDINATION de COMMANDANT DE PLACE. V. COMMANDANT DE PLACE Nº 12.

SUBORDINATION de COMMISSAIRE DES GUERRES. V. COMMISSAIRE DES GUERRES Nº 8.

SUBORDINATION de COMPAGNIE. V. COMPAGNIE. V. COMPAGNIE D'INFANTERIE FRANÇAISE DE LIGNE Nº 10.

SUBORDINATION de CORNET. V. CORNET. V. CORNET IDIOPLIQUE Nº 6.

SUBORDINATION de CORPS RÉGIMENTAIRES. V. CORPS RÉGIMENTAIRE Nº 5.

SUBORDINATION de FOURRIER. V. FOURRIER. V. FOURRIER D'INFANTERIE FRANÇAISE DE LIGNE Nº 11.

SUBORDINATION de GENDARME. V. GENDARME. V. GENDARME DU MOYEN AGE Nº 6.

SUBORDINATION de GENDARMERIE. V. GENDARMERIE. V. GENDARMERIE DE POLICE Nº 6.

SUBORDINATION de GÉNÉRAL EN CHEF. V. GÉNÉRAL EN CHEF Nº 5.

SUBORDINATION de HÉRAUT D'ARMES. V. HÉRAUT D'ARMES Nº 5.

SUBORDINATION de LÉGION. V. LÉGION. V. LÉGIONNAIRE Nº 6.

SUBORDINATION de LIEUTENANT. V. LIEUTENANT. V. LIEUTENANT D'INFANTERIE FRANÇAISE DE LIGNE Nº 7.

SUBORDINATION de LIEUTENANT-COLONEL. V. LIEUTENANT-COLONEL D'INFANTERIE FRANÇAISE DE LIGNE Nº 11.

SUBORDINATION de MAITRE-OUVRIER. V. MAITRE-OUVRIER Nº 4.

SUBORDINATION de MAJOR. V. MAJOR. V. MAJOR CHEF DE BATAILLON Nº 7.

SUBORDINATION de MANIPULE. V. MANIPULE Nº 5.

SUBORDINATION de MILICE ANGLAISE. V. MILICE ANGLAISE Nº 9.

SUBORDINATION de MILICE AUTRICHIENNE. V. MILICE AUTRICHIENNE Nº 8.

SUBORDINATION de MILICE GRECQUE. V. MILICE GRECQUE Nº 7.

SUBORDINATION de MILICE ROMAINE. V. MILICE ROMAINE Nº 8.

SUBORDINATION de MILICE SYRE. V. MILICE SYRE Nº 6.

SUBORDINATION de MUSICIEN. V. MUSICIEN; id. Nº 6.

SUBORDINATION de SOUS-OFFICIER. V. SOUS-OFFICIER; id. Nº 10.

SUBORDINATION de TAMBOURS-MAJORS. V. TAMBOUR-MAJOR; id. Nº 10.

SUBORDINATION d'ÉCHELONS. V. ÉCHELON.

SUBORDINATION d'ÉCUYER. V. ÉCUYER. V. ÉCUYER DE SUITE Nº 4.

SUBORDINATION d'HOMME DE TROUPE. V. HOMME DE TROUPE Nº 8.

SUBORDINATION d'INFANTERIE. V. INFANTERIE. V. INFANTERIE Nº 9. V. INFANTERIE FRANÇAISE Nº 9. V. SUBORDINATION.

SUBORDINATION d'INGÉNIEUR GÉOGRAPHE. V. INGÉNIEUR GÉOGRAPHE. V. INGÉNIEUR GÉOGRAPHE Nº 4.

SUBORDINATION d'INSPECTEUR GÉNÉRAL. V. INSPECTEUR GÉNÉRAL Nº 5.

SUBORDINATION d'INTENDANT. V. INTENDANT. V. INTENDANT MILITAIRE Nº 5.

SUBORDINATION d'OFFICIER. V. OFFICIER Nº 5. V. OFFICIER D'INFANTERIE FRANÇAISE Nº 7. V. OFFICIER FRANÇAIS Nº 15. V. SUBORDINATION.

SUBORDINATION d'OFFICIER DE SANTÉ. V. OFFICIER DE SANTÉ.

SUBORDINATION MILITAIRE. V. GRADE. V. MILITAIRE, adj. V. SUBORDINATION. V. TACTIQUE.

SUBORDONNÉ (subordonnée), adj. V. BATAILLON S... V. ÉCHELON S...

SUBORDONNÉ, subs. masc. V. ARMÉE FRANÇAISE Nº 6. V. CAPITAINE D'INFANTERIE FRANÇAISE DE LIGNE Nº 18. V. CASSATION DISCIPLINAIRE. V. COUP CORRECTIONNEL. V. GÉNÉRAL FRANÇAIS Nº 4. V. HOMME DE TROUPE Nº 1. V. MILICE ANGLAISE Nº 9. V. OFFICIER D'INFANTERIE FRANÇAISE Nº 4. V. PLAINTE DE SUBORDONNÉ. V. SALUT SANS ARMES. V. SALUT DE SUBORDONNÉ.

SUBRECAP, subs. masc. V. CHAPERON.

SUBREVESTE, subs. fém. V. SOUBREVESTE.

SUBSIDE, subs. masc. V. RÉSERVE DE BATAILLE. V. SYNTAGME.

SUBSIGNAIRE, subs. masc. (F). Mot que les écrivains ont employé dans les descriptions de la légion romaine et de ses enseignes. Ils ne sont pas d'accord sur son véritable sens. Suivant les uns, le substantif latin *subsignanus* répondrait au mot français enrôlé; suivant d'autres, il se rapportait indifféremment aux princes, aux hastaires, aux triaires, parce qu'ils marchaient sous une enseigne, *sub signo*. — Il ne s'appliquait pas, au contraire, aux vélites, parce qu'il ne leur était pas donné d'enseigne. — Jabro (1777, G) est d'une opinion différente; il est d'avis que le titre de Subsignaires était donné aux princes formant la seconde ligne, et étant responsables des principales enseignes, parce que c'était à leurs troupes qu'elles étaient confiées.

SUBSISTANCE (subsistances), subs. fém. V. agent des s... V. bon de s... V. commis élève des s... V. décompte de s... V. dépense de s... V. directeur des s... V. direction des s... V. distribution de s... V. en s... V. feuille de s... V. fourniture de s... V. homme en s... V. marché de s... V. ordonnance de s... V. règlement de s... V. revue de s... V. service de s... V. service des s... V. solde de s...

SUBSISTANCE (subsistances) (B, 1), ou munitions de bouche, ou subsistances d'armée, ou subsistances militaires. — Le mot Subsistance dérive du latin *sustentare*, nourrir; la langue de l'administration militaire l'emploie, surtout au pluriel absolu, pour exprimer un genre de prestation en nature. — Quelques écrivains prennent l'un pour l'autre vivres et Subsistances. Le premier est ancien, l'autre est moderne, et a modifié le sens général qui était attaché, autrefois, au mot vivres. — Les Subsistances comprennent les denrées propres à la nourriture des hommes, le foin, la paille, le fourrage propres à la nourriture des chevaux. Les fourrages diffèrent techniquement, par là, des vivres, qui n'ont rapport qu'à la seule nourriture des militaires. — On se demande, sans pouvoir résoudre le problème, comment pouvaient subsister, dans l'antiquité et le moyen age, les innombrables armées perses de Xerxès, les peuples qui émigraient tout entiers, les Hébreux dans le désert, les troupes de Charlemagne guerroyant de l'Elbe à l'Ebre, les extravagants qui couraient aux croisades, ces Mogols dont les irruptions ébranlaient le sol. Aussi, faute de subsistances en campagne, les armées de Cambyse se décimaient pour s'entre-dévorer. L'anthropophagie n'était pas inconnue des Juifs quand la manne

ne tombait pas. Le ravage et l'inanition se donnaient partout la main; la faim a fait bien plus de victimes que l'épée. — Les moyens d'alimentation des troupes grecques, quand elles ont marché vers la Perse, sont restés inconnus. On en sait un peu plus à l'égard de la milice romaine, quoiqu'on soit loin d'être éclairé sur ce point curieux de l'histoire. Le préfet d'ouvriers avait la surveillance, la manutention des Subsistances. — On lit dans les Commentaires de César (*Guerre civile*, liv. 1er), que les soldats d'Afranius, passant la Ségre, pour se diriger vers l'Elbe, portaient sur eux du blé pour vingt-deux jours. Un pareil récit passe toute croyance. — Les incertitudes, les invraisemblances dont s'entourent, à l'occasion des Subsistances, les récits des anciennes guerres, disposent fréquemment au doute les esprits sérieux; il faut, en fait de récits historiques, croire peu, si l'on ne veut être abusé beaucoup. — Un aphorisme plein de justesse est professé dans le poëme de Frédéric deux (1760, E) : « L'art de vaincre est perdu, sans l'art de subsister. » — Avant la troisième race, cependant, aucun approvisionnement, du moins toute preuve en serait perdue, n'assurait les Subsistances, ou leur transport, pour les armées combattant en France. — En 1585, dit Villaret, un marché de Subsistances avait été passé, à Paris, pour cent mille hommes et quatre mois. Cette Subsistance se bornait à du pain. — Depuis le milieu du quinzième siècle, des commis aux vivres furent créés pour pourvoir à la Subsistance des compagnies d'ordonnance. — Le règlement de 1533 (12 février) et un édit de 1539 (20 aout) disent quelque chose des munitions, mot alors synonyme de Subsistances. — Quant aux troupes extraordinairement levées depuis ces époques, les provinces, les villes, les gouverneurs, les intendants de province étaient chargés de faire réunir des Subsistances aux lieux où les troupes devaient passer ou camper; on conçoit tout ce qu'un moyen aussi imparfait occasionnait de désordres et de désertions. Montpensier, commandant en 1574 devant Lusignan, s'avisa le premier de passer un traité de Subsistances, qu'un édit du roi approuva; tel a été l'essai d'un mode administratif de Subsistances, et l'occasion de la création des munitionnaires. Mais l'art de faire vivre hommes et chevaux n'avait fait presque aucun progrès, quand la guerre de Trente ans ravageait l'Allemagne. — Letellier, ministre en 1643, comprit l'importance de cette branche de l'administration, et y dirigea ses vues. L'ordonnance de 1651 (4 novembre) en témoigne. La surveillance en fut confiée aux commissaires des guerres, et plus tard aux commissaires ordonnateurs. — Louvois, ministre en 1665, en continuation du système de Letellier, adopta un système ruineux, mais qui a été longtemps suivi; il consistait à exporter au loin l'or et les provisions, au lieu de nourrir l'armée aux dépens du pays conquis; mais les ressources préparées étaient insuffisantes, et en fin de compte, le ravage et la désolation des pays parcourus en étaient le résultat. Au lieu de s'adresser au fisc de l'ennemi, on ruinait les habitations du théâtre de la guerre, et on frappait de stérilité ses champs; ainsi faisait-on sous Louis quinze; ainsi a-t-on malheureusement fait trop souvent depuis. — Nous avons dit comment l'administration de Napoléon faisait vivre ses troupes; c'était un mélange d'apatis, tempérés par un système suivant lequel ses intendants jouaient le double rôle d'administrateurs du pays et de l'armée; mais il y a loin de l'administration du sabre à celle de la légalité, et un mode qui satisfît aux vues des économistes, aux besoins de la civilisation, un mode qui répondît aux progrès du siècle, était encore un secret à découvrir. — Jusqu'à la révolution, comme le témoigne Odier (1824, E, t. vi, p. 44), le controleur général des finances traitait avec les munitionnaires pour le service des vivres. Les ministres de la guerre obtinrent ensuite d'en être chargés directement, et parvinrent à faire entrer dans leurs attributions les Subsistances. — Depuis la restauration, le corps de l'intendance a été chargé de l'administration et de la surveillance des Subsistances. La gestion de cette partie a été remise, tour à tour, aux régies, agences, directions, entreprises, privilèges. Ces formes diverses ont été essayées et changées, sans qu'on ait deviné celle qu'il fallait préférer. — Ce n'est pas que la législation ne se soit occupée de la question des Subsistances. Les ordonnances, les règlements que nous avons cités, à partir du quatorzième siècle, en rendent témoignage; l'instruction de l'an trois (16 ventose) était savante; l'arrêté de l'an cinq (29 fructidor) proportionnait décimalement les rations; le règlement de l'an six (23 germinal) agrandissait la matière; l'instruction de l'an dix (25 octobre) réglait le taux des subsistances en route. Une ordonnance de 1821 (30 janvier) organisait une direction générale; elle était supprimée par l'ordonnance de 1823 (5 novembre). — L'ordonnance de 1823 (19 mars) faisait cadrer les Subsistances avec l'institution du corps de l'intendance. — L'ordonnance de 1827 (1er septembre) réglait la hiérarchie des agents chargés des Subsistances, et traitait, en plus de sept cent articles, la matière. — Jusqu'en 1831, les marchés de vivres étaient passés sans publicité; c'était une source de criants abus et de scandaleux pots de vin. L'ordonnance de 1831 (2 février) exigeait la publicité; c'était, du moins, un pas vers un meilleur ordre de choses. — De 1814 à 1834, il avait été publié sur la question des Subsistances, si l'on en croit le *Constitutionnel* du 10 novembre 1834, cent quatre-vingt-dix-sept ordonnances, règlements, décisions, circulaires, mentionnant quantité d'autres documents. On voit que ce n'est pas faute de travaux que le travail reste à faire. — Mais la loi brodait sur un canevas qui n'était pas encore tissu; elle s'arrêtait aux détails du mécanisme, au lieu de poser des principes et d'attacher au code militaire un chapitre essentiel, un plan à large base. — Le besoin de créer des fonctions, le désir de favoriser des protégés, des entrepreneurs, quelquefois des motifs plus intéressés, contribuèrent, bien plus que l'amour du bien public, à perpétuer ces essais. — Par rapport aux corps de l'armée française, les Subsistances font partie des prestations en nature, et les documents qui s'y rapportent devraient embrasser, garnison, route, campement, cantonnement, temps de paix, temps de guerre. — A la guerre, l'art de diriger les Subsistances est l'art de l'intendant en chef : il suppose des connaissances variées et profondes, une vigilance infatigable, une grande expérience, de la fermeté de caractère, des ressources dans l'esprit, et même du génie. Mais la prévision, la ponctualité, ne peuvent amener d'heureux résultats qu'autant que le directeur des Subsistances a été investi d'une certaine autorité par le ministre, et qu'il est dans le secret des opérations du général. — La difficulté est que cet administrateur soit à la fois, et l'homme dévoué du ministre, et l'ami du général. — Quelques pensées qui suivent, et que les écrivains à qui on les doit attribuent à Bonaparte, sont de nature à faire faire d'importantes réflexions au lecteur, mais ne sauraient figurer ici comme conseils ou comme enseignements. — Bonaparte dit qu'*il a éprouvé* (M. Lascases, (t. vi, p. 245) *que la plus grande gêne dans ses plans de campagne et ses grandes expéditions venait de la nourriture moderne des soldats, du blé qu'il fallait trouver, de la farine qu'il fallait obtenir en le faisant moudre, enfin du pain qu'il fallait parvenir à faire cuire : or, la méthode romaine, qu'il approuvait fort, et qu'il eût adoptée en tout ou en partie, eût remédié à tous ces inconvénients.* — A la page 246, M. Lascases dit : *Avec cette nourriture, on allait au bout du monde ; mais encore fallait-il du temps pour amener à la transition d'un tel régime : il ne pouvait s'opérer par un simple ordre du jour. J'en avais, dit-il, eu la pensée depuis longtemps ; mais quelle qu'eût été ma puissance, je me fusse bien donné de garde de le commander. Il n'est point de subordination ou de crainte pour les estomacs vides. Ce n'était qu'en temps de paix, et à loisir, qu'on eût pu y arriver insensiblement ; je l'aurais obtenu en créant des mœurs militaires nouvelles.* — On lit dans M. Montholon (1823, t. ii, p. 51, alin. 1) : *Les troupes modernes n'ont pas plus besoin de pain et de biscuit que les Romains : donnez-leur, pendant les marches, de la farine ou du riz, ou des légumes, elles ne souffriront pas. C'est une erreur de supposer que les généraux anciens ne portaient pas une grande attention à leurs magasins : on voit dans les Commentaires de César, dans plusieurs de ses campagnes, combien ce soin important l'occupe. Ils avaient seulement trouvé l'art de n'en pas être esclaves, et de ne pas dépendre de leurs munitionnaires ; cet art a été celui de tous les grands capitaines.* — Les AUTEURS qui ont traité des Subsistances sont : M. ALEXANDRE (1817), AUDOUIN (t. ii, p. 200, 255, 259), M. BALLYET (1817, D). BARDET (1740, A, t. ii, p. 42), BERRIAT (1817, A, t. iv, p. 156, 159 ; id. 1825), M. BONTEMPS (1818), BONAPARTE, César (51 avant J.-C.), CHAPPERT (1817, F), DAMPIERRE, DARUT (1787, D), DENERVO (p. 158), D'HÉRICOURT (1756, C, t. i, p. 162), EGGERS (1751, B), ENCYCLOPÉDIE (1751, C ; 1785, t. ii, p. 179 ; t. iii, p. 576 ; id. suppl., p. 367), FRÉDÉRIC DEUX (1760, E ; 1761, G), FUNDERVELT (1693, D, p. 129), GASSENDI (1815, p. 466), GUIBERT (1773, E, t. ii, p. 254, 267), LASCASES, LACHESNAIE (1758, 1 ; id. au mot *Entretien*), LECOQ (1824), LECOUTURIER (1825, A), MARCHAND (1818), le général MONTHOLON, MORIN (1798), NAUDÉ, NONOT (1821), ODIER (1818, E ; 1824, E), M. OUVRARD (*Mémoires de*), POTIER (1779, X), M. RÉVÉRONI (1826), RUMPF (1824, F), SAINT-REMY, M. SICARD (1830), SILVA (1778, F), M. VAUCHELLE, l'ouvrage anonyme intitulé *Loisirs militaires* (1771, p. 144).

SUBSISTANCE d'armée. V. ADMINISTRATION D'ARMÉE. V. ARMÉE. V. ARMÉE AGISSANTE. V. BESTIAUX. V. CAMP DE GUERRE. V. CANTONNEMENT. V. CANTONNEMENT D'ENTRÉE EN CAMPAGNE. V. COMPTE. V. DE CLERC A MAITRE. V. CONVOI POLÉMONOMIQUE. V. DÉNOMBREMENT. V. MILICE PRUSSIENNE N° 10. V. MILICE ROMAINE N° 11. V. PETITE GUERRE. V. POSTE RETRANCHÉ. V. PRÉFET DU PRÉTOIRE. V. SUBSISTANCE.

SUBSISTANCE de COMPAGNIE. V. ADMINISTRATION DE COMPAGNIE. V. ADMINISTRATION D'ORDINAIRE. V. ALIMENT D'ORDINAIRE. V. BON DE SUBSISTANCE DE COMPAGNIE. V. COMPAGNIE. V. COMPAGNIE D'INFANTERIE FRANÇAISE DE LIGNE N° 12.

SUBSISTANCE de CONVOI. V. CHEF D'ESCORTE DE CONVOI. V. CONVOI. V. CONVOI POLÉMONOMIQUE.

SUBSISTANCE de CORPS. V. BAN CONTRE LES DETTES. V. BON DE SUBSISTANCE DE CORPS. V. BOUCHER MILITAIRE. V. CORPS. V. EFFECTIF. V. EXTRAIT DE REVUE. V. REVUE.

SUBSISTANCE de DÉTENU. V. ADJUDANT-MAJOR DE SEMAINE N° 2. V. DÉTENU.

SUBSISTANCE de GRAND ÉTAT-MAJOR. V. ADMINISTRATION D'ÉTAT-MAJOR DE CORPS. V. GRAND ÉTAT-MAJOR.

SUBSISTANCE de PETIT ÉTAT-MAJOR. V. ADJUDANT D'INFANTERIE FRANÇAISE DE LIGNE N° 20. V. ADMINISTRATION D'ÉTAT-MAJOR DE CORPS. V. BON DE SUBSISTANCE DE PETIT ÉTAT-MAJOR. V. PETIT ÉTAT-MAJOR.

SUBSISTANCE d'OFFICIER. V. OFFICIER. V. RETENUE SUR APPOINTEMENTS.

SUBSISTANCE EN CAMPAGNE. V. EN CAMPAGNE. V. MILICE ANGLAISE. V. SEIGNEUR. V. SUBSISTANCE.

SUBSISTANCE EN ROUTE. V. EN ROUTE. V. ÉTAPE. V. ÉTAPIER. V. MAIRE DE COMMUNE. V. MARCHE-ROUTE. V. SUBSISTANCE.

SUBSISTANCE MILITAIRE. V. MILITAIRE, adj. V. SUBSISTANCE.

SUBSTITUANT, subs. masc. V. ACTE DE REMPLACEMENT. V. ENRÔLÉ. V. REMPLAÇANT.

SUBSTITUÉ, subs. masc. V. ENRÔLÉ. V. REMPLAÇANT.

SUBSTITUT (subs. masc.) de CAPITAINE RAPPORTEUR. V. CAPITAINE RAPPORTEUR.

SUBSTITUT de COMMISSAIRE AUDITEUR. V. COMMISSAIRE AUDITEUR. V. COMMISSAIRE DES GUERRES N° 6.

SUBSTITUT de PROCUREUR DU ROI. V. COMMISSAIRE DU ROI. V. PROCUREUR DU ROI.

SUBSTITUTION (subs. fém.) de DENRÉES. V. BOTTE DE PAILLE. V. DENRÉE. V. DENRÉE DE DISTRIBUTION. V. GÉNÉRAL EN CHEF N° 4. V. MINISTRE DE LA GUERRE N° 8.

SUBSTITUTION d'enrolé. v. conscription. v. conseil d'administration de régiment n° 5. v. enrolé. v. remplacement d'enrolé.

SUCCENTURION, subs. masc. v. centurion. v. centurion n° 1. v. option.

SUCCESSIF (successive), adj. v. alignement s... v. feu s... v. formation s...

SUCCESSION (subs. fém.) de militaire. v. militaire, subs. v. préfet de département.

SUCCESSION d'Espagne. v. Espagne. v. guerre de la s...

SUCHET. v. noms propres.

SUCCURSALE (subs. fém.) des Invalides. v. hôtel des Invalides. v. invalide.

SUCKOW; **SUÈDE**. v. noms propres.

SUÉDOIS (suédoise), adj. v. adjudant général s... v. armée s... v. artillerie s... v. bataillon s... v. batterie s... v. brigade s... v. budget s... v. cadet s... v. capitaine s... v. carabinier s... v. chasseur s... v. colonel s... v. corps s... v. dragon s... v. drapeau s... v. escadron s... v. état-major s... v. général s... v. génie s... v. hussard s... v. infanterie s... v. invalide s... v. langue s... v. lieutenant-colonel s... v. major s... v. milice s... v. officier s... v. recrutement s... v. régiment s... v. réserve s... v. serre-file s... v. service s... v. soldat s... v. sous-officier s... v. tirailleur s... v. troupe s... v. vétéran s...

UÉTONE. v. noms propres.

SUFFISANT, subs. masc. v. passemur.

SUFFRANCE, subs. fém. v. armistice. v. trêve.

SUGER; **SUÉDAS**. v. noms propres.

SUIE, subs. masc. v. goutte de s...

SUISSE, adj. v. accusé s... v. appointé s... v. armée s... v. armement s... v. arquebusier s... v. artillerie s... v. bande s... v. bataillon s... v. batterie de caisse s... v. batterie s... v. caisse s... v. camp s... v. canton s... v. capitaine s... v. capitulation s... v. caporal s... v. code pénal s... v. colonel s... v. compagnie s... v. condamné s... v. conseil de révision s... v. conseil s... v. corps s... v. dégradation s... v. école s... v. exécution s... v. franco-s... v. garde s... v. gardes s... v. génie s... v. infanterie franco-s... v. infanterie s... v. jugement s... v. lieutenant s... v. major s... v. maréchal de camp s... v. milice s... v. militaire s... v. officier s... v. pontonnier s... v. prévenu s... v. recrutement s... v. régiment s... v. réserve s... v. sapeur s... v. service s... v. soldat s... v. sous-officier s... v. tactique s... v. tambour s... v. tirailleur s... v. tribunal s... v. troupe s...

SUISSE, subs. fém. Nom d'une contrée. v. noms propres.

SUISSE (Suisses), subs. masc. Nom d'un peuple. v. noms propres.

SUITE, subs. fém. v. à la s...

SUIVRE (verb. act.) la bannière, les enseignes. v. bannière. v. enseigne. v. enseigne d'équipement. v. lance à main.

SUJET, subs. masc. v. serf.

SULLY. v. noms propres.

SULTAN, subs. masc. v. mamelouck n° 1. v. milice turque n° 1, 2, 3, 6.

SUMONCE, subs. fém. v. semonce.

SUMUNCE, subs. fém. v. semonce.

SUPERNUMÉRAL, subs. masc. v. manteau d'habillement.

SUPÉRIEUR (supérieure), adj. v. adjudant s... v. commandement s... v. conseil s... v. grade s... v. guerre s... v. machoire s... v. officier s... v. pan s... v. rang s... v. ronde s...

SUPÉRIEUR, subs. masc. v. adjudant d'infanterie française de ligne n° 21. v. arrêts. v. correspondance avec l'ennemi. v. coup correctionnel. v. hiérarchie militaire. v. homme de troupe n° 6. v. milice anglaise n° 9. v. salut. v. salut avec armes. v. salut sans armes. v. subordination. v. supplice.

SUPPLÉANT, adj. v. capitaine s... v. chef de bataillon s...

SUPPLÉANT, subs. masc. v. controle annuel de compagnie. v. convoi à la suite. v. matricule.

SUPPLÉANT de conseil d'administration. v. chef de bataillon d'infanterie franco-suisse. v. conseil d'administration de compagnie. v. conseil d'administration de régiment n° 1. v. membre du conseil d'administration.

SUPPLÉÉ, subs. masc. v. matricule.

SUPPLÉMENT, subs. masc. v. pain de s...

SUPPLÉMENT de gratification d'entrée en campagne. v. grade d'officier. v. gratification d'entrée en campagne. v. promotion d'officier.

SUPPLÉMENT de pain. v. pain. v. pain de munition. v. pain de supplément. v. pied de guerre.

SUPPLÉMENT de ration. v. nourriture. v. pied de guerre. v. ration.

SUPPLÉMENT de solde. v. état-major d'armée n° 5. v. feuille d'appel. v. feuille

DE JOURNÉES DE COMPAGNIE. V. GRENADIER D'INFANTERIE FRANÇAISE DE LIGNE Nº 5. V. HAUTE PAYE PÉCUNIAIRE. V. INDEMNITÉ DE FRAIS DE REPRÉSENTATION. V. INFANTERIE FRANCO-SUISSE DE LIGNE. V. LIEUTENANT D'INFANTERIE FRANÇAISE DE LIGNE Nº 4 (tableau). V. MAJOR-LIEUTENANT-COLONEL Nº 2. V. PRÊT. V. SOLDE.

SUPPLÉMENT de SOLDE DE ROUTE. V. CORPS EN ROUTE SUR PIED DE PAIX. V. ÉTAPE. V. INDEMNITÉ DE ROUTE. V. ROUTE. V. SOLDE DE ROUTE.

SUPPLÉMENT d'ÉTAPE. V. AVANCE COMPTABILIAIRE. V. CHEVAL DE SELLE DE CONVOI. V. ENFANT D'HOMME DE TROUPE Nº 4. V. ÉTAPE. V. FEUILLE DE ROUTE DE CORPS. V. INDEMNITÉ DE CHEVAL DE SELLE. V. INDEMNITÉ DE ROUTE. V. SOLDE.

SUPPLÉMENT d'ORDINAIRE. V. ORDINAIRE. V. ORDINAIRE D'HOMMES DE TROUPE.

SUPPLICE, subs. masc. V. ARMES DE S... V. FLEUR DE LIS DE S... V. MARQUE DE S... V. POTENCE DE S...

SUPPLICE (supplices) (F). Ce mot, tout LATIN, appartient à un sujet historique qui ne doit être qu'effleuré ici, mais qui n'y pourrait être omis, toutes rebutantes que soient des recherches de ce genre. — On a adouci, sous le nom de CHATIMENTS, l'idée des Supplices pratiqués autrefois dans l'ARMÉE FRANÇAISE; mais il y a entre ces expressions la distance de la sévérité à la barbarie, et la différence de la perversité des temps anciens comparée à l'adoucissement des mœurs modernes. — Toutefois blâmer les EXÉCUTIONS A MORT sans distinction d'époques, ce serait juger mal les temps; les Supplices étaient seuls propres à contenir des hommes de sang, des hommes de sac et de corde, comme l'étaient les acteurs des GUERRES passées, et surtout les SOLDATS de l'INFANTERIE; autre temps, autre JUSTICE. — Nous avons parlé des Supplices en usage dans la MILICE ROMAINE; leur choix, leur diversité, dépendaient de la volonté des CONSULS, des arrêts de la DICTATURE, du plus ou moins de cruauté des GÉNÉRAUX; à défaut de lois, en fait de PÉNALITÉ, c'étaient les habitudes ou l'arbitraire qui régnaient. — Dans la MILICE CARTHAGINOISE, la CRUCIFIXION était réservée aux GÉNÉRAUX qui se laissaient battre; c'était une mesure absurde, puisqu'à demi vaincu, un GÉNÉRAL eût pu assurer, aux dépens du reste de l'ARMÉE, son propre salut, en PASSANT A L'ENNEMI. — La HACHE de CLOVIS, si le fait qu'on lui prête est vrai, est restée célèbre; ce moyen de mettre à mort, longtemps pratiqué, avait laissé dans le vieux français, comme synonyme de Supplice, les mots HASCHÉE et HASQUIE, signifiant, comme

le témoigne ROQUEFORT, MORT à COUPS DE HACHE. — En 570, la LAPIDATION réprimait les mutineries. — Vers la même époque, Frédégonde infligeait le PAL aux CRIMINELS de l'ARMÉE. — CHARLEMAGNE faisait crever les YEUX aux HOMMES DE GUERRE CONDAMNÉS, et soumettait les TROUPES à la DÉCIMATION. — Sous PHILIPPE AUGUSTE, le ROI DES RIBAUDS était l'administrateur en chef des Supplices. — Après l'abolition de cette royauté judiciaire et érotique, les PRÉVOTS et les GRANDS PRÉVOTS ont été les directeurs des EXÉCUTIONS et les JUGES suprêmes de la SOLDATESQUE. Quelquefois ils instrumentaient un peu vite et se trompaient de personnage, comme il arriva à Tristan l'Hermite, qui mit à mort un moine au lieu d'un capitaine. — BAYARD faisait de sang-froid pendre les prisonniers, s'ils s'étaient servi au combat d'une ARQUEBUSE. — Depuis l'usage de cette ARME, l'ARQUEBUSADE, mot qui dans d'autres langues signifiait blessure du fait de l'ENNEMI, ou combat à COUPS D'ARQUEBUSE, signifiait en français : Supplice par les armes à feu. — LOUIS DOUZE faisait, en ITALIE, accrocher à leurs CRÉNEAUX les CASTILLANS qui ne lui ouvraient pas de prime abord les PORTES de la PLACE FORTE où ils commandaient. — Dans la GUERRE contre les ALBIGEOIS, les SOLDATS du baron d'Oppède étaient JUGES, BOURREAUX et anthropophages. Samuel Morlan, ambassadeur anglais en Piémont, dépeint les raffinements de barbarie des TROUPES qui poursuivaient les Vaudois et les ALBIGEOIS : un RÉGAL de soldat, dit-il, *était des cervelles humaines et des mamelles de vierges. Ils portaient en manière d'étendards des femmes dont une lance traversait les parties sexuelles.* Nous croyons possible une partie de ces horreurs, nous qui au camp de Soissons, le dix septembre 1792, avons vu de nos yeux des cannibales promener des bannières analogues, mais moins lourdes; elles témoignaient que ce n'était pas sur des femmes que le génie du massacre s'était exercé. — Dans la défense de BELGRADE contre les Turcs, le COMMANDANT de la PLACE ayant découvert, au moyen de tortures, une conspiration dont le but était de livrer la ville à l'ENNEMI, tirait chaque jour de prison un certain nombre de CRIMINELS, les faisait embrocher et rôtir, et les donnait pour toute nourriture à leurs complices. Celui que la rigueur de son destin laissa vivre le dernier mourut de faim. — Antoine Bonfinius, auteur du quinzième siècle, a révélé, dans son histoire de Hongrie, ces abominations. — Sous FRANÇOIS PREMIER, les SOLDATS étaient PASSÉS PAR LES PIQUES ou châtiés à COUPS DE FOUET. — Les noyades débarrassaient l'AR-

MÉE des FEMMES qui gênaient ses mouvements : ainsi faisait STROZZI au pont de Cé. Mais, en temps ordinaire, on réservait aux épaules du beau sexe les VERGES, et l'on tondait et barbouillait de noir les FEMMES de mœurs suspectes, trouvées en compagnie de SOLDATS. — Le CONNÉTABLE ANNE DE MONTMORENCY, qu'on appelait le grand justicier, tout en continuant à marmoter ses patenôtres, faisait, d'un signe de son cure-dents, BRANCHER les ENNEMIS faits PRISONNIERS. — Les OREILLADES, c'est-à-dire l'AMPUTATION des oreilles, était un des moindres Supplices du seizième siècle; BRANTOME (1600, A) en parle maintes fois; le SOLDAT ainsi puni masquait cette difformité sous l'épaisseur de sa chevelure. — Les ordonnances de HENRI DEUX et de HENRI TROIS, qui glissaient sur le CRIME D'ABANDON DU DRAPEAU, ou sur les voies de fait d'un INFÉRIEUR envers son SUPÉRIEUR, inventaient des tortures en PUNITION d'un blasphème proféré par un SOLDAT, ou en PUNITION d'un CRI DE GUERRE échappé pendant une action; pour ces graves méfaits on coupait la langue, ou on la PERÇAIT d'un fer brûlant. — Suivant la gravité des DÉLITS, on pratiquait aussi l'AMPUTATION du nez ou du poignet; on PASSAIT PAR LES PIQUES les PICQUENAIRES, ON ARQUEBUSAIT les MOUSQUETAIRES. — La MARQUE DE LA FLEUR DE LIS, appliquée sur la joue, stigmatisait les PASSE-VOLANTS; à d'autres époques il était d'usage de les pendre ou de leur couper le nez. — Sous HENRI QUATRE, la HAMPE de la HALLEBARDE, ou au besoin son fer, les COUPS DE PLAT D'ÉPÉE, ou au besoin la POINTE, exerçaient une justice distributive sur l'HOMME DE PIED et l'HOMME DE CHEVAL; le SOLDAT D'INFANTERIE était traité avec le moins de distinction; il était sous l'empire du BATON. — LOUIS TREIZE maintint ces usages, mais supprima l'ESTRAPADE. — Pendant le règne de LOUIS QUATORZE, la FUSTIGATION s'administrait avec le MARTINET. Le célèbre colonel MARTINET passe pour l'auteur de cette invention, que la MILICE ANGLAISE avait imitée et conservée sous le nom de CHAT A NEUF QUEUES. — C'était un diminutif du KNOUT de la MILICE RUSSE; mais du moins chez un peuple que nous traitons si légèrement de barbare, le KNOUT n'était manié que par un condamné gracié à charge d'être BOURREAU. — Depuis l'institution des GRENADIERS et l'usage du FUSIL A LA GRENADIÈRE, c'est-à-dire garni d'une BRETELLE, les BRETELLES étaient devenues le moyen de FLAGELLATION des GRENADIERS. — Les ordonnances de LOUIS QUATORZE énuméraient les cas de PEINE DE MORT sans régler le genre de Supplice. Les JUGES, à cet égard, prononçaient comme ils voulaient. C'était, à leur guise, ou la POTENCE, ou l'EXÉCUTION par les ARMES, ou la MORT sous les BAGUETTES, voire même l'enterrement d'un CRIMINEL tout vif. Nous avons parlé de cette dernière forme, dont il y a peu d'exemples il est vrai, dans ce que nous avons dit d'un SOLDAT DE L'INFANTERIE FRANCO-SUISSE qui avait violé une paysanne, et qui était livré à la JUSTICE de son CORPS. — Sous LOUIS QUINZE, la lame du sabre, ou la LAME D'ÉPÉE du MAJOR, c'est-à-dire une LAME fabriquée en baleine ou en nerf de bœuf, était le supplément de la CANNE, et l'énergique jurisprudence que nécessitait la déplorable composition des TROUPES. — La JUSTICE MILITAIRE, ou la toute-puissance des GOUVERNEURS, appliquait à l'un et à l'autre sexe la PEINE du CHEVAL DE BOIS. — Le spectacle des FEMMES sur le CHEVAL DE BOIS était donné sur la PLACE D'ARMES où les saltimbanques avaient coutume de faire jouer leurs MARIONNETTES; par cette raison on avait appelé marionnettes la BATTERIE de tambour qui couvrait les cris de ces malheureuses pendant qu'on les fustigeait, qu'on les mettait sur le CHEVALET, qu'on les barbouillait. — Le PIQUET, autre genre de spectacle de la GARNISON, n'était approprié qu'aux hommes, et la plupart du temps il les estropiait; il était aboli en 1788. — Les Valois avaient eu la vergogne de ne faire METTRE A MORT que par la main du BOURREAU les SOLDATS CRIMINELS; mais le trésor royal avait cessé, depuis le ministère de CHOISEUL, d'entretenir des EXÉCUTEURS, parce que les COLONELS, au lieu d'en attacher à leurs CORPS, s'appropriaient la SOLDE de la PRÉVOTÉ. Qu'en est-il advenu? c'est que dans un siècle où le régime conscriptif est l'inexorable niveau politique, le CODE PÉNAL a voulu que le mousquet d'un GRENADIER ajuste la cervelle d'un FRÈRE D'ARME, si un TRIBUNAL le déclare punissable de mort. — Les AUTEURS qui ont parlé des Supplices sont : BILLON (1612, D), BRIQUET (1761, H), M. CHÉNIER (1858), CUENNEVIÈRES (1750, C), DESFONTAINES (1675, A), D'HÉRICOURT (1756, G, t. III, p. 401), GAYA (1670, D), LACHESNAIE (1758, 1; 1767, F).

SUPPORT (subs. masc.) de CHIEN. V. CHIEN. V. CHIEN DE FUSIL. V. ESPALET.

SUPPORT de BOUT DE CANNE. V. BOUT DE CANNE.

SUPPORT de CULASSE, OU QUEUE DE CULASSE (G, 1). Prolongement de la CULASSE d'un FUSIL DE MUNITION. Ce support repose dans un ENCASTREMENT du BOIS DU FUSIL, entre les parties nommées OREILLES, et est percé d'un ŒIL pour le passage de la VIS DE CONTRE-PLATINE.

SUPPORT de TENTE. V. CHEVAL DE FRISE. V. TENTE.

SUPPRESSÉ (suppressée), adj. V. COLONNE S... V. ORDRE S... V. PRESSÉ.

SUPPRESSION (subs. fém.) TACTIQUE. V. CHANGEMENT DE DIRECTION DE BATAILLON EN BATAILLE. V. TACTIQUE, adj.

SUR AILE. V. AILE. V. CHANGEMENT DE FRONT S... V. FORMATION S...

SUR APPOINTEMENTS. V. APPOINTEMENT. V. RETENUE S...

SUR CHEVALET. V. CHEVALET. V. PONT S...

SUR DENIERS. V. DENIER. V. RETENUE S...

SUR DÉPENSE. V. DÉPENSE. V. RETENUE S...

SUR DEUX LIGNES. V. CAMP S... V. CHANGEMENT DE FRONT S... V. DEUX LIGNES. V. ORDRE S...

SUR CENT RANGS. V. CENT RANGS. V. ORDRE S...

SUR CINQ RANGS. V. CINQ RANGS. V. ORDRE S...

SUR DENIERS DE POCHE. V. DENIERS DE POCHE. V. RETENUE S...

SUR DEUX RANGS. V. DEUX RANGS. V. FORMATION S... V. ORDRE S...

SUR DIX RANGS. V. DIX RANGS. V. ORDRE S...

SUR DOUZE RANGS. V. DOUZE RANGS. V. ORDRE S...

SUR GARNISAIRES. V. GARNISAIRE. V. RETENUE S...

SUR HOMME DE TROUPE. V. HOMME DE TROUPE. V. HOMME DE TROUPE N° 5. V. RETENUE S...

SUR HUIT RANGS. V. HUIT RANGS. V. ORDRE S...

SUR la DÉFENSIVE, adv. V. DÉFENSIVE. V. ÊTRE S... V. SE TENIR S... V. TENIR S...

SUR la DROITE OU la GAUCHE EN BATAILLE, interj. V. A DROITE EN BATAILLE. V. COMMANDEMENT D'AVERTISSEMENT. V. DROITE. V. EN BATAILLE. V. FORMATION SUCCESSIVE. V. GAUCHE.

SUR la DROITE PAR FILE OU sur la GAUCHE PAR FILE EN BATAILLE, interj. V. COMMANDEMENT D'AVERTISSEMENT. V. DROITE. V. EN BATAILLE. V. FORMATION SUR LA DROITE PAR FILE. V. FORMER LE BATAILLON SUR LA DROITE PAR FILE. V. GAUCHE. V. MARCHE DE BATAILLON PAR LE FLANC. V. PAR FILE.

SUR la GAUCHE EN BATAILLE, interj. V. COLONNE AVEC DISTANCE ENTIÈRE. V. EN BATAILLE. V. FORMATION SUCCESSIVE. V. FORMATION SUR LA GAUCHE. V. FORMER LE BATAILLON SUR LA GAUCHE. V. SUR LA DROITE EN BATAILLE.

SUR la GAUCHE PAR FILE EN BATAILLE. V. EN BATAILLE. V. FORMATION SUR LA DROITE PAR FILE. V. PAR FILE. V. SUR LA DROITE PAR FILE. V. EN BATAILLE.

SUR la LIGNE. V. CHEF DE TEL PELOTON. V. LIGNE.

SUR la SECONDE DIVISION DÉPLOYEZ LA COLONNE, interj. V. DÉPLOIEMENT. V. DÉPLOYEZ LA COLONNE. V. SECONDE DIVISION.

SUR l'ADVERSAIRE. V. ADVERSAIRE. V. PASSER S...

SUR le CARREAU, adv. V. CARREAU. V. RESTER S...

SUR le CENTRE, adv. V. ALIGNEMENT S... V. ALIGNEMENT DE BATAILLON S... V. CENTRE. V. CHANGEMENT DE FRONT S... V. COLONNE S...

SUR le CENTRE, ALIGNEMENT, interj. V. ALIGNEMENT S... V. ALIGNEMENT DE BATAILLON. V. COMMANDEMENT MIXTE. V. MARCHE DE BATAILLON EN BATAILLE.

SUR le CENTRE EN COLONNE, interj. V. EN COLONNE. V. PAR PELOTON DE DROITE S...

SUR le CHAMP. V. CHAMP. V. LANGUE FRANÇAISE.

SUR le QUI VIVE. V. ÊTRE S... V. LANGUE FRANÇAISE. V. QUI VIVE.

SUR le TERRAIN, adv. V. FORMATION S... V. REVUE S... V. TERRAIN.

SUR le TERRITOIRE. V. DÉCÈS SUR LE TERRITOIRE. V. TERRITOIRE.

SUR l'ÉPAULE DROITE. V. ARME S... V. ÉPAULE DROITE. V. FUSIL SUR L'ÉPAULE DROITE.

SUR les ARMES, adv. V. ARMES. V. ATTAQUE S... V. CONTRE-APPEL D'ESCRIME. V. ESTOCADE. V. REPOSER S... V. REPOSEZ-VOUS SUR VOS ARMES. V. REPOSER SUR LES ARMES.

SUR MER. V. MER. V. SERVICE S...

SUR OFFICIER. V. OFFICIER. V. RETENUE S...

SUR PAROLE. V. PAROLE. V. PRISONNIER S...

SUR PENSION. V. PENSION. V. PENSION DE RETRAITE. V. RETENUE S...

SUR PIED. V. METTRE DES TROUPES S... V. METTRE S... V. PIED. V. TENIR S...

SUR PIED D'ABSENCE. V. PIED D'ABSENCE. V. POSITION S...

SUR PIED DE CAPTIVITÉ. V. DENIERS DE PETIT ÉQUIPEMENT. V. PIED DE CAPTIVITÉ. V. POSITION S...

SUR PIED DE GUERRE. V. CHAUFFAGE S... V. CORPS S... V. PAYE S... V. PIED DE GUERRE. V. RASSEMBLEMENT S...

SUR PIED DE PAIX. V. CORPS S... V. PAYE S... V. PIED DE PAIX.

SUR PIED D'HOPITAL. V. ABSENCE S... V. PIED D'HOPITAL. V. POSITION S...

SUR POINTE. V. COUPÉ S... V. COUPER S... V. POINTE.

SUR PRÊT. V. PRÊT. V. RETENUE S...

SUR PRISONNIER. V. PRISONNIER. V. RETENUE S...

SUR QUARANTE RANGS. V. ORDRE S... V. QUARANTE RANGS.

SUR QUATRE RANGS. V. ORDRE S... V. QUATRE RANGS.

SUR RIVIÈRE. V. FORTERESSE S... V. RIVIÈRE.

SUR SEIZE RANGS. V. ORDRE S... V. SEIZE RANGS.

SUR SES GARDES. V. ÊTRE S... V. GARDES. V. TENIR S...

SUR SIX RANGS. V. ORDRE S... V. SIX RANGS.

SUR SOLDE. V. RETENUE S... V. SOLDE.

SUR TEL BATAILLON. V. CHANGEMENT DE FRONT S... V. TEL BATAILLON.

SUR TEL BATAILLON EN ARRIÈRE EN COLONNE. V. COMMANDEMENT GÉNÉRAL. V. EN ARRIÈRE. V. EN ARRIÈRE EN COLONNE. V. PAR BATAILLON EN MASSE SUR TEL BATAILLON.

SUR TEL PELOTON. V. CHANGEMENT DE FRONT S... V. TEL PELOTON.

SUR TEL PELOTON PRENEZ LES DISTANCES. V. COMMANDEMENT GÉNÉRAL. V. PRENEZ LES DISTANCES. V. SUR TEL PELOTON.

SUR TELLE DIVISION DE TEL BATAILLON. V. DÉPLOYEZ LES MASSES. V. BATAILLON. V. COMMANDEMENT GÉNÉRAL. V. DÉPLOIEMENT DE MASSES. V. DÉPLOYEZ LES MASSES. V. DIVISION.

SUR TELLE DIVISION DÉPLOYEZ LA COLONNE. V. COMMANDEMENT D'AVERTISSEMENT. V. DÉPLOYEZ LA COLONNE.

SUR TELLE DIVISION, EN ARRIÈRE OU EN AVANT, LA DROITE OU LA GAUCHE EN TÊTE, EN COLONNE. V. COMMANDEMENT MIXTE. V. EN ARRIÈRE. V. EN AVANT. V. DROITE EN TÊTE. V. GAUCHE EN TÊTE. V. EN COLONNE. V. FORMATION EN COLONNE D'UNE TROUPE EN BATAILLE.

SUR TERRE. V. AVARIE EN ROUTE S... V. TERRE. V. TRANSPORT PAR TERRE.

SUR TRAITEMENT. V. RETENUE S... V. TRAITEMENT. V. TRAITEMENT DE LA LÉGION D'HONNEUR.

SUR TRAVAILLEURS. V. RETENUE S... V. TRAVAILLEUR. V. TRAVAILLEUR DE CORPS.

SUR TRENTE RANGS. V. ORDRE S... V. TRENTE RANGS.

SUR TROIS RANGS. V. FORMATION S... V. ORDRE S... V. TROIS RANGS.

SUR VINGT-CINQ RANGS. V. ORDRE S... V. VINGT-CINQ RANGS.

SUR VINGT RANGS. V. ORDRE S... V. VINGT RANGS.

SURACCÉLÉRÉ (suraccélérée), adj. V. CHARGE S...

SURCOET, subs. masc. V. SURCOT.

SURCOT, subs. masc. (F), OU SECOT, OU SERCO, OU SERCOT, OU SERCOTE, suivant BOREL (Pierre) et ROQUEFORT, OU SEURCORS, OU SEURCOT, OU SEUREQUOT, OU SORCOT, suivant BARBAZAN, OU SURCOIT, OU SURCOTELET. Mot dont le substantif COTTE était la racine. C'était un HABIT, un SURTOUT en forme de CHEMISE sans manches ; il était à l'usage de l'un et de l'autre sexe. — Le Surcot des GUERRIERS était la COTTE D'ARMES, le MANTEAU, le fourreau qui recouvrait leur COTTE DE MAILLES. — LOUIS NEUF ayant perdu, en terre sainte, ses équipages, avait emprunté, au dire de VELLY, d'un pauvre homme un Surcot de *vair* ; c'était en cela que consistait tout l'HABILLEMENT du saint roi.

SURCOTELET, subs. masc. V. SURCOT.

SURCULOTTE, subs. fém. V. PANTALON. V. CAVALERIE FRANÇAISE N° 5.

SURDITÉ, subs. fém. V. CAS DE RÉFORME. V. INFIRMITÉ.

SURETÉ, subs. fém. V. BASSINET DE S... V. BATTERIE DE S... V. CARTE DE S... V. CHIEN DE S... V. PLATINE DE S... V. RÉDUIT DE S...

SURGET, subs. masc. V. NOMS PROPRES.

SURGIEN, subs. masc. V. CHIRURGIEN. V. FEMME D'ARMÉE.

SURGEENNE, subs. fém. V. CHIRURGIEN. V. FEMME D'ARMÉE.

SURGLEE, subs. fém. V. CHIRURGIEN.

SURINTENDANT d'ARMÉE. V. ARMÉE. V. INTENDANT. V. INTENDANT D'ARMÉE. V. QUARTIER.

SURINTENDANT des FORTIFICATIONS. V. FORTIFICATION. V. GRAND MAITRE DE L'ARTILLERIE. V. INGÉNIEUR MILITAIRE. V. MINISTRE DE LA GUERRE EN 1630, — EN 1636, — EN 1645, — EN 1665. V. SULLY.

SURINTENDANT des VIVRES. V. CONSEILLER SURINTENDANT. V. INTENDANT DES VIVRES. V. VIVRES.

SURINTENDANT d'HOPITAL. V. HOPITAL. V. HOPITAL MILITAIRE.

SURINTENDANT GÉNÉRAL de l'ARTIL-

LERIE, POUDRES et SALPÊTRES. V. ARTILLERIE.
V. GÉNÉRAL, adj. V. POUDRE. V. POUDRE A FEU.
V. POUDRERIE. V. SALPÊTRE.

SURNOM, subs. masc. V. APPEL ÉNUMÉ-
RATIF. V. CONTROLE ANNUEL DE COMPAGNIE.
V. NOM DE GUERRE. V. NOM PROPRE.

SURNUMÉRAIRE, adj. V. CAPITAINE
S... V. CHEF DE BATAILLON S... V. COLONEL
S... V. COMPAGNIE S... V. GRADE S... V. OFFI-
CIER S... V. SOLDAT S...

SURNUMÉRAIRE, subs. masc. V. AC-
CENSE. V. COMPAGNIE DE SURNUMÉRAIRES. V.
COMPAGNIE D'ORDONNANCE N° 3. V. DOMESTIQUE
D'OFFICIER. V. LÉGION ROMAINE N° 1.

SURPRENDRE (verb. act.) l'ennemi,
un POSTE. V. CAVALERIE FRANÇAISE N° 8.
V. ENNEMI. V. POSTE.

SURPRISE, subs. fém. V. ATTAQUE PAR
S... V. PAR SURPRISE. V. PRÉVENIR UNE S...

SURPRISE (term. génér.), ou SURPRISE
DE GUERRE. Le mot Surprise vient de l'ITA-
LIEN *sorpressa*; il donne l'idée d'une IN-
SULTE brusque, inopinée, à l'aide de STRA-
TAGÈME ou sous forme d'ATTAQUE NOCTURNE,
soit en se jetant inaperçu sur l'ENNEMI, soit
en DÉROBANT UNE MARCHE, en DRESSANT UNE
EMBUSCADE, en écrasant des TROUPES par un
COUP DE MAIN. — Les Surprises jouent un
grand rôle dans l'histoire des COMBATS; l'invention du MOT D'ORDRE a eu pour objet de
les PRÉVENIR. L'INJONCTION faite autrefois
aux HABITANTS des GARNISONS de ne sortir de
nuit qu'avec du FEU à la main, était dictée
par le même motif. — Les Surprises sont
surtout du ressort des OFFICIERS DE TROUPES
LÉGÈRES: mais, comme elles sont plutôt une
chose d'inspiration, un succès obtenu par
ruse, qu'elles ne sont un objet de combinaisons qui puisse être étudié à l'avance, il
est plus facile d'en rapporter des exemples
que d'en déterminer les règles, parce que
ce sont les circonstances et l'à-propos qui
décident de ce genre de succès. — Les
SORTIES de nuit sont ordinairement des Surprises. — Les Surprises supposent habileté, résolution et promptitude. Elles demandent une exacte connaissance du pays,
des forces de l'ENNEMI; des postes qu'il
occupe; elles veulent des précautions bien
prises, un concours d'ATTAQUES bien con-
certées, un secret observé jusqu'au dernier
moment, et une parfaite intelligence de la
guerre.—L'antiquité offre quantité d'exemples de Surprises en RASE CAMPAGNE; elles
occasionnèrent souvent de sanglantes DÉ-
FAITES. — La réussite des Surprises de ce
genre tenait surtout au défaut d'ÉCLAIREURS
et d'AVANT-GARDE. — Les progrès que l'ART
DE LA GUERRE a faits, l'usage d'établir des
CHAINES DE POSTES, les méthodes propres à
ÉCLAIRER les OPÉRATIONS de l'ENNEMI, rendent infiniment plus rare ce genre d'ATTA-
QUES; elles sont devenues presque impossibles en plat pays, à cause du bruit que font
les FUSILLADES ou les PIÈCES des POSTES AVAN-
CÉS. — Les Surprises dont les GUERRES modernes offrent des souvenirs, se sont surtout
exercées contre des établissements, contre
des lieux fermés; quantité d'ÉCRIVAINS ont
tracé à cet égard des préceptes, ont cité des
faits d'armes qui retracent ce genre de
COMBAT.—Ces AUTEURS sont : BARDET (1740,
A, t. II, p. 277; t. IX, p. 198), BREZÉ (1779,
p. 56), DUANE (1810, E), DUPAIN (1785, F),
ENCYCLOPÉDIE (1751, C; id. 1785, C, t. II,
p. 240; t. III, p. 598), FEUQUIÈRES (1750,
A), FOLARD (1727,,A), FRÉDÉRIC DEUX (1761,
G), FRONTIN (86, A), GUIGNARD (1725, B,
t. I, p. 227 à 274; t. II, p. 464 à 468),
LACHESNAIE (1758, 1, aux mots *Passage,
Retraite*), LANCELOT (1761, G), LECOUTU-
RIER (1825, A), MAIZEROY (1766, F, t. II,
p. 310), MONTÉCUCULI (1692, A), POLYEN
(176, A), POULTIRET (1786, B, p. 253), RAY
DE SAINT-GENIÈS (1755, A, p. 213, 552),
SANTA-CRUZ (1758, A, t. II, p. 17; t. VIII,
p. 50), SILVA (1778, F, p. 185), SIONVILLE
(1756, E, t. II, p. 4 à 71; t. IV, p. 110),
SULLY (Mémoires de S...), TRAVERSE (1758,
D, deuxième partie, p. 159; troisième par-
tie, p. 69), VANDERMEER. — Les Surprises
demandent surtout à être distinguées en
SURPRISES DE CAMP, — DE PLACE, — DE POSTE,
— DE QUARTIERS.

SURPRISE de CAMP (F). Sorte de SURPRISES
qui se sont exercées principalement contre
les CAMPS RETRANCHÉS, quand leurs RETRAN-
CHEMENTS inspirent aux TROUPES qui les gardent une confiance funeste. — La bataille
de STEINKERQUE, qui fut si glorieuse aux
TROUPES FRANÇAISES attaquées à l'improviste,
fut la suite d'une Surprise de camp.

SURPRISE de FORTERESSE. V. FORTE-
RESSE. V. GÉOLOGIE. V. GORGE DE FORTIFICA-
TION. V. INSPECTEUR GÉNÉRAL N° 3. V. REVÊTE-
MENT. V. SURPRISE DE PLACE.

SURPRISE de GUERRE. V. CAMISADE.
V. GUERRE. V. SURPRISE.

SURPRISE de NUIT. V. NUIT. V. SUR-
PRISE.

SURPRISE de PLACE (G, 1), ou SURPRISE
DE FORTERESSE, ou SURPRISE DE VILLE. Sorte
de SURPRISE qui est un acte de bravoure et
d'habileté en TEMPS DE GUERRE, un acte de
déloyauté en TEMPS DE PAIX. — Le point du
jour est l'heure la plus favorable aux Surprises; aussi, dans les PLACES DE GUERRE,
l'OUVERTURE des PORTES était-elle accompa-

gnée, en tout temps, des plus minutieuses précautions. — Les règlements de service, les devoirs imposés aux portiers-consignes, l'usage des signaux et contre-signaux, s'en ressentaient encore longtemps après que ces soins étaient devenus presque inutiles en temps de paix. La guerre d'Espagne a prouvé cependant, en 1808, combien il importe de ne pas les négliger. — La conduite des Surprises se règle sur la nature des fossés, ou secs ou inondés, sur la connaissance des localités, du personnel des troupes adverses, de l'habileté de leurs généraux, de la disposition des habitants. — Sous Henri deux, la Surprise de Casal mit en renom Salvoison. — La Surprise d'Amiens par les Espagnols, en 1597, leur ouvrait, pour ainsi dire, les portes de Paris, et la ville ne rentra sous l'obéissance de Henri quatre qu'après un siège de plus de six mois. Le stratagème dont se servirent les ennemis serait regardé de nos jours comme grossier; il rappelait ce genre de ruses dont parlaient Frontin et Polyen: quelques soldats déguisés introduisirent dans la ville des chariots chargés de sacs de noix; ils en arrêtèrent un sous la herse de la porte, et laissèrent, comme par mégarde, un des sacs s'ouvrir; les soldats du poste s'étant précipités à l'envi pour ramasser les noix, furent surpris, désarmés et massacrés. — Quand l'étoile de Louis quatorze pâlissait, et que ses dernières campagnes étaient si malheureuses et si malhabiles, la résistance opposée à la Surprise de Crémone rendit cependant quelque lustre aux armées françaises. Villeroy, non moins connu par sa présomption que par ses défaites, commandait dans la ville. Le prince Eugène s'était ménagé des intelligences dans la place; son avant-garde, en possession d'une poterne, s'était introduite dans la ville et courait à l'attaque des quartiers des Français. Un régiment irlandais, qui par hasard prenait les armes, pour passer revue au point du jour, résista à l'ennemi, le repoussa, le rejeta hors des murs. — La Surprise de Prague, pendant l'hiver de 1741, fut un des faits d'armes qui rendit célèbre le nom du maréchal de Saxe. — Quand Napoléon méditait, en 1808, l'usurpation des deux trônes de la Péninsule, il résolut de s'emparer par ruse de la citadelle de Pampelune, et chargea de cette Surprise le général Darmagnac, qui occupait la ville et y commandait une division. La citadelle contenait les magasins où la garnison se fournissait de vivres. — Darmagnac, logé en face de la porte, rassembla secrètement dans sa maison autant de grenadiers qu'elle en put contenir. Le

16 février, au point du jour, les corvées, composées de voltigeurs, entrèrent comme à l'ordinaire, ayant le sabre caché sous la capote. Ils feignirent, avant la distribution, de se livrer à divers jeux et se groupèrent, comme par hasard, devant le poste de la porte, se jetèrent à un signal, sur le râtelier d'armes et s'en emparèrent, tandis que les grenadiers, s'élançant de leur embuscade, se précipitèrent sur le pont, et se portèrent aux casernes afin de paralyser toute résistance; toute la division française les eut bientôt rejoints et compléta le succès. — Par cette expédition, par l'occupation de la citadelle de San-Fernando, à Figuières, et de Saint-Sébastien, par la Surprise de la citadelle de Barcelone et du rocher du mont Jouich, tombés presque à la même heure au pouvoir des Français, la Catalogne était regardée comme occupée, l'Espagne comme conquise. — Le général Foy, en racontant la chute de ces places, dérobées à un allié, disait qu'il y avait eu dans les moyens employés un mélange de l'astuce des faibles et de l'arrogance des forts. — En 1811, les Espagnols surprirent à leur tour Figuières. — L'attaque qui, en 1812, disputait, au cœur même de la place, Berg-op-Zoom à sa valeureuse garnison française, fut un événement inouï dans les fastes de la guerre. — Les auteurs qui ont traité des Surprises de place, sont: Boisroger (1773, G, p. 126), Folard (1761, A, p. 199), le général Foy (p. 124), Frédéric deux (1761, G, p. 124), Gugy (1782, K), Khevenhuller (1771, F, p. 57, 100), Laon (1652, B), Leblond (1762, C, p. 177, *Défense de place, Attaque de place,* p. 364), Lecointe (1759, B, p. 134), Legrand (1816), Maizeroy (1771, A, t. II, p. 9, 65), Manesson (1685, B, t. III, p. 303), Mirabeau (1788, C, p. 190), Ray de Saint-Geniès (1775, A), Silva (1768, K, p. 241), Vandermeere, Voltaire (t. XXV, p. 285).

SURPRISE (surprises) de poste (H, 2). Sorte de surprises qui, au lieu de s'exercer contre des villes défendues, ont principalement lieu dans la guerre en rase campagne. — Quand l'armée française faisait la guerre en Corse, en 1759, un curé d'un village nommé Chisoni, où était un poste de cinquante hommes, demanda au commandant français la permission d'y introduire les pénitents d'un couvent voisin. Vedel, capitaine au régiment de l'île de France, qui commandait le détachement, y consentit; mais étonné de voir la procession si nombreuse, il cria: Aux armes! la dispersa et saisit plusieurs paysans qui se trouvèrent armés et qui faisaient partie d'un village insurgé. Le général de MAILLEBOIS les fit pendre, ainsi que le curé. — JABRO (1777, G) rapporte que Lacroix, partisan qui se rendit célèbre dans la GUERRE DE 1741, surprit une petite ville un jour de procession, en déguisant ses soldats en paysans, en paysannes et en prêtres, qui arrivèrent en chantant des cantiques jusqu'à un poste qu'ils égorgèrent. — Ainsi, la même RUSE amena une fois une DÉFAITE, une fois un succès. — Il a été traité des Surprises de poste par JABRO (1777, G), M. JACQUINOT, LECOINTE (1759, B), LENZ.

SURPRISE (surprises) de QUARTIERS (H, 2), ou ATTAQUE DE CANTONNEMENTS. Sorte de SURPRISES qu'on appelle ENLÈVEMENTS, quand le succès les couronne; on les dirige principalement sur des points occupés par de la CAVALERIE. — La GUERRE DE 1655 en donna de fréquents exemples. TURENNE y puisa les leçons que plus tard il mit si habilement en pratique. — Une Surprise conduite par le célèbre PARTISAN allemand Jean de Werth y fut fatale à notre ARMÉE. Cet audacieux GÉNÉRAL BAVAROIS, se dirigeant, le 24 novembre 1643, par des passages impraticables, surprit les CANTONNEMENTS dont Duttlingen était le centre, s'empara, sans tirer une amorce, de toute l'artillerie, fit 7,000 prisonniers avec tout l'état-major, en égorgea 2,000 sans défense. Une partie de la CAVALERIE ne dut son salut qu'à la vitesse de ses chevaux. — La GUERRE DE 1733 fut marquée aussi par une mémorable Surprise de quartiers. Après la bataille de PARME, les AUTRICHIENS arrivèrent le 15 septembre nuitamment, jusqu'à la Secchia, où campait le maréchal de BROGLIE, qui pensa être fait prisonnier. Sa garde, son cordon bleu, son fils y furent pris. La bataille de GUASTALLA répara cet échec. — Il a été traité spécialement des Surprises de quartiers par GUGY (1782, K), M. JACQUINOT, LAON (1652, B).

SURPRISE de VILLE. V. SURPRISE DE PLACE. V. PÉTARD CATABALISTIQUE. V. VILLE.

SURROGAT, subs. masc. V. RIZ.

SURRURGIE, subs. fém. V. CHIRURGIE.

SURRURGIEN, subs. masc. V. CHIRURGIEN.

SURSIS, subs. masc. V. CONDAMNÉ. V. DEMANDE DE SURSIS. V. PROCÉDURE MILITAIRE.

SURTENTE, subs. fém. V. TENTE. V. TENTE D'OFFICIER. V. TENTE DE NOUVEAU MODÈLE.

SURTOUT (subs. masc.) de FORTIFICATION. V. BONNETTE. V. COMMANDEMENT DE REVERS. V. FORTIFICATION.

SURTOUT d'HABILLEMENT. V. BLOUSE DE CUISINIER. V. CAPOTE. V. FRAC. V. HABILLEMENT. V. JAQUE. V. MANTEAU D'HABILLEMENT. V. OFFICIER D'INFANTERIE N° 2. V. RETROUSSIS DE SURTOUT. V. REVERS D'HABIT. V. SARRAU. V. SURCOT.

SURURGIE, subs. fém. V. CHIRURGIE.

SURURGIEN, subs. masc. V. CHIRURGIEN.

SURVEILLANCE, subs. fém. V. CASERNE. V. CORRIDOR DE CASERNE. V. COUR DE CASERNE. V. DÉSERTEUR. V. DETTE D'HOMME DE TROUPE. V. DETTE D'OFFICIER. V. POLICE.

SURVEILLANCE ADMINISTRATIVE. V. ADMINISTRATIF. V. POLICE. V. REVUE ÉCRITE.

SURVEILLANCE d'ADJUDANT. V. ADJUDANT. V. ADJUDANT AU CAMP. V. ADJUDANT DE SEMAINE N° 2. V. ADJUDANT D'INFANTERIE FRANÇAISE DE LIGNE N° 15. V. ADJUDANT EN GARNISON. V. CAPORAL D'INFANTERIE FRANÇAISE DE LIGNE N° 15.

SURVEILLANCE d'ADJUDANT DE PLACE. V. ADJUDANT DE PLACE N° 4.

SURVEILLANCE d'ADJUDANT-MAJOR. V. ADJUDANT-MAJOR DE SEMAINE N° 2.

SURVEILLANCE d'AUMONIER. V. AUMONIER N° 6.

SURVEILLANCE de CAPITAINE. V. CAPITAINE. V. CAPITAINE D'HABILLEMENT N° 3. V. CAPITAINE D'INFANTERIE FRANÇAISE DE LIGNE N° 16.

SURVEILLANCE de CAPORAL. V. CAPORAL. V. CAPORAL D'ESCOUADE N° 3. V. CAPORAL D'INFANTERIE FRANÇAISE DE LIGNE N° 15. V. CAPORAL D'ORDINAIRE N° 2. V. CAPORAL EN ROUTE.

SURVEILLANCE de CHEF DE BATAILLON. V. CHEF DE BATAILLON D'INFANTERIE FRANÇAISE DE LIGNE N° 8.

SURVEILLANCE de CHEF DE POSTE. V. CHEF DE POSTE D'HOMMES DE GARDE N° 3. V. CORPS DE GARDE.

SURVEILLANCE de CHIRURGIEN-MAJOR. V. AMBULANCE DE CORPS. V. CHIRURGIEN-MAJOR D'INFANTERIE FRANÇAISE DE LIGNE N° 10.

SURVEILLANCE de COLONEL. V. COLONEL. V. COLONEL D'INFANTERIE FRANÇAISE DE LIGNE N° 22.

SURVEILLANCE de COMMANDANT DE DIVISION. V. COMMANDANT DE DIVISION TERRITORIALE N° 3.

SURVEILLANCE de COMMANDANT DE PLACE. V. COMMANDANT DE PLACE N° 9.

SURVEILLANCE de COMMISSAIRE DES GUERRES. V. COMMISSAIRE DES GUERRES N° 6.

SURVEILLANCE de FOURRIER. V. FOUR-

RIER. V. FOURRIER D'INFANTERIE FRANÇAISE DE LIGNE Nº 9.

SURVEILLANCE de LIEUTENANT-COLONEL. V. LIEUTENANT-COLONEL D'INFANTERIE FRANÇAISE DE LIGNE Nº 8.

SURVEILLANCE de MAJOR. V. MAJOR. V. MAJOR CAPITAINE Nº 5. V. MAJOR CHEF DE BATAILLON Nº 5.

SURVEILLANCE de MAJOR DE PLACE. V. MAJOR DE PLACE Nº 5.

SURVEILLANCE de SERGENT-MAJOR. V. CAPORAL D'INFANTERIE FRANÇAISE DE LIGNE Nº 15. V. SERGENT-MAJOR.

SURVEILLANCE de SOUS-INTENDANT. V. SOUS-INTENDANT Nº 8.

SURVEILLANCE d'ENFANTS DE TROUPE. V. ENFANT D'HOMME DE TROUPE Nº 5.

SURVEILLANCE d'INSPECTEUR GÉNÉRAL. V. INSPECTEUR GÉNÉRAL D'INFANTERIE Nº 4.

SURVEILLANCE d'INTENDANT MILITAIRE. V. INTENDANT MILITAIRE Nº 5.

SURVEILLANCE d'OFFICIER. V. CAPORAL D'INFANTERIE FRANÇAISE DE LIGNE Nº 15. V. OFFICIER. V. OFFICIER DE COMPAGNIE.

SUS, adv. V. COURIR SUS.

SUSBANDE, subs. fém. V. AFFUT.

SURENE, subs. fém. V. COR.

SUSPECT (suspecte), adj. V. FEMME S...

SUSPENSION (subs. fém.) d'ACTIVITÉ. V. ACTIVITÉ. V. ANNÉE EFFECTIVE.

SUSPENSION d'ADJUDANT. V. ADJUDANT. V. ADJUDANT D'INFANTERIE FRANÇAISE DE LIGNE Nº 22.

SUSPENSION d'ARMES. V. ARMES. V. ARMISTICE. V. CHAMADE. V. DRAPEAU NOIR. V. TRÊVE. V. THALWEG.

SUSPENSION de GRADE. V. CAPORAL D'INFANTERIE FRANÇAISE DE LIGNE Nº 16. V. CASSATION DE LÉGIONNAIRE. V. CASSATION DISCIPLINAIRE. V. GRADE. V. PUNITION. V. SOUS-OFFICIER Nº 11.

SUSPENSION de PROCÉDURE. V. PROCÉDURE.

SUSPENSION de TRAITEMENT. V. ABSENCE PROHIBÉE. V. POSITION ADMINISTRATIVE. V. TRAITEMENT. V. TRAITEMENT PRESTATIONNAIRE.

SUSPENSION DISCIPLINAIRE (C, 5). Le mot Suspension, dont l'origine LATINE est connue, s'applique ici à un genre de PUNITION qui s'exerçait à l'égard des BAS OFFICIERS. C'était une révocation momentanée de leur GRADE, une CASSATION à terme. — Ce moyen de RÉPRESSION est aussi ancien que l'existence des BAS OFFICIERS ; mais il n'a pris une forme légale que vers la fin du dernier siècle. L'ORDONNANCE DE 1788 (1er JUILLET) en autorisait l'application à l'égard des SERGENTS et CAPORAUX, et conférait au CAPITAINE de la COMPAGNIE le droit de prononcer cette PUNITION. Une faute itérative emportant Suspension, devenait un cas de CASSATION. — La Suspension était annoncée par la voie de l'ORDRE DU JOUR, mais n'était pas proclamée à la tête de la COMPAGNIE sous les armes, comme cela se faisait en cas de CASSATION. — La moitié de la HAUTE PAYE des MILITAIRES en état de Suspension tournait au profit de la MASSE DE COMPAGNIE ; l'autre moitié tournait au profit du MILITAIRE remplissant par *interim* les fonctions du BAS OFFICIER puni. — L'ORDONNANCE DE 1825 (19 MARS, art. 114) traitait des Suspensions d'EMPLOYÉS ou d'OFFICIERS ; c'est ce que postérieurement on a appelé retrait d'emploi. — L'ORDONNANCE DE 1855 (2 NOVEMBRE, art. 289) traitait des cas et des formes de la Suspension. — Il a été traité des Suspensions plus anciennes dans BARDIN (1807) et SIMES (1766, I, au mot *Cassation*).

SUSSEELC. V. NOMS PROPRES.

SUZERAIN, subs. masc., du bas LATIN *suzeranus*. V. AILETTE. V. BAN ET ARRIÈRE-BAN. V. BANNERET Nº 1. V. BANNIÈRE. V. BANNIÈRE SEIGNEURIALE. V. CHATEAU. V. CHEVALERIE ERRANTE. V. CHEVALERIE FIEFFÉE. V. CHEVALIER DE JUSTICE. V. FÉODALITÉ. V. FEUDATAIRE. V. FIEF. V. FIEF DE HAUBERT. V. GUERRE. V. GUERRE PRIVÉE. V. GUET. V. HAUBERT. V. INFANTERIE COMMUNALE Nº 9. V. LEUDE. V. MARÉCHAL DE FRANCE Nº 9. V. MONTRE ADMINISTRATIVE. V. NOBLE. V. NOBLESSE. V. PENNON. V. RANÇON. V. REVUE D'ADMINISTRATION. V. SEIGNEUR. V. SERF. V. SERGENTERIE. V. SERVICE CONSCRIPTIF. V. SERVICE FÉODAL. V. SERVICE SUZERAIN. V. SOLDURIER. V. VASSAL.

SUZERAINETÉ. V. FÉODALITÉ.

SUWALOE, subs. masc. V. MILICE RUSSE Nº 4. V. OBUSIER.

SWANTON ; **SWÉTEN.** V. NOMS PROPRES.

SYÉE, adj. V. ARMÉE S... V. ARTILLERIE S... V. BATAILLON S... V. CAMP S... V. CANONNIER S... V. CAVALERIE S... V. CAVALIER S... V. COLONEL S... V. COMPAGNIE S... V. CORPS S... V. GÉNÉRAL S... V. INFANTERIE S... V. MILICE S... V. OFFICIER S... V. RÉGIMENT S... V. SECRÉTAIRE S... V. SERVICE S... V. SOLDAT S... V. TROUPE S... V. VOLONTAIRE S...

SYKES, subs. masc. plur. V. PRINSEP.

SYLLA. V. NOMS PROPRES.

SYLLOCHISME, subs. masc. (F), ou SYSTASE suivant ROBINSON. Mot dérivé du GREC *sun*, avec, et de *tochos*, FILE (*sullochismos*);

signifiant, dans la MILICE GRECQUE, adjonction de deux STIQUES se liant flanc à flanc. — Suivant M. LISKENNE (t. I, p. 512, gravure), le Syllochisme était le DOUBLEMENT DE FILES, ou le DÉPLOIEMENT qui réduisait à huit hommes les FILES de seize hommes de la PHALANGE GRECQUE; ainsi le neuvième OPLITE devenait le camarade de gauche du premier homme, et ainsi des autres.

SYLVIUS; SYMEGNE. V. NOMS PROPRES.

SYNAPISME, subs. masc. V. SYNASPISME.

SYNASPISME, subs. masc. (F). Mot dérivé du GREC *sun*, avec, et *aspis*, BOUCLIER (*sunaspismos*). M. le colonel CARRION s'est servi par erreur du mot SYNAPISME, qui est un barbarisme. — Le Synaspisme était, suivant DILLON, l'ORDRE DE BATAILLE qui unissait les BOUCLIERS, quand les PHALANGISTES, tenant à deux mains la SARISSE, cachaient jointivement du bouclier leur épaule gauche. — Le Synaspisme était un DOUBLEMENT DES RANGS, résultant de l'insertion des RANGS pairs d'une PHALANGE GRECQUE s'enchâssant dans les vides des RANGS impairs. Cet ORDRE, à files pleines et à RANGS supprimés, ne permettait plus, à ce que dit ÉLIEN (70, A), au PHALANGISTE de pouvoir tourner, tant il était serré, car son TERRAIN INDIVIDUEL se trouvait réduit à un demi-mètre. Cet ORDRE CONDENSÉ était pratiqué par la MILICE GRECQUE pour résister à une TROUPE D'INFANTERIE; la PHALANGE, par ce DÉPLOIEMENT, se trouvait réduite à huit RANGS qui devenaient tout à fait compactes en se serrant. C'est alors que les OPLITES faisaient la TORTUE, en mettant le BOUCLIER sur la tête. Aussi JULES AFRICAIN emploie-t-il comme synonymes les expressions TORTUE ou Synaspisme. — On peut consulter touchant le Synaspisme : M. CARRION (1824, A, t. II, p. 608), ÉLIEN (70, A), ENCYCLOPÉDIE (1785, C, t. I, p. 133), JULES AFRICAIN (220, A), M. LISKENNE (p. 576, gravures), MAIZEROY (1771, A, t. II, p. 80), MAUBERT (1762, F, t. I, p. 55), ROBINSON, XÉNOPHON (390 avant J.-C.).

SYNTAGMARQUE, subs. masc. V. SYNTAGME.

SYNTAGMATARQUE, subs. masc. V. MILICE GRECQUE N° 6. V. SYNTAGME.

SYNTAGME, subs. masc. (F), ou SINTAGME suivant TURPIN (1785, O, t. I, p. 399), ou TAGME suivant MAIZEROY (1771, A, t. I, p. 44), ou XÉNAGIE suivant JABRO (1777, G). Le mot Syntagme provient des termes GRECS *sun*, ensemble, et *tagma*, troupe; il signifiait réunion de TAGMES. M. le colonel CARRION (1824, A, p. 78) prend par erreur comme féminin le substantif Syntagme; il

était neutre en grec. — Dans la MILICE GRECQUE, le Syntagme était la soixante-quatrième partie de la TÉTRAPHALANGARCHIE; elle était l'élément de la PHALANGE; c'était un petit BATAILLON carré de seize STIQUES, ou FILES, et de seize RANGS; il était divisible en quatre ou en seize autres CARRÉS. Il se composait, suivant GUISCHARDT (1758, H), de deux TAXIARCHIES, et formait la moitié d'une PENTACOSIARCHIE; il était reconnaissable par l'ENSEIGNE que portait le SÉMÉIOPHORE; il comprenait deux cent cinquante-six OPLITES. Il était commandé par un chef que BOUCHAUD (1757, G, p. 44), DESPAGNAC (1751, D), ROHAN (1757, Q, p. 110), appellent SYNTAGMARQUE, et que M. le colonel CARRION (1824, A, p. 110) appelle SYNTAGMATARQUE. — Il était attaché à chaque Syntagme une ENSEIGNE, un OURAGUE et des CHEFS comparables à ceux de l'HÉCATONTARCHIE. — Suivant M. le colonel CARRION, rompre par Syntagme était un des moyens de former ou d'exécuter l'ÉPAGOGUE, et faire FAIRE PAR LE FLANC aux Syntagmes était un moyen de PARAGOGUE. — On peut consulter touchant le Syntagme: BOUCHAUD (1757, G), M. le colonel CARRION (1824, A), DESPAGNAC (1751, D), DILLON, ENCYCLOPÉDIE (1785, C), JABRO (1777, G, t. I, p. 556), M. LISKENNE (p. 512, gravure), MAIZEROY (1771, A, p. 44), ROBINSON, TURPIN (1785, O).

SYNTHÈME, subs. masc. V. MARRON DE SERVICE. V. ORDRE DU JOUR. V. SIGNAL.

SYRACUSE. V. NOMS PROPRES.

SYRIAQUE, adj. V. LANGUE S...

SYRIE; SYRIEN. V. NOMS PROPRES.

SYRINGE, subs. fém. V. INSTRUMENT DE MUSIQUE. V. MUSIQUE MILITAIRE. V. SONNERIE.

SYROT. V. NOMS PROPRES.

SYSTARQUE, subs. masc. V. MILICE GRECQUE N° 7. V. OFFICIER N° 2. V. SYSTASE.

SYSTASE, subs. masc. et fém. (F). Mot venu du GREC *sun*, avec, et *istemi*, se tenir. Il exprime un ensemble de quatre STIQUES, ou FILES, ou DÉCURIES de PELTASTES de la MILICE GRECQUE; c'était un total de trente-deux hommes, et la moitié d'une PENTACONTARCHIE; elle était sous les ordres d'un SYSTARQUE. — La Systase, dit M. le colonel CARRION, *était à l'ÉPITAGME ce que la TÉTRARCHIE était à la PHALANGE.* — Des écrivains ont donné à la Systase le même sens qu'à SYLLOCHISME. — Ces questions ont été traitées par BOUCHAUD (1757, G, p. 73), M. le colonel CARRION (1824, A), l'ENCYCLOPÉDIE (1751, C, au supplément), GUISCHARDT (1758, H), M. LISKENNE (t. I, p. 512, gravure), ROBINSON.

SYSTÉMATARQUE, subs. masc. v. SYSTÈME.

SYSTÈME, subs. masc. v. A s... v. FUSIL A s... v. SYSTRÈME.

SYSTÈME d'ADMINISTRATION. v. ADMINISTRATION. v. ADMINISTRATION D'ARMÉE.

SYSTÈME d'ARTILLERIE. v. ALLIX. v. ARTILLERIE. v. ARTILLERIE D'ARMEMENT. v. BREITHAUPT.

SYSTÈME de DÉFENSE. v. DÉFENSE. v. FORTERESSE.

SYSTÈME de FORTIFICATION. v. ADMINISTRATION MILITAIRE. v. FORTERESSE. v. FORTIFICATION. v. RONDE.

SYSTÈME de PASSEMENTERIE. v. GÉNÉRAL FRANÇAIS N° 5. v. PASSEMENTERIE.

SYSTÈME de GUERRE. v. GUERRE.

SYSTRÈME, subs. masc. (F), ou SYSTREMME, et non pas SYSTÈME, comme on le trouve fautivement écrit, ainsi que SYSTÉMATARQUE, dans BOUCHAUD (1757, G, p. 74). — Le mot Systrème est dérivé du GREC *sustremma*, dérivé de *sustrepho*, réunir, masser. Il exprimait un genre de SUBDIVISION des PELTASTES de la MILICE GRECQUE; c'était un ensemble de deux XÉNAGIES, ou de mille vingt-quatre hommes; c'était une DEMI-ÉPIXÉNAGIE commandée par un SYSTRÉMATARQUE. — On trouve la preuve de ces assertions dans BOUCHAUD (1757, G), CARRION (1724, A), DILLON, LISKENNE (t. I, p. 512), ROBINSON.

SYSTRÈGE, subs. masc. v. INSTRUMENT DE MUSIQUE. v. MUSICIEN.

SYSTRÉMATARQUE, subs. masc. v. MILICE GRECQUE N° 7. v. OFFICIER N° 2. v. SYSTRÈME.

SYSTRÈMME, subs. masc. v. SYSTRÈME.

SYZEGER, subs. fém. v. CHAR DE GUERRE.

SZAPSKA, subs. masc. (F). Mot POLONAIS exprimant le BONNET national et la COIFFURE de guerre des LANCIERS. On devrait l'écrire CHAPCA, parce que les POLONAIS prononcent *cz*, comme nous prononçons *ch*. — L'INSTRUCTION DE 1831 (6 MAI) lui donnait le nom de Szapska; le marché de 1831 (25 mai) appelait au pluriel cette COIFFURE szapski, comme le veut le slave; c'était une prétention fort pédantesque à l'érudition, puisque ce mot barbare, étant francisé, doit subir les régles de la langue française, comme le mot opéra, et tant d'autres empruntés aux étrangers, et qui n'ont pas un pluriel différent par la désinence, mais seulement par l'addition de la lettre *s*. — Dans les campagnes d'ITALIE, où se distinguèrent si brillamment les LÉGIONS POLONAISES, leur Szapska était tout simplement un BONNET carré, comparable à celui du barreau. De raffinements en raffinements, les CORPS DE LANCIERS français, en s'en coiffant, ont tellement étranglé, en son milieu, cette COIFFURE bizarre, qu'elle ne ressemble plus au vrai BONNET du pays qu'elle rappelle.

SZEKLER. v. NOMS PROPRES.

TA, subs. masc. v. BATTEMENT CÉLEUSTIQUE. v. BATTERIE DE CAISSE.

TABAC, subs. masc. v. DISTRIBUTION DE T... v. FOURNITURE DE T...

TABAC (F). Mot emprunté du nom de la province américaine, *tabago, tabaco*. — Le Tabac, considéré ici sous le point de vue militaire, a été un objet de DISTRIBUTION prescrite par les ORDONNANCES, pour le plus grand avantage des fermiers généraux. Cette apparente libéralité avait pour objet d'habituer le peuple à faire usage de cette plante, et d'ôter aux HOMMES DE TROUPE tout prétexte de se livrer à un genre de CONTREBANDE auquel ils étaient fort enclins en un temps où la SOLDE était nulle. — L'ORDONNANCE DE 1688 (8 OCTOBRE) et le RÈGLEMENT DE 1720 (30 JUILLET) allouaient aux TROUPES une livre de Tabac par HOMME et par mois. Il fallait bien le délivrer gratis, puisqu'alors il n'était pas alloué de DENIERS DE POCHE. — Le RÈGLEMENT DE 1734 (20 AVRIL) chargeait des COMMIS DE CANTINE de faire aux TROUPES une DISTRIBUTION DE TAbac sur REVUES DE COMMISSAIRES DES GUERRES; mais celle-ci n'était plus gratuite. Le premier jour de chaque quinzaine, la quantité voulue de Tabac était délivrée aux CANTINIERS des corps sur le PIED DE L'EFFECTIF; ils le payaient à raison de douze sols la livre, et le revendaient en détail, suivant une taxe déterminée, à ceux des SOLDATS à qui leur PAYE ou leur industrie permettaient d'en acheter. — L'ORDONNANCE DE 1748 (12 JUIN) défendait aux TROUPES de revendre aux HABITANTS le TABAC DE CANTINE. — Depuis la GUERRE DE LA RÉVOLUTION, il a cessé d'être alloué du Tabac de FOURNITURE, ou, s'il s'en est donné, c'était arbitrairement ou par réquisition. — Dans la MILICE PRUSSIENNE, une des plus efficaces PUNITIONS est la privation de Tabac imposée aux hommes en prison. — On peut consulter BRIQUET (1761, H) et CHENNEVIÈRES (1750, C) touchant les anciennes dispositions réglementaires relatives au Tabac des MILITAIRES.

TABAC de CANTINE. V. CANTINE. V. TABAC.

TABAGIE, subs. fém. V. CAPORAL DE PATROUILLE.

TABAR, subs. masc. (F), ou PLAQUE, ou TABARD, resté dans l'ANGLAIS, ou TABART suivant BOREL (Pierre), ou TALEBART, ou TRIBART. Ces mots viennent, suivant GÉBELIN, du CELTIQUE; suivant DUCANGE, du bas LATIN *tabardus*. Ils se retrouvent dans l'ESPAGNOL *tavardo*, et dans l'ITALIEN *tabaro*, *tabarino*, *tabarro*, habit de dessus. — Le nom de l'acteur Tabarin, accoutré du manteau italien, en dérivait. — Originairement, et au temps où l'HABIT rond était à l'usage des citadins, le Tabar était le VÊTEMENT court et rond, ou le petit manteau des GENS DE GUERRE, comme le témoigne ROQUEFORT. Quand le mot Tabar, par la révolution des modes de l'HABILLEMENT, cessa d'être d'un usage général dans l'ARMÉE, il s'est conservé dans le langage des HÉRAUTS D'ARMES, des POURSUIVANTS D'ARMES, des ROIS D'ARMES; leur COTTE, leur TENICLE, ou TUNICLE courte, était un Tabar. — Quand, à la suite des CROISADES, la COTTE longue des SARRASINS eut été adoptée, le Tabar resta distinctif des HÉRAUTS. Ces OFFICIERS D'ARMES ne portaient et ne proclamaient les MANIFESTES que sous la protection du Tabar. — Ce vêtement étant pour eux une sauvegarde, un laissez-passer, on se servait, dans le style figuré, du mot Tabar, comme nous employons par allusion les mots bouclier ou rempart. — Il a été traité du Tabar par BOREL (Pierre), CARRÉ (1785, E), DUANE (1810, E, au mot *Tabeld*), DUCANGE, FROISSART, GÉDELIN, JAULT, ROQUEFORT, VELLY (t. II, p. 152), VILLON.

TABARD, subs. masc. V. TABAR.

TABART, subs. masc. V. TABAR.

TABERER, subs. masc. V. TAMBOUR. V. TAMBOUR IDIOPLIQUE.

TABERNACLE, subs. masc. V. CAMP.

TABLE, subs. fém. V. FRAIS DE T...

TABLE (term. géner.). Ce mot tout LATIN prend des acceptions très-différentes. Il signifie: ORDINAIRE OU PENSION, genre de TOURNOI, EFFET D'AMEUBLEMENT, PIÈCE D'ARMENENT, liste ou série de NOMS ou de détails; sous l'un de ces points de vue il a donné naissance au mot TABLEAU; sous d'autres acceptions, il a produit TABLETTE, TABLIER DE PONT, TABLOUIN, pris dans le sens où ils seront mentionnés ci-après. — Le terme Table se distingue surtout en TABLE D'AMEUBLEMENT, — DE BATTERIE, — DE CASERNE, — D'OFFICIERS, — RONDE.

TABLE d'ADJUDANT. V. ADJUDANT. V. ADJUDANT D'INFANTERIE FRANÇAISE DE LIGNE N° 11.

TABLE d'ADJUDANT-MAJOR. V. ADJUDANT-MAJOR D'INFANTERIE FRANÇAISE DE LIGNE N° 8.

TABLE d'AMEUBLEMENT D'OFFICIER (B, 1). Sorte de TABLES destinées à garnir, soit les CHAMBRES D'OFFICIERS dans les PAVILLONS, soit les CHAMBRES D'OFFICIERS DE GARDE. — Ces Tables sont de chêne, montées sur quatre pieds, et ayant un tiroir.

TABLE d'AUTEURS MILITAIRES. V. AUTEURS MILITAIRES.

TABLE de BATTERIE (B, 1), ou ASSIETTE DE BATTERIE, ou ASSISE DE BATTERIE. Sorte de TABLE qui est une des parties de la BATTERIE d'une PLATINE DE FUSIL; c'est une tablette méplate qui couvre et ferme le BASSINET, et en tient en sûreté la POUDRE.

TABLE de CAPITAINE. V. ADJUDANT-MAJOR D'INFANTERIE FRANÇAISE DE LIGNE N° 8. V. CAPITAINE. V. CAPITAINE D'INFANTERIE FRANÇAISE DE LIGNE N° 10. V. CHIRURGIEN-MAJOR DE CORPS N° 7. V. TABLE D'OFFICIER.

TABLE de CAPORAL. V. CAPORAL. V. CAPORAL D'INFANTERIE FRANÇAISE DE LIGNE N° 9.

TABLE de CASERNE (B, 1) ou TABLE DE CHAMBRÉE. Sorte de TABLES qui sont au nombre des EFFETS MOBILIERS d'une CASERNE D'INFANTERIE; elles ont deux mètres de long sur cinquante à soixante-dix centimètres de large et soixante-dix de haut. Ces Tables sont celles qui sont accordées à raison d'une par dix ou douze HOMMES; on en proportionnait, en conséquence, le nombre et les dimensions pour un nombre moindre ou plus fort d'HOMMES. — Les Tables de caserne sont au-dessous de la PLANCHE À PAIN. — Les règlements voulaient que, par les soins du caporal d'escouade, les Tables fussent lavées tous les samedis. — Une décision de 1824 (18 mai) défendait que, pour cette corvée, cet effet de casernement fût déplacé du lieu qu'il était destiné à occuper.

TABLE de chambrée. V. chambrée. V. table de caserne.

TABLE de chef de bataillon. V. chef de bataillon d'infanterie française de ligne n° 6.

TABLE de chirurgien-major. V. chirurgien-major d'infanterie française de ligne n° 7.

TABLE de corps de garde. V. caporal de consigne. V. corps de garde de garnison.

TABLE de fourrier. V. fourrier. V. fourrier d'infanterie française de ligne n° 7.

TABLE de lieutenant. V. lieutenant. V. lieutenant d'infanterie française de ligne n° 4.

TABLE de marbre. V. connétable n° 7. V. connétablie. V. marbre. V. maréchal de France n° 9, 10. V. maréchaussée. V. ordonnance officielle. V. tribunal du point d'honneur.

TABLE de sergent-major. V. sergent-major n° 5.

TABLE de sous-officier. V. adjudant d'infanterie française de ligne n° 15. V. ordinaire de sous-officier. V. sous-officier n° 6.

TABLE d'officiers (C, 5) ou ordinaire d'officiers. Sorte de tables ou de pensions que les règlements français ont distinguées en tables d'officiers supérieurs, de capitaines et d'officiers inférieurs. — Les règlements de Frédéric deux sont les premiers qui aient fixé quelle pouvait être, en campagne, l'espèce de nourriture des généraux, et ont établi l'aperçu de la dépense que pouvait entraîner leur Table. — Le général en chef pouvait avoir dix couverts sans dessert, et une Table de six officiers subalternes; la dépense permise aux autres officiers jusqu'au moindre grade se proportionnait à leur grade; donner à souper était défendu sous peine de six mille francs d'amende. — Dans la milice anglaise, l'autorité tenait la main à ce qu'il n'y eût par régiment qu'une Table d'officiers. Le montant des frais qu'elle occasionnait était proportionnel; il variait comme les émoluments; il tournait ainsi à l'avantage des grades le plus faiblement rétribués, et obviait à ces caquets de coteries, à ces perfides causeries, à ce mécontentement jaloux qu'auraient pu faire naître, dans une armée, une quantité d'officiers tous riches et le spectacle d'un luxe de Table que la législation devait s'appliquer à prévenir; car les propos de Table des inférieurs sont trop souvent des brocards contre les supérieurs : aussi est-il particulièrement recommandé aux inspecteurs généraux d'armes de s'assurer si les règlements qui concernent la tenue du mess, c'est-à-dire de la Table et de ses frais, sont ponctuellement observés, parce que l'usage d'une vie sociale et commune est regardé comme un moyen de fraternité, de surveillance, et comme un élément d'harmonie, une garantie de sobriété.—L'ordonnance française de 1788 (1er juillet) soumettait les Tables à une espèce de loi somptuaire, qui en graduait la dépense permise; elle ne voulait pas que les colonels se fissent servir plus de dix à douze plats. Tel était aussi le taux auquel devaient se borner, dans leurs pensions respectives, les officiers des corps; mais l'expérience a démontré qu'il ne serait pas moins difficile de faire observer en France de pareilles mesures que d'interdire les repas de corps. — L'ordonnance de 1833 (2 novembre, art. 526) reconnaissait trois classes de Tables. — Les officiers supérieurs vivent à une même Table, mais peuvent, à leur gré, se réunir à celle des capitaines. — Il a été reconnu en principe que le montant du prix de la Table peut équivaloir à la moitié du montant des appointements, mais ne doit pas l'excéder; tel devrait être le terme régulateur des tarifs, et le point de départ des allocations en numéraire. Une recherche de statistique qui, de quart en quart de siècle, eût constaté quel a été, dans le royaume, le prix moyen des trois classes de Table d'hôte auxquelles ont vécu les officiers, eût pu servir à y proportionner le taux des appointements, ou les modifications qu'il eût convenu d'y apporter.

TABLE d'officiers inférieurs. V. capitaine d'infanterie française de ligne n° 10. V. officier inférieur. V. table d'officier.

TABLE d'officiers supérieurs. V. capitaine d'infanterie française de ligne n° 10. V. chef de bataillon d'infanterie française de ligne n° 6. V. chirurgien-major de corps n° 7. V. officier supérieur. V. table d'officiers.

TABLE ronde (F). Sorte de table, c'est-à-dire d'association, de confrérie, de tournoi. Ducange témoigne que ce nom (tabula rotunda) fut donné à un genre de joute ou de jeu militaire qui étaient des combats à cheval, à lance gracieuse; ils se terminaient par des repas où l'on siégeait autour d'une

Table ronde, afin qu'il n'y eût ni premier ni dernier. De ces souvenirs sont sorties les fables de l'ordre de la Table ronde et du roi Arthus. — Quelques renseignements concernant la Table ronde se trouvent dans Carré (1783, E), dans Wace, dans le *Dictionnaire de la Conversation* (au mot *Wace*).

TABLEAU, subs. masc. v. ordre de t... v. ordre du t... v. table.

TABLEAU d'ancienneté. v. ancienneté. v. colonel d'infanterie française de ligne nº 12.

TABLEAU d'avancement. v. adjudant d'infanterie française de ligne nº 6. v. avancement. v. candidat de troupe. v. capitaine d'infanterie française de ligne nº 14. v. caporal d'infanterie française de ligne nº 4. v. colonel d'infanterie française de ligne nº 12. v. fourrier d'infanterie française de ligne nº 3. v. inspecteur général d'infanterie nº 5. v. lieutenant-colonel d'infanterie française de ligne nº 9. v. officier français nº 6. v. revue d'inspecteur général.

TABLEAU de chambrée. v. affiche extérieure. v. chambrée.

TABLEAU de classe d'exercice. v. classe d'exercice. v. lieutenant-colonel d'infanterie française de ligne nº 8.

TABLEAU de composition. v. agrégation. v. armée confédérée. v. armée française nº 2. v. artillerie idioplique. v. bataillon d'infanterie française nº 2. v. cavalerie française nº 4. v. chasseur a cheval. v. compagnie d'infanterie française de ligne nº 2. v. composition. v. infanterie française nº 3. v. infanterie franco-étrangère.

TABLEAU de masse. v. masse. v. masse de linge et chaussure.

TABLEAU de situation. v. journal de guerre. v. situation.

TABLEAU de solde. v. cavalerie française nº 6. v. infanterie française nº 5. v. solde.

TABLEAU de subdivision. v. caporal d'escouade nº 1. v. chambre de caserne. v. chef de subdivision administrative. v. subdivision. v. subdivision administrative.

TABLETTE, subs. fém. v. table.

TABLETTE de bouillon. v. bouillon. v. nourriture. v. poudre alimentaire.

TABLETTE de chambre de caserne. v. chambre de caserne. v. chambre de sous-officier de compagnie. v. clou a souliers. v. garde royale nº 3.

TABLETTE de platine. v. corps de platine. v. platine.

TABLETTE de rempart. v. cordon de rempart. v. parapet. v. rempart. v. rempart de forteresse.

TABLIER, subs. masc. (term. gén.). Mot susceptible d'acceptions fort différentes, puisqu'il donne idée ou d'un plafond en charpente, ou d'une partie en peau ou en étoffe, dont on garnit le devant d'un vêtement. Dans l'un et l'autre cas, ce terme tire également sa racine du mot table, parce que le Tablier de toile était dans l'origine à l'usage des gens qui s'asseyaient à un repas ou qui travaillaient devant une table. — Le mot Tablier s'est distingué en tablier de mailles, — de pont, — de pont-levis, — de sapeurs, — de timbales, — de trompette.

TABLIER de mailles (F). Sorte de tablier ou de prolongement inférieur du devant d'une cuirasse ou d'une cotte de mailles. Ce Tablier masquait la jonction des chausses ; c'était une des armes défensives que portaient les bandes allemandes au service de France, comme le témoigne Audouin (t. i, p. 403). — Les tassettes ont succédé aux Tabliers de mailles.

TABLIER de pont (G, 2, 4 ; H, 2). Sorte de tablier formé, suivant M. le général Cotty, d'un assemblage de poutrelles et de madriers, qui composent le plancher d'un pont de campagne.

TABLIER de pont-levis (G, 4 ; H, 1). Sorte de tablier soutenu ou mu au moyen de chaines attachées aux poutres de la bascule. Ce Tablier en s'abattant ouvre la communication de la place.

TABLIER de sapeur (B, 1). Sorte de tablier que l'ordonnance de 1766 (19 avril) donnait aux sapeurs d'infanterie. Cet effet de grand équipement était primitivement en peau de couleur chamois. — Le règlement de 1767 (25 avril) le voulait en peau de veau noire. — Le règlement de 1786 (1ᵉʳ octobre) le prescrivait en peau de mouton blanche. — La décision de l'an dix (4 brumaire) en réglait à vingt ans la durée. Le règlement sur l'uniforme, rédigé en 1817, le confectionnait en buffle blanc, la fleur en dehors ; il lui donnait une bavette du même morceau, se fixant autour du collet de l'homme, au moyen d'une courroie et d'une patte a boucle. Le bas de la bavette s'arrêtait au moyen d'une lanière et d'un bouton roulé. — Le Tablier avait, dans sa plus grande hauteur, un mètre deux cent cinquante millimètres ; sa largeur, mesurée à trois cents millimètres de son bord supérieur, d'une oreille de bavette à l'autre, était de huit cent soixante millimètres ; sa plus grande largeur était de neuf cents millimètres ; il était susceptible de se retrousser d'un côté, au moyen d'une forte agrafe. — Quelques renseignements sur ces détails sont consignés dans le règlement de 1806 (10 février), dans Bardin (1807, D ; 1809, B ; 1818, B), Berriat (1812, liv. iii, ch. i), Kerenveyer (au mot *Charpentier*), Lecouturier (1825, A).

TABLIER de timbale (F), ou bannette, suivant Carré (1785, E). Sorte de tablier à armoiries qui était en soie brodée, à franges. Il cachait la partie de la timbale de cavalerie qui était à l'opposite de l'arçon de la selle du timbalier. Son synonyme bannette, maintenant en désuétude, prouve combien est ancien cet usage. — Après l'affaire de Guastalla, on présenta au roi de France les étendards et Tabliers de timbale pris à cette bataille.

TABLIER de trompette (F). Sorte de tablier ou de banderole en soie brodée et à armoiries comme les étendards. Cet ornement était attaché au tube de la trompette de cavalerie, entre l'embouchure et le pavillon. — On voit dans le traité de Gheyn sur la cavalerie (1608, A) les trompettes décorées de leur Tablier. — Lachesnaie (1758, I) donne quelques notions touchant les Tabliers de trompette.

TABLON, subs. masc. v. plate-forme.

TABLOUIN, subs. masc. v. baliste. v. couleuvrine. v. plate-forme.

TABOOR, subs. masc. v. tambour.

TABOR, subs. masc. v. tambour.

TABOREOR, subs. masc. v. tambour idioplique.

TABORIN, subs. masc. v. tambour.

TABORER, verb. neut. v. battre la caisse. v. tambour de troupe.

TABORS, subs. masc. plur. v. retranchement.

TABOUELEER, verb. neut. v. battre la caisse. v. tambour de troupe.

TABOUELLIS, subs. masc. v. batterie de caisse. v. tambour de troupe.

TABOUELER, verb. neut. v. battre la caisse. v. tambour de troupe.

TABOUR, subs. masc. v. battre la caisse. v. caisse de percussion. v. coisser. v. tambour.

TABOURDEUR, subs. masc. v. tambour idioplique.

TABOURDER, verb. neut. v. battre la caisse. v. tambour de troupe.

TABOURDEUR, subs. masc. v. tambour idioplique.

TABOUREMENT, subs. masc. v. batterie de caisse. v. tambour de troupe.

TABOUREOR, subs. masc. v. tambour idioplique.

TABOURER, verb. neut. v. battre la caisse. v. tambour de troupe.

TABOURET, subs. masc. v. tambour. v. tambour instrumental.

TABOUREUR, subs. masc. v. tambour idioplique.

TABOURIN, subs. masc. (F), ou tambourin. Ce mot, dont l'étymologie est la même que celle du mot tambour, n'est pas une des plus anciennes qui ait eu le sens de caisse de tambour ; mais il est le premier qui ait figuré dans les documents officiels ou les traités classiques, dans le sens de tambour idioplique ou instrumentiste. Il a produit le verbe tabouriner, que Furetière mentionne. — On voit dans un ouvrage du général Phil. de Ségur (1835) que sous Charles huit, les hommes d'armes avaient clairons, trompettes, cornets et Tabourins de guerre ; mais ce sont des renseignements vagues, transmis à cet historien par des écrivains non militaires. Toutefois il en ressort la preuve que le tambour, en France du moins, car il en a été autrement en Suisse et en Italie, a été instrument de cavalerie avant d'être instrument d'infanterie, avec cette différence que, dans la musique de la cavalerie, l'attabale, les timbales, accompagnaient la trompette, et que, dans l'infanterie, le Tabourin instrumental accompagnait l'arigot, ou le fifre, ou le galoubet. — Brantôme (1600, A), dans la vie de Henri deux, emploie encore le terme Tabourin, quoiqu'en d'autres passages il se serve du mot tambour, ce qui témoigne que c'était l'époque de transition entre l'emploi de l'une et de l'autre de ces expressions, et probablement l'époque de l'invention de la corde de timbre. — Le Tabourin annonçait le serment militaire, et se terminait par une fermeture de ban ; mais rien ne prouve qu'alors le Tabourin d'infanterie servît au pas cadencé, c'est-à-dire du même pied et de la même vitesse ; il servait seulement, ainsi que le constatent ou le conjecturent Charrier (1546, B), Dubellay (1535, A), Macchiavel (1510, A), à déterminer quel devait être le degré de promptitude de la marche. — Les légions de François premier avaient quatre Tabourins par bandes de mille hommes. On suppose que l'un d'eux en était le TAMBOUR chef ou MAJOR. — Il est question de Tabourin dans BRANTOME (1600, A), CARRÉ (1783, E, p. 178), CHARRIER (1546, B), DESPAGNAC (1751, D), DUBELLAY (1555, A), FURETIÈRE, MACHIAVEL (1510, A), MÉNAGE (au mot *Querelle*), PASQUIER.

TABOURINC, subs. masc. v. TAMBOUR.

TABOURINER, verb. neut. v. BATTRE LA CAISSE. V. TABOURIN. V. TAMBOUR DE TROUPE.

TABOURINEUR, subs. masc. v. TAMBOUR DE TROUPE. V. TAMBOUR IDIOPLIQUE.

TABOURNER, verb. neut. v. BATTRE LA CAISSE. V. TAMBOUR DE TROUPE.

TABOURIOT. V. NOMS PROPRES.

TABOURELLE, subs. masc. v. TAMBOUR IDIOPLIQUE.

TABRET, subs. masc. v. TAMBOUR. V. TAMBOUR INSTRUMENTAL.

TABUR, subs. masc. v. TAMBOUR.

TACET, subs. masc. v. BATTERIE DE CAISSE. V. BRUIT DE CAISSE.

TACHEE, subs. fém. v. SOUS-TACHE.

TACHER, subs. fém. v. BLANCHIMENT D'EFFETS D'HABILLEMENT.

TACETE; **TACQUET**. V. NOMS PROPRES.

TACLE, subs. masc. v. BOUCLIER. V. FLÈCHE PROJECTILE.

TACT, subs. masc. v. ART MILITAIRE DE TERRE. V. PAS CADENCÉ. V. PIQUE A MAIN.

TACT des COUDES. V. ACCOUDEMENT. V. ALIGNEMENT INDIVIDUEL DE PIED FERME. V. ALIGNEMENT INDIVIDUEL EN BATAILLE. V. COTÉ DE DIRECTION. V. COUDE. V. FILE DE BATAILLON. V. PAS CADENCÉ.

TACTICIEN, subs. masc. v. ART MILITAIRE DE TERRE. V. CADENCE. V. CAMPIDUCTEUR. V. COHORTE DE LÉGION ROMAINE N° 2. V. DARÇON (1773, P). V. DIVERSION TACTIQUE. V. ÉCOLE TACTIQUE. V. ENÉE (1757, 1). V. LÉGION. V. MILICE. V. MILICE BYSANTINE. V. OFFICIER D'INFANTERIE FRANÇAISE N° 6. V. PAS DE COURSE. V. PÉDOTRIBE. V. PELOTON. V. STRATÉGIE. V. TERRAIN INDIVIDUEL. V. TERRAIN STRATÉGIQUE. V. TERZE.

TACTICOGRAPHIE, subs. fém. (G, 6), ou STRATARITHMOMÉTRIE, suivant DUANE (1810, E), ou TAXOGRAPHIE. Ces mots venus des termes GRECS, signifiant ARMÉE, TACTIQUE, écriture, se rapportent à la manière conventionnelle de dépeindre chirographiquement, ou de tracer à l'aide de gravures, la tactique, ses règles, ses mouvements. — La Tacticographie représente, au moyen de figures géométriques, une ou plusieurs TROUPES, une ou plusieurs ARMÉES; ces figures expriment l'espèce d'ARMES et le nombre d'HOMMES, ou de CHEVAUX, ou de PIÈCES dont elles sont l'image. — Des lignes et un système de ponctuation désignent l'espèce des MANOEUVRES, les accidents de l'ÉCHIQUIER. Un fer de lance indique le côté vers lequel une TROUPE marche, ou bien vers lequel elle est prête à se porter. Les deux traits les plus vigoureux des quatre qui tracent le cadre d'un parallélogramme figurent le PREMIER RANG; les séries de chiffres qui numérotent les AGRÉGATIONS, s'associent de droite à gauche. — Les caractères tacticographiques ont été jusqu'ici laissés à l'arbitraire des dessinateurs, et auraient demandé, pour le plus grand avantage de l'ART MILITAIRE DE TERRE, à être positivement réglés par des dispositions ministérielles, ou par des exemples qui eussent fait règle. — Dans le plus grand nombre des traités, une teinte plate ou des hachures indiquent le TERRAIN qu'une TROUPE vient d'occuper; une ligne ponctuée indique son avant-dernier emplacement. Une grande flèche est le signe de la DIRECTION primitive; une petite flèche adhérente à l'image qui représente la TROUPE EN MARCHE, est le signe du mouvement actuel. — Les ordonnances de 1755 et l'ouvrage publié par MIRABEAU (1788, C) sont ceux où les progrès de la Tacticographie aient été sensibles; ce genre de délinéation était jusque-là resté dans l'enfance. — Une imperfection des dessins et des planches de TAXOGRAPHIE est de ne pas mettre le lecteur à même de chercher le texte par la planche, comme il peut chercher la planche par le texte. Pour y remédier, il conviendrait que la gravure indiquât par un renvoi le numéro de la page où est décrite la MANOEUVRE dessinée. — Convenons à regret que dans les ouvrages historiques où il est question de STRATÉGIE, les cartes qui sont destinées à en élucider les faits, à en retracer les MOUVEMENTS, sont en général inintelligibles; mais il est reçu de faire semblant de les comprendre.

TACTIQUE, adj. v. AGRÉGATION T... v. AILE T... v. ALIGNEMENT T... v. AMINCISSEMENT T... v. ANGLE T... v. APPOSITION T... v. APPUI T... v. ARRANGEMENT T... v. AVERTISSEMENT T... v. AXE T... v. BATAILLE T... v. CADENCE T... v. CADRE T... v. CAMP T... v. CAMPEMENT T... v. CAPITALE T... v. CARRÉ T... v. CENTRE T... v. CERCLE T... v. CHANGEMENT T... v. CHARGE T... v. CHEF DE CLASSE T... v. CHEMINEMENT T... v. CIRCONFLEXION T... v. CISEAUX T... v. CLASSE T... v. CLASSEMENT T... v. COIN T... v. COLONNE T... v. COMMANDEMENT T... v. CONTRE-MARCHE T... v. CONVER-

SION T... V. CORNE T... V. CORPS T... V. COTÉ T... V. CROCHET T... V. DÉDOUBLEMENT T... V. DÉFILEMENT T... V. DEMI-LUNE T... V. DÉPLOIEMENT T... V. DIRECTION T... V. DISTANCE T... V. DOUBLEMENT T... V. ÉCHELLE T... V. ÉCHIQUIER T... V. ÉCOLE T... V. ÉCU T... V. ÉPAISSEUR T... V. ÉPERON T... V. ESPACE T... V. ESSE T... V. FANION T... V. FEU T... V. FILE T... V. FLANC T... V. FLEUR DE LIS T... V. FORCE T... V. FORMATION T... V. FOURCHETTE T... V. FRACTION T... V. FRONT T... V. GLOBE T... V. GROUPE T... V. GUIDE T... V. HAIE T... V. HALTE T... V. HAUTEUR T... V. HÉRISSON T... V. HERSE T... V. INSERTION T... V. INSTRUCTION T... V. INTERVALLE T... V. LIGNE T... V. MANCHE T... V. MANCHETTE T... V. MARCHE T... V. MASSE T... V. MOUVEMENT T... V. MURAILLE T... V. OPÉRATION T... V. ORDONNANCE T... V. ORDRE T... V. ORDRE DE BATAILLE T... V. OUVERTURE T... V. PAS T... V. PASSAGE T... V. PIQUET T... V. PIVOT T... V. PLACE T... V. PLACEMENT T... V. PLOIEMENT T... V. POSITION T... V. POTENCE T... V. PRÉPOSITION T... V. PROFONDEUR T... V. PROUE T... V. QUEUE T... V. RANG T... V. REMPLACEMENT T... V. RENVERSEMENT T... V. RETRAITE T... V. REVUE T... V. ROMPEMENT T... V. ROND T... V. ROSE T... V. SCIE T... V. SCORPION T... V. SECONDE CLASSE T... V. SECTION T... V. SIGNAL T... V. SUBDIVISION T... V. SUPPRESSION T... V. TATONNEMENT T... V. TENAILLE T... V. THÉORIE T... V. TIERCEMENT T... V. TORTUE T... V. TOUR T... V. TRANCHE T... V. TRIANGLE T...

TACTIQUE, subs. fém. V. GRANDE T... V. ORDONNANCE DE T... V. PROFESSEUR DE T... V. THÉORIE DE T...

TACTIQUE (G, 6), ou TACTIQUE DE TERRE, ou THÉORIE. Le mot Tactique viendrait, si l'on s'en rapporte au *Journal des Sciences militaires* (t. XXIV, p. 143), du LATIN *tangere*. Mais on est généralement convenu qu'il dérive du GREC *tasso, taxis*, en LATIN *ordo* : le mot grec *taktiké* signifiait ARRANGEMENT D'HOMMES DE GUERRE, manière de mettre en ORDRE des CORPS, de dresser les TROUPES aux ÉVOLUTIONS, de coordonner aux lois de leur COMPOSITION leur ORDONNANCE, au genre de leur ARMEMENT leur FORMATION et leurs MANOEUVRES, à l'espèce de l'arme le TERRAIN INDIVIDUEL. — Il a produit l'épithète TACTIQUE, adjectif, employé par M. le général DE LA ROCHE-AYMON, qui l'a hasardé un des premiers. — La Tactique est une question étendue et compliquée dont l'étude embrasse l'origine et l'interprétation du mot, l'histoire et les révolutions de la chose, les modifications que les GUERRES FRANÇAISES y ont apportées, sa LÉGISLATION, vieille d'un siècle à peine, ce qui s'est effacé de ses usages depuis la GUERRE DE LA RÉVOLUTION, ce qui s'y est introduit pendant cette phase et depuis les plus modernes RÈGLEMENTS. — Distinguerez-vous, dira-t-on, de la Tactique générale la TACTIQUE D'INFANTERIE, qui doit en être un chapitre à part ? Non, parce que, en FRANCE, à la honte de l'ART, il n'y a eu, jusqu'à l'époque où nous écrivons, de Tactique légale que celle de l'INFANTERIE ; la CAVALERIE n'en avait qu'une provisoire ; l'ARTILLERIE n'en avait pas ; les autres armes attendent chacune la leur. — La Tactique a longtemps été, pourrait être encore un mode militaire adopté par une nation ou une TROUPE, sans que la loi en décidât ; mais, positivement parlant, elle est le système de MANOEUVRES prescrit par les ORDONNANCES officielles de l'ARMÉE ; elle est la mise en action de ces ordonnances. — Jusqu'aux jours où nous vivons, on était peu d'accord sur le vrai sens du mot ; il n'était français que depuis FURETIÈRE. ROHAN (1638, C) parlait des *tactici* de l'antiquité, mais ne parlait pas de Tactique. DESPAGNAC (1751, D) est un des premiers qui mit en vogue cette expression que VOLTAIRE, en 1775, prétendait ironiquement ne pas comprendre ; mais aucun document ministériel ne la mentionnait. — Le RÈGLEMENT DE 1791 sur l'EXERCICE la passait encore sous silence ; elle ne paraissait pas non plus dans l'ORDONNANCE DE 1831. — Quoique le terme Tactique ne fût admis dans la LANGUE FRANÇAISE que depuis un siècle à peine, il n'y avait pas de branche de l'ART MILITAIRE qui cependant eût été traitée, depuis les premiers temps connus, par un plus grand nombre d'AUTEURS. Cette remarque singulière prouve et l'immense importance et l'antiquité de la Tactique. — BONAPARTE lui-même, ou du moins les ÉCRIVAINS qui ont publié ses Mémoires, n'employaient pas dans son vrai sens, dans son sens moderne, le mot, puisque NAPOLÉON aurait dit, si on les en croit, que *la Tactique est plus utile à un général d'avantgarde qu'à tout autre*. — Cette proposition est contestable, puisqu'elle confondrait Tactique et STRATÉGIE ; car, en effet, ce n'est pas à la Tactique qu'un GÉNÉRAL D'AVANTGARDE a principalement à recourir. — Le but de la Tactique est de tenir une TROUPE dans la main de son chef, de suppléer au nombre par l'ART, de prévenir les MÊLÉES, de régler sur le genre des ARMES MATÉRIELLES l'étendue des FRONTS, l'épaisseur des RANGS, l'ORDRE DE BATAILLE ; grande question encore indécise, puisqu'on n'est pas d'accord sur le nombre préférable des RANGS de l'INFANTERIE, ou sur le degré raisonnable de son AMINCISSEMENT. — La Tactique moderne com-

prend ce qu'on a appelé vaguement l'EXER-
CICE, c'est-à-dire le MANIEMENT DES ARMES,
les ÉVOLUTIONS, la MARCHE ; elle comprend
aussi le CAMPEMENT pris dans une de ses acceptions, car le mot en a plusieurs. — La
Tactique qui approche le plus de la perfection est celle qui est à la fois la plus simple,
la plus célère, la plus précise, la plus flexible
et la mieux assortie au génie de la nation.
— Bien d'autres considérations entrent dans
les calculs de l'ART ; ces considérations embrassent le genre de GUERRE à faire, la nature du pays à défendre, l'espèce des TROU-
PES ENNEMIES à COMBATTRE, la disposition
d'esprit des indigènes, la mesure des TAILLES
du soldat, la qualité et la quantité des ressources que la patrie a sous la main. — La
culture de la Tactique veut des ARMÉES PER-
MANENTES et des EXERCICES d'une pratique
laborieuse et continue. Mais inévitablement
elle se relâche dans les GUERRES d'enthousiasme, parce qu'un va-tout impétueux, une
colère nationale ou fanatique, n'attachant
aucun prix à l'économie du MATÉRIEL, à la
conservation du PERSONNEL, dédaignent le
pédantisme de la GUERRE, la ramènent à des
principes simples, suppléent à l'inexpérience des RECRUES et leur rendent la fougue
de l'homme de la nature. — Il n'est ni à
supposer ni désirable que la Tactique moderne puisse jamais être aussi parfaite que
celle des GRECS au temps de PHILIPPE, que
celle des ROMAINS au temps des CONSULS et
des PREMIERS EMPEREURS, car les temps ne s'y
prêtent plus ; cette perfection supposerait
ou une politique sanguinaire appuyée sur
des ARMÉES D'ENVAHISSEMENT, ou l'existence
plus que séculaire d'un gouvernement qui
aurait un continuel besoin d'être sur la DÉ-
FENSIVE. Il faut des siècles pour instituer une
Tactique ; il faut une puissance de fer pour
la conserver ; il faut que les formes s'en
perpétuent sans altérations, que ses DÉTAILS
se tournent en habitudes ; qu'ils soient mécaniques pour le vulgaire de l'ARMÉE, et que
les CHEFS les possèdent, les cultivent, les
méditent dès leur jeune âge. De pareils résultats ne peuvent se rencontrer que sous
un GONSALVE, un FARNÈZE, un GUSTAVE-
ADOLPHE, un FRÉDÉRIC DEUX. Qu'espérer des
institutions de la Tactique qui émanerait
d'un BUREAU DE LA GUERRE composé de COM-
MIS non militaires ! — Suivant POLYBE (150
ans av. J.-C.) et GUISCHARDT, la Tactique antique assortissait les HOMMES DE GUERRE ; elle
les distribuait par RANGS, par FILES, par
AGRÉGATIONS ; cette définition est juste encore. ÉLIEN (1757, G) rapporte que, suivant
ÉNÉE (330 ans av. J.-C.), la Tactique est la
science des MOUVEMENTS ; mais cette défini-

tion, reproduite par l'ENCYCLOPÉDIE, s'appli-
querait plus exactement maintenant à la
STRATÉGIE ; aussi d'autres ÉCRIVAINS ont-ils
regardé la Tactique comme n'étant uniquement que l'ART des MOUVEMENTS de DÉTAILS
et la combinaison des MANŒUVRES d'une
petite ARMÉE. — Si l'on s'en rapportait à
GANEAU, interprète en cela de HÉRON le
Jeune, de JUSTE-LIPSE, de VÉGÈCE (390, A),
la Tactique serait la BALISTIQUE, ou art du
TIR ancien, *ars vibratoria*. — Le *Bulletin
des Sciences militaires* (1825, p. 470)
témoigne que les anciens ont étendu ensuite
la signification du mot Tactique ; ils prenaient dans le même sens, ART DE LA GUERRE,
DISCIPLINE, ARÉOTECTONIQUE, et comprenaient
même, comme DÉTAILS ou branches de la
Tactique, la fabrication des MACHINES de
guerre, le concours du CHANT, l'application
de la MUSIQUE. Le TACTICIEN était ou un PRO-
FESSEUR militaire (c'est ainsi que l'entend
XÉNOPHON), ou un COMMANDANT D'ARMÉE ;
c'est ainsi qu'ÉNÉE et LÉON ont eu le surnom de TACTICIEN. — On voit combien l'acception a changé des GRECS à VÉGÈCE, et de
GANEAU à GUIBERT. — Ce dernier ÉCRIVAIN
confondait dans la STRATÉGIE la Tactique. —
BULOW (1805, H) et LESSAC (1783, A) ont
dit : *La Tactique est la science* (il eût mieux
valu dire est l'art) *des mouvements qui se
font en présence et à la portée de l'*ENNEMI,
*elle est l'opération mécanique et le com-
plément de la stratégie.* Cette dernière
idée est fausse ; car une SCIENCE n'est pas
une OPÉRATION mécanique, et la Tactique ne
complète pas la STRATÉGIE, elle en est tout
au plus le marchepied. — On lit dans le
supplément de l'ENCYCLOPÉDIE : « *Par le mot
» Tactique on ne doit pas entendre une
» expression qui donne l'idée de toutes
» les parties de la guerre, on ne doit pas
» entendre non plus, seulement, l'ordon-
» nance des troupes, leurs exercices,
» leurs manœuvres. Elle n'est qu'une
» partie de la stratégique, et sert à l'une
» de ses opérations, c'est-à-dire à celle
» du jeu et du mouvement des corps qui
» composent les armées. Elle est l'art des
» évolutions par corps* » — La dernière
pensée de cet exposé verbeux est vague, si
elle n'est inexacte. — L'ENCYCLOPÉDIE (1785,
C, t. III, p. 658) divisait la Tactique *en*
GRANDE *ou générale, et en petite ou particulière* ; c'était un aveu du besoin d'employer usuellement le terme STRATÉGIE,
terme alors connu déjà, mais non répandu
encore. — Le prince CHARLES D'AUTRICHE
(1818, A) a dit : *La Tactique est l'art de
la guerre, et le mode d'après lequel les
grands projets doivent être mis à exé-*

cution. Ce même ÉCRIVAIN ou son traducteur ont dit (chap. 1ᵉʳ, p. 42) : *Elle est l'art de bien combattre sur un terrain donné.* De ces deux définitions la première est inadmissible, la seconde demanderait à être plus nettement formulée. — Essayons une définition qui les concilie toutes. — La Tactique ne donne idée que de l'emploi et du MANIEMENT DES ARMES DE GUERRE, et que de l'exécution et de la concordance des MANŒUVRES de plusieurs CORPS similaires ; nous disons similaires, puisque la TACTIQUE D'INFANTERIE n'est pas la TACTIQUE DE CAVALERIE. — La Tactique n'agit que sur un TERRAIN de peu d'étendue ; elle est le jeu élémentaire des agents destinés aux ACTIONS d'une CAMPAGNE ; elle fait dépendre du choix et du genre des ARMES MANUELLES, ainsi que de la combinaison et du concert de leurs divers effets, la FORMATION sur le TERRAIN. Elle approprie au jeu final de ses ARMES PERSONNELLES, la nature de ses MARCHES, ou sa DYNAMIQUE, comme s'exprime le *Journal des Sciences militaires* (1826, 14ᵉ livraison) ; elle tend à mouvoir des AGRÉGATIONS diverses, en les portant, par la ligne la plus sûre et la plus courte, à leur destination, sans qu'elles se séparent, s'entrechoquent, sans À-COUPS, ni OUVERTURE, sans TEMPS D'ARRÊTS, ou HALTES désordonnées, sans CREVER, sans DÉFILER ; elle dresse, par l'EXERCICE, les HOMMES et les CHEVAUX de guerre, comme dans l'ÉGYPTE, aux temps qui correspondaient à MOISE, elle dressait des lions, des chameaux ; comme dans l'INDE, elle dressait et dresse encore les ÉLÉPHANTS, et comme elle a dressé des CHIENS et employé des oies, si cette histoire des oies n'est une fable. La Tactique est une application militaire des mathématiques et des sciences physiques, mais elle n'est qu'une faible partie de l'ART MILITAIRE DE TERRE ; elle s'évanouit, si elle ne s'appuie sur l'ADMINISTRATION ; car la Tactique disparaît où commence le PILLAGE, qui est l'opposé de l'ADMINISTRATION et le dernier terme du désordre. Elle est presque nulle pour l'INGÉNIEUR, ou du moins n'entre qu'en quelques cas rares dans la combinaison des travaux de l'OFFICIER DU GÉNIE ; elle n'intéresse essentiellement, mais à des degrés différents, que l'INFANTERIE et la CAVALERIE ; une teinture du savoir tactique de ces deux ARMES suffit à l'ARTILLERIE. — La Tactique est une étude de paix en vue de la GUERRE, et au contraire, il n'y a pas de connexion entre la paix et la STRATÉGIE. — La Tactique s'occupe de la conduite et de la mobilisation des CORPS, de la forme et des dimensions de leur CADRE ; la STRATÉGIE embrasse les OPÉ

RATIONS d'une ou de plusieurs ARMÉES : l'une obéit aux SIGNAUX de la CÉLEUSTIQUE, elle se meut à des COMMANDEMENTS formulés, préfixes, de vive voix ; l'autre opère, non à la voix, mais suivant des ordres, soit facultatifs ou positifs, soit écrits, soit prononcés : l'une résout immédiatement le problème du TERRAIN, des MOUVEMENTS, des MANŒUVRES contre l'ENNEMI qu'elle doit toucher, pour ainsi dire ; l'autre le résout sur une plus grande échelle contre l'ENNEMI qu'on aperçoit à peine, que peut-être on ne voit pas, et qu'il s'agit de deviner, de rencontrer ou d'éviter. — La Tactique est toute symétrie ; la STRATÉGIE est conjecturale, elle fonde le succès des BATAILLES sur les inspirations du génie, sur la soudaineté des GRANDES MANŒUVRES, elle concerte avec la Tactique les PASSAGES des RIVIÈRES et des PONTS. — Mais ce serait faire un faible éloge d'un GÉNÉRAL D'ARMÉE, d'un STRATÈGE, comme disaient les GRECS, que de le saluer du titre de TACTICIEN ; c'est aux seuls GÉNÉRAUX BRIGADIERS D'INFANTERIE et DE CAVALERIE à l'être. — Il s'en fallait de beaucoup, il s'en faudra longtemps que les règles de la Tactique n'atteignent un degré de fixité désirable ; mais, dans l'intérêt d'une certaine unité, il suffit que la loi mette la Tactique sous la surveillance des COLONELS, des INSPECTEURS GÉNÉRAUX, des COMMANDANTS DE DIVISIONS TERRITORIALES, agissant dans les limites que trace le MINISTÈRE ; c'est aux REVUES qu'ils passent, c'est aux MANŒUVRES qu'ils commandent en personne, à la constater, l'entretenir, la fixer. — Traitons actuellement de l'historique de la Tactique. — La GUERRE a commencé par l'OFFENSIVE. — L'OFFENSIVE a commencé par l'ORDRE éparpillé, ou par le désordre. La défensive a résisté par l'ORDRE épais et solide ; telle a été l'origine de la Tactique, à laquelle l'OFFENSIVE a emprunté plus tard le secret de la cohésion et de la simultanéité. — Que des loups attaquent des taureaux, ils se précipitent à la débandade sur leur proie, les animaux attaqués forment le ROND, le HÉRISSON, présentent les cornes, FONT FERME ; telle est la Tactique primitive et naturelle. — Aux brutes substituez, par la pensée, des êtres raisonnables, vous aurez le GLOBE TACTIQUE, l'ORDRE des anciens, leur RHOMBE, si à cet égard les ÉCRIVAINS anciens ne nous abusent, ou si leurs traducteurs ne s'abusent. — Si une peuplade naissante FAIT LA GUERRE à la manière des sauvages et des loups, elle y marche sans ensemble, sans concert, tandis que de nécessité, les GUERRIERS attaqués forment GROUPES à peu de distance de leurs habitations, se préparent à les défendre de PIED FERME, et se disposent à FAIRE TÊTE aux

ATTAQUES. — L'expérience a démontré ensuite combien est fructueuse cette fusion de volontés diverses, combien est puissante cette simultanéité comparable aux actions d'un seul homme, et ce secret de l'ÉTAT MILITAIRE, cette ressource de la DÉFENSE devient par imitation la marche raisonnée de l'ATTAQUE. — La Tactique remonte aux ÉGYPTIENS, et à 5,700 ans avant J.-C., comme le suppose M. Wilkinson; elle remonterait, dans l'INDE, à 6,000 ans avant J.-C., comme l'étude du SANSCRIT commence à le faire supposer. Cela prouve qu'en attribuant à Nestor et à Palamède l'invention de cette SCIENCE, nos prédécesseurs se sont trompés, comme cela est arrivé à l'égard de presque toutes les origines. — La propagation des races cavalines permit, plus d'un siècle après le siége de TROIE, de renoncer AUX CHARS DE GUERRE, et d'y substituer les CORPS A CHEVAL; ce fut une immense révolution en Tactique. — La Tactique ÉGYPTIENNE a été réglée, de tout temps, conformément au système décimal; MOÏSE le conserva dans la FORMATION de l'ARMÉE des HÉBREUX. — HOMÈRE nous donne idée d'une ORDONNANCE calculée décimalement; ainsi les cinquante NAVIRES d'Achille portaient cinquante HOMMES chacun, et l'ensemble de cette TROUPE se divisait en cinq BATAILLONS de cinq cents hommes chacun. — La Tactique a été empruntée à l'ORIENT par les GRECS et par les ÉTRUSQUES. Les ROMAINS la tenaient des TOSCANS, et leurs troupes furent ordonnées de même en PHALANGES avant d'être disposées en LÉGIONS. — Ce peuple qui, primitivement, voyait dans un CHEVAL un objet d'un luxe prodigieux, laissa couler trois siècles avant d'oser franchir les murailles ou l'étroite frontière de ROME. — En tout temps les hommes du NORD et de l'ASIE ont été portés, au contraire, à d'aventureuses excursions, parce que la grande CHASSE et leurs steppes leur fournissaient autant de quadrupèdes que pouvait en demander une émigration de tout un peuple. — Ainsi la CAVALERIE appartient à l'ART plus sauvage, plus entreprenant; l'INFANTERIE et sa Tactique, à l'ART plus réservé, plus défensif, plus voisin de la maturité. — L'ORDONNANCE de Tactique de l'ARMÉE de Crésus était, suivant XÉNOPHON (570 avant J.-C.), de trente hommes de PROFONDEUR. — L'ORDONNANCE de Tactique de CYRUS n'était que de douze hommes de HAUTEUR; quelquefois les FILES, en se dédoublant, doublaient leur FRONT. — L'ART qui avait commencé par les irruptions désordonnées, se dégrossit par la découverte du fer, le perfectionnement du TIR des FLÈCHES, les leçons des GYMNASTES, THÉO-

RIES des INSTRUCTEURS; il se raffina par l'artifice des STRATAGÈMES, s'agrandit par la DÉFENSIVE massée des PHALANGITES, par les DÉPLOIEMENTS des JACULATEURS, par l'ORDRE en coin qui multipliait le rayonnement du TIR des FLÈCHES, par l'emploi des DIMAQUES montés dos à dos sur un DROMADAIRE, par le concours des CHARS DE GUERRE, dont l'usage a précédé de si loin celui de la CAVALERIE, par l'éducation des ÉLÉPHANTS devenus de précieux animaux de transport, des forteresses ambulantes, et de courageux auxiliaires; mais il s'est écoulé des siècles avant le perfectionnement de ces usages, c'est-à-dire depuis HOMÈRE jusqu'à PHILIPPE DE MACÉDOINE. — A mesure que ces progrès avaient lieu, on a expérimenté que la GÉOLOGIE, ou la nature du TERRAIN, sa surface, ses ACCIDENTS influaient sur les combinaisons de la Tactique. Nous ne redirons pas, parce que nous y ajoutons peu de foi, que les puissants monarques de l'ASIE faisaient niveler les CHAMPS DE BATAILLE avant d'y engager leurs TROUPES; mais nous constaterons que, dès les temps les plus anciens, il a été reconnu que les rochers, les marais, la plaine, demandaient des ARMES différentes, frappant les unes de près, les autres de loin. — Les VILLES devenues puissantes se sont fortifiées, et le GUERRIER éprouva que, pour les attaquer et les défendre, l'ART consistait, là comme en plaine, dans l'emploi combiné des MOBILES à longue projection et des ARMES de courte portée. — Le CAVALIER est envahissant, le PIÉTON est défenseur. L'ARME de plaine reste dans la main qui s'en sert; l'ARME des marais et des montagnes vole loin de la main qui l'a lancée. L'ART tactique est parvenu à un haut degré, quand il a transformé, à volonté, en agresseur le PIÉTON, en protecteur le CAVALIER, en une ARME utile en plaine, celle de jet, en une ARME propre aux RÉSERVES, celle de main. — La Tactique était enseignée, dit GUISCHARDT (1758, H), du temps de PYRRHUS, au moyen de pions et de signes figuratifs que ce prince avait inventés. Elle avait pour études primaires, pour EXERCICES préparatoires, la GYMNASTIQUE, la SCIAMACHIE, le CHAMP DE MARS. — Elle était, à la fois, et plus complète et moins compliquée que la Tactique moderne; ARRIEN et ÉLIEN en fournissent la preuve. Celle de nos jours, grossie de réglements en réglements, est une fois trop volumineuse, et comme il est dans la tendance des législateurs d'interpréter les lois usées plutôt que de les refaire, la prolixité ne fera que s'accroître. — Aussi longtemps que l'empire de la force a décidé seul du sort des peuples, la supériorité ou l'inhabileté de la Tactique ont assuré la prééminence ou amené la ruine des empires. Les relations internationales, les progrès de la civilisation, l'invention de la POUDRE, l'espèce de niveau auquel tend le savoir militaire de tous les peuples, semblent garantir un avenir meilleur. — Suivant les *Maximes du prisonnier de Sainte-Hélène* (1820), *il faut changer la Tactique tous les dix ans, si l'on veut conserver quelque supériorité.* — Si une proposition si absolue, qui implique l'instabilité fâcheuse des CONSTITUTIONS militaires, ne peut être conseillée sans inconvénients graves, on ne peut du moins se refuser à admettre comme un fait la fréquence des modifications que les systèmes éprouvent. — La PHALANGE GRECQUE est devenue TÉTRAPHALANGE ; la CENTURIE romaine et le MANIPULE étaient primitivement même chose, avant de devenir si différents ; la Tactique du siége de VEYES n'était plus celle de TULLUS HOSTILIUS ; celle des SCIPIONS n'était plus celle du quatrième siècle de l'ère romaine ; celle de CÉSAR ne ressemblait plus à celle de PAUL-ÉMILE ; celle de MARIUS se rapprochait du système originairement grec. — Les GRECS de PYRRHUS s'étaient faits LÉGIONNAIRES dans les pays entrecoupés et montagneux de l'ITALIE ; les ROMAINS d'Antoine et des ANTONINS se firent PHALANGITES dans les plaines rases de l'ASIE, pour y résister aux PARTHES, comme le firent en EGYPTE les FRANÇAIS de BONAPARTE pour résister aux MAMELOUCKS. — Les SOLDATS de Marius, qu'on avait appelés MULETS à cause de leurs lourds bagages, allaient avoir, sous les EMPEREURS, des CHEVAUX DE PELOTON, dont l'INFANTERIE romaine s'était passée pendant six siècles. Au sujet de ces variations trop fréquentes, Delanouc (1587, B) a dit : « *Les Romains ont souvent fait le semblable.* » (ont varié de système). — Les autres peuples n'ont pas montré plus de constance en Tactique. ANNIBAL, décidé à porter en ITALIE la GUERRE, empruntait de LACÉDÉMONE des TACTICIENS, des CAMPIDUCTEURS, il empruntait des ROMAINS la forme de la LÉGION. — Les FRANCS reçurent des GAULOIS subjugués les leçons de la Tactique ROMAINE, ils l'essayèrent pour la première fois à Tolbiac. Mais ils y étaient habiles dès le milieu du cinquième siècle, puisque SIDONIUS Apollinaris dit d'eux : *C'est de tous les peuples celui qui entend le mieux les mouvements et les évolutions militaires.* — La Tactique que pratiqua CHARLEMAGNE est mal connue. DANIEL (1721, A) la croit ROMAINE ; mais la caractériser ainsi est trop vague, elle était plutôt byzantine : toute trace de cet art disparut depuis la mort de CHARLES. L'abolition ou l'avilissement de l'INFANTERIE, l'accroissement démesuré de la CAVALERIE bardée de fer, la prééminence que s'arrogea la CHEVALERIE impatiente de tout finir, ne faisant cas que de la valeur personnelle, méprisant la GUERRE MÉTHODIQUE, firent tomber dans l'oubli les régles, les ÉVOLUTIONS antiques. — La FÉODALITÉ avait tué la Tactique ; la Tactique et le FEU de l'INFANTERIE ont tué la FÉODALITÉ. — DULAURE a tiré du livre intitulé *Vita Alberonis* la preuve qu'au MOYEN AGE le premier exemple d'une ARMÉE MISE EN BATAILLE régulièrement, et exécutant des ÉVOLUTIONS combinées, ne date que de 1148, et que ce perfectionnement fut dû à Albéron, archevêque de Trèves, qui disciplina les TROUPES dressées contre Hériman, comte palatin. DULAURE, s'appuyant sur le *Recueil des historiens de France*, ajoute qu'en cette même année, pendant le SIÉGE de Montreuil-Bellay, Plantagenest consulta le manuscrit déjà retrouvé de VÉGÈCE, et chercha à y apprendre l'art d'attaquer une PLACE, mais que ne pouvant ni le lire ni l'entendre, il se fit expliquer par un moine de Marmoutiers le passage dont il voulait pénétrer le sens. — Les CROISADES, ou la phase comprise entre l'an 1096 et l'an 1270, amenèrent une rénovation complète en fait de Tactique ; elles préparèrent l'ENROLEMENT libre sans lequel il ne pouvait y avoir de SUBORDINATION ; elles produisirent l'emploi des NOMS PROPRES sans lesquels il ne peut y avoir d'ENROLEMENT ; elles démontrèrent combien est essentielle la régularité du SERVICE de la SOLDE, sans laquelle il n'y a point de Tactique ; elles firent sentir l'avantage de l'uniformité d'ARMEMENT, l'utilité de la CAVALERIE LÉGÈRE, l'importance de l'INFANTERIE et des CAMPEMENTS méthodiques, la nécessité des études mathématiques ; elles rendirent plus militaire, moins sacerdotal le DRAPEAU ; elles donnèrent le TAMBOUR aux HOMMES DE PIED ; elles révélèrent par le maniement du FEU GRÉGEOIS la future puissance de l'ARTILLERIE ; elles préparèrent la décadence de la CHEVALERIE, et imprimèrent ce grand mouvement des esprits, qui se manifesta au treizième siècle ; mais ce n'étaient que des germes qui ne pouvaient se développer que bien plus tard. — PHILIPPE AUGUSTE, éclairé par ses voyages en ORIENT, essaya de remettre en honneur la Tactique ; mais l'ignorance et la résistance de la CHEVALERIE rendirent vains ses efforts. — L'ITALIE, pays de tous le moins chevaleresque, reproduisait dans ses CARROUZES le LABARUM byzantin, et conservait seule les souvenirs des méthodes antiques. — La pratique des TOURNOIS, sous la TROISIÈME RACE, les jeux militaires (*hastiludium*), le FAQUIN, les CARROUSELS, étaient les EXERCICES des GENTILSHOMMES de ces époques; le populaire, comme on disait alors, se contentait de BERSER, ou de BERSAUDER, c'est-à-dire de TIRER DE L'ARC: mais ces passe-temps du PAPEGAI n'avaient rien de commun avec la Tactique proprement dite, et concouraient même à en éteindre le goût. Ce qui va suivre prouvera avec quelle lenteur elle a reparu. — Du douzième au seizième siècle, quantité d'ÉVOLUTIONS, dont le nom s'est à peine conservé, dont la description est devenue impossible, témoignent des efforts faits en diverses contrées: ces ÉVOLUTIONS s'appelaient CISEAUX, — ÉCU, — ESSE, — FLEUR DE LIS, — FORCES, — FOURCHETTE, — HERSE, — ROSE, — SCORPION. — Au commencement du quatorzième siècle, la Tactique renaissait chez les SUISSES, et recommençait par une imitation de la PHALANGE GRECQUE primitive, avec ses CONTRE-MARCHES, ses DOUBLEMENTS, ses DÉDOUBLEMENTS; une forêt de PIQUES se CARRAIT, comme on disait alors, sur vingt RANGS et vingt FILES. Un ou plusieurs rangs d'ARMES DE JET OU d'ARMES A FEU encadraient ce HÉRISSON, et émoussaient les ANGLES de ce CARRÉ. Les SUISSES avaient même emprunté de la DANSE PYRRHIQUE leur DANSE DE L'ÉPÉE, mais il a fallu presque un siècle, avant que les autres États européens manœuvrassent à la SUISSE; pendant cette durée les TROUPES FRANÇAISES connaissaient pour SUBDIVISIONS les ESCARRES, les ÉCHELLES. — A la bataille de COURTRAY, en 1302, la CAVALERIE était en PREMIÈRE LIGNE et l'INFANTERIE en SECONDE; cet ARRANGEMENT tenait à la mésestime où restait l'INFANTERIE. — Les Français se rangeaient à CRÉCY, en 1346, sur trois LIGNES; la première était de six mille ARBALÉTRIERS GÉNOIS, la SECONDE constituait le CORPS DE BATAILLE, et se formait de GENS D'ARMERIE entremêlée d'INFANTERIE; la TROISIÈME était une ARRIÈRE-GARDE de GENDARMES. Il perce, dans cet ARRANGEMENT, quelque chose de la Tactique italienne que les chefs des ARBALÉTRIERS avaient apprise de CONDOTTIERI. — La BATAILLE se perdit par le désavantage du lieu que dominait l'ARMÉE ANGLAISE, et par la brutalité du duc d'Alençon, qui fit charger sa PREMIÈRE LIGNE par la SECONDE, sous prétexte que les Génois faisaient mal leur devoir. — A la bataille de POITIERS, en 1356, la GENDARMERIE, dépourvue d'INFANTERIE, se rangeait sur trois LIGNES; la PREMIÈRE mettait presque en entier pied à terre, elle s'engagea ainsi dans un défilé où elle fut PRISE EN FLANC par les ARCHERS ANGLAIS, elle fut culbutée sur les HOMMES DE PIED, et vint renverser les ARRIÈRE-LIGNES. Le roi JEAN resta

prisonnier. — La bataille d'AZINCOURT, en 1415, n'est guère moins honteuse que celle de POITIERS. L'ANGLAIS, moins nombreux de plus de moitié, se porta entre deux bois qu'il garnit d'ARCHERS; il ferma le fond de ce CHAMP DE BATAILLE et s'y palissada; le FRANÇAIS s'engagea dans ce guêpier, il n'y put DÉPLOYER qu'un tiers de ses FORCES, il fut serré au point de ne pouvoir se mouvoir, ses deux FLANCS furent percés de FLÈCHES, et il trouva devant lui une muraille de PAULX. La bataille de VERNEUIL, en 1424, bien moins décisive, montre sur une seule ligne chacune des deux ARMÉES, elles ne se composaient que de GENDARMERIE qui mit pied à terre: celle d'ANGLETERRE combattit derrière les PAULX. — La bataille de MONTLHÉRY, en 1465, si mal conduite, si imparfaitement décrite, que les historiens ont ignoré à qui y resta la victoire, nous montre les ARCHERS du duc de BOURGOGNE combattant derrière leurs PALISSADES PORTATIVES, usage qu'ils avaient pris des ANGLAIS quand ils les avaient pour alliés contre la FRANCE. — L'INFANTERIE reprenait faveur en ESPAGNE, où les ARABES s'obstinaient à se perpétuer CAVALIERS; cette opiniâtreté de leur part explique leur expulsion. — C'était l'époque où la Tactique allait changer de face par suite de l'invention, ou du moins par le perfectionnement et la multiplication des ARMES A FEU; car la POUDRE était connue bien plus anciennement. — Le premier document où soient enregistrées des notions en fait de Tactique, est l'ordonnance de CHARLES LE TÉMÉRAIRE, rendue vers 1473, et qui se trouve dans un manuscrit de la bibliothèque du roi, sous le n° 98,462, fol. 24. — On y voit les COMPAGNIES D'ORDONNANCE BOURGUIGNONNES se former sur le modèle de la GENDARMERIE de FRANCE et de notre grande ORDONNANCE DE 1474; chaque LANCE FOURNIE y comprend le PAGE, le COUSTILLIER, les ARCHERS. — Depuis l'ORGANISATION des PIQUIERS à la manière SUISSE, on voit les ARCHERS mettre souvent pied à terre, leurs CHEVAUX s'abrident trois à trois, restent sous les ordres du PAGE, et marchent, ainsi attachés, jusqu'au lieu du COMBAT; les ARCHERS et leurs CHEVAUX se tiennent en arrière des PIQUIERS, et s'enferment, si besoin est, dans le vide des BATAILLONS RONDS OU CARRÉS. — M. le général Phil. de SÉGUR (1835, p. 364) prétend qu'en 1496, Charles huit essayait, à l'imitation de l'Italie, *les files de trois hommes au lieu de dix, mais qu'on avait fini par rétrograder dans les ordonnances grecques et romaines.* L'erreur dans laquelle il tombe vient, comme c'est arrivé si souvent, de ce qu'il ne fait pas la différence des rangs d'armes à feu et des rangs d'armes de main ou d'armes blanches. Jamais il n'a été question de mettre les piquiers sur trois RANGS, et jamais les hommes porteurs d'armes à feu n'ont été sur dix RANGS. — BONNOR (1481, A), MACHIAVEL (1510, A), LANDRI (1514, A), PHILIPPE DE CLÈVES (1520, A), sont les AUTEURS qui, de LOUIS ONZE à FRANÇOIS PREMIER, traitent d'un ART naissant, qui alors faisait plus de progrès à l'étranger qu'en FRANCE : ce qu'ils appelaient BATAILLE, s'appellerait de nos jours TROUPE EN BATAILLE. — La BATAILLE de MARIGNAN, en 1515, est la première qui offre un mélange de PIQUIERS et d'ARQUEBUSIERS A PIED. — La BATAILLE de PAVIE, en 1524, démontra quel est le désavantage des HOMMES DE CHEVAL combattant en HAIE. La FORMATION en ESCADRONS et l'institution de la CAVALERIE GRAVE et de la CAVALERIE LÉGÈRE se classant à part l'une de l'autre, furent, sous les règnes suivants, une modification considérable en fait de Tactique. — Ainsi, tandis que l'INFANTERIE allait s'amincissant, la CAVALERIE subissait la réforme opposée. — En 1535, le traité de MACHIAVEL avait été mis en français par DUBELLAY, mais restait enfoui dans les bibliothèques des savants ; c'était un appel à la restauration de l'INFANTERIE. — La BATAILLE de CÉRISOLES, en 1544, présentait un genre d'ARMES nouveau ; c'étaient des PISTOLIERS formés en ENSEIGNES d'INFANTERIE. — La GENDARMERIE tendait dans toute l'EUROPE à disparaître ; le prince de Nassau supprimait les longues LANCES et triomphait des ESPAGNOLS comme ils avaient triomphé des ARABES. — En 1606, WALHAUSEN était le professeur de Tactique de l'ALLEMAGNE, et GHEYN celui de la HOLLANDE. Tous deux avaient pour plagiaire, en 1647, LOSTELNEAU, l'inintelligible LOSTELNEAU ; c'était le seul théoricien qui fût connu des TROUPES de FRANCE, mais se conformait qui voulait à ses enseignements. — Faute de règles écrites, il fallait que, les JOURS DE BATAILLE, le SERGENT GÉNÉRAL DE BATAILLE ou le MARÉCHAL DE CAMP disposassent sur le TERRAIN les TROUPES nommées ENSEIGNES, en improvisant la Tactique à mettre en pratique, comme les ARRAYEURS le faisaient plus anciennement. — La Tactique du seizième siècle connaissait des PISTOLIERS DE CAVALERIE qu'on appelait aussi REITRES. — L'ESPAGNE, la TURQUIE, l'ÉCOSSE, l'AMÉRIQUE, employaient à la GUERRE des CHIENS ameutés en RÉGIMENTS ; c'était un usage renouvelé des GRECS de l'antiquité. — Sous le règne de CHARLES NEUF et de HENRI TROIS, la Tactique était cultivée habilement en HOLLANDE, mais restait nulle encore en FRANCE ; MONTGÉON (1615, D) et MONTGOMMERY le témoignent. — Le duc

d'ALBE et FARNÈSE dressèrent la MILICE ESPAGNOLE sur des systèmes mieux étudiés ; ils substituèrent les ESCADRONS aux LANCES, ils formèrent à la manière SUISSE les gros BATAILLONS de PIQUIERS. — La bataille d'IVRY, en 1590, nous fait voir l'ARMÉE de HENRI QUATRE composée de sept ESCADRONS, ou sept grosses MASSES de CHEVAUX flanqués et entremêlés de bataillons ou grosses MASSES D'INFANTERIE, précédés d'ENFANTS PERDUS ; c'était l'imitation de la TACTIQUE ESPAGNOLE. — GUSTAVE-ADOLPHE et Maurice de NASSAU ressuscitaient la TACTIQUE ROMAINE des beaux siècles, c'est-à-dire l'ORDRE sur deux ou plusieurs LIGNES en QUINCONCE ; la CAVALERIE était aux AILES ; l'INFANTERIE, sur dix ou douze RANGS, se répartissait par BANDES ou MASSES de grosseur égale, occupait le CENTRE, se divisait par FILES et DEMI-FILES et s'ordonnait par CINQUAIN ou par SIXAIN. — Les routines tactiques des FRANÇAIS au dix-septième siècle étaient une imitation imparfaite des méthodes GRECQUES et BYZANTINES, transmises par l'intermédiaire des ARMÉES ÉTRANGÈRES que nous avons citées. Les usages alors en vigueur empruntaient quantité d'ÉVOLUTIONS, de MOTIONS, de ROMPEMENTS dans lesquels le SIMPLE SOLDAT agissait comme UNITÉ TACTIQUE. — La diversité des ARMES, les unes de MAIN, les autres de JET, avait amené le système de FORMATION par TERZES, par MANCHES, par DEMI-FILES. — La bataille de ROCROY ayant démontré quel ravage causait dans ces MASSES le CANON, dont les effets commençaient à devenir plus formidables, il en résulta une nouvelle tendance à l'AMINCISSEMENT de l'ORDRE DE BATAILLE et à la création d'une SECONDE LIGNE, et même d'une TROISIÈME LIGNE et d'une RÉSERVE. — Dans le dix-septième siècle, les RÉGIMENTS D'INFANTERIE MANOEUVRAIENT en trois GROUPES, savoir : le CORPS DE BATAILLE, ou PIQUIERS ; les deux MANCHES, ou MOUSQUETAIRES ; chacun de ces trois GROUPES avait son DRAPEAU. La CAVALERIE se tenait aux AILES ; AILE et CAVALERIE étaient synonymes. Il y avait dix ou douze siècles qu'il n'avait été exécuté de CHARGE D'INFANTERIE ; ce moyen de CHOC reprenait faveur. — L'ORDRE OUVERT permettait les CONTRE-MARCHES par homme, par RANGS, par FILES. — Le DRAPEAU BLANC, qui, jusque-là, n'avait été que l'attribut pour ainsi dire nominal des COLONELS GÉNÉRAUX, allait devenir royal par l'abolition de la CHARGE DE COLONEL GÉNÉRAL de l'INFANTERIE, CHARGE que se décernait à lui-même LOUIS QUATORZE en 1661 ; mais l'emploi, l'importance, la place tactique de ce DRAPEAU, devaient être, pendant longtemps encore, des causes d'incertitudes et de tâtonnements. — Depuis le milieu du dix-septième siècle, les écrivains commençaient à parler de l'ordre en échiquier ou du quinconce; mais l'échiquier n'a été mentionné nominalement dans les ordonnances qu'un siècle plus tard. — En 1635, les six mille soldats du duc de Saxe-Weimar, dressés à l'école de Gustave-Adolphe, répandirent des germes de Tactique dans l'armée de Turenne; lui-même avait pris chez son oncle, le prince de Nassau, le sentiment de cette science, alors hispano-hollandaise. Sous ses rivaux, sous ses successeurs, elle ne fit pas de progrès, et dans les batailles que gagnèrent Condé et Luxembourg, ces généraux se montrèrent bien moins avares du sang de leurs soldats que ne l'avait été la Tactique de Turenne. — Tant que les armes de l'infanterie n'ont pas été d'une seule espèce, leur variété excluait la simplicité d'étude et d'action; il en fut ainsi jusqu'en 1700. — Faute de théories consacrées et officielles, les inspecteurs français étaient chargés, sous Louis quatorze, de parcourir les armées pour y enseigner des manœuvres qui eussent de l'uniformité. Jusqu'en 1678, chaque corps manœuvrait à sa manière. Le maréchal de Montesquiou, savant inspecteur, fut chargé, depuis cette année jusqu'au commencement du dernier siècle, de cette surintendance d'enseignement. — Louvois, ce ministre si vanté, n'a pas légué à l'armée une seule ligne écrite de Tactique légale. — Vers 1670, le mot bataillon commençait à signifier ce qu'il signifie de nos jours. Jusque-là, armée ou bataillon, troupe ou bataillon, régiment ou bataillon étaient même chose. Mais, à cette époque, on commença à entrecouper d'intervalles les camps d'infanterie; on appela bataillon le groupe ou la masse placée entre deux intervalles, et ce fut un moyen nouveau de subdivisionnement des régiments. Le mot, qui jusqu'alors avait signifié grosse troupe, commençait à signifier petite troupe; ce fut, dans la langue et dans les règles de la Tactique, l'occasion d'un considérable changement. — Dans le siècle dernier, l'Europe essayait un système que, malheureusement, la Tactique n'a pas su perfectionner. Ce système consistait à exécuter quantité de manœuvres, non au moyen de commandements vocaux, mais céleustiquement ou par signaux, ou à l'aide de batteries de caisse. — Quand le rapport numérique des piques et des mousquets commençait à se balancer, à cette époque où la baïonnette n'avait pas encore décidé la question, rien ne pouvait être fixé en Tactique, parce qu'une étude compliquée, laborieuse, nouvelle, était exigée par l'arme à feu. Jusque-là, le piquier n'avait été qu'un lancier à pied, livré silencieusement à lui-même et obéissant à une Tactique naturelle; le mousquetaire, le fusilier et le tireur de grenades devinrent, au contraire, de bruyantes machines, qui n'agissaient que sous de nombreux termes de commandement et à l'aide d'une correspondance difficile de signaux. — Nous voilà arrivés à l'époque où l'art de la Tactique désertait la France pour aller fleurir au nord. — Avant la fin du siècle, les manches cessaient d'être une subdivision d'infanterie, parce que l'usage général des armes à feu et la suppression des piques ne comportaient plus cette formation. Un nouveau système y succédait; c'était le partage du bataillon en demi-rangs. — Il avait paru, en 1649 (janvier), une instruction aux Parisiens, espèce de rudiment tactique de gardes nationales. Il parut pour l'usage de l'armée, en 1703 (2 mars), quelques feuillets de notes indigestes qui se répandirent à peine; on qualifiait ce fatras du nom de règlement d'exercice. Ce dernier différait de l'instruction de 1649, à raison de la récente époque de l'abolition des piques. — L'ordonnance de 1707 et l'instruction de 1733 (1er juin) n'étaient pas plus instructives que les documents qui les avaient précédées. Les efforts du conseil de la guerre en 1715, les travaux du maréchal de Puységur (1748, C), les injonctions de Dangervillers, avaient été impuissants pour doter l'armée française d'une constitution et d'une Tactique. — La guerre de 1733 trouve l'armée française hésitant entre l'ordre profond qui s'effaçait et l'ordre mince qui prévalait, entre l'adoption du fusil encore contestée et l'abandon de la pique, que l'esprit de routine regrettait. — Ces incertitudes étaient le fruit du système de Folard (1727, A); il s'évertuait à introduire, ainsi que s'y est efforcé son élève Mesnil-Durand (1744, E), un rudiment d'évolutions opérant par jumelles, par plésions, par manchettes. — Chaque chef, au reste, dans chaque pays, se faisait la Tactique qui lui convenait. Ainsi, en 1740, un colonel autrichien s'ingénie de ployer son bataillon, en l'honneur de Marie-Thérèse, de manière à dessiner les initiales M. T., rappelant ces manœuvres chinoises qui représentent des fleurs de toutes formes, dont Amiot (1772, D) nous présente les bizarres images. — De même, en France, le major Chevert avait tracé le mot Vive le Roi à l'aide de jambes humaines. — Le mot colonne, mis en vogue par Folard, succédait aux substantifs défilé, défiler, qui, jusque-là, avaient eu un sens analogue. — Il n'y avait plus d'arquebuses, et il était pourtant encore reconnu des TROUPES D'ARQUEBUSIERS. Ils étaient créés en COMPAGNIES FRANCHES, en vue de remédier à la pénurie de TROUPES LÉGÈRES. — Une partie de l'INFANTERIE restait sur quatre RANGS, et, au besoin, se doublait à huit. — La GUERRE DE 1741 donnait à l'ARTILLERIE DE CAMPAGNE ses GARGOUSSES et ses OBUSIERS; elle donnait à l'INFANTERIE ses AMUSETTES et ses CARTOUCHES portant leur AMORCE. L'INFANTERIE LÉGÈRE commençait à prendre quelque teinture de la PETITE GUERRE. — Tant que les RANGS de l'INFANTERIE ont été ouverts, le SOLDAT, isolé au sein de la masse, devait agir, en Tactique, suivant son propre-savoir faire; il en fut ainsi jusqu'au milieu du siècle. FRÉDÉRIC DEUX simplifia le mécanisme en resserrant les RANGS, il inventa le mécanisme des COLONNES SERRÉES en MASSE, et découvrit l'art de mener au galop la CAVALERIE, chargeant déployée et en MURAILLE. — Depuis l'apparition de cet habile monarque, l'AUTRICHE seule s'était moins enthousiasmée de ces découvertes, et n'y avait pris que les DÉPLOIEMENTS et l'ORDRE OBLIQUE; l'ANGLETERRE restait sans principes arrêtés. — DUMOURIEZ, comme le témoignent ses *Mémoires*, avait été, à l'époque de la mort de LOUIS QUINZE, envoyé à LILLE, à titre de colonel, pour l'exécution des MANŒUVRES qu'on venait d'emprunter des PRUSSIENS. — Les principes étaient devenus à peu près les mêmes chez toutes les puissances; le fonds du système prussien, les formules de l'instruction française régnaient sans partage. Toutefois des bévues grossières déparaient notre LÉGISLATION tactique. Ainsi, quoique depuis 1755 le DÉFILEMENT PAR QUATRE fût aboli dans l'INFANTERIE, quoiqu'il fût devenu impossible depuis qu'on ROMPAIT à la PRUSSIENNE, des ORDONNANCES d'administration mentionnaient bien plus tard l'ORDRE PAR QUATRE. — Mais, depuis le MINISTÈRE de SAINT-GERMAIN, tout a changé. L'ORDONNANCE DE 1788 et le RÈGLEMENT DE 1791 ont fait faire à la Tactique française des progrès qui l'ont rendue incomparablement supérieure à ses aînées, les TACTIQUES AUTRICHIENNE et PRUSSIENNE; elle les a laissées tellement en arrière, qu'on s'étonne que ces modèles aient tant été vantés. Notre Tactique, tout en empruntant beaucoup de la TACTIQUE PRUSSIENNE, en a dédaigné cette multitude de MANŒUVRES de théâtre, dont MIRABEAU (1788, C) fournit les images. Elle a reconnu lourdes, superflues ou de double emploi les CONTRE-MARCHES DE BATAILLON EN BATAILLE, les CONVERSIONS DE BATAILLON EN AIGUILLE DE MONTRE, les MARCHES SINUEUSES PAR LE FLANC, les CONVERSIONS A RECULONS, les CHANGEMENTS DE DIRECTION processionnels, les ROMPEMENTS successifs par SUBDIVISIONS, les ENBATAILLEMENTS en avant à DISTANCE ENTIÈRE, les DÉPLOIEMENTS et ALIGNEMENTS EN ARRIÈRE, les ENBATAILLEMENTS à serpentements processionnels, les CONVERSIONS de MASSES SERRÉES, les MANŒUVRES à MARCHES OBLIQUES de BATAILLONS, les CHANGEMENTS DE DIRECTION D'ÉCHELONS, les AMINCISSEMENTS de PROFONDEUR, qu'on nommait jadis DÉDOUBLEMENTS, les CHANGEMENTS DE FRONT à PIVOT VIDE. — Mais notre Tactique a goûté, imité, amélioré les PLOIEMENTS et DÉPLOIEMENTS, les DÉGAGEMENTS DE PIVOTS des COLONNES CONVERSANT EN MARCHE, les ABDUCTIONS et les ENCOLONNEMENTS D'OBSTACLE, les PASSAGES DE LIGNE, l'ORDRE OBLIQUE, la PROMPTE MANŒUVRE, les ÉCHELONS, les RETRAITES EN ÉCHIQUIER, les CHANGEMENTS DE FRONT sur deux LIGNES et les CARRÉS. — Et c'est ce système français qui, chez toutes les puissances, a remplacé ou les méthodes officielles venues de PRUSSE, ou les habitudes routinières dont les armées de LOUIS QUATORZE avaient semé les premiers GERMES. — Des MARCHES EN POSTE étaient essayées par les FRANÇAIS. — Chaque BATAILLON D'INFANTERIE DE BATAILLE était surchargé de l'inutile et dangereux attirail de trois DRAPEAUX, et était alourdi par une ou deux PIÈCES A LA SUÉDOISE. — Les COMPAGNIES COLONELLES s'abolissaient et cédaient le DRAPEAU BLANC à la première compagnie du CORPS. — Les partisans de l'ARME BLANCHE des FANTASSINS étaient en vive lutte avec les partisans du FEU. MAIZEROY (de 1765 à 1773), SILVA (1768, H), LOLOOZ (1766, A), se déclaraient contre l'ORDRE MINCE; la célébrité de FRÉDÉRIC DEUX, le talent de GUIBERT, le ministère de SAINT-GERMAIN, décidèrent de l'abandon de l'ORDRE PROFOND. — L'ORDONNANCE DE 1746 (1er MARS), DE 1750 (7 MAI), l'INSTRUCTION DE 1753 (29 JUIN), DE 1754 (14 MAI), n'étaient guère plus explicites que le document analogue de 1703. — Le mot DIVISION, pris dans le sens de grande fraction d'un BATAILLON, n'avait pas encore de sens déterminé. — BELLE-ISLE et CHOISEUL furent les MINISTRES qui, les premiers, améliorèrent la Tactique. — L'ESPONTON et la HALLEBARDE allaient être supprimés. — L'ORDONNANCE DE 1755 (6 MAI) peut être regardée comme la première en date qui ait traité réellement de la Tactique de l'INFANTERIE FRANÇAISE. Jusque-là, on ne manœuvrait que sur des principes disparates; chaque MAJOR appliquait aux EXERCICES la méthode qu'il préférait. Cette ORDONNANCE, toute défectueuse qu'elle fût, était éclairée par des gravures ou une TACTICOGRAPHIE bien exécutée; c'était une précieuse et considérable innovation. L'ORDONNANCE décidait de l'adoption de l'ordre sur trois RANGS, ou ORDRE MINCE ; elle créait le système de DÉFILEMENT à RANGS SERRÉS et du PAS CADENCÉ. — A l'époque de la GUERRE DE 1756, l'armée n'avait eu ni le temps d'oublier les errements anciens, ni le temps de s'immiscer aux procédés prussiens. Elle n'avait ni OFFICIER D'ÉTAT-MAJOR, ni régles officielles de CAMPEMENTS ; elle s'essayait à la FORMATION des CARRÉS D'INFANTERIE, à l'emploi des BATAILLONS DE GRENADIERS et de CHASSEURS, à l'artifice des DÉPLOIEMENTS, pratiqués dans quelques CORPS par des CHEFS qu'on appelait faiseurs ou manœuvriers. — L'ORDONNANCE DE 1764 (20 MARS) adoptait en principe l'établissement du RANG DE TAILLE de l'INFANTERIE, et, de ce moment, l'ESCOUADE n'était plus qu'administrative ; elle cessait d'être tactique, comme cela était depuis le seizième siècle. — Le mécanisme des ÉVOLUTIONS nommées CHANGEMENT DE DIRECTION et CHANGEMENT DE FRONT était à découvrir ; les CHARGES D'INFANTERIE étaient un problème que l'ORDONNANCE DE 1764 (20 MARS) cherchait à résoudre. — L'ORDONNANCE DE 1766 (1ᵉʳ JANVIER), quoiqu'elle se ressentît de la révolution que la GUERRE DE 1756 venait d'opérer dans la science des armes, était obscure, incorrectement écrite, dépourvue de plan et de définitions, timide en fait de nomenclature, pauvre en ses principes, ne procédant jamais d'un point de départ annoncé ; elle restait moins avancée dans ses innovations que l'époque ne le comportait, et elle n'évitait qu'une partie des défauts du document législatif qui l'avait précédée. — L'EUROPE n'était pas alors plus avancée ; il n'existait nulle part, la PRUSSE exceptée, de rudiments officiels publiés sur la Tactique. — Les INFANTERIES du NORD, au lieu d'agir sous l'empire des COMMANDEMENTS VOCAUX, essayaient de soumettre les MANIEMENTS D'ARMES à la télégraphie des FLIEGELMAN. — Les CAVALERIES se tenaient encore sur trois et sur quatre RANGS. — On n'avait aucune idée de l'art des RECONNAISSANCES de TERRAINS. — Les DÉDOUBLEMENTS et les DOUBLEMENTS, vieilles MANŒUVRES empruntées des GRECS, avaient continué de se reproduire d'ORDONNANCES en ORDONNANCES, quoiqu'ils fussent devenus inconciliables avec le FEU et la compression obligée des RANGS. — L'art des ALIGNEMENTS ne s'élevait pas encore jusqu'à l'emploi, pourtant si simple, des JALONNEMENTS et des POINTS DIRECTEURS. — Les DIRECTIONS à l'aide de GUIDES et d'AIDES DE CAMP étaient un moyen ignoré ou dans l'enfance. — Les CONTRE-MARCHES se faisaient encore, ou par HOMME, comme au seizième siècle, ou par le CORPS entier, processionnellement et tout d'une pièce. Les CONTRE-

MARCHES DE COLONNES n'étaient pas imaginées. Le PAS CADENCÉ prenait naissance en 1746 ; le PAS DE CHARGE était inconnu avant 1776 ; le PAS DE COURSE n'apparaissait dans les ORDONNANCES que depuis 1769. — L'agencement des soldats par rang de taille était devenu un principe depuis 1766. — Appliquer à la MARCHE des BATAILLONS EN BATAILLE une LIGNE DIRECTRICE était une chose à laquelle on n'avait pas encore songé. — PUYSÉGUR (1748, C) témoigne, à maintes reprises, qu'il n'y avait encore rien d'écrit ni de formulé sur ce sujet et sur les principes à admettre pour la MARCHE des BRIGADES D'INFANTERIE EN BATAILLE. — Le nombre et la proportion des BATAILLONS, dans les divers RÉGIMENTS, étaient disparates et sans coordonnance étudiée ; on n'était pas encore convaincu, on ne l'est guère plus maintenant, que chaque changement d'ORGANISATION, de COMPOSITION, de FORMATION, nécessite le remaniement des principes et des DÉTAILS de la Tactique, et entraîne une révision presque totale du CODE. — La mesure du FRONT D'ATTAQUE des BATAILLONS variait perpétuellement ; en régler la dimension, entre cent quarante et cent quatre-vingts FILES par BATAILLON, était une des dispositions que GUIBERT travaillait à faire admettre en principe. — La COLONNE D'ATTAQUE commençait à être mise en jeu. — Des ÉCRIVAINS penchaient encore pour ces MÉLANGES D'ARMES par petits GROUPES, pour ces amalgames à la MONTÉCUCULI, dont les progrès de la CAVALERIE PRUSSIENNE avaient démontré le ridicule et le vice. — Le chef-d'œuvre d'INSTRUCTION d'un BATAILLON et d'un RÉGIMENT consistait à décrire, au PAS ORDINAIRE et sur un ALIGNEMENT parfait, plusieurs MOUVEMENTS de CONVERSION consécutifs, comme une AIGUILLE DE MONTRE voyage sur son cadran. — On appelait CHANGEMENT DE POSITION les CHANGEMENTS DE FRONT et les CHANGEMENTS DE DIRECTION. — On commençait seulement à appliquer à la FORMATION des COLONNES le calcul des DISTANCES diverses. — On dégoûtait, par la rigueur et l'abus des MANIEMENTS D'ARMES, de VIEUX SOLDATS que, sans pitié, on remettait chaque année aux DÉTAILS ou à la SECONDE CLASSE. — Dans les usages et les études de l'INFANTERIE, jamais BALLE de FANTASSIN n'avait été chercher une CIBLE. — Les CAMPS D'INSTRUCTION, au lieu d'être une école des GRANDES MANŒUVRES et du COUP D'ŒIL, n'étaient qu'une occasion de dissipation et de profusions. — L'INSTRUCTION DE 1775 (50 MAI) instituait les CARRÉS VIDES. — Un nouvel ART allait naître en FRANCE, car nous voici arrivés au vrai point de départ de la Tactique moderne de l'INFANTERIE FRANÇAISE.

— Le règlement de 1776 (1er juin) paraissait. S'il avait le tort de reconnaître des officiers en second, il renfermait du moins quantité de dispositions habiles. — L'accoudement succédait à l'ordre dilaté ; les doublements et les dédoublements s'abolissaient. Le soldat d'infanterie n'avait plus besoin d'être lui-même un tacticien, c'était à ses chefs à l'être pour lui ; ce n'était plus lui, ce n'était plus la file, c'étaient les groupes, dont le soldat et la file sont parties constituantes, qui devenaient unités tactiques. Les moindres agrégations du corps de bataille, aussi bien que les plus nombreuses, commencèrent à combattre comme un seul homme. Cette modification, originaire de Prusse, a fait oublier le système grec ; cette révolution a demandé plus d'un siècle pour s'accomplir. Ses promoteurs, ses artisans, furent : Gisors, Kéralio, Laclos, Dumouriez, Wimpfen, Pirch, et surtout Saint-Germain et Guibert. — A l'époque où nous voici arrivés, cette querelle futile de l'ordre parallèle et de l'ordre oblique, de l'ordre mince et de l'ordre profond, troublait les salons et les camps, agitait les savants et le monde, brouillait les grandes dames et leurs amants. Cette logomachie était destinée à se prolonger jusqu'à ce que Tempelhof (1789) et Lloyd (1766, N), Broglie et Rochambeau eussent reconnu que l'alliance de l'ordre de feu et de l'ordre de choc dénouait le problème, et que la découverte de l'art des ploiements et des déploiements en devait être la solution définitive. — Mais à côté de l'amélioration de plusieurs principes, plusieurs abus donnaient prise à la censure. Elle s'était exercée dès le commencement du règne de Louis seize, touchant l'emploi exclusif du feu et la fragilité de l'ordre déployé. — Lessac (1783, A) publiait qu'il en fallait revenir au combat à l'arme blanche. Il disait, en parlant du maréchal de Broglie, dont il faisait un grand éloge : « *Que l'extension* » *démesurée de nos lignes, dans l'ordre* » *de la Tactique actuelle, lui (au maréchal) inspirait un grand effroi.* » — Il ajoutait : « *La Tactique de nos jours* » (ce mot signifiait, dans ce cas, le mécanisme prussien) « *tombera dans le mépris. La* » *nation qui, la première, reviendra aux* » *principes, forcera les autres à l'imiter.* » *Quelque grand homme, unissant de* » *savants mécanismes à une ordonnance* » *plus solide, en composera le vrai sys-* » *tème de guerre, par lequel l'arme* » *blanche, plus redoutable par le con-* » *cours d'une Tactique mieux adaptée,* » *redeviendra l'arbitre des combats.* » — Lessac ne semblait-il pas avoir tiré l'horoscope de Bonaparte et deviné les secrets de la guerre de la révolution ? — La guerre de 1778, guerre pâle et sans résultats, n'influait, en fait de Tactique, que sur la manière d'employer l'artillerie ; celle de campagne avait été, jusque-là, tenue dans les parcs ; elle commença à se former en brigades et à marcher attachée à une brigade d'armée. La Tactique de 1788, recopiée, sauf quelques modifications, de celle de 1776, était censée susceptible de satisfaire à ce que pouvait demander, en toutes circonstances, l'infanterie de toute une armée, troupes légères non comprises ; ses rédacteurs étaient les premiers qui eussent démêlé les éléments, jusque-là confus, de la Tactique, et qui eussent classé ses leçons en école de soldat, de peloton, de bataillon. — C'était un travail incomplet, mais que ses auteurs pouvaient croire assez large à une époque où l'on ne connaissait encore ni brigades de division, ni divisions d'armée. — Le règlement de 1791, calqué sur celui de 1788, contenait en plus un chapitre élaboré à la hâte, sous le titre d'évolutions de ligne. — Le ministre Narbonne, en publiant ce document, avait l'arrière-pensée que la composition de l'armée comprendrait, comme dans la dernière guerre, des corps de troupes légères à pied et à cheval, et qu'une ordonnance de Tactique spéciale à leur usage serait composée ultérieurement, comme il en avait été composé une en 1669. La rapidité, le désordre des événements, s'y opposèrent, et ce complément indispensable de la Tactique de bataille est encore à réaliser. — Le règlement de 1791 était, quand il parut, le plus savant qui eût été publié encore en Europe ; la Prusse et la Russie s'empressèrent de l'adopter, à de légères différences près, et la milice autrichienne, malgré ses prétentions en fait de Tactique, ne dédaigna pas d'en imiter quantité de dispositions ; l'Angleterre seule, qui s'y était conformée d'abord, en modifiait les règles relatives au nombre des rangs et aux feux hypoclastiques, c'est-à-dire l'homme mettant genou à terre. — Ce que contenaient, depuis le milieu du siècle, les règlements français de Tactique était prussien ; mais celui de 1788 et de 1791 (car c'est tout un) y ajoutait des détails d'invention française. Tel était l'arrière-jalonnement, appliqué à la marche en bataille du bataillon, se prolongeant sur une capitale tactique ; tel était le mode de direction des colonnes, l'invention d'opérer sur le centre l'alignement de l'infanterie, le mécanisme des marches-routes, la régularité des rompements par subdivisions égales, l'artifice des changements de direction et des

PASSAGES D'OBSTACLES, les FEUX DE DEUX RANGS et les FEUX DE PELOTON. Ce RÈGLEMENT caractérisait les DIVISIONS DE BATAILLON, dont l'appellation avait, jusque-là, été vague; il améliorait le système des CARRÉS; il calculait les CHANGEMENTS DE FRONT SUR DEUX LIGNES. Mais l'ensemble de cette ÉCOLE allait devenir incomplet, insuffisant, le jour où des BRIGADES et des DIVISIONS seraient créées; ce qui eut lieu le lendemain, pour ainsi dire, de la promulgation. Combien plus grave fut l'inconvénient quand de grosses MASSES, qu'on appela CORPS D'ARMÉE, furent mises sur pied en 1800! La GRANDE TACTIQUE, c'est-à-dire le concours de la Tactique de chaque ARME, restait sans lois écrites; nul MILITAIRE FRANÇAIS ne savait son MÉTIER, ou ne pouvait opérer que d'inspiration, non à l'aide de THÉORIES convenues et consacrées. — Telle était notre situation quand il fallut COURIR AUX ARMES. Nous étions des enfants pour qui on venait de composer un premier chapitre de catéchisme, sans avoir rien d'arrêté encore sur le fond de la croyance. — Il n'y eut plus que de la STRATÉGIE, ou que des MOUVEMENTS exécutés suivant les localités, les éventualités, l'intelligence et la manière de voir des CHEFS. — Il n'y avait au monde que des ARMÉES FRANÇAISES qui pussent se tirer de ce chaos; l'esprit suppléa la lettre. — En 1792, la Tactique réglementaire fut dédaignée; l'impétuosité française préféra aux anciens COMBATS de pied ferme les ATTAQUES d'irruption; elle renonça aux FEUX DE BATAILLON, aux PASSAGES DE DÉFILÉS, — DE LIGNES, — D'OBSTACLES, à la PROMPTE MANOEUVRE. Des BATAILLONS, des RÉGIMENTS lancés en TIRAILLEURS sur les lignes ennemies, frappant sur un but certain et fixe, ne lui présentaient que des buts mobiles, masquaient des COLONNES D'ATTAQUE qui ne marchaient qu'à la BAIONNETTE, en se ruant sur des TROUPES dégarnies de leur FEU, inutilement dépensé. Se disposer par ÉCHELONS à vue du pays, se former prestement en MASSE, en COLONNE D'ATTAQUE, en CARRÉ, tels furent les principaux moyens employés. — Le système de l'ORDRE DÉPLOYÉ, accompagné de quelques COLONNES tenues en RÉSERVE, avait suffi à de petites ARMÉES; mais, à mesure de l'excessif accroissement des FORCES, un système déployé avait cessé d'être possible. Le GÉNÉRAL en chef devait, sous peine d'agir en aveugle, tenir en grosses masses ses DIVISIONS, ses CORPS D'ARMÉE; l'habileté consistait à ne les faire jouer qu'à propos, à ne les exposer au CANON que dans l'absolue nécessité, à les mouvoir le plus possible en COLONNE, à approprier aux circonstances l'ORDRE PLOYÉ OU DÉPLOYÉ, ou le mélange de ces

ORDRES différents, et à s'accommoder à tous les cas, à tous les TERRAINS, en variant en conséquence les manières de MANOEUVRER, de MARCHER, de combattre. — Ainsi l'art n'avait rien d'exclusif; l'application raisonnée de tous ces genres de ressources préparait son triomphe, et, comme on l'a dit plus haut, le sol décide de l'ARMEMENT, la COMPOSITION s'y assortit, la Tactique se conforme à l'un et à l'autre. — Mais il n'y a pas d'art pour un ouvrier malhabile; l'étude et la perfection font la Tactique, le destin donne les GÉNÉRAUX. — La STRATÉGIE put et sut réussir quand la Tactique faisait faute, parce qu'il eût fallu que toute l'ARMÉE fût tacticienne, et qu'il suffisait que quelques GÉNÉRAUX habiles et valeureux fussent hommes de génie et STRATÉGIENS. Une MILICE ne se façonne à la Tactique qu'à l'aide d'études longues, appuyées sur de solides principes; elle ne se perfectionne qu'au moyen de CAMPEMENTS annuels, où se donnent rendez-vous toutes les ARMES; elle n'acquiert de souplesse que quand OFFICIERS et SOLDATS se sont réciproquement étudiés et appréciés de longue main. Aucune de ces conditions ne se rencontrait, n'était même possible, quand la GUERRE avait éclaté; l'INSTRUCTION d'une immense partie de l'ARMÉE était nulle; nos GARNISONS n'avaient pas même de CHAMP D'EXERCICE; la bravoure et l'audace sortaient de terre. L'ARMÉE se composait de soldats nouveaux, d'OFFICIERS renouvelés; la CAVALERIE, dont la TACTIQUE est peu compliquée, l'ARTILLERIE, pour qui elle n'est que secondaire, avaient seules conservé leurs errements; mais l'INFANTERIE n'avait que l'élan de l'époque et cette fougue nationale qui ne connaît ni liens, ni habitudes. L'élan suppléa le savoir. Le SOLDAT, tiré d'une classe plus relevée, put se passer d'études si positives. Chacun eut une intention, par conséquent une action. — Le CAMP DE BOULOGNE a eu une remarquable influence sur le rétablissement de la Tactique pratique; la Tactique écrite n'y gagna rien. — Le grand progrès que fit faire Napoléon aux OPÉRATIONS tactiques, consista à associer les BATTERIES D'ARTILLERIE aux MOUVEMENTS de l'INFANTERIE et de la CAVALERIE. Ce fut le perfectionnement des essais faits en ce genre par GUSTAVE-ADOLPHE et FRÉDÉRIC DEUX, et par les ARMÉES qui étaient en présence dans la GUERRE DE 1778. — Jusqu'à la GUERRE DE LA RÉVOLUTION, les MANOEUVRES D'ARTILLERIE se bornaient à faire traîner par les CHEVAUX les PIÈCES en avant de la PREMIÈRE LIGNE. On dételait, on renvoyait les CHEVAUX sur les derrières, et s'il fallait mouvoir les BOUCHES A FEU, les CANONNIERS les tiraient à la BRICOLE; on ne faisait revenir les ATTELAGES que quand le trajet devait se prolonger hors la PORTÉE du CANON. — Faisons ici la part de ce que ces grands événements abolirent et produisirent. — La Tactique pratique renonça aux FEUX DE PELOTON, aux FEUX DE DEMI-BATAILLON, aux FEUX EN AVANÇANT, aux FEUX A GÉNUFLEXION. Elle dédaigna les MARCHES méthodiques, la pureté d'ALIGNEMENT des grands FRONTS; elle ne s'astreignit plus à ces laborieuses CONVERSIONS sur deux LIGNES, ou sur deux PIVOTS, et à la subite transformation du FRONT parallèle en FRONT oblique; il s'est vu cependant des exemples de ces MANOEUVRES, mais ils ont été rares. — L'accroissement du nombre des SERGENTS D'INFANTERIE FRANÇAISE, la création de GRADES nouveaux, l'institution de LÉGIONS de diverses formes, l'augmentation du nombre des BATAILLONS, qui, de deux par RÉGIMENT, montèrent à trois, à six, à neuf, suivant les CORPS et les ARMÉES, occasionnèrent, en Tactique, une confusion à laquelle la loi ne put remédier; elle n'en eut ni le TEMPS ni le soin. — La place que devaient occuper, en ORDRE DE BATAILLE, le COLONEL D'INFANTERIE FRANÇAISE, le MAJOR, l'AIGLE, les OFFICIERS DE SANTÉ, les SAPEURS, les TROISIÈME et QUATRIÈME SERGENTS, devinrent autant de causes d'incertitude ou d'obscurité. — La Tactique exprima par le verbe ÊTRE EN L'AIR la position d'une TROUPE dépourvue d'APPUI, ayant ses flancs exposés, et présentant des interstices, des espèces de déchirures, facilement abordables par l'ENNEMI. — Les DRAGONS français renoncèrent, à tort ou à raison, à leur rôle dizuaque d'HOMMES DE PIED et d'HOMMES DE CHEVAL. — Les DRAPEAUX A CROIX, le DRAPEAU BLANC, furent remplacés par les DRAPEAUX AUX COULEURS TRICOLORES; ceux-ci, par les AIGLES et les ENSEIGNES; celles-ci cédèrent la place aux FLEURS DE LIS détrônées par le COQ. — Les FANIONS furent tour à tour adoptés et délaissés. — Les cornets donnés à l'INFANTERIE en 1804, étaient remplacés, en 1822, par les clairons. — L'infanterie renonça presque au PAS ORDINAIRE, ne défila le plus souvent qu'au PAS ACCÉLÉRÉ, et les BATAILLONS ne manœuvrèrent presque plus que par DIVISION; les MANOEUVRES par SECTIONS ou par PELOTONS ne furent plus qu'un moyen de MARCHE-ROUTE. — Des corps de PIQUIERS avaient été momentanément rétablis. — On avait pratiqué ou expérimenté les CARABINES tyroliennes à BAIONNETTE, les ARMES A VAPEUR, les AÉROTONES, les FUSÉES DE GUERRE, les FUSILS A LA MONTALEMBERT et les FUSILS DE REMPARTS, nouvelles espèces d'AMUSETTES non roulantes. — Les BATAILLONS, d'abord de neuf PELOTONS, tombèrent à six, et se

relevèrent à huit; ils étaient également désaccordés tactiquement et par la présence et par le départ des COMPAGNIES D'ÉLITE, ou par leur FORMATION en BATAILLONS DE GRENADIERS; c'était un vice radical. — Les CHARGES D'INFANTERIE, autrefois exécutées en ORDRE DE BATAILLE, furent reconnues plus puissantes en COLONNE D'ATTAQUE. — Le COMMANDEMENT: PAS DE CHARGE! équivalait à un ordre de CROISER LA BAIONNETTE; c'étaient deux actes simultanés. Mais on éprouva que, en COLONNE, le PREMIER et le SECOND RANG pouvaient seuls se fraiser en marchant, que la perte d'ACCOUDEMENT, occasionnée par l'ARME CROISÉE, entraînait la perte de l'ALIGNEMENT, que le SOLDAT qui faisait un faux pas risquait d'estropier ses voisins ou d'en être estropié. Un usage préférable fut adopté, et la BAIONNETTE ne se croisa plus que spontanément, et à l'instant de frapper l'ENNEMI. — Au lieu de BATAILLES à la prussienne, il ne se vit plus que de vives ACTIONS de TIRAILLEURS, des ATTAQUES à la course, des CHARGES à la BAIONNETTE, soutenues de réserves MASQUÉES, des FEUX DE RANGS ou de DEUX RANGS, des orages d'ARTILLERIE, des tempêtes de CAVALERIE. — Jusque-là, les BATAILLES se prêtaient aux descriptions, parce qu'elles tenaient à un plan mathématique, plus ou moins correctement réalisé par les sous-ordres sur un échiquier connu d'eux; mais elles devinrent des exigences et leur compte-rendu une fable; tout fut interverti. — La GROSSE CAVALERIE dut, au besoin, devenir CAVALERIE LÉGÈRE; l'INFANTERIE DE BATAILLE dut, au besoin, se faire INFANTERIE LÉGÈRE. — Les COLONNES PAR BATAILLONS non reconnues par les RÈGLEMENTS, et appartenant à un système abandonné depuis 1756, reprirent de temps en temps faveur. — L'ARTILLERIE DE CAMPAGNE changeait, en 1810, le numéro de ses CALIBRES. — Des LANCIERS furent mis sur pied, et devinrent, ainsi que l'ARTILLERIE A CHEVAL, une SOUS-ARME nombreuse. — Les CARONADES devinrent, en ESPAGNE, une ARME que les MARINS préférent aux OFFICIERS D'ARTILLERIE DE TERRE pour l'ATTAQUE des PLACES. — Les INVERSIONS qui mettent la QUEUE d'une LIGNE où était sa TÊTE devinrent d'un fréquent et utile emploi. — Les CARRÉS D'EGYPTE prirent des formes, des combinaisons, que n'avaient pas prévues les RÈGLEMENTS. — Des CORPS de FUSÉENS, ou de RAQUETIERS, furent mis sur pied en plusieurs MILICES, et devinrent un nouveau système d'ARME. — BONAPARTE ne portait pas à la Tactique de DÉTAILS l'intérêt qu'elle mérite, parce qu'il la croyait trop au-dessous des calculs de son génie. Ce qu'il en a dit dans ses mémoires prouve qu'il confondait dans ses souvenirs celle de SAINT-GERMAIN, qu'il avait apprise dans sa jeunesse, et celle DE 1788, qu'il n'avait pas eu le temps d'étudier. Il avait inventé les COMPAGNIES DE VOLTIGEURS pour en faire des TIRAILLEURS, qu'au besoin la CAVALERIE eût transportés en croupe. Ce fut un projet avorté, et l'introduction de ces COMPAGNIES dans les BATAILLONS D'INFANTERIE devint nuisible à la régularité et à l'ensemble de leurs MANŒUVRES. — Ce besoin de TIRAILLEURS lui fit inventer plus tard les corps de FLANQUEURS et de TIRAILLEURS, qui ont disparu sans avoir, en réalité, flanqué ou tiraillé plus que d'autres CORPS. — Il a essayé d'employer comme TIRAILLEURS le TROISIÈME RANG de l'INFANTERIE; de faire réviser, sous le ministère de BERTHIER, en l'an neuf, une ORDONNANCE provisoire d'exercice de CAVALERIE, Tactique restée provisoire; de modifier les FEUX D'INFANTERIE, d'amincir sa PROFONDEUR. Mais il n'a rien laissé à cet égard d'officiel et de complet; il n'a rien légué d'élémentaire à l'INFANTERIE LÉGÈRE, ni à l'ARTILLERIE, à laquelle il devait tout, et qui n'avait pas même reçu de lui le plus simple rudiment. Ceux qu'il a maintenus, ou plutôt qu'il laissait vivre, tout en les critiquant, renfermaient une quantité de dispositions que l'ARMÉE n'observait pas à la GUERRE. Ce grand homme prétendait, au besoin, tirer de la Tactique des résultats inaccoutumés et dépendant de ses inspirations. C'était une erreur grave; car la Tactique, loin d'être appelée à produire des effets improvisés, ne s'accommode que de formes invariables, connues de tous, et étudiées longtemps à l'avance. — A défaut de préparations de ce genre, c'était à la sagacité des CHEFS et du SOLDAT à les tirer des pas difficiles. Ce fut une preuve de plus de l'intelligence de la nation; et à la mort de NAPOLÉON, il y avait tout à faire à l'égard de la Tactique. — Mais, plus tard, l'art des résistances s'est mis en équilibre avec les méthodes d'attaque qui avaient triomphé des TROUPES manœuvrières mais routinières. L'INFANTERIE ANGLAISE apprécia l'importance du FEU, et s'y exerça avec persévérance. Ses BATAILLONS reprirent, par leur aplomb, l'ascendant sur des TROUPES livrées à une impulsion désordonnée; ils remirent en honneur le FEU de l'INFANTERIE, que les préjugés de MAURICE DE SAXE avaient trop dénigré, et que les succès obtenus sur les TROUPES du Nord avaient trop fait dédaigner. — Les MILICES ANGLAISE, ANGLO-AMÉRICAINE, AUTRICHIENNE et PRUSSIENNE, ont persévéré dans l'étude du feu de l'infanterie; d'autres INFANTERIES, chez des puissances de premier ordre, y sont restées peu habiles, et sont, à

cet égard, en arrière des ALBANAIS, des ARABES, et même des TURCS. — *Pendant vingt-quatre années de batailles livrées par la plus ingénieuse des nations, la Tactique, a dit Foy, n'a guère été poussée au delà des combinaisons qu'avait inventées le grand Frédéric.* — Le général FOY aurait dû ajouter que, sur le CHAMP DE BATAILLE, le bon sens et la prestesse française avaient simplifié et animé les MANŒUVRES; que, dans le calme de la paix, la loi avait négligé de les abréger, de les amender, et qu'elle semblait se complaire à prescrire ce qu'elle se souciait peu de rendre obligatoire. —Que d'incertitudes encore à effacer! quelle sera la place, la forme, l'emploi des DRAPEAUX? ne seront-ils pas en l'air, si le système sur deux RANGS prévaut! laissera-t-on subsister des règles, pour ne les pas pratiquer, telles que celles qui ont rapport aux FEUX A GÉNUFLEXION? comment exécuter les MANŒUVRES qui se combinent de MARCHES au PAS ORDINAIRE, si l'on proscrit le PAS ORDINAIRE? — Mais on était en droit d'espérer que l'ORDONNANCE de Tactique DE 1831 (4 MARS) n'aurait pas été une copie pâle et prolixe du RÈGLEMENT vieilli, paralysé, dont une moitié à peine avait conservé de la vie depuis 1791. Cette ORDONNANCE, sur laquelle nous nous sommes suffisamment expliqué, inclinait pour le retour aux systèmes de FOLARD et de MESNIL-DURAND, et pour les MANŒUVRES sur le CENTRE; elle laissait transparaître ses incertitudes en fait de pas, ses doutes sur le plus convenable nombre de RANGS; elle ne supprimait du RÈGLEMENT ancien que la PROMPTE MANŒUVRE; elle prêtait à la critique dans des innovations qu'elle introduisait en fait de renversements et de marches en retraite; elle se dispensait de calculer les proportions et les rapports de CHEMINEMENTS des ARMES diverses; elle semblait ignorer que, en POLOGNE et en PRUSSE, la NATATION était devenue une branche de la Tactique; elle ne s'élevait pas jusqu'à instituer une ÉCOLE DE BRIGADE et une ÉCOLE DE DIVISION, et se contentait des anciennes manœuvres d'ensemble; elle prouvait combien sont lents les progrès quand les MINISTRES DE LA GUERRE ne s'appuient pas sur un bureau académique, ou sur une section spéciale à laquelle la Tactique soit familière; il eût fallu qu'un homme qui aurait eu à la fois du génie et du pouvoir, du savoir et du temps, osât remanier, et surtout accourcir notre Tactique. En effet, faut-il la conserver en la modifiant, faut-il la laisser régner intacte, sans se soucier de s'y soumettre? — L'INFANTERIE reste, quant à son avenir, dans un état de doute qui n'est pas sans ressemblance avec l'incertitude où l'armée se trouvait au commencement du dernier siècle ; on ne savait alors si l'on substituerait franchement le FUSIL à la PIQUE ; le hasard, plus que le raisonnement, en a décidé. L'on ne sait si l'on sera Anglais par l'adoption des deux RANGS, ou si l'on sera RUSSE ou Autrichien par la conservation des trois RANGS ; si l'on sera Hanovrien par l'adoption des capsules ; si l'on ne verra pas refleurir, comme l'invoque le général PELET, le système de PLÉSIONS de MESNIL-DURAND, de Maizeroy, de Folard ; si un ORDRE DE BATAILLE, alternativement formé de vides et de masses, ne sera pas adopté ; si l'ordre de bataille ne se changera pas en une sorte de fortification dont les MASSES seront les bastions, et dont les TIRAILLEURS seront les courtines. Une des imperfections de la Tactique est une question de LANGUE FRANÇAISE ; les ÉVOLUTIONS, les MOUVEMENTS, les temps, les MANŒUVRES, ne peuvent, en maintes occasions, être désignés que par des périphrases que gouverne seul un infinitif auquel on ne sait comment substituer un substantif ; ainsi, comment introduire dans la LANGUE MILITAIRE, sous une forme de substantif, la manœuvre appelée OUVRIR LES RANGS ? Faut-il dire l'ouverture de rang, ou l'ouvrir de RANGS ? Cette défectuosité a occasionné le défaut de clarté d'une infinité de propositions actuelles ou passées, qu'il devient aussi difficile de concevoir que d'expliquer. — Les MILITAIRES ont à regretter la perte de plusieurs traités précieux touchant la Tactique des anciens ; ainsi ont disparu en totalité, ou en partie, les ouvrages qui avaient été composés par ALEXANDRE LE GRAND, CLÉARQUE, EUPOLÉMUS, EVANGELUS, IPHICRATE, PAUSANIAS (qu'il ne faut pas confondre avec le voyageur), POLYBE, POSSIDONIUS. — Mais une multitude d'AUTEURS, dont voici les noms, se sont occupés du sujet et se sont efforcés de nous en dédommager :

ALLEMANDS, PRUSSIENS, SUISSES.	ANGLAIS, ANGLO-AMÉRICAINS.	ESPAGNOIS, PORTUGAIS.	FRANÇAIS.	GRECS, BAS-EUROPÉENS, TURCS.	HOLLANDAIS, FLAMANDS.	ITALIENS.	LATINS.	RUSSES, POLONAIS.	SUÉDOIS, DANOIS.
69	22	1	130	15	4	15	3	1	1

AMIOT (1772, D), ARRIEN (110, A), AUDOUIN, AURACH, AYRAL, BARDET (1740, A), BARDIN (1807, D), BARRIFF (1759, A), BAUDOUIN (1757, C), BAUDRAN (1777, D), BAUMGAERTNER (1779, E), BEAUVAL (1829, A), BELAIR (1792, au mot *Tacticien*), BESSEL (1781, E), BIEBERSTEIN (1805), BILLON (1641, A, BLAND (1734), BOHAN (1781, H), BOIS-ROGER (1775, G), BOMBELLES (1754, D), BONAPARTE (*Mémoires de*), BONNEVILLE (1762, L), BONNOR (1481, A), BOTTÉE (1758, F), BOUCHAUD (1757, G), BOURSCHEID (1782, H), BOUSSANELLE (1778), M. le général BRACK, BREEN (1618, A), BRÉRETON, BRÉZÉ (1779), BRIQUET, le général BUGEAUD (1815, A), BULOW (1805,

H), M. CANTELOUBE, CARRÉ (1783), CARRION (1824, A), CASTEL, CASTELNAU, CÉSAR (51 avant J.-C.), CHAMBRAY (1839), CHARLES d'Autriche (le prince) (1808, E), COURTALON, CUNINGHAM, DAGOBERT (1793, A), DALRYMPLE (1781), DANIEL (1721, A), DANOVCIUS, DARROS (1782, E), DARUT (1787, D, *Mémoire de*), DAUBARÈDE (1614, C), DECKER (1828), DELAFONTAINE (1675, A), DELAMONT (1671, A), DELANOUE (1587, B ; 1760, F), DEMIAN, DESPAGNAC (1751, D), DESPAR (1753, A), d'HÉRICOURT (1756, G), DIÉBITSCH (1801), DOYLE (1804), DRÉVIN, DUANE (1810, E, au mot *Tactics*), DUBELLAY (1535, A), DUBOUSQUET (1769, B), DUFOUR, DUHESME (1806, M), DU-

PUY-LAURON (1792, E), DUTEIL (1782, L), ECKHARDT (1821, G), EFFENDI (1769, F), EGGERS (1751, B), ÉLIEN (1757, G), ENCYCLOPÉDIE (1751, C, planches; 1785, C), ENÉE (530 ans avant J.-C.), ENGLISH, EVANGELUS, ÉVOLI (1585), EWALD, FIEFFÉ-LACROIX (1805, E), FOLARD (1727, A), FOY, FRÉDÉRIC DEUX (1761, G), FRÉMICOURT, GALLI, GANEAU, GAYA (1679, A), GIOWACCHINO (1584, A), GHEYN (1608, A), le général GIRARDIN, GISORS (1759, D; 1767, D; 1770, M), GOUVION SAINT-CYR, GRÉVEN, GRIMOARD (1775, B), GROSS (1804), GRUBER (1702), GUALDO (1642), GUIBERT (1773, E), GUICHARDIN, GUIGNARD (1725, B), GUISCHARDT (1758, H), GUYARD (1804, A), HAUSER (1828), HEFFMEYER, HELLMODT (1779, I), HINRICHS, HOLLEBEN, HOLTZENDORFF (1777, K), HOMÈRE, HOYER, IMBERT, JABRO (1777, K), M. JACQUINOT, JENNENG, le général JOMINI (1830, A), JOSÈPHE, JUSTE LIPSE (1596, A), KEITH (1804), KÉRALIO (1771, C), KNOCK (1762, C), M. le colonel KOCH, KREIPS (1769), LABAUME (Griffet de), LACHESNAIE (1758, I), LANDRI (1514, A), LAON (1652, B), LAROCHE-AYMON (1817, C), LAURENS (1775, H), LAUTHER, M. LEBAS, LEBLOND (1758, B), LECOUTURIER (1825, A), LELIEURE (1827, B), LELOUTEREL (1825, I), LENORMANT (1652, A), LÉON (900, A), LÉORIER (1820, E), LESSAC (1783, A), LINDENAU (1780, G), LLOYD (1766, N), LOLOOZ (1766, A), LOSSOW (1815, G), LOSTELNEAU (1647, B), LOT (1809, I), LOUIS ONZE (1480, A), MACDONALD, MACHIAVEL (1510, A), MAIZEROY (1765, C; 1766, F; 1767, E; 1773, B), MAJOLINO (1652), MANESSON (1685, B), MARZIOLI, MAURICE DE SAXE (1757, A), MAUVILLON (1792, H), MEIDELL, MESNIL-DURAND (1774, E), MEUNIER (1814, A; 1817, F), MILLER, MILLER (Maurice), MIRABEAU (1788, C), MONTGEON (1615, D), MONTGOMMERY, MORETTI (den Frédéric) (1829, D, G), MOSCH (1784, E), MUELLER (1759, E), MULLER (John), MURRAY, NAST, NAUDÉ, NICKI, NIKOLAI, NOUAILLE, OCAHILL (1785), ODIER (1818, E), PALMIER, PÉCOUD (1818, C), le général PELET (1828), PICTET (1761, I), PIGAFETTA, PINSCH (1782, A), PLAAN, POLYBE (150 avant J.-C.), PORBECE, PORPHIROGÉNÈTE (950, A), POTIER (1779, X), (POULTIRET 1786, B), PRAISSAC (1622, A), PUYSÉGUR (1748, C), RACCHIA, REICHLING, RÉVÉRONI (1826), REWUZICI (1769, F), RIÉGER, ROBILANT (1751, E), ROESCH (1783, I), le général ROGNIAT (1816, B), RODAN (1658, C), ROHDE (1791, C), ROSENTHAL, ROTTENBURG, RUMPF (1824, F), RUSSELL (1810, H), SAINT-CYR (1785), SAINT-GERMAIN (1779, C), SALDERN (1783, B), SALLUSTE, SALUCES (Alex.), SCHARNHORST (1790, E), SCHAUENBURG (1800, A), SCHEIDMANTEL, SCHELS, SCHRADER, SCHULTZ D'ASCHERADEN (1789, F), SEIDEL, SERVAN (1780, B), M. SICARD, SILVA (1768, H; 1780, M), SIMES (1777, N), SINCLAIRE (1773, L), SIONVILLE (1756, E), SMÉZO, SMITH (1779, H), STRANZ (1825, G), TAUSCH, TEMPELHOFF (1789), TERNAY, TBELLUNG, THUCYDIDE, TRANCHANT (1805, D), TRAUTSCHEN (1777), TRAVERSE (1758, D), TURPIN (1785, O), URBICIUS (500, A), VACCA (1806, F), VALENTINI, le général VANDERMEER, VARENNES, VAUDONCOURT (1812), VÉGÈCE (590 av. J.-C.), VELLY (t. XV, p. 399; t. XX, p. 352), VENTURINI, VOLTAIRE (*la Tactique*), WALHAUSEN (1806, A), WALKER, WAQUIER, WERKAMP (1791), WHITMORE, WILLIAMSON (1782, I), WINZENBERGER, WOLCMAR, XÉNOPHON (370 avant J.-C.), XILANDER, ZACH (1814), un AUTEUR anonyme (1774, K; 1776, B), le *Dictionnaire des Découvertes* (15e vol., où sont résumées les opinions exposées dans les *Mémoires* de Bonaparte), l'*Encyclopédie des Gens du monde* (au mot *Évolution*), le *Spectateur militaire* (t. IX, p. 482; t. XII, p. 557, et novembre 1828), le *Journal militaire autrichien* (t. II), l'*Armée* (journal) (p. 65), le *Journal de l'Armée* (t. II, p. 228, 265).

TACTIQUE ANGLAISE. V. ANGLAIS, adj. V. MILICE ANGLAISE nº 8. V. TACTIQUE, subs.

TACTIQUE AUTRICHIENNE. V. AUTRICHIEN, adj. V. TACTIQUE, subs.

TACTIQUE D'ARMÉE. V. ARMÉE. V. ARMÉE AGISSANTE nº 4. V. ARMÉE FRANÇAISE nº 7. V. MARCHE D'ARMÉE. V. PONT MILITAIRE.

TACTIQUE D'ARTILLERIE. V. ARTILLERIE. V. ARTILLERIE D'INFANTERIE. V. ARTILLERIE IDIOPLIQUE. V. BRICOLE DE CANONNIER. V. CANON D'ARTILLERIE. V. DECKER (1828). V. JACQUINOT. V. PIÈCE D'ARTILLERIE. V. TACTIQUE, subs.

TACTIQUE DE BATAILLON. V. ALIGNEMENT DE BATAILLON LOCO-MOUVANT. V. BATAILLON. V. BATAILLON D'INFANTERIE FRANÇAISE DE LIGNE nº 7. V. COMPAGNIE D'ÉLITE nº 4. V. CONTRE-MARCHE ÉPAGOGIQUE. V. DIVISION DE BATAILLON. V. MARCHE DE BATAILLON EN COLONNE. V. TACTIQUE, subs.

TACTIQUE DE BRIGADE. V. AIDE DE CAMP nº 4. V. BRIGADE. V. BRIGADE D'INFANTERIE. V. MARCHE DE BRIGADE D'INFANTERIE EN BATAILLE.

TACTIQUE DE CAVALERIE. V. ARMURE. V. ARMURE PLATE. V. BISMARK. V. CAVALERIE. V. CAVALERIE FRANÇAISE nº 7. V. CAVALERIE GRAVE. V. CAVALERIE LÉGÈRE. V. D'HARAMBURE (1828). V. DECKER (1828). V. DUERING. V. JACQUINOT. V. JOHNSTON. V. LANCE FOURNIE. V. LUDLOW. V. REITRE.

TACTIQUE de CHEVALERIE. V. BATAILLON ROND. V. CAVALERIE FRANÇAISE Nº 7. V. CHEVALERIE. V. CHEVALERIE D'AFFILIATION Nº 4.

TACTIQUE de COHORTE. V. COHORTE. V. COHORTE DE LÉGION ROMAINE Nº 2, 5.

TACTIQUE de COLONNE. V. COLONNE. V. COLONNE ÉPAGOGIQUE Nº 4.

TACTIQUE de COMPAGNIE. V. COMPAGNIE. V. COMPAGNIE DE GRENADIERS Nº 6. V. COMPAGNIE DE VOLTIGEURS D'INFANTERIE LÉGÈRE Nº 4. V. COMPAGNIE D'ÉLITE Nº 4. V. COMPAGNIE D'INFANTERIE FRANÇAISE DE LIGNE Nº 5, 9. V. COMPAGNIE DE DIVISION. V. COMPAGNIE D'ORDONNANCE Nº 6. V. COURTAUT. V. DIVISION DE BATAILLON.

TACTIQUE de CORPS RÉGIMENTAIRE. V. CORPS RÉGIMENTAIRE Nº 4.

TACTIQUE de DIVISION. V. AIDE DE CAMP Nº 4. V. DIVISION. V. DIVISION DE BATAILLON. V. DIVISION D'INFANTERIE.

TACTIQUE de DRAGONS. V. DRAGON. V. DRAGON FRANÇAIS Nº 6.

TACTIQUE de GARDES FRANÇAISES. V. GARDES FRANÇAISES Nº 5.

TACTIQUE de GENDARMES. V. GENDARME. V. GENDARME DU MOYEN AGE Nº 7.

TACTIQUE de GRENADIERS. V. COMPAGNIE DE GRENADIERS Nº 6. V. GRENADIER.

TACTIQUE de GROSSE CAVALERIE. V. GROSSE CAVALERIE Nº 5.

TACTIQUE de HASTAIRES. V. HASTAIRE Nº 4.

TACTIQUE de LANCIERS. V. LANCIER.

TACTIQUE de LÉGION. V. ARMÉE AGISSANTE Nº 4. V. LÉGION. V. LÉGION FRANÇAISE. V. LÉGION ROMAINE Nº 5.

TACTIQUE de MAMELOUCK. V. MAMELOUCK Nº 3.

TACTIQUE de MANIPULES. V. MANIPULE. V. MANIPULE Nº 6.

TACTIQUE de MILICE ANGLAISE. V. MILICE ANGLAISE Nº 8. V. MILICE BRÉSILIENNE.

TACTIQUE de MILICE ANGLO-AMÉRICAINE. V. MILICE ANGLO-AMÉRICAINE Nº 5.

TACTIQUE de MILICE AUTRICHIENNE. V. MILICE AUTRICHIENNE Nº 6, 7.

TACTIQUE de MILICE BADOISE. V. MILICE BADOISE.

TACTIQUE de MILICE BRÉSILIENNE. V. MILICE BRÉSILIENNE.

TACTIQUE de MILICE BYSANTINE. V. MILICE BYSANTINE.

TACTIQUE de MILICE CHINOISE. V. MILICE CHINOISE Nº 6.

TACTIQUE de MILICE DANOISE. V. MILICE DANOISE Nº 6.

TACTIQUE de MILICE ÉGYPTIENNE. V. MILICE ÉGYPTIENNE Nº 3.

TACTIQUE de MILICE ESPAGNOLE. V. MILICE ESPAGNOLE Nº 8. V. TERZE.

TACTIQUE de MILICE FRANÇAISE. V. MILICE FRANÇAISE Nº 5, 6.

TACTIQUE de MILICE GRECQUE. V. DÉROBER UN MOUVEMENT. V. MILICE GRECQUE Nº 2, 5, 6. V. OPLITE. V. RANGS D'INFANTERIE.

TACTIQUE de MILICE HANOVRIENNE. V. MILICE HANOVRIENNE Nº 2.

TACTIQUE de MILICE HOLLANDAISE. V. MILICE HOLLANDAISE Nº 5.

TACTIQUE de MILICE PERSANE. V. MILICE PERSANE Nº 4. V. TERZE.

TACTIQUE de MILICE NÉERLANDAISE. V. MILICE NÉERLANDAISE Nº 4, 5.

TACTIQUE de MILICE PIÉMONTAISE. V. MILICE PIÉMONTAISE Nº 6.

TACTIQUE de MILICE PRUSSIENNE. V. MILICE PRUSSIENNE Nº 8.

TACTIQUE de MILICE ROMAINE. V. DÉROBER UN MOUVEMENT. V. MILICE ROMAINE Nº 2, 7.

TACTIQUE de MILICE RUSSE. V. MILICE RUSSE Nº 7.

TACTIQUE de MILICE SUÉDOISE. V. MILICE SUÉDOISE Nº 5.

TACTIQUE de MILICE SUISSE. V. MILICE SUISSE Nº 6.

TACTIQUE de MILICE SYKE. V. MILICE SYKE Nº 5.

TACTIQUE de MILICE TURQUE. V. MILICE TURQUE Nº 1, 6, 7.

TACTIQUE de MILICE WURTEMBERGEOISE. V. MILICE WURTEMBERGEOISE Nº 1, 6.

TACTIQUE de MOUSQUETAIRES. V. MOUSQUETAIRE. V. MOUSQUETAIRE A PIED Nº 5.

TACTIQUE de PELOTON. V. ÉCOLE DE PELOTON. V. PELOTON.

TACTIQUE de PHALANGE. V. ARMÉE AGISSANTE Nº 4. V. PHALANGE GRECQUE.

TACTIQUE de PIQUIERS. V. PIQUIER; id. Nº 4.

TACTIQUE de RÉGIMENT. V. RÉGIMENT. V. RÉGIMENT D'INFANTERIE FRANÇAISE Nº 4.

TACTIQUE de REITRES. V. REITRE.

TACTIQUE de SOLDATS. V. BRAS DE SOLDAT D'INFANTERIE. V. ÉCOLE DE SOLDAT. V. SOLDAT.

TACTIQUE de TERRE. V. TACTIQUE, subs. V. TERRE.

TACTIQUE de TIRAILLEURS. V. LALLEMAND (1825). V. TIRAILLEUR.

TACTIQUE de TRIAIRES. V. TRIAIRE ; id. N° 4.

TACTIQUE d'ENFANTS PERDUS. V. ENFANT PERDU N° 3.

TACTIQUE d'HOMME DE TROUPE. V. HOMME DE TROUPE N° 7.

TACTIQUE d'INFANTERIE. V. AFFAIRE DE PLAINE. V. APPUYER. V. ART MILITAIRE DE TERRE. V. BATAILLE STRATEUMATIQUE. V. BATAILLON CARRÉ. V. BATAILLON D'INFANTERIE FRANÇAISE DE LIGNE N° 7. V. BATAILLON DE GARDE-DRAPEAU. V. BRAS DE SOLDAT D'INFANTERIE. V. BRIGADE D'INFANTERIE. V. CANON DE FUSIL. V. CAPITAINE EN ROUTE. V. CARRÉ A SIX RANGS. V. CARRÉ D'ÉGYPTE. V. COLONNE DE ROUTE. V. COMPAGNIE DE FUSILIERS. V. COMPAGNIE D'INFANTERIE FRANÇAISE DE LIGNE N° 6. V. CONSEIL DE LA GUERRE N° 3. V. FEU D'INFANTERIE. V. CRÉNEAU. V. FLOTTEMENT. V. FUSIL D'INFANTERIE. V. GÉNÉRAL D'ARMÉE N° 9. V. GRANDE MANOEUVRE. V. GUERRE DE 1665. V. GUERRE DE 1775. V. HAVRE-SAC. V. HIÉRARCHIE. V. INFANTERIE ; id. N° 8. V. INFANTERIE DE BATAILLE N° 7. V. INFANTERIE FRANÇAISE N° 1, 8. V. LÉGION FRANÇAISE. V. LIEUTENANT D'INFANTERIE N° 4. V. MAJOR-CAPITAINE N° 5. V. MILICE HOLLANDAISE N° 5. V. MILICE PERSANE N° 4. V. MINISTÈRE DE LA GUERRE. V. MINISTRE DE LA GUERRE EN 1821. V. OFFICIER DE CAVALERIE. V. OBLIQUE A DROITE. V. PAS DE COURSE. V. PASSAGE DE DÉFILÉ. V. PLIER. V. POINT DE VUE. V. PORTE-DRAPEAU N° 1, 7. V. RÉGIMENT D'INFANTERIE FRANÇAISE N° 4. V. RÈGLEMENT. V. REMPLACEMENT. V. ROMPEMENT. V. SAPEUR D'INFANTERIE. V. SÉMAPHORE. V. SUBDIVISION. V. TERZE.

TACTIQUE ESPAGNOLE. V. ESPAGNOL, adj. V. MILICE ESPAGNOLE ; id. N° 8. V. TACTIQUE, subs. V. TROISIÈME RANG D'INFANTERIE.

TACTIQUE FRANÇAISE. V. FRANÇAIS, adj. V. ROMPEMENT PAR DEUX. V. TACTIQUE, subs. V. TOPOGRAPHIE.

TACTIQUE GRECQUE. V. ANTISTROPHE. V. CLISE. V. CORPS DE BATAILLE. V. DÉCURIE GRECQUE. V. GREC, adj. V. LANGUE LATINE. V. MILICE GRECQUE N° 6. V. PÉDOTRIBE. V. PHALANGE GRECQUE. V. PROSTAXE. V. RÉVERSION.

TACTIQUE ITALIENNE. V. ITALIEN, adj. V. LANGUE ITALIENNE. V. MILICES ITALIENNES.

TACTIQUE PRUSSIENNE. V. AUTEUR MILITAIRE (1783, B). V. BATAILLON DE CHASSEURS. V. CALIBRE DE CANON. V. CHANGEMENT DE FRONT A PIVOT VIDE. V. COLONNE D'ATTAQUE. V. CONVERSION. V. MILICE PORTUGAISE N° 1. V. MINISTRE DE LA GUERRE EN 1745. V. PRUSSIEN, adj. V. RETRAITE EN ÉCHIQUIER. V. ROMPEMENT PAR DEUX. V. SERRE-FILE. V. TACTIQUE, subs.

TACTIQUE ROMAINE. V. CAMPIDUCTEUR. V. CAVALERIE FRANÇAISE N° 7. V. CONSUL. V. LANGUE LATINE. V. LÉGION ROMAINE N° 1, 5. V. PORTÉE D'ARC. V. RÉSERVE DE BATAILLE. V. ROMAIN, adj. V. TACTIQUE, subs.

TACTIQUE SUISSE. V. MARCHE TACTIQUE. V. SUISSE, adj. V. TACTIQUE, subs.

TACTIQUE TURQUE. V. COIN TACTIQUE. V. TURC, adj.

TAGME, subs. fém. V. BANDE AGRÉGATIVE. V. CHILIARCHIE. V. COHORTE DE LÉGION ROMAINE N° 2. V. DÉCURIE GRECQUE. V. DRONGE. V. LÉGION ROMAINE N° 1. V. MILICE BYSANTINE. V. MILICE ROMAINE N° 2. V. SYNTAGME.

TAILLADE, subs. fém. V. SABRE. V. TAILLE. V. TAILLE OFFENSIVE.

TAILLABLE, adj. V. HOMME TAILLABLE. V. TAILLE. V. TAILLE FISCALE.

TAILLADE, subs. fém. V. ESTAFILADE. V. SABRE. V. TAILLE. V. TAILLE OFFENSIVE.

TAILLANT (subs. masc.) d'ARME BLANCHE. V. ARME BLANCHE. V. ÉPÉE. V. TAILLE. V. TAILLE OFFENSIVE. V. TRANCHANT, subs. masc.

TAILLANT de HACHE. V. HACHE. V. HACHE DE CAMPEMENT. V. HACHE DE GRENADIERS.

TAILLANT de LAME. V. DOUBLE TAILLANT DE LAME. V. LAME D'ARME BLANCHE.

TAILLANT de LAME DE SABRE. V. ARÊTE DE LAME DE BAIONNETTE. V. BISEAU DE LAME. V. CANDJIAR. V. CONTRE-POINTE DE LAME. V. CORPS DE LAME DE SABRE. V. LAME DE SABRE. V. SABRE.

TAILLANT de LAME D'ÉPÉE. V. BISEAU DE LAME D'ARME BLANCHE. V. ÉPÉE. V. LAME D'ÉPÉE.

TAILLANT de PIERRE A FEU. V. BISEAU DE PIERRE A FEU. V. FACE DE BATTERIE. V. PIERRE A FEU.

TAILLANT de SABRE. V. CANDJIAR. V. SABRE.

TAILLANT d'ESPADON. V. ESPADON.

TAILLE (tailles), subs. fém. V. ARME DE T... V. BAS DE T... V. BOUTON DE T... V. COUP DE T... V. DÉFAUT DE T... V. FRAPPER DE T... V. GRANDE T... V. PETITE T... V. PREMIÈRE T... V. RANG DE T... V. SECONDE T... V. RECEVEUR DES T...

TAILLE (term. génér.), ou TAILLE MILITAIRE. Mot qui, suivant FURETIÈRE, viendrait du bas breton *taill* ; suivant GÉBELIN, du CELTIQUE *tal*, qui signifie coupe, coupure, ou TRANCHANT ; mais cette assertion, vraie peut-être, n'est pas satisfaisante pourtant, puisque, dans des sens opposés, le français Taille provient de langues différentes. S'il signifie action de couper, chose coupée, il dérive du bas LATIN *talliare*, ou de l'ITALIEN *tagliare*. S'il signifie STATURE, il vient du substantif masculin ESPAGNOL *talle*, qu'en français le langage populaire a, par corruption, fait féminin. S'il signifie IMPOSITION, TAILLON, il vient de l'ESPAGNOL *tajon*. — Le mot Taille, s'il s'agit d'HABITS, se prend dans deux sens différents : suivant une des acceptions, il a rapport à la proportion générale de l'EFFET D'HABILLEMENT ; ainsi, il y a des habits de GRANDE, de SECONDE, de PETITE TAILLE, qui chacune répondait à une catégorie de TAILLES HUMAINES ; dans le second sens, la Taille de l'HABIT est la portion du VÊTEMENT qui tient couvert le buste des MILITAIRES. — Le terme a produit les expressions TAILLADE, — TAILLABLE, — TAILLADE, — TAILLANT, — TAILLÉ, — TAILLEUR, — TAILLER, — TAILLEUR, — TAILLON. — Il se distingue en TAILLE CONSCRIPTIVE, — DE MILITAIRE, — FISCALE, — OFFENSIVE.

TAILLE A COCHES. V. A COCHES. V. BAN ET ARRIÈRE-BAN. V. COMPTE. V. LANGUE LATINE. V. SERVICE FÉODAL. V. TAILLE CONSCRIPTIVE. V. TAILLE FISCALE.

TAILLE AUX QUATRE CAS. V. AIDE-CHEVEL. V. AUX QUATRE CAS. V. NOBLESSE. V. RANÇON.

TAILLE BURSALE. V. BURSAL, adj. V. TAILLE FISCALE.

TAILLE CONSCRIPTIVE (F), ou TAILLE DE SERVICE FÉODAL. Sorte de TAILLE de l'espèce des Tailles à coches ; les délégués des SEIGNEURS FÉODAUX s'en servaient pour constater les obligations ou l'accomplissement du SERVICE du BAN, et pour tenir le compte des VASSAUX qu'il fallait lever ou qui avaient marché déjà ; telle était, dans ces temps barbares, la seule écriture au moyen de laquelle on pourvoyait de GUERRIERS l'ost du ROI, ou la CHEVAUCHÉE du SEIGNEUR ; de là l'expression HOMME TAILLABLE, ce qui signifiait VASSAL, ou ROTURIER contraint de marcher à toute sommation de départ. Un subside, soit en faisances, soit monnayé, fut en certains temps, en certains pays, la représentation du SERVICE réel et de la Taille à volonté, et le produit de cette perception s'appela aussi la Taille. — Lorsque les MONSTRES, ou MONTRES D'HOMMES DE TROUPE, c'est-à-dire les REVUES SUR LE TERRAIN, furent instituées, des TAILLES DE MONTRES continuèrent à être en usage, jusqu'aux temps où l'emploi bien plus sûr des REVUES ÉCRITES sur REGISTRE devint général.

TAILLE d'ARTILLERIE. V. ARTILLERIE. V. TAILLE DE MILITAIRE.

TAILLE de CAPOTE. V. BOUTON DE MARTINGALE. V. CAPOTE. V. CAPOTE DE SOUS-OFFICIER. V. CORPS DE CAPOTE. V. PATTE DE TAILLE DE CAPOTE.

TAILLE de CARABINIERS. V. CARABINIER. V. CARABINIER A CHEVAL. V. TAILLE DE MILITAIRE.

TAILLE de CAVALERIE. V. CAVALERIE. V. TAILLE DE MILITAIRE.

TAILLE de CAVALERIE LÉGÈRE. V. CAVALERIE LÉGÈRE. V. TAILLE DE MILITAIRE.

TAILLE de CHASSEUR A CHEVAL. V. CHASSEUR A CHEVAL. V. TAILLE DE MILITAIRE.

TAILLE de CHEMISE. V. CHEMISE. V. CHEMISE D'ÉQUIPEMENT. V. CORPS DE CHEMISE.

TAILLE de CORPS DE BONNET. V. CORPS DE BONNET A POIL.

TAILLE de CUIRASSE. V. CUIRASSE. V. CUIRASSE DE CAVALERIE FRANÇAISE.

TAILLE de CUIRASSIERS. V. CUIRASSIER. V. TAILLE DE MILITAIRE.

TAILLE de DRAGONS. V. DRAGON. V. DRAGON FRANÇAIS N° 1. V. TAILLE DE MILITAIRE.

TAILLE de GARDES FRANÇAISES. V. GARDES FRANÇAISES N° 2.

TAILLE de GENDARMES. V. COMPAGNIE D'ORDONNANCE N° 5. V. EXTRAORDINAIRE DES GUERRES. V. GARNISON. V. GENDARME. V. GENDARME DU MOYEN AGE N° 6. V. MINISTRE DE LA GUERRE N° 2. V. TAILLE FISCALE.

TAILLE de GILET. V. BOUTON A MARTINGALE. V. GILET.

TAILLE de GRENADIER. V. CAPORAL DE COMPAGNIE D'ÉLITE. V. GRENADIER D'INFANTERIE FRANÇAISE N° 1, 2, 5. V. TAILLE DE MILITAIRE. V. TRAIN.

TAILLE de GROSSE CAVALERIE. V. GROSSE CAVALERIE N° 1. V. TAILLE DE MILITAIRE.

TAILLE de HUSSARD. V. HUSSARD N° 2. V. TAILLE DE MILITAIRE.

TAILLE de MILICE ANGLAISE. V. MILICE ANGLAISE N° 2.

TAILLE de MILICE DANOISE. V. MILICE DANOISE N° 1.

TAILLE de MILITAIRE (A, 1 ; G, 6), ou TAILLE HUMAINE. Sorte de TAILLE ou de STATURE, qu'on a improprement appelée TAILLE MILITAIRE. Elle sera examinée, surtout relativement aux RECRUES, aux HOMMES DE TROUPE, puisque, de tout temps, les OFFICIERS et les MILITAIRES, dont le rang répondait à celui des OFFICIERS des temps modernes, ont pu PORTER LES ARMES sans être soumis à l'épreuve de la TOISE. — ALEXANDRE LE GRAND et BONAPARTE en sont des exemples ; l'exiguïté de leur Taille ne fut pas un DÉFAUT. —

Les OFFICIERS de VOLTIGEURS ont seuls été soumis à l'épreuve d'une Taille déterminée. —Les SIGNALEMENTS des MILITAIRES mentionnent, sans distinction de rang, leur Taille. — VARRON, qui écrivait soixante-dix ans avant J.-C., disait, à ce que rapporte AULUGÈLE, que, de son temps, des hommes de la MILICE ROMAINE avaient sept pieds romains, ce qui eût répondu à six pieds quatre pouces, mesure de France : telle eût été, suivant Solin, la Taille d'Hercule. Cette assertion de VARRON passe toute croyance, si l'on réfléchit qu'en général les ROMAINS étaient regardés comme un peuple d'une stature peu élevée ; il y a indubitablement erreur de copiste, il faut lire six pieds et non sept.— Proverbialement, les ROMAINS donnaient idée d'un bel homme, en le disant de TAILLE MILITAIRE ; ils la calculaient, ou par palmes équivalant à huit pouces six lignes et demie, mesure de France, ou par pieds équivalant à dix pouces dix lignes sept dixièmes, mesure de France. — MARIUS, ainsi que le rapporte JABRO (1777, G) recherchait les hommes de six pieds (cinq pieds cinq pouces six lignes) ; quand il appela aux armes les ESCLAVES, la quantité d'HOMMES DE BONNE VOLONTÉ qui se présenta, permit de n'admettre dans les RANGS que ceux qui avaient au moins cinq pieds dix pouces romains (ou cinq pieds trois pouces sept lignes de France) ; c'était l'ancien minimum légal. Il ne fut possible d'exiger cette Taille que pendant une courte durée de temps.— On voit dans VÉGÈCE (390, A), qu'autrefois, pendant longtemps, on n'avait admis les TYRONS qu'à raison d'une Taille au-dessus de la moyenne ; elle répondait à peine à cinq pieds de France.—Cependant une loi rendue en 367 (25 avril), par Valentinien deux, avait fixé la Taille des légionnaires à cinq pieds sept pouces romains (cinq pieds trois pouces de France environ). — Un poteau du CHAMP DE MARS que, suivant DUCANGE, on nommait *incoma* ou *incomma*, était la TOISE romaine. De là l'usage d'appeler *incoma* la Taille elle-même. — On n'incorporait autrefois, dit VÉGÈCE (390, A), dans les ailes, c'est-à-dire dans la CAVALERIE et dans les COHORTES de LÉGIONS, que des HOMMES de six pieds romains (cinq pieds cinq pouces trois lignes de France), ou au moins de cinq pieds dix pouces (cinq pieds trois pouces sept lignes de France) ; mais on s'était relâché de cette disposition dans la COMPOSITION même de la GARDE PRÉTORIENNE, et du temps de VÉGÈCE (390, A) on enrôlait les HOMMES tels qu'on les trouvait, ou jusqu'au minimum de cinq pieds dix lignes de France, comme l'avaient permis VALENTINIEN et Valens. Cette tolérance était nécessitée par le peu d'empressement que les citoyens mettaient à embrasser un MÉTIER qui avait cessé d'être un moyen d'accès aux honneurs et aux emplois publics ; ce fut une des causes de la décadence de l'EMPIRE ROMAIN, mal protégé par des SOLDATS admis sans choix. — En 438, le CODE THÉODOSIEN faisait revivre, au titre : *De tyronibus*, la loi de l'ancienne Taille déterminée à raison de cinq pieds sept pouces : *quinque pedibus et septem unciis usualibus*. — Le rescrit intitulé : Establissements de saint Louys, soumettait à l'appréciation d'une Taille déterminée ceux des GENTILSHOMMES appelés au SERVICE, mais dépourvus d'un manoir. — ODIER (1824, E), cependant, répète, d'après SERVAN (1780, B), qu'il ne paraît pas qu'avant HENRI QUATRE on ait pris en considération la Taille comme condition d'admissibilité au SERVICE. — L'ORDONNANCE DE 1691 (8 DÉCEMBRE) n'admettait aux GARDES FRANÇAISES que des hommes de cinq pieds quatre pouces ; le reste de l'INFANTERIE était prise, en TEMPS DE PAIX, à trois pouces, en TEMPS DE GUERRE à deux pouces, ou même un peu moins. — Suivant l'ORDONNANCE DE 1765 (27 NOVEMBRE), les MILICIENS étaient admis à cinq pieds ; c'était la limite du DÉFAUT DE TAILLE. — En vertu de l'ORDONNANCE DE 1766 (2 NOVEMBRE), les HOMMES DE PIED n'étaient admis qu'à cinq pieds deux pouces ; ceux des RÉGIMENTS COLONIAUX à cinq pieds. — L'ORDONNANCE DE 1776 (25 MARS) prenait à cinq pieds un pouce l'INFANTERIE, à cinq pieds trois pouces la CAVALERIE. — L'ORDONNANCE DE 1788 (20 JUIN) exigeait, pour l'INFANTERIE, cinq pieds un pouce, pieds nus ; pour les HUSSARDS et CHASSEURS, deux pouces au moins, pas plus de quatre ; pour les DRAGONS, trois pouces au moins, pas plus de cinq ; pour la GROSSE CAVALERIE, trois pouces ou au-dessus. — Le DÉCRET DE 1792 (22 JUILLET) exigeait pour l'INFANTERIE cinq pieds, pieds nus ; pour la CAVALERIE et l'ARTILLERIE, cinq pieds trois pouces. — La LOI DE L'AN SIX (19 FRUCTIDOR) exigeait pour la GROSSE CAVALERIE un mètre sept cent trente-trois millimètres (cinq pieds quatre pouces) et pour la CAVALERIE LÉGÈRE un mètre sept cent six millimètres (cinq pieds trois pouces). — L'ARRÊTÉ DE L'AN DIX (18 THERMIDOR) exigeait que les ENRÔLÉS VOLONTAIRES eussent au moins un mètre six cent vingt-cinq millimètres (cinq pieds). — L'ARRÊTÉ DE L'AN DOUZE (22 VENTOSE) ne permettait pas que les HOMMES DE TROUPE des COMPAGNIES de VOLTIGEURS eussent plus d'un mètre cinq cent quatre-vingt-dix-huit millimètres (quatre pieds onze pouces), et leurs OFFICIERS plus d'un mètre six cent vingt-cinq millimètres (cinq pieds). C'était la première fois que la loi s'occupait de la TAILLE des OFFICIERS. — Le DÉCRET DE L'AN TREIZE (8 FRUCTIDOR) fixait le minimum de la Taille de l'INFANTERIE à un mètre cinq cent quarante-quatre millimètres, ou quatre pieds neuf pouces. — Le DÉCRET DE 1807 (21 AVRIL), qui fixait à quatre cent soixante et un millimètres (quatre pieds six pouces) le maximum de Tailles des CHEVAUX de HUSSARDS et de CHASSEURS mesurés sous potence, y coordonnait la Taille des hommes, et ne permettait pas qu'il fût admis dans cette ARME des RECRUES ayant plus de six cent cinquante et un millimètres, ou cinq pieds un pouce. — Ils y pouvaient être reçus à cinq cent quatre-vingt-dix-sept millimètres (quatre pieds onze pouces). — Les DRAGONS étaient admis à toute Taille, mais les CORPS de cette ARME ne pouvaient refuser les RECRUES ayant six cent vingt-quatre millimètres (cinq pieds). — L'INSTRUCTION DE 1811 (1er NOVEMBRE) exigeait, pour les CARABINIERS, une Taille d'un mètre sept cent quatre-vingt-cinq millimètres (cinq pieds six pouces), et pour les CUIRASSIERS, un mètre sept cent trente et un millimètres (cinq pieds quatre pouces). — Un SÉNATUS-CONSULTE DE 1813 (15 NOVEMBRE) fixait le minimum de la Taille des VOLTIGEURS à un mètre cinq cent soixante et un millimètres (quatre pieds neuf pouces huit lignes). Le régime de la restauration a réglé à un mètre cinq cent soixante-dix millimètres (quatre pieds dix pouces) ce minimum. Le projet de 1830 (décembre) était de le redescendre à un mètre cinq cent quarante-trois millimètres (quatre pieds neuf pouces), ce qui accroissait de trente à trente-cinq mille hommes le RECRUTEMENT. — L'INSTRUCTION DE 1814 (5 SEPTEMBRE), la CIRCULAIRE DE 1815 (12 JANVIER), l'INSTRUCTION DE 1815 (22 NOVEMBRE) déterminaient quelle devait être la Taille des enrôlés. — La CIRCULAIRE DE 1820 (9 JUIN) déterminait la Taille des REMPLAÇANTS; ils devaient avoir au moins un mètre sept cent six millimètres (cinq pieds trois pouces), pour être admissibles dans les DRAGONS, la GROSSE CAVALERIE, l'ARTILLERIE, le GÉNIE. Ils devaient avoir un mètre six cent cinquante-deux millimètres (cinq pieds un pouce), à un mètre sept cent six millimètres (cinq pied trois pouces), pour être reçus dans les CHASSEURS et les HUSSARDS. — Un RAPPORT DE 1829 (6 MARS) sur le RECRUTEMENT, témoignait que le chiffre des hommes considérés dans la proportion des Tailles était l'objet de recherches comparatives. — Des travaux de ce genre devraient concerner le DÉPOT DE LA GUERRE, seul établissement susceptible d'être pourvu des documents qui devraient être les moyens d'enquête. — Une ORDONNANCE DE 1830 (15 DÉCEMBRE) autorisait, pour l'INFANTERIE, l'ENROLEMENT des hommes d'un mètre cinq cent quarante millimètres (quatre pieds neuf pouces). — L'ORDONNANCE DE 1832 (17 FÉVRIER) et la LOI DE 1832 (21 MARS) fixaient le minimum de la Taille des ENGAGÉS, à un mètre six cent soixante millimètres (cinq pieds un pouce quatre lignes). L'ORDONNANCE DE 1832 (28 AVRIL) présentait le tableau de la Taille des APPELÉS. — En 1834, la Taille exigée pour l'admission dans les CORPS variait entre un minimum d'un mètre cinq cent soixante millimètres (quatre pieds neuf pouces sept lignes et demie), telle était la Taille de l'INFANTERIE, et un maximum d'un mètre sept cent soixante millimètres (cinq pieds cinq pouces), telle était la Taille des CARABINIERS. — Une fixation précise de la Taille de l'INFANTERIE, c'est-à-dire de l'ARME la plus nombreuse, est de haute importance; sa CONSTITUTION, sa TACTIQUE, son ADMINISTRATION y sont intéressées sous le rapport de la dimension des FRONTS, de la MESURE du CHEMINEMENT PÉDESTRE, de la justesse d'ACCOUDEMENT, de la nature des FEUX, du moyen d'AJUSTER, de l'égalité et de l'harmonie du pas CADENCÉ, enfin sous le rapport des CONSOMMATIONS D'ÉTOFFES et des FOURNITURES D'EFFETS. Sous ce dernier point de vue, des millions auraient pu être économisés, si une STATISTIQUE vraie des Tailles eût été établie alors que la FRANCE tenait sur pied des ARMÉES de huit à neuf cent mille hommes. — L'INFANTERIE pouvait-elle être forte, viable, quand son RECRUTEMENT était le pis aller de tous les autres, quand les HUSSARDS et CHASSEURS s'étaient emparés des CONSCRITS au-dessus d'un pouce, quand les DRAGONS et l'ARTILLERIE à cheval s'étaient emparés des hommes de deux pouces et demi, quand l'artillerie à pied et la GROSSE CAVALERIE avaient emmené ceux de quatre pouces; les CARABINIERS ceux de cinq pouces? — Il y a eu de plus ensuite à pourvoir le GÉNIE et le TRAIN. — Les créations de CORPS de CAVALERIE, que le MINISTRE a ordonnées en 1824, la fusion de l'ARTILLERIE à pied et à cheval et celle du TRAIN en un seul CORPS, ont exigé encore plus d'hommes de GRANDE TAILLE, et toutes ces ARMES servies, il restait une Taille moyenne de quatre pieds onze pouces pour l'INFANTERIE. — Les lois anciennes n'admettaient dans l'INFANTERIE FRANÇAISE que des GRENADIERS ayant au moins trois pouces; il fut même un temps, et il y a eu des CORPS, où ils devaient avoir quatre pouces. — Le RÈGLEMENT DE 1792 (24 JUILLET) prescrivait cette dernière mesure. — Depuis le commencement de la GUERRE DE LA RÉVOLUTION, les lois de COMPOSITION, les ORDONNANCES D'UNIFORME n'ont plus déterminé la Taille des GRENADIERS; les législateurs se taisaient judaïquement, parce qu'ils n'auraient pu prescrire que des mesures impraticables. — On peut prélever une COMPAGNIE DE VOLTIGEURS, à raison de leur petite Taille, sur trois ou quatre COMPAGNIES du centre; mais sur douze compagnies ordinaires on prélèverait à peine une compagnie de GRENADIERS, dont les deux tiers n'auraient que cinq pieds un à deux pouces; ainsi, le système qui prétendait tirer une COMPAGNIE DE GRENADIERS, en la tirant de six COMPAGNIES DE FUSILIERS, voulait l'impossible. — Souffrir qu'au préjudice de l'INFANTERIE, les autres ARMES se composent, par préférence, des hommes d'une CARRURE robuste, d'une STATURE élevée, c'est sacrifier le principal à l'accessoire; c'est bâtir sur le sable, et se ruiner en vains ornements dans une demeure sans solidité. — ODIER (1824, E, p. 218), présente un tableau de STATISTIQUE MILITAIRE, duquel il résulte que sur cinquante hommes qui passent sous la mesure métrique, les proportions de leur Taille sont conformes à ce qui suit. — Hommes au-dessous de un mètre cinq cent soixante-dix millimètres ou quatre pieds dix pouces. 10

Hommes ayant de quatre pieds dix pouces à cinq pieds un pouce. 20

Ayant de cinq pieds un pouce à deux pouces. 7

— de deux à trois pouces. : 3

— de trois à quatre pouces. 5

— de quatre à six pouces. 4

— de six pouces et au-dessus. 1

——————

50

Il résulterait de cet exposé : — Que l'ARMÉE FRANÇAISE est celle où se voient les HOMMES de plus petite Taille, puisque, de 1831 à 1833, soixante-quinze mille soixante-dix-huit APPELÉS ont dû être réformés par DÉFAUT DE TAILLE et indépendamment des autres causes d'INHABILETÉ AU SERVICE; — Que les ARMÉES FRANÇAISES ne peuvent fournir aux ARMES PERSONNELLES, dont la Taille doit excéder cinq pieds trois pouces, que dix hommes sur cinquante; — Que si la CAVALERIE, l'ARTILLERIE, le GÉNIE, le TRAIN excédent le cinquième de l'armée, ces armes manqueraient d'ARMES de la Taille voulue; — Que l'ENROLEMENT VOLONTAIRE, ou les résultats de l'accroissement de Taille des HOMMES qui grandissent au SERVICE, peut seul donner à l'INFANTERIE des hommes dont le maximum de Taille soit de trois pouces; — Que, dans l'infanterie, il ne

peut y avoir, sur quarante hommes, que trois hommes qui soient au-dessus de deux pouces; — Que le nombre des hommes de six pouces et au-dessus qui seraient destinés aux corps où cette Taille serait exigée, ne pourrait excéder le cinquantième des hommes de troupe de l'armée; — Que, moyennement, la Taille des FRANÇAIS serait de quatre pieds onze pouces huit lignes. — Nous devons cependant dire que, contrairement à cette supputation, la Taille moyenne des Parisiens appelés au SERVICE, calculée de 1816 à 1823, a donné, comme terme moyen, un mètre six cent quatre-vingt-trois millimètres (cinq pieds deux pouces une ligne quatre points). — La Taille moyenne des communes qui environnent Paris n'a été que d'un mètre six cent soixante-quinze millimètres (cinq pieds un pouce dix lignes).— Une différence analogue s'est fait remarquer à Lyon, et dans ses environs; ainsi, au sein des grandes villes, la STATURE paraît plus haute que dans les communes rurales qui avoisinent ces villes. Des expériences nombreuses ont démontré que, toutes choses égales d'ailleurs, le bien-être et l'aisance développent la Taille de l'homme, et que les causes contraires l'amoindrissent et affaiblissent sa constitution. — On peut consulter, touchant la Taille des HOMMES DE GUERRE, ARGENVILLERS, p. 52, AULUGELLE, BARDIN (1811, H, tableau comparatif des anciennes et nouvelles mesures), BERRIAT, le colonel CARRION (1824, A), CHENNEVIÈRES (1750, C, t. VI, p. 39), DARU (discours au corps législatif, an X, 28 FLORÉAL), DESPOMELLES, DUCANGE, ENCYCLOPÉDIE (1785, C, t. III, p. 173; id., supplément, p. 305, 362, 924), JABRO (1777, G), LACHESNAIE (1758, I, t. III, p. 44), LEGRAND (1837, A, au mot *Taille de l'homme*, à la fin du livre), MIRABEAU (1785, C), MOHEAU, ODIER (1824, E), POTIER (1779, X, au mot *Levée*), SERVAN (1780, p. 43), VÉGÈCE (390, A), M. VILLERMÉ, le *Spectateur militaire* (t. XXII, p. 641), le *Journal militaire* (an X, p. 621).

TAILLE de MONTRE. V. MONTRE. V. MONTRE ADMINISTRATIVE.

TAILLE de REDINGOTE. V. CORPS DE REDINGOTE. V. REDINGOTE D'OFFICIER.

TAILLE de REMPLAÇANT. V. REMPLAÇANT. V. TAILLE DE MILITAIRE.

TAILLE de SERVICE FÉODAL. V. TAILLE CONSCRIPTIVE. V. SERVICE FÉODAL.

TAILLE de SOLDAT. V. SOLDAT. V. TAILLE DE MILITAIRE.

TAILLE de SOULIERS. V. CLOU DE SOULIERS. V. INSPECTEUR GÉNÉRAL D'INFANTERIE N° 5. V. SOULIER. V. TALON DE SOULIER.

TAILLE de VOLTIGEUR. V. CAPORAL DE COMPAGNIE D'ÉLITE. V. COMPAGNIE DE VOLTIGEURS Nº 1. V. VOLTIGEUR.

TAILLE d'EFFETS DE COIFFURE. V. CHAPEAU A TROIS CORNES. V. CORPS DE COLBACH. V. CORPS DE SCHAKO. V. EFFET DE COIFFURE.

TAILLE d'EFFETS D'HABILLEMENT. V. BOUTON DE TAILLE. V. EFFET D'HABILLEMENT. V. HABILLEMENT. V. HABIT. V. SECONDE TAILLE. V. TAILLE.

TAILLE d'ENROLÉ VOLONTAIRE. V. ENROLÉ VOLONTAIRE. V. TAILLE DE MILITAIRE.

TAILLE d'ESCRIME. V. ESCRIME. V. FAUGRE. V. TAILLE OFFENSIVE.

TAILLE d'HABILLEMENT. V. HABILLEMENT.

TAILLE d'HABIT. V. BAS DE TAILLE. V. BOUTON DE TAILLE. V. CORPS D'HABIT A REVERS. V. CORPS D'HABIT SANS REVERS. V. HABIT. V. MARTINGALE DE GIBERNE. V. MILICE RUSSE Nº 4. V. MUSICIEN Nº 4. V. PAN D'HABIT A BASQUES. V. REVERS D'HABIT.

TAILLE d'HOMME DE TROUPE. V. HOMME DE TROUPE. V. INHABILETÉ AU SERVICE.

TAILLE d'HOMME DU GÉNIE. V. HOMME DU GÉNIE. V. TAILLE DE MILITAIRE.

TAILLE d'INFANTERIE. V. ACCOUDEMENT. V. AJUSTER. V. ARME PERSONNELLE Nº 2. V. CAHIER D'APPEL. V. COMPAGNIE DE CHASSEURS D'INFANTERIE. V. COMPAGNIE DE VOLTIGEURS Nº 1. V. COMPOSITION. V. INFANTERIE. V. INFANTERIE FRANÇAISE DE LIGNE Nº 2. V. LÉGION DÉPARTEMENTALE. V. PAS CADENCÉ. V. PELOTON D'INFANTERIE. V. PELOTONNEMENT. V. TAILLE DE MILITAIRE.

TAILLE d'OFFICIER. V. OFFICIER. V. TAILLE DE MILITAIRE.

TAILLE EN ARGENT. V. COMPAGNIE DE GENTILSHOMMES AU BEC A CORBIN. V. EN ARGENT. V. ÉTAPE. V. INFANTERIE COMMUNALE. V. LÉGION DE FRANÇOIS PREMIER. V. PENSION DE RETRAITE. V. RÉCEPTION DE CHEVALIER. V. TAILLE FISCALE.

TAILLE FISCALE (F), OU TAILLE BURSALE, OU TAILLE EN ARGENT. Sorte de TAILLE, c'est-à-dire de CONTRIBUTION, qui a été d'abord féodale, royale ensuite. On a donné aux IMPOSITIONS de ce genre le nom de la TAILLE A COCHES, qui en était comme le ROLE, ou le REGISTRE, à des époques où si peu de FRANÇAIS savaient lire et écrire. Comme cette tenue de COMPTES, au moyen d'entailles sur un morceau de bois, était incertaine et souvent menteuse, il en est resté dans la langue le dictum : cote mal taillée, c'est-à-dire quantum ou quotient approximatif. — Du bas LATIN *tagliare*, couper, *taglia*, *taglio*, resté dans l'ESPAGNOL *tajon*, on avait appelé Taille les demi-cylindres d'un rameau refendu à la manière des Tailles de boulangers. Cette TAILLE A COCHES servait à faire connaître si le TAILLABLE, le contribuable, le SERF, avait acquitté l'impôt, la TAILLE SERVE. Les percepteurs portaient leur paquet de Tailles pendu à leur ceinture. — Quand CHARLES SEPT institua, au milieu du quinzième siècle, la TAILLE DE GENDARMES, qu'on a aussi appelée TAILLON, TALLION, c'est-à-dire la CONTRIBUTION destinée à faire la PAYE des COMPAGNIES D'ORDONNANCE, et à racheter les COMMUNES de l'obligation de payer et d'entretenir directement les HOMMES DE GUERRE, cette imposition était acquittée par les provinces sous forme d'abonnement; elle était recueillie par des FONCTIONNAIRES OU TRÉSORIERS, connus sous la qualification d'ÉLUS; elle devait cesser à la paix, mais fut exigée bien plus tard, puisque l'ORDONNANCE DE 1549 (12 NOVEMBRE) reconnaissait comme MINISTRE DU TAILLON, le FONCTIONNAIRE qui était chargé d'en faire verser les fonds dans les coffres du roi, afin de subvenir aux dépenses de l'ORDINAIRE DES GUERRES. — Quant à l'EXTRAORDINAIRE DES GUERRES, il restait à la charge des provinces, et était distinct du TAILLON. — FURETIÈRE s'étend avec quelques détails sur les différentes natures de Tailles du MOYEN AGE.

TAILLE HUMAINE. V. HUMAIN, adj. V. TAILLE. V. TAILLE DE MILITAIRE.

TAILLE MILITAIRE. V. MILITAIRE, adj. V. TAILLE. V. TAILLE DE MILITAIRE.

TAILLE MUSICALE. V. CLAIRON INSTRUMENTAL. V. MUSICAL.

TAILLE OFFENSIVE (F), OU TAILADE, OU TAILLADE, OU TAILLE D'ESCRIME. Sorte de TAILLE, c'est-à-dire de COUP D'ARME BLANCHE donné, non de sa POINTE, mais de son TAILLANT, ou TRANCHANT. De là le nom d'ARME DE TAILLE donné à celle qui agissait en SABRANT, ou comme ferait une HACHE D'ARME, un ESTRAMAÇON, un COUTEAU DE BRÈCHE. — FRÉDÉRIC DEUX a dit, dans son poëme de l'*Art de la guerre :*

Que le fer meurtrier porte des coups de Taille.

SCHMIDT (J.-A.) a traité de la Taille.

TAILLE SERVE. V. SERF, adj. V. SERF, subs. V. TAILLE FISCALE.

TAILLÉ, subs. masc. (F). Mot analogue au terme générique TAILLE. Il reste dans la langue héraldique comme dénomination d'un MEUBLE DE BLASON, qui figure un COUP DE TAILLE, un COUP D'ARME DE TAILLE.

TAILLEOR, subs. masc. v. TAILLEUR.
TAILLER (verb. act.) EN PIÈCES. V. EN PIÈCES. V. FRANC ARCHER. V. TAILLE.

TAILLÈRES, subs. masc. v. TAILLEUR.
TAILLEUR, subs. v. CHEF T... V. MAITRE T... V. OUVRIER T...

TAILLEUR { MILITAIRE. . . . . . { TAILLEUR DE COMPAGNIE.

TAILLEUR (term. génér.), ou TAILLEOR, ou TAILLÈRES. Mot dont le substantif TAILLE donne la racine. Il est en usage, suivant HENRI ESTIENNE (1583), depuis 1518, et a remplacé le mot couturier. Ce dernier avait succédé, suivant ROQUEFORT, aux termes parmentier et vesteur. — La profession des Tailleurs se nommait taillerie, taillanderie. Ce dernier nom est resté à une rue de Paris, où habitaient les Tailleurs. — Il ne peut et ne doit être question ici que de TAILLEURS MILITAIRES.

TAILLEUR de BOULET. V. ARTILLERIE IDIOPLIQUE. V. BOULET. V. BOULET EN PIERRE.

TAILLEUR (tailleurs) de COMPAGNIE (A, 1; B, 1). Sorte de TAILLEURS MILITAIRES qui sont tirés des SOLDATS des COMPAGNIES D'INFANTERIE FRANÇAISE DE LIGNE, et choisis par leur CAPITAINE parmi ceux qui exerçaient cette profession avant d'ENTRER AU SERVICE. Ils sont employés, comme le permettait l'ORDONNANCE DE 1818 (15 MAI), aux RÉPARATIONS D'HABILLEMENT de la COMPAGNIE. Quand ils travaillent, ils jouissent d'une DISPENSE DE SERVICE COURANT.

TAILLEUR MILITAIRE (term. sous-génér.). Sorte de TAILLEURS qui comptent au nombre des OUVRIERS DE CORPS, et qui sont, ou TAILLEURS DE COMPAGNIE, ou MAITRES TAILLEURS (qu'on a aussi appelés CHEFS TAILLEURS), ou OUVRIERS de l'ATELIER du CORPS. — Les Tailleurs d'ATELIERS sont employés, ou comme COUPEURS, ou comme OUVRIERS A COUTURE ou (plus correctement parlant) en COUTURE.

TAILLEVAS, subs. masc. (F), ou TALEBART, ou TALEVAS, ou TAILLEVAS suivant ROQUEFORT et BOREL (Pierre), ou TALOCHE suivant CARPENTIER et M. MEYRICK, ou TALVAS, ou TALEVAS, ou TAVEL suivant ROQUEFORT, ou TÉLEVAS. — Ces mots, non compris TALOCHE, qu'on retrouve dans le bas LATIN *talochia*, ont donné leur nom aux TAILLEVASSIERS, TALEVASSIERS, et viennent, suivant LEDUCHAT, du LATIN *tabella* ; mais BARBAZAN le conteste. Ils viennent, suivant GÉBELIN, de *tabula*, ou, suivant M. ALLOU, du bas LATIN *talavacius, tavolicus, tavolacium*. — DANIEL (1721, A) montre, dans ses gravures, des Taillevas qui étaient un tiers plus hauts qu'un

homme n'est grand. — MÉNAGE prétend, d'après FAUCHET, que le nom du TALLEVAS est tiré de celui d'un comte de Toulouse qui en fut l'inventeur ; c'est une supposition peu croyable. — Les Taillevas étaient de grands BOUCLIERS carrés, ou arrondis par en haut ; il y en avait de pointus par en bas pour s'enfoncer en terre. Suivant BOREL (Pierre), ils avaient la forme d'un livre à demi ouvert ; il dit ailleurs qu'*ils différaient de la targe, en ce qu'ils étaient courbés des deux côtés comme un toit*. Carpentier et Borel (Pierre) affirment au contraire que la TALOCHE était une espèce de targe ou d'écu. — Il se pourrait que le Taillevas ne fût pas sans analogie, quant à son nom, sinon quant à sa forme, avec l'espèce d'ÉCU rond et en bois, que les ITALIENS appelaient *tavolocio*, nom qui se donnait aussi au BERSAULT ou à la CIBLE qui servaient aux études ou aux jeux des TIREURS D'ARC. — FAUCHET dit que le Taillevas est devenu un PAVOIS. L'un et l'autre étaient même chose, suivant M. ALLOU. — On peut consulter à l'égard des Taillevas : M. ALLOU (au mot *Bouclier*), BARBAZAN, BOREL (Pierre), CARPENTIER, CARRÉ (1783, E), COTTY, DESPAGNAC (1751, D, t. III, p. 209), FAUCHET, GASSENDI (au mot *Talvas*), GÉBELIN, LEDUCHAT, MÉNAGE, M. MEYRICK, ROQUEFORT, l'*Encyclopédie du dix-neuvième siècle* (au mot *Armure*).

TAILLEVASSIER, subs. masc. (F), ou TALEVASSIER. Mot dont TAILLEVAS donne l'étymologie. On appelait ainsi des HOMMES DE PIED, ou, comme dit FROISSART, année 1345, des BRIGANDS PAVESCHÉS, c'est-à-dire porteurs de pavois, à l'abri desquels ils s'approchaient des remparts d'une place assiégée. Leurs TAILLEVAS servaient également à mettre à couvert d'autres COMBATTANTS. — Depuis l'abolition de cet usage, le mot talevassier était devenu une injure populaire, comme le témoigne RABELAIS en plusieurs passages. — DANIEL (1721, A) a traité des TALEVASSIERS.

TAILLON, subs. masc. v. ADMINISTRATION MILITAIRE. V. EXTRAORDINAIRE DES GUERRES. V. GENDARME DU MOYEN AGE N° 6. V. MINISTRE DE LA GUERRE N° 1, 2. V. MINISTRE DU TAILLON. V. REGISTRE. V. TAILLE. V. TAILLE FISCALE.
TAILLON de FORTIFICATION. V. EXTRAORDINAIRE DES GUERRES. V. FORTIFICATION.

TAILLON d'infanterie. v. extraordinaire des guerres. v. infanterie.

TAILOR. v. noms propres.

TAIRE, verb. act. et récipr. v. batterie de siége offensif. v. faire taire.

TALANDIER; TALBERT; TALBOT. v. noms propres.

TALEBART, subs. masc. v. tabar. v. taillevas.

TALEMBACK, subs. masc. v. cymbale.

TALEVAS, subs. masc. v. taillevas.

TALEVASSIER, subs. masc. v. taillevassier.

TALLART. v. noms propres.

TALLEVAS, subs. masc. v. taillevas.

TALLEYRAND. v. noms propres.

TALLION, subs. masc. v. taille fiscale.

TALOCHE, subs. fém. v. bouclier. v. taillevas. v. thaulache.

TALON, subs. masc. v. oeil de talon.

TALON (term. génér.). Mot provenu du latin *talus*, dont les Italiens ont fait *tallone*, que nos ancêtres ont francisé. Ce mot s'est primitivement appliqué aux seuls talons humains, et a désigné ensuite, par allusion, certaines parties des armes, de l'équipement, des objets ou travaux militaires qui, par leur emploi ou leur forme, avaient plus ou moins d'analogie avec le talon de l'homme. — Le mot se distingue en talon de batterie, — de crosse, — de soulier.

TALON d'alène. v. alène d'archer.

TALON de batterie (G, 1). Sorte de talon qui sert d'appui à la batterie d'une platine a silex, et pose sur le ressort de la batterie quand elle est relevée. C'est la partie du pied de batterie formant saillie inférieure et extérieure; elle était autrefois nommée trousse.

TALON de crosse (G, 1), ou cul de poule, comme l'ont appelé les ouvriers en arquebuserie ou en armurerie. Sorte de talon qui fait partie du busque, est à l'extrémité arrondie de la plaque de couche, et se trouve à l'opposite du nez de busque et du bec de la crosse du fusil de munition.

TALON de culasse. v. culasse de fusil.

TALON de drapeau. v. drapeau. v. drapeau d'infanterie française de ligne. v. porte-drapeau n° 7.

TALON de fer de hache. v. fer de hache. v. hache de sapeur.

TALON de flèche. v. corde double. v. flèche. v. flèche projectile. v. penne de flèche.

TALON de grand ressort. v. grand ressort de platine. v. rempart de batterie.

TALON de lame. v. colismarde. v. cric. v. lame. v. lame d'arme blanche. v. sabre d'homme de troupe.

TALON de lame de baionnette. v. douille de baionnette. v. lame de baionnette.

TALON de lame d'arme blanche. v. corps de lame d'arme blanche. v. lame d'arme blanche.

TALON de lame de sabre. v. corps de lame de sabre d'officier d'infanterie. v. lame de sabre. v. sabre d'homme de troupe.

TALON de lame d'épée. v. flanconnade. v. lame d'épée. v. parade d'escrime.

TALON de lance. v. arrêt de lance. v. carrousel. v. lance. v. lance a main. v. lance de lancier.

TALON de noix. v. noix de platine de fusil.

TALON de pierre a feu. v. dessous de pierre. v. dessus de pierre. v. pierre a feu.

TALON de pique. v. pique. v. pique a main. v. triaire n° 4.

TALON de plaque de couche. v. plaque de couche. v. talon de crosse.

TALON de porte-baionnette. v. attache de baionnette. v. coté de dessus de porte-baionnette. v. porte-baionnette.

TALON de sarisse. v. sarisse.

TALON (talons) de souliers (A, 2). Sorte de talons considérés comme faisant partie de l'ensemble de la semelle des souliers d'hommes de troupe. Ils sont en fort cuir de vache et composés du bout et du sous-bout. Ils sont arrêtés par des coutures en ligneul, sont consolidés par des chevilles et saisissent la cambrure. Le règlement de 1775 (2 septembre) voulait que le Talon des souliers des hommes d'infanterie du second rang fût épais de quinze lignes. Le règlement de 1779 (21 février) voulait que le Talon des souliers sans distinction fût épais d'un pouce. Le projet de règlement de 1817 voulait que l'épaisseur du bout et du sous-bout, mesurée par derrière, fût, y compris l'allonge et le couche-point ou trépointe, de vingt-cinq millimètres, que son épaisseur mesurée à ses angles fût de huit millimètres, que sa largeur variât à raison des tailles.

TALON échancré. v. bouton de culasse. v. culasse de fusil. v. échancré.

TALONS humains (G, 6). Sorte de talons considérés ici par rapport aux règles de l'a-

LIGNEMENT INDIVIDUEL, DE PIED FERME des HOMMES D'INFANTERIE, de leur POSITION SOUS LES ARMES et sur le TERRAIN INDIVIDUEL, et des FEUX A GÉNUFLEXION. — Les primitifs RÈGLEMENTS D'EXERCICE voulaient que les Talons du FANTASSIN SOUS LES ARMES fussent distants d'un pied et demi. — Ils se sont successivement rapprochés à douze, à huit, à quatre, à deux pouces, avant de se joindre. — LACHESNAIE (1758, I), se contredisant lui-même, dit (au mot *Bataillon*, p. 192) que la distance entre les Talons doit être d'un pied. Il dit (au mot *Armes*, p. 80) qu'elle doit être de sept à huit pouces. Cette dernière mesure était fixée par l'ORDONNANCE DE 1755 (6 MAI). — L'ORDONNANCE DE 1766 (1er JANVIER) réglait que les Talons seraient joints, et cette disposition a été maintenue dans les ORDONNANCES plus modernes. — MAIZEROY (1773, A) blâmait la jonction des Talons comme étant une POSITION moins naturelle et plus fatigante ; mais elle avait été préférée pour la facilité des A DROITE et des A GAUCHE. — On peut consulter sur cette question, qui n'est pas sans importance, BARDIN (1807, D), BOHAN (1781, H, t. II, p. 94), LEBLOND (1758, B), MAIZEROY (1773, A).

TALONS (subs. masc. plur.) ROUGES. V. NOBLE. V. ROUGE.

TALPACHE, subs. masc. V. TOLPACHE.

TALPATCHE, subs. masc. V. TOLPACHE.

TALPE. subs. fém. V. CATTUS.

TALPI. V. NOMS PROPRES.

TALUD, subs. masc. V. TALUS.

TALUDER, verb. act. V. TALUS.

TALUER, verb. act. V. TALUS.

TALUS, subs. masc. (G, 4), ou EMPATEMENT suivant LACHESNAIE (1758, I), ou TALUD, ou TALUT suivant FURETIÈRE. Le mot Talus répond au LATIN *talus*, base ou cou-de-pied. Il exprime de même une ligne inclinée, un moyen d'appui. — Au lieu du verbe TALUSER, que BOISTE mentionne, ou du verbe TALUER, employé par RABELAIS, les terrassiers ont composé, par corruption, les verbes TALUDER, TALUTER ; de là sont venus ensuite les substantifs, corrompus aussi, TALUD, TALUT. — On a pris Talus dans le sens de RAMPE ou de GLACIS ; les ARÊTES DE GLACIS sont une rencontre de Talus. Les ATTAQUES DE CHEMIN COUVERT A FORCE OUVERTE s'entament après qu'un Talus a été pratiqué. — On appelle plus particulièrement Talus la pente, ou, comme disent les architectes, le fruit d'un RETRANCHEMENT, d'un REMPART DE FORTERESSE, d'une DOUVE DE FOSSÉ. Ce genre de Talus résulte de la réduction d'épaisseur de la partie supérieure de l'OUVRAGE. — Un

REMPART a un TALUS INTÉRIEUR et un TALUS EXTÉRIEUR, qu'on nomme aussi ESCARPE. — Le TALUS EXTÉRIEUR des BATTERIES PASSAGÈRES et des OUVRAGES LÉGERS est à terre coulante. Le TALUS INTÉRIEUR est gazonné. — Le TALUS EXTÉRIEUR d'un REMPART EN TERRE doit avoir le moins d'inclinaison possible, et égaler les deux tiers de la hauteur du REMPART ; il règne jusqu'à la sommité du PARAPET. Le TALUS INTÉRIEUR a une fois et demie la hauteur du REMPART. — La TALUS EXTÉRIEUR d'un REMPART REVÊTU se mesure à partir du CORDON ; il est égal à la cinquième partie de la hauteur du TERRE-PLEIN. — Les AUTEURS qui peuvent être consultés à cet égard, sont : BELAIR (1792), BÉLIDOR, M. CANTELOUBE (1818, F), COTTY (1822, A), GUIGNARD (1725, B), LACHESNAIE (1758, I), LECOUTURIER (1825, A), POTIER (1779, X).

TALUS de BANQUETTE. V. BANQUETTE.

TALUS de BATTERIE. V. BATTERIE. V. BATTERIE PASSAGÈRE. V. TALUS.

TALUS de PARAPET. V. PARAPET. V. TALUS.

TALUS de REMPART. V. REMPART. V. REMPART DE FORTERESSE. V. TALUS.

TALUS d'OUVRAGE. V. OUVRAGE. V. OUVRAGE DE FORTIFICATION.

TALUS EXTÉRIEUR. V. BATTERIE DE CAMPAGNE. V. EXTÉRIEUR, adj. V. TALUS.

TALUS INTÉRIEUR. V. INTÉRIEUR, adj. V. TALUS.

TALUSER, verb. act. V. TALUS.

TALUT, subs. masc. V. TALUS.

TALUTER, verb. act. V. TALUS.

TALVAS, subs. masc. V. TAILLEVAS.

TAMBOR, subs. masc. V. TAMBOUR.

TAMBORIN, subs. masc. V. TAMBOUR.

TAMBOUR, subs. masc. V. A L'ORDRE AUX T... V. A TAMBOUR. V. AGE D'ENROLEMENT DE T... V. AIR DE T... V. ALLOCATION DE T... V. APPEL AUX T... V. APPEL DE T... V. APPOINTÉ T... V. AUX T... V. BAGUETTES DE T... V. BAN DE T... V. BASSE CONTINUE DE T... V. BATONS DE T... V. BATTEMENT DE T... V. BATTERIE DE T... V. BATTRE LE T... V. BILLET DE LOGEMENT DE T... V. CAISSE DE T... V. CAPORAL T... V. CERCLE DE T... V. CHAMBRE DE T... V. CLEF DE T... V. COLLIER DE T... V. CRÉATION DE T... V. DESSUS DE T... V. DEVOIR DE T... V. DISCIPLINE DE T... V. DISTINCTION DE T... V. ÉCOLE DE T... V. ENROLEMENT DE T... V. FONCTIONS DE T... V. FOSSÉ DE T... V. GALON DE T... V. HABIT DE T... V. INSTRUCTION DE T... V. LOGEMENT DE T... V. MANCHE D'HABIT DE T... V. MARCHE DE T... V. MARQUE DISTINCTIVE DE T... V. NOMBRE DE T... V. NOMINATION DE T... V.

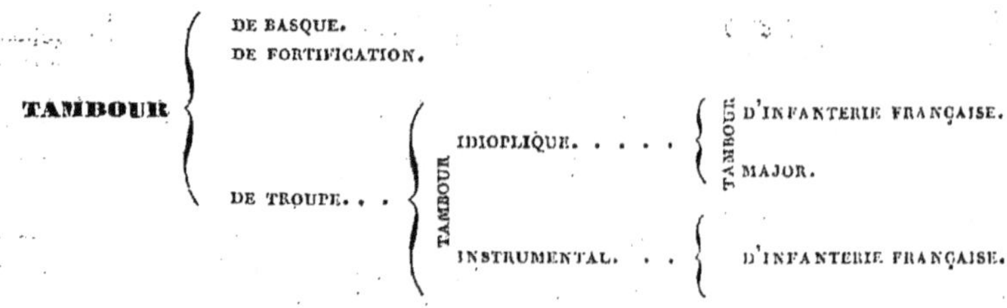

TAMBOUR (term. génér.), ou BEDON, BEDONDAINE, CAISSE, DONDAINE, TABOOR, TABOR, suivant BARBAZAN (1808), TABORIN, TABOUR, suivant CARRÉ (1785, E), TABOURET, suivant DUANE (1810, E), TABOURIN, TABOURING, TABRET, TABUR, suivant DANIEL (1721, A), TAMBOR, TAMBORIN, TAMBOUR MILITAIRE, TAMBOURIN, THABOUR, suivant l'ENCYCLOPÉDIE (1785, C, au mot *Instrument*), THABUR, suivant TURPIN (1785, O), TIMBRE, TYMPAN, TYMPANE, suivant ROQUEFORT. — La LANGUE INDIENNE est la souche de la plupart de ces mots. Dans le même sens on retrouve TABOUL dans le TURC; *taboul-hané* y signifie bande de Tambours. — Le mot Tambour dériverait, suivant FURETIÈRE, de l'ESPAGNOL *tambos* (il se trompe, il veut dire *tambor*), issu lui-même, dit-il, de l'ARABE *tabal*, ou, suivant SCALIGER, de l'arabe *altambor*. — M. ALLOU (1828) et ROQUEFORT le tirent de l'ARABE *tambūr*; selon d'autres opinions, il vient de l'ARABE *tabl*. GÉBELIN veut qu'il vienne du CELTIQUE *tab*. Les CELTES auraient donc connu le Tambour, qui pourtant paraît originaire de l'ORIENT. — Dans tous les cas il est à croire que l'expression Tambour a été importée par les MAURES d'ESPAGNE, qu'elle a eu, avec ATTABALE, TIMBALE, TAM-TAM, une étymologie commune, et qu'elle s'est prise dans le sens de NACAIRE, quoique ce fussent des INSTRUMENTS différents. — Ces explications tendent à prouver que le mot Tambour a uniquement signifié d'abord un genre d'INSTRUMENT DE PERCUSSION, un INSTRUMENT DE HAUT BRUIT. Anciennement, dit CAZENEUVE, TAMBOR et BRUIT étaient synonymes en français. — Le mot Tambour a signifié ensuite, par vice d'application, un genre d'INSTRUMENTISTE, un TAMBOURINEUR, puis, par analogie à certaines formes de l'INSTRUMENT, on a comparativement appelé Tambours, des OUVRAGES DÉFENSIFS. — Sur ce sujet on peut consulter M. ALLOU, BARBAZAN, BOREL (Pierre), CARRÉ (1785, E), M. le colonel CARRION (1824, A), CAZENEUVE, DANIEL, DUANE (1810, E), ENCYCLOPÉDIE (1751, C; 1785, C), FURETIÈRE, GÉBELIN, GUILLET, MÉNAGE, ROQUEFORT, SCALIGER, TOINOT, TURPIN (1785, O), VOSSIUS. — Le mot Tambour demande à être distingué comme il suit : TAMBOUR A DEUX PEAUX, — A MANCHE, — ANGLAIS, — AU CAMP, — AU SÉJOUR, — AUTRICHIEN, — BATTANT, — BAVAROIS, — BRÉSILIEN, — CHINOIS, — CONIQUE, — CYLINDRIQUE, D'AILE, — DE BASQUE, — DE BOIS, — DE CAVALERIE, — DE COMPAGNIE, — DE CUIVRE, — DE DRAGONS, — DE FORTIFICATION, — DE FUSILIERS, — DE GARDE, — DE GARDE DE POLICE, — DE GRENADIERS, — DE LÉGION, — DE MOUSQUETAIRES, — DE PANDOURS, — DE PIQUET, — DE POLICE AU CAMP, — DE POLICE EN GARNISON, — DE POLICE EN ROUTE, — DE POSTE DE PORTE, — DE SERVICE, — DE TROUPE, — DÉFENSIF, — D'INFANTERIE, — D'INFANTERIE FRANÇAISE, — D'INFANTERIE FRANCO-SUISSE, — EN BOIS, — EN CAMPAGNE, — EN CUIVRE, — EN GARNISON, — EN ROUTE, — ENNEMI, — ESPAGNOL, — FRANÇAIS, — FRANCO-ÉTRANGER, — FRANCO-SUISSE, — GÉNÉRAL, — HANOVRIEN, — MAITRE, — MAJOR, — MILITAIRE, — POINTU, — PORTUGAIS, — PRUSSIEN, — RUSSE, — SUISSE, — TURC, — TURCO-ÉGYPTIEN, — WURTEMBERGEOIS.

TAMBOUR A DEUX PEAUX. V. A DEUX PEAUX. V. INSTRUMENT DE MUSIQUE. V. TAMBOUR INSTRUMENTAL. V. TAMBOUR INSTRUMENTAL D'INFANTERIE FRANÇAISE. V. TIMBALE.

TAMBOUR A MANCHE. V. A MANCHE. V. INSTRUMENT A PEAU. V. INSTRUMENT DE MUSIQUE. V. TAMBOUR DE BASQUE. V. TAMBOUR INSTRUMENTAL.

TAMBOUR A UNE PEAU. V. A UNE PEAU. V. TAMBOUR INSTRUMENTAL. V. TIMBALE.

TAMBOUR ANGLAIS. V. ANGLAIS, adj. V. FOUET CORRECTIONNEL. V. JUGEMENT EN MARCHE.

V. MILICE ANGLAISE N° 2, 7, 10. V. TAMBOUR IDIOPLIQUE. V. TAMBOUR INSTRUMENTAL.

TAMBOUR AU CAMP. V. ARRIVÉE DE CORPS AU C... V. AU CAMP. V. AUX DRAPEAUX. V. BATTERIE DE CAMP. V. BRUIT DE CAISSE. V. GARDE DE CAMP. V. GARDE DE POLICE AU C... V. GÉNÉRALE AU C... V. TAMBOUR IDIOPLIQUE D'INFANTERIE FRANÇAISE N° 6.

TAMBOUR AU SÉJOUR. V. AU SÉJOUR. V. SÉJOUR.

TAMBOUR AUTRICHIEN. V. AUTRICHIEN, adj. V. MILICE AUTRICHIENNE N° 2.

TAMBOUR BATTANT. V. ARRIVÉE DE CORPS AU CAMP. V. ARRIVÉE DE CORPS DANS UNE FORTERESSE. V. BATTANT. V. CHEF DE GARDE MONTANTE EN GARNISON. V. COMMISSAIRE DES GUERRES N° 4. V. DÉFILEMENT DE TROUPE. V. HONNEURS DE LA GUERRE. V. MENER BATTANT. V. MENER TAMBOUR BATTANT. V. SIÉGE OFFENSIF. V. TAMBOUR INSTRUMENTAL.

TAMBOUR BAVAROIS. V. BAVAROIS, adj. V. MILICE BAVAROISE N° 1.

TAMBOUR BRÉSILIEN. V. BRÉSILIEN. V. MILICE BRÉSILIENNE.

TAMBOUR CHINOIS. V. CHINOIS, adj. V. MILICE CHINOISE N° 3. V. SIGNAL TACTIQUE. V. TAMBOUR INSTRUMENTAL.

TAMBOUR COLONEL. V. COLONEL, adj. V. COLONEL D'INFANTERIE FRANÇAISE DE LIGNE N° 2. V. TAMBOUR IDIOPLIQUE D'INFANTERIE FRANÇAISE N° 1. V. TAMBOUR-MAJOR N° 2.

TAMBOUR CONIQUE. V. CONIQUE. V. TAMBOUR INSTRUMENTAL.

TAMBOUR CYLINDRIQUE. V. CYLINDRIQUE. V. TAMBOUR INSTRUMENTAL.

TAMBOUR D'AILE. V. AILE. V. ROULEMENT.

TAMBOUR (tambours) DE BASQUE (F), OU SONNÈTE DE FESTE, suivant ROQUEFORT, ou TIMBRE, ou TYMBRE, qu'on retrouve sous cette acception dans LORRIS. Sorte de TAMBOURS connus des ÉGYPTIENS et des HÉBREUX, et introduits, dit-on, en GRÈCE par les SYRIENS. JUVÉNAL reproche à ce même peuple d'avoir amolli les ROMAINS en leur apprenant l'emploi du Tambour de basque. — Cet INSTRUMENT, en forme de tamis, a son cercle entremêlé de grelots et de ferraille ; il se frappe de la main, comme la plupart des anciens INSTRUMENTS A PEAU. — Les LATINS le nommaient *tympanum*, si l'on en croit l'ENCYCLOPÉDIE (1751, C) ; mais le sens positif du mot TYMPANUM, qui signifiait aussi TIMBALE, n'est pas certain ; il s'appliquait probablement à tout INSTRUMENT A CHOC. — L'expression TIMBRE, prise comme analogue à Tambour de basque, avait produit le verbe TIMBRER, signifiant toucher ou blouser le

Tambour de basque ; il avait produit le substantif féminin timbreresse, signifiant joueuse de Tambour de basque. — Le Tambour de basque n'a jamais été précisément militaire, si ce n'est depuis que, sous le nom de TAMBOUR A MANCHE ou de TAMBOUR TURC, il a été introduit dans les MUSIQUES D'INFANTERIE.

TAMBOUR DE BOIS. V. TAMBOUR INSTRUMENTAL. V. TAMBOUR INSTRUMENTAL D'INFANTERIE FRANÇAISE.

TAMBOUR DE CAVALERIE. V. ATTABALE. V. ARQUEBUSIER A CHEVAL. V. CAVALERIE. V. DRAGON FRANÇAIS N° 4, 6. V. GRÉNADIER A CHEVAL. V. MOUSQUETAIRE DE LA GARDE. V. NACAIRE. V. REITRE. V. TIMBALE. V. TAMBOUR INSTRUMENTAL.

TAMBOUR DE COMPAGNIE. V. CHAMBRÉE. V. CLARINET. V. COMPAGNIE. V. COMPAGNIE D'INFANTERIE FRANÇAISE DE LIGNE N° 7. V. CORVÉE DE COMPAGNIE.

TAMBOUR DE CUIVRE. V. CUIVRE. V. TAMBOUR INSTRUMENTAL. V. TAMBOUR INSTRUMENTAL D'INFANTERIE FRANÇAISE.

TAMBOUR DE DRAGONS. V. DRAGON. V. DRAGON FRANÇAIS N° 4, 6. V. MOUSQUETAIRE DE LA GARDE. V. TAMBOUR INSTRUMENTAL D'INFANTERIE FRANÇAISE.

TAMBOUR (tambours) DE FORTIFICATION (G, 4), OU TAMBOUR DÉFENSIF. Sorte de TAMBOURS, c'est-à-dire de MASSIFS de terre, de bois, de gazons, destinés à couvrir les PORTES des POSTES DÉFENDUS. Ce sont surtout des OUVRAGES DE CAMPAGNE, des RETRANCHEMENTS qu'on construit en avant des PORTES DE CIMETIÈRES, des PORTES DE CHATEAUX ou autres lieux passagèrement défendus, etc., afin de les préserver de l'ENFILADE des PROJECTILES ou des CHARGES DE CAVALERIE. Ce sont aussi des TRAVERSES, des espèces de MERLONS quelquefois en CRÉMAILLÈRES, que, dans les OUVRAGES DE FORTIFICATION, on élève sur divers points des COMMUNICATIONS pour en masquer l'accès. — Des Tambours comparables aux pièces jadis nommées BAILLES, BARBACANES, BRAIES, se composent de PALISSADES jointives fermées par des MADRIERS, et ayant une BANQUETTE et un FOSSÉ. — Des Tambours interceptent les COMMUNICATIONS du CHEMIN COUVERT aux REDOUTES et aux LUNETTES. — M. LEGRAND (1857, A) et l'ENCYCLOPÉDIE (1785, C, t. II, p. 372) ont traité des Tambours.

TAMBOUR DE FUSILIERS. V. CHARGE DE SOLDATS. V. FUSILIER. V. GÉNÉRAL DE BRIGADE N° 3.

TAMBOUR DE GARDE. V. CHEF DE GARDE DESCENDANTE EN GARNISON. V. CHEF DE GARDE

MONTANTE EN GARNISON. V. DIANE. V. GARDE.
V. GARDE EN GARNISON. V. GARDE RELEVANTE.
V. OUVERTURE DE PORTE. V. TAMBOUR IDIOPLIQUE
D'INFANTERIE FRANÇAISE Nº 6. V. TAMBOUR INS-
TRUMENTAL D'INFANTERIE FRANÇAISE.

TAMBOUR de GARDE DE POLICE. V. ADJU-
DANT DE SEMAINE Nº 1. V. ADJUDANT DE SE-
MAINE EN ROUTE. V. DIANE. V. GARDE DE POLICE
AU CAMP. V. GARDE DE POLICE EN GARNISON.

TAMBOUR de GRENADIERS. V. CHARGE DE
SOLDAT. V. COMPAGNIE DE GRENADIERS Nº 3. V.
GRENADIER. V. TAMBOUR IDIOPLIQUE D'INFAN-
TERIE FRANÇAISE Nº 5.

TAMBOUR de LÉGION. V. LÉGION. V. LÉ-
GION DÉPARTEMENTALE.

TAMBOUR de MOUSQUETAIRES. V. MOUS-
QUETAIRE. V. MOUSQUETAIRE DE LA GARDE. V.
TAMBOUR INSTRUMENTAL D'INFANTERIE FRAN-
ÇAISE.

TAMBOUR de PANDOURS. V. PANDOUR.

TAMBOUR de PIQUET. V. ALLER AUX DRA-
PEAUX. V. BATTERIE D'ORDRE. V. PIQUET.

TAMBOUR de POLICE. V. ADJUDANT DE
SEMAINE. V. ADJUDANT DE SEMAINE EN ROUTE.
V. BATTERIE IMPRÉVUE. V. POLICE.

TAMBOUR de POLICE AU CAMP. V. AU
CAMP. V. CONSIGNE DE POLICE AU CAMP. V. PO-
LICE AU CAMP.

TAMBOUR de POLICE EN GARNISON. V.
ADJUDANT-MAJOR DE SEMAINE Nº 1. V. BATTE-
RIE DE CASERNE. V. BATTERIE DE TAMBOUR DE
POLICE. V. BATTERIE IMPRÉVUE. V. CHEF DE POSTE
DE POLICE EN GARNISON. V. CORVÉE DE CASERNE.
V. DÉPART DE CORPS. V. EN GARNISON. V. GARDE
DE POLICE EN GARNISON. V. POLICE. V. POLICE
EN GARNISON. V. ROULEMENT.

TAMBOUR de POLICE EN ROUTE. V. APPEL
DU SOIR EN ROUTE. V. CORVÉE EN ROUTE. V. EN
ROUTE. V. POLICE EN ROUTE.

TAMBOUR de POSTE DE PORTE DE FORTE-
RESSE. V. FERMETURE DE PORTE. V. POSTE DE
PORTE. V. RETRAITE CÉLEUSTIQUE.

TAMBOUR de PROVENCE. V. PROVENCE.
V. TAMBOURIN.

TAMBOUR de SERVICE. V. APPEL DE TAM-
BOUR DE SERVICE. V. MARÉCHAL DE FRANCE Nº 8.
V. SERVICE. V. TAMBOUR IDIOPLIQUE D'INFANTE-
RIE FRANÇAISE Nº 6.

TAMBOUR (tambours) de TROUPE (term.
sous-génér.). Sorte de TAMBOURS dont les
dénominations primitives ou les qualifications analogues ont produit les substantifs
TABOUILLIS, TABOUREMENT (BRUIT DE CAISSE),
TABOURIN, TABOURINEUR, TAMBOURINEUR, TAM-
BOURINIER (TAMBOUR IDIOPLIQUE). Il a donné
naissance aux verbes TABORER, TABOUILLER,
TABOULER, TABOURDER, TABOURER, TABOURINER,

TABOURNER, TAMBOURINER, TAMBOURNER (suivant LORRIS), TAMBURER. — Il est resté dans
l'ITALIEN *tamborino* et dans l'ESPAGNOL *tam-
buro*. — La LANGUE ANGLAISE en a conservé
les mots TABOUR, TABOURER, TABOURET, TABOU-
RING, TABRET. Ces derniers mots signifiaient,
comme le témoigne DUANE (1810, E), PETIT
TAMBOUR allongé. — Nous avons cherché à
remédier à la synonymie fâcheuse qui existe
entre le TAMBOUR INSTRUMENT et le TAMBOUR
INSTRUMENTISTE, ou, comme on disait jadis,
le TAMBOURNEUR. — Le Tambour de troupe
va être distingué en TAMBOUR IDIOPLIQUE et
en TAMBOUR INSTRUMENTAL.

TAMBOUR DÉFENSIF. V. CHATEAU FORT.
V. DÉFENSIF. V. ENFILADE. V. PALANQUE. V. PA-
LISSADE. V. TAMBOUR DE FORTIFICATION.

TAMBOUR d'INFANTERIE. V. INFANTERIE.
V. TAMBOUR INSTRUMENTAL.

TAMBOUR d'INFANTERIE FRANÇAISE. V.
ALLER AUX DRAPEAUX. V. CLAVETTE. V. DÉFILE-
MENT ADMINISTRATIF. V. DÉFILEMENT D'HON-
NEUR. V. FUT DE CAISSE. V. INFANTERIE FRAN-
ÇAISE Nº 2. V. TAMBOUR IDIOPLIQUE D'INFAN-
TERIE.

TAMBOUR d'INFANTERIE FRANCO-ÉTRAN-
GÈRE. V. INFANTERIE FRANCO-ÉTRANGÈRE. V.
RETRAITE CÉLEUSTIQUE.

TAMBOUR d'INFANTERIE FRANCO-SUISSE.
V. CAPORAL-TAMBOUR D'INFANTERIE FRANCO-
SUISSE. V. INFANTERIE FRANCO-SUISSE Nº 2.

TAMBOUR ÉGYPTIEN. V. ÉGYPTIEN. V.
TAMBOUR INSTRUMENTAL.

TAMBOUR EN BOIS. V. EN BOIS. V. TAM-
BOUR INSTRUMENTAL.

TAMBOUR EN CAMPAGNE. V. EN CAMPA-
GNE. V. GARDE EN CAMPAGNE.

TAMBOUR EN CUIVRE. V. EN CUIVRE. V.
TAMBOUR INSTRUMENTAL.

TAMBOUR EN GARNISON. V. ARRIVÉE DE
CORPS DANS UNE FORTERESSE. V. BOIS DE LIT À
DEUX PLACES. V. EN GARNISON. V. PLACE D'ARMES
DE GARNISON. V. POSTE D'HOMMES DE GARDE EN
GARNISON. V. TAMBOUR IDIOPLIQUE D'INFANTERIE
FRANÇAISE Nº 4, 6.

TAMBOUR EN MANOEUVRE. V. EN MA-
NOEUVRE. V. TAMBOUR IDIOPLIQUE D'INFANTERIE
FRANÇAISE Nº 4.

TAMBOUR EN ROUTE. V. ADJUDANT DE
SEMAINE EN ROUTE. V. AUX CHAMPS. V. BATAIL-
LON EN ROUTE. V. BATTERIE EN ROUTE. V. BILLET
DE LOGEMENT. V. CHEF DE POSTE DE POLICE EN
ROUTE. V. COLONEL EN ROUTE. V. CORPS EN
ROUTE SUR PIED DE PAIX. V. CORVÉE EN ROUTE.
V. EN ROUTE. V. JUGEMENT EN MARCHE. V.
MARCHE-ROUTE. V. RAPPEL CÉLEUSTIQUE. V. SÉ-

JOUR. V. TAMBOUR IDIOPLIQUE D'INFANTERIE FRANÇAISE N° 4, 6.

TAMBOUR ENNEMI. V. ENNEMI. V. FORTERESSE. V. REDDITION DE PLACE.

TAMBOUR ESPAGNOL. V. ESPAGNOL, adj. V. MILICE ESPAGNOLE N° 2.

TAMBOUR FRANÇAIS. V. ANSPESSADE. V. BATTERIE A BATONS RONDS. V. CAPORAL D'INFANTERIE FRANÇAISE DE LIGNE N° 7. V. CEINTURE DE CUISSIÈRE. V. COMPAGNIE DE CHASSEURS D'INFANTERIE LÉGÈRE. V. CONTRE-SANGLON DE JARRETIÈRE. V. CONTRE-SANGLON DE PATTE DE CUISSIÈRE. V. CONVOI FUNÈBRE. V. CORPS DE GACHE DE CAISSE. V. DÉFENSE DE CONVOI. V. ÉCOLE DE MARS. V. EXERCICE DE DÉTAIL. V. FACTION. V. FRANC ARCHER. V. FRANÇAIS, adj. V. FUSTIGATION. V. GÉNÉRAL DE BRIGADE N° 3. V. GÉNÉRAL EN CHEF N° 2. V. HONNEURS FUNÈBRES. V. INFANTERIE FRANÇAISE N° 3. V. MARIONNETTES. V. MESSE MILITAIRE. V. MUSIQUE TURQUE. V. ORDINAIRE DE SOLDAT. V. TAMBOUR D'INFANTERIE FRANÇAISE. V. ROULEMENT. V. TAMBOUR INSTRUMENTAL D'INFANTERIE FRANÇAISE. V. TRÉSORIER DE CORPS N° 6.

TAMBOUR FRANCO-ÉTRANGER. V. FRANCO-ÉTRANGER. V. RETRAITE CÉLEUSTIQUE.

TAMBOUR FRANCO-SUISSE. V. FRANCO-SUISSE. V. RÉGIMENT FRANCO-SUISSE.

TAMBOUR GÉNÉRAL. V. CANNE DE TAMBOUR-MAJOR. V. GÉNÉRAL, adj. V. TAMBOUR-MAJOR N° 2.

TAMBOUR HANOVRIEN. V. HANOVRIEN, adj. V. MILICE HANOVRIENNE N° 2.

TAMBOUR (tambours) IDIOPLIQUE (term. sous-génér.), ou TABOURIN suivant CHARRIER (1546, B). Sorte de TAMBOURS DE TROUPE ou de SIMPLES SOLDATS chargés d'exécuter les BATTERIES DE CAISSE; ils ont de l'analogie avec les INSTRUMENTISTES, ou MUSICIENS, que les LATINS appelaient, à l'instar des GRECS, *tympanista, tympanotriba.* Ils ont été désignés, au MOYEN AGE, sous les noms de TABÉRER, TABORÉOR, TABOURDÉOR, TABOURDEUR suivant BOREL (Pierre), TABOURÉOR, TABOUREUR, TABOURIN, TABOURREUR, TAMBOUREUR, TAMBOURINEUR. — Chez les anciens, le rang des INSTRUMENTISTES analogues, par leurs fonctions, aux Tambours modernes, les plaçait au-dessus des SIMPLES SOLDATS. — Les Tambours des derniers siècles ont, au contraire, joui de moins de considération que les SIMPLES SOLDATS, parce que dans les MILICES DES COMMUNES, dans l'INFANTERIE de l'ARRIÈRE-BAN, il était d'usage que, en temps de non activité, les CAPITAINES fissent apprendre à un de leurs VALETS à BATTRE le Tambour. De là s'était maintenu l'usage de donner aux Tambours la CASAQUE à la LIVRÉE de leur CAPITAINE. Cette LIVRÉE était, pour les Tambours, une sauve-garde; leur personne était regardée comme sacrée quand

ils portaient des messages de guerre, quand ils publiaient, au son de leur INSTRUMENT, des MANIFESTES. — Cet usage du VALET tenu de savoir BATTRE par forme de précaution, lors même que l'ARRIÈRE-BAN n'était pas sur pied, était, en PORTUGAL, l'objet d'une loi dans le siècle dernier, comme le témoigne le général FOY. — La MILICE ANGLAISE attachait plus d'importance que ne le faisaient les FRANÇAIS à la précision des BATTERIES. Les TAMBOURS ANGLAIS et les MUSICIENS étaient exercés fréquemment, en face d'une pendule ou d'un MÉTROBATE, afin d'y prendre une parfaite habitude de la CADENCE. — Accorder des Tambours, proportionner les intervalles des COUPS à la durée des notes de l'AIR, demandaient de l'oreille et de l'habileté musicale aux époques où les Tambours ne jouaient que de concert avec des INSTRUMENTS A VENT. Cette combinaison harmonique est devenue moins indispensable depuis que le Tambour a joué à part des INSTRUMENTS A VENT. — Obtenir des BATTEMENTS composés qui tombent en mesure, qui soient modulés avec variété, dont la cadence soit d'une justesse réglementaire et d'une égalité soutenue, c'est avoir résolu le problème des BATTERIES. Cet art, qui n'est pas sans difficultés, veut de la force, de l'agilité, de la légèreté; le degré de force des COUPS marque les temps, leur à-propos et leur vitesse diversifient les phrases. — Il y a à distinguer plus particulièrement ici le Tambour en TAMBOUR IDIOPLIQUE D'INFANTERIE FRANÇAISE.

TAMBOUR (tambours) IDIOPLIQUE D'INFANTERIE FRANÇAISE (A, 1); ou vulgairement, jadis, TAMBOURINEUR. Sorte de TAMBOURS IDIOPLIQUES ou d'HOMMES DE TROUPE qui, suivant les temps, ont été ou les seuls ou les principaux MUSICIENS des RÉGIMENTS de l'INFANTERIE FRANÇAISE DE LIGNE. Ils ont joué, depuis FRANÇOIS PREMIER, avec les FIFRES; depuis LOUIS QUINZE, avec les CLARINETS. Depuis le dernier siècle, ils ne composent plus que la MUSIQUE DE HAUT BRUIT; ils exécutent, ou à part ou en concert, des BATTERIES OU BRUITS DE CAISSE. — Ils sont inscrits sur le CONTROLE ANNUEL de la COMPAGNIE, en tête des SOLDATS. — Ce qui concerne les Tambours a été traité dans les ouvrages de BARDIN (1807, D; 1809, B; 1814, E), BRIQUET (1761, H), CARRÉ (1785, E, au mot *Troupe*), DELAFONTAINE (1675, A), DUBOUSQUET (1769, B), l'ENCYCLOPÉDIE (1785, C), GAYA (1678, B), KÉRENVEYER (1771, R), LACHESNAIE (1758, 1, au mot *Fonctions*), LECOUTURIER (1825, A), PRAISSAC (1622, A). — Ce qui a rapport aux Tambours va être examiné dans l'ordre qui suit : CRÉATION, NOMBRE, NOMINATION, UNI-

FORME, LOCALISATION, LOGEMENT, ALLOCATIONS, SOLDE ; FONCTIONS, INSTRUCTION. — N° 1. CRÉATION, NOMBRE. — Les premiers Tambours que les ordonnances françaises mentionnent sont ceux qui figurent dans les LÉGIONS DE FRANÇOIS PREMIER, sous le nom de TAMBOURINS. Il y en avait quatre par mille hommes ; ces corps n'ayant été qu'un essai bientôt abandonné, et les BANDES y ayant succédé, elles eurent un ou deux TAMBOURINS chacune. — Depuis la création des RÉGIMENTS D'INFANTERIE FRANÇAISE, les TAMBOURINS, qui commencèrent à se nommer TAMBOURS, en firent partie, à raison d'un ou deux par COMPAGNIE, ainsi que le témoigne PRAISSAC (1622, A), et comme le démontre l'article COMPAGNIE D'INFANTERIE FRANÇAISE DE LIGNE N° 2 (tableau). — Au milieu du dix-septième siècle, il y avait, sous Henri deux, comme le déclare MONTGOMMERY, dans chaque BANDE, un TAMBOUR COLONEL qui faisait porter sa CAISSE par un VALET appelé SOUS-TAMBOUR. — L'ORDONNANCE DE 1768 (1er MARS) prescrivait aux Tambours de faire ORDINAIRE ensemble. — La constitution de SAINT-GERMAIN reconnaissait deux Tambours en TEMPS DE PAIX, trois en TEMPS DE GUERRE. — L'ordonnance de 1788 (17 mars) formait en une escouade particulière les Tambours. Le RÈGLEMENT DE 1792 (24 JUIN) voulait, au contraire, qu'ils fissent ORDINAIRE avec les SOLDATS de leur COMPAGNIE. — N° 2. NOMINATION. — Les Tambours avaient été toujours au choix de leur CAPITAINE, puisqu'on a vu qu'originairement le Tambour était censé son VALET. — DELAFONTAINE (1675, A) déclare que, de son temps, chaque CAPITAINE choisissait son Tambour. — Le RÈGLEMENT DE 1792 (24 JUIN) chargeait le COLONEL du choix des Tambours. — En l'an trois, le gouvernement, soit pour rehausser cet emploi, soit pour amoindrir le plus possible toute autorité qui émanait d'un seul personnage, dépouilla de ce droit le COLONEL, et voulut que les Tambours fussent à la nomination du CONSEIL D'ADMINISTRATION ; mais les corps ne se sont jamais conformés à cette disposition mal entendue et ridicule. — Les ENFANTS DE TROUPE ont, de tout temps, été regardés comme une pépinière de Tambours ; l'ARRÊTÉ DE L'AN HUIT (7 THERMIDOR) permettait que l'ENRÔLEMENT de ces ENFANTS, s'ils étaient propres à ce SERVICE, eût lieu à seize ans. — N° 3. UNIFORME. — Les Tambours ont eu anciennement la CASAQUE DE LIVRÉE du CAPITAINE, puisqu'ils en étaient censés les DOMESTIQUES. — Quand Louis QUATORZE a mis à ses seules ARMOIRIES L'ARMÉE, les Tambours furent habillés de BLEU à la LIVRÉE DU ROI, excepté ceux des RÉGIMENTS étrangers et des RÉGIMENTS DE PRINCES, qui portaient la LIVRÉE de leur COLONEL, parce que ceux-ci, en dépossédant d'un droit les CAPITAINES, avaient fait en petit ce que Louis QUATORZE venait de faire en grand. — Les MANCHES D'HABITS de Tambours étaient bordées de sept CHEVRONS DE GALON, placés obliquement. — L'INSTRUCTION DE 1791 (1er AVRIL) donnait aux Tambours l'HABIT bleu, avec GALONS à la LIVRÉE DU ROI. — Cet usage d'HABIT DE LIVRÉE avait disparu pendant la GUERRE DE LA RÉVOLUTION ; mais différents enjolivements capricieusement inventés, des GALONS, des NIDS D'HIRONDELLE ou GOUSSETS d'épaule, des ÉPAULETTES particulières, distinguaient les HABITS des Tambours. — Le DÉCRET DE 1812 (19 JANVIER) donnait aux Tambours la LIVRÉE de l'empereur. — Une CIRCULAIRE DE 1814 (17 AOUT) décidait que l'HABIT SANS REVERS serait garni, par devant, de GALONS à la LIVRÉE DU ROI ; la trame en était en fil blanc, la chaîne en laine cramoisie et en fil blanc. — En 1817, les MANCHES furent de nouveau bordées de sept GALONS obliques. — ODIER (1824, E) blâmait vivement l'usage de cet HABIT DE LIVRÉE et le genre de MARQUES DISTINCTIVES qu'il portait. *On y persista,* disait-il, *faute de s'apercevoir de la différence des temps.* Mais ODIER lui-même ne s'apercevait pas que depuis la suppression des HÉRAUTS, il importait qu'à la guerre un COSTUME spécial et connu caractérisât les personnages chargés de communiquer officiellement avec l'ENNEMI. — Les DÉCISIONS DE 1827 (24 MAI et 31 JUILLET) disposèrent qu'à l'avenir le COLLET, les PAREMENTS et le BAS DE TAILLE seraient seuls garnis de GALONS DE LIVRÉE. — La DÉCISION DE 1837 (31 OCTOBRE) voulait que l'HABIT des Tambours fût de même coupe et forme que celui des SOLDATS. — Depuis que l'ÉPÉE avait cessé d'être portée par tous les HOMMES DE TROUPE, le SABRE était devenu l'ARME des Tambours. — BONAPARTE, par la CIRCULAIRE DE L'AN DOUZE (11 FRUCTIDOR), leur donna en outre le MOUSQUETON à BAIONNETTE et la GIBERNE À LA CORSE ; c'était écraser, sous un poids insupportable, des HOMMES en général jeunes et faibles. Ce furent autant d'ARMES et d'EFFETS perdus quand ils furent portés à la guerre, parce que le Tambour jetait à terre son MOUSQUETON s'il fallait BATTRE LA CHARGE, ou laissait dans un fossé sa CAISSE s'il lui paraissait préférable de faire le COUP DE FEU. — La CUISSIÈRE était, autrefois, en peau de mouton ; elle a été ensuite en petit veau. — Les BRETELLES PORTE-CAISSE ont remplacé une simple corde qui, jusqu'en 1812, en tenait lieu. — Le COLLIER ne consistait, autrefois, qu'en une bricole de buffle, au bas de laquelle pendaient à une lanière deux cylindres en buffle pour recevoir les deux BAGUETTES. La GARDE à pied du DIRECTOIRE et, à son imitation, la GARDE CONSULAIRE, commandées par des CHEFS qui réglèrent à leur guise l'ÉQUIPEMENT, avaient adopté un PORTE-BAGUETTE en cuivre, garni de deux DOUILLES de même métal que la PLAQUE. Cette garniture, beaucoup plus dispendieuse, fut adoptée, depuis la restauration, pour tous les RÉGIMENTS OU BATAILLONS. — L'ORDONNANCE DE 1850 (21 FÉVRIER) rangeait sous la dénomination d'ÉQUIPEMENT de Tambour les BRETELLES PORTE-CAISSE, la CAISSE, le COLLIER, la CUISSIÈRE; elle mettait tous ces EFFETS au compte de la MASSE D'ENTRETIEN. — La CIRCULAIRE DE 1830 (11 SEPTEMBRE) déterminait les modifications qui, par suite des événements politiques, étaient apportées à l'UNIFORME des Tambours. — La CHARGE du Tambour, c'est-à-dire le poids de ses EFFETS D'UNIFORME, considérés comme CHARGE DE SOLDAT, CAISSE y comprise, était de cinquante-trois livres. — N° 4. LOCALISATION, LOGEMENT. — L'ORDONNANCE DE 1851 (4 MARS) disposait, en ORDRE DE BATAILLE, les Tambours et les CLAIRONS sur deux RANGS; elle les plaçait à vingt pas des SERRE-FILES, derrière le CINQUIÈME PELOTON de leur BATAILLON; en route, ils se tenaient en avant du CHEF DE BATAILLON. — En MANOEUVRE, ils occupaient un des FLANCS de la COLONNE ou un INTERVALLE DE COLONNE. — Dans la formation de la COLONNE DOUBLE, l'ORDONNANCE les plaçait à la QUEUE de la COLONNE. — Dans le cas de la MANOEUVRE nommée DISPOSITIONS CONTRE LA CAVALERIE, les Tambours étaient reçus dans l'intérieur du CARRÉ. — L'ORDONNANCE DE 1768 (1er MARS) voulait que les Tambours EN GARNISON fussent logés ensemble au centre du QUARTIER occupé par le CORPS, et y fissent ORDINAIRE à part. Il leur était accordé une CHAMBRE par BATAILLON. — Le RÈGLEMENT DE 1792 (24 JUIN) voulait que le Tambour (il n'y en avait alors qu'un) fût logé dans la première ESCOUADE de sa COMPAGNIE, et y vécût à l'ORDINAIRE des SOLDATS. — L'ARRÊTÉ DE L'AN SEPT (29 FLORÉAL, art. 24) voulait que les Tambours de chaque BATAILLON logeassent ensemble. — Il a paru préférable ensuite de les faire loger dans leur COMPAGNIE. L'ORDONNANCE DE 1818 (13 MAI, art. 391) plaçait un Tambour à la cinquième ESCOUADE; le RÈGLEMENT DE 1824 (17 AOUT) attachait le plus ancien à la première ESCOUADE. — EN ROUTE, les TAMBOURS de la COMPAGNIE doivent être logés à la portée du SERGENT-MAJOR. — N° 5. ALLOCATIONS, SOLDE. — Les Tambours ont été, suivant les temps, chargés, par ABONNEMENT, de l'entretien des BAGUETTES et de la CAISSE. — M. BONTEMPS (1818) témoigne qu'en 1638 leur SOLDE était la même que celle des SIMPLES SOLDATS. — Lorsque des COMPAGNIES DE GRENADIERS furent créées, leurs TAMBOURS jouirent de la HAUTE PAYE des GRENADIERS. — En 1762, les ordonnances réglaient les DENIERS DE BAGUETTES; la LOI DE L'AN DEUX (2 THERMIDOR) les allouait à raison de deux sous par Tambour et par jour. — En l'an trois, époque où la SOLDE était sans valeur, un ARRÊTÉ DU DIX-SEPT FRUCTIDOR et une circulaire du vingt-deux mettaient au compte de la MASSE D'ENTRETIEN la dépense à laquelle les DENIERS DE BAGUETTES étaient chargés de pourvoir; l'ABONNEMENT qui rendait aux Tambours leurs DENIERS DE BAGUETTES se rétablit quand la PAYE redevint réelle. — L'ORDONNANCE DE 1823 (19 MARS) fondit dans la SOLDE les DENIERS DE BAGUETTES, et les payait en toute position aux hommes en congé ou en captivité. — Les allocations des Tambours, des CORNETS, des CLAIRONS, ont été les mêmes. — N° 6. FONCTIONS. — Autrefois, les BATTERIES DE TAMBOURS étaient des SIGNAUX qui équivalaient à des COMMANDEMENTS. Ainsi, en obéissance à certaines BATTERIES, le CARRÉ se formait, les CHANGEMENTS DE DIRECTION DE BATAILLON EN BATAILLE s'opéraient, la MARCHE EN RETRAITE avait lieu. — Les Tambours étaient, en général, et sont encore chargés de l'exécution des BATTERIES qu'on appelait l'ORDONNANCE, encore bien qu'en fait de batteries l'ORDONNANCE laissât à peu près tout à désirer; elle ne contenait pas de règles notées; elle n'était d'accord avec elle-même ni touchant les noms et le nombre des BATTERIES, ni suivant les SIGNAUX qui les déterminent. — La CANNE du MAJOR, du TAMBOUR-MAJOR, du TAMBOUR MAITRE, donnait aux Tambours les SIGNAUX D'EXÉCUTION. — Les Tambours, soit AU CAMP, soit EN GARNISON, soit EN ROUTE, sont rassemblés au moyen des BRUITS DE CAISSE nommés A L'ORDRE OU RAPPEL; ils sont soumis à l'INSPECTION des ADJUDANTS et ADJUDANTS-MAJORS, qui constatent, par un APPEL mental, leur présence. — Journellement les TAMBOURS DE SERVICE sont soumis, le matin, aux INSPECTIONS du TAMBOUR-MAJOR ou du TAMBOUR-MAITRE et des OFFICIERS DE SEMAINE; ils sont dispensés des CORVÉES DE COMPAGNIE, mais non des CORVÉES DE CHAMBRÉE ou de SOUPE. — EN GARNISON, ils battent la RETRAITE dans la circonscription qui leur est indiquée. — EN MARCHE, ils précèdent le CORPS. — EN ROUTE, l'un d'eux se tient à la QUEUE du dernier BATAILLON du CORPS. Autrefois, il était d'usage que constamment à tour de rôle un des Tambours de la TÊTE BATTIT la MARCHE. — En toutes circonstances, es Tambours concourent, dans les DÉFILE-MENTS DE TROUPE et d'HONNEUR, à RENDRE les HONNEURS aux DIGNITAIRES, aux GÉNÉRAUX FRANÇAIS, aux MARÉCHAUX. — Dans certaines ÉVOLUTIONS, des Tambours sont employés comme JALONNEURS; il en est ainsi dans la simulation des PASSAGES D'OBSTACLES, des PASSAGES DE DÉFILÉS, etc. — Aux CÉRÉMONIES de RÉCEPTIONS DE DRAPEAUX, ils BATTENT AUX DRAPEAUX. — Quand le DRAPEAU est APPORTÉ devant le FRONT du BATAILLON, ils BATTENT AUX CHAMPS; il en est de même à l'arrivée des CONDAMNÉS à MORT sur le terrain d'exécution. — A la suite des REVUES SUR LE TERRAIN, les Tambours BATTENT EN DÉFILANT jusqu'à la fin du DÉFILEMENT D'HONNEUR; ils stationnent, ainsi que la MUSIQUE le fait ou le ferait, en face du personnage à qui les honneurs sont dus. — Les TAMBOURS DE GARDE tiennent, EN MARCHE, la droite des HOMMES DE GARDE; ils se placent, quand le POSTE prend les armes, à la droite des HOMMES DE GARDE. — Dans les CÉRÉMONIES FUNÈBRES, ils accompagnent le CONVOI en marchant à la SOURDINE, à timbre détendu, ou la CAISSE voilée d'un drap noir en signe de DEUIL. — Ils exécutent, aux MESSES MILITAIRES, les BATTERIES accoutumées. — Ils appellent AUX ARMES par le ROULEMENT. — N° 7. INSTRUCTION. — Les BATTERIES DE CAISSE des CORPS FRANÇAIS, FRANCO-ÉTRANGERS, FRANCO-SUISSES, celles des DRAGONS et des GRENADIERS A CHEVAL étaient fort dissemblables. FAUCHET est un des AUTEURS anciens qui le témoigne, mais les différences qu'il essaye de signaler sont inintelligibles. Cependant, dès le règne de LOUIS TREIZE, les principales BATTERIES, encore en usage de nos jours, étaient déjà pratiquées, ou du moins les résultats qu'elles ont en vue étaient déjà les mêmes. On connaissait la MARCHE, la DIANE, la PRIÈRE, la MESSE, la RETRAITE, etc.; mais c'était un savoir de routine. — L'ORDONNANCE DE 1663 (17 SEPTEMBRE) prescrivit que dans les GARNISONS où se trouveraient des CORPS FRANÇAIS et des CORPS FRANCO-ÉTRANGERS, il ne fût exécuté de BATTERIES qu'à la française. — Vers le milieu du dernier siècle, les Tambours des GARDES FRANÇAISES furent les premiers qui battirent à part des INSTRUMENTS A VENT, parce que ce corps fut le premier qui eut une MUSIQUE jouant des AIRS tandis que les Tambours faisaient silence. — Il manquait, du reste, une science ou une CÉLEUSTIQUE notée, rhythmée, légale. Le MINISTRE qui sentit la nécessité d'une instruction et d'une NOTOGRAPHIE, ou écriture musicale notée, fut DARGENSON, et l'ORDONNANCE DE 1754 (14 MAI) opéra cette utile amélioration. Qui croirait que cette disposition, toute promulguée officiellement qu'elle fût, tomba dans un si profond oubli, que, pendant toute la guerre de la révolution, l'ARMÉE ignorait que cette ORDONNANCE eût existé! Ce fut l'auteur du *Manuel d'infanterie* (1807, D) qui retrouva et cita ce document de TYMPANONIQUE appliquée aux BRUITS DE CAISSE. Ce qu'on va lire ci-après en est extrait. — *Les Tambours, après avoir serré les cercles de leurs caisses, accordent leur timbre de façon qu'il ne rende qu'une vibration par chaque coup de baguette. — La caisse doit être portée un peu de biais, de sorte que le gros touche le joint de la hanche gauche, et, par devant, que le bord aboutisse aux boutons de l'habit, deux pouces au-dessus du ceinturon (alors* l'HABIT *différait de* l'HABIT *actuel par sa forme, et le ceinturon était en usage); de cette manière, le Tambour aura la cuisse gauche libre pour marcher, et le bras gauche ne sera point gêné pour battre. — Il faut tenir la baguette droite, serrée à pleine main, c'est-à-dire tous les doigts fermés. — La gauche doit être tenue du pouce et des deux premiers doigts qui l'embrassent, les deux derniers passent dessous; mais il faut observer que la main reste un peu ouverte, quoique la baguette soit serrée, afin de pouvoir la mieux enlever. — Les Tambours auront attention, en battant, de faire tomber les deux boutons des baguettes au milieu de la peau de la caisse. — Il faut que leurs bras se remuent avec aisance, sans affecter de faire de trop grands mouvements, et que leurs poignets tournent également avec liberté. Chaque coup de baguette se désigne par un terme dont le son ressemble au bruit que le coup forme sur la caisse. On distingue aussi, par ces mots, les coups donnés de la main droite ou de la gauche; la dureté et la délicatesse de la prononciation expriment la force ou la faiblesse du coup. — Ces mots s'appellent, en* TYMPANONIQUE, *ba, da, fla, pa, pla, ra, tla.* — Les frais de l'instruction des Tambours et de l'instruction des CLAIRONS ont été évalués, dans les temps modernes, à cent francs par an et par CORPS. La CIRCULAIRE DE 1827 (22 JANVIER) allouait en conséquence cette somme aux RÉGIMENTS D'INFANTERIE.

TAMBOUR INSTRUMENTAL (term. sousgénér.). Sorte de TAMBOUR DE TROUPE considéré ici comme INSTRUMENT DE PERCUSSION, DE HAUT BRUIT, d'accompagnement, et comme un des auxiliaires, un des agents de la céleustique, ou de la tympanonique. — Le Tambour a été appliqué à divers usages avant d'être adopté généralement par l'infanterie ; il a appartenu aux arquebusiers à cheval, aux dragons, aux mousquetaires à cheval, aux hommes d'armes, aux reitres, sous les noms d'attabales, de nacaires, de timbales, de petits tambours, de tambours de cavalerie ; il fut même un temps où les généraux d'armée ne marchaient que précédés de tambours battants. Brantôme (1600, A) en rend témoignage. — Le peu de précision du mot Tambour a jeté dans l'erreur les écrivains qui ont essayé d'en donner l'histoire ; ils n'en ont tracé que des descriptions inexactes ou incomplètes. — Du temps des empereurs Yao et Chun, plus de vingt-deux siècles avant J.-C., suivant ce qu'affirme Amiot (1772, D), les Tambours s'appelaient en chinois tou-kou, c'est-à-dire, Tambour de terre, parce qu'on en fabriquait le fût en terre cuite ou en porcelaine. On le fit ensuite en bois. Il y avait de ces Tambours en terre, qui étaient des espèces de timbales pointues qui s'implantaient dans le sol. On ignore si les Tambours de Chine qui étaient en bois, différaient, par la forme, de ces tambours pointus, s'ils étaient à deux peaux, s'ils étaient portatifs ou à demeure. — M. Wilkinson a retrouvé également en Égypte quantité de Tambours en terre cuite, qui étaient sans doute à l'usage des danseurs ou des saltimbanques. — *Le Tambour long* (long-drum), dit M. Wilkinson, *était porté par les* Égyptiens *dès les temps les plus anciens* (trois ou quatre mille ans avant J.-C.). — L'infanterie égyptienne, ainsi que le dit Athénée, et que le prouvent les monuments reproduits dans les ouvrages de Champollion, avait des Tambours servant de basse continue à des instruments à vent, mais ne constituant pas une instrumentation à part ; c'était en petit la grosse caisse des temps modernes. Ces caisses se battaient, non pas avec des baguettes, sur une seule peau, mais avec les doigts ou le poing, ou avec des tampons. L'instrumentiste suspendait à son cou son Tambour, le tenait comme on porte un manchon, et le frappait sur l'une et l'autre peau. — On retrouve cependant dans les gravures de M. Wilkinson l'image d'une baguette d'instrument de percussion ; mais rien ne prouve qu'elle ne servit pas à frapper des timbales, ou un tam-tam, ou un Tambour à une seule peau. — Dans les dessins empruntés aux monuments funéraires de l'Égypte, on voit un soldat ayant le Tambour sur le dos ; il le porte, non à la manière moderne, mais comme les marchands ambulants d'eau de réglisse placent leur fontaine. — Si l'on en croit des images peut-être apocryphes, les Hébreux connaissaient l'usage d'un Tambour en forme de timbale, que le musicien portait, non sur la cuisse, mais sur le devant du buste. — Il existe au musée égyptien de Paris un tambour en bois, pareil à ceux qui sont figurés dans l'ouvrage de M. Wilkinson ; par ses dimensions il diffère peu des formes modernes, mais il est en œuf tronqué du haut et du bas. C'est un baril dont les deux fonds sont garnis chacun d'une peau teinte en rouge ; ces peaux s'attachent l'une à l'autre au moyen de lanières croisées en dehors du fût. Ainsi cet instrument diffère des modernes tambours en bois, en ce que son fût se forme de douelles au lieu d'être plié en manière de boisseau, en ce qu'il n'a pas de cercles de roulage, ni de grands cercles, point de gâche ou de moyen proportionnel de bander la caisse. — Les Gaulois, si l'on en croit Carré (1785, E) et Mézerai, connaissaient l'usage du Tambour ; reste à savoir de quelle forme il était. — Les Grecs employaient le Tambour dans leurs fêtes, mais il n'était pas à double peau ; il ressemblait aux tambours de basque qui, dans l'expédition de l'Inde, étaient portés en tête des soldats de Bacchus. — Divers instruments analogues étaient connus des Latins, mais il est fort difficile de déterminer ce qu'ils entendaient par *tympanum, crepitaculum, tintinnabulum, crotalum.* — Strabon raconte que les Cimbres recouvraient d'une ou de plusieurs peaux quelques chariots, et les changeaient ainsi en d'immenses Tambours ; ils entamaient les combats au son de ces instruments. — Denys d'Halicarnasse (livre IV) fait mention de Tambours chez les Romains, sous le règne de Servius Tullius, et dit : *Duas centurias tubicinum et tympanistarum, et qui aliis quibusdam organis ad bellum vocabant.* — Ces paroles demandent à être méditées, car l'opinion générale est que les troupes romaines ne se sont jamais servies de Tambours ; mais ce qui pourrait faire douter de l'assertion de Denys d'Halicarnasse, c'est qu'il s'était écoulé six siècles entre l'époque dont il parlait et celle où il écrivait. — Au reste, de quelle espèce étaient ces prétendus Tambours ? il y a à cet égard complète incertitude. — Quinte-Curce rapporte qu'Alexandre trouva les Indiens et les troupes de Porus pourvus de Tambours en guise de trompettes ; il reste à savoir si c'étaient des tambours à deux peaux et à baguettes, s'ils étaient à l'usage des troupes à pied ou à cheval. — M. Bontemps (1858) dit que les Tambours ont été inventés en l'an de Rome 639 ; mais nous avons démontré que le Tambour était bien plus ancien. — Peut-être ces Tambours de l'an 639 étaient-ils ceux des Syriens. — Juvénal, qui écrivait dans le premier siècle de l'ère vulgaire, se plaignait de ces Tambours syriens qui étaient venus efféminer les mœurs romaines. Cependant les tambours de basque, les tambours a manches avaient retenti aux fêtes de Cybéle à des époques probablement plus reculées. — Avant le siècle qui précède l'ère chrétienne, on ne retrouve pas d'écrivains latins qui fassent mention de Tambours. — Dans les écrits plus modernes, dans Polyen (176, A) il est question des Tambours que portaient à la guerre différents peuples ; mais rien n'indique au lecteur si c'étaient des instruments à une ou à deux peaux, si c'étaient des instruments portatifs ou sur voitures. — On appelait en latin cava, ou *terga tauri*, le Tambour, mais il n'est pas démontré que ce fût un tambour militaire ; on appelait aussi cet instrument *clava*, qui vulgairement signifiait baguette ou gourdin ; le mot *clava*, en ce cas, ne donnerait-il pas l'idée du tambour de basque assujetti à un manche ? — Appien (150, A) et Plutarque parlent des Tambours de guerre des Parthes ; cet instrument volumineux était garni de grelots, de sonnettes. — On lit dans Plutarque : *In crassum* (n° 8, p. 678), *neque enim cornicibus aut tubâ classicum canunt, sed clavas ex cornu concavas æramentis intentas resonantibus pulsant* : Les Parthes ne se servent pas de cors ou de trompettes, pour sonner le classicon, mais font usage d'un instrument (*clava*) creux, garni de peau, et dont le bruit s'accroît par le cliquetis des lames d'airain. — On lit dans Pomponius Mela (liv. iii, ch. 10) : *Nocte crebri ignes micant, et veluti castra late jacentia ostenduntur, crepant cymbala et tympana* : La nuit règne, les feux du camp brillent, les timbales et les cymbales retentissent. — Mais ces cymbales étaient-elles des Tambours ? n'étaient-ce pas des naçaires, des tam-tam, des cloches à manche ? — Suidas, qui écrivait dans le dixième siècle, dit que le fouet et le Tambour étaient les instruments des Indiens. — Les Huns, les Abares, les Turcs, les Sarrasins, accompagnaient du bruit du Tambour les horribles cris qu'ils jetaient en combattant. — Le bas latin, suivant Furetière, appelait *tabur, taburcium, tamburium, tamburium*, le tambour de troupe ; les Espagnols le connaissaient au moyen age sous le nom de *tamburlum*. — Gébelin dit qu'on a appelé en français naçarau un genre de Tambour

en usage à la guerre, et qui répondait à l'ancienne nacaire ; il se retrouve, dit-il, dans la vie de Louis le Gros par Suger ; ce nagarau est, suivant lui, une traduction du mot italien *anacara*. — Il y a à tirer de cette assertion plusieurs conséquences, savoir : que les instruments primitivement connus sous le nom de tabors, taburs, nacaires, étaient des tambours de cavalerie ; que leur nom autorise à croire que cet instrument a été rapporté des croisades ; qu'il n'est pas douteux pourtant que des instruments de percussion ont été connus de tout temps dans l'Orient et fort anciennement dans l'Occident ; que les écrivains ont jusqu'ici employé ces mots sans se rendre précisément compte de ce qu'ils signifiaient ; que la nacaire est plus ancienne, comme le prouve la quantité de ses synonymes, les uns romains, les autres bas latins ; que l'attabale est plus nouvelle, puisqu'elle était le Tambour des reitres ; que le mot Tambour n'est devenu un mot d'espèce qu'après avoir été un mot de genre. — Au treizième siècle le sultan Osman, qui a donné son nom aux Ottomans, ou Osmanlis, *reçut*, dit Volney, *le caftan, le Tambour et les queues de cheval, symboles du commandement chez tous les Tartares*. — Ce que Volney appelle Tambour, était indubitablement un tambour de cavalerie. — Dans l'origine, comme le témoigne Duane (1810, E), le Tambour des troupes anglaises se battait de la dextre, tandis que la senestre jouait du galoubet. Tel est encore l'usage des montagnards de certaines contrées ; les meneurs d'ours en donnent la preuve. Ce galoubet était à trois trous, non compris l'embouchure ou bec et l'ouverture opposée. — Il en a été de même en bien d'autres pays. — Alors que l'infanterie n'était pas permanente, celle qui était mise sur pied se servait des instruments champêtres qu'elle trouvait sous sa main, telles que la corne du chevrier, la cornaboux, dont Daniel (1721, A) donne l'image, la cornemuse, encore usitée dans les troupes écossaises. Mais dans le cours du quatorzième siècle, les Suisses substituèrent au galoubet le fifre, joué par un instrumentiste distinct du Tambour ou tambourneur, et cet usage devint européen. Paul Jove, en décrivant la marche de Charles huit en Italie, semble témoigner, dans le passage suivant, que les Suisses appliquaient déjà le Tambour au pas cadencé : *Præcesserant longa Helvetiorum Germanorumque agmina, justis passibus ad tympanorum pulsum*, etc. : En tête marchaient les colonnes profondes des Suisses et des Allemands, s'avançant à pas comptés, au son des Tambours. — Il est permis d'en induire que la MILICE SUISSE est une des premières qui ait fait usage de TAMBOURS D'INFANTERIE portés à la manière actuelle, et destinés à indiquer le PAS. — M. le général Ph. de SÉGUR (1835) parle fréquemment des TABOURINS D'INFANTERIE et de CAVALERIE qui jouaient dans cette expédition ; les premiers étaient la BASSE du FIFRE, les autres la BASSE des CLAIRONS. — AU MOYEN AGE, les ANGLAIS se servaient des mêmes mots ROMANS que nos pères pour désigner le Tambour ; les mots TABRET et TABOURET en sont une trace. Mais quand le substantif français Tambour a été substitué, il y a peu de siècles, aux anciennes expressions, les ANGLAIS, au lieu de l'admettre, ont employé le terme *drum*, analogue à l'ALLEMAND *trommel*, et ils ont été mieux avisés que nos pères, en ne laissant pas se confondre le nom de l'INSTRUMENT et de l'INSTRUMENTISTE, et en établissant une différence entre *drum* et *drummer*, comme il en existait une autrefois, en FRANCE, entre Tambour et TAMBOURINEUR, entre BEDON et BEDONNEUR. — Quand EDOUARD TROIS débarquait à CALAIS en 1347, il introduisit en FRANCE, disait M. SICARD, ainsi que quelques ÉCRIVAINS qui se sont recopiés, les premiers Tambours qu'on y eût vus. FROISSART dit en effet *que le prince avait foison de nacaires et Tambours ; ils accompagnaient trompettes et buccines ;* mais il ne faut pas induire de ce récit de FROISSART, que des INSTRUMENTS de ce genre n'étaient pas encore connus en FRANCE ; ils étaient employés depuis longtemps par les CHEVALERIES de tous les pays. — Suivant MONDÉSIR (1781, C) et M. SICARD, ce fut en 1347 que le Tambour fut substitué dans plusieurs TROUPES D'INFANTERIE au CLAIRON, mais nous n'en avons pas retrouvé la preuve ; cette assertion est bien vague ; de quel pays et de quelle TROUPE ces AUTEURS veulent-ils parler ? — Remarquons qu'il y avait deux siècles que les HOMMES DE CHEVAL de LOUIS LE GROS se servaient d'INSTRUMENTS DE PERCUSSION ; que le CLAIRON n'était pas un INSTRUMENT D'INFANTERIE, que les HOMMES DE PIED, sauf quelques CORPS D'ÉLITE, n'avaient que des CORNEMUSES, ou des CORNES à bouquins. — Si cette date, 1347, n'est pas imaginaire, elle pourrait rappeler un des millésimes de l'histoire des SUISSES. Dès le commencement de ce siècle, leur émancipation avait eu lieu : ils avaient mis sur pied une INFANTERIE RÉGULIÈRE. Ne serait-ce que de 1347 qu'ils y auraient attaché les TABOURINS et les FIFRES, que depuis ces époques toute l'Europe imita ? Les SUISSES furent, dit positivement DUBELLAY (1545, A), les

inventeurs de cette MUSIQUE ; mais nous la croyons pratiquée par eux antérieurement à 1347, et peut-être même était-elle plus ancienne chez les AVENTURIERS d'ITALIE et les MILICES COMMUNALES de la péninsule ; MACHIAVEL (1510, A) nous autorise à le supposer. — Les ALLEMANDS, les ANGLAIS, les ITALIENS, les ESPAGNOLS sont les premiers, à ce que rapporte M. SICARD, qui se soient servis de Tambours ; c'est une vérité un peu confuse, mais ce genre d'INSTRUMENT était bien plus anciennement usité dans les TOURNOIS de toutes les nations. — Depuis l'usage du LATIN barbare jusqu'à LOUIS ONZE, le TABUR et ses traductions en LANGUE ROMANE donnaient idée de toute espèce d'INSTRUMENTS A PEAU. — A l'issue des CROISADES, tabour, Tambour, était un terme augmentatif exprimant une GROSSE CAISSE de CAVALERIE, imitée de celle des TURCS. — Depuis le onzième siècle, les habitants du LANGUEDOC et de la PROVENCE firent du tabur le joyeux TABOURIN, qui animait leur danse, et que le GALOUBET accompagnait. Si ce n'est l'origine de la chose, c'est celle du mot. — Sous LOUIS ONZE et CHARLES HUIT, le Tambour SUISSE, devenu TAMBOUR D'INFANTERIE, avait pour DESSUS l'ARIGOT ou le FIFRE ; quelques provinces l'appelaient TAMBOURIN. — L'usage du Tambour, ou TABOUR comme l'appelle FROISSART, remonterait en FRANCE à 1357, suivant M. BONTEMPS (1838) ; mais il y aurait toujours à faire l'insoluble question : De quel genre de Tambour s'agit-il ? — En 1397, BAJAZET, à ce que rapporte M. de BARANTE, envoyait en présent un Tambour au ROI DE FRANCE ; c'était probablement un TAMBOUR DE CAVALERIE. — On retrouve les images des Tambours dont on se servait au quatorzième siècle, dans le manuscrit d'Aubry, de la bibliothèque royale, et dans celui du roi René, conservé à la bibliothèque de l'Arsenal. Ces Tambours étaient positivement une GROSSE CAISSE ou TONNANT. On le portait à cheval ; on le battait sur les deux PEAUX ; il tenait en éveil les POSTES. — M. MONTEIL donne maintes fois à entendre que, dans ce même siècle, les TROUPES se servaient de Tambours ; mais il ne spécifie ni le genre de TROUPE, ni le genre de Tambours, ni leur matière. — VOLTAIRE répète d'après ÆNÉAS SYLVIUS, rhéteur devenu pape, que le brave ZISCA, vengeur de Jean Huss, légua en 1424 aux Bohémiens sa peau, pour en faire un Tambour. Soit que l'on regarde, ou non, comme fabuleux ce testament, l'anecdote prouve du moins que les hussites combattaient au bruit du Tambour, et ces Tambours n'étaient probablement, à l'instar des HUNS, que des bâches de chariots faites en peaux de taureaux ; dans le cas présent, une peau humaine y eût été substituée. — Dans le seizième siècle et probablement bien plus anciennement, comme le prouve VOLTAIRE (*Dictionnaire philosophique*, au mot *Kalendes*), *La fête des fous avait lieu à Dijon avec Tambour et fifres* ; car si le Tambour, ou le TABOURIN, n'a pas toujours été un INSTRUMENT MILITAIRE, il a toujours été un INSTRUMENT de divertissement. — Les SUISSES, qu'en 1444 LOUIS ONZE prit à son SERVICE, apportèrent en FRANCE l'usage du Tambour des HOMMES DE PIED, et ce fut sous ce prince que le RECRUTEMENT des AVENTURIERS commença à se faire au son de la CAISSE. Il reste à découvrir si, dès cette époque, le TABOURIN était un cylindre de cuivre, ou de fer-blanc, ou de bois ; s'il était battu des deux mains, avec deux BAGUETTES, sur une seule PEAU, ou si la main gauche de l'INSTRUMENTISTE jouait du GALOUBET à l'antique manière des montagnards ; mais comme c'est de cette époque que le FIFRE français a été imité de celui des SUISSES, et comme le FIFRE se joue des deux mains, la question est résolue en partie. M. de BARANTE (année 1408) parle de Tambours accompagnant les CLAIRONS et les TROMPETTES ; mais ce n'est pas comme un usage d'HOMMES DE PIED, c'est comme un concert de CARROUSEL. — Les MAURES D'ESPAGNE BATTAIENT le Tambour ou la TYMBALE avec des BAGUETTES courtes, et poussaient des cris perçants en exécutant ce genre de BATTERIE ; il est douteux que ces INSTRUMENTS moresques fussent des TAMBOURS D'INFANTERIE, et il est palpable que cette coutume de crier en BATTANT s'opposait à ce que les BATTERIES pussent être des moyens de marcher en CADENCE, ou pussent servir de SIGNAUX : ce n'était qu'un moyen d'étouffer les cris des mourants, et d'enflammer les courages. — En 1522, au siége de RHODES, des BALLES D'ARQUEBUSES placées sur la PEAU d'un Tambour, décelaient par leur agitation dans quelle direction les MINEURS ENNEMIS poussaient la MINE. — MACHIAVEL (1510, A) dit : *Les soldats doivent marcher comme marche l'enseigne, et ils doivent marcher suivant la batterie du tabourin. Il faut que l'armée marche avec le pas qui réponde et s'accorde au temps et à la mesure de la batterie. Nos prédécesseurs faisaient changer de batteries quand ils faisaient changer de marche, et, selon qu'ils voulaient enflamber ou apaiser le courage des hommes, ils faisaient battre en diverses façons.* — Nous rapportons ces passages pour en déduire qu'en ITALIE, dès cette époque, le Tambour indiquait à l'INFANTERIE le PAS, si-

non du même pied, au moins de même CADENCE et de même mesure linéaire ; que la BATTERIE nommée la CHARGE était pratiquée déjà, et que ces mots de MACHIAVEL, *nos prédécesseurs*, ne pouvaient se rapporter qu'aux AVENTURIERS et aux CONDOTTIERI. — Clément MAROT témoigne que de son temps :

Haults (aigus) fifres sonner,
Sur gros tabours qui font lair résonner.

— Ces gros Tabours étaient des BEDONS. — BRANTOME (1600, A) rapporte que quand BORGIA, bâtard d'Alexandre six, vint, en 1498, à la cour de FRANCE, avec une suite nombreuse et brillante, *il avait trois ménestriers, assavoir deux Tambours et un rebec* (violon à trois cordes) dont on usait fort en ce temps-là. — Ainsi le vieux mot TABOR, signifiant une espèce de TONNANT de CAVALERIE TURQUE, s'était changé, sous LOUIS ONZE, en TABOURIN, ou moyen Tambour d'INFANTERIE ; il commençait, sous FRANÇOIS PREMIER, à s'appeler TAMBOURIN, parce que, à l'imitation du TAMBOUR DE PROVENCE, il était long, mince et inséparable d'un pipeau, ou à bec, ou traversier. — Il n'avait pas encore de CORDE DE TIMBRE, s'il faut en croire CARRÉ (1783, E). — Il était devenu TABOUR, dans la poésie de Clément MAROT. Il était devenu Tambour, dans les récits de BRANTOME. C'était un INSTRUMENT qui s'était accourci et élargi ; il avait pris une CORDE DE TIMBRE, des CERCLES DE ROULAGE, une GACHE, et il était percé d'un TROU DE RÉSONNANCE. — FURETIÈRE, le premier, mentionnait la locution TAMBOUR BATTANT. — Quant au gros Tambour que CARRÉ (1783, E) désigne sous le nom de TONNANT, il s'est appelé BEDAINE, BEDON, BEDONDAINE ; il serait, suivant cet AUTEUR, d'un usage plus ancien que les mots TABUR, TABOUR ; mais pourtant, dans les derniers siècles, c'était au son de la FLUTE et du BEDON que l'on conduisait ignominieusement à rebours sur un âne, suivant Ganeau, les *courtisanes, ou femmes bourdelières*. — Ce BEDON s'est nommé aussi DONDAINE, et dans le langage populaire, le mot BEDAINE s'est conservé pour exprimer l'ampleur d'un homme ventru, de même qu'on a appelé DONDAINE, une femme grasse, une dondon. — Ce BEDON rappelait le TAMBOUR TURC, nommé daul, long de trois pieds, que dans les derniers siècles, comme le témoigne LACHESNAIE (1758, I, au mot *Instrument*), les Turcs employaient encore ; ils le battaient à cheval, en frappant sur ses deux PEAUX, avec deux BAGUETTES différentes l'une de l'autre. — Un genre de TAMBOUR TURC qui était battu à pied était celui des PANdours ; il était conique. Le moindre diamètre du cône tronqué portait la peau de batterie. — L'Encyclopédie (1785, C, au mot *Caisse*) conseillait avec raison de faire des expériences pour constater la sonorité des futs de cuivre, des futs de bois, des futs de dimensions ou formes diverses. Il n'est pas à notre connaissance que ce conseil ait été suivi en France. Le caprice, la mode, l'opinion des fabricants, ont jusqu'ici tenu lieu de règles, ou ont déterminé les changements. — Les dragons, a tiré d'infanterie, avaient le Tambour ; ils le conservèrent petit, parce que quand ils le prirent, celui de l'infanterie n'était pas grand. Il était bien forcé que cette infanterie à cheval le portât à cheval, mais dans le principe les dragons ne battaient qu'à pied. Les mousquetaires a cheval imitèrent l'usage du Tambour des dragons, mais le battirent à cheval ; Parrocel le témoigne dans ses dessins, et Lachesnaie (1758, I) dans ses descriptions. Les dragons et les mousquetaires, se sont servis du tambour plus d'un siècle, quoique l'on conçoive mal l'usage d'un instrument qui privait le cavalier qui en était pourvu, de la faculté de tenir le sabre, de manier ses rênes, de gouverner son cheval. — Le tambour de cavalerie a disparu des ordonnances, depuis celles de 1764 (5 mars) et de 1767 (25 avril). — Il est fait mention des mots *Benbaloon, Dembes, Kas, Kamba, Olamba, Marimba*, dans l'Encyclopédie (1751, C) ; elle exprime, par là, des Tambours de sauvages ; car il est peu de tribus de sauvages chez qui l'on n'ait retrouvé le Tambour dans ses formes plus ou moins simples. L'Encyclopédie témoigne que les nègres d'Amérique appellent taboùla, une espèce de grosse timbale composée d'un tronc creusé, sur lequel celui qui joue se tient à cheval et frappe du plat de ses mains. Cet instrument marque la cadence de la danse nommée *caliuda*, et le son qu'il rend s'appelle *baboula*. Les Tambours du royaume de Juida sont de même espèce, c'est-à-dire en forme de timbale. — Les Tambours du royaume de Congo étaient au contraire cylindriques, et à deux ouvertures que fermaient deux peaux de tigre. — S'il en faut croire Lorooz (1770, K), l'armée siamoise, dégoûtée de tous les inconvénients que cet auteur reproche au Tambour, renonçait à son usage dans le siècle dernier. — Dans le grand comité des inspecteurs, qui siégeait en 1781 au ministère, il était question de rendre aux dragons leur Tambour, et même de le donner aux chasseurs a cheval. — Ces projets n'eurent pas de suite. — On employait l'expression tambour battant, qui avait quelque chose de triomphal, par opposition à la locution caisse couverte, qui impliquait idée d'un événement défavorable et sentant la défaite ou l'affliction. Quand les Espagnols, dit Mézerai, évacuèrent Paris, où rentrait Henri quatre, ils partirent enseignes ployées, caisses couvertes. — Les auteurs qui ont écrit touchant l'histoire des Tambours, sont loin de fournir les renseignements qu'on y cherche. Ce que Daniel (1721, A) en dit est peu instructif ; la manière dont Audouin en traite est incomplète et inexacte. — On peut, toutefois, puiser quelques lumières sur le sujet en consultant l'Encyclopédie méthodique, *Manufacture, arts et métiers* (t. III, 2e part.; t. IV, p. 132, 156 ; id., au mot *Boisselier*), l'Encyclopédie (1751, C, au mot *Tympanum*) ; elle renvoie au traité latin de Span : *Musæum Romanorum*, liv. II, sect. 4, tab. 7 et 8, et au traité italien : *Agostini geminæ antiquæ* (1re part., p. 30) ; l'Encyclopédie (parties militaires (1785, C, aux mots *Caisse, Instrument*, etc.), l'*Encyclopédie des Gens du monde*, Furetière, Ganeau, Lachesnaie (1758, I, aux mots *Caisse, Instrument, Timbale*), Ménage, Potier (1779, X), Scaliger, Sicard, Vossius. — Le mot Tambour instrumental va être distingué avec plus de développement comme tambour instrumental d'infanterie française.

TAMBOUR instrumental. d'infanterie française (F, G, 6). Sorte de tambour instrumental dont l'usage a été l'objet de quelques blâmes. Il a été adopté par hasard, par routine. Il n'a jamais été l'objet d'aucunes expériences ordonnées par le ministère. Il est, parce qu'il est. Maizeroy (1771, A) l'appelle *instrument barbare, dont les sons secs et durs n'ont aucune puissance sur nos sensations*. Cette opinion peut être combattue ; quelques témoignages produits ci-avant le prouvent. — Il est vrai que le Tambour est un instrument sauvage, sourd, discors ; qu'il est d'un transport embarrassant, d'un emballage difficile, d'un volume gênant, d'un prix trop élevé, d'un grand poids ; il est vrai même que tout Tambour déposé aux voitures de bagages d'un corps en route, pendant les longues marches ou les retraites, est un instrument perdu. Voilà pourquoi l'infanterie légère de toutes les nations a préféré au Tambour, le bugle, le clairon, le cor, le cornet, le sifflet, parce que plusieurs de ces instruments s'entendent de plus loin que le Tambour ; mais celui-ci marque mieux la cadence du pas, il est plus propre à inspirer la fureur, par l'ébranlement qu'il opère et le retentissement qu'il excite dans la poitrine du SOLDAT. — Le général ROGNIAT (1816, B) s'est prononcé contre le Tambour. NAPOLÉON, disposé à n'être en rien de l'avis du général ROGNIAT, a fait l'éloge du Tambour ; il a dit dans ses Mémoires (MONTHOLON, t. 1, p. 247) : *Le Tambour imite le bruit du canon ; c'est le meilleur de tous les instruments, il ne détonne jamais.* — L'assertion n'est pas rigoureusement vraie ; il suffit de l'influence d'une rosée, pour que le Tambour détonne, et l'INFANTERIE DÉFILANT par la pluie semble marcher à un CONVOI funèbre. — Le Tambour cependant s'est maintenu, et durera, parce qu'en TEMPS DE GUERRE, à défaut de cuivre laminé, un Tambour peut se faire en fer-blanc ou en bois, et qu'un SOLDAT intelligent peut, en quelques jours, se faire Tambour, ou, du moins battre la CHARGE et le RAPPEL, tandis qu'il ne peut sans longues études se faire CLAIRON. — GUILLET (1686, B), MANESSON, DANIEL (1721, A) et leurs nombreux copistes, tels que DUBOUSQUET (1769, B), ont blâmé l'appellation de Tambour donnée à la CAISSE, et veulent qu'on n'appelle du nom de Tambour que l'INSTRUMENTISTE ; mais ils ne se sont pas rendu compte que le nom de TAMBOURINEUR, TAMBOURINIER qu'on retrouve dans WALHAUSEN (1615, A) et dans FURETIÈRE un siècle plus tard, était l'ancien, le vrai, le convenable nom de ce SOLDAT ; que le mot Tambour, consacré par des siècles, était le nom de l'INSTRUMENT de métal aussi longtemps qu'il a signifié génériquement un INSTRUMENT A PEAU, soit d'INFANTERIE, soit de CAVALERIE ; qu'on ne s'est servi du terme mal choisi, CAISSE, QUESSE, que quand le TAMBOUR DE BOIS à l'ESPAGNOLE, qui s'appelait *coxa*, a été mis en usage dans l'INFANTERIE FRANÇAISE, et que quand le TAMBOUR DE CUIVRE à la SUISSE lui a succédé, il n'était plus une CAISSE et redevenait un Tambour, et devait s'appeler de ce nom. — Aucun ÉCRIVAIN ne nous fait connaître l'époque précise depuis laquelle l'INFANTERIE fait usage du Tambour dans les divers pays. Toutes nos recherches n'ont pu aboutir à la solution des questions suivantes : Depuis quelle année, chez quel peuple, dans quelle TROUPE, le TAMBOUR DE BOIS à deux PEAUX a-t-il commencé à être BATTU sur une seule PEAU, des deux mains, avec des BAGUETTES droites de bois dur, à BOUTONS ovales ? à quelles époques, dans quelles TROUPES le TAMBOUR DE CUIVRE a-t-il remplacé le TAMBOUR DE BOIS ou en a-t-il été remplacé ? LACHESNAIE (1758, 1, au mot *Tambour*) se contente de dire vaguement qu'au temps où il écrivait il était de bois, mais qu'*il avait été souvent*

de laiton ou de cuivre. — Nous enregistrerions avec reconnaissance la réponse à ces questions, si elles résultaient de témoignages puisés dans l'histoire, ou si elles étaient appuyées de preuves fournies par les monuments. — Le Tambour ou TABOURIN a d'abord été une fois plus long que large, il se jouait d'une seule main ; tel était celui que le GALOUBET accompagnait, et qui a continué à s'appeler TAMBOURIN quand le FIFRE a été adopté. — Le Tambour d'infanterie, devenu égal en hauteur et en diamètre, avait à peu près perdu en hauteur ce qu'il avait gagné en épaisseur ; il était joué des deux mains sur une seule PEAU. — Le Tambour a été porté horizontalement, perpendiculairement, diagonalement suivant les temps. Il devenait grand sous HENRI QUATRE, à la manière des ESPAGNOLS, et par ses dimensions il différait peu du BEDON qu'on frappait des deux mains sur les deux PEAUX ; il s'est nécessairement rapetissé beaucoup sous LOUIS QUINZE, parce qu'il devenait TAMBOUR DE CUIVRE, et que s'il fût resté aussi volumineux qu'auparavant, il eût été trop lourd et trop cher. Sous ce règne, il commençait à jouer à part des INSTRUMENTS A VENT. — MONDÉSIR (1781, C) prétend que le Tambour a succédé au CLAIRON ; mais veut-il parler de l'INFANTERIE ou de la CAVALERIE ? Il dit qu'on ne connaissait pas en FRANCE l'usage du Tambour avant l'année 1347 ; mais on ne sait sur quelles preuves s'appuie cette assertion. — On a dit que le Tambour français avait été imité de celui des ANGLAIS ; mais comment croire à cette origine anglaise, puisque, du onzième siècle au quatorzième siècle, les ANGLAIS désignaient par des mots tout français les INSTRUMENTS DE PERCUSSION ? Ils n'ont ensuite adopté les mots *drum* et *drummer* qu'en les recevant des SUISSES et des ALLEMANDS. De nos jours, le système de BATTERIES ANGLAISES et le nom qu'elles portent est tout FRANÇAIS ; il n'y a que la seule retraite qui n'ait pas une désignation française, les ANGLAIS l'appellent *tatoo*. — DANIEL (1721, A) affirme qu'anciennement le Tambour était en CUIVRE. Nous doutons qu'il fût de CUIVRE sous FRANÇOIS PREMIER ; tout au plus les Tambours des SUISSES de CHARLES HUIT, et les LANSQUENETS pendant les règnes suivants, l'auraient-ils eu en métal ; mais le peu de durée des CORPS D'INFANTERIE FRANÇAISE, LICENCIÉS pour la plupart aussitôt que LEVÉS, ne leur donnait pas le temps de faire fabriquer des INSTRUMENTS si solides. — Les BATTERIES DE CAISSE étaient déjà, sous LOUIS TREIZE, un moyen de RENDRE LES HONNEURS. DÉPERNON, COLONEL GÉNÉRAL D'INFANTERIE, avait depuis 1584, comme maître absolu de l'INFANTERIE, la prérogative d'être salué à son passage par les mêmes BATTERIES DE CAISSE que le ROI. Un jour qu'il entrait au Louvre dans le même carosse que Gaston, frère du ROI, le TAMBOUR DE GARDE se contenta de RAPPELER, croyant n'avoir à RENDRE LES HONNEURS qu'à Gaston ; mais DÉPERNON exigea que le Tambour BATTIT AUX CHAMPS, ce qui fut une vive mortification pour le duc d'Orléans. — FAUCHET et DANIEL (1721, A) témoignent que du temps de HENRI QUATRE le Tambour commençait à s'appeler vulgairement QUESSE, CAISSE, parce qu'on l'adoptait en bois. — Mais ce n'est que dans les ordonnances de LOUIS QUATORZE qu'il a commencé à s'appeler CAISSE ; elle était de chêne ou de châtaignier. — PARROCEL, dans les dessins qu'il a laissés, nous montre le Tambour placé devant celui qui en jouait, et appuyé, non sur sa caisse gauche, mais devant son buste, de telle manière qu'il BATTAIT presque à la hauteur de ses pectoraux ; ce Tambour avait la forme d'une GROSSE CAISSE actuelle, les deux BAGUETTES le frappaient sur la PEAU DE BATTERIE ; il avait deux pieds et demi de haut, sur deux pieds et demi de diamètre, comme le dit FURETIÈRE, et s'il n'avait que ce volume, c'est parce qu'on ne trouvait pas de PEAU DE mouton plus grande, et qu'il était de principe, comme le rapporte l'ENCYCLOPÉDIE, que la CAISSE fût aussi haute que large. Cet énorme instrument était garni d'une corde de timbre. — PARROCEL nous montre aussi les TAMBOURS DE DRAGONS et de MOUSQUETAIRES BATTANT à cheval. — GAYA (1670, B D) et MANESSON (1685, B) nous donnent l'image des Tambours de leur temps ; ils avaient diminué de grandeur, et commençaient à différer peu des formes actuelles. — Sous LOUIS QUINZE, le Tambour des TROUPES A PIED a été de cuivre, à l'imitation de ceux des SUISSES et des ALLEMANDS ; TURPIN (1785, O) le déclare et le regrette, parce qu'il blâme l'usage des FUTS DE CUIVRE, et préférait les futs en bois. — Le Tambour a commencé par être une BASSE, comme on dit en MUSIQUE ; ainsi le Tambour ne BATTAIT que comme accompagnement d'un CHANT ou d'un DESSUS, que modulait un INSTRUMENT A VENT ; c'étaient, suivant les temps, le FLAGEOLET, l'ARIGOT, le GALOUBET, le FIFRE ; ce fut ensuite le HAUTBOIS. — Les Tambours n'ont commencé à être joués à part, et sans les HAUTBOIS, ou à sonner seuls, comme on disait autrefois, que dans la MUSIQUE des GARDES FRANÇAISES et vers le milieu du dernier siècle ; mais dans l'INFANTERIE DE LIGNE, cette révolution musicale a été plus tardive. — Le Tambour a donné, de CHARLES HUIT à LOUIS QUATORZE,

la CADENCE du PAS, mais sans que le PAS fût du même pied. Il a donné, depuis le commencement du dix-huitième siècle, la CADENCE du PAS exécuté d'une même jambe. — Il a donné, depuis LOUIS QUINZE, les SIGNAUX d'ÉVOLUTIONS, indiqué la formation du BATAILLON CARRÉ, les CHANGEMENTS DE DIRECTION DE BATAILLON EN MARCHE, les MARCHES EN AVANT, EN RETRAITE, etc. Ce parti que la CÉLEUSTIQUE en tirait, était une grande pensée en TACTIQUE. La mode n'a pas voulu qu'il continuât à en être ainsi. Le TAMBOUR DE CUIVRE n'a plus servi qu'à produire, en MARCHE, le BRUIT alternatif entrecoupant les AIRS d'une MUSIQUE TURQUE, et ce sont la CAISSE ROULANTE et la GROSSE CAISSE qui sont devenues la BASSE musicale reproduisant l'ancien roulis du Tambour. — L'ORDONNANCE DE 1767 (25 AVRIL), en substituant les FUTS DE CUIVRE aux Tambours de bois, leur donnait un pied de haut, et treize à quatorze pouces de diamètre ; le FUT pesait sept livres. — Le RÈGLEMENT DE 1779 (21 FÉVRIER) reproduisait ces règles. — CARRÉ (1785, E, p. 178) décrit le Tambour comme ayant quinze à seize pouces de diamètre ; il dit au contraire, p. 374, qu'il avait dix-huit à vingt pouces de diamètre, et autant de hauteur. Ces contrastes témoignent combien ses dimensions ont varié, et combien les ordonnances étaient mal obéies. — Le DÉCRET DE L'AN SEPT (11 THERMIDOR) donnait au Tambour un pied de haut sur quatorze pouces de diamètre. — Le DEVIS DE L'AN DIX (4 BRUMAIRE) lui donnait onze pouces de haut sur quatorze pouces de diamètre, et en réglait le prix à trente-trois francs. Ces descriptions étaient, du reste, fort imparfaites. — Le TARIF DE L'AN QUATORZE (FRIMAIRE) évaluait le prix du Tambour à quarante francs ; la CIRCULAIRE DE 1841 (6 juin) ne le portait qu'à trente-six francs. La description qui fut imprimée par ordre du MINISTÈRE DE LA GUERRE (*Voyez* AUTEURS MILITAIRES, 1818, B), comme une partie du règlement projeté sur l'UNIFORME, et qui était rendue exécutoire par la DÉCISION DE 1817 (3 SEPTEMBRE), cette description, complète, étudiée, était accompagnée d'une gravure exécutée de demi-grandeur ; elle composait le Tambour : du CORPS, des PEAUX, des CERCLES DE ROULAGE, des GRANDS CERCLES, du CORDAGE, de la CORDE DE TIMBRE, et des TIRANTS. Elle prescrivait de rouler les bords du FUT sur un ROTIN ; elle donnait au CORPS de la CAISSE, trois cent cinquante millimètres de hauteur et de diamètre. — Sa durée était fixée à vingt ans. — Le Tambour était garni de BRETELLES PORTE-CAISSE ; il pesait, tout équipé, de quatre kilogrammes cent grammes à quatre kilogrammes deux cents grammes. —

Le son que rend le Tambour est dû au trou de résonnance, au degré de tension du cordage, à l'élasticité et à la vibration de sa peau de timbre, convenablement bandée par le jeu du crochet de la gache. — Quatre Tambours pourraient rendre les sons : ut, mi, sol, ut ; il faudrait à cet effet que la hauteur de chacun variât comme varient entre eux les nombres 4, 5, 6, 8. — La force des cours plus ou moins vifs et appuyés sépare les mesures et distingue les temps. Les intervalles des cours répondent à la durée des notes de l'air. Il n'en est autrement que dans les roulements. — Jean-Jacques, dans son *Dictionnaire de musique*, recommandait d'accorder les Tambours sur la tonique sol, et de faire usage d'une caisse roulante. — Une caisse skeuophorique, c'est-à-dire une grande boîte d'emballage, contient huit caisses de Tambours. — La manière de monter, nettoyer la caisse, se trouve dans le *Manuel d'infanterie* (1807, D). — Les auteurs qu'on peut consulter sur les Tambours sont : Bardin (1807, D ; 1809, B ; 1814, E ; 1818, B), Berriat (1817, A), Brantome (1600, A), Daniel (1721, A), Fauchet, Furetière, Gaya (1670, D), Lachesnaie (1758), M. Legrand (1835), Manesson (1685, B), Marguerie.

TAMBOUR-maitre. V. caporal-tambour. V. caserne. V. maitre. V. milice wurtembergeoise n° **1**. V. sous-officier.

TAMBOUR-major. V. allocations de t... V. autorité de t... V. baton de t... V. baudrier de t... V. bottes de t... V. bout de canne de t... V. canne de t... V. ceinturon de t... V. chaine de canne de t... V. chapeau de t... V. coiffure de t... V. création de t... V. dénomination de t... V. devoirs de t... V. droits de t... V. écusson d'habit de t... V. épaulettes de t... V. équipement de t... V. fonctions de t... V. galon de t... V. habit de t... V. localisation de t... V. logement de t... V. major, adj. V. nomination de t... V. pantalon de t... V. plumet de t... V. pomme de canne de t... V. rang de t... V. redingote de t... V. sabre de t... V. service de t... V. sous-t... V. subordination de t... V. uniforme de t...

TAMBOUR-major (A, 1). Sorte de tambour idioplique, ou de sous-officier d'infanterie, dont l'emploi a commencé à être reconnu depuis la création des régiments. — Les auteurs qui en traitent sont : Bardet (1740, A), Billon (1671, A), Bombelles (1746, A), Despagnac (1751, D), d'Héricourt (1756, G), Dubellay (1549, A), Lachesnaie (1758, I ; id. aux mots *Exercice*, p. 127, 160, *Fonctions, Ordre, Tambour*),

Lavallière (1675, B), Praissac (1622, A), Quincy (1741, E). — Ce qui concerne le Tambour-major comprend : création, dénomination, nomination, uniforme, localisation, logement, allocations, rang, droits, autorité, fonctions, devoirs, subordination. — N° 1. Création. — Il n'est pas démontré par l'histoire que, au temps des tabourins employés dans les bandes de François premier et de Henri deux, il ait été reconnu hiérarchiquement un premier tambour, ou un maitre-tambour ; cependant le fait est supposable. Dubellay (1549, A) parle, dans le projet d'organisation qu'il mettait au jour, du tabourin-maiour ; c'était une expression descriptive, non une qualification légale. Ce tabourin-maiour *devait*, disait-il, *être près du collonnel, pour crier soudainement sa volonté*. — Il a existé un chef-tambour dès la création des plus anciens régiments. C'était un homme de troupe qui devait savoir battre et enseigner les batteries ; il comptait comme haute paye. — Les ordonnances de 1762 (10 décembre) et de 1775 (26 avril) donnèrent plus d'importance au grade, parce que c'était l'époque où il commençait à être mis sur pied, dans l'armée française, des instrumentistes autres que les tambours ; ces musiciens, de classe un peu plus relevée, et désignés alors sous le nom de hautbois et de clarinets, étaient subordonnés au Tambour-major. — N° 2. Dénomination. — Praissac (1622, A) et Lavallière (1675, B) témoignent que, de leur temps, le chef des tambours portait désignation de tambour-colonel ou de tambour général, parce qu'alors ces épithètes n'étaient pas encore devenues des substantifs, et n'avaient qu'un sens qui répondait à chef ou à premier. — Billon (1671, A) et M. Bontemps (1818) témoignent que l'ordonnance de Poitiers de 1651 (4 novembre) reconnaissait, sous le nom de Tambour-major, ce bas officier. — N° 3. Nomination. — La loi de 1790 (29 octobre), sanctionnant une pratique de toute ancienneté, confiait aux colonels le droit de nommer leur Tambour-major. — La loi de l'an trois (14 germinal), adoptant une mesure peu raisonnable, transportait au conseil d'administration le droit de prononcer cette nomination. — La loi de 1820 (10 septembre) autorisait les colonels, si leur corps n'offrait pas de sous-officier susceptible d'être Tambour-major, à appeler à cette fonction un sujet tiré des jeunes soldats ; dans ce cas, le sujet choisi, quel que peu ancien qu'il fût au corps, était revêtu du grade de caporal, jusqu'à ce que, après deux ans révolus de service, il fût apte à passer sergent. — L'adjudant-major de semaine est chargé de procéder à la réception du Tambour-major quand ce sous-officier vient d'être nommé ; le caporal-tambour fait battre le ban. — N° 4. Uniforme. — Le Tambour-major était d'abord et fut long-temps un soldat costumé en soldat et armé en sous-officier d'état-major. Le baton qu'il portait, comme le dit Praissac (1622, A), *pour châtier ses subordonnés* n'a eu, pendant longtemps, que cette seule destination ; il s'est changé, depuis le milieu du dernier siècle, en une longue canne à chaine, à grosse pomme, à bout d'argent ; devenue impropre à fustiger les coupables, elle s'est changée en un instrument de signaux de batteries. — L'ordonnance de 1767 (25 avril) disposait que l'habit du Tambour-major ne différait de celui des tambours que par un double bordé en galon de livrée d'un pouce de large, appliqué au collet et aux parements. — Le règlement de 1779 (21 février) donnait pour distinction au Tambour-major un seul galon sur le parement ; tout autre ornement était interdit. — Le règlement de 1786 (1er octobre) renfermait des dispositions non moins sages, mais mal obéies. Le caprice des colonels attifait leur Tambour-major de cordelières, d'écussons, de nids d'hirondelle, de galons de bas de taille ; mais jamais ce luxe n'avait été si loin que sous le directoire, le consulat, le régime impérial. Les corps privilégiés rivalisaient en cela de somptuosité. — Le projet de règlement sur l'uniforme, en partie réalisé en 1811, remanié et encore abandonné en 1818 (auteurs militaires, 1818, B), cherchait à tempérer ces écarts, et donnait au Tambour-major les galons de sergent-major et un ceinturon analogue à celui des musiciens. La restauration, qui jouait au soldat impérial, admit sans forme légale, et outra même l'ancienne somptuosité. Le Tambour-major est devenu un oripeau vivant, un prototype accoutré en charlatan. — La décision de 1820 (6 avril) réglait largement les étoffes qu'elle lui consacrait. — La décision de 1821 (23 octobre) accordait au Tambour-major un pantalon de petite tenue, un de grande tenue, un de toile blanche ; elle déterminait ses décorations, ses galons. Jamais document si compliqué n'avait été promulgué sur un sujet si frivole. — La décision de 1821 (23 octobre) s'occupait gravement et longuement des futilités de ce genre d'uniforme. Notre législation, qui n'a pas encore su nous dire ce que c'est qu'un général, ni quels sont ses devoirs, se noyait dans ces détails. Les ministres qui tenaient en 1821 et en 1824 le portefeuille de la guerre, poussaient à un luxe désor-

donné les dépenses de ce genre. — La décision de 1826 (31 décembre) disposait que l'habit de grande tenue durerait quatre ans ; l'habit de petite tenue, deux ans ; la redingote, deux ans ; le pantalon de grande tenue, deux ans ; le pantalon de petite tenue, les bottes, le chapeau, un an. Le Tambour-major avait des grenades de retroussis en or ou en argent. Sa coiffure de parade était un colbach orné d'une chausse distinctive, garnie de cordonnets. — Une ordonnance de 1855 réglait à cent soixante francs le prix du sabre. — L'ordonnance de 1830 (21 février) composait comme il suit, et aux frais de la masse d'entretien, l'équipement alloué au Tambour-major : baudrier de grande tenue, de petite tenue, bottes, canne, chapeau, colbach, pantalon de grande tenue, plumet, trèfles pour épaulette. A cet égard on peut consulter Lecouturier (1825, A). — Nous laissons à la critique le soin d'énumérer le chiffre d'une dépense de ce genre, et nous déclarons inconséquente la loi si, en cas de route, elle n'accorde au moins un cheval de bât par Tambour-major. — La *Sentinelle de l'Armée* (t. ii, p. 150) formulait de vives plaintes contre un abus qui surpassait tous ceux que nous venons de signaler. — Le rédacteur se plaignait amèrement que des valets, que des Tambours-majors, que des chefs de musique de cavalerie, portassent des épaulettes de colonel. — N° 5. Localisation, logement. — Les règlements anciens voulaient que le Tambour-major fît ordinaire avec les sergents ; il a toujours fait partie du petit état-major. — L'ordonnance de 1818 (15 mai) attachait, en cas de séparation de corps, le Tambour-major et la musique à celui ou à ceux des bataillons détachés en tête desquels marche le colonel. — L'ordonnance de 1851 (4 mars) le plaçait à la tête des tambours du premier bataillon. — L'ordonnance de 1851 (7 mai) voulait que, en temps de paix, il fût attaché, quant à l'administration, à la compagnie hors rang. — Dans le dix-septième siècle, comme le témoigne Praissac (1622, A), le Tambour-major devait, en campagne, être logé près du sergent-major, c'est-à-dire près du major du régiment. — Le règlement de 1792 (24 juin) logeait à la caserne le Tambour-major avec le caporal-tambour. — L'instruction de l'an sept (29 floréal) logeait ensemble le Tambour-major et le chef de musique. — Le règlement de 1824 (17 août) allouait particulièrement une chambre au Tambour-major, — N° 6. Allocations. — L'ordonnance de 1651 (4 novembre) passait quatre sous d'ustencile aux Tambours-majors. — L'ordonnance de 1727 (15 juillet) accordait au

Tambour-major des gardes françaises deux rations de vivres et une de fourrage. C'est là la première ordonnance sur les étapes où il soit question de Tambours-majors. Jusquelà leurs allocations ne différaient pas de celles des bas officiers. — L'ordonnance de 1762 (10 décembre), qui peut être regardée comme ayant donné au grade des Tambours-majors des corps de la ligne l'importance qu'il a prise, et qu'il n'avait dans aucun autre service, leur accordait une paye plus forte que ne l'était celle du sergent-major, qu'alors on appelait sergent-fourrier. — La loi de l'an sept (23 fructidor) ne leur allouait plus que paye de sergent-major de fusiliers. — La circulaire de 1827 (24 janvier) améliorait la haute paye des Tambours-majors. — N° 7. Rang. — Le Tambour-major, caporal d'abord, sergent ensuite, a été reconnu sergent-major par l'ordonnance de 1788 (17 mars). Il devait, lors de sa nomination, être reconnu par le capitaine de police, à la tête de la garde montante; tous les tambours y étaient présents. — Le règlement de 1791 (1er janvier) et le règlement de l'an deux (2 primaire) maintenaient le Tambour-major comme sergent-major et comme chef des musiciens. — Le Tambour-major du premier régiment des grenadiers de la garde impériale était capitaine breveté; comment eût-il obéi aux adjudants, ainsi que le prescrivaient les règlements? Des anomalies de ce genre avaient lieu perpétuellement dans les corps privilégiés. — N° 8. Droits, autorité. — Le Tambour-major avait originairement le droit de faire porter sa caisse par un goujat, qu'on appelait sous-tambour. — Il a eu autrefois sous ses ordres, en outre des joueurs d'instruments a peau, les fifres, les clarinets, comme plus récemment il a commandé aux cornets et aux clairons; aussi, conformément aux règlements de 1776, marchait-il en avant des musiciens. — Les Tambours-majors ont, de tout temps, assisté au cercle d'ordre et commandé aux tambours, comme les bas officiers ou sous-officiers ont commandé aux simples soldats. Ils avaient, dit Quincy (1741, E), le droit de châtier de leur baton les tambours, car ce n'est que depuis la moitié du dernier siècle que leur baton s'appelle canne. — Le Tambour-major commande le service armé des tambours; mais, dans les compagnies détachées, ce service est commandé sur le cahier d'appel à ce destiné. — N° 9. Fonctions. — Depuis le milieu du dernier siècle, le Tambour-major fait les signaux de la sémantique, art qui en détermine l'espèce et les effets. Plus anciennement c'était le major lui-même

qui, par les mouvements de sa canne ou de son épée, indiquait les batteries : Aux armes, aux drapeaux, aux champs, etc., comme le témoigne Lacuesnaie (1758, 1, au mot *Exercice*, p. 160). — L'ordonnance de 1766 (1er janvier) chargeait en personne le Tambour-major de l'instruction de ses tambours; mais, depuis qu'on a pris les Tambours-majors à la taille, non au savoir-faire, ce préceptorat est devenu la fonction du caporal-tambour, et le Tambour-major n'a plus été qu'un télégraphe d'apparat et de cérémonie. — Les règlements plus modernes, et celui de 1792 (24 juin), le chargeaient de faire le soir l'appel des musiciens en présence de l'adjudant de semaine; mais, depuis que les musiques sont devenues des bandes démesurées et des conservatoires d'artistes, cet appel est passé d'usage et est, sinon de droit, au moins de fait, dans les attributions du maitre de musique. — A huit heures et demie du matin, le Tambour-major passe chaque jour l'inspection des tambours, et fait battre, aux heures ordonnées, l'assemblée, la garde, les rappels. — Toutes les fois que la troupe prend les armes, il place ses tambours à la droite du premier rang, à distance de division. — Il se conforme, si la troupe doit aller aux drapeaux, aux dispositions que les ordonnances prescrivent relativement à la manière de les apporter et de les reconduire. — Il se trouve à la parade générale de la garde montante avec ses tambours, en fait l'appel, et défile à la tête de son corps en arrière des sapeurs. Il ramène à la caserne les tambours qui ne sont pas de service. — En garnison et au camp, le plus ancien des Tambours-majors donne le signal de la diane et de la retraite. — Le Tambour-major, soit quand ses hommes s'assemblent de pied ferme, soit en route et aux haltes, désigne alternativement un tambour qui ne doit pas quitter sa caisse, ni cesser de tenir ses baguettes, pour être toujours prêt, au premier signal donné par qui de droit, à battre à l'ordre, etc. — L'ordonnance de 1831 (4 mars) s'est expliquée, mais non sans commettre quelques erreurs touchant les signaux de batteries que les Tambours-majors doivent faire exécuter; mais à l'égard de l'une des plus usitées, à l'égard du pas accéléré, on ne s'est pas toujours conformé au genre de signal prescrit. — N° 10. Devoirs, subordination. — L'ordonnance de 1754 (14 mai) fut la première qui s'étendit sur les devoirs des Tambours-majors, et qui descendit dans les détails de la tympanonique, dont l'exécution et la direction leur étaient confiées. — En vertu de l'ordonnance de 1788 (17 mars) et à toutes les époques où les TAMBOURS logeaient ensemble à la CASERNE, le Tambour-major était chargé de veiller à la propreté de leur CHAMBRE. — Quand le Tambour-major fait l'APPEL de ses hommes, il doit s'assurer, à l'égard de ceux qui y manquent, s'ils ne seraient pas absents en vertu d'un SERVICE commandé; il s'en informe auprès des SERGENTS-MAJORS; il rend compte du résultat de l'APPEL, soit sur-le-champ, soit au RAPPORT JOURNALIER auquel il assiste. — A la CASERNE OU EN GARNISON, il se conforme aux ordres de l'ADJUDANT DE SEMAINE relativement aux BATTERIES à exécuter. — EN ROUTE, il reçoit de cet ADJUDANT l'indication du lieu et de l'heure où la RETRAITE doit être battue. — En tous temps et en tous lieux, il rend compte au plus ANCIEN ADJUDANT de l'INSTRUCTION des TAMBOURS.

TAMBOUR-MAJOR ANGLAIS. V. ANGLAIS, adj. V. FOUET INSTRUMENTAL.

TAMBOUR-MAJOR AU CAMP. V. AU CAMP. V. TAMBOUR-MAJOR Nº 9.

TAMBOUR-MAJOR DE GARDE ROYALE. V. GARDE ROYALE. V. INFANTERIE FRANÇAISE DE GARDE ROYALE Nº 2.

TAMBOUR-MAJOR EN CAMPAGNE. V. EN CAMPAGNE. V. TAMBOUR-MAJOR Nº 5.

TAMBOUR-MAJOR EN GARNISON. V. EN GARNISON. V. GARDE EN GARNISON. V. TAMBOUR-MAJOR Nº 5, 9, 10.

TAMBOUR-MAJOR EN ROUTE. V. ADJUDANT-MAJOR DE SEMAINE EN ROUTE. V. BILLET DE LOGEMENT DE RETARDATAIRES. V. BILLET DE LOGEMENT DE TAMBOURS. V. CERCLE D'ORDRE EN ROUTE. V. CHEF DE POSTE DE POLICE EN ROUTE. V. DIANE. V. EN ROUTE. V. GARDES FRANÇAISES Nº 4. V. QUI VIVE. V. RECONNAISSANCE DE TROUPES ARRIVANTES. V. RETRAITE CÉLEUSTIQUE. V. TAMBOUR-MAJOR Nº 9, 10.

TAMBOUR - MAJOR WURTEMBERGEOIS. V. MILICE WURTEMBERGEOISE Nº 1. V. WURTEMBERGEOIS, adj.

TAMBOUR MILITAIRE. V. MILITAIRE, adj. V. TAMBOUR. V. TAMBOUR INSTRUMENTAL. V. TAMBOURIN.

TAMBOUR POINTU. V. POINTU. V. TAMBOUR INSTRUMENTAL.

TAMBOUR PORTUGAIS. V. MILICE PORTUGAISE Nº 1. V. PORTUGAIS, adj.

TAMBOUR PRUSSIEN. V. BRETELLES PORTE-CAISSE. V. MILICE PRUSSIENNE Nº 2. V. PRUSSIEN, adj.

TAMBOUR RUSSE. V. AUBADE. V. BRETELLES PORTE-CAISSE. V. MILICE RUSSE Nº 1, 7. V. MUSIQUE. V. RUSSE, adj.

TAMBOUR SUISSE. V. MILICE SUISSE Nº 6. V. SUISSE, adj.

TAMBOUR TURC. V. INSTRUMENT DE MUSIQUE. V. MILICE TURQUE Nº 1, 2, 7. V. TAMBOUR DE BASQUE. V. TAMBOUR INSTRUMENTAL. V. TURC, adj.

TAMBOUR TURCO-ÉGYPTIEN. V. MILICE TURCO-ÉGYPTIENNE Nº 2. V. TURCO-ÉGYPTIEN.

TAMBOUR WURTEMBERGEOIS. V. MILICE WURTEMBERGEOISE Nº 1. V. WURTEMBERGEOIS, adj.

TAMBOUREUR, subs. masc. V. TAMBOUR IDIOPLIQUE.

TAMBOURIN, subs. masc. (F), ou TAMBOUR DE PROVENCE. INSTRUMENT DE MUSIQUE dont l'étymologie rappelle celle d'ATTABALLE; il s'est primitivement appelé, dans la MILICE FRANÇAISE, TABOURIN. LES AVENTURIERS, l'ARRIÈRE-BAN, les DRAGONS, marchaient au son du Tambourin; de là nous étaient restées les expressions, tout italiennes, SONNER LE TAMBOURIN, SONNERIE DE TAMBOURIN. — Il paraît qu'on a indifféremment appelé TABOURIN, Tambourin, et le TAMBOUR joué avec le GALOUBET, et le TAMBOUR accompagné du FIFRE. Le premier de ces TAMBOURS est d'une ancienneté inconnue; l'autre était d'usage dans les BANDES des LÉGIONS DE FRANÇOIS PREMIER, et cessa de s'appeler Tambourin depuis l'institution des BATAILLONS D'INFANTERIE FRANÇAISE. C'est depuis lors que la locution BATTRE LA CAISSE a succédé à SONNER LE TAMBOURIN. — Le Tambourin a donné naissance aux termes TAMBOURINER, TAMBOURINEUR; il a irrégulièrement le double sens de Tambourin, INSTRUMENT DE HAUT BRUIT, et de Tambourin, SOLDAT, OU TAMBOUR IDIOPLIQUE. — Depuis le milieu du dernier siècle, le mot Tambourin, ou son synonyme TAMBOUR DE PROVENCE, ont cessé d'être MILITAIRES. Ils ne donnent plus idée que de l'INSTRUMENT battu de la main droite, tandis que la gauche agit sur le GALOUBET. — Le RÉGIMENT CANTABRE, levé en PROVENCE en 1745, et licencié en 1759, avait, non des TAMBOURS, mais des Tambourins, simultanément joués avec la petite flûte à bec. — On peut à l'égard du mot Tambourin consulter BILLON (1641, A), BRIQUET (1761, H, t. V, p. 419), DESPAGNAC (1751, D, t. III, p. 168), ENCYCLOPÉDIE (1785, C, t. III, p. 742), MAIZEROY (1771, A, t. II, p. 120).

TAMBOURINER, verb. neut. V. BATTRE LA CAISSE. V. TAMBOUR DE TROUPE. V. TAMBOURIN.

TAMBOURINEUR, subs. masc. v. TAM-
BOUR DE TROUPE. V. TAMBOUR IDIOPLIQUE. V.
TAMBOUR INSTRUMENTAL. V. TAMBOUR INSTRU-
MENTAL D'INFANTERIE FRANÇAISE.

TAMBOURINIER, subs. masc. v. TAM-
BOUR DE TROUPE. V. TAMBOUR INSTRUMENTAL
D'INFANTERIE FRANÇAISE.

TAMBOURNER, verb. neut. v. BATTRE
LA CAISSE. V. TAMBOUR DE TROUPE.

TAMBURER, verb. neut. v. TAMBOUR DE
TROUPE.

TAMERLAN. V. NOMS PROPRES.

TAMISAGE, subs. masc. v. BOULANGE-
RIE.

TAMPON, subs. masc. (term. génér.),
ou TAPON suivant POTIER (1779, X). Mot qui
a peut-être plusieurs étymologies, suivant
les acceptions diverses qu'il prend. Il se distingue en TAMPON D'ARTILLERIE, — DE FUSIL,
— DE TAMBOUR.

TAMPON d'ARTILLERIE (G, 2). Sorte de
TAMPON dont le nom serait dérivé, suivant
quelques opinions, de l'ANGLAIS *tap*, signifiant bouchon de PIÈCE D'ARTILLERIE DE MER ;
la langue française en a fait le substantif
TAPE, que la MARINE prend dans le même
sens. — Un Tampon d'ARTILLERIE DE TERRE
était une rondelle de bois destinée à servir
de séparation entre la CHARGE DE POUDRE et
la BOMBE, entre la CARTOUCHE et le BOULET. —
Quelques-uns ont appelé Tampon la BOURRE
d'un canon que le REFOULOIR comprime.

TAMPON de FUSIL (B, 1). Sorte de TAM-
PON ou de BOUCHON, soit en passementeries,
en étoffe ou en bois, qui était destiné à tenir
close à volonté la BOUCHE d'un CANON DE FU-
SIL d'un homme de troupe. On en trouve la
preuve dans BOMBELLES (1719, B), dans LA-
CHESNAIE (1758, 1, aux mots *Feu, Garde
des corps, Inspection des gardes*), dans
MAIZEROY (1771, A, t. II, p. 124).

TAMPON de TAMBOUR (B, 1). Sorte de
TAMPON dont le nom a de l'analogie avec le
verbe taper. L'INSTRUMENTISTE qui bat la
GROSSE CAISSE la frappe de sa main droite
avec le Tampon, comme l'usage en régnait
jadis en EGYPTE. Ce Tampon se compose
d'une BAGUETTE ou manche, dont l'extrémité
est garnie d'une pelote recouverte en peau ;
son choc produit des basses, par opposition
aux effets du choc de l'espèce de fouet ou
baguette en jonc dont l'extrémité est refen-
due en plusieurs menus brins, et dont la
main gauche se sert pour obtenir des sons
plus clairs. — Le TAM-TAM se frappe aussi
d'un Tampon.

TAM-TAM, subs. masc. (F), ou TOM-
TOM suivant DUANE (1810, E). Mot CHINOIS
francisé, qui exprime un INSTRUMENT DE PER-
CUSSION originaire de CHINE et d'un usage
de toute ancienneté dans les INDES et dans
l'ORIENT. C'est une espèce de grand plat de
métal verticalement suspendu. Ses effets
répondent à ceux d'une cloche dont le battant ne serait pas adhérent, et que le MUSI-
CIEN frapperait comme un TAMBOUR. Il se
sert, à cet effet, d'un TAMPON qui agit vers
le milieu de la convexité de l'INSTRUMENT.
Le son bruyant qu'il rend va s'affaiblissant
en longues vibrations. — Les Tam-tams se
composent d'une étoffe qui est un mélange
de cuivre jaune, d'étain, et, suivant quelques opinions, de quelques parties de zinc.
On soumet cet amalgame à une trempe qui
le laisse refroidir lentement. — La MILICE
CHINOISE compte le Tam-tam au nombre de
SES INSTRUMENTS DE MUSIQUE ; elle s'en sert,
sur terre, pour APPELER AUX ARMES ou donner
divers SIGNAUX TACTIQUES ; elle s'en sert, sur
les fleuves ou dans le cabotage, pour régler
le mouvement des rames. Elle en emploie
qui sont de tons différents, comme nos ca-
rillons d'église. Les Siamois et les INDIENS
désignent les Tam-tams sous les noms de
tong-tong, de *cong*, de *gong-gong*, qu'ils
prononcent, dit l'ENCYCLOPÉDIE (1751, C),
gom-gom. — Les ARABES hispaniques en-
tremêlaient des éclats des Tam-tams leurs
FANFARES. — Les ORIENTAUX tenaient en
éveil leurs POSTES au moyen de cet INSTRU-
MENT ; la MILICE TURQUE y recourait pour témoigner de l'accomplissement des RONDES
et tenir alertes les SENTINELLES. — Les BAS-
KIRS de la MILICE RUSSE manœuvraient au
bruit du Tam-tam. — Avant la GUERRE DE
LA RÉVOLUTION, il ne se voyait, en FRANCE,
de Tam-Tams que dans quelques cabinets
de curieux. Cet INSTRUMENT, devenu théâ-
tral, fut employé publiquement, pour la
première fois, à l'époque du convoi funèbre
de Mirabeau, et l'art de le fabriquer en
FRANCE, dit M. FRANCŒUR, s'y est introduit
en même temps que l'art de faire des CYM-
BALES. — On peut, à l'égard des Tam-tams,
consulter DUANE (1810, E), M. FRANCŒUR,
l'ENCYCLOPÉDIE (1751, C), l'*Encyclopédie
des Gens du monde.*

TANNEUR, subs. masc. v. TOURBE DE
T...

TANSEL. V. NOMS PROPRES.

TANSON, subs. masc. v. TENCE.

TANT PLEIN que vide, adj. v. ORDRE TANT
PLEIN QUE VIDE. V. PLEIN. V. VIDE, adj.

TANTE, subs. fém. v. TENTE.

TAPABORD, subs. masc. v. BONNET.

TAPABORT, subs. masc. v. BONNET.

TAPE, subs. fém. v. TAMPON D'ARTILLERIE.

TAPHORECTIQUE. v. GUERRE SOUTERRAINE.

TAPIA. v. NOMS PROPRES.

TAPON, subs. masc. v. TAMPON.

TAPUL, subs. masc. (F). Mot ANGLAIS francisé par les antiquaires, parce qu'il manque dans notre langue. Il exprime la côte saillante, verticale et antérieure de certaines CUIRASSES DE FER PLEIN du MOYEN AGE ; c'est un des signes caractéristiques de l'époque où a été faite l'ARMURE.

TAQUET, subs. masc. Mot dérivé du substantif TACT ou du LATIN tactus, parce qu'en langage d'arquebusier c'est une PIÈCE sur laquelle une autre vient toucher ou frapper. — Le Taquet a la forme d'une petite auge que l'ÉCUSSON DE FUSIL porte intérieurement, et contre le milieu de laquelle vient appuyer la BAGUETTE.

TARAYRE. v. NOMS PROPRES.

TARCAIRE, subs. masc. v. CARQUOIS.

TARDEF (tardifs) EN ROUTE. v. ARRIÈREGARDE DE CORPS SUR PIED DE PAIX. V. ARRIVÉE DE CORPS DANS UNE FORTERESSE. V. BILLET DE LOGEMENT DE RETARDATAIRES. V. CAPORAL EN ROUTE. V. CONSIGNE DE PIQUET DE LOGEMENT. V. EN ROUTE.

TARDECCE. v. NOMS PROPRES.

TARD-VENUS (F). BRIGANDS de toutes nations, recrutés par l'ANGLETERRE et restés en armes après la paix de Brétigny ; leur dénomination résultait de leur récent débarquement en FRANCE. Enrégimentés au nombre de seize mille par des capitaines gascons, en 1361, ils saccagent la CHAMPAGNE et la BOURGOGNE, et se jettent ensuite dans le Lyonnais. Une croisade se forme contre eux. Jacques de Bourbon, comte de la Marche, et l'archiprestre les combattent cette même année, et sont défaits en bataille rangée. Le nombre de ces AVENTURIERS se grossit en proportion de ce succès. Une partie d'entre eux est emmenée en ITALIE par le marquis de Montferrat ; le reste, évalué à trente mille hommes, forme les GRANDES COMPAGNIES. DUGUESCLIN les joint, en 1365, à Châlons, parvient à les décider à passer en Navarre sous sa conduite, et il en débarrasse la FRANCE. — En 1369, une nouvelle troupe, formée des débris de ces BRIGANDS, et connue sous le nom de MALANDRINS, est poussée dans le Mâconnais par les ANGLAIS, et désole cette province par des courses sanglantes. L'habileté de CHARLES CINQ finit par triompher de ces désordres,

qui se reproduisent sous les règnes suivants. — On peut consulter sur ces événements : FROISSARD, HUGO (Abel), VELLY, ZURLAUBEN (1760, G).

TARE (subs. fém.) d'ÉTOFFES. v. ÉTOFFE D'HABILLEMENT. v. MARCHÉ D'HABILLEMENT.

TARENTIN (Tarentins), peuple. v. NOMS PROPRES.

TARENTINARCHIE, subs. fém. (F). Mot dérivé du nom des TARENTINS, parce que, en GREC, ARCHER A CHEVAL et TARENTIN étaient synonymes, ce qui provenait de ce que le territoire de Tarente fournissait à la GRÈCE, et surtout à la MACÉDOINE et à l'ÉPIRE, leurs cavaliers légers. La Tarentinarchie, ou littéralement le commandement des guerriers de Tarente, était une SUBDIVISION GRECQUE qu'on suppose avoir été primitivement le maximum d'agglomération d'une TROUPE DE CAVALERIE dans la MILICE GRECQUE. Elle s'est ensuite composée de deux cent cinquante-six cataphractes, commandés par un TARENTINARQUE ; elle se divisait en deux ÉPITARCHIES, et était la moitié d'une XÉNAGIE OU HYPPARCHIE. — On peut consulter, sur ces questions, MM. CARRION (1824, A), DILLON, LISKENNE (t. I, p. 576, gravure), ROBINSON.

TARENTINARQUE, subs. masc. v. OFFICIER N° 2. v. TARENTINARCHIE.

TARGE, subs. fém. (F), ou TARGET, resté dans l'ANGLAIS, ou TARGUE, ou TARQUE. Le mot Targe donne idée d'un genre de BOUCLIER. Il a été l'objet des recherches de quantité d'étymologistes. GÉBELIN le tire du CELTIQUE tar, se mettre à couvert ; il prétend en retrouver les analogues ou les variantes dans onze langues différentes. D'autres ÉCRIVAINS le croient venu du CELTIQUE tarcos, dont, suivant PONTANUS, les ALLEMANDS ont fait tarsche, et les Bas-Bretons tarjan. — MÉNAGE tire Targe du LATIN barbare targa, targia, targo, ou de l'ANGLO-SAXON targ ; il pense, ainsi que BOREL (Pierre) et DUANE (1810, E), qu'il a produit le verbe vulgaire se TARGUER, ou se montrer assuré d'une défense. — BOCHART le fait venir de l'ARABE tarcha ou darca. ROQUEFORT le fait dériver du LATIN tergus, cuir, tergum, BOUCLIER de cuir en usage dans la MILICE ROMAINE. — Le substantif Targe a produit les verbes TARGER, TARGIER, TARGUER, mettre à l'abri derrière un PAVOIS ; il a eu TERGON pour augmentatif, et TARQUETTE pour diminutif ; il se retrouve dans la dénomination de TARGETIERS, qui, suivant M. DILLON (p. 19), étaient les SOLDATS armés d'une Targe. Le rôle des PAVESIEUX, ou PAVOISIERS, était de targer l'INFANTERIE contre les projectiles de l'ennemi. — Il y a eu des Targes de dimensions différentes, comme le témoigne l'italien *targa, targhetta, targone*. — La petite Targe se portait suspendue au col : telle était celle des chevaliers bourguignons dont parle M. de Barante à la date de 1445 ; telle était celle dont le maréchal de Rohan se servit si tard, comme le témoigne Furetière. La grande Targe servait à l'artillerie, comme le témoigne Furetière ; elle était de la hauteur d'un homme ; elle paraît avoir différé peu de la harasse des combats de jugement, du panier, du taillevas. — Borel (Pierre) décrit la Targe comme un *écu carré et courbe*. Elle avait en général une forme demi-cylindrique. Il s'en est conservé de quatre pieds et demi de haut, de deux pieds et demi de large ; elles se composaient de planches collées et recouvertes de toile et de peau ; la place occupée par le bras était renforcée de toile ; les bords inférieur et supérieur étaient garnis de fer. — Le targon était la Targe des argoulets. — L'infanterie, dit M. Allou (1837, au mot *Bouclier*), portait, au moyen age, des Targes en bois léger garnies de cuir bouilli. — Le maréchal de Saxe (1757) proposait d'en rétablir l'usage ; à son imitation, le général Rogniat voulait faire revivre la rondache. — L'image des Targes a survécu comme meuble de blason. — On peut consulter sur ce sujet : M. Allou (1837), Audouin (t. i, p. 190 ; t. ii, p. 181), Borel (Pierre), Breen (1618, A), Carré (1783, E, p. 178, 387, 393, 507), M. le colonel Carrion (1824, A), Cotty (1822), Daniel (t. i, p. 552, etc.), Despagnac (1751, D, t. iii, p. 43, 44, 200), Duane (1810, E), Encyclopédie (1785, C, t. i, p. 145 à 151), Furetière, Gassendi, Gébelin, Lachesnaie (1758, I, t. iii, p. 447), Maizeroy (1765, B, p. 55 ; 1771, A, t. i, p. 6), Maurice de Saxe (1757, t. i, p. 58), Ménage, Planché, Rohan (1757, p. 181), Roquefort, Servan (1780, p. 308 et 581), Velly.

TARGER, verb. act. v. targe.

TARGET, subs. masc. v. targe.

TARGETIER, subs. masc. v. soldat. v. targe.

TARGIER, verb. act. v. targe.

TARGON, subs. masc. v. targe.

TARGUE, subs. fém. v. combat de jugement. v. targe.

TARGUER, verb. act. et récipr. v. targe.

TARIÈRE, subs. fém. (term. génér.), ou tarrier, ou tarrière suivant Carré (1783, E) et Daniel (1721, A), ou térière suivant Ganeau. Le mot Tarière dérive du bas latin *taretrus*, qu'on retrouve dans les capitulaires de Charlemagne, et répond au pur latin *terebra* ; mais Ganeau le tire, ou du celtique *taraza*, ou du latin *à terendo ligno quod fit in perforatione*. — Le mot Tarière se distingue en tarière de guerre et en tarière de mineur.

TARIÈRE de guerre (F), ou térière. Sorte de tarière, ou de machine de guerre, que les anciens employaient dans les siéges offensifs pour percer les remparts ou les portes. La milice chinoise s'en est servie de toute antiquité. C'était une espèce de bêche mise en jeu horizontalement comme une vrille ou un trépan, au moyen d'un archet ou d'un moulinet, à l'effet de pratiquer la brèche. Il y avait des Tarières portées sur rouleaux ; il y avait des Tarières à main ; il y en avait qui opéraient à l'abri de la tortue ou du muscule ; ces dernières étaient des poutres garnies de fer. — Héron décrit des Tarières perfectionnées par Diades ; il leur avait donné une forme telle qu'elles vidaient à mesure le trou qu'elles pratiquaient. — Perrault, commentateur de Vitruve, pense que l'usage de la Tarière précédait celui du bélier. Probablement les tortues offensives étaient disposées de manière à ce que d'abord la Tarière et ensuite le bélier s'y ajustassent. — On peut consulter à l'égard des Tarières : Athénée (260, A), Carré (1783, E, p. 178, 287), Cotty (1822, A, au mot *Bélier*), Daniel (1721, A), Diades, Ganeau (1721), Gassendi (au mot *Bélier*), Héron, Perrault, Potier (1779, X, au mot *Artillerie*), Vitruve.

TARIÈRE de mine (H, 4). Sorte de tarière de formes diverses. Il y en a à brisure ; il y en a d'une seule pièce. Le mineur s'en sert, ou comme trépan dans les mines, ou pour percer dans la terre un trou à travers lequel il puisse donner le camouflet à l'ennemi qui contre-mine.

TARIF (subs. masc.) administratif. v. administratif. v. allocation. v. Blondel (1840). v. bon, subs. v. budget de dépenses. v. dépenses de corps. v. devis. v. général d'armée n° 6. v. législation. v. marché administratif. v. ministre de la guerre n° 9. v. ministre de la guerre en 1829. v. prestation. v. traitement de guerre. v. transport.

TARIF d'armement. v. arme de troupe. v. armement.

TARIF de chauffage. v. chauffage. v. chauffage de campagne. v. combustible. v. masse de chauffage.

TARIF de rations. v. foin. v. général en chef n° 4. v. pain de munition. v. ration.

TARIF de RETENUE. V. RETENUE. V. RETE-
NUE SUR PRÊT.

TARIF de SOLDE. V. APPOINTEMENTS. V.
ARCHER A CHEVAL. V. ARMÉE FRANÇAISE Nº 9. V.
BON, subs. V. COMPAGNIE D'ORDONNANCE Nº 5.
V. CORPS D'INTENDANCE Nº 5. V. CORPS RÉGI-
MENTAIRE Nº 7. V. ÉTAT DE PAYEMENT. V. GÉ-
NÉRAL FRANÇAIS Nº 4. V. INFANTERIE FRAN-
ÇAISE Nº 5. V. MINISTRE DE LA GUERRE Nº 9. V.
OFFICIER FRANÇAIS Nº 10. V. PAYE. V. PENSION
DE RETRAITE. V. SOLDE. V. TABLE D'OFFICIERS. V.
TRAITEMENT DE RÉFORME.

TARIF d'EFFETS D'UNIFORME. V. CHAPEAU
DE TROUPE. V. EFFET D'UNIFORME. V. RÉGIMENT
FRANÇAIS Nº 4.

TARIF D'ÉQUIPEMENT. V. ACHAT ADMINIS-
TRATIF. V. CHAUSSETTES. V. CHEMISE D'ÉQUIPE-
MENT. V. DÉPOT IDIVIDUEL. V. EFFET D'ÉQUIPE-
MENT. V. ÉQUIPEMENT. V. ÉQUIPEMENT D'HOMME
DE TROUPE. V. GRAND ÉQUIPEMENT. V. MASSE DE
LINGE ET CHAUSSURE. V. MINISTRE DE LA GUERRE
Nº 9. V. PETIT ÉQUIPEMENT. V. PREMIÈRE MISE DE
PETIT ÉQUIPEMENT.

TARIF d'HABILLEMENT. V. CONFECTION D'EF-
FETS D'HABILLEMENT. V. EFFET D'HABILLEMENT.
V. HABILLEMENT. V. MINISTRE DE LA GUERRE Nº 9.
V. PANTALON.

TARIF d'INDEMNITÉ. V. INDEMNITÉ. V. IN-
DEMNITÉ DE PERTE DE CHEVAL. V. INDEMNITÉ DE
PERTE D'ÉQUIPAGES.

TARIF d'OUTILS DE CAMPEMENT. V. OUTIL
DE CAMPEMENT.

TAROT. V. CARRÉ (1783). V. FURETIÈRE.

TARQUE, subs. fém. V. TARGE.

TARQUETTE, subs. fém. V. INFANTERIE
Nº 5. V. TARGE.

TARQUIN. V. NOMS PROPRES.

TARRIER, subs. masc. V. TARIÈRE.

TARRIÈRE, subs. fém. V. TARIÈRE.

TARSENAL, subs. masc. V. ARSENAL.

TARTAGLIA. V. NOMS PROPRES.

TARTARE, adj. V. LANGUE T...

TARTARE; TARTARIE. V. NOMS PRO-
PRES.

TASSE, subs. fém. V. TASSETTES.

TASSETTES, subs. fém. plur. (F). Mot
dérivé de l'ITALIEN *tacca*, qui signifiait taille
de vêtement. Il avait produit l'inusité *tac-
chetta* et le vieux mot français TASSE, qu'on
retrouve dans les œuvres du docteur MEY-
RICK; il est resté dans l'ANGLAIS *taces*. —
CASENEUVE dérive avec peu de vraisemblance
Tassettes du LATIN *tassula*. — Si l'on en
croyait la description peu satisfaisante du

*Dictionnaire de l'*ACADÉMIE, la Tassette (car
elle emploie par erreur le mot au singulier)
serait le nom d'une PIÈCE placée au bas et au
défaut de la CUIRASSE. — Le livret descriptif
des armures du musée d'artillerie de Paris
appelle Tassettes une paire de PLATINES de
fer, comparables, pour la forme, à la partie
antérieure d'un canon de culotte qui n'irait
qu'à mi-cuisse : ce serait ainsi des espèces de
faux DEMI-CUISSARDS. Telles des ARMURES qu'on
voit à ce musée ont leurs Tassettes l'une
plus longue que l'autre : c'est une inégalité
dont il est impossible de deviner le motif.
— M. le colonel CARRION dépeint les Tassettes comme joignant le bas de la CUIRASSE
aux CUISSARDS. — Les Tassettes étaient un accompagnement des primitives ARMURES PLATES
et des HALECRETS; elles étaient analogues aux
tasseaux qui formaient, dans les vêtements
de femme, la partie pendante du corset, sa
partie taillée en carré. — En 1638, la CAVA-
LERIE FRANÇAISE reçut ordre de porter des
Tassettes. — Au dix-septième siècle, les
Tassettes étaient au nombre des ARMES DÉ-
FENSIVES des PIQUIERS; c'était l'accessoire du
CORSELET de cette partie de l'INFANTERIE. —
ROQUEFORT dit qu'on appelait anciennement
CUISSOTS, ou CUISSARDS, les Tassettes; l'assertion n'est pas exacte; les Tassettes de fer
battu ont succédé aux espèces de hauts-de-
jupe en mailles, ou aux TABLIERS DE MAILLES;
elles ont continué à faire partie des CUIRASSES
qui n'étaient pas accompagnées de CUISSARDS;
elles ont disparu des ARMURES de pied en cap,
c'est-à-dire des ARMURES qui ont été accompagnées de CUISSARDS, etc. — On est mal
éclairé touchant les époques différentes auxquelles se sont succédé les Tassettes, les
FALTIS, les BRACONNIÈRES. Suivant quelques
opinions, les lambeaux qui flottaient sus-
pendus aux cuirasses antiques, comme les
statues des empereurs romains en offrent
l'image, auraient dû s'appeler Tassettes. —
M. le colonel CARRION (1824, A) dit que des
DOS de CUIRASSES avaient un garde-reins qu'il
compare, sauf la différence de côté, aux Tassettes. — Le mot Tassettes se retrouve dans
les œuvres de CARRÉ (1783, E, p. 178),
CARRION (1824, A), COTTY (1822, A, au
mot *Armure*), ENCYCLOPÉDIE (1785, C, t. I,
p. 147), FURETIÈRE, GAYA (1678, B, p. 154),
LACHESNAIE (1758, I, t. III, p. 448), MAI-
ZEROY (1765, B, 2ᵉ partie, p. 4, 47), MA-
NESSON (1685, B, t. I, p. 43; t. III, p. 42),
MÉNAGE, ROHAN (1757, Q, p. 182), ROQUE-
FORT.

TASSIN; TASSO; TASTU. V. NOMS
PROPRES.

TATER L'ENNEMI, un POSTE. V. ATTAQUE.

volante. v. chamailler. v. charge d'infanterie. v. démonstration. v. ennemi. v. escarmouche. v. parti de guerre. v. position strateumatique. v. poste. v. reconnaissance en
campagne.

TATONNEMENT (subs. masc.) tactique
(G, 6). Ce mot, dont l'étymologie ne demande
pas à être expliquée, était, avant la découverte du jalonnement, la dénomination donnée à une suite de mouvements inégaux,
irréguliers, en avant ou en arrière, au moyen
desquels s'opérait l'alignement des hommes
de rang d'un bataillon stationnaire.

TAUDES, subs. masc. (F), ou tauditz.
Mot dont les étymologistes n'ont pas recher-
ché la racine, mais qui était commun dans le
quatorzième ou le quinzième siècle ; il a
probablement été importé en France par les
troupes anglaises ou brabançonnes. — On
nommait Taudis, suivant M. Monteil, les
tranchées, les places d'armes, que les pionniers construisaient dans les siéges offensifs. Ces travaux grossiers permettaient de
faire à couvert les approches ; de là le verbe,
maintenant oublié, taudisser, signifiant élever une fortification sans régularité, construire des baraques. — Borel (Pierre) et Ganeau disent qu'un Taudis était un assemblage de mantelets, ou une tortue, à l'aide
desquels les ingénieurs s'approchaient à couvert des murs d'une ville ennemie. — Dès
le quatorzième siècle, la milice anglaise avait
des camps de taudis défendus par des bastilles fixes, des cavaliers de tranchée, des
boulevards. — On peut recourir pour l'é-
claircissement du mot Taudis à Borel
(Pierre), Ganeau, Jean de Troyes (années
1465, 1477), M. Monteil, Maizeroy (1775,
p. 269), Philippe de Clèves.

TAUDISSER, verb. neut. v. taudis.

TAUDITZ, subs. masc. v. génie. v. taudis.

TAUPE, subs. fém. v. cattus. v. machine. v. milice romaine n° 4. v. talpe.

TAUPIER, subs. masc. v. franc-archer.

TAUPIN, subs. masc. v. franc-archer.
v. franc-taupin.

TAUSCH ; TAVANES. v. noms propres.

TAVEL, subs. masc. v. taillevas.

TAVELL. v. noms propres.

TAXE, subs. fém. v. argent d'envoi. v.
argent d'envoi au conseil d'administration.
v. bande croisée. v. envoi par la poste. v.
poste aux lettres.

TAXE d'indemnité de témoin. v. indemnité de témoin. v. témoin judiciaire.

TAXIARCHIE, subs. fém. (F). Mot
dérivé du grec *taxis*, ordre, et signifiant

vaguement, dit M. Carrion (1824, A), réunion militaire, mais donnant ici idée du
commandement de cent vingt-huit oplites ;
c'était une subdivision macédonienne qui,
dans d'autres milices grecques, s'appelait centurie ; elle était la moitié d'une syntagme,
et le double d'une tétrarchie ; elle comprenait huit stiques, sous les ordres d'un
taxiarque. — A Sparte, suivant Thucydide,
on appelait Taxiarchie la pentecostys, ou
réunion de trente à trente-six combattants.
— On formait épagogue, dit M. le colonel
Carrion, en rompant par Taxiarchies ; mais
la manière dont rompaient les Grecs nous
est mal connue, et M. Carrion (p. 70, avant-
dernière ligne) est inintelligible quand il
dit qu'on devait marcher de front par Taxiarchie. — Cent vingt-huit Taxiarchies composaient une tétraphalangarchie. — Il est
question de Taxiarchie dans Bouchaud (1771,
I), M. le colonel Carrion, M. Liskenne
(t. I, p. 512), M. Robinson, Rohan (1757,
p. 100), Thucydide.

TAXIARQUE, subs. masc. (F). Ce mot,
qui donne idée du chef d'une taxiarchie
macédonienne, a eu aussi une autre signification. Dans certaines milices, comme chef
de taxiarchie, comme centurion, il était
comparable à un capitaine, fonctionnant
comme chef de division d'un bataillon ; à
ce titre, le Taxiarque était un homme hors
rang, tandis que les chefs de toutes les subdivisions inférieures étaient hommes de rang.
Le Taxiarque se tenait, en ordre de bataille,
en avant et à peu de distance du centre de
sa tétrarchie ; il percevait une paye double
de celle du simple soldat. — A Athènes, le
Taxiarque était au contraire un officier général, un chef d'état-major ; il tenait le
registre de la conscription ; ainsi chacun des
dix stratéges avait son Taxiarque. C'était,
dit l'abbé Barthélemy, un de ces *emplois
qu'on est plus jaloux d'obtenir qu'em-
pressé de remplir.* — On en peut conclure
que les sinécures ont été de tous les temps.
— Le général Lamarque (*Dictionnaire de
Courtin*) compare les Taxiarques athéniens
à des adjudants-majors ; mais Lamarque
avouait avec regrets qu'il ne savait pas un
mot de grec. — A la création de la nationalité hellénique, les généraux grecs repre-
naient la qualification de Taxiarques. A l'é-
gard des Taxiarques antiques, on peut s'é-
clairer des renseignements que fournissent
Barthélemy, Bouchaud (1771, 1), M. le colonel Carrion (1824, A), Courtin (182),
Robinson, Rohan (1757, Q), Xénophon (370
avant J.-C.).

TAXOGRAPHIE, sub. fém. v. tacticographie.

TAYLOR. v. noms propres.

TEDESQUE, adj. v. langue allemande.

TÉGULÉ (tégulée), adj. v. cotte t...

TEICHOMACHIE, subs. fém. v. défense de place.

TEIGNE, subs. fém. (D, 4). Mot dérivé du bas latin, ou de l'italien *tigna*. C'est une des infirmités qui est un cas de réforme, à moins qu'elle ne soit spontanée ; car son inoculation volontaire, en vue de se soustraire frauduleusement aux lois sur les appels, est considérée par l'instruction de 1828 (11 septembre) comme analogue aux cas de mutilation volontaire, et comme entraînant la même peine.

TEIXEIRA. v. noms propres.

TEL bataillon, interj. v. bataillon. v. sur tel bataillon.

TEL bataillon de direction. v. bataillon de direction. v. commandement général.

TEL peloton, interj. v. chef de tel. peloton. v. peloton. v. sur tel peloton.

TEL ou tels pelotons, obstacle, interj. v. commandement d'avertissement. v. obstacle. v. passage d'obstacle en avant.

TÉLARCHE, subs. masc. v. mérarque.

TÉLARCHIE, subs. fém. v. épixénagie. v. mérarchie. v. milice grecque nᵒ 2. v. oplite.

TÉLARQUE, subs. masc. v. mérarque. v. officier nᵒ 2. v. milice grecque nᵒ 7.

TÉLÉARCHIE, subs. fém. v. mérarchie.

TÉLÉARKIE, subs. fém. v. mérarchie.

TÉLÉARQUE, subs. masc. v. mérarque.

TÉLÉGRAPHIE, subs. fém. (H). Mot tout grec, signifiant littéralement écriture tracée de loin. — L'art militaire de terre a donné naissance à ce moyen de correspondance par signaux, mais il était loin de la perfection où les modernes l'ont porté. Végèce (390, A, liv. 3) et M. de Montveran témoignent que la milice romaine connaissait et pratiquait cette sémantique, et il n'y a pas eu de guerre où les chefs d'armée n'y aient eu plus ou moins recours ; elle se bornait, il est vrai, à quelques indications conventionnelles, avant que la guerre de la révolution et ses nécessités aient inspiré à des hommes de génie la découverte d'un véritable parler par signes. — Cet art fut essayé d'abord par Guillaume Amontons, mathématicien qui vivait au temps de Louis quatorze, mais ses essais restèrent sans résultat, et furent regardés par Fontenelle comme un simple jeu d'esprit. Marcel ne désespère pas de triompher des difficultés de l'entreprise, et le traité qu'il publia en 1702, contenait le germe des méthodes télégraphiques. Dupuis, auteur de l'Origine des cultes, réalisa en partie les projets d'Amontons, et des hauteurs de Belville qu'il habitait, il correspondait avec un habitant de Bagneux. L'abbé Chappe s'appliqua à tirer parti des expériences déjà faites, et le 22 mars 1792 son neveu proposa à la Convention nationale l'institution des télégraphes qui commencèrent à jouer le 27 juillet 1793. — Pendant quarante ans, et jusqu'à l'époque des premiers essais relatifs aux télégraphes de nuit, ce genre de correspondance n'avait fait aucun progrès. L'art de la télégraphie militaire, de la télégraphie a feu, essayé avec quelques succès dans plusieurs milices étrangères, n'avait pas encore éveillé, en France, la sollicitude de nos ministres de la guerre, ni du dépôt de la guerre ; c'est une science en germe qui probablement éclora. — On peut consulter sur cette matière : Bergstraesser, César (51 avant J.-C.), Maxwell, M. de Montveran, Rumpf (1824, F). Végèce (390, A), le *Dictionnaire de la Conversation*, au mot *Chiffre diplomatique*, et la plupart des auteurs qui ont traité de la pyrotechnie.

TÉLÉGRAPHIE a feu. v. a feu. v. télégraphie.

TÉLÉGRAPHIQUE, adj. v. commandement t... v. signal t...

TÉLÉARCHIE, subs. fém. v. mérarchie.

TÉLÉPHONIE, subs. fém. v. sémantique. v. signal.

TÉLÉPHONIQUE, adj. v. signal t...

TÉLÉVAS, subs. masc. v. taillevas.

TELLE division, interject. v. commandement d'avertissement. v. division.

TELLENON, subs. masc. v. tollenon.

TELLIER. v. noms propres.

TELOS, subs. masc. (F), ou épixénagie, ou mérarchie. Le mot Telos est tout grec ; il est féminin dans M. Liskenne (t. i, p. 576, etc.), mais c'est à tort, puisqu'il est neutre en grec. — M. le colonel Carrion (1824, A, p. 81) le mentionne comme une des subdivisions de l'épitagme de cavalerie de la milice grecque ; mais il eût été plus convenable d'employer le mot télarchie en parlant des cataphractes, puisque dans des cas analogues, et par rapport à d'autres genres de SOLDATS GRECS, DILLON et ROBINSON emploient les expressions TÉLARCHIE, TÉLARQUE. — Le Telos se composait de deux ÉPHIPARCHIES.

TEMLICH. V. NOMS PROPRES.

TÉMOIGNAGE, subs. masc. V. EN TÉMOIGNAGE. V. FAUX TÉMOIGNAGE. V. HOMME DE TROUPE Nº 5. V. HOMME EN TÉMOIGNAGE. V. INFORMATION. V. PROCÈS-VERBAL DE FAUX TÉMOIGNAGE. V. TÉMOIN.

TÉMOIN, subs. masc. (term. génér.). Mot dérivé de TÉMOIGNAGE, provenu lui-même du LATIN *testimonium.* — Le mot Témoin se distingue en TÉMOIN AUX ACTES D'ÉTAT CIVIL, — JUDICIAIRE, — DE MINEURS.

TÉMOIN A CHARGE. V. A CHARGE. V. TÉMOIN JUDICIAIRE.

TÉMOIN A DÉCHARGE. V. A DÉCHARGE. V. TÉMOIN JUDICIAIRE.

TÉMOIN aux ACTES D'ÉTAT CIVIL. (B, 3). Sorte de TÉMOINS qui ne peuvent être que du sexe masculin ; ils doivent avoir vingt et un ans accomplis ; ils peuvent être choisis parmi les parents ou autres, et être pris, de préférence, parmi les personnes intéressées à la véracité des ACTES DE DÉCÈS OU DE NAISSANCE qu'ils souscrivent et attestent.

TÉMOIN de DÉCÈS. V. DÉCÈS.

TÉMOIN de DÉSERTION. V. DÉSERTION. V. TÉMOIN JUDICIAIRE.

TÉMOIN de DUEL. V. DUEL.

TÉMOIN de RENGAGEMENT. V. ACTE DE RENGAGEMENT. V. RENGAGEMENT.

TÉMOIN de TESTAMENT. V. MILICE ROMAINE Nº 11. V. TESTAMENT.

TÉMOIN d'ENGAGEMENT. V. ENGAGEMENT. V. ENGAGEMENT DE RECRUE.

TÉMOIN JUDICIAIRE (C, 5). Sorte de TÉMOIN considéré ici sous le seul point de vue de la JUSTICE MILITAIRE. — D'anciennes dispositions relatives aux CONFRONTATIONS, RÉCOLEMENTS, RÉCUSATIONS, étaient tombées en oubli. — Dans les AFFAIRES par suite de CHARGES JURIDIQUES, les TÉMOINS, soit A CHARGE, soit A DÉCHARGE, sont cités en vertu d'une ASSIGNATION qu'ils ne peuvent décliner sous peine de CONTRAINTE PAR CORPS. Le CAPITAINE RAPPORTEUR leur en fait parvenir la CÉDULE au nom du TRIBUNAL ; il procède à leur AUDITION et dresse PROCÈS-VERBAL de leurs DÉPOSITIONS, après qu'ils ont prêté le serment *de parler sans haine et sans crainte, et de dire la vérité tout entière* ; il communique leurs DÉCLARATIONS au DÉFENSEUR du PRÉVENU ; il établit toutes réserves à l'égard des FAUX TÉMOINS, mais sans retarder le JUGEMENT. — Les HOMMES DE TROUPE ou autres

MILITAIRES appelés à titre de témoins par les CONSEILS PERMANENTS, ont droit à des INDEMNITÉS fixées en vertu de TAXES réglées par la CIRCULAIRE DE 1822 (16 NOVEMBRE) et acquittées conformément à celle DE 1827 (16 MARS) : ces INDEMNITÉS durent autant que la PROCÉDURE et les DÉBATS ; elles commencent et finissent, s'il y a lieu à déplacement, comme commencent et finissent les PRESTATIONS EN ROUTE. — En général, tout homme EN TÉMOIGNAGE, soit OFFICIER OU HOMME DE TROUPE, avait, en vertu de l'ORDONNANCE DE 1823 (19 MARS, art. 26 et 185), en cas de déplacement, droit à une INDEMNITÉ. Cette ORDONNANCE accordait en ce cas aux OFFICIERS la totalité de leur TRAITEMENT, touché sur les lieux au moyen de MANDATS DE PAYEMENT, si l'absence devait se prolonger plus d'un mois. Ils étaient défrayés du voyage par l'INDEMNITÉ DE ROUTE sur pied de paix. — Les TÉMOINS ne peuvent être entendus qu'à certaines conditions ; ainsi les FORMULES interprétatives de l'ARRÊTÉ DE L'AN DOUZE (19 VENDÉMIAIRE) déterminaient quel était le degré de parenté qui s'opposait à ce que des consanguins du PRÉVENU pussent être admis à TÉMOIGNAGE. — EN CAS DE DÉSERTION, les noms des témoins sont mentionnés dans la PLAINTE. S'il s'agit d'un HOMME DE TROUPE, les Témoins sont principalement choisis parmi les SOUS-OFFICIERS et SOLDATS de sa COMPAGNIE, ou parmi les SOUS-OFFICIERS et SOLDATS qui étaient de GARDE, si la DÉSERTION a eu lieu pendant le cours de ce service. Ils font leurs DÉCLARATIONS particulièrement, c'est-à-dire sans être en présence les uns des autres. — On peut consulter à l'égard des Témoins judiciaires : M. BERRIAT, LACHESNAIE (1758, I, au mot *Conscrit*) et tous les AUTEURS qui ont écrit touchant la JUSTICE MILITAIRE.

TÉMOIN de MINE. V. MINE. V. MINE A FEU.

TÉMOIN de MINEUR (II, 1). Sorte de TÉMOIN, c'est-à-dire de moyen d'avertissement à l'aide duquel l'instant de l'explosion d'une MINE peut être calculé par le MINEUR. Le Témoin est, suivant GANEAU, un morceau d'amadou que tient près de lui le MINEUR en examinant dans sa progression la combustion. Cet amadou étant identique, par son volume, par sa substance, avec le morceau d'amadou dont l'ignition marche vers le FOURNEAU DE MINE, et ayant été allumé en même temps, le mineur est à même de calculer l'instant où la fulmination doit avoir lieu, et où il importe qu'il s'éloigne. — M. LEGRAND (1837, A, au mot *Moine*) fournit quelques explications à ce sujet.

TEMPELHOF. V. NOMS PROPRES.

TEMPLIERS. V. CHEVALERIE RÉGULIÈRE.

TEMPORAIRE, adj. V. BRIGADE T... V. COMMANDANT T.., V. HOPITAL T... V. PERMISSION T... V. RÉFORME T... V. REMPLACEMENT T...

TEMPORISANT (temporisante), adj. V. GUERRE T...

TEMPS, subs. masc. V. CONTRE-TEMPS. V. DOUZE T... V. QUATRE T... V. SEPTIÈME T...

TEMPS d'ARRÊT. V. ARRÊT. V. CHANGEMENT DE DIRECTION EN MARCHE PAR FILE. V. DÉFILÉ. V. GUIDE DE SUBDIVISION. V. MARCHE DE BATAILLON EN BATAILLE. V. TACTIQUE, subs.

TEMPS de GUERRE. V. ADJUDANT D'INFANTERIE FRANÇAISE DE LIGNE Nº 4, 6. V. ADMINISTRATION D'ARMÉE. V. ADMINISTRATION MILITAIRE. V. AGE MILITAIRE. V. AIDE DE CAMP Nº 1. V. ALLER A LA DÉCOUVERTE. V. APPEL DE POLICE. V. ARCHER A PIED. V. ARCHIVES DE CORPS. V. ARMÉE. V. ARMÉE FRANÇAISE; id. Nº 4. V. ARMURIER Nº 4. V. ART DE LA GUERRE. V. ARTILLERIE D'INFANTERIE. V. ARTILLERIE FRANÇAISE. V. ARTILLERIE IDIOPLIQUE. V. AUMONIER DE CORPS Nº 5. V. AVANCEMENT EN TEMPS DE GUERRE. V. BARRIÈRE DE FORTERESSE. V. BASTION DE FORTERESSE. V. BATAILLE TACTIQUE. V. BATAILLON D'INFANTERIE FRANÇAISE Nº 2. V. BATAILLON RÉGIMENTAIRE. V. BATON DE MARÉCHAL. V. BATTERIE D'ARTILLERIE. V. BOUCLIER. V. CADRE AGRÉGATIF. V. CAISSE DE CHIRURGIE. V. CAMP D'INSTRUCTION. V. CAMPAGNE. V. CAMPAGNE DE MER. V. CANTONNEMENT. V. CAPITAINE D'INFANTERIE FRANÇAISE DE LIGNE Nº 10. V. CARTOUCHE A FUSIL. V. CAS D'ALARME. V. CAVALERIE. V. CAVALERIE FRANÇAISE Nº 4. V. CERTIFICAT D'EXISTENCE. V. CHAINE DE POSTES. V. CHARGE DE SOLDAT. V. CHARPIE. V. CHARROI. V. CHASSE A COURRE. V. CHAUFFAGE DE CAMPAGNE. V. CHEF DE BATAILLON D'INFANTERIE FRANÇAISE DE LIGNE Nº 1, 5, 6. V. CHEF DE PATROUILLE. V. CHEMIN COUVERT. V. CHEVAL BARDÉ. V. CHIRURGIE MILITAIRE. V. CHIRURGIEN DE CORPS. V. CHIRURGIEN EN CHEF. V. CHIRURGIEN-MAJOR D'INFANTERIE FRANÇAISE Nº 5, 8, 16. V. CHLAMYDE. V. CODE PÉNAL MILITAIRE. V. COLONEL D'INFANTERIE FRANÇAISE DE LIGNE Nº 9, 12, 30. V. COLONEL EN CAMPAGNE. V. COLONNE DE ROUTE. V. COMBAT A OUTRANCE. V. COMMANDANT DE PLACE Nº 1, 6, 9, 11, 12. V. COMPAGNIE AUXILIAIRE. V. COMPAGNIE DE CHASSEURS D'INFANTERIE. V. COMPAGNIE DE DÉPOT. V. COMPAGNIE DE GRENADIERS Nº 3, 5, 6. V. COMPAGNIE DE VOLTIGEURS Nº 4. V. COMPAGNIE D'INFANTERIE FRANÇAISE DE LIGNE Nº 2, 4, 12. V. COMPAGNIE EN ROUTE. V. COMPAGNIE FRANCHE. V. COMPOSITION. V. CONGÉ D'ANCIENNETÉ. V. CONSCRIPTION. V. CONSTITUTION. V. CORNETTE ROYALE. V. CORPS D'INTENDANCE; id. Nº 8. V. CORPS RÉGIMENTAIRE Nº 2, 4. V. COUP

D: CARABINE. V. CRAIE. V. CRÉDIT COMPTABILIAIRE. V. CRIME. V. CRIMINEL. V. DÉCOUVERTE. V. DÉFILÉ. V. DÉLAI DE REPENTIR. V. DEMI-REVÊTEMENT. V. DÉMISSION. V. DÉPOT DE CORPS. V. DÉSERTEUR. V. DÉSERTEUR A L'ENNEMI. V. DÉSERTEUR A L'ÉTRANGER. V. DISCIPLINE FRANÇAISE. V. DIVISION. V. DIVISION D'ARMÉE. V. DIVISION DE BATAILLON. V. DIVISION D'INFANTERIE. V. DOMESTIQUE D'OFFICIER. V. DRAPEAU D'INFANTERIE FRANÇAISE DE LIGNE. V. DURÉE LÉGALE. V. ÉCOLE DE MARS Nº 2. V. EFFET DE CAMPEMENT. V. EMPLOYÉ. V. EN TEMPS DE GUERRE. V. ENFANT DE CORPS. V. ENFANT D'HOMME DE TROUPE Nº 3. V. ÉPÉE. V. ENSEIGNE D'ÉQUIPEMENT. V. ESCADRON DE TRAIN D'ARTILLERIE. V. ÉTAT-MAJOR DE PLACE. V. ÉTAT MILITAIRE. V. ÉVOLUTION. V. EXERCICE D'INFANTERIE. V. FACTEUR. V. FORTERESSE. V. FOURRAGE DE DISTRIBUTION. V. FRANC-ARCHER. V. FRONSPERGER. V. GARDE EN GARNISON. V. GARNISAIRE. V. GARNISON. V. GENDARMERIE DE LA MAISON. V. GENDARMERIE DE POLICE; id. Nº 1. V. GÉNÉRAL D'ARMÉE Nº 3. V. GÉNÉRAL DE DIVISION Nº 4. V. GÉNÉRAL EN CHEF Nº 4. V. GÉNÉRAL FRANÇAIS Nº 3, 4. V. GESTION. V. GOUVERNEUR DE PLACE DE GUERRE Nº 5. V. GRACE. V. GRADE SUPÉRIEUR. V. GUERRE. V. GUERRE FRANÇAISE. V. GUET. V. GUIDE DE ROUTE. V. HABILLEMENT. V. HABIT. V. HALTE-LA. V. HAVRE-SAC. V. HÉRAUT D'ARMES Nº 2. V. HOPITAL MILITAIRE. V. INFANTERIE Nº 11. V. INFANTERIE FRANÇAISE Nº 2. V. INFANTERIE FRANCO-ÉTRANGÈRE. V. INGÉNIEUR GÉOGRAPHE Nº 4. V. INSPECTEUR GÉNÉRAL Nº 1. V. INSPECTEUR GÉNÉRAL D'INFANTERIE Nº 5. V. INTENDANT D'ARMÉE. V. INTENDANT GÉNÉRAL. V. INTENDANT MILITAIRE Nº 2. V. JANISSAIRE. V. JURISPRUDENCE. V. JUSTICE MILITAIRE. V. LANCE DE LANCIER. V. LÉGISLATION. V. LEUDE. V. LOGEMENT EN ROUTE. V. MAGASIN DE CORPS. V. MARCHE-ROUTE. V. MASSE D'HOPITAUX. V. MILICE ANGLAISE Nº 2. V. MILICE AUTRICHIENNE Nº 7. V. MILICE PIÉMONTAISE Nº 1. V. MILICE PROVINCIALE. V. MILICE PRUSSIENNE Nº 6. V. MILICE WURTEMBERGEOISE Nº 1. V. MINISTRE DE LA GUERRE Nº 7. V. MORIN. V. MOT DE RALLIEMENT. V. MOUSQUETAIRE DE LA GARDE. V. MUNITIONNAIRE. V. MUSIQUE. V. NOURRITURE. V. OBÉISSANCE. V. OFFICIER A LA SUITE. V. OFFICIER DE SANTÉ. V. OFFICIER D'ÉTAT CIVIL. V. OFFICIER D'ÉTAT-MAJOR GÉNÉRAL. V. OFFICIER D'ORDONNANCE. V. ORDONNANCE OFFICIELLE. V. ORDRE DE ROUTE. V. OUTIL DE CAMPAGNE. V. OUVRAGE A CORNE. V. PAIN DE MUNITION. V. PALISSADE. V. PARTI BLEU. V. PASSER PAR LES ARMES. V. PAYE. V. PAYEUR. V. PEINE DE MORT. V. PELOTON D'INFANTERIE. V. PIED DE GUERRE. V. POUDRE ALIMENTAIRE. V. PRÉFET DE LÉGION ROMAINE. V. PRISONNIER DE GUERRE. V. PRISONNIER DE GUERRE ÉTRANGER. V. PROMOTION D'OFFICIER. V. PUNITION. V. QUI-VIVE. V. RE-

CONNAISSANCE DE TERRAIN. V. RECRUTEMENT. V. RÉGIE. V. RÉGIMENT D'ARTILLERIE. V. RÉGIMENT DE CAVALERIE. V. RÉGIMENT DE CAVALERIE FRANÇAISE N° 2. V. RÉGIMENT D'INFANTERIE. V. RÉGIMENT D'INFANTERIE FRANÇAISE N° 2. V. RÉGIMENT DU GÉNIE. V. REMPART DE FORTERESSE. V. REMPLACEMENT D'ENROLÉ. V. RIZ. V. RUEHLE. V. SAC A DISTRIBUTIONS. V. SAPEUR D'INFANTERIE. V. SAUVEGARDE. V. SÉNÉCHAL. V. SENTINELLE. V. SERGENT DE BANDES. V. SERGENT D'INFANTERIE FRANÇAISE DE LIGNE N° 2. V. SERVICE CONSCRIPTIF. V. SERVICE DE ROUTE. V. SERVICE JOURNALIER. V. SOLDE. V. SOUS-INSPECTEUR. V. SOUS-INTENDANT N° 5. V. SOUS-OFFICIER N° 8. V. STRATAGÈME. V. SUBSISTANCE. V. SURPRISE DE PLACE. V. TAILLE DE MILITAIRE. V. TAMBOUR IDIOPLIQUE D'INFANTERIE FRANÇAISE N° 1. V. TENTE. V. TIRAILLEUR. V. TRAIN. V. TRÉSORIER DE CORPS N° 1. V. WALHAUSEN (1616, A).

TEMPS de MANIEMENT D'ARMES. V. ARME A TERRE. V. ARME A VOLONTÉ. V. ARME AU BRAS. V. ARME AU PIED. V. ARME PORTÉE. V. ARME SOUS LE BRAS GAUCHE. V. ARME SUR L'ÉPAULE DROITE. V. ARME TRAINANTE. V. BAIONNETTE AU CANON. V. BASSINET DE FUSIL. V. BOURREZ. V. CHARGE A VOLONTÉ. V. CHARGE EN DOUZE TEMPS. V. ESCAMOTER. V. HALTE. V. HOMME DE GARDE. V. INSTRUCTEUR. V. MANIEMENT D'ARMES. V. ORDONNANCE D'EXERCICE D'INFANTERIE. V. MOUVEMENT DE MANIEMENT D'ARMES. V. PRÉSENTEZ VOS ARMES. V. REMETTEZ LA BAIONNETTE. V. ROULEMENT.

TEMPS de PAIX. V. ADMINISTRATION D'ARMÉE. V. ADJUDANT D'INFANTERIE FRANÇAISE DE LIGNE N° 4, 6. V. ARMÉE. V. AGE MILITAIRE. V. AIDE DE CAMP N° 1. V. ARMÉE. V. ARMÉE FRANÇAISE N° 1, 4, 6. V. ARRIÈRE-BAN. V. ART DE LA GUERRE. V. ARTILLERIE DE MONTAGNES. V. ATTAQUE DE PLACE. V. AVANCEMENT. V. BASTION DE FORTERESSE. V. BATAILLE TACTIQUE. V. BATAILLON D'INFANTERIE FRANÇAISE N° 2. V. BATON DE MARÉCHAL. V. CADRE AGRÉGATIF. V. CAISSE A TROIS SERRURES. V. CAMP D'INSTRUCTION. V. CAMPAGNE. V. CAMPAGNE DE MER. V. CAPITAINE D'INFANTERIE FRANÇAISE DE LIGNE N° 10. V. CAPORAL EN ROUTE. V. CARROUSEL. V. CAVALERIE FRANÇAISE N° 4. V. CHEF DE BATAILLON D'INFANTERIE FRANÇAISE DE LIGNE N° 5, 6. V. CHEF DE DÉTACHEMENT ADMINISTRATIF. V. CHEF D'ÉTAT-MAJOR. V. CHIRURGIEN DE CORPS. V. CITADELLE. V. CODE PÉNAL MILITAIRE. V. COLONEL D'INFANTERIE FRANÇAISE DE LIGNE N° 12. V. COLONNE DE ROUTE. V. COMBAT A OUTRANCE. V. COMMANDANT DE PLACE N° 9. V. COMPAGNIE DE GRENADIERS N° 3. V. COMPAGNIE DE VOLTIGEURS N° 4. V. COMPAGNIE DÉTACHÉE EN ROUTE. V. COMPAGNIE D'INFANTERIE FRANÇAISE DE LIGNE N° 2 (tableau). V. COMPAGNIE EN ROUTE. V.

COMPOSITION. V. CONSTITUTION. V. CORPS D'INTENDANCE. V. CORPS RÉGIMENTAIRE N° 2. V. CRIME. V. CRIMINEL. V. DÉCOMPTE DE LIQUIDATION. V. DÉCOUVERTE. V. DÉFILÉ. V. DÉSERTEUR A L'ÉTRANGER. V. DIVISION. V. DIVISION D'ARMÉE. V. DIVISION MILITAIRE. V. EFFET DE CAMPEMENT. V. EN TEMPS DE PAIX. V. ENROLEMENT VOLONTAIRE. V. ENSEIGNE D'ÉQUIPEMENT. V. ÉPÉE. V. ESCADRON DE TRAIN D'ARTILLERIE. V. ESCADRON FRANÇAIS N° 3. V. ÉTAPIER. V. ÉTAT MILITAIRE. V. ÉVOLUTION. V. EXERCICE D'INFANTERIE. V. FACTEUR. V. FEMME D'OFFICIER. V. FEU D'INFANTERIE. V. FEUILLE DE ROUTE. V. FILE DE BATAILLON. V. FORMATION SOUS LES ARMES. V. FORTERESSE. V. FOURRAGE ARMÉ. V. FOURRAGE DE DISTRIBUTION. V. GARDE EN GARNISON. V. GARNISON. V. GÉNÉRAL D'ARMÉE N° 3. V. GÉNIE IDIOPLIQUE N° 5. V. GESTION. V. GRACE. V. GRENADIERS ROYAUX. V. HABILLEMENT. V. HABIT. V. HAVRE-SAC. V. INDEMNITÉ DE CHAUFFAGE. V. INFANTERIE N° 6, 11. V. INFANTERIE FRANÇAISE N° 2. V. INFANTERIE FRANCO-ÉTRANGÈRE. V. INFANTERIE LÉGÈRE N° 2. V. INSPECTEUR GÉNÉRAL N° 5. V. INTENDANT MILITAIRE N° 5. V. JANISSAIRE. V. JURISPRUDENCE. V. JUSTICE MILITAIRE. V. LÉGISLATION. V. LEVÉE. V. LOGEMENT EN ROUTE. V. MARCHE EN ROUTE. V. MARÉCHAL DE FRANCE N° 4. V. MASSE D'HOPITAUX. V. MESSE MILITAIRE. V. MILICE. V. MILICE ANGLAISE N° 2. V. MILICE BAVAROISE N° 4. V. MILICE PRUSSIENNE N° 6. V. MINISTRE DE LA GUERRE N° 7. V. MORIN. V. MOUSQUETAIRE DE LA GARDE. V. MULET DE BAT. V. MUSIQUE. V. NOURRITURE. V. OFFICIER DE CAVALERIE N° 3. V. OFFICIER D'ÉTAT CIVIL. V. OFFICIER FRANÇAIS N° 6. V. ORDRE DE ROUTE. V. ORDRE MINCE. V. OUTIL DE CAMPAGNE. V. PAIN DE MUNITION. V. PAIX. V. PALISSADE. V. PARAPET. V. PAS CADENCÉ. V. PASSER PAR LES ARMES. V. PAYE. V. PAYEUR. V. PELOTON D'INFANTERIE. V. PIED DE RASSEMBLEMENT. V. PIONNIER. V. POLICE. V. PRÉFET DE LÉGION ROMAINE. V. PRÉVOT DES MARÉCHAUX. V. PUNITION. V. RECRUTEMENT. V. RÉGIMENT DE CAVALERIE. V. RÉGIMENT DE CAVALERIE FRANÇAISE N° 2. V. RÉGIMENT D'INFANTERIE. V. RÉGIMENT D'INFANTERIE FRANÇAISE N° 2. V. ROEDER. V. ROI D'ARMES. V. RUEHLE. V. SAC A DISTRIBUTIONS. V. SCHLIECHER. V. SAPEUR D'INFANTERIE. V. SENTINELLE. V. SERGENT D'INFANTERIE FRANÇAISE DE LIGNE N° 2. V. SERVICE D'ARMÉE. V. SERVICE DE CAMPAGNE. V. SERVICE DE ROUTE. V. SERVICE JOURNALIER. V. SERVICE PERSONNEL. V. SOLDAT. V. SOUS-INTENDANT N° 4, 5. V. STAMFORD. V. STRATAGÈME. V. STRATÉGIE. V. SUBSISTANCE. V. SURPRISE DE PLACE. V. TAILLE DE MILITAIRE. V. TAMBOUR IDIOPLIQUE D'INFANTERIE FRANÇAISE N° 1. V. TAMBOUR-MAJOR N° 5. V. TENTE. V. TIERCEMENT.

TEMPS de SERVICE. V. JEUNE SOLDAT. V. SERVICE.

TEMPS d'escrime. v. appel d'escrime. v. escrime. v. feinte.

TEMPS d'évolution. v. a droite, interj. v. évolution.

TENAILLE. v. noms propres.

TENAILLE, subs. fém. v. a tenaille. v. angle de t... v. bastion a t... v. corbeau a t... v. courtine a.t... v. courtine de t... v. demi-lune a t... v. double t... v. face de t... v. flanc de t... v. fort a t... v. grande t... v. petite t... v. ouvrage a t... v. parapet de t... v. terre-plein de t...

TENAILLE (term. génér.), ou tenaille de fortifications. Le mot tenaille, emprunté à l'art du forgeron et aux ouvriers à marteaux et à triquoises, vient du latin *tenere,* passé dans l'italien *tanaglia.* Il a signifié machine de guerre, ou partie d'un engin destiné à la défense des places. Il a été employé ensuite à désigner une manœuvre de guerre, qu'on a appelée aussi force tactique, ou forceps, ou pephlegmenon. — Le mot grec était l'opposé de l'embolon, ou du coin tactique. — Mais ce qui concerne cet ordre de bataille, les ailes en avant, (ordre que pratiquaient surtout la milice romaine et la milice turque), ce qui concerne et les milices grecques sous les noms de phalanges doubles et de phalanges hétérostomes, et les machines de l'espèce des corbeaux, ayant été suffisamment décrit, il ne sera ici question des Tenailles que comme exprimant un ouvrage de fortification, dont la dénomination a produit l'adjectif tenaillé, et les substantifs grande tenaille, petite tenaille, tenaillon. — La Tenaille, dans les fortifications élémentaires, consiste en un front de fortification comprenant deux faces et deux longs cotés, ou une courtine et deux faces correspondantes de bastion. Vauban, qui l'avait inventée pour remplacer la fausse braie, lui donna d'abord la forme d'un front bastionné. — Nous nous bornerons à décrire la Tenaille comme une pièce de fortification et comme une tenaille de fossé. — C'est une pièce basse construite dans le fossé, en avant de la courtine, et composée, si elle est tenaille simple, de deux faces, sous la ligne de défense. Son nom vient de ce qu'elle est ordinairement située sur l'angle formé par l'intersection des lignes de défense, intersection appelée angle de tenaille. — On donne aussi en général le nom de Tenaille à des parties quelconques d'une forteresse, si ces parties ont deux cotés unis à angles rentrants ; ainsi il y a des courtines à Tenailles qu'on appelle aussi Tenailles ; il y a des demi-lunes à Tenailles ; il y a eu des Te-

nailles formées de deux demi-bastions. — On ne faisait plus guère usage des Tenailles au milieu du dernier siècle, à ce que disent l'Encyclopédie (1751, C) et Ganeau, parce que ce genre de pièce embrasse trop de terrain, parce que l'angle rentrant des faces n'est pas défendu, que les faces sont peu flanquées ; on leur préférait les ouvrages a corne ; jusque-là, on en avait attaché à des bastions trop pointus, ou à certains dehors. On avait surtout renoncé, dit Jabro (1777, G), à la Tenaille simple. — On a appelé tenaille brisée celle qui formait deux parties divisées. On a distingué en doubles et en simples les tenailles de fossé. Il y a des tenailles a queue d'yronde. — Vauban avait construit à Landau et à Neubrisack, comme le témoigne l'Encyclopédie, des tenailles de fossé. — Les Tenailles couvrent le pied d'une courtine, on peut les regarder comme le prolongement des faces des bastions. Vauban les préfère aux fausses braies. Elles sont à flancs ou sans flancs ; elles sont en terre, ou revêtues ; leur terre-plein est de trois à quatre mètres. — On peut consulter à l'égard de ce genre d'ouvrage : Belair (1792), Davrignac, Desprez (1755, B, p. 20), l'Encyclopédie (1751, C), l'Encyclopédie (1785, C, t. i, p. 86 ; t. iii, p. 102), Freitag, Ganeau, Guignard (1725, B, t. ii, p. 264), Guillet (1686, B), Jabro (1777, G), Lachesnaie (1758, I, t. iii, p. 450), Leblond (1662, *Défense,* etc., p. 262), Lecouturier (1825, A), Manesson (1685, t. i, p. 51 ; t. iii, p. 244), Robilant (1744, B), Sionville (1756, E, t. i, p. 152 ; t. ii, p. 128, 161 ; t. iii, p. 55, 105, 161, Vallière (Jacques-Florent, 1674). — Ce genre de Tenailles sera distingué ici en tenailles a caponnière, — a flanc, — de fossé sec, — de fossé inondé.

TENAILLE a caponnière (G, 5). Sorte de tenaille qui communique, par son milieu, avec la demi-lune, au moyen d'un chemin couvert double qui barre et défend le fossé ; le parapet de ce genre de Tenailles a trois ou quatre banquettes.

TENAILLE a flancs (G, 5). Sorte de tenaille qui a deux flancs, deux faces et une courtine, et qui, au lieu de ne former qu'un angle rentrant fort obtus, en forme deux moins obtus. Le terre-plein de ce genre de Tenaille peut s'agrandir derrière les flancs, pour recevoir quelques pièces de canon. — La direction des flancs est perpendiculaire à la ligne de défense, et leur hauteur est moindre que celle des faces. Quelques auteurs veulent qu'il soit pratiqué un retranchement dans le flanc. — Ganeau.

décrit la Tenaille à flancs comme ayant deux ANGLES RENTRANTS et trois SAILLANTS ; DESPREZ (1735, B, p. 26), GUILLET (1686, B), MANESSON (1685) traitent de ce DEHORS que JABRO (1777, G) regarde comme hors d'usage.

TENAILLE A QUEUE D'YRONDE. V. A QUEUE D'YRONDE. V. DEHORS. V. TENAILLE.

TENAILLE ANGULAIRE. V. ANGULAIRE. V. FORTIFICATION A T...

TENAILLE BRISÉE. V. BRISÉ, adj. V. TENAILLE.

TENAILLE d'APPOSITION. V. APPOSITION. V. COELEMBOLON.

TENAILLE de FORTIFICATION. V. FORTIFICATION. V. MINEUR FRANÇAIS. V. TENAILLE.

TENAILLE de FOSSÉ INONDÉ. Sorte de TENAILLE dont le rez-de-chaussée est à deux pieds au-dessus du plus haut niveau des eaux. Le derrière des FACES de cette Tenaille sert utilement de gare pour les BATEAUX destinés aux communications avec les DEHORS. Il est pratiqué, au milieu de la Tenaille, une coupure pour le passage d'un BATEAU de quatre mètres de large. Il est tendu à cet effet un câble qui correspond à la DEMI-LUNE.

TENAILLE de FOSSÉ SEC (G, 5). Sorte de TENAILLE dont le rez-de-chaussée est au fond même du FOSSÉ. Le derrière des FACES de cette Tenaille sert de PLACE D'ARMES aux TROUPES destinées à exécuter des SORTIES dans le FOSSÉ.

TENAILLE DOUBLE. V. DEHORS. V. DOUBLE, adj. V. TENAILLE A FLANCS.

TENAILLE SIMPLE. V. CONTRE-QUEUE D'YRONDE. V. DEHORS. V. SIMPLE. V. TENAILLE.

TENAILLE TACTIQUE. V. EMBOLON. V. MANOEUVRE. V. MILICE ROMAINE N° 7. V. MILICE TURQUE N° 7. V. ORDRE DE BATAILLE. V. PHALANGE DOUBLÉE. V. PHALANGE HÉTÉROSTOME. V. TACTIQUE, adj.

TENAILLÉ (tenaillée), adj. V. DEMI-LUNE TENAILLÉE.

TENAILLON, subs. masc. (G, 5). Mot analogue à la dénomination donnée à la TENAILLE DE FORTIFICATION, et qui est devenu français depuis le siége de LILLE en 1708 ; dans les relations de ce siége il exprimait une GRANDE LUNETTE. — Le mot Tenaillon répond à l'augmentatif ITALIEN *alone*, grande aile, comme le témoigne DEMARCHI. Il exprime un OUVRAGE à REMPART, à PARAPET, à FOSSÉ, une PIÈCE HAUTE construite vis-à-vis d'une des FACES de la DEMI-LUNE, la couvrant, lui servant de CONTRE-GARDE. Il y en a ordinairement deux qui s'appellent aussi LUNETTES

ou GRANDES LUNETTES, suivant l'ENCYCLOPÉDIE (1751, C). Quelquefois au bas de leur FLANC est une BATTERIE CASEMATÉE. — Le Tenaillon est, suivant GRASSI (1817, H), un OUVRAGE DÉTACHÉ, et à quatre FACES, qui est en avant des FACES d'un BASTION ou d'un RAVELIN. Dans le premier cas il l'appelle CONTRE-GARDE, dans le second LUNETTE. Ailleurs il le définit : OUVRAGE A TENAILLE d'une seule FACE, unie à un BASTION, et ayant un FLANC qui quelquefois est joint à la COURTINE, quelquefois en est détaché. — On peut, à l'égard des Tenaillons, consulter : BELAIR (1792), DEMARCHI, l'ENCYCLOPÉDIE (1751, C), GRASSI (1817, H), GUIGNARD (1726, t. II, p. 264), SIONVILLE (1756, t. III, p. 34, 53.

TENANCE, subs. fém. V. SERVICE FÉODAL. V. TENANT FÉODAL.

TENANCIER, subs. masc. V. BULLAN. V. MILICE PORTUGAISE N° 1. V. SERVICE FÉODAL. V. TENANT FÉODAL.

TENANCHE, subs. fém. V. TENANT FÉODAL.

TENANT, subs. masc. (F) (term. génér.). Mot dérivé du verbe LATIN *tenere*, tenir. Il se distingue en TENANT DE TOURNOI, — FÉODAL, — HÉRALDIQUE.

TENANT de TOURNOI (F), OU CONTRETENANT, OU SOUTENANT. Sorte de TENANT considéré comme un CHEVALIER, un CHAMPION dont la dénomination se prenait par opposition à celle d'ASSAILLANT de CHAMP CLOS, de COMBAT DE JUGEMENT, de pas d'armes. Il s'appelait Tenant, dit l'ENCYCLOPÉDIE (1751, C), parce qu'il soutenait la provocation acceptée par l'ASSAILLANT. — Les Tenants adressaient des défis par le ministère des HÉRAUTS D'ARMES, combattaient armés de la LANCE, à moins de conditions différentes, et ouvraient le CARROUSEL ; ils formaient les premières QUADRILLES dans les COMBATS A PLAISANCE. Souvent les Tenants n'ENTRAIENT EN LICE qu'après avoir formé un vœu, comme de rompre un certain nombre de LANCES, de se mesurer contre tout ASSAILLANT, de céder ou d'exiger un bijou, une LIVRÉE. — Une HEAUME était le prix décerné à un Tenant vainqueur. — Quelques éclaircissements sur ce sujet se trouvent dans CARRÉ (1783, E, p. 178, 517), l'ENCYCLOPÉDIE (1751, C), FURETIÈRE, WELLY (à l'année 1389).

TENANT FÉODAL (F), OU TENANCIER. Sorte de TENANT possédant un FIEF, ou y ressortissant, y mouvant, et soumis à l'accomplissement d'un SERVICE en vertu de TENANCE, TENANCHE, TÉNEMENT, TENEURE, TENURE, TENURE, mots qui signifiaient mode ou conditions de la possession d'un FIEF.

TENANT HÉRALDIQUE (F). Sorte de TENANT,

c'est-à-dire d'image ou de MEUBLE DE BLASON qui avaient pour objet de rappeler des prouesses de TOURNOI ou de CHAMP CLOS. C'était, en ART HÉRALDIQUE, une représentation, soit précise, soit allégorique, telle qu'une figure de GUERRIER, ou bien, comme le témoigne CARRÉ (1783, E, p. 55), un DEXTROCHÈRE ou main armée, ou une partie de HEAUME.

TENCE, subs. masc. (F), ou TANSON, ou TENCHON, ou TENÇON, ou TENSON, ou TENZON. Mots que mentionnent BOREL (Pierre), MÉNAGE, ROQUEFORT, comme signifiant COMBAT ou GUERRE. Ils dérivent de l'ITALIEN *tencionamento*, dispute, *tencionatore*, querelleur ; ils avaient produit, suivant BARBAZAN, les verbes français TENCER, TENCHIER, signifiant quereller.

TENCER, verb. neut. V. TENCE.

TENCHIER, verb. neut. V. TENCE.

TENCHON, subs. masc. V. TENCE.

TENÇON, subs. masc. V. TENCE.

TENDRE, verb. act. V. DÉTENTE.

TENDRE EN BOIS. V. CAMP DE TENTES. V. EN BOIS.

TENDRE EN TOILE. V. CAMP DE TENTES. V. EN TOILE.

TENDRE une EMBUSCADE. V. CHEMIN MILITAIRE. V. EMBUSCADE. V. MILICE PORTUGAISE N° 1. V. MILICE TURQUE N° 7.

TENDREFLE, subs. fém. V. FRONDE.

TENDU (tendue), adj. V. CAMP T... V. RICOCHET T...

TÉNEMENT, subs. masc. V. TENANT FÉODAL. V. SERVICE FÉODAL.

TENEURE, subs. fém. V. TENANT FÉODAL.

TÉNICLE, subs. fém. (F). V. CAPARAÇON. V. COTTE D'ARMES. V. DESTRIER. V. HABILLEMENT. V. HÉRAUT D'ARMES N° 2. V. HOUSSE DE HARNACHEMENT. V. PALEFROI. V. TABAR.

TÉNICLÉ (teniclée), adj. V. CHEVAL T...

TENIR, verb. neut. V. FORTERESSE. V. POSITION STRATEUMATIQUE. V. REITRE.

TENIR, verb. act. V. RETENUE. V. TENANT. V. TENUE.

TENIR AU COMPLET. V. AU COMPLET. V. CAVALERIE.

TENIR EN ALARME. V. CHICANE. V. EN ALARME.

TENIR EN ALERTE. V. ALERTE. V. EN ALERTE.

TENIR EN ÉCHEC. V. ÉCHEC. V. EN ÉCHEC. V. PETITE GUERRE.

TENIR EN GARDE. V. EN GARDE. V. GARDE.

V. LANGUE FRANÇAISE. V. SE TENIR EN G...

TENIR FERME. V. FAIRE FERME. V. FERME.

TENIR GARNISON. V. AIDE DE CAMP N° 1. V. CASERNE. V. COMMANDANT DE PLACE N° 5. V. COMPAGNIE AUXILIAIRE. V. GARNISON. V. MILICE ROMAINE N° 9. V. SOUS-INTENDANT N° 8.

TENIR la CAMPAGNE. V. BATTRE LA C... V. CAMP VOLANT. V. CAMPAGNE. V. CIRCONVALLATION. V. GUERRE. V. PARTI BLEU. V. PRÉVOT DES MARÉCHAUX.

TENIR la TÊTE. V. A L'ORDRE EN ROUTE. V. TÊTE.

TENIR le PAS. V. COMBAT A OUTRANCE. V. PAS. V. PAS D'ARMES.

TENIR l'ÉPÉE. V. ÉPÉE. V. LÉGISLATION (cinquième siècle).

TENIR l'ORDINAIRE. V. CAPORAL D'INFANTERIE FRANÇAISE N° 10. V. ORDINAIRE.

TENIR RANG. V. BREVET POUR TENIR RANG. V. CHEF DE BATAILLON D'INFANTERIE FRANCO-SUISSE DE GARDE ROYALE. V. PAS HIÉRARCHIQUE. V. RANG. V. RANG HIÉRARCHIQUE.

TENIR SOUS LES ARMES. V. ARMÉE NEUTRE. V. CHEF DE POSTE DE PORTE DE FORTERESSE. V. SOUS LES ARMES.

TENIR SOUS LES DRAPEAUX. V. ARCHER A PIED. V. LEVÉE. V. SOUS LES DRAPEAUX.

TENIR SUR LA DÉFENSIVE. V. DÉFENSIVE. V. SE TENIR SUR LA DÉFENSIVE. V. SERVICE JOURNALIER. V. SUR LA DÉFENSIVE.

TENIR SUR PIED. V. ARMÉE. V. AVENTURIER. V. RÉGIMENT FRANCO-ÉTRANGER. V. RETRAITE STRATEUMATIQUE. V. REVUE D'ADMINISTRATION. V. SERVICE FÉODAL. V. SUR PIED.

TENIR SUR SES GARDES. V. LANGUE FRANÇAISE. V. SE TENIR SUR SES GARDES. V. SUR SES GARDES.

TENIR TÊTE. V. GUERRE DE 1756. V. RETRAITE STRATEUMATIQUE. V. TÊTE.

TENIR un POSTE. V. INVESTISSEMENT. V. POSTE.

TENNECKER. V. NOMS PROPRES.

TENON, subs. masc. V. A TENON. V. PREMIER TENON. V. ARMURIER DE CORPS N° 4. V. CAPUCINE. V. CEINTURE DE CEINTURON. V. DEVANT DE CANON. V. GRENADIÈRE D'ARMEMENT.

TENON A BAIONNETTE. V. A BAIONNETTE. V. ARMURIER DE CORPS N° 4. V. BAIONNETTE DE FUSIL. V. CANON DE FUSIL. V. ÉCHANCRURE DE DOUILLE. V. PONTET DE DOUILLE.

TENON de GACHETTE. V. GACHETTE. V. RESSORT DE GACHETTE.

TENON de PORTE-BAGUETTE. V. BANDE COURTE DE COLLIER. V. CLAVETTE DE PORTE-BA-

CURTTE. V. DOUILLE DE PLAQUE. V. PORTE-BA-
GUETTE.

TENSINI. V. NOMS PROPRES.

TENSON. V. TENCE.

TENTE, subs. fém. (term. génér.). V. AN-
NEAU DE T... V. ANSE DE T... V. AXE DE T...
V. BOIS DE T... V. CAMP DE T... V. CORDE DE
T... V. CORPS DE T... V. COTÉ DE T... V. CUL-DE-
LAMPE DE T... V. DRESSER LES T... V. ENCOIGNURE
DE T... V. FAITIÈRE DE T... V. FILE DE T. .
V. FOURCHE DE T... V. GANSE DE T... V. LIGNE
DE T... V. MANSARDE DE T... V. MAT DE T...
V. MONTANT DE T... V. MURAILLE DE T... V.
NERVURE DE T... V. PAN DE T... V. PIQUET DE
T... V. PORTE DE T... V. RANG DE T... V. RAN-
GÉE DE T... V. RIDEAU DE T... V. SOUS LA
T... V. SUPPORT DE T... V. SURTENTE. V. TOILE
DE T... V. TOIT DE T... V. TRAITEMENT SOUS LA
T... V. TRAVERSE DE T...

TENTE (term. génér.), OU TENTE DE CAM-
PEMENT, OU TANTE, comme l'orthographiait
défectueusement PHILIPPE DE CLÈVES (1520,
A). Le mot Tente dériverait du CELTIQUE,
si l'on en croit GÉBELIN, et le mot LATIN
tentorium en serait provenu. — MÉNAGE,
avec plus de raison, le fait venir du LATIN
tenta, dont les ESPAGNOLS ont fait *tienda*,
et le bas LATIN OU l'ITALIEN *tenda*. — On
les a appelées TREFS, mais ce mot donnait
plutôt idée d'une cabane. On les a appelées
BOURDOUNES, à ce qu'affirme ROQUEFORT, parce
qu'une BOURDONNASSE, un BOURDON, en étaient
le MAT, ou le SUPPORT du milieu. — ROQUE-
FORT a trouvé aussi le mot *coni* comme vieux
synonyme de Tente; il pense que c'était
un dérivé du mot LATIN *conopeum*. — Les
ÉGYPTIENS, les HÉBREUX nomades qu'on a
appelé Scéniques, se sont, de temps immémorial, servis de Tentes. — ROME dans le
premier temps de sa fondation défendait à
ses SOLDATS l'usage des Tentes, même en
hiver. La brièveté des EXPÉDITIONS dispensait d'y recourir; peut-être cette défense
avait-elle autant pour objet de hâter la con-
clusion de la GUERRE, que de se dispenser
des embarras (*impedimenta*) et des frais que
ce genre de CAMPEMENT eût entraînés. Quand
les CAMPAGNES se prolongèrent inévitablement, les HUTTES OU BARAQUES, qui se nommaient *tabernacula*, furent remplacées par
les Tentes ou les peaux (*pelles*, *tentoria*);
mais la manière de les disposer, de les établir, était irrégulière et confuse. OVIDE
dit au sujet de ces souvenirs de l'antiquité:

Sub Jove pars durat; pauci tentoria ponunt;
Sunt quibus è ramis frondea facta casa est.

D'un abri de rameaux la plupart se contente;
Beaucoup sont en plein air, quelques-uns sous la tente.

— La seconde année du siége de VÉIES, dit

TITE LIVE (l'an de Rome 349), les chefs de
l'ARMÉE ROMAINE, ou les TRIBUNS, adoptèrent
les Tentes; elles étaient recouvertes de feutre
ou de cuir que des cordes retenaient; de là,
les expressions *ire sub pellibus*, se rendre au camp; *hiemare sub pellibus*, CAMPER
pendant l'hiver; mais, dans les pays chauds,
les GÉNÉRAUX ROMAINS avaient des Tentes
nommées *conopeum*, qui étaient des espèces de moustiquaires. POLYBE (150 avant
J.-C.) témoigne qu'en maintes circonstances
les légions continuaient à construire des
HUTTES de joncs, de branchages et de ro-
seaux. — La CASTRAMÉTATION avait fait de considérables progrès sous le consulat et les EM-
PEREURS. Les images que donne FABRETTI et
qu'il emprunte de la colonne Trajane, prouvent que les Tentes des CAMPS ROMAINS étaient
carrées. La plus grande servait de PRÉTOIRE;
c'était là que le SOLDAT prêtait le serment.
— La Tente du GÉNÉRAL était reconnaissable par l'ENSEIGNE qui y flottait. — Les Tentes
des SIMPLES SOLDATS étaient comme doublées
de leurs BOUCLIERS. Chacune d'elles contenait
dix hommes et leur decanus, ou CAPORAL.
On appelait *contubernium*. *contubernales*,
cette CHAMBRÉE. — L'administration du matériel des Tentes concernait le PRÉFET DE
CAMP. — Quelque chose de la forme des
CAMPS ROMAINS et de leurs Tentes se retrouvait
dans la MILICE RUSSE. — Les GRECS, aussi,
poussèrent loin l'art de construire les
Tentes; celles de PYRRHUS étonnèrent les
ARMÉES ROMAINES. Celle d'ALEXANDRE, s'il
faut en croire PLINE, ÉLIEN, VARRON, était
une espèce de palais orné de statues, décoré
de colonnes dorées, et assez vaste pour contenir cent tables. — Au MOYEN AGE, les voya-
geurs de haute condition ne pouvaient se
passer de Tentes en voyage, parce qu'alors
l'usage des hôtelleries était inconnu. — Ces
Tentes ou PAVILLONS s'appelaient en bas
LATIN *papilio*, d'où l'on a cru que dérivait
aussi PAVOIS; WILLEMIN en donne quelques
images. — Au quatorzième et au quinzième
siècle, il y avait dans les CAMPS français des
Tentes rondes; il y en avait à double MAT.
Les miniatures du beau manuscrit de FROIS-
SARD en font voir de coniques, d'autres oblon-
gues et A PANS. Elles portaient en mono-
grammes l'inscription du nom d'un saint,
ou du guerrier qui y était installé. — Ce
manuscrit nous montre le CAMP de DUGUESCLIN
assiégeant Chisay en Poitou, en 1372; il est
carré et palissadé; les Tentes y sont surmontées de GIROUETTES ou de PENNONS. — Les
CHEVALIERS, quand ils CAMPAIENT, faisaient
construire, en dehors et près de la PORTE de
leur Tente, une QUINTANE pour s'y escrimer.
— Les Tentes de l'ORIENT étaient en général

en forme de ᴘᴀᴠɪʟʟᴏɴ, n'ayant qu'un arbre ou ᴍᴀᴛ qui en soutenait le centre, et qui se démontait en deux pièces. Le bas de l'étoffe était arrêté, dit l'Eɴᴄʏᴄʟᴏᴘᴇ́ᴅɪᴇ (1751, C), par des piquets de fer; *aux deux tiers de la hauteur du pavillon sont attachées des cordes que l'on bande fortement par le moyen d'autres chevilles plus écartées de l'arbre que les premières. Ces cordes tirent le haut du pavillon, et lui font faire un angle saillant, en manière de mansarde.* — Ces ᴘᴀᴠɪʟʟᴏɴs ont pu être, on le voit, le modèle de nos ᴍᴀʀQᴜɪsᴇs. — La ᴍɪʟɪᴄᴇ ᴛᴜʀᴄᴏ-ᴇ́ɢʏᴘᴛɪᴇɴɴᴇ a encore ses Tentes dans l'ancienne forme orientale. — De temps immémorial, le sᴏʟᴅᴀᴛ de la ᴍɪʟɪᴄᴇ ᴛᴜʀQᴜᴇ couchait sous la Tente; mais ces Tentes, dit Mᴏɴᴛᴇ́ᴄᴜᴄᴜʟɪ (1692, A), étaient posées d'une manière désordonnée et confuse. — Les Tentes des Tᴀʀᴛᴀʀᴇs étaient fabriquées en feutre, comme le sont encore les housses de la cavalerie russe. — On lit dans Ségur (le comte de, 1826) : *Voici la structure de ces Tentes; on fait avec des lattes une espèce de treillage, dont on compose une sorte de parc circulaire de quatre pieds de haut, couronné par un cercle en bois, qui fait une espèce de lambris à hauteur d'appui. Sur ce lambris, on pose et on élève de grandes lattes hautes d'une trentaine de pieds; à leur sommet, un petit cercle en bois les empêche de se rejoindre; toutes ces lattes sont fixées par des chevilles en cuir. — Sur le toit on jette une immense couverture faite de poil de chameau, et qui descend jusqu'à terre. On relève les pans de cette couverture du côté où l'on ne craint ni le vent, ni le soleil. D'autres couvertures du même feutre servent, dans la Tente, de lits et de divans. On laisse en haut une ouverture pour donner passage à la fumée. Trente hommes peuvent habiter commodément chacune de ces Tentes, autour desquelles couchent leurs troupeaux. — Lorsqu'ils décampent, ils enlèvent la couverture, ôtent les chevilles, ploient toutes les lattes en faisceaux, et mettent le tout sur un chariot; mais, lorsqu'ils ne veulent que changer de place pour chercher d'autres pâturages à peu de distance, alors, sans rien déranger à la Tente, les Kalmoucks qui sont dedans, se tournent tous dans la même direction, soulèvent le treillage, et marchent ainsi en portant leur légère maison.* — L'Eɴᴄʏᴄʟᴏᴘᴇ́ᴅɪᴇ (1751, C) conseillait, au mot *Feutre*, d'appliquer à l'ᴀʀᴍᴇ́ᴇ ꜰʀᴀɴᴄ̧ᴀɪsᴇ ce système. — Les ᴅᴇɴᴅʀᴏᴘʜᴏʀᴇs étaient chargés de la fabrication des bois ou charpentes de Tentes

byzantines. — Les Tentes des anciens ʀᴏɪs ᴅᴇ Fʀᴀɴᴄᴇ présentaient, à ce que dit Jᴀᴜʀᴏ (1777, G), une image de saint Michel. — Tᴀᴍᴇʀʟᴀɴ faisait flotter sur sa Tente une ᴇɴsᴇɪɢɴᴇ dont la couleur était le témoignage de sa clémence, ou l'indice de ses rigueurs. Le premier jour elle était blanche, c'était le pardon aux ɢᴀʀɴɪsᴏɴs qui se rendaient; le second jour elle était rouge, il fallait du sang; le troisième jour elle était noire, tout espoir de pardon était évanoui : la ville devait être saccagée.—Dans le seizième siècle, les ᴏꜰꜰɪᴄɪᴇʀs de haut grade avaient seuls des Tentes; il n'en avait pas encore été donné aux ʜᴏᴍᴍᴇs ᴅᴇ ᴛʀᴏᴜᴘᴇ des ᴀʀᴍᴇ́ᴇs européennes. En fournir les sɪᴍᴘʟᴇs sᴏʟᴅᴀᴛs était un projet et une proposition de Delanoue (1559, A). — On a regardé les princes de Nᴀssᴀᴜ comme ayant renouvelé l'usage des ᴄᴀᴍᴘs de ᴛᴇɴᴛᴇs; ce n'est pas absolument vrai; seulement ils donnèrent aux ᴛᴇɴᴛᴇs ᴅ'ᴏꜰꜰɪᴄɪᴇʀs des formes déterminées, et leur assignèrent un emplacement régulier dans les ᴄᴀᴍᴘs ᴅᴇ ʜᴜᴛᴛᴇs que bâtissaient les sᴏʟᴅᴀᴛs.—Il commença à être donné, sous Louis Qᴜᴀᴛᴏʀᴢᴇ, des Tentes à la ᴍᴀɪsᴏɴ ᴍɪʟɪᴛᴀɪʀᴇ ᴅᴜ ʀᴏɪ et à des ᴄᴏʀᴘs ᴘʀɪᴠɪʟᴇ́ɢɪᴇ́s. On voit dans Pᴀʀʀᴏᴄᴇʟ comment elles étaient faites et rangées. La ᴍɪʟɪᴄᴇ ᴘʀᴜssɪᴇɴɴᴇ fut régulièrement pourvue, la première, de ᴛᴇɴᴛᴇs ᴅᴇ sᴏʟᴅᴀᴛs. A son imitation, l'ɪɴꜰᴀɴᴛᴇʀɪᴇ ꜰʀᴀɴᴄ̧ᴀɪsᴇ les adopta. Mais rien n'était moins uniforme dans la première moitié du dernier siècle, comme le témoigne Pᴜʏsᴇ́ɢᴜʀ (1748, C). Les ᴏꜰꜰɪ-ᴄɪᴇʀs se donnaient, à leur compte, les Tentes. Les ʀᴇ́ɢɪᴍᴇɴᴛs ꜰʀᴀɴᴄ̧ᴀɪs s'en pourvoyaient où ils pouvaient pour les ᴛᴇᴍᴘs ᴅᴇ ɢᴜᴇʀʀᴇ. — La ᴍɪʟɪᴄᴇ ᴘʀᴜssɪᴇɴɴᴇ entretenait les siennes en ᴛᴇᴍᴘs ᴅᴇ ᴘᴀɪx comme ᴅᴇ ɢᴜᴇʀʀᴇ; elles étaient marquées en noir, du nom du ʀᴇ́ɢɪ-ᴍᴇɴᴛ et du numéro de la ᴄᴏᴍᴘᴀɢɴɪᴇ. Elles exigeaient un tel attirail, qu'il ne fallait pas moins de vingt-huit ᴄʜᴇᴠᴀᴜx ᴅᴇ ᴘᴇʟᴏᴛᴏɴ et de seize sɪᴍᴘʟᴇs ᴄᴏɴᴅᴜᴄᴛᴇᴜʀs pour les cent huit Tentes d'un ʙᴀᴛᴀɪʟʟᴏɴ, et seize ᴄʜᴇᴠᴀᴜx et huit ᴄᴏɴᴅᴜᴄᴛᴇᴜʀs pour les quarante Tentes d'un ᴇsᴄᴀᴅʀᴏɴ.— L'ᴏʀᴅᴏɴɴᴀɴᴄᴇ ꜰʀᴀɴᴄ̧ᴀɪsᴇ ᴅᴇ 1752 (2 ᴀᴏᴜᴛ) fut la première qui éclaira la matière. — Les ɢᴜᴇʀʀᴇs ᴅᴇ 1741 et ᴅᴇ 1756 firent connaître tous les inconvénients attachés à l'usage des Tentes et des ᴇ́Qᴜɪᴘᴀɢᴇs démesurés qu'elles exigent.—L'ᴏʀᴅᴏɴɴᴀɴᴄᴇ ᴅᴇ 1753 (17 ꜰᴇ́ᴠʀɪᴇʀ) descendit, la première, dans des détails à peine effleurés en 1752. Elle consacrait une Tente comme ᴄʜᴀᴘᴇʟʟᴇ, et l'ᴏʀᴅᴏɴɴᴀɴᴄᴇ ᴅᴇ 1755 (6 ᴍᴀɪ, in-folio) donnait une estampe offrant le tracé du ᴄᴀᴍ-ᴘᴇᴍᴇɴᴛ. — L'ɪɴsᴛʀᴜᴄᴛɪᴏɴ ᴅᴇ 1788 (12 ᴀᴏᴜᴛ) mentionna les ᴛᴇɴᴛᴇs ᴅᴇ ɴᴏᴜᴠᴇᴀᴜ ᴍᴏᴅᴇ̀ʟᴇ; c'étaient les anciennes ᴛᴇɴᴛᴇs ᴅᴇ ᴄᴀᴠᴀʟᴇʀɪᴇ, ou Tentes à double courant d'air, comme les avait recommandées COLOMBIER (1772, C. t. I, p. 214). — Au commencement de la GUERRE DE LA RÉVOLUTION, il fut donné des Tentes à l'armée de DUMOURIEZ; il en fut fait emploi en 1792 à SOISSONS, en 1793 à DUNKERQUE, en 1794 à l'ÉCOLE DE MARS, qui avait même sous la toile ses HOPITAUX. Elles étaient fournies, ainsi que leurs OUTILS, leurs COUVERTURES, etc., conformément à l'INSTRUCTION PROVISOIRE DE 1792 (1er MARS), qui reproduisait à peu près les RÈGLEMENTS DE 1753 (17 FÉVRIER), DE 1778 (28 AVRIL), DE 1788 (12 AOUT) qui voulaient que les Tentes fussent portées par des CHEVAUX DE PELOTON, à raison de deux par COMPAGNIE; qu'elles fussent mises en route en même temps que le CAMPEMENT, c'est-à-dire en même temps que la TROUPE qui fonctionnait sous cette dénomination; que la GALE y fût traitée, que les DIVISIONS D'AMBULANCE y officiassent. Ils en réglaient les CONSIGNES qui concernaient la GARDE DU CAMP, la police des Tentes, les BROCANTEURS auxquels était interdit l'accès des Tentes; ils voulaient qu'au signal de la GÉNÉRALE, on commençât à rassembler les GAMELLES et à DÉTENDRE, et qu'au moment où cessait la batterie de l'ASSEMBLÉE, toutes les LIGNES DE TENTES tombassent théâtralement à la fois, à la manière prussienne. De pareilles dispositions étaient plus faciles à libeller qu'à faire exécuter. — Depuis ces époques les armées, si ce n'est en quelques CAMPS D'INSTRUCTION, cessèrent d'avoir des Tentes; elles furent supprimées moins par système que par nécessité. HOCHE chercha à persuader à ses troupes qu'il est plus militaire, plus républicain, plus glorieux de se passer de Tentes que d'en traîner à sa suite. Elles disparurent de son armée, et successivement de toutes les autres. — La vérité est qu'il était aussi impossible, comme le témoigne ODIER (1824, E), de se procurer de la toile et des EFFETS D'ABRITEMENT pour un million d'hommes, que d'en faire les frais, et d'assurer les moyens de transport d'un aussi énorme attirail. — Une ARMÉE pour qui ce n'était pas un système impraticable, l'armée anglaise, a persévéré dans l'usage des Tentes; nous avons eu le malheur de les voir dans les Champs-Elysées. — Les GÉNÉRAUX FRANÇAIS eux-mêmes, renonçant aux anciennes coutumes, cessèrent dès le commencement de la GUERRE de se faire suivre D'EFFETS DE CAMPEMENT; il n'en fut autrement qu'à l'époque de l'EXPÉDITION DE RUSSIE. On lit dans M. le colonel CHAMBRAY (1823, B, p. 51): *Les équipages de Bonaparte se composaient d'un grand nombre de voitures, fourgons, de mulets chargés; ils*

contenaient des Tentes pour toute sa suite, et même pour ses chevaux; on ne se servit que de celles qui étaient destinées à son usage. — Bien que les Tentes fussent abolies de fait dans les CORPS, la LÉGISLATION FRANÇAISE continuait à s'en occuper, comme si l'ancien mode de CAMPEMENT eût été en vigueur encore; ainsi, l'excellente INSTRUCTION DE L'AN TROIS (16 NIVOSE) en traitait sous le point de vue administratif; l'AVIS DE L'AN QUATRE (6 PRAIRIAL) conseillait de les orienter, autant que possible, de manière que leur ouverture ou PORTE regardât le levant ou le midi, de les arroser dans le temps de chaleur, de les ombrager sous des branchages d'arbres verts. — La CIRCULAIRE DE L'AN SEPT (29 FLORÉAL, lit. II, art. 11) parlait de BARAQUES ou TENTES DE TOILES, employées dans les FORTS EN CAS DE SIÉGE; l'INSTRUCTION DE L'AN DOUZE (16 BRUMAIRE), confirmée par le RÈGLEMENT DE 1809 (11 OCTOBRE), enseignait et appliquait l'emploi des CORDEAUX MÉTRIQUES. L'INSTRUCTION DE 1823 (FÉVRIER) reproduisait machinalement des coutumes abandonnées. — Une décision de 1827, omise dans le *Journal militaire*, mentionnait des Tentes de douze hommes; elles étaient à double TOILE; celle de l'intérieur était arrêtée à la TRAVERSE ou FAITIÈRE; celle de l'extérieur se jetait pardessus; l'une et l'autre avaient leur bord garni de trente-quatre ANSES ou ANNEAUX de corde. Une corde était attachée à chaque coin des couvertures. — Cette décision était prise en vue de la prochaine GUERRE D'ALGER. — Le TARIF DE 1831 (13 MARS) classait les Tentes en six espèces. On se demande quelle pourrait être l'utilité d'une variété semblable; une seule forme serait bien préférable. — Ce document reconnaissait des TENTES D'ARTILLERIE, des TENTES DE CAVALERIE, des TENTES D'INFANTERIE de deux dimensions, et des TENTES D'OFFICIERS; chacun de ces EFFETS, ainsi que leur BOIS, différait de prix. C'était une complication inextricable. — Le CORPS de ces Tentes était en COUTIL de fil, pour HOMME DE TROUPE et pour LIEUTENANT; il était en coutil, rayé de bleu et mêlé de coton, pour CAPITAINE; ce dernier tissu valait moins que l'autre. — L'INSTRUCTION DE 1836 (3 AOUT) réglait la manière de DRESSER LES TENTES, et, comme on disait jadis, de REMUER LE CAMP; elle appelait TENTE DE CONSEIL D'ADMINISTRATION, une MARQUISE ou TENTE A DOUBLE TOILE. — Cette contradiction entre la loi qui conserve et absout, et l'opinion qui blâme et abolit, est un fait remarquable. — M. CH. DUPIN (1820, B) exalte et félicite la MILICE ANGLAISE qui, seule, dit-il, *a conservé l'usage des Tentes; elle n'a pas cédé aux funestes effets du bivac,* qui occasionne tant de pertes d'hommes. — M. le général Rogniat (1816, B) et M. Xilander se prononcent dans le même sens que M. Dupin. — D'autres écrivains non moins prépondérants ont professé des opinions toutes contraires. Le général Lamarque dépeignait, à la tribune, les Tentes comme *un vrai luxe militaire, superfétation embarrassante dont vingt ans de guerres dans toutes les régions, sous tous les climats, nous ont appris l'inutilité.* — Les Tentes et tous les effets qui s'y rapportent ressortissent au traitement de guerre. Le général Foy, tout en avouant combien l'abandon des Tentes préjudicie à la vie des hommes, à la conservation des armées, déclare *qu'on n'y reviendra pas, que leur usage mettrait en infériorité celui qui s'en servirait vis-à-vis de celui qui s'en passerait. Si le Nord débordait sur le Midi, il n'y viendrait pas sous des maisons de toile.* — Le général Marbot (1820, A) remarque qu'un des avantages que trouvèrent à cette suppression les troupes bavaroises, *ce fut la facilité d'être prêtes au premier signal, et de tromper l'ennemi sur des mouvements qui n'étaient plus, comme autrefois, annoncés par l'abattage et le ploiement des Tentes.* — On lit dans les mémoires de Napoléon que les Tentes *ne sont point saines; et il vaut mieux que le soldat bivouaque, parce qu'il dort les pieds au feu, qu'il s'abrite du vent avec quelques planches et un peu de paille; que le voisinage du feu sèche promptement le terrain sur lequel il se couche. La Tente est nécessaire pour les chefs qui ont besoin de lire, de consulter la carte. Il en faut donner aux généraux, aux chefs de bataillon, aux colonels, et leur ordonner de ne jamais coucher dans une maison; abus si funeste, et auquel sont dues tant de catastrophes. A l'exemple des Français, toutes les nations de l'Europe ont abandonné les Tentes; et si elles sont encore en usage dans les camps de plaisance, c'est qu'elles sont économiques, qu'elles ménagent les forêts, les toits de chaume et les villages. L'ombre d'un arbre contre le soleil et la chaleur, le plus chétif abri contre la pluie, sont préférables à la Tente. Le transport des Tentes emploierait cinq chevaux par bataillon* (il y a ici erreur, il en faudrait bien plus), *qui seraient mieux employés à porter des vivres. Les Tentes sont un sujet d'observations pour les affidés et pour les officiers d'état-major de l'ennemi : elles leur donnent des renseignements sur votre nombre et la position que vous occupez; cet inconvénient est de tous les jours, de tous les instants. Une armée rangée sur deux ou trois lignes de bivouac ne laisse apercevoir au loin qu'une fumée que l'ennemi confond avec les brouillards de l'atmosphère. Il est impossible de compter le nombre des feux; il est très-facile de compter le nombre des Tentes, et de dessiner les positions qu'elles occupent.* — Mais dans le précédent tableau, retracé de la plume du général Montholon (t. i, p. 250), Bonaparte oublie que le grand objet des Tentes est de garantir le soldat des brouillards épais et des pluies, de tenir à couvert son pain, de conserver sèches ses cartouches, de préserver de la rouille ses armes. — Toutefois nous ne saurions nier que l'inconvénient des Tentes est d'encombrer de bagages l'armée, de l'alourdir au point de rendre impossibles les opérations stratégiques, de révéler aux yeux de l'ennemi la force effective des troupes, de lui faire connaître les décampements et les arrivées. Ajoutons qu'un immense désavantage est d'être privé la plupart du temps des Tentes, qui n'arrivent sur le terrain que quand il n'est plus temps de les dresser. Contre tous ces désavantages il n'y a de remèdes que le bivac; malheureusement c'est un remède qui tue la plus grande partie des soldats que la guerre moderne oblige de coucher en plein air. — Puisque, malgré les longs et inutiles débats de cette douteuse et délicate question d'art militaire, notre législation, si confuse en fait de castramétation, continue à s'occuper de Tentes, puisque la guerre de 1830 a porté en Afrique plus de huit cents Tentes, puisque la milice syke, dressée par un général français, est pourvue de ses Tentes à la française, nous ne saurions nous dispenser de dire ce que c'est qu'une Tente. — Elles diffèrent (et c'est une imperfection) pour officiers et pour hommes de troupe. Les seules Tentes du chef de corps et du conseil d'administration ont besoin d'être différentes, plus vastes, plus closes. — Elles comprennent tentes d'ancien et de nouveau modèle. — Elles se composent principalement, du bois, du corps, des accessoires, des outils. — Le bois comprend, mat ou fourche, traverse, faîtière, piquets. — Le corps, soit de toile, soit de coutil, a été, suivant les usages ou les destinations différentes, à parasol, à mansarde, à murailles, à toit. On appelait nervure le renforcement garnissant les parties fatiguant le plus. On appelait pan la portion qui, à leur ouverture, se redouble, leur sert de porte et forme rideau. On appelait toile a pourrir, le treillis, ou serpillère, qui bordait le bas du corps et était fixé à terre par les piquets. — Les Tentes d'hommes de troupe sont disposées par rang et par files; celles d'officiers ne le sont que par rang ou rangées. — Les axes des Tentes sont les lignes droites imaginaires qui les coupent à angle droit; l'une, perpendiculaire à l'autre, est censée traverser le milieu de la porte; ainsi il y a grand et petit axe. — Les anses sont des anneaux en cordes attachés au bas du pourtour de la toile; leur nombre est de seize au moins; il varie suivant la dimension de la Tente. — On appelle ligne ou rangée de Tentes, leur disposition parallèlement au front de bandière ou aux chevalets d'armes. On appelle file de Tentes la disposition des tentes d'hommes de troupe perpendiculairement à ce même front. — Les canonnières et tentes de nouveau modèle sont en mansarde; les marquises sont en pavillon. — Une rigole est creusée à l'entour du pied des Tentes. — Les effets accessoires que l'usage des Tentes rend indispensables sont nombreux, tels sont : les cordeaux, couvertés, vaux de faucheurs, grands bidons, haches, maillets, manteaux d'armes, pelles, pioches, serpes. — Plus d'un projet d'amélioration ou de remplacement des Tentes ont été mis au jour. M. Révéroni (1726) proposait de substituer un nouveau système aux Tentes des troupes légères et de la cavalerie; il prétendait les composer de quatre gaules de onze pieds; leur inclinaison, formant une fourche, eût soutenu un cinquième support, et le tout se fût recouvert de manteaux de cavalerie. La Tente aurait eu cinq pieds de haut, onze de long, et sept de large. Il eût économisé deux piquets, ou gaules, en accolant deux Tentes. — Mais Révéroni n'a pas prévu que la moindre bourrasque culbuterait, emporterait un aussi fragile abri. — A une époque plus récente, la tente-bivac a été proposée par M. de Courtigis. Cet officier en a fait, au camp de Compiègne, l'essai sous les yeux du duc d'Orléans. Elles sont décrites au mot camp de tentes. Elles se dressaient par l'adjonction de petits manteaux de toile imprégnée de gomme élastique, qui s'accrochaient l'un à l'autre, et étaient portés en route par chaque soldat — Le *Spectateur militaire* (t. xvii, p. 366) proposait un genre de Tentes pyramidales. — D'autres essais ont été mis sous les yeux du public, à Paris, lors de l'exposition des produits de l'industrie française en 1839. Il n'y aurait lieu de les examiner ou de les décrire qu'autant que la législation s'en occperait. — Les auteurs auxquels on peut recourir touchant l'histoire, la forme, l'emploi des Tentes sont : Andreu (1762, 1), Audouin (t. i, p. 175; t. iii, p. 262), Bardin (1807, D; 1809, B; 1814, E), Béneton (1735, A), Berriat (1812, A, t. iii, p. 262), Bombelles (1746, A, t. i, p. 117; t. ii, p. 244), Bonaparte, M. Cancrin (1820, C), M. Canteloube (1818, F), Colombier (1772, C), Delanoue (1559, A), Deligne (1780, 1, t. ii, p. 12), Despagnac (1751, D, t. iii, p. 29), Duane (1810, E, au mot *Tente*), Dubellay (1549, A, p. 20 *bis*), Dupain (1785, F, au mot *Tendu*), M. Dupin (1820, B), Eijen (70, A), Encyclopédie (1751, C; 1785, C. t. i, p. 463, 530; t. iii, p. 6, 756; suppl., p. 595, 925), Fabretti, Foy, Froissard, Furetière (id. au mot *Tref*), Gaillard, Gébelin, Gisons (1770, H, planche 8), Gugy (1782, K), Guillet (1686, B, au mot *Baraque*), Hoyer, Jabro (1777, G), Lachesnaie (1758, I, aux mots *Cordeau, Cymbale, Inspection, Marche, Rouler, Tambour, Ustencile*), Leblond (1748, B, p. 99), Maizeroy (1767, E, t. i, p. 43; 1773, p. 289), Ménage, Montécuculi (1692, A), Ovide, Philippe de Clèves (1520, A), Polybe (150 avant J.-C.), Praissac (1614, A, p. 49), Puységur (1748, C, p. 103), Révéroni, M. Rogniat (1816, B), Rohan (1757, Q, p. 144), Roquefort, Ségur (1826), Sinclaire (1773, L), Sionville (1756, E, t. ii, p. 6; t. iv, p. 69), Tite Live, Willemin, Xilander, le *Spectateur militaire* (t. xxii, p. 225), un auteur anonyme (1777, A, p. 84). — Quelques détails plus circonstanciés vont être donnés à l'égard des tentes d'ancien modèle, — de nouveau modèle, — d'hommes de troupe, — d'officiers.

TENTE a double toit. v. a double toit. v. marquise.

TENTE bivac. v. bivac. v. camp de tentes. v. tente (term. génér.).

TENTE complète. v. complet, adj. v. tente d'officier.

TENTE d'ancien modèle (C, 2; E, 1, H). Sorte de tentes qu'on a aussi appelées canonnières. Elles ouvraient d'un seul côté dans leur longueur; elles étaient à un mât et prescrites dans l'ordonnance de 1753 (17 février) et de 1778 (28 avril); elles étaient destinées à contenir huit à neuf soldats; elles avaient leur porte en face du cul-de-lampe, et avaient sur le devant, d'une encoignure à l'autre, six pieds six pouces par le bas; chaque coté était de six pieds neuf pouces, non compris le cul-de-lampe, qui avait dix pieds six pouces de tour par le bas, de manière que la profondeur, depuis la fourche de l'entrée jusqu'au fond du cul-de-lampe, était de dix pieds quatre pouces;

elles étaient à TRAVERSE brisée, et étaient regardées comme couvrant un TERRAIN de neuf pieds de long sur six de large. Il était attaché deux COUVERTES à ce genre de Tentes. — Les TENTES DE NOUVEAU MODÈLE étaient d'une mesure double.

TENTE d'ARTILLERIE. V. ARTILLERIE. V. TENTE, term. génér.

TENTE de CAMPEMENT. V. CAMPEMENT. V. TENTE V. TRIBUN ROMAIN Nº 4, 5.

TENTE de CAPITAINE. V. CAPITAINE. V. CAPITAINE D'INFANTERIE FRANÇAISE DE LIGNE Nº 6. V. TENTE, term. génér. V. TENTE D'OFFICIER.

TENTE de CAVALERIE. V. CAMP DE CAVALERIE. V. CAVALERIE. V. CAVALERIE FRANÇAISE Nº 5. V. SELLE DE CAVALERIE. V. TENTE, term. génér.

TENTE de CHEF DE CORPS. V. CHEF DE CORPS. V. TENTE, term. génér.

TENTE de COLONEL. V. COLONEL. V. CONSIGNE DE POLICE AU CAMP. V. DRAPEAU BLANC. V. GARDE DE POLICE AU CAMP.

TENTE de CONSEIL D'ADMINISTRATION. V. CONSEIL D'ADMINISTRATION DE RÉGIMENT Nº 2. V. TENTE, term. génér.

TENTE de GÉNÉRAL. V. GÉNÉRAL. V. GÉNÉRAL FRANÇAIS Nº 5. V. TENTE D'OFFICIER.

TENTE de GRENADIERS. V. COMPAGNIE DE GRENADIERS D'INFANTERIE FRANÇAISE DE LIGNE Nº 5. V. GARDE DE POLICE AU CAMP. V. GRENADIER. V. INTERVALLE DE CAMP.

TENTE de LIEUTENANT. V. LIEUTENANT. V. TENTE, term. génér.

TENTE (tentes) de NOUVEAU MODÈLE (C, 2; E; I ; H). Sorte de TENTES qui ouvraient de deux CÔTÉS dans leur largeur; elles étaient à deux CULS-DE-LAMPE; leur FAÎTIÈRE posait sur deux MATS; le nombre des COUVERTES et des HACHES y était le double du nombre employé dans les CANONNIÈRES OU TENTES D'ANCIEN MODÈLE. — L'INSTRUCTION DE L'AN TROIS (16 VENTOSE) donnait aux Tentes de nouveau modèle dix-huit pieds de long, y compris les deux CULS-DE-LAMPE, et douze pieds de large, ou six mètres sur quatre; elle les déclarait susceptibles de loger seize HOMMES D'INFANTERIE, ou huit de CAVALERIE eux et leurs SELLES. — Celles qui étaient pour OFFICIERS se garnissaient d'une SURTENTE. — L'ARRÊTÉ DE L'AN CINQ (25 MESSIDOR) évaluait à quatre-vingt-quinze francs les Tentes de nouveau modèle, non compris TRAVERSE et PIQUETS.

TENTE de PIQUET. V. PIQUET. V. PIQUET AU CAMP.

TENTE de PRISONNIERS. V. CONSIGNE DE GARDE DE CAMP. V. LATRINES DE CAMP. V. PRISONNIER.

TENTE de SOLDATS. V. CAMP D'INSTRUCTION. V. CAMARADE DE LIT. V. SOLDAT. V. TENTE D'HOMMES DE TROUPE. V. TENTE D'OFFICIERS.

TENTE de VOLTIGEURS. V. COMPAGNIE DE VOLTIGEURS Nº 5. V. INTERVALLE DE CAMP. V. VOLTIGEURS D'INFANTERIE LÉGÈRE Nº 5.

TENTE d'HOMMES DE TROUPE (C, 2; E; I ; H), OU TENTE DE SOLDATS, OU TENTE D'INFANTERIE. Sortes de TENTES en MANSARDES qui n'ont compris d'abord que des CANONNIÈRES, OU TENTES de CHAMBRÉE de huit CAMARADES. — Les HOMMES s'y couchaient les pieds vers le centre de la tente; on en voit l'image dans PUXSÉGUR (1748, C). — Depuis 1788, le CAMPEMENT de l'INFANTERIE s'est composé de deux genres de Tentes de grosse TOILE, celles de huit HOMMES et celles de seize, qui, dans le principe, étaient destinées à la CAVALERIE. — Le pourtour inférieur des Tentes était bordé d'une sangle ou lisière. — Les Tentes, en leur milieu, étaient garnies, le long de la TRAVERSE, d'une toile de couleur. L'ouverture ou les RIDEAUX de la Tente n'avaient pas d'ANSES, parce qu'ils devaient croiser l'un sur l'autre dans toute leur hauteur. — Les RUES du CAMP partageaient les Tentes de chaque COMPAGNIE; les deux SECTIONS se regardaient et ouvraient sur la RUE; une RUELLE était ménagée derrière chaque FILE DE TENTE. — Le petit AXE des Tentes était perpendiculaire à la RUE et parallèle aux FRONTS DE BANDIÈRE. — Une décision de 1827 voulait qu'elles fussent de dimension à contenir douze HOMMES. — On supputait à raison d'un mètre et demi par HOMME la surface de TERRAIN que devaient occuper les Tentes d'un CAMP. — On appelait CÔTÉ la partie rectangulaire qui joint la partie triangulaire nommée CUL-DE-LAMPE. — La jointure, ou COUTURE des CÔTÉS et des CULS-DE-LAMPE, était fortifiée par une NERVURE composée d'une cordelette recouverte en étoffe bleue. — Une INSTRUCTION DE 1836 (3 AOUT) expliquait la composition des Tentes, décrivait leur mobilier, réglait l'opération du tracé et du dressement. — Cet enseignement, publié à l'occasion du CAMP DE COMPIÈGNE, était le plus complet qui eût encore paru sur la matière; mais c'était une théorie décousue et comme un chapitre égaré, et devant appartenir à un traité inconnu ou à projet. — A ce CAMP, en 1837, les SOLDATS couchaient la tête vers le centre de la Tente, parce que c'est le point où la pluie qui tombe tamise le moins. Une ligne de pieux placés à droite du petit AXE, une autre ligne placée à gauche, étaient liées par des nattes de paille qui devenaient, la nuit, un traversin ou un chevet, le jour, un banc. — Une PLANCHE A PAIN, échancrée à ses extrémités pour l'insertion des MONTANTS, était contenue entre eux et fixée au moyen d'un bâtonnet traversant chaque MONTANT; des CHEVILLES adhérentes au bord de la PLANCHE servaient à suspendre l'ÉQUIPEMENT; le prolongement de la PLANCHE au delà du MONTANT servait de soutien à deux PELLES et à deux pioches, le MANCHE en bas et fixé au MONTANT par une corde; la PLANCHE supportait aussi deux SERPES et deux MAILLETS, posés en dehors des MONTANTS et retenus à chaque extrémité par la PELLE; un GRAND BIDON reposait sur la PLANCHE, près et en dedans des MONTANTS. — On conçoit qu'il n'y a qu'un CAMP DE PAIX dont les Tentes, dressées, préparées par des officiers du génie, puissent être garnies et outillées ainsi.

TENTE d'INFANTERIE. V. INFANTERIE. V. TENTE D'HOMMES DE TROUPE.

TENTE (tentes) d'officiers (C, 2; E; 1; H). Sorte de TENTES qui, autrefois, se sont aussi nommées CORTINES OU COURTINES; elles étaient déjà en usage au temps des CAMPS DE HUTTES; elles différaient des CANONNIÈRES et pouvaient se comparer à une maisonnette en carré long, surmontée d'un TOIT porté sur deux MATS. Il y en avait de plus ou moins grandes; les grandes avaient environ douze pieds de large. Ces Tentes étaient achetées au compte des OFFICIERS et n'avaient pas d'uniformité. PUYSÉGUR (1748, C) le déclare, c'étaient des PAVILLONS, c'étaient des MARQUISES. — Elles prirent quelque uniformité depuis 1753, parce qu'elles furent fournies par le gouvernement aux OFFICIERS DES CORPS, mais non aux OFFICIERS D'ÉTAT-MAJOR GÉNÉRAL; elles consistèrent, depuis lors, en TENTES D'OFFICIERS PARTICULIERS et en TENTES D'OFFICIERS SUPÉRIEURS. — Les premières étaient une CANONNIÈRE plus grande que celle des SOLDATS, ayant une SURTENTE qui s'étendait en MANSARDE ou double appentis; c'étaient des Tentes à double TOILE, ce n'étaient plus des MARQUISES. — Les secondes étaient des PAVILLONS carrés longs, à TOIT et à MURAILLES, dont la SURTENTE OU MARQUISE était à PARASOL et à MURAILLES. — Depuis l'usage des Tentes de seize HOMMES données à l'INFANTERIE, les TENTES D'OFFICIERS PARTICULIERS étaient des TENTES DE NOUVEAU MODÈLE, garnies d'une SURTENTE en MANSARDE et accompagnées d'une CANONNIÈRE pour les DOMESTIQUES; elle avait son grand AXE perpendiculaire au FRONT DE BANDIÈRE. — Les INSTRUCTIONS parues pendant la GUERRE DE LA RÉVOLUTION avaient imaginé l'emploi du mot TENTE COMPLÈTE, pour arriver à abolir moralement le mot MARQUISE, mot que l'ignorance de l'époque supposait entaché de féodalité. — AU CAMP DE SAINT-OMER, en 1827, les TENTES D'OFFICIERS PARTICULIERS différaient peu de celles des HOMMES DE TROUPE, mais avaient un peu plus d'élévation, étaient en TOILE écrue ou en COUTIL, et n'étaient pas accompagnées de CANONNIÈRES pour DOMESTIQUES, comme le prescrivaient les anciennes INSTRUCTIONS. — Les MARQUISES, OU TENTES D'OFFICIERS SUPÉRIEURS, étaient en TOILE écrue; celles des GÉNÉRAUX étaient en COUTIL. Ces Tentes résistaient aux pluies, mais tamisaient l'eau dans les temps d'orage. — L'INSTRUCTION DE 1836 (3 AOUT) témoignait que le TOIT de la Tente des OFFICIERS PARTICULIERS touchait à terre, qu'il était plus long que large, que ses pignons s'arrondissaient en CUL-DE-LAMPE. — Les CAPITAINES avaient une Tente pour eux seuls; les LIEUTENANTS et SOUS-LIEUTENANTS couchaient sous la même TOILE. — Le petit AXE des Tentes d'officiers était perpendiculaire au FRONT DE BANDIÈRE. — Les Tentes des officiers supérieurs étaient des MARQUÉES ou des MARQUISES, qui d'abord, si l'on en croit l'ENCYCLOPÉDIE (1785, C), n'avaient qu'un double PARASOL, auquel on ajouta (mais en quel temps?) la MURAILLE qui en forma le pourtour; son bord supérieur s'ajustait à un cordon retenu par des points en ficelle sous le bord du TOIT, et s'y arrêtait au moyen de crochets fixés à cent soixante millimètres (six pouces) l'un de l'autre, le long du bord supérieur de la muraille. — Une FAUX et une CORDE A FOURRAGE étaient au nombre des accessoires des Tentes d'officiers. — Le *Journal de l'Armée* (t. IV, p. 339) détaillait la manière de tendre les MARQUISES.

TENTE d'OFFICIER D'ARTILLERIE. V. CHEF D'ESCORTE. V. OFFICIER D'ARTILLERIE.

TENTE d'OFFICIER PARTICULIER. V. OFFICIER FRANÇAIS N° 8. V. OFFICIER PARTICULIER. V. TENTE D'OFFICIER.

TENTE d'OFFICIER SUPÉRIEUR. V. CONSIGNE DE POLICE AU CAMP. V. GARDE DU CAMP. V. LATRINES DE CAMP. V. OFFICIER FRANÇAIS N° 8. V. OFFICIER SUPÉRIEUR. V. TENTE D'OFFICIER.

TENTER (verb. act.) l'ABORDAGE, l'ESCALADE, un ASSAUT, un COMBAT, un PASSAGE, une APPROCHE, une SORTIE. V. ABORDAGE. V. APPROCHE. V. ASSAUT. V. COMBAT. V. COMBAT STRATEUMATIQUE. V. ESCALADE. V. PASSAGE. V. SORTIE.

TENUE, subs. fém. V. DÉTAILS DE T... V. GRANDE T... V. HABIT DE T... V. INSPECTION DE T... V. PANTALON DE T... V. PETITE T...

TENUE (C, 5), OU TENUE MILITAIRE. Mot

qui tire son étymologie du verbe se TENIR, pris dans le sens de s'arranger avec PROPRETÉ, de s'endimancher. Il signifie maintien, entretien de l'UNIFORME, conservation de l'uniformité, soins de PROPRETÉ. Il exprime ainsi une des prévisions de la POLICE MILITAIRE. — Le CODE MILITAIRE a consacré, dans le dernier siècle, le mot Tenue, qui était mentionné déjà dans FURETIÈRE; mais si le terme est peu ancien, la chose l'est infiniment. Il y avait déjà, au temps de l'ARMURE et des CROISADES, GRANDE et PETITE TENUE. Telles étaient la monstre en armes, la monstre en robe. — Les ORDONNANCES DE 1767 (25 AVRIL), DE 1768 (1er MARS), DE 1775 (2 SEPTEMBRE), s'en occupaient. — Celle DE 1778 (28 AVRIL) voulait que tous les dimanches il fût passé une INSPECTION en GRANDE ou en PETITE TENUE. Ce principe s'est maintenu; mais les formes, la dimension des EFFETS D'UNIFORME ont tellement varié, qu'il n'y a plus de déduction claire à donner de ce qu'il faut appeler Tenue. En 1778, il n'y avait pas de CAPOTES D'HOMMES DE TROUPE, qui, depuis la GUERRE DE LA RÉVOLUTION, sont EFFETS DE PETITE TENUE, et il était fait usage de GRANDES GUÊTRES BLANCHES dont on ne se sert plus et qui étaient de GRANDE TENUE. — Les rédacteurs des RÉGLEMENTS DE 1788 comprirent l'importance des rapports à établir entre l'UNIFORME et la Tenue. — Aussi l'ORDONNANCE DE 1788 (1er JUILLET) laissait-elle vacant le chapitre qui devait parler de la Tenue, parce que les détails n'en devaient être fixés qu'après la confection du RÈGLEMENT D'HABILLEMENT, dont l'exécution est restée en projet, a été essayée en 1812, a été essayée en 1817 et est encore à faire. — Le RÈGLEMENT DE 1792 (24 JUIN) traita, vaille que vaille, de la Tenue, et tout ce qui a été promulgué depuis sur ce sujet n'a été que travail décousu ou dispositions provisoires. — Les incertitudes se sont perpétuées faute d'unité en LÉGISLATION. Ainsi, la NOTICE DE 1815 (5 DÉCEMBRE), qui réglait la Tenue des OFFICIERS, décidait que le croisement de leurs REVERS (alors les HABITS en avaient) et que le PANTALON, de même couleur que la REDINGOTE (c'est une disposition abolie), seraient des signes de PETITE TENUE. A peine ces règles étaient posées qu'elles s'évanouissaient. — L'instruction de 1816 (16 septembre) mentionnait des cas de GRANDE TENUE. — La Tenue est un ensemble de DÉTAILS régulièrement prescrits; elle doit être simple, exacte, peu dispendieuse et toujours analogue aux idées de GUERRE. — On a appelé EFFETS DE PETITE MONTURE ceux qui servaient à la Tenue de l'HOMME DE TROUPE, au bon état de tous les EFFETS; c'est ce que les Ita-

liens appelaient *montura*. — GUIBERT (1775, E) et M. PAGEZY (1825) ont vivement blâmé les minuties de la Tenue. *Cirer, brosser, polir, blanchir, sont-ils donc*, disaient-ils, *les exercices propres à former un soldat; il semble qu'il s'agisse d'en faire, non un homme, mais un automate coquet.* — Ces reproches avaient en vue cette Tenue tracassière, tyrannique, changeante, qui, dans l'absence de la loi, désolait le subalterne; mais la Tenue raisonnable, économique que la LÉGISLATION détermine, est un gage de BON ORDRE et de DISCIPLINE; sa violation entraîne de fâcheux effets. Ainsi, de sanglantes querelles, dont il est rendu témoignage dans la CIRCULAIRE DE L'AN SIX (24 GERMINAL), s'étaient élevées dans les CORPS FRANÇAIS, parce que quelques-uns s'étaient ingérés d'ajouter des CADENETTES à leur CHEVELURE. — L'INSTRUCTION DE 1807 (19 AVRIL) avait pour objet de simplifier la Tenue en proscrivant les DÉPENSES DE LUXE. — Le RÈGLEMENT DE 1818 (13 MAI) entrait dans quelques règles de Tenue. — La PETITE TENUE des TAMBOURS-MAJORS, quoique d'une importance si minime, était nettement déterminée. — Après avoir pris le mot Tenue en général, on l'a pris en particulier comme synonyme d'HABILLEMENT. — La DÉCISION DE 1821 (29 SEPTEMBRE) appelait GRANDE TENUE l'HABIT DE CÉRÉMONIE des GÉNÉRAUX; elle appelait TENUE ORDINAIRE l'HABIT DE TENUE; elle appelait PETITE TENUE l'HABIT DE PETIT UNIFORME. — Les ORDONNANCES DE 1833 (2 NOVEMBRE et 25 JUILLET) réglaient la Tenue, et pourtant, en 1836, les principes en étaient si vaguement fixés ou si irrégulièrement observés, qu'à Paris, aux EXERCICES du matin au Champ-de-Mars, on voyait tels corps dont les OFFICIERS étaient sans épaulettes et en BONNET DE POLICE, tels autres qui avaient ÉPAULETTES, SCHAKOS ou CASQUES. — Les REVUES, les INSPECTIONS, les PARADES étaient les moyens de conservation de la Tenue. — L'examen, la surveillance de la Tenue des CORPS, étaient surtout du ressort des INSPECTEURS GÉNÉRAUX. — La manière de porter le CHAPEAU A TROIS CORNES a été une importante question de Tenue. — Les AUTEURS qu'on peut consulter à l'égard de la Tenue, sont : BOUAN (1781, H, I. I, p. 90), BRIQUET (1761, H) GUIBERT (1775, E, t. I, p. 61), LACHESNAIE (1758, I, au mot *Prêt*), MAINGARNAUD (1822, B, M. PAGEZY (1825), SERVAN (1780, E, p. 207), un ÉCRIVAIN anonyme (1785, A).

TENUE D'ADJUDANT. V. ADJUDANT. V. ADJUDANT D'INFANTERIE FRANÇAISE DE LIGNE Nº 5, 7.

TENUE DE BATAILLON. V. BATAILLON. V.

CHEF DE BATAILLON D'INFANTERIE FRANÇAISE DE LIGNE N° 8.

TENUE de CAPITAINE. V. CAPITAINE. V. CAPITAINE DE SEMAINE.

TENUE de CAPORAL. V. CAPORAL. V. CAPORAL DE SEMAINE N° 1. V. CAPORAL D'INFANTERIE FRANÇAISE DE LIGNE N° 13.

TENUE de CASERNE. V. CAPITAINE DE VISITE. V. CASERNE.

TENUE de CHAMBRÉE. V. CHAMBRÉE. V. OFFICIER DE SECTION ADMINISTRATIVE. V. OFFICIER DE SEMAINE. V. SOUS-OFFICIER N° 8.

TENUE de COMPAGNIE. V. COLONEL D'INFANTERIE FRANÇAISE DE LIGNE N° 11. V. COMPAGNIE. V. COMPAGNIE D'INFANTERIE FRANÇAISE DE LIGNE N° 10. V. OFFICIER DE SECTION ADMINISTRATIVE.

TENUE de CONTROLE. V. CONTROLE. V. INSPECTEUR AUX REVUES.

TENUE de CONVALESCENT. V. CONVALESCENT. V. CONVALESCENT PRÉSENT AU CORPS.

TENUE de CORPS. V. CORPS. V. GÉNÉRAL FRANÇAIS N° 3. V. INSPECTEUR GÉNÉRAL N° 5. V. MAJOR CAPITAINE N° 4. V. ORDRE DE CORPS.

TENUE de GÉNÉRAL. V. GÉNÉRAL, subs. V. GÉNÉRAL FRANÇAIS N° 3.

TENUE de MATIN. V. BONNET DE POLICE. V. BONNET DE POLICE D'OFFICIER. V. CEINTURON D'OFFICIER. V. EFFET D'UNIFORME. V. MATIN. V. REDINGOTE D'OFFICIER. V. TENUE D'OFFICIER.

TENUE de MILICE AUTRICHIENNE. V. MILICE AUTRICHIENNE N° 4, 8.

TENUE de MUSICIEN. V. MUSICIEN; id. N° 4.

TENUE de RÉGIMENT. V. COLONEL D'INFANTERIE FRANÇAISE DE LIGNE N° 18. V. RÉGIMENT. V. RÉGIMENT FRANÇAIS N° 4. V. ARRIÈRE-GARDE DE CORPS EN TEMPS DE PAIX.

TENUE de ROUTE OU EN ROUTE. V. ARRIVÉE DE CORPS EN ROUTE. V. AVANT-VEILLE DE DÉPART. V. BONNET DE POLICE D'OFFICIER. V. CAPORAL EN ROUTE. V. CHEF DE DÉTACHEMENT ADMINISTRATIF N° 2. V. CONSIGNE DE PIQUET DE LOGEMENT. V. DÉPART DE CORPS. V. EFFET D'UNIFORME. V. GRANDE TENUE. V. ORDRE DE CORPS. V. PANTALON DE TOILE. V. ROUTE. V. SÉJOUR.

TENUE de SAPEUR. V. SAPEUR. V. SAPEUR D'INFANTERIE.

TENUE de SECTION. V. CAPITAINE D'INFANTERIE FRANÇAISE DE LIGNE N° 11. V. OFFICIER DE SECTION. V. SECTION.

TENUE de SERGENT. V. SERGENT. V. SERGENT D'INFANTERIE FRANÇAISE DE LIGNE N° 11.

TENUE de SOCIÉTÉ. V. BOTTES D'OFFICIER. V. BOUCLES DE JARRETIÈRE. V. BOUCLES DE SOULIERS. V. CHAUSSURE DE TENUE DE SOCIÉTÉ. V. CULOTTE. V. DRAGON FRANÇAIS N° 4. V. OFFICIER FRANÇAIS N° 7. V. SOCIÉTÉ. V. SOULIERS.

TENUE de SOLDAT. V. CAPORAL DE SEMAINE N° 2. V. CHEVELURE MILITAIRE. V. SOLDAT. V. TENUE.

TENUE de SUBDIVISION. V. SERGENT D'INFANTERIE FRANÇAISE DE LIGNE N° 10. V. SUBDIVISION.

TENUE d'HABILLEMENT. V. HABILLEMENT.

TENUE d'HOMME DE CORVÉE. V. DISTRIBUTION DE RATION. V. HOMME DE CORVÉE. V. PANTALON DE TOILE.

TENUE d'HOMME DE GARDE. V. CHEF DE CHAMBRÉE. V. HOMME DE GARDE. V. OFFICIER DE SEMAINE.

TENUE d'HOMME DE SERVICE. V. BAUDRIER. V. CHEF DE CHAMBRÉE. V. HOMME DE SERVICE. V. OFFICIER DE SEMAINE. V. PARADE DE TROUPE. V. SERVICE DE SEMAINE.

TENUE d'HOMME DE TROUPE. V. ASSEMBLÉE CÉLEUSTIQUE. V. CAPORAL D'ESCOUADE N° 3. V. CHEF DE POSTE DE POLICE EN GARNISON. V. EFFET D'ÉQUIPEMENT. V. FAUTE. V. HOMME DE TROUPE N° 3.

TENUE d'INFANTERIE. V. INFANTERIE; id. N° 6. V. PORT D'ARMES.

TENUE d'OFFICIER. V. CEINTURON D'OFFICIER SUPÉRIEUR. V. CORPS D'OFFICIERS. V. DRAGONNE D'OFFICIER. V. GRANDE TENUE D'OFFICIER. V. OFFICIER. V. OFFICIER D'INFANTERIE FRANÇAISE N° 2, 7. V. REVUE D'ADMINISTRATION.

TENUE EN ROUTE. V. EN ROUTE. V. TENUE DE ROUTE.

TENUE FÉODALE. V. BÉNÉFICE. V. FÉODAL. V. SERVICE FÉODAL.

TENUE MILITAIRE. V. MILITAIRE, adj. V. TENUE. V. TRAVAUX MILITAIRES.

TENUE ORDINAIRE. V. GÉNÉRAL FRANÇAIS N° 3. V. ORDINAIRE, adj. V. TENUE.

TENUER, subs. masc. V. TENANT FÉODAL.

TENURE, subs. fém. V. BÉNÉFICE. V. CHEVALERIE FIEFFÉE. V. CHEVALIER DU MOYEN AGE N° 1, 2, 3. V. ÉTAT CIVIL. V. FÉODALITÉ. V. FIEF. V. GENDARME DU MOYEN AGE N° 1. V. MILICE ANGLAISE N° 2. V. MILICE SUÉDOISE N° 1. V. NOBLE. V. OFFICIER FRANÇAIS N° 11. V. PAIR DE FRANCE. V. SEIGNEUR. V. SERGENT FIEFFÉ. V. SERGENTERIE. V. SERVICE PAR TENURE. V. SERVICE FÉODAL. V. TIMAR.

TENZON, subs. masc. V. TENCE.

TERCE, subs. masc. V. DRAPEAU BLANC. V. PARADE DE TROUPE. V. TERZE.

TERCEROLE, subs. masc. V. CARQUOIS.

TERGIDUCTEUR, subs. masc. (F.).

Mot d'origine ROMAINE, et signifiant littéralement arrière-conducteur ou chef de queue; ce nom répondait à celui des OURAGUES grecs. — Les Tergiducteurs de la MILICE ROMAINE étaient, comme les OFFICIERS, SERRE-FILES de la CENTURIE. — Quand la LÉGION faisait face en arrière et qu'elle marchait renversée, ils la guidaient. — La nomination des Tergiducteurs était au choix des CENTURIONS. Une de leurs fonctions était de présider à la pose des sentinelles; leur rang répondait à celui des DÉCURIONS en second, ou, suivant POLYBE (150 avant J.-C.), de CENTURIONS en second. — Des détails sur les Tergiducteurs se trouvent dans MAIZEROY (1767, E, t. I, p. 118), dans POLYBE (150 avant J.-C.), dans BOHAN (1757, Q, p. 130).

TERGISTITE, subs. masc. (F). Terme d'origine LATINE qui rappelle un des genres de TROUPES de la MILICE BYZANTINE. Les Tergistites fermaient l'ordre de bataille; ils composaient une sorte d'ARRIÈRE-GARDE, comme nous le fait connaître MAIZEROY (1771, A, t. I, p. 36).

TERGON, subs. masc. V. TARGE.

TÉRIÈRE, subs. fém. V. TARIÈRE DE GUERRE.

TERME, subs. masc. V. A TERME.

TERME de COMMANDEMENT. V. AIDE DE CAMP N° 4. V. ALERTE, interj. V. ALIGNEMENT. V. ALIGNEZ-VOUS. V. ALLONGEZ LA BAIONNETTE. V. ATTENTION. V. COMMANDEMENT. V. COMMANDEMENT VOCAL.

TERMULON, subs. masc. (F). Mot dont on ignore la racine; il est mentionné dans BOREL (Pierre), dans FROISSART, dans GANEAU. Ils désignent par là un certain genre de SOLDATS; mais ils ne s'en expliquent que d'une manière obscure.

TERNAIRE, adj. V. ORDRE T...

TERNAY; **TERQUEM**. V. NOMS PROPRES.

TERPAN, subs. masc. V. FAUCHARD.

TERRAGEAU, adj. V. SEIGNEUR TERRAGEAU.

TERRAIL, subs. masc. V. PIONNIER. V. REMPART. V. RETRANCHEMENT. V. TRANCHÉE.

TERRAILLON, subs. masc. V. PIONNIER.

TERRAIN, subs. masc. V. ACCIDENT DE T... V. APPEL SUR LE T... V. BALAYER LE T... V. BATAILLON CARRÉ DE T... V. CONNAISSANCE DU T... V. FORMATION SUR LE T... V. GAGNER DU T... V. LEVÉ DE T... V. LEVÉE DE T... V. LEVER DE T... V. MOUVEMENT DE T... V. NETTOYER LE T... V. PENTE DE T... V. PERDRE T... V. PLI DE T... V. RECONNAISSANCE DE T... V. RIDEAU DE T... V. SUR LE T...

TERRAIN FORTIFICATOIRE	
DE CAMPEMENT.	
DE FORTIFICATION.	TERRAIN FORTIFICATOIRE DE FORTERESSE. FORTIFICATOIRE DE POSTE. FORTIFICATOIRE D'OUVRAGES DÉTACHÉS.
INDIVIDUEL.	
STRATÉGIQUE.	

TERRAIN (term. génér.), ou TERRAIN MILITAIRE. Le mot Terrain, dont l'étymologie ne demande pas à être recherchée, est employé ici sous le point de vue des mouvements des troupes et de leur ORDRE TACTIQUE, de l'ASSIETTE des HOMMES et des CAMPS, des nécessités de la GUERRE, des combinaisons de la FORTIFICATION. — Quelquefois il se prend dans le sens de LICE, d'ARÈNE, de CHAMP CLOS. Aller sur le Terrain, c'est se rendre à un DUEL. — On appelle ACCIDENTS de TERRAIN les coupures, les anfractuosités, les OBSTACLES qui en rendent difficile le parcours; on appelle PLIS OU RIDEAUX les ondulations de nature à DÉROBER à l'ENNEMI un MOUVEMENT, à procurer à une TROUPE un MASQUE, un lieu d'EMBUSCADE, un DÉFILEMENT. — Le mot demande à être distingué en TERRAINS D'ARTILLERIE, — DE CAMPEMENT, — DE CAVALERIE, — DE CHAMP DE BATAILLE, — DE FORTIFICATION, — DE GUERRE, — DE MANOEUVRES, — DE REVUES, — DE SIÉGE, — D'EXERCICE, — D'INFANTERIE, — FORTIFICATOIRE, — GÉOLOGIQUE, — INDIVIDUEL, — INDIVIDUEL DE CAVALERIE, — MILITAIRE, — STRATÉGIQUE.

TERRAIN d'ARTILLERIE. V. ARTILLERIE. V. ARTILLERIE STRATOPÉDIQUE.

TERRAIN de CAMPEMENT (H). Sorte de TERRAIN où l'on asseoit un CAMP DE GUERRE, un CAMP D'INSTRUCTION, après en avoir nettoyé, s'il est nécessaire, la surface, pour que l'ARMÉE puisse s'y ranger en bataille. — Le Terrain d'un CAMP doit être ouvert, libre ou facile à rendre tel, et praticable en tout sens.

Dans la saison où la terre est couverte, il doit être fauché à vingt mètres en avant du FRONT DE BANDIÈRE OU des GRAND'GARDES. — La CASTRAMÉTATION approprie le Terrain au genre de composition des troupes, regarde comme impropres aux campements les prairies, et veut que le sol ne soit pas entre-coupé de lieux bas ou marécageux, parce qu'ils occasionnent de l'allongement et des vides, ou qu'ils brouillent les lignes de la QUEUE DU CAMP. Elle demande qu'il soit sain, sec, exposé, s'il se peut, au levant, légèrement incliné du côté de l'ENNEMI, baigné de COURS D'EAU, avoisiné de FOURRAGES, pourvu de bois, protégé par des élévations ou des COMMANDEMENTS, et traversé par de larges communications. — Il y a surtout à éviter qu'il soit inondable, commandé, anfractueux. — En arrière du CENTRE du Terrain, s'établit le QUARTIER GÉNÉRAL. — Si une RIVIÈRE y coule, des PONTS en suffisante quantité y doivent être jetés après que les GUÉS ont été reconnus. — Le Terrain doit être naturellement peu abordable. — PUYSÉGUR (1748, C) donnait au Terrain cinquante toises par BATAILLON de sept cent trente hommes. — Les ORDONNANCES de la seconde moitié du dix-huitième siècle portaient cette mesure à cinquante-cinq toises; les RÈGLEMENTS DE L'AN DOUZE (16 BRUMAIRE) et DE 1809 (11 OCTOBRE) lui donnaient à peu près soixante-quinze toises par BATAILLON de huit cent quarante hommes, ou cent soixante-dix mètres environ par BATAILLON de mille hommes; c'était à raison d'un demi-mètre par FILE. — GASSENDI (1820) évaluait le Terrain, y compris les INTERVALLES, à cent vingt mètres par cent hommes. — Les mesures du Terrain varieraient, suivant qu'il s'agirait d'un CAMP MINCE ou d'un CAMP COMPACTE. — Chez les anciens, le Terrain des CAMPS était reconnu par des MÉTATEURS; l'enceinte en était tracée par des GROMATICIENS OU MARQUEURS, sous la direction du PRÉFET DE CAMP; l'ORIENTATION en était décidée par les augures; les portions parcellaires en étaient distribuées par les MENSEURS. — Au MOYEN AGE et postérieurement, dans les ARMÉES FRANÇAISES, le choix et la RECONNAISSANCE du Terrain ont été du ressort du CONNÉTABLE, du MARÉCHAL DE BATAILLE, du MESTRE DE CAMP, du MARÉCHAL GÉNÉRAL DES LOGIS. — Dans la MILICE AUTRICHIENNE, le QUARTIER-MAITRE GÉNÉRAL et le corps D'ÉTAT-MAJOR en étaient chargés. — L'ASSISTANT QUARTIER-MAITRE de l'ARMÉE ANGLAISE avait les détails de cette opération et y présidait. — Les règles modernes de SERVICE DE CAMPAGNE, chez les Français, voulaient que le CHEF D'ÉTAT-MAJOR, le MAJOR GÉNÉRAL ou les OFFICIERS D'ÉTAT-MAJOR fissent la répartition du Terrain aux CAMPEMENTS ACTIFS, c'est-à-dire aux avant-gardes chargées de le recevoir; que les CAPITAINES DE CAMPEMENT subdivisassent le Terrain; que le CAPITAINE DE POLICE établît les postes et la grand'garde; que le MAJOR CAPITAINE OU le QUARTIER-MAITRE, que l'ADJUDANT-MAJOR et l'ADJUDANT réglassent ensuite l'ASSIETTE DES TENTES ou des BARAQUES, et le casernement du MATÉRIEL; le surplus regardait les FOURRIERS. — On toisait le Terrain au moyen des HALLEBARDES, des CORDEAUX, des CANNES; on le limitait au moyen des POINTS DE VUE et des PAS DE CAMP.

TERRAIN DE CAVALERIE. V. CAVALERIE. V. CAVALERIE FRANÇAISE N° 7. V. CHARGE DE CAVALERIE. V. CHEVAL.

TERRAIN DE CHAMP DE BATAILLE. V. CHAMP DE BATAILLE. V. CHARGE IMPULSIVE. V. GENDARME DU MOYEN AGE N° 7. V. COMMANDEMENT DOMINANT.

TERRAIN DE FORTIFICATION. V. COUPURE. V. FORTERESSE. V. FORTIFICATION. V. FORTIFICATION IRRÉGULIÈRE. V. FORTIFICATION RÉGULIÈRE. V. LIGNE FORTIFIÉE. V. REMPART DE FORTERESSE. V. TERRAIN FORTIFICATOIRE.

TERRAIN DE GUERRE. V. AILE STRATEUMATIQUE. V. APPUYER. V. ARMÉE AGISSANTE N° 4. V. ARMISTICE. V. ATTAQUE DE CONVOI. V. ATTAQUE OBLIQUE. V. BATAILLE STRATEUMATIQUE. V. CAMP DE GUERRE. V. CERNER. V. CHARGE DE CAVALERIE. V. CHARGE IMPULSIVE. V. CHASSE A COURRE. V. COELEMBOLON. V. CORRESPONDANCE MINISTÉRIELLE. V. COUP D'ŒIL. V. COUVRIR. V. DÉCOUVERTE. V. DERRIÈRES. V. ESCARMOUCHE. V. FLANQUER. V. FORTIFICATION DE CAMPAGNE. V. GUERRE. V. LANGUE FRANÇAISE. V. LIGNE FORTIFIÉE. V. MAJOR-CAPITAINE N° 4. V. MARÉCHAL DES LOGIS D'ARMÉE N° 5. V. ORDRE EN CARRÉ. V. POSITION STRATEUMATIQUE. V. POSTE D'HOMMES DE GARDE. V. REDOUTE. V. SECONDE LIGNE DE BATAILLE. V. SÉMAPHORE. V. SORTIE D'ASSIÉGÉS. V. TERRAIN STRATÉGIQUE. V. TÊTE DE PONT. V. TERZE. V. TIR D'INFANTERIE. V. TORTUE DE CAMPAGNE.

TERRAIN DE MANOEUVRE. V. ADJUDANT-MAJOR D'INFANTERIE FRANÇAISE DE LIGNE N° 11. V. AIDE DE CAMP N° 4. V. AIDE-MAJOR ACTUEL N° 2. V. BRIGADE. V. LIGNE TACTIQUE. V. MANCHE TACTIQUE. V. MANOEUVRE. V. SERVICE DE JOUR.

TERRAIN DE REVUE. V. CONTROLE ANNUEL. V. HOMME DE TROUPE N° 11. V. INSPECTEUR GÉNÉRAL D'INFANTERIE N° 5. V. REVUE. V. REVUE SUR LE TERRAIN.

TERRAIN DE SIÉGE. V. FRONT D'ATTAQUE DE PLACE. V. SIÉGE. V. SIÉGE OFFENSIF.

TERRAIN D'EXERCICE. V. ADJUDANT-MAJOR D'INFANTERIE FRANÇAISE DE LIGNE N° 11.

v. champ de manœuvres. v. condenser. v. état militaire. v. évolution. v. exercice. v. garnison. v. grande manœuvre. v. major-capitaine n° 4. v. marche de bataillon en colonne. v. métrobate. v. obstacle. v. régiment d'infanterie française n° 4. v. réversion. v. sous-aide-major. v. tacticographie. v. tactique, subs.

TERRAIN d'infanterie. v. adjudant d'infanterie française de ligne n° 16. v. chef de subdivision administrative. v. compagnie de grenadiers n° 6. v. évolution. v. infanterie; id. n° 8. v. métrobate. v. ordre profond. v. pelotonnement. v. terrain de défilé en retraite. v. terrain individuel.

TERRAIN fortificatoire (term. sousgénér.), ou terrain de fortification. Sorte de terrain qui fait partie du domaine public, et qu'on a improprement appelé terrain militaire, car un champ de bataille est aussi un terrain militaire; il n'a rien de commun avec un Terrain fortificatoire. — Tout Terrain fortificatoire comprend le sol réputé nécessaire au cas de défense d'une fortification. — Il est interdit aux habitants d'élever sur ce Terrain des constructions non militaires. Cette obligation que la loi leur impose s'appelle servitude fortificatoire. — La surface du Terrain fortificatoire se partage par zones, et diffère suivant l'importance et l'étendue du lieu défendu. — On peut consulter à ce sujet : M. Delalleau, Gassendi, M. Grivet, Guibert (1773, E. t. ii, p. 234). — L'expression est susceptible d'être examinée comme terrain fortificatoire de forteresse, — de poste, — d'ouvrage détaché.

TERRAIN fortificatoire de forteresse (G, 4). Sorte de terrain fortificatoire sur lequel est assise une place. Ce Terrain se calcule à raison de trois zones. Il est compris entre une ligne tracée à huit mètres du pied des courtines et des gorges de bastion, et une ligne distante de quarante mètres de la crête du parapet du chemin couvert. La démarcation des zones est toujours parallèle aux sinuosités du rempart.

TERRAIN fortificatoire de poste (G, 4). Sorte de terrain fortificatoire considéré comme dépendant d'un genre d'ouvrage n'ayant qu'une simple clôture. Ce Terrain est déterminé par deux parallèles, dont l'une est distante de deux mètres de l'intérieur du mur et dont l'autre est éloignée de trente mètres du parapet de ce mur, ou de la berme de son fossé.

TERRAIN fortificatoire d'ouvrage détaché (G, 4). Sorte de terrain fortificatoire mentionné ici par rapport aux ouvrages distants de plus de deux cent cinquante mètres

du corps de la place dont ils dépendent. Ce Terrain, suivant l'importance et le genre de construction de l'ouvrage, répond au Terrain qui enveloppe l'enceinte des places fortes, ou au Terrain qui enveloppe les simples postes fortifiés.

TERRAIN géologique. v. col de montagnes. v. école d'état-major. v. géologie. v. géologique. v. glacis géologique. v. terrain stratégique.

TERRAIN individuel (G, 6). Sorte de terrain dans le cadre duquel les lois de la tactique et le mode de formation veulent qu'un militaire sous les armes se tienne en ordre de bataille, fasse partie du rang et de la file, manie son arme et manœuvre. Ce Terrain, qui décide de l'étendue du champ de bataille et du système de pelotonnement, est un parallélogramme mesuré dans le sens du rang et de celui de la file; il diffère de l'intervalle, Terrain laissé libre entre deux corps. — Le Terrain individuel a varié dans ses dimensions, suivant la nature des armes personnelles, suivant le genre des armes matérielles. Autres sont les espaces que demande un homme de pied ou la cavalerie, une pique ou un mousquet. — Le Terrain des milices grecques et romaines n'a pas été le même. Le Terrain de la tortue n'était pas le même que celui des jeteurs de pilum. Le Terrain de la phalange et de la tétraphalangarchie variait, suivant le cas, de un à deux mètres environ, ou se réduisait même au synaspisme, c'est-à-dire à sa moindre expression. — M. le général Rogniat (1820, C) n'évalue qu'à trois pieds romains (trente-trois pouces de France) le Terrain du légionnaire. Cet espace n'eût pas permis l'insertion des files les unes dans les autres. — Guischardt (1758, H), Lebeau, Mauvillon (1788, A), donnent au contraire, en ordre ouvert, au fantassin de l'ancienne Rome, six pieds romains ou cinq pieds six pouces de France. — Nous avons expliqué que le Terrain de la cohorte des légions romaines a différé d'un mètre à deux, et n'a pas été absolument semblable à celui du manipule. — Le Terrain individuel des hommes d'infanterie va surtout être examiné ici. Il est limité, dans un sens, par l'espace de rangs, dans l'autre, par l'accoudement; mais autrefois sa dimension variait suivant que les hommes de rangs étaient bras à bras ou non jointifs. — Dans le dix-septième siècle, il différait suivant qu'il s'agissait de l'ordre tactique des piquiers, de celui des arquebusiers à pied, de celui des mousquetaires à pied; ce dernier était laissé, tant plein que vide, pour la facilité du mécanisme du feu en avançant et des CONTRE-MARCHES PHALANGIQUES. — Le TERRAIN des PIQUIERS était approprié à l'ordre compacte dans le cas de défensive, c'est-à-dire qu'il était comparable à peu près au Terrain occupé de nos jours par notre INFANTERIE, ou à un demi-mètre; mais, pour la marche et les conversions, la dimension du Terrain s'agrandissait. Le Terrain des hommes ayant des armes à feu portatives était double; il était de trois à quatre pieds. —Cette combinaison tenait à plusieurs motifs: serrer les files des piquiers, afin de ne pas présenter d'ouvertures à la cavalerie ennemie; fraiser d'un plus grand nombre de PIQUES le FRONT en tenant les RANGS SERRÉS; ne donner, en ORDRE DE BATAILLE, aux piquiers qu'une épaisseur égale à celle des arquebusiers, dont le Terrain était double et le nombre de rangs moitié moindre; mettre les ARQUEBUSIERS sur un Terrain plus ouvert, afin de leur permettre de charger l'arme, de prendre et COMPASSER LA MÈCHE, et de la souffler sans avoir le mouvement des bras gêné; faciliter le mécanisme des FEUX EN GAGNANT TERRAIN, le déplacement des FILES, les doublements de files, les doublements de rangs, etc., dans les feux de FILES, etc. — Le Terrain individuel des ARQUEBUSIERS diminuait de moitié, et devenait le même que celui des PIQUIERS quand on ordonnait aux ARQUEBUSIERS de METTRE L'ÉPÉE A LA MAIN. — Dans ses projets de FORMATION D'INFANTERIE, MONTÉCUCULI (1704, D) donnait à distance ouverte cinq pieds de Terrain, à distance serrée trois pieds. — Le TALON gauche du FANTASSIN, quoique non précisément au centre du Terrain, en est pourtant l'axe, parce qu'il est le pivot de l'HOMME FAISANT A GAUCHE OU A DROITE. — Les TACTICIENS français du dernier siècle et les ORDONNANCES D'EXERCICE, depuis SAINT-GERMAIN, donnaient dix-huit à vingt et un pouces d'un coude à l'autre au FANTASSIN. Quelques THÉORICIENS lui donnaient jusqu'à deux pieds; ainsi le faisait l'ORDONNANCE DE 1769 (1er MAI). GUIBERT (1773, E) le voulait de deux pieds carrés. En adoptant ce maximum, on aurait deux tiers de mètre comme Terrain individuel d'INFANTERIE moderne. — Le général ROGNIAT proposait soixante ou soixante-cinq centimètres. — Les règlements de la MILICE ANGLAISE évaluent à cinquante-six centimètres le TERRAIN D'INFANTERIE. — Il est traité du Terrain individuel, mais sous différentes désignations, faute d'un mot technique, par BOUCHAUD (1757, p. 54), DESPAGNAC (1751, D, liv. II, p. 18, 48), ENCYCLOPÉDIE (1751, U, t. XII, p. 535), GUIBERT (1773, E), GUISCHARDT, LACHESNAIE (1758, I, au mot *Terrain pour l'exercice*), LEBEAU, LEBLOND (1758, B), MAURICE DE SAXE (1757, A, t. I, p. 126), MAUVILLON (1788, A), MIRABEAU (1788, C, t. I, p. 257), MONTÉCUCULI, PICTET (1761, p. 10), PUYSÉGUR (1748, C, p. 52, 64), le général ROGNIAT (1820, C), SILVA (1778, F), SINCLAIRE (1773, L, p. 12), TURPIN (1783, O, t. II, p. 507).

TERRAIN individuel de CAVALERIE. V. CAVALERIE. V. CAVALERIE FRANÇAISE N° 7. V. MILICE GRECQUE N° 6.

TERRAIN MILITAIRE. V. MILITAIRE, adj. V. TERRAIN. V. TERRAIN FORTIFICATOIRE.

TERRAIN STRATÉGIQUE (H, 2), OU TERRAIN DE GUERRE, OU TERRAIN GÉOLOGIQUE comme l'appelle M. O'KOUNEFF (1830). Sorte de TERRAIN, ou de THÉÂTRE, que des TACTICIENS modernes ont appelé échiquier. On lit dans les *Maximes du prisonnier de Sainte-Hélène* (1820): Le Terrain est l'échiquier d'un GÉNÉRAL d'armée; le choix qu'il en sait faire décide de son habileté ou de son ignorance. — Les anciens savaient combien l'étude et la connaissance du Terrain importent à l'ART DE LA GUERRE; ainsi PHILOPOEMEN, au dire de PLUTARQUE, en faisait l'objet constant de ses observations et le but de ses promenades. — Mais les GÉNÉRAUX de l'antiquité ne pouvaient s'aider que d'une TOPOGRAPHIE bornée; à peine possédaient-ils quelques mémoires superficiellement rédigés, quelques RECONNAISSANCES imparfaites; ils étaient comme enchaînés sur un terrain peu étendu, et ne pouvaient le franchir à raison du manque d'instruments et de l'ignorance des procédés élémentaires. La privation de cartes géographiques et TOPOGRAPHIQUES rendait l'orientation incertaine, le peu de perfectionnement des arts d'imitation s'opposait à des éclaircissements complets, la nature des ARMES, leur MÉLANGE obligé, restreignaient la ZONE des OPÉRATIONS. Le peu de portée des PROJECTILES, la faiblesse numérique de la CAVALERIE, ne permettaient, pour ainsi dire, que les ATTAQUES sur place, et rendaient la STRATÉGIE timide; mais, par cela même, leur ordonnance tactique, leur ORDRE DE BATAILLE, étaient d'une pratique plus égale, d'un mécanisme plus positif, plus généralement su de tous les membres de l'ARMÉE. — Les Allemands ont poussé très-loin la connaissance de cette partie de l'ART MILITAIRE. — Le choix des POSITIONS est subordonné, les jours de BATAILLE, aux particularités du Terrain. La disposition donnée aux LIGNES DE TROUPES est l'application des formes que le Terrain affecte. Les TERRAINS ACCIDENTÉS sont surtout ceux qui conviennent aux actions de la PETITE GUERRE. — La connaissance du Terrain est le fruit de l'étude de la configuration du sol, de l'examen de la liaison de ses points divers, de ses contours, de ses caractères, de ses attenances, de ses formes, de son importance par rapport à l'art militaire ; c'est l'application de la géographie physique et l'art d'en tracer rapidement d'intelligibles images ; pour l'homme de génie cette faculté est dans son coup d'œil ; pour l'officier praticien, elle est le fruit des études, du lever et du dessin. — Cette branche a été dans les attributions des officiers d'état-major, des officiers du génie, des ingénieurs géographes ; elle est surtout actuellement du ressort du corps de l'état-major général et des aides de camp. — Les officiers français avaient peu approfondi la topographie militaire ; aussi, avant la GUERRE DE LA RÉVOLUTION, l'ARMÉE était-elle inhabile aux appréciations de Terrain. La milice anglaise s'y est livrée avec application. — Les AUTEURS à consulter en cette matière sont : BACKENBERG, BOIS-ROGER (1773, G, p. 232), BRIXEN, M. CANTELOUBE, CARRION (1824, A, t. II, p. 368), M. DECKER (1828), DEMIAN, ENCYCLOPÉDIE (1785, C, t. II, p. 145, etc. ; t. III, p. 288, etc.; suppl., p. 837, 848), GUIBERT (1773), le général JOMINI, LACHESNAIE (1758, I, aux mots *Marche, Maréchal de camp*), LECOUTURIER (1825), LLOYD, MEINERT, MUELLER (Louis), NETTO, M. O'KOUNEFF, PANASCH, PUYSÉGUR (1748, C), REICHLING, RUMPF (1824, F), SINCLAIRE (1773, L, t. I, p. 10 ; t. II, p. 86 ; t. III, p. 2, 15), TRAVERSE (1758, t. II, p. 42), VÉGÈCE (390, A, 19e chapitre).

TERRASSE (subs. fém.) de BLINDE. V. BLINDAGE DE TRANCHÉE. V. BLINDE. V. MUR DE BLINDE.

TERRASSE de REMPART. V. REMPART. V. REMPART DE FORTERESSE.

TERRASSEMENT, subs. masc. V. TRAVAUX DE T...

TERRASSON ; **TERRAY**. V. NOMS PROPRES.

TERRE, subs. fém. V. A T... V. ARME A T... V. ARMES A T... V. ARMÉE DE T... V. ART MILITAIRE DE T... V. ARTILLERIE DE T... V. AVARIE EN ROUTE SUR T... V. BATTERIE DE T... V. CAMPAGNE DE T... V. CHARBON DE T... V. COMBAT DE T... V. CONVOI PAR T... V. EN T... V. FEU A T... V. FORCE DE T... V. GALÈRES DE T... V. GÉNÉRAL DE T... V. GENOU A T... V. GUERRE DE T... V. HOMME DE T... V. MILITAIRE DE T... V. OFFICIER DE T... V. OUVRAGE EN T... V. POMME DE T... V. REMPART EN T... V. SAC A T... V. SAMBUQUE DE T... V. SERVICE DE T... V. SOLIDE DE T... V. SUR T... V. TACTIQUE DE T... V. TRAVAIL DE T... V. TRAVAUX DE T...

TERRE de PIPE. V. BLANC A BUFFLE. V. BLANC A LA COLLE. V. BLANC DE TERRE DE PIPE. V. PIPE.

TERRE-PLAIN, subs. masc. V. TERRE-PLEIN DE FORTERESSE.

TERRE-PLEIN (subs. masc.) de BASTION. V. BASTION. V. BASTION PLEIN.

TERRE-PLEIN de CAVALIER. V. CAVALIER. V. CAVALIER DE FORTERESSE.

TERRE-PLEIN de FAUSSE BRAIE. V. FAUSSE BRAIE.

TERRE-PLEIN de FORTERESSE (G, 4). Mot estropié que l'ACADÉMIE orthographie ainsi, mais que BELAIR (1792) et autres écrivent terre-plain. Il a été emprunté de l'italien *terra-pieno*, qui a produit le verbe *terrapienare*, construire à Terre-plein un OUVRAGE DE FORTIFICATION. — Le Terre-plein fait partie du rempart d'une FORTERESSE : c'est le massif, ou le terrassement, défendu par le PARAPET, séparé de la contrescarpe par le fossé, et établi entre les maisons de la VILLE et les BANQUETTES ; il mène aux BASTIONS ; il correspond par des rampes ou à travers les COURTINES avec l'enceinte extérieure ; il est, ou gazonné, ou revêtu ; dans ce dernier cas, il est de niveau avec le CORDON, il saisit les contre-forts, il recèle des CONTRE-MINES, et sa hauteur décide de la mesure du TALUS. L'ARTILLERIE de la PLACE y est assise ; il sert de route aux troupes se rendant à leurs postes et au voiturage des munitions et du matériel. — La largeur du Terre-plein se proportionne au voiturage de l'ARTILLERIE ; elle peut n'être que de sept à huit mètres aux endroits où il n'est pas construit de batteries ; elle est de douze mètres, y compris la banquette, ou les banquettes, aux places où sont situées les BATTERIES. — La face inclinée du Terre-plein s'appelle ESCARPE ; sa face supérieure se nomme extrémité ou sommité ; sa partie inférieure se se nomme PIED OU BASE. — Il est traité de Terre-plein par BELAIR (1792, au mot *Contre-fort* et p. 667), DUPAIN (1757, B ; 1783, F), GUIGNARD (1725, B, t. II, p. 287), GUILLET (1686, B, p. 304), LACHESNAIE (1758, I, au mot *Rempart*, et t. III, p. 461), M. LEGRAND (1837, A), MANESSON (1685, B, t. I, p. 61), TRINCANO (1768, p. 371).

TERRE-PLEIN de REMPART. V. FEU DE REMPART. V. REMPART. V. REMPART DE FORTERESSE.

TERRE-PLEIN de TENAILLE. V. TENAILLE. V. TENAILLE A FLANCS.

TERRE SALIQUE. V. NOBLESSE. V. SALIQUE. V. SERVICE FÉODAL.

TERRE SEIGNEURIALE. V. SEIGNEURIAL. V. SERVICE FÉODAL.

TERRIER, adj. V. SEIGNEUR T...

TERRITOIRE (subs. masc.) FRANÇAIS.

V. ADMINISTRATION D'ARMÉE. V. CÉLÉBRATION DE MARIAGE. V. DÉCÈS. V. FRANÇAIS, adj. V. HORS DU T... V. SUR LE T...

TERRITORIAL (territoriale), adj. V. COMMANDANT T... V. COMMANDEMENT T... V. DIVISION T... V. SUBDIVISION T...

TERSE, subs. masc. V. TERZE.

TERZE, subs. masc. (F), ou terce, ou TERSE, ou TERZIE suivant M. Roquancourt. Ces mots, dont le genre a été incertain, mais plus généralement masculin, sont dérivés de l'espagnol *tercio*, et sont analogues à l'ITALIEN *terzo*, à l'allemand *terzien*. — Les AUTEURS sont mal d'accord touchant l'acception positive de ces mots, qui ont appartenu au langage des TOURNOIS. BÉNETON (1741, A) appelle terses les turmes et caterves des MILICES HOLLANDAISE et FLAMANDE, et prétend qu'elles comprenaient trois biges ou sousbrigades. Rien n'est moins prouvé ni plus obscur, si ce n'est l'opinion de Despagnac (1751, D), qui regarde le Terze comme une fraction de BRIGADE. — Les Terzes d'Espagne étaient célèbres du temps de CHARLES-QUINT. Le mot donnait idée de ce que nous appelions RÉGIMENTS avant qu'ils ne fussent divisés en BATAILLONS. Un Terze était à la fois un régiment et un bataillon, portait le nom de son commandant, ou de son colonel, ou de son pays; il était composé, partie de piquiers, partie de mousquetaires. En manœuvre, les PIQUIERS y étaient en carré plein que bordait un double rang de MOUSQUETAIRES. — La forme des Terzes a grandement varié, elle n'était pas la même sous CHARLES-QUINT et sous ses successeurs; ce qui va suivre le démontrera. — Il y a lieu de conjecturer que, de même que le mot quartier, ou quatrième partie, a fini par signifier district, de même le mot terse, ou troisième partie, aurait signifié un district, une division militaire. — BRANTOME (1600, A), qui écrit tantôt TERCE et tantôt Terze, tous deux au masculin, autorise cette conjecture : il dit que les Espagnols, ou *soldados viejos* (vétérans) *prirent le nom de soldats de Barbarie, ou de terce de Barbarie, ainsi qu'aujourd'hui se sont appelés les terces de Lombardie, de Naples, de Sicile, de Sardaigne, de la Goulette, etc.* Il dit ailleurs : *Qu'ils ont leurs mestres de camp de leurs terces.* Il parle encore du *duc d'Albe, qui, en Flandre, fit pendre les principaux du Terze de Sardaigne, qui furent cause de la déroute du comte d'Aremberg.* — Ainsi terce, terse, Terze, signifiaient, dans la MILICE ESPAGNOLE, un corps militaire comparable à un BATAILLON, à un RÉGIMENT D'INFANTERIE, à la troupe recrutée dans un gou-

vernement de province. — Brantôme nous apprend aussi que quand le duc d'Albe passa en Flandre, pour réprimer la révolte des Pays-Bas, le Terze de Naples était de dix-neuf enseignes et les autres de dix; chaque Terze (il y en avait cinq) était commandé par un mestre de camp, et le duc d'Albe était le MESTRE DE CAMP GÉNÉRAL. Ainsi voilà la formation d'une armée de dix mille HOMMES DE PIED en cinq AGRÉGATIONS de force presque égale. Chaque chef d'agrégation s'appelle MESTRE DE CAMP. Sous un GÉNÉRAL EN CHEF, chaque enseigne représente une AGRÉGATION ou BANDE de deux cents HOMMES ayant DRAPEAU. Ce sont ces traditions qui, imitées par les HOLLANDAIS, nous ont été transmises par eux, et ont été la fondation de notre TACTIQUE. — Les Terzes ESPAGNOLS ont eu une forme différente. Il fut un temps où un RÉGIMENT ESPAGNOL d'INFANTERIE était un embrigadement de treize compagnies organisées en trois GARDES qu'on appelait Terzes. — Chaque Terze, ou GARDE, était de quatre COMPAGNIES. La treizième compagnie, qui ne dépendait d'aucune GARDE ou Terze, était un cadre d'entrepôt, une espèce de COMPAGNIE HORS RANG. — Le service se faisait par Terze; chacun d'eux était, à son tour, DE TRANCHÉE OU DE GARDE; de là cette synonymie du mot GARDE. Sur le TERRAIN DE GUERRE, l'organisation tactique de ces COMPAGNIES regardait le SERGENT DE BATAILLE. — De ce récit on pourrait conclure que le mot Terze n'avait pas été étranger à l'acception du LATIN *tertius*, et qu'il aurait été analogue à l'expression tiers ou troisième partie. C'est aux tacticiens d'ESPAGNE à les rechercher et à s'en expliquer. — Dans les seizième et dix-septième siècles, l'ORDRE EN CARRÉ, qu'on appelait en ALLEMAND *terzien*, était en vigueur dans toutes les parties de l'ALLEMAGNE et de la SAXE. — Au temps de GUSTAVE-ADOLPHE, et après les révolutions qu'il opéra en tactique, on appelait ancien système ou ancien ordre l'ordonnance en *terzien*, parce que ce monarque ne tenait plus en un seul CARRÉ compacte son INFANTERIE. — Ce qu'on appelait originairement un régiment d'INFANTERIE FRANÇAISE, était de même composé, pour la MARCHE, de TROIS TROUPES ou fractions; la COMPAGNIE DU CENTRE était un gros de piquiers; les compagnies de flanc ou les manches étaient des AGRÉGATIONS de MOUSQUETAIRES. — Mais s'il s'agissait de combattre, il n'y avait qu'une seule masse : elle se composait des PIQUIERS encadrés de MOUSQUETAIRES. — GUSTAVE-ADOLPHE changea ce système de TACTIQUE. — M. le général Laroche-Aymon et le *Journal des Sciences militaires* (1835, p. 206) affirment que les tercios étaient des CARRÉS

PLEINS; mais la proposition n'est pas absolument vraie, puisque le terce, *tercio*, était chez les ESPAGNOLS une formation constitutive et permanente, et que le Terze, *terzien* des ALLEMANDS, était une FORMATION tactique passagère et sur le TERRAIN. — Le *Journal de l'Armée* (t. II, p. 265) prétend que le *terzien* des ALLEMANDS, était analogue aux subdivisions d'une colonne. Nous croyons fausse cette définition.—M. le général LAROCHE-AYMON (*Dictionnaire de la Conversation* [au mot *Cavalerie*]) appelle Terzes les gros BATAILLONS CARRÉS des SUISSES. C'est une comparaison bien vague. — GRASSI (1817, H) veut que le mot français Terze vienne de l'ITALIEN; ce qui n'est pas exact. Il dit que, dans les seizième et dix-septième siècles, le *terzo* italien était un CORPS DE CAVALERIE de deux mille hommes à peu près; cette proposition ne saurait être admissible. — GANEAU fait synonymes Terze et RÉGIMENT ESPAGNOL.—Dans la guerre péninsulaire de 1807, quantité de CORPS DE VOLONTAIRES ESPAGNOLS avaient pris le nom de tercio, en souvenir de l'illustration des Terzes, au temps des fameuses BANDES ESPAGNOLES en ITALIE et en FLANDRE. — DUHESME (*Mémoires* de) parle des Terzes, ou bataillons de miquelets, qui combattaient en 1808 les Français. Foy aussi fait Terze synonyme de bataillon. — On peut recourir touchant les Terzes à ce qu'ont dit : BÉNETON (1741, A), BRANTOME (1600, A), DESPAGNAC (1751, D, t. III, p. 191), DUHESME, FOY, GANEAU, GRASSI, LAROCHE-AYMON, ROQUANCOURT (t. II, p. 449).

TERZEE, subs. fém. v. TERZE.

TÉSER, verb. act. v. ARC.

TÉSERIN. v. NOMS PROPRES.

TÉSIER, verb. act. v. ARC.

TÉSIR, verb. act. v. ARC.

TESSÉ. v. NOMS PROPRES.

TESSELAERE, adj. v. ORDRE T... v. SERVICE.

TESSERAIRE, subs. masc. v. HOMME DE TROUPE N° 10. v. LÉGION ROMAINE N° 1. v. MILICE ROMAINE N° 10. v. TESSÈRE.

TESSÈRE, subs. fém. (F). Mot tout LATIN *tessera*, qui d'abord signifiait un DÉ à jouer; il a ensuite été synonyme de SYNTHÈME, en GREC *synthema*. Il répondait aux substantifs *plateion* et *zuleion*, mentionnés par POLYBE (150 avant J.-C.), ainsi que le témoigne MAIZEROY (1771, A). — La même expression a ensuite signifié ORDRE DU JOUR, comme on le voit dans STACE, et enfin on l'a prise sous l'acception de mot de GUET et de GUERRE. — Le Tessère était une tablette, un livret, sur lesquels étaient inscrits les ORDRES DU JOUR des LÉGIONS ROMAINES; de là était venu le nom des TESSERAIRES, *tesserarii*, de la MILICE ROMAINE; c'étaient des espèces de SERGENTS D'ORDRE qui portaient le mot ou l'ordre aux décuries et aux GARDES ARMÉES. — Dans ce dernier cas, la Tessère était analogue aux MARRONS de RONDES modernes. Dans le premier cas, elle détaillait le SERVICE JOURNALIER, et contenait les instructions diverses adressées aux HOMMES DE TROUPE; elle réglait les corvées, le service courant, les OPÉRATIONS, les MOUVEMENTS, les MARCHES. — La Tessère était, à l'égard du CLASSICON, ce qu'un signe écrit est à l'égard d'un signe oral; le mot était devenu synonyme de GUERRE. — PLINE attribue à Palamède, guerrier du siége de Troie, l'invention de la Tessère. POLYBE (150 avant J.-C.) nous informe que, au soleil couchant, un SOLDAT de la dixième COHORTE de chaque LÉGION allait, sous la qualification de TESSERAIRE, prendre l'ordre des TRIBUNS DE LÉGION. Il y a même des ÉCRIVAINS qui ont donné à entendre que c'était par les TRIBUNS eux-mêmes que chaque soir la Tessère était communiquée à chaque poste. SUÉTONE appelle *libellus* la Tessère : c'était un véritable LIVRE D'ORDRE. Il témoigne que Tibère voulait que quiconque n'avait pas clairement compris ce que commandait la Tessère, eût à en venir demander les explications. — La Tessère était personnellement représentée, en présence de témoins, au TRIBUN chargé de l'inspecter et de la vérifier. — Quelquefois certaine espèce de Tessère était remise cachetée, pour n'être ouverte que sur un point et à une époque indiqués. L'histoire de l'expédition de César en AFRIQUE donne lieu de conjecturer qu'en cette circonstance il en fut ainsi. — Les ÉCRIVAINS qui donnent quelques lumières sur ce sujet sont : AUDOUIN (t. I, p. 174), CARRION (1824, A, t. I, p. 543), DEVILLE (1674, p. 241), ENCYCLOPÉDIE (1751, C, au mot *Romain*), M. LISKENNE (t. I, p. 535; t. II, p. 55), MAIZEROY (1767, E, t. II, p. 128; 1771, A), MONCHABLON, PLINE, POLYBE (150 avant J.-C.), ROHAN (1757, t. III, p. 447), SUÉTONE.

TESSIER, verb. act. v. ARC.

TESSIR, verb. act. v. ARC.

TEST, subs. fém. v. TÊTE.

TESTAMENT (subs. masc.) de MILITAIRE. v. ACTE D'ÉTAT CIVIL. v. AUMONIER DE CORPS N° 8. v. DÉCÈS. v. ÉTAT CIVIL. v. HÉRITIER DE MILITAIRE. v. MAJOR CHEF DE BATAILLON N° 8. v. MILICE ROMAINE N° 11. v. MILITAIRE, subs. v. TÉMOIN DE T...

TESTE, subs. fém. v. TESTIÈRE. v. TÊTE.

TESTE COUVERTE. V. CASQUE. V. COUVERT, adj. V. TÊTE.

TESTIÈRE (subs. fém.) de CHEVAL BARDÉ (F), ou TÉTIÈRE. Mot dérivé de TESTE et analogue à TÊTE. Il exprimait, suivant Roquefort, la partie antérieure du HARNAIS DE FER, l'ensemble de la CERVICALE et du CHANFREIN. — CARRÉ (1783, E) peut être consulté à cet égard.

TÊTE, subs. fém. V. ARMURE DE T... V. BATAILLON DE T... V. BOULET A DEUX T... V. CASSER LA T... V. CASSE-T... V. COURIR LES T... V. COURRE LES T... V. COURSE DE T... V. DEUX T... V. DOUBLE T... V. DROIT EN T... V. EN T... V. FACE EN T... V. FLÈCHE A T... V. GAUCHE EN T... V. GUIDE DE T... V. HABILLEMENT DE T... V. MOUVEMENT DE T... V. PIVOTEMENT DE T... V. POT A T... V. POT EN T... V. SERRE-T... V. SUBDIVISION DE T... V. TENIR LA T... V. TENIR T...

TÊTE (term. génér.), ou TEST, ou TESTE. Mot dérivé, suivant VOLTAIRE (1751, C), du CELTIQUE. Il s'est pris dans le sens de Tête humaine; il a donné naissance aux expressions TESTE, TESTE COUVERTE, signifiant SOLDAT CASQUÉ, et TESTIÈRE, partie du HARNOIS DE FER d'un CHEVAL BARDÉ. Il a donné naissance au mot tétière de bride. Le mot Tête sera examiné sous les rapports suivants : TÊTE A DROITE, — DE PONT, — DE VIS.

TÊTE A DROITE, interj. (G, 6). Commandement dont le premier mot est D'AVERTISSEMENT, dont les autres mots sont D'EXÉCUTION. Il est synonyme de Tête humaine; il a eu pour objet une étude de la première partie de l'ÉCOLE DU SOLDAT; il tend à faire comprendre au RECRUE quelle doit être la mesure des MOUVEMENTS de sa Tête. Dans le cas d'ALIGNEMENT au delà des premières LEÇONS, les COMMANDEMENTS : Tête a droite, tête a gauche, cessent d'avoir une application. Autrefois, l'apprentissage de ce PIVOTEMENT de la Tête avait un autre but. Ces COMMANDEMENTS, cette action, étaient usités de pied ferme au commencement des REVUES SUR LE TERRAIN, comme une espèce de salutation aux OFFICIERS SUPÉRIEURS arrivant de l'un ou de l'autre de ces côtés pour inspecter la TROUPE, puis en DÉFILANT et au moment du passage devant l'OFFICIER ou le GÉNÉRAL PASSANT REVUE. Ainsi le voulait l'INSTRUCTION DE 1774 (11 JUIN). Le RÈGLEMENT DE 1791 (1er AOUT) imita l'INSTRUCTION DE 1774, quant à la démonstration du mécanisme des MOUVEMENTS DE TÊTE; mais il négligea de s'expliquer sur la manière dont les RECRUES devaient être passées, car ce RÈGLEMENT, le plus parfait que nous ayons eu, semblait, à plusieurs égards, attendre des développements ultérieurs. Il consacra, il est vrai, en principe, que l'on

ne DÉFILERAIT plus que la TÊTE DIRECTE, ce qui différait des usages plus anciens; mais il ne se décidait à cette innovation que comme moyen de prévenir l'inconvénient de l'obliquité des ÉPAULES et l'exactitude d'ALIGNEMENT et de DIRECTION. — Ces motifs cessaient d'exister si la TROUPE ÉTAIT DE PIED FERME. — Il est probable que le RÈGLEMENT DE 1791 eût exigé encore, de pied ferme, le MOUVEMENT des Têtes à l'arrivée des OFFICIERS SUPÉRIEURS, s'il ne fût resté incomplet, ou si ses rédacteurs n'eussent craint d'être accusés de servilité ou de trop d'obséquiosité, à une époque où il commençait à être de mode d'être peu poli envers le pouvoir.

TÊTE A GAUCHE. V. A GAUCHE. V. COMMANDEMENT D'AVERTISSEMENT. V. COMMANDEMENT D'EXÉCUTION. V. DÉFILER. V. ÉCOLE DE SOLDAT. V. PIVOTEMENT DE TÊTE. V. REVUE SUR LE TERRAIN. V. TÊTE A DROITE.

TÊTE ARRONDIE. V. ARRONDI. V. TÊTE DE VIS.

TÊTE COUVERTE. V. COUVERT, adj. V. SOLDAT.

TÊTE D'ATTAQUE. V. ASSAUT OFFENSIF. V. ATTAQUE. V. COLONEL EN CAMPAGNE.

TÊTE de BATAILLON. V. BATAILLON. V. BATAILLON D'INFANTERIE FRANÇAISE DE LIGNE N° 2. V. BRIGADE D'ARMÉE. V. ÉVOLUTION. V. ÉVOLUTION SIMPLE. V. RANG DE TAILLE. V. TAMBOUR IDIOPLIQUE D'INFANTERIE FRANÇAISE N° 6.

TÊTE de BRIGADE. V. BRIGADE. V. BRIGADE D'ARMÉE.

TÊTE (têtes) de CARROUSEL. V. CARROUSEL. V. COURIR LES TÊTES. V. DARD A MAIN.

TÊTE de CAMP. V. AUX DRAPEAUX. V. CAMP. V. CANON D'ALARME. V. CAPITAINE DE PIQUET. V. CIRCONVALLATION. V. CONTREVALLATION. V. DISTRIBUTION DE PAIN AU CAMP. V. SIÉGE OFFENSIF.

TÊTE de CHAT. V. ARQUEBUSE A CROC. V. CHAT.

TÊTE de CHIEN. V. BRANCHE CYLINDRIQUE. V. CHIEN. V. CHIEN DE FUSIL.

TÊTE de COHORTE. V. COHORTE. V. COHORTE DE LÉGION ROMAINE N° 5.

TÊTE de COLONNE. V. A L'ORDRE EN ROUTE. V. AUX CHAMPS. V. BATTERIE EN ROUTE. V. COIN TACTIQUE. V. COLONEL EN ROUTE. V. COLONNE. V. COLONNE DE ROUTE. V. COLONNE SERRÉE PAR DIVISION. V. COLONNE TACTIQUE. V. COLONNE TRANCHÉE. V. DÉFENSE DE PLACE. V. DÉFILEMENT. V. DÉPLOIEMENT EN TIROIR. V. FAIRE POINTE. V. FEU DE CHAUSSÉE. V. GARDE DE POLICE EN ROUTE. V. GUIDE DE SUBDIVISION.

V. MARCHE DE BATAILLON EN COLONNE. V. PAR LA TÊTE DE LA COLONNE. V. PAS CADENCÉ. V. PASSE-PAROLE. V. PLOIEMENT. V. PORTE-DRAPEAU N° 7. V. ROMPEMENT EN BATAILLE. V. SUBDIVISION DE TÊTE.

TÊTE de COLONNE A DROITE, interj. V. BATAILLON T... V. COLONNE A DROITE. V. FORMATION EN BATAILLE.

TÊTE de CONTROLE. V. CAPITAINE DE SEMAINE. V. CONTROLE. V. CONTROLE ANNUEL DE COMPAGNIE. V. CORVÉE D'HOMME DE TROUPE.

TÊTE de CONVOI. V. ATTAQUE DE CONVOI. V. AVANT-GARDE DE CONVOI. V. CONVOI. V. CONVOI PAR TERRE. V. DÉFENSE DE CONVOI.

TÊTE de DÉTENTE. V. DÉTENTE.

TÊTE de FLÈCHE. V. BONÇON. V. FLÈCHE.

TÊTE de GLAND. V. COQUILLAGE DE GLAND. V. GLAND.

TÊTE de MAILLES. V. CAP DE MAILLES. V. MAILLE.

TÊTE de MASSE D'ARMES. V. MASSE D'ARMES.

TÊTE de MASSUE. V. MASSUE.

TÊTE de MAURE. V. DARD A MAIN. V. MAURE. V. MORION. V. OBUS.

TÊTE de MORT. V. MORT. V. OBUS. V. OBUS TÊTE DE MORT.

TÊTE de PHALANGE. V. COIN TACTIQUE. V. MILICE GRECQUE N° 6. V. PHALANGE. V. PHALANGE GRECQUE.

TÊTE de PIQUET. V. PIQUET. V. PIQUET DE TENTE.

TÊTE de PONT (G, 4; H, 2). Sorte de TÊTES ou d'OUVRAGES DE FORTIFICATION, ou PERMANENTE ou de CAMPAGNE, jetées en avant du PONT d'une RIVIÈRE ou d'un FLEUVE, comme moyen offensif et défensif; c'est un FORT, un FORTIN, un demi-polygone, un BONNET DE PRÊTRE, un OUVRAGE A COURONNE, un OUVRAGE A CORNE précédé d'une DEMI-LUNE. La forme de ces constructions dépend de la nature des lieux; leur destination répond aux CLAVICULES des camps romains, aux BARBACANES DU MOYEN AGE.—La GORGE de la Tête du pont touche au rivage; elle y est parallèle pour ASSURER la DÉFENSE du PASSAGE. — La Tête de pont a ses AILES flanquées; elle est couverte par des OUVRAGES qui la défendent par leur FRONT; elle rend maître des COURS D'EAUX celui qui la possède; elle est, au besoin, une bouche d'agression; elle assure les PASSAGES DE RIVIÈRE en avant et EN RETRAITE, au moyen d'une voie percée sinueusement à travers un FLANC, à peu de distance de la POINTE. — Autant que possible est ménagé le TERRAIN d'un CHAMP DE BATAILLE, sont cachées la rive et la Tête du pont, pour

que, sans y entrer, l'armée y puisse être contenue. — On lit dans BONAPARTE (M. le général MONTHOLON, tom. V et XXIV), au sujet des Têtes de pont de FORTERESSES : *C'est ce qui existe à Muhlberg, sur l'Elbe, et que les ingénieurs ont négligé à Torgau ; ce qui n'existe pas à Cassel, vis-à-vis Mayence.......... Une armée poursuivie qui se retire est compromise.* — Les AUTEURS qui donnent quelques détails touchant les Têtes de ponts, sont : AUDOUIN (t. II, p. 282), M. CANTELOUBE (1818, F), COTTY (1822, A), l'ENCYCLOPÉDIE (1785, C, t. III, p. 502), GASSENDI (1819), LECOINTE (1759, B, p. 47), MECISZENSKI, M. le général ROGNIAT (1816, B), SIONVILLE (1756, E, t. II, p. 154), TROSBERG.

TÊTE de PORC. V. BATAILLON CORNU. V. COIN TACTIQUE. V. DÉPLOIEMENT. V. ÉCHELON ANGULAIRE. V. EMBOLON. V. ÉVOLUTION. V. LÉGION ROMAINE N° 5. V. MILICE ROMAINE N° 7. V. ORDRE CONVEXE. V. ORDRE DE BATAILLE. V. ORDRE TACTIQUE. V. PORC. V. RANGS D'INFANTERIE.

TÊTE de RÉGIMENT. V. INTERVALLE D'INFANTERIE EN COLONNE. V. RÉGIMENT. V. RÉGIMENT D'INFANTERIE FRANÇAISE N° 4.

TÊTE de SAPE. V. DOUBLE SAPE. V. SAPE.

TÊTE de SUBDIVISION. V. ABDUCTION ALLONGÉE. V. SUBDIVISION.

TÊTE de TRANCHÉE. V. CHEF DE TRANCHÉE. V. OFFICIER DE TRANCHÉE. V. TRANCHÉE.

TÊTE de TROUPE. V. ROULEMENT. V. TACTIQUE, subs. V. TROUPE.

TÊTE de VIS (G, 1). Sorte de TÊTE ou de partie supérieure des VIS D'ARMURERIE; il y est pratiqué une fente ou coche où s'introduit l'extrémité du TOURNEVIS. — Il y en a de FRAISÉES, de PLATES, d'ARRONDIES, de NOYÉES.

TÊTE d'ÉCUSSON DE REVERS. V. ÉCUSSON DE REVERS. V. REVERS D'HABIT.

TÊTE DIRECTE. V. DIRECT. V. MARCHE DE BATAILLON EN COLONNE. V. TÊTE A DROITE.

TÊTE d'OUVRAGE. V. OUVRAGE. V. OUVRAGE A CORNE. V. OUVRAGE DE FORTIFICATION.

TÊTE FRAISÉE. V. FRAISÉ. V. TÊTE DE VIS. V. VIS A TÊTE FRAISÉE.

TÊTE HUMAINE. V. HUMAIN, adj. V. TÊTE. V. TÊTE A DROITE.

TÊTE NOIRE. V. BLASON. V. DARD A MAIN. V. MEUBLE DE BLASON. V. NOIR, adj.

TÊTE NOYÉE. V. NOYÉ, adj. V. TÊTE DE VIS. V. VIS A TÊTE NOYÉE.

TÊTE PLATE. V. PLAT, adj. V. TÊTE DE VIS.

TÊTIÈRE, subs. fém. v. CHANFREIN. v. TESTIÈRE.

TÊTIÈRE de BRIDE. v. BRIDE. v. BRIDE DE HARNACHEMENT D'OFFICIER. v. MÈCHE DE MOUSQUET.

TÉTRAPHALANGARCHIE (F), ou TÉTRAPHALANGARGIE, ou TÉTRAPHALANGARKIE, ou TÉTRAPHALANGE, ou TÉTRAPHALANGIE, ou GRANDE PHALANGE GRECQUE, ou QUADRUPLE PHALANGE. AGRÉGATION CONSTITUTIVE qui se composait de treize mille trois cent quatre-vingt-quatre OPLITES, en deux DIPHALANGARCHIES, quatre PHALANGES, huit MÉRARCHIES, douze CHILIARCHIES, trente-deux PENTACOSIARCHIES, soixante-quatre SYNTAGMES, cent vingt-huit TAXIARCHIES, deux cent cinquante-six TÉTRARCHIES, cinq cent douze DILOCHIES. — En ORDRE DE BATAILLE, cette AGRÉGATION s'ordonnait en mille vingt-quatre FILES; elle se partageait en deux CORNES, séparées par un grand INTERVALLE qu'on appelait NOMBRIL DE PHALANGE, et qui était de trente-deux mètres. Chacune des CORNES, ou double PHALANGE (DIPHALANGARCHIE), était séparée par un petit intervalle de seize mètres, que l'on nommait BOUCHE. Toutefois, les écrivains ne sont pas encore d'accord sur la dimension de ces INTERVALLES, destinés surtout au passage des PSILITES. Le FRONT de la Tétraphalangarchie, y compris les trois INTERVALLES, a été évalué par quelques écrivains à deux mille cinq cent vingt pieds, ce qui supposerait le TERRAIN INDIVIDUEL de plus de deux pieds; il était, le plus ordinairement, d'un mètre environ. Suivant d'autres opinions touchant la TACTIQUE de la milice grecque, un FRONT de mille OPLITES occupait, en ORDRE OUVERT, une demi-lieue, en ORDRE DEMI-PRESSÉ un quart de lieue, en ORDRE COMPACTE un demi-quart de lieue. Le STRATÉGE en chef de cette MASSE D'INFANTERIE se nommait TÉTRAPHALANGARQUE. — Les écrivains qui donnent des lumières sur ces questions, sont : M. le colonel CARRION (t. I, p. 57, 69, 167, 373), M. LISKENNE (t. I, p. 512, gravure), MAIZEROY (1771, A, t. I, p. 111), ROBINSON, ROHAN (1757, Q, p. 113), et tous les AUTEURS qui ont traité de la MILICE et de la PHALANGE GRECQUE.

TÉTRAPHALANGARGIE, subs. fém. v. TÉTRAPHALANGARCHIE.

TÉTRAPHALANGARKIE, subs. fém. v. TÉTRAPHALANGARCHIE.

TÉTRAPHALANGARQUE, subs. masc. v. MILICE GRECQUE N° 6. v. OFFICIER N° 2. v. PHALANGE GRECQUE. v. TÉTRAPHALANGARCHIE.

TÉTRAPHALANGE, subs. fém. v. PHALANGE GRECQUE. v. TÉTRAPHALANGARCHIE.

TÉTRAPHALANGIE, subs. fém. v. MILICE GRECQUE N° 2. v. TÉTRAPHALANGARCHIE.

TÉTRARCHIE, subs. fém. (F). Mot tout GREC, signifiant ensemble, SUBDIVISION ou commandement de quatre FILES dans la MILICE GRECQUE. — Quelques-uns ont pris dans le même sens TÉTRARKIE, PENTECOSTYS, PENTACONTARCHIE. Ainsi, la Tétrarchie était de soixante-quatre OPLITES; elle se partageait en deux DILOCHIES; elle était la moitié d'une TAXIARCHIE. La SYSTASE des PELTASTES répondait à la Tétrarchie des OPLITES quant au nombre des FILES, non quant au nombre des hommes. — La Tétrarchie des CATAPHRACTES n'était, ainsi que celle des PELTASTES, que de trente-deux hommes. Deux cent cinquante-six Tétrarchies formaient la TÉTRAPHALANGARCHIE. Rompre par Tétrarchie, dit M. Carrion, c'était former ÉPAGOGUE. — La Tétrarchie était commandée par un TÉTRARQUE, mot tout GREC, tetrarkes, suivant DILLON. — Les ÉCRIVAINS qui mentionnent ces mots, sont : BOUCHAUD (1757, G, p. 43, 51, 52), CARRION (1824, A, t. I, p. 11, 64, 103), DILLON, l'ENCYCLOPÉDIE (1785, C, t. I, p. 556), GUISCHARDT (1758, II), LISKENNE (t. I, p. 512), MAIZEROY (1771, A, t. I, p. 33), ROBINSON, ROHAN (1757, Q, p. 110).

TÉTRARKIE, subs. fém. v. TÉTRARCHIE.

TÉTRARQUE, subs. masc. v. MILICE GRECQUE N° 6. v. OFFICIER N° 2. v. PENTACONTARCHIE. v. TÉTRARCHIE.

TETZNER; TEUTON. v. NOMS PROPRES.

TEUDESQUE, adj. v. LANGUE T...

TEUTON (teutonne), adj. v. LANGUE T...

TEUTONIQUE, adj. v. ORDRE T...

TEXEIRA; TEXEL; TEXIER; TEXTER. v. NOMS PROPRES.

THABOUR, subs. masc. v. TAMBOUR.

THABLER, subs. masc. v. TAMBOUR.

THALWEG, subs. masc. (G, 8). Mot tout ALLEMAND qui signifie chemin de la vallée, et qu'on pourrait traduire par les mots milieu du fil de l'eau. Il en est fait usage dans des TRAITÉS DE PAIX, dans des CONVENTIONS D'ARMISTICES, dans des SUSPENSIONS D'ARMES. — Le Thalweg est la ligne supposée de rencontre que forment, au fond d'une VALLÉE ou d'un fleuve, les plans de la pente des deux berges. — A l'égard des Thalwegs, on peut consulter LECOUTURIER (1825, A).

THANN. v. NOMS PROPRES.

THAULACHE, subs. masc. ou fém. (F).

Mot dont on ignore l'étymologie et même le genre ; c'était une ARME D'ESTOC, un genre d'ÉPIEU ou de HALLEBARDE. — GARSAU rapporte qu'en 1632, un tarif de la douane de Lyon comprenait sous ce nom, en outre de ces armes, un genre de RONDELLES. — L'ENCYCLOPÉDIE (1785, C) affirme qu'on a appelé Thaulaches des BOUCLIERS. — Ces assertions semblaient impliquer contradiction ; mais l'*Encyclopédie du dix-neuvième siècle* (au mot *Arme*) dissipe le doute, en nous faisant connaître que c'était les BOUCLIERS A DAGUE qui comptaient au nombre des Thaulaches. — Nous supposons synonymes TALOCHE et Thaulache, et que l'un des deux aura été une corruption de l'autre.

THÉATRE, subs. masc. V. ABONNEMENT AU T... V. AU T... V. COMÉDIE.

THÉATRE de GUERRE (H), ou échiquier, ou TERRAIN STRATÉGIQUE. Le mot Théâtre s'applique, par une allusion facile à saisir, aux ARMÉES AGISSANTES et à l'ensemble des ACTIONS d'une ou de plusieurs CAMPAGNES. — Le THÉÂTRE DE LA GUERRE est, en grand, ce que le CHAMP DE BATAILLE est accidentellement ; mêmes défauts, mêmes qualités doivent y être évités ou recherchés ; les RECONNAISSANCES, les MARCHES, les RETRAITES n'y diffèrent que par l'échelle. — La LOGISTIQUE, ou l'entente des PLANS DE GUERRE, détermine et embrasse le Théâtre de la guerre, en étudie la nature et les ACCIDENTS géologiques, s'occupe des SUBSISTANCES à y trouver ou à y rassembler. D'autres considérations consistent dans la langue qu'on y parle, les facilités ou les difficultés que le sol présentera aux MARCHES D'ARMÉES, les combinaisons de la STRATÉGIE que le GÉNÉRAL D'ARMÉE aura à méditer, la proportion de la CAVALERIE ou de l'INFANTERIE à y employer, le chiffre et le MATÉRIEL de l'ARTILLERIE DE CAMPAGNE, la juste mesure des BAGAGES à tolérer. On a surtout à distinguer les Théâtres propres à la GUERRE DE PLAINE ou à la GUERRE DE MONTAGNES, aux GUERRES OFFENSIVES ou DÉFENSIVES ; mais c'est une vérité incomplète, et l'étude de la GÉOLOGIE enseigne quantité d'autres vérités qui touchent à la CONSTITUTION même des ARMÉES. Un sol granitique, volcanique, inondable, un sol nu ou boisé, plat ou montueux, gras ou aride, demandent des efforts et préparent des chances bien dissemblables. — BONAPARTE n'eût pas fait revivre l'ORDRE EN CARRÉ, s'il n'eût combattu dans les sables de l'ÉGYPTE. — Dans l'avant-dernier siècle, la nature du Théâtre de la guerre décidait du plus ou moins de durée des CAMPAGNES et de l'époque de la rentrée dans les QUARTIERS. La GUERRE DE LA RÉVOLUTION a été moins symétrique. — Dans les PLANS DE GUERRE, le vrai Théâtre des ARMÉES est souvent un secret ; mais le GÉNÉRAL ne peut en refuser la confidence au MUNITIONNAIRE GÉNÉRAL, au QUARTIER-MAITRE GÉNÉRAL, au MAJOR GÉNÉRAL, au CHEF D'ÉTAT-MAJOR et aux commandants des ARMES SAVANTES, puisque la nature des PRÉPARATIFS dépend de la nature des contrées. — Les AUTEURS qui se sont occupés des questions relatives aux divers Théâtres de guerre, sont : CARRION (1824, A, t. II, p. 226), COLOMBIER (1772, C, t. I, p. 299), MAIZEROY (1773, B, p. 53), PUYSÉGUR (1748, C), TURPIN (1785, O, t. II, p. 552).

THÉATRE de la GUERRE. V. GUERRE. V. LÉGION ROMAINE N° 1.

THÉBAIN ; THÈBES ; THÉÉDEN ; THEILUNG. V. NOMS PROPRES.

THENÇON, subs. masc. V. MASSUE.

THÉOBALD ; THÉODOSE. V. NOMS PROPRES.

THÉODOSIEN, adj. V. CODE T...

THÉORICIEN, subs. masc. V. TERRAIN INDIVIDUEL. V. THÉORIE.

THÉORIE, subs. masc. V. ÉCOLE DE T... V. SALLE DE T...

THÉORIE (G, 6). Mot tout GREC qui signifie : raison des choses, étude spéculative, abstraction qui se rapporte à un art, à une science, analyse de leurs principes. Théorie, savoir intellectuel, démonstration, sont à peu près synonymes. — Ce mot a produit, sous une acception militaire, THÉORICIEN, THÉORIQUE. — BONAPARTE, dans ses Mémoires (le général GOURGAUD, 1823, t. II, p. 192), dit que, dans toutes les sciences nécessaires à la guerre, la Théorie est bonne pour donner des idées générales qui forment l'esprit ; mais leur stricte exécution est toujours dangereuse. Ce sont les axes qui doivent servir à tracer la courbe. D'ailleurs, les règles mêmes obligent à raisonner pour juger si l'on doit s'écarter des règles. — *La victoire, a dit* ODIER (1824), *doit appartenir au plus brave, à condition qu'il sera le mieux guidé dans la pratique de sages et savantes Théories.* — Tel est le sens général et l'application juste du mot Théorie ; mais on a incorrectement donné le nom absolu de Théorie au RÈGLEMENT D'EXERCICE et à la démonstration scholastique des règles qui y sont contenues. Les sous-lieutenants ont créé ce mot, que, depuis le siècle courant, le ministère, dans ses INSTRUCTIONS SUR L'INSPECTION et dans le RÈGLEMENT DE 1818 (15 MAI), a adopté, puisque n'ayant ni le soin, ni l'attention de faire la LANGUE MILItaire, il est bien forcé qu'il en accepte les augmentations capricieuses ou les incohérences. — Cette Théorie, comme l'entendent les troupes, n'est point un raisonnement ou un discours en explication de principes (tout au plus en a-t-il été ainsi par exception); ce n'est simplement que le récit, fait par cœur, du texte de l'ordonnance d'exercice. De là, cette synonymie de Théorie ou d'imprimé contenant les règles de la tactique admise. — Les auteurs qui, sous une acception plus ou moins conforme à ce qui vient d'être dit, mais sous un point de vue militaire, ont fait figurer dans leurs Traités l'expression Théorie, sont : Arnould, Bacon (1782, G), M. le colonel Carrion (1824, A, t. i, p. 126 ; t. ii, p. 223, 235), M. Coppier, Despagnac (1751, D, p. 41), l'Encyclopédie (1785, C, suppl., p. 926), Furetière, Guibert (1773, E), Labaume (1824, I), Lachesnaie (1758, I, t. iii, p. 464), Lecouturier (1825, A), Maizeroy (1767, E, p. 7 ; 1773, A, t. ii, p. 88 et 147 ; 1777, E), Muller (John), Puységur (1748, C, p. 38), Scharnhorst (1793), Smezo, Trautschen, le *Dictionnaire de la Conversation*, les auteurs anonymes (1766, H ; 1776, B). — Pour éclaircir le mot Théorie, et pour faire opposition à la Théorie philosophique, comme l'appelle M. le colonel Carrion (1824, A), nous emploierons la locution théorie d'infanterie, ou théorie militaire, ou théorie tactique, afin de rassembler sur ce dernier mot les renseignements et les renvois qui y ont rapport dans le présent ouvrage.

THÉORIE d'administration. v. administration. v. administration de corps. v. aide-major de 1818 n° 2. v. major chef de bataillon n° 7. v. ordonnance officielle.

THÉORIE d'armement. v. aide-major de 1818 n° 2. v. arme d'uniforme de troupe. v. armement. v. armement de troupe. v. armurier de corps n° 3. v. démontage de fusil. v. école de démontage d'armes.

THÉORIE de caporaux. v. adjudant d'infanterie française de ligne n° 19. v. caporal. v. caporal d'infanterie française de ligne n° 14. v. démontage de fusil. v. pivot tactique.

THÉORIE de sergents. v. adjudant d'infanterie française de ligne n° 19. v. adjudant-major d'infanterie française de ligne n° 13. v. caporal d'infanterie française de ligne n° 14. v. sergent. v. sergent d'infanterie française de ligne n° 11.

THÉORIE de service. v. inspecteur général d'infanterie n° 5. v. instructeur en chef. v. service. v. service de campagne. v.

service de garnison. v. service journalier.

THÉORIE de siége. v. attaque de place. v. siége. v. siége offensif.

THÉORIE de sous-officier. v. adjudant d'infanterie française de ligne n° 23. v. adjudant-major d'infanterie française de ligne n° 13. v. armement de troupe. v. caporal d'infanterie française de ligne n° 14. v. conversion. v. fourrier d'infanterie française de ligne n° 11. v. guide de subdivision. v. sergent d'infanterie française de ligne n° 13. v. sergent-major n° 9. v. sous-officier ; id. n° 9.

THÉORIE de tactique. v. tactique, subs.

THÉORIE d'infanterie. v. infanterie. v. théorie.

THÉORIE d'officier. v. adjudant d'infanterie française de ligne n° 14, 19. v. chef de bataillon d'infanterie française de ligne n° 11. v. colonel d'infanterie française de ligne n° 28. v. lieutenant-colonel d'infanterie française de ligne n° 9. v. officier. v. officier d'infanterie française n° 6.

THÉORIE militaire. v. militaire, adj. v. théorie.

THÉORIE philosophique. v. philosophique. v. théorie.

THÉORIE tactique. v. attaque de place. v. arme d'uniforme de troupe. v. caserne. v. changement de front. v. colonel d'infanterie française de ligne n° 13. v. distance. v. évolution. v. infanterie n° 7. v. inspecteur général n° 5. v. instructeur en chef. v. ordonnance d'exercice d'infanterie. v. pas de charge. v. pas de course. v. profession des armes. v. règlement. v. tactique, adj. v. théorie.

THÉORIQUE, adj. v. instruction t... v. théorie.

THÉOTIQUE, adj. v. langue théotique.

THÉOTISQUE, adj. v. langue théotisque.

THÉRARCHIE, subs. fém. v. éléphant. v. thérarque.

THÉRARQUE, subs. fém. (F). Mot tout grec, *terarchos*, dérivé, suivant Dillon, de *theer*, bête sauvage. Le Thérarque commandait une thérarchie, et était chef de deux éléphants.

THÉRÈSE ; THÉRIN. v. noms propres.

THERMAL (thermale), adj. v. eaux t... v. hôpital t...

THESSALIEN ; THÉTI ; THÉTIS. v. NOMS PROPRES.

THEUMELLE, subs. masc. ou fém. (F), ou THEUMULE suivant ROQUEFORT, ou THEU-MULE suivant BOREL. (Pierre). Mot dont l'étymologie est inconnue. Il exprimait, suivant NICOT, une TUNIQUE ou une COTTE D'ARMES que les princes ou les généraux portaient sur la COTTE DE MAILLES. — La theumule était, au contraire, suivant ROQUEFORT, une CUIRASSE.

THEUMULE, subs. masc. ou fém. v. CUIRASSE. V. THEUMELLE.

THEUMULE, subs. masc. ou fém. v. THEUMELLE.

THÉVENOT ; THIBAUD ; THIBAU-DEAU ; THIBAULT ; THIBOUREL ; THIÉBAULT ; THIELCKE ; THIER-RY ; THIERS ; THIÉRY ; THON-L'É-VÊQUE. v. NOMS PROPRES.

THIOIS ; THIOISE, adj. v. LANGUE T...

THIONVILLE ; THIROUX. v. NOMS PROPRES.

THIUVILE, adj. v. LANGUE T...

THIXOPHORE. v. MAIZEROY (1771, *Institutions*, t. I, p. 82).

THOMAS ; THOMASSIN ; THOMP-SON ; THOMSON ; THON. v. NOMS PROPRES.

THORACOMAQUE, subs. masc. v. JAQUE. v. MILICE ROMAINE n° 4.

THORAX, subs. masc. v. CUIRASSE. V. PLASTRON.

THRACE ; THUCYDIDE ; THUEL-LIER. v. NOMS PROPRES.

THRÉSOR, subs. masc. v. TRÉSOR.

THYMBALE, subs. fém. v. TIMBALE.

THYMBRÉE. v. NOMS PROPRES.

THYRÉOPHORE, subs. masc. v. MI-LICE GRECQUE n° 2.

TIARE, subs. fém. (F). Mot dérivé, suivant GÉBELIN, du GREC ou du LATIN *tiara* ; c'était le nom d'un bonnet oriental, ou d'un CASQUE de la MILICE PERSE. Il en est question dans l'*Encyclopédie du dix-neuvième siècle* (au mot *Armure*).

TIBÈRE ; THIELCKE. THIELME ; v. NOMS PROPRES.

TIERCE (subs. fém.) d'ESCRIME (G, 5). Le mot Tierce dérive de l'ITALIEN, comme le témoigne FURETIÈRE. On se met en GARDE en Tierce, COMME PARADE, aux mouvements hors les armes. Les COUPS de Tierce sont des BOTTES allongées sur les armes. Il y a

des CONTRES et des DOUBLES CONTRES de Tierce. — L'ENCYCLOPÉDIE (1751, C) indique ce JEU.

TIERCEMENT, subs. masc. (A, 1). Mot qui semblerait devoir signifier distribution par tierces parties ; on va voir combien il répond peu à cette étymologie. Il n'est pas à notre connaissance que jamais plume française ait encore cherché à interpréter le mot Tiercement : il est en effet difficile de le traduire, car il est un de ceux que la LANGUE FRANÇAISE a appliqués avec le plus d'irréflexion. — L'INSTRUCTION DE 1769 (1er MAI) plaçait dans un BATAILLON les COMPAGNIES PAIRES, dans l'autre les IMPAIRES. C'était la première des ORDONNANCES D'EXERCICE D'INFANTERIE qui eût en vue une sorte de Tiercement. Ce mot impropre, mais maintenant reçu, n'était pas encore alors en usage. — Le RÈGLEMENT DE 1791 (1er AOUT), dans des vues purement tactiques, avait maintenu ou plutôt compliqué mal à propos ce système, en instituant la dislocation momentanée des COMPAGNIES en ORDRE DE BATAILLE ; en d'autres termes, le NUMÉRO des COMPAGNIES n'était pas le même que le numéro de PELOTON ou SUBDIVISION ; c'était un indéchiffrable imbroglio. Aussi cette disposition réglementaire a-t-elle rencontré, pendant la GUERRE DE LA RÉVOLUTION, une inévitable désobéissance dont le MINISTÈRE a semblé ne pas s'apercevoir. — Le mot Tiercement a régné à partir de la LOI DE 1793 (21 FÉVRIER) et de l'instruction y faisant suite ; il commença alors à faire partie de la langue des BUREAUX, sinon du langage écrit dans la loi. Il s'agissait à cette époque de composer des DEMI-BRIGADES de trois BATAILLONS, et par conséquent de répartir par tierce partie, dans chacun des BATAILLONS, une quantité proportionnelle d'OFFICIERS et d'HOMMES DE TROUPE ; le mot TIERCEMENT avait donc de la justesse. Ce TIERCEMENT CONSTITUTIF était le replacement des hommes décadrés. La mesure était politique ; c'était un amalgame d'uniformes, une fusion d'opinions ; mais quand il s'est agi, non plus de cet EMBRIGADEMENT, mais de la formation de CORPS d'un nombre différent de bataillons, l'ignorance et la routine ont continué à se servir de ce même terme Tiercement, quoique devenu d'une application tout à fait fausse ; car on ne partage pas en trois ce dont on fait deux ou quatre parts, et la chose n'était pas plus plausible en ADMINISTRATION qu'elle n'avait été rationnelle en TACTIQUE, comme le témoigne l'article CHEF DE DIVISION. — Le TIERCEMENT TACTIQUE fut oublié jusqu'au consulat. — Le ministre BERTHIER essaya, en l'an neuf, de le faire revivre, c'est-à-dire de

ne pas laisser identiques le NUMÉRO des PE-
LOTONS EN BATAILLE et le NUMÉRO des COM-
PAGNIES sur les CONTROLES ; mais l'INFANTERIE
ne se soumit pas à cette inutile disparité
de chiffre. — Le TIERCEMENT CONSTITUTIF, oublié depuis l'an quatre, reprit vigueur à la
restauration, mais des LÉGIONS DÉPARTEMEN-
TALES devaient être à trois bataillons, à quatre, à deux. Ainsi ce fut au mépris de la logique que le ministre GOUVION parla de
Tiercement dans l'ORDONNANCE DE 1815 (3
AOUT), dans l'INSTRUCTION DE 1816 (7 SEPTEM-
BRE), dans la CIRCULAIRE DE 1817 (30 AVRIL).
Son successeur reproduisait cette expression
dans l'ORDONNANCE DE 1820 (23 OCTOBRE,
art. 14). — L'INSTRUCTION DE 1821 (5 JUIL-
LET, art. 121) prescrivait les formes du
Tiercement ou CLASSEMENT ; car elle faisait
synonymes ces mots. — L'INSTRUCTION DE
1822 (3 JUILLET, art. 131) énumérait les dispositions légales publiées jusqu'alors et relatives au Tiercement. — L'INSTRUCTION DE
1823 (12 MAI, art. 17) s'appliquait à la CAVA-
LERIE comme à l'INFANTERIE, tout en conve-
nant que la mesure ne leur était pas également applicable. — Depuis que les TEMPS DE
PAIX ont permis la périodicité des INSPEC-
TIONS GÉNÉRALES, les COMMIS de MINISTÈRE se
sont persuadés qu'il fallait, après chaque INS-
PECTION, TIERCER, comme ils le disaient dans
leur langage obscur, c'est-à-dire faire replacer
par l'INSPECTEUR GÉNÉRAL les OFFICIERS suivant
leur RANG D'ANCIENNETÉ, et par conséquent
décadrer les COMPAGNIES pour qu'elles suivis-
sent le sort de leur CAPITAINE, comme s'il y
avait de l'inconvénient à ce que, par exemple, la dernière COMPAGNIE fût commandée
par le premier CAPITAINE. C'était briser la
filière de l'instruction, en ôtant aux CHEFS
DE BATAILLON les SOLDATS qu'ils connaissaient ;
c'était arracher des SOLDATS aux CHEFS qu'ils
avaient été à même d'apprécier et d'affec-
tionner. Les CORPS sont-ils comme des da-
miers où, après une partie finie, il faut démêler
et replacer les pions pour jouer de nouveau ? —
Honneur au MINISTRE MAISON ! Il avait eu, en
1835, l'intention de renoncer à cette injus-
tifiable mesure, à ce remue-ménage dispendieux, à ce bouleversement en fait d'écritures, d'enregistrements, d'ADMINISTRATION DE
CORPS ; mais cette abolition n'a pas eu de
suite. L'INSTRUCTION SUR L'INSPECTION DE 1835
(18 JUIN) et la DÉCISION DE 1835 (19 DÉCEM-
BRE) traitaient de nouveau le Tiercement
des officiers. On a eu seulement recours à
un faible palliatif : il a été résolu, en 1835,
que pour rendre aux COMPAGNIES sans cesse
bouleversées quelque perpétuité, il serait
affecté à chacune d'elles, comme signe invariable, une LETTRE alphabétique destinée à
timbrer tous les documents comptabiliaires.
Le journal le *Constitutionnel*, 1835 (26
septembre), l'annonçait en avouant tous les
embarras que la COMPTABILITÉ éprouvait par
suite des perpétuels changements de dénomination que les COMPAGNIES avaient à subir.
— La *Sentinelle de l'Armée* (t. II, p. 211,
228, 234), et en 1836 (n° 52, p. 12) démontrait les vices du Tiercement ; il en était
fait une juste censure aux articles CAPITAINE
D'INFANTERIE FRANÇAISE N° 7 et CHEF DE DIVI-
SION. — Il en était question aussi dans le journal de l'*Armée* (t. IV, p. 241), dans M. BER-
RIAT (1817, A), LECOUTURIER (1825, A), et
M. GONVOT. Les mots TIERCEMENT, TIERCER, se
trouvent ; mais, ainsi que nous l'avons dit,
l'histoire de la chose et son application ne
se rencontrent nulle part. — L'ORDONNANCE
DE 1838 (16 MARS) voulait que l'opération eût
lieu tous les trois ans (art. 175) ; mais cette
ordonnance avait pudeur de prononcer ce
mot Tiercement.

TIERCEMENT CONSTITUTIF. V. BATAILLON
D'INFANTERIE FRANÇAISE N° 2. V. CONSTITUTIF.
V. TIERCEMENT.

TIERCEMENT de CAVALERIE. V. CAVA-
LERIE. V. TIERCEMENT.

TIERCEMENT d'INFANTERIE. V. INFAN-
TERIE. V. TIERCEMENT.

TIERCEMENT d'OFFICIER. V. OFFICIER.
V. TIERCEMENT.

TIERCEMENT TACTIQUE. V. BATAILLON
D'INFANTERIE FRANÇAISE N° 2. V. ORDONNANCE
D'EXERCICE D'INFANTERIE. V. TACTIQUE, adj. V.
TIERCEMENT.

TIERCENAL. V. ARSENAL.

TIERCER, verb. act. et neut. V. TIER-
CEMENT.

TIGE (subs. fém.) de CALOTTE DE SABRE.
V. AME DE POIGNÉE DE SABRE. V. CALOTTE DE
SABRE.

TIGE de CULASSE. V. BOUTON DE CULASSE.
V. CULASSE.

TIGE de GACHE. V. CORPS DE GACHE. V.
CROCHET DE G.... V. GACHE DE CAISSE.

TIGE de GACHETTE. V. DEVANT DE GACHETTE.
V. GACHETTE DE PLATINE.

TIGE de GOUPILLE. V. GOUPILLE DE DÉ-
TENTE.

TIGE de HOUPPE. V. HOUPPE DE COIFFURE.

TIGE de POMPON. V. BRANCHE DE TIGE. V.
CORPS DE POMPON. V. COUVRE-SCHAKO. V. POM-
PON.

TIGE de TIRE-BALLE. V. TIRE-BALLE.

TIGE de VIS. V. COLLET DE VIS. V. FILET
DE VIS. V. GACHETTE DE PLATINE. V. PAS DE VIS.
V. VIS.

TIGEAU, subs. masc. v. CULOTTE.

TIGEU, subs. masc. v. CULOTTE.

TIGEUX, subs. masc. v. CULOTTE.

TIGNOLA. v. NOMS PROPRES.

TIMAYS, subs. masc. v. ÉPIEU.

TILLEUL, subs. masc. v. LANCE A MAIN.

TILLY ; TILSITT. v. NOMS PROPRES.

TIMAR, subs. masc. (F). Mot TURC qui donne l'idée d'un BÉNÉFICE MILITAIRE, ou du revenu d'une terre de conquête dont jouissait viagèrement un TIMARIOT, à charge de se tenir toujours prêt à partir pour la guerre. — Les Timars avaient été le fruit de la spoliation des seigneurs chrétiens et du clergé. Ils étaient comparables, dans les usages de la MILICE TURQUE, aux anciennes COLONIES romaines, aux FIEFS primitifs, aux COMMANDERIES du MOYEN AGE, aux tenures de la MILICE SUÉDOISE. — La force des Timars était estimée à cent cinquante mille hommes, dont un tiers de CAVALERIE, deux tiers d'INFANTERIE ; mais le chiffre réel n'excédait pas cinquante mille SOLDATS. — A peine un Timar était-il vacant par le décès du possesseur, qu'une foule de postulants s'empressaient de solliciter aux mêmes conditions le même usufruit. Le grand seigneur prononçait en faveur des héritiers ou à son gré. — Les Timars de classe supérieure, possédés par les dignitaires de l'EMPIRE, étaient au moins de cinq cents acres, et se nommaient ziamehts ; les Timars de seconde classe étaient de trois cents à cinq cents acres. — Les Timars qui excédaient vingt mille aspres de revenu, dit l'ENCYCLOPÉDIE (1751, C), s'appelaient zaims, et ne pouvaient être résignés qu'avec l'agrément du visir. — Les Timars de quinzemille aspres pouvaient répondre à un revenu de huit cents francs. — Il est question de Timars dans DUANE (1810, E), l'ENCYCLOPÉDIE (1751, C), LACHESNAIE (1758, I, p. 465), MANESSON (1685, B, t. III, p. 354), MÉNAGE.

TIMARIOT (timariots), subs. masc. (F). Mot dont le substantif TIMAR donne l'étymologie. On désignait sous ce nom, dans la MILICE TURQUE, les MILITAIRES qui étaient tenanciers de BÉNÉFICES ; ceux dont le TIMAR rendait plus de quinze mille aspres, s'appelaient, suivant l'ENCYCLOPÉDIE (1751, C), subassi. A raison de la différente importance ou nature du FIEF, il y avait des Timariots qui s'appelaient bernobets, ikmalers, isels. Les Timariots étaient tenus de s'armer, de s'équiper, de servir à leurs frais, d'amener en campagne un nombre déterminé de GENS DE GUERRE, et d'y rester pendant une durée

de temps fixée par les firmans. — Dans les cas de désobéissance, qu'aux vieux temps féodaux on appelait FÉLONIE, les Timariots d'ASIE, de HONGRIE, de TURQUIE, d'EUROPE, étaient soumis à des amendes dont le chiffre variait ; ceux de Natolie, s'ils ne répondaient à l'appel, étaient privés d'une année de leur revenu. Les Timariots étaient subordonnés, par circonscription, à un SANDJIAK, à un BEY. La création des JANISSAIRES avait eu pour but de remédier à la débilité de l'infanterie des TIMARS. La CAVALERIE nommée topackly, les CAVALIERS nommés zaims, begliers, appartenaient à la classe des Timariots. — Par opposition aux noms des Timariots, on donnait celui de rayas aux MUSULMANS non obligés au SERVICE FÉODAL. La tribu des rayas ou beledis avait de l'analogie avec les anciennes COMMUNES de FRANCE. Les rayas pouvaient s'enrôler pour former des CORPS DE MILICES COMMUNALES, ou se racheter du SERVICE par un tribut en argent ; mais ce RECRUTEMENT ne donnait que de misérables TROUPES aussi difficilement réunies que facilement dissipées. On peut sur ces questions consulter l'ENCYCLOPÉDIE (1751, C) et LACHESNAIE (1758, I).

TIMAUS. v. NOMS PROPRES.

TIMBALE, subs. fém. v. BAGUETTES DE T... v. ÉTUI DE T... v. FUT DE T... v. MANCHE DE T... v. PAIRE DE T... v. PEAU DE T... v. TABLIER DE T...

TIMBALE (timbales) (F), ou NACAIRES suivant VELLY, ou THYMBALE suivant FURETIÈRE, ou TYMBALE suivant LACHESNAIE (1758, I), ou TYMBALLE suivant BRANTOME (1600, A). Le mot Timbale signifiant INSTRUMENT DE PERCUSSION, serait celtique, si l'on en croit GÉBELIN, et viendrait de timbruit ; mais c'est bien douteux. Quelques ÉCRIVAINS pensent qu'il dérive du grec timpanon, mot qui désignait un TAMBOUR A UNE PEAU en forme de chaudron. HUET dérive l'expression du GREC tabala qui, suivant PLUTARQUE, désignait le TAMBOUR des PARTHES. Les mots ATTABALE, TABOURIN, TAMBOUR, Timbale, ont probablement une même racine, et des écrivains les ont employés comme synonymes. La Timbale, jouée ou blousée, isolée et non par PAIRE, et portée par des HOMMES DE PIED, est un INSTRUMENT DE MUSIQUE INDIEN, ou ORIENTAL, mais qu'on retrouve en bien d'autres contrées. La plupart des peuples antiques et des peuplades sauvages en ont connu l'usage. Les nègres en avaient dont le FUT était un tronc d'arbre creusé. Les Péruviens fabriquaient des Timbales en bois, et les nommaient, à ce que dit l'ENCYCLOPÉDIE (1751, C), teponatzle. Les Hottentots faisaient les leurs en terre à potier. Celles des Japonais étaient à manche, et avaient la forme d'une bouteille dont le fond serait en PEAU; on les tenait d'une main, on les frappait de l'autre. Ces Timbales participaient du jeu du TAMBOUR DE BASQUE; car presque nulle part, si ce n'est en ÉGYPTE, ou chez quelques hordes nègres, le TAMBOUR A DEUX PEAUX n'était usité. — Les Timbales des anciens se battaient à une seule BAGUETTE, si c'étaient des INSTRUMENTS à main; si elles étaient portées sur quadrupèdes, ou sur chariots, elles se battaient, soit à une main, soit à deux mains, soit à une, soit à deux BAGUETTES, ou pareilles ou inégales. — Quand des peuples ont formé entièrement en CAVALERIE leurs ARMÉES, les Timbales portées sur CHEVAUX s'y sont employées par PAIRES. Ce double TAMBOUR DE CAVALERIE, ce TAMBOUR A UNE PEAU, ont été façonnés en airain. Les CROISADES en montrèrent aux chrétiens. Les SARRASINS en plaçaient d'énormes sur le dos d'un éléphant. Les MAURES les apportèrent en ESPAGNE. Les HONGROIS les firent connaître aux ALLEMANDS. Les envoyés de Ladislas, roi de HONGRIE, étant venus en 1457, en FRANCE, pour y demander au nom de leur maître la main de la fille de CHARLES SEPT, ils montrèrent à nos yeux les premières Timbales de cuivre, ornées de BANNETTES, qu'ils eussent vues à la SELLE d'un CHEVAL. — Le capucin Benoît, auteur d'une histoire de LORRAINE, rapporte qu'on n'y connaissait pas au milieu du quinzième siècle l'usage des Timbales, mais que les HONGROIS s'en servaient. — De ce qu'on avait vu en FRANCE sous CHARLES SEPT une PAIRE de Timbales, TURPIN (1783, O) induit que, sous ce règne, on en faisait usage en FRANCE, et que l'usage s'était perdu; mais c'est inexact. JUSTE LIPSE, mort en 1606, dit que déjà de son vivant les ALLEMANDS seulement s'en servaient à l'instar des AFRICAINS, et DANIEL (1721, A) affirme qu'il n'en fut fait usage dans la CAVALERIE de FRANCE, ni sous HENRI QUATRE, ni sous LOUIS TREIZE. — Il est généralement reçu que c'est dans le dix-septième siècle que la mode des Timbales de CAVALERIE s'est répandue dans l'EUROPE occidentale. — On voit à la Tour de LONDRES ce qu'on y appelle le TAMBOUR DE MARLBOROUGH; c'est un char portant une PAIRE DE TIMBALES d'une MUSIQUE de QUARTIER GÉNÉRAL. Les ANGLAIS avaient appris des ALLEMANDS l'usage de ces Timbales marchant en avant des GÉNÉRAUX D'ARMÉE. On en a la preuve dans le passage suivant. — BRANTOME (1600, A) dit en nous parlant de l'entrée de BORGIA à Chinon en 1498, qu'on usait alors, à la suite d'un grand seigneur, de TAMBOURS,

comme aujourd'hui font les grands seigneurs d'Allemagne et les généraux d'armée qui usent de leurs Tymballes quand ils marchent, comme fit le baron d'Orme par ostentation, mais mons de Guise les lui cassa. J'ai veu ce roy de Navarre père de notre roy (HENRI QUATRE) *en user de mesme lorsqu'il fut lieutenant général de Charle neuf, ce qu'il faisait beau voir à la guerre sonnant* (battant) *toujours devant lui.* De ce passage de BRANTOME, passage obscur comme presque tout ce qu'il a écrit, il y a à conjecturer, qu'au lieu de Timbales les GÉNÉRAUX D'ARMÉE de FRANCE ne se faisaient précéder que de TAMBOURS. — Les premières Timbales françaises furent prises sur l'ENNEMI dans les guerres de Louis quatorze contre les ALLEMANDS; les RÉGIMENTS qui s'en emparèrent eurent autorisation spéciale de les conserver en souvenir de leur victoire; de là vint l'usage de regarder les Timbales comme des INSIGNES qu'il était déshonorant de se laisser enlever dans un COMBAT. On n'était pas moins sensible à leur perte qu'à celle de l'ÉTENDARD. — MÉNAGE, au mot *Nacaire*), rapporte qu'originairement il ne fut permis à la CAVALERIE FRANÇAISE d'avoir d'autres Timbales que celles enlevées à l'ENNEMI; il en fut ensuite donné à la CAVALERIE DE LA MAISON, sauf aux mousquetaires qui avaient des TAMBOURS; finalement toute la GROSSE CAVALERIE, sauf les DRAGONS qui avaient aussi des tambours, en fut pourvue. — Les TROUPES LÉGÈRES n'en avaient pas; toutefois la LÉGION DE SAXE en avait attaché à sa MUSIQUE TURQUE. — Les Timbales françaises étaient des chaudrons en cuivre rouge, fermés d'une PEAU DE BOUC ou de chèvre. — Les PAIRES de Timbales modernes s'appelaient TIMBALES D'HARMONIE, parce qu'elles sonnaient à la quarte; elles étaient la basse des TROMPETTES. Des CORPS D'ÉLITE avaient des Timbales en argent; nous en avons vu des prussiennes qui étaient de ce métal. L'ORDONNANCE DE 1767 (25 AVRIL) traitait des Timbales françaises; elles furent supprimées par les ORDONNANCES D'UNIFORME DE 1775 et DE 1776 (25 MARS), sauf dans les GARDES DU CORPS; les GENDARMES, les CHEVAUX LÉGERS de la GARDE, la GENDARMERIE, les CARABINIERS, plusieurs RÉGIMENTS de GROSSE CAVALERIE ne conservèrent pas moins les leurs, car aucunes mesures gouvernementales n'ont été moins obéies que celles qui avaient trait aux MUSIQUES DE CORPS. — Les deux Timbales étaient assemblées par une courroie qui passait dans deux anneaux attachés l'un devant l'autre derrière le pommeau de la SELLE DU TIMBALIER. — La PEAU était retenue au moyen d'un cercle de fer et de plusieurs écrous qu'on vissait ou dévissait à l'aide d'une clef. — Dans les mauvais temps, on tenait recouvertes les Timbales dans un ÉTUI en cuir noir de vache. Leurs BAGUETTES, longues de huit à neuf pouces, étaient de buis ou de cormier, terminées par une rosette de la grandeur et de la forme d'un écu : il y en avait qu'un tampon garnissait. — Le TIMBALIER, en présence de l'ENNEMI, se tenait à une des AILES de l'ESCADRON. Chaque Timbale était garnie d'un TABLIER de damas ou de satin, portant en broderies les armes du COLONEL. — On lit dans le *Dictionnaire de la Conversation*, qu'au temps du consulat et de l'empire, quelques RÉGIMENTS français de CAVALERIE LÉGÈRE s'étaient donné des Timbales; c'est possible, quoique autrefois il n'y eût en général que de la GROSSE CAVALERIE qui eût des Timbales; mais, dans ce cas, c'était l'effet d'un caprice et d'une tolérance, non la conséquence d'une disposition légale. La CAVALERIE de la GARDE CONSULAIRE et de la GARDE IMPÉRIALE avait des Timbales, et pour TIMBALIERS de jeunes garçons vêtus avec un luxe des plus recherchés. Quand le général Lannes commandait la GARDE CONSULAIRE, les GRENADIERS A CHEVAL avaient un TIMBALIER dont le costume, le TABLIER brodé et doré, le HARNACHEMENT, avaient coûté vingt-quatre mille francs. Cette somme sonna longtemps bien mal aux oreilles du premier consul. — Les TIMBALIERS de la GARDE IMPÉRIALE étaient flanqués de deux cavaliers qui menaient en lesse la monture que l'enfant aurait été hors d'état de diriger. — C'était une grande dépense d'hommes et de choses que TROIS CHEVAUX et deux vieux soldats pour faire *bouillir le chaudron*, comme disait ironiquement le soldat, faisant par là allusion au bruissement monotone et à peine entendu de la PAIRE DE TIMBALES accompagnant les FANFARES. — Autrefois, au contraire, les TIMBALIERS étaient pris parmi les hommes d'une valeur éprouvée, à cause de l'importance qu'on attachait à la conservation des Timbales. — Les AUTEURS dans lesquels quelques renseignements touchant ces sujets peuvent être recherchés sont : AUDOUIN (t. I, p. 116; t. IV, p. 454), BRANTOME (1600, A), CARRÉ (1785, E, p. 479, 575, etc.), M. le colonel CARRION (1824, A, t. I, p. 417), COTTY (1822, A), DANIEL (1721, t. I, p. 535, etc.), DESPAGNAC (1751, D, t. I, p. 251), ENCYCLOPÉDIE (1751, C), FURETIÈRE, GASSENDI, GÉBELIN, GUIGNARD (1725, B, t. II, p. 27), HUFT, JABRO (1777, G), JUSTE LIPSE (1596, A), LACHESNAIE (1758, I, t. III, p. 505; id., au mot *Instrument*), LECOUTURIER (1825, A), MAIZEROY (1771, A, t. II, p. 120), MANESSON (1685,

B, t. III, p. 98), MÉNAGE (au mot *Nacaire*), MONCHABLON (au mot *Anacara*), PLUTARQUE, POTIER (1775, X), TURPIN (1785, O, t. II p. 4 et 368), VELLY (en 1249), le *Dictionnaire des arts et métiers de l'Encyclopédie méthodique* (t. IV, au mot *Tymbale*), le *Dictionnaire de la Conversation*.

TIMBALE A MANCHE. V. A MANCHE. V. TIMBALE.

TIMBALE d'HARMONIE. V. HARMONIE. V. TIMBALE.

TIMBALIER, subs. masc. V. CASAQUE D'ARMES. V. COMPOSITION. V. GARDE IMPÉRIALE Nº 2. V. SELLE DE TIMBALIER. V. TABLIER DE TIMBALE. V. TIMBALE. V. TROMPETTE IDIOPLIQUE.

TIMBRE, subs. masc. V. A TIMBRE. V. CERCLE DE TIMBRE. V. CORDE DE TIMBRE. V. GRAND CERCLE DE TIMBRE. V. PEAU DE TIMBRE.

TIMBRE (F), ou TYMBRE. Mot qui a la même étymologie que les mots TAMBOUR et TYMPAN; il en a été synonyme, mais il a eu ensuite des acceptions bien différentes. — Guillaume de LORRIS prend comme synonymes Tymbre et TAMBOUR DE BASQUE. — Pendant des siècles ce qu'on appelait TAMBOUR INSTRUMENT A PEAU, TYMBRE, avait forme, non d'un cylindre, mais d'un chaudron, d'une ATTABALE; voilà pourquoi, par comparaison à la forme d'un TAMBOUR, d'un TYMPAN de cette sorte, on a appelé Timbre une CALOTTE DE FER, un *Casque*. FURETIÈRE le témoigne au mot casque. On a pris Timbre et tête dans le même sens; de là l'expression : être timbré, avoir la tête dérangée, le CASQUE FÊLÉ. Quand le CASQUE n'était qu'une simple CALOTTE il s'est appelé Timbre; quand le CASQUE, devenu ARME, ARMET, HEAUME, s'est compliqué de quantité d'autres pièces, on n'a plus appelé Timbre que la partie qui répond au crâne; de là, en langage héraldique, casque Timbre d'armoiries. — Le Timbre, pris dans le sens de CASQUE, était la principale des ARMES OU ARMOIRIES; on a admis sous une acception analogue Timbre et ARMOIRIES; de là l'expression Timbre d'empreinte, Timbre sec, Timbre de certificat. Les horloges ont une espèce de CALOTTE métallique, qu'à raison de cette forme on a appelée Timbre, il rend des sons déterminés; voilà pourquoi Timbre s'est pris dans le sens de sonorité, voilà pourquoi on dit que les TAMBOURS à une PEAU, que les ATTABALES n'ont pas de Timbre; voilà pourquoi les INSTRUMENTS à deux PEAUX ont une PEAU DE TIMBRE, une CORDE DE TIMBRE ou de sonorité. — On peut consulter sur ces questions : CARRÉ (1785, E, p. 401), COTTY (1822), FURETIÈRE, LACHESNAIE (1758, I, au mot *Caisse*), Guillaume de LORRIS, le *Dictionnaire des arts et métiers*.

TIMBRE de casque. V. ARMET. V. CASQUE. V. CASQUE DE CUIR. V. CIMIER. V. CRÊTE DE CASQUE. V. HEAUME. V. MORION. V. PANACHE.

TIMON, subs. masc. V. AFFUT.

TIR, subs. masc. V. AMPLITUDE DE T... V. BLANC DE T... V. BUT DE T... V. COLLET DE T... V. HAUSSE DE T... V. LIGNE DE T...

TIR { D'ARTILLERIE. / D'INFANTERIE. } TIR { A RICOCHET. / A TOUTE VOLÉE. / DE BUT EN BLANC. }

TIR (term. génér.), ou TIRER (subs.) comme on disait dans le dernier siècle. Le mot Tir est d'un usage peu ancien ; son étymologie n'exige pas d'explication linguistiquement, mais il en veut une historiquement. — Tant que les MACHINES NÉVROBALISTIQUES ont été les ARMES en usage, on les TIRAIT, on les DÉCLIQUAIT, c'est-à-dire, que pour les faire jouer, pour les EXÉCUTER, on en mettait en mouvement les engrenages, les RESSORTS, à l'aide d'une corde ou d'une bascule. — Les ARMES A MÈCHE ont succédé aux ARCS, AUX ARMES DE DÉCLIC. Il n'y avait rien à tirer pour y METTRE LE FEU ; mais le mot TIRER, quoique impropre, se maintint dans notre LANGUE, et le substantif Tir est actuellement admis, tout inexact qu'il soit, s'il s'agit d'ARMES qui PARTENT sans le secours d'une PLATINE A PIERRE OU A PERCUSSION. — Le verbe et le substantif tirer seraient, suivant Gé-BELIN, tout CELTIQUES. Peu de traités du dernier siècle emploient le terme Tir. Il donne idée du jeu et de l'effet des ARMES A FEU OU A VAPEUR, ou de DÉCLIC ; il exprime ainsi une combinaison de BALISTIQUE qui va nous occuper, surtout comme TIR D'ARME A FEU. *Ballesteria* est le nom que les Espagnols lui donnent. Une des premières lois du Tir est l'estime de la distance ; c'est un savoir que donne l'expérience seule. — Le Tir est direct, s'il part de BUT EN BLANC : il est COURBE, s'il s'accomplit sous un angle élevé ; il est à découvert ou par CRÉNEAUX. Le mot Tir se distinguera ici en TIR A BOULET ROUGE, — A CAPSULE, — A DEUX FEUX, — A FEU VERTICAL, — A LA CIBLE, — A MITRAILLE, — A PLEIN FOUET, — A TRAJECTOIRES ÉLEVÉES, — A UN FEU ASCENDANT, — COURBE, — D'AR-BALÈTE, — D'ARC, — D'ARME A FEU, — D'AR-QUEBUSE, — D'ARTILLERIE, — DE BALISTE, — DE BOMBE, — DE BOUCHE A FEU, — DE BRI-COLE, — DE CANON, — DE CARABINE, — DE CATAPULTE, — DE FLANC, — DE FLÈCHE, — DE FUSÉE, — DE FUSIL, — DE GRENADE, — DE JOUR, — DE MORTIER, — DE NUIT, — DE PIÈCE DE CANON, — DE PIED FERME, — DE PIERRIER, — DE PLEIN FOUET, — DE PROJECTILES, — D'INFANTERIE, — DIRECT, — D'OBUSIER, EN ARCADE, — EN BRÈCHE, — FICHANT, — HORIZONTAL, — INCENDIAIRE, — INCLINÉ, — OBLIQUE, — PERPENDICULAIRE, — PARABOLIQUE, RASANT.

TIR A BOULET ROUGE. V. A BOULET ROUGE. V. BOUCHE A FEU. V. BOULET ROUGE. V. TIR D'ARTILLERIE.

TIR A CAPSULE. V. A CAPSULE. V. ARME A FEU PORTATIVE. V. MILICE AUTRICHIENNE N° 7. V. POUDRE FULMINANTE. V. TIR D'INFANTERIE.

TIR A DEUX FEUX. V. A DEUX FEUX. V. MORTIER. V. TIR D'ARTILLERIE.

TIR A FEU VERTICAL. V. A FEU VERTICAL. V. TIR A TOUTE VOLÉE.

TIR A LA CIBLE. V. A LA CIBLE. V. CAR-TOUCHE DE CIBLE. V. CIBLE. V. FEU D'INFANTE-RIE.

TIR A MITRAILLE. V. A MITRAILLE. V. MI-TRAILLE. V. SIÉGE DÉFENSIF. V. TIR D'ARTILLE-RIE.

TIR A PLEIN FOUET. V. A PLEIN FOUET. V. BATTERIE DE PLEIN FOUET. V. TIR A RICOCHET. V. TIR D'ARTILLERIE. V. TIR DE BUT EN BLANC.

TIR A RICOCHETS (G, 2). Sorte de TIR D'AR-TILLERIE qui a été expliqué aux articles BATTERIE A RICOCHETS, BOULET EN MÉTAL, RICO-CHET. Il se prend par opposition à TIR A TOUTE VOLÉE et à TIR A PLEIN FOUET OU DE PLEIN FOUET, OU DE BUT EN BLANC, parce que ce dernier, EXÉCUTÉ à plus forte CHARGE que le RICOCHET, est FICHANT, ou ne touche qu'un point, ou du moins tend à aller directement frapper le BUT. — L'invention des OBUSIERS et des FUSÉES DE GUERRE a rendu doublement efficace ce Tir. — Des ASSIÉGEANTS se servent du Tir à ricochets pour PRENDRE EN FLANC des DÉFENSEURS et leurs BATTERIES, ce qui souvent rend un POSTE intenable. — Il a été traité du Tir à ricochets par M. AU-GOYAT, par M. OTTO, et par tous les ÉCRIVAINS qui se sont occupés du RICOCHET.

TIR A TOUTE VOLÉE (G, 2), ou TIR EN AR-CADE (*arcata*), comme disent les ITALIENS, ou TIR A FEU VERTICAL, comme on l'a impro-prement appelé, ou feu A TRAJECTOIRES ÉLE-VÉES. Sorte de TIR D'ARTILLERIE dont le coup parabolique atteint le maximum ou l'AMPLI-TUDE de la PORTÉE. Il a lieu à forte charge et se prend par opposition au tir de BUT EN BLANC et au TIR A RICOCHETS. Le Tir à toute volée suppose ordinairement la PIÈCE dis-posée de manière que sur son AFFUT elle forme avec l'horizon un angle de quarante-cinq degrés, ce qui est bien différent de sa disposition, s'il s'agit du TIR DE BUT EN BLANC. — Dans quelques cas rares, on use du Tir à toute volée contre les PLACES qui, à raison de leur situation ou de la nature de leurs

OUVRAGES, n'auraient rien à redouter du TIR A RICOCHETS OU DU TIR DE PLEIN FOUET. — Il a été traité du Tir à toute volée dans GASSENDI (1819, p. 960) et dans LACHESNAIE (1758, 1, aux mots *Portée de pièces* et *Volée*).

TIR A TRAJECTOIRES ÉLEVÉES. V. A TRAJECTOIRE ÉLEVÉE. V. TIR A TOUTE VOLÉE.

TIR A UN FEU. V. A UN FEU. V. MORTIER. V. TIR D'ARTILLERIE.

TIR ASCENDANT. V. ASCENDANT, adj. V. CARTOUCHE A FUSIL.

TIR COURBE. V. A TIR COURBE. V. ARME A TIR COURBE. V. ARME DE JET. V. ARME NÉVROBALISTIQUE. V. BALISTE. V. BALLE A FEU. V. BOMBE. V. BOUCHE A FEU A TIR COURBE. V. BUT EN BLANC. V. CANON D'ARTILLERIE. V. CATAPULTE. V. COUP PERDU. V. MORTIER. V. OFFICIER D'ARTILLERIE N° 6. V. PIÈCE D'ARTILLERIE. V. TIR. V. TIR D'ARTILLERIE. V. TIR DE BUT EN BLANC.

TIR d'ARBALÈTE. V. ARBALÈTE. V. FRONTEAU D'ARBALÈTE. V. MILICE ANGLAISE N° 7.

TIR d'ARC. V. ARC. V. GUERRE DE SIÈGE. V. PAPEGAI.

TIR d'ARME A FEU. V. ARME A FEU. V. COUP PERDU. V. ESPINGOLE. V. LIGNE DE TIR. V. ORDRE PROFOND. V. PORTÉE D'ARME A FEU. V. POUDRE FULMINANTE. V. TIR.

TIR d'ARQUEBUSE. V. ARQUEBUSE. V. PAPEGAI.

TIR d'ARTILLERIE (term. sous-génér.), OU FEU D'ARTILLERIE. Sorte de TIR considéré surtout par opposition au TIR D'INFANTERIE et comme embrassant CANONS, FUSÉES DE GUERRE, FUSILS DE REMPART, OBUSIERS, MORTIERS, PIERRIERS. — Suivant les temps ou le genre d'armes, ce Tir a été COURBE OU DIRECT. Il a été exécuté à BOULETS EN PIERRES avant de l'être EN PLOMB ou autre MÉTAL. Il a été A UN OU A DEUX FEUX. Ce dernier lançait les projectiles du genre de la BOMBE; l'autre, que M. DECKER appelle HORIZONTAL, lançait les balles, les boulets, la MITRAILLE. — On appelle TIR INCENDIAIRE, le TIR DU MORTIER et le TIR A BOULETS ROUGES. — Le TIR des PIÈCES DE CANON diffère suivant qu'il est perpendiculaire, ou par ENFILADE, OU FEU DE REVERS, suivant qu'il est dirigé à l'aide de la HAUSSE ou sans elle. Le premier est surtout DE PLEIN FOUET OU A PLEIN FOUET, l'autre est A RICOCHETS ou parabolique. — Le Tir est ou en plein champ, ou protégé par des BARBETTES, par des CRÉNEAUX, et exécuté à travers des EMBRASURES. — Le TIR EN BRÈCHE est expliqué dans le *Spectateur militaire*, t. XXI, p. 240. — Il a été traité du Tir d'artillerie dans les ouvrages de ALLINGHAM, An-

dreossi, BOURN, COSTE, COTTY (1822, A), M. DECKER, DOORMANN, M. FRANCŒUR (au mot *Bouche à feu*), GASSENDI (1819, p. 860), LACHESNAIE (1758, 1, au mot *Volée*), LAISNÉ, M. LEGRAND (1837, A, au mot *Plein fouet*), LOMBARD, MARZAGLIA, SCHARNHORST (1790, E), SIONVILLE (1756, t. III, p. 53), le *Journal des Sciences militaires* (1826, t. III, p. 96; 1835, p. 298; 1836, p. 175, p. 257, p. 362; 1837, p. 40), le *Spectateur militaire* (t. XXI, p. 50, p. 240; t. XXIV, p. 57, 305). — Le Tir d'artillerie se distingue en TIR A RICOCHETS, A TOUTE VOLÉE, DE BUT EN BLANC.

TIR de BALISTE. V. BALISTE.

TIR de BOMBE. V. BOMBE. V. TIR D'ARTILLERIE.

TIR DE BOUCHE A FEU. V. AFFUT. V. BOUCHE A FEU. V. BOUCHE A FEU A TIR DIRECT.

TIR de BRICOLE. V. BRICOLE. V. BRICOLE BALISTIQUE. V. RICOCHET.

TIR de BUT EN BLANC (G, 2, 6), OU TIR A PLEIN FOUET, OU DE PLEIN FOUET. Sorte de TIR D'ARTILLERIE, suivant COTTY; mais d'autres ÉCRIVAINS appliquent également au FEU D'INFANTERIE le Tir de BUT EN BLANC. Nous nous sommes suffisamment étendu sur ce genre de feu, en traitant du BUT EN BLANC des ARMES A FEU; mais il y a des ARMES non à feu, OU NÉVROBALISTIQUES, OU A VAPEUR, qui seraient également susceptibles d'être TIRÉES, OU non, de BUT EN BLANC. — Le Tir de BUT EN BLANC a lieu en faisant parcourir au PROJECTILE la LIGNE la moins courbe, la plus courte; il est l'opposé du TIR A TOUTE VOLÉE OU du TIR A RICOCHETS. Il a lieu sous ALIDADE, sans HAUSSE. — Par opposition au TIR COURBE, on appelle TIR DIRECT celui qui est de BUT EN BLANC; mais il y a à remarquer qu'il n'y a pas de Tir qui soit absolument DIRECT; celui qu'on appelle ainsi est seulement le moins PARABOLIQUE possible. — Ce qu'on appelle en POLIORCÉTIQUE, LIGNE DE DÉFENSE, répond au minimum du Tir de but en blanc.

TIR de CANON. V. CANON. V. CANON D'ARTILLERIE. V. TIR D'ARTILLERIE.

TIR de CARABINE. V. CARABINE. V. MILICE PIÉMONTAISE N° 6.

TIR de CATAPULTE. V. CATAPULTE.

TIR de FLANC. V. FLANC. V. PARAPET. V. TIR A RICOCHET.

TIR de FLÈCHE. V. COLLET DE TIR. V. FLÈCHE. V. FLÈCHE PROJECTILE. V. PANON. V. PAPEGAI. V. SIÈGE DÉFENSIF. V. TACTIQUE, subs.

TIR de FUSÉE. V. AFFUT DE FUSÉES. V. FUSÉE. V. FUSÉE DE GRAND ÉCHANTILLON. V.

FUSÉE DE GUERRE. V. MILICE DANOISE N° 5, 6. V. MILICE SAXONNE N° 4. V. RAQUETIER.

TIR de FUSIL. V. BALLE INCENDIAIRE. V. ESCOPETTE. V. FUSIL. V. FUSIL A SOUFFLET. V. FUSIL DE REMPART. V. FUSIL D'INFANTERIE. V. FUSIL KOPTIPTEUR. V GARNITURE DE FUSIL. V. ORDRE PROFOND. V. TIR D'INFANTERIE.

TIR de GRENADE. V GÉNIE IDIOLIQUE N° 5. V. GRENADE. V. GRENADE A MAIN. V. RÉGIMENT DU GÉNIE.

TIR de JOUR. V. JOUR. V. TIR D'INFANTERIE.

TIR de MORTIER. V. MORTIER. V. TIR D'ARTILLERIE.

TIR de NUIT. V. CARABINE. V. DÉFENSE DE CHEMIN COUVERT. V. NUIT. V. POT A FEU. V. TIR D'INFANTERIE.

TIR de PIÈCE DE CANON. V. CANON D'ARTILLERIE. V. FUSÉE D'AMORCE. V. INFANTERIE FRANÇAISE N° 7. V. LANCE A FEU. V. OFFICIER D'ARTILLERIE N° 6. V. PIÈCE DE CANON. V. TIR D'ARTILLERIE.

TIR de PIED FERME. V. PIED FERME. V. TIR D'INFANTERIE.

TIR de PIERRIER. V. PIERRE PROJECTILE. V. PIERRIER.

TIR de PLEIN FOUET. V. BUT EN BLANC. V. PLEIN FOUET. V. TIR A RICOCHETS. V. TIR A TOUTE VOLÉE. V. TIR D'ARTILLERIE. V. TIR DE BUT EN BLANC.

TIR de PROJECTILES. V. ARBALÈTE. V. BALISTE. V. ESCOPETTE. V. PAPEGAI. V. PROJECTILE.

TIR d'INFANTERIE (term. sous-génér.), OU FEU D'INFANTERIE, OU MOUSQUETERIE, OU TIR DE FUSIL DE MUNITION. Sorte de Tir pris surtout par opposition au TIR D'ARTILLERIE. Il y aura peu à s'étendre ici à cet égard, parce que l'article FEU D'INFANTERIE développe suffisamment le sujet. — Le Tir du FUSIL DE REMPART ne regardant qu'extraordinairement l'INFANTERIE, ne sera mentionné que pour mémoire. — Le Tir d'infanterie est une question de BALISTIQUE qui concerne plutôt l'ATTAQUE et la DÉFENSE des PLACES; le feu d'INFANTERIE ressortit plutôt à la TACTIQUE et aux EXERCICES. — Le feu d'infanterie est ou DIRECT, ou OBLIQUE, ou EN MARCHANT. — Le Tir d'INFANTERIE est ou DE JOUR, OU DE NUIT, MAIS DE PIED FERME. — Le FEU D'INFANTERIE peut n'être pas AJUSTÉ; le Tir d'infanterie l'est toujours, la CIBLE est son étude. La science du Tir contient deux problèmes : la longueur de la PORTÉE et la justesse en VISANT; malheureusement l'une de ces qualités ne s'obtient qu'aux dépens de l'autre. Le Tir au PAPEGAI, ou le BERSAULT, autrefois d'un usage si commun, était L'EXERCICE DE L'INFANTERIE DES COMMUNES. —

Dès le temps de MACHIAVEL (1510, A) des PRIX étaient décernés déjà dans toutes les villes d'ALLEMAGNE aux meilleurs TIREURS, et cependant on AJUSTAIT sans ÉPAULER, ce qui semble de nos jours impossible. On voit dans LACHESNAIE (1758, I, au mot *Décharge de fusil*, il aurait dû dire décharge de MOUSQUET) qu'au lieu d'ÉPAULER, on POITRINAIT; de là l'ancien nom du PÉTRINAL. — La science du Tir commençait à être l'objet de quelques enseignements dans le RÈGLEMENT D'EXERCICE DE 1776 (1er JUIN). L'INSTRUCTION DE 1822 (30 MARS) et le RÈGLEMENT DE 1826 (24 SEPTEMBRE) s'étendaient davantage sur les règles du Tir. — Toutefois en 1840 cette partie de l'ART MILITAIRE n'était pas en FRANCE l'une des plus avancées; quantité de causes s'y opposaient, savoir: le peu d'attention que mettaient les INSTRUCTEURS à faire pencher la tête du SOLDAT pour VISER en fermant l'œil gauche; le peu de CARTOUCHES délivrées pour le TIR A LA CIBLE; la répugnance que met le SOLDAT à ÉPAULER un FUSIL dont la CROSSE lui meurtrit la lèvre, ou lui occasionne par ses RECULS des douleurs insupportables; l'appréhension du crachement du FUSIL du voisin; la dose trop forte de la POUDRE des CARTOUCHES; (aussi en jette-t-on volontairement à terre une partie; de là des coups mous et sans effets, parce qu'il n'y a plus assez de POUDRE dans le CANON); le spectacle du saignement de nez qui se renouvelle à tous les EXERCICES DU TIR A LA CIBLE. On dit vulgairement que le FUSIL relève; d'où vient cette opinion? de ce que le TIREUR n'approchant pas la tête de la CROSSE en reculant le corps, s'abuse sur la direction du POINT DE MIRE et vise vingt pieds trop haut. Quelquefois le reflet du CANON concourt à cette inexactitude; aussi mieux vaudrait avoir des CANONS BRONZÉS, comme les avait l'INFANTERIE ANGLAISE. — Dans les FEUX qui s'exécutent, non A VOLONTÉ, mais à commandements, et qu'on appelle FEUX D'ENSEMBLE, le besoin, sous peine d'être puni, la vaine gloriole de TIRER simultanément, la crainte de DÉCHIRER LA TOILE, obligent les TIREURS à un mouvement brusque, dur, qui, si le CANON est bien placé, en dérange la direction. Dans les FEUX A VOLONTÉ, les TIREURS qui ont quelque habileté et qui sont doués d'une bravoure calme, n'étant pas astreints à l'instantanéité de l'explosion, n'appuient sur la détente que par un mouvement étudié et sûr; mais si de loin l'habitude n'en est contractée à l'avance, si les SOLDATS se sont laissé persuader que l'importance est de TIRER vite, s'ils éprouvent cette agitation nerveuse que donne la présence de l'ennemi, que le bruit, le danger causent aux plus vaillants, ils négligent soit une de ces précautions, soit plusieurs ou toutes, le COUP est manqué. — Ainsi l'inexpérience ou la mauvaise éducation des TIREURS viennent se joindre à tant d'autres causes d'inexactitude, telles que l'inégalité de poids des charges, l'inégalité de force de RECUL entre des FUSILS pareils, l'insertion plus ou moins juste de la BALLE, l'état de l'atmosphère, la qualité de la POUDRE, la chaleur, l'encuirassement du CANON. — Le TIR A LA CIBLE, à 150 ou 200 pas, sur un terrain uni, dans une disposition tranquille d'esprit, avec un FUSIL que l'on connaît, ne donne pas sur vingt COUPS un COUP qui réussisse. Sur un TERRAIN DE GUERRE il n'est pas sur cent COUPS un COUP qui porte ; c'est la plus irrécusable preuve de la nullité du savoir en fait de tir. — En 1828 et 1829, la MILICE HANOVRIENNE se livrait, dans ses CAMPS D'INSTRUCTION, à des recherches assidues sur la manière d'employer à la guerre les FUSILS A PISTON. Il résultait de ses expériences que les CAPSULES DE POUDRE FULMINANTE étaient préférables aux BOULETTES ; que la huitième partie d'une once de POUDRE, l'AMORCE FULMINANTE non comprise, suffit à la confection des CARTOUCHES DE CIBLE ; que cette CHARGE projette la BALLE à 550 pas. Le Tir de ce FUSIL a eu lieu par une pluie continuelle, sans qu'il en soit résulté de LONGS FEUX ni de RATÉS. On poussa l'expérience jusqu'à verser de l'eau sur les PLATINES armées et prêtes à tirer, ce qui n'empêcha point le COUP de PARTIR. On a même éprouvé qu'au moyen du rebord tranchant de la CAPSULE, qui permet de la saisir commodément, on peut tirer, sans perdre de temps, dans l'obscurité même de la nuit. Des RATÉS qui provinrent après plus de 30 COUPS de suite, résultèrent peut-être de ce que le trou de la LUMIÈRE s'était encrassé, ou de ce que quelques fractions de cuivre s'y étaient insinuées. — En temps de pluie le nombre des RATÉS ne fut que dans la proportion d'un et un quart sur mille. — La *Gazette de Darmstadt*, en rendant un compte détaillé des expériences qui se faisaient vers ces époques en ALLEMAGNE, ne doutait pas que les réunions ultérieures des CAMPS D'INSTRUCTION ne décidassent de l'adoption des AMORCES FULMINANTES et des PLATINES A PERCUSSION. — La MILICE AUTRICHIENNE s'occupait assidûment aussi du TIR A CAPSULE. — Depuis 1828 la MILICE RUSSE s'y livrait avec ardeur. — La justesse du Tir est un des grands objets des EXERCICES de l'INFANTERIE ANGLAISE ; elle use bien plus de POUDRE à la CIBLE qu'aux FEUX DE PELOTON ou de BATAILLON. On regarde en ANGLETERRE la per-

fection de ces FEUX comme la charlatanerie de la guerre, et comme badauds ceux qui les admirent. — Les PRUSSIENS étaient parvenus, avec le fusil qu'ils prenaient à peine le soin de BOURRER, à donner à la minute quatre, cinq et même six COUPS, si l'on en croit PUYSÉGUR (1748, C), mais on a reconnu le peu d'effet de cette précipitation. L'ORDONNANCE FRANÇAISE DE 1831 (4 MARS) évaluait à trois à la minute les COUPS possibles ; mais le FUSIL KOPTIPTEUR tirerait soixante coups à la minute, si ce n'est que l'échauffement du CANON rendrait impossible cette quantité, et des ARMES A VAPEUR, sans avoir l'inconvénient de cet échauffement, jetteraient à la minute sept ou huit cents BALLES. A Lucerne, en SUISSE, le Tir est pour ainsi dire une passion ; on a vu s'y réunir jusqu'à dix mille TIREURS qui viennent disputer le PRIX ; l'adresse de la plupart est telle, qu'à quatre cents pas, maximum de la portée du FUSIL, ils mettent une BALLE dans un chapeau. — Le *Bulletin des Sciences militaires* (mars 1830, p. 178) rendait compte d'une invention HANOVRIENNE consistant en une machine à viser, mais l'explication que ce journal en donnait était compliquée et difficile à saisir. — On a constaté par des épreuves qu'une BALLE de trente-six au kilogramme, comparée à une de quarante au kilogramme, avait sur cette dernière une supériorité de justesse égale au rapport qu'il y a de 36 à 89. — Moins une balle a de vent, plus le Tir est juste ; aussi les BALLES D'ÉPREUVE n'ont-elles presque pas de vent. — Les BALLES de CARABINE et celles du FUSIL DELVIGNE n'en ont pas du tout. — On lit dans le *Spectateur militaire* (t. XXIV, p. 629) : « A 150 mètres la petite carabine (la CARABINE DELVIGNE) met dans le but (la CIBLE) un tiers de balles de plus que le FUSIL ordinaire ; à 200 mètres, deux fois plus de BALLES que le FUSIL ; à 250 pas, six fois plus ; à 300 pas, dix-sept fois plus ; à 400 pas il n'y a que la carabine Delvigne qui atteigne le but. » — M. le général ROGNIAT (*Journal des Sciences militaires*, 1827) donnait sur la LIGNE DU TIR de l'INFANTERIE les proportions que voici :

PORTÉE HORIZONTALE DU FUSIL.	ABAISSEMENT DE LA BALLE.
mètres.	mètres.
70	0 11
100	0 24
110	0 43
120	0 54
130	0 68
140	0 76
150	0 81

PORTÉE HORIZONTALE DU FUSIL.	ABAISSEMENT DE LA BALLE.
mètres.	mètres.
160	1 06
170	1 25
200	1 51
230	2 21
250	2 80
300	4 82
400	12 33

— Une décision de 1825 (7 janvier) accorde un prix de cinq mille francs pour la découverte de la substance, étoffe ou matière offrant le plus de résistance au Tir du fusil. Des réflexions sur ce sujet, et le projet détaillé d'une école de Tir pour l'infanterie, se trouvent dans le *Spectateur militaire* (t. xii, p. 426). Les lois du Tir des petites armes à feu, la marche de leurs trajectoires, la mesure de leurs portées, se trouvent indiquées ou discutées dans les auteurs que voici : Bardin (1807, D ; 1809, B; 1814, E), Bohan (1781, H, t. ii, p. 115), Bombelles (1754, D, t. i, p. 41 ; t. ii, p. 53), Carré (1785, E, p. 179), Cotty (1822, A, p. 466; id., au mot *Balle*), M. Delvigne (1836, C, D), Deville (1674, p. 8), Duane (1810, E), Encyclopédie (1751, C, au mot *Fusil*, p. 594, au mot *Mousqueterie*, au mot *Tirer*), Encyclopédie (1785, C, 1er vol., p. 269; 2e vol., p. 546, suppl., p. 154, 157, 178), Espinar, Furetière, Guibert (1773, E, t. i, p. 225), Lachesnaie (1758, J, t. iii, p. 466), Lecouturier (1825, A), Legrand (1837, A), Mauvillon (1788, A), Mersenne, Metz (1806, E), Mirabeau (1788, C, p. 92), Puységur (1748, C), Rogniat (1827), Silva (1768, p. 65, 73), Traverse (1758, D, 2e partie, p. 18), Vanstruben, le *Journal de l'académie militaire de Suède* (1851), la *Sentinelle de l'Armée*, (t. iv, p. 244), le *Spectateur militaire* (t. xiii, p. 438, 448; t. xviii, p. 460; t. xxv, p. 272).

TIR DIRECT. V. ARME A TIR DIRECT. V. ARME DE JET. V. BALISTE. V. BOUCHE A FEU A TIR DIRECT. V. BUT EN BLANC. V. CANON D'ARTILLERIE. V. CATAPULTE. V. CIBLE. V. DIRECT. V. DIRECTRICE D'EMBRASURE. V. EUTYTONE. V. MORTIER. V. OFFICIER D'ARTILLERIE N° 6. V. PIÈCE D'ARTILLERIE. V. TIR D'ARTILLERIE. V. TIR DE BUT EN BLANC.

TIR D'OBUSIER. V. BORMANN. V. OBUS. V. OBUS OVOÏDE. V. OBUSIER. V. TIR D'ARTILLERIE.

TIR EN ARCADE. V. EN ARCADE. V. TIR A TOUTE VOLÉE.

TIR EN BRÈCHE. V. EN BRÈCHE. V. MILICE ANGLAISE N° 7. V. TIR D'ARTILLERIE.

TIR FICHANT. V. FEU PÉRIBOLOGIQUE. V. FEU FICHANT. V. FICHANT. V. TIR A RICOCHET.

TIR HORIZONTAL. V. BUT EN BLANC. V. HORIZONTAL. V. TIR D'ARTILLERIE.

TIR INCENDIAIRE. V. BALLE INCENDIAIRE. V. INCENDIAIRE. V. TIR D'ARTILLERIE.

TIR INCLINÉ. V. CIBLE. V. INCLINÉ, adj.

TIR OBLIQUE. V. DIRECTRICE D'EMBRASURE. V. FEU OBLIQUE. V. LIGNE A TENAILLE. V. OBLIQUE, adj. V. REDAN. V. REDOUTE DE CAMPAGNE. V. TIR D'INFANTERIE. V. TIR DE BUT EN BLANC.

TIR PARABOLIQUE. V. SIÉGE OFFENSIF. V. PARABOLIQUE.

TIR PERPENDICULAIRE. V. FORTIFICATION P... V. PERPENDICULAIRE.

TIR RASANT. V. FEU RASANT, V. RASANT.

TIRAGE (subs. masc.) à la milice (F). Le mot Tirage, dont le verbe tirer donne l'étymologie, rappelle la conscription française des temps anciens et le tirage au sort des temps modernes. — Argenvillers regarde l'usage du Tirage à la milice comme prenant naissance en 1691. M. le colonel Carrion (1824, A) se persuade que ce système de recrutement n'a commencé qu'en 1701, époque d'épuisement d'hommes ; en effet, une ordonnance de 1701 (26 janvier) prescrit l'emploi du Tirage. Mais ces deux écrivains se trompent; car il n'y a pas à douter que l'infanterie communale, à défaut d'enrôlement volontaire, ne fût levée au moyen du tirage au sort, et il est historiquement constaté que telle était aussi la forme d'enrôlement des francs archers. — En plusieurs contrées les enfants trouvés du sexe masculin étant légalement déclarés naître soldats, ne concouraient pas au Tirage. La milice piémontaise et presque toutes les autres, si l'on en excepte les Anglais, étaient en partie un résultat du système du tirage au sort.

TIRAGE AU SORT. V. FRANC ARCHER. V. INFANTERIE COMMUNALE. V. MILICE PIÉMONTAISE N° 1. V. RECRUTEMENT. V. SORT. V. TIRAGE A LA MILICE.

TIRAGE DE POSTES. V. AUBETTE. V. BILLET DE SERVICE. V. POSTE. V. POSTE D'HOMMES EN GARNISON.

TIRAILLER, verbe neut. v. TIRER, verbe act. et neut. v. TIRAILLEUR.

TIRAILLERIE, subs. fém. v. CHARGE DE CAVALERIE. V. TIRAILLEUR. V. TIRER, verbe act.

TIRAILLEUR, subs. masc. v. A L'ORDRE AUX T... V. BAIONNETTE DE T... V. BATAILLON DE T... V. BATTERIE DE T... V. COMBAT DE T... V. ESCADRON DE T... V. ÉVOLUTION DE T... V.

FEU DE T... V. FUSÉE DE T... V. MANŒUVRE DE T... V. OFFICIER DE T... V. RÉGIMENT DE T... V. RÉSERVE DE T... V. RIDEAU DE T... V. SERGENT DE T... V. SERVICE DE T... V. SONNERIE DE T... V. TACTIQUE DE T...

4. **TIRAILLEUR** (tirailleurs) (A, 1; G, 6; H). Mot qui vient des verbes neutres TIRER, TIRAILLER; il a produit le mot TIRAILLERIE, très-peu usité, quoique mentionné dans le dictionnaire de l'ACADÉMIE. — On ne connaissait pas le nom de Tirailleur avant la GUERRE DE 1792, et jusque là, s'il faut en croire le général Foy, on employait rarement des SOLDATS à cette fonction. MAURICE DE SAXE (1757, A) et SILVA (1778, F) appelaient dédaigneusement TIRERIE, ce qu'on appellerait maintenant combat de Tirailleurs. Toutefois, les ARCHERS, les ARBALÉTRIERS, les ARQUEBUSIERS du MOYEN AGE n'avaient pas d'autres fonctions; les ESCARMOUCHEURS anciens, les ENFANTS PERDUS, les GRENADIERS, les MOUSQUETAIRES A PIED des avant-derniers siècles, les FLANQUEURS, les ÉCLAIREURS, les CHASSEURS A PIED du dernier siècle étaient, en réalité, des Tirailleurs, comme l'avaient été les PSILITES des PHALANGES, et les VÉLITES, les FRONDEURS ROMAINS. Ainsi le général Foy veut dire que c'est comme AGRÉGATIONS RÉGIMENTAIRES qu'on n'employait pas de Tirailleurs, car il en a été mis de tout temps en SERVICE comme AGRÉGATIONS TACTIQUES. — Les ITALIENS appelaient *berzagliare*, le Tirailleur, l'homme qui s'exerce au BERSAULT, au BLANC, qui BERSAUDE, comme on disait jadis; ils nommaient aussi *feritore*, l'homme qui TIRAILLE par une MEURTRIÈRE; ils appellent COURTINE (*cortina*) un RIDEAU DE TIRAILLEURS. — On appelait autrefois TROUPES LÉGÈRES ceux qu'on a pris l'habitude de nommer Tirailleurs. C'est en ce sens que FRÉDÉRIC DEUX disait qu'ils sont le flambeau de l'ARMÉE. — Pendant les premières CAMPAGNES de la GUERRE DE LA RÉVOLUTION, l'habitude dans l'armée française a été de demander des HOMMES DE BONNE VOLONTÉ pour aller TIRER éparpillés; telle fut l'origine de l'expression Tirailleur, qui n'était d'abord qu'un terme de TACTIQUE, et qui devint un peu plus tard un terme de COMPOSITION et la désignation d'un genre de TROUPE. — Les LÉGIONS BATAVES, BELGES, LIÉGEOISES, créés en 1792 et 1793, et supprimées par le DÉCRET DE L'AN DEUX (20 BRUMAIRE), se transformèrent, à Péronne, en de nombreux BATAILLONS DE TIRAILLEURS. A l'époque de la création des DEMI-BRIGADES, ces BATAILLONS furent incorporés dans l'INFANTERIE LÉGÈRE. La TIRAILLERIE, puisque l'ACADÉMIE se sert de ce mot, prit naissance quand une STRATÉGIE plus entreprenante suppléa l'inexpérience en TACTIQUE. — Dans les BATAILLES, les Tirailleurs couraient insulter les FLANCS de l'ENNEMI, en lui présentant un RIDEAU qui le trompait sur la force vraie des LIGNES et l'emplacement des PIÈCES EN BATTERIE; s'il s'agissait d'une ATTAQUE DE LIGNES, ils ENTAMAIENT L'ACTION pour faire user, sans fruit, les MUNITIONS du POSTE attaqué. Ils manœuvraient au SIGNAL donné par le SIFFLET de leurs OFFICIERS et de leurs SERGENTS. Depuis les progrès de l'ORDRE EN CARRÉ, la manière d'employer les Tirailleurs et de résister aux CHARGES fut perfectionnée en Egypte; les CARRÉS y étaient leur REFUGE. Des Tirailleurs attaqués en plaine par des HOMMES DE CHEVAL étaient dressés à s'adosser deux à deux pour continuer le COMBAT, ou, s'ils étaient en grand nombre, à se pelotonner, à former le rond pour fournir des feux divergents et un hérisson de BAIONNETTES. — Pour indiquer cette forme de MANŒUVRE par petits pelotonnements, le PRINCE DE HOHENLOHE emploie comme technique, dans le traité qu'il a publié, l'expression éparpiller. — Les qualités qu'on exigeait autrefois dans le choix des CHASSEURS A PIED étaient les mêmes qui constituaient les vrais Tirailleurs; ce devaient être des hommes intelligents, lestes, résolus, ne manquant pas à deux cents pas l'objet qu'ils visent. Leur rôle était de veiller à la sûreté des camps, d'ÉCLAIRER les MARCHES, de FLANQUER les LIGNES et les COLONNES, d'ENGAGER LE FEU, de marcher aux RECONNAISSANCES, d'être GUIDES au besoin. Si telle est la destination des Tirailleurs, toute l'INFANTERIE ne serait pas également apte à s'acquitter de ces fonctions; c'était l'opinion du général ROGNIAT, qui voulait que ce fussent des HOMMES D'ÉLITE, armés de fusils à deux coups. Mais BONAPARTE, disposé à réfuter tout ce qui sortait de la plume de ce général, manifeste dans ses mémoires le sentiment contraire et disait (le général MONTHOLON, t. I, p. 241) : *S'il était possible que l'infanterie n'envoyât en tirailleurs que ses voltigeurs, elle perdrait bientôt l'usage du feu, il se passerait des campagnes entières sans qu'elle tirât un coup de fusil; mais cela n'est pas possible; quand la compagnie de voltigeurs sera détachée à l'avant-garde, etc, les compagnies des bataillons renonceront donc à s'éclairer ?* — Les ALBANAIS, les ARABES, les BANDOULIERS, les barbets, les Bosniaques, les CANTABRES, les CORSES, les soldats de GUÉRILLA, les MIQUELETS, ont été célèbres comme Tirailleurs, c'est-à-dire comme TIREURS adroits et comme se battant habilement isolés. — La MILICE ANGLAISE comprenait, comme TROUPES destinées à servir en Tirailleurs, plusieurs RÉGI-

MENTS ayant numéro dans la série générale de l'INFANTERIE; de ce nombre était le soixantième, composé de huit BATAILLONS. Ils se nommaient aussi CARABINIERS du duc d'YORK, de même que la BRIGADE DE CARABINIERS s'est appelée carabiniers du duc de WELLINGTON. Le soixantième RÉGIMENT était le seul qui, en TEMPS DE GUERRE, fût autorisé à se recruter d'étrangers. — L'ANGLETERRE avait armé et employé aussi comme RIFFLEMEN OU CARABINIERS, des CORPS ALBANAIS, ALLEMANDS, SUISSES, qui ont servi pendant les dernières CAMPAGNES en ÉGYPTE, en ITALIE, à CORFOU, aux îles Ioniennes. — L'ARMÉE ANGLAISE, imitatrice de la nôtre quant à la TACTIQUE de l'INFANTERIE DE BATAILLON, reconnaissait des règles de TACTIQUE DE TIRAILLEURS longtemps avant qu'il n'en fût donné à l'INFANTERIE FRANÇAISE. — Les TYROLIENS de la MILICE AUTRICHIENNE passent pour les plus habiles Tirailleurs; il fut un temps où une partie d'entre eux s'est servie de FUSILS A VENT. De nos jours ils employaient des CARABINES d'ancien modèle. — L'INFANTERIE LÉGÈRE d'Autriche s'est distinguée en CHASSEURS et en Tirailleurs. Ces derniers composent le TROISIÈME RANG; ce sont des hommes de choix, agiles et bons TIREURS; ils sont armés d'une CARABINE garnie d'un COUTAL, ou lame à deux tranchants, qui sert de BAIONNETTE. — Les RÉGIMENTS FRONTIÈRES et les corps transylvains ont aussi, par COMPAGNIE, vingt Tirailleurs CARABINIERS qu'on nomme *schartschatzen*. — Les ESCADRONS comprennent également un certain nombre d'hommes de choix comme ÉCLAIREURS OU TIRAILLEURS A CHEVAL. — La MILICE PRUSSIENNE, depuis que le royaume existe, a eu des CHASSEURS qui ont été le modèle de ceux des autres nations. Ses CHASSEURS de campagne, *feld jager*, auxquels elle attache tant de prix, sont au besoin GUIDES et ORDONNANCES. — Depuis sa réorganisation, il a été attaché à chacun de ses CORPS D'ARMÉE une DIVISION de CHASSEURS destinés aux fonctions de Tirailleurs; les CHASSEURS se servent d'une CARABINE et d'une longue BAIONNETTE en forme de COUTAL. Leurs études constantes sont la GYMNASTIQUE, la COURSE, la CIBLE, la NATATION. — Les ESCADRONS de HUSSARDS et de DRAGONS prussiens comprennent aussi un certain nombre de TIRAILLEURS A CHEVAL. — La MILICE RUSSE trouve un corps de Tirailleurs excellents dans ses CHASSEURS FINLANDAIS, et les armées diverses qui concourent à la formation de la CONFÉDÉRATION GERMANIQUE comprennent un genre d'armes organisées soit sur le pied de l'INFANTERIE LÉGÈRE DE PRUSSE, soit à l'instar de la MILICE AUTRICHIENNE. — Les MILICES SUÉDOISE et POLONAISE avaient des Tirailleurs armés de FUSÉES. — La MILICE SUISSE se livre à un genre d'étude qu'on appelle l'exercice fédéral. En 1826, une TACTIQUE DE TIRAILLEURS y était essayée; c'étaient des évolutions compliquées qui avaient leur type dans les RÈGLEMENTS D'EXERCICE DE L'INFANTERIE DE BATAILLE. Au moyen de SIGNAUX variés et ingénieux, les Tirailleurs avançaient, reculaient, rompaient, attaquaient, ENTAMAIENT OU cessaient le FEU, se dirigeaient à droite ou à gauche; mais ces ÉVOLUTIONS plus brillantes qu'utiles seraient inexécutables sur un CHAMP DE BATAILLE; il faut, pour ainsi dire, qu'en présence de l'ENNEMI chaque Tirailleur agisse d'inspiration. — En cette même année 1826, quelques essais insignifiants étaient faits en FRANCE au CAMP DE SAINT-OMER. Une commission qui y avait été formée y rédigeait une instruction sur ce genre de SERVICE. — L'ARMÉE FRANÇAISE a eu, depuis 1810, des corps de Tirailleurs, qui étaient attachés à l'INFANTERIE de la GARDE IMPÉRIALE. Le RÉGIMENT des PUPILLES fournit, en 1811, OFFICIERS et HOMMES DE TROUPE du septième de Tirailleurs, et bientôt après il dut fournir d'OFFICIERS et de SOUS-OFFICIERS les cadres des quatre autres RÉGIMENTS de Tirailleurs; mais en réalité ils n'étaient Tirailleurs que de nom; ils n'ont fait, dans les CAMPAGNES de 1812 à 1815, que le SERVICE de RÉGIMENTS ordinaires. leurs feux n'avaient rien de particulier; ils avaient une MUSIQUE ordinaire, mais ni CLAIRONS, ni CORNETS, ni SIFFLETS; ils ont été licenciés lors de la restauration. — Les ORDONNANCES D'EXERCICE DE CAVALERIE ont reconnu des TIRAILLEURS A CHEVAL; un article du général Desmichels (*Journal des Sciences Militaires*, 35e livraison) s'étendait à cet égard. — Une instruction sur le SERVICE des TIRAILLEURS A PIED a été publiée en 1827 par la commission d'officiers généraux chargée de réviser les ÉVOLUTIONS de l'INFANTERIE. L'ORDONNANCE D'EXERCICE DE 1831 (4 MARS) a compris, à la suite de l'ÉCOLE DE BATAILLON, une instruction pour les Tirailleurs; ce genre nouveau de TACTIQUE était le résumé des travaux de 1826 et de 1827. Elle donnait à leurs MANOEUVRES, jusque-là arbitraires, un caractère officiel; elle voulait qu'ils ne combattissent qu'appuyés d'une RÉSERVE composée du tiers d'entre eux. Elle faisait revivre le PAS REDOUBLÉ; elle créait pour eux un PAS DE COURSE, et leur donnait comme minimum de vitesse le PAS ACCÉLÉRÉ. Elle prescrivait à toutes les COMPAGNIES, mais plus particulièrement à celles de VOLTIGEURS, la culture de l'étude des Tirailleurs; elle voulait qu'après s'être éparpillés, ils rejoignissent leur réserve au si-GNAL DU RALLIEMENT; elle instituait à leur usage cinq BATTERIES DE CAISSE et onze SONNE-RIES qui répondaient aux onze MANOEUVRES prescrites; l'une d'elles, nommée A L'ORDRE, faisait rentrer les Tirailleurs à leurs CORPS. — Une ORDONNANCE DE 1853 (5 JUILLET) prescrivait la formation d'une COMPAGNIE de FRANCS-TIREURS dans chaque dépôt de RÉGIMENT D'INFANTERIE FRANÇAISE; mais cette mesure n'avait pas eu de suite quand le BATAILLON DE CHASSEURS formé à VIN-CENNES a été mis sur pied. — En outre des ÉCRIVAINS qui se sont occupés de l'INFAN-TERIE LÉGÈRE et des CHASSEURS A PIED, sujet souvent identique, on peut citer comme ayant traité de l'organisation du service des ÉVOLUTIONS et MANOEUVRES des Tirailleurs : BARBER, BEAUVAL, BEULWITZ, BEURMANN (1856, B), M. le général BISMARK, BOLLSTERN, BONAPARTE, CAMPBELL, M. CANTELOUBE, p. 51, CHAMBRUN, M. DELVIGNE (1836, D), DRAGOL-LOWICZ, FORESTIER, le général FOY, FORMY, GUINGRET, HOHENLOHE (le prince de), LALLE-MAND (1825), LAROCHE-AYMON, LECOUTURIER (1825, A), LELOUTREL (1825, I), le général MONTHOLON, PATERY, PINETTE, ROBINSON, M. le général ROGNIAT (1816, B, p. 59, 63), URBAIN, le *Journal militaire autrichien* (1822), le *Journal de l'Armée*, t.   , p. 29; le *Journal des Sciences militaires* (1828, 35ᵉ livraison, article du général Des-michels).

TIRAILLEUR A CHEVAL. V. A CHEVAL. V. ARQUEBUSIER A CHEVAL. V. BISMARK. V. CA-VALERIE FRANÇAISE Nᵒ 2, 7. V. FLANQUEUR. V. MILICE DANOISE Nᵒ 5. V. MILICE WURTEMBER-GEOISE Nᵒ 3. V. TIRAILLEUR.

TIRAILLEUR A PIED. V. A PIED. V. ARMÉE FRANÇAISE Nᵒ 7. V. CHARGE D'INFANTE-RIE. V. ÉVOLUTION. V. MILICE WURTEMBER-GEOISE Nᵒ 1. V. PAS DE COURSE. V. PAS REDOU-BLÉ. V. SIÉGE OFFENSIF. V. TIRAILLEUR.

TIRAILLEUR ANGLAIS. V. ANGLAIS, adj. V. MILICE ANGLAISE Nᵒ 2, 8. V. CHARGE D'IN-FANTERIE.

TIRAILLEUR ANGLO-AMÉRICAIN. V. ANGLO-AMÉRICAIN, adj. V. MILICE ANGLO-AMÉ-RICAINE Nᵒ 1, 2.

TIRAILLEUR AUTRICHIEN. V. AUTRI-CHIEN, adj. V. MILICE AUTRICHIENNE Nᵒ 2, 7.

TIRAILLEUR BADOIS. V. MILICE BA-DOISE.

TIRAILLEUR BAVAROIS. V. BAVAROIS, adj. V. MILICE BAVAROISE Nᵒ 1.

TIRAILLEUR CHASSEUR. V. CHASSEUR. V. GARDE IMPÉRIALE Nᵒ 2.

TIRAILLEUR DANOIS. V. DANOIS, adj. V. MILICE DANOISE Nᵒ 5.

TIRAILLEUR de JEUNE GARDE. V. JEUNE GARDE. V. PUPILLE DE LA GARDE Nᵒ 2.

TIRAILLEUR D'INFANTERIE. V. ARMÉE FRANÇAISE Nᵒ 7. V. BATTERIE DE CAISSE. V. FILE DE BATAILLON. V. FUSIL D'INFANTERIE. V. GARDE IMPÉRIALE Nᵒ 2. V. INFANTERIE. V. IN-FANTERIE FRANÇAISE Nᵒ 8. V. INFANTERIE LÉ-GÈRE Nᵒ 2, 7. V. TIRAILLEUR.

TIRAILLEUR GRENADIER. V. GARDE IM-PÉRIALE Nᵒ 2. V. GRENADIER.

TIRAILLEUR HANOVRIEN. V. HANO-VRIEN, adj. V. MILICE HANOVRIENNE Nᵒ 2.

TIRAILLEUR NÉERLANDAIS. V. MILICE NÉERLANDAISE Nᵒ 5. V. NÉERLANDAIS, adj.

TIRAILLEUR PIÉMONTAIS. V. MILICE PIÉMONTAISE Nᵒ 6. V. PIÉMONTAIS, adj.

TIRAILLEUR POLONAIS. V. POLONAIS, adj. V. MILICE POLONAISE Nᵒ 5.

TIRAILLEUR PORTUGAIS. V. MILICE POR-TUGAISE Nᵒ 1. V. PORTUGAIS.

TIRAILLEUR PRUSSIEN. V. MILICE PRUS-SIENNE Nᵒ 2, 4, 7, 8. V. PRUSSIEN, adj.

TIRAILLEUR RUSSE. V. MILICE RUSSE Nᵒ 7. V. RUSSE, adj.

TIRAILLEUR SUÉDOIS. V. SUÉDOIS, adj. V. MILICE SUÉDOISE Nᵒ 1, 5.

TIRAILLEUR SUISSE. V. MILICE SUISSE Nᵒ 3, 5. V. SUISSE, adj.

TIRAILLEUR WURTEMBERGEOIS. V. MI-LICE WURTEMBERGEOISE Nᵒ 1, 3, 6. V. WUR-TEMBERGEOIS, adj.

TIRANT (subs. masc.) de BOTTES. V. BOT-TES D'ADJUDANT.

TIRANT (tirants) de CAISSE (B, 1). Le mot TIRANT, dont le verbe TIRER donne l'é-tymologie, a remplacé le mot SERRE, dont MANESSON (1685, B) fait emploi. Les TI-RANTS, ou les SERRES, ou les NOEUDS, sont des coulants formés d'un morceau de buffle, au moyen d'une lanière qui en rapproche et en attache les bords; ce sont des espèces d'an-neaux qui tendent le CORDAGE en jouant le long des accouplements de ce CORDAGE.

TIRE-BALLE (B, 1) OU TIRE-BOURRE, comme l'appelait le RÈGLEMENT DE 1767 (25 AVRIL). Ces mots, dont il n'y a pas à rechercher l'étymologie, expriment un ins-trument qui fait partie du PETIT ÉQUIPEMENT et qui se délivre en même temps que le FUSIL. On voit dans DESPREZ (1735, B) l'i-mage du TIRE-BOURRE D'ARTILLERIE, mais ce n'est pas de lui qu'il est question ici. — L'usage du Tire-balle de fusil est peu an-cien; les troupes n'en ont connu l'usage que depuis que les BAGUETTES sont de métal. Auparavant, comme le témoigne l'ORDONNANCE DE 1701 (1ᵉʳ MAI), il était enjoint AUX SOLDATS AU CAMP dont les ARMES étaient restées CHARGÉES, de les DÉCHARGER en FAISANT FEU, après avoir eu le soin d'approcher de terre le bout du CANON. — Le Tire-balle est en ACIER DE FUSION ; il se compose d'un CORPS garni de deux BRANCHES en spirale, et percé en son axe d'un PAS DE VIS susceptible de recevoir le PETIT BOUT taraudé de la BAGUETTE DU FUSIL. — Le Tire-balle à l'usage des CARABINES ou des BAGUETTES à deux GROS BOUTS, au lieu de présenter en creux un PAS DE VIS, avait une TIGE taraudée qui s'introduisait dans un des BOUTS de la BAGUETTE, où un vide à PAS DE VIS était pratiqué en conséquence. — Mais la CARABINE n'étant pas une ARME susceptible d'être DÉCHARGÉE avec le Tire-balle, il est à remarquer que l'instrument que notre LANGUE appelait inexactement, en ce cas, Tire-balle ou TIRE-BOURRE, était un outil de NETTOYAGE; on l'enveloppait de FILASSE pour cette opération, et de peur qu'il ne laissât quelques parcelles dans le canon, on le flambait d'une demi-charge de poudre sans bourre. — L'INSTRUCTION DE 1822 (30 MARS) donnait l'image du Tire-balle. Il en est question aussi dans BARDIN (1807), COTTY (1822), ENCYCLOPÉDIE (1785, C, supplément, p. 926), GASSENDI (1819), LACHESNAIE (1758, I, aux mots *Indice, Inspection*).

TIRE-BOURRE. V. BOURRE. V. FEU A POUDRE. V. TIRE-BALLE. V. TIRER, verbe.

TIRE-BOURRE D'ARTILLERIE. V. ARTILLERIE. V. BOUCHE A FEU. V. TIRE-BALLE.

TIRE-BOUTE, subs. masc. V. ÉPIEU. V. TIRER, verbe.

TIRE-BOUTON, subs. masc. V. BOUTON. V. EFFET DE PETIT ÉQUIPEMENT. V. PETIT ÉQUIPEMENT. V. TIRER, verbe.

TIRE-FUSÉE. V. BOUCHE A FEU. V. FUSÉE. V. TIRER, verbe.

TIRER, subs. masc. V. TIR.

TIRER, verb. act. et neut. (G, 2, 3, 6; II). Mot dérivé du bas LATIN ou de l'ITALIEN *tirare*, considéré surtout par rapport aux anciennes ARMES NÉVROBALISTIQUES, aux ARMES A FEU, aux ARMES A VAPEUR; il a remplacé le verbe TRAIRE. Ainsi, on lit dans la relation de l'attaque de PARIS par JEANNE D'ARC, en 1429 (le 8 septembre) : *Un soldat trait* (tire) *de son arbalète droit à elle, et lui perce la jambe ; un autre traict* (frappe d'une flèche) *le porte-étendard de la pucelle, le saingne* (le saigne) *entre les deux yeux et le navre* (blesse) *à mort.* — Le

verbe Tirer a eu DÉBAILLER pour synonyme, et a produit les mots TIR, TIRAGE, TIRAILLERIE, TIRAILLEUR, TIRANT, TIRE-BALLE, TIRE-BOURRE, TIRE-BOUTE, TIRE-BOUTON, TIRE-FUSÉE, TIRERIE, TIREUR, TIROIR.

TIRER A BOUT PORTANT. V. A BOUT PORTANT. V. CHARGE D'INFANTERIE.

TIRER A LA CIBLE. V. A LA CIBLE. V. CASERNE. V. CIBLE.

TIRER A MITRAILLE. V. A MITRAILLE. V. CASEMATE A FEU. V. GRAPPE DE BISCAIENS. V. MITRAILLE.

TIRER A RICOCHET. V. A RICOCHET. V. RICOCHET.

TIRER au BLANC. V. BLANC. V. BUT EN BLANC. V. CIBLE. V. EXERCICE TACTIQUE. V. PAVOIS.

TIRER au MUR. V. ESCRIME. V. EXERCICE TACTIQUE. V. MUR.

TIRER au PRIX. V. BUTTIÈRE. V. PRIX DE TIR.

TIRER DANS LES ARMES. V. DANS LES ARMES. V. ESCRIME.

TIRER de l'ARBALÈTE, de l'ARC. V. ARBALÈTE. V. ARC. V. ARCHER. V. BAILLE. V. BERSAULT. V. FRANC ARCHER. V. RIBAUD. V. TACTIQUE, subs.

TIRER des ARMES. V. ARMES. V. BOTTE D'ESCRIME. V. ESCRIME. V. ESPADON.

TIRER EN BARBE. V. BATTERIE A BARBETTE. V. EN BARBE.

TIRER EN ROUAGE. V. BATTERIE EN ROUAGE. V. EN ROUAGE.

TIRER JUSTE. V. ABUTER. V. AJUSTER. V. ARME A FEU. V. JUSTE.

TIRER la GARDE. V. AUBETTE. V. GARDE. V. RONDE.

TIRER le CANON. V. ARTILLERIE D'INFANTERIE. V. CANON D'ARTILLERIE. V. CÉRÉMONIAL. V. LANGUE FRANÇAISE. V. PIONNIER.

TIRER le SABRE. V. GRENADE A MAIN. V. SABRE.

TIRER l'ÉPÉE. V. BAN D'ARRIVÉE A LA GARNISON. V. DÉGLAVIER. V. DRAGON FRANÇAIS Nº 6. V. DUEL. V. ECCLÉSIASTIQUE. V. ENTOISER. V. ÉPÉE. V. ÉVAGINER. V. GÉNÉRAL D'ARMÉE Nº 9. V. GUERRE. V. SACHER.

TIRER les POSTES. V. CORPS DE GARDE. V. FOURRIER D'INFANTERIE FRANÇAISE DE LIGNE Nº 9. V. PARADE GÉNÉRALE. V. POSTE. V. POSTE D'HOMME DE GARDE.

TIRER SOUS LES ARMES. V. ESCRIME. V. SOUS LES ARMES.

TIRER un ARC, une ARME A FEU, une ARQUEBUSE, une FLÈCHE, un MOUSQUET, un

PISTOLET. V. ABUTER. V. AJUSTER. V. ARC. V. ARCHER. V. AMORCE. V. ARME A FEU. V. BALLE DE FUSIL. V. BERSAULT. V. BOURRE DE FUSIL. V. BRAQUER. V. BUT EN BLANC. V. CANON D'ARTILLERIE. V. CANON DE FUSIL. V. CARABINE. V. CARABINIER D'INFANTERIE. V. CHARGE DE CAVALERIE. V. CIBLE. V. COMMANDANT DE PLACE ASSIÉGÉE. V. COMMISSAIRE DES GUERRES Nº 6. V. COMPASSER LA MÈCHE. V. COUP D'ARME A FEU. V. COUP DE CANON. V. COUP DE FUSIL. V. COUSSINET A MOUSQUETAIRE. V. ENSEIGNE AGRÉGATIVE. V. ÉPAULEMENT DE FORTIFICATION. V. EXÉCUTER. V. FEU DE DEUX RANGS. V. FEU D'INFANTERIE. V. FEU EN ARRIÈRE. V. FEU EN AVANÇANT. V. FEU EN MARCHANT. V. FEU EN RETRAITE. V. FILE DE BATAILLON. V. FLÈCHE. V. FLÈCHE PROJECTILE. V. FOURCHETTE DE MOUSQUET. V. FUSIL. V. GRENADE. V. LANGUE FRANÇAISE. V. MEURTRIÈRE. V. MOUSQUET. V. PARAPET. V. PÉTRINAL. V. PISTOLET. V. RANGS D'INFANTERIE. V. RANGS OUVERTS. V. RAQUETIER.

TIRERIE, subs. fém. V. TIRAILLEUR. V. TIRER.

TIREUR (subs. masc.) D'ARBALÈTE. V. ARBALÈTE. V. FRONTEAU D'ARBALÈTE. V. PANIER DÉFENSIF. V. TIRER, verbe.

TIREUR D'ARC. V. ALLIÉS. V. ARC. V. ÉCUYER. V. FLÈCHE PROJECTILE. V. PAPEGAI. V. PAYE. V. SAETTE. V. TAILLEVAS.

TIREUR D'ARME A FEU. V. AJUSTER. V. ARME A FEU. V. ARQUEBUSE A FEU. V. BLANC DE CIBLE. V. BOURRE DE FUSIL. V. BRANCHE D'ÉCUSSON. V. BUT EN BLANC. V. CARABINE. V. CARABINIER D'INFANTERIE. V. CARTOUCHE DE CIBLE. V. CHASSEUR A PIED. V. CHASSEUR D'INFANTERIE. V. CIBLE. V. COCHE D'ÉCUSSON. V. COMPAGNIE DE CARABINIERS. V. COURTINE DE FORTERESSE. V. DÉFENSE DE LIGNES. V. ÉPINGLETTE. V. FILE DE BATAILLON. V. EXÉCUTION A MORT. V. FOURNIMENT. V. FRANC-TIREUR. V. GRENADIER D'INFANTERIE FRANÇAISE Nº 1. V. INFANTERIE LÉGÈRE Nº 6. V. JUSTICE MILITAIRE. V. LIGNE DE MIRE. V. MEURTRIÈRE. V. MILICE ESPAGNOLE Nº 8. V. MOUSQUETAIRE A PIED Nº 1, 2. V. RAQUETIER. V. ROUETIER. V. TACTIQUE, subs. V. TIRAILLEUR.

TIREUR D'ARME A VAPEUR. V. ARME A VAPEUR. V. ARME PERSONNELLE Nº 2. V. ARTILLEUR.

TIREUR D'ARMES. V. ARMES. V. ASSAUT D'ESCRIME. V. ATTAQUE D'ESCRIME. V. ÉCOLE D'ESCRIME. V. ESCRIME. V. GARDE D'ESCRIME. V. LONNERGAN. V. MOUCHE DE FLEURET. V. SALUT D'ESCRIME.

TIREUR DE CARABINE. V. CARABINE. V. CARABINIER D'INFANTERIE. V. ÉPINGLETTE. V. MESURE DE CHARGE. V. POUSSE-BALLE.

TIREUR DE FRONDE. V. FRONDE.

TIREUR DE FUSÉE. V. ARME PERSONNELLE Nº 2. V. FUSÉE. V. FUSÉE DE GUERRE. V. MILICE ANGLAISE Nº 2. V. RAQUETIER.

TIREUR DE FUSIL. V. BOURRE. V. DÉTENTE. V. FILE DE BATAILLON. V. FUSIL. V. FUSIL A PISTON. V. FUSIL A SOUFFLET. V. GARNITURE DE FUSIL. V. GUERRE. V. MILICE AUTRICHIENNE Nº 7. V. PORTÉE DE FUSIL. V. POUDRE A FUSIL. V. TIR D'INFANTERIE.

TIREZ (interj.) la BAGUETTE. V. BAGUETTE. V. BAGUETTE DE FUSIL. V. CHARGE EN DOUZE TEMPS. V. COMMANDEMENT MIXTE.

TIROL ; TIROLIEN. V. NOMS PROPRES.

TIRON, subs. masc. V. LÉGION ROMAINE Nº 1, 5. V. RECRUE.

TIROIR, subs. masc. V. DÉFILEMENT EN TIROIR. V. EN TIROIR. V. RANG DE TAILLE.

TISONNIER, subs. masc. V. CHAMBRE D'OFFICIER DE GARDE. V. EFFET DE CORPS DE GARDE.

TISSOT; TISSOT-GRENUS. V. NOMS PROPRES.

TISSU, subs. masc. V. BOUTON A MOULE. V. DEVIS.

TETE LIVE. V. NOMS PROPRES.

TITRE. V. COMMISSION D'EMPLOI.

TITRE (titres) D'AVANCE (B, 2). Le mot Titre est provenu du LATIN, et exprime ici un genre de PIÈCES COMPTABLES ordinairement réunies en BORDEREAUX. — LES BORDEREAUX D'AVANCE se composent surtout de COUPONS justifiant la délivrance D'EFFETS DE PETIT ÉQUIPEMENT fournis à des ISOLÉS; ils sont renvoyés aux CORPS, afin que les IMPUTATIONS en soient faites sur les MASSES DE PETIT ÉQUIPEMENT des PARTIES PRENANTES, lors des CONSOMMATIONS DE DÉCOMPTE. — Ils sont vérifiés et dépouillés par le TRÉSORIER DE CORPS, à l'effet de reconnaître l'existence des MILITAIRES y mentionnés, et de déclarer à quel compte doivent tomber les AVANCES aux ISOLÉS. Les BORDEREAUX, ainsi vérifiés, se distinguent, par suite de ces déclarations, en TITRES totalement admissibles, en TITRES non totalement admissibles, et en TITRES non recevables. Dans le premier cas, le CONSEIL D'ADMINISTRATION donne les mains à l'IMPUTATION ; dans le dernier cas, il consigne, sur la pièce même, l'exposé des causes du refus, et soumet le tout à la vérification de l'OFFICIER D'INTENDANCE. Quant aux TITRES non recevables, ils sont rejetés, et, s'il y a lieu, rendus au PAYEUR.

TITRE DE NOBLESSE. V. NOBLE. V. NOBLESSE. V. ORDRE DE CHEVALERIE. V. SERVICE CONSCRIPTIF.

TITRE d'office. V. AMIRAL. V. OFFICE.

TITULAIRE, adj. et subs. V. BREVET D'OFFICIER. V. CAPITAINE TITULAIRE. V. CAPORAL POSTICHE. V. CHEF DE BATAILLON TITULAIRE. V. COLONEL A LA SUITE. V. COLONEL TITULAIRE. V. OFFICIER TITULAIRE.

TLA, subs. masc. (G, 6), ou FLA. Mot par lequel l'ORDONNANCE DE 1754 (14 MARS) exprimait un des COUPS DE MAIN qui sont prescrits pour l'exécution des BATTERIES DE CAISSE, telles que les a réglées la TYMPANONIQUE française. — C'est un COUP DOUBLE que la main droite commence faiblement, et que la main gauche termine et appuie avec plus de force.

TOEFEGEN; TOELENER. V. NOMS PROPRES.

TOGACHT, subs. masc. (F). Mot mentionné comme oriental ou TURC dans LACHESNAIE (1758, I, t. I, p. 408) et dans MANESSON (1685, B, t. III, p. 326). Il exprimait, suivant eux, un genre de BISCUIT dont se nourrissait la MILICE TURQUE. Toutefois, on ne trouve pas dans le dictionnaire turc ce mot; la NOURRITURE de l'espèce du BISCUIT s'y appelle *peksimet*.

TOILE, subs. fém. V. CALEÇON. V. CAPOTE D'INFANTERIE. V. CHEMISE D'ÉQUIPEMENT. V. CULOTTE DE T... V. DÉCHIRER LA T... V. DRAPEAU. V. EN T... V. GUÊTRE DE T... V. PANTALON DE T... V. PANTALON D'INFANTERIE. V. SAC DE T...

TOILE A DOUBLURE. V. A DOUBLURE. V. BONNET DE POLICE. V. DOUBLURE. V. GILET. V. HABIT.

TOILE A POURRIR. V. A POURRIR. V. TENTE.

TOILE de TENTE. V. FAITIÈRE. V. TENTE. V. TENTE D'HOMME DE TROUPE. V. TENTE D'OFFICIER.

TOINOT. V. NOMS PROPRES.

TOISE, subs. fém. (A, 1). Mot dérivé, suivant MÉNAGE, du LATIN *tesa*, provenu de *tensus*, et donnant idée de la mesure militaire sous laquelle on fait passer les RECRUES pour constater leur TAILLE. Le mot Toise a cessé d'être exact, puisqu'il exprimait une mesure de six pieds divisés par pouces et lignes; aussi l'a-t-on dénommée Toise métrique. — L'usage de toiser les ENRÔLÉS était connu des ROMAINS. Il était placé dans le Champ-de-Mars un poteau nommé *incomma*; il servait aux opérations de l'ENRÔLEMENT. — Le mot Toise est mentionné dans DUPAIN (1783, F), LACHESNAIE (1758, I), PUYSÉGUR (1748, C, p. 171).

TOISON (subs. fém.) d'or. V. OR. V.

ORDRE DE LA T... V. ORDRE DES TROIS-TOISONS. V. TROIS TOISONS.

TOIT, subs. masc. V. ANNEAU DE T... V. DOUBLE T...

TOIT de TENTE (B, 2). Le mot Toit, dont la LANGUE LATINE explique l'étymologie, donne idée de la partie supérieure des TENTES DE CAMPEMENT. Il est double pour les MARQUISES OU TENTES D'OFFICIER; il est soutenu par deux MONTANTS et un FAÎTAGE; il est garni de CORDEAUX destinés à le tenir tendu. Chaque CORDEAU, retenu à trois différents points du bord du TOIT, y forme une patte d'oie qui se réunit au CORDEAU MITOYEN, à un mètre du bord du TOIT. Le brin du milieu, qui reste ainsi seul, traverse deux trous pratiqués vers chaque extrémité d'un morceau de bois fait au tour et qu'on nomme POSTILLON. Un nœud fait au bout d'un CORDEAU empêche que le POSTILLON ne puisse se dégager. — Le brin forme ainsi une GANSE, ou ANNEAU, qu'on engage dans le bec ou la tête d'un PIQUET planté dans la direction que le CORDEAU tendu affecte. Par le moyen de cette GANSE et du POSTILLON marchant sur le brin venu du TOIT, le CORDEAU se tend autant qu'on veut; ce qui faisait ployer le brin sur le bord du trou du POSTILLON, dans lequel il coule, empêche le cordeau de se détendre; vingt PIQUETS, retenant par leur bec la GANSE d'autant de CORDEAUX, sont fichés obliquant à trois mètres de la Tente.

TOITURE (subs. masc.) de BARAQUE. V. BARAQUE. V. CHEVRON DE BARAQUE.

TOLENTINO; TOLLEN... V. NOMS PROPRES.

TOLLENON, subs. masc. (F), ou CHAT OFFENSIF, ou TELLENON suivant l'ENCYCLOPÉDIE (1751, C), POTIER (1779, X) et quelques traducteurs inattentifs de VÉGÈCE, ou TONNELLON, barbarisme qu'on trouve dans Raymond, ou TOLÉNO, terme estropié dans COTTY (1822, A) et GASSENDI (1819). — Le mot Tollenon, que les LATINS rendaient par *tollono*, *tollonus*, *tolleno*, rappelle un des usages de la MILICE ROMAINE sous les EMPEREURS; il viendrait, suivant JABRO (1777, K), des mots *à tollendo*, en emportant; il l'appelle CORBEAU A CAGE. — Des ÉCRIVAINS LATINS, tels que CÉSAR (51, A), HIRTIUS, TITE LIVE, VITRUVE, parlent de Tollenons, dont leurs interprètes ont rendu l'idée par les expressions CIGOGNE, CORBEAU DÉMOLISSEUR, GRUE. — Le Tollenon était une MACHINE DE GUERRE propre aux ESCALADES, aux SIÉGES OFFENSIFS. — Les ITALIENS du moyen âge l'appelaient *altaleno*. — C'était, suivant GANEAU, une BASCULE OFFENSIVE; suivant MAIZEROY (1771, A), une GRUE portant un coffre plein de SOLDATS. — D'après les dessins qu'en donnent DANIEL (1721, A), l'ENCYCLOPÉDIE (1751, C), JUSTE LIPSE, STEWÉCHIUS, le mécanisme consistait en une longue porte verticalement enfoncée en terre, ou retenue sur un pied formé d'un travail, ou bâtis en charpente, que consolidaient plusieurs arcs-boutants. Sur le haut de la poutre, une pièce de bois était insérée en équilibre, de manière à y jouer à BASCULE; une des extrémités de cette pièce portait une CAGE propre à contenir quatre SOLDATS suivant VÉGÈCE, quinze ou vingt suivant d'autres ÉCRIVAINS; l'autre extrémité portait un contre-poids. Le jeu de cette machine enlevait de terre des assiégeants, qui sautaient du Tollenon sur le REMPART ENNEMI. On ne peut mieux comparer cet ENGIN qu'à la MACHINE dont on se sert dans les pays de houille pour enlever, peser et charger le charbon de terre. — Dans la FLANDRE de la HOLLANDE, on puise de l'eau à l'aide d'une machine comparable aussi au Tollenon. — L'ENCYCLOPÉDIE (1751, C) se montre persuadée que cette MACHINE a dû être de peu d'usage dans les SIÉGES, car la moindre résistance de la part des ASSIÉGÉS devait suffire pour triompher de cette ruse grossière de l'ARMÉE ASSIÉGEANTE. — Les AUTEURS qui peuvent fournir sur ce sujet quelques détails, sont : CÉSAR (51 avant J.-C.), COTTY (1822, A), DANIEL (1721, A), l'ENCYCLOPÉDIE (1751, C), GANEAU, GASSENDI, HIRTIUS, JABBO (1777, G), JOSÈPHE, JUSTE LIPSE (1598, A), LACHESNAIE (1758, I, t. II, p. 557), MAIZEROY (1777, A, t. II, p. 508 et pl. 9), POTIER (1779, X), STEWÉCHIUS (1569, A), TITE LIVE, VÉGÈCE (590, A), VITRUVE.

TOLPACHE (tolpaches), subs. masc. (F), ou TALPACHE suivant VOLTAIRE (*Siècle de Louis quatorze*, t. XXV, p. 87), mot resté dans l'ANGLAIS, comme le témoigne DUANE (1810, E), ou TALPATCHE suivant LACHESNAIE (1758, I, C). — Cet AUTEUR affirme que ce nom, donné autrefois à des SOLDATS de la MILICE AUTRICHIENNE, avait pour étymologie le substantif HONGROIS *talp*, signifiant semelle : c'était, dit-il, un sobriquet injurieux qu'il était défendu de prononcer sous des peines sévères. — Si cette racine grammaticale est vraie, l'expression TALPACHE serait plus correcte que celle que donne BOISTE; mais l'ACADÉMIE a oublié de mentionner ce mot dans son dictionnaire, ce qui a perpétué l'incertitude — Les Tolpaches étaient des CORPS IRRÉGULIERS D'INFANTERIE HONGROISE qui servaient dans la GUERRE DE 1741, et ont cessé de figurer depuis; c'étaient des espèces de PANDOURS levés chez les Morlaques et les Lyconiens. Les provinces de ce

nom font maintenant partie du généralat de Carlstadt. — GANEAU dépeint les Tolpaches comme armés d'un fusil, de deux pistolets et d'un sabre. — Il est question des Tolpaches dans les traités qu'on doit à M. BEURMANN et à LAROCHE (1770, L, p. 25).

TOMAHAWK, subs. masc. V. ARMECONTONDANTE.

TOMBER dans une EMBUSCADE, dans un PARTI, sur l'ENNEMI. V. ATTAQUE DE LIGNE. V. CHARGE DE CAVALERIE. V. CHARGER L'ENNEMI. V. EMBUSCADE. V. ENNEMI. V. ENSEIGNE AGRÉGATIVE. V. PARTI.

TOM-TOM, subs. masc. V. TAM-TAM.

TON, subs. masc. V. PELOTON.

TON (subs. masc.) de CLAIRON. V. CLAIRON. V. CLAIRON INSTRUMENTAL.

TON de CLARINETTE. V. CLARINETTE.

TON de COMMANDEMENT (G, 6). Mot dont le verbe LATIN *tonare* est la souche; il donne ici l'idée du degré de force et des intervalles de cadence suivant lesquels doivent être criés les COMMANDEMENTS VOCAUX. — Le règne de LOUIS QUINZE finissait quand les ordonnances françaises ont commencé à s'occuper du Ton de commandement et à en proférer le nom. — L'INSTRUCTION DE 1769 (1er MAI) voulait qu'il fût établi dans les CORPS une ÉCOLE DE COMMANDEMENT, c'est-à-dire une classe où seraient étudiées les modulations tactiques. — L'INSTRUCTION DE 1774 (11 JUIN) et l'ORDONNANCE DE 1776 (1er JUIN) reproduisaient cette disposition, restée sans résultats jusqu'au règne de LOUIS-PHILIPPE. — Le RÈGLEMENT DE 1791 (1er AOUT) voulait que le COMMANDEMENT fût toujours animé et d'une étendue de voix proportionnée au nombre de ceux qui y doivent obéir. — Ce sont de ces phrases à l'aide desquelles les règlements esquivent l'obligation de dire des choses significatives. — Aussi, dans tous les CORPS FRANÇAIS, le Ton de commandement était-il différent. Il dépendait de la routine, du caprice, des traditions. Les INSPECTEURS GÉNÉRAUX avaient, il est vrai, en vertu de l'INSTRUCTION DE 1822 (5 JUILLET, art. 31), mission de constater sa qualité, son uniformité, son *exécution simultanée* (répété d'instruction en instruction, simultané est pour nous inintelligible). Mais comment y eussent-ils réussi dans l'absence d'un système normal qui en posât les principes et en fixât le genre? — Pourra-t-on croire un jour qu'en un pays où l'on a créé si dispendieusement un grand Opéra, on ne se soit pas avisé d'inventer un diapason artificiel ou de composer une notographie, au moyen desquels la vocalisation tactique eût été soumisc à des régles écrites, notées, invariables, qui l'eussent rendue égale dans toutes les TROUPES? — La MILICE DANOISE devance, à cet égard, les autres ARMÉES. Depuis longtemps une école d'intonation, établie dans l'institution militaire, y procède dans des formes musicales.

TON MUSICAL. V. CLAIRON. V. CLARINETTE. V. MARCHE MUSICALE. V. MUSIQUE.

TONDEUR (tondeurs), subs. masc. (F), OU RETONDEUR. Ces mots, d'une étymologie bien connue, s'appliquaient à des AVENTURIERS qui désolaient la FRANCE en même temps que les ÉCORCHEURS. Peut-être était-ce un double sobriquet donné aux mêmes bandes.

TONECHKOF. V. NOMS PROPRES.

TONNANT (tonnante), adj. V. ENGIN T... V. NAPHTE.

TONNANT, subs. masc. V. ATTABALLE. V. GROSSE CAISSE. V. INSTRUMENT DE MUSIQUE MILITAIRE. V. MUSIQUE TURQUE. V. POSTE D'HOMMES DE GARDE. V. TAMBOUR INSTRUMENTAL.

TONNEAU, subs. masc. V. PONT DE CAMPAGNE. V. PONT DE TONNEAUX. V. TONNELET.

TONNEAU MEURTRIER. V. BARIL ARDENT. V. MEURTRIER, adj.

TONNELET, subs. masc. (term. génér.). Mot dérivé comme diminutif de TONNEAU, dont l'étymologie est mal connue. Il se distingue en TONNELET DE PETIT ÉQUIPEMENT et en TONNELET D'HABILLEMENT.

TONNELET BIDON. V. BIDON. V. BIDON DE COMPAGNIE.

TONNELET de PETIT ÉQUIPEMENT (B, 1). Sorte de TONNELET qui a été substitué au petit BIDON de fer-blanc. L'ORDONNANCE DE 1830 (21 FÉVRIER) mettait cet EFFET DE PETIT ÉQUIPEMENT au compte de la MASSE INDIVIDUELLE; il a été question de le remplacer lui-même par une OUTRE enduite de caoutchouc, comme le témoigne la *Sentinelle de l'Armée* (t. v, p. 260). — La NOTICE DE 1831 (14 JUILLET) donnait aux HOMMES DE TROUPE le Tonnelet en bois de chêne, confectionné en vieilles douves, cerclé en fer, et peint à l'huile en couleur verte olive. — Le TARIF DE 1831 (13 NOVEMBRE) le considérait comme USTENSILE DE CAMPEMENT, et voulait qu'il fût supporté par une COURROIE. — La CIRCULAIRE DE 1831 (8 DÉCEMBRE) ne considérait plus le Tonnelet que comme un USTENSILE DE CAMPEMENT, et le faisait rentrer en magasin. — La CIRCULAIRE DE 1832 (25 JANVIER) le rendait au SOLDAT. — La CIRCULAIRE DE 1832 (16 MAI) remplaçait le Tonnelet-bidon par le Tonnelet long. — La DÉCISION DE 1832 (14 JUILLET) y attachait quatre cercles en fer soudé.

TONNELET d'HABILLEMENT (F), OU TONNOLET. Sorte de TONNELET ou de BRAIES qui rappellent le CAMPESTRE des anciens, les FALTES du moyen âge ou KILT des Ecossais. On appelait Tonnelet une braconnière ou un jupon d'ARMURE, et, par analogie, le même nom se donnait à un POURPOINT dont les formes évasées avaient figure d'un haut de jupon.

TONNERRE de BOMBARDE. V. BOMBARDE.

TONNERRE de CARABINE. V. CARABINE.

TONNERRE de FUSIL. V. BOUTON DE CULASSE. V. CULASSE DE FUSIL. V. ENGIN A TONNOIRE. V. FUSIL. V. FUSIL A DÉ. V. FUSIL A LA MONTALEMBERT. V. LUMIÈRE DE FUSIL. V. MINCEUR DE CANON. V. PAN DE CANON DE FUSIL.

TONNOIRE, subs. masc. V. A TONNOIRE.

TONNOLET, subs. masc. V. TONNELET D'HABILLEMENT.

TOPARCHIE, subs. fém. V. DIVISION TERRITORIALE.

TOPARQUE, subs. masc. V. COMMANDANT DE DIVISION TERRITORIALE N° 1.

TOPCHIS, subs. masc. plur. V. MILICE TURQUE N° 2.

TOPOGRAPHE, subs. masc. V. ADMINISTRATION MILITAIRE. V. CASTRAMÉTATION. V. CATÉGORIE D'ARMÉE. V. CARTE TOPOGRAPHIQUE. V. COUP D'OEIL. V. ÉPERON. V. GÉOLOGIE. V. GROMATICIEN. V. INGÉNIEUR GÉOGRAPHE. V. INGÉNIEUR TOPOGRAPHE. V. MILICE ROMAINE N° 2. V. MILICE WURTEMBERGEOISE N° 1. V. OFFICIER D'ÉTAT-MAJOR GÉNÉRAL. V. PENSION DE RETRAITE.

TOPOGRAPHIE, subs. fém. (G, 7). Mot composé à l'aide du GREC, et signifiant description des lieux, portrait d'un PAYS; il est d'un usage peu ancien, mais se trouve pourtant dans FURETIÈRE. Des hellénistes ont désapprouvé l'assemblage des termes qui le composent. Les ANGLAIS et les ITALIENS l'ont admis, mais les ALLEMANDS ne l'avaient pas adopté; ils disaient, dans le même sens, *land-messer-kunst*, et, par rapport à la question d'ARÉOTECHTONIQUE qui nous occupe, ils disaient *feld-messen-kunst*, art de mesurer le CAMP, de mesurer en campagne. Toutefois, STRICKER a germanisé notre mot dans les derniers tomes de la production allemande nommée *Buchens-Magazin*. — Nous ne nous occuperons ici que de la Topographie considérée comme une branche de l'ART MILITAIRE. — Dans les villes de la Grèce antique, elle était cultivée par des

TOPOGRAPHES nommés GÉOMÈTRES MILITAIRES ; mais les résultats de leurs TRAVAUX ne sont pas venus jusqu'à nous ; il ne paraît même pas qu'ils eussent de l'importance. — Suivant une définition allemande, la Topographie est une science qui prend des conclusions touchant ce qu'elle voit sur le TERRAIN et touchant ce qu'elle n'y voit pas ; elle est l'auxiliaire et, pour ainsi dire, le secrétaire de la GÉOLOGIE ; elle est une branche de la GÉODÉSIE. Cette dernière science détermine la forme, l'étendue, la grandeur de la terre ; la TOPOGRAPHIE n'en étudie que l'écorce ou les surfaces, pour les représenter de la plume ou du pinceau. La TOPOGRAPHIE MILITAIRE diffère de la GÉOGRAPHIE, qui ne s'occupe que de la mesure des distances sur un terrain censé plat ; la TOPOGRAPHIE donne, au contraire, une idée des anfractuosités, des MOUVEMENTS et de la physionomie du terrain, et elle cherche à en imiter les reliefs. — Dans le dix-septième siècle, les SUÉDOIS et les HOLLANDAIS publièrent, les premiers, quelques informes essais sur ce sujet. L'ART fit peu de progrès. Cependant, Appien en BAVIÈRE, Mueller en AUTRICHE, Scheutzer en SUISSE, s'y étaient appliqués. Le PIÉMONT offrit le premier ouvrage estimé qui en traitât ; ce fut la *Topographie militaire,* composée par Borgonéo. Il ne nous reste aucun plan graphique des batailles où assista Henri quatre, et cependant, au temps qui correspond à ces époques, la reine ÉLISABETH faisait tracer des CARTES de l'ANGLETERRE. Ainsi les FRANÇAIS, destinés à pousser si loin un jour les sciences géographiques et topographiques, étaient devancés par les peuples du Nord. — Le règne de LOUIS TREIZE s'est passé sans que nos pères eussent encore aucune notion de Topographie ; elle prit naissance sous LOUIS QUATORZE. — La représentation graphique des batailles du maréchal de LUXEMBOURG en fournit la preuve, et les OFFICIERS FRANÇAIS n'eurent plus rien à envier aux autres nations. — Dans la guerre de la Péninsule, en 1823, la TOPOGRAPHIE MILITAIRE a reçu de la LITHOGRAPHIE un admirable secours. A peine un TERRAIN était levé à la suite d'une RECONNAISSANCE, que le calque, LITHOGRAPHIÉ par les soins des OFFICIERS DU GÉNIE, en était adressé aux GÉNÉRAUX OU CHEFS MILITAIRES que le PLAN intéressait. — Les étrangers se montrent disposés à ne pas rester en arrière de ce progrès ; leurs ACADÉMIES ont toutes une chaire de Topographie. — La Topographie a concerné, suivant les temps et les pays, soit le CORPS D'ÉTAT-MAJOR, soit les INGÉNIEURS GÉOGRAPHES. — Dans la MILICE ANGLAISE, la Topographie est démontrée dans l'ÉCOLE D'ÉTAT-

MAJOR GÉNÉRAL ; l'étude en est poussée au plus haut degré. — En campagne, ses détails concernent le QUARTIER-MAITRE GÉNÉRAL. — La MILICE ANGLO-AMÉRICAINE cultive la Topographie anglaise et française. — Dans les MILICES AUTRICHIENNE, PIÉMONTAISE, SUISSE, elle est, ainsi qu'en ANGLETERRE, dans les attributions du CORPS D'ÉTAT-MAJOR. — La Topographie française a fait de mémorables progrès pendant la GUERRE DE 1792 et dans celle DE 1823. — Cette science, moins indispensable à l'OFFICIER DE CAVALERIE, commence à être étudiée par les OFFICIERS D'INFANTERIE ; mais l'avenir nous révélera s'il était avantageux que le CORPS des INGÉNIEURS GÉOGRAPHES fût aboli. — Dans la MILICE NÉERLANDAISE, nul ne devient OFFICIER DE TROUPE qu'il n'ait été interrogé sur la Topographie. — La MILICE WURTEMBERGEOISE avait un bureau de Topographie ; mais cette science ne fleurissait pas aux dépens de la TACTIQUE, comme on le voit dans toutes les autres ARMÉES où il n'existe pas de bureau central de TACTIQUE ou de STRATÉGIE. — A l'égard des CARTES, de savantes disputes se sont élevées sur les procédés de confection, la projection des ombres, la nature du travail annuel, l'emploi et la direction des hachures. Des ingénieurs distingués sont descendus dans la lice ; il ne nous appartient pas de prononcer, quand l'ÉCOLE POLYTECHNIQUE, le DÉPÔT DE LA GUERRE, le DÉPÔT DES FORTIFICATIONS ne semblent pas s'être franchement accordés encore. — Bornonsnous à reproduire les définitions et le fond des opinions que les ÉCRIVAINS compétents nous ont transmises sur la matière. — La Topographie est le calcul des propriétés et de l'étendue d'un TERRAIN STRATÉGIQUE ; elle représente graphiquement et décrit techniquement les détails, la constitution, les accidents physiques du sol qu'elle explore. — Elle apprécie les COMMANDEMENTS DOMINANTS, le nombre des AFFLUENTS, l'ASSIETTE préférable des CAMPS, la position des RAVINS, la profondeur et la direction des COURS D'EAU, la mesure d'activité des terres, l'espèce des CHEMINS, l'emplacement des GUÉS, la surface des BOIS, leur viabilité ou leur impénétrabilité. — Elle dresse, sur place, les LEVÉS (ou LEVÉES, ou LEVERS), qu'elle exécute à la PLANCHETTE (espèce de pupitre de campagne) ; elle inscrit et perfectionne, dans le silence du cabinet, les esquisses de ses RECONNAISSANCES (voilà pourquoi, à quelques égards, Topographie et RECONNAISSANCE sont synonymes) ; elle fait l'énumération des ressources que la position offre aux TROUPES et des difficultés qu'elle peut leur opposer ; elle supplée à l'insuffisance des yeux, devine les situations cachées, asseoit les CAMPS, trace les CHAMPS DE BATAILLE, se forme l'idée des GORGES, des PERTUIS, des DÉFILÉS, des COLS DE MONTAGNES. — Au moyen de DESSINS coloriés, ou à hachures dirigées suivant des procédés convenus, l'INGÉNIEUR TOPOGRAPHE rend sensibles aux yeux du GÉNÉRAL D'ARMÉE tous les moyens, tous les artifices de l'OFFENSIVE et de la DÉFENSIVE, éclaire son COUP D'ŒIL, et guide ses MARCHES. — Suivant de savantes opinions, dont nous ne sommes que l'écho, la Topographie aurait à compléter son système graphonomique et ses vues à vol d'oiseau, en accompagnant de profils explicatifs et de coupes verticales les représentations des pays, des montagnes. Ces profils, analogues à ceux que les dessinateurs ajoutent aux aspects d'un littoral, doivent témoigner graduellement les hauteurs géologiques, mesurées à l'aide d'opérations barométriques. Des chiffres de renvois indiqueraient réciproquement, du plan au profil et du profil au plan, les hauteurs et leurs mesures, et concourraient à l'intelligence de l'art graphique d'une manière plus correcte que n'a pu le faire la magie, tant habile soit-elle, des teintes, des dégradations, des hachures, et de tant d'autres figures sur lesquelles on dispute. En supposant qu'on mesurerait de mille en mille mètres le terrain, il y aurait autant de profils à tracer que de mille mètres trouvés ; le terrain à cinquante mètres du dessous de la rue serait marqué du chiffre 50, et sur le plan et sur le profil ; le terrain de trente mètres au-dessus de la mer le serait du chiffre 30, etc. — Ainsi, un général pourrait supputer rapidement les degrés d'anfractuosité et leur direction ; il verrait si le sol est plus offensif que défensif ; il reconnaîtrait le côté des VERSANTS, prévoirait la rapidité des COURS D'EAU, calculerait les détours à faire faire aux CHARROIS, connaîtrait la ligne du plus court trajet, saurait si l'on doit mettre plus de temps pour aller que pour revenir, ferait concorder la mesure connue des PAS de l'INFANTERIE et de la CAVALERIE. Avec des déclivités ou GLACIS trop souvent inconnus, le relevé de ses côtes de nivellement déterminerait les points culminants, flanquants, à feux fichants. Ce ne serait qu'à l'aide d'un tel profilement que les campagnes du duc de ROHAN et de LECOURBE, dans le pays des GRISONS, pourraient être scientifiquement exposées et comprises. — *La Topographie militaire doit* (dit le *Mémorial topographique du Dépôt de la guerre*) *embrasser la configuration générale des pays, la direction des bassins qui les découpent, les chaînes qui forment leurs bords, les cours d'eaux qui en occupent les fonds, les réseaux de communication de terre ou d'eau qui les traversent, les nœuds qu'elles forment, les points où elles coupent les limites de l'étranger et se rattachent aux nôtres, les lignes de départ, d'opérations et de communication des armées ; quels moyens d'irruption, de retraite elles peuvent offrir ; quelles troupes peuvent y faire la guerre ; quelle combinaison il faut y former des diverses armes ; quels obstacles chacun y doit rencontrer, et par ces obstacles les grands accidents du terrain, les parties inaccessibles, les cols des défilés, les passages faciles à défendre, les séries des positions, etc. ; le système des places, des camps retranchés, des lignes et canaux défensifs ; la manière dont les forteresses saisissent les eaux et les routes, maîtrisent le pays, favorisent tous les mouvements des troupes mobiles ; celles qu'il faut assiéger ; celles qu'il suffit de bloquer ou qu'on doit tourner et mépriser ; celles qu'il est aisé d'emporter de vive force, qu'on peut améliorer par des travaux du moment, qui peuvent devenir nos dépôts et nos centres d'action, recevoir nos magasins et nos convois, couvrir nos lignes d'opérations, et nous fournir des points d'appui contre l'ennemi et des points de sûreté contre les habitants.* — Mais convenons que c'est exagérer l'importance et la destination de la Topographie ; si elle comprenait un ensemble aussi vaste de connaissances profondes, elle constituerait, on le voit, la partie principale de la science du GÉNÉRAL D'ARMÉE, du CHEF DE L'ÉTAT-MAJOR et de l'INGÉNIEUR. Il suffirait donc, pour l'accomplissement des fonctions de ces hauts personnages, de mettre la main sur un TOPOGRAPHE aussi universel que celui dont le *Mémorial* trace l'image. — Mais cette description a été faite par les OFFICIERS TOPOGRAPHES avant qu'ils ne fussent devenus OFFICIERS D'ÉTAT-MAJOR. Ainsi, un gymnaste célèbre voyait dans ses leçons de gymnastique la politique, l'armée, la France, le monde physique et moral. — Simplifions les propositions du *Mémorial* ; resserrons les prétentions qui y percent, en déclarant que la Topographie est l'art de procéder habilement, complètement aux RECONNAISSANCES ; de dresser de bonnes CARTES GRAPHIQUES, et par là de préparer de précieux renseignements et des matériaux sûrs au GÉNÉRAL D'ARMÉE. Mais convenons qu'à lui seul appartient la conception des PLANS, le secret des ATTAQUES et l'à-propos de la DÉFENSIVE. On ne fait pas de la STRATÉGIE par triangulation. Que dirait-on d'un fabricant d'instruments de chirurgie qui croirait que c'est à lui à sonder les plaies et à amputer les blessés? — En outre des ÉCRIVAINS indiqués par WALTHER (1783, C) et par M. RUMPF (1824, F), il y a lieu de mentionner les AUTEURS dont les noms suivent :

ALLEMANDS, PRUSSIENS, SUISSES.	ANGLAIS, ANGLO-AMÉRICAINS.	ESPAGNOLS, PORTUGAIS.	FRANÇAIS.	GRECS, BAS-EUROPÉENS, TURCS.	HOLLANDAIS, FLAMANDS.	ITALIENS.	LATINS.	RUSSES, POLONAIS.	SUÉDOIS, DANOIS.
17	»	»	26	»	»	»	»	»	»

ARNOLD (F. - N.), AUDIERNE, AUDOUIN (t. I, p. 187; t. II, p. 108 et 160), BACKENBERG, BAYARD, BELAIR, BENOIT, BERGFELD, BOEHM, le prince CHARLES (1818, A), CHATILLON, COURTIN (1825, E), DREWE, DUHOUSSET, ENGELBRECHT, FRANCORUR (1825, E), GOMETZ, GUIBERT (1773, E, t. I, p. 85, 137), HAYNE (1806), LACHESNAIE (1758, I, t. III, p. 472), LECOINTE (1770, N), LECOUTURIER (1825, A), LEGRAND (1837, A), MALORTIE, MAUVILLON (1780, H), MEINERT (1794), MIRABEAU (1788, C, p. 185), MOITTE, PERROT, PUISSANT, REINHARDT (Charles), RUMPF (1824, F, aux mots *Carte* et *Plan*), SCHULTZ (p. 208 et 221), SIONVILLE (1756, E, t. IV, p. 208 et 221), STRICKER, UNTERBERGER, WALTHER (1783, K, p. 192), le *Journal de l'Armée* (t. I, p. 329, 569), le *Spectateur militaire* (t. XX, p. 67), le *Mémorial du Dépôt de la guerre* (t. II, p. 23; t. III, p. 57; t. IV, avant-propos), les *Annales militaires* (t. II, p. 264; t. III, p. 156 ou 256), *Kriegs Biblioteck*, le *Journal militaire de l'an douze* (vendémiaire, p. 33).

TOPOGRAPHIE MILITAIRE. V. CHENAL. V. MILITAIRE, adj. V. TOPOGRAPHIE.

TOPOGRAPHIQUE, adj. V. CARTE T... V. GÉNIE T... V. LEVER T... V. PLAN T...

TOQUE, subs. fém. V. COIFFURE. V. HÉRAUT D'ARMES. V. MILICE ANGLAISE N° 4. V. ROI D'ARMES.

TOR, subs. fém. V. TOUR DE FORTIFICATION.

TORBADOR, subs. masc. V. TROUBADOUR.

TORBE, subs. fém. V. TROUPE.

TORCHE, subs. fém. V. ARTIFICE. V. CHEMIN COUVERT. V. CORPS PROJECTILE. V. HÉRAUT D'ARMES N° 4. V. PROJECTILE.

TORELLI; TORENO. V. NOMS PROPRES.

TORMENT, subs. masc. V. BALISTE. V. CATAPULTE.

TORNEAU, subs. masc. V. TOURNOI.

TORNÉEMENT, subs. masc. V. TOURNOI.

TORNEI, subs. masc. V. TOURNOI.

TORNEIMENT, subs. masc. V. TOURNOI.

TORNELLE, subs. fém. V. CHEVALIER DU MOYEN AGE N° 1. V. TOUR DE FORTIFICATION. V. TOUR PERMANENTE. V. TOURNELLE.

TORNER, subs. masc. V. TOURNOI.

TORNER, verb. neut. V. TOURNOI.

TORNICLE, subs. fém. V. COTTE D'ARMES. V. TOURNOI.

TORNOI, subs. masc. V. TOURNOI.

TORNOIEMENT, subs. masc. V. TOURNOI.

TORNOIER, subs. masc. V. TOURNOI.

TORNOIER, verb. neut. v. TOURNOI.

TORNOIS, adj. v. PONT TORNOIS.

TORPÉDO, subs. fém. v. TORPILLE.

TORPILLE, subs. fém. v. EN TORPILLE.

TORPILLE (F). Mot dont la racine est LATINE, comme le prouve son synonyme TORPÉDO dont fait usage DUANE (1810, E). La Torpille est une MACHINE INFERNALE sousmarine que l'Américain Fulton a inventée, comme moyen de défense, en 1805; elle consiste en une caisse de cuivre oblongue, chargée de cent livres de poudre, et susceptible d'être attachée au-dessous des BATIMENTS DE MER qu'il s'agit de couler à fond. — COTTY (1822, A), DUANE (1810, E), GASSENDI (1815) ont traité de la Torpille.

TORQUAT (torquats), subs. masc. (F). Mot que quelques ÉCRIVAINS français ont tiré du LATIN *torquatus*, signifiant SOLDAT ROMAIN portant un COLLIER d'honneur ou un TORQUE, comme le dit CARRÉ (1783, E, p. 179); cet ornement, en or pur, était décerné comme prix de HAUT FAIT. Il y avait, comme le témoigne VÉGÈCE (590, A), des Torquats à plusieurs COLLIERS; le Torquat DUPLAIRE percevait DOUBLE RATION; le Torquat SESQUIPLAIRE touchait une RATION et demie. On peut à cet égard consulter TURPIN (1783, t. I, p. 315).

TORQUE, subs. masc. v. TORQUAT.

TORRENT, subs. masc. v. PONT DE CAMPAGNE.

TORRICELLI. v. NOMS PROPRES.

TORRION, subs. masc. (F), ou TOURION, ou TOURRION. Mot tout ITALIEN, *torrione*, que mentionne BRANTOME (1600, R, *Vie de Henri deux*) dans le sens de grosse TOUR CARRÉE, ou de TOUR A REMPART. — On appelait Torrions des ouvrages du génie, des CAVALIERS ou des TOURS DE FORTIFICATION, avant que celles-ci ne se changeassent en BASTIONS, et même postérieurement, puisque, dans la Sciomachie, Rabelais appelle tourrions les bastions creux et à trois angles qui garnissaient les saillants du polygone dont il parle. — Depuis des milliers d'années, l'enceinte des temples de Koum Ombos, dans la haute EGYPTE, était un POLYGONE flanqué de Torrions ou TOURS CARRÉES regardant la chaîne arabique.

TORSADE, subs. fém. v. A PETITE TORSADE. v. A TORSADE. v. PETITE TORSADE.

TORSADE de CHAPEAU. v. CHAPEAU. v. GANSE DE CHAPEAU. v. GÉNÉRAL FRANÇAIS N° 3.

TORSADE de DRAPEAU. v. CONTOUR DE GLAND DE DRAPEAU. v. DRAPEAU. V. DRAPEAU D'INFANTERIE FRANÇAISE.

TORSADE de CEINTURE. v. CEINTURE. v. GÉNÉRAL FRANÇAIS N° 3. v. MARÉCHAL DE FRANCE N° 5.

TORSADE (torsades) (B, 1). Terme de passementerie, emprunté du vieil adjectif tors, torse. Il donne idée de l'espèce de cordelettes d'or ou d'argent qui pendent à partir du CONTOUR D'ÉPAULETTES des OFFICIERS SUPÉRIEURS et GÉNÉRAUX. — Le mot Torsade est peu ancien; les RÈGLEMENTS D'UNIFORME du dix-septième siècle disaient, dans un sens à peu près pareil, COUDES A PUITS et CORDELIÈRES. — Les Torsades ne se composaient d'abord que d'une seule couche qui reposait sur une frange de soie; le filé se changea bientôt en GRAINE D'ÉPINARDS, ou, plus correctement parlant, en une FRANGE de FILÉ A GRAINE. — Depuis la GUERRE DE LA RÉVOLUTION, le luxe toujours croissant des DÉCORATIONS, a amené une mode nouvelle et cinq ou six fois plus coûteuse; les Torsades, rangées à plusieurs couches, ont usurpé la place de la soie ou du FILÉ A GRAINE. Ce filé est resté comme DÉCORATION D'OFFICIER PARTICULIER, et depuis le consulat, les Torsades ont orné les épaules des GÉNÉRAUX, qui jusque-là n'avaient jamais porté d'ÉPAULETTES. Il en a été ainsi sans qu'aucune instruction ou circulaire ministérielle, sans qu'aucun RÈGLEMENT se soit occupé de ces innovations qui ont aujourd'hui fait le tour du monde. — Les OFFICIERS PARTICULIERS de la garde du directoire, craignant d'être pris pour des OFFICIERS DE TROUPE DE LIGNE, imaginèrent les épaulettes à PETITES TORSADES; la GARDE CONSULAIRE, la GARDE IMPÉRIALE, la GARDE ROYALE, la MAISON MILITAIRE, la GARDE MUNICIPALE, les INGÉNIEURS GÉOGRAPHES, n'ont pas mis moins d'empressement à adopter, sans en demander permission, ces distinctions vaniteuses; le TRAIN de la GARDE, les CORPS SAVANTS, les régiments DE CARABINIERS A CHEVAL, n'ont eu garde de rester en arrière. — Souhaitons que toutes ces MARQUES DISTINCTIVES ridicules, embarrassantes, dispendieuses, soient remplacées par des DÉCORATIONS plus simples, plus raisonnables, plus reconnaissables. Espérons que des Torsades n'alourdiront plus les DRAPEAUX, et qu'on ne les laissera qu'au TAMBOUR-MAJOR, aux suisses d'église et aux laquais de grandes maisons, puisque la loi française, par une inconcevable incurie, a souffert qu'ils les contaminassent.

TORSTENSON. v. NOMS PROPRES.

TORT (torte), adj. v. MASSUE TORTE. v. TORTIL.

TORTEL. v. NOMS PROPRES.

TORTERELLE, subs. fém. v. TORTORELLE.

TORTIL, subs. masc. (F). Mot qui a la

même racine que l'adjectif tort, et vient du LATIN *torquere*. — On a appelé Tortil un genre de CRÈTE DE CASQUE qui avait la forme tortillée d'une corde. —On a appelé Tortils, des cordons ou des rubans en forme de boudins qu'on remplissait de bourre, et qui ornaient les CASQUES DE TOURNOI. De là était venue la synonymie entre BOURLET, BOURRELET DE CASQUE et Tortil.—En terme de BLASON, un Tortil est un ruban qui joue comme enjolivement autour d'une COURONNE DE BARON. — M. ALLOU a dit quelques mots des Tortils.

TORTONE. V. NOMS PROPRES.

TORTORELLE. subs. fém. (F) ou TORTERELLE. Mot dérivé du bas LATIN ou de l'ITALIEN *tortorella*, signifiant tourterelle. C'était le nom d'une MACHINE de guerre que GANEAU croit de l'espèce des TORTUES MÉCANIQUES; il cite le chroniqueur Rollandin, dans lequel on lit que Manfredin, comte de Padoue, périt d'un coup de PIERRE lancée d'une TORTERELLE. — ROQUEFORT parle des Tortorelles, et les compare à des TORTUES MÉCANIQUES.

TORTOSE. V. NOMS PROPRES.

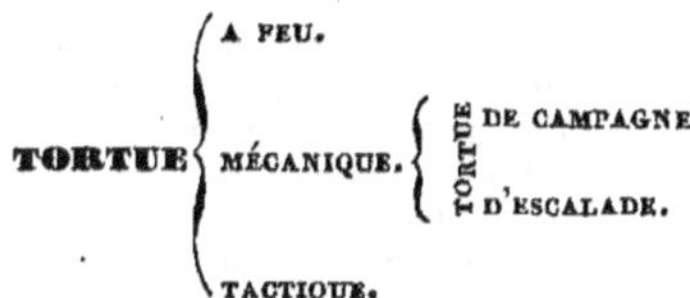

TORTUE, subs. fém. (term. génér.), ou TORTUE DE GUERRE. Le mot TORTUE, dont l'étymologie est mal connue, a été emprunté à la zoologie par la langue militaire, parce que les ROMAINS employèrent dans le même sens le mot *testudo*. — La Tortue de l'antiquité a été, ou une MACHINE, ou une MANŒUVRE ; des Tortues modernes ont été des ARMES A FEU comparables par leurs formes aux écailles de Tortue. — Le mot se distingue en TORTUE A BÉLIER, — A FAUX, — A FEU, — A TARIÈRE, —BÉLIÈRE, — DE GUERRE, — DE MER, — MÉCANIQUE, — TACTIQUE.

TORTUE A BÉLIER. V. A BÉLIER. V. TORTUE MÉCANIQUE.

TORTUE A FAUX. V. A FAUX. V. CORBEAU OFFENSIF. V. TORTUE MÉCANIQUE.

TORTUE A FEU (G, 2). Sorte de TORTUE qui, suivant GANEAU, était une espèce de BOMBE composée de deux vases ou hémisphères de bronze qu'on emplissait d'ARTIFICE. On se servait de la Tortue pour faire sauter un pont ou pour obtenir des effets analogues. Il est question de cette arme à feu

dans CARRÉ (1783, E, p. 337) et dans LAYA (1670, D).

TORTUE à TARIÈRE. V. TARIÈRE DE GUERRE. V. TORTUE MÉCANIQUE.

TORTUE BÉLIÈRE. V. BÉLIER, adj. V. BÉLIER OFFENSIF. V. CHAT OFFENSIF. V. MACHINE. V. TORTUE MÉCANIQUE.

TORTUE de CAMPAGNE (G, 6). Sorte de TORTUE TACTIQUE qui avait son PREMIER RANG agenouillé, son RANG du milieu incliné, son dernier RANG debout. La description qu'en fournit TITE LIVE donne à croire que c'était une espèce de CARRÉ TACTIQUE, qui contenait en son centre les ARMÉS A LA LÉGÈRE. PLUTARQUE dit que le PREMIER RANG agenouillé y était caché par ses BOUCLIERS tenus debout, et que les derniers RANGS abritaient horizontalement sous leurs BOUCLIERS la tête des RANGS qui les précédaient, que les ARMÉS A LA LÉGÈRE se tenaient en arrière. Marc-Antoine eut recours, dit-il, à cette manœuvre contre les PARTHES. — DION prétend que dans les TERRAINS étroits et creux, la Tortue foulée aux pieds de l'ENNEMI n'éprouvait aucun dommage, pourvu qu'elle fût accotée, afin que ses parois latérales ne cédassent point à cet édifice humain, supportant nonseulement des BATAILLONS EN MASSE, mais même des CHARS et de la CAVALERIE. JUSTE LIPSE a répété cet invraisemblable récit.

TORTUE de GUERRE. V. GUERRE. V. TORTUE.

TORTUE de MER. V. MER. V. TORTUE MÉCANIQUE.

TORTUE d'ESCALADE (G, 6). Sorte de TORTUE TACTIQUE qui était destinée à l'insulte d'un REMPART. Elle présentait, au dire d'Ammian, d'AGATHIAS, de TACITE, un glacis s'appuyant au pied de la ville assiégée ; les plus grands SOLDATS étaient en PREMIER RANG et debout, ceux des derniers RANGS étaient à genou. — Les forts javelots soutenaient comme autant de colonnes les BOUCLIERS. — Quelquefois la Tortue précédée d'ÉCHELLES y montait rangs par RANGS, à mesure que les hommes à couvert du BOUCLIER étaient parvenus au pied du REMPART ou au fond du FOSSÉ. Quelquefois la voûte de la Tortue servait de point d'appui aux ÉCHELLES. STEWÉCHIUS a donné les divers dessins de ces sortes d'escalades.— Les BATAVES, suivant TACITE, pratiquaient ce genre de Tortue. — L'ENCYCLOPÉDIE (1751, C) et FOLARD (1727, A) ont été jusqu'à dire, que des Tortues d'escalade se composaient de plusieurs étages dont les couches de BOUCLIERS étaient les plafonds. — CARRÉ (1783, E) nie avec raison la possibilité d'un pareil MOYEN D'ESCALADE, et nous, nous avons plus d'une fois exprimé, en parlant des narrations de l'histoire, avec quelle réserve il y fallait ajouter foi. — Les AUTEURS qui servent de garants à ce que les modernes ont dit des Tortues d'escalade, sont : AGATHIAS, AMMIAN (380, A), CARRÉ (1783, E), DANIEL (1721, A), ENCYCLOPÉDIE (1751, C), FOLARD (1727, A), STEWÉCHIUS (1569, A), TACITE.

TORTUE MÉCANIQUE (F, H, 2). Sorte de TORTUE ou de BASTINGUE, ou d'ENGIN, ou de PLUTEUS dont les MILICES GRECQUE et ROMAINE se servaient dans l'ATTAQUE des PLACES ; leur marche lente et presque rampante leur avait valu ce nom dans la LANGUE LATINE. — Les GRECS les appelaient CRIOCHÉES. Les Tortues étaient, en général, des cénacles ou des bâtis de charpente, à l'épreuve des CORPS PROJECTILES des ASSIÉGÉS, et servant de MANTELETS à l'ARMÉE ASSIÉGEANTE, aux TRAVAILLEURS : le devant et les côtés de la MACHINE étaient de claies, de FELTRES garnis de RIDEAUX en crin ou en cordage, pour amortir les PROJECTILES de l'ASSIÉGÉ ; le toit en était couvert de FASCINES, de terre, de gazon, de peaux d'animaux fraîchement écorchés, comme garantie contre l'incendie. — Les Tortues portaient des ponts-levis qui s'abattaient du côté des ASSIÉGÉS ; celles des ROMAINS, suivant leur destination différente, se sont nommées *testudo fossaria, arcis vinea, testudo arietaria*. La première dont parle POLYBE était à l'usage des FOSSIERS, chargés de combler le FOSSÉ de la PLACE ; c'était une même MACHINE, suivant FOLARD (1727, A), que le MUSCULE ; elle aplanissait les chemins où devaient passer les HÉLÉPOLES, les TOURS ROULANTES : aussi M. le colonel CARRION (1824, A) et LACHESNAIE (1758, I) les appellent-ils Tortues de comblement. La seconde, dont parle HÉRON (623, A), qu'on a aussi appelée VIGNE, était un moyen de COMMUNICATION dont parle TITE LIVE, et qu'on a comparé aux TRANCHÉES des modernes. L'adjonction de plusieurs de ces Tortues formait une longue GALERIE D'APPROCHES. La dernière, qu'on a traduite par TORTUE A BÉLIER, ou TORTUE BÉLIÈRE, et que Carrion appelle TORTUE BÉLIÈRE, contenait une poutre catabalistique. — Le cheval de TROIE, si l'on en croit PLINE, n'était autre chose qu'une Tortue de cette espèce ; il y en avait à pointes ou à proue qu'on appelait *testudo rostrata*. — Il y avait aussi, suivant VÉGÈCE (390, A), des TORTUES A FAUX, à HARPIN, à TARIÈRE, ou des CORBEAUX OFFENSIFS destinés à défendre et à renverser les MURAILLES. VITRUVE en donne une description détaillée ; TITE LIVE les distingue des TORTUES A BÉLIER, et dit qu'elles complétaient la destruction des murs que le

BÉLIER avait entamés. — APPIAN (150, A) mentionne des Tortues dont on se servait dans les GUERRES PUNIQUES ; l'une d'elles, dit-il, était mise en mouvement par six mille hommes ; l'autre, par la totalité des TROUPES DE MER. — On frottait de vinaigre les Tortues, comme moyen d'en prévenir l'incendie. — Les hommes qui manœuvraient la Tortue se frottaient également de vinaigre et en couvraient leurs mains, leur figure, leurs vêtements, croyant par là se préserver des brûlures. — AMMIAN MARCELLIN (380, A) nous apprend que pour rendre facile le transport des Tortues, on les démontait par pièces. — Il a été fait usage aussi chez les anciens de Tortues en terre ; c'étaient des fossés blindés ou des GALERIES fermées, dirigées vers le fossé ou la MURAILLE de la ville assiégée. Turnèbe, dans son traité intitulé *Contraria*, agite la question de savoir si ces TRAVAUX doivent être comparés aux TRANCHÉES des modernes. — POLIORCÈTE, assiégeant RHODES, fit construire des TORTUES DE MER ; c'étaient des espèces de galeries flottantes qui mettaient l'assiégeant à couvert des projectiles de l'ENNEMI. — BAROCIUS (1572, A) décrit une TORTUE BÉLIÈRE qui avait cent vingt coudées de longueur ; elle avait été construite par les généraux de l'empereur de Byzance ; elle avait huit roues ; il fallait cent hommes pour en mouvoir le BÉLIER, qui pesait quatre cents talents, ou dix-huit mille kilogrammes. — On opposait surtout aux Tortues les catapultes, et les progrès que firent ces dernières armes ensevelirent les autres. GRÉGOIRE DE TOURS nous montre les Français faisant usage de Tortues, de TOURS ROULANTES, de GALERIES D'APPROCHES. — Les milices du MOYEN AGE ont appelé CATTUS, CHAT-CHATEIL, taudis, tortorelles, certains genres de Tortues propres, suivant ROQUEFORT, à jeter des pierres. PERRAULT, annotateur de VITRUVE, rapporte qu'au siège d'OSTENDE, un ingénieur construisit une Tortue qui fut sans utilité, parce qu'un boulet emporta une de ses roues. FOLARD (1727, A) a emprunté à VITRUVE la description qu'il en donne. — Il a été traité des Tortues mécaniques dans les ouvrages ou les AUTEURS dont les noms suivent : AMMIAN (380, A), APPIAN (150, A), ATHÉNÉE (260, A), BAROCIUS (1572, A), BELAIR (1792), CARRÉ (1783, E, p. 178, 276, 347, 385, 482), CARRION (1824, A, p. 482 et 556), CORNELIUS NEPOS, COTTY (1822, A), D'ESPAGNAC (1751, D), DIODORE DE SICILE, M. DUREAU DELAMALLE, ENCYCLOPÉDIE (1751, C), FOLARD (1727, A), GASSENDI (1819), GRÉGOIRE DE TOURS, GUICHARD (1758, E, t. I, p. 56 ; t. II, p. 210), HÉRON (623, A), JOSÈPHE, JUSTE LIPSE (1596,

A), Lachesnaie (1758, I, t. i, p. 401, au mot *Comblement;* t. ii, p. 535), Lecouturier (1825, A), Maizeroy (1771, A, t. ii, p. 43, 208), Monchablon, Perrault, Pline, Plutarque, Potier (1779, X, au mot *Artillerie*), Robinson, Sionville (1756, E, t. ii, p. 36), Tite Live, Turnèbe, Végèce (390, A), Vitruve, Wilkinson.

TORTUE TACTIQUE (term. sous-génér.). Sorte de tortue qui a été pratiquée par l'infanterie des milices grecque, romaine, française, par les Bataves, par les Francs. C'était une évolution qui exigeait la compression absolue des rangs et des files. C'était une manoeuvre qui exigeait un maniement particulier du bouclier; leur enchâssement, leur solide union en manière de taille, formait comme une seule écaille; sa propriété était de mettre une troupe massée à l'abri des projectiles de l'ennemi. Aussi l'appelait-on *umbraculum ;* c'était une espèce de carré tactique qui, par la génuflexion de quelques rangs, formait une sorte de glacis, de bouclier, dont l'inclinaison régnait, suivant la circonstance, soit des premiers aux derniers rangs, soit dans la direction opposée. — Les oplites appelaient synaspisme ou cohésion de boucliers l'évolution de la Tortue. — Quelquefois la Tortue formait, à ce qu'on a prétendu fabuleusement peut-être, un plancher solide, immobile, robuste, sur lequel couraient des chars, des chevaux, ou bien sur lequel se rangeait un second étage de soldats également ordonnés en Tortue. — Ces assertions se trouvent dans Ammian, Dion Cassius et Florus. — Les Romains pratiquèrent d'abord, dit-on, dans leurs jeux les Tortues, qu'ils appliquèrent ensuite aux usages de la guerre. — Ammian fait la description d'un combat sur mer, où trois vaisseaux attachés l'un à l'autre portaient des soldats formant une seule Tortue. — En 553, la bataille

de Casilin est une des dernières où la Tortue ait été pratiquée. Par cette manoeuvre on n'y préserva pas les Francs de toute défaite. On peut recourir, pour plus d'éclaircissements, au texte ou aux gravures de Agathias, Ammian, Daniel (1721), Dion Cassius, Dureau-Delamalle, Encyclopédie (1751, C, au mot *Guerre*), Florus, Folard (1727, A), Juste Lipse, Liskenne (t. i, p. 576), Plutarque, Potier (1779, X, au mot *Artillerie*), Robinson, Stewéchius, Tacite, Tite Live. — Les Tortues se distinguent en Tortue de campagne et en Tortue d'escalade.

TOSCA. v. noms propres.

TOSCAN (toscane), adj. v. milice t...

TOSCAN; TOSCANE. v. noms propres.

TOTALISATION, subs. fém. v. compte de clerc a maitre. v. deniers de poche. v. deniers d'ordinaire.

TOTT. v. noms propres.

TOUCHÉ (touchée) deux fois, adj. v. appointements touchés deux fois.

TOUCHER (verb. act.) la caisse. v. battre la caisse. v. caisse.

TOUG, subs. masc. v. milice turque n° 4.

TOUGH, subs. masc. v. milice turque n° 4.

TOULON; TOULONGEON; TOULOUSE. v. noms propres.

TOUPET, subs. masc. v. chevelure militaire. v. officier français n° 2.

TOUR, subs. fém. et masc. v. a tour. v. créneau de t... v. demi-t... v. en t... v. escalier de t... v. étage de t... v. ordre de la t... v. pan de t... v. par quart de t... v. pont de t... v. porte de t... v. premier t... v. quart de t... v. quatrième t... v. roue de t.. v. second t... v. troisième t...

TOUR			
D'ANCIENNETÉ.			
DE FORTIFICATION.	TOUR	PERMANENTE.	TOUR	BASTIONNÉE.
		ROULANTE.		MAXIMILIENNE.
DE PIQUE.			

TOUR, subs. fém. et masc. (terme générique). Mot dont l'étymologie diffère suivant le genre grammatical qu'il prend : féminin, il dérive du latin *turris;* masculin, il se prend sous l'acception de progrès, ambulation, vicissitude, alternative, et vient de l'italien, ou du moins est analogue au

réduplicatif *ritorno ;* il a produit tourillon, tourner à gauche, tournant, tournebout, tournée, tour, tournevis. — Sur ces différences de genre et de signification, on peut consulter Béneton (1742, A, p. 151), Daniel (1721, A, t. i, p. 556), Despagnac (1751, t. iii, p. 161), Lachesnaie (1758, I,

t. II, p. 556), LECOUTURIER (1825, A), SION-VILLE (1756, t. III, p. 60), le *Journal des Sciences militaires* (juin 1837, p. 275, 281). — Le mot Tour se distingue en TOUR A CRÉNEAUX, — A LA MONTALEMBERT, — A MARCHER, — AMBULANTE, — AMBULATOIRE, — BASTIONNÉE, — BÉLIÈRE, — CARRÉE, — CORNIÈRE, — D'ANCIENNETÉ, — D'ARBALÈTE, — D'AVANCEMENT, — DE BAGUETTES, — DE CHAPEAU, — DE CONVERSION, — DE CORVÉE, — DE DÉTACHEMENT, — DE FORTIFICATION, — DE GALLE, — DE GARDE, — DE NOMINATION, — DE PIQUE, — DE ROLE, — DE SERVICE, — DE TABLEAU, — DÉFENSIVE, — D'ENCEINTE, — D'ÉLÉPHANT, — DU TABLEAU, — FÉODALE, — GAILLARDE, — ISOLÉE, — MAGNE, — MAXIMILIENNE, — MOBILE, — OFFENSIVE, — PASSAGÈRE, — PERMANENTE, — RONDE, — ROULERESSE, — TACTIQUE.

TOUR (subs. fém.) A CRÉNEAUX. V. A CRÉNEAU. V. TOUR DE FORTIFICATION. V. TOUR MAXIMILIENNE.

TOUR (subs. fém.) A LA MONTALEMBERT. V. A LA MONTALEMBERT. V. DEMI-LUNE. V. MILICE PRUSSIENNE N° 7. V. TOUR PERMANENTE.

TOUR (subs. masc.) A MARCHER. V. A MARCHER. V. CHEF DE DÉTACHEMENT DE GUERRE N° 1.

TOUR (subs. fém.) AMBULANTE. V. AMBULANT. V. TOUR ROULANTE.

TOUR (subs. fém.) AMBULATOIRE. V. AMBULATOIRE. V. TOUR ROULANTE.

TOUR (subs. fém.) BASTIONNÉE (G, 4; H, 1). Sorte de TOURS PERMANENTES imaginées par VAUBAN, et employées dans la construction de LANDAU, en 1684; il les substitua à des BASTIONS ordinaires pour conserver des FEUX jusqu'au dernier moment de la DÉFENSE, et pour mettre des MUNITIONS ou des TROUPES à l'abri de la BOMBE. — Ces Tours étaient petites et contenaient des souterrains voûtés. Peu de villes en avaient ; il s'en voyait cependant à BÉFORT, à BESANÇON, à NEUBRISACK. Des Tours bastionnées étaient précédées d'une CONTRE-GARDE. — Il est question de ces Tours, dans BLAIN (1792, B), DESPREZ (1755, B, p. 104), ENCYCLOPÉDIE (1751, C).

TOUR (subs. fém.) BÉLIÈRE. V. BÉLIER, adj. V. TORTUE MÉCANIQUE.

TOUR (subs. fém.) CARRÉE. V. BASTION DE FORTERESSE. V. CARRÉ, adj. V. MILICE TURQUE N° 7. V. TOUR PERMANENTE. V. TORRION.

TOUR CORNIÈRE, subs. fém. V. CORNIER. V. TOUR DE FORTIFICATION.

TOUR (subs. masc.) D'ANCIENNETÉ (C, 1, 4; E). Sorte de TOUR, c'est-à-dire de DROIT qui est de nature à décider de l'AVANCEMENT, du COMMANDEMENT, de l'AVÉNEMENT AUX CLAS-SES D'OFFICIERS, du remplacement des PRISONNIERS DE GUERRE, de l'obtention de la PENSION DE RETRAITE. — Le MINISTRE DE LA GUERRE désigne, pour les EMPLOIS DE SOUS-LIEUTENANTS, les sujets proposés en vertu du Tour d'ancienneté. — Suivant l'opinion que défendait en 1826, à la tribune, M. de CLERMONT-TONNERRE, MINISTRE DE LA GUERRE, les NOMINATIONS D'OFFICIERS dans les CORPS de nouvelle création ne devaient être qu'au CHOIX DU ROI, mais non dépendre d'un Tour d'ancienneté.

TOUR (subs. masc.) D'ARBALÈTE. V. ARBALÈTE. V. ARBALÈTE A TOUR. V. RIBAUDEQUIN.

TOUR (subs. masc.) D'AVANCEMENT. V. AVANCEMENT. V. AVANCEMENT EN TEMPS DE GUERRE. V. CHEF DE BATAILLON D'INFANTERIE FRANÇAISE DE LIGNE N° 5. V. COLONEL D'INFANTERIE FRANÇAISE DE LIGNE N° 12. V. MILICE PRUSSIENNE N° 9. V. PREMIER TOUR.

TOUR (subs. masc.) DE BAGUETTES. V. BAGUETTES CORRECTIONNELLES. V. COUPABLE.

TOUR (subs. masc.) DE CHAPEAU. V. CHAPEAU. V. PLUME FRISÉE.

TOUR (subs. masc.) DE CONVERSION. V. CONVERSION. V. CONVERSION ENTIÈRE. V. DEMI-TOUR. V. DEMI-TOUR DE CONVERSION.

TOUR (subs. masc.) DE CORVÉE. V. CORVÉE DE SOUPE. V. CORVÉE D'OFFICIERS. V. DOMESTIQUE D'OFFICIER. V. ESCORTE DE DISTRIBUTION. V. GRAND BIDON.

TOUR DE DÉTACHEMENT. V. DÉTACHEMENT. V. OFFICIER FRANÇAIS N° 12.

TOUR (tours), subs. fém. (term. sous-génér.) de FORTIFICATION, OU MAYNEAU suivant ROQUEFORT, OU MUETTE, OU ROC, OU TOR, suivant BARBAZAN, OU TORNELLE, OU TORRION, OU TOURÈCLE, OU TOURELLE, OU TOURETTE, OU TOURION, OU TOURN, OU TOURNELLE, OU TUR, OU TUREL. Sorte de TOUR dont nous avons indiqué l'étymologie LATINE, et dont GÉBELIN dérive le nom du CELTIQUE et de l'ORIENTAL *tor*. — CARPENTIER regarde le mot *turelure*, venu de TUREL, comme un genre de FORTIFICATION, mais il ne le décrit pas. — La milice CHINOISE a élevé de toute antiquité des TOURS. — On a appelé TOURS CORNIÈRES les TOURS A CRÉNEAUX. — Les Tours sont des PIÈCES ou des OUVRAGES DE FORTIFICATION qui ont été la plupart du temps cylindriques (ou RONDES, comme on l'a dit improprement) ; elles ont été, pour la plupart, des CONSTRUCTIONS fixes, dont le REMPART était percé, suivant les temps, d'ARCHIÈRES, de MEURTRIÈRES, d'EMBRASURES. — ANNIBAL, à Sagonte, dominait son ARMÉE et le SIÉGE du haut d'une Tour plus élevée que toutes les autres. TITE LIVE parle de Tours qui renfermaient et des TROUPES nombreuses et des MACHINES de toute espèce. — Au siège de MARSEILLE, CÉSAR érigea deux Tours à CAVALIERS dont les ÉTAGES reposaient sur des murs de brique de six pieds d'épaisseur. — A SOISSONS il élevait des CAVALIERS qu'il surmontait de Tours. Il rapporte que ceux de NAMUR furent si émerveillés de la hauteur et du volume de ses Tours, qu'ils se persuadèrent que les dieux intervenaient dans leur construction. — QUINTE-CURCE cite comme non moins étonnantes les Tours qu'ALEXANDRE faisait construire dans les INDES. — JOSÈPHE rapporte qu'en Judée, Fulvius Silva, GÉNÉRAL ROMAIN, assiégeant Massada, y fit construire sur un CAVALIER un second CAVALIER de pierres cimentées; il avait cinquante coudées de hauteur et supportait une Tour de soixante coudées, toute recouverte de fer. Un pareil récit semble si exagéré qu'il autorise le doute. — Faustus, historien bysantin du quatorzième siècle, nous fait connaître que les Tours s'appelaient *falæ*, à raison de leur élévation. Les commentateurs de GRÉGOIRE DE TOURS, tels que Ruinard, mentionnent aussi les synonymes *phala*, *phalæ*, *fala*, *falæ*; MÉNAGE et CASENEUVE les reproduisent aux mots FALOT, FALARIQUE. — Les Tours sont restées sous diverses formes, sous divers noms, comme MEUBLES D'ARMOIRIES. — Les AUTEURS qui dans leurs traités ont fait mention des Tours, soit PERMANENTES, soit passagères, sont : BALTARD, BARBAZAN, BELAIR (1792), BOYER, CARPENTIER, CARRION (1724, A, t. I, p. 540), CASENEUVE, DANIEL (1721, A, t. I, p. 656), DUANE (1810, E, au mot *Tour*), ENCYCLOPÉDIE (1751, C; 1785, C, t. I, p. 121), GÉBELIN, GOETZMANN (1777), M. le général GOURGAUD, LACHESNAIE (1758, I, au mot *Enceinte*); MAIZEROY (1771, A, t. II, p. 35), MANESSON (1685, B, t. I, p. 6), MÉNAGE, POTIER (1779, X), ROQUEFORT, SIONVILLE (1756, E, t. III, p. 60, 129), TITE LIVE, VÉGÈCE (390, A). Les Tours de fortification se distinguent en TOURS PERMANENTES et en TOURS ROULANTES.

TOUR (subs. fém.) de GALLE. V. DONJON. V. GALLE.

TOUR de GARDE. V. GARDE. V. GARDE ARMÉE. V. HOMME DE GARDE. V. OFFICIER DE GARDE. V. TOUR DE PIQUE.

TOUR de NOMINATION. V. ASSEMBLÉE DE NOMINATION. V. NOMINATION.

TOUR (subs. masc.) de PIQUE (C, 3; E), ou tour de rôle. Sorte de Tour, c'est-à-dire d'alternative ou d'ORDRE DU TABLEAU qui rappelle une expression qui était commune au métier des armes et aux règles monastiques.

Dans les couvents, ce Tour se réglait au moyen d'une planche où était inscrite une série de noms à la suite desquels plusieurs Trous étaient destinés à l'introduction d'une cheville; la place où était piquée cette cheville annonçait si l'appel du nom était fait ou à faire. — Dans les CORPS MILITAIRES, le Tour de PIQUE CATALOGIQUE se marquait sur une liste volante où un OFFICIER MAJOR marquait avec un crayon, ou piquait avec une épingle, le nom du présent ou de l'absent, le TOUR DE GARDE OU DE SERVICE, etc. — On était FACTIONNAIRE à Tour de pique. — La JUSTICE MILITAIRE se rendait en appelant, à Tour de pique, les JUGES qui devaient prendre séance. — Cette expression avait donné lieu à la locution APPOINTER DE GARDE, de SERVICE, ou marquer d'un point le nom de ceux qui encouraient une PUNITION de ce genre.

TOUR (subs. masc.) de ROLE. V. CAPORAL DE SEMAINE. V. FACTIONNAIRE. V. JUGE MILITAIRE. V. SERVICE D'ARMÉE. V. ROLE. V. SERVICE DE GARNISON. V. TOUR DE PIQUE.

TOUR (subs. masc.) de SERVICE. V. ABSENCE DE GRENADIERS. V. ANCIENNETÉ DE CORPS. V. CAPORAL DE SEMAINE. V. CHEF DE DÉTACHEMENT. V. CHEF DE TRANCHÉE. V. COMMANDEMENT DE SERVICE. V. CONTRE-ORDRE. V. COUR MARTIALE. V. DÉTACHEMENT DE CORPS. V. DÉTACHEMENT DE GUERRE. V. ÊTRE EN TOUR. V. MILICE PRUSSIENNE N° 9. V. OFFICIER D'ORDONNANCE. V. OFFICIER FRANÇAIS N° 12. V. PENSION DE RETRAITE. V. PIQUET AU CAMP. V. PREMIER TOUR. V. QUATRIÈME TOUR. V. RONDE D'OFFICIER. V. SECOND TOUR. V. SERVICE. V. SERVICE D'ARMÉE. V. SERVICE DE SEMAINE. V. SERVICE JOURNALIER. V. TOUR DE PIQUE.

TOUR (subs. masc.) de TABLEAU. V. AVANCEMENT. V. ORDRE DU TABLEAU. V. TABLEAU.

TOUR (subs. fém.) DÉFENSIVE. V. DÉFENSIF. V. TOUR MAXIMILIENNE. V. TOUR PERMANENTE.

TOUR (subs. fém.) d'ENCEINTE. V. ENCEINTE. V. PORTÉE D'ARC. V. TOUR PERMANENTE.

TOUR (subs. fém.) d'ÉLÉPHANT. V. ÉLÉPHANT.

TOUR (subs. masc.) du TABLEAU. V. AVANCEMENT. V. ORDRE DU TABLEAU. V. SERVICE AU CAMP. V. SERVICE JOURNALIER. V. TABLEAU.

TOUR (subs. fém.) FÉODALE. V. FÉODAL. V. TOUR PERMANENTE.

TOUR (subs. fém.) GAILLARDE. V. GAILLARD, adj. V. TOUR PERMANENTE.

TOUR (subs. fém.) ISOLÉE. V. ISOLÉ, adj. V. TOUR PERMANENTE.

TOUR (subs. fém.) MAGNE. v. MAGNE, adj. v. TOUR PERMANENTE.

TOUR (tours) (subs. fém.) MAXIMILIENNE (F). Sorte de TOURS PERMANENTES qui entrent dans le système fortificatoire de la MAISON D'AUTRICHE, et qui doivent leur dénomination au nom de l'archiduc Maximilien, qui a été le promoteur de ce genre de CONSTRUCTION. — Le système de ce genre de TOURS DÉFENSIVES n'est pas nouveau ; il se retrouve dans les MARTELLO de CORSE et d'ANGLETERRE et dans les TOURS DÉFENSIVES DU PORTUGAL. — Les ARABES donnaient le nom d'alataya à des Tours CRÉNELÉES et sans PORTES, comme le témoigne le général FOY. Ce mot, resté dans le PORTUGAIS, y exprime ce genre de bâtisse dont on retrouve partout les vestiges ; les lieux élevés étaient couronnés d'alatayas. Don Juan d'Autriche faisait accrocher aux CRÉNEAUX les commandants d'alatayas qui osaient résister à ses armes. — En 829, le gouvernement autrichien commence à établir, en ITALIE, des Tours en pierres de taille, à trois ÉTAGES, dont deux au-dessous de terre ; l'ÉTAGE supérieur n'avait que la hauteur d'une REDOUTE ordinaire. L'ÉTAGE du milieu avait les BATTERIES au niveau du sol ; celui d'en bas était l'entrepôt de tout le MATÉRIEL ; la PLATE-FORME supérieure était couronnée de onze gros CANONS SUR AFFUTS EN FER COULÉ. — Ces Tours étaient destinées à servir de points d'appui à des CAMPS RETRANCHÉS, et à les circonvaller à raison de dix à douze Tours par CAMP. — A l'imitation de la MILICE AUTRICHIENNE, le duc de Modène avait résolu d'en établir quatre sur le Pô ; et il était question, en 1837, de bâtir des Tours maximiliennes sur toute la frontière occidentale de l'empire d'AUTRICHE. — Le *Bulletin des Sciences militaires* (1830, p. 184) s'étendait à cet égard en quelques détails. La question était approfondie davantage dans la *Sentinelle de l'Armée* (t. III, p. 32) ; elle décrivait les épreuves, les moyens de défense, les parties de ces dispendieuses constructions. — Le *Spectateur militaire* (t. XVII, p. 479 ; t. XXII, p. 443 et 660 ; t. XXIV, p. 442) disait que trente-six Tours maximiliennes couvraient le CAMP RETRANCHÉ de LINTZ ; que la dépense que chacune des Tours avait entraînée se montait à quatrevingt mille florins, et que, en 1834, ces REDOUTES étaient achevées et armées. — Le *Journal des Sciences militaires* (juin 1837, p. 273, 280) fournissait aussi quelques renseignements.

TOUR (subs. fém.) MOBILE. v. MOBILE, adj. v. TOUR PERMANENTE. V. TOUR ROULANTE.

TOUR (subs. fém.) OFFENSIVE. v. OFFENSIF, adj. v. TOUR PERMANENTE.

TOUR (subs. fém.) PASSAGÈRE. v. PASSAGER, adj. v. TOUR PERMANENTE.

TOUR (tours) (subs. fém.) PERMANENTE (term. sous-génér.). Sorte de TOURS DE FORTIFICATION qui étaient construites, soit ISOLÉES, soit attenantes à l'ENCEINTE d'un CHATEAU, d'un DONJON, d'une FORTERESSE, d'une VILLE. — Les Tours permanentes étaient ou cylindriques ou CARRÉES. — Occupons-nous d'abord des TOURS ISOLÉES. Elles ont été en général DÉFENSIVES, et avaient pour objet de signaler des DÉBARQUEMENTS, des mouvements de troupes, de les brider. — Quantité de ces CONSTRUCTIONS étaient accompagnées d'une Tour de moindre diamètre, ou TOURELLE, qui y était plus ou moins engagée, et qui servait d'ESCALIER à l'autre. — Des Tours étaient quelquefois en communication entre elles. HIRTIUS en décrit qui correspondaient par des PONTS A BASCULE. — Des BEFFROIS, ou Tours intérieures, étaient la Tour principale des MILICES COMMUNALES. — Au MOYEN AGE, c'était du haut d'une Tour, d'une ÉCHAUGUETTE, que retentissait l'OLIFANT des CHEVALIERS, et qu'on cornait la GARDE, c'est-à-dire qu'on APPELAIT AUX ARMES les VASSAUX. — A ces époques, la dimension et la forme des TOURS DE CHATEAU, les enseignes, le PENNON, qui flottaient sur le DONJON, étaient le signe d'une hiérarchie féodale et de la qualité du FIEF. — La TOUR MAGNE, ou TOUR FÉODALE, était la principale et celle au pied de laquelle se prêtait le serment de foi et hommage ; telle était la grosse Tour du Louvre. La TOUR GAILLARDE était la plus haute, la plus minée ; l'horloge d'Auxerre est bâtie sur la gaillarde. — La MILICE ANGLAISE a couvert de Tours les comtés d'Essex et de Kent en présence du CAMP DE BOULOGNE. Les Tours MAXIMILIENNES renouvellent un pareil usage. — BONAPARTE, dans ses *Mémoires* (M. le général GOURGAUD, t. I, p. 36), voulait qu'on adossât une Tour aux BATTERIES DE COTE. — Parlons ici des TOURS D'ENCEINTE. — Les REMPARTS des CAMPS RETRANCHÉS et des CAMPS ROMAINS étaient garnis de Tours. Elles étaient saillantes pour voir le flanc de l'ASSIÉGEANT, comme le recommandait VITRUVE. — L'ÉGYPTE et la SYRIE ont encore des enceintes à l'antique que FLANQUENT des Tours. Les châteaux de l'Hellespont sont encore défendus par des Tours. — VÉGÈCE (390, A) dit que la forme circulaire des Tours résiste mieux au BÉLIER. Voilà pourquoi les Tours ont été si longtemps cylindriques. — Après l'expulsion des ROMAINS, l'usage de ce genre de bâtisse se répandit, se multiplia dans les contrées où ils avaient étendu leur domination. — L'invention des grandes MACHINES NÉVROBALISTIQUES ayant rendu moins fréquent l'usage du BÉLIER, les

Tours, d'abord RONDES, devinrent CARRÉES et de petit diamètre, comme celles dont les restes se voient encore en ANGLETERRE ; elles finirent par présenter un angle à l'ENNEMI.— Sous le règne de PHILIPPE AUGUSTE, les CIRCONVALLATIONS étaient entrecoupées de Tours qu'on appelait *bigestæ et trigestæ*, parce qu'elles étaient à deux et à trois étages. — Pendant tout le MOYEN AGE, les PORTES des VILLES et leur BASSE-COURT étaient ordinairement entre deux Tours qui ne servaient d'habitations qu'en cas d'attaque ; leur pied était fortifié d'une BRAIE, dont le nom s'est changé plus tard en celui de FAUSSE BRAIE. — Les autres Tours de l'ENCEINTE étaient construites à portée d'ARC, ou à une centaine de pas ; mais cet espacement s'augmenta quand l'ARBALÈTE succéda à l'ARC. — On nommait MAYNEAUX, disent GANEAU et ROQUEFORT, les Tours basses appliquées à la MURAILLE d'une VILLE ; on nommait TORNELLES ou TOURETTES les Tours rondes de la moindre dimension. — Les Tours d'ENCEINTE avaient, à leur partie haute, des issues qui communiquaient avec le haut des MURAILLES et les BRETÈCHES ; elles se fermaient avec des PORTES ; cet ÉTAGE élevé où étaient assises les CATAPULTES s'appelait BASTILLE, comme le témoignent les comptes de FORTERESSE D'ORLÉANS, en 1428. — Les ÉTAGES inférieurs des Tours donnaient passage aux ASSIÉGÉS au moyen de trappes et d'échelles. — L'ASSAUT et l'ESCALADE des VILLES ne pouvaient se donner que par les Tours, parce que le haut des MURAILLES, à cause de son peu d'épaisseur, n'offrait point un lieu où l'ASSAILLANT pût prendre pied ; il fallait donc saper les Tours ou y grimper. — Si l'ennemi gravissait le long du mur et de la Tour, enfonçait les PORTES de la BASTILLE, l'ASSIÉGÉ, obligé de céder, s'écoulait par les escaliers ou les échelles, les retirait, et quelquefois brûlait les ESCHIFFLES, ou soutiens des escaliers. Ainsi l'ENNEMI, maître du haut de la Tour, n'était maître de rien, puisque c'était par le pied de la Tour que les rues de la VILLE y communiquaient. — Les Tours défendaient le REMPART, mais n'étaient pas défendues elles-mêmes ou FLANQUÉES par le REMPART, puisque leur côté le plus extérieur ne pouvait être vu de la COURTINE ; les MACHICOULIS eurent pour objet d'y remédier. Mais on dut nécessairement renoncer aux Tours, ainsi qu'aux MURAILLES élevées, aussitôt que fut inventée l'artillerie, parce que les VILLES dès lors ne pouvaient plus trouver de sûreté que dans des REMPARTS peu proéminents et fortement terrassés.— L'usage du CANON employé à la défense des REMPARTS fit sentir le désavantage des trop petites Tours ; elles s'élargirent en TORRIONS. L'effet des PROJEC-

TILES lancés par l'ENNEMI fit reconnaître les inconvénients des TORRIONS ; ils se changèrent en BASTIONS. — La MILICE PRUSSIENNE appliquait, en 1833, le système des Tours à la MONTALEMBERT aux CONSTRUCTIONS des FORTIFICATIONS nouvelles. Ces Tours sont ou circulaires ou à pans ; elles remplacent les DEMILUNES, ou servent comme RETIRADES de BASTIONS, ou se construisent ISOLÉES. Ces dernières sont des OUVRAGES à plusieurs FACES, contenant, s'il y a moyen, une CASERNE défensive et crénelée.— Les Tours permanentes se distinguent en TOURS BASTIONNÉES, — MAXIMILIENNES.

TOUR (subs. fém.) RONDE. V. BASTION DE FORTERESSE. V. MILICE TURQUE N° 7. V. ROND, adj. V. TOUR DE FORTIFICATION.

TOUR (tours) (subs. fém.) ROULANTE (F), OU TOUR AMBULANTE, OU TOUR AMBULATOIRE, OU TOUR MOBILE, OU TOUR ROULERESSE comme on disait au temps des CROISADES et comme les appelle CARRÉ (1783, E). Sorte de TOURS DE FORTIFICATION OU d'ENGINS employés dans les SIÉGES OFFENSIFS, et qui sont en forme de CHATELS, de TORTUES. Les ASSIÉGEANTS construisaient sur place ces MACHINES, ou apportaient démontées celles qu'on fabriquait à l'avance et qu'on tenait en magasin pendant la paix. — APPIAN affirme que Cassius en avait de cette espèce. AMMIAN MARCELLIN prétend qu'on les impreignait de VINAIGRE et d'alun pour les rendre incombustibles.—ARRIEN et DIODORE, parlant du siége de TYR, donnent des exemples des chicanes et des ruses nombreuses auxquelles on recourait dans l'attaque de ces MACHINES. ANNE COMNÈNE et VERTOT donnent aussi quelques idées de ces TRAVAUX DE SIÉGE. La prodigieuse puissance des CATAPULTES, GROSSE ARTILLERIE du temps, y faisait d'affreux ravages. — Les Tours roulantes des MILICES GRECQUE et ROMAINE leur servaient de GALERIES D'APPROCHES, et étaient surmontées du PONT A BASCULE OU à coulisse, d'un EXOSTRE, d'une SAMBUQUE, qui, s'abaissant au moyen de moufles, communiquaient aux MURAILLES de la VILLE attaquée. — A la plus ancienne bataille que mentionne l'histoire, à Thymbrée (541 avant J.-C.), il se voyait, dit-on, des Tours chargées de COMBATTANTS ; mais les historiens qui ont répété cette assertion, ont appelé Tours ce qui n'était en réalité que des CHARS DE GUERRE. C'était, suivant XÉNOPHON, des chariots de six à sept mètres de haut, traînés par seize bœufs, contenant chacun vingt ARCHERS, et formant une ARRIÈRE-LIGNE qui précédait le gros de l'ARMÉE. Le nombre proportionnel des chariots est resté inconnu. — D'autres historiens attribuent l'invention de ces MACHINES DE GUERRE à un Bersalier nommé Polybe, et rapportent que, au siége de Bysance (341 avant J.-C.), Philippe, père d'Alexandre, employait des Tours de cette espèce. — Si l'on s'en rapporte à Diodore de Sicile, elles n'auraient été en usage qu'un demi-siècle plus tard; ce serait Agatocles qui en aurait conduit au pied de Carthage. Il y faisait pendre les prisonniers pour semer la terreur dans la forteresse. — Vitruve donne la description, les côtés, les proportions des Tours, conformément au système de Diades, qui, au dire de Héron, était ingénieur d'Alexandre. Stévéchius en offre l'image vraie ou supposée. Plutarque, dans la vie de Démétrius, donne un devis architectural de ce genre de Tours, dont plus d'une était construite avec autant de solidité qu'en eussent exigé des tours permanentes. — Polybe mentionne diverses espèces de Tours roulantes. — Ammian dit qu'on couvrait de lames de fer le plafond supérieur des Tours pour préserver contre le brulot les projectiles incendiaires. — Josèphe en dit autant de celles qui furent mises sur pied pour le siége de Jérusalem. — Il y en avait qui étaient percées d'embrasures à chaque étage comme les sabords d'un vaisseau à trois ponts. — Il y en avait qu'on faisait glisser sur rouleaux; d'autres avaient quatre, six ou huit roues. Elles marchaient précédées d'un muscule, ou machine à la faveur de laquelle des terrassiers aplanissaient ou consolidaient le terrain. — L'hélépole de Démétrius Poliorcète paraît avoir été la plus prodigieuse machine du genre des Tours roulantes. — En 885, les Normands employèrent au siége de Paris divers genres de Tours. — Les Français ont fait usage de Tours roulantes jusqu'au règne de Louis neuf. — Mahomet deux recourait encore à leur usage en 1455. C'est le dernier exemple que l'histoire donne de ce genre de machines, ou de chaffauts employés par des assiégeants. — Les auteurs qui ont donné des éclaircissements touchant ce point d'antiquité sont : Ammian Marcellin, Anne Comnène, Appian, Arrien, Athénée, Audouin (t. i, p. 179), Carré (1785, E), César (51 avant J.-C.), Diodore de Sicile, Folard (1727, A), Froissard, Guillaume de Tyr, Héron, Hirtius, Jabro (1777, G), Josèphe, Lachesnaie (1758, I), Liskenne, Plutarque, Polybe, Potier (1779, X), Quinte-Curce, Rigord, M. Robinson, Silius Italicus, Stéwéchius, Tite Live, Végèce (390, A), Velly (t. ii, p. 165), Vertot, Vitruve, Xénophon (570 avant J.-C.).

TOUR (subs. fém.) ROULERESSE. V. ROULEREUR, adj. V. TOUR.

TOUR (subs. fém.) TACTIQUE. V. ORDRE DE BATAILLE. V. TACTIQUE, adj.

TOURBE, subs. fém. V. TROUPE.

TOURBE de MARAIS. V. BOIS DE CHAUFFAGE. V. BOIS ET LUMIÈRES. V. BRIQUE DE TOURBE. V. BRIQUETTE DE CHARBON. V. CHAUFFAGE DE CAMPAGNE. V. CHAUFFAGE DE CANTONNEMENT. V. COMBUSTIBLE DE CUISINE DE CASERNE. V. COUVERTE D'HOMME DE TROUPE. V. FOURNEAU DE CUISINE. V. MARAIS.

TOURBE de TANNEUR. V. CHAUFFAGE DE POSTE DE GARNISON. V. CORPS DE GARDE DE GARNISON. V. DISTRIBUTION DE TOURBE. V. TANNEUR.

TOURÈCLE, subs. masc. V. TOUR DE FORTIFICATION.

TOURELLE, subs. fém. V. ARMÉE DE MER. V. BASTION DE FORTERESSE. V. CHATEAU. V. ÉCHAUGUETTE. V. FORTERESSE. V. GUÉRITE. V. REDOUTE PERMANENTE. V. TOUR DE FORTIFICATION. V. TOURNELLE.

TOURETTE, subs. fém. V. TOUR DE FORTIFICATION. V. TOUR PERMANENTE.

TOURILLON, subs. masc. (G, 2). Mot dont le substantif masculin TOUR donne l'étymologie. On appelait Tourillons les pivots géminés qui facilitaient, sur l'AFFUT, l'encastrement, la hausse, l'abaissement des arquebuses a croc, canons d'artillerie, couleurines, mortiers, pierriers.

TOURION, subs. masc. V. TOUR DE FORTIFICATION. V. TORRION.

TOURMENTE, subs. fém. V. TOURNOI.

TOURN, subs. fém. et masc. V. TOUR DE FORTIFICATION.

TOURNANT (tournante), adj. V. AILE T... V. BARRIÈRE T... V. BOURRELET T... V. TOUR T... V. TRANCHÉE T... V. TRAVERSE T...

TOURNANT (subs. masc.) d'ÉPAULETTE. V. CONTOUR D'ÉPAULETTE.

TOURNAY. V. TOURNOI.

TOURNAY. V. NOMS PROPRES.

TOURNE-A-GAUCHE, subs. masc. V. DÉCULASSEMENT. V. TOUR.

TOURNEBOUT, subs. masc. V. CROMORNE. V. TOUR.

TOURNÉE d'inspecteur général. V. AVIS EN FAIT DE CASSATION. V. INSPECTEUR GÉNÉRAL Nº 5. V. INSPECTEUR GÉNÉRAL D'INFANTERIE Nº 4. V. TOUR.

TOURNÉEMENT, subs. masc. V. TOURNOI.

TOURNEEEMENT, subs. masc. V. TOURNOI.

TOURNEMENT, subs. masc. V. TOURNOI.

TOURNELLE, subs. fém. (F), ou tourelle. Petite TOUR DE FORTIFICATION. On s'est d'abord servi des expressions TORNELLE, Tour-nelle, comme on le voit dans les récits du siége d'ORLÉANS, en 1428. Par abréviation, on a ensuite dit TOURELLE. Mais des monuments de cette espèce ayant été employés comme salles de judicature, ainsi, dans le dernier siècle encore, il y avait à PARIS la juridiction des Tournelles.

TOURNEMENT, subs. masc. V. CHANGEMENT DE DIRECTION DE COLONNE EN MARCHE DU COTÉ DU GUIDE. V. DÉCLINAISON EN COLONNE.

TOURNER, verb. neut. V. MILICE RUSSE N° 7. V. TOUR. V. TOURNOI.

TOURNER A DROITE, A GAUCHE. V. A DROITE. V. A GAUCHE. V. CONVERSION A PIVOT MOBILE. V. PIVOT TACTIQUE. V. RANGS D'INFANTERIE.

TOURNER CASAQUE. V. CASAQUE. V. CASAQUE D'ARMES.

TOURNER l'ENNEMI, un CAMP, un CHAMP DE BATAILLE, une AILE, une PLACE, une POSITION. V. AILE. V. AILE STRATÉGMATIQUE. V. APPUI STRATÉGMATIQUE. V. CAMP. V. CAMP DE GUERRE. V. CHAMP DE BATAILLE. V. DÉBORDER. V. ENNEMI. V. OFFENSIVE. V. PLACE. V. POSITION. V. TOPOGRAPHIE.

TOURNES. V. NOMS PROPRES.

TOURNEVIS, subs. masc. (B, 1). Mot dont le substantif masculin TOUR donne l'étymologie principale. Le Tournevis a été ou non, suivant les époques, comme le témoigne la CIRCULAIRE DE 1808 (30 JANVIER), un EFFET DE PETIT ÉQUIPEMENT; il l'est redevenu en vertu de l'INSTRUCTION DE 1822 (30 MARS). — L'emploi du Tournevis était déjà prévu dans l'ORDONNANCE DE 1779 (24 FÉVRIER). La CIRCULAIRE DE L'AN SIX (29 BRUMAIRE) en imputait la dépense sur la MASSE DE LINGE ET CHAUSSURE. Il était mentionné comme EFFET DE PREMIÈRE MISE dans l'INSTRUCTION DE 1831 (8 DÉCEMBRE) et dans celle DE 1822 (21 SEPTEMBRE, art. 42, 45, 57). Il était remplacé, s'il y avait lieu, au compte de l'HOMME DE TROUPE. Il en devait être passé REVUE lors des VISITES DE PETIT ÉQUIPEMENT. Un modèle perfectionné faisait partie de la BOITE A TOURNEVIS, adoptée par DÉCISION DE 1824 (1er MAI). — La forme de la BRANCHE CYLINDRIQUE était telle, qu'elle pût démonter le CHIEN, et sa BRANCHE PLATE faisait jouer le clou de chien et les vis en s'insérant dans la coche de la TÊTE. — La CLOISON du COFFRET de la GIBERNE du SOLDAT offrait une niche au Tournevis. — Le Tournevis a été décrit et représenté dans les traités de BARDIN (1811, H), BERRIAT (1817, A), COTTY (1822, A), GASSENDI (1819), LECOUTURIER (1825, A).

TOURNEZ (impérat. et interj.) A DROITE. V. A DROITE. V. CHANGEMENT DE DIRECTION DE SUBDIVISION EN MARCHE DU COTÉ DU GUIDE. V. COMMANDEMENT D'AVERTISSEMENT. V. MARCHE, interj.

TOURNEZ A GAUCHE. V. A GAUCHE. V. CHANGEMENT DE DIRECTION DE SUBDIVISION EN MARCHE DU COTÉ DU GUIDE. V. COMMANDEMENT D'AVERTISSEMENT.

TOURNEZ vers le BOUCLIER. V. BOUCLIER.

TOURNICLE, subs. fém. V. TUNIQUE.

TOURNIQUET, subs. masc. V. CHEVAL DE FRISE.

TOURNIQUET d'ARBALÈTE. V. ARBALÈTE. V. ARBALÈTE A TOUR.

TOURNIQUET de RIBAUDEQUIN. V. RIBAUDEQUIN.

TOURNOI, subs. masc. V. ASSAILLANT DE T... V. BARRIÈRE DE T... V. CAMP DU T... V. CASQUE DE T... V. CORNETTE DE T... V. ÉPÉE DE T... V. GALERIE DE T... V. MARÉCHAL DE CAMP DE T... V. MARÉCHAL DE T... V. PAVILLON DE T... V. PRÉSIDENT DE T... V. TENANT DE T... V. VÊPRES DE T...

TOURNOI (F), ou BÉHOURD, ou CARTEL, ou CEMBEL, CEMBIAU, CHEMBEL, CHENBEL, suivant BOREL et ROQUEFORT (du latin *cymbalum*), ou ÉPROUVE, selon l'ENCYCLOPÉDIE (1751), ou HOURT, ou MAY, ou PARDON D'ARMES d'après CARPENTIER, ou TABLE, ou TORNEAU, ou TOURNÉEMENT, ou TORNOI, TOURNEIMENT, TOURNOIEMENT, TORNOIER, TOURNOIS, TOURNOY, mots employés indifféremment par les écrivains cités plus haut, ainsi que par CARRÉ (1783), MÉNAGE et VELLY. Certains hellénistes ont fait venir Tournoi de τόρος, τορέω, faire le tour. Gébelin prétend qu'il doit son origine au français TOUR ou au celtique *dorna*, combattre. La première de ces assertions est appuyée par Ducange et Leduchat, qui pensent avoir trouvé l'étymologie de ce mot dans l'expression latine *tornare*; de là le verbe TORNER signifiant appeler en duel, TORNOIER, TOURNOIER, c'est-à-dire combattre dans un Tournoi; de là aussi TORNICLE ou BOTTE D'ARMES DE CÉRÉMONIE, ou TUNIQUE de Tournoi; TOURNOYANT, TOURNOYEUR, TOURNOYER. De même les verbes BÉHOURDER, CHAMAILLER, CEMBELER et autres synonymes dérivent de BÉHOURD, de CEMBEL, et expriment l'action de JOUSTER ou COMBATTRE EN UNE JOUTE, suivant Roquefort. Le Tournoi est en effet un jeu militaire du même genre que la JOUTE, le CARROUSEL, avec lesquels il ne faut cependant pas le confondre, car le carrousel est beaucoup plus moderne. Quoi qu'il en soit, si l'on en croit les chroniques de Tours, l'invention du Tournoi est due à Godefroy, seigneur de

Preully, mort l'an 1067, mais il est certain qu'il y eut des Tournois avant lui. Quelques écrivains les font dater du règne de Théodoric, qui les aurait substitués aux combats de gladiateurs vers le cinquième siècle. On doit donc présumer que Godefroy de Preully en dressa seulement les lois et les règles, et qu'il en rendit la pratique plus fréquente. Les Tournois étaient particuliers aux Français, et MATHIEU PARIS les nomme *conflictus gallici*. Le premier dont parle l'histoire est celui cité par Nithart, neveu de CHARLEMAGNE; il eut lieu dans la ville de Strasbourg, pendant l'entrevue de Charles le Chauve et de son frère Louis, roi d'Allemagne. Les Anglais accueillirent ensuite ce genre d'exercice, vers l'an 1140, sous le règne du roi Etienne; mais il ne fut établi invariablement parmi eux que sous RICHARD COEUR DE LION. Malgré les défenses du CONCILE DE LATRAN, qui en 1179 fulminait ses sentences contre ces *exécrables fêtes qui mettent les âmes en danger de damnation*, ce prince, convaincu, disent les historiens, de la supériorité que les combattants français devaient à l'exercice des Tournois, concourut puissamment à en répandre l'usage dans les pays sous sa domination. En 1194, ainsi que le témoigne M. DE SISMONDI, il leva un impôt sur les guerriers qui avaient coutume de figurer dans les Tournois. Cet impôt était de 20 marcs d'argent pour les COMTES, de 10 pour les BARONS, de 4 pour les CHEVALIERS FIEFFÉS, de 2 pour les simples chevaliers. L'énormité de ce tribut exigé dans toutes les provinces françaises au pouvoir des Anglais ne diminua pas la passion des Tournois, et Richard en tira des sommes considérables. La mode s'en répandit bientôt chez les Maures, chez les Espagnols et en Allemagne. Henri, surnommé l'*Oiseleur*, duc de Saxe, et plus tard empereur, donna en 920 un magnifique Tournoi, à Magdebourg, à l'occasion de son couronnement. M. Bontems (1838) croit cependant qu'il n'y en eut que cinq ans plus tard. Ce qui est hors de doute, c'est qu'il en est question dans les anciennes fables de la Table ronde. Tous les trois ans on célébrait en Allemagne des Tournois solennels qui servaient de preuves de noblesse; car le gentilhomme qui y avait assisté deux fois était suffisamment BLASONNÉ et publié, c'est-à-dire reconnu pour noble, et alors il portait deux trompes en cimier sur son CASQUE de Tournoi. Les gentilshommes qui ne s'étaient trouvés à aucun Tournoi n'avaient point d'armoiries, quoiqu'ils fussent nobles. Les couronnes que les dames décernaient aux vainqueurs se nommaient *chapellets* d'honneur (*pileolus honorarius*). En 1048 les Tournois s'introduisaient, dit M. DE SISMONDI, dans les Pays-Bas; le comte de Hollande Thierry IV, tua à Liége, dans un de ces combats, le frère de l'archevêque de Cologne. Quelques historiens de cette époque qui se sont plu à en faire la description en latin, les appelaient : *belli præludia*, ou *hastiludium*, ou enfin *battagliolæ*. Les CROISÉS français passent pour avoir importé l'usage des Tournois dans l'empire byzantin; plus d'une fois les Comnènes s'y mesurèrent avec eux. Le premier eut lieu en 1336, à l'occasion du mariage d'Anne de Savoie, fille d'Amédée quatre, avec le jeune empereur Andronic Paléologue. Les Tournois florissaient en Italie vers 1265. Charles d'Anjou, en s'emparant de la Sicile, avait inspiré aux Napolitains le goût de cet exercice militaire. C'est dans ce siècle que les Tournois furent le plus en vogue : la NOBLESSE s'y ruinait pour pouvoir y briller, et les souverains y appelaient des CHEVALIERS de tous les pays voisins, quelquefois même des contrées éloignées. C'est que le Tournoi était une véritable école de guerre. bien qu'on n'y combattît ordinairement avec aucune arme qui pût blesser ceux qui entraient en lice. Les LANCES et les ÉPÉES avaient la pointe émoussée et le taillant rabattu; ou les nommait ARMES COURTOISES. Dans des cas fort rares les Tournois prenaient un caractère sérieux, et s'appelaient alors TOURNOIS À OUTRANCE; alors on faisait usage de part et d'autre d'armes offensives. Quoique les Tournois fussent la plupart du temps, comme on l'a dit, de simples jeux militaires, ce qui les faisait appeler COMBATS À PLAISANCE, il y arrivait quelquefois de graves accidents. Les curieux y étaient écrasés ou estropiés par la chute des échafauds; les combattants, foulés aux pieds des CHEVAUX, périssaient étouffés dans leur pesante ARMURE et noyés dans le sang. Voulant mettre un terme à ces divertissements dangereux, les papes prohibèrent les Tournois, excommunièrent les TOURNOYANTS et défendirent que ceux qui mourraient de cette manière fussent inhumés en terre sainte. La première de ces défenses fut faite par Innocent deux vers 1140; Eugène trois suivit son exemple en 1179. Ne pouvant les abolir tout d'un coup en France, où ils étaient enracinés dans les usages des gentilshommes, Innocent quatre se contenta, au concile de Lyon, en 1245, de les défendre pendant trois ans; Clément cinq fit de même en 1313. Ces mesures avaient surtout paru nécessaires après le Tournoi de 1240, dans lequel, dit Philippe Mouskes, succombèrent plus de soixante CHEVALIERS OU ÉCUYERS. Mais elles furent impuissantes, et la cour de Rome se vit obligée de révoquer ses bulles d'excommunication. Dès lors les Tournois reprirent un nouveau lustre, et les accidents ne devinrent pas moins fréquents que par le passé. Un chiaoux qui en avait été témoin disait ingénument : *Si l'on se bat tout de bon, ce n'est pas assez ; si c'est pour s'a-muser, c'est trop.* Dans le Tournoi qui eut lieu à Châlons en 1274, et dans lequel le roi Edouard combattit avec les Anglais contre le comte de Châlons et les Bourguignons, il y eut tant de chevaliers qui restèrent sur le terrain, que l'on surnomma ce Tournoi *la petite guerre de Châlons.* Robert, comte de Guines, perdit la vie dans un semblable jeu. Robert de Jérusalem, comte d'Essex, y fut tué en 1216. Florent, comte de Hainaut, et Philippe, comte de Boulogne, périrent au Tournoi tenu à Corbie en 1229. Le comte de Hollande y fut tué à Nimègue en 1234 ; Gilbert, comte de Pembrocke, le fut également en 1241 ; et Jean, marquis de Brandebourg, en 1269. Dix ans plus tard, le sixième fils de saint Louis, le comte de Cler-mont, reçut une blessure tellement grave qu'il en perdit la raison. A la suite de cet événement, Nicolas trois renouvela le sys-tème d'excommunication de ses prédéces-seurs. Enfin parurent les ordonnances de 1304, 1312 et du 1er avril 1316 qui inter-dirent les Tournois en France. *Que nuls, dit ce dernier rescrit, ne soient si hardys, sur paine d'encourre notre indignation, d'aller à joustes ne à Tournoys, ne de jouster d'orcs-en-avant, durant notre dicte défence, et que ils gardent leurs ar-mures et chevaux.* Mais que pouvaient de telles défenses que les souverains étaient les premiers à enfreindre. Ainsi, au milieu du quatorzième siècle, le roi Jean donnait à Avignon le spectacle d'un Tournoi au pape Urbain cinq. Charles six combattit dans celui qui eut lieu à Cambrai en 1385. Sous Louis onze, les Tournois ne furent pas en-couragés en France. A dater de cette épo-que, ils commencèrent à s'appeler CARROU-SELS, mot que les expéditions en Italie avaient fait adopter dans la langue française. C'est sous ce nom qu'une fête fut donnée en 1515 dans la rue Saint-Antoine, à Paris, lors du couronnement de François premier. Chaque avénement au trône était depuis longtemps marqué par une semblable céré-monie. La même année, MILAN fut témoin d'un Tournoi, au moment où les Français occupaient cette ville, après la victoire de Marignan : le comte de Saint-Pol y fut griè-vement blessé. Enfin le Tournoi donné le

29 juin 1559 pour le mariage de la sœur de Henri deux causa la mort du roi, qui était un des quatre tenants. Ce prince fut atteint dans l'œil par la lance du comte de Mont-gommery. En 1560, à Orléans, un Bourbon Montpensier fut victime d'un accident sem-blable. La passion des Tournois s'en res-sentit longtemps ; on ne les vit reparaître qu'au milieu du dix-septième siècle. C'est dans l'un de ceux qui se donnèrent alors que Montecuculi tua son ami Manzani d'un coup de lance. — C'est dans quelques écrits du bon roi René et dans ceux de Walter-Scott que sont le mieux dépeintes les formes, les cérémonies et les règles des Tournois. Une proclamation publiée à son de TROMPE, au nom du PRÉSIDENT, et ordinairement ré-digée en vers, convoquait les TOURNOYANTS et annonçait les prix qui seraient décernés aux vainqueurs. De jeunes filles de qualité accompagnaient le HÉRAUT D'ARMES et pré-taient à cette première formalité un carac-tère non moins gracieux que pittoresque. On faisait connaître en outre l'approche du jour du Tournoi en arborant les BANNIÈRES, les PENNONS, au sommet des habitations pla-cées dans le voisinage de la lice. On les at-tachait aux fenêtres en ayant soin d'y ajou-ter les ÉCUS. Cette manifestation s'appelait FENESTRER les BANNIÈRES OU FAIRE FENÊTRE. Plusieurs jours avant l'ouverture des Tour-nois, avait lieu la réunion des COMBATTANTS, afin que les JUGES DU CAMP, les MARÉCHAUX DE CAMP, eussent le temps d'examiner leurs titres, les ailettes, l'ÉCU, les armoiries, d'ap-précier l'aptitude ou l'indignité, et de sa-voir enfin si les tournoyants se proposaient de se battre à la LANCE ou à l'ÉPÉE, à la HACHE ou à la MASSE. Le jour venu, la NO-BLESSE et la CHEVALERIE qui étaient seules ad-mises au Tournoi y brillaient par la magni-ficence des ARMURES, l'éclat des BARDES, la finesse du HAUBERT, et la richesse du CASQUE qui était toujours plus orné que les cas-ques de guerre. Les écuyers, portant l'AR-MET de rechange et conduisant le DES-TRIER, précédaient leurs maîtres. L'arène, ou CHAMP CLOS, était de forme à peu près carrée ; les angles en étaient arrondis, et de fortes palissades l'entouraient. Deux portes assez larges pour faciliter le passage de deux hommes à cheval étaient situées vis-à-vis l'une de l'autre au milieu d'une des faces du carré. Des hérauts d'armes s'y trouvaient placés pour veiller au maintien de l'ordre, concurremment avec des SERGENTS D'ARMES. Des TREFS ou galeries construites dans l'en-ceinte, en avant des portes, étaient, d'un côté, destinées aux TENANTS, et de l'autre aux ASSAILLANTS ; une ligne de pieux limi-

tait le terrain qu'ils pouvaient parcourir. Celui des TENANTS contenait autant de PAVILLONS qu'il y avait de CHEVALIERS ; leur écu était visible à tous les yeux et confié à la garde d'un écuyer vêtu suivant le caprice de son maître. En arrière des tentes où flottait le pennon, on en voyait d'autres dans lesquelles se tenaient préparés les rafraîchissements, les secours pour les blessés ; elles servaient aussi aux forgerons, aux HEAUMIERS et aux TRÉFILIERS, qui s'y rassemblaient par précaution. Le pourtour de la lice, en dehors des palissades, était garni de HOURDS et de galeries superposées où se plaçaient les dames et les spectateurs d'une classe distinguée ; un couloir ménagé entre ces galeries et les palissades recevait les autres assistants qui s'y tenaient debout. Enfin d'autres galeries construites au-dessus des précédentes étaient destinées, l'une au personnage le plus éminent, ou au PRÉSIDENT, armé de son bâton, et entouré de ses AIDES DE CAMP ainsi que de ses OFFICIERS D'ARMES ; l'autre à la dame, reine de la fête, et à son cortége. Des coussins, un trône, un dais, des broderies et des tapisseries : tel était l'ornement de ces deux pavillons. Un ou plusieurs MESTRES DE CAMP, OU MARÉCHAUX de Tournoi, armés de pied en cap, transmettaient leurs ordres aux hérauts d'armes à cheval qui maintenaient la police dans l'enceinte. Deux orchestres de TAMBOURS et de TROMPETTES étaient établis, l'un en avant des TENANTS, l'autre en avant des ASSAILLANTS. Le cri : *Honneur aux fils des preux !* accueillait l'entrée des CHAMPIONS. Partager le vent et le soleil aux combattants, de manière qu'ils n'en fussent pas plus incommodés les uns que les autres, était une des fonctions des HÉRAUTS ou des JUGES ; à eux encore revenait le soin d'examiner l'état des armes, et de mesurer les épées pour s'assurer qu'elles étaient pareilles. Ils prévenaient en outre les concurrents qu'il leur était interdit de HACHIER, c'est-à-dire de frapper en entaillant, de recourir au poignard, de diriger les coups ailleurs qu'à la tête ou au corps, sous peine d'exclusion, enfin de toucher les palissades en battant en retraite, sous peine d'être déclaré vaincu. Le pas s'ouvrait au commandement que proférait en ces termes le président : *Laissez aller.* On se battait d'abord seul à seul, et puis troupe contre troupe ; c'était le COMBAT DE TRESPIGNÉ. CLORE LE PAS et exécuter la PAVANE étaient le dernier acte du Tournoi. Après le combat, les juges adjugeaient le prix *au meilleur chevalier mieux frappant d'épée.* Les vaincus perdaient leur MONTURE, leur ARMURE, ou des gages convenus et déposés à titre d'enjeux ;

le vainqueur s'en emparait, ou traitait du rachat des objets perdus. Conduit en pompe vers la dame du Tournoi, celui-ci, après *avoir été remercié très-humblement par elle, la baisait et semblablement ses deux damoiselles.* Tels étaient donc les Tournois qui, tant qu'ils durèrent, furent l'objet d'une contradiction constante entre la religion qui les proscrivait, la philosophie qui s'en indignait, et la passion qu'ils inspiraient aux rois et aux gentilshommes. Depuis qu'ils sont tombés en désuétude, on n'en a revu que deux en Russie en 1766, et un donné, en 1839, par lord Eglington en Angleterre. Le prince Louis-Napoléon y figura. — Les AUTEURS qu'il peut être utile de consulter sur ce sujet sont : ALKEMADE, ANQUETIL, BARBAZAN (1808), BOREL (Pierre), M. CAPEFIGUE, CARPENTIER, CARRÉ (1785), CARRION (1824), CASENEUVE, CHAMPOLLION-FIGEAC, DANIEL (1721), DUCANGE, ENCYCLOPÉDIE (1751), *Encyclopédie du dix-neuvième siècle*, FROISSARD, FURETIÈRE, GANEAU, GÉBELIN, HALLAM, LACHESNAIE, LEDUCHAT, LENOIR, MAIZEROY, MATTHIEU PARIS, MÉNAGE, MENESTRIER, POTIER, ROQUEFORT, M. SISMONDI, VALTER-SCOTT, VELLY, VOLTAIRE, enfin la *France militaire* et le *Dictionnaire de la Conversation.*

TOURNOI de PLAISANCE. V. PLAISANCE.

TOURNOIANT. V. TOURNOI.

TOURNOIEMENT. V. TOURNOI.

TOURNOIER. V. TOURNOI.

TOURNOIEUR. V. TOURNOI.

TOURNOIS. V. TOURNOI.

TOURNOY. V. TOURNOI.

TOURNOYANT. V. ARMOIRIES, V. BLASON. V. COMBAT A PLAISANCE.

TOURNOYER. V. TOURNOI.

TOURRION, subs. masc. V. TORRION.

TOURS. V. NOMS PROPRES.

TOURTEAU (subs. masc.) GOUDRONNÉ (G, 2). Ce mot s'applique à un ARTIFICE DE GUERRE, composé de MÈCHES ou de cordes trempées dans de la poix, et servant à éclairer, en cas de siége, les abords d'une forteresse. COTTY en parle, ainsi que DUANE, FURETIÈRE et GASSENDI.

TOUYÈRE, subs. fém. V. HACHE D'ARMES.

TOUZAC ; TOUVERS. V. NOMS PROPRES.

TRABAN, subs. masc. (F), OU DRABAN suivant LACHESNAIE (1758), OU DRABANT suivant GANEAU, OU TRABANT suivant DUANE (1810). Le mot Trabant, d'origine allemande, francisé en Traban, paraît venir, soit du latin *trabs*, poutre, qui a donné son nom à une HAMPE de BANNIÈRE appelée TRABE, soit de l'infinitif allemand *traben*, trotter, parce qu'un Traban a été un soldat de marche. Il fut un temps où, dans l'infanterie de l'ancienne milice suisse, trois rangs de piques en ordre de bataille étaient suivis d'un rang de HALLEBARDIERS OU TRABANS. Sous ce dernier nom, ils devinrent les gardes de l'ENSEIGNE et les GARDES DU CORPS du CAPITAINE, parce que leurs armes, longues seulement de trois brasses ou six pieds, leur permettaient d'accompagner le drapeau ou leurs officiers plus commodément que n'auraient pu le faire des soldats ayant des piques de neuf brasses ou dix-huit pieds.—Charles onze, roi de SUÈDE, avait deux cents Trabans à cheval comme GARDES DU CORPS; ils firent sous son successeur des prodiges de valeur, et furent réduits à cent cinquante. La milice suédoise a conservé deux compagnies de Trabans qui font partie de la garde du souverain. La garde du pape comprenait aussi des Trabans. Les corps franco-suisses en avaient jusqu'à la moitié du dernier siècle. Ceux des GARDES SUISSES étaient à la livrée du roi; ceux des autres régiments franco-suisses étaient à la livrée de leur colonel. Dans les CENT-SUISSES de la maison du roi, quatre Trabans étaient les gardes du CAPITAINE, tandis que deux étaient les gardes de l'ENSEIGNE. — BOREL. (Pierre), CARRÉ (1783), DUANE, FURETIÈRE, GANEAU, LACHESNAIE et POTIER ont parlé des Trabans.

TRABANT. V. TRABAN.

TRABE, subs. fém. (F). Mot qui paraît avoir donné son nom aux TRABANS. On appelait Trabe la HAMPE ou l'arbre de la bannière de France.

TRABÉE, subs. fém. (F). C'est ainsi que se nommait le vêtement que portaient les Romains par-dessus la tunique.

> *Ipse quirinali litus parva que sedebat*
> *Succinctus trabea.* . . .
> VIRG., Æneid., lib. VII.

Selon Pline, l'usage de la Trabée remonte à Romulus; elle différait de la PRÉTEXTE, en ce que cette dernière était seulement garnie à l'extrémité d'une bordure de pourpre, tandis que la Trabée était ornée d'un grand nombre de bandes et de baguettes de pourpre, mises en travers à la manière des poutres (*instar trabicum*); d'où est venu le mot *trabea*. La Trabée était l'ornement des consuls lorsqu'ils ouvraient le temple de JANUS.

TRABUCCHIER. V. TRABUCHET.

TRABUCHER. V. TRABUCHET.

TRABUCHET, subs. masc. (F), ou TRABUQUET, ou TRÉBUCHET, ou TRÉBUQUET, ou TRESBUCHET. Mot dérivé du latin *trabucchus*, ou de *trabs*. Machine de guerre jetant de grosses pierres, et employée surtout dans les SIÈGES contre les assaillants. Cette machine consistait en un poteau vertical, à l'extrémité supérieure duquel jouait une solive à bascule dont un des bouts supportait un récipient rempli de pierres. Le latin *trabucchus* s'est corrompu par le mélange saxon en *tribock*, et a produit le latin barbare *tribucetum*, dont la langue française a fait TRÉBUCHET. Les Italiens, si l'on en croit GRASSI (1817), ont appelé *trabocco* une machine qui lançait non-seulement des pierres, mais même des FEUX D'ARTIFICE. C'est par analogie que les Espagnols ont donné le nom de *tabicco* à l'instrument de guerre que les Français ont appelé TROMBLON. Les substantifs Trabuchet et TRÉBUCHET avaient produit les verbes TRABUCCHIER, TRABUCHER, TRABUKIER, abattre, détruire; ainsi que TRÉBUCHER, chanceler, être renversé.

TRABUCHIER. V. TRABUCHET.

TRABUKIER. V. TRABUCHET.

TRABUQUET. V. TRABUCHET.

TRAC, subs. masc. V. LANCE A MAIN.

TRACER la LIGNE, le CAMP. V. CAMP. V. CORDEAU DE CAMPEMENT. V. DRAPEAU D'INFANTERIE FRANÇAISE DE LIGNE. V. FOURRIER D'INFANTERIE FRANÇAISE.

TRACHEOUR. V. MINEUR FRANÇAIS. V. TRANCHÉE.

TRAGULAIRE. V. ARBALÉTRIER. V. MILICE ROMAINE.

TRAGULE, subs. fém. V. DARD PROJECTILE. V. FLÈCHE PROJECTILE.

TRAHISON, subs. fém. (B, 5). Mot dérivé du latin *tradere*, livrer, qui a formé en italien *traditore*, en espagnol *traydore*. La Trahison est le crime des lâches. Le Code pénal consacre onze articles (75 à 85) à en déterminer les caractères principaux suivant les circonstances dans lesquelles on le commet, et à varier la peine, suivant ces circonstances, depuis la mort jusqu'à la détention et au bannissement. Il en est question dans BERRIAT (1817, A).

TRAIN. V. ARME DU T... V. ARRIÈRE-T... V. AVANT-T... V. BATAILLON DE T... V. CHEVAL DE T... V. CONDUCTEUR DE T... V. COMPAGNIE DU T... V. CORPS DU T... V. ÉQUIPAGE DU T... V. ESCADRON DU T... V. HOMME DE T... V. OFFICIER DU T... V. OUVRIER DE T... V. RÉGIMENT DE T... V. SERVICE DU T... V. SOLDAT DU T... V. SOUS-ARME DU T... V. SOUS-OFFICIER DU T... V. VOITURE DE T...

TRAIN, subs. masc. (terme générique) (A, 1). Mot que Gébelin fait dériver du latin *trahere*, mais qu'on peut croire issu de la basse latinité *tranare, transnatare*, suivre en flottant, traverser à la nage, puisque les premiers Trains furent de bois flottants réunis pour les transports ; d'où on eut l'idée d'appliquer au voiturage par terre le mot d'abord employé pour exprimer les TRANSPORTS par eau. Le mot Train a engendré le verbe actif TRAINER et les substantifs TRAINBAND, TRAINARD, TRAINEUR et TRAINÉE. Rien dans les armées des anciens ne nous donne l'image des TRAINS des armées modernes ; on voit au contraire d'après l'historien Josèphe que, chez les Romains, des nuées de valets étaient chargés de conduire les BAGAGES et de traîner les ATTIRAILS de guerre qu'ils devaient défendre au besoin. Plus tard ce système acquit une grande perfection et devint, dans la MILICE ROMAINE, une branche spéciale de service, dont M. de MONTVERAND a décrit le mécanisme avec une grande clarté. Dans les armées du moyen âge le service du Train tomba complètement dans l'oubli pour ne plus reparaître qu'à la fin du seizième siècle, appliqué seulement au TRANSPORT DE L'ARTILLERIE. Ganeau nous apprend qu'au commencement du dix-huitième siècle les CHARROIS et les ÉQUIPAGES de l'armée étaient sous les ordres d'un CAPITAINE CONDUCTEUR GÉNÉRAL, ayant sous lui des CAPITAINES CONDUCTEURS PARTICULIERS. Sous les titres de CHARROIS, ÉQUIPAGES, TRANSPORTS, on généralisait la conduite des CAISSONS, CHARIOTS, ÉQUIPAGES, FOURGONS, VOITURES de toutes sortes destinées aux transports de l'ARTILLERIE, des MUNITIONS, des OUTILS, des PONTS et des VIVRES. On admettait généralement et de préférence les voitures à quatre roues, en raison du mauvais état des routes. Mais là s'arrêtait le système, et tout le reste était encore livré à la confusion et à la fraude, résultat inévitable de marchés locaux et transitoires. L'immense accroissement que prit le matériel de l'ARTILLERIE dès la fin du dix-huitième siècle, força l'administration de recourir à des moyens de TRANSPORTS plus stables et plus sûrs. Un décret du 27 juillet 1793 annula tous les marchés passés avec des entrepreneurs tels que les compagnies Masson-d'Espagnac, Lanchère, Loiseau, etc.; mais l'administration fut bientôt obligée d'y recourir de nouveau. Le mot Train succéda officiellement à l'ancien mot CHARROIS dans la désignation des objets de transport de l'artillerie. Aux armées on eut fréquemment recours aux réquisitions, et des parcs de réserve s'organisèrent dans les pays occupés, à l'aide de corvées frappées sur les habitants. Lorsque l'artillerie manquait de chevaux, elle en

prenait dans la localité, à un prix fixé d'avance. Deux chevaux enharnachés se trouvaient sous la garde d'un CHARRETIER vêtu d'un sarreau, et placé lui-même sous la surveillance d'un HAUT-LE-PIED chargé de la direction d'un certain nombre d'attelages. Des CONDUCTEURS, des CAPITAINES DE CHARROIS étaient à la tête d'une brigade forte d'une centaine de chevaux, et un chef de division surveillait quatre à cinq brigades. Tous ces fonctionaires ou sous-employés, auxquels on adjoignait le nombre d'ouvriers nécessaires, étaient à la nomination des entrepreneurs. En l'an trois, les entreprises disparurent, et une régie eut la direction générale des TRANSPORTS de tout genre. Il y avait un directeur général du service dans chaque armée. Bientôt on pensa que ce système n'était pas préférable à l'ancien, et on organisa de nouveau en entreprises les TRANSPORTS de l'ARTILLERIE, des VIVRES et des AMBULANCES. Les charretiers, au lieu d'être requis comme par le passé, contractaient vis-à-vis des entrepreneurs un enrôlement libre pour la campagne et en recevaient leurs gages, tandis que l'État leur fournissait seulement la ration de pain. Ils n'avaient pour toute arme qu'un FOUET, pour VÊTEMENT que les dépouilles des paysans et un CHAPEAU MILITAIRE. En un mot tout dénotait dans ce service la plus profonde misère. Le général BONAPARTE, auquel tous ces inconvénients n'avaient point échappé pendant les campagnes d'Italie, avait déjà senti la nécessité de corps spéciaux et permanents pour le transport de l'artillerie. L'expédition d'Égypte, qui rendait difficiles les marchés et l'enrôlement d'employés civils, lui fournit l'occasion d'essayer d'un nouveau système à l'aide de soldats tirés des différents corps, et il n'eut qu'à s'en applaudir. Aussi avant l'ouverture de la campagne de Marengo (13 nivôse an huit), on organisa tout d'abord sur le pied militaire trente-huit compagnies du TRAIN D'ARTILLERIE, auxquelles on donna l'HABIT gris de fer, aux parements et collet bleu foncé. L'ARTILLERIE, le GÉNIE, les AMBULANCES, les ÉQUIPAGES MILITAIRES, la GARDE IMPÉRIALE, se trouvèrent successivement dotés de bataillons ou de compagnies du Train, affectés spécialement à leur service. Il en sera traité séparément à la suite de cet article. — Le TRAIN AUTRICHIEN s'étend au service de l'ARTILLERIE et de l'administration ; le TRAIN PRUSSIEN est un corps permanent appliqué aux besoins de l'ARTILLERIE et des BAGAGES DES CORPS. Dans l'ARMÉE ANGLAISE, ce service existe depuis la fin du dix-huitième siècle sous le nom de CORPS ROYAL DU TRAIN des CHARIOTS. — S'il faut en croire le *Specta-*

teur (t. x, p. 265), le Train français est celui de tous qui entraîne le plus dispendieux budget. La quantité de chevaux qu'il employait annuellement dans les dernières guerres de l'empire monte, suivant BALLYET, à trente-six mille sept cent cinquante-sept. —On trouve des notions curieuses sur la composition de l'ancien TRAIN dans DESPAGNAC (1751, t. III, p. 264). — Il faut consulter aussi pour la même époque KROENKE et TENNECKER. — Pour les organisations modernes on peut avoir recours à BALLYET (1817), COTTY (1822), GASSENDI (1819), ODIER (1824), VAUCHELLE. Il n'est pas inutile de mentionner que sous l'empire les soldats du Train se recrutaient parmi les hommes ayant la taille des soldats d'infanterie, et que depuis 1850 on les choisit parmi les hommes de la taille des grenadiers. Cette mesure a été blâmée comme énervant l'arme si essentielle de l'infanterie. — Le TRAIN se divise en TRAIN ANGLAIS, — AUTRICHIEN, — BADOIS, — D'ADMINISTRATION, — D'AMBULANCE, — D'ARMÉE, — D'ARMÉE ÉTRANGÈRE, — D'ARTILLERIE, — D'ARTILLERIE DE GARDE ROYALE, — D'ARTILLERIE DE LIGNE, — D'ARTILLERIE DE RÉGIMENT SUISSE, — DE GARDE IMPÉRIALE, — DE GARDE ROYALE, — DE LIGNE, — DE SAPEUR, — D'ÉQUIPAGES D'ARTILLERIE, — DES ÉQUIPAGES, — DES PARCS, — DU GÉNIE, — FRANÇAIS, — MILITAIRE, — NAPOLITAIN, — NÉERLANDAIS, — POLONAIS, — PORTUGAIS, — PRIVILÉGIÉ. — PRUSSIEN, — RUSSE, — TURC, — WURTEMBERGEOIS.

TRAIN ANGLAIS. V. ANGLAIS. V. MILICE ANGLAISE Nº 2. V. TRAIN.

TRAIN AUTRICHIEN. V. AUTRICHIEN. V. MILICE AUTRICHIENNE Nº 2, 3. V. TRAIN.

TRAIN BADOIS. V. BADOIS. V. MILICE BADOISE.

TRAIN D'ADMINISTRATION. V. ADMINISTRATION. V. COMPAGNIE DU TRAIN D'ADMINISTRATION.

TRAIN D'AMBULANCE. V. AMBULANCE. V. COMPAGNIE DU TRAIN D'AMBULANCE. V. OUVRIER D'ADMINISTRATION.

TRAIN D'ARMÉE. V. ARMÉE FRANÇAISE Nº 2. V. TENNECKER.

TRAIN D'ARMÉE ÉTRANGÈRE. V. ARMÉE CONFÉDÉRÉE (tableau).

TRAIN D'ARTILLERIE (A, 1). Train spécialement affecté à la conduite des CAISSONS et ATTIRAILS de l'ARTILLERIE, et autrefois chargé de conduire les pièces de campagne et les agrès des PONTONNIERS. CHARLES HUIT avait, dans son expédition d'Italie, un Train de quatre mille CHARRETIERS d'artillerie. A Marignan l'artillerie de François premier était tirée par cinq mille chevaux. Le mot TRAIN, qui figure dans un ordre du grand maître de l'artillerie daté du 2 août 1620, disparaît ensuite des ordonnances pour ne plus reparaître officiellement que sous le consulat. Pendant trois siècles, l'ARTILLERIE française resta organisée sans avoir proprement de sections de campagne et par conséquent de chevaux de trait entretenus en permanence par le gouvernement. La MILICE PRUSSIENNE, mieux ordonnée en cela, eut de tout temps des chevaux d'attelage à la conduite desquels étaient employés des canonniers désignés à cet effet, et remplissant à tour de rôle les fonctions de conducteurs. Lorsque la guerre de la révolution éclata, des entrepreneurs se chargèrent de fournir à l'ARTILLERIE, des CHEVAUX, des HARNAIS et des CHARRETIERS; mais les mouvements des armées, la disparition du numéraire, le désordre des finances et le gaspillage inséparable des entreprises en temps de guerre, mirent souvent l'artillerie dans des positions fort critiques, et compromirent le succès des opérations. En Egypte, BONAPARTE, forcé par les circonstances d'abandonner les formes anciennes, organisa lui-même des TRANSPORTS particuliers à l'aide des ressources de l'armée, et cette heureuse idée, conçue à la même époque par le général Allix (*Journal des Sciences militaires*, 1827, 20ᵉ livraison), reçut un complet développement à l'avénement du consulat. Le Train d'artillerie, constitué militairement par arrêtés des 13 nivôse et 14 pluviôse an huit, se composa d'abord de trente-huit compagnies qu'un arrêté du 16 thermidor an neuf reconstitua en huit bataillons de six compagnies chacun, à raison d'un par ÉCOLE D'ARTILLERIE. — En 1804, le Train d'artillerie présentait un effectif de huit mille huit cent soixante-dix-huit hommes, officiers non compris. En 1805 (4 juillet), il se composait de neuf mille cinquante-trois hommes y compris cent soixante-quinze officiers. Le corps fut porté à dix bataillons le troisième jour complémentaire an treize; à onze, le 12 brumaire an quatorze; à douze, le 5 novembre 1807, à treize le 22 août 1808, et à quatorze le 12 août 1810; il comptait en outre treize bataillons *bis* ou supplémentaires formés de dédoublements. Un simple lieutenant, ayant sous ses ordres un sous-lieutenant et un sergent-major, commandait le bataillon, qui variait de sept cent quatre-vingts à mille sept hommes : il avait la surveillance de quatre à cinq cents chevaux. En cela on avait voulu que dans toutes les circonstances les officiers du Train fussent placés sous l'autorité des officiers d'artillerie. L'ordonnance du 12 mai 1814 supprima les bataillons *bis*, et réduisit les quatorze bataillons principaux à quatre escadrons de quatre compagnies chaque. Le Train d'artillerie de la GARDE IMPÉRIALE, créé le 21 fructidor an huit à une compagnie, porté à un bataillon en 1806, à deux bataillons en 1811, et à deux régiments en 1813, fut également supprimé. Aux quatre escadrons de nouvelle formation on en ajouta quatre autres le 9 septembre 1814. L'ordonnance du 31 août 1815 les maintint sur pied ; et, tout en les reconstituant sur des bases plus étroites, il en élargit le cadre d'officiers d'une façon disproportionnée. L'ordonnance du 4 septembre 1822 porta chaque escadron à huit compagnies ; celle de 1823 mit à leur tête des officiers supérieurs du grade de LIEUTENANT-COLONEL ou de CHEF D'ESCADRON, et la composition du 27 février 1825 reconnut huit escadrons de ligne en temps de paix et seize en temps de guerre, indépendamment de l'escadron de la garde royale formé en régiment de six compagnies. — L'organisation du 18 septembre 1833 a complétement refondu le service du corps du Train d'artillerie. Le nombre des escadrons a été réduit de cinq à quatre par le décret du 25 mai 1850. — UNIFORME : HABIT gris de fer à revers ; COLLET, REVERS, PAREMENTS, retroussis bleus ; CONTRE-ÉPAULETTES et PASSEPOILS des pattes de parements, et figurant les ROCHES, écarlate ; PATTES de PAREMENTS, PASSEPOILS des CONTRE-ÉPAULETTES gris de fer ; ornements des RETROUSSIS (grenade) et PASSEPOILS du COLLET, des revers des PAREMENTS et des RETROUSSIS écarlate. BOUTONS blancs, empreints de deux canons croisés avec un numéro au-dessous. PANTALON gris de fer, bandes et passe-poils écarlate ; SCHAKO noir en tissu de coton avec ganse en tresse écarlate (forme du schako de l'artillerie). POMPON sphérique à flamme écarlate. BUFFLETERIE blanche. — L'ordonnance du 2 avril 1851 a créé des compagnies spéciales du Train pour le service des BATTERIES de MONTAGNES. — La plupart des milices allemandes ont fondu leur TRAIN dans l'ARTILLERIE, et lui ont donné le nom d'ARTILLERIE ROULANTE (*fahrende artillerie*). Ainsi, en 1826, l'ARTILLERIE du grand-duché de Bade et son Train commençaient déjà à ne plus former qu'un seul corps. Cependant la MILICE HOLLANDAISE n'a pris ce parti qu'à l'égard de l'artillerie à cheval, et l'artillerie à pied y a conservé seule un Train à part. — On peut consulter à l'égard du Train d'artillerie : le général ALLIX, BALLYET (1828), BERRIAT, CARRION NISAS (1824, t. II, p. 513), COTTY (1822, au mot *Troupe d'artillerie*), EBLÉ, l'ENCYCLOPÉDIE (1751), le général FOY, GAS-

SENDI, LECOUTURIER, ODIER (1824), TENNECKER.

TRAIN D'ARTILLERIE DE LA GARDE ROYALE. V. ARME DE TRAIN, OU DU TRAIN. V. ARME PERSONNELLE. V. ARMÉE FRANÇAISE N° 2. V. ARTILLERIE DE GARDE ROYALE. V. CASQUE. V. ORDONNANCE D'UNIFORME. V. TORSADE D'ÉPAULETTE. V. TRAIN.

TRAIN D'ARTILLERIE DE LIGNE. V. ARME DE TRAIN. V. ARME PERSONNELLE. V. ARMÉE FRANÇAISE N° 2. V. ARTILLERIE DE LIGNE. V. ESCADRON D'ARTILLERIE DE LIGNE.

TRAIN D'ARTILLERIE DE RÉGIMENT SUISSE. V. ARTILLERIE DE RÉGIMENT SUISSE. V. COMPAGNIE D'INFANTERIE FRANCO-SUISSE. V. RÉGIMENT SUISSE.

TRAIN DE GARDE IMPÉRIALE. V. GARDE IMPÉRIALE N° 2.

TRAIN DE GARDE ROYALE. V. GARDE ROYALE N° 2.

TRAIN DE LIGNE. V. ARTILLERIE DE LIGNE. V. LIGNE.

TRAIN DE SAPEUR. V. BATAILLON DE TRAIN. V. SAPEUR.

TRAIN DES ÉQUIPAGES MILITAIRES (A, 1). Ce genre de Train, institué d'abord par entreprise le 24 floréal an treize, avait remplacé l'ancien système des CHARROIS, avec cette différence que les CHARROIS avaient une destination générale, et que le TRAIN DES ÉQUIPAGES MILITAIRES était affecté spécialement au transport des SUBSISTANCES et du MATÉRIEL autre que celui de l'ARTILLERIE et du GÉNIE. Les brigades de l'entreprise BREIDT furent organisées militairement, par décret du 26 mars 1807, en huit bataillons chargés du transport des VIVRES, des EFFETS DE CAMPEMENT, des MALADES, des BLESSÉS et des USTENSILES nécessaires aux AMBULANCES. Le nombre de ces bataillons fut porté successivement à neuf en 1807, à onze en 1808, à douze en 1809, à vingt-six en 1812 et à vingt-huit en 1813. Outre ces bataillons, il y avait encore celui du TRAIN DE LA GARDE, créé le 24 août 1811, et supprimé, ainsi que tous les autres, le 12 mars 1814, pour former un escadron licencié en 1815. A la paix on conserva seulement sur pied deux compagnies du Train des équipages, qui formèrent, le 14 mars 1823, le noyau d'un nouvel escadron fort de mille hommes et de seize cents chevaux. Réduit au pied de paix le 1er décembre 1824, il ne comptait en 1825 que trois cent dix-neuf hommes et trois cent cinquante chevaux, et coûtait au trésor, d'après les comptes de 1829, deux cent soixante et onze mille six cent vingt et un francs. En 1831, le CORPS DU TRAIN DES ÉQUIPAGES, porté à huit compagnies, présentait un effectif de trois mille sept cent quatre-vingt-quatre hommes, y compris quatre-vingt-cinq officiers. Cet effectif a beaucoup varié depuis, suivant les besoins, à l'aide de création ou de licenciement de compagnies auxiliaires. Le PARC de Sampigny a été longtemps en France le seul établissement de construction du Train des équipages. Depuis 1830, le MARÉCHAL SOULT en a fait élever deux nouveaux à Vernon et à Châteauroux. — Aujourd'hui (1850) le corps des équipages militaires, régi par les ordonnances des 8 septembre 1841 et 11 janvier 1842, se compose d'une direction centrale des Parcs à Vernon, de deux parcs de construction à Vernon et à Châteauroux, de trois parcs de réparation en Algérie, à Alger, Oran et Philippeville, et de trois compagnies d'ouvriers. Le Train proprement dit forme quatre escadrons. — UNIFORME : HABIT à revers gris de fer; COLLET, REVERS, PAREMENTS, PATTES DE PAREMENTS et de CEINTURON, RETROUSSIS gris de fer; ÉPAULETTES garance, doublées en drap gris de fer, le tout avec passe-poils et ornements de retroussis (étoile) garance. BOUTONS blancs à numéro. PANTALON garance. SCHAKO en tissu de coton noir (forme de schako de cavalerie légère); CORDON de SCHAKO garance; AIGRETTE flottante garance. BUFFLETERIE blanche. — Les ÉCRIVAINS qui ont traité de cette matière sont : BALLYET, CANCRIN, EBLÉ, ODIER, VAUCHELLE. On trouve aussi des articles sur cet objet dans le *Spectateur militaire* (t. XVI, p. 254).

TRAIN des PARCS. V. TRAIN D'ARTILLERIE.

TRAIN du GÉNIE (A, 1). Il se composait primitivement d'autant de brigades qu'il existait de bataillons de sapeurs. Ces brigades, instituées au nombre de cinq le 1er octobre 1806, entrèrent dans la composition des six compagnies créées pour les remplacer le 11 août 1809 et le 25 mars 1811; ces mêmes compagnies furent amalgamées en un bataillon réduit lui-même à une compagnie le 12 mai 1814. Cette compagnie ayant été licenciée le 23 mars et le 16 juillet 1815, on en organisa deux nouvelles le 6 septembre suivant. Elles ont été réduites le 25 avril 1817 à une seule compagnie. — Les ordonnances du 13 décembre 1829, 14 novembre et 4 décembre 1830, et 1er avril 1831, portèrent cette arme à trois compagnies; mais une nouvelle ordonnance du 28 juin 1832 les incorpora dans les régiments de l'arme, et régla de nouveau leur composition. Les hommes dont elles sont formées ont eu le titre de sapeurs-conducteurs par ordonnance du 19 décembre 1835. V. COMPAGNIE DU TRAIN DU GÉNIE. V. GÉNIE. V. GÉNIE IDIOPLIQUE N° 5. V. MINEUR FRANÇAIS. V. TRAIN DES ÉQUIPAGES.

TRAIN FRANÇAIS. V. FRANÇAIS. V. TRAIN.

TRAIN MILITAIRE. V. CHARROI. V. MILITAIRE. V. TRAIN.

TRAIN NAPOLITAIN. V. MILICE NAPOLITAINE N° 1. V. NAPOLITAIN.

TRAIN NÉERLANDAIS. V. MILICE NÉERLANDAISE N° 7. V. NÉERLANDAIS.

TRAIN POLONAIS. V. MILICE POLONAISE N° 7. V. POLONAIS.

TRAIN PORTUGAIS. V. MILICE PORTUGAISE N° 1. V. PORTUGAIS.

TRAIN PRIVILÉGIÉ. V. CORPS PRIVILÉGIÉ. V. PRIVILÉGIÉ.

TRAIN PRUSSIEN. V. MILICE PRUSSIENNE N° 2. V. PRUSSIEN.

TRAIN RUSSE. V. MILICE RUSSE N° 2. V. RUSSE.

TRAIN TURC. V. MILICE TURQUE N° 2, 5. V. TURC.

TRAIN WURTEMBERGEOIS. V. MILICE WURTEMBERGEOISE N° 1. V. WURTEMBERGEOIS.

TRAINANT (traînante), adj. V. ARME T... V. PIQUE T...

TRAINARD, subs. masc. (C, 5), ou TRAINEUR. C'est un soldat qui abandonne son corps ou son rang et reste en arrière sans ordre. Dans la retraite de Russie, beaucoup de traîneurs s'étant cantonnés dans les campagnes, on les fit poursuivre par des COLONNES MOBILES parties de Wilna et de Minsk, et les seigneurs furent autorisés à les faire arrêter, désarmer et conduire dans ces deux villes sous l'escorte des paysans. NAPOLÉON avait donné l'ordre de fusiller les Traînards; mais la déroute complète de l'armée rendit impossible l'exécution d'un tel ordre. On ne traduisait devant des conseils de guerre que ceux sur lesquels on trouvait des objets provenant de pillage, et sur une centaine de coupables on en fusillait deux ou trois réputés les chefs de ces bandes errantes. On formait ensuite de ces malheureux des bataillons provisoires qu'on dirigeait sur le gros de l'armée. Ces excès se produisirent d'une manière non moins hideuse dans la dernière campagne de Saxe en 1813. Partout les villages et les habitations étaient occupés par des ramas de soldats de toutes armes, ayant élu un chef, se gardant militairement et se défendant même contre les troupes qui voulaient les contraindre à évacuer les lieux. Chez eux la maraude était organisée par des règlements auxquels le nouvel admis promettait de se conformer. — Le désordre devint tel, qu'un ordre du jour prescrivit de décimer ces bandes de déserteurs. — Pour donner une direction à ces masses errantes, on dressa, aux environs de Mayence, des poteaux portant les noms et les numéros des différents corps d'armée, ainsi que la direction que devaient suivre les Traînards pour rejoindre leurs corps respectifs. On rétablit ainsi quelque régularité avant de repasser le Rhin et de rentrer en France. — L'Encyclopédie (1785), Dupain (1783), Lachesnaie des Bois (1758, au mot *Serre-demi-file*) et le général Lecouturier (1825) ont traité de la question des trainards.

TRAINBAND, subs. masc. (F) ou traineband. Mot moitié anglais, moitié français, qui désignait la mobilisation des anciennes milices anglaises, ainsi que le rapportent Ganeau et Larrey.

TRAINEAU. v. affut de t... v. artillerie de montagne. v. dard de fourreau.

TRAINEAU de montagnes (G, 1). Sert à transporter les pièces de canon dans les montagnes lorsque les chemins sont impraticables aux voitures. Les parties en bois sont deux côtés et trois entre-toises. Les parties en fer sont quatre crochets de retraite et d'attelage, trois boulons d'assemblage, deux rosettes, trois écrous, quatre clous rivés, deux bandes de renfort, quatre brides, quatre chevilles à tête plate, huit plaques carrées de chevilles, deux sous-bandes, quatre clavettes de sous-bande et seize clous d'applicage.

TRAINEBAND, subs. masc. v. trainband.

TRAINÉE, subs. fém. (G, 3; H). Au temps où on employait le boute-feu, une Traînée de poudre était pratiquée sur le canon pour faire partir les orgues. On s'aide encore d'une Traînée de poudre pour enflammer les mines.

TRAINER (verb. act.) en longueur. v. en longueur. v. guerre.

TRAINEUR. v. trainard.

TRAIT, subs. masc. v. a trait. v. a traits. v. arme a t... v. bête de t... v. cheval de t... v. gens de t... v. gerbe de t... v. grand t... v. homme de t... v. machine de t... v. mulet de t...

TRAIT (term. génér.) (F). Mot que Gébelin fait dériver du latin *tractatus*, d'où on a fait d'abord traict. De la même racine dérivent les mots traitant, traite, traité, traitement, trajectoire. Le mot trait désigne une arme de jet ou une partie du harnachement, et doit être étudié dans les différents détails qui suivent.

TRAIT a feu. v. a feu. v. trait projectile.

TRAIT d'arbalète. v. arbalète. v. arbalète a jalet. v. arbalète de passe. v. arbrier. v. grain de mire d'arbalète. v. jalet.

TRAIT d'arc. v. arc. v. arcangelet. v. archer. v. bouclier. v. flèche projectile. v. palestrique. v. portée d'arc.

TRAIT d'arquebuse. v. arquebuse. v. arquebuse névrobalistique.

TRAIT de baliste. v. baliste. v. corde de baliste.

TRAIT de catapulte. v. catapulte.

TRAIT de fronde. v. fronde. v. fronde d'Achaie.

TRAIT de harnachement. v. cheval de trait. v. harnachement.

TRAIT d'engin a poudre. v. engin a poudre.

TRAIT empoisonné. v. empoisonné. v. flèche empoisonnée.

TRAIT enflammé. v. enflammé. v. malléole. v. trabe.

TRAIT plombé. v. ordinaire romain. v. plombé. v. plombée. v. trait projectile.

TRAIT projectile (F). Arme de jet qui, suivant sa forme et le moteur qui servait à la lancer, s'appelait alène, angon, archiée, suivant P. Borel ; arzegaie, dèle, carreau, cestre, dard, empanon, erchif, flèche ou trait empenné, garot, gèse, gourgon, d'après Roquefort ; gunna, javelot, lance, mangonneau, martiobarbule, matras, migerat, mouchette, pile, pique, plombée, saette, sagitton, sizeaul, sougnolle, vireton, d'après différents auteurs. Ce fut principalement un projectile névrobalistique usité dans les sièges défensifs, lancé au moyen d'aclides, d'arcs, d'arcangelets, de baliste, de fronde, de mousquets et d'engins à poudre, de ribaudequins et de scorpions. Il resta encore en usage quelque temps après l'invention de l'artillerie. — Les archers, les acrobalistes, les férentaires portaient les traits dans un carquois et les lançaient isolément un à un: mais il y avait aussi des machines à Traits, des acquéraux, des bombardes, des palintones ou perriers qui vomissaient des gerbes de traits, en forme de mitraille, à travers les créneaux ou du haut des cavaliers des fortifications. Chez les anciens le tir des traits était un des exercices de la palestrique. Dans les légions romaines cette arme était de cornouiller, bois dur et compacte, et s'appelait *volatilis cornus*, ou simplement *cornus*, comme le fait Virgile, par synecdoche. Depuis la conquête des Gaules, les Romains avaient établi une manufacture de traits à Mâcon. Ils faisaient également usage de TRAITS à FEU et de TRAITS PLOMBÉS. On sait que les soldats tireurs de Traits avaient à cet effet la jambe gauche revêtue d'une grève, sans qu'on puisse se rendre un compte exact de l'utilité de cette arme défensive. On distinguait diverses espèces de Traits nommés *achs, acontion, atégar, bebra, caja*, ou *cateja, contus, framea, jaculum, matera, plumbata, rumphea, rumpia, scorpio, spiculum, telum* et *vulgum*. Les armées bysantines les lançaient au moyen de machines nommées PALINTONES et EUTHYTONES, et on se garantissait de ceux de l'ennemi à l'aide du CILICE qui enveloppait les soldats chargés de la manœuvre des MACHINES et des GALERIES D'APPROCHES. En France le mot Trait servait aussi à désigner, par abréviation, une troupe de GENS DE TRAIT : une ordonnance de Philippe le Bel, de 1306, appelle le GRAND TRAIT, l'ensemble des soldats chargés du service des ENGINS de l'espèce d'ARTILLERIE alors en usage. En France au moyen âge, comme dans l'antiquité chez les Grecs et les Romains, le Trait se lançait tantôt à la main, tantôt à l'aide d'un instrument. Certaines balistes lançaient des Traits ou plus exactement des poutres ferrées pesant jusqu'à quatre cents livres. Les rondelliers portaient une rondelle, bouclier ou espèce de panier défensif, derrière lequel ils mettaient à l'abri leurs camarades chargés de lancer les Traits. Ce genre d'arme projectile était encore généralement en usage dans toute l'Europe au quinzième siècle, et en 1409 la ville de Dantzig était renommée pour la fabrication des TRAITS A FEU : seulement il reste douteux de savoir si ces Traits incendiaires étaient lancés avec l'ARC ou au moyen de BOMBARDES ou de PISTOLETS. Le Hanovre renonça aux Traits à feu, en 1600, pour adopter le MORTIER. Les écrivains qu'on peut consulter avec fruit pour cette partie sont : CARRION NISAS (1824, t. I, p. 86), CARRÉ (*Panoplie*, 1783, p. 180, 265, 271, 272), BALDUS, COTTY (1822), ENCYCLOPÉDIE (1785, t. I, p. 122, 142), FURETIÈRE, GASSENDI (aux mots *Arc* et *Trait*), HÉRON (217 avant J.-C.), LECOUTURIER (1825), MAUVILLON (1788), MERSENNE, PHILON (290 avant J.-C.), ROBINSON, ROBERTUS, VALTURIUS, VÉGÈCE (390).

TRAITANT, subs. masc. V. RÉGIE. V. SOUS-TRAITANT. V. TRAIT.

TRAITE, subs. fém. V. POUDRE DE T... V. TRAIT.

TRAITÉ, subs. masc. *pactum*. Au point de vue militaire, c'est une convention politique par laquelle des puissances s'engagent à se prêter un appui mutuel contre d'autres puissances, ou à cesser les hostilités qui existent entre elles, et à vivre désormais en paix et bonne intelligence. Il y a des Traités de PAIX, d'ALLIANCE, de SUBSIDES, ou de NEUTRALITÉ. Quelquefois les Traités sont purement administratifs ; c'est lorsqu'ils s'appliquent à une régie ou entreprise de fournitures de fourrage, de vivres, d'habillement, etc.; mais dans ce cas ils prennent le plus ordinairement le nom de MARCHÉS. DUPAIN (1783), GROTIUS, MONCHABLON, PUFFENDORFF et ZENNER, ont longuement écrit sur la question des Traités au point de vue de la POLITIQUE et du DROIT DES GENS.

TRAITÉ ADMINISTRATIF. V. ADMINISTRATIF. V. ENTREPRISE DE FOURNITURES. V. LÉGISLATION MILITAIRE. V. MARCHÉ ADMINISTRATIF. V. RÉGIE. V. TRAITÉ.

TRAITÉ CONTRACTUEL. V. CONTRACTUEL. V. LÉGISLATION.

TRAITÉ de FOURRAGES. V. FOURRAGE. V. FOURRAGE DE DISTRIBUTION. V. MILICE FRANÇAISE N° 8.

TRAITÉ (traités) de PAIX (F). Autrefois les Traités de paix étaient publiés par les hérauts d'armes ainsi que les manifestes de guerre. Des personnages diplomatiques, appelés, suivant les circonstances, AMBASSADEURS, ENVOYÉS, MINISTRES ou DÉPUTÉS, se réunissent dans un lieu convenu, quelquefois dans une ville neutre, et munis des pouvoirs et des instructions de leurs gouvernements respectifs, y discutent des conditions de la paix. Les questions militaires qu'on y débat généralement sont l'évacuation ou l'occupation partielle du pays conquis, dans certains délais fixés, le payement des frais de la guerre, la nouvelle délimitation des FRONTIÈRES, l'échange réciproque des PRISONNIERS DE GUERRE. — Il existe de nombreux recueils de traités de paix, au premier rang desquels figurent KOCH, LÉONARD, MARTENS, MONCHABLON et ZENNER. On peut consulter aussi, au sujet des Traités de paix, le *Dictionnaire de la Conversation* (au mot *Paix*). — V. ARMISTICE. V. CARTEL. V. CONVENTION. V. PAIX.

TRAITÉ de VIVRES. V. MILICE FRANÇAISE N° 8. V. SUBSISTANCE. V. TRAITÉ. V. VIVRES.

TRAITÉ POLITIQUE. V. STRATÉGIE. V. TRAITÉ.

TRAITEMENT, subs. masc. V. DÉLÉGATION DE T... V. FRAIS DE T... V. JOURNÉE DE T... V. SUSPENSION DE T...

PRESTATIONNAIRE.
TRAITEMENT {
D'ACTIVITÉ.
DE DISPONIBILITÉ.
DE GUERRE.
DE PRÉSENCE.
DE STATION.
EN NATURE.

PÉCUNIAIRE.
TRAITEMENT {
DE CAPTIVITÉ.
DE DÉTENTION.
DE LA LÉGION D'HONNEUR.
DE RÉFORME.

SANITAIRE.

TRAITEMENT (term. génér.), ou TRAITEMENT D'ARMÉE. Le mot Traitement tire son origine du mot TRAIT et désigne, suivant ODIER (1824), le soin de loger, nourrir, habiller, entretenir, en santé ou en maladie, la totalité de l'armée. Le Traitement a compris, selon les temps, les VIVRES SEULS, ou leur représentation en argent; plus tard il a consisté en une SOLDE qui devait non-seulement pourvoir aux frais de nourriture, mais encore à toutes les fournitures que nécessite la profession des armes. Ce mot se trouve allié fréquemment à des composés et se divise principalement en TRAITEMENT A L'HOPITAL, — D'ARMÉE, — D'AUMONIER, — DE BLESSÉ, — DE CAMPAGNE, — DE CAPITAINE, — DE CAVALERIE, — DE CHEF DE BATAILLON, — DE CHIRURGIEN-MAJOR, — DE CLASSE, — DE COLONEL, — DE COMMANDANT DE PLACE, — DE CONGÉ, — DE GÉNÉRAL, — DE GRADE, — DE LA GALE, — DE LIEUTENANT, — DE MALADE, — DE MALADIES LÉGÈRES, — D'EMPLOI, — D'EMPLOYÉ, — DE PAIX, — DE PRISON, — DE PRISONNIERS DE GUERRE, — DE RETRAITE, — DE ROUTE, — D'ÉTAPE, — D'HOMME DE TROUPE, — D'INVALIDE, — D'OFFICIER, — EN ARGENT, — EN DENIERS, — EXTRAORDINAIRE, — PRESTATIONNAIRE, — PROVISOIRE, — PSORIQUE, — SANITAIRE, — SOUS LA TENTE.

TRAITEMENT A L'HOPITAL. V. A L'HOPITAL. V. HOPITAL MILITAIRE. V. TRAITEMENT SANITAIRE.

TRAITEMENT (traitements), D'ACTIVITÉ (E). Sorte de TRAITEMENT PRESTATIONNAIRE qui ne peut se cumuler ni avec la pension de retraite, ni avec le Traitement de réforme; il est payé aux militaires en congé jusqu'au jour du départ exclusivement. Il peut être l'objet de rappel en faveur des PRISONNIERS DE GUERRE FRANÇAIS lorsqu'ils sont rentrés à leur corps.

TRAITEMENT D'ARMÉE. V. ARMÉE. V. GAGES. V. TRAITEMENT DE GUERRE.

TRAITEMENT D'AUMONIER. V. AUMONIER DE CORPS.

TRAITEMENT de BLESSÉ. V. BLESSÉ. V. TRAITEMENT SANITAIRE.

TRAITEMENT de CAMPAGNE. V. CAMPAGNE. V. TRAITEMENT DE GUERRE.

TRAITEMENT de CAPITAINE. V. CAPITAINE D'INFANTERIE FRANÇAISE DE LIGNE. V. OFFICIER D'INFANTERIE.

TRAITEMENT de CAPTIVITÉ (B, 1; H). Ce traitement résulte de la position nommée PIED DE CAPTIVITÉ; il commence le lendemain du jour de la perte de la liberté, et cesse la veille du jour de la rentrée sur le territoire national ou sur un territoire allié.

TRAITEMENT de CAVALERIE. V. CAVALERIE FRANÇAISE N° 6.

TRAITEMENT de CHEF DE BATAILLON. V. CHEF DE BATAILLON D'INFANTERIE FRANÇAISE N° 6. V. OFFICIER D'INFANTERIE.

TRAITEMENT de CHIRURGIEN-MAJOR. V. CHIRURGIEN - MAJOR D'INFANTERIE FRANÇAISE N° 7.

TRAITEMENT de CLASSE. V. CLASSE. V. CLASSE HIÉRARCHIQUE.

TRAITEMENT de COLONEL. V. COLONEL. V. OFFICIER D'INFANTERIE N° 3.

TRAITEMENT de COMMANDANT DE PLACE. V. COMMANDANT DE PLACE N° 3.

TRAITEMENT de CONGÉ. V. CONGÉ. V. CONGÉ AVEC SOLDE. V. CONGÉ SANS SOLDE.

TRAITEMENT de DÉTENTION (B, 1; C, 5). Il commence à partir du premier jour de détention, et cesse la veille du jour de la mise en liberté ou bien le jour de la condamnation à des PEINES AFFLICTIVES ou INFAMANTES.

TRAITEMENT de DISPONIBILITÉ (A, 1). C'est celui qu'on est dans l'usage d'accorder aux officiers momentanément sans fonctions. Il commence le jour de la cessation d'EMPLOI.

TRAITEMENT de GÉNÉRAL. V. GÉNÉRAL. V. GÉNÉRAL FRANÇAIS N° 4.

TRAITEMENT de GRADE. V. GRADE. V. TRAITEMENT PÉCUNIAIRE.

TRAITEMENT de GUERRE (B, 1 ; H), ou TRAITEMENT de CAMPAGNE ; c'est ainsi que s'exprimait la loi du 30 brumaire an deux. Il comprend la SOLDE DE GUERRE, la SOLDE SIMPLE, sauf la RETENUE opérée pour petit équipement, puis les VIVRES DE CAMPAGNE. Il comprend encore, outre le TRAITEMENT EN NATURE, le LOGEMENT, soit chez l'HABITANT, soit dans la BARAQUE, soit sous la TENTE.

TRAITEMENT de la GALE. V. GALE. V. HÔPITAL MILITAIRE. V. INFIRMERIE. V. TRAITEMENT SANITAIRE.

TRAITEMENT de la LÉGION D'HONNEUR (B, 1 ; C, 4 ; F). Sorte de Traitement qui a remplacé les DOUBLES PAYES et les HAUTES PAYES. L'article 72 de la Charte de Louis dix-huit assurait aux MEMBRES DE LA LÉGION D'HONNEUR l'intégrité de leur Traitement. Il fut donné bientôt avis que ce traitement subirait une retenue proportionnelle. Une ordonnance du mois d'août 1814 fixa cette réduction à moitié, et il en fut encore opéré plus tard une nouvelle, pour DOTATION DES INVALIDES.

TRAITEMENT de LIEUTENANT. V. LIEUTENANT. V. LIEUTENANT D'INFANTERIE FRANÇAISE Nº 4.

TRAITEMENT de MALADE. V. MALADE. V. TRAITEMENT SANITAIRE.

TRAITEMENT de MALADIES LÉGÈRES. V. CONSEIL D'ADMINISTRATION DE RÉGIMENT Nº 4. V. INFIRMERIE. V. TRAITEMENT SANITAIRE.

TRAITEMENT d'EMPLOI. V. EMPLOI. V. TRAITEMENT DE DISPONIBILITÉ.

TRAITEMENT d'EMPLOYÉ. V. EMPLOYÉ DE SERVICE.

TRAITEMENT de PAIX. V. CORPS EN ROUTE SUR PIED DE PAIX. V. PAIX. V. TRAITEMENT DE GUERRE.

TRAITEMENT de PRÉSENCE (B, 1 ; E). Celui qui est dû à tout militaire le lendemain de son arrivée au corps.

TRAITEMENT de PRISON. V. HOMME DE TROUPE Nº 5. V. PRISON.

TRAITEMENT de PRISONNIER DE GUERRE. V. PRISONNIER DE GUERRE FRANÇAIS.

TRAITEMENT de RÉFORME (A, 1 ; B, 1). Celui que l'on donne temporairement à un militaire qui perd son emploi avant d'avoir acquis des droits à une PENSION DE RETRAITE.

TRAITEMENT de RETRAITE. V. BLESSURE. V. COLONEL D'INFANTERIE FRANÇAISE DE LIGNE. V. PENSION DE RETRAITE. V. RETRAITE.

TRAITEMENT de ROUTE. V. CONVOIS A LA SUITE. V. DÉTACHEMENT EN ROUTE. V. ÉTAPE. V. ROUTE.

TRAITEMENT de STATION (B, 1). Il se compose, pour les OFFICIERS, des APPOINTEMENTS et du LOGEMENT, en rapport avec leur position respective ; et pour les HOMMES DE TROUPE, du PAIN DE MUNITION, du CHAUFFAGE, de la PREMIÈRE MISE des EFFETS D'UNIFORME et autres TRAITEMENTS EN NATURE.

TRAITEMENT d'ÉTAPE. V. DÉTACHEMENT EN ROUTE. V. ÉTAPE.

TRAITEMENT d'HOMME DE TROUPE. V. HOMME DE TROUPE. V. MILICE AUTRICHIENNE Nº 5. V. TRAITEMENT PÉCUNIAIRE.

TRAITEMENT d'INVALIDE. V. INVALIDE.

TRAITEMENT d'OFFICIER. V. OFFICIER. V. OFFICIER D'INFANTERIE Nº 3. V. OFFICIER EN MISSION. V. OFFICIER FRANÇAIS. V. TRAITEMENT DE DISPONIBILITÉ.

TRAITEMENT en ARGENT. V. TRAITEMENT PÉCUNIAIRE.

TRAITEMENT en NATURE (B, 1). Il consiste en PRESTATIONS de divers genres et en FOURNITURES de certaines DENRÉES ; il est différent en ROUTE et en STATION, en PAIX et en GUERRE. Les droits au LOGEMENT, à l'ÉTAPE, au TRANSPORT, forment une partie de ce Traitement qui date, pour tout militaire, du jour où il est immatriculé.

TRAITEMENT EXTRAORDINAIRE. V. COMMANDANT DE PLACE Nº 5. V. EXTRAORDINAIRE. V. RETENUE. V. SOLDE.

TRAITEMENT PÉCUNIAIRE (terme sous-génér.), ou TRAITEMENT EN ARGENT, ou TRAITEMENT EN DENIERS. C'est le Traitement attaché au GRADE, ou à l'EMPLOI, ou à la RETRAITE. Telles sont les prestations auxquelles les MILITAIRES ou les CORPS ont droit, dans des proportions qui varient en raison des positions, et qui sont réglées par TARIFS. Les ACCESSOIRES de SOLDE sont compris dans la catégorie des Traitements pécuniaires.

TRAITEMENT PRESTATIONNAIRE (terme sous-génér.). Traitement qui se paye en deniers ou en nature ; il commence avec la création d'une armée et n'est suspendu que dans les cas de LICENCIEMENT.

TRAITEMENT PROVISOIRE. V. PENSION DE RETRAITE. V. PROVISOIRE. V. TRAITEMENT DE RÉFORME.

TRAITEMENT PSORIQUE, du grec ψώρα (gale). V. PSORIQUE.

TRAITEMENT SANITAIRE. Celui qui concerne les MILITAIRES MALADES ou BLESSÉS, soit en temps de paix, soit en temps de guerre. Il s'exerce à l'HÔPITAL ou aux HOSPICES, et sous

LA TENTE, par les soins des OFFICIERS DE SANTÉ attachés aux armées.

TRAITEMENT SOUS LA TENTE. V. GALE. V. HOPITAL MILITAIRE. V. INFIRMERIE. V. SOUS LA TENTE. V. TRAITEMENT SANITAIRE.

TRAITER SANS QUARTIER. V. QUARTIER.

TRAJAN. V. NOMS PROPRES.

TRAJECTION. V. BALLE DE CARABINE. V. BALLE PROJECTILE. V. CARONADE. V. LIGNE DE TRAJECTION. V. REVERS. V. TRAJECTOIRE.

TRAJECTOIRE (subs. fém.), ou TRAJECTOIRE BALISTIQUE. Mot dérivé du latin *trajicere*. On nomme ainsi la ligne courbe décrite par un PROJECTILE qu'une ARME A FEU met en jeu. Les écrivains qui ont traité ce sujet sont AUGOYAT, BARDIN (1807), COTTY (1822), GASSENDI, HUYGENS, MULLER, NEWTON. — On peut voir encore l'instruction ministérielle du 30 MARS 1822.

TRAJECTOIRE BALISTIQUE. V. BALISTIQUE. V. BATTERIE DIRECTE. V. BUT EN BLANC. V. OFFICIER D'ARTILLERIE. V. TIR D'INFANTERIE. V. TRAIT PROJECTILE.

TRANCHANT. V. NOMS PROPRES.

TRANCHANT { DE CROSSE DE FUSIL. } TRANCHANT { EXTÉRIEUR. INTÉRIEUR. }

TRANCHANT (terme génér.), ou TRENCHANT, et dérivé, suivant Furetière, comme TRANCHE, TRANCHÉE, TRANCHEOR, TRANCHEOUR, du latin *truncare*, couper, mettre en tronçons, parce que telle est l'utilité du TAILLANT des ARMES BLANCHES et des OUTILS DE CAMPAGNE. Ce mot se distingue en TRANCHANT D'ARME BLANCHE, — DE BRANC, — DE CROSSE DE FUSIL, — DE FAUCHON, — DE FAULX, — DE FER DE HACHE, — DE HACHE, — DE PIERRE A FEU, — DE PIOCHE, — DE PLAQUE DE COUCHE, — DE POIGNARD, — DE SABRE, — D'ÉPÉE, — D'ESPADON, — EXTÉRIEUR, — INTÉRIEUR, — RABATTU.

TRANCHANT D'ARME BLANCHE. V. ARME BLANCHE. V. BAUDELAIRE. V. COUP DE PLAT DE SABRE. V. COUTEAU DE BRÈCHE. V. ÉPÉE. V. TAILLE OFFENSIVE.

TRANCHANT DE BRANC. V. BRANC.

TRANCHANT DE CROSSE DE FUSIL (terme sous-génér.). Il est particulièrement usité dans l'ARMURERIE. Le réglement du 1er août 1791 appelait ainsi la vive arête qui règne, à droite et à gauche, au bas de la CROSSE du FUSIL D'INFANTERIE. Ces tranchants se distinguent en tranchant extérieur et tranchant intérieur.

TRANCHANT DE FAUCHON A GARDE. V. FAUCHON A GARDE.

TRANCHANT DE FAUX. V. FAUX. V. FAUX A REVERS.

TRANCHANT DE FER DE HACHE. V. ACIER TREMPÉ. V. FER DE HACHE. V. HACHE. V. HACHE D'ABORDAGE. V. HACHE D'ARMEMENT. V. HACHE DE SAPEUR. V. MORNE.

TRANCHANT DE HACHE. V. HACHE. V. MORNE.

TRANCHANT DE PIERRE A FEU. V. PIERRE A FEU.

TRANCHANT DE PIOCHE. V. PIOCHE.

TRANCHANT DE PLAQUE DE COUCHE. V. PLAQUE DE COUCHE.

TRANCHANT DE POIGNARD. V. CRIC. V. POIGNARD.

TRANCHANT DE SABRE. V. BRAQUEMART. V. COUP DE PLAT DE SABRE. V. DOS DE LAME. V. LAME COURBE. V. SABRE. V. SCHAKO D'INFANTERIE.

TRANCHANT D'ÉPÉE. V. ÉPÉE.

TRANCHANT D'ESPADON. V. ESPADON.

TRANCHANT EXTÉRIEUR (A, 1; G, 1). C'est le côté du TRANCHANT DE CROSSE DE FUSIL qui, dans l'action du PORT D'ARMES, est saisi le premier.

TRANCHANT INTÉRIEUR (A, 1; G, 1). Il est formé par le BISEAU de la PLAQUE DE COUCHE du côté opposé au TRANCHANT EXTÉRIEUR.

TRANCHANT RABATTU. V. ARME COURTOISE. V. RABATTU.

TRANCHE (subs. fém.) DE CANON. Ce mot, qui a la même racine que le mot TRANCHANT, s'applique à la coupe de la face antérieure des parois de la bouche d'un canon.

TRANCHE TACTIQUE. V. TACTIQUE.

TRANCHÉE (tranchées), adj. V. COLONNE TRANCHÉE.

TRANCHÉE, subs. fém. V. ARMER UNE T... V. BANQUETTE DE T... V. BATAILLON DE T... V. BATTERIE DE T... V. BLINDAGE DE T... V. CAVALIER DE T... V. CHANDELIER DE T... V. CHEF DE T... V. COLONEL DE T... V. COMBLER LA T... V. COMMUNICATION DE T... V. CONTRE-T... V. CROCHET DE T... V. DÉBOUCHER LA T... V. DÉ-

FENSE DE T... V. DÉPOT DE T... V. DESCENDRE LA T... V. DIRECTEUR DE T... V. FLANC DE T... V. GABION DE T... V. GARDE DE T... V. HOMME DE T... V. JOUR DE T... V. MONTER LA T... V. NETTOYER LA T... V. NUIT DE T... V. OFFICIER DE T... V. OUVRIR LA T... V. PARAPET DE T... V. POSTE DE T... V. POUSSER LA T... V. PREMIER JOUR DE T... V. QUEUE DE T... V. REDOUTE DE T... V. RELEVER LA T... V. RÉSERVE DE T... V. RETOUR DE T... V. REVERS DE T... V. SECONDE NUIT DE T... V. SENTINELLE DE T... V. SERVICE DE T... V. SOUTENIR LA T... V. TÊTE DE T... V. TRAVAIL DE T... V. TROISIÈME NUIT DE T...

TRANCHÉE (term. génér.). Mot technique employé principalement depuis la révolution que VAUBAN et ses TRAVAUX DE SIÉGE ont introduite dans le langage militaire. Plus anciennement on faisait usage, dans le même sens, des substantifs TERRAIL, TRANCHIS, comme l'écrit PHILIPPE DE CLÈVES (1520), TRENCHÉE, suivant BRANTOME (1600), DUANE (1810) et FURETIÈRE, ou TRENCHIS, TRENQUE et TRANCHIS, qui avaient produit les expressions TRACHEOUR, TRANCHEOUR, TRENCHEOR, TRENCHEOUR, usitées surtout dans les idiomes du Midi, et signifiant sapeur, MINEUR, PIONNIER, GASTADOUR, FOSSIER. A la même racine, c'est-à-dire au verbe latin *truncare*, se rattachaient les substantifs TRUNKÉER, TRUNKIER, et les dénominations plus modernes TRENCHIER, TRENCHEUR, TRANCHEUR, toutes tombées en désuétude, aussi bien que les verbes TRENCER et TRENCHIER. La Tranchée est un travail de SIÉGE OFFENSIF, un CHEMINEMENT à ZIGZAGS et à COMMUNICATIONS, un CREUSEMENT de PARALLÈLES, au nombre de deux au moins, de quatre au plus. Elle comprend un FOSSÉ, des BANQUETTES, des CHANDELIERS, des ÉPAULEMENTS, un PARAPET, des PLACES D'ARMES, des DÉPOTS, des BATTERIES, des TRAVERSES, des CROCHETS, des HOPITAUX de premier secours. Certaines de ses parties s'appellent TÊTE, QUEUE, FLANCS, REVERS, RETOURS, RAMEAUX. Elle se confectionne en terre, en sacs à terre, en gazons, en FASCINES, en GABIONS; elle renferme des HOMMES de TRANCHÉE, des BATAILLONS DE TRANCHÉE, des TRAVAILLEURS, des SENTINELLES, des GARDES, des réserves, qui, tour à tour, y montent et y descendent; elle est sous les ordres d'officiers et de chefs qui se succèdent dans le service, et qu'on a appelés COLONEL DE TRANCHÉE, MAJOR DE TRANCHÉE, DIRECTEUR DE TRANCHÉE; elle est tracée, dirigée, perfectionnée par des OFFICIERS DU GÉNIE, et armée par des officiers d'artillerie. L'ouvrir, c'est la commencer; la DÉBOUCHER, c'est la terminer. L'ennemi la contrecarre par des CONTRE-TRANCHÉES, l'insulte par des sorties, y encloue les pièces, en expulse les TRAVAILLEURS,

s'efforce de la COMBLER, la tourmente, la NETTOIE par des PROJECTILES D'ARTILLERIE. Le mot latin *agger* et le mot *clypeus* paraissent avoir répondu au terme actuel, sauf la différence des travaux que nécessite aujourd'hui le changement d'armes en usage. Les Anglais qui, au moyen âge, et même au temps de Louis quatorze, ont approprié à leur idiome la langue militaire de France, nous ont pris et ont conservé les termes TRENC et TRENCHÉE. On a attribué aux OTTOMANS l'invention des APPROCHES par Tranchées; c'est une erreur. Il est juste de dire seulement que les ingénieurs italiens qui étaient au service des sultans, commencèrent à les pratiquer avec plus d'habileté; car si l'on considère le mot Tranchée comme synonyme de MINE ou de FOSSÉ militaire, l'usage en est aussi ancien que la civilisation et la guerre. Les Tranchées à artillerie ont commencé en France à être employées depuis le siége de Melun, en 1420, et depuis Charles sept, telles à peu près qu'elles sont de nos jours; mais alors elles étaient bien moins perfectionnées qu'elles ne l'ont été par Vauban. Si le sol se refuse au travail de la pioche, les Tranchées, au lieu d'être creusées, se construisent par élévation. On voit alors que ce n'est plus que par tolérance qu'est employé ce terme, ainsi détourné de sa signification véritable. L'ouverture de la Tranchée n'a lieu qu'après l'exploration des approches, quand l'assiégeant s'est assuré de la nature des abords, et qu'il a examiné s'il existe ou non des CAVINS, des RAVINS, des COMMANDEMENTS DOMINANTS, circonstances suivant lesquelles il modifie les formes de l'opération. La Tranchée doit se diriger vers le point attaqué, en prenant, de parallèle à parallèle, la ligne la plus courte, sauf les déviations qu'exige le DÉFILEMENT. On donne sept pieds de profondeur aux Tranchées. Elles doivent avoir d'abord dix pieds de largeur, et être élargies ensuite jusqu'à douze toises ou vingt-quatre mètres, afin que les troupes puissent facilement en sortir, pour en occuper le revers, s'il s'agit de résister à une sortie. A partir de la seconde parallèle, une Tranchée menée à la SAPE chemine vers la capitale de la DEMI-LUNE voisine; deux Tranchées latérales se dirigent sur la capitale du bastion insulté; leurs trois têtes aboutissent à la troisième parallèle. Les anciens écrivains militaires ont tous recommandé d'entamer la Tranchée au delà de la portée des CANONS DE GROS CALIBRE; mais dans les siéges mémorables entrepris par les Français depuis 1794, on a vu des officiers du génie mépriser des règles qui leur paraissaient timides, et ouvrir audacieusement la première parallèle à cent cinquante toises du corps de la place attaquée. Feuquières invite à appuyer de REDOUTES SOLIDES et fermées la parallèle qui atteint le GLACIS. C'est de là que débouche l'ASSIÉGEANT, par autant de sapes que le glacis présente d'angles; mais il y procède avec les précautions que peuvent lui commander les dessous: s'il a lieu de supposer le glacis CONTRE-MINÉ, la durée du SERVICE DE TRANCHÉE se mesure par JOUR DE TRANCHÉES OUVERTES. SARAGOSSE a demandé soixante jours de TRANCHÉE OUVERTE. Dans la guerre de 1823, la relation de la prise du Trocadéro mentionnait la locution COURONNEMENT DE TRANCHÉE, pour signifier COURONNEMENT DE CHEMIN COUVERT. En 1832, la reddition de la citadelle d'Anvers ne coûta que vingt-cinq jours de Tranchée ouverte. Au dernier siècle, il était défendu aux OFFICIERS GÉNÉRAUX, ainsi qu'aux OFFICIERS DU GÉNIE, de se présenter à la Tranchée s'ils n'étaient armés du POT et de la CUIRASSE; mais, avec les guerres de la révolution, l'emploi de ces armes défensives a cessé d'être exigé. — Les AUTEURS qui ont particulièrement traité ce sujet sont: BARDIN (1807, 1808, 1809, 1816, et dans l'*Encyclopédie du dix-neuvième siècle*, 1842, au mot *Tranchée*), BOIS-ROGER (1776), BRANTOME, CANTELOUBE (1818), CARRÉ (1783), CARRION (1824), DANIEL (1721), DESPAGNAC (1751), DESPREZ (1735, p. 236), DEVILLE (1674), DUANE (1810, au mot *Retour*), DUBOUSQUET (1767), ENCYCLOPÉDIE (1785), FEUQUIÈRES, FOLARD (1753), FURETIÈRE, GASSENDI (1819), GUILLET (1686), LACHESNAIE (1758, aux mots *Descendre la Tranchée, Garde de Tranchée, Gouverneur, Monter la Tranchée, Place d'armes, Tranchée, Travailleurs à la Tranchée*), LEBLOND (1762), LECOUTURIER, MALTHUS, MANESSON (1685), MÉNAGE, MONTLUC (1575), PHILIPPE DE CLÈVES (1520), POTIER, RUGGIERI, SIONVILLE, VALAZÉ, VAUBAN (1736), VELLY, VILLENEUVE, VOLTAIRE.

TRANCHÉE A CROCHET. On appelle ainsi la Tranchée qui termine les lignes. V. CROCHET DE RETOUR.

TRANCHÉE DIRECTE. C'est le nom qu'on donne aux Tranchées en ligne droite; elles sont plus profondes que les ZIGZAGS, mais se DÉFILENT aussi fréquemment qu'il est nécessaire.

TRANCHÉE DOUBLE. On appelle ainsi celle dont l'un des côtés sert de traverse à l'autre, ce qui fait que ces sortes de Tranchées sont une garantie mutuelle contre les attaques des revers et des enfilades. V. CAVIN. V. DOUBLE. V. ÉPAULEMENT DE FORTIFICATION.

TRANCHÉE TOURNANTE. C'est le nom donné aux Tranchées qui conduisent au LOGEMENT du CHEMIN COUVERT quand la possession du terrain n'est pas bien assurée. V. TOURNANT.

TRANCHEOR, subs. masc. V. TRANCHÉE. V. TRENCHEOR.

TRANCHEUR, subs. masc. V. TRANCHÉE. V. TRENCHEOR.

TRANCHEUR, subs. masc. V. PIONNIER. V. TRANCHÉE. V. TRENCHEOR.

TRANCHIS, subs. fém. V. RETRANCHEMENT. V. TRANCHÉE.

TRANCHOIR, subs. masc. V. PÉTARD CATABALISTIQUE.

TRANSACTION (subs. fém.) OFFICIELLE. V. LÉGISLATION.

TRANSCORPORATION, subs. fém. (A, 3; B, 1), ou PASSAGE DANS UN AUTRE CORPS, ou TRANSMUTATION comme disait BRANTOME (1600). L'expression CHANGEMENT DE CORPS était celle dont la loi, les ordonnances et les règlements se servaient pour signifier la MUTATION d'un militaire français passant d'un corps dans un autre. Ces mutations sont une mesure d'administration militaire dont l'usage ne saurait être trop modéré, en raison de la perturbation qu'elle apporterait dans l'organisation des corps si l'on en abusait. C'est cependant une disposition inévitable dans certaines circonstances. Elle remonte à la plus haute antiquité. Ainsi, dans la MILICE ROMAINE, c'était souvent une rémunération. Il y a plusieurs siècles qu'on a senti l'importance de rendre les Transcorporations aussi rares que possible, car le COLONEL GÉNÉRAL DE L'INFANTERIE s'était réservé le droit de les autoriser. De même, de nos jours, elles ne peuvent avoir lieu qu'en vertu d'un CONGÉ DE PASSE signé de la main du ministre de la guerre, après qu'il s'est assuré du double consentement des chefs de corps que cette mesure intéresse. La TRANSCORPORATION diffère de l'incorporation simple, en ce que ses règles embrassent à la fois et le départ d'un corps et l'entrée dans un autre corps, tandis que l'incorporation n'est que le résultat d'un ENROLEMENT pur et simple. — On peut consulter à cet égard les décisions officielles des 16 juin 1815, 25 novembre 1828, 28 octobre 1831, 13 juin 1832, 12 décembre 1833, enfin les instructions sur les inspections générales.

TRANSFUGE, subs. masc. V. DÉSERTEUR. V. DÉSERTEUR A L'ENNEMI. V. DÉSERTION. V. MILICE ROMAINE. V. STRATAGÈME.

TRANSMISSION (subs. fém.) D'EXTRAIT

D'ACTE D'ÉTAT CIVIL. V. ACTE CIVIL. V. ACTE D'É-
TAT CIVIL.

TRANSMUTATION, subs. fém. v. MU-
TATION. V. TRANSCORPORATION.

TRANSPORT (transports), subs. masc.
V. AGENCE DE T... V. BATIMENT DE T... V. CAIS-
SON DE T... V. CHARRETIER DE T... V. CHEVAL DE
T... V. ENTREPRENEUR DE T... V. ENTREPRISE DE
T... V. ÉQUIPAGES DE T... V. MANDAT DE T... V.
MARCHE DE T... V. MARCHÉ DE T... V. ORDON-
NANCE DE T... V. OUVRIER DE T... V. RÈGLEMENT
DE T... V. SERVICE DE T... V. VOITURE DE T...

TRANSPORT { PAR EAU. / PAR TERRE. { A LA SUITE. / AUXILIAIRE. / DIRECT.

TRANSPORT (term. génér.) (B, 1), appelé TRANSPORT DE LA GUERRE dans le *Journal
militaire* (t. VI, p. 347), et quelquefois
TRANSPORT DES ARMÉES, OU TRANSPORT MILI-
TAIRE. Ce mot, qui désigne l'action de porter
un homme, un animal ou un objet quelcon-
que d'un lieu à un autre, est du ressort de
l'ADMINISTRATION MILITAIRE, et a été défini
dans ce DICTIONNAIRE sous la qualification
générale de SKEUOPHORE. On entend par ce
terme la marche ou le mouvement sur voiture ou bateaux, par terre ou par eau, des
TROUPES ou du MATÉRIEL, des ARMES, des MU-
NITIONS et des VIVRES. Dans les cas excep-
tionnels et imprévus, il s'applique aux DÉTA-
CHEMENTS et aux ÉVACUATIONS, aux HOPITAUX,
aux AMBULANCES et aux INFIRMERIES. Quoiqu'il
existe un grand rapport, au premier coup
d'œil, entre les CHARROIS, le TRAIN et les
TRANSPORTS, ces différents mots ont été traités dans des articles spéciaux qui tendent à
les rendre moins confus. — On est mal
éclairé par les SKEUOPHORES de la milice grecque; on n'en sait pas beaucoup plus sur cette
partie de la milice romaine, si ce n'est que
tous ces détails regardaient spécialement le
PRÉFET DU CAMP. Longtemps le SOLDAT ROMAIN
porta lui-même tous ses BAGAGES, d'où venait
le surnom ironique de *mulets de Marius*
donné aux soldats des légions que commandait ce général. — L'ancienne LÉGISLATION
FRANÇAISE comprenait sous le titre de Transports l'ensemble du PERSONNEL et du MATÉ-
RIEL propres à donner le mouvement aux
bagages, aux subsistances, et à tout le matériel des siéges, sous la surveillance de
l'autorité administrative. — Ce fut sous
HENRI DEUX que, pour la première fois en
Europe, on reconnut la nécessité de donner
des soins au service des Transports et à leur
organisation, en instituant des CAPITAINES DE

CHARROIS. Les écrivains du dernier siècle ont
regardé ce perfectionnement administratif
comme une des causes de la prééminence de
la MILICE FRANÇAISE sur celle des autres pays.
Dans les derniers temps de l'ancienne mo-
narchie, les Transports appliqués à l'armée
dépendaient des mesures que prenait l'autorité sous la surveillance des intendants de
provinces et des commissaires des guerres;
mais, comme l'avance Odier, rien n'était
bien réglé; la force et l'arbitraire décidaient
de ce genre de fournitures. Depuis le commencement de la guerre de la liberté jusqu'en 1793 (27 juillet), les TRANSPORTS MILI-
TAIRES eurent lieu en vertu de MARCHÉS con-
clus entre le MINISTRE DE LA GUERRE et des
ENTREPRENEURS. Le code des charrois apprend
que ces marchés furent alors résiliés pour
faire place à un nouveau système connu sous
le nom de commission des Transports, relais
et messageries, et fonctionnant dans toute
l'étendue du territoire français sous la direction d'une agence surveillée par les INSPEC-
TEURS DES ARMÉES. Cette agence recevait les
ordres du ministre de la guerre, distribuait
et répartissait les services, réglait le nombre
de CAISSONS, de chevaux et de charretiers. A
partir de cette époque, on trouve dans quelques documents la qualification de TRANSPORTS
RÉGULIERS. On établit pour ce service un budget spécial et des revues particulières; on
marqua les chevaux et on numérota les caissons. L'instruction du 16 ventôse an trois répandit de nouvelles lumières sur la question.
Il y est dit: « *Les équipages de Transports
» militaires n'ont aucun rapport avec les
» voitures destinées à transporter d'une
» place à une autre les effets militaires,
» ainsi que le gros bagage des troupes;
» ils sont destinés, à la suite des armées,
» aux Transports des vivres, des effets
» de campement, d'hôpitaux et de l'ar-
» tillerie.* » La loi du 26 fructidor an sept
dit qu'outre les équipages des armées il y a
encore ceux de l'intérieur destinés à effec-
tuer les Transports des munitions de guerre,
des effets d'habillement et de campement
d'une place sur l'autre, et des ARSENAUX de
l'intérieur aux parcs des armées. Ces Transports se faisaient en cette même année par la
voie du commerce et venaient d'être réduits de
quatre millions cent soixante mille francs à
trois millions, dans la prévision qu'en cas de
guerre les ÉQUIPAGES D'ARTILLERIE devraient
se charger d'une grande partie de ce service. Il y avait alors une sixième classe de
Transports qu'on appelait CONVOIS MILITAIRES:
c'étaient des voitures destinées à porter les
bagages des troupes et les CONVALESCENTS,
lors des marches exécutées dans l'intérieur

de la république ; la dépense de ces convois était acquittée sur les fonds de la masse des ÉTAPES. Cette même loi évaluant le nombre des chevaux nécessaires aux Transports militaires, en portait le chiffre à dix-sept mille cinq cent vingt-neuf, exigeant une dépense de deux millions trois cent quarante-huit mille huit cent trente-trois francs. — L'arrêté du 23 fructidor an huit régla les MASSES à l'aide desquelles on subviendrait aux frais de Transports. Ces masses étaient des MASSES DE CAMPEMENT, DE LOGEMENT et DE CASERNEMENT. — Le règlement du 16 pluviôse an onze distinguait les Transports militaires en TRANSPORTS DIRECTS et en TRANSPORTS A LA SUITE ; il fixait le poids de leurs chargements, la proportion de leur cheminement, et voulait que les gros bagages fussent voiturés par des Transports directs sans être astreints à suivre les routes d'étapes. Ce même règlement établissait les droits des militaires malades aux moyens de Transports à la suite. Sous l'empire, les conseils d'administration devaient veiller à ce que les Transports directs ou réguliers emportassent les armes excédant l'effectif de la troupe. Les blessés, les malades, les isolés avaient droit, en certains cas, à des MANDATS de Transports, de la manière déterminée par les tarifs spéciaux, conformément aux prix arrêtés par le préfet de chaque département. Il est traité, aux mots CONVOIS A LA SUITE, CONVOIS MILITAIRES, des formes du Transport des blessés, des malades et des militaires isolés. — Le décret du 10 avril 1806 et l'instruction du 17 du même mois réglèrent particulièrement le mode de Transports directs, et chargèrent les corps d'y pourvoir. Puis vinrent l'instruction du 24 septembre 1808, relative à la comptabilité du service des Transports, la circulaire du 6 mai 1809, qui s'occupa des Transports en poste, celle du 23 décembre 1814, applicable aux TRANSPORTS PAR EAU, et le règlement du 1er janvier 1824, qui donna à ce service le titre de TRANSPORTS DE LA GUERRE. Un traité pour l'entreprise générale des Transports fut conclu sur de nouvelles bases, pour six ans, le 14 décembre 1824, et fut remplacé par un nouveau marché en date du 31 décembre 1830. — Les écrivains militaires qui se sont occupés de la question des Transports, sont : AUDOUIN, BALLYET, BARDIN (1809), BERRIAT (1825), BOMBELLES (1746), CHENNEVIÈRES (1750), CUGNOT (1766), ENCYCLOPÉDIE (1785), GASSENDI (1819), GONVOT, LECOUTURIER, MONTVERAN, MORIN (1798), ODIER (1818), RUMPF (1824), SICARD (1830), VAUCHELLE. — On doit diviser cet article en TRANSPORTS D'ARMES, — D'ARTILLERIE, — DE BAGAGES, — DE BLESSÉS, — DE FOURNITURES, — DE GUERRE, — DE LA GUERRE, — DE MALADES, — DE MILITAIRES ISOLÉS, — DE MUNITIONS, — DE POUDRE, — DE TROUPES DE TERRE, — D'EFFETS, — DES ARMÉES, — D'ÉTOFFES, — D'HOPITAUX, — D'ISOLÉS, — EN CAMPAGNE, — EN POSTE, — MARITIMES, — MILITAIRES, — PAR EAU, — PAR MER, — PAR TERRE, — RÉGULIER, — SUR TERRE, — SUR VOITURE.

TRANSPORT A LA SUITE, OU CONVOI A LA SUITE. C'est un Transport par terre que définit ainsi le règlement du 16 pluviôse an onze. — ART. 2. « *Les Transports à la » suite des corps ne devant avoir lieu que » pour la caisse, les papiers et les effets » d'un usage journalier, tous les autres » bagages seront transportés directe-» ment du lieu de départ du corps à ce-» lui de sa destination, sans être assu-» jettis à suivre les routes d'étapes.* » — ART. 17. « *Le service des convois mili-» taires à la suite des troupes, pendant » leur marche, a pour objet le Transport » d'un lieu de logement militaire à un » autre, dans l'intérieur de la républi-» que, de la caisse, des papiers et des » effets d'un usage journalier, ainsi que » des sous-officiers et soldats blessés ou » infirmes, marchant soit avec leurs » corps ou détachements, soit isolément. » Ce transport se fait par des voitures à » un, deux, trois ou quatre colliers.* » —

TRANSPORT AUXILIAIRE (F), OU ÉQUIPAGES AUXILIAIRES. Ainsi nommés parce qu'ils étaient composés de voitures ou de bêtes de réquisition, et pour les distinguer des TRANSPORTS RÉGULIERS. De ce nombre étaient, sous l'empire, douze brigades d'équipages à loyer pour le service des vivres de l'armée de Catalogne, et réorganisées, au mois d'octobre 1809, en trois divisions de quatre brigades chacune. Il y avait en outre en Espagne, en 1812 et 1813, sept brigades auxiliaires de BAUDETS DE BAT et dix-sept brigades auxiliaires de MULETS DE BAT. On en créa de semblables, à Valence et à Niort, pour la campagne de 1823.

TRANSPORT D'ARMES. V. ARMES. V. ARMES EXCÉDANTES. V. CONSEIL D'ADMINISTRATION DE RÉGIMENT N° 5. V. TRANSPORT.

TRANSPORT D'ARTILLERIE. V. ARTILLERIE. V. ARTILLERIE DE MONTAGNES. V. PONTON. V. TRANSPORT.

TRANSPORT DE BAGAGES. V. BAGAGES. V. CAISSE D'EFFETS D'UNIFORME. V. CAISSON. V. CAISSON DE BATAILLON. V. OFFICIER FRANÇAIS N° 9. V. PANTALON DE TOILE. V. TRANSPORT.

TRANSPORT DE BLESSÉS. V. BLESSÉ. V. TRANSPORT.

TRANSPORT de FOURNITURES. V. FOUR-
NITURE. V. TRANSPORT.

TRANSPORT de GUERRE. V. GUERRE. V.
TRANSPORT.

TRANSPORT de la GUERRE. V. CONVOI A
LA SUITE. V. CONVOI MILITAIRE. V. GUERRE. V.
TRANSPORT.

TRANSPORT de MALADES. V. CONVOI A
LA SUITE. V. CONVOI MILITAIRE. V. MALADE. V.
TRANSPORT.

TRANSPORT de MILITAIRES ISOLÉS. V.
ISOLÉ. V. MILITAIRE ISOLÉ. V. TRANSPORT.

TRANSPORT de MUNITIONS. V. CONVOI.
V. MUNITIONS. V. TRANSPORT.

TRANSPORT de POUDRE. V. POUDRE. V.
POUDRE A FEU. V. TRANSPORT.

TRANSPORT de TROUPES DE TERRE. V.
BATIMENT DE TRANSPORT. V. CONGÉ. V. CONSEIL
D'ADMINISTRATION DE RÉGIMENT N° 4. V. TRANS-
PORT. V. TROUPE DE TERRE.

TRANSPORT d'EFFETS. V. EFFET. V. EF-
FET DE CAMPEMENT. V. EFFETS D'UNIFORME. V.
MASSE DE CASERNEMENT. V. TRANSPORT.

TRANSPORT d'ÉQUIPAGES. V. ÉQUIPAGES.
V. TRANSPORT.

TRANSPORT des ARMÉES. V. ARMÉE. V.
TRANSPORT.

TRANSPORT d'ÉTOFFES. V. ÉTOFFES. V.
TRANSPORT.

TRANSPORT d'HOPITAUX. V. HOPITAL
MILITAIRE. V. INFIRMERIE. V. TRANSPORT.

TRANSPORT DIRECT (F). Ainsi nommé
parce qu'il s'effectuait sans suivre les ROUTES
D'ÉTAPES, à l'opposé des CONVOIS A LA SUITE.
Il n'était employé que dans l'intérieur, par
la voie du roulage ou de la navigation, et le
mode en était réglé par l'instruction du 18
frimaire an quatorze, le décret du 10 avril
1806, la circulaire du 17 du même mois et
un règlement du 1er janvier 1824. On confiait aux Transports directs les caisses d'effets
d'uniforme des corps en route, et les frais
d'emballage étaient à la charge des corps.
Suivant les époques, ces Transports ont été
rémunérés tantôt par des TRAITEMENTS EN NA-
TURE, tantôt par des PRESTATIONS PÉCUNIAIRES.

TRANSPORT d'ISOLÉS. V. ISOLÉ. V.
TRANSPORT.

TRANSPORT EN CAMPAGNE. V. EN
CAMPAGNE. V. TRANSPORT. V. TRANSPORT DE
GUERRE.

TRANSPORT EN POSTE. V. EN POSTE. V.
MARCHE EN POSTE. V. TRANSPORT.

TRANSPORT MARITIME. V. MARITIME. V.
PASSAGE D'EAU. V. TRANSPORT. V. TRANSPORT
PAR EAU. V. TRANSPORT PAR TERRE.

DICTIONNAIRE DE L'ARMÉE.

TRANSPORT MILITAIRE. V. AVARIE. V.
BASTINGUE. V. CAISSON DE COMPTABILITÉ. V. CA-
PITAINE DE CHARROIS. V. CHEF D'ESCORTE DE
CONVOI. V. CHEVAL DE SELLE DE CONVOI. V.
EFFETS D'UNIFORME. V. EMBALLAGE. V. ÉQUIPA-
GES. V. FEUILLE DE ROUTE DE CORPS. V. MILICE
AUTRICHIENNE N° 2. V. MILITAIRE. V. TRAIN. V.
TRANSPORT.

TRANSPORT PAR EAU (B, 1). Ils ont
lieu en vertu de MANDATS et de MARCHÉS spéciaux. Les Grecs les désignaient sous le nom
de STRATIOTIDES. V. DÉBARQUEMENT.

TRANSPORT PAR MER. V. ADMINISTRA-
TION MILITAIRE. V. BATIMENT NAVAL. V. CHEF
DE DÉTACHEMENT EMBARQUÉ.

TRANSPORT PAR TERRE. V. TRANSPORT
A LA SUITE. V. TRANSPORT AUXILIAIRE. V. TRANS-
PORT DIRECT.

TRANSPORT RÉGULIER. V. RÉGULIER. V.
TRANSPORT. V. TRANSPORT AUXILIAIRE.

TRANSPORT SUR TERRE. V. AVARIE EN
ROUTE SUR TERRE. V. PAR TERRE. V. TRANSPORT
PAR TERRE.

TRANSPORT SUR VOITURE. V. CHEVAL DE
SELLE DE CONVOI. V. TRANSPORT.

TRANSVERSE, adj. V. PHALANGE T...

TRAPE, subs. fém. (F), ou TRAPPE. Du
bas latin *strappa* ou *trappa*, qui signifie un
piége tendu au milieu des terres. Dans la
langue militaire, on a fait de ce mot le composé CHAUSSE-TRAPE. A la guerre, on fait
usage des Trapes, soit pour y faire tomber
l'ennemi, soit pour couper les chemins. —
On creuse, dans la même intention, des
puits et des trous de loup. Lorsque les éclaireurs en découvrent, ils les jalonnent pour
en préserver les corps en marche. GASSENDI
(1818) et LACHESNAIE (1758) ont traité longuement de ces sortes de travaux.

TRAPPE, subs. fém. V. TRAPE.

TRAQUEHOUZES, subs. fém. V. GUÊ-
TRES.

TRAQUET, subs. masc. V. LANCE A MAIN.
V. POIGNARD.

TRASIMÈNE; **TRAUTMANN**;
TRAUZSCHEN. V. NOMS PROPRES.

TRAVAEL (travaux), subs. masc. V. COM-
MUNICATION DE T... V. DÉPLOYER LE T... V. DÉ-
ROBER LE T... V. ENTREPRISE DE T...

TRAVAIL (travails), ou TREPAIL suivant
ROQUEFORT, qui tire ce mot du bas latin
trepalium, *trabalium*. Il signifie occupation, devoir, fonctions, et a produit TRA-
VAILLER, TRAVAILLEUR, mots si fréquemment
employés dans les ordonnances militaires.
— Les auteurs qui ont traité ce sujet sont :

Bardin (1807), Berriat (1812), Clairac, Cotty, Dufour, Gassendi, Lachesnaie, Lecouturier, Manesson, Roquefort. — Au nombre des opérations du Travail sont celles qui embrassent la circonvallation, la contrevallation, les contre-approches; les moyens de défense par le clayonnage, par les épaulements, par les redoutes, par les tranchées, par les secours que réclament l'état-major, l'artillerie et le corps du génie. On a appelé travaux civils ceux que les gouverneurs de place avaient le droit de faire exécuter dans les forteresses par des habitants non militaires, pour le plus grand avantage de la défense. En fortification, le mot Travail est pris comme synonyme d'ouvrage; c'est ainsi qu'on a nommé travaux avancés les dehors, et travaux passagers des ouvrages qui n'étaient établis que momentanément. La milice française a longtemps négligé les Travaux de guerre, qu'elle considérait comme superflus. Il est vrai qu'ils n'ont pas toujours répondu à l'espoir qu'on en attendait; mais n'eût-il pas mieux valu cependant y occuper des soldats oisifs, que de courir de funestes hasards contre lesquels étaient impuissantes toutes les ressources de la bravoure? — L'une des causes qui n'avaient pas peu contribué à discréditer le Travail de campagne, était la mauvaise habitude, introduite dans l'armée, de l'infliger comme punition, ce qui le rendait dégradant. Heureusement, depuis 1792, les colonels se sont appliqués à corriger un pareil préjugé. — Les écrivains distinguent généralement le TRAVAIL AVANCÉ, — CIVIL DE FORTERESSE, — D'ARTILLERIE, — D'ASSIÉGÉ, — D'ASSIÉGEANT, — DE CAMPAGNE, — DE CASTRAMÉTATION, — DE CIRCONVALLATION, — DE CONDAMNÉ, — DE CONTRE-APPROCHES, — DE CONTREVALLATION, — DE FORTIFICATION, — DE GUERRE, — DE SIÉGE OFFENSIF, — DE TERRE, — DE TRANCHÉE, — DÉFENSIF, — DÉGRADANT, — FORCÉ, — FORTIFIÉ, — MILITAIRE, — OFFENSIF, — PASSAGER, — PUBLIC, — SPÉCIAL.

TRAVAIL AVANCÉ. V. AVANCÉ. V. DEHORS. V. TRAVAIL.

TRAVAIL CIVIL DE FORTERESSE. V. CIVIL. V. FORTERESSE. V. TRAVAIL.

TRAVAIL d'ARTILLERIE. V. ARTILLERIE. V. TRAVAIL. V. TRAVAILLEUR.

TRAVAIL d'ASSIÉGÉ. V. ASSIÉGÉ. V. CONTRE-MINE DE FORTERESSE.

TRAVAIL d'ASSIÉGEANT. V. ASSIÉGEANT. V. ATTAQUE. V. BALLE A FEU. V. COMMUNICATION DE SIÉGE OFFENSIF. V. CONTRE-APPROCHE. V. CONTRE-MINE DE CHEMIN COUVERT. V. CONTRE-MINE DE FORTERESSE. V. DÉPLOYER LE TRAVAIL.

V. DÉPÔT DE TRANCHÉE. V. DÉROBER LE TRAVAIL. V. PLACE D'ARME DE SIÉGE OFFENSIF. V. REDOUTE PERMANENTE. V. SAPE. V. SAPEUR DU GÉNIE. V. SORTIE D'ASSIÉGÉS. V. SIÉGE OFFENSIF.

TRAVAIL de CAMPAGNE. V. CAMPAGNE. V. CHEF D'ÉTAT-MAJOR D'ARMÉE. V. DÉGRADATION D'HOMME DE TROUPE. V. FORTIFICATION DE CAMPAGNE. V. TRAVAIL.

TRAVAIL de CASTRAMÉTATION. V. CASTRAMÉTATION. V. CORVÉE EN CAMPAGNE. V. TRAVAIL.

TRAVAIL de CIRCONVALLATION. V. CIRCONVALLATION. V. TRAVAIL.

TRAVAIL de CONDAMNÉ. V. CONDAMNÉ. V. TRAVAIL.

TRAVAIL de CONTRE-APPROCHES. V. CONTRE-APPROCHES. V. TRAVAIL.

TRAVAIL de CONTREVALLATION. V. CONTREVALLATION. V. TRAVAIL.

TRAVAIL de FORTIFICATION. V. CLAYONNAGE. V. CORPS DU GÉNIE. V. FORTIFICATION. V. TRAVAIL.

TRAVAIL de GUERRE. V. ARTIFICE. V. GUERRE. V. TRAVAIL.

TRAVAIL de SIÉGE OFFENSIF. V. SIÉGE OFFENSIF. V. TRAVAIL.

TRAVAIL de TERRE. V. REDOUTE PERMANENTE. V. TERRE. V. TRAVAIL. V. TRAVAUX MILITAIRES.

TRAVAIL de TRANCHÉE. V. TRANCHÉE. V. TRAVAIL.

TRAVAIL DÉFENSIF. V. DÉFENSIF. V. ÉPAULEMENT. V. FORTERESSE. V. TRAVAIL.

TRAVAIL DÉGRADANT. V. DÉGRADANT. V. TRAVAIL.

TRAVAIL FORCÉ. V. ARRESTATION ILLÉGALE. V. FORCÉ. V. TRAVAIL.

TRAVAIL FORTIFIÉ. V. ENCEINTE DE CAMP. V. FORTIFICATION. V. FORTIFIÉ. V. TRAVAIL.

TRAVAIL MILITAIRE. V. CAMP ROMAIN. V. MILICE FRANÇAISE N° 6. V. MILITAIRE. V. TRAVAUX MILITAIRES.

TRAVAIL OFFENSIF. V. CONTRE-APPROCHES. V. OFFENSIF. V. TRAVAIL.

TRAVAIL PASSAGER. V. CONTRE-MINE DE FORTERESSE. V. CORVÉE EN CAMPAGNE. V. PASSAGER. V. TRAVAIL.

TRAVAIL PUBLIC. V. CARTOUCHE BLANCHE. V. DÉSERTEUR CONDAMNÉ AUX TRAVAUX. V. PUBLIC. V. TRAVAIL.

TRAVAIL SPÉCIAL. V. SPÉCIAL. V. TRAVAIL.

TRAVAILLER. V. TRAVAIL. V. TRAVAILLEUR. V. TREF.

TRAVAILLEUR, subs. masc. V. APPEL DE T... V. ARMÉ DE T... V. ARMEMENT DE T... V. ATELIER DE T... V. EFFET D'ARMEMENT DE T... V. EFFET DE T... V. ÉQUIPEMENT DE T... V. ESCORTE DE T... V. FEUILLE DE T... V. GARDE DE T... V. HABILLEMENT DE T... V. INSPECTION DE T... V. INSTRUCTION DE T... V. JOURNÉE DE T... V. MASSE DE T... V. PAYE DE T... V. PERMIS DE T... V. REGISTRE DE T... V. RETENUE SUR T... V. REVUE DE T...

TRAVAILLEUR { EN CAMPAGNE. { TRAVAILLEUR A LA TRANCHÉE.

TRAVAILLEUR (travailleurs) (term. génér.), ou TRAVAILLEUR D'ARMÉE. Ce sont surtout des HOMMES DE TROUPE D'INFANTERIE. Le nombre des Travailleurs a été limité par les réglements de police ; ils ne peuvent exercer leur état qu'en vertu de PERMISSIONS signées du colonel. L'ordonnance du 1er mars 1768 n'en tolérait que six par compagnie, et leur permission devait être visée par le commandant de place. Une partie de leur paye tourne au profit de l'ordinaire de leur compagnie ; ce prélèvement sur le montant de leurs journées est constaté au moyen de la FEUILLE DES TRAVAILLEURS et du LIVRE DE COMPAGNIE. Ces différents détails sont surveillés par le MAJOR, ainsi que l'emploi de leur MASSE DE LINGE ET CHAUSSURE. Ceux que l'INFANTERIE fournit à l'ARTILLERIE, dans les places de guerre, étaient désignés, dans l'ordonnance du 1er avril 1792, pour les corvées d'arsenal, et ils ne pouvaient être employés qu'aux travaux de l'intérieur, conformément à la décision du 27 février 1837. Quant aux Travailleurs en campagne, ils peuvent n'être ni précisément d'infanterie, ni uniquement hommes de troupe ou simples soldats, puisqu'on a souvent employé aux travaux de ce genre et aux SIÉGES, soit des paysans, soit des artisans du pays. — Les ordonnances sur l'inspection générale, et particulièrement celle de 1823, voulaient qu'il fût passé des REVUES et INSPECTIONS de Travailleurs, et qu'à cet effet ceux qui seraient de service les jours de revue fussent relevés à l'avance et rendus au chef-lieu de réunion en temps convenable. A ces revues, ils se plaçaient à la gauche de leur compagnie. L'ordonnance du 1er juillet 1788 favorisait leur permission ; ils ne pouvaient travailler qu'après leur instruction complète ; dans ce but, ils devaient faire l'exercice deux ou trois fois par semaine, et ils devaient être de la première classe ; ils ne pouvaient travailler que dans la ville ou dans le voisinage, que chez les maîtres ouvriers de la ville ou du corps, afin d'être toujours soumis aux inspections, ce qui les classait en TRAVAILLEURS EN GARNISON et en TRAVAILLEURS EXTERNES. L'ordonnance du 1er mars 1768 voulait que les Travailleurs en garnison fissent leur service ou le payassent ; mais elle dispensait de le payer ceux qui travaillaient au compte du gouvernement. Ils ne peuvent se dispenser d'assister aux appels, à moins d'une permission du CAPITAINE, approuvée par le CHEF DU CORPS. Longtemps on leur a défendu de travailler à la terre ; ainsi, le travail le plus réellement militaire était précisément celui que la législation leur interdisait. L'ordonnance du 2 novembre 1833 disposait, au contraire, qu'il fallait préférer les travaux qui étaient de nature à développer les forces et à faire de meilleurs soldats. Cette ordonnance subordonnait le nombre des Travailleurs au service du corps, et voulait que ce nombre ne s'opposât jamais à ce que les camarades eussent quatre nuits franches de repos. — Les auteurs à qui l'on doit quelques renseignements relatifs aux Travailleurs, sont : BARDIN (1807), BERRIAT, COTTY, DUBOUSQUET, ENCYCLOPÉDIE, GUIGNARD, LACHESNAIE (1758), LECOUTURIER, SINCLAIRE, VÉGÈCE (1759). — Le mot Travailleur a besoin d'être distingué en TRAVAILLEUR AU CAMP, — D'ARMÉE, — D'ARTILLERIE, — DE COMPAGNIE, — DE CORPS, DE FORTIFICATION, — DE SIÉGE, — DU GÉNIE, — EN CAMPAGNE, — EN GARNISON, — EN VILLE, — ÉTRANGER, — EXTERNE.

TRAVAILLEUR A LA TRANCHÉE (H, 1). Sorte de TRAVAILLEURS EN CAMPAGNE formés par DÉTACHEMENTS, conduits par des OFFICIERS DE TRANCHÉE, par l'ADJUDANT-MAJOR de semaine, et employés aux SIÉGES OFFENSIFS, aux BLINDES, aux SAPES, et à la confection des DEMI-PARALLÈLES, sous la surveillance des OFFICIERS DU GÉNIE.

TRAVAILLEUR AU CAMP. V. CORVÉE AU CAMP. V. ESCORTE DE TRAVAILLEUR.

TRAVAILLEUR D'ARMÉE. V. ARMÉE. V. CAMPEMENT ACTIF. V. TRAVAILLEUR.

TRAVAILLEUR D'ARTILLERIE. V. ARTILLERIE. V. TRAVAILLEUR.

TRAVAILLEUR de COMPAGNIE. V. CAPITAINE D'INFANTERIE FRANÇAISE DE LIGNE Nº 12 et 26. V. CAPORAL DE SEMAINE. V. COMPAGNIE. V. DENIERS D'ORDINAIRE. V. LIVRE DE COMPAGNIE. V. MASSE DE COMPAGNIE. V. ORDINAIRE D'HOMME DE TROUPE. V. PAIN DE MUNITION. V. PRÊT DE COMPAGNIE. V. TRAVAILLEUR.

TRAVAILLEUR de CORPS. V. CAPITAINE D'INFANTERIE FRANÇAISE DE LIGNE Nº 12. V. CAPORAL DE SEMAINE. V. COLONEL D'INFANTERIE FRANÇAISE DE LIGNE. V. DENIERS D'ORDINAIRE. V. DOMESTIQUE D'OFFICIER. V. FOURRIER D'INFANTERIE FRANÇAISE DE LIGNE. V. MASSE DE COMPAGNIE. V. MASSE DE LINGE ET CHAUSSURE. V. MASSE DE PROPRETÉ. V. NUIT DE REPOS. V. SERGENT-MAJOR. V. TRAVAILLEUR.

TRAVAILLEUR de FORTIFICATION. V. CONTRE-MINE DE FORTERESSE. V. FORTIFICATION. V. TRAVAILLEUR EN CAMPAGNE.

TRAVAILLEUR de SIÉGE. Les soldats commandés de service, à ce titre, ont le FUSIL A LA GRENADIÈRE ; ils partent à l'entrée de la nuit avec une PELLE et une PIOCHE, une FASCINE et des PIQUETS ; chaque Travailleur couche sa fascine devant lui sur la ligne du tracé, l'assure au moyen de piquets, se couche en arrière de cette fascine, et s'y tient sans bruit. Au signal donné, il pioche derrière lui et creuse un trou long, large et profond d'un mètre, il jette la terre devant et sur sa fascine. Ces soldats sont relevés à la pointe du jour. L'ORDONNANCE FRANÇAISE du 31 DÉCEMBRE 1776 décrivait leur service et réglait leurs fonctions. En règle générale, chaque Travailleur doit s'employer avec assez d'ardeur pour que le trou qu'il est chargé de pratiquer soit terminé pendant la nuit, et il doit encore être prêt à repousser les SORTIES imprévues des assiégés. V. ASSAILLANT. V. ATTAQUE DE FRONT DE PLACE. V. CHANDELIER DE TRANCHÉE. V. DEMI-PARALLÈLE. V. FAGOT DE SAPE. V. GARDE DE TRANCHÉE. V. MINEUR FRANÇAIS. V. PARALLÈLE. V. PARC DE SIÉGE. V. PAVOIS. V. OUVERTURE DE TRANCHÉE. V. SIÉGE. V. SORTIE EXTÉRIEURE.

TRAVAILLEUR du GÉNIE. V. FORTIFICATION. V. FORTIFICATION PERMANENTE. V. GÉNIE.

TRAVAILLEUR EN CAMPAGNE (terme sous-génér.). Sorte de Travailleurs s'acquittant des fonctions qui sont plus particulièrement celles des SAPEURS DU GÉNIE ; ainsi ils construisent, au moyen d'OUTILS DE CAMPEMENT, des BATTERIES ENTERRÉES ou autres ; ils creusent les BOYAUX du SIÉGE OFFENSIF, élèvent des FORTIFICATIONS, et poussent les SAPES. La durée du travail n'excède pas deux heures. Dans la MILICE ROMAINE, travailler sans avoir l'épée au côté était un crime puni de mort ; on voulait que le Travailleur pût se défendre en cas d'attaque, ce qui est une preuve du respect que les Romains avaient pour la vie de leurs soldats

TRAVAILLEUR EN GARNISON. V. CHEF DE POSTE DE POLICE EN GARNISON. V. CONTRE-MINE DE FORTERESSE. V. ÉTAT DE TRAVAILLEURS. V. EN GARNISON. V. TRAVAILLEUR.

TRAVAILLEUR EN VILLE. V. GARNISON. V. TRAVAILLEUR.

TRAVAILLEUR ÉTRANGER. V. ÉTRANGER. V. PRISONNIER DE GUERRE ÉTRANGER. V. TRAVAILLEUR.

TRAVAILLEUR EXTERNE. V. EXTERNE. V. TRAVAILLEUR.

TRAVAILS, subs. masc. plur. V. TRAVAIL. V. TRAVAUX.

TRAVAUX, subs. masc. plur. V. DIRECTEUR DE T... V. ENTREPRENEUR DE T...

TRAVAUX {	DE CAMPAGNE. MILITAIRES, SPÉCIAUX.	TRAVAUX {	DE SIÉGE.

TRAVAUX (terme génér.), ou TRAVAILS, ou TRAVAUX D'ARMÉE. Ce mot, chez les Romains, s'appliquait à la GYMNASTIQUE. Il ne peut en être question ici qu'au point de vue de la guerre, et l'on ne doit pas les confondre avec les TRAVAUX MILITAIRES proprement dits, puisque ces derniers ont été pris comme synonymes de TRAVAUX PUBLICS infligés par punition. Des écrivains ont reconnu combien il était imprudent d'assujettir à des Travaux de PIOCHE, les soldats condamnés puisqu'on pouvait en induire que la loi les considérait comme une peine flétrissante. On peut consulter BELIDOR (1755), BERRIAT (1812), GRIVET, GUIGNARD (1725), et PIOBERT, sur ce mot, qui se distingue en TRAVAUX AVANCÉS, — CIVILS, — D'ARMÉE, — D'ARTILLERIE, — D'ASSIÉGEANTS, — D'ASSIÉGÉS, — DE CAMPAGNE, — DÉFENSIFS, — DE FORTIFICATION, — DE GUERRE, — DE PROPRETÉ, — DE

SIÉGE DÉFENSIF, — DE SIÉGE OFFENSIF, — DE TERRASSEMENTS DU GÉNIE, — D'UTILITÉ PUBLIQUE, — EXTRAORDINAIRES, — FORCÉS, — MILITAIRES, — NATIONAUX, — OFFENSIFS, — PASSAGERS, — PERMANENTS, — PUBLICS, — SPÉCIAUX.

TRAVAUX AVANCÉS. V. FORTIFICATION. V. TRAVAIL.

TRAVAUX CIVILS. V. CIVIL. V. FORTERESSE. V. GOUVERNEUR DE PLACE ASSIÉGÉE. V. TRAVAIL.

TRAVAUX d'ARMÉE. V. ARMÉE. V. MAJOR GÉNÉRAL. V. TRAVAUX.

TRAVAUX d'ARTILLERIE. V. ARTILLERIE. V. COMMANDANT DE PLACE. V. CORVÉE DE SIÉGE. V. GOUVERNEUR DE PLACE ASSIÉGÉE. V. INFANTERIE FRANÇAISE N° 10. V. TRAVAIL. V. TRAVAILLEUR. V. TRAVAUX.

TRAVAUX d'ASSIÉGEANTS. V. ASSIÉGEANT. V. ATTAQUE DE PLACE. V. CONTREVALLATION. V. MINE. V. MINE DU MOYEN AGE. V. TRAVAIL. V. TRAVAUX DE SIÉGE.

TRAVAUX d'ASSIÉGÉS. V. ASSIÉGÉ. V. CASEMATE. V. CIRCONVALLATION. V. CONTRE-APPROCHE. V. CONTRE-MINE. V. ENTREPRISE DE FOURNITURES.

TRAVAUX de CAMPAGNE, OU TRAVAUX DE GUERRE. Sorte de Travaux qui se rattachent, dans quelques circonstances, à la TOPOGRAPHIE, à la gymnastique, et dans lesquels a excellé la MILICE GRECQUE. Les CAMPS ROMAINS ont été également des chefs-d'œuvre en fait de travaux de campagne. Ces travaux, qui consistent en grande partie dans la fabrication des CLAIES, des FASCINES, des GABIONS, dans la construction des POSTES RETRANCHÉS et des FORTIFICATIONS DE CAMPAGNE, sont considérés surtout relativement à l'INFANTERIE. Aussi les inspecteurs généraux sont-ils chargés de s'assurer qu'on n'en néglige pas l'étude. L'instruction de la MILICE AUTRICHIENNE a été poussée fort loin sous ce rapport. Autrefois, c'était surtout l'INFANTERIE FRANCO-SUISSE qui était chargée d'exécuter les travaux de campagne, mais d'autres usages ont prévalu dans la MILICE FRANÇAISE, et les travaux qui réclament un savoir spécial sont du ressort des RÉGIMENTS DU GÉNIE. Si ces Travaux ont moins d'importance, et que l'infanterie soit contrainte de s'y livrer, elle a recours à des OUTILS DE CAMPEMENT, et travaille, sous le COMMANDEMENT de ses OFFICIERS, suivant la direction que lui impriment les mineurs. Un règlement du 4 mai 1646 traitait des Travaux de campagne sous le rapport administratif; ils dépendaient alors du MAJOR GÉNÉRAL.

TRAVAUX DÉFENSIFS. V. CERCLE A FEU. V. CHEMIN COUVERT. V. CONTRE-APPROCHES. V. CONTRE-MINE DE FORTERESSE. V. CORVÉE DE TRAVAUX DE SIÉGE. V. DÉFENSIF. V. FORTERESSE. V. FOSSÉ SEC. V. POT A FEU. V. RETRANCHEMENT. V. TRAVAUX. V. TRAVAUX DE SIÉGE.

TRAVAUX de FORTIFICATION. V. CROISADE DE 1096. V. ENTREPRISE DE FOURNITURES MILITAIRES. V. FORTIFICATION. V. FORTIFICATION PERMANENTE. V. GÉNIE. V. GÉRANCE. V. HACHE DE CAMPAGNE. V. INGÉNIEUR MILITAIRE. V. MILICE AUTRICHIENNE N° 6. V. MILICE PRUSSIENNE N° 7. V. MINISTRE DE LA GUERRE N° 14. V. MONTANT DE BATTANT DE BARRIÈRE. V. OBUS. V. PIQUET. V. TRAVAUX.

TRAVAUX de GUERRE. V. TRAVAUX DE CAMPAGNE.

TRAVAUX de PROPRETÉ. V. PROPRETÉ. V. SOUS-OFFICIER N° 8.

TRAVAUX de SIÉGE (F, H, 2). Sorte de Travaux de campagne déjà décrits, soit comme FORTIFICATION, s'ils sont DÉFENSIFS, soit comme TRAVAUX DE CAMPAGNE, s'ils sont OFFENSIFS. Ceux des anciens étaient admirables, comme le prouvent le siége de SYRACUSE et l'habileté d'ARCHIMÈDE, le siége de LILYBÉE, celui de NUMANCE, qui dura quatorze ans, et celui de JÉRUSALEM par TITUS. Au moyen âge, les BASTIDES et les TAUDIS étaient au nombre des Travaux de siége que l'INFANTERIE et les GASTADOURS exécutaient. Les Travaux consistaient, comme le témoigne la CROISADE DE 1188, en CIRCONVALLATION et en CONTREVALLATION, BLINDES, ENGINS, FOSSÉS, MINES, TORTUES MÉCANIQUES, TOURS ROULANTES. On recourait aussi aux TRANCHÉES et aux ÉTANÇONS, suivant l'usage moderne de la MILICE FRANÇAISE. Le MINISTRE DE LA GUERRE traçait les règles et pourvoyait aux préparatifs de ce genre d'ATTAQUE ou de DÉFENSE. Il était principalement secondé dans les détails des Travaux par l'INFANTERIE FRANCO-SUISSE, que l'ARTILLERIE et les RÉGIMENTS DU GÉNIE remplacèrent plus tard. Il subvenait aux dépenses nécessaires, soit au moyen d'ENTREPRISES, soit par le système des RÉGIES. Billon dit qu'en 1597, au siége d'AMIENS, HENRI QUATRE est le premier monarque qui ait payé les Travaux à la toise, parce qu'il reconnut que les PIONNIERS appelés par réquisition étaient trop facilement épouvantés et dissipés par l'ennemi. Dans l'examen de l'importante question des Travaux, Vauban, qui remarqua qu'ils péchaient principalement par l'impéritie des travailleurs, provoqua la création de corps spéciaux dont l'institution a opéré une si grande révolution dans la conduite des siéges. Deville et Feuquières (1750) ont ensuite répandu leurs lumières sur le même sujet. Le second de ces écrivains, considérant ces Travaux comme TRAVAUX D'ASSIÉGEANTS et sous le rapport de l'ATTAQUE des places, recommandait de dérober le plus longtemps possible à l'ennemi la connaissance de la marche des Travaux; il ajoutait que la CAVALERIE devait se tenir hors de la portée des armes à feu des ASSIÉGÉS, et se poster sur des points d'où elle pût aisément déboucher, soit pour se précipiter sur l'ennemi, soit pour repousser ses SORTIES ou ses ATTAQUES. Ce sujet a été traité par ALLENT, BELIDOR (1755), DEVILLE, FEUQUIÈRES, GRIVET, HOYER, LEFÉBURE, VAUBAN, VILLENEUVE.

TRAVAUX de SIÉGE DÉFENSIF. V. ASSIÉGÉ. V. CONTRE-APPROCHES. V. CONTRE-MINE DE FORTERESSE. V. CORVÉE DE TRAVAUX DE SIÉGE. V. RETRANCHEMENT. V. SIÉGE DÉFENSIF. V. SORTIE EXTÉRIEURE. V. TRAVAUX.

TRAVAUX de SIÉGE OFFENSIF. V. AMAS D'OUTILS DE SIÉGE. V. APPROCHES. V. ASSIÉGEANT. V. BLINDAGE. V. BLINDE. V. CAMP DE SIÉGE. V. CHAMADE. V. CHEMINEMENT DE SIÉGE. V. COMMANDANT DE PLACE ASSIÉGÉE. V. CRIQUE V. DÉFENSE PÉRIBOLOGIQUE. V. DESCENTE A CIEL OUVERT. V. ESCARPE. V. FLANC DE BASTION. V. GALERIE D'APPROCHES. V. GARDE DE TRANCHÉE. V. LOGEMENT OFFENSIF. V. OFFICIER DE TRANCHÉE. V. OFFICIER D'INFANTERIE FRANÇAISE N° 6. V. PARALLÈLE. V. POT DÉFENSIF. V. SECONDE PARALLÈLE. V. SIÉGE OFFENSIF. V. TORTUE MÉCANIQUE. V. TRANCHÉE. V. TRAVAUX.

TRAVAUX de TERRASSEMENT. V. TERRASSEMENT. V. TRAVAUX MILITAIRES.

TRAVAUX du GÉNIE. V. FORTIFICATION. V. GÉNIE. V. LIGNE FORTIFIÉE. V. RECONNAISSANCE DE SIÉGE. V. ROUTE. V. TRAVAUX.

TRAVAUX d'UTILITÉ PUBLIQUE. V. TRAVAUX. V. TRAVAUX MILITAIRES. V. UTILITÉ PUBLIQUE.

TRAVAUX EXTRAORDINAIRES. V. EXTRAORDINAIRE. V. MAJOR GÉNÉRAL. V. TRAVAUX.

TRAVAUX FORCÉS. V. COMPOSITION. V. DÉSERTION. V. FORCÉ. V. GALÈRES DE TERRE. V. MILICE ANGLAISE N° 10. V. TRAVAUX. V. TRAVAUX MILITAIRES. V. TRAVAUX SPÉCIAUX.

TRAVAUX MILITAIRES (F). TRAVAUX SPÉCIAUX, qu'il faut distinguer des TRAVAUX DE GUERRE et des TRAVAUX PUBLICS infligés pour DÉLITS militaires, tels que la DÉSERTION, dans les armées espagnole et française. On a généralement qualifié de Travaux militaires les TRAVAUX DE TERRASSEMENT, les TRAVAUX NATIONAUX ou d'UTILITÉ PUBLIQUE. Les troupes romaines ont laissé de magnifiques Travaux; mais il en est aussi qui n'ont pas été exécutés par elles. De ce nombre sont les égouts que TARQUIN le Superbe fit construire à Rome, et auxquels furent employés des ESCLAVES et même des citoyens dont quelques-uns se donnèrent la mort pour se soustraire à cette obligation. Le consul Flaminius, vainqueur des Liguriens, occupa ses légions à réparer le chemin de Bologne à Arezzo. Dans la seconde guerre PUNIQUE, les censeurs mirent à pied quatre cents chevaliers romains qui avaient refusé de coopérer à des Travaux jugés indispensables au service de l'armée. Les Travaux de César, devant Alexie (*Alesia*) attestent l'HABILETÉ des LÉGIONS en fait de constructions de tout genre. Suétone, dans la vie de César, rapporte qu'en présence de PHARNACE, roi de Pont, ce furent, non des soldats, mais des ESCLAVES et des VALETS D'ARMÉE qui élevèrent les RETRANCHEMENTS du CAMP. Tous les camps romains qui vers la même époque tenaient en respect la Gaule conquise, avaient été exécutés par les LÉGIONS. AUGUSTE employa les troupes à la confection des chemins sur les frontières de l'empire. Au commencement du règne de TIBÈRE, les Travaux excessifs qu'on imposa aux soldats occasionnèrent de fréquentes révoltes. AGRICOLA fit ouvrir plusieurs routes dans les Gaules; CÆCINNA, lieutenant de GERMANICUS, construisit des ponts et des chaussées en Germanie; PAULINUS POMPÉIUS fit construire une digue pour contenir les eaux du Rhin; LUCIUS VERUS entreprit un canal qui devait joindre le Rhin à la Moselle, et CORBULON en creusa un entre le Rhin et la Meuse pour régulariser le cours de ces deux fleuves et assainir la contrée. Sous CLAUDE, CURTIUS RUFUS employa ses légions à l'exploitation d'une mine d'argent en Westphalie; mais les réclamations des soldats le forcèrent à arrêter les Travaux. Ces faits sont incontestables; mais beaucoup de savants commentateurs ont pensé que l'armée romaine dirigeait plutôt ces Travaux qu'elle ne les exécutait elle-même. On doute même, malgré les affirmations de MONTESQUIEU, que l'exécution de ces Travaux ait été prescrite par les institutions de la milice romaine. Ce n'est que depuis le régime impérial qu'on vit le soldat romain astreint à des TRAVAUX D'UTILITÉ PUBLIQUE. Jusque-là il n'avait coopéré qu'à des Travaux d'utilité militaire, et la colonne Trajane retrace les Travaux que TRAJAN fit exécuter en face des Daces sur les bords du Danube. PROBUS mourut assassiné pour avoir voulu astreindre son armée à des défrichements; mais avant VÉGÈCE (390) le soldat était déjà devenu incapable de supporter de pareilles fatigues. Henri quatre et Louis treize affectèrent les bras de l'armée au creusement des canaux de Briare et du Loing.

Les immenses Travaux de DUNKERQUE sont dus en partie aux soldats qui en commencèrent les FORTIFICATIONS en 1667, sous la conduite de VAUBAN. Chaque jour dix mille hommes se rendaient en armes aux ATELIERS, formaient les FAISCEAUX, et travaillaient comme terrassiers pendant un tiers de jour ; ils étaient remplacés par dix autres mille hommes, auxquels succédait un troisième détachement de même force. Sous LOUIS QUATORZE et LOUIS QUINZE, l'infanterie fut employée à la construction et à la réparation des FORTERESSES, à l'ouverture des canaux de Bourgogne, d'Orléans et du Languedoc. Ils comblèrent les canaux de Dunkerque et de Saint-Omer, et coopérèrent à la confection de l'aqueduc de Maintenon, où LOUIS QUATORZE employa jusqu'à vingt-deux bataillons. Les desséchements de la Charente, les chaussées de la Porte-Maillot et de la Butte de Picardie, et les incroyables desséchements de Versailles sont aussi l'œuvre des troupes. Mais la mauvaise administration, et la privation de nourriture résultant de la fraude des entrepreneurs, causèrent une mortalité effrayante, qui s'accrut de fréquents suicides, indisposèrent les officiers et firent naître de sérieuses mutineries, à la suite desquelles on suspendit les Travaux pour les confier à des ouvriers civils. Une ordonnance du 17 septembre 1680, rendue sur le rapport de Vauban, contraignait les soldats à obéir aux entrepreneurs des Travaux. Une autre ordonnance du 26 octobre 1686, empêchait la dilapidation des outils que les soldats troquaient ou vendaient à des particuliers. CORMONTAIGNE, en 1744 et 1745, employa les soldats comme PIONNIERS à la démolition des REMPARTS de MENIN, de FRIBOURG et de TOURNAI. Le HAVRE DE GRACE eut son port creusé par les troupes sous Louis seize ; le régiment de Flandre fut employé aux TERRASSEMENTS de Versailles. — CROMWELL fit exécuter dans les montagnes d'Ecosse, par dix mille soldats, des Travaux de route évalués à la somme de douze millions, et en 1724, ainsi que le rapporte WALTER-SCOTT, de nouvelles routes militaires furent percées dans ce même royaume par les troupes sous les ordres du général DE WADE. En 1739 et en 1769, les troupes françaises ne purent tenir en Corse avec sécurité qu'en perçant des routes. En l'an douze, des camps s'élevèrent sur les côtes de l'Océan à Ambleteuse, à Boulogne et à Wimereux. On trouve un exposé curieux de ces Travaux dans les mémoires du duc de Rovigo, t. II, p. 3. Pendant la campagne de 1809, le pont et le camp de l'île Lobau furent l'ouvrage des soldats français. Le général MARMONT, nommé gouverneur de la Dalmatie, employa les loisirs des troupes à de grands Travaux d'utilité publique. Du milieu de 1807 à la fin de 1808, il fit exécuter soixante-dix lieues de chaussées. En 1813, l'armée prêta ses bras aux Travaux de défense de Dresde, de Kœnigstein et de Hambourg. Enfin de nos jours, le nord de l'Afrique s'est couvert de routes et de ponts exécutés non-seulement par les soldats des compagnies de discipline et les condamnés militaires, mais aussi avec le concours des corps de troupes réguliers. Ces Travaux utiles, qui portent la vie et la civilisation dans des contrées jadis interdites à l'accès des Européens, ne seront pas le moindre titre de gloire qu'aura recueilli la France dans l'occupation de l'Algérie. — L'idée de l'emploi des troupes aux Travaux militaires fut accueillie favorablement par les corps qui se trouvaient au camp de Saint-Omer en 1834 ; et enfin on a pu voir, quelques années plus tard, avec quelle énergie les troupes se sont employées aux fortifications de Paris. Deux années ont suffi pour entourer la capitale d'une ceinture de trente lieues, renouée par un grand nombre de citadelles formidables. Les écrivains militaires qui ont traité ce sujet sont : BARTHOLOMY, BERGIER, BLANQUI (1838), CÉSAR, DELORME-DUQUESNAY, DUPIN (Charles.), FOLARD, GIRARDIN (Emile), GUIBERT, HEULARD, HUERNE, JARDOT, LAMBERTYE (1824), MONTESQUIEU (1734), le général MORAND, le général OUDINOT, PAGEZY (1822), PAIXHANS, POLYBE, le général POMMEREUIL, le général ROGNIAT (1816), le colonel ROGUET, ROVIGO, SANTA-CRUZ (1738), SAULNIER, TACITE, VÉGÈCE (390), VILLENEUVE.

TRAVAUX NATIONAUX. V. NATIONAL. V. TRAVAUX MILITAIRES.

TRAVAUX OFFENSIFS. V. GABION DE SAPE, V. OFFENSIF. V. SIÉGE OFFENSIF. V. TRAVAUX. V. TRAVAUX DE SIÉGE.

TRAVAUX PASSAGERS. V. OUVRAGE DE FORTIFICATION. V. PASSAGER. V. PONT MILITAIRE. V. TRAVAUX.

TRAVAUX PERMANENTS. V. PONT MILITAIRE. V. RAMPE. V. TRAVAUX.

TRAVAUX PUBLICS. V. ADMINISTRATION D'ARMÉE. V. CONDAMNÉ POUR DÉSERTION. V. MILICE ANGLAISE. V. MINISTRE DE LA GUERRE N° 13. V. PARADE GÉNÉRALE. V. PEINE DE TRAVAUX PUBLICS. V. PRÉVENU. V. PUBLIC. V. TRAVAUX. V. TRAVAUX DE GUERRE. V. TRAVAUX MILITAIRES.

TRAVAUX SPÉCIAUX. Sorte de Travaux habituellement imposés comme punition de la désertion, ainsi que le témoignait l'arrêté du 19 vendémiaire an douze. V. CARTOUCHE BLANCHE. V. DÉSERTEUR.

TRAVÉE, subs. fém. (G, 2). Mot dérivé du latin *trabs*, poutre, dont on a fait *tref* en vieux français, et qui désigne le vide ou l'espace laissé entre deux poutres. Dans l'art militaire il s'applique à une partie des PONTS militaires qu'ont décrits COTTY (1822) et GASSENDI (1819). Suivant ce dernier écrivain une Travée comprend de sept à dix poutrelles.

TRAVERS, subs. masc. V. EN TRAVERS.

TRAVERS (term. génér.), du latin *transversum*. Étendue d'un corps considéré selon sa largeur, et pris souvent dans l'acception d'un objet qui en traverse un autre. Il a produit les mots TRAVERSE, TRAVERSÉ, TRAVERSIE, TRAVERSIN. Les ordonnances militaires l'emploient sous différentes significations. Ainsi il exprimait autrefois la FAITIÈRE d'une BARAQUE qu'on distribuait aux troupes avec les autres matériaux des ABRI-VENTS. Cotty l'applique à certaines imperfections dans la fabrication des ARMES PORTATIVES, à un défaut de liaison, à une fente du métal mal forgé et de nature à faire crever les CANONS DE FUSIL. L'ordonnance du 12 août 1768 appelait TRAVERS BRISÉ, ce que les écrivains qui ont traité de la castramétation nomment généralement TRAVERSE. Les TRAVERS doivent être distingués en TRAVERS DE BANDEROLE et en TRAVERS DE BARAQUE.

TRAVERS BRISÉ. V. BRISÉ. V. TRAVERS. V. TRAVERSE.

TRAVERS d'ARMES PORTATIVES. V. ARMES PORTATIVES. V. TRAVERS.

TRAVERS de BANDEROLE (B, 1). Bande de buffle horizontale qui réunissait par derrière les deux montants de la BANDEROLE DE GIBERNE, et régnait parallèlement un peu au-dessus de la GIBECIÈRE de la GIBERNE : il servait à suspendre la BAÏONNETTE ou la HACHE des GRENADIERS et des CHARPENTIERS, lorsque la GIBERNE succéda à la GIBECIÈRE. — Les DRAGONS, qui conservèrent les derniers l'équipement des ARQUEBUSIERS, avaient encore, en 1792, des Travers à la BANDEROLE de leur giberne, et ils y attachaient extérieurement leur BONNET DE POLICE ainsi que leur BAÏONNETTE.

TRAVERS de BANDEROLE DE GRENADIÈRE. V. BANDEROLE. V. BANDEROLE DE GRENADIÈRE. V. GRENADIÈRE. V. HACHE DE GRENADIER.

TRAVERS de BANDOULIÈRE. V. BANDOULIÈRE. V. GIBECIÈRE.

TRAVERS de BARAQUE (E, 6 ; G, 4 ; H, 1). Perches servant à former le faîtage d'une baraque. Ces Travers se posent sur des FOURCHES auxquelles ils sont liés à leur extrémité. On en fournit aux TROUPES DE GARDE dans les POSTES DE GARNISON dépourvus de CORPS DE GARDE, et ils servent à la construction des ABRI-VENTS.

TRAVERS de BATTANT. V. BATTANT DE BARRIÈRE. V. MONTANT DE BATTANT.

TRAVERS de CANON DE FUSIL. V. CANON D'ARMES PORTATIVES. V. CANON DE FUSIL. V. TRAVERS.

TRAVERS de CHEVALET. V. CHAMP DE BATAILLE. V. CHEVAL DE FRISE. V. CHEVALET. V. CHEVALET D'ARMES. V. CHEVALET DE PIQUET. V. CHEVALET DE TENTE.

TRAVERS de CIBLE. V. CIBLE.

TRAVERS de GIBECIÈRE. V. GIBECIÈRE. V. TRAVERS DE BANDEROLE.

TRAVERSE. V. NOMS PROPRES.

TRAVERSE, subs. fém. V. BANNIÈRE DE T... V. DEMI-T...

TRAVERSE (term. génér.). Mot qui, dans les anciennes ordonnances militaires, a la même acception que le mot TRAVERS d'où il dérive. Aussi des règlements emploient-ils dans le même sens les mots TRAVERS BRISÉ, TRAVERSE BRISÉE, pour désigner les TRAVERSES DE TENTES d'ancien modèle. Pour plus de clarté on le divise en TRAVERSE DE FORTIFICATION et en TRAVERSE DE TENTE.

TRAVERSE BRISÉE. V. BRISÉE. V. TENTE D'ANCIEN MODÈLE. V. TRAVERSE. V. TRAVERSE DE TENTE.

TRAVERSE de BARAQUE. V. BARAQUE. V. TRAVERSE DE TENTE.

TRAVERSE de BARRIÈRE. V. BARRIÈRE. V. BATTANT DE BARRIÈRE. V. CHASSIS DE BARRIÈRE. V. ÉCHARPE DE BATTANT DE BARRIÈRE.

TRAVERSE de CHEMIN COUVERT. V. CHEMIN COUVERT. V. COURONNEMENT DE CHEMIN COUVERT. V. PLACE D'ARMES RENTRANTE. V. TAMBOUR DE FORTIFICATION. V. TRAVERSE DE FORTIFICATION.

TRAVERSE de FORTIFICATION (G, 4), ou ÉPAULEMENT. Moyen de garantir l'assiégé de l'ENFILADE par un ouvrage intérieur. La Traverse consiste dans une TRANCHÉE, ou dans un solide de terre en forme de carré long, qui sert ainsi de REMPART ou de PARAPET. Quelquefois elle offre une construction plus durable et devient alors un CAVALIER DE FORTERESSE ou une GALERIE DE COMMUNICATION. La Traverse sert à défendre une FAUSSE BRAIE, un FOSSÉ SEC, un CHEMIN COUVERT, une SAPE ou une PLACE D'ARMES. C'est le plus ordinairement un massif de même hauteur que le PARAPET, formé de CLAIES et de fascines, et dont l'épaisseur est telle que le boulet de l'ennemi s'y arrête et s'y enterre. Les tambours de fortifications sont aussi des espèces de traverses. Dans la défense d'un chemin couvert, les Traverses occupent presque toute la largeur de ce chemin jusqu'à la hauteur du rez-de-chaussée, sauf un étroit passage de trois mètres environ, pratiqué du côté des glacis pour la facilité de la circulation des assiégés. Ce passage fermé à barrière est protégé lui-même par une demi-traverse. Lorsque l'assiégeant établit la seconde parallèle des batteries à ricochets, l'assiégé retire de l'armement qu'il a en batterie un affut de deux en deux et le remplace, du côté exposé, par une traverse gabionnée épaisse de quatre mètres. — Dans les attaques de places, les traverses tournantes garantissent des enfilades et des ricochets le logement du glacis et du chemin couvert. Les doubles sapes équivalent à des Traverses de deux côtés. Les Traverses de fortifications ont été l'objet des études de nombreux écrivains, qui sont : Beauvais (*Victoires et conquêtes*, t. iii, p. 142), Belair (1792), Desprez (1735, p. 34, 70, 256), Dupain (1742), l'Encyclopédie (1785, t. ii, p. 363, 403, 532; t. iii, p. 20), Furetière, Guignard (1725, t. ii, p. 264), Guillet (1686, p. 308), Lachesnaie (1758 à *Tranchée*), Lecouturier, Malthus, Manesson (1685), Saint-Remy, Sionville (1756).

TRAVERSE de fossé sec. v. caponnière. v. fossé sec. v. passage de fossé sec. v. traverse de fortification.

TRAVERSE de giberne. v. boite de giberne. v. couvre-giberne. v. giberne. v. passant de giberne.

TRAVERSE de sape. v. sape. v. traverse de fortification.

TRAVERSE de tente (G, 4 ; H, 2), ou traverse brisée. C'est la partie supérieure d'un bois de tente d'ancien ou de nouveau modèle : on donne également ce nom à la faitière d'une baraque. Les Traverses de tente reposent, soit sur un mat, soit sur des montants ou sur des fourches, et elles sont toujours horizontales. Celles de la troupe et des canonnières avaient six pieds de long, six à sept pouces d'équarrissage, et elles étaient percées d'un trou à chaque extrémité pour recevoir la broche du montant.

TRAVERSE gabionnée. v. traverse de fortification.

TRAVERSE tournante. v. défilement d'ouvrages. v. tournant. v. traverse de fortification.

TRAVERSIER, subs. masc. v. hampe en potence. v. pavillon. v. travers. v. verge de drapeau.

TRAVERSIN, subs. masc. (B, 1). C'est un effet de literie ou de couchage qu'on met au chevet du lit et qu'on emploie dans les casernes et dans les pavillons d'officiers. Cette fourniture est faite par entreprise ainsi que tous les autres objets de literie. La loi du 28 nivôse an trois décrit leur forme, leur qualité et leur durée. Le marché du 5 mars 1822 exige que les Traversins de la troupe soient rebattus en même temps que les matelas : ils doivent avoir pour les lits à deux places onze décimètres de longueur, huit décimètres de tour, et être garnis d'un kilogramme un tiers de laine et de deux tiers de kilogramme de crin placés au centre du Traversin. Les lits à une place ont des Traversins longs de six cent soixante-seize millimètres (deux pieds un pouce), garnis d'un kilogramme de laine et de deux tiers de kilogramme de crin. Les Traversins des lits d'officiers sont recouverts en coutil et rebattus tous les ans. Leur longueur est d'un mètre, leur circonférence de huit décimètres ; ils sont garnis d'un kilogramme un tiers de laine de la meilleure qualité et de deux tiers de kilogramme de crin. Les nouveaux devis pour la fourniture des Traversins fixent leur longueur à neuf cent quarante-huit millimètres, et leur poids à un kilogramme quatre cent soixante-neuf grammes de plume d'oie. La circulaire du 12 septembre 1837 a réglé de nouveau la fourniture des Traversins aux troupes.

TRAVERSIN de lit d'homme de troupe. v. homme de troupe. v. lit d'homme de troupe. v. traversin.

TRAVERSIN de lit d'officier. v. lit d'officier. v. officier français n° 9. v. traversin.

TRAVESTISSEMENT, subs. masc. Sorte de vêtement irrégulier. L'ordonnance du 1er mars 1768 interdit aux soldats toute espèce de Travestissement sous peine de punitions disciplinaires.

TRÉ, subs. masc. v. tref.

TRÉBIA. v. noms propres.

TRÉBLE, subs. masc. v. trompette.

TRÉBUCHER, verb. neut. v. machine. v. trébuchet.

TRÉBUCHET, subs. masc. ou trabuchet. Ancienne machine de guerre que Carré dans sa *Panoplie* appelle *trébus*, et que Velly nomme trébutket. D'autres auteurs l'appellent trébukiet, trébuquet, ou tribock C'était, suivant Borel, une machine à jeter des pierres au moyen d'une poutre appelée *trabs* en latin.

TRÉBUKIET, subs. masc. v. trabuchet. v. trébuchet.

TRÉBUQUET, subs. masc. v. trabuchet. v. trébuchet.

TRÉBUS, subs. masc. v. trabuchet. v. trébuchet.

TRÉBUTKIET, subs. masc. v. trébuchet.

TREF, subs. masc. v. tref.

TREF, subs. masc. (F), tré, treef ou tret en vieux français, et *tree* en anglais. Mots qui signifient arbre, mat, poutre, trabe. — Suivant Furetière, Gébelin et Roquefort, tref était synonyme de compartiment, loge, pavillon, tente et tribune, et tirait son origine du latin *trabs* (poutre). C'était un bâtis composé de plusieurs pièces de bois, qui a donné naissance au mot travée, et peut-être aussi au mot tréve, parce qu'on établissait une barrière entre les guerriers ennemis pour suspendre ou faire cesser le combat. C'est ainsi qu'au pluriel on disait les trefs de tournoi. On employait aussi ce mot dans le sens de support et d'attirail de guerre ou de voile de navire. — Les lices où se livraient les tournois étaient décorées ou garnies de trefs à l'usage des juges de camp, des hérauts d'armes, de la reine de Beauté, des orchestres ; il y en avait d'autres qui contenaient des armures de rechange et où l'on réparait les armes. Le tref ou travail faisait également partie des machines propres à donner la question judiciaire ; on le voyait aussi figurer à la porte des ateliers des maréchaux ferrants, comme l'usage général s'en est perpétué de nos jours en Flandre et dans quelques autres villages de la France. Aucun étymologiste ne fait connaître dans quel temps ni dans quelle province le mot tref a pu produire le mot moderne travail. Il est permis de penser que cette transformation a eu lieu dans le midi de la France, où du mot *trabs* on a fait trabale, puis travail. Travailler un homme, c'était le torturer dans le tref de la question ; travailler un cheval, c'était le ferrer ou le saigner dans le tref du maréchal : de là vient qu'en certains cas, souffrir ou être travaillé sont encore synonymes. Dans les tournois les combattants suspendaient leur écu en dehors du tref ou pavillon qui leur était destiné.

TREFFILIER, subs. masc. v. cotte de mailles. v. maille.

TRÉFIL, subs. masc. v. armure plate.

TRÉFILIER, subs. masc. v. armure. v. haubert. v. maille. v. tournoi. v. tricot en métal.

TRÈFLE d'aiguillette. v. aiguillette.

TRÈFLE de pantalon. v. hussard n° 4. v. pantalon.

TRÈFLE d'épaulette de tambour-major. v. épaulette de tambour-major. v. tambour-major n° 4.

TRÉFLÉ, adj. v. mine tréflée.

TREFVE, subs. fém. v. trève.

TREGET, subs. masc. v. fronde.

TRÉILLIS, subs. masc. v. armure. v. maille.

TREITS-AURWEIN. v. noms propres.

TRÉMEAU, subs. masc. v. merlon.

TREMPE, subs. fém. v. armurier.

TREMPÉ, adj. v. acier trempé.

TREMPER, verb. act. v. armurier n° 4.

TRENCER, verb. act. v. trenchéor.

TRENCHANT, subs. masc. v. tranchant.

TRENCHÉE, subs. fém. v. tranchée.

TRENCHÉOR, subs. masc. (F), ou tranchéour, ou tranchéor, tranchéour, trenchéour, trencheur, trenkeer, ou trunkier. Ces mots, que Roquefort fait venir du latin *truncare*, signifient fossier, mineur, pionnier et sapeur du génie. Ils ont engendré les verbes trencer, trenchien, dans le sens de saper, de miner, de creuser des tranchées, de construire des retranchements et des sapes.

TRENCHÉOUR, subs. masc. v. trenchéor.

TRENCHEUR, subs. masc. v. trenchéor.

TRENCHIER, verb. act. v. trenchéor.

TRENCHIS, subs. fém. v. tranchée.

TRENQUE, subs. fém. v. tranchée.

TRENTE. v. noms propres.

TRENTE ans. v. ans. v. guerre de trente ans.

TRENTE-deux. v. deux. v. pièce de trente-deux.

TRENTE rangs. v. rangs. v. sur trente rangs.

TRENTE-six. v. canon de trente-six. v. pièce de trente-six. v. six.

TRENTE et un du mois. v. administration militaire. v. conseil de guerre n° 3. v. déserteur. v. marche en route. v. mois. v. paye v. prêt. v. retenue sur prêt. v. revue écrite. v. solde. v. un.

TRÉPAIL, subs. masc. v. travail.

TRÉPAN, subs. masc. (G, 4). Tarière dont se servaient les mineurs pour donner de l'air à une MINE; c'est ce qu'on appelait le TRÉPANER.

TRÉPANER (verb. act.) une MINE. V. MINE. V. TRÉPAN.

TRÉPIED (subs. masc.) A FUSÉE. V. A FUSÉE. V. AFFUT DE FUSÉE. V. CHEVALET A FUSÉE. V. MILICE AUTRICHIENNE N° 6.

TRÉPIGNÉ, subs. masc. Sorte de COMBAT EN FOULE ayant lieu quelquefois dans les TOURNOIS, ainsi que le rapporte CARRÉ dans sa *Panoplie* (1785, p. 181, 517).

TRÉPOINTE, subs. fém. (B, 1). C'est une bande de cuir large de dix millimètres, qui entre dans la composition du soulier des soldats. Préparée en biseau le long de son bord intérieur, elle forme, sous le double nom de TRÉPOINTE DE SEMELLE et de TRÉPOINTE DE TALON, l'épaississement apparent de la seconde SEMELLE. La TRÉPOINTE DE SEMELLE y adhère par une couture, et est intermédiaire entre la seconde SEMELLE et la partie inférieure de l'EMPEIGNE qu'elle pince entre elle et la première semelle. La TRÉPOINTE du TALON, qui se nomme COUCHEPOINT, est traversée par la COUTURE de la BOITE et par la COUTURE du pourtour du TALON.

TRÉPOINTE de SEMELLE. V. COUCHEPOINT. V. TRÉPOINTE.

TRÉPOINTE de TALON. V. COUCHEPOINT. V. TRÉPOINTE.

TRÉBUCHET, subs. masc. V. TRABUCHET.

TRESLICE, subs. masc. V. ARMURE. V. ARMURE PLATE. V. COTTE DE MAILLES. V. HAUBERT. V. MAILLE. V. TRICOT EN MÉTAL.

TRÉSOR, subs. masc. V. CLERC DU T... V. RETENUE AU PROFIT DU T... V. TRIBUN DU T...

TRÉSOR (term. génér.). Ce mot vient du substantif latin *thesaurus*, corrompu par les idiomes du Midi. Il s'est écrit pendant longtemps thrésor, et a produit les expressions trésorerie, trésorier. On trouve des détails curieux sur les FINANCES de la France et sur le TRÉSOR PUBLIC, dans leurs rapports avec l'administration de la guerre, dans les ouvrages des auteurs suivants : AUDOUIN (t. II, p. 48, 49, 387), BALLYET (1817), GUIGNARD (1725, t. I, p. 265), LACHESNAIE (1758, au mot *Marche*), MORIN (1798), ODIER (1824, t. VII, p. 134, 280), RAY DE SAINT-GENIÈS (1755), SERVAN (1780), VAUCHELLE.

TRÉSOR D'ARMÉE (B, 1), OU TRÉSOR MILITAIRE. La milice romaine avait un Trésor que les historiens appellent ÉPARGNE OU FISC. Ce Trésor était sous la garde et la gestion d'un QUESTEUR. En France, avant l'établissement de l'impôt, et même depuis cette époque, le Trésor particulier des rois de France pourvoyait à la SOLDE de l'ARMÉE. Il en était ainsi sous CHARLEMAGNE, et cet état de choses dura autant que la féodalité. Sous Louis douze, les dépenses de la guerre commencèrent à être en partie à la charge du domaine royal, en partie à celle des provinces. Cette division dans les charges du peuple n'était qu'une fiction, une différence de noms, puisque les impôts alimentaient le domaine et formaient les fonds provinciaux, et qu'en définitive la charge des dépenses retombait en totalité sur les contribuables. Les dépenses au compte du domaine royal constituaient l'ORDINAIRE DES GUERRES; celles au compte des provinces s'appelaient l'EXTRAORDINAIRE DES GUERRES.

TRÉSOR IMPÉRIAL. V. IMPÉRIAL. V. SOUS-INSPECTEUR. V. TRÉSOR PUBLIC.

TRÉSOR MILITAIRE. V. ABONNEMENT ADMINISTRATIF. V. AGENCE. V. APPOINTEMENT. V. ARMÉE FRANÇAISE N° 9. V. ATTESTATION. V. BUDGET. V. CAISSE D'ARMÉE. V. CAISSE PUBLIQUE. V. CHARIOT COUVERT. V. COLONEL D'INFANTERIE FRANÇAISE DE LIGNE N° 20. V. COMPAGNIE DE VOLTIGEURS D'INFANTERIE LÉGÈRE N° 4. V. CONGÉ DE SEMESTRE D'HOMME DE TROUPE. V. CONSTITUTION. V. ENTREPRISE. V. ÉTAPE. V. EXERCICE COMPTABILIAIRE. V. EXTRAORDINAIRE DES GUERRES. V. FEUILLE DE PRÊT. V. GÉNÉRAL D'ARMÉE N° 6. V. GÉNÉRAL FRANÇAIS N° 2. V. GRADE D'OFFICIER. V. GUERRE. V. INFANTERIE FRANÇAISE N° 5. V. INTENDANT MILITAIRE N° 4. V. MANUFACTURE D'ÉTOFFES. V. MARCHE EN ROUTE. V. MARÉCHAL DE FRANCE N° 8. V. MILICE ROMAINE N° 5. V. MINISTRE DE LA GUERRE; id. N° 8. V. MOINS-PERÇU. V. MONNAIE OBSIDIONALE. V. MONTRE ADMINISTRATIVE. V. ORDONNANCE COMPTABILIAIRE. V. ORDRE DE SAINT-LOUIS. V. PAYE. V. PAYEUR. V. PENSION DE RETRAITE. V. PRÊT. V. RÉGIE. V. REMPLACEMENT D'ENROLÉ. V. RETENUE. V. REVUE D'ADMINISTRATION. V. REVUE ÉCRITE. V. SERVICE DE CAMPAGNE. V. SOLDE. V. SOUS-INSPECTEUR. V. SOUS-INTENDANT N° 8. V. TRÉSOR D'ARMÉE.

TRÉSOR NATIONAL. V. NATIONAL. V. TRÉSOR PUBLIC.

TRÉSOR PUBLIC (B, 1). Appelé successivement TRÉSOR ROYAL, TRÉSOR NATIONAL, TRÉSOR IMPÉRIAL, TRÉSORERIE, TRÉSOR, ou simplement FINANCES. ODIER fait observer avec raison que depuis le développement immense donné aux armées, une nation ne peut soutenir longtemps la guerre à l'aide de ses propres FINANCES, et qu'à moins de marcher à une ruine certaine, elle est obligée de recourir aux CONTRIBUTIONS EXTRAORDINAIRES. C'est de là principalement que naît la nécessité de ne point se borner aux guerres défensives, et d'envahir le territoire ennemi. C'est pour la garantie des payements du Trésor qu'on a institué les FEUILLES DE PRÊT, d'APPEL ou de JOURNÉES.

TRÉSOR ROYAL. V. EXTRAORDINAIRE DES GUERRES. V. INFANTERIE FRANÇAISE N° 5. V. ORDRE DE SAINT-LOUIS. V. PENSION DE RETRAITE. V. REVUE D'ADMINISTRATION. V. REVUE ÉCRITE. V. ROYAL. V. TRÉSOR PUBLIC.

TRÉSORERIE, subs. fém. V. AGENT DE LA TRÉSORERIE. V. CONSEIL D'ADMINISTRATION N° 5. V. EMPLOYÉ. V. GÉNÉRAL D'ARMÉE N° 6. V. MARÉCHAL DE FRANCE N° 8. V. ORDONNANCE COMPTABILIAIRE. V. PENSION DE RETRAITE. V. REMPLACEMENT D'ENROLÉ. V. SERVICE DE CAMPAGNE. V. SOUS-INTENDANT MILITAIRE N° 8. V. SOLDE. V. TRÉSOR PUBLIC. V. TRÉSORIER DE CORPS.

TRÉSORIER, subs. masc. V. ABSENCE DE T... V. ADJOINT AU T... V. ALLOCATION DE T... V. AUTORITÉ DE T... V. BUREAU DE T... V. CRÉATION DE T... V. DEVOIR DE T... V. DROITS DE T... V. FRAIS DE BUREAU DE T... V. FONCTIONS DE T... V. GRADE DE T... V. JOURNAL DE T... V. LOCALISATION DE T... V. LOGEMENT DE T... V. NOMBRE DE T... V. NOMINATION DE T... V. PUNITION DE T... V. QUARTIER-MAITRE T... V. RÉCEPTION DE T... V. REMPLACEMENT DE T... V. SECRÉTAIRE DE T...

TRÉSORIER (term. génér.) (B , 1). Appelé, suivant chaque époque, ARGENTIER, CLERC DU TRÉSOR, COMMIS A LA DÉPARTITION DE L'ARGENT, ÉLU, OFFICIER PAYEUR, PAYEUR, QUARTIER-MAITRE, QUARTIER-MAITRE TRÉSORIER, SOLDURIER, TRÉSORIER, OU TRÉSORIER MILITAIRE. Les Trésoriers d'un corps peuvent être assimilés aux fonctionnaires qu'on nommait *logistes* dans les ARMÉES ROMAINES. — Sous PHILIPPE LE BEL, en 1293, il existait déjà des TRÉSORIERS DES GUERRES OU DE LA GUERRE ; les ordonnances des 4 février 1351 et 12 août 1525 parlent de TRÉSORIERS DES GUERRES résidant à la cour, et percevant les fonds de la guerre pour en faire faire la répartition. En 1526, FRANÇOIS PREMIER créa deux charges de TRÉSORIERS DES FORTIFICATIONS pour exercer des fonctions spéciales, jusque-là du ressort des TRÉSORIERS DE FRANCE. Ces Trésoriers étaient subordonnés aux COMMISSAIRES DES GUERRES, et faisaient distribuer, par des COMMIS, la PAYE et les fonds militaires provenant de la TAILLE levée par les CONSEILLERS DES FINANCES. Le TRÉSORIER DE L'EXTRAORDINAIRE DES GUERRES, institué en février 1566,

disposait des fonds de ce service, et les centralisait au moyen de mandats tirés par le TRÉSORIER GÉNÉRAL DES FINANCES sur les receveurs des TAILLES. Il déléguait un payeur auprès de chaque troupe de CAVALERIE, et les COMMIS du TRÉSORIER GÉNÉRAL payaient directement les BANDES OU RÉGIMENTS D'INFANTERIE après la MONTRE OU REVUE. — Un édit de juin 1627 institua des TRÉSORIERS DES CAMPS ET ARMÉES, des VIVRES, de RÉGIMENTS et de COMPAGNIES ; ceux des VIVRES étaient au nombre de six, et servaient en deçà et au delà les monts ; ils exerçaient chacun pendant une année, et c'est ce qui a donné naissance à l'expression financière EXERCICE. Les TRÉSORIERS GÉNÉRAUX chargés de l'EXTRAORDINAIRE DES GUERRES s'appelaient aussi CLERCS DU TRÉSOR, et comptaient avec la COUR DES COMPTES : de là l'expression COMPTER DE CLERC A MAITRE, encore en usage dans les finances. Les TRÉSORIERS ORDINAIRES étaient les subordonnés des TRÉSORIERS GÉNÉRAUX, et nommés ainsi pour les distinguer des TRÉSORIERS PROVINCIAUX, de ceux de la GENDARMERIE, de la MAISON DU ROI, de l'EXTRAORDINAIRE, de la PRÉVOTÉ, de l'ARTILLERIE, des GRATIFICATIONS et des FORTIFICATIONS. Chacun d'eux avait son CONTROLEUR. Il existait en outre un TRÉSORIER DES INVALIDES et des TRÉSORIERS DU ROI. Les TRÉSORIERS EXTRAORDINAIRES étaient chargés de l'acquittement du prix des VIVRES ; plus tard ils furent préposés spécialement au payement de la SOLDE, d'après les REVUES des COMMISSAIRES DES GUERRES et en vertu des ordres des GÉNÉRAUX et des INTENDANTS. Les TRÉSORIERS de la GUERRE furent supprimés par la loi du 12 octobre 1791. — On trouve des indications exactes sur les TRÉSORIERS DES ARMÉES dans les auteurs suivants : AUDOUIN (t. II, p. 49 et 387), BOUCHEL, BRIQUET (1761), CARRÉ (1783), DUANE (1810), DUBOUSQUET (1769, t. I, p. 366), ENCYCLOPÉDIE (1751), GUIGNARD (1725), JABRO (1777), KÉRENVEYER (1771), LACHESNAIE (1758), LECOUTURIER (1825), MANESSON (1685), ODIER (1826), POTIER (1779), ROQUEFORT (1833), SAINTGERMAIN (1779). — Dans ses différentes acceptions, le mot Trésorier se décompose de la manière suivante : TRÉSORIER AU CAMP, — D'ARMÉE, — DE COMPAGNIE, — DE CORPS, — DE CORPS EN CAMPAGNE, — DE CORPS EN GARNISON, — DE FRANCE, — DE LA GENDARMERIE, — DE LA GUERRE, — DE LA MAISON MILITAIRE, — DE LA PRÉVOTÉ, — DE L'ARTILLERIE, — DE L'EXTRAORDINAIRE DES GUERRES, — DE RÉGIMENT, — DES ARMÉES, — DES CAMPS ET ARMÉES, — DES FORTIFICATIONS, — DES GRATIFICATIONS, — DES GUERRES, — DES INVALIDES, — DES VIVRES, — D'INFANTERIE FRANÇAISE, — DU ROI, — EXTRAORDINAIRE, —

GÉNÉRAL DES FINANCES, — GÉNÉRAL DES GUERRES, — MILITAIRE, — ORDINAIRE DES GUERRES, — PROVINCIAL, — TURCO-ÉGYPTIEN.

TRÉSORIER au camp. V. AU CAMP. V. CAMP D'INFANTERIE. V. TRÉSORIER. V. TRÉSORIER DE CORPS.

TRÉSORIER d'armée. V. ARMÉE. V. ÉTAT-MAJOR D'ARMÉE Nº 2. V. MAJOR-CAPITAINE Nº 5. V. NON COMBATTANT. V. TRÉSORIER.

TRÉSORIER de COMPAGNIE. V. COMPAGNIE. V. COMPAGNIE D'ORDONNANCE Nº 5. V. TRÉSORIER.

TRÉSORIER de CORPS (term. sous-génér.) (B, 1). Les fonctions de Trésorier étaient remplies autrefois par des SERGENTS dans l'INFANTERIE, et par des ENSEIGNES dans le régiment des GARDES FRANÇAISES. Le MAJOR avait la responsabilité de ce service ; mais il en confiait souvent l'exécution à de simples COMMIS, pour ne pas détourner les BAS OFFICIERS de leurs occupations militaires. L'ordonnance du 10 décembre 1762 créa dans chaque corps un TRÉSORIER BREVETÉ, indépendamment du QUARTIER-MAITRE, pour que le MAJOR ne fût plus distrait de ses fonctions principales. Ce Trésorier était chargé, en garnison, de recevoir en compte les effets de LITERIE ; il avait sous sa direction la BOULANGERIE, et payait l'argent du PRÊT des compagnies sur présentation d'ÉTATS arrêtés tous les quatre jours par le SERGENT-MAJOR, à l'heure indiquée par le COLONEL ; il remettait le surplus de la SOLDE ou DÉCOMPTE à la troupe tous les quatre mois. La même ordonnance regardait le Trésorier comme le chef des FOURRIERS ; elle voulait que l'ORDRE lui fût porté quand ses occupations l'empêchaient de le recevoir directement à la PARADE ; il pouvait être remplacé aux DISTRIBUTIONS, et dans les garnisons il prenait toujours son LOGEMENT et celui de ses BUREAUX dans les PAVILLONS DES CASERNES. Cet état de choses dura jusqu'en 1776, époque à laquelle une ordonnance du 25 mars, rendue sur le rapport du comte de SAINT-GERMAIN, supprima le grade et les fonctions de QUARTIER-MAITRE, et les réunit à celles de TRÉSORIER. — La loi du 21 février 1793 institua l'emploi de QUARTIER-MAITRE TRÉSORIER (*V.* ce mot), le divisa en trois classes, choisies parmi les ADJUDANTS-MAJORS, les ADJUDANTS et les SOUS-OFFICIERS, et les mit tous à la nomination du CONSEIL D'ADMINISTRATION ; ils ne pouvaient, aux termes de la circulaire du 24 juin 1807, ni commander le DÉPÔT, ni présider le CONSEIL D'ADMINISTRATION. L'ordonnance du 20 janvier 1815 leur rendit leur ancien titre de TRÉSORIER, et leur attribua en outre les fonctions de SECRÉTAIRE du CONSEIL D'ADMINISTRATION ; ils ne pouvaient s'occuper d'aucun achat, ni passer aucun MARCHÉ ; en cas d'absence, ils étaient suppléés par un officier payeur choisi par le conseil d'administration. — La loi du 10 mars 1818 voulut qu'ils fussent choisis parmi les anciens SERGENTS-MAJORS, et leur reconnut le grade de LIEUTENANT ou de CAPITAINE, suivant leur ancienneté ; leurs appointements et les allocations auxquelles ils avaient droit se trouvèrent réglés par l'ordonnance du 19 mars 1823, qui détermina aussi leurs fonctions. — La décision du 3 novembre 1824 les astreignait, lorsqu'ils demandaient des FONDS AU CONSEIL D'ADMINISTRATION, à présenter un BORDEREAU certifié par le MAJOR, énonçant l'ÉTAT des sommes employées depuis la dernière sortie de CAISSE ; le registre de CAISSE faisait mention de cet état. La même décision leur ordonnait de verser dans la caisse à trois clefs le montant de toute recette, lors même qu'elle n'aurait pas été inscrite sur le livret de solde ou de payement, telle que l'ARGENT D'ENVOI, les CENTIMES DE MASSE DE LINGE ET CHAUSSURE et les RETENUES diverses. Les RECETTES et les DÉPENSES dont le Trésorier avait justifié l'emploi devaient être totalisées et arrêtées le premier jour de chaque mois. Il payait les FOURNITURES du corps sur le vu de leurs MARCHÉS et sur la production de leurs FACTURES. Son JOURNAL des RECETTES et DÉPENSES, ainsi qualifié dans la décision du 31 octobre 1828, devait être constamment à jour. — Dans les REVUES ADMINISTRATIVES, il faisait l'APPEL du GRAND ÉTAT-MAJOR, et lors de la rentrée des DÉTACHEMENTS il assistait à l'APPEL qui en était fait. — L'ordonnance du 19 mars 1825 veut qu'en temps de guerre le Trésorier du corps reste au dépôt ; il est remplacé aux BATAILLONS DE GUERRE par un OFFICIER PAYEUR, choisi généralement parmi les lieutenants. — L'ordonnance du 2 novembre 1833 (art. 6) fixe sa place à la PARADE. Elle lui confie la tenue des CONTROLES ANNUELS précédemment dans les attributions du MAJOR. Le Trésorier dresse et délivre les BILLETS D'ENTRÉE à l'HOPITAL ; il recueille et examine les BILLETS DE SORTIE de l'HOPITAL, et tient en ordre dans son bureau les ARCHIVES du corps et les PIÈCES COMPTABLES. — En vertu d'autorisations de payement, il paye mensuellement, aux heures et jours ordonnés, les APPOINTEMENTS des OFFICIERS conformément au BORDEREAU dont il a copie et à la FEUILLE D'ÉMARGEMENT qu'il leur fait signer. — Il adresse périodiquement à qui de droit les extraits de REVUES qu'il fait dresser dans ses bureaux, et délivre au besoin, aux partants, un BULLETIN de CESSATION DE PAYEMENT. — Il compte avec l'ARMURIER du corps, et solde ses dépenses. — S'il exerce les fonctions d'OFFICIER DE L'ÉTAT CIVIL, il se conforme pour la tenue des REGISTRES à l'instruction du 8 mars 1823, et délivre à qui de droit des copies des ACTES qu'il a dressés. — Le Trésorier solde les DÉPENSES du corps en vertu des DÉLIBÉRATIONS inscrites au registre; il en tient mention sur le REGISTRE DE CAISSE, et inscrit de même sur son JOURNAL, la nature, le montant, la qualité des DENRÉES et LIQUIDES dont a lieu la délivrance. — En route, le Trésorier s'occupe de tous les détails du LOGEMENT à l'aide du concours de l'ADJUDANT SOUS-OFFICIER et des FOURRIERS. — Il examine attentivement le relevé des EFFETS D'IMPUTATION, et propose au CONSEIL le payement ou le rejet des TITRES D'AVANCE. Il doit présenter à la signature des membres du CONSEIL les ÉTATS de PAYEMENTS dressés dans ses bureaux. — Il tient le CONTROLE ANNUEL du GRAND ÉTAT-MAJOR, le REGISTRE DE L'EFFECTIF, fait sur le registre central les transcriptions nécessaires, et recueille tous les trois mois les FEUILLES DE DÉCOMPTE et les vérifie. A lui également appartient la vérification des FEUILLES DE SUBSISTANCE, et leur confrontation avec les FEUILLES D'APPEL. — Il fournit à qui de droit des LIVRES D'ORDRE, règle contradictoirement avec les capitaines des compagnies la situation de la MASSE DE LINGE ET CHAUSSURE, surveille la tenue des REGISTRES MATRICULES. — Le Trésorier doit prendre connaissance de tout ce qui concerne l'administration des DÉTACHEMENTS, de leurs écritures et des MOUVEMENTS des VINGT-QUATRE HEURES. A leur départ, il leur remet un état de situation des masses qui tient lieu aux capitaines de LIVRE DE COMPAGNIE. Il ouvre pour chacun d'eux des FEUILLES particulières DE JOURNÉES, et il leur fournit, s'il y a lieu, des FEUILLES DE DÉCOMPTE en blanc et des LIVRES D'ORDRE. A leur retour, il s'occupe activement avec chaque capitaine de l'examen de leurs comptes. — Il perçoit sur bordereau, d'avance et sur le vu du LIVRET DE SOLDE, tout ce qui doit être payé au corps par le TRÉSOR. Il inscrit sur son JOURNAL les payements faits aux MAITRES-OUVRIERS; il y porte en recette les BONS D'IMPUTATIONS. Cet officier dresse aussi les ÉTATS, BORDEREAUX et BONS DE DISTRIBUTIONS; il les signe, les fait signer par le MAJOR, et les remet aux capitaines de distributions. Tous ces détails sont exécutés sous le contrôle de l'intendance militaire et de l'inspecteur général. — Les Trésoriers perçoivent des FRAIS DE BUREAUX déterminés par l'ordonnance du 25 décembre 1837. — Les AUTEURS à consulter sur les TRÉSORIERS sont : BALLYET (1817), BARDIN (1813), BER-RIAT, LEGRAND (1837), ODIER (1826), VAUCHELLE, le *Spectateur militaire* (t. XVII, p. 49).

TRÉSORIER de CORPS EN CAMPAGNE. V. BOUCHER MILITAIRE. V. CANTINE DE COMPTABILITÉ. V. CERCLE D'ORDRE AU CAMP. V. CORPS EN CAMPAGNE. V. EN CAMPAGNE. V. TRÉSORIER DE CORPS.

TRÉSORIER de CORPS EN GARNISON. V. BOIS DE LIT. V. BOULANGERIE. V. CORPS EN GARNISON. V. DÉTAIL DE LOGEMENT EN ROUTE. V. EN GARNISON. V. TRÉSORIER DE CORPS.

TRÉSORIER de CORPS EN ROUTE (E, 5). L'ordonnance du 1er mars 1768 voulait que, dans les marches, il précédât son corps avec les fourriers et l'avant-garde. Si la PLACE dans laquelle il arrivait était un lieu de GITE, il remettait aux officiers municipaux, ou au maire, l'état de situation de sa troupe; il accompagnait le MAJOR DE PLACE dans la visite des CASERNES, se trouvait sur la PLACE D'ARMES à l'arrivée du régiment, et remettait lui-même aux officiers du GRAND ÉTAT-MAJOR leurs billets de logement. Il rédigeait ensuite un état général du LOGEMENT de chaque bataillon pour en remettre des copies au COLONEL et au MAJOR CHEF DE BATAILLON, ainsi qu'au COMMISSAIRE DES GUERRES. Sous l'empire du règlement du 25 fructidor en huit, lorsque l'ADJUDANT-MAJOR était tenu de précéder de quelques jours le régiment, le Trésorier devait remettre à cet officier l'état des mutations survenues depuis le départ du corps, et se présenter chez le COMMISSAIRE DES GUERRES pour leur soumettre la FEUILLE DE ROUTE DU CORPS. Ses devoirs sous ces divers rapports sont retracés dans l'ordonnance du 2 novembre 1833.

TRÉSORIER de FRANCE. V. COMPAGNIE D'ORDONNANCE N° 5. V. FOURRAGE DE DISTRIBUTION. V. FRANCE. V. TRÉSORIER.

TRÉSORIER de la GENDARMERIE. V. GENDARMERIE. V. TRÉSORIER.

TRÉSORIER de la GUERRE. V. GUERRE. V. TRÉSOR.

TRÉSORIER de la MAISON MILITAIRE. V. MAISON MILITAIRE. V. TRÉSORIER.

TRÉSORIER de la PRÉVOTÉ. V. PRÉVOTÉ. V. TRÉSORIER.

TRÉSORIER de l'EXTRAORDINAIRE DES GUERRES. V. EXTRAORDINAIRE DES GUERRES. V. PAYEUR. V. QUESTEUR. V. TRÉSORIER.

TRÉSORIER de RÉGIMENT. V. INFANTERIE FRANÇAISE N° 2. V. INFANTERIE FRANÇAISE DE LIGNE N° 2. V. RÉGIMENT. V. TRÉSORIER. V. TRÉSORIER DE CORPS.

TRÉSORIER des ARMÉES. V. ARMÉE. V. TRÉSORIER.

TRÉSORIER des CAMPS et ARMÉES. V. ARMÉE. V. CAMP. V. TRÉSORIER.

TRÉSORIER des FORTIFICATIONS. V. FORTIFICATION. V. GÉRENCE. V. TRÉSORIER.

TRÉSORIER des GRATIFICATIONS. V. GRATIFICATION. V. TRÉSORIER.

TRÉSORIER des GUERRES. V. GUERRE. V. PAYE. V. TRÉSORIER.

TRÉSORIER des INVALIDES. V. HOTEL DES INVALIDES. V. INVALIDE. V. TRÉSORIER.

TRÉSORIER des VIVRES. V. COMMISSAIRE GÉNÉRAL DES VIVRES. V. TRÉSORIER. V. VIVRES.

TRÉSORIER d'INFANTERIE FRANÇAISE. V. INFANTERIE FRANÇAISE Nº 2. V. OFFICIER PAYEUR.

TRÉSORIER du ROI. V. CAPITAINE D'INFANTERIE FRANÇAISE DE LIGNE Nº 23. V. INTENDANT D'ARMÉE. V. ROI. V. TRÉSORIER.

TRÉSORIER EXTRAORDINAIRE. V. EXTRAORDINAIRE DES GUERRES. V. TRÉSORIER.

TRÉSORIER GÉNÉRAL DES FINANCES. V. FINANCE. V. GÉNÉRAL. V. GÉNÉRAL DES FINANCES. V. TRÉSORIER.

TRÉSORIER MILITAIRE. V. MILITAIRE. V. OFFICIER DE SEMAINE. V. RELIEF. V. TRÉSORIER.

TRÉSORIER ORDINAIRE DES GUERRES. V. GUERRE. V. ORDINAIRE. V. ORDINAIRE DES GUERRES. V. PAYEUR. V. TRÉSORIER.

TRÉSORIER PROVINCIAL. V. PROVINCIAL. V. TRÉSORIER.

TRÉSORIER TURCO-ÉGYPTIEN. V. MILICE TURCO-ÉGYPTIENNE.

TRESPIGNÉE, subs. fém. V. CHEVALERIE D'AFFILIATION. V. COMBAT A LA FOULE. V. TOURNOI.

TRESSE, subs. fém. (term. génér.), qui provient de l'italien *treccia*, correspondant au latin *tres*, trois, parce que les nattes ou Tresses se font à trois mèches. On distingue les TRESSES DE CHEVELURE et les TRESSES DE VÊTEMENT.

TRESSE de CHEVELURE (F). Formait une partie de la coiffure dans certaines milices, telles que la MILICE HONGROISE, qui fut imitée par les hussards prussiens et les hussards russes. Ceux de France adoptèrent également cette mode, et leurs cheveux se partagèrent en deux ou trois Tresses, l'une partant du sommet de la tête et allant se perdre dans la queue, les deux autres pendant de chaque côté de l'oreille dans le but d'amortir les coups de sabre.

TRESSE de VÊTEMENT (B, 1). C'était un enjolivement des vêtements de hussards, imité de la manière hongroise et orientale. Cet usage s'est conservé dans la MILICE TURQUE. Ces sortes de Tresses sont RONDES OU PLATES. Les officiers de cavalerie les ont portées tantôt en or, tantôt en argent.

TRESSE d'ÉPAULETTE. V. ÉPAULETTE. V. FRANGE.

TRESSE PLATE. V. OFFICIER DE CAVALERIE. V. TRESSE DE VÊTEMENT.

TREUIL, subs. masc. Machine ou engin dont font usage l'ARTILLERIE et les PONTONNIERS, comme le témoignent CARRÉ, COTTY et GASSENDI. On s'en sert pour lever des fardeaux.

TREUPKEN. V. NOMS PROPRES.

TRÊVE, subs. fém., ou ATENANCHE, de l'italien *attenenza*, suspension d'armes; ou TREFVE, TRIEFVE, TRIÈVE, TRUÈVE. Ce mot était déjà en usage dès l'an 1020, pour indiquer les jours où il était défendu de guerroyer, en mémoire des mystères de la religion. Une Trêve s'établissait alors du mercredi soir au lundi matin. — ROQUEFORT fait venir cette expression du latin *treuga*; CASENEUVE la dérive de l'allemand *trava*, ou *treue*, qui signifie foi. Selon d'autres auteurs, elle viendrait plus particulièrement de *treff*, mot celtique ou bas breton qui a le sens de Trêve. — Tel est le nom que l'on donne à toute convention faite verbalement ou par écrit entre deux Etats, entre deux partis qui sont en guerre, et par laquelle on s'engage à suspendre pendant quelque temps tous actes d'hostilités. — Comme l'état de guerre subsiste toujours malgré cette convention, la Trêve expirée, une nouvelle déclaration de guerre n'est pas nécessaire. — Les écrivains qui peuvent être consultés sur ce sujet sont : BARBAZAN (1808), CASENEUVE, *Encyclopédie du dix-neuvième siècle*, FURETIÈRE, LECOUTURIER, MÉNAGE, POTIER, ROQUEFORT, WACHTER.

TRÊVE de DIEU. V. DIEU. V. PAIX DE DIEU.

TRÊVE de RATISBONNE. V. RATISBONNE.

TREVILLE; **TREWE**; **TREZEL**. V. NOMS PROPRES.

TRIAIRE, subs. masc. (F.). Soldat romain qui, dans la légion, occupait le troisième ordre après les HASTAIRES et les PRINCES; c'étaient des soldats éprouvés auxquels le titre et le rang de Triaires étaient donnés par récompense. On en vit pour la première fois après le siége de Véies, l'an 554 de Rome. Il y en avait ordinairement six cents par légion; telle est du moins l'opinion de Folard (1753), Guischardt (1758), Lebeau, Puységur. Polybe affirme qu'il n'y en avait que cinq cents. Suivant Denys d'Halicarnasse, ils étaient consacrés à la défense des camps et ne les quittaient pas même quand les affaires les plus chaudes étaient engagées à proximité. Tite Live les représente comme troupe de réserve. Ils étaient, dans les jours de grande bataille, le dernier espoir de la légion ; de là cette locution historique : *Res ad triarios rediit*, *l'affaire est allée jusqu'aux Triaires*. Ils se formaient sur cinq rangs, suivant Maizeroy (1766), et combattaient un genou à terre en appuyant contre le pied droit le talon de leurs PIQUES. Lorsque les HASTAIRES et les PRINCES étaient défaits, ils les recevaient dans leurs intervalles, se retiraient en poussant de grands cris et recommençaient le combat. Si l'on en croit certains auteurs, ils se tenaient en ordre de bataille hors de la portée du javelot de l'ennemi, c'est-à-dire à quatre ou cinq cents pieds romains, mais ils pouvaient être atteints par la flèche et les projectiles de la fronde. Ils étaient vêtus de l'ARMURE DE MAILLES et portaient une ÉPÉE, une PIQUE, un CASQUE et un BOUCLIER. Parmi les écrivains qui en ont parlé ceux qu'on peut lire avec fruit sont : AUDOUIN, BÉNETON (1741), CARRION (1824), CÉSAR, DE CHAMBRAY, DECRAMMEVILLE (1780), DENYS D'HALICARNASSE, DESPAGNAC (1751), DUANE, ENCYCLOPÉDIE (1751, aux mots *Légionnaire*, *Logement* et *Romain*), FOLARD, LACHESNAIE, LEBEAU, LISKENNE, MAIZEROY, MAUBERT, POLYBE, PUYSÉGUR, ROGNIAT, ROHAN, TITE LIVE, TURPIN, VARRON, VÉGÈCE.

TRIANGLE, adj. et subs. masc. v. BATAILLON T... V. FORMATION EN T... V. ORDRE EN T...

TRIANGLE (term. génér.). Signifie, suivant GANEAU, en style de fortification, un ouvrage composé de trois BASTIONS, coupés chacun en DEMI-BASTION. Ce mot se distingue en TRIANGLE DE CHATIMENT, TRIANGLE INSTRUMENTAL et TRIANGLE TACTIQUE.

TRIANGLE de CHATIMENT (F). Sorte de TRIANGLE ou d'appareil dressé pour la flagellation des soldats anglais condamnés au fouet, et qui consiste en trois hallebardes plantées en terre et attachées en forme de pyramide.

TRIANGLE INSTRUMENTAL (B, 1). Petit instrument de percussion en fer ou en acier, dont le nom indique la forme, et que l'on fait vibrer à l'aide d'une petite batte de même métal, qui sert à frapper l'un de ses trois côtés. D'après DENYS D'HALICARNASSE, les Arcadiens, en apportant divers instruments de musique en Italie, où l'on ne connaissait encore que le chalumeau, y mirent en usage le Triangle, répandu dans tout l'Orient, et qui n'était pas sans analogie avec les CROTALES antiques. Il est adopté aujourd'hui dans toutes les musiques militaires, malgré la guerre que lui fit JEAN-JACQUES ROUSSEAU dans son Dictionnaire de musique.

TRIANGLE TACTIQUE (G, 6). Sorte de TRIANGLE ou d'ORDRE TACTIQUE qui paraîtrait avoir été employé chez les Grecs et les Romains. On a nié la possibilité de cette formation d'une armée en Triangle, et prétendu qu'une pareille disposition eût réduit une troupe à l'immobilité. Cependant CÉSAR fait mention de corps formés en Triangle, ainsi que d'autres que ses lieutenants formaient en rond, ce qui se conçoit peut-être moins encore. La CAVALERIE FRANÇAISE, à une certaine époque, a aussi essayé d'un genre d'ordre au moyen duquel ses rangs composaient le Triangle. Il en est question dans CARRÉ (1785), CARRION (1824), le général la ROCHE-AYMON, PUYSÉGUR (1748).

TRIANGULAIRE. V. BATAILLON T... V. OUVRAGE T...

TRIBOLE, subs. masc. v. CHEVAL DE FRISE. V. MILICE BYZANTINE. V. MILICE GRECQUE Nº 4. V. TRIBULE.

TRIBU, subs. fém. v. TRIBUN DE T...

TRIBU ROMAINE (F). Mot latin, devenu français, qui désignait la classification de certaines familles romaines. Ce terme, d'abord tout politique, ayant la même acception que le substantif CENS (*census*), devint exclusivement militaire, parce que le cens classait les Romains suivant leur fortune, et que celle-ci décidait du placement des individus dans les différents ordres de troupe de la MILICE ROMAINE. Les trois premières Tribus étaient composées des Romains possesseurs de cinquante mille à cent mille as de cuivre ; c'est de cette classe qu'était tirée l'INFANTERIE pesante. Les quatrième et cinquième Tribus comprenaient les Romains dont les propriétés n'étaient estimées qu'à vingt-cinq mille as ; elles fournissaient les soldats ARMÉS A LA LÉGÈRE, les INSTRUMENTISTES et les HASTAIRES. La sixième classe, composée des citoyens dépourvus de biens, était réservée au service de la marine. ROMULUS et SERVIUS TULLIUS instituèrent les Tribus, en tirant les cavaliers ou chevaliers des classes les plus riches.

TRIBULE, subs. masc. (F), ou TRIBOLE. S'emploie militairement dans le sens de CHEVAL DE FRISE.